PiRAM

PROLOGUE

"공부란 '머릿속에 지식을 쑤셔넣는 행위'가 아니라

'세상의 해상도를 올리는 행위'라고 생각한다.

뉴스의 배경음악에 불과했던 코스피 평균 주가가 의미를 지닌 숫자가 되거나

외국인 관광객의 대화를 알아들을 수 있게 되거나

단순한 가로수가 '개화 시기를 맞이한 배롱나무'가 되기도 한다.

이 '해상도 업그레이드감'을 즐기는 사람은 강하다."

인터넷에서 우연히 보고 큰 감명을 받았던 글입니다.

왜 공부를 해야 하는가에 대한 막연한 의문을 꽤 구체적으로 풀어준 것만 같은 느낌이 들었습니다. 흐릿하던 세상의 여러 요소들이 점점 뚜렷하게 보이는 과정, 이것이 바로 '공부'의 진짜 목적이었습니다.

수능 국어 공부도 마찬가지라고 생각합니다. 단순한 활자의 조합으로 보였던 지문이 하나의 유기성을 가진 '글'로 보이고, 다 다른 이야기를 하는 것 같던 여러 지문들이 사실은 다 같은 원리로 이루어졌다는 것을 깨닫는 과정, 이렇게 '수능 국어의 해상도'가 업그레이드되는 과정을 즐기는 것이 진정한 국어 공부의 의의가 아닐까 하는 생각이 듭니다.

"상상력의 한계가 그 사람의 한계가 된다."라는 말이 있습니다. 어쩌면 우리는 우리가 바라볼 수 있는 세상의 해상도를 지나치게 낮은 한계 속에 가둬두고 있는지도 모르겠습니다. 이 교재는 학생들이 만나게 될 세상의 해상도를 높이는, 나아가 그렇게 높아진 해상도를 바탕으로 학생 스스로의 상상력 한계치를 높여 주기 위한 하나의 프로젝트입니다. 수능 국어에 대해 아무것도 모른 채 지방에서 공부하는 학생도, 주요 학군지에서 훌륭한 교육을 받으며 공부하는 학생도 제대로 된 공부를 할 수 있도록. 열심히 하지 않아서가 아닌, 잘 몰라서 성적이 나오지 않는 일이 일어나지 않도록. 그래서 그 학생의 상상력에 한계가 생기지 않도록. 그런 세상을 위한 작은 노력의 일부입니다.

이 교재는 하위권부터 상위권, 나아가 대치동 학원 강사까지 모두 경험한 저의 경험이 녹아 있습니다. 특정 지문, 특정 제재에서만 통하는 잡기술이 아닌, 근본적인 '생각의 힘'을 키울 수 있는 당연한 이야기들만 적혀 있습니다. 여러분은 이 교재에서 이야기하는 내용을 바탕으로, '생각'하고 '고민'하는 습관을 들여 주시면 됩니다.

'생각'하고 '고민'하는 과정은 역설적이게도 즐겁습니다. 내 사고력의 한계가 뚫리는 느낌을 받고, 처음에 어려웠던 내용이 사실 별 것 아니라는 것을 깨닫고, 내가 더 큰 상상을 할 자격이 있는 사람임을 인지하는 것은 정말로 즐거운 과정입니다. 힘들고 외로운 수험생활에서 이 '즐거움'이 작은 위로가 되었으면 좋겠습니다. 그리고 이 교재가 그 과정에 큰 도움이 되었으면 좋겠습니다. 너무나 냉정한 수능 결과에 상관없이, '올 한해 국어 공부 즐겁게 했다.'라는 생각이 앞으로의 인생을 상상할 수 있는 원동력이 되었으면 좋겠습니다.

아직 저는 많이 부족한 사람입니다. 다른 사람들의 인생에 영향을 줄 만큼 대단한 업적을 이루거나, 엄청난 깨달음을 얻은 사람도 아닙니다. 그저 미래를 '상상'하고, 그 상상을 '현실'로 만들기 위해 노력하는 과정은 너무나 즐겁다는 걸 굳게 믿는 한 범인입니다. 여러분도 제가 믿고 있는 이 즐거움을 함께 느꼈으면 좋겠습니다. 이 교재와 함께, 저도 열심히 돕겠습니다.

범람하는 컨텐츠의 홍수 속에서 기꺼이 이 교재를 선택해주신 수험생 여러분께 진심으로 감사합니다. 이제부터 여러분의 선택이 헛되지 않았음을 증명하겠습니다. 이 교재와 함께, 즐거운 국어 공부를 시작해봅시다.

P.I.R.A.M 국어 저자 김민재

CONTENTS

본교재와 해설지 모두 맨 뒤쪽에는 '빠른 정답'이 있습니다. 해설지를 보기 전 채점을 하고 싶으시다면 활용하시기 바랍니다.

P.I.R.A.M 국어 생각의 전개 문학편

P.I.R.A.M 국어 생각의 전개 문학편

지문 목차 _ 문학편

복습시 이용할 수 있도록 각 지문의 목차를 정리했습니다. 설명을 위해 예시로 들었던 지문을 제외하고, 한 지문 단위로 공부해보았던 지문만 정리했습니다.

1권

생각의 시작

Day 2 선지 판단의 대원칙 : 독해하고, 허용 가능성을 평가한다.

생각의 전개

Day 4 ~ Day 12 시와 수필 : 운문문학은 주제 중심으로 해결한다.

Day 13 ~ Day 22 소설과 극문학 : 산문문학을 통해 인물의 삶을 간접경험한다.

P.I.R.A.M

PART 1

생각의 시작 〈Day 1~Day 3〉

이 교재의 사용법을 자세히 알아보며 의지를 다진 뒤, 기본적인 선지 판단의 태도를 배우고 '문학 개념 어'라고 불리는 것에 대한 이야기와 함께 문학 공부를 위한 기본적인 태도를 정립하는 파트입니다. 나아가 현대시 독해 연습을 통해 문학 공부를 위한 기본적인 태도를 적용해 볼 것입니다. 딱 3일 분량으로 이루어져 있습니다. 앞으로의 국어 공부에서 든든한 초석이 될 이 사흘을 착실하게 보내봅시다.

"P.I.R.A.M 국어"와 함께 하는 국어 공부의 첫날입니다. 먼저 이 교재의 사용법을 자세하게 알아보도록 합시다. 여기 적힌 내용들을 읽고 정리하는 것도 '글 읽기 경험'입니다. 정말 국어 능력을 키우고 싶다면, 한 글자도 빼먹지 말고 꼼꼼하게 읽으면서 앞으로의 공부 방향을 확실하게 설정해보도록 합시다.

교재의 사용법

완벽한 국어영역 독학서, "P.I.R.A.M 국어"를 선택해주신 여러분 반갑습니다. 혜성같이 나타나 수능 국어 공부를 위한 보편적 커리큘럼의 일부가 된 이 교재. 도대체 어떻게 이용해야 최대한으로 뽑아낼 수 있을지 자세하게 알아보도록 합시다.

〈"P.I.R.A.M 국어"는 하나의 시리즈로 여러분의 국어 공부를 완성하는 것을 목표로 합니다.〉

학생들이 수능 국어에 대한 깨달음을 얻을 수 있도록, 나아가 글을 읽고 '생각'하는 즐거움을 만끽할 수 있도록, 가장 정석적이고 효과가 확실한 학습 방향을 제시하려고 노력했습니다. 대부분의 교재는 'Daily' 방식으로 구성되어 있으며. 자신의 학습 수준에 맞추어 유동적으로 따라가면 됩니다.

0. For 2027 "P.I.R.A.M 국어" 시리즈 표준 커리큘럼

단계	기반 닦기	A to Z	EBS 학습	고난도 독서	마지막 정리	기출문제 학습
독서	생각의 발단	생각의 전개		생각의 절정	생각의 결말	10개년 기출문제집
문학	필수 고전시가	생각 워크북	생각의 위기:기회		(전자책)	옛기출 선별집

시기	~1월 말	~4월 말	~6월 모의평가	~여름방학	~10월 말	~수능
커리큘럼	생각의 발단 + 필수 고전시가	생각의 전개 + 생각 워크북	생각의 전개 + 생각 워크북 (2회독)	10개년 기출문제집 + 옛기출 선별집 + 생각의 위기:기회	10개년 기출문제집 + 옛기출 선별집 + 생각의 절정	생각의 결말

2027학년도 수능 대비 'P.I.R.A.M 국어' 시리즈는 다음과 같은 표준 커리큘럼으로 제공됩니다. 본인의 실력, 남은 시간 등을 고려하여 나만의 효율적인 커리큘럼을 구성해보세요. 각 단계의 대략적인 소개는 다음과 같습니다.

기반 닦기

먼저 '생각의 발단'의 경우, '생각의 전개 독서편' 초반부 내용의 확장판이라고 보시면 됩니다. 독서 지문을 제대로 읽어내기 위한 기본적인 공부 태도를 설정하고, '문장→문단→지문'의 순서로 사고력을 확장시켜나가는 단계입니다. 아무 생각없이 국어를 공부하던 학생들에게 '생각'하며 글을 읽고 이해하는 것의 즐거움을 알려주는 교재입니다. 공부를 거의 처음 시작하는 노베이스라면 꼼꼼하게, 어느 정도 실력이 있다면 속도를 내면서 가볍게 정리해주시면 됩니다. 본인이 이 교재를 봐야 하는 수준인지 궁금하다면, '생각의 전개 독서편' 교재의 초반 4일차를 먼저 진행해보세요. 아무런 무리없이 이해가 되고 글이 읽힌다면 계속 '생각의 전개'를 보시면 되고, 조금 어렵고 더 많은 공부가 필요할 것 같다고 판단되시면 '생각의 발단'을 보시면 됩니다.

또한 고전시가에 대한 두려움을 가지고 있는 학생들을 위한 '필수 고전시가' 교재가 있습니다. 만약 고등학교 2학년까지 내신 대비를 열심히 했고, 따라서 대부분의 필수적인 고전시가들이 공부가 된 학생들이라면 굳이 공부하지 않아도 되는 교재입니다. 하지만 고전시가에 대해 막연한 두려움을 가지고 있거나, 제대로 고전시가를 정리해 본 경험이 없다면 꼭 먼저 공부해 주세요. 가장 효율적이고 확실하게 필수적인 고전시가의 정리를 도와드릴 것입니다.

A to Z

말 그대로 수능 국어의 A부터 Z까지 모두 다루는, 'P.I.R.A.M 국어' 시리즈의 메인 커리큘럼입니다. '생각의 전개' 시리즈의 경우, 교재의 이름처럼 국어 영역을 정복하기 위해 어떤 '생각'을 '전개'해야 하는지 자세히 알려드리는 교재입니다. 테마를 정해 각 테마별로 어떤 '생각'을 해야 하는지 정립하고, 평가원 기출문제 위주로 그 태도를 연습합니다. 이 과정에서 국어 영역에 필요한 '생각의 힘'을 키우는 것은 물론이고, 주요 평가원 기출문제를 누구보다 완벽하게 정리하는 경험을 하실 수 있습니다. 'A to Z'라는 이름답게 꽤 많은 분량을 자랑하며, **이에 따라 1권/2권 두 권으로 나눠 출판됩니다. 두 교재는 내용이 연결되는 하나의 교재이니, '생각의 전개'로 공부하고자 하시는 분들은 조금 부담스럽더라도 두 권 모두 구입해 주세요.** 돈이 아깝다는 생각은 절대 하지 않으실 것이니까요.

'생각 워크북'의 경우, '생각의 전개'에서 다루지 않았던 주요 평가원 기출문제를 바탕으로 더 많은 연습을 해보는 교재입니다. 교재 이름처럼 '생각의 전개'의 워크북 역할을 하며, 교재에서 배운 내용을 더 탄탄하게 하는 데 의의가 있습니다. '생각의 전개'와 '생각 워크북'을 모두 공부하시면, 10개년 기출문제 전문항을 포함해 19개년 기출문제 주요 문항을 공부하시는 것이 됩니다. 이 정도는 해야 기출 공부를 했다고 할 수 있겠죠?

EBS 학습

문학 EBS를 가장 '수능답게' 정복하는 단계입니다. 단순한 작품 분석 · 주제 및 줄거리 정리 등이 아니라, '생각의 전개'에서 배운 내용을 문학 EBS 작품들을 통해 더 많이 연습할 수 있도록 돕는 교재입니다. 지루하게 달달 외우는 공부가 아니라, EBS 연계를 가장 실질적으로 활용할 수 있는 방법들을 제시합니다. 단순하고 지루한 EBS 지문 공부로 인해 상반기에 공들여 쌓아 놓은 '생각의 힘'에 '위기'가 찾아옵니다. 이 생각의 '위기'를, '기회'로 바꾸어 드리는 교재가 바로 '생각의 위기:기회'입니다.

고난도 독서

다시 찾아온 불독서의 시대. 우리는 그보다 높은 수준에서 준비해야 합니다. '생각의 절정' 교재는 엄선된 LEET언어이해 교재를 통해 우리의 '생각'을 '절정'으로 이끌어주는 교재입니다. 시중에서 가장 친절하고 깔끔한 LEET언어이해 해설지를 통해 압도적인 독서 실력을 만들어드립니다.

마지막 정리

파이널 기간은 새로운 것을 쌓는 기간이 아닌, 지금껏 배운 것들을 총정리하는 시간입니다. '생각의 결말' 교재는 전자책으로 무료 배포될 예정이며, 반드시 아름다울 우리 생각의 '결말'을 준비할 수 있도록 돕는 교재입니다. 당해 모의평가 해설지 / 분석서를 비롯, 최신 경향을 반영한 마지막 기출, 수능 직전 이용할 예열 자료 등이 포함될 예정입니다. 수능 당일 아침까지, 여러분의 '생각'은 피램이 에스코트합니다.

기출문제 분석

기출문제 분석은 한 번으로 끝나면 안 됩니다. 수능의 그날까지, 지겹도록 반복해야만 하죠. 그리고 이 과정을 돕기 위해 'P.I.R.A.M 국어' 시리즈는 '10개년 기출문제집'과 '옛기출 선별집'을 준비했습니다. 교재에서 제시하는 방법대로 우직하게 기출문제 분석을 하다 보면, 수능 국어 만점도 더 이상 꿈이 아닐 것입니다.

1. 누구를 위한 교재인가요?

'P.I.R.A.M 국어 생각의 전개'는 기본적으로 수능 국어를 준비하는 모든 학생들 중 최소한의 문장 독해력과 어휘력이 갖춰진 '4~5등급 이상의 학생들'을 위한 교재입니다. 다만 문학편의 경우, 공부를 아예 처음 시작하는 학생들도 차분하게 따라갈 수 있도록 구성되어 있습니다. 따라서 성적이 아닌, 각 시기별로 설명하겠습니다. 정말 간략한 가이드라인이니 반드시 이를 따를 필요는 없습니다. 참고만 하세요!

시기	사용법
9월 이전	두 가지 케이스가 있습니다. 문학을 원래부터 이 교재의 내용과 비슷하게 푸셨던 분들도 계실 것이고, 아예 다른 방식으로 해결하셨던 분들도 계시겠죠. 전자의 경우엔 이 교재의 설명을 빠르게 읽고, 해설지를 통해 사고를 교정하는 방식으로 활용하시기 바랍니다. 본인이 원래 가지고 있던 태도를 강화하는 것이 중요합니다. 후자의 경우라면, 처음부터 꼼꼼하게 읽어 보시는 걸 추천합니다. 문학은 단순히 다 맞히는 것이 아니라, '빠르게' 다 맞히는 것이 중요합니다. 그리고 제 교재의 내용은 그 '속도'에 큰 도움을 줄 것입니다. 내용이 많지도 않고 어렵지도 않기에, 시키는 대로 조금만 따라하시면 확실한 실력 상승이 있을 겁니다.
9월 이후	역시 9월 이전의 학생들과 비슷하게 해주시면 됩니다. 다만, 조금 속도를 내주세요. 너무 뻔한 파트라면 넘어가도 좋습니다. 교재의 전체적인 내용을 숙지하시고 평가원 기출문제에 끊임없이 연습해주세요. 문학은 평가원 기출문제만 제대로 공부해도 실력이 완성됩니다. 수능 직전까지 모든 문제를 실전적인 방식으로 해설할 수 있을 정도로 봐 주세요.

2. 이 교재는 어떻게 구성되어 있나요?

이 교재는 크게 3단계로 이루어져 있으며, 이 3단계를 차분하게 밟을 수 있도록 'Daily 방식'으로 구성되어 있습니다. 순서대로 천천히 따라왔을 때 최고의 효율을 내는 교재입니다. 각 단계의 특징을 다음과 같습니다.

생각의 시작 (Day 1~Day 3) : 공부의 방향성 확립 + 문학의 기본 개념 및 문제풀이 태도 확립

생각의 전개 (Day 4~Day 22) : 수능 문학 제재별 가이드 + 실전 문제풀이 연습

생각의 확장 (Day 23~Day 40) : '문학 실력' 자체를 올리기 위한 여러 도구 정리 + 2026학년도 수능

이 교재는 국어 영역의 A to Z를 다루는 교재로, 국어 시험에서 생각을 어떻게 '전개'(내용을 진전시켜 펴 나감.)해야 하는지를 다루고 있습니다. 이를 '시작-전개-확장'의 구조로 이를 완벽하게 정리할 수 있게끔 했어요. 수능 문학 공부의 기준이 되는 평가원 기출문제를 바탕으로 여러분의 '생각의 힘'을 기를 수 있게 구성되어 있습니다. 매일매일 나눠진 분량을 해치우다보면, 어느새 눈에 띄게 좋아진 국어 실력을 확인하실 수 있을 겁니다.

각 단계에는 각 파트에 맞는 지문이 예시로 들어있습니다. 기본적으로 해당 파트에 맞는 지문들을 선별한 것이지만, 너무나 당연하게도 한 지문 속에는 수많은 파트의 내용들이 녹아 있습니다. 따라서 특정 파트에 대한 공부를 하는 중이라고 해도, 앞에서 배웠던 내용들을 최대한 이용하면서 공부하는 습관을 들여주세요. 결국 우리는 수능 시험장에서 어떤 파트에 대한 지문인지 적혀 있지 않은 상태의 시험지를 만나게 될 것이니까요.

어느 한 단계도 중요하지 않은 단계가 없으니, 모든 단계의 내용을 천천히 곱씹으며 공부해주세요. 교재를 통해 분명히 해결할 수 있는 고민을 교재가 다 끝난 이후까지도 하는 안타까운 학생들이 정말 많습니다. 이 교재를 가지고 공부하기로 마음 먹으셨다면, 한 문장 한 문장 곱씹으며 공부해주시길 간청합니다.

3. 이 교재는 어떻게 공부해야 하나요?

이 교재를 활용한 기본적인 공부 방법은 아래와 같습니다.

채점 전

1. 교재에 제시된 각 파트별 설명을 한 글자 한 글자 천천히 읽고 정리한다.
2. 그 내용을 상기하며 뒤에 있는 문제들을 '시간을 재고' 푼다. (추천 : 문제 수 × 1.4분, 생략 가능)
3. 채점을 하기 전에 '시간 제한 없이' 모든 문장을 분석하고 이해한다.
4. 문제를 다시 분석적으로 푼다. 이때 모든 선지에 대해 이 선지가 왜 맞는지, 틀린지를 남에게 설명할 수 있을 정도여야 한다.

채점 후

5. 해설지를 통해 자신의 사고과정과 해설지의 설명을 비교한다.
6. 해설지를 덮은 뒤, 해설지의 내용과 본인의 생각을 섞어 본인 스스로 모든 풀이 과정을 설명해본다.
7. 이번 공부에서 배운 점을 정리한다.
8. 다음 지문을 학습할 때 그 내용들을 의식하며 공부한다.

굉장히 귀찮아 보이지만, 이런 식으로 공부하셔야 교재의 내용을 100% 흡수할 수 있습니다. 천천히 시간 들여 '생각'하는 공부가 수반되지 않으면 절대로 성장할 수 없습니다. 힘들고 조급하더라도 한 문장, 한 문장 천천히 공부하시길 바랍니다.

나아가 이 교재를 공부하는 동안 '복습'하는 것은 그리 권하지 않습니다. 물론 복습하는 것 자체가 나쁘지는 않지만, 어떤 지문을 복습하면서 그 지문의 내용 및 배울 점 등을 '암기'해버리는 경우가 많거든요. '질 좋은 문제'의 수가 부족한 국어 영역의 특성상 이렇게 '암기'해버린 지문이 너무 많아지면 파이널 기간 공부가 너무 지루할 수 있습니다. 어차피 다른 지문을 공부하는 과정에서 앞에서 배운 내용을 자연스럽게 복습할 수 있기 때문에, 굳이 지문 단위로 복습하기보다는 꾸준히 진도를 나가는 것에 초점을 두세요. 이렇게 하면 2회독, 3회독을 할 때 더 효과적인 '복습'을 할 수 있을 것입니다. 기억이 가물가물하기 때문에, 마치 처음 그 지문을 볼 때처럼 공부할 수 있으니까요.

또한 교재 외 추가적인 학습을 위한 유튜브 채널 및 교재 수강생 전용 카페가 준비되어 있습니다. 여기서 제공하는 컨텐츠들을 적극적으로 활용하여 국어실력을 끌어올리세요.

피램의 국어공작소 유튜브 채널 : 유튜브 '피램의 국어공작소'
피램의 국어공작소 카페 제공 자료
1. 생각의 전개 교재 복습용 지문 편집 파일
2. 생각의 발단 문학 / 생각의 전개 언어(문법)편, 생각의 전개 화법과 작문편(파일 비밀번호 : todrkrrhdwkrth)
3. 평가원 / 교육청 / 사관학교 선별 핵심 단어장
4. EBS 연계교재 현대시 독해 연습 자료(2024~2026)
5. 사관학교 전개년(2023~2027) 해설집
6. 수능 직전 예열 자료
7. 그 외 피램이 만드는 모든 칼럼+자료

4. 꼭 제시된 Day에 맞춰 공부해야 하나요?

이 교재는 총 40일 간 공부할 수 있도록 만들어져 있습니다. 각 파트별, 지문별로 할당된 Day의 양은 '평범한 고3 학생이 2시간 정도 공부한다고 가정했을 때 교재의 내용을 완벽하게 받아들이면서 공부하는 것'을 기준으로 정했습니다. 따라서 여러분이 각 Day를 공부했을 때 지나치게 적은 시간이 걸렸다면 대충 공부했을 가능성이 높습니다. 앞에서 제시한 공부법대로 제대로 공부했는지 계속해서 성찰해야 합니다.

그런데 어떤 경우에는 한 지문을 공부하는 데 지나치게 오랜 시간이 걸릴 수도 있습니다. 도저히 하루치 공부를 끝낼 수 없을 것 같다는 생각이 드는 날이 있을 수도 있습니다. 하지만 그렇다고 조바심을 느끼거나 할 필요는 없습니다. 앞에서 말한 경우와 달리, 시간이 오래 걸리는 것은 괜찮아요. 그만큼 여러분이 한 지문에 대해 깊이 '생각'하고 '고민'했다는 것이니까요! 하루에 한 지문만 공부하더라도, 아니 아예 한 지문을 다 끝내지 못하더라도 괜찮으니 깊이 '생각'하고 '고민'하는 습관을 들여주세요.

나아가 본인의 실력이 좋고, 교재에 있는 지문들이 대부분 몇 번 공부했던 경험이 있는 지문들이라면 조금 빠르게 끝낼 수도 있겠죠? 본인이 대충 공부한 게 아니라면, 이 경우도 괜찮습니다. 40일은 임의의 '표준적인 학생'을 상정했을 때의 기준일 뿐, 본인의 상황에 따라 더 빠르게 끝낼 수도, 더 느리게 끝낼 수도 있는 거예요. 교재가 시키는 대로만 수동적으로 공부하는 학생이 아닌, 본인의 상황에 맞게 이 교재를 능동적으로 이용할 수 있는 똑똑한 학생이 되길 바라겠습니다!

다만 한 가지 확실한 것은, 해설을 읽기 전에 스스로 '생각'하고 '고민'하는 시간이 길수록 빠르게 성장할 확률이 높습니다. 조금 늦는다고 조바심 낼 필요는 없어요. 계속 강조하지만, 설정된 Day는 어디까지나 '가이드라인'일 뿐입니다. 여러분이 생각하셨을 때 위 방법대로 정직하게 공부하고 계신다면 전혀 걱정하실 필요 없어요. 가장 확실한 공부를 하는 데 초점을 맞추고 나아가시길 바랍니다!

5. 이 교재로 공부할 때 추가적으로 주의할 점은 없을까요?

① 수강생 카페에 대해

→ 제 교재를 선택해주신 분들의 국어 공부를 끝까지 책임지기 위한 카페가 있습니다. 해당 카페에서는 교재 관련 자료 제공과 질문답변 등이 이루어집니다. 카페에 가입하신 후, 교재를 구매하셨다는 것을 인증해 주시면 해당 자료 및 질문답변 서비스를 받으실 수 있습니다. 여러분의 성적 향상에 해당 카페를 적극적으로 활용하시기 바랍니다!

카페 주소 : https://cafe.naver.com/piramgukeo

② 시간 제한에 대해

→ 이 교재로 공부하실 때는 굳이 문제풀이 시간을 설정하실 필요가 없습니다. 물론 앞에서도 말씀드렸듯이, 해당 지문을 처음 공부하는 경우에는 실력 확인 및 실전력 강화를 위해 약간의 시간을 재는 것도 좋습니다. 하지만 시간을 재고 풀어본 뒤에는, 1시간이 걸려도 괜찮으니 꼭 충분한 시간을 써서 고민하겠다고 약속해 주세요. 지문을 읽을 때의, 그리고 문제를 풀 때의 사고 과정을 확실하게 정리하신 뒤에 해설지를 보며 비교해 주셔야 합니다. 문제만 빠르게 쓱 풀고 해설지를 보시면 큰 효과를 보기 힘듭니다.

③ 회독에 대해

→ 이 교재는 딱 3회독(하나의 교재를 세 번 보는 것)을 하는 것을 권합니다. 첫 회독 때는 앞에서 말한 사용법대로 천천히 공부해주시고, 1회독이 끝나면 바로 다시 1회독과 같은 방법으로 복습을 해 주세요. 해설지의 내용이 뒷 내용을 배워야 이해되는 경우도 많아서, 다시 공부하면 더 많은 것들을 배울 수가 있을 겁니다. 이후엔 "P.I.R.A.M 국어 10개년 기출문제집" 등 다른 교재를 통해 적용연습을 하다가, 국어에 슬럼프가 왔다는 생각이 들 때쯤 교재의 내용을 다시 정리하고 문제를 푸는 식으로 3회독을 진행해주세요. 잊고 있었던 교재의 내용이 다시 떠오르고 정리되면서 슬럼프에서 탈출할 수 있을 겁니다. 2회독 이후의 공부는 위 카페에 업로드된 자료를 활용하시면 추가적인 교재 구매 없이도 진행하실 수 있습니다.

④ 해설과 실전의 괴리에 대해

→ 이 교재로 열심히 공부하시다 보면, 해설이 무슨 말인지는 알겠는데, '실전에서 이렇게 할 수 있을까?'에 대한 의문이 드는 경우도 있을 겁니다. 제 해설은 기본적으로 '시험장에서' 할 수 있는 가장 '이상적'인 상태가 가정되어 있습니다. 이는 다시 말해 제 해설만큼 읽어내고 생각하지 못하더라도, 답을 고르는 과정까지는 충분히 도달할 수 있다는 뜻입니다. 저와 완전 똑같이 사고하지 못했다고 자책하지는 마세요. 이상적인 상태에 도달하려고 노력하다 보면, 수능날에도 그 '이상'에 그나마 가까운, 즉 답을 모두 골라내는 정도의 독해는 할 수 있게 될 겁니다. 저와 생각이 조금 다르거나 놓친 부분이 있다면 왜 그렇게 되었는지, 그리고 교정하기 위해서는 어떻게 해야 하는지 등을 고민하면서 '이상적인 독해'에 다가가려고 최대한 노력하신다면, 그것만으로도 족합니다.

⑤ 생각합시다!

→ 이 교재의 핵심은, 여러분의 '생각의 힘'을 키워드리는 겁니다. 끊임없이, 머리가 터질 듯이 '능동적으로' 생각하셔야 합니다. 교재의 내용을 그냥 받아들이지 마시고, 자신이 무엇을 공부하고 있고 이게 왜 중요한지를 계속 생각하세요. 처음엔 '이걸 왜 강조하는 거지?' 싶다가도, 생각하며 따라오면 결국 교재에서 말하고자 하는 바가 온전히 이해될 겁니다. 주체성을 가지고 공부하셔야 합니다! 그래야 재밌게 공부할 수 있어요.

⑥ 읽기를 두려워하지 마세요.

→ 최근 한국의 실질문맹(글을 읽을 줄은 아는데, 그 맥락적 의미를 파악하지 못하는 경우) 문제가 심각하다고 합니다. 동영상, 토막글 같은 자극적 매체의 발달이 그 원인이라고 하네요. 인터넷 커뮤니티에서도 '3줄 요약'이라는 것이 유행할 정도이니, 조금 신경을 써야 할 문제이기는 합니다. 만약 여러분이 읽기를 귀찮아하고, 이해하기를 게을러 한다면 국어 영역 점수뿐 아니라 인생 전체에서도 큰 불편을 안고 살아야 할 거예요. 이 교재에는 텍스트가 정말 많습니다. 그 텍스트들을 두려워하지 말고, '모든' 글자를 읽고 이해한다는 마음으로 공부하시기 바랍니다.

국어 능력을 올릴 수 있는, 그리고 더 나은 삶을 살기 위한 방법 : '생각'합시다.

대한민국에서 '수험생'은 너무나 힘들고 고통스러운 삶을 살아가는 것으로 묘사됩니다. 그리고 실제로 수많은 수험생들은 너무나 힘들고 고통스럽습니다. 놀고 싶은 욕구, 쉬고 싶은 욕구를 꾹 참고 묵묵히 공부를 하는 것은 당연히 힘들고도 지치는 일이니까요.

이렇게 욕구를 참고 열심히 공부를 했으면, 그에 상응하는 결과가 있어야 공평하지 않을까 하는 생각도 듭니다. 하지만 애석하게도, 매년 수많은 수험생들은 자신이 노력한 것에 전혀 미치지 못하는 아쉬운 성적을 받습니다. 재수할 때의 제가 그랬듯이 말이죠.

너무 억울하고 불공평하다는 생각이 듭니다. 1년 내내 수많은 국어 지문을 보고, 수많은 강의를 듣고, 수많은 교재를 끝내면서 할 만큼 한 것 같습니다. 그런데 막상 시험장에서는 글이 읽히지가 않습니다. 수능은 그냥 운빨, 혹은 재능빨 시험인 것 같고 나는 그런 운이나 재능을 타고 나지 못한 불운한 사람인 것만 같습니다.

그리고 또 너무나 슬프게도, 수능은 실제로 운과 재능이 필요한 시험입니다. 시험의 이름부터 대학'수학능력'시험입니다. 당신이 아무리 공부를 많이 했고 많은 강의를 들었든 상관없이, 짧은 시간 안에 많은 문제를 정확하게 풀어낼 '능력'이 있는지만 평가하는 냉정하고 잔인한 시험입니다. 그리고 최상위 등급을 받을 수 있는 학생은 전체의 4%밖에 되지 않기 때문에, 수많은 학생들은 좌절할 수밖에 없습니다.

고통스럽게 공부했다면, 그 고통을 잊을 만큼의 달콤한 보상이 있어야 합니다. 그리고 많은 학생들은 자신이 그 달콤한 보상을 얻지 못했다고 생각합니다. 애초에 시험의 시스템이 그렇게 설계되어 있기 때문에 어쩔 수 없는 결과라고 할 수 있습니다.

그렇다면 우리, 생각을 조금 바꿔 보는 것은 어떨까요? 고통스러운 공부에 대한 보상을 '성적'으로 받으려고 하지 말고, 글을 읽고 이해하는 '능력'으로 받으려고 하는 것으로 말이죠. 내가 '성적'이 잘 나올지 안 나올지는 알 수 없지만, 분명한 건 그 '성적'을 위해 고통스럽게 공부하는 과정 하나하나는 나의 국어 '능력'을 키워줄 것이니까요. 이걸 단순한 정신승리라고 치부하는 분들도 있으시겠지만, 고통스러운 수험생활 끝에 국어 '능력' 향상이라는 확정적인 보상이 있다면 나쁘지 않다는 생각이 들지 않나요?

이러한 확정적 보상을 얻기 위해서, 우리는 어떻게 공부를 해야 할까요? 간단합니다. 생각하는 '능력'을 키울 수 있는 방식으로 공부하시면 됩니다. 즉, 끊임없이 '생각'하며 공부하시면 됩니다.

많은 경우, 우리는 아무런 '생각'없이 주어진 과제를 처리하는 방식으로만 공부를 하게 됩니다. "나 오늘 비문학 10지문이나 풀었어!"라는 식으로 자랑하면서 말이죠. 물론 10지문을 해결하는 과정에서 자연스레 몇몇 생각들을 하게 되겠지만, 그 양과 질이 너무나 떨어지기에 우리의 '능력'을 키우기에는 턱없이 부족합니다.

우리는 이제 하루에 몇 지문을 공부했느냐가 아닌, 하루에 얼마나 많은 '생각'을 했느냐를 '하루치 공부'의 기준으로 삼아야 합니다. 오늘 단 한 지문을 공부했다고 해도, 그 지문을 읽으며 이리저리 '생각'하는 경험을 충분히 했다면 아무 생각없이 10지문을 공부한 학생보다 더 많은 공부량을 가져간 것입니다.

그리고 '생각'하는 과정을 바탕으로 공부를 하면, 생각만큼 공부가 고통스럽지 않습니다. Prologue에서 언급했듯이, '생각'의 힘을 키우고 그것을 바탕으로 한 문장 한 지문을 이해해나가는 과정은 굉장한 카타르시스를 제공하거든요. 그 카타르시스에 중독되어 공부를 이어가다보면, 하루하루 생각보다 버틸 만하다는 생각을 하면서 수능의 그날을 맞이할 수 있습니다. 그리고 이는 나의 국어 '능력'이 크게 상승한다는 보상, 나아가 국어 '성적'이 오른다는 보너스를 제공합니다.

너무 추상적이어서 감이 오지 않죠? 간단한 예시를 들어 보겠습니다. 이 글을 쓰고 있는 시점에 올라와 있는 여러 인터넷 기사들의 내용을 적당히 재구성한 것입니다. 먼저 이 글을 자연스럽게 읽어 보시고, 어떤 '생각'이 드는지 간단하게 정리해보시기 바랍니다. 그 뒤 아래쪽의 '독해 과정'들과 비교해보세요.

> 정부가 오는 20xx년부터 복권 사업을 운영할 새 수탁사업자를 선정하기로 하며, 본 입찰 추진의 첫 단계 격인 '사전 규격 공개' 절차를 시작한다고 밝혔다. 차기 복권 수탁사업자 선정 과정에서는 저가 입찰 유인의 최소화를 목표로, '가격 평가'의 비중을 줄이고 '기술 평가'의 비중을 늘리기로 했다. 나아가 복권 사업 운영에 함께할 은행의 참여 방식을 다양화해, 복권 사업 운영의 리스크에 대한 은행들의 우려를 줄일 예정이다.

'생각'의 힘이 부족한 사람들의 독해 과정

➡ 정부가 새로운 복권 수탁사업자를 선정하는구나. 근데 수탁이 뭐지? 뒤에는 또 어려운 말들 투성이네. 에이 나도 복권 당첨되면 좋겠다. 당첨되면 뭐하지?

'생각'의 힘이 충분한 사람들의 독해 과정

➡ 정부가 새로운 복권 수탁사업자를 선정하는구나. 기존 업체랑 계약이 끝났나 보네. '수탁'은 다른 사람의 의뢰를 받는 것을 말하니까, '수탁사업자'는 정부의 의뢰로 복권 사업을 운영하는 이들을 말하는 것이겠네. 그리고 단계가 여러 가지인데, 먼저 '사전 규격 공개' 절차부터 시작이네. 첫 단계니까 '사전'이라는 말이 들어가는 것이겠네. 그런데 '저가 입찰 유인'을 최소화한다고? 그동안에는 그냥 최대한 싼값에 입찰하겠다고 하는 유인이 있었나보네. 복권 사업은 중요한 사업인데 무턱대고 싸게 해 준다는 업체에 맡기기는 좀 그럴 수 있겠다. 그래서 '가격 평가' 대신 '기술 평가'의 비중을 늘리는 것이네. 하긴 나도 로또 사서 5,000원 당첨되었을 때 어떻게 그 돈이 나한테 오는 건지 신기했었는데, 그런 기술을 잘 갖춘 업체가 맡는 게 좋겠지. 음 그런데 기존에는 은행들이 복권 사업의 리스크에 대한 우려를 가지고 있었나보네. 복권 사업 운영하면 그냥 좋을 것 같은데 어떤 리스크가 있을까? 다음에 찾아봐야겠다. 은행의 참여 방식을 다양화하는 것이 어떻게 해결책이 되는지와 엮어서 찾아보면 되겠네. 하 근데 나도 복권 당첨되면 좋겠다. 당첨되면 뭐하지?

여러분은 어디에 더 가까우신가요? 참고로 '생각'의 힘이 충분한 사람들의 독해 과정은, 제가 해당 기사문을 읽고 약 10초 만에 했던 생각들을 쭉 나열한 것입니다. 사람의 뇌는 상상 이상으로 대단해서, 저렇게 많은 생각들을 매우 짧은 시간 안에 할 수 있어요. 그리고 수많은 1등급들은 수능 지문을 보고도 저렇게 '질'이 좋은 '생각'들을, 그것도 많은 '양'으로 해냅니다. 한 문장을 읽고서도 받아들이고 처리하는 정보의 양이 차원이 다르니, 선지의 난이도도 차원이 다르게 느껴지는 것이죠.

물론 저런 '생각'을 할 수 있다고 해서, 반드시 수능 국어 1등급이 나온다고 보장할 수는 없습니다. 앞에서도 말씀드렸듯이 수능 '점수'는 '운'과 '재능'을 어느 정도 요구하기 때문에, '확정'되었다고 할 수 있는 보상이 아니거든요. 그저 저러한 '생각'의 힘을 가지고 있다면 좋은 '점수'를 얻을 확률이 높아지는 것일 뿐이죠.

하지만 인생을 살아가면서 저런 '생각'을 할 수 있다는 건 크나큰 축복이 아닐 수 없습니다. Prologue에서 언급했던 것처럼, 다른 사람들은 무심코 지나치는 수많은 정보들에 더욱 '높은 해상도'로 반응할 수 있다는 것이니까요. 이 '생각의 힘'이 여러분들의 삶을 더 풍요롭게 만들 것이라는 점, 저뿐만 아니라 수많은 선배들이 경험했던 진리라고 할 수 있습니다.

다시, 여러분들의 수험생활은 고통스럽고 지겨울 것입니다. 그리고 '성적'이라는 보상은 확정적으로 주어지지 않습니다. 냉정하지만 여러분이 아무리 열심히 노력해도 '성적'이라는 보상을 얻지 못할 수도 있어요. 하지만 '생각'하며 열심히 고통스럽게 공부한다면, '생각하는 능력'이라는 보상은 확정적으로 주어집니다. 아니 오히려 공부하는 과정 자체도 더 이상 고통스럽지 않게 만들어줄 거예요.

이 교재에서는 지문을 읽고 문제를 풀 때 도대체 어떤 '생각'을 '전개'해야 하는지에 대해 자세히 다룹니다. 물론 철저하게 '수능 국어 지문'을 정복하는 것을 목표로 하겠지만, 이 교재에서 시키는 대로 열심히 '생각'하고 고민하다보면 일상에서 만나는 다른 수많은 글들도 더욱 깊게 이해하실 수 있을 겁니다. 그렇게만 된다면 여러분이 어떤 '점수'를 받든, 어떤 대학에 가든 더 '나은 삶'을 살아갈 수 있을 겁니다.

어떤가요? 약간 설레는 마음이 들지 않나요? '생각하는 능력'이라는 달콤한 보상을 위해, 이 교재로 공부하는 동안에는(아니, 그냥 앞으로 살아가는 동안에는) '능동적 생각'을 습관화하도록 합시다. 저는 완벽한 사람도 아니고 세상에서 '생각의 힘'이 가장 뛰어난 사람도 아니기 때문에, 이 교재 속에도 여러 가지 미숙한 점들이 있을 수 있습니다. 여러분의 '능동적 생각'을 바탕으로 그러한 부분들을 지적하고, 또 반대로 좋은 부분은 칭찬해주신다면 너무나 행복할 것 같습니다.

그럼 이제 본격적으로 '생각'을 하러 가볼까요? 설레는 마음으로 함께 해주세요.

필연성, '생각'의 시작

앞에서 이야기한 '생각'의 중요성을 다시 역설하는 파트입니다. 사실상 같은 말을 하지만, 너무나 중요하기에 다시 강조한다고 봐주시면 될 것 같아요.

먼저, 필연성이라는 개념에 대해 정리하고 갑시다. 사전을 참고해 볼까요?

'반드시 그렇게 되는 것, 달리는 존재할 수 없는 것을 의미한다'

이게 필연성이라고 하네요. 좋아요. '반드시 그래야만 하는 것' 정도로 다시 정의할 수 있겠어요. 이걸 바로 국어 이야기로 풀어 가면 좀 와닿지 않을 수도 있으니, 이 '필연성'이 가장 중요하게 사용되는 수학 이야기를 해봅시다. 흔히들 생각하는 것과는 다르게, 국어와 수학은 아주 큰 연관성을 가지고 있어요. '필연적인 사고과정'이 문제풀이에 있어서 핵심이 된다는 점에서 말이죠!

09 함수

$$f(x) = \begin{cases} 4x^2 - a & (x < 1) \\ x^3 + a & (x \geq 1) \end{cases}$$

이 실수 전체의 집합에서 연속일 때, 상수 a의 값은? [3점]

① $\dfrac{3}{2}$ ② 2 ③ $\dfrac{5}{2}$ ④ 3 ⑤ $\dfrac{7}{2}$

2017학년도 6월 모의평가 수학 나형 9번 문제입니다. 수포자가 아니라면, 누구나 쉽게 맞힐 수 있는 문제일 겁니다. 풀어보세요.

여러분은 이 문제를 어떻게 푸시나요? 그렇죠. "두 함수의 x값에 각각 1을 대입하면 4-a=1+a이므로 a=3/2이다."라고 풀 겁니다. 이렇게 x에 1을 대입해서 푸는 것 자체를 못 하는 학생들은 없습니다. 수학이 4등급이든 1등급이든 간에 말이죠.

그런데 이 '함수의 연속성'과 관련된 문제가 조금만 어렵게 나오면?

$$f(x) = \begin{cases} -1 & (|x| \geq 1) \\ 1 & (|x| < 1) \end{cases}, \quad g(x) = \begin{cases} 1 & (|x| \geq 1) \\ -x & (|x| < 1) \end{cases}$$

에 대하여 옳은 것만을 〈보기〉에서 있는 대로 고른 것은? [4점]

─────[보기]─────

ㄱ. $\lim\limits_{x \to 1} f(x)g(x) = -1$

ㄴ. 함수 $g(x+1)$은 $x = 0$에서 연속이다.

ㄷ. 함수 $f(x)g(x+1)$은 $x = -1$에서 연속이다.

① ㄱ   ② ㄱ, ㄴ   ③ ㄱ, ㄷ

④ ㄴ, ㄷ   ⑤ ㄱ, ㄴ, ㄷ

....

이렇게 말이죠. (2013학년도 수능 수리 나형 20번입니다.) 이렇게 나오면, 수학을 못하는 학생들은 대부분 당황하고 제대로 풀지 못합니다. 사실 이 문제나 저 앞의 9번 문제나 똑같이 '함수의 연속성'을 활용하는 문제인데 말이죠. 왜 이런 일이 일어날까요?

답은 간단합니다. 1등급 학생들과 그 이하 학생들이 공부할 때 가지는 '마음가짐'의 차이점을 살펴보면 알 수 있어요.

3~4등급 학생들은 위의 9번 문제를 풀고 나서 '아 x에 1을 대입하면 되네! 쉽구만'하고 '그냥' 넘어갑니다.

하지만 1등급 학생들은? 이런 생각을 하죠. 'x에 1을 대입하는 건 알겠는데.. <u>왜 이렇게 해야 하지?</u>'

차이가 느껴지시나요? 3~4등급 학생들은 그 문제의 '풀이 자체'에 주목하지만, 1등급 학생들은 그 풀이의 '필연성', 즉 '왜 꼭 그렇게 풀어야 하는지'를 '생각'한다는 겁니다. 이것이 앞에서도 이야기한 '능동적인 생각'에 해당하는 것이죠. 계속해서 의문을 가지고 그 의문을 해결해 나가는, '생각'이 메인이 되는 능동적인 공부가 여러분의 성적 향상을 만들어냅니다.

자 그렇다면, 저 9번 문제 풀이의 '필연성'은 무엇일까요? 이걸 대답하시는 분들은 지금 수학 1등급 이상이거나, 1등급이 되실 분들입니다. 그렇죠. 'x=a에서 함수의 연속'의 정의가 'x=a에서 함숫값이 존재하고, 좌극한값과 우극한값이 같으며, 극한값과 함숫값이 같을 때'이기 때문에, 연속성을 확정 지을 수 없는 x=1에서의 함숫값, 극한값만을 구하기 위해 x=1을 대입하는 것이죠. 다항함수는 기본적으로 모든 구간에서 연속이니까요.

이 생각을 한 학생들이라면, 위의 20번 문제도 똑같은 '필연성', 즉 함수의 연속의 정의가 저것이기 때문에 연속성을 판단할 수 없는 x= -1,1에서의 함숫값, 극한값을 이용해야겠다는 '필연성'을 생각하며 문제를 쉽게 풀어낼 수 있겠네요. (자세한 해설은 지면이 부족하여 생략합니다...^^)

하지만 이런 필연성을 생각해보지 않은 학생들은, 저 20번 문제를 보면 숨이 막힙니다. 분명히 함수의 연속 관련 문제인 것 같기는 한데, 개념서나 쉬운 문제들에서 보던 9번 문제 스타일이 아니거든요. 아니 애초에 x에 1을 대입해서 9번 문제를 풀었다는 사실도 잊어버립니다. 그들이 보기에는 완전히 다른 문제거든요. 결국 대부분 크게 별표치고 넘어가게 되겠죠.

이처럼, '생각의 경험'에서 나타나는 차이는 수학/국어 실력을 넘어, 수능 전체의 성적 혹은 인생 전체의 태도를 결정하는 엄청난 역할을 합니다. 여러분은 그동안 어떤 식으로 공부하고 있었는지 생각해 보시기 바랍니다.

자 서론이 길었습니다. 그래서 결국 하고 싶은 말은, 국어 영역에서도 이러한 '필연성'을 생각해야 한다는 것입니다. 여러분들이 기출문제집 몇 회독을 하고, 좋다는 온갖 컨텐츠를 미친듯이 풀어대도 성적이 안 오르는 이유는, 위의 '수학을 못하는 학생들'처럼 공부하고 있기 때문입니다. 그냥 기출문제 펼쳐놓고, 아무 생각 없이 읽어 보고 문제를 풉니다. 답을 고릅니다. 4번인 것 같습니다. 하지만 정답은 3번입니다. 해설지를 봅니다. 3문단 둘째 줄에 근거가 있다고 합니다. '아~'라는 짧은 탄식을 내뱉고, 문제 위에 씁니다. '꼼꼼하게 읽기'

이러니, 성적이 오르겠습니까.

유명하다는 국어 수업을 들을 때도 똑같습니다. 무언가 휘황찬란한 이론을 배우고 나면, 그게 왜 중요한지 언제 어떻게 써먹어야 하는지는 생각하지 않습니다. 그냥 필기합니다. 빽빽한 글씨들을 바라보면 그저 흐뭇합니다. 물론 그 이론을 활용한 문제가 나오면, 아무것도 하지 못한 채 그냥 읽고 그냥 풉니다. 틀린 뒤에 해설지를 보면 또 깨닫습니다. '아 여기서 그 이론을 쓰는 것이구나...'

이러니, 성적이 오르겠습니까.

무엇인가를 배웠든 아니든 중요한 것은, '필연성'을 생각하며 공부해야 한다는 것입니다. 이런 이론이 왜 중요하고, 이 지문을 읽을 때 해당 이론을 이용해야 하는 이유는 도대체 무엇인지를 고민하셔야 합니다. 나아가 많은 문제들을 풀어보면서, 각 이론이 어떤 부분에서 왜 이용되는지를 끊임없이 '생각'하셔야 합니다. 이제부턴 국어 공부를 하실 때, 천천히 생각해보시는 겁니다. '이 사람은 왜 여기에 밑줄을 그을까?', '왜 여기서 이 부분에 주목해야 하지?', '이 지문에서 이런 정보 다음에 왜 이런 말이 나오는 거지?', '왜 하필이면 이런 내용을 정답으로 제시했을까?' 그 필연성들이 쌓이고 쌓이면, 여러분들은 수능장에서 '필연적으로' 그런 사고를 통해 문제를 풀 수밖에 없습니다.

이 교재는, 철저히 이 '필연성'에 포커스를 맞추고 내용을 전개합니다. 어떤 원칙이 중요하다면 '필연적으로' 평가원이 중요시할 수밖에 없는 이유는 무엇인지, 그 원칙들을 바탕으로 여러분이 시험장에서 '필연적으로' 했어야 하는 사고는 무엇인지에 대해 설명합니다. 이 교재가 제시하는 '필연적인 생각의 틀'. 본격적으로 알아가 봅시다.

FAQ

Q 선생님이 말씀하시는 대로 끊임없이 '생각'하며 공부하는 습관을 들이면, 시험장에서 시간이 모자랄까봐 걱정입니다. 그래도 '시험'이니만큼 무언가 실전적이고 효과적인 스킬들을 조금 배워두는 게 중요하지 않을까요?

A 기본적으로 우리의 목표는 '생각의 힘'을 키우고, 이를 바탕으로 자연스럽게 시간을 줄여나가는 것입니다. 실제로 이 교재에서 요구하는 방식대로 '생각'하는 습관을 들이면, 대부분의 문장/선지가 당연하게 처리되며 자연스럽게 시간을 줄여 낼 수 있습니다. 물론 우리는 시험을 준비하는 입장인 만큼, '고민의 제한 시간 두기' 같은 여러 가지 '실전' 태도들을 정립할 필요는 있습니다. 하지만 공부를 시작하는 지금의 상황에선 굳이 저런 내용들을 신경쓰지 않으셨으면 좋겠습니다. 지금은 '생각'하고 또 '생각'하며 똑똑해지는 것이 우선이에요!

글 읽기의 시작 – 어휘력

여러분이 공부하는 모습을 지켜보다보면, 참으로 이상한 점이 하나 있습니다.

만약 영어 공부를 한다고 합시다. 문제를 풀다가 모르는 단어가 나오면 여러분은 어떻게 하시나요? 그렇죠. 사전이든 인터넷이든 뒤져서 그 뜻을 알아내고, 외우려고 노력합니다. 그런데 국어 공부를 하다가 모르는 단어가 나오면? 별 생각 없이 넘어갑니다. 분명 어휘력은 언어 공부, 나아가 '이해력 향상'을 위해 꼭 필요한 내용인데도 불구하고 말이죠.

특히 국어 성적이 5등급 이하라면, 이해력 · 추론력과 같은 고차원적인 능력보다도 '어휘력' 자체에 문제가 있을 확률이 큽니다. 어휘력이 부족하면 수능 국어에서, 특히 독서 영역에서 좋은 점수를 얻기 힘듭니다. 최근 평가원은 생각보다 꽤 높은 수준의 어휘력을 요구하고 있거든요. 단순히 어휘 문제를 맞히기 위해서가 아니라 글을 제대로 읽기 위해서라도, 어휘력은 필수로 갖춰야 할 덕목인 것입니다. 즉, 국어 공부를 본격적으로 시작하기 위해서는 먼저 '단어 단위'의 공부부터 해 볼 필요가 있다는 거예요!

이제부터 이러한 '단어 단위'의 공부를 함께 해 보도록 합시다. 참고로 여러분이 알고 있는 어휘에는 '이해 어휘'와 '사용 어휘'라는 것이 있습니다. '이해 어휘'는 본인이 직접 사용하지는 못해도 의미 · 용법 등을 대충이나마 알고 있는 어휘를 말하고, '사용 어휘'는 의미 · 용법도 확실하게 알고 본인이 직접 글쓰기나 말하기 등에 사용할 수 있는 어휘를 말합니다. 모국어 화자의 경우 사람마다 다르지만 대략 5만개 내외의 '이해 어휘', 1만5천개 내외의 '사용 어휘'를 가지고 있다고 알려져 있습니다. 그리고 이 교재에서 말하는 '어휘력'이란 '이해 어휘'를 말합니다. 완벽하게 그 뜻을 알지는 못해도, 뉘앙스 정도는 알고 있어야 해요.

아래는 역대 수능/모의평가에서 실제로 기출되었던 어휘들입니다. 지문에서 따로 설명을 해 주었거나 각주 등을 달아준 어휘를 제외하고, 아무 설명 없이 제시된 어휘들 중 조금이라도 어려울 수 있는 어휘들을 100개 정도 골라보았습니다. 여기서 여러분의 '이해 어휘' 수준이 얼마나 되는지 확인해 봅시다. 아래 단어 중 무슨 뜻인지 감도 잡을 수 없는 어휘들에 표시를 해 보세요.

양상	호혜적	기백	분절되다	쟁점
분화되다	창안하다	자복	고양시키다	결출하다
인습	주조하다	만삭	전이시키다	숙려하다
타파하다	천명하다	편승하다	기하급수적	상기시키다
구애받다	형이상학	득의	반향	유보하다
결의하다	자족적	연역하다	편협하다	초고
경중	관조적	청구하다	역설하다	도회지
운용하다	독려하다	공연하다	재화	퇴조하다
제고하다	도탄	엄숙하다	우의적	시가지
초래하다	조탁하다	결부하다	현격하다	비약적
남용	계승하다	병치	담론	경위
정황	물리력	책망하다	표제	매도인
낙향	풍광	획정하다	의탁하다	상응하다
상이하다	자명하다	유리되다	중재하다	동산
비가역적	지평	전가하다	입각하다	신이하다
논평하다	완상하다	환기하다	주재하다	항변하다
이질적이다	종속되다	공시적	오용	발화
다원적	향유하다	목전	가시적	지대하다
유화적	대합실	자멸	착안하다	향락
결여	합치	주창하다	인도하다	미비하다

다음은 각 단어들의 뜻풀이입니다. 이를 보면서, 앞서 표시했던 단어들 외에 잘못 알고 있던 단어들이 무엇이었는지 체크해 봅시다.

단어	뜻풀이	단어	뜻풀이
양상	사물이나 현상의 모양이나 상태.	병치	두 가지 이상의 것을 한곳에 나란히 두거나 설치함.
분화되다	더 복잡한 것으로 나뉘며 변하게 되다.	책망하다	잘못을 꾸짖거나 나무라며 못마땅하게 여기다.
인습	이전부터 전하여 내려오는 습관.	획정하다	경계 따위를 명확히 구별하여 정하다.
타파하다	부정적인 규정, 관습, 제도 따위를 깨뜨려 버리다.	유리되다	따로 떨어지게 되다.
구애받다	거리끼거나 얽매이게 되다.	전가하다	잘못이나 책임을 다른 사람에게 넘겨씌우다.
결의하다	뜻을 정하여 굳게 마음을 먹다.	환기하다	주의나 여론, 생각 따위를 불러일으키다.
경중	중요함과 중요하지 않음.	공시적	어떤 시기를 횡적으로 바라보는 것.
운용하다	무엇을 움직이게 하거나 부리어 쓰다.	목전	눈의 앞. → 아주 가까운 장래.
제고하다	쳐들어 높이다.	자멸	스스로 자신을 멸시함.
초래하다	일의 결과로서 어떤 현상을 생겨나게 하다.	주창하다	주의나 사상을 앞장서서 주장하다
남용	일정한 기준이나 한도를 넘어서 함부로 씀.	분절되다	사물이 마디로 나뉘다.
정황	일의 사정과 상황.	고양시키다	한껏 돋우어 높아지게 하다
낙향	시골로 거처를 옮기거나 이사함.	전이시키다	자리나 위치 따위가 다른 곳으로 옮겨 감.
상이하다	서로 다르다.	기하급수적	증가하는 수나 양이 아주 많은 것.
비가역적	주위 환경에 상관없이 변하지 않는 성질. (↔가역적)	반향	어떤 사건이 세상에 영향을 미치어 일어나는 반응.
논평하다	어떤 글이나 사건 등의 내용에 대하여 논하여 비평하다.	편협하다	쪽으로 치우쳐 도량이 좁고 너그럽지 못하다.
이질적이다	성질이 다르다.	역설하다	자기의 뜻을 힘주어 말하다.
다원적	사물을 형성하는 근원이 많은.	재화	사람이 바라는 바를 충족시켜 주는 모든 물건.
유화적	상대를 용서하고 사이좋게 지내는 것.	우의적	다른 사물에 빗대어 비유적인 뜻을 나타내는 것.
결여	마땅히 있어야 할 것이 빠져서 없거나 모자람.	현격하다	차이가 매우 심하다.
호혜적	서로 특별한 혜택을 주고받는.	담론	이야기를 주고받으며 논의함.
창안하다	어떤 방안, 물건 따위를 처음으로 생각하여 내다.	표제	서책의 겉에 쓰는 그 책의 이름.
주조하다	녹인 쇠붙이를 거푸집에 부어 물건을 만들다.	의탁하다	어떤 것에 몸이나 마음을 의지하여 맡기다.
천명하다	진리나 사실, 입장 따위를 드러내어 밝히다.	중재하다	분쟁에 끼어들어 쌍방을 화해시키다.
형이상학	세계의 궁극적 근거를 연구하는 학문	입각하다	어떤 사실이나 주장 따위에 근거를 두어 그 입장에 서다.
자족적	스스로 넉넉하게 여기고 만족하는 성질이 있는 것.	주재하다	어떤 일을 중심이 되어 맡아 처리하다.
관조적	고요한 마음으로 사물이나 현상을 관찰하는 것.	오용	잘못 사용함.
독려하다	감독하며 격려하다.	가시적	눈으로 볼 수 있는 것.
도탄	몹시 곤궁하여 고통스러운 지경을 이르는 말.	착안하다	어떤 문제를 해결하기 위한 실마리를 잡다.
조탁하다	보석과 같이 단단한 것을 새기거나 쪼다.	인도하다	이끌어 지도하다.
계승하다	조상의 전통을 물려받아 이어 나가다.	쟁점	서로 다투는 중심이 되는 점.
물리력	무기나 군사력 따위로 행사하는 강제적인 힘.	걸출하다	남보다 훨씬 뛰어나다.
풍광	산이나 들, 강, 바다 따위의 자연이나 지역의 모습.	숙려하다	곰곰이 생각하거나 궁리하다.
자명하다	설명하거나 증명하지 않아도 될 만큼 명백하다.	상기시키다	다시 생각해내다
지평	사물의 전망이나 가능성 따위를 비유적으로 이르는 말.	유보하다	어떤 일을 당장 처리하지 않고 나중으로 미루어 두다.
완상하다	즐겨 구경하다.	초고	초벌로 쓴 원고.
종속되다	자주성이 없이 주가 되는 것에 딸려 붙게 되다.	도회지	사람이 많이 살고 상공업이 발달한 번잡한 지역.

향유하다	누리어 가지다.	퇴조하다	기운, 세력 따위가 줄어들다.
대합실	공공시설에서 손님이 기다리며 머물 수 있도록 마련한 곳.	시가지	도시의 큰 길거리를 이루는 지역.
합치	의견이나 주장 따위가 서로 맞아 일치함.	비약적	지위나 수준이 빠른 속도로 높아지거나 향상되는 것.
기백	씩씩하고 굳센 기상과 진취적인 정신.	경위	일이 진행되어 온 과정.
자복	저지른 죄를 자백하고 복종함.	매도인	물건을 팔아서 넘겨주는 사람.
만삭	아이 낳을 달이 다 참. 또는 달이 차서 배가 몹시 부름.	상응하다	서로 응하거나 어울리다.
편승하다	세태나 남의 세력을 이용하여 자신의 이익을 거두다.	동산	형상, 성질 따위를 바꾸지 아니하고 옮길 수 있는 재산. cf) 부동산 : 움직여 옮길 수 없는 재산. (ex. 토지/건물)
득의	일이 뜻대로 이루어져 만족해하거나 뽐냄.	신이하다	신기하고 이상하다.
연역하다	일반적인 사실을 전제로 하여 특수한 원리를 이끌어 내다.	항변하다	못마땅한 생각이나 반대의 뜻을 주장하다.
청구하다	남에게 돈이나 물건 따위를 달라고 요구하다.	발화	소리를 내어 말을 하는 현실적인 언어 행위.
공연하다	아무 까닭이나 실속이 없다.	지대하다	더할 수 없이 크다.
엄숙하다	분위기나 의식 따위가 장엄하고 정숙하다.	향락	쾌락을 누림.
결부하다	일정한 사물이나 현상을 서로 연관시키다.	미비하다	아직 다 갖추지 못한 상태에 있다.

이 중에서 여러분들이 체크한 어휘들의 수에 따라 가볍게 진단을 해 보자면, 아래와 같습니다. 절대적인 기준은 아니니 참고만 하세요.

0~4개 : 어휘력이 상당히 좋은 수준입니다. 아마 어휘 때문에 고생하는 일은 거의 없을 겁니다.

5~9개 : 어휘력이 아주 뛰어나지는 않지만, 지문 독해에 방해가 되지는 않는 수준입니다. 만약을 위해 어휘에 조금씩 신경을 쓰셔야 합니다.

10개~19개 : 어휘력이 꽤 부족한 수준입니다. 일상생활에서 어휘력 때문에 고생하는 일은 거의 없겠지만, 수능에선 꽤나 고생할 수 있습니다. 경각심을 가지고, 언제든 모르는 단어가 나오면 찾아 볼 준비를 하도록 합시다.

20개 이상: 어휘력이 심각한 수준입니다. 평소 뉴스나 공식적인 매체에서 나오는 말들도 제대로 이해하지 못하는 수준입니다. 당장 위에 있는 단어들의 뜻부터 다시 찾아보고, (안다고 생각했는데 알고 보니 뜻이 다른 단어들도 포함이에요!) 시중에 나와 있는 어휘력 교재 한 권을 먼저 공부하고 오시는걸 추천합니다.

본인이 현재 어느 수준이든, 이 교재로 공부하기로 마음먹었다면 하나만 약속해주시기 바랍니다. 다른 과목을 공부할 때도, 심지어 공부하지 않는 일상생활에서도 모르는 단어가 나올 때마다 찾아보기로 해요. 뜻만 보지 마시고 예문까지 살피셔야 합니다. 그 어휘의 뜻 자체보다 쓰이는 맥락이 훨씬 중요하니까요! 다시 한번 말씀드리지만, '어휘력'은 독해력의 근간입니다. 이 교재로 아무리 열심히 공부하더라도, 결국 어휘력이 부족하면 실력 향상에 크나큰 벽이 있을 수밖에 없다는 점을 명심하시기 바랍니다.

('교재의 사용법' 파트에서 소개한 카페에 오시면, 추가적인 '단어장 학습'을 위한 자료를 받으실 수 있습니다.)

잔소리가 길었죠? 이제 어느 정도 어휘력의 중요성을 인식하셨다면, 본격적으로 문학 공부를 해봅시다.

본격적으로, 수능이라는 시험의 특성을 바탕으로 문학 영역의 출제의도에 대해 생각해본 뒤, 선지 판단의 대원칙을 세워봅시다. 교재의 전반부이지만, 이 교재에서 가장 중요한 내용입니다. 문학 공부의 감을 잃을 때마다, 몇 번이고 이 페이지를 들춰보며 다시 정리하도록 합시다.

수능 문학에서는 이러한 능력들을 요구한다.

한국교육과정평가원에서는 매년 '20xx학년도 대학수학능력시험 학습 방법 안내'라는 자료를 발간합니다. 다음 글은 해당 자료의 2026학년도 수능 버전에서 발췌한 '문학' 영역의 평가 목표입니다. 사실상 이번 교육과정을 바탕으로 한 '문학' 영역의 평가 목표라고 할 수 있습니다.

> 문학 능력은 인간의 삶과 세계에 대한 심미적 · 창의적 인식을 가능하게 하고 가치있는 삶과 세계의 창조에 기초가 되는 상상력과 밀접한 연관성이 있다는 점에서 매우 중요하게 요구되는 국어 능력 중 하나이다. 문학 영역에서는 문학에 대한 지식과 아울러 어휘력, 사실적 · 추론적 · 비판적 · 창의적 수용과 생산 능력(사고력) 등을 측정할 수 있는 문항을 출제한다. (하략)

이 글에서 가장 주목할 만한 부분은 '문학 능력'에 대한 정의입니다. 평가원은 '문학 능력'을 통해 '인간의 삶과 세계에 대한 인식'이 가능하다고 이야기합니다. 나아가 이를 바탕으로 '가치있는 삶과 세계의 창조에 기초가 되는 상상력'을 기를 수 있다고 하네요. 말이 조금 어려우니, 좀 더 쉽게 설명해보도록 하겠습니다.

우리는 문학을 통해 다른 인물의 삶을 '간접경험'하게 됩니다. 식민지 생활 · 전쟁 · 독재에 대한 저항 · 비극적인 사랑 이야기 등 직접 경험하기 힘든 여러 상황 · 갈등을 겪은 인물들의 심정과 행동을 이야기 형식(소설) 혹은 운율적인 언어의 형태(시)를 통해 간접적으로나마 경험하는 것이죠. 그리고 이를 통해, 우리는 그러한 인물들의 '삶'과 그들이 처한 '세계'를 인식하게 됩니다. '아 저런 삶도 존재하는구나.', '저런 상황에선 저런 감정이 들겠구나.'와 같은 생각을 하면서 말이죠. 이러한 생각은 다양한 상황에 처한 인물들에게 '공감'하는 능력으로 이어지고, 서로에게 '공감'할 수 있는 '가치있는 삶과 세계의 창조'를 이끌어낼 수 있는 것입니다. 결국 '문학 능력'은 '공감 능력'이라는 말과 거의 같은 말이라고 볼 수 있는 것이에요. 우리의 교육과정에서 문학은 학생들의 '공감 능력'을 키워주고 이를 바탕으로 더 '가치있는 삶과 세계'를 창조한다는 목적을 가지고 있는 것입니다.

그리고 너무나 당연하게도, 수능에서도 이를 바탕으로 문제를 출제합니다. 하지만 제대로 '공감'하기 위해서는, 먼저 소설이나 시에 적힌 텍스트를 정확하게 '독해'할 수 있어야 합니다. 앞의 글에서는 이를 '어휘력, 수용과 생산 능력'으로 표현하고 있어요. '어휘력'을 바탕으로 텍스트를 '사실적'으로 수용할 수 있어야 하며, 그로부터 인물들의 심리를 '추론'하고 '비판적'으로 받아들일 수 있어야 하며, 〈보기〉 및 비평문 등의 도움을 받아 더욱 '창의적'인 생각을 할 수 있어야 하는 것이죠. 이러한 '텍스트 독해력'이 갖춰질 때 비로소 '공감'이라는 '문학 능력'을 탑재할 수 있게 되는 것입니다.

여기서 끝이 아닙니다. 윗글을 보면, 평가원은 서로 '공감'하는 '가치있는 삶과 세계'의 창조에 기초가 되는 능력으로 '상상력'을 제시하고 있어요. 문학 작품을 '독해'하며 그 속에 있는 인물들에게 '공감'하기 위해서는, 기본적으로 작품 속 상황을 '상상'하는 능력이 필요하다는 의미입니다. 시를 읽든 소설을 읽든, 작품 속에 제시된 상황이 머릿속에 그려지는 식으로 '상상력'을 발휘할 수 있어야 진정한 문학의 실력자가 될 수 있는 것이죠. 우리가 영화나 드라마, 웹툰 등 시각적 자극이 있는 매체를 볼 때 인물들에게 더 쉽게 공감할 수 있는 이유가 여기에 있어요. 굳이 '상상'하지 않아도 그 장면을 눈앞에 보여 주니, '공감'하기가 더 쉬워지는 것입니다. 이에 우리는 작품 속 상황을 '상상'하면서 마치 영화나 드라마를 보는 것 같은 느낌을 만들어내는 태도가 필요한 것이에요.

결국 수능 문학은 여러분이 작품에 제시된 텍스트를 바탕으로 상황을 '상상'하며 정확히 읽어낼 '독해력'이 있는지, 그리고 그로부터 인물 및 화자의 상황 · 심정에 '공감'할 수 있는지를 묻는 것입니다. 이 교재는 이제부터 여기서 말하는 '상상력'과 독해력', 그리고 '공감 능력'을 키우기 위한 여러 가지 생각들을 제시할 것이에요. 여러분도 이 목적을 잊지 않은 채로 끝까지 따라와 주시기 바랍니다. 지금까지 배운 내용을 정리해볼까요?

〈 문학의 핵심 : 상황을 상상하며 독해하고, 이를 바탕으로 공감한다. 〉

선지 판단의 대원칙 : 독해하고, 허용 가능성을 평가한다.

그렇다면, '수능 문학을 잘한다.'라는 명제는 어떤 의미를 담고 있을까요? 단순히 다 맞는 것? 앞에서 말한 '공감'을 엄청나게 잘 해내는 것?

이에 대한 정답은 없겠지만, 이 교재에서는 '수능 문학을 잘한다.'를 <EBS의 도움 없이도 꽤 빠른 속도(4지문/20분 중반)로 찜찜함을 남기지 않고 다 맞히는 정도의 실력이 있다.>로 정의합니다. 최근 수능 국어를 분석해보면, 문학의 난이도가 꽤 많이 올라간 상황이에요. 이런 상황에서 무엇보다 중요한 것은 '찜찜함을 남기지 않고'입니다. 수능 문학을 공부하는 과정에서 학생들은, '답은 이거 같긴 한데 사실 정확히 설명을 하기는 어려운' 문제들을 꽤 많이 만나게 됩니다. 그런데 이상하게도 수능날만 되면 이런 문제들이 잔뜩 출제되는 경험을 하게 될 거예요. 한 문제라도 틀리기 싫다는 심리가 발동하는 수능 시험장에서 이런 문제들을 만날 때마다 많은 시간을 쓰게 되고, 결국 정답률과 속도 모두를 챙기지 못하는 최악의 상황을 맞이하게 되죠.

따라서, 우리는 이제부터 '문학에서의 찜찜함 지우기'를 위한 공부를 할 겁니다. 이렇게 공부하면 자연스럽게 속도도 빨라질 거예요. 사실 문학에서 시간을 많이 쓰는 부분은 대부분 '선지에서의 고민'인데, 이 고민 시간이 극적으로 줄어드는 것이니까요. 그럼 시작해봅시다.

먼저 신문 기사 하나 보고 가겠습니다. '미국인도 틀리는 수능 영어?!'와 함께 수능을 비판하는 사람들의 단골 레퍼토리이기도 한 내용입니다. 제가 정말로 싫어하는 기사이기도 한데, 이 파트는 이 기사의 내용이 왜 틀렸는지를 설명하는 방식으로 전개될 것입니다.

OOO 시인 "내 시가 출제됐는데, 나도 모두 틀렸다."

- '모의수능에 단골로 등장하는 작가' 문학교육에 쓴 소리

　OOO 시인이 "내가 쓴 시가 나온 대입 문제를 풀어 봤는데 작가인 내가 모두 틀렸다"고 말했다. ～ 그는 "작가의 의도를 묻는 문제를 진짜 작가가 모른다면 누가 아는 건지 참 미스터리"라며 쓴소리를 했다. ～

아마 관련 내용을 본 적 있으신 분들도 계실 겁니다. 유명 시인이 TV 프로그램에 나와 모의고사에 출제된 본인의 시와 관련된 문제를 풀었고, 모두 틀리자 '시인도 틀리는 수능 문학!'이라는 프레임으로 수능이 무의미한 시험이라는 주장을 펼쳤던 사건이죠.

일단 위의 시인이 푼 문제가 수능 문제도, 평가원 모의평가 문제도 아닌 '교육청 학력평가 문제'였다는 점에서 의미가 없기도 하지만, (그리고 당시 시인이 지문이나 〈보기〉를 읽지도 않고 그냥 풀었다는 점에서 더 의미가 없지만) 그보다 더 중요한 것은 이 비판 속에 수능 문학에 대한 이해가 전혀 담겨 있지 않다는 것입니다. 이를 완전하게 이해할 때, 우리는 수능 문학에 대한 제대로 된 공부를 시작할 수 있어요.

이 내용을 확실하게 이해하기 위해서는, 일단 '문학'이라는 것이 본질적으로 어떤 특징을 가지고 있는지부터 알아봐야 합니다. 차분하게, 하나씩 정리해봅시다.

문학 작품의 해석은 기본적으로 '주관적'인 영역입니다. 하나의 작품이나 단어, 문장에 대해 감상자들마다 '다르게' 생각하고 해석할 여지가 충분하다는 뜻이죠. 그것은 감상자들이 살아온 환경이나 가진 배경지식, 또 감상할 당시의 심리 상태 등이 반영되어 해석이 이루어지기 때문입니다. 잘 와닿지 않는다면 예시를 들어볼까요? 다음과 같은 시구가 있다고 합시다.

내 마음은 호수요.

이 시구를 봤을 때, 여러분은 어떻게 해석이 되시나요? 그러니까, '마음'이 어떻다고 하는 것 같으신가요?

가장 흔하게 나오는 대답은 '내 마음이 넓다'라고 해석하는 것입니다. 교과서에서 흔히 제시하는 가장 보편타당한 해석이기도 하고, 호수의 '넓다'라는 속성을 이용한 훌륭한 해석이라고 할 수 있습니다.

자 그런데, 우리가 흔히 떠올리는 호수의 이미지는 무엇인가요? 푸른 산속에서 노루가 뛰어놀고, 그 산속의 한가운데에 있는 호수, 그 호수에서 물을 마시는 노루들이 뛰어노는 '평화롭고 깨끗한 분위기'. 이 정도의 이미지를 충분히 떠올릴 수 있겠죠? 그래서 이런 이미지를 떠올리며 '마음이 깨끗하다.' 혹은 '마음이 평화롭다.'라는 해석을 했다고 해봅시다.

이제 우리에게는 하나의 시구에 대해 세 가지 해석이 있습니다. 이 세 가지 해석 중, '맞는' 해석은 무엇일까요? 그렇죠. '세 개 다'입니다. 셋 다 호수의 이미지를 생각했을 때 딱히 틀린 게 없는, 충분히 '허용'할 수 있는 해석들입니다. 이렇듯 문학은 기본적으로 다양한 해석이 나올 수 있고, 그 해석을 충분히 허용할 수 있는 '주관적'인 영역입니다.

아니 그런데, 우리가 준비하는 시험은 '수능'입니다. 수능은 어떤 시험인가요? 본질적으로는 학생의 대학수학능력을 '평가'하고 '등급'을 나누기 위한 시험입니다. 등급을 나누기 위한 시험이라면 당연히 '정답'과 '오답'이 있어야 하고, '정답'과 '오답'이 있으려면 또 당연하게 '틀린 선지'가 있어야 합니다.

그런데 앞에서 말한 대로라면, 수능 문학 시험에서 틀린 선지는 없는 것처럼 보입니다. 모든 사람의 주관성을 인정한다면 모든 선지가 다 '허용'할 수 있는, 딱히 틀린 것이 없는 것들이 될 테니까요. 하지만, '객관적 근거를 바탕으로 했을 때 틀린 선지'를 만든다면 이야기가 달라집니다. '해석'이라는 것은 주관적일 수 있더라도, 특정 단어의 사전적 의미 혹은 작품의 주제 및 맥락이라는, 객관적인 '근거'를 기반으로 했을 때 틀린 선지는 누가 뭐라 해도 '틀린 선지'가 될 수밖에 없다는 것이죠.

조금 추상적일 수 있으니, 앞의 예시를 통해 설명해봅시다. 어떤 학생이 '내 마음은 호수요.'라는 시구를 '내 마음이 불타고 있다!'라고 해석했다고 합시다. 이 경우 이 해석은 '틀린' 해석이 되겠죠? 호수는 누가 봐도 '물'인데, 그것을 '불'이라고 표현했으니 '틀린 해석'이 되는 것이죠. '물'의 '사전적 의미'라는 '객관적 근거'가 존재하니까요. (사실 이것도 〈보기〉나 다른 시구에 의해 허용될 수도 있습니다만, 저 시구만 보고서는 절대 허용할 수 없겠죠.)

이해되시나요? 수능 문학 정복을 위해 첫 번째로 갖춰야 할 덕목은, '나의 주관적인 해석'을 선지 판단의 기준으로 삼지 않는 것입니다. 문학은 '주관적'이기 때문에, '나의 해석'이 옳다고 하더라도 '나와 다른 해석'이 틀렸다고 할 수는 없다는 것입니다. 따라서 '나의 주관적인 해석'을 중심으로 문제를 푸는 것이 아니라, '문학'이라고 부르는 '글'을 '상상'하며 읽고 '독해'하며 '객관적인 근거'를 찾은 뒤, 이를 바탕으로 선지 판단에 나서야 한다는 것이죠. 이러한 '선지 판단'의 태도를 세우는 것이야말로, 본격적으로 시나 소설 등에 대해 배우기 전에 꼭 진행해야 할 공부라고 할 수 있습니다. 여러분이 기본적인 '독해력'을 갖추고 있는 학생이라면, 시나 소설의 독해법 등을 배우지 않아도 이 태도만으로도 모든 문제를 풀 수 있습니다. 기억하세요. 뭐라구요?

<h1 align="center">〈수능 문학 공부의 시작은 선지 판단 태도 세우기이다!〉</h1>

앞에서 이야기했듯이, '객관적인 근거'를 바탕으로 선지에 제시된 '해석'을 평가하는 것이 기본적인 선지 판단의 태도입니다. 우리가 먼저 지문을 해석하며 끙끙댈 필요가 없고, '선지'의 형태로 제시된 '해석'의 '허용 가능성'을 평가하는 것이 핵심이라는 것이에요. 여기서 가장 중요한 것은, 각 선지의 해석에 '시비'를 걸지 말고 '허용'하려고 해야 한다는 것입니다. 일단 '허용'하려고 하면서, 그 선지의 해석을 '허용'할 만한 '객관적인 근거'가 지문 속에 존재하는지 확인하는 방식으로 선지 판단에 나서는 것입니다. 만약 선지에 '시비'를 걸면서 그 해석이 틀렸음을 증명하려고 들면, 지문 속의 '객관적인 증거'가 아닌 '나의 주관적인 해석'을 기반으로 선지 판단이 이루어지면서 충분히 허용할 수 있는 해석을 틀렸다고 판단해버릴 수 있다는 것이에요. 예를 들어, 앞의 '내 마음은 깨끗하다'라는 해석에 '시비'를 걸게 되면, '우리 집 앞에 있는 호수는 엄청 더럽던데? 그럼 꼭 깨끗하다고 할 수 없는 거 아닌가?'라는 '나의 주관적인 해석'으로 틀렸다고 판단해버릴 수 있는 거죠. '허용'하려고 마음만 먹으면 충분히 '허용'할 수 있지만, 굳이 '시비'를 걸려고 하니 지문에 없는 정보(더러운 호수도 있다)를 선지 판단의 근거로 끌고 오게 되어 버린 것입니다.

이처럼, 문학 선지를 판단할 때는 기본적으로 '허용'하려는 마음가짐을 가지셔야 합니다. 나아가 정말로 그 선지가 '허용'되는지 '평가'하려는 태도로 문제를 풀어나가야 한다는 거죠. 이 교재에서는 이러한 태도를 아래의 용어로 정의할 것입니다.

<h1 align="center">〈허용 가능성 평가〉</h1>

이 교재에서 끊임없이 등장할 용어입니다. 이 말뜻을 정확하게 인지하시고, 머릿속에 확실하게 넣어둔 채로 공부하셔야 합니다! 아직까지도 확실하게 감이 잡히지 않으신 분들을 위해 가벼운 예시를 또 하나 들어보겠습니다.

민재는 어제 먹은 치킨이 또 먹고 싶다.

더도 말고 덜도 말고 딱 이 내용만 있다고 칩시다. 그리고 아래에는 세 가지 해석이 있습니다.

1. 민재는 지금 배고프다.
2. 민재는 채식주의자다.
3. 민재는 엄마가 보고 싶다.

자 먼저, 이 세 가지 해석의 '허용 가능성'을 '평가'해 보세요. 어떤 선지는 허용되고, 어떤 선지는 허용되지 않을까요? 나름대로 답을 고르기 전엔 다음 페이지로 넘어가지 마세요!

답은 당연히 OXX입니다. 그 이유를 알아 봅시다.

먼저 1번 선지. 지문 그 어디에도 민재가 배고프다는 말은 없습니다. 하지만 우리는 앞에서 일단 '허용'하려는 태도를 갖춘 채로 그 가능성을 '평가'해야 한다는 걸 배웠습니다. '배고프다'라는 해석을 허용할 만한 근거가 있는지 찾기 위해 지문을 '독해'해보니, '치킨이 먹고 싶다'라는 근거가 보입니다. 이를 근거로 하면, '배고프다'라는 해석을 충분히 허용할 수 있을 것으로 보이네요.

그런데 "저는 배 안 고파도 치킨 먹고 싶은 경우가 많은데요?"라는 반박을 하는 경우가 있습니다. 그리고 '민재는 배가 안 고프면서도 치킨을 먹고 싶다고 하는 것이구나! 그럼 틀린 선지네.'와 같은 '주관적인 해석'을 통해 1번 선지를 허용하지 않게 되는 것이죠. 이런 사고과정을 거치는 경우가 바로 선지에 '시비'를 거는 경우입니다. '근거'가 있으니 '허용'하고 넘어가면 되는데, 굳이 '시비'를 걸어 '반대 상황'을 떠올리고, 이를 바탕으로 틀렸다고 판단해버리는 것이죠. 시험장에서 여러분의 '주관적인 해석'은 정말 생각하지도 못한 방향으로, 걷잡을 수 없이 흘러가곤 합니다. 선지에 한 번 '시비'를 걸어버리면, 주어진 시간 내에 그 사고과정을 교정하기가 쉽지 않다는 것이죠. 언제나 '허용'하려는 태도가 중요하다는 것, 확실하게 이해할 수 있겠죠?

하지만 이렇게 '허용'하려는 마음을 먹어도, 도저히 허용할 수 없는 선지들도 있습니다. 바로 2번 선지의 경우겠죠. 이 선지는 절대 허용할 수 없습니다. '채식주의자'를 허용할 만한 근거를 찾기 위해 지문을 독해했더니, '치킨', 즉 '고기'를 먹었다는 '근거'가 존재하고 있네요. 아 '근거'가 있어서 틀린 선지가 되기도 하는 것이네요. 여기서 '채식주의자=고기를 먹지 않는 사람', '치킨=고기'와 같은 '객관적'인 내용이 평가원이 우리에게 요구하는 기본적인 어휘력이라고 할 수 있는 것이죠.

이처럼 지문 속 '근거'를 바탕으로 판단이 가능한 선지들이 대부분이지만, 아예 허용할 만한 근거가 전혀 '없어서' 허용할 수 없는 선지들도 자주 출제됩니다. 3번 선지와 같은 경우입니다. 이 선지는 '엄마를 보고 싶다'라는 내용을 허용할 수 있는 '근거'가 전혀 없기에 허용할 수 없습니다. 저 말을 허용하려면 최소한 '치킨 생각만 하면 이상하게 엄마가 떠오른다' 정도의 내용은 있어야겠죠? 역시 여러분의 '주관적인 생각'과 상관없이 '팩트'에 기반해서 틀린 선지네요.

이렇게 해결하는 것이 바로 '허용 가능성'을 이용한 풀이입니다. 철저하게 지문 속 '근거'를 기반으로 해서, 나의 '머릿속 해석'이 아닌 '독해력'을 기반으로 선지를 판단하는 것이죠. 그런데 여러분은 위의 2번, 3번 선지를 아래와 같은 '머릿속 해석'을 바탕으로 허용해버리는 경우가 많습니다.

2번 선지 : 치킨은 '어제' 먹은 건데... 그럼 민재가 오늘부터 채식주의자가 되기로 했다고 해도 틀린 거 없잖아? 그럼 이거 허용.
→ 지문 그 어디에도, 민재가 오늘부터 채식주의자를 하기로 했다는 내용을 잡아낼 수 있는 '근거'가 없습니다. '근거'가 없으면 허용할 수 없습니다. '오늘부터'라는 본인의 '주관적인 해석'이 개입되었네요. '허용'은 지문 속 '근거'를 기반으로 이루어지는 것이지, 여러분의 주관적인 해석을 바탕으로 '틀린 거 없잖아?'라며 이루어지는 게 아닙니다.

3번 선지 : '치킨을 먹고 싶다.'라... 치킨은 보통 엄마가 사주실테고.. 그럼 민재는 치킨을 먹고 싶으니 그걸 사줄 엄마가 보고 싶다고 해도 틀린 거 없네? 이거 허용.
→ 되게 웃긴 것 같죠? 실제로 많은 학생들이 문제를 풀 때 하는 생각입니다. 이렇게 해놓고 본인은 나름대로 열심히 '해석'을 했는데 틀렸다고 합니다. 제시된 텍스트 그 어디에도 엄마가 치킨을 사준다는 '근거'가 없습니다. 절대로 허용할 수 없어요. 물론 문제를 푸는 상황이 아니라 그냥 하나의 시를 담백하게 감상하는 상황이라면, 이렇게 '머릿속 해석'을 기반으로 읽는 것이 나쁘지는 않습니다. 하지만 우리는 '문학 감상'이 아닌, '수능 문학 공부'를 하고 있다는 걸 잊으시면 안 돼요. 이 시험은 여러분의 '해석 능력'이 아닌, '텍스트에 대한 독해력', 나아가 '공감 능력'을 묻는 시험이니까요.

마지막으로 정리해봅시다. 우리는 기본적으로, '허용하기 위한 근거 찾기'라는 태도에 입각하여 선지를 판단해야 합니다. 그리고 이 과정에서 나의 '머릿속 해석'이 아닌, 철저하게 '지문 속 근거'만을 이용해야 해요.

위의 내용을 정리하면, 평가원의 선지 구성 방식에는 이 3가지가 있다고 할 수 있습니다.

1. 맞다고 할 만한 근거가 있어서 허용 가능.
2. 절대 맞다고 할 수 없는 근거가 있어서 허용 불가능.
3. 맞다고 할 만한 근거가 없어서 허용 불가능.

이 내용을 쉽게 정리하면, "허용하기 위해서는, 반드시 근거가 필요하다."라는 명제로 나타낼 수 있겠네요. 다시 한번, 뭐라구요?

〈허용하기 위해서는, 반드시 근거가 필요하다.〉

그럼 실제 예시를 하나만 들어봅시다. 평가원은 어떤 방식으로 위와 같은 선지들을 만들어 낼까요? 미리 판단해 보고 해설을 읽어 보셔야 해요.

[38~40] 다음 글을 읽고 물음에 답하시오.　　2014.06B

(가)

차디찬 아침인데
묘향산행 승합자동차는 텅 하니 비어서
㉠나이 어린 계집아이 하나가 오른다
옛말속같이 진진초록 새 저고리를 입고
㉡손잔등이 밭고랑처럼 몹시도 터졌다
계집아이는 자성(慈城)으로 간다고 하는데
㉢자성은 예서 삼백오십 리 묘향산 백오십 리
묘향산 어디메서 삼촌이 산다고 한다
㉣새하얗게 얼은 자동차 유리창 밖에
내지인 주재소장 같은 어른과 어린아이 둘이 내
임*을 낸다
계집아이는 운다 느끼며 운다
㉤텅 비인 차 안 한구석에서 어느 한 사람도 눈을
씻는다
계집아이는 몇 해고 내지인 주재소장 집에서
밥을 짓고 걸레를 치고 아이보개를 하면서
이렇게 추운 아침에도 손이 꽁꽁 얼어서
찬물에 걸레를 쳤을 것이다
　　　　　-백석, 「팔원(八院)-서행시초(西行詩抄) 3」-

* 내임 : 냄. '배웅'의 평안 방언.

39 ㉠～㉤에 대한 이해로 적절하지 <u>않은</u> 것은?

① ㉠에서 '어린', '하나'는 화자가 계집아이에게 주목하게 된 계기를 나타낸다.
② ㉡에서 '밭고랑'에 비유된 '손잔등'은 계집아이의 고달픈 삶을 드러낸다.
③ ㉢에서 '삼백오십 리', '백오십 리'는 계집아이의 여정이 고단할 것임을 나타낸다.
④ ㉣에서 '유리창 밖'은 안과 대비되어 육친과 이별하는 계집아이의 슬픔을 강조한다.
⑤ ㉤에서 '눈을 씻는다'는 계집아이에 대한 연민의 정서를 드러낸다.

① '어린' 여자아이가 '혼자' 승합차에 오르고 있습니다. 어린아이가 혼자 다니는 것은 눈이 갈 수밖에 없는 상황이므로, 이를 근거로 하면 화자가 계집아이에게 주목하게 된 계기가 드러난다고 할 수 있겠죠. ➜ 1번 방식

② '손잔등'이 '밭고랑'처럼 다 '터졌다'고 했으니, '손잔등'을 '밭고랑'에 비유했다는 건 쉽게 허용할 수 있겠죠? 나아가 '다 터진 손'을 근거로 하면, '고달픈 삶'을 충분히 허용할 수 있겠습니다. ➜ 1번 방식

③ '삼백오십 리', '백오십 리'면 멀다는 느낌이 확 오죠? 먼 길을 가야 한다는 팩트를 근거로 하면, '고단한 여정'이라는 말도 허용할 수 있겠네요. 여기서 '삼백오십 리면 137km 정도겠지? 서울에서 대전보다 가까운데 뭐가 고단해. 허용 안 해!'와 같은 생각으로 '시비'를 걸면 안 된다는 것도 이해할 수 있겠죠? ➜ 1번 방식

④ '유리창 밖'과 '안'은 말 그대로 '밖↔안'이라는 점에서 대비된다고 할 수 있겠습니다. 이렇게 근거가 있으면 허용하는 겁니다. 그런데, '육친'과 이별한다구요? '육친'은 부모나 형제 같은 피를 나눈 가족을 의미해요. 가족과 이별한다고 하지도 않았고, 오히려 '내지인 주재소장' 같은 어른이 배웅을 한다고 했으니 절대 허용할 수 없겠습니다. '육친'을 몰랐다면 반성하세요. 정확히는 몰라도 최소한 '가족'이라는 의미는 알고 계셨어야 합니다. 이 정도 어휘력은 기본이에요!
➜ '내지인 주재소장'과 이별하는 것이므로, 이를 근거로 '육친'과의 이별은 허용할 수 없다고 본다면 2번 방식
➜ '육친', 즉 '가족'과 이별한다는 근거가 없다고 본다면 3번 방식

⑤ '눈을 씻는다'고 하면 '눈물'을 충분히 연상할 수 있고, 화자가 안타까운 여자아이의 처지에 주목하고 있다는 것을 근거로 하면 '연민의 정서'는 너무 쉽게 허용할 수 있네요. ➜ 1번 방식

조금 감이 잡히시죠? 특히 ④번 선지 해설처럼, 2번 방식과 3번 방식은 사실상 한끗 차이라는 것까지 알아갑시다. 2번 방식 / 3번 방식으로 기계적인 선지 분류를 하는 것이 중요한 게 아니라, '나의 주관적인 해석'을 개입하지 않고 선지 자체를 담백하게 '평가'하는 것이 중요하다는 것이에요! 나아가 '근거'를 잡을 때는 선지에서 물어보는 부분뿐만 아니라 그 '맥락'까지 살피며 '독해'해야 한다는 것까지도 알아갑시다. 앞으로 우리가 할 일은 이렇게 선지들을 '평가'하는 '경험'을 하면서, 평가원은 어디까지를 '근거'로 보고 '허용'하는지 그 범위를 설정하는 겁니다. 어느 순간 이 '범위'가 확실하게 세워진 느낌이 들 때, 문학으로 고민하는 일은 없을 것이에요.

이런 이유로, '수능 문학'을 공부할 때는 '평가원 기출문제'만을 가지고 해 주시는 게 좋습니다. 교육청, 사설 문제 등은 어쩔 수 없이 수능과는 다른 '허용 기준'을 가질 수밖에 없거든요. (문제 질이 떨어진다는 것과는 다른 문제입니다. 그냥 어쩔 수 없는 거예요. 출제진·출제 메커니즘 자체가 다르니까요.) 사설 문제는 여러분이 이 교재에서 말하는 '허용 기준'을 완벽하게 익혔다고 생각될 때, 그때 건드려 주세요. 사설 문제를 풀면서 '이 문제가 왜 수능에 나올 수 있는 문제가 아닌지'를 기출문제를 근거로 설명할 수 있는 경지에 올라야 사설 문제를 푸는 의미가 생깁니다.

그리고 이제, 우리는 맨 처음 봤던 저 기사가 왜 말도 안 되는지 알 수 있습니다. 평가원은 '문학'이라는 텍스트를 바탕으로 우리의 '독해력'을 평가할 뿐입니다. 문학에 능통한 시인이든 교수든, 해당 맥락을 '독해'하고 '허용'하려는 태도가 갖춰지지 않으면 수능 문학 문제를 틀리는 것은 전혀 어색하지 않습니다. 애초에 '작가의 의도'를 물어본 적이 없기에, 진짜 작가여도 충분히 틀릴 수 있다는 것이죠. 수능 문학에 대한 이해가 전무한 상황에서 비판을 하려고 하니, 저런 말도 안 되는 결론이 나올 수밖에 없는 것이었어요.

같은 맥락에서 수능 영어 문제를 외국인이 틀리는 것도 당연히 있을 수 있는 일이 됩니다. 수능 영어에서 묻고자 하는 것은 '영어'를 읽을 수 있느냐가 아닌 '영어로 된 글'을 읽고 '독해'할 수 있는 능력이 있는지이기 때문이죠. '독해력'이 갖춰지지 않았다면, 영어를 아무리 잘해도 틀릴 수 있다는 것이에요. 국어든 영어든, 수능 언어 시험은 각 '언어로 된 글'을 '독해'할 수 있는지를 물어보는 시험인 겁니다. 이걸 잊지 말고 공부해주시기 바랍니다!

오늘은 여기까지 하겠습니다. 첫날부터 꽤 많은 정보들이 들어왔을 거예요. 내일은 오늘 배운 '허용 가능성 평가'를 연습하고, '문학 개념어'의 환상에서 벗어나는 시간을 가져볼 것입니다. 내일 공부를 시작하기 전에 오늘 공부한 내용을 복습하겠다는 약속만 하고 마무리하겠습니다. 고생했습니다.

어제 배웠던 '허용 가능성 평가', 확실하게 복습하셨죠? 이제 다음 기출 선지들을 바탕으로 연습해봅시다. 해당 선지들의 정오 판단은 물론이고, 왜 허용 가능한지, 왜 허용 불가능한지 정확하게 체크해보도록 합시다. 작품에 대한 독해보다는, '선지 판단'에 더 신경을 쓰면서 풀어보세요. 자세한 해설은 해설지에 실려 있습니다. (가끔 선지가 누락된 경우가 있는데, 이는 다른 작품에 대해 묻는 선지여서 삭제한 것입니다. 오타가 아니니 참고해주시기 바랍니다.)

[19~22] 다음 글을 읽고 물음에 답하시오.   2011.06

— (해설 p.008) —

(가)

조금 전까지는 거기 있었는데
어디로 갔나,
㉠밥상은 차려놓고 어디로 갔나,
넘치지지미 맵싸한 냄새가
코를 맵싸하게 하는데
어디로 갔나,
이 사람이 갑자기 왜 말이 없나,
내 목소리는 ㉡메아리가 되어
되돌아온다.
내 목소리만 내 귀에 들린다.
이 사람이 어디 가서 잠시 누웠나,
옆구리 담괴가 다시 도졌나, 아니 아니
㉢이번에는 그게 아닌가 보다.
한 뼘 두 뼘 어둠을 적시며 비가 온다.
혹시나 하고 나는 밖을 기웃거린다.
나는 ㉣풀이 죽는다.
빗발은 한 치 앞을 못 보게 한다.
왠지 느닷없이 그렇게 퍼붓는다.
㉤지금은 어쩔 수가 없다고,

-김춘수, 「강우(降雨)」-

21 (가)의 ㉠~㉤에 대한 설명으로 가장 적절한 것은?

① ㉠은 화자의 마음이 '이 사람'과 함께했던 때와 마찬가지로 평온함을 나타낸다.

② ㉡은 화자와 '이 사람' 사이의 소통을 나타낸 것으로, 화자가 '이 사람'과 공감하고 있음을 나타낸다.

③ ㉢에서 화자는 스스로 던진 질문에 대한 대답을 통해 '이 사람'과 관련된 상황이 그 이전과는 다름을 스스로 인식하고 있다.

④ ㉣에는 존재를 드러내지 않는 '이 사람'에 대한 배신감이 드러나 있다.

⑤ ㉤에는 '이 사람'의 부재를 인정하지 않겠다는 화자의 다짐이 나타난다.

(해설 p.009)

(다)

어머님,
제 예닐곱 살 적 겨울은
목조 적산 가옥 이층 다다미방의
벌거숭이 유리창 깨질 듯 울어 대던 외풍 탓으로
한없이 추웠지요, 밤마다 나는 벌벌 떨면서
아버지 가랭이 사이로 시린 발을 밀어 넣고
그 가슴팍에 벌레처럼 파고들어 얼굴을 묻은 채
겨우 잠이 들곤 했었지요.

요즈음도 추운 밤이면
곁에서 잠든 아이들 이불깃을 덮어 주며
늘 그런 추억으로 마음이 아프고,
[B]　　나를 품어 주던 그 가슴이 이제는 한 줌 뼛가루로
삭아
붉은 흙에 자취 없이 뒤섞여 있음을 생각하면
옛날처럼 나는 다시 아버지 곁에 눕고 싶습니다.

그런데 어머님,
오늘은 영하(零下)의 한강교를 지나면서 문득
나를 품에 안고 추위를 막아 주던
예닐곱 살 적 그 겨울밤의 아버지가
이승의 물로 화신(化身)해 있음을 보았습니다.
품 안에 부드럽고 여린 물살은 무사히 흘러
바다로 가라고,
꽝 꽝 얼어붙은 잔등으로 혹한을 막으며
하얗게 얼음으로 엎드려 있던 아버지,
아버지, 아버지……

　　　　　　　　　　　　-이수익, 「결빙(結氷)의 아버지」-

29 [B]를 중심으로 (다)를 감상한 것으로 적절하지 <u>않은</u> 것은?

① '곁에서 잠든 아이들 이불깃을 덮어 주'는 모습이 '나를 품에 안고 추위를 막아 주던' 모습과 호응하여, 자식을 걱정하는 아버지의 마음이 시적 화자에게로 이어짐을 보여 주는군.

② '늘 그런 추억으로 마음이 아프'다는 것으로 미루어 볼 때, '아버지, 아버지……'에서 아버지의 부재에 대한 시적 화자의 애틋함을 여운으로 남기고 있음을 알 수 있군.

③ '한 줌 뼛가루'의 이미지와 '하얗게 얼음으로 엎드려 있'는 강의 이미지를 연관시켜, 아버지의 모습을 감각적으로 표현하고 있군.

④ '나를 품어 주던 그 가슴'과 '꽝 꽝 얼어붙은 잔등'의 대비를 통하여, 내면의 의도와 반대되는 행동을 보여 주셨던 아버지의 태도를 강조하고 있군.

⑤ '다시 아버지 곁에 눕고 싶'은 현재와 '아버지 가랭이 사이로 시린 발을 밀어 넣'었던 과거를 연결하여, 아버지에 대한 그리움을 담아내고 있군.

— (해설 p.010) —

(가)

　바람도 없는 공중에 수직의 파문을 내이며 고요히 떨어지는 오동잎은 ⊙누구의 발자취입니까

　지리한 장마 끝에 서풍에 몰려가는 ⓛ무서운 검은 구름의 터진 틈으로 언뜻언뜻 보이는 푸른 하늘은 누구의 얼굴입니까

　꽃도 없는 깊은 나무에 푸른 이끼를 거쳐서 옛 탑 위의 고요한 하늘을 스치는 ⓒ알 수 없는 향기는 누구의 입김입니까

　근원은 알지도 못할 곳에서 나서 돌뿌리를 울리고 가늘게 흐르는 작은 시내는 구비구비 누구의 노래입니까

　연꽃 같은 발꿈치로 가이없는 바다를 밟고 옥 같은 손으로 ⓔ끝없는 하늘을 만지면서 떨어지는 날을 곱게 단장하는 저녁놀은 누구의 시입니까

　타고 남은 재가 다시 기름이 됩니다 그칠 줄을 모르고 타는 나의 가슴은 누구의 밤을 지키는 ⓜ약한 등불입니까

　　　　　　　　　　　　-한용운, 「알 수 없어요」-

---

15 〈보기〉를 참고하여 ⊙~ⓜ을 이해한 내용으로 적절하지 <u>않은</u> 것은? [3점]

─────[보기]─────

　「알 수 없어요」를 비롯한 한용운의 시는 '절대자'라는 궁극적 존재를 탐구하는 시이다. 동시에 그것은 역설에 의한 구도자로서의 자기 정립 또는 자기 극복의 시이기도 하다. 「알 수 없어요」에서는 이런 점이 물음의 방식을 통해 강화되어 나타난다.

① ⊙: '바람도 없는 ~ 오동잎'의 이미지와 결합되어, '누구'로 표현된 절대자의 존재 방식을 알려 주는군.
② ⓛ: '푸른 하늘'과 대조되는 것으로, 화자와 절대자 사이의 만남을 가로막는 번뇌와도 같은 것이군.
③ ⓒ: '꽃도 없는 깊은 나무'에서 만들어진 것으로, 절대자의 존재에 대한 화자의 회의적 태도를 드러내는군.
④ ⓔ: '가이없는 바다를 밟고'와 짝을 이루어, 무한 공간에 걸쳐 있는 절대자의 면모를 드러내는군.
⑤ ⓜ: '타고 남은 ~ 됩니다'와 관련되면서, 구도자로서의 자기 정립에 대한 화자의 열망을 역설적으로 드러내는군.

(해설 p.012)

(가)

 아랫도리 다박솔 깔린 산(山) 넘어 큰 산(山) 그 넘엇 산(山) 안 보이어 내 마음 둥둥 구름을 타다.

 우뚝 솟은 산(山), 묵중히 엎드린 산(山), 골골이 장송(長松) 들어섰고, 머루 다랫넝쿨 바위 엉서리에 얽혔고, 샅샅이 떡갈나무 억새풀 우거진 데 너구리, 여우, 사슴, 산(山)토끼, 오소리, 도마뱀, 능구리 등(等), 실로 무수한 짐승을 지니인,

 산(山), 산(山), 산(山)들! 누거만년(累巨萬年) 너희들 침묵(沈默)이 흠뻑 지리함즉 하매,

 산(山)이여! 장차 너희 솟아난 봉우리에, 엎드린 마루에, 확 확 치밀어 오를 화염(火焰)을 내 기다려도 좋으랴?

 핏내를 잊은 여우 이리 등속이 사슴 토끼와 더불어 싸릿순 칡순을 찾아 함께 즐거이 뛰는 날을 믿고 길이 기다려도 좋으랴?

-박두진, 「향현(香峴)」-

35 (가)에 대한 감상으로 적절하지 **않은** 것은? [3점]

① (가)는 산이 '누거만년' 동안 '침묵'하고 있는 것을 '지리함즉하'다고 말함으로써 화자가 마주한 현실이 지향하는 세계와 거리가 있음을 보여 주는 것이겠군.

② (가)의 '내 기다려도 좋으랴'와 관련하여 볼 때 '화염'이 치밀어 오르는 것은 화자가 기대하는 산의 변화를 나타내는 것이겠군.

④ (가)의 '내 마음'이 '둥둥 구름을 타'는 것은 '큰 산', '그 넘엇산'을 바꾸려는 화자의 바람이 이루어지는 과정을 표현한 것이겠군.

⑤ (가)의 '핏내를 잊은 ~ 즐거이 뛰는 날'은 평화로운 세계를 표현한 것으로 볼 수 있겠군.

───── (해설 p.013) ─────

(가)

　향아 너의 고운 얼굴 조석으로 우물가에 비최이던 오래지 않은 옛날로 가자

　수수럭거리는 수수밭 사이 걸찍스런 웃음들 들려 나오며 호미와 바구니를 든 환한 얼굴 그림처럼 나타나던 석양……

　구슬처럼 흘러가는 냇물가 맨발을 담그고 늘어앉아 빨래들을 두드리던 전설같은 풍속으로 돌아가자

　눈동자를 보아라 향아 회올리는 무지갯빛 허울의 눈부심에 넋 빼앗기지 말고
　철따라 푸짐히 두레를 먹던 정자나무 마을로 돌아가자 미끈덩한 **기생충의 생리**와 허식에 인이 배기기 전으로 눈빛 아침처럼 빛나던 우리들의 고향 병들지 않은 젊음으로 찾아 가자꾸나

　향아 허물어질까 두렵노라 얼굴 생김새 맞지 않는 **발돋움의 흉낼랑** 그만 내자
　들국화처럼 소박한 목숨을 가꾸기 위하여 맨발을 벗고 콩바심하던 **차라리 그 미개지에로 가자** 달이 뜨는 명절밤 비단치마를 나부끼며 **떼지어 춤추던** 전설같은 풍속으로 돌아가자 냇물 굽이치는 싱싱한 마음밭으로 돌아가자.

-신동엽, 「향아」-

---

34 〈보기〉를 참고하여 (가)를 감상한 내용으로 적절하지 <u>않은</u> 것은? [3점]

─────[보기]─────

　(가)는 부정적 현실을 비판한 작품이다. (가)는 물질문명의 허위와 병폐에 물들어 가는 공동체가 농경 문화의 전통에 바탕을 두고 건강한 생명력과 순수성을 회복하기를 소망하는 작가 의식을 담고 있다.

① (가)에서 '차라리 그 미개지에로 가자'라는 화자의 권유는 공동체의 터전을 확장하여 순수성을 지켜 나가려는 의식을 보여 주는군.
③ (가)에서 '기생충의 생리'는 자족적인 농경 문화 전통에 반하는 문명의 병폐를 보여 주는군.
④ (가)에서 '발돋움의 흉내'를 낸다는 것은 물질문명에 물들어 가는 상황을 보여 주는군.
⑤ (가)에서 '떼지어 춤추던' 모습은 농경 문화 공동체의 건강한 생명력을 보여 주는군.

(나)

S#4. 윤기준의 방 안 (저녁) (현재)

여행용 케이스에 화사한 남성용 의류와 세면도구 등이 차곡차곡 담겨진다. 챙겨 넣는 손, 잠깐 사라졌다가 다시 담겨지곤 하던 중 액자에 든 남녀 사진 한 틀. (인서트*) 의젓하고 여유 있어 보이는 아내와 윤기준의 나란한 사진. 방에 붙은 욕실에서 나오는 윤기준, 로우브*를 벗는다. 넥타이를 매어 주는 아내의 손에 맡기고 목을 길게 하고 있는 윤기준의 상반신.

윤기준 하필 무진에서 쉬어야 하나? 원…….

아 내 Ⓔ* 당신 요즘 안색 보면 제가 바싹바싹 마르는 것 같아요. 어머님 성묘도 하실 겸 좋지 않아요? 저도 같이 갔으면 좋겠지만 이번 주주 총회 작전에는 아버님 옆에 제가 꼭 붙어서 다녀야 할 것 같으니……. 푹 쉬시다 오시면 대회생제약주식회사의 전무이사님 자리가 기다리구 있을 테구…….

S#5. 같은 방 창밖 풍경 (저녁) (현재)

가로등이 일제히 켜지고 집집마다 불이 켜진 아름다운 저녁 풍경.

(중략)

S#11. 시골 자동차길 (낮) (현재)

도망하듯이 시골의 자갈길을 달리고 있는 버스.

S#12. 버스 안 (낮) (현재)

버스 차창에서 내다보이는 풍경이 주마등 같다. 가로수와 논, 밭 등을 뒤로 휙휙 보낸다. 산 틈으로 지저분한 바다가 보인다.

-김승옥, 「안개」-

* 인서트(Insert) : 삽입된 장면. 장면과 장면 사이에 신문이나 편지, 사진 등이 끼이는 것.
* 로우브 : 길고 품이 넓은 겉옷. 여기서는 목욕 가운.
* Ⓔ : 효과음(Effect). 주로 화면 밖에서의 음향이나 대사에 의한 효과를 말함.

37 〈보기〉를 참고하여 (나)를 이해한 내용으로 가장 적절한 것은? [3점]

[보기]

장면(scene)은 시나리오를 이루는 기본 단위로 일정한 시간과 공간 속에서 일어나는 일련의 행동을 뜻한다. 장면은 주로 시간이나 공간이 변할 때 나뉜다. 구분된 장면들은 서로 연결되면서 행동의 연속성이나 카메라의 위치에 따른 시선의 변화를 통해 영화의 내용을 담아내게 된다. 장면 속에 담긴 여러 표현들은 영상을 구성하는 요소와 의도를 나타내기도 한다.

① S#4에서 인서트된 사진은 인물의 분열된 의식을 보여 주기 위해 선택된 요소이다.
② S#4에서 등장하는 공간과 소품들은 주인공의 경제적 수준을 고려하여 선택된 요소들이다.
③ S#5의 창밖 풍경은 S#4의 공간과 대조되어 인물 간의 갈등을 강화시키고 있다.
④ S#4에서 S#5로의 전환은 방 안의 우울한 분위기가 도시 전체로 확대되고 있음을 보여 준다.
⑤ S#11에서 S#12로의 전환은 카메라의 시선이 버스의 내부에서 외부로 바뀌고 있음을 보여 준다.

딱 여섯 문제였지만, 정말 많은 것을 얻을 수 있었으리라고 생각합니다. 확실하게 자기 것으로 만드셨죠? 이 내용은 앞으로의 공부에서 계속 적용되는 내용일 테니, 감을 잃을 때마다 꺼내 보도록 합시다.

빨리 '허용 가능성 평가'라는 무기를 바탕으로 문제를 풀어 보고 싶은 생각이 드실 겁니다. 진정하세요. 먼저 많이들 어려워하고 오해하는 '문학 개념어'에 대해서 정리하는 시간을 가져보도록 합시다. 어제 배운 내용과 엮어서 공부하면 훨씬 많이 배울 수 있을 거예요. 천천히, '모든 문장을 읽는다'는 생각으로 따라와주세요.

문학 개념어는 존재하지 않는다.

학생들은 문학 개념어를 문학 공부의 시작으로, 아니 어쩌면 가장 중요한 공부로 여기는 경향이 있습니다. 이를 잘 정리하기만 하면 애매하기만 하던 문학이 명쾌해질 것이라고 생각하는 것이죠. 그래서 이상하리만큼 '문학 개념어'에 집착하는 경향이 있습니다. 이미 한 번 정리한 상태여도 또 다른 강의, 교재를 구입하면서 시간과 돈을 낭비하고 있습니다.

하지만 문학 개념어는 절대로 수능 문학 공부의 마스터키가 될 수 없습니다. 일단 너무나 애매합니다. 문학 개념어에 대한 연구는 꽤나 오래전부터 이루어져 왔음에도 불구하고 지금까지도 논란이 많은 파트거든요. 예를 들어 '단호한 어조'라는 개념이 있을 때, 어디까지를 단호한 어조라고 할 수 있을까요? '너는 지금 길을 걷고 있어.'라고 한다면, 이것은 단호한 어조인가요 아닌가요? 단호하다고 하는 사람도, 아니라도 하는 사람도 있을 겁니다. '단호하다'에 대해 명확한 정의가 합의되지 않은 상황이기에, 사람마다 애매하게 판단할 수밖에 없는 것이죠.

또한 체계적으로 정리되어 있지 않습니다. 수능 출제의 기준이 되는 교과서나 EBS 연계교재에서도, 혹은 대학 전공 수업에서도 '문학 개념어'라는 것을 따로 정리하지 않습니다. 애초에 평가원 혹은 그와 비슷한 권위를 가진 기관에서 공식적으로 정리한 내용이 없다는 것이죠. 따라서 많은 강의, 교재에서는 기출문제에 대한 '귀납적'인 분석과 함께, 여기저기 흩어져 있는 논문 등을 취합해 나름대로 정리하는 경우가 많습니다. 물론 이런 결과물은 학생들에게 분명히 도움이 됩니다. 하지만 문학 개념어에 대해 '환상'을 가진 학생들에겐 독약이 될 수가 있습니다. 강의마다, 교재마다 하는 이야기도 다르고, 거기서 제시하는 기준이 너무나 애매하거든요.

결정적으로, 문학 개념어를 공부하는 것이 성적 향상으로 이어지지 않습니다. 수능 문학에서 묻는 것은 결국 '감상력'(공감력)과 '독해력'이기 때문에, 개념어를 열심히 외우고 공부하며 '지식'을 쌓는다고 해서 문제를 맞히는 데 큰 도움이 되지 않는다는 것이죠.

하지만 여러 선지들에서 직·간접적으로 활용되고 있다는 점에서, 그리고 많은 학생들이 스트레스를 받는다는 점에서 마냥 무시하기도 어려운 것이 사실인 파트입니다. 비록 문학에 대한 마스터키가 될 수는 없어도 한 번쯤은 정리를 해야 하는 부분이기에, 이번 파트에서 완벽하게 정리하도록 합시다. 나아가 '문학 개념어'에 대한 환상에서 벗어나도록 합시다.

이 환상에서 벗어나기 위해 먼저, 우리의 공부 목적부터 확실하게 정리합시다. 우리가 공부하는 건 그냥 문학이 아닌, '수능 문학'입니다. '지식'이 아닌 '능력'을 묻는다는 시험의 특징과 함께, 앞에서 이야기했던 요소들을 종합하여 '필연적'으로 생각해 봅시다. 수능에 나오는 문학 개념어는 결국 '사전적 정의'와 같은 뜻을 공유하지 않을까요? '사전'이라는 많은 전문가들의 합의를 통해 만들어진 것이 근거라면 '누가 봐도 납득할 수 있는 내용'이라고 할 수 있으니까요.

따라서 문학 개념어는 대부분 여러분의 '어휘력'으로 커버할 수 있습니다. 예를 들어 '정서의 환기'라는 개념어가 있으면 '환기'의 사전적 정의인 '주의나 여론, 생각 따위를 불러일으킴'에 맞추어 '어떤 정서를 불러일으키는 것을 말하는구나!'라고 판단하면 된다는 것이죠. 물론 이런 사전적 정의를 외우고 다니는 사람은 없겠지만, 우리가 일상에서 사용하는 '환기'라는 단어의 의미 그대로 이해하면 된다는 것입니다. 이런 이유로, 앞에서 보여드렸던 것처럼 평소에 모르는 어휘는 찾아보고 공부하는 습관이 들어 있었다면 문학 개념어에서 무너지는 경우는 거의 없을 것입니다.

물론 이러한 사전적 정의만 가지고 생각했을 때 판단하기 애매한 경우가 있기는 합니다. '색채 대비'가 그런 예시인데, 우리는 '대비'라고 하면 흰색–검은색 혹은 파란색–빨간색처럼 흔히들 '반대'된다고 생각하는 색이 나와야 한다고 생각합니다. 하지만 문학에서는 '흰색–초록색'처럼 통상적으로 '대비'된다고 인식되지 않는 색들이 함께 제시되는 경우에도 '색채 대비'로 인정을 합니다. 이렇게 애매하다고 생각할 수 있는 용어들, 혹은 조금 더 정확하게 알고 있는 것이 좋은 용어들의 의미에 대해서는 어느 정도 합의가 필요합니다. 다행히 교과서 및 수많은 기출문제들을 통해 그러한 용어들의 의미에 대해서는 합의가 된 상태이기 때문에, 명확한 기준을 잡고 정리할 수 있습니다.

개인적으로는, 이번 파트에서 '문학 개념어'에 대해 확실하게 정리하시고, 다시는 '문학 개념어' 공부를 하지 않는 것을 권하고 싶습니다. 헷갈리는 부분이 나올 때마다 여기로 돌아와서 가볍게 확인하는 정도로만 넘어가시면 됩니다. 이 파트를 잘 따라오시면, '문학 개념어'의 환상이 얼마나 무의미한 것인지 깨닫게 되면서, 결국 〈문학 개념어는 존재하지 않는다.〉는 결론에 이르시게 될 것입니다. 나아가 평소에 공부하다가 판단이 어려운 용어들이 나올 때, '내가 모르는 문학 개념어'가 아닌 '사전적 정의로부터 뜻을 유추할 수 있는 용어'로 파악하는 습관을 가지게 될 것입니다.

이번 파트에서는 '문학 개념어의 환상'에서 벗어나기 위해 다음과 같은 순서로 공부를 하게 됩니다.

1. 현재 교육과정에 따른 시험이었던 최근 5개년 기출 선지들을 바탕으로, 기본적인 용어에 대한 학습
2. 소위 '문학 개념어 문제'라고 불리는 문제의 대처법 확립 + 수능 문학의 본질적인 물음 파악
3. 과거 기출 선지들을 바탕으로, 꼭 알아야 하는 용어의 의미 학습
4. 내 손으로 만드는 문학 개념어 사전 완성

단순히 사전식으로 이 개념은 이런 뜻이다~의 구성이 아니라, 쭉 읽으면 충분히 납득할 수 있게끔 유기적으로 구성했습니다. 꼼꼼하게 읽고 납득하면서 따라와주세요.

Tip

'문학 개념어'에 대해 스스로 공부하실 때는, 틀린 선지보다는 '맞는 선지'에 주목하시는 게 좋습니다. '맞는 선지'에 대한 근거는 곧 평가원이 제시한 '문학 개념어'의 예시가 되지만, 틀린 선지의 내용은 정확히 어떤 부분이 틀린 것인지 '공식적으로' 알 방법이 없어 주관적 정리를 할 수밖에 없으니까요. 이처럼 '수능 문학' 공부에서 가장 중요한 부분 중 하나는 '평가원이 제시한 기준 잡기'입니다. 나의 상상력, 선생님의 주관적인 의견이 아닌, 평가원에서 제시한(정확히는 일반적으로 문학에서 인정하는) 객관적인 기준에 주목하는 태도를 세웁시다.

일상에서의 의미 그대로 이해한다.

앞에서 계속해서 설명했듯이, 우리가 '문학 개념어'라고 부르는 것들은 사실 일상에서 사용하는 단어의 의미 그대로 파악할 수 있는 것들입니다. 최근 5개년 기출 선지들을 보면서 설명해보겠습니다. 굵은 글씨들은 우리가 흔히 '문학 개념어'라고 부르는 것들인데, 사실 일상에서 사용하는 해당 단어의 의미 그대로 파악하면 어렵지 않게 이해할 수 있어요.

① 자연물의 속성에 주목하여 **교훈적** 의미를 전달하고 있다. (2022.06)

> ➜ 말 그대로 '교훈적'인 의미가 있으면 됩니다. 사전적 의미를 바탕으로, 앞으로의 행동이나 생활에 지침이 될 만한 것을 가르치는 느낌이 있으면 되는 거예요. 즉, '이렇게 살아야 해!'라는 주제 의식이 있다면 허용할 수 있는 것입니다.

① (가)는 (나)와 달리 과정을 나타내는 시어들을 나열하여 **시간의 급박한 흐름**을 드러내고 있다. (2022.06)

> ➜ '얼마나 급박해야 하나요?'와 같은 질문을 하실 필요가 없습니다. 문학에서만 사용하는 '급박함'이라는 것이 존재하는 것도 아니고, 여러분이 보기에 급박하다면 웬만하면 맞을 거예요. 누군가가 보기에는 급박하고 누군가가 보기에는 급박하지 않은 상황은 절대 이 선지의 근거로 제시될 수 없을 것이니까요. 뒤에서 더 자세히 설명하겠지만, 사실 <u>이런 선지는 결국 '화자or서술자의 심정'을 바탕으로 판단하시는 게 핵심입니다.</u> 화자나 서술자가 급박한 마음을 가지고 있다면 당연히 '시간의 급박한 흐름'이 드러나게끔 서술할 것이니까요.

① **간접 인용**을 통해 인물의 행적을 서술하고 있다. (2022.09)
① 대화 내용을 **간접 인용**으로 서술하며 인물을 비판하고 있다. (2026.06)
③ **직접 인용 표현**과 **간접 인용 표현**을 혼용하여 특정 인물의 생각을 드러내고 있다. (2026.09)
④ 인물의 **외양 묘사**를 통해 **개성적** 면모를 부각하고 있다. (2022.09)
① 대구 표현으로 **외양을** 묘사하여 대상의 처지를 드러낸다. (2025.11)
① 공감각적 심상을 활용하여 대상의 **외양을** 묘사하고 있다. (2026.06)
② (나)에서는 현실에 대한 부정적 인식을 바탕으로 앞날에 대한 **회의**를 드러내고 있다. (2022.11)
④ (가), (다)에서는 모두 자연물이 쇠락하는 과정을 제시하여 인생에 대한 **무상감**을 드러내고 있다. (2022.11)
⑤ (가), (나), (다)에서는 모두 자연과의 교감을 통해 장소에 대한 **낙관적** 전망을 이끌어 내고 있다. (2022.11)
③ 동시적 사건들의 **병치**로 사건에 대한 서로 다른 관점을 드러내고 있다. (2022.11)
② 계절감이 드러난 소재를 **대등하게 나열**해 시상을 전개하고 있다. (2022.11)

> ➜ '직접/간접 인용', '외양 묘사', '개성적', '회의', '무상감', '낙관적', '병치', '대등하게 나열'이라는 단어를 모르는 분들은 안 계시겠죠? 몰랐다면 꼭 그 뜻을 찾아 보세요. 그 의미 그대로 판단하시면 됩니다.

③ 과거와 현재를 교차하여 사건을 **입체적**으로 전개하고 있다. (2023.06)

> ➜ 역시 '입체적'이라는 단어의 의미 그대로, '여러 각도에서 종합적으로 파악하는 느낌'이 있으면 됩니다. 만약 이 선지가 말하는 것처럼 정말로 과거와 현재를 교차했다면, 과거와 현재라는 여러 각도에서 사건을 종합적으로 파악하는 것이니 '입체적'이라고 할 수 있겠죠.

⑤ 두 공간에서 동시에 일어나는 사건을 **병렬적**으로 배치하고 있다. (2023.06)
③ 동시에 진행되는 사건을 **병렬**하여 인물의 상반된 태도를 드러내고 있다. (2026.06)

> ➜ '병렬적'이라는 단어의 의미 그대로, 나란히 늘어서는 방식으로 서술되어 있으면 허용할 수 있습니다. 여러 가지 독립적인 사건들이 나란히 늘어설 때, '병렬적'이라고 할 수 있는 것이죠.

④ **초월적** 공간을 설정하여 고조된 감정을 드러내고 있다. (2023.06)

> ➜ '초월적'이라는 것은 우리의 한계를 뛰어넘는다는 의미입니다. 문학에서는 일반적으로 비현실적 공간에서 많이 사용하는 말이죠. 우리가 일상생활에서 경험할 수 있을 것이라 기대하지 못하는 사건이 일어나는 공간을 의미한다고 보시면 됩니다.

① (가)는 과거를 회상하며 현실을 **관망**하는 태도를 드러내고 있다. (2023.06)

④ (나)는 사물을 **관조**함으로써, (다)는 세태를 **관망**함으로써 주제 의식을 부각한다. (2024.11)

② 계절의 변화를 제시하여 삶에 대한 **관조적 태도**를 드러내고 있다. (2026.06)

➜ '관망'은 '관조'와 비슷한 의미로, 어떠한 자아가 외부 세계를 '있는 그대로' 바라보는 것을 의미합니다. 외부 세계에 자아의 감정이나 생각 등을 전혀 개입시키지 않은 채 지켜보기만 할 때 허용되는 개념인 것이죠. 뒤에서 또 설명하겠지만, <u>문학은 기본적으로 자아의 감정이나 생각을 드러내는 것입니다.</u> 따라서 '관망'이나 '관조'가 포함된 선지는 적절한 선지가 되기 매우 어려워요.

④ (가)와 (나)는 모두 동일한 시구의 **반복과 변주**를 통해 시적 분위기를 고조하고 있다. (2023.06)

③ 동일한 구절의 **반복과 변주**를 통해 상황의 반전을 표현한다. (2025.11)

➜ 시는 일종의 노래라고 할 수 있습니다. 그래서 '여러 가지로 변형하여 연주한다'는 의미의 '변주'라는 단어를 쓰기도 하는 것이에요. 즉, '변주'는 단어의 의미 그대로 시구의 '변화'가 있을 때 허용할 수 있는 개념인 것이죠. 그래서 위 선지들처럼 '반복과 변주'라는 표현으로 세트처럼 제시되는 경우가 많아요.

⑤ (가)는 위로하는 어조로, (나)는 충고하는 어조로 **시적 청자**에게 말을 건네고 있다. (2023.06)

➜ 말 그대로 '시적/청자'입니다. 시 속에 있는 '청자'인 것이에요. 실제로 누군가가 존재하는지가 중요한 게 아니라, 시에서 화자가 설정한 '청자'가 있으면 허용할 수 있습니다.

④ **예스러운 종결 표현**으로 **고풍스러운 느낌**을 자아내고 있다. (2023.09)

① 시간의 순서를 뒤바꾸어 이야기의 **인과 관계를 재구성**하고 있다. (2023.09)

➜ '예스럽다', '고풍스럽다', '인과 관계', '재구성' 등의 단어는 당연히 알고 있죠?

② 유사한 사건을 반복해서 제시하며 **서술의 초점을 분산**시키고 있다. (2023.09)

➜ 단어의 의미 그대로, '서술'의 '초점'을 '분산'시키는 것입니다. 만약 이 선지가 말하는 것처럼 '유사한 사건을 반복해서 제시'하면, 해당 사건으로 '서술'의 '초점'이 '집중'된다고 할 수 있겠죠? 따라서 이 선지는 지문 내용과 무관하게 무조건 틀린 선지입니다. <u>이렇게 '선지 내 논리'에 문제가 있어 지문 내용과 무관하게 무조건 틀린 선지들이 가끔 등장하니 알아둡시다.</u>

④ 감각적인 배경 묘사를 통해 인물의 행동이 전개되는 상황의 **낭만적 분위기**를 부각하고 있다. (2023.11)

➜ 앞에서 봤던 '시간의 급박한 흐름'과 비슷합니다. 얼마나 '낭만적'이어야 하는지가 중요한 것이 아니라, 화자나 서술자의 심리가 '낭만적 분위기'에 어울리는지가 중요합니다.

③ 현실을 통찰하며 **관용적 삶**에 대한 지향을 보여 주고 있다. (2023.11)

➜ 역시 '관용'이라는 단어의 의미 그대로 파악하시면 됩니다.

① **시간 표지**를 활용하여 사건의 추이를 드러낸다. (2024.06)

➜ '표지'(표시나 특징으로 어떤 사물을 다른 것과 구별하게 함.)라는 단어의 의미를 바탕으로 하면, '시간'을 드러내는 '표시'나 '특징'을 의미한다고 할 수 있겠습니다. '한 달', '2시간 뒤', '이틀 전' 등의 표현이 이에 해당하죠.

① [A]는 자연물을 대상화하여 그 자연물에 **역동성**을 부여하고 있다. (2024.06)

⑤ 공간의 이동에 따라 내용을 전개하여 **역동적 분위기**를 강화한다. (2025.11)

➜ 말 그대로 '힘차고 활발하게 움직이는 것'입니다. 그런데 얼마나 힘차고 활발해야 하는지 중요하지 않습니다. 그냥 '움직임'만 있으면 허용할 수 있습니다.

③ 말을 건네는 방식을 사용하여 주제 의식을 심화하고 있다. (2024.09)

① (가)는 명시적 청자에게 말을 건네는 방식으로 화자의 감정을 드러낸다. (2024.11)

① 말을 건네는 방식을 통해 화자의 요구를 전달하고 있다. (2025.09)

➡ 어설프게 공부한 학생들은 '말을 건네는 방식'을 보면 '대화체', '대화적 어조', '대화적 구성' 등의 개념이 떠오르실 겁니다. 그렇게 공부할 때마다 헷갈리게 정리하지 마시고, 그냥 단어의 의미 그대로 '말을 건네는 방식'으로 이해하시면 됩니다. '해요체'를 사용하거나, 누군가를 부르거나 하는 경우에 허용할 수 있는 내용입니다.

⑤ 말을 주고받는 방식을 사용하여 의인화된 대상과의 교감을 나타내고 있다. (2026.06)

④ 대화를 주고받는 장면을 제시하여 인물 간의 갈등이 심화되는 양상을 보여 주고 있다. (2026.09)

➡ 한편, 말이나 대화를 '주고받는' 방식이라면 당연하게도 상대방의 '대답'까지 필요하겠죠? 이렇게 단어의 의미 그대로, 상식적으로 판단하시면 됩니다.

① 하강적 이미지를 활용하여 시간의 흐름을 보여 준다. (2025.11)

➡ 역시 단어의 의미 그대로 '하강'하는 '이미지'가 있는지 찾으면 됩니다. '떨어지다', '기울다', '해가 진다'와 같은 표현들을 예시로 들 수 있겠죠?

③ (다)는 서로 다른 관점을 대비하여, 글쓴이가 주목한 세태에 대한 **냉소적 태도**를 드러내고 있다. (2026.09)

➡ '냉소적 태도'는 '쌀쌀한 태도로 업신여기어 비웃는 태도'라는 뜻입니다. 기본적으로 대상을 부정적으로 바라보는 가운데 비웃는 느낌까지 있으면 허용되는 것이겠죠?

이 설명들을 외우는 식으로 공부하시면 안 됩니다. '납득'하셔야 합니다. 어차피 지금 외워봤자 나중에 또 만나면 까먹게 되어 있습니다. 다시 강조합니다. 외우지 말고 '납득'하세요. 정말로 일상에서 사용하는 의미 그대로 파악하면 된다는 것을 계속해서 인식하는 것이 중요합니다.

몇몇 용어의 의미에 대한 합의

이처럼 기본적으로는 '일상에서 사용하는 의미' 그대로 파악하면 되지만, 몇 가지 용어들은 조금 정확하게 알아 두실 필요가 있습니다. 이 교재의 해설을 정확하게 이해하기 위해서라도, 몇몇 용어들의 의미는 확실하게 합의해두도록 합시다. 이번에도 최근 5개년 기출 선지들을 바탕으로 공부해보겠습니다.

화자

먼저 예시를 들 필요도 없이 정말 많은 선지들에 등장하는 '화자'에 대해 이해해봅시다. '화자'의 사전적 의미는 '이야기를 하는 사람'입니다. 이러한 의미를 바탕으로 하면, 기본적으로 '화자'는 '시 속에서 이야기를 하는 주체'라고 할 수 있을 것 같아요. 사실 이 정도로만 이해하셔도 충분해요.

그런데, 일반적으로 '시'는, 아니 사실 '문학'은 작가의 감정이나 정서를 드러낸 작품을 의미합니다. 이때 작가는 본인이 직접 나서기도 하고, 누군가를 내세우기도 하면서 감정이나 정서를 드러내는데, 이때 앞으로 나서는 주체를 '화자'라고 부를 수 있습니다. 다시 말해서, '화자'는 '시 속에서 감정이나 정서를 드러내기 위한 이야기를 하는 작가 혹은 제3자'라고 정의할 수 있어요. 이와 관련해서는 뒤에서 더 자세히 다룰 것이니, 이 정도로만 정리하도록 합시다.

한편, 흔히 '수필'이라고 부르는 '교술' 장르에서는 작가가 직접 자신의 생각을 전달합니다. 따라서 수필에서는 '화자'라는 표현 대신 '글쓴이'라는 표현을 사용해요.

서술자

시에 '화자'가 있다면, 소설에는 '서술자'가 있습니다. '서술자'는 기본적으로 '소설 속에서 이야기를 하는 주체'라고 할 수 있어요. '화자'와 그 의미가 비슷하죠? 그래서 '서술자' 역시 '화자'라고 부를 수도 있습니다. 하지만 소설은 시에 비해 '서술성'이 더 강하기 때문에, '화자' 대신 '서술자'라는 표현을 사용하는 것이죠.

① **이야기 내부의** 서술자가 인물의 행동을 객관적으로 서술하고 있다. (2022.06)
② **이야기 내부의** 서술자가 인물에 대한 평가를 관념적으로 서술하고 있다. (2022.06)
③ **이야기 외부의** 서술자가 인물의 체험을 바탕으로 사건의 배경을 실감나게 서술하고 있다. (2022.06)
④ **이야기 외부의** 서술자가 인물의 회상을 중심으로 사건의 전개를 지연시키며 서술하고 있다. (2022.06)
⑤ **이야기 외부의** 서술자가 인물의 내면을 묘사하여 인물 간의 갈등이 지속되고 있음을 서술하고 있다. (2022.06)
② **이야기 외부의** 서술자를 통해 인물에 대한 주관적 평가를 직접적으로 밝히고 있다. (2026.09)

그런데, 이 선지들을 보시면 아시겠지만 '서술자'는 '이야기 내부'에 있을 수도, '이야기 외부'에 있을 수도 있습니다. 전자의 경우에는 말 그대로 소설 속 이야기 내부에 있는 누군가를 '서술자'로 내세우는 경우입니다. 일반적으로 '나'라는 표현으로 등장하죠. 한편 후자의 경우, 말 그대로 소설 속 이야기 외부에 있는 누군가가 '서술자'인 경우입니다. 시의 작가가 직접 나서서 '화자'가 되는 것처럼, 소설의 작가가 직접 나서서 '서술자'가 되는 경우가 있는 것이죠.

그리고, 서술자가 이야기 내부에 있는지/외부에 있는지를 기준으로 '시점'을 나눌 수 있습니다. 이를 정리하면 다음과 같아요.

1인칭 시점	주인공 : 서술자가 주인공. '나'라는 표현이 등장하고, 소설이 '나'의 심리 위주로 진행되는 경우
	관찰자 : 서술자가 주변 인물. '나'라는 표현이 등장하지만 '나'가 심리 상태를 잘 알지 못하는 다른 인물을 관찰하기만 함

3인칭 시점	관찰자 : 작중 인물이 아닌 서술자가 등장. 관찰만 할 수 있어서 인물들의 심리 상태, 그 이유 등을 잘 알지 못함.
	전지적 : 작중 인물이 아닌 서술자가 등장. 전지전능하므로 모든 인물들의 심리 상태와 이유 등을 알고 있음.

사실 '시점' 개념은 깊게 들어가면 정말 복잡한데, 딱 이 정도만 알고 계시면 됩니다. 사실 아예 모르고 있어도 큰 문제는 없어요. 2015개정 교육과정에서는 3인칭 '관찰자' 시점을 자세하게 다루지도 않을 만큼 이런 구분을 중요하게 보고 있지 않고, 일상에서 사용하는 '1인칭', '3인칭', '주인공', '관찰자', '전지적'이라는 말의 의미를 바탕으로 하면 어렵지 않게 이해할 수 있으니까요. 중요한 것은 '서술자'가 이야기 내부/외부 모두에 있을 수 있다는 것을 아는 것입니다.

(소설에서의) 인물

 ② 이야기 내부 인물이 자신의 내면을 진술하고 있다. (2022.09)
 ① 중심인물이 알지 못하는 사건을 제시해 긴장감을 조성하고 있다. (2022.11)
 ④ 공간의 이동에 따른 인물의 경험을 다른 인물의 시선을 통해 서술하고 있다. (2023.09)
 ⑤ 사건에 대한 중심인물의 내적 반응을 중심인물 자신의 목소리를 통해 제시하고 있다. (2023.09)
 ③ 주변 인물이 알고 있는 사례를 근거로 주요 인물에 대해 상반된 평가를 내리게 하고 있다. (2023.11)
 ③ 중심인물의 반복적인 동작을 강조하여 내적 갈등을 표면화한다. (2024.06)
 ④ 서술자가 풍자적 어조를 활용하여 중심인물에 대한 비판적 입장을 드러낸다. (2024.06)
 ⑤ 서술자가 중심인물의 시선에 의존하여 사건의 양상을 제한적으로 나타낸다. (2024.06)
 ① 서술자가 특정 인물의 시선에 의존하여 사건의 전모를 제한적으로 전달하고 있다. (2026.09)

다음 선지들을 보시면, '서술자'라는 표현 외에도 '인물'이라는 표현이 제시되고 있다는 것을 알 수 있습니다. 일단 '인물' 역시 일상에서 사용하는 '등장인물'의 의미로 파악하시면 됩니다. 여기에 1인칭 시점, 즉 '서술자'가 이야기 내부에 있는 경우에는 '서술자' 역시 '인물'이 될 수 있다는 것도 생각할 수 있겠죠.

또한, 위의 선지들에서 확인할 수 있듯이 '인물'은 '중심인물'(주요 인물)과 '주변 인물'로 나누어집니다. '중심인물'은 말 그대로 주인공인데, <u>엄밀하게는 '서술자의 주요 서술 대상'을 의미해요.</u> '서술자'가 이야기 내부에 있든 외부에 있든, 심리 및 성격, 관련 사건 등을 집중적으로 설명하는 인물이 '중심인물'입니다. 자연스럽게 그렇지 않은 인물은 '주변 인물'이 되겠죠?

내면세계

 ⑤ 이야기 외부의 서술자가 인물의 내면을 묘사하여 인물 간의 갈등이 지속되고 있음을 서술하고 있다. (2022.06)

앞에서도 봤던 선지인데, 이 선지에는 '내면'이라는 표현이 제시되어 있습니다. 사실 '내면'이라는 표현이 선지에 직접적으로 제시되는 경우는 많지 않지만, 다른 여러 개념들을 이해하기 위해 꼭 알아두셔야 합니다.

앞에서 '화자'를 정의할 때, '시 속에서 감정이나 정서를 드러내기 위한 이야기를 하는 작가 혹은 제3자'라는 표현을 썼습니다. '화자'는 감정이나 정서를 드러내는 역할을 한다고 했고, 이렇게 감정이나 정서를 드러내는 것이 시를 넘어 '문학' 자체의 정의라고 했어요. 이때, 이 감정이나 정서의 주체를 <u>'자아'라고 부릅니다.</u> 여러분도 저도, 모두 감정과 정서를 가지는 '자아'라고 할 수 있어요. 이러한 '자아'는 기본적으로 '외부 세계'에 존재하는 대상들을 인식하는데, 이때 아무런 생각없이 대상을 '있는 그대로' 인식하기보다는(관망·관조) 자신의 '내면세계'에 비추어 '외부 세계'를 인식해요. 이처럼 '자아'가 <u>'외부 세계'를 인식하는 기준이 되는 자신의 주관적 감정·정서의 틀을 '내면세계'라고 부릅니다.</u> '자아'의 '내면'에 있는 또다른 '세계'라는 의미로 이해하시면 될 것 같아요.

나아가, '자아'가 '외부 세계'가 아닌 자신의 '내면세계'를 인식하는 경우가 있습니다. 이것을 <u>'성찰'</u>이라고 부릅니다. '성찰'이라고 하면 잘못한 것을 깨닫고 후회하고 하는 것을 떠올릴 수 있는데, 그게 아니라 '자아'가 '내면세계'를 들여다보는 것 자체를 '성찰'이라고 하는 것입니다. '성찰'의 결과 과거의 일을 떠올릴 수도 있고,(회상) 지나온 인생의 무의미함을 깨달을 수도 있고,(회의) 자신의 행동이나 생각에 과오가 있다는 것을 깨달을 수도 있고,(반성) 자신의 삶이 꽤 괜찮다는 느낌을 받을 수도 있는 것입니다.(자부)

이때 중요한 것은, '자아'는 '외부 세계'든 '내면세계'든 항상 어떠한 세계를 인식하고 있다는 것입니다. 그것을 통해 자신의 '내면세계'를 드러내거나 깨닫는 것이 문학의 역할인 것이죠. 다시 정리하면, 문학의 작가는 화자나 서술자를 내세워 '자아'의 '내면세계'를 표현합니다. 결국 '자아'의 '내면세계'를 정확히 파악하는 것이 문학의 핵심이라고 할 수 있는 것이에요. 따라서 문학에서 '자아의 내면세계'는 곧 '주제'라고 할 수 있습니다. 어제 배웠던 '독해와 허용 가능성 평가'라는 태도 역시 '자아의 내면세계'를 파악한다는 대전제 속에서 사용해야 한다는 것이죠.

아래 선지에서 굵은 글씨를 한 부분이 바로 '자아의 내면세계'를 표현하는 선지들입니다. 해당 표현들이 '자아'의 어떤 감정이나 정서를 표현하는지 생각하면서, 가볍게 눈에 익히시기 바랍니다.

② 설의적 표현을 통해 추구하고자 하는 삶의 태도를 제시하고 있다. (2022.06)
② [B]는 단어를 반복하는 구절을 행마다 사용하여 화자가 주목하는 각 계절의 특성을 강조하였다. (2022.09)
① (가)에서는 현실적인 문제 해결의 실마리로 조화로운 공동체의 모습을 제시하고 있다. (2022.11)
② (나)에서는 현실에 대한 부정적 인식을 바탕으로 앞날에 대한 회의를 드러내고 있다. (2022.11)
④ (가), (다)에서는 모두 자연물이 쇠락하는 과정을 제시하여 인생에 대한 무상감을 드러내고 있다. (2022.11)
⑤ (가), (나), (다)에서는 모두 자연과의 교감을 통해 장소에 대한 낙관적 전망을 이끌어 내고 있다. (2022.11)
② 자연과 인간의 대비를 통해 세태를 비판하고 있다. (2023.06)
② 과거를 회상하는 방식으로 현재의 의미를 나타내고 있다. (2023.09)
③ 영탄적인 어조로 대상에서 촉발된 인상을 표현하고 있다. (2023.09)
② ㉡은 자연 경물을 '너'로 지칭하여 관계를 맺음으로써 이들과 동화하려는 의지를 표출하고 있다. (2023.09)
④ ㉣은 명령형 어미를 사용하여 '아이'가 해야 할 행동을 제시함으로써 자연 경물에 대한 인식의 변화를 촉구하고 있다. (2023.09)
⑤ ㉤은 유사한 놀이를 즐겼던 과거 인물과 비교함으로써 화자의 자긍심을 드러내고 있다. (2023.09)
② 부정적인 현실을 비판하며 좌절을 극복하려는 의지를 부각하고 있다. (2023.11)
② 주어진 현실에 순응하는 모습을 통해 중심 제재를 바라보는 비관적 태도를 암시하고 있다. (2023.11)
③ 풍경을 관조적으로 응시하는 시선으로 중심 제재의 외적 아름다움을 표현하고 있다. (2023.11)
④ 인간의 행위에 대한 우호적 관점을 토대로 중심 제재의 심미적 속성을 강조하고 있다. (2023.11)
⑤ 장소에 대한 부정적 인식을 심화하여 중심 제재와의 정서적 거리를 부각하고 있다. (2023.11)
③ (가)와 (나)는 모두, 사라져 가는 대상에 대한 화자의 안타까움을 드러낸다. (2024.11)
① (가)는 과거를 회상하는 표현을 통해 현재 상황에 대한 아쉬움을 드러내고 있다. (2024.11)
③ (나)는 계절을 나타내는 어휘를 활용해 애달픈 정서를 부각하고 있다. (2024.11)
② 대상을 의인화하여 화자와 자연의 유대감을 나타내고 있다. (2025.09)
④ 물음의 방식을 활용하여 대상에 대한 친밀감을 표현하고 있다. (2025.09)
② 자연물에 빗대어 부정적 현실의 극복 가능성을 암시한다. (2025.11)
③ 구체적 행위를 통해 대상의 유한한 속성에 대한 아쉬움을 드러낸다. (2026.09)
④ 대상의 이면적 가치에 주목하여 태도 변화에 대한 의지를 드러낸다. (2026.09)
⑤ 공간의 이동 과정에서 탈속적 가치의 지향이 심화되는 모습이 나타난다. (2026.09)

나아가, 아래의 선지들은 모두 적절한 것을 고르라는 문제의 '정답 선지'로 제시된 선지들입니다. 하나같이 '자아의 내면세계' 자체를 묻고 있다는 것을 알 수 있을 것입니다.

③ (다)에서는 자연과 인간의 관계를 살펴 자연을 바라보는 인간의 태도에 대한 성찰을 드러내고 있다. (2022.11)
④ 한 인물과 다른 인물들 간의 다면적 갈등 관계를 제시하고 있다. (2023.06)
① 대상에 주목하여 대상과 관련된 가치를 추구하는 자세를 나타내고 있다. (2023.11)

① 사물의 모습에 대한 긍정적 인식을 바탕으로 중심 제재에 대한 예찬적 태도를 드러내고 있다. (2023.11)

⑤ [E]는 비유적 표현을 통해 자신의 행동을 돌아보는 글쓴이의 상태를 부각하고 있다. (2024.06)

⑤ (가)와 (나)는 모두, 자연물에 화자의 정서를 투영함으로써 대상에 대한 친밀감을 드러내고 있다. (2025.06)

③ 자연물의 모습에 주목하여 자연에 대한 친화적 태도를 드러내고 있다. (2026.06)

② 현재의 상황을 바탕으로 미래에 대한 바람을 드러낸다. (2026.09)

이처럼 '자아의 내면세계'와 직결되는 내용은 정답 선지로 제시되는 경우가 많습니다. 흔히 '문학 개념어 문제'라고 부르는 문제를 해결할 때, 해당 지문 속 '자아의 내면세계'를 읊어주는 선지는 정답일 가능성이 매우 높으니 먼저 체크하는 습관을 들이도록 합시다. '주제' 그 자체를 읊어준다는 것은 답이 될 가능성이 매우 높다는 것을 시사하니까요.

갈등

⑤ 이야기 외부의 서술자가 인물의 내면을 묘사하여 인물 간의 갈등이 지속되고 있음을 서술하고 있다. (2022.06)

③ 과거 회상을 통해 인물 간의 갈등을 심화하고 있다. (2022.09)

⑤ 상대를 달리하여 벌이는 인물의 행동을 서술하여 점진적으로 심화되는 갈등을 묘사하고 있다. (2022.11)

① 시를 삽입하여 인물 간의 갈등 양상이 구체화되는 상황을 드러내고 있다. (2023.11)

② 앞날의 일을 가정하여 인물 간 갈등의 심화를 암시한다. (2024.06)

③ 인물에 대한 논평을 활용하여 갈등의 해소 방안을 제시한다. (2024.06)

④ 인물의 회상을 통해 인물 간 갈등의 원인을 암시하고 있다. (2024.11)

⑤ ⓔ는 갈등의 양상을 감추어, 건네받는 인물이 상대의 진의를 파악할 수 없도록 기능하는 소재이다. (2026.06)

④ 대화를 주고받는 장면을 제시하여 인물 간의 갈등이 심화되는 양상을 보여 주고 있다. (2026.09)

이번에는 소설에서 자주 등장하는 '갈등'에 대해서 정리해봅시다. '갈등'의 사전적 의미는 '소설이나 희곡에서, 등장인물 사이에 일어나는 대립과 충돌 또는 등장인물과 환경 사이의 모순과 대립을 이르는 말.'입니다. 크게 두 가지로 나누면, 다음과 같이 정리할 수 있겠네요.

1) 등장인물 사이에 일어나는 대립과 충돌
2) 등장인물과 환경 사이의 모순과 대립

이러한 '갈등' 개념은 앞에서 배운 '내면세계' 개념을 통해 이해할 수 있습니다. 먼저 '갈등'의 의미 중 1)의 경우, '등장인물 간의 내면세계가 대립되거나 충돌하는 경우'로 이해하시면 됩니다. 서로의 생각이 정반대거나, 생각 및 감정이 직접적으로 충돌하는 경우를 1)의 '갈등'이라고 할 수 있습니다. 직접적으로 충돌하는 경우 외에도, 그저 서로 생각 및 감정이 다르다는 것을 인지하고 있는 경우에도 '갈등'이라는 표현을 쓸 수 있습니다. 중요한 것은, 1)의 '갈등' 개념은 '서로' 충돌해야 한다는 것입니다. 한 명이 일방적으로 싫어하는 경우에는 1)의 '갈등'이라고 보기 어렵습니다. (사실 논란의 여지가 있는 부분이지만, 그냥 이렇게 이해하고 넘어가는 걸 권해드립니다.)

한편, 2)의 '갈등'은 등장인물의 '내면세계'가 현실 환경과 대립될 때 발생하는 것입니다. 등장인물은 자유를 원하는데 현실은 그렇지 못하거나, 등장인물은 너무 힘든데 현실은 아무렇지 않게 돌아가는 모습 등에서 주로 나타납니다. 1)과 2)의 경우, 등장인물이 '외적'인 인물이나 현실과 '갈등'한다는 의미에서 '외적 갈등'이라고 부릅니다.

'외적 갈등'이 있다는 것은, '내적 갈등'이 있다는 의미도 되겠죠?

④ 화자가 자신을 객관화하는 표현을 내세워 **내적 갈등**에 대한 공감을 유도하고 있다. (2022.06)
② 독백을 반복하여 **내적 갈등**의 해결 과정을 드러내고 있다. (2023.06)
① 인물의 행위를 사실적으로 그려 내어 **내적 갈등**을 표면화하고 있다. (2025.09)

'외적 갈등'과 달리 '내적 갈등'은 주로 시에서 나타나는데, '자아의 내면세계' 속에서 '갈등'이 있을 때 '내적 갈등'이라고 부릅니다. 아주 간단하게 설명하면, '내적 갈등'은 '괴로움' 정도로 이해할 수 있습니다. 물론 엄밀하지는 않습니다. '괴로움'을 느끼지 않더라도, '자아'가 바라는 자신의 모습과 현실의 모습이 다를 때(이상과 현실의 괴리), '자아의 내면세계' 속에서 대비되는 두 가지 감정이 공존하고 있을 때 등도 모두 '내적 갈등'으로 인정할 수 있거든요. 이 정도로 설명하면 '외적 갈등'의 2)와 '내적 갈등'이 어떻게 다르냐는 질문이 들어올 것 같은데, 사실상 같다고 봐도 무방합니다. 정확히는 크게 구분할 필요가 없습니다. 어차피 수능 문학 문제의 핵심은 '자아의 내면세계'를 정확히 파악했느냐는 것이지, 문학 용어를 완벽하게 이해하고 있느냐는 것이 아니거든요.

어쨌든, 일반적으로 시에서 나타나는 '내적 갈등'은 '화자의 내면세계 속 충돌'로 이해하시면 됩니다. 많은 문제를 풀다 보면 감을 잡으실 수 있을 거예요. 해설에서도 반복해서 설명할 것이니 지금 완벽하게 이해되지 않는다고 너무 걱정할 필요는 없습니다.

참고로, 처음 '갈등'에 대한 선지들을 보여 드릴 때 '심화'라는 용어에도 굵은 글씨가 되어 있는 것을 발견하셨을 겁니다. '심화'라는 용어도 자주 등장하는 용어인데, 말 그대로 '깊어지는 것'의 의미로 파악하시면 됩니다. 이것이 애매하기 때문에, 평가원에서는 일반적으로 같은 내면세계가 '반복'될 때 '심화'라는 표현을 사용합니다. 어떠한 감정이나 생각이 '반복'되면 그 감정이나 생각이 '깊어지는 것'으로 볼 수 있으니까요. 하나의 팁으로 알아두시면 될 것 같습니다.

회상

④ 이야기 외부의 서술자가 인물의 **회상**을 중심으로 사건의 전개를 지연시키며 서술하고 있다. (2022.06)
③ 과거 **회상**을 통해 인물 간의 갈등을 심화하고 있다. (2022.09)
① (가)는 과거를 **회상**하며 현실을 관망하는 태도를 드러내고 있다. (2023.06)
② 과거를 **회상**하는 방식으로 현재의 의미를 나타내고 있다. (2023.09)
① **회상 장면**을 병치하여 사건의 흐름을 반전시킨다. (2024.06)
④ 과거의 **장면**을 **회상**하여 현재 상황에 대한 원인을 포착하고 있다. (2024.09)
④ 인물의 **회상**을 통해 인물 간 갈등의 원인을 암시하고 있다. (2024.11)

앞에서 '성찰'이라는 개념을 설명하면서 제시했던 개념입니다. 거기서도 설명했듯이, '회상'은 '자아의 내면세계를 들여다보는 성찰의 결과 과거의 일을 떠올리는 것'이라고 할 수 있어요. 이때 중요한 것은 과거의 구체적인 '장면'을 떠올려야 한다는 것입니다. '장면'이라는 개념은 머릿속으로 상상할 수 있는 구체적인 상황을 의미하는데, 단순히 '옛날 생각이 난다.' 정도가 아니라 '옛날에 민재와 함께 물놀이 갔던 그날이 생각난다.'와 같은 표현이 있어야 '회상'을 허용할 수 있습니다. 사전적 의미를 봐도, '지난 일'을 돌이켜 생각한다는 의미이기 때문에 구체적인 일, 구체적인 '장면'을 떠올려야 한다는 것을 꼭 알아두도록 합시다.

성격

① 배경 묘사를 통해 인물의 **성격** 변화를 암시하고 있다. (2023.06)
④ 인물의 내력을 요약적으로 제시하여 **성격**의 변화를 보여 준다. (2024.06)
⑤ 인물의 **성격**을 고사에 빗대어 사건을 새로운 국면으로 전환한다. (2024.06)

소설에서 주로 사용되는 개념인 '성격'입니다. 소설에서 '성격'은 인물의 '특징' 자체를 의미한다고 보시면 됩니다. 단순히 '착하다/악독하다'와 같은 품성과 관련된 것 외에도 '예쁘다/손이 크다'처럼 그 인물의 고유한 '특징'에 해당하는 것이면 모두 '성격'이라고 할 수 있습니다. 이 '성격'은 생각보다 넓은 범위로, 인물의 모든 행위/생각은 그 인물의 '성격'을 드러낸다고 할 수 있습니다. 예를 들어 '민재는 그의 소식을 듣고 눈물을 흘렸다.'라는 표현이 있으면, '민재는 공감을 잘하는 성격이다.'라고 할 수 있는 것이죠.

표현법

시에는 '자아의 내면세계'를 더 풍부하게 드러내기 위한 여러 가지 표현법이 있습니다. 이러한 표현법들에 대해서는 정확히 알고 계실 필요가 있어요. 평가원에서 출제하는 표현법은 어느 정도 정해져 있기 때문에, 일단 이 정도로만 정리하고 새로운 표현법을 만날 때마다 다시 또 정리하는 식으로 공부하시면 될 것 같습니다.

⑤ [B], [C]는 **대구**를 활용하여 **리듬감**을 형성하였다. (2022.09)
① ㉠은 **대구**를 통해 자연 경물의 모습을 제시함으로써 한적한 분위기를 조성하고 있다. (2023.09)
⑤ (가)와 (나)는 모두 **대구**를 사용하여 대조적 대상의 속성을 드러내고 있다. (2024.09)
② (가)는 동일한 색채어를, (나)는 **유사한 문장 구조를 반복적으로 제시**하며 시상을 전개한다. (2024.11)
② (가)는 (나)와 달리, **대구적 표현**을 활용하여 인물에 대한 태도의 변화를 드러내고 있다. (2025.06)
① **대구 표현**으로 외양을 묘사하여 대상의 처지를 드러낸다. (2025.11)

먼저 자주 등장하는 '대구법'입니다. '비슷한' 시구, 문장 형식을 나열하는 것을 말합니다. 예를 들어, '나에게 돌아오기가 어렵고 힘든 걸 알아 / 이제 더는 상처받기가 두렵고 싫은 걸 알아'라는 노래 가사는 '~가 ~고 ~ 한 걸 알아.'라는 문장 형식을 반복하는 방식의 '대구법'을 활용한 것이라고 할 수 있습니다. 중요한 것은 '비슷한'입니다. 아예 동일하지 않아도, 어느 정도 비슷하다고 여겨지는 문장 형식이 있으면 '대구'를 허용할 수 있습니다. 이 정도면 눈치 채셨겠지만, '얼마나 비슷해야 하나요?'라는 질문은 의미 없습니다. 충분히 비슷하다고 느껴질 때만 출제하기 때문에, 기출문제를 풀면서 감을 잡으시면 됩니다.

③ (나)는 반복적인 표현을 제시하면서 쉼표를 사용하여 **리듬감을 형성**한다. (2024.06)

나아가, '대구법'처럼 '반복'되는 느낌을 주는 표현법은 반드시 '리듬감'을 형성합니다. 앞에서 '심화' 역시 '반복'이라고 말씀 드렸는데, '심화'는 '내면세계의 반복'이라면 '리듬감'은 '단어 및 문장 구조의 반복'을 의미한다고 보시면 됩니다.

③ 영탄적인 어조로 대상에서 촉발된 인상을 표현하고 있다. (2023.09)
① (가)는 **영탄적 표현**을 통해 인물에 대한 그리움을 드러내고 있다. (2024.09)
⑤ (가)와 (나)는 모두 **영탄적 표현**을 통해 대상에 대한 경외감을 드러내고 있다. (2024.11)
④ **영탄적 어조**로 대상에 대한 '나'의 경외감을 드러내고 있다. (2025.09)
② **영탄적 어조**를 통해 대상에 대한 그리움을 부각하고 있다. (2026.06)

다음은 '영탄법'입니다. '영탄법'의 사전적 정의는 '감탄사나 감탄 조사 따위를 이용하여 감정을 강하게 나타내는 수사법'입니다. 핵심은 '감정을 강하게 나타내는' 것이에요. '아아, 어와, 어즈버' 등과 같은 감탄사를 쓰는 경우가 대표적인데, 이렇게 누가 봐도 '영탄법'임을 알 수 있는 경우 외에도 '감탄형 종결어미'(-로다, -노라, -구나, -ㄴ가 등)를 사용하는 경우 역시 '영탄법'임을 알고 계셔야 합니다. 다시 강조하지만, 핵심은 '감정을 강하게 나타내는' 것입니다. 이 느낌이 오면 어렵지 않게 '영탄법'을 발견할 수 있을 겁니다.

② **설의적 표현**을 통해 추구하고자 하는 삶의 태도를 제시하고 있다. (2022.06)
① **설의적 표현**을 사용하여 인물의 정서를 강조하고 있다. (2024.09)

'영탄법'의 대표적인 예시에는 '설의법'도 있습니다. '설의법'은 물음의 형태를 취하지만, 진짜로 무언가 궁금해서 묻는 것이 아니라 자신의 감정 및 생각을 강조하기 위해 사용하는 표현법입니다. 예를 들어 '와 저 옷 왜 저렇게 예쁘지?'라고 하면, 정말로 옷이 예쁜 이유를 묻는 것이 아니라 옷이 예쁘다는 자신의 생각을 강조하는 말이라고 할 수 있습니다. 이러한 '설의법' 역시 '감정을 강하게 나타내는' 것이기 때문에, '영탄법'의 일종이라고 할 수 있는 것입니다. 벤다이어그램을 그리면서 정리하기보다는, '감정을 강하게 나타내는' 것이라는 포인트에 맞춰서 납득하시기 바랍니다.

④ [D]는 **점층적인 표현**으로 앞으로 해야 할 일의 중요성을 환기하고 있다. (2024.06)

'점층법' 역시 자주 출제되는 표현법입니다. '점층법'은 문장에서 말하고자 하는 바를 점점 심화시키는 표현법입니다. 예를 들어 '개천 – 강 – 바다' 혹은 '한국 – 지구 – 우주'의 순서대로 서술하는 경우 '점층법'이 사용되었다고 할 수 있습니다. 혹은 '눈→떨어진 눈→마당 위에 떨어진 눈'처럼 어떤 대상의 의미를 더 깊게 '심화'시키는 경우에도 '점층법'이 사용되었다고 할 수 있어요.

일반적으로 '점층법'은 말하고자 하는 바의 범위가 점점 넓어지는 경우를 통칭하는데, 이와 반대되어 말하고자 하는 바의 범위가 점점 좁아지는 '점강법'도 있습니다. '세상 사람들→우리나라 사람들→우리 가족'과 같은 식으로 서술하면, 이때는 '점강법'이 쓰였다고 할 수 있겠죠? 그런데 '점강법' 역시 말하고자 하는 바를 점점 '심화'시키는 표현법이라는 점에서, (반복되니까요!) '점층법'의 하나로 볼 수 있습니다. 애초에 '점층법 / 점강법'이라는 표현보다는 위 선지처럼 '점층적인 표현'과 같은 표현을 더 많이 사용하니, '말하고자 하는 바를 점점 심화시킨다'는 '점층법'의 정의를 정확하게 알고 계시기 바랍니다.

① (가)와 (나)는 모두 **공감각적 표현**을 통해 계절적 배경을 나타내고 있다. (2022예시)
① **공감각적 심상**을 활용하여 대상의 외양을 묘사하고 있다. (2026.06)

'공감각적 표현'은 하나의 감각적 심상을 다른 종류의 감각으로 전이하는 것입니다. 예를 들어, '푸른 종소리'라는 표현은 청각적 이미지(종소리)를 시각적 이미지(푸른)로 전이시켜, 귀에 들리는 '종소리'를 마치 눈에 보이는 것처럼 풍부하게 표현하고 있습니다. 사실 '공감각적 표현'이 맞는 선지로 출제되는 경우는 거의 없기는 하지만, 개념은 확실하게 알아두시기 바랍니다. 핵심은 서로 다른 종류의 감각으로 '전이'시키는 것입니다.

이와 구분되는 개념으로 '복합 감각적 심상'이라는 것도 있습니다. 사실 평가원 시험에 출제된 적이 거의 없는 표현이기는 한데, '공감각적 표현'과 엮어서 알아두도록 합시다. '술 익는 마을마다 타는 저녁놀'이라는 표현은 후각적 이미지(술 익는)와 시각적 이미지(저녁놀)라는 두 가지 감각적 이미지가 등장하지만 '공감각적 표현'이라고 볼 수는 없습니다. '공감각적 표현'의 핵심은 '감각의 전이'인데, 이 표현은 단순히 후각과 시각을 함께 나열했을 뿐, '전이'시키고 있지 않기 때문이죠. 이렇게 여러 가지 감각적 이미지를 단순히 나열하기만 하는 경우 '복합 감각적 심상'이 쓰였다고 합니다. 다만 '술 익는 저녁놀'과 같은 표현을 쓴다면 이것은 '공감각적 표현'이라고 할 수 있겠죠?

② (가)와 (나)는 모두 **반어적 표현**을 사용하여 화자의 비판적 태도를 나타내고 있다. (2022예시)
③ (나)는 (가)와 달리, **반어적 표현**을 활용하여 인물에 대한 기대감을 높이고 있다. (2025.06)

마지막은 '반어법'입니다. 앞에서 배운 내용을 바탕으로 설명하면, '반어법'은 '내면세계와 반대되는 말을 하는 표현법'으로 정의할 수 있습니다. 형제들끼리 싸우는 모습을 보고 '집안 꼴 잘 돌아간다~'라고 하면, 이는 그 집안의 상황이 좋지 않다고 생각하는 '내면세계'를 가지고 있음에도 '잘 돌아간다'는 말을 하는 것이기에 '반어법'이라고 할 수 있습니다.

그리고 이 예시에서 볼 수 있듯이, 일반적으로 '반어법'은 대상을 냉소적으로 비판하는 경우에 주로 사용되기 때문에 '자아의 내면세계' 자체를 표현하는 문학에서는 잘 쓰이지 않습니다. 다만, 대상을 냉소적으로 비판하는 내면세계가 주제로 제시되는 경우에는, '반어법'이 쓰였을 확률이 높겠죠? 위의 선지도 '반어적 표현'을 화자의 '비판적 태도'와 엮어서 물어보고 있는 모습입니다.

이 외에도 더 많은 표현법들이 있습니다만, 최근 5개년 동안 출제된 적이 없기 때문에 설명드리지 못했습니다. 그만큼 평가원이 표현법 자체를 묻는 문제의 출제는 지양한다는 것을 알 수 있겠죠? 뒤에서 과거 기출 선지들을 통해 중요한 표현법들은 따로 정리해드리겠습니다.

음성 상징어

③ [C]는 두 대상을 발음이 비슷한 **의태어**로 표현하여 움직이는 모습의 유사성을 드러내었다. (2022.09)
③ (가)와 (나)는 모두 **음성 상징어**를 활용하여 상상 세계의 경이로움을 나타내고 있다. (2023.06)
② (나)는 음성 상징어를 통해 인물의 역동성을 드러내고 있다. (2024.09)

의외로 자주 출제되는 '음성 상징어'입니다. '음성 상징어'는 말 그대로 '음성'으로 어떤 대상을 '상징'하는 '언'어'를 말하는데, 쉽게 생각해서 '의성어'와 '의태어'를 포함하는 개념이라고 보시면 됩니다. '의성어'는 특정한 소리를 흉내내는 말입니다. '꼬끼오', '쩝쩝', '부릉부릉' 같은 표현들이 이에 해당하죠. 한편 '의태어'는 특정한 움직임이나 상태를 흉내내는 말입니다. '깡총깡총', '야금야금', '싱글벙글' 같은 표현이 이에 해당합니다. 이러한 표현들은 '자아의 내면세계'나 화자를 둘러싼 상황을 더욱 풍부하게 설명해 주기 때문에, 의외로 자주 사용되니 확실하게 알아둡시다.

가상 / 환상적

⑤ **가상**의 상황을 제시하여 **환상적** 분위기를 강화하고 있다. (2023.11)
⑤ **가상**의 상황을 설정하여 현실에 대한 긍정적 인식을 이끌어내고 있다. (2024.09)
① ⓐ는 **환상적** 분위기를 조성하여, 새롭게 등장하는 존재에 대한 인물의 주의를 환기하는 소재이다. (2026.06)

특히 고전소설에서 자주 출제되는 '가상'과 '환상적'이라는 용어의 의미도 정리해봅시다. 먼저 '가상'은 말 그대로 '가상'입니다. 실제로 일어날 수 있는 일이든, 상상 속에서만 가능한 일이든 '현실에서 일어나지 않은 일'을 가정하면 모두 '가상'의 상황이라고 할 수 있어요. '너랑 결혼하면 내가 정말 잘해줄게!'라는 표현이나,(실제로 결혼하는 것이 가능하지만, 현실에서는 아직 결혼하지 않음.) '하늘의 별을 딸 수 있다면 너에게 줄 텐데'와 같은 표현(하늘의 별을 따는 것은 상상 속에서만 가능한 일이라, 현실에서 일어나지 않은 일에 속함)은 모두 '가상'의 상황을 설정한 것이라고 할 수 있어요.

한편, '환상적'이라는 표현은 '비현실적'으로 바꿔서 이해할 수 있습니다. '환상의 나라 에버랜드' 같은 이미지를 떠올리시면 안 돼요! '가상'의 상황 중에서 '상상 속에서만 가능한 일'을 다루는 개념이 바로 '환상적'이라는 표현이에요. 문학 문제를 풀다가 '환상적'이라는 표현을 만나면, '비현실적'으로 바꿔서 생각하면 판단이 쉬울 것입니다.

구체적

② 사물의 세부를 **구체적**으로 묘사하여 장면의 **현장성**을 강화한다. (2024.06)
③ 공간적 배경을 **구체적**으로 묘사하여 인물이 처한 상황을 드러내고 있다. (2025.09)

'구체적'으로 묘사한다는 것은 일반적으로 '감각적'으로 묘사한다는 의미입니다. 시각적, 청각적, 촉각적, 후각적, 미각적 이미지를 바탕으로 묘사하면 허용됩니다. 나아가 '구체적 묘사'가 있으면, 장면의 '현장성'도 당연히 강화될 것입니다. 현장의 분위기를 '감각적'으로 표현하니까요.

이 정도만 알아도 특정한 용어의 의미 때문에 고민하는 일은 거의 없을 것이라고 봅니다. 이 외에도 알아야 하는 것들은 뒤에서 다 설명해드릴 테니, 일단 이 정도만 확실하게 정리합시다.

거시적인 선지가 정답일 가능성이 높다.

지금까지, '문학 개념어'라고 불리는 것들은 사실 일상에서 사용하는 어휘의 의미 그대로 파악하면 되는 것이고, 몇몇 용어들의 의미에 대해서만 정확히 합의가 되어 있으면 된다는 이야기를 했습니다. 하지만 이걸 알고 있다고 해도, 결국 지문 속에서 해당 개념들을 찾아야 한다는 점에서 '문학 개념어' 문제는 부담스럽기만 합니다. 시간이 촉박한 시험장에서 선지에서 묻는 개념들을 하나하나 찾는 것은 결코 쉽지 않으니까요.

그런데, 계속해서 강조했듯이 수능 문학에서 묻고자 하는 것은 결국 '상상력'과 '독해력'을 바탕으로 인물의 '내면세계'에 '공감'할 수 있느냐는 것이지, 세세한 개념어를 하나하나 다 알고 있느냐는 것이 아닙니다. 실제로 평가원은 소위 '문학 개념어 문제'의 정답 선지를 아주 '거시적'인 범위에서 제시하는 모습을 보이고 있어요. '거시적'이라는 것이 조금 애매하기는 하지만, 몇 가지 기준을 바탕으로 정리해봅시다.

다음은 최근 5개년 이전, 소위 '문학 개념어 문제'의 정답 선지로 제시된 선지들입니다.

④ 감각적 심상을 통해 **화자의 현재 상황**을 나타내고 있다. (2011.06)
① **자연물**과의 관계를 통해 **화자의 현재 상황**을 제시한다. (2011.09)
④ **대상**을 딱하게 여기는 **화자의 마음**이 드러난다. (2011.11)
⑤ **시적 대상**의 의미를 **대비**하여 **주제**를 드러내고 있다. (2012.06)
② **삶의 자세에 대한 견해**를 드러내고 있다. (2012.09)
⑤ 친숙한 **사물**을 통해 **화자의 마음**이 향하는 **공간**을 환기하고 있다. (2012.11)
④ **소재**에 상징적 의미를 부여하여 **주제 의식**을 부각하고 있다. (2013.06)
③ **공간의 대비**를 통해 **지향하는 가치**를 드러내고 있다. (2013.09)
⑤ **유사한 어구를 반복**하여 **시적 상황**을 부각한다. (2013.11)
① **대상**에 대한 **관찰**을 통해 **시상**을 전개하고 있다. (2014.06B)
① **대상의 부재**에서 느끼는 **안타까움**이 드러나 있다. (2014.11AB)
③ **계절감**을 주는 어휘로 **시적 분위기**를 조성하고 있다. (2015.06A)
③ **비유적 표현**을 활용하여 **공간에 대한 인식**을 드러내고 있다. (2015.06B)
④ **색감**을 드러내는 시어를 활용하여 **대상**을 선명한 이미지로 제시하고 있다. (2016.06AB)
② **색채어**를 통해 새롭게 나타난 것들의 **가치**를 강조하고 있다. (2016.09AB)
④ **삶의 태도에 대한 경계와 권고**의 의도를 드러내고 있다. (2018.06)
① **인간의 삶**과 **공간의 의미**를 연결 지어 **주제 의식**을 구체화하고 있다. (2019.06)
① **의문형 어미**를 활용하여 **화자의 정서**를 강조하고 있다. (2019.09)
① **시간과 관련된 표지**를 제시하여 **시적 분위기**를 조성하고 있다. (2019.11)
① **대조적 소재**를 통해 **삶에 대한 글쓴이의 인식**을 드러내고 있다. (2020.06)
⑤ **자연물**을 통하여 **시간적 배경**을 시각적으로 드러내고 있다. (2020.09)

감이 좋은 학생들은, 굵은 글씨를 중심으로 선지를 보면 무언가 비슷한 내용들이 반복된다는 것을 느끼실 것입니다. 이 내용들이 바로 '거시적'인 범위의 내용들이에요. 정확히 어떤 것들이 있는지, 최근 5개년 기출 선지들을 통해 다시 정리해봅시다.

'주제 의식'이 포함된 선지

③ (가)와 (나)는 모두 화자와 소재 사이의 대립적 관계를 바탕으로 **주제 의식**을 제시하고 있다. (2022예시)

③ 대상과의 문답을 통해 **주제 의식**을 **부각**하고 있다. (2023.06)

② (나)는 상징성을 띤 사건의 전개를 통해 **주제**를 암시하고 있다. (2023.06)

③ 말을 건네는 방식을 사용하여 **주제 의식**을 심화하고 있다. (2024.09)

① (가)는 열거의 방식을, (나)는 대조의 방식을 활용하여 **주제**를 부각하고 있다. (2025.06)

② (나)는 대상을 한정하는 어휘들을 사용하여 **주제 의식**을 **강조**하고 있다. (2025.06)

③ 중심 소재를 반복적으로 제시하여 **주제 의식**을 드러내고 있다. (2026.06)

④ (가)는 유사한 통사 구조를 반복하여, (나)는 동일한 시어를 반복하여 **주제 의식**을 부각하고 있다. (2026.09)

어떠한 내용, 표현을 통해 '주제 의식'을 제시/부각/암시/심화/강조한다는 내용입니다. 이렇게 '주제 의식'이라는 표현이 있는 선지는 '거시적'인 범위의 선지라고 할 수 있습니다. 물론 '주제 의식'이라는 표현이 있다고 해서 무조건 맞는 선지는 아니지만, 이런 선지는 답이 될 가능성이 상당히 높은, 매우 '거시적'인 범위의 선지이기 때문에 우선적으로 판단하는 식의 태도를 가지는 게 좋습니다.

이와 비슷한 맥락의 표현은 '시상을 전개', '시적 분위기를 조성'과 같은 표현이 있습니다. 어떠한 작품의 모든 표현은 주제 의식을 부각하고, 시상을 전개하고, 시적 분위기를 조성하는 역할을 합니다. 즉, <u>이런 표현 자체는 '무조건 맞는 말'이라고 할 수 있으니, 고민할 필요도 없는 거예요.</u> 이런 표현을 제외한 나머지 부분만 판단하시면 됩니다. 그렇기 때문에 이런 표현들이 포함된 선지가 '거시적'이고, '답의 후보'라고 할 수 있는 것입니다.

'내면세계'가 포함된 선지

④ (가)와 (나)는 모두 하강의 이미지가 담긴 시어를 활용하여 **화자의 인식**을 드러내고 있다. (2022.06)

⑤ (가)와 (나)는 모두 표면에 드러난 청자에게 말을 건네는 방식으로 **화자의 정서**를 드러내고 있다. (2022.06)

① 설의적 표현을 사용하여 **인물의 정서**를 **강조**하고 있다. (2024.09)

③ (가)는 (나)와 달리, 공간의 이동에 따라 포착된 사물을 통해 **화자의 태도**를 드러내고 있다. (2025.06)

앞에서 '내면세계'라는 용어의 의미를 정리하면서, '자아의 내면세계'가 곧 문학 작품의 '주제'라고 했습니다. 그리고 바로 앞에서는 '주제'를 드러낸다는 표현이 있는 선지는 답이 될 가능성이 매우 높은 '거시적'인 범위의 선지라고 했어요. 이를 종합하면, '자아의 내면세계'(인식·정서·태도)를 드러내고 있다는 선지 역시 '무조건 맞는 말'이라고 할 수 있습니다. 문학 작품이라면 당연한 것이니까요. 따라서 이러한 내용이 담겨 있는 선지는 '거시적'인 범위의 선지라고 할 수 있기에, 우선적으로 판단하는 것이 좋습니다.

'화자의 상황'이 포함된 선지

⑤ **계절**을 드러내는 **시어**를 사용하여 시기에 부합하는 자연의 모습을 구체화하고 있다. (2022.06)

④ 특정 **계절**을 배경으로 제시해 **화자의 처지**를 **부각**하고 있다. (2022.11)

⑤ **시간**을 **나타내는** 표현을 활용하여 내용을 전개하고 있다. (2023.06)

⑤ **계절감**을 드러내는 **표현**으로 시간의 경과를 보여 주고 있다. (2023.09)

④ **계절감**을 활용하여 환경의 다양한 변화를 표현하고 있다. (2023.11)

④ (가)와 (나)는 모두, **계절적 배경**을 활용하여 향토적 분위기를 조성하고 있다. (2025.06)

'화자의 내면세계'는 화자를 둘러싸고 있는 '상황'을 통해 만들어집니다. 따라서 모든 시는 화자의 '상황'이 포함되어 있다고 할 수 있어요. 이렇게 '상황'을 만드는 요소에는 '계절을 드러내는 시어', '시간을 나타내는 표현' 등이 있습니다. 이런 내용이 포함된 선지는 답일 가능성이 높은, '거시적'인 범위의 선지이니 우선적으로 판단하는 습관을 들이는 게 좋습니다.

결국 화자의 '상황'에 따른 '내면세계'가 문학의 '주제 의식'이기 때문에, 평가원은 이런 부분을 건드리는 선지들을 주로 정답 선지로 제시하는 것입니다.

운문이라면 당연한 선지

이 외에도, 운문이라면 당연히 있을 법한 내용을 담고 있는 선지 역시 '거시적'인 범위의 선지라고 할 수 있습니다. 말 그대로 당연히 있을 법한 내용이니, 그런 내용이 포함된 선지가 정답일 가능성이 높은 것이죠. 어떤 것들이 있는지 알아볼까요?

> ③ (나)는 (가)와 달리 **색채어**를 활용하여 공간적 배경이 만들어내는 분위기를 드러내고 있다. (2022.06)
> ② (가)는 동일한 **색채어**를, (나)는 유사한 문장 구조를 반복적으로 제시하며 시상을 전개한다. (2024.11)

'색채어'는 '빨간', '노오란' 등 특정한 색깔을 직접적으로 드러내는 경우 허용되는 개념입니다. 그런데 '묘사'를 통해 화자의 '내면세계'를 드러내는 것이 핵심인 시의 특징을 고려할 때, '색채어'가 사용되는 경우는 아주 많습니다. 물론 아닌 경우도 많기 때문에 꼭 확인해야 하지만, 일단 답의 후보가 되는 '거시적'인 선지라고 할 수 있습니다.

한편, '색채 이미지'라는 개념도 있습니다. 이는 '색채어'와 달리 특정한 색깔의 이미지를 유추하게 하는 표현이 나오는 경우 허용되는 개념입니다. 이를테면, '사과'라고 하면 빨간색의 이미지를, '달빛'이라고 하면 노란색의 이미지를 유추할 수 있죠? 그런데 사실 생각해보면 '색채 이미지'가 아닌 단어가 없다고도 할 수 있기 때문에, '색채어'에 비해서 '색채 이미지'가 훨씬 '거시적'인 범위의 선지라고 할 수 있어요.

> ① [A]는 여성의 생활에 밀접한 소재를 활용하여 흘러가는 세월에 대한 화자의 인식을 시각적으로 표현하였다. (2022.09)
> ③ ⓒ은 자연 경물의 모습을 감각적으로 표현함으로써 물가의 아름다운 풍경을 묘사하고 있다. (2023.09)

'감각적으로 표현', '감각적 이미지 사용' 역시 운문이라면 당연한 선지라고 할 수 있습니다. '감각적 이미지'는 말 그대로 시각적, 청각적, 촉각적, 후각적, 미각적 이미지가 사용되는 경우를 말하는데, 시의 특성상 최소한 '시각적 이미지'는 있을 것이기에 아주 '거시적'인 범위의 선지라고 할 수 있는 거예요.

> ① 빗대어 표현하는 방식으로 대상의 속성을 드러내고 있다. (2023.09)
> ⑤ [E]는 비유적 표현을 통해 자신의 행동을 돌아보는 글쓴이의 상태를 부각하고 있다. (2024.06)
> ② 묘사의 방식을 활용하여 대상의 특징을 구체화하고 있다. (2024.09)
> ③ 빗대어 표현하는 방식으로 '나'의 인식을 드러내고 있다. (2025.09)

'비유'와 '묘사' 역시 시의 기본적인 요소 중 하나라고 할 수 있습니다. 설명이 필요없을 정도로 당연하게 '거시적'인 범위의 선지라고 할 수 있겠습니다.

이와 같은 선지들을 '거시적'인 범위의 선지들이라고 할 수 있습니다. 이런 선지들과 더불어, 지문에 제시된 '자아의 내면세계'라는 주제 그 자체를 드러내는 선지가 정답일 가능성이 매우 높으니 우선적으로 판단하는 습관을 들이도록 합시다.

그리고, '거시적'인 범위의 선지가 있다면 반대로 '미시적'인 범위의 선지도 있다는 것을 생각할 수 있을 것입니다. '미시적'인 범위의 선지들은 답이 될 가능성이 매우 낮기 때문에, 아예 판단하지 않거나 최후의 순간에 판단하는 태도를 잡아주시면 됩니다. 그렇다면 '미시적'인 범위의 선지들은 어떤 것들이 있을까요?

> ① (가)와 (나)는 모두 **공감각적 표현**을 통해 계절적 배경을 나타내고 있다. (2022예시)
> ② (가)와 (나)는 모두 **반어적 표현**을 사용하여 화자의 비판적 태도를 나타내고 있다. (2022예시)

우선 앞에서 배웠던 '공감각적 표현'과 '반어적 표현'입니다. 앞에서도 언급했듯이, 이러한 표현법이 쓰인 시는 많지 않기 때문에 이런 표현이 쓰인 선지들은 웬만하면 답이 되기 어렵습니다.

> ⑤ 공간 변화에 따라 서술자를 달리하여 사건에 대한 다양한 관점을 제시하고 있다. (2022.09)
> ① 배경 묘사를 통해 인물의 성격 **변화**를 암시하고 있다. (2023.06)
> ③ 장면에 따라 서술자를 달리하여 사건의 의미를 입체적으로 조명하고 있다. (2023.09)
> ④ 인물의 내력을 요약적으로 제시하여 **성격의 변화**를 보여 준다. (2024.06)

또한 이런 선지들처럼, '서술자'나 '성격'의 변화가 있다는 선지 역시 아주 '미시적'인 선지입니다. 소설에서 '서술자'나 '성격'의 변화는 거의 나타나지 않기 때문에, 이러한 내용을 담고 있는 선지는 마지막에 판단하는 습관을 들이는 것이 좋습니다.

> ⑤ (가)에서는 화자의 **인식의 변화**를 통해, (나)에서는 화자의 행위를 통해 대상의 가치를 드러내고 있다. (2022예시)
> ③ 먼 경치에서부터 가까운 곳으로 시선을 옮기며 **심리의 변화**를 드러내고 있다. (2022.06)
> ④ [A], [B]는 계절적 배경을 알려 주는 시어를 활용하여 시간에 따라 **화자의 처지가 달라졌음**을 드러내었다. (2022.09)
> ① **계절의 변화**에 조응하는 여러 자연물을 활용해 화자의 **인식 전환**을 보여 주고 있다. (2022.11)
> ③ 특정 계절의 풍속을 화자의 **시선 이동**에 따라 묘사하고 있다. (2022.11)
> ⑤ **계절의 순환**을 중심으로 자연의 섭리를 드러내고 있다. (2022.11)
> ① **어조의 변화**를 통해 긴장감을 조성하고 있다. (2023.06)
> ② [B]는 **근경에서 원경으로 시선을 이동**하여 인간과 자연의 차이점을 강조하고 있다. (2024.06)
> ③ (가)는 (나)와 달리 **공간의 이동**을 통해 다양한 대상의 면모를 드러내고 있다. (2024.09)
> ④ (나)는 (가)와 달리 시간의 흐름에 따라 인물의 **심리 변화**를 드러내고 있다. (2024.09)
> ② 과거와 현재를 교차하여 인물이 겪는 **인식의 변화**를 드러내고 있다. (2025.09)
> ② **계절의 변화**를 제시하여 삶에 대한 관조적 태도를 드러내고 있다. (2026.06)
> ⑤ (가), (나), (다)는 모두 감탄사를 활용하여, 대상에서 촉발된 **정서의 변화**를 부각하고 있다. (2026.09)
> ⑤ 관찰자의 시선으로 특정 인물의 행동을 묘사하여 시간의 흐름에 따른 **인물의 심리 변화**를 제시하고 있다. (2026.09)

이렇게 '서술자'와 '성격'의 변화 외에도, 애초에 '변화' 자체가 제시되는 경우가 거의 없다고 해도 무방합니다. 물론 가끔씩 '변화'가 제시되는 경우가 있고, 그런 경우에는 해당 지문의 '주제 의식'과 직결되는 내용이기에 정답 선지일 가능성이 높아집니다. 이를 제외하고는, 웬만하면 위와 같은 선지들은 답이 되는 경우가 없다는 것을 알아두시기 바랍니다.

정리하면, '미시적'인 선지는 미뤄 두고, '거시적'인 선지 위주로 먼저 판단하는 태도를 갖추면 소위 '문학 개념어 문제'를 쉽게 해결할 수 있습니다. 이러한 태도가 잡히면, 남들은 하나하나 찾으면서 고생하고 있을 때 빠르게 답을 고르고 다른 문제로 넘어갈 수 있을 거예요.

이 정도만 추가로 알자.

지금부터는, 최근 5개년 이전에 출제되었던 기출 선지들까지 활용하여 추가적으로 알아야 할 핵심 용어들을 정리해보겠습니다.

> ④ **의인법**을 사용하여 현실에 대한 비판적 관점을 나타내고 있다. (2015.06A)
> ③ **시적 대상에 생명력을 부여**하여 의지를 지닌 존재로 나타내고 있다. (2018.11)
> ② (나)는 **의인화된 대상**을 활용하여, 대상이 가지는 의미의 변화를 드러내고 있다. (2026.09)

'의인법'의 정의는 두 번째 선지에 제시된 대로, '시적 대상에 생명력을 부여하여 의지를 지닌 존재로 나타내는 것'이라고 할 수 있습니다. 흔히들 '사람이 아닌 것을 사람처럼 표현하는 것'이라고 알고 있는데, 틀린 말은 아니지만 '생명력이 없는 대상에게 생명력을 부여하는 것'이라고 이해하는 게 더 좋아요. (이를 '활유법'이라고도 하는데, '의인법'과 '활유법'은 크게 구분하지 않으셔도 됩니다.) 여기서 '생명력'을 가진다는 것은 본인의 '의지'를 가지고 행동을 한다는 의미이기도 하기에, '시적 대상에 생명력을 부여하여 의지를 지닌 존재로 나타내는 것'을 '의인법'이라고 할 수 있는 것입니다.

앞에서 배운 내용을 바탕으로 설명하면, '사람이 아닌 존재에게 내면세계를 부여하는 것'이라고도 할 수 있겠습니다. '내면세계'는 사람만이 가질 수 있는 것인데, '생명력'을 부여하여 '의지'를 지닌 존재로 나타내면 그 존재에게 '내면세계'를 부여한 것이라고도 할 수 있겠죠.

> ⑤ **서술자가 개입**하여 과거의 사건을 압축적으로 제시하고 있다. (2014.06A)
> ④ [A], [B] 모두 **편집자적 논평**을 통해 현실의 비극성을 드러내고 있다. (2014.06B)
> ② **편집자적 논평**을 통해 인물 간의 갈등이 지닌 의미를 부각하고 있다. (2026.06)

'서술자의 개입'과 '편집자적 논평'입니다. 사실 이는 엄밀하게 말하면 다른 개념이기는 한데, 수능 수준에서는 그냥 같은 말로 보셔도 무방합니다. 말 그대로 '서술자'가 '개입'하거나, '편집자'(서술자)가 '논평'을 하는 경우를 말합니다. 단순히 등장인물의 심리, 성격, 과거 등을 서술해주는 것은 그저 '서술자'의 본분일 뿐, '서술자의 개입'이 아닙니다. '서술자의 개입'이 되려면, 그 어떤 등장인물이 아닌 '서술자'의 생각이 서술되어야 합니다. 소설 파트에서 더 자세하게 다룹니다.

> ③ 처음과 끝을 동일한 **내용으로 상응**시켜 시상 전개에 안정감을 부여하고 있다. (2014.06A)
> ① **수미상관**의 방법을 통해 정서의 변화를 강조하고 있다. (2015.06B)

'수미상관'은 시의 첫 연과 마지막 연이 '비슷한' 구조로 이루어진 것을 말합니다. '얼마나 비슷해야 해요?'라고 묻는다면 '당신이 보기에 비슷하면 비슷한 거다.'라고 답할 거예요. 평가원은 절대로 애매하게 묻지 않아요. 대충 문장 구조가 비슷하다면 수미상관이라고 할 수 있습니다. 꼭 완전히 같을 필요는 없어요!

즉, '동일한 내용으로 상응'은 '수미상관'을 묻는 것이 아닙니다. '수미상관'은 '비슷한' 내용으로 상응되는 경우를 말하기 때문에, '동일한' 내용으로 상응시키고 있는지 묻는다면 첫 연과 마지막 연이 정말 토씨 하나 틀리지 않고 똑같은지 확인해야 합니다.

> ⑤ **화자를 작품의 표면에 나타내어** 주제에 대한 공감을 이끌어 내고 있다. (2015.06B)

'표면에 나타난 화자'는 화자가 '나' 혹은 '우리' 등의 표현을 통해 직접 작품의 표면에 나설 때 사용되는 표현입니다. 말 그대로 '나' 혹은 '우리'라는 표현이 있어야 허용되는 개념이에요.

③ (가)와 (나) 모두 대조와 **연쇄**를 통해 생동감을 드러낸다. (2015.09B)
⑤ ⓤ: **연쇄적 표현**을 바탕으로, '나'가 중요하게 생각하는 바를 '사앙'에게 적용하여 설명하는 진술이다. (2026.09)

'연쇄법'은 'A → B, B → C, C → D...'와 같은 구성을 사용하는 표현법을 말합니다. (ex : 집일을 곳치거든 죵들을 휘오시고 죵들을 휘오거든 상벌을 밝히시고 상벌을 밝히거든 어른 죵을 미드쇼셔)

① 내적 독백을 통해 극적 긴장감을 고조시키고 있다. (2014.06A)

'극적 긴장감'의 경우, 일반적인 '긴장감'과는 의미가 다릅니다. 일반적인 '긴장감'은 말 그대로 '긴장'이 되는 느낌을 의미합니다. 두근두근대는 상황이나, 외적 갈등이 첨예할 때 발생한다고 할 수 있어요.

하지만 '극적 긴장감'은 독자의 입장에서 '흥미'가 생기는 것을 의미합니다. 약간 넓은 범위로 보셔야 해요. 사건이 클라이막스로 간다든지, 사건의 실마리를 찾기 위해 과거로 돌아간다든지하는 다양한 예시들이 있겠죠?

다시 한번 강조하지만, 여기서 정리해드리는 용어 외에는 모두 일상에서 사용하는 어휘 그대로 받아들이시면 됩니다. 이 정도 정리했다면, 이제 여러분들이 모르는 개념어 같은 건 존재하지 않아요. '지식'이 아닌 독해력, 공감력 등의 '능력'을 통해 문제를 풀어나가야 한다는 것을 잊지 마세요!

이제 다음의 '내 손으로 만드는 문학 개념어 사전'을 완성해 봅시다. 앞에서 얻은 내용들을 나름대로 정리해 보세요. 정답은 없습니다. 나름의 기준으로 정리해두시고, 시간 날 때마다 읽어 보면서 감을 잡읍시다. 사실 한 번만 정리해도 앞으로 기출문제를 풀면서 자연스레 익숙해질 것이니까요. 오늘의 공부는 이를 완성하는 것으로 마무리하도록 할게요!

내 손으로 만드는
문학 개념어 사전

'자아의 내면세계'라는 핵심 포인트를 바탕으로, 어렵기만 했던 현대시를 읽고 이해해보는 날입니다. 문학에 대한 막연한 두려움을 떨치는 기회일 것이니, 열심히 임해주세요.

현대시는 읽고 이해할 수 있는 글이다.

우리는 앞에서 수능은 결국 '문학'이라는 글을 '상상력'을 기반으로 읽고 이해할 수 있는 '독해력'이 있는지, 나아가 '자아의 내면세계'에 '공감'할 수 있는지를 물어본다는 것을 배웠습니다. 그리고 '허용 가능성 평가'라는 강력한 무기를 제대로 사용하기 위해서는 문학 작품을 객관적으로 '독해'할 수 있어야 한다는 것도 배웠어요. 오늘은 많은 학생들이 어려워하는 '현대시'를 독해하는 방법에 대해 알아보고, 여러 지문을 바탕으로 연습하는 시간을 가져보겠습니다.

먼저, 왜 현대시 '해석'이 아니라 '독해' 연습인지에 대해서 이야기해봅시다. 우리는 예전부터 시를 공부할 때, 그 시에 쓰인 표현상의 특징, 시어의 구체적인 의미, 전반적인 주제 의식 등을 해부하며 공부하는 습관이 있었습니다. 따라서 시를 공부한다고 하면 '해석'이라는 표현을 떠올리기가 쉽죠. 예를 들면 아래와 같은 공부 방법입니다.

[34~38] 다음 글을 읽고 물음에 답하시오.　　　　2016.09AB

> (가)
>
> 　태양을 의논하는 거룩한 이야기는
> 　항상 태양을 등진 곳에서만 비롯하였다.
>
> 　달빛이 흡사 비 오듯 쏟아지는 밤에도
> 　우리는 헐어진 성터를 헤매이면서
> 　언제 참으로 그 언제 우리 하늘에
> 　오롯한 태양을 모시겠느냐고
> 　가슴을 쥐어뜯으며 이야기하며 이야기하며
> 　가슴을 쥐어뜯지 않았느냐?
>
> 　그러는 동안에 영영 잃어버린 벗도 있다.
> 　그러는 동안에 멀리 떠나버린 벗도 있다.
> 　그러는 동안에 몸을 팔아버린 벗도 있다.
> 　그러는 동안에 맘을 팔아버린 벗도 있다.
>
> 　그러는 동안에 드디어 서른여섯 해가 지나갔다.
>
> 　다시 우러러보는 이 하늘에
> 　겨울밤 달이 아직도 차거니
> 　오는 봄엔 분수처럼 쏟아지는 태양을 안고
> 　그 어느 언덕 꽃덤불에 아늑히 안겨 보리라.
>
> 　　　　　　　　　　　　　　-신석정, 「꽃덤불」-

작가 : 신석정(1907~1974)
- 일제강점기이던 1939년 등단한 작가로, 투철한 역사 의식을 바탕으로 자연성을 바탕으로 한 시를 많이 썼다. 일제강점기 이후 어두웠던 한국 근현대사에 저항하는 작품을 많이 남겼다.

태양을 의논하는 거룩한 이야기 = 독립 운동
태양을 등진 곳 = 일제강점기라는 암울한 현실
1연 : 일제강점기라는 암울한 현실에서 이야기하던 독립 이야기

달빛이 흡사 비 오듯 쏟아지는 밤, 헐어진 성터 = 일제강점기라는 암울한 현실
오롯한 태양 = 진정한 독립
2연 : 일제강점기라는 암울한 현실에서 가슴을 쥐어뜯으며 염원하던 진정한 독립

영영 잃어버린 벗 = 독립 운동을 하다 죽은 동료들
멀리 떠나버린 벗 = 독립 운동을 하다 외국으로 도망간 동료들
몸, 맘을 팔아버린 벗 = 독립 운동을 하다 변절한 동료들
3연 : 일제강점기 비극적인 현실을 견뎌야 했던 많은 동료들에 대한 이야기

서른여섯 해 : 1910년~1945년. 광복을 맞이함을 의미.

겨울밤 달이 아직도 차거니 : 광복 이후 여전히 암울한 현실
오는 봄엔 ~ 아늑히 안겨 보리라 : 이 '겨울'이 지나면 언젠가 진
정한 독립(봄, 태양, 꽃덤불)을 맞을 수 있을 것이라는 의미
4연~5연 : 드디어 맞이한 광복과 진정한 독립에 대한 기대

표현상의 특징
시간의 흐름에 따른 시상 전개, 동일한 문장 구조의 반복을 통한
운율감 형성, 대립적 이미지의 사용, 설의적 표현

주제
힘들었던 일제강점기에 대한 회상과 진정한 독립에 대한 염원

어쩐지 익숙하시죠? 내신 대비 프린트에서 볼 수 있을 것만 같
은 내용들입니다. 내신식의 공부에 익숙한 학생들은, 이렇게 시
어의 의미·각 연의 주제·표현상의 특징 등을 모두 정리해야
그 시의 내용을 완벽하게 이해한 것만 같은 느낌이 드는 경우
가 많습니다. 그런데 이 지문이 평가원 모의평가에 출제될 때,
〈보기〉 문제는 이렇게 출제되었습니다.

36 〈보기〉를 바탕으로 (가), (나)를 이해한 내용으로 적절하지
않은 것은? [3점]

---[보기]---

　　사랑이 이루어진 상황을 사랑의 결실이라고 부르
는 것은, 사랑을 이루기 위해 지극한 노력이 필요하
기 때문이다. 사랑하기로 마음먹는 것만으로 사랑
의 결실을 얻을 수는 없다. 사랑하는 대상에게 지속
적으로 관심을 쏟아야 하고, 그 대상을 빼앗으려 하
거나 위협하는 것들에 맞서야 한다. 이는 연인은 물
론 다른 대상을 향한 사랑에서도 마찬가지이다.

사..사랑이요? '독립'이라는 키워드에 맞춰서 열심히 해석해놨
더니, 아예 다른 관점을 주고 있습니다. 이 지문은 심지어 당해
EBS 연계 지문이었기에, 많은 학생들이 '독립'에 대한 작품으로
알고 있었어요. 그런데 평가원은 전혀 다른 〈보기〉를 출제하면
서, 학생들의 '허용 가능성 평가' 능력을 물은 것이죠.

또한 이 작품은 '노벨상'을 꿈꾸는 한 과학자의 이야기로 바꿔
읽을 수도 있어요. '일제강점기'부터 현재까지의 암울한 현실을
'노벨상을 받지 못한 상태'로, '오는 봄'을 '노벨상 수상'으로 바
꿔서 읽으면 충분히 말이 되는 해석이 나올 테니까요.

이처럼 하나의 시는 작품의 배경을 무엇으로 설정하느냐에 따
라 정말 다양한 '해석'이 나올 수 있어요. 앞에서도 강조했듯이,
그 시의 내용에 '근거'만 두고 있으면 모든 해석은 '허용'할 수
있으니까요.

따라서 우리는 시를 '해석'하지 않고, '독해'하여 화자의 '내면세
계'만 파악하는 연습을 하는 겁니다. 앞의 작품을 '독립'에 대한
이야기로 보든, '사랑'에 대한 이야기로 보든, 심지어 '노벨상'에
대한 이야기로 보든 어쨌든 화자가 '무언가 결핍된 상황에서 미
래에 대한 기대감을 보인다.'라는 '내면세계'를 가지고 있다는
것은 변하지 않으니까요. 그저 적힌 그대로, 단어의 의미와 행과
행 사이의 관계를 생각하며 '독해'하는 것으로 얻을 수 있는 핵
심 정보는 언제나 같다는 겁니다. 우리는 이렇게 '객관적인 요
소'에 맞추어 시를 '독해'하는 연습을 해 보게 될 거예요.

이 과정이 도대체 왜 필요하냐구요? 앞에서 이야기했던 '허용
가능성 평가'라는 강력한 무기를 제대로 이용하기 위해선, 선지
에서 묻는 그 부분이 맥락상 어떤 의미인지 정도는 '독해'할 수
있어야 하거든요. 결국 시도 하나의 '글'이기에, 또한 '수능 국
어'라는 시험에서 출제하는 영역이기에, 우리의 '독해력'을 묻는
다는 건 변하지 않는 것이에요. 우리는 시험장에서 날카로운 독
해력과 선지 판단력을 뽐내기 위해, 시 전체를 아무런 도움없이
'독해'하는 연습을 해야 하는 거죠.

처음엔 어렵고 막막해도, 함께 조금씩 공부하다보면 어느 순간
시를 읽는 것이 그렇게 두렵지 않게 될 거예요. 수능에 출제되는
시들은 도저히 읽는 게 불가능할 만큼 추상적이지 않기 때문에,
조금만 연습하면 익숙해질 겁니다!

그럼 앞에서 봤던 '꽃덤불'이라는 시를 '독해'하는 과정을 보여
드리겠습니다. 이를 예시로 해서, 다른 지문들에도 스스로 적용
하는 과정을 거치도록 합시다.

(가)

태양을 의논하는 거룩한 이야기는
항상 태양을 등진 곳에서만 비롯하였다.

→ '태양'을 의논하는 거룩한 이야기가 '태양'을 등진 곳에서만 비롯되었다고 합니다. 정확히 무슨 이야기인지는 몰라도, 무언가가 결핍된 상황임을 읽어낼 수 있죠. '태양'을 의논한다는 것은 그것과 관련된 이야기를 한다는 것인데, (태양을 지향하는 내면세계가 있으니, 태양을 의논하는 이야기를 하는 것이겠죠.) 이러한 태양을 '등진 곳'에서만 이 이야기가 비롯된다는 것은 '태양'을 제대로 응시할 수 없다는 의미이니까요.

달빛이 흡사 비 오듯 쏟아지는 밤에도
우리는 헐어진 성터를 헤매이면서
언제 참으로 그 언제 우리 하늘에
오롯한 태양을 모시겠느냐고
가슴을 쥐어뜯으며 이야기하며 이야기하며
가슴을 쥐어뜯지 않았느냐?

→ 이러한 이야기, 즉 '오롯한 태양 모시기'와 관련된 이야기는 '달빛이 비 오듯 쏟아지는 밤'에도 계속되었다고 합니다. 이 시간은 '태양'이 존재하지 않는 시간이라는 점에서, '태양을 등진 곳'과 같은 의미라고 할 수 있겠습니다. 여기에 '헐어진 성터'라는 곳은 '우리'가 함께 있는 곳이라는 점에서 '태양을 등진 곳'과 같은 공간으로 읽어낼 수 있겠죠? 화자는 계속해서 '우리'가 '태양을 등진 곳'에서 '태양'을 지향하고 있었다는 이야기를 하고 있는 것입니다. 이러한 내면세계를 바탕으로 하니, '가슴을 쥐어뜯으며'라는 반응은 너무나 당연하네요. 암울한 상황에서 가슴이 아프다는 말을 하고 있는 것이니까요.

그러는 동안에 영영 잃어버린 벗도 있다.
그러는 동안에 멀리 떠나버린 벗도 있다.
그러는 동안에 몸을 팔아버린 벗도 있다.
그러는 동안에 맘을 팔아버린 벗도 있다.

→ 이렇게 '태양'을 모시기 위한 이야기를 하는 도중에, 영영 잃어버리거나, 멀리 떠나버리거나, 몸과 맘을 팔아버린 벗들도 있다고 합니다. 화자와 함께 '이야기'를 하던 벗들이 뿔뿔이 흩어졌나봐요. 상황은 악화되기만 하네요.

그러는 동안에 드디어 서른여섯 해가 지나갔다.

→ 그러다 '드디어' 서른여섯 해가 지나갔다고 합니다. '드디어'라는 어휘가 가진 의미를 생각해볼 때, 이렇게 암울한 상황이 끝난 것 같기도 해요. 무언가 긍정적으로 변화하지 않을까요? 즉, '우리'들은 '태양을 등진 곳'에서 벗어날 수 있는 것일까요?

다시 우러러보는 이 하늘에
겨울밤 달이 아직도 차거니
오는 봄엔 분수처럼 쏟아지는 태양을 안고
그 어느 언덕 꽃덤불에 아늑히 안겨 보리라.

→ 서른여섯 해가 지나고, 화자는 다시 하늘을 우러러봅니다. 그런데 겨울밤 달이 '아직도' 차다고 해요. '겨울밤 달'이 의미하는 바가 무엇인지는 몰라도, '아직도'라는 표현에서 지금의 현실이 '태양을 등진 곳'처럼 여전히 암울하다는 것을 알 수 있습니다. 그래도 화자는 희망을 잃지 않는 모습이에요. '오는 봄'에 그토록 기다리던 '태양'을 안을 수 있을 것이고, 또 화자 본인은 어느 '꽃덤불'에 아늑히 안길 것이라는 기대를 보이고 있습니다.

–신석정, 「꽃덤불」–

어떤가요? 조금 감이 잡히시나요? 물론 이렇게 읽는 것이 곧 '해석'을 하는 행위이기는 합니다. '일제강점기'라는 외부적 요인만 빼고 똑같이 읽어낸 것이니까요. 하지만 이렇게 '독해'하는 과정에서, 제가 한 '생각' 중 문학적 지식을 활용하는 것은 하나도 없습니다. 그저 글자 그대로를 읽어내고 있을 뿐이에요.

'P.I.R.A.M 국어 생각의 전개–독서'도 함께 공부하고 계신 분들은 아시겠지만, '태양을 등진 곳=헐어진 성터'와 같이 '재진술'을 잡고 이용하기도 했고, '드디어', '아직도'와 같은 어휘의 '의미'를 바탕으로 내용을 재구성하기도 했습니다. 이는 '독서'를 비롯한 국어 영역 전반에서 자연스럽게 이루어지는 과정이기도 하죠. 결국, 시도 하나의 '글'이었던 것입니다.

요컨대, 시도 하나의 '글'이기 때문에 우리가 일상생활에서 사용하는 단어의 의미를 그대로 살리면서 읽어주면 됩니다. 문학적 감수성 같은 걸 이용하는 게 아니라, 말 그대로 독서 지문을 읽듯이 글자 그대로 읽고 이해해보세요. 물론 여기서 화자에게 '공감'하는 '문학 능력'을 발휘한다면 더할 나위 없을 것이구요. 이렇게 시의 모든 부분을 스스로 '독해'할 수 있는 정도의 실력이 갖춰진다면, 시험장에서 문제를 풀 때 특정 '부분'의 의미를 파악하는 능력이 더 잘 갖춰질 겁니다. 현대시든 고전시가든 간에 말이죠!

이제 스스로 연습해봅시다. '독해' 연습이 목적이니, 문제를 따로 풀지는 않을 겁니다. 귀찮고 지겹더라도 꼭 한 번 해 보시기 바랍니다. 여러분의 시 독해력이 정말 많이 올라올 것이에요. 조금 어려운 지문들 위주로 실었으니 긴장하시구요. ('생각의 확장' 파트에서 더 어려운 지문들로 한 번 더 연습하겠습니다.) 참고로 제가 한 '독해'의 과정은 해설지에 적어두었습니다.

1) 일상 언어의 감각 그대로 읽어낸다.
2) 독서 지문을 읽듯이, 문장 간의 관계 · 전체적인 맥락을 바탕으로 내용을 이해한다.
3) 결국 핵심은, 화자의 내면세계이다.

('교재의 사용법' 파트에서 소개한 카페에 오시면, 추가적인 '현대시 독해 연습'을 위한 자료를 받으실 수 있습니다.)

— (해설 p.016) —

우리 집도 아니고
일가 집도 아닌 집
고향은 더욱 아닌 곳에서
아버지의 침상(寢床) 없는 최후 최후의 밤은
풀벌레 소리 가득 차 있었다

노령(露領)*을 다니면서까지
애써 자래운* 아들과 딸에게
한 마디 남겨 두는 말도 없었고
아무을 만(灣)*의 파선도
설룽한* 니코리스크*의 밤도 완전히 잊으셨다
목침을 반듯이 벤 채
다시 뜨시잖는 두 눈에
피지 못한 꿈의 꽃봉오리가 갈앉고
얼음장에 누우신 듯 손발은 식어 갈 뿐
입술은 심장의 영원한 정지를 가리켰다
때 늦은 의원이 아모 말없이 돌아간 뒤
이웃 늙은이 손으로
눈빛 미명은 고요히
낯을 덮었다

우리는 머리맡에 엎디어
있는 대로의 울음을 다아 울었고
아버지의 침상 없는 최후 최후의 밤은
풀벌레 소리 가득 차 있었다
-이용악, 「풀벌레 소리 가득 차 있었다」-

* 노령 : 러시아의 영토.
* 자래운 : 키운.
* 아무을 만, 니코리스크 : 오호츠크 해 근처의 러시아 지명.
* 설룽한 : 춥고 차가운.

아직 서해엔 가보지 않았습니다
어쩌면 당신이 거기 계실지 모르겠기에

그곳 바다인들 여느 바다와 다를까요
검은 개펄에 작은 게들이 구멍 속을 들락거리고
언제나 바다는 멀리서 진펄에 몸을 뒤척이겠지요

당신이 계실 자리를 위해
가보지 않은 곳을 남겨두어야 할까봅니다
내 다 가보면 당신 계실 곳이 남지 않을 것이기에

내 가보지 않은 한쪽 바다는
늘 마음속에서나 파도치고 있습니다

-이성복, 「서해」-

1
하늘에 깔아 논
바람의 여울터에서나
속삭이듯 서걱이는
나무의 그늘에서나, 새는
노래한다. 그것이 노래인 줄도 모르면서
새는 그것이 사랑인 줄도 모르면서
두 놈이 부리를
서로의 쭉지에 파묻고
다스한 체온을 나누어 가진다.

2
새는 울어
뜻을 만들지 않고,
지어서 교태로
사랑을 가식하지 않는다.

3
—포수는 한 덩이 납으로
그 순수를 겨냥하지만,
매양 쏘는 것은
피에 젖은 한 마리 상한 새에 지나지 않는다.

-박남수, 「새 1」-

(해설 p.018)

  님은 갔습니다. 아아, 사랑하는 나의 님은 갔습니다.
  푸른 산빛을 깨치고 단풍나무 숲을 향하여 난 작은 길을 걸어서, 차마 떨치고 갔습니다.
  황금의 꽃같이 굳고 빛나던 옛 맹서는 차디찬 티끌이 되어서 한숨의 미풍에 날아갔습니다.
  날카로운 첫 키스의 추억은 나의 운명의 지침을 돌려놓고, 뒷걸음쳐서 사라졌습니다.
  나는 향기로운 님의 말소리에 귀먹고, 꽃다운 님의 얼굴에 눈멀었습니다.
  사랑도 사람의 일이라, 만날 때에 미리 떠날 것을 염려하고 경계하지 아니한 것은 아니지만, 이별은 뜻밖의 일이 되고, 놀란 가슴은 새로운 슬픔에 터집니다.
  그러나 이별을 쓸데없는 눈물의 원천을 만들고 마는 것은 스스로 사랑을 깨치는 것인 줄 아는 까닭에, 걷잡을 수 없는 슬픔의 힘을 옮겨서 새 희망의 정수박이에 들어부었습니다.
  우리는 만날 때에 떠날 것을 염려하는 것과 같이, 떠날 때에 다시 만날 것을 믿습니다.
  아아, 님은 갔지마는 나는 님을 보내지 아니하였습니다.
  제 곡조를 못 이기는 사랑의 노래는 님의 침묵을 휩싸고 돕니다.

-한용운, 「님의 침묵」-

(해설 p.019)

아무 소리도 없이 말도 없이
등 뒤로 털썩
밧줄이 날아와 나는
뛰어가 밧줄을 잡다가 배를 맨다
아주 천천히 그리고 조용히
배는 멀리서부터 닿는다

사랑은,
호젓한 부둣가에 우연히,
별 그럴 일도 없으면서 넋 놓고 앉았다가
배가 들어와
던져지는 밧줄을 받는 것
그래서 어찌할 수 없이
배를 매게 되는 것

잔잔한 바닷물 위에
구름과 빛과 시간과 함께
떠 있는 배

배를 매면 구름과 빛과 시간이 함께
매어진다는 것도 처음 알았다
사랑이란 그런 것을 처음 아는 것

빛 가운데 배는 울렁이며
온종일을 떠 있다

-장석남, 「배를 매며」-

어머니는 말을 둥글게 하는 버릇이 있다
　오느냐 가느냐라는 말이 어머니의 입을 거치면 옹가
강가가 되고 자느냐 사느냐라는 말은 장가 상가가 된다
나무의 잎도 그저 푸른 것만은 아니어서 밤낭구 잎은 푸
르딩딩해지고 밭에서 일 하는 사람을 보면 일 항가 댕가
하기에 장가 가는가라는 말은 장가 강가가 되고 애기 낳
는가라는 말은 아 낭가가 된다

　강가 낭가 당가 랑가 망가가 수시로 사용되는 어머니
의 말에는
　한사코 ㅇ이 다른 것들을 떠받들고 있다

　남한테 해꼬지 한 번 안 하고 살았다는 어머니
　일생을 흙 속에서 산,

　무장* 허리가 굽어져 한쪽만 뚫린 동그라미 꼴이 된
몸으로
　어머니는 아직도 당신이 가진 것을 퍼 주신다
　머리가 발에 닿아 둥글어질 때까지
　C자의 열린 구멍에서는 살리는 것들이 쏟아질 것이다

　우리들의 받침인 어머니
　어머니는 한사코
　오손도순 살어라이 당부를 한다

　어머니는 모든 것을 둥글게 하는 버릇이 있다
-이대흠, 「동그라미」-

* 무장 : 갈수록 더.

나는 이제 너에게도 슬픔을 주겠다.
사랑보다 소중한 슬픔을 주겠다.
겨울밤 거리에서 귤 몇 개 놓고
살아온 추위와 떨고 있는 할머니에게
귤값을 깎으면서 기뻐하던 너를 위하여
나는 슬픔의 평등한 얼굴을 보여 주겠다.
내가 어둠 속에서 너를 부를 때
단 한 번도 평등하게 웃어 주질 않은
가마니에 덮인 동사자가 다시 얼어 죽을 때
가마니 한 장조차 덮어 주지 않은
무관심한 너의 사랑을 위해
흘릴 줄 모르는 너의 눈물을 위해
나는 이제 너에게도 기다림을 주겠다.
이 세상에 내리던 함박눈을 멈추겠다.
보리밭에 내리던 봄눈들을 데리고
추워 떠는 사람들의 슬픔에게 다녀와서
눈 그친 눈길을 너와 함께 걷겠다.
슬픔의 힘에 대한 이야기를 하며
기다림의 슬픔까지 걸어가겠다.
-정호승, 「슬픔이 기쁨에게」-

P . I . R . A . M

2

PART

생각의 전개 〈Day 4~Day 22〉

본격적인 '수능 문학' 공부를 시작하는 단계입니다. 앞에서 배운 '허용 가능성 평가'라는 태도를 바탕으로 실제 문제를 풀어보는 연습을 하게 됩니다. 나아가 제재별 대처법도 확립하는 중요한 단계예요. 이 부분만 확실하게 정리하셔도, '문학은 주관적이다.'라는 미신이 타파되면서 오답이 거의 나지 않는 기적을 경험하실 겁니다. 수능날 여러분이 행해야 할 태도를 압축시켜 놓았으니, 많은 시간을 투자해서 꼼꼼하게 공부하도록 합시다.

지금까지 배웠던 내용을 바탕으로, 본격적인 수능 문학 문제풀이에 들어가는 날입니다. 그중에서도 먼저 '운문문학'에 대한 이야기를 하면서, 운문문학 문제를 대하는 '실전적'인 태도를 세워보도록 합시다.

시와 수필 : 운문문학은 하나의 주제를 가진다.

지금부터 하는 이야기는 철저하게 '실전'에 맞춘 이야기입니다. 왜 실전에서 이렇게 해도 되는지, 그리고 어떤 식으로 하는 것인지 제대로 이해하고 체화하시면, '운문문학이 어려워요.'라는 말은 나오지 않을 것이라고 자부합니다. 한 번 가봅시다.

앞에서도 말씀드렸듯이, 수능 문학의 핵심은 결국 '허용 가능성 평가'입니다. 여러분의 '주관적인 해석'을 배제한 채, 지문 속 '객관적인 근거'만을 바탕으로 선지의 '허용 가능성'을 '평가'하는 것입니다. 그리고 이때 '근거'를 찾기 위한 '독해'의 방법은 어제 배웠듯이 '일상 언어의 감각' 그대로 읽어내는 것이었습니다. 이는 '수능 문학'이 결국 '문학'이라는 텍스트에 대한 '독해력'을 묻는 시험이라는 점에 근거한 독해 태도였어요. 시 역시 독서 지문처럼 하나의 '글'이므로, 담백하게 읽어내면 된다는 것이죠.

문학 작품도 하나의 '글'이라면, 결국 하나의 '주제'가 존재하기 마련일 것입니다. 만약 오늘의 주제인 '시'처럼 짧은 글에서 주제가 여러 가지로 휙휙 바뀐다면, 그 작품을 '좋은 글'이라고 하기 어렵겠죠? '좋은 글'이 아니라면, 수능에 출제되는 것은 더더욱 어려울 것입니다. 따라서 우리는 기본적으로 시의 '주제'가 무엇인지 '독해'하며 읽는 태도를 갖춰주셔야 합니다. 어제 배운 것처럼 전체 맥락을 바탕으로 완벽하게 '독해'하는 것도 물론 중요하지만, 시험장에서 시를 독해할 때는 그 시의 '주제' 가 무엇인지에 주목하며 읽어내는 것이 중요하다는 것이에요.

그렇다면 '시'의 주제는 어떤 방식으로 나타날까요? 일단 '시'의 정의에 대해 알아봅시다.

문학의 한 장르. 자연이나 인생에 대하여 일어나는 감흥과 사상 따위를 함축적이고 운율적인 언어로 표현한 글이다.
– 출처) 네이버 지식백과

제가 내린 정의가 아니라, 네이버 지식백과라는 나름 권위 있는(아마 네이버가 권위 있는 단체의 정의를 참고했겠죠.) 곳에서 내린 정의입니다. 대충 무슨 소리인지는 알겠는데, 조금 쉽게 풀어 봅시다. '자연이나 인생'은 어떤 걸 뜻할까요? 화자를 둘러싸고 있는 자연, 혹은 화자가 놓인 시·공간적 배경 등을 말한다고 할 수 있겠죠. 조금 더 쉽게 말하면, 화자가 처한 '상황'이라고 할 수 있겠습니다. 그렇다면 '감흥과 사상'은 어떤 걸 뜻한다고 할 수 있을까요? 화자가 처한 상황 속에서 어떻게 '느끼고', 어떤 '생각'을 가지고 있는지, 즉 <u>화자가 처한 상황 속 '반응'</u>을 의미한다고 할 수 있겠네요.

이렇게 정리하면, 위의 정의를 쉽게 표현했을 때 '시'란 곧 <u>화자의 상황과 반응</u>을 함축적이고 운율적인 언어로 표현한 글'이 된다고 할 수 있겠습니다. 그렇다면 '시'의 '주제' 역시 '화자의 상황과 반응'이라고 할 수 있겠네요. 비문학 글들이 '주제'를 '명시적인 언어'로 표현한 것이라면, '시'는 '주제'를 '함축적·운율적인 언어'로 표현한 것이라고 할 수 있는 것이죠!

나아가, 이때의 '반응'은 곧 '내면세계'를 의미한다고 할 수 있겠죠? 시는 결국 화자를 둘러싸고 있는 '상황'과 그에 대한 반응, 즉 '내면세계'를 주제로 하는 글인 것입니다. 결국 이 교재에서 '반응' 혹은 '시의 주제'라는 표현이 제시되는 경우, '내면세계' 를 의미한다고 생각하시면 되는 거예요. 앞에서 배운 내용이 떠오르면서 정리되는 느낌이 들었으면 좋겠습니다.

결국 "수능 문학 문제에 출제된 '시'를 어떻게 읽을 것인가"에 대한 답은 "'독해력'을 물어보는 시험이니 '주제' 위주로 읽어 내자."라는 것이 되고, 이때의 '주제'는 곧 '화자의 상황과 반응(=내면세계)'을 의미하니 "화자의 상황과 반응 위주로 읽어 내자."라는 결론을 내릴 수 있는 것입니다. 처음 지문을 읽을 때부터, 어제처럼 지나치게 꼼꼼하게 읽으면서 시간을 낭비할 이유가 없는 것이죠. 앞에서 배웠듯이 어차피 자세한 '해석'은 선지에서 해 줄 것이고, 우리는 그 해석의 '허용 가능성'을 평가하기만 하면 되는 것이니까요. 우리가 먼저 지문을 꼼꼼하게 읽으면서 '해석'을 하려고 애를 쓸 필요가 없다는 겁니다.

이렇게 '상황과 반응'이 중요하다고 해서 정말 이걸 꼭 찾고, 맞혀내야 하는 것은 아닙니다. '상황과 반응'을 정확하게 찾는 것이 중요한 게 아니라, '화자의 내면세계'라는 '주제' 위주로 '독해력'을 발휘하며 읽어달라는 것이에요. 굳이 '주관적으로' 해석을 하지 말구요. 이렇게 '전반적인 주제'에만 집중하며 읽으면 필연적으로 지문 독해 시간도 짧아지게 될 겁니다. 시를 오래 읽느라 시간을 낭비할 필요가 없습니다.

물론 이렇게 '주제'를 잡는 것조차 어려운 추상적인 시들도 분명히 존재합니다. 그런 시들의 경우, 아무리 객관적으로 읽으려고 해도 어떤 '상황'에서 어떤 '반응'을 보이고 있는지조차 잡아내기 어려울 것이에요.

이때 우리는 〈보기〉의 도움을 받을 수도 있습니다. 운문문학 문제에 제시되는 〈보기〉는, 기본적으로는 해당 문제를 풀 때에만 적용되는 것입니다. 하지만 많은 경우 〈보기〉 속에서 화자가 처한 '상황'이나 '반응', 즉 '내면세계'를 설명해 주기 때문에, 이를 잘 이용하면 독해를 하기 전부터 시의 '주제'를 파악할 수 있어요. 물론 화자의 '내면세계'와는 무관한, 단순한 문학적 지식을 소개하는 〈보기〉도 있습니다. 따라서 우리는 〈보기〉를 먼저 보되, 화자의 '내면세계'와 무관한 내용을 설명하고 있다면 굳이 확인하지 않는 식의 태도를 세울 수 있어요.

1) 화자의 '내면세계'와는 무관한, 해당 문제를 풀기 위한 지식을 전달하는 〈보기〉

———[보기]———

　　문학적 표현에는 표현 대상을 그와 연관된 다른 관념이나 사물로 대신하여 나타내는 방법이 있다. 여기에는 사물의 속성으로 실체를 대신하거나 대상의 한 부분으로 전체를 대신하는 것 등이 포함된다. 이러한 방법들은 서로 혼재되기도 하면서 구체적이고 생생한 이미지와 분위기를 환기한다.

(2022학년도 수능)

➜ 단순히 '문학적 표현'의 방법과 효과에 여러 가지가 있다는 내용을 설명하고 있을 뿐, 작품 속 화자의 내면세계가 어떠한가에 대해서는 전혀 설명하지 않습니다. 이런 〈보기〉는 먼저 읽어 봤자 의미가 없습니다. 해당 문제를 풀 때에만 보조적으로 활용하면 되는 것이에요.

2) 화자의 '내면세계'를 직접 설명하거나, 그와 관련된 내용을 전달하는 〈보기〉

———[보기]———

　　생명 현상을 제재로 삼은 시는 대체로, 생명체들의 풍요로움을 감각적으로 형상화하거나, 생명 파괴의 현실을 극복하는 모습을 형상화한다. (가)는 만물의 조화로운 성장과 충만한 생명력에 자족하는 태도를, (나)는 인간의 욕망에 의한 상처와 고통으로 황폐화된 현실을 강인한 생명력이 피어나는 공간으로 변화시키는 모습을 드러낸다. 이러한 두 양상은 표면적으로 드러난 생명의 모습에서는 차이를 보이지만, 생명체들이 어우러져 살아가는 모습을 보여 준다는 점에서는 동일한 지향성을 지닌다고 할 수 있다.

(2023학년도 수능)

➜ 밑줄 친 부분들을 보시면, 해당 작품과 비슷한 제재를 가진 작품 속 화자들의 내면세계는 물론, 각 작품의 화자가 보여 주는 내면세계가 무엇인지도 자세히 서술해주고 있습니다. 이런 〈보기〉를 먼저 읽으면, 각 작품이 어떤 '주제'를 가지고 있는지 미리 알고 있는 상태로 문제풀이를 진행할 수 있겠죠?

이처럼, 화자의 '내면세계'를 설명해주는 쓸모 있는 〈보기〉의 경우 먼저 읽는 태도를 취하면 '주제'를 잡는 것조차 어려운 추상적인 시들에 대한 힌트를 얻을 수도 있고, 여러분이 스스로 '주제'를 잡을 수 있는 쉬운 작품이라 하더라도 훨씬 효율적인 문제풀이가 가능하게끔 할 것입니다.

한 번 정리해볼까요? 지금까지 배운 내용을 총정리해서, 운문문학을 해결하는 기본적인 과정을 제시하자면 다음과 같습니다.

1) 〈보기〉 독해 : 주제(화자의 상황과 반응) 파악
2) 지문 독해 : 화자의 '상황'과 '반응'(=내면세계)이라는 '주제'에 맞추어 '가볍게' 독해
3) 선지 독해 및 지문 재독해 : 선지에서 묻는 부분과 그 맥락을 정확히 '독해'
4) 허용 가능성 평가 : 위의 과정에서 얻은 '근거'들이 해당 선지를 '허용'하기에 충분한지 '평가'

어렵지 않죠? 결국 평가원은 시의 '주제', 즉 '화자의 내면세계'를 묻습니다. '주제'를 파악하며 독해한다는 기본 태도를 꼭 확립하셨으면 좋겠습니다.

고전시가 및 수필에 대해서

지금까지 우리는 계속해서 '현대시'에 초점을 두고 공부했습니다. 이번엔 '고전시가'에 대해서 이야기해봅시다. 사실 고전시가도 현대시와 크게 다른 부분은 없습니다. '상황과 반응(=내면세계)'이라는 '주제'에 맞추어 독해하고, 그것을 토대로 문제의 선지들이 허용 가능한지 평가하기. 이게 전부입니다.

다만 고전시가의 경우 정말 '막연한 불안감'을 가지고 있는 학생들이 많습니다. '언어의 생소함' 때문이죠. 분명히 한글이긴 한데, 그렇다고 또 우리가 아는 한글 같지는 않은 이 언어가 너무 생소하다보니 무슨 말인지 도통 알 수가 없습니다. 덕분에 '상황과 반응' 같은 '주제'를 잡는 것도 어려워지는 것이구요.

다시 강조하지만, 고전시가라고 딱히 특별한 것은 없습니다. 고전시가를 대하는 가장 기본적인 태도는 '두려움'을 없애고, 그냥 최대한 '현대어처럼 읽는 것'이에요. 틀려도 되니까, <u>최대한 현대어처럼 읽어보자는 것</u>이죠. 예를 들면,

> 매영(梅影)이 부드친 창(窓)에 옥인금차(玉人金釵)* 비겨신져
> 이삼(二三) 백발옹(白髮翁)은 거문고와 노리로다
> 이윽고 잔 드러 권(勸)하랼제 달이 쏘한 오르더라
>
> * 옥인금차 : 미인의 금비녀

이런 시가 있을 때, 그냥 현대어처럼 읽는 겁니다. 틀려도 됩니다!

"매영이 부딪힌 창문에 미인의 금비녀를 빗겨 쓰고, 이삼 백발옹은 거문고와 노래로다. 이윽고 잔 들어 권할 때('~할 제'는 '~할 때'라는 뜻) 달이 또한 오르더라."

이렇게 읽는 겁니다. 매영이 뭔지 몰라도, 이삼 백발옹이 뭔지 몰라도 됩니다. 그런데 적어도 '금비녀'를 쓰고 '거문고', '노래'가 나오면서 '잔'(술이겠죠?)을 권하는 것으로 봐서는 뭔가 <u>신나는 상황</u>이라는 것 정도는 읽어낼 수 있겠죠? 이 정도만 하면 됩니다. 정확하게 읽으려고 하지 않아도 돼요. 이렇게 '주제'를 잡는 정도로만 읽어내도, 선지의 허용 가능성을 평가하는 데에는 아무런 지장이 없을 겁니다. 현대시가 그렇듯이 말이에요! 심지어 언어와 매체 / 화법과 작문이 분리된 2022학년도부터는 화법과 작문 선택자들을 위해 최대한 현대어 표기로 바꾸어 출제하는 모습을 보이고 있기 때문에, (물론 고전 '어휘'는 그대로 내기는 합니다. 이 부분은 경험을 통해 채우실 수 있을 겁니다.) 더더욱 걱정하실 필요가 없을 겁니다.

계속해서 확인하고 있듯이, 평가원은 절대 여러분에게 시어 하나하나의 상세한 해석을 요구하지 않습니다. 시어 하나하나가 무슨 말인지 모르겠다고 해도, 화자가 지금 어떤 '상황'에서 어떻게 '반응'하는지, 즉 어떤 '내면세계'를 가지고 있는지라는 '주제'에만 주목하면 됩니다. 이렇게 '주제' 위주로 가볍게 '독해'하고, 그 내용을 바탕으로 선지의 '허용 가능성'을 '평가'하기만 하면 되는 것이에요.

<u>참고로 '수필' 갈래 역시 '운문문학'의 일종으로 보고 접근</u>하시면 됩니다. '함축성'과 '운율성'은 조금 덜하지만 결국 글쓴이의 주관적인 '상황과 반응'을 드러내는 장르이기에, '글쓴이가 하고 싶은 말, 즉 글쓴이의 내면세계'라는 '주제'를 파악한다는 생각으로 읽어주시면 됩니다. 대부분의 수필은 그리 꼼꼼하게 읽지 않아도 '주제'를 충분히 파악할 수 있지만, 최근 수필의 난이도가 급격하게 오르면서 대충 읽었을 때는 물음표만 남는 작품들이 많이 출제되고 있어요. <u>이에 '수필'만큼은, 꼼꼼하게 '정독'하는 것을 권해드립니다.</u> 물론 시험장에서는 글쓴이가 하고자 하는 말을 인식하는 순간 대충 읽어도 큰 문제가 없겠지만, 평소에 공부할 때는 수필이 어렵게 나올 것을 대비하여 꼼꼼하게 정독하는 연습을 하시기 바랍니다.

운문문학 문제풀이의 과정을 다시 정리합시다.

1) 〈보기〉 독해 : 주제(화자의 상황과 반응) 파악
2) 지문 독해 : 화자의 '상황'과 '반응'(=내면세계)이라는 '주제'에 맞추어 '가볍게' 독해
  (수필의 경우, '주제'가 잡힐 때까지 꼼꼼하게 정독)
3) 선지 독해 및 지문 재독해 : 선지에서 묻는 부분과 그 맥락을 정확히 '독해'
4) 허용 가능성 평가 : 위의 과정에서 얻은 '근거'들이 해당 선지를 '허용'하기에 충분한지 '평가'

그럼, 실제 기출문제를 바탕으로 이 내용을 연습해봅시다.

[1~3] 다음 글을 읽고 물음에 답하시오.　　　2015.11B [43~45]

── (해설 p.022) ──

(가)

흙이 풀리는 내음새
강바람은
산짐승의 우는 소릴 불러
㉠다 녹지 않은 얼음장 울멍울멍 떠내려간다.

진종일
나룻가에 서성거리다
행인의 손을 쥐면 따듯하리라.

고향 가차운 주막에 들러
㉡누구와 함께 지난날의 꿈을 이야기하랴.
양귀비 끓여다 놓고
주인집 늙은이는 공연히 눈물지운다.

간간이 잰나비 우는 산기슭에는
아직도 무덤 속에 조상이 잠자고
설레는 바람이 가랑잎을 휩쓸어간다.

예제로* 떠도는 장꾼들이여!
상고(商賈)하며 오가는 길에
㉢혹여나 보셨나이까.

전나무 우거진 마을
집집마다 누룩을 디디는 소리, 누룩이 뜨는 내음새……

-오장환, 「고향 앞에서」-

(나)

　귀향이라는 말을 매우 어설퍼하며 마당에 들어서니
다리를 저는 오리 한 마리 유난히 허둥대며 두엄자리로
도망간다. ㉣나의 부모인 농부 내외와 그들의 딸이 사
는 슬레이트 흙담집, 겨울 해어름의 ㉤집 안엔 아무도
없고 방바닥은 선뜩한 냉돌이다. 여덟 자 방구석엔 고구
마 뒤주가 여전하며 벽에 메주가 매달려 서로 박치기한
다. 허리 굽은 어머니는 냇가 빨래터에서 오셔서 콩깍지
로 군불을 피우고 동생은 면에 있는 중학교에서 돌아와
반가워한다. 닭똥으로 비료를 만드는 공장에 나가 일당
서울 광주 간 차비 정도를 버는 아버지는 한참 어두워서
야 귀가해 장남의 절을 받고, 가을에 이웃의 텃밭에 나
갔다 팔매질 당한 다리병신 오리를 잡는다.

-최두석, 「낡은 집」-

* 예제로 : 여기저기로.

01 (가), (나)에 대한 이해로 가장 적절한 것은?

① (가)의 화자는 낯선 행인에게서 친근감을 기대하고 있
　고, (나)의 화자는 익숙했던 공간에 들어서며 낯선 느
　낌을 받는다.
② (가)의 화자는 아직도 조상의 권위가 지속되는 공간
　을, (나)의 화자는 여전히 가난이 지속되는 공간을 벗
　어나고자 한다.
③ (가)의 화자는 세상이 변해도 각박한 인심이 여전함에
　좌절하고 있고, (나)의 화자는 세상이 변해도 인심은
　변하지 않기를 바라고 있다.
④ (가)의 화자는 떠돌아다니는 자신의 처지를 통해, (나)
　의 화자는 공장 노동자로 전락한 농민의 처지를 통해
　삶의 무상함을 드러내고 있다.
⑤ (가)의 화자는 자연과 조화를 이루는 농촌의 모습이
　보존되기를 희망하고, (나)의 화자는 산업화를 통해
　농촌의 모습이 변화되기를 희망한다.

02 ㉠~㉤에 대한 이해로 적절하지 <u>않은</u> 것은?

① ㉠ : 계절이 바뀌면서 얼음이 풀리는 강변 풍경을 시각
　적으로 묘사하고 있다.
② ㉡ : 꿈이 있던 시절을 함께 회상할 사람이 없는 아쉬
　움을 설의적으로 드러내고 있다.
③ ㉢ : 이리저리 떠돌며 고향에 가지 못하는 장꾼들의 설
　움을 독백조로 토로하고 있다.
④ ㉣ : 가족의 일원이면서도 자신의 가족을 객관화하여
　지칭하고 있다.
⑤ ㉤ : 썰렁한 집 안의 정경 묘사를 통해 화자가 느끼는
　심정을 간접적으로 드러내고 있다.

03 〈보기〉를 참고하여, (가)와 (나)를 감상한 학생들의 반응으로 적절하지 <u>않은</u> 것은? [3점]

> ──────[보기]──────
>
> 고향을 떠난 사람들이 고향을 각박하고 차가운 현실과 대비되는 공간으로 인식하고, 그곳으로 복귀하려는 것을 귀향 의식이라고 한다. 이때 고향은 공동체의 인정과 가족애가 살아 있는 따뜻한 공간으로 표상된다. 이들의 기억 속에서 고향은 평화로운 이상적 공간으로 남아 있기도 하다. 그러나 고향으로 돌아가더라도 고향이 변해 있거나 고향이 고향처럼 느껴지지 않을 때 귀향은 미완의 형태로 남게 된다.

① (가)에서 주인집 늙은이의 슬픔에 공감하는 것을 보니, 화자는 타인과의 조화를 통해서 현실을 따뜻한 공간으로 만들어 귀향을 완성하려 하겠군.

② (가)에서 전나무가 울창하고 집집마다 술을 빚고 있는 모습으로 고향을 묘사한 것을 보니, 화자의 의식 속에서 고향은 평화로운 공간으로 기억되고 있겠군.

③ (나)에서 고향의 가족들이 궁핍한 삶을 살고 있는 것을 본 화자는 현재의 고향을 이상적인 공간이라고 생각하지 않겠군.

④ (나)에서 어머니가 군불을 피우고 아버지가 오리를 잡아 주는 것을 본 화자는 고향에 와서 가족애를 느낄 수 있겠군.

⑤ (가)에서는 고향을 앞에 두고도 고향 근처 주막에 머물고 있고 (나)에서는 고향에 와서도 마음이 편치 않아 보인다는 점에서, 화자의 귀향이 완성되었다고 보기 어렵겠군.

— 해설 p.029 —

(가)

바람이 어디로부터 불어와
어디로 불려 가는 것일까,

㉠바람이 부는데
내 괴로움에는 이유가 없다.

내 괴로움에는 이유가 없을까,

단 한 여자를 사랑한 일도 없다.
시대를 슬퍼한 일도 없다.

㉡바람이 자꾸 부는데
내 발이 반석 위에 섰다.

강물이 자꾸 흐르는데
내 발이 언덕 위에 섰다.

-윤동주, 「바람이 불어」-

(나)

새는 새장 밖으로 나가지 못한다.
매번 머리를 부딪치고 날개를 상하고 나야 보이는,
창살 사이의 간격보다 큰, 몸뚱어리.
하늘과 산이 보이고 ㉢울음 실은 공기가 자유로이 드
나드는
그러나 살랑거리며 날개를 굳게 다리에 매달아 놓는,
그 적당한 간격은 슬프다.
그 창살의 간격보다 넓은 몸은 슬프다.
넓게, 힘차게 뻗을 날개가 있고
㉣날개를 힘껏 떠받쳐 줄 공기가 있지만
새는 다만 네 발 달린 짐승처럼 걷는다.
부지런히 걸어 다리가 굵어지고 튼튼해져서
닭처럼 날개가 귀찮아질 때까지 걷는다.
새장 문을 활짝 열어 놓아도 날지 않고
닭처럼 모이를 향해 달려갈 수 있을 때까지 걷는다.
㉤걸으면서, 가끔, 창살 사이를 채우고 있는 바람을
부리로 쪼아 본다, 아직도 벽이 아니고
공기라는 걸 증명하려는 듯.
유리보다도 더 환하고 선명하게 전망이 보이고
울음 소리 숨내음 자유롭게 움직이도록 고안된 공기,
그 최첨단 신소재의 부드러운 질감을 음미하려는 듯.

-김기택, 「새」-

04 (가)에 대한 이해로 가장 적절한 것은?

① '불려 가는'이라는 피동 표현을 통해 자신이 처한 현실
에 순응하려는 화자의 태도를 강조하고 있다.
② '이유가 없을까'라는 물음의 형식으로 화자의 정신적
고통에 타당한 이유가 없음을 단정하고 있다.
③ '사랑한 일'과 '슬퍼한 일'을 병치하여 화자의 개인적 불
행이 시대에 대한 무관심의 원인임을 암시하고 있다.
④ '없다'의 반복을 활용하여 자신의 삶과 내면을 응시하
는 화자의 반성적 자세를 드러내고 있다.
⑤ '흐르는데'와 '섰다'의 대비를 통해 변함없는 자연에서
깨달음을 얻으려는 화자의 의지를 드러내고 있다.

05 다음에 제시된 선생님의 안내에 따라, ㉠~㉤을 탐구한
내용으로 적절하지 <u>않은</u> 것은?

공기와 바람은 눈에 보이지 않지만 사물의 움직임
을 통해 지각되고, 계속 움직이며 대상에 영향을 주는
힘으로 인식되기도 합니다. 이런 속성이 시에 어떻게
활용되는지 알아봅시다.

① ㉠에서는 움직임이라는 '바람'의 속성을 '괴로움'이라
는 내면의 흔들림을 지각하는 계기로 활용하고 있다.
② ㉡에서는 끊임없이 움직이는 '바람'의 속성을 활용해
'내 발'을 '반석 위'로 이끄는 힘을 보여 주고 있다.
③ ㉢에서는 자유롭게 창살 사이를 이동하는 '공기'의 속
성을 '새'가 처한 상황을 부각하는 데 활용하고 있다.
④ ㉣에서는 '날개'를 '힘껏' 떠받치는 '공기'의 속성을 활
용해 '새'의 '날개'가 '공기'의 힘을 이용할 수 있음을 암
시하고 있다.
⑤ ㉤에서는 보이지 않지만 존재하는 '바람'의 속성을 활
용해 '창살 사이'의 빈 공간을 쪼는 '새'의 동작에 의미
를 부여하고 있다.

06 〈보기〉를 바탕으로 (나)를 감상한 내용으로 적절하지 않은 것은? [3점]

[보기]

　「새」에서 '새장에 갇힌 새'는 일상의 안온함에 길들어 자유를 억압하는 일상을 벗어나지 못하는 현대인의 알레고리이다. '새'의 행동에 대한 묘사는 일상에 충실할수록 잠재된 힘과 본질을 잃어 가는 아이러니와, 일상에 만족하며 자유로운 삶의 가능성을 외면하는 현대인의 모습을 보여 준다.

① 몸이 창살에 부딪치고 나서야 창살의 간격이 보이는 새는, 일상에 갇힌 자신을 의식하는 현대인의 모습을 보여 주는군.

② 바깥 풍경이 보일 정도로 적당한 간격의 창살로 된 새장은, 안온함과 억압성이라는 양가성을 지닌 일상을 보여 주는군.

③ 닭처럼 날개가 귀찮아질 때까지 부지런히 걷는 새는, 성실한 생활이 잠재력의 상실로 이어지는 아이러니를 보여 주는군.

④ 새장 문이 열려도 날지 않고 모이를 향해 달려갈 수 있을 때까지 걷는 새는, 자신의 본질에 충실하다 보니 오히려 자유를 상실하게 되는 상황을 보여 주는군.

⑤ 하늘을 자유롭게 날도록 날개를 밀어 올리는 공기를 음미할 대상으로만 여기는 듯한 새는, 자유로운 삶의 가능성을 외면하고 일상에 안주하려는 현대인의 모습을 보여 주는군.

[7~9] 다음 글을 읽고 물음에 답하시오. 2019.11 [43~45]

— (해설 p.036)

배 방에 누워 있어 내 신세를 생각하니
가뜩이 심란한데 대풍(大風)이 일어나서
태산(泰山) 같은 성난 물결 천지에 자욱하니
크나큰 만곡주가 나뭇잎 불리이듯
하늘에 올랐다가 지함(地陷)*에 내려지니
열두 발 쌍돛대는 차아*처럼 굽어 있고
쉰두 폭 초석(草席) 돛은 반달처럼 배불렀네
굵은 우레 잔 벼락은 등[背] 아래서 진동하고
성난 고래 동(動)한 용(龍)은 물속에서 희롱하니
방 속의 요강 타구(唾具) 자빠지고 엎어지며
상하좌우 배 방 널은 잎잎이 우는구나
이윽고 해 돋거늘 장관(壯觀)을 하여 보세
일어나 배 문 열고 문설주 잡고 서서
사면(四面)을 돌아보니 어와 장할시고
인생 천지간에 ㉠이런 구경 또 있을까
구만리 우주 속에 큰 물결뿐이로다

(중략)

그중에 전승산이 글 쓰는 양(樣) 바라보고   [A]
필담(筆談)으로 써서 뵈되 전문(傳聞)에 퇴석
(退石) 선생
쉬 짓기가 유명(有名)터니 선생의 빠른 재주   [B]
일생 처음 보았으니 엎디어 묻잡나니
필연코 귀한 별호(別號) 퇴석인가 하나이다
내 웃고 써서 뵈되 늙고 병든 둔한 글을   [C]
포장(褒獎)을 과히 하니 수괴(羞愧)*키 가이 없다
승산이 다시 하되 소국(小國)의 천한 선비
세상에 났삽다가 ㉡장(壯)한 구경 하였으니   [D]
저녁에 죽사와도 여한이 없다 하고
어디로 나가더니 또다시 들어와서
아롱보(褓)에 무엇 싸고 삼목궤(杉木櫃)에 무엇 넣어
이마에 손을 얹고 엎디어 들이거늘
받아 놓고 피봉(皮封)* 보니 봉(封)한 위에 쓰였으되
각색 대단(大緞) 삼단이요 사십삼 냥 은자(銀子)로다
놀랍고 어이없어 종이에 써서 뵈되
그대 비록 외국이나 선비의 몸으로서
은화를 갖다 가서 글 값을 주려 하니   [E]

그 뜻은 감격하나 의(義)에 크게 가하지 않아
못 받고 도로 주니 허물하지 말지어다

– 김인겸, 「일동장유가」–

* 지함 : 땅이 움푹하게 주저앉은 곳.
* 차아 : 줄기에서 벋어 나간 곁가지.
* 수괴 : 부끄럽고 창피함.
* 피봉 : 겉봉.

07 윗글에 대한 설명으로 적절하지 <u>않은</u> 것은?

① 동물의 역동성을 통해 공간의 분위기를 긍정적으로
바꾸고 있다.
② 거대한 자연물에 비유하여 악화된 기상 상황을 표현
하고 있다.
③ 식물의 연약한 속성을 활용하여 화자의 위태로운 상
황을 드러내고 있다.
④ 상승과 하강의 이미지를 대비하여 목전에 닥친 위기
감을 강조하고 있다.
⑤ 인물의 행동을 시간의 흐름에 따라 열거하여 상황을
구체적으로 보여 주고 있다.

08 ㉠과 ㉡에 대한 이해로 가장 적절한 것은?

① ㉠과 ㉡은 모두 화자의 고난 극복 의지를 드러내고
있다.
② ㉠과 ㉡은 모두 화자가 구경하는 대상의 실체를 은폐
하고 있다.
③ ㉠은 자연의 풍광에 대한 감탄을, ㉡은 인물의 능력에
대한 감탄을 표현하고 있다.
④ ㉠은 화자의 관찰력에 대한, ㉡은 화자의 창조력에 대
한 타인의 평가를 담고 있다.
⑤ ㉠은 대상에 대한 화자의 만족을, ㉡은 대상에 대한
화자의 아쉬움을 드러내고 있다.

09 〈보기〉를 바탕으로 윗글을 감상한 내용으로 적절하지 <u>않은</u> 것은? [3점]

> ─────[보기]─────
>
> 　사행 가사인 「일동장유가」에는 화자와 일본인 문인 사이의 필담 장면이 기술되어 있는데, 필담을 통한 문답 형식은 일종의 대화의 성격을 지닌다. 필담 속에는 대화가 시작되는 상황, 문답의 주요 내용, 의사소통의 심층적 의미, 선비로서의 예법 등이 자연스럽게 포함되어 있다.

① [A]는 [B]~[D]의 필담이 시작되는 계기를 보여 주는군.

② [B]의 '빠른 재주'는 '나'의 글에 대한 상대의 평가를, [C]의 '늙고 병든 둔한 글'은 자신의 글에 대한 '나'의 입장을 보여 주는군.

③ [B]의 '필담으로 써서 뵈되'와 [C]의 '내 웃고 써서 뵈되'를 통해, 문답의 형식을 활용하여 의사소통 장면을 구체적으로 제시하는군.

④ [B]의 '귀한 별호 퇴석'과 [D]의 '소국의 천한 선비'는 선비의 예법을 동원하여 동일한 사람을 다르게 지칭한 표현이군.

⑤ [D]에는 '나'의 글에 대한 상대의 찬사가 나타나 있고, [E]에는 상대의 글 값에 대한 '나'의 거절이 드러나 있군.

───── (해설 p.040) ─────

(가)

　　아아 아득히 내 첩첩한 산길 왔더니라. **인기척 끊기고** 새도 짐승도 있지 않은 **한낮 그 화안한 골 길**을 다만 아득히 나는 머언 생각에 잠기어 왔더니라.

　　백화(白樺) 앙상한 사이를 바람에 백화같이 불리우며 물소리에 흰 돌 되어 씻기우며 나는 총총히 외롬도 잊고 왔더니라

　　살다가 오래여 삭은 장목들 흰 팔 벌리고 서 있고 풍설(風雪)에 깎이어 날선 봉우리 훌 훌 훌 창천(蒼天)에 흰 구름 날리며 섰더니라

　　쏴아―한종일내―쉬지 않고 부는 물소리 안은 바람소리 …… **구월** 고운 낙엽은 날리어 푸른 담(潭) 위에 호르르르 낙화 같이 지더니라.

　　어젯밤 잠자던 동해안 어촌 그 검푸른 밤하늘에 나는 장엄히 뿌리어진 허다한 **바다의 별들**을 보았느니,

　　이제 나의 이 **오늘밤** 산장에도 얼어붙는 바람 속 우러르는 나의 **하늘에** 별들은 쓸리며 다시 **꽃과 같이 난만(爛漫)**하여라.

-박두진, 「별-금강산시 3」-

(나)

　　사람들은 자기들이 길을 만든 줄 알지만　　　[A]
　　길은 순순히 **사람들의 뜻**을 좇지는 않는다
　　사람을 끌고 가다가 문득
　　벼랑 앞에 세워 낭패시키는가 하면
　　큰물에 우정 제 허리를 동강 내어　　　　　　　[B]
　　사람이 부득이 저를 버리게 만들기도 한다
　　사람들은 이것이 다 사람이 만든 길이　　　　[C]
　　거꾸로 사람들한테 세상 사는
　　슬기를 가르치는 거라고 말한다
　　길이 사람을 밖으로 불러내어
　　온갖 곳 온갖 사람살이를 구경시키는 것도
　　세상 사는 이치를 가르치기 위해서라고 말한다
　　그래서 길의 뜻이 거기 있는 줄로만 알지　　　[D]
　　길이 사람을 밖에서 안으로 끌고 들어가
　　스스로를 깊이 들여다보게 한다는 것은 모른다

　　길이 밖으로가 아니라 안으로 나 있다는 것을　　[E]
　　아는 **사람에게만** 길은 고분고분해서
　　꽃으로 제 몸을 수놓아 향기를 더하기도 하고
　　그늘을 드리워 사람들이 땀을 식히게도 한다
　　그것을 알고 나서야 **사람들**은 비로소　　　　　[F]
　　자기들이 길을 만들었다고 말하지 않는다

-신경림, 「길」-

(다)

　　고요하니 즐거운 이 밤 초롱초롱 맑게 고인 샘물 같은 눈으로 나는 지금 **당신**께서 보내 주신 맑고 고운 수선화 한 폭을 들여다 봅니다. 들여다보노라니 그윽한 향기와 새파란 꿈이 안개같이 오르고 또 노란 슬픔이 연기같이 오릅니다. 나는 이제 이 긴긴 밤을 당신께 이 **노란 슬픔의 이야기**나 해서 보내도 좋겠습니까.

　　남쪽 바닷가 어떤 낡은 항구의 처녀 하나를 나는 좋아하였습니다. 머리가 까맣고 눈이 크고 코가 높고 목이 패고 키가 호리 낭창하였습니다.

(중략)

　　어느 해 유월이 저물게 **실비 오는 무더운 밤**에 처음으로 그를 안 나는 여러 아름다운 것에 그를 견주어 보았습니다―당신께서 좋아하시는 산새에도 해오라비에도 또 진달래에도 그리고 산호에도……. 그러나 나는 어리석어서 아름다움이 닮은 것을 골라낼 수 없었습니다.

　　총명한 내 친구 하나가 그를 비겨서 수선이라고 하였습니다. 그제는 나도 기뻐서 그를 비겨 수선이라고 하였습니다. 그러한 나의 수선이 시들어 갑니다. 그는 스물을 넘지 못하고 또 **가슴의 병**을 얻었습니다. 이 이야기는 이만하고 나의 노란 슬픔이 더 떠오르지 않게 나는 당신의 보내 주신 맑고 고운 수선화의 폭을 치워 놓아야 하겠습니다.

　　밤이 **아직 샐 때가** 멀고 또 복밥을 먹을 때도 아직 되지 않았습니다. 이제 나는 어머니의 바느질 그릇이 있는 데로 가서 무새 헝겊이나 얻어다가 알룩달룩한 각시나 만들면서 **이 남은 밤**을 당신께서 좋아하실 내 시골 **육보름*** 밤의 이야기나 해서 보내도 좋겠습니까.

　　육보름으로 넘어서는 밤은 집집이 안간으로 사랑으로 웃간에도 맏웃간에도 다락방에도 허텅에도 고방에도 부엌에도 대문 간에도 외양간에도 모두 째듯하니 불을 켜 놓고 복을 맞이하는 밤입니다. 달 밝은 마을의 행길 어데로는 **복덩이가 돌아다닐 것도 같은 밤**입니다. 닭이

수잠을 자고 개가 밤물을 먹고 도야지 깃을 들썩이는 밤
입니다. **새악시 처녀들**은 새 옷을 입고 복물을 긷는다고
벌을 건너기도 하고 고개를 넘기도 하여 부잣집 우물로
가서 반동이에 옹패기에 찰락찰락 물을 길어 오며 별 같
은 이야기를 **자깔자깔** 하는 밤입니다. 새악시 처녀들은
또 복을 가져오노라고 달을 보고 웃어 가며 살쾡이같이
여우같이 **부잣집**으로 가서는 날쌔기도 하게 기왓골의
기왓장을 벗겨 오고 부엌의 솥뚜껑을 들어 오고 곱새담
의 짚날을 뽑아 오고…… 이렇게 **허물없는 즐거움** 속에
끼득깨득 하는 그들은 산에서 내린 무슨 암짐승이 되어
버리는 밤입니다.

-백석, 「편지」-

* 육보름 : 정월 대보름 다음날.

10 (가)~(다)의 공통점으로 가장 적절한 것은?

① 빗대어 표현하는 방식으로 대상의 속성을 드러내고
   있다.
② 과거를 회상하는 방식으로 현재의 의미를 나타내고
   있다.
③ 영탄적인 어조로 대상에서 촉발된 인상을 표현하고
   있다.
④ 예스러운 종결 표현으로 고풍스러운 느낌을 자아내고
   있다.
⑤ 계절감을 드러내는 표현으로 시간의 경과를 보여 주
   고 있다.

11 〈보기〉를 참고하여 (가), (나)를 감상한 내용으로 적절하지 않은 것은? [3점]

—————[보기]—————

(가)에서 화자는 금강산으로 가는 길에서 만난 자
연의 모습을 자신의 내면에 투영하여 형상화하고
있다. 자연의 외적 모습을 바라보는 데 그치지 않고
주관적 대상으로 묘사하여, 화자와 자연의 정서적
교감을 드러낸다.
(나)에서 화자는 길에 대한 사람들의 생각이 자신
의 관점에만 치우쳐 있어서 내면의 길을 찾지 못하
고 있음을 일깨우고 있다. '밖'과 '안'을 대비하여 내
적 성찰의 중요성을 이끌어 내는 길의 상징적 의미
를 진술함으로써, 길에 대해 사람들이 깨달음을 얻
어 가는 과정을 보여 준다.

① (가)는 '화안한 골 길'과 '백화 앙상한 사이'를 통해, 화
   자가 여정 속에서 만난 자연의 모습을 묘사하고 있군.
② (가)는 '바다의 별들'과 '하늘에 별들'을 통해, 화자의
   내면에 투영된 자연에 대한 주관적 인상을 형상화하
   고 있군.
③ (나)는 '벼랑 앞에'서 '낭패'를 겪는 사람들의 상황을 보
   여줌으로써, 자신의 관점으로만 길을 이해한 사람들
   을 일깨우려 하고 있군.
④ (나)는 '세상 사는 이치'에서, 내면의 길을 찾아내어 내
   적 성찰을 이끌어 낸 사람들의 생각을 담아내고 있군.
⑤ (가)는 '꽃과 같이 난만하여라'에서, (나)는 '꽃으로 제
   몸을 수놓아 향기를 더하기도 하고'에서, 대상에 대한
   화자의 긍정적인 태도를 엿볼 수 있군.

12 (가), (다)에 대한 이해로 가장 적절한 것은?

① (가)의 '구월'은 화자의 고뇌가 심화되는 시간으로 볼 수 있다.
② (다)의 '고요하니 즐거운 이 밤'은 '당신'과의 재회에 대한 기대감이 고조되는 시간으로 볼 수 있다.
③ (가)의 '어젯밤'은 화자가, (다)의 '복덩이가 돌아다닐 것도 같은 밤'은 글쓴이가 고독감을 느끼는 시간으로 볼 수 있다.
④ (가)의 '오늘밤'은 화자가 고향에 대한 기억을 되살리는, (다)의 '실비 오는 무더운 밤'은 글쓴이가 지난날을 후회하는 계기로 볼 수 있다.
⑤ (가)의 '인기척 끊긴 한낮'은 화자가 생각에 잠길 만한, (다)의 '아직 샐 때가' 먼 '이 남은 밤'은 글쓴이가 이야기를 계속할 만한 시간으로 볼 수 있다.

13 (가)에 대한 이해로 적절하지 <u>않은</u> 것은?

① 1연에서 '아득히', '왔더니라'를 반복하여, '첩첩한 산길'과 '머언 생각에 잠기'는 화자의 내면을 조응시키고 있다.
② 2연의 '물소리에 흰 돌 되어 씻기우며'에서, 자연과의 관계에서 느끼는 화자의 정서를 드러내고 있다.
③ 3연의 '오래여 삭은 장목들'과 '풍설에 깎이어 날선 봉우리'를 통해, 자연의 유구함에서 풍기는 분위기를 표상하고 있다.
④ 3연의 '훌 훌 훌', 4연의 '쏴아', '호르르르'와 같은 표현으로, 자연의 풍경을 생동감 있게 형상화하고 있다.
⑤ 5연의 '동해안'과 6연의 '산장'이라는 공간의 대조를 통해, 장소의 이동에 따른 화자의 태도 변화를 부각하고 있다.

14 [A]~[F]에 대한 이해로 적절하지 <u>않은</u> 것은?

① [A]에서 '길'이 '사람들의 뜻'을 좇지 않는다는 진술의 구체적인 양상을 [B]에서 확인할 수 있다.
② [B]에서의 경험을 [C]에서 '사람들'이 어떻게 수용하는지를 밝히고 있다.
③ [C]의 '사람들'이 미처 깨닫지 못한 바가 무엇인지를 [D]에서 밝히고 있다.
④ [E]와 같이 제 뜻을 굽혀 '사람'에게 복종하는 '길'의 모습은 [B]와 대비되고 있다.
⑤ [F]에서 깨달음을 얻은 '사람들'의 태도는 [A]의 '사람들'의 태도와 대비되고 있다.

15 〈보기〉를 참고하여 (다)를 감상한 내용으로 적절하지 <u>않은</u> 것은?

[보기]

　'당신'에게 쓰는 편지 형식의 이 수필에서 글쓴이는 개인적 경험과 공동체적 경험으로 대비되는 두 가지 이야기를 들려준다. 수선화에서 연상된 이야기가 글쓴이에게 슬픔을 환기하는 기억이라면, 고향의 풍속 이야기는 일탈이 용인되는 유쾌한 축제로 그려진다. 이를 통해 독자는 슬픔과 즐거움이라는 삶의 양면성을 경험하게 된다.

① 글쓴이가 '당신'에게 말하는 형식으로 되어 있어 독자는 자신이 편지의 수신인이 된 것처럼 친근함을 느낄 수 있겠군.
② '노란 슬픔의 이야기'는 '가슴의 병'을 얻은 여인과 관련된 개인적 경험으로 볼 수 있겠군.
③ '육보름'에 대한 '당신'과 글쓴이의 경험을 대비한 것은 삶의 양면성을 보여 주려는 의도로 볼 수 있겠군.
④ '부잣집'의 '기왓장을 벗겨 오'는 '새악시 처녀들'의 행동은 축제 같은 분위기 속에 일시적으로 용인된 것이겠군.
⑤ '자깔자깔', '끼득깨득'과 같은 음성 상징어에서 '새악시 처녀들'의 '허물없는 즐거움'과 쾌감을 느낄 수 있겠군.

[16~20] 다음 글을 읽고 물음에 답하시오.   2019.06 [27~31]

— (해설 p.051)

(가)

　산과 산이 마주 향하고 믿음이 없는 얼굴과 얼굴이 마
주 향한 항시 어두움 속에서 꼭 한 번은 **천동 같은 화산**
이 일어날 것을 알면서 요런 자세로 꽃이 되어야 쓰는가.

　저어 서로 응시하는 쌀쌀한 풍경. 아름다운 풍토는 이
미 고구려 같은 정신도 신라 같은 이야기도 없는가. **별
들이 차지한 하늘**은 끝끝내 하나인데 …… 우리 무엇에
불안한 얼굴의 의미는 여기에 있었던가.

　모든 **유혈(流血)**은 꿈같이 가고 지금도 나무 하나 안
심하고 서 있지 못할 광장. 아직도 **정맥**은 끊어진 채 휴
식인가 야위어 가는 이야기뿐인가.

　언제 한 번은 불고야 말 독사의 혀같이 **징그러운 바람**
이여. 너도 이미 아는 모진 겨우살이를 또 한 번 겪으라
는가 아무런 죄도 없이 피어난 꽃은 시방의 자리에서 얼
마를 더 살아야 하는가 아름다운 길은 이뿐인가.

　산과 산이 마주 향하고 믿음이 없는 얼굴과 얼굴이 마
주 향한 항시 어두움 속에서 꼭 한 번은 천동 같은 화산
이 일어날 것을 알면서 **요런 자세로 꽃이** 되어야 쓰는가.

-박봉우, 「휴전선」-

(나)

　득음은 못하고, 그저 시골장이나 떠돌던
　소리꾼이 있었다, 신명 한 가락에
　막걸리 한 사발이면 그만이던 흰 두루마기의 그 사내
　꿈속에서도 폭포 물줄기로 내리치는
　한 대목 절창을 찾아 떠돌더니
　오늘은, 왁새* 울음 되어 우항산 솔밭을 다 적시고
　우포늪 둔치, 그 눈부신 봄빛 위에 자운영 꽃불 [A]
질러 놓는다
　살아서는 근본마저 알 길 없던 혈혈단신
　텁텁한 얼굴에 달빛 같은 슬픔이 엉켜 수염을 흔 [B]
들곤 했다
　늙은 고수라도 만나면

　어깨 들썩 산 하나를 흔들었다
　필생 동안 그가 찾아 헤맸던 소리가
　적막한 늪 뒷산 솔바람 맑은 가락 속에 있었던가 [C]
　소목 장재 토평마을 양파들이 시퍼런 물살 몰아
칠 때
　일제히 깃을 치며 동편제* 넘어가는 [D]
　저 왁새들
　완창 한 판 잘 끝냈다고 하늘 선회하는
　그 소리꾼 영혼의 심연이 [E]
　우포늪 꽃잔치를 자지러지도록 무르익힌다

-배한봉, 「우포늪 왁새」-

* 왁새 : 왜가리의 별명.
* 동편제 : 판소리의 한 유파.

(다)

　그 바위를 가리켜 어느 건방진 옛사람이 오심암(吾心
岩)이라고 이름을 지어 주었다 한다. 그보다도 조금 겸
손한 누구는 세심암(洗心岩)이라고 불렀다 한다.

　기운차게 일어선 산발이 이곳에 이르러 오심암의 절
경을 남기기 위하여 한 둥근 골짜기를 이루어 놓고 다시
다물어졌다.

　짙은 단풍 빛에 붉게 누렇게 물든 **검은 절경**의 성장
(盛裝), 그것을 선을 두른 동해보다도 더 푸른 하늘빛, 천
사가 흘리고 간 헝겊인 듯 봉우리 위에 가볍게 비낀 백
옥보다도 흰 엷은 구름 조각.

　이것은 분명히 자연이 흘려 놓은 예술의 극치다. 그러
나 겸손한 자연은 그의 귀한 예술이 홍진(紅塵)에 물들
것을 염려하여 그것을 이 깊은 산골짜기에 감추었던 것
인가 보다.

　어귀까지 '버스'를 불러오고 이곳까지 2등 도로를 끌
어 오는 것은 본래부터 그의 뜻은 아니었을 게다. 오직
사람만이 장하지도 아니한 그들의 예술을 천하에 뽐낼
기회만 엿보나 보다.

　둘러보건대 이 골짜기에는 일찍이 먼지를 품은 **미친
바람**과 같은 것은 지나가 본 일이 아주 없었나 보아서
아득히 쳐다보이는 높은 하늘 아래 티끌을 품은 듯한
아무것도 없다. 잠깐 내 자신을 굽어보니 허옇게 먼지 낀
의복, 그 밑에 숨은 먼지 낀 내 몸뚱어리, 그리고 또 그
속에 엎드린 먼지 낀 내 마음, 나는 그 틋기 모르는 순결
한 자연 속에 쓰레기처럼 동떨어진 내 몸의 더러움을 새
삼스럽게 부끄러워하였다.

(중략)

　차디찬 **바위** 위에 신발을 벗고 모자를 던지고 외투를
벗어 팽개치고 반듯이 누워서 눈을 감으니 인생도 예술
도 다 어디로 사라지고 오직 끝없는 **망각**이 내 마음을
아니 우주를 채우며 온다. 그러나 몸을 식히며 스며드는
찬기는 어느새 거리에서 멀리 떨어진 우리들의 위치를
깨닫게 한다. 우리는 채 씻기지 않은 마음을 거두어 가지
고 잠시나마 정을 들인 오심암을 두 번 세 번 돌아다보면
서 간 길을 다시 내려오기 시작하였다. 좋은 벗 떠나기란
싫은 것처럼, 좋은 자연에도 석별의 정은 마찬가진가 보
다. 또한 좋은 음식을 만났을 때 벗을 생각하는 것이 자
연스러운 것처럼 떠나고 싶지 않은 자연을 앞에 두고는
멀리 있는 벗들이 갑자기 그리웁다. 나는 마음속으로 어
느새 오심암에게 무언(無言)의 약속을 주어 버렸다.
　'내년에는 벗을 데리고 또 찾아오마'고.

-김기림, 「주을온천행」-

16 (가)~(다)의 공통점으로 가장 적절한 것은?

① 인간의 삶과 공간의 의미를 연결 지어 주제 의식을 구
　체화하고 있다.
② 갈등과 대립이 없는 화합의 세계를 보여 줌으로써 희
　망적인 미래를 예견하고 있다.
③ 역사적 상황을 직시함으로써 부정적 현실을 극복하려
　는 참여 의식을 표방하고 있다.
④ 자연이 인간에게 미친 긍정적인 영향을 강조함으로써
　사물에 대한 예찬적 태도를 드러내고 있다.
⑤ 특정한 장소에 대한 직접적인 경험을 바탕으로 인간
　의 교만한 태도에 대한 비판을 이끌어 내고 있다.

17 (가), (나)에 대한 설명으로 적절하지 <u>않은</u> 것은?

① (가)는 설의적 표현으로 현실에 대한 화자의 안타까움
　을 드러내고 있다.
② (나)는 청각의 시각화를 통해 소재의 생동감을 부각하
　고 있다.
③ (가)는 시간의 흐름에 따라, (나)는 시선의 이동에 따
　라 시상을 전개하고 있다.
④ (가)는 동일한 시구를 반복하여, (나)는 인물에 대한
　이야기를 활용하여 주제 의식을 강조하고 있다.
⑤ (가)와 (나)는 모두 화자의 인식을 자연물에 투영하여
　시적 정서를 환기하고 있다.

18 (가)와 (다)에 대한 감상으로 가장 적절한 것은?

① (가)의 '천동 같은 화산'은 신뢰를 잃은 상황이 초래한
　불안한 현실을, (다)의 '검은 절경'은 아름다움을 잃은
　풍경에서 느껴지는 암울한 심정을 드러내고 있다.
② (가)의 '별들이 차지한 하늘'은 하나로 이어진 세계를,
　(다)의 '아득히 쳐다보이는 높은 하늘 아래'는 흠결 없
　는 세계를 그려내고 있다.
③ (가)의 끊어진 '정맥'은 '유혈'을 이겨낸 삶의 의지를,
　(다)의 엄습하는 '찬기'는 정든 곳을 떠나야 하는 절망
　감을 환기하고 있다.
④ (가)의 '징그러운 바람'은 미래에 닥칠지 모를 모진 상
　황을, (다)의 '미친 바람'은 삶에서 지켜야 할 소중한
　존재를 상징하고 있다.
⑤ (가)의 '꽃'은 죄 없이 '요런 자세'로 삶에 순응하는 존
　재를, (다)의 '바위'는 지나온 과거를 '망각'하며 삶을
　회의하는 존재를 표현하고 있다.

19 〈보기〉를 참고하여 [A]~[E]를 이해한 내용으로 적절하지 **않은** 것은?

─────[보기]─────

이 시의 화자는 '우포늪'에서 왁새 울음소리를 들으며, 득음을 못한 채 생을 마감했던 한 '소리꾼'을 상상적으로 떠올리고 있다. 화자는 왁새 울음소리에서 고단하고 외로웠던 소리꾼이 평생을 추구했던 절창을 연상함으로써, 우포늪의 생명력이 소리꾼의 영혼을 절창으로 이끌었음을 표현하고자 했다. 자연과 인간이 어우러진 세계에서 창조되는 예술의 경지와 우포늪의 아름다움을 조화롭게 형상화한 것이다.

① [A] : 화자는 왁새 울음소리와 우포늪의 풍경을 연결 지어 소리꾼이 추구했던 절창을 상상적으로 떠올리고 있다.

② [B] : 득음의 경지를 찾아 떠돌았던 소리꾼의 얼굴에 묻어나는 삶의 비애를 감각적으로 표현하고 있다.

③ [C] : 소리꾼이 평생 추구했던 절창을 우포늪에서 찾아낸 화자의 정서를 드러내고 있다.

④ [D] : 화자가 상상적으로 떠올린 세계를 우포늪 일대의 현실적 공간과 결부하고 있다.

⑤ [E] : 날아가는 왁새와 완창을 한 소리꾼을 대비하여 자연과 인간이 통합된 예술의 형상을 사실적으로 보여 주고 있다.

20 〈보기〉는 '선생님'의 안내에 따라 학생들이 (다)를 감상한 내용이다. ⓐ~ⓔ 중 적절하지 **않은** 것은? [3점]

─────[보기]─────

선생님 : 수필은 글쓴이의 성찰을 보여 준다는 점에서 반성적이고, 깨달음을 전한다는 점에서 교훈적이며, 인생과 사회에 대한 인식과 판단을 드러낸다는 점에서 비판적인 특징을 갖습니다. 글쓴이의 발상과 통찰은 제재에서 새로운 의미를 이끌어 내고, 글쓴이의 문체는 내용을 효과적으로 표현하는 데 활용되지요. 그러면 이 작품에 드러난 수필의 특징을 확인해 봅시다.

학생 1 : 가을의 풍경을 효과적으로 그려 내기 위해 감각적인 문체를 활용하고 있음을 알 수 있어요. ···················· ⓐ

학생 2 : '예술의 극치'와 '장하지도 아니한' 예술을 대비하는 데에서, 인간에 대한 비판적 인식을 엿볼 수 있어요. ························ ⓑ

학생 3 : '오심암'의 경치에서 '겸손한 자연', '순결한 자연'을 이끌어 내는 데에서, 대상의 새로운 의미에 대한 통찰을 엿볼 수 있어요. ·········· ⓒ

학생 4 : 인간의 삶에서 자연이 '티끌'처럼 작아 보인다고 한다는 점에서, 사색을 통해 교훈을 얻는 수필의 특성을 확인할 수 있어요. ·········· ⓓ

학생 5 : '먼지 낀 의복'을 보고 '몸뚱어리'와 '마음'에 대한 부끄러움을 떠올린 데에서, 스스로를 돌아보는 반성적인 태도를 확인할 수 있어요. ··· ⓔ

① ⓐ　　② ⓑ　　③ ⓒ　　④ ⓓ　　⑤ ⓔ

(가)

　배를 민다
　배를 밀어보는 것은 아주 드문 경험
　희번덕이는 잔잔한 가을 바닷물 위에
　배를 밀어넣고는
　온몸이 **아주 추락하지 않을 순간의** 한 허공에서
　밀던 힘을 한껏 더해 밀어주고는
　아슬아슬히 배에서 떨어진 손, 순간 환해진 손을
　허공으로부터 거둔다

　사랑은 참 부드럽게도 떠나지
　뵈지도 않는 길을 부드럽게도

　배를 한껏 세게 밀어내듯이 슬픔도
　그렇게 밀어내는 것이지

　배가 나가고 남은 빈 물 위의 흉터
　잠시 머물다 가라앉고

　그런데 오, 내 안으로 들어오는 배여
　아무 소리 없이 밀려들어오는 배여

–장석남, 「배를 밀며」–

(나)

　당신……, 당신이라는 말 참 좋지요, 그래서 불러봅니다 킥킥거리며 한때 적요로움의 울음이 있었던 때, 한 슬픔이 문을 닫으면 또 한 슬픔이 문을 여는 것을 이만큼 살아옴의 **상처에 기대, 나 킥킥……, 당신을 부릅니다** 단풍의 손바닥, 은행의 두 갈래 그리고 합침 저 개망초의 시름, 밟힌 풀의 흙으로 돌아감 당신……, **킥킥거리며 세월에 대해 혹은 사랑과 상처**, 상처의 몸이 나에게 기대와 저를 부빌 때 당신……, 그대라는 자연의 달과 별……, 킥킥거리며 당신이라고……, 금방 울 것 같은 사내의 아름다움 그 아름다움에 기대 **마음의 무덤에 나 벌초하러 진설 음식도 없이 맨 술 한 병 차고 병자처럼, 그러나 ⓐ 치병*과 환후*는 각각 따로인 것을 킥킥 당신 이쁜 당신……**, 당신이라는 말 참 좋지요, 내가 아니라서 끝내 버릴 수 없는, 무를 수도 없는 참혹……, 그러나 킥킥 당신

–허수경, 「혼자 가는 먼 집」–

* 치병 : 병을 다스림.
* 환후 : 병을 정중하게 이르는 말.

(다)

　그녀에게 편지를 쓰는 것이 자신의 존재를 증명하던 시절이 있었다. 사랑하는 사람에게 보내는 편지만큼 표현의 욕구로 흘러 넘치는 것도 없다. 무언가를 표현하지 않고는 견딜 수 없는 시간들이 편지를 쓰게 한다. 그는 그녀에게 자신의 사랑이 얼마나 어렵고 진정하며 운명적인가를 설명하고 싶었다. 편지는 사람을 설득하거나 매혹시키는 방편이 될지도 모른다. 그러나 모든 사랑의 편지는 마지막 순간, **도구적이지** 못하다. 세상의 모든 글쓰기가 최후의 순간에는 **처음에 품었던 소소한 의도를 배반하는 것처럼**. 그 통제할 수 없는 익명의 욕구가 그 편지의 **현실적인 목표**를 잊어버리게 만들기 때문이다. 그런 이유로, 모든 사랑의 편지에는 **아무 전언도 들어 있지 않다.**

　거기에는 결정적인 정보나 주장이 들어 있지 않다. 다만 내 고백을 누군가가 들어준다는 충만한 느낌. 희미한 불빛 아래서 스스로 옷을 벗어야 할 때처럼, 주체할 수 없는 부끄러움 따위. 고백이란 결국 **2인칭을 경유하여 1인칭으로 돌아온다.** 그의 들끓는 고백의 언어들은 고스란히 자신에게 돌아왔다. 한동안 그는, 사랑하는 ○○에게로 시작되는 편지를 자주 썼다. 그녀는 그의 편지를 사랑했다. 정확하게 말하면 '**편지 속의 그**'를 그녀는 **사랑했다.** 편지 속에는 그가 찾아낸 자신의 **또 다른 영혼**이 있었다. 또 다른 영혼의 '그'는 순수한 열정과 끝 모를 동경과 깊은 이해심을 가진 존재였다. 그도 역시 그녀처럼 자신의 편지 속 1인칭 화자에게 깊이 매료되었다. 하지만 너무 뻔해서 가혹했던 지리멸렬한 시간들 속에서 그는 편지 속의 1인칭 주체를 잊어버렸다.

　편지조차 쓸 수 없는 시간들이 무심하게 지나가고, 다시 편지를 쓰고 싶었을 때, 그는 이미 '편지 속의 그'가 되지 못한다는 것을 알았다. 그는 '편지 속의 그'를 연기하는 것이 부끄러웠고, **자신의 비루함을 뼛속 깊이 실감했다.** 그는 '사랑하는 ○○에게'라는 편지를 쓰고 싶어 하는 자신 속의 어떤 늙지 않는 영혼을, 그 순수한 인격을 외면하고 싶었다. ⓑ 누군가가 듣기를 바라는 모든 고백이란, 위선이 아니면 위악이다.

–이광호, 「이젠 되도록 편지 안 드리겠습니다」–

21 (가)~(다)의 공통점으로 가장 적절한 것은?

① 하강적 이미지를 활용하여 시간의 흐름을 보여 준다.
② 자연물에 빗대어 부정적 현실의 극복 가능성을 암시
   한다.
③ 동일한 구절의 반복과 변주를 통해 상황의 반전을 표
   현한다.
④ 특정한 행위를 중심으로 행위 주체와 대상의 관계를
   드러낸다.
⑤ 공간의 이동에 따라 내용을 전개하여 역동적 분위기
   를 강화한다.

22 (가)에 대한 이해로 적절하지 <u>않은</u> 것은?

① '아주 추락하지 않을 순간'에 '배'를 밀던 '손'이 '아슬아
   슬히 배에서 떨어진'다는 것은 이별의 정서적 긴장감
   을 드러낸다.
② '뵈지도 않는 길'은 '사랑'이 '떠나'는 길이라는 점에서,
   이별의 막막한 상황을 공간의 형상으로 드러낸다.
③ '슬픔'을 '밀어내는 것'을 '배'를 밀듯 '한껏 세게 밀어'
   낸다고 한 것은 이별의 아픔을 떨쳐 내려는 화자의 태
   도를 드러낸다.
④ '배가 나가'며 생긴 '흉터'가 '잠시 머물다 가라앉'는다는
   것은 이별의 슬픔이 잦아든 상태에 있음을 드러낸다.
⑤ '밀려들어' 온 '배'는 '아무 소리 없이' 다시 돌아온 배라
   는 점에서, 대상과의 재회가 예상대로 이루어짐을 드
   러낸다.

23 (나)의 '당신'에 대한 설명으로 적절하지 <u>않은</u> 것은?

① 화자와 '한때'의 기억을 잇는 매개적 존재이다.
② 화자의 내면에 살고 있는 '병자'로서 연민의 대상이다.
③ 화자의 눈앞에 없지만 '부'름으로써 환기되는 대상이다.
④ 화자가 '버릴 수 없'고 '무를 수도 없는' 숙명적 존재이다.
⑤ 화자에게 '사랑'과 '슬픔'을 경험하게 하는 이중적 존재
   이다.

24 〈보기〉를 참고하여 (나)를 감상한 내용으로 적절하지
<u>않은</u> 것은? [3점]

[보기]

　시는 표현하고자 하는 바를 어떤 심적 상태에 놓
인 화자의 발화로써 형상화한다. (나)에 나타나 있
는 독특한 발화 방식, 즉 끊어질 듯 이어지는 서술,
어휘의 반복적 출현, 맥락이 없어 보이는 구절들의
배열, 수시로 등장하는 말줄임표와 쉼표 등은 사랑
의 기억을 떠올리거나 상처를 치유하지 못한 화자
의 내면을 드러내는 시적 장치들이다. 이러한 장치
들은 사랑의 기억과 함께 상실의 고통을 안고 남은
생을 살아 내야 하는 화자의 복합적인 내면을 생생
하게 그려 내는 역할을 한다.

① '킥킥'은 반복적으로 출현하는 웃음의 의성어로서, 사
   랑과 슬픔이 내재된 화자의 복합적인 정서를 생생하
   게 드러내는 표현이겠군.
② '상처에 기대, 나 킥킥……, 당신을 부릅니다'는 말줄임
   표와 쉼표를 사용한 서술로서, 상실의 고통으로 인하
   여 사랑의 기억이 희미해지는 화자의 심적 상태를 보
   여 주는 표현이겠군.
③ '킥킥거리며 세월에 대해 혹은 사랑과 상처,'는 맥락이
   없어 보이는 표현들이 한데 이어진 서술로서, 감정들
   이 뒤섞인 화자의 내면을 보여 주는 표현이겠군.
④ '마음의 무덤'은 화자의 심적 상태를 형상화한 서술로
   서, 상실의 고통을 안고 생을 살아 내야 하는 화자의
   내면을 비유한 표현이겠군.
⑤ '이쁜 당신……, 당신이라는 말 참 좋지요,'는 끊어질 듯
   이어지는 서술로서, 대상에 대하여 사랑의 감정을 품
   고 있는 화자의 내면을 보여 주는 표현이겠군.

25 ⓐ, ⓑ에 대한 이해로 가장 적절한 것은?

① ⓐ는 치병의 노력으로도 환후가 사라지는 것은 아니라는 화자의 인식을 말한다.

② ⓐ는 화자가 대상의 아름다움을 발견함으로써 자신의 환후를 의식하지 않게 되었음을 말한다.

③ ⓑ는 사랑의 편지가 상대를 향한 표현일 때, 위선과 위악에서 벗어날 수 있음을 말한다.

④ ⓑ는 더 나은 자신을 드러내려는 욕망이야말로 상대를 매혹하는 진정한 요인임을 말한다.

⑤ ⓐ와 ⓑ는 모두, 아픔을 겪는 이나 고백을 하는 이가 그 아픔이나 고백의 실체를 지각하지 못함을 말한다.

26 〈보기〉를 바탕으로 (다)를 이해한 내용으로 적절하지 <u>않은</u> 것은?

[보기]

　(다)에서 편지는 받는 사람뿐만 아니라 쓰는 사람 자신을 향한 것이기도 하다. 상대에 대한 열망으로 사랑의 편지를 쓰지만 결국 그것은 자신을 표현하는 글이다. 자신을 이상화하려는 욕구에 빠져 있기에 편지는 '그녀'가 사랑할 만한 '그'로 채워진다. 사랑의 편지를 받은 '그녀'는 '편지 속의 그'를 사랑하고, 편지를 쓰는 '그'도 '편지 속의 그'에게 매료되어 있다. 그러나 이런 식의 자기 고백이 지속될 수 없는 까닭은 이 이상화된 '그'와 실제의 '그' 사이의 간극이 주는 부끄러움 때문이다.

① '익명의 욕구'를 '통제할 수 없'다는 것은 상대를 향한 '그'의 사랑이 운명적인 것이어서 사랑을 멈출 수 없음을 말하는군.

② '아무 전언도 들어 있지 않다'는 것은 '처음에 품었던 소소한 의도'를 잊음으로써, 상대를 향한 글쓰기의 '현실적인 목표'가 실패로 돌아갔음을 말하는군.

③ '2인칭을 경유하여 1인칭으로 돌아온다'는 것은 편지가 상대를 향한 '도구적' 기능을 하지 못하고 자기 고백에 그치게 됨을 말하는군.

④ "편지 속의 그'를 그녀는 사랑했다"는 것은 편지를 받은 그녀가 사랑한 상대는 편지 속의 '또 다른 영혼'임을 말하는군.

⑤ '자신의 비루함을 뼛속 깊이 실감했다'는 것은 실제 자신과 이상화된 자신 사이의 간극을 자각한 '그'가 부끄러움에 빠져 있음을 말하는군.

[27~31] 다음 글을 읽고 물음에 답하시오.　2025.06 [22~26]

───── (해설 p.072) ─────

(가)

저 건너 ⓐ꽁생원은 팔자를 원망토다
제 아비 덕분으로 돈천이나 가졌더니
술 한 잔 밥 한 술을 친구 대접 하였던가
주제넘게 아는 체로 ㉠음양술수(陰陽術數) 현혹되어
이장도 자주 하며 이사도 힘을 쓰고
당대발복(當代發福) 예 아니면 피란처가 여기로다
올 적 갈 적 행로상에 ㉡처자식을 흩어 놓고
유무(有無) 상관 아니하고 **공것**을 바라도다
기인취물(欺人取物) 하자 하니 두 번째는 아니 속고
공납(公納) 범용 하자 하니 일가 중에 부자 없고
뜬재물을 경영하여 경향출입 싸다닐 제
재상가에 ㉢청질하다 봉변당해 물러서며
남의 고을 걸태 하다 혼금(閽禁)에 쫓겨 오기
혼인 중매 선채* 돈에 창피당해 뺨 맞으며
가대* 흥정 구문 먹기 ㉣핀잔 듣고 자빠지고
불의행실(不義行實) 찌그렁이 위조문서 비리호송(非
理好訟)
부자나 후려 볼까 ㉤감언이설 꾀어 보자
언막이에 보막이며 은광이며 금광이라
큰길가에 색주가며 노름판에 푼돈 떼기
남북촌에 뚜쟁이로 인물 초인(招引) 하여 볼까
산진매 수진매로 사냥질로 놀아나기
혼인 핑계 어린 딸이 백 냥짜리 되었구나
대종손 양반 자랑 산소나 팔아 볼까
아낙은 친정살이 자식은 머슴살이
일가에게 인심 잃고 **친구**에게 손가락질
부지거처(不知去處) 나간 후에 소문이나 들었던가
　　　　　　　　　　　-작자 미상, 「우부가」-

* 선채(先綵): 혼례 전에 신랑 집에서 신부 집으로 보내는 비단.
* 가대(家垈): 집이나 토지 등을 통틀어 이르는 말.

(나)

　경인년(庚寅年)에 큰 가뭄이 들어 정월부터 가을 7월에 이르기까지 **비가 내리지 않았다.** 봄에는 논밭을 갈지 못했고, 여름에는 **김을 맬 수가 없었다.** 들판에 있는 풀은 하나같이 누렇게 말랐고, 논밭의 곡식도 모두 시들었다.

부지런한 농부가 말하기를,
"김을 매도 죽을 것이고 김을 매지 않아도 죽을 것이다. 편안히 앉아 기다리는 것보다는 힘을 다하여 곡식을 살리는 게 나을 것이다. 만일 비가 내린다면 어찌 그동안 들인 노력이 모두 허사가 되겠는가."
라고 하였다. 그러므로 논밭은 이미 갈라졌으나 김매기를 그치지 아니하고 싹이 이미 시들었어도 **풀 뽑기를 쉬지 아니하여,** 한 해가 다 가도록 **부지런히 일을 하면서 자신이 할 일에 최선을 다하였다.**

ⓑ게으른 농부는 말하기를,
"김을 매도 죽을 것이고 김을 매지 않아도 죽을 것이다. 바쁘게 일하면서 수고로운 것보다는 아무 일도 하지 않고 **그냥 쉬는 것이 나을 것이다.** 만일 비가 오지 않으면 이것 모두 무익하게 될 것이다."
라고 하였다. 그러므로 밭에서 일하는 농부들을 보고 비웃기를 그치지 않았고, 들밥을 내가는 아녀자들을 보고 조롱하기를 그만두지 않으면서, 한 해가 다 가도록 물러나 앉아 천명을 기다리고 있었다.

　나는 일찍이 가을걷이할 무렵 파산(坡山)의 들판에 가 보았다. 그 밭의 절반은 황폐하였고 절반은 곡식이 잘 가꾸어져 있었는데, 절반은 곡식이 성글게 달렸고 절반은 빽빽하게 달려 있었다. 어떤 농부는 목을 뻣뻣이 세우고 하늘을 우러러보고, 또 어떤 농부는 술에 취해 잠이 들어 있었다. 마을 노인에게 이유를 물으니,
"저 황폐하고 성긴 곡식은 목을 뻣뻣이 세우고 하늘을 우러러보는 자들이 무익하다고 여겨 김을 매지 않은 것이고, 잘 가꾸어져 빽빽한 곡식은 술에 취한 채 목이 메어 잠든 자들이 정성과 힘을 다하여 살린 것이다. 한때의 편안함을 탐내었다가 일 년 내내 굶주리게 되었고, 한때의 괴로움을 참아 일 년 내내 배불리 지낼 수 있게 되었다."
라고 하였다.

　아, 열심히 일하여 얻고, 편안하게 놀다가 잃는 것은 비단 농사일만이 아닐 것이다. 오늘날 시서(詩書)를 공부하여 벼슬길에 나아가기를 도모하는 사람들도 어찌 이와 다를 것인가?

　ⓒ선비들은 젊었을 때에 학문에 뜻을 두고 밤낮없이 부지런히 노력하여 육경(六經)과 온갖 사서(史書)를 탐구하지 않음이 없고 문장과 아름다운 글귀를 익히지 않음이 없다. 저마다 재주를 품고 기이한 재주를 쌓아 과거 시험장에 나아가 솜씨를 겨루어, 한 번에 뜻을 이루지 못하면 못마땅해하고, 두 번에 뜻을 얻지 못하면 마음이

흐려지고, 세 번에도 뜻을 얻지 못하면 스스로 낙심하여
말하기를,

　"공명에는 분수가 있어서 학문으로 이룰 수 있는 것이
　아니며, 부귀는 운명에 달려 있으니 역시 학문으로 이
　룰 수 있는 것이 아니다."
라고 한다. 그동안 배운 것을 버리고 아울러 이전에 쌓
아 온 바를 버려서 어떤 이는 중도에 그만두기도 하고
또 어떤 이는 문(門)에 거의 다 이르렀다가 되돌아간다.
아홉 길 높이로 산을 쌓고도 한 삼태기의 힘을 마저 쏟
지 않는 것과 같으니, 어찌 게을러서 김을 매지 않는 자
들과 같지 않으리오.

　학문의 수고로움은 농부들이 봄, 여름, 가을의 세 계
절을 고생하는 것에 비할 바가 아니나, 학문을 하여 얻
는 공이 어찌 농사를 지어 얻는 이로움 정도뿐이겠는가.
농사를 지어 입과 배를 채우는 것은 그 이로움이 적으
나, 학문을 하여 명성을 취하는 것은 그 이로움이 크다.
이로움이 작은 일도 오히려 부지런히 하지 않을 수 없는
데, 하물며 **큰 일을 하면서 부지런하지 않을 수 있겠는
가**. 마음을 수고롭게 하는 군자는 도리어 몸을 수고롭게
하는 소인이 끝까지 노력함을 알지 못한다. 그러므로 이
글을 지어 그들을 깨우치는 바이다.

-성현, 「타농설」-

27 (가)와 (나)에 대한 설명으로 가장 적절한 것은?

① (가)는 열거의 방식을, (나)는 대조의 방식을 활용하여
　주제를 부각하고 있다.
② (가)는 (나)와 달리, 대구적 표현을 활용하여 인물에
　대한 태도의 변화를 드러내고 있다.
③ (나)는 (가)와 달리, 반어적 표현을 활용하여 인물에
　대한 기대감을 높이고 있다.
④ (가)와 (나)는 모두, 계절적 배경을 활용하여 향토적
　분위기를 조성하고 있다.
⑤ (가)와 (나)는 모두, 해학적 표현을 활용하여 인물 간
　의 우호적 관계를 드러내고 있다.

28 ㉠~㉤을 이해한 내용으로 적절하지 <u>않은</u> 것은?

① ㉠은 집터나 묏자리를 통해 길운을 바라는 꽁생원이
　관심을 보이는 대상이다.
② ㉡은 재물을 모은 꽁생원이 함께 풍요로운 삶을 누리
　고 싶은 대상이다.
③ ㉢은 재물을 경영하여 부를 증식하려는 꽁생원이 권
　력가의 권세를 이용하기 위한 방법이다.
④ ㉣은 집이나 땅을 중개하여 이문을 취하려는 꽁생원
　이 흥정 과정에서 겪은 부정적 반응이다.
⑤ ㉤은 부자의 재산으로 이익을 얻으려는 꽁생원이 부
　자를 꾀는 수단이다.

29 ⓐ~ⓒ에 대한 이해로 가장 적절한 것은?

① ⓐ는 도박과 음주에 빠져 있고, ⓑ는 파산의 들판에서
　술에 취해 잠들어 있다.
② ⓐ는 부모의 혜택을 받지 못하여 팔자를 원망하고, ⓒ는
　분수를 알아 자신의 배움에 한계가 있다고 생각한다.
③ ⓐ는 혼인을 중매하는 일에 성공하지 못하여 창피를
　당하고, ⓒ는 과거 시험에서 뜻을 이루지 못하여 수치
　를 당한다.
④ ⓑ는 가뭄에 김을 매지 않아 다른 농부들의 조롱을 받
　고, ⓒ는 한때의 괴로움을 참지 못하여 공명을 이루지
　못한다.
⑤ ⓑ는 김매기를 하여도 작물이 죽을 것이라고 생각하
　고, ⓒ는 학문에 힘을 쏟아도 부귀를 이루지 못할 수
　있다고 생각한다.

30 (나)에 대한 설명으로 적절하지 <u>않은</u> 것은?

① 인물들의 말을 인용하여 특정 상황에 대한 서로 다른 태도를 드러내고 있다.
② 글쓴이의 주장과 그에 대한 반박을 제시하여 화제에 대한 상반된 입장을 나타내고 있다.
③ 물음에 답하는 인물을 통해 글쓴이가 관찰한 상황이 발생하게 된 이유를 제시하고 있다.
④ 다른 사람에게 교훈을 전달하고자 하는 글쓴이의 의도를 드러내며 글을 마무리하고 있다.
⑤ 글쓴이의 경험을 통해 얻은 깨달음을 바탕으로 논의의 대상을 다른 상황으로 확장하고 있다.

31 〈보기〉를 참고하여 (가), (나)를 감상한 내용으로 적절하지 <u>않은</u> 것은? [3점]

[보기]

당면한 현실에 대응하는 양상에 따라 삶에 대한 평가는 달라진다. 요행을 바라면서 책임감 없는 삶을 사는 경우에는 부정적으로, 현실적 한계를 극복하고자 노력하는 삶을 사는 경우에는 긍정적으로 평가된다. (가)에서는 당대 규범에서 벗어나 세속적 욕망을 추구하며 요행을 바라는 태도에 대한 경계가, (나)에서는 운명론적 태도에서 벗어나 삶의 주체로서 문제를 성실하게 해결하는 자세에 대한 권면이 나타나고 있다.

① (가)의 '공것'과 '뜬재물'은 정당한 노력을 기울이지 않고 요행을 바라는 태도를 알 수 있는 소재이군.
② (나)의 '비가 내리지 않'아 '김을 맬 수가 없'는 것을 보니, 농부들이 농경에 부적합한 환경이라는 문제 상황에 당면하게 된 것을 알 수 있군.
③ (가)의 '공납'을 유용하려는 것에서 이익을 위해 규범을 무시하는 태도를, (나)의 '그냥 쉬는 것이 나을 것'에서 불행한 결과를 예단하는 운명론적 태도를 확인할 수 있군.
④ (가)의 '돈천이나 가졌더니', '친구 대접 하였던가'에서 재물을 베푸는 데 인색한 물욕을, (나)의 '풀 뽑기를 쉬지 아니하여'에서 한계 상황을 극복하고자 하는 의지를 확인할 수 있군.
⑤ (가)의 '일가'와 '친구'에게서 소외당한 꽁생원의 말로에서 무책임한 삶에 대한 경계가, (나)의 '큰 일을 하면서 부지런하'기를 촉구하는 데에서 게으른 농부에 대한 권면이 나타나는군.

──────── (해설 p.080) ────────

(가)

구겨진 하늘은 묵은 얘기책을 편 듯 　　　　　　[A]
돌담 울이 고성같이 둘러싼 산기슭
박쥐 나래 밑에 황혼이 묻혀 오면
초가 집집마다 **호롱불**이 켜지고
고향을 그린 묵화(墨畵) 한 폭 좀이 쳐.

띄엄 띄엄 보이는 그림 조각은 　　　　　　　[B]
앞밭에 보리밭에 말매나물 캐러 간
가시내는 가시내와 종달새 소리에 반해

빈 바구니 차고 오긴 너무도 부끄러워
술레짠 두 뺨 위에 모매꽃이 피었고.

그넷줄에 비가 오면 풍년이 든다더니 　　　　[C]
앞내강에 씨레나무 밀려 나리면
젊은이는 젊은이와 **뗏목**을 타고
돈 벌러 항구로 흘러간 몇 달에
서릿발 잎 져도 못 오면 바람이 분다.

피로 가꾼 이삭이 참새로 날아가고 　　　　　[D]
곰처럼 어린 놈이 북극을 꿈꾸는데
늙은이는 늙은이와 싸우는 입김도

벽에 서려 성에 끼는 한겨울 밤은 　　　　　　[E]
동리(洞里)의 밀고자인 강물조차 얼붙는다.

　　　　　　　　　　　　　　　　 -이육사, 「초가」-

(나)

오늘, 북창을 열어,
장거릴 등지고 산을 향하여 앉은 뜻은
사람은 맨날 변해 쌓지만
태고로부터 푸르러 온 산이 아니냐.
고요하고 너그러워 수(壽)하는 데다가
보옥을 갖고도 자랑 않는 겸허한 산.
마음이 본시 산을 사랑해
평생 산을 보고 산을 배우네.
그 품 안에서 자라나 거기에 가 또 묻히리니
내 이승의 낮과 저승의 밤에
아아라히 뻗쳐 있어 다리 놓는 산.
네 품이 내 고향인 그리운 산아

미역취 한 이파리 상긋한 산 내음새
산에서도 오히려 산을 그리며
꿈같은 산 정기(精氣)를 그리며 산다.

　　　　　　　　　　　　　　　 -김관식, 「거산호 2」-

(다)

　온갖 꽃들이 요란스럽게 일제히 터트려져 광채가 찬란하다. 이때에 바람이 살짝 불어오면 향기가 코를 스친다. 때마침 꼴베는 자가 낫을 가지고 와서 손 가는 대로 베어 내는데, 아쉬워 돌아보거나 거리끼는 마음도 없다. 나는 이에 한숨을 쉬며 탄식하여 말하였다.

　"땅이 낳고 하늘이 기르는바, 만물이 무성히 자라며 모두가 광대한 은택을 입는구나. 이에 따스한 바람이 불어 갖가지 형상을 아로새기고 단비를 내려 온 둘레를 물들이니, 천기(天機)를 함께 타고나 형체를 부여받음에 각기 그 자질에 따라 고운 자태를 드러낸다. 모란의 진귀하고 귀중함을 해당화의 곱고 아름다움에 견주어 보면, 비록 크고 작은 차이는 있겠으나, 어찌 **공교함과 졸렬함**에 다른 헤아림이 있었겠는가?

　　　　　　　　　　　(중략)

　그런데도 **귀함**이 저와 같고 **천함**이 이와 같아, 어떤 것은 **부호가의 깊은 장막 안**에서 눈앞의 봄바람을 지키고, 어떤 것은 짧은 낫을 든 어리석은 종의 손아귀에서 가을 서리처럼 변한다. 이 어찌 된 일인가? 뜨락은 사람 가까이에 있고 교외의 땅은 멀리 막혀 있어 가까운 것은 친하기 쉽고 멀리 있는 것은 저어하기 때문이 아니겠는가? 아니면 요황과 위자*는 성씨가 존엄한데 범상한 화초는 이름이 없으며, 성씨가 존엄한 것은 곱게 빛나는데 이름 없는 것들은 먼 데서 이주해 온 백성 같은 존재이기 때문인가? 그도 아니면 뿌리가 깊은 것은 종족이 번성한데 빽빽이 늘어선 것들은 가늘고 작으며, 높고 큰 것은 높은 자리에 있고 가늘고 작은 것들은 들판에 있기 때문인가?

　아! 낳는 것은 하늘에 달려 있으나 **영화롭게** 하는 것은 인간에 달려 있다. 하늘은 사사로움이 없기에 그 **조화(造化)가** 균일하지만, 인간은 널리 베풀지 못하므로 **소원함**도 있고 **친함**도 있는 것이다. 하늘이 이미 낳아 주었는데 또 어찌 사람이 영화롭게 하고 영화롭지 못하게 한다고 원망하겠는가? 나에게는 비록 감정이 있지만 풀에는 감정이 없으니, 그것이 소의 목구멍을 채우는 것과 **나비**로 하여금 다투어 찾도록 하는 것을 어찌 달리 보겠는가?"

–이옥, 「담초(談艸)」–

* 요황과 위자 : 모란의 진귀한 품종을 일컫는 말.

---

32 (가)~(다)에 대한 설명으로 가장 적절한 것은?

① (가)에서는 현실적인 문제 해결의 실마리로 조화로운 공동체의 모습을 제시하고 있다.

② (나)에서는 현실에 대한 부정적 인식을 바탕으로 앞날에 대한 회의를 드러내고 있다.

③ (다)에서는 자연과 인간의 관계를 살펴 자연을 바라보는 인간의 태도에 대한 성찰을 드러내고 있다.

④ (가), (다)에서는 모두 자연물이 쇠락하는 과정을 제시하여 인생에 대한 무상감을 드러내고 있다.

⑤ (가), (나), (다)에서는 모두 자연과의 교감을 통해 장소에 대한 낙관적 전망을 이끌어 내고 있다.

33 〈보기〉를 참고할 때, [A]~[E]에 대한 이해로 적절하지 않은 것은?

> [보기]
>
> 이육사는 「초가」를 발표하면서 '유폐된 지역에서'라고 창작 장소를 밝혔다. 이곳에서 그는 오래전 떠나온 고향을 떠올려 시로 형상화했다. 계절의 흐름에 따라 낭만적인 봄에서 비극적인 겨울로 시상을 전개하여 악화되어 가는 일제 강점기의 현실을 묘사했다.

① [A] : 돌담 울에 둘러싸인 산기슭을 묘사하여 화자가 고향을 회상하는 장소의 분위기를 나타내고 있다.

② [B] : 봄날의 보리밭 풍경을 제시하여 화자가 떠올리는 고향의 모습을 형상화하고 있다.

③ [C] : 고향 사람들이 기대하던 앞내강 정경을 묘사하여 화자의 소망이 이루어진 상황을 나타내고 있다.

④ [D] : 풍족한 결실을 거두지 못한 상황에서 자신이 처한 현실 너머의 세계를 꿈꾸는 소년의 모습을 보여 주고 있다.

⑤ [E] : 강물이 얼어붙는 삭막한 겨울의 이미지로 일제 강점기의 가혹한 현실 상황을 드러내고 있다.

34 '산'에 대한 화자의 태도를 중심으로 (나)를 감상한 내용으로 적절하지 않은 것은?

① '산'을 수시로 변하는 인간과 달리 태고로부터 본질을 잃지 않는 불변성을 지닌 것으로 인식하는군.

② '산'을 인간의 덕성을 표면화하는 데 집중하는 적극적 의지를 지닌 존재로 여기는군.

③ '산'을 삶과 죽음을 이어 줌으로써 죽음 이후에도 함께 할 대상으로 여기는군.

④ '산'을 근원적 고향으로 인식함으로써 그리움의 대상으로 바라보는군.

⑤ '산'을 현재 함께하는 존재로 여기면서도 지속적으로 지향해야 할 궁극적인 존재로 인식하는군.

35 (다)의 '나'에 대한 이해로 가장 적절한 것은?

① 꽃의 '공교함과 졸렬함'을 판단할 때는 꽃의 형체보다는 쓰임새에 기준을 두어야 함을 강조한다.

② 화초의 '귀함'과 '천함'에 대한 평가는 그 본성에 맞게 이름이 부여되었느냐에 달려 있다고 믿는다.

③ 풀을 '영화롭게' 만드는 주체는 인간이 아니라 하늘이어야 한다는 깨달음을 드러낸다.

④ 하늘의 입장에서 보면 모든 풀은 '조화가 균일'한 존재로서 가치의 우열을 가지지 않는다고 생각한다.

⑤ 인간의 감정에는 '소원함'과 '친함'이 모두 있으므로 사사로움을 넘어 균형을 도모할 수 있다고 본다.

36 묵화 와 북창 을 중심으로 (가)와 (나)를 비교한 내용으로 가장 적절한 것은?

① (가)에서는 '묵화'와 '박쥐 나래'의 이미지를 연결하여 고향의 어두운 분위기를, (나)에서는 '북창'에서 바라본 산의 '품'에 주목하여 산이 주는 아늑한 분위기를 드러낸다.

② (가)에서 '묵화'는 '황혼'이 상징하는 현실적 상황에, (나)에서 '북창'은 '저승의 밤'이 의미하는 절망적 상황에 대응된다.

③ (가)에서 '묵화'에 '좀이 쳐'라고 한 것은 화자가 고향에 대해 느끼는 세월의 깊이를, (나)에서 '북창'을 '오늘' 열었다고 한 것은 산을 대하는 화자의 인식이 변화된 시점을 드러낸다.

④ (가)에서 '묵화'를 '그림 조각'이라고 한 것은 고향의 분절된 이미지를, (나)에서 '북창'을 '열어' 산을 보고 있다는 것은 선망하는 세계와 분리된 이미지를 나타낸다.

⑤ (가)에서는 '묵화'에 그려진 '모매꽃'에 부끄러움의 정서를, (나)에서는 '북창'을 통해 본 '보옥'에 안타까움의 정서를 담아낸다.

37 〈보기〉를 참고하여 (가)~(다)를 감상한 내용으로 적절하지 않은 것은? [3점]

> ─────[보기]─────
>
> 문학적 표현에는 표현 대상을 그와 연관된 다른 관념이나 사물로 대신하여 나타내는 방법이 있다. 여기에는 사물의 속성으로 실체를 대신하거나 대상의 한 부분으로 전체를 대신하는 것 등이 포함된다. 이러한 방법들은 서로 혼재되기도 하면서 구체적이고 생생한 이미지와 분위기를 환기한다.

① (가)에서 저녁이 오는 시간을 그와 연관된 사물인 '호롱불'이 켜진다는 것으로 나타냄으로써, 산골 마을의 저녁 풍경을 시각적 이미지로 보여 주는군.

② (가)에서 고향에 머무르지 못하고 객지로 떠나는 현실을 '뗏목'을 타고 흘러가는 것과 연관 지어 나타냄으로써, 삶의 불안정함을 구체적 이미지로 보여 주는군.

③ (나)에서 세속적인 삶의 공간 전체를 이해관계가 얽혀 있는 '장거리'의 속성을 활용하여 나타냄으로써, 인심이 쉽게 변하는 세속 공간의 분위기를 환기하는군.

④ (다)에서 귀한 대우를 받는 삶을 그러한 속성을 가진 '부호가의 깊은 장막 안'으로 나타냄으로써, 인간과 가까운 공간의 적막한 분위기를 환기하는군.

⑤ (다)에서 풀의 가치를 '소'와 '나비'의 행위와 연관 지어 나타냄으로써, 하찮게 취급되는 풀과 귀하게 여겨지는 풀의 차이를 구체적 이미지로 보여 주는군.

[38~40] 다음 글을 읽고 물음에 답하시오.　　2024.11 [32~34]

— (해설 p.091) —

(가)

장풍에 돛을 달고 **육선**이 함께 떠나
삼현과 **군악** 소리 해산을 진동하니
물속의 어룡들이 응당히 놀라리라
해구를 얼른 나서 오륙도를 뒤 지우고
고국을 돌아보니 야색이 아득하여
아무것도 아니 뵈고 연해 각진포에
불빛 두어 점이 구름 밖에 뵐 만하다　　[A]
배 방에 누워 있어 내 **신세**를 생각하니
가뜩이 심란한데 대풍이 일어나서
태산 같은 성난 물결 천지에 자욱하니
크나큰 만곡주가 **나뭇잎** 불리이듯
하늘에 올랐다가 지함에 내려지니
열두 발 쌍돛대는 차아처럼 굽어 있고
쉰두 폭 초석 돛은 반달처럼 배불렀네

(중략)

날이 마침 극열하고 석양이 비치어서
끓는 땅에 엎디어서 말씀을 여쭈오니
속에서 불이 나고 관대에 땀이 배어
물 흐르듯 하는지라 나라께서 보시고서　　[B]
너희 더위 어려우니 먼저 나가 쉬라시니
곡배하고 사퇴하니 천은이 망극하다
더위를 장히 먹어 막힐 듯하는지라
사신들도 못 기다려 하처로 돌아오니
누이도 반겨하고 딸은 기뻐 우는지라
일가 친척들이 나와서 위문하네
여드레 겨우 쉬어 공주로 내려가니
처자식들 나를 보고 죽었던 이 고쳐 본 듯
기쁘기 극한지라 어리석은 듯 앉았구나　　[C]
사당에 현알하고 옷도 벗고 편히 쉬니
풍도의 험하던 일 저승 같고 꿈도 같다
손주 안고 어르면서 한가히 누웠으니
강호의 산인이요 **성대**의 일반이로다

　　　　　　　　　　-김인겸, 「일동장유가」-

(나)

꼬아 자란 층석류*요 틀어 지은 고사매*라
삼봉 괴석에 달린 솔이 늙었으니
아마도 화암 풍경이 **너뿐**인가 하노라

　　　　　　　　　　　　　〈제1수〉

막대 짚고 나와 거니니 양류풍 불어온다
긴 파람 짧은 노래 **뜻대로 소일**하니
어디서 초동과 목수(牧叟)는 웃고 가리키나니

　　　　　　　　　　　　　〈제6수〉

맑은 물에 벼를 갈고 **청산**에 섶을 친 후
서림 풍우에 소 먹여 돌아오니
두어라 **야인 생애**도 자랑할 때 있으리라

　　　　　　　　　　　　　〈제9수〉

　　　　　　　　　　-유박, 「화암구곡」-

* 층석류 : 석류나무로 만든 분재.
* 고사매 : 매화를 고목에 접붙인 분재.

38 (가), (나)의 표현상 특징에 대한 설명으로 가장 적절한 것은?

① (가)는 과거를 회상하는 표현을 통해 현재 상황에 대한 아쉬움을 드러내고 있다.
② (가)는 사물의 형태가 변화한 모습을 묘사하여 외부 환경의 영향력을 부각하고 있다.
③ (나)는 계절을 나타내는 어휘를 활용해 애달픈 정서를 부각하고 있다.
④ (나)는 두 인물의 행위를 대비하여 대상에 대한 평가를 드러내고 있다.
⑤ (가)와 (나)는 모두 영탄적 표현을 통해 대상에 대한 경외감을 드러내고 있다.

39 [A]~[C]에 대한 이해로 적절하지 <u>않은</u> 것은?

① [A]에서는 선상에서 불빛 두어 점에 의지해, 떠나온 곳을 가늠하는 행위를 통해 출항 후의 모습이 드러난다.

② [B]에서는 신하들의 고충을 헤아리는 임금의 배려에 감격한 마음이 드러난다.

③ [C]에서는 갑작스러운 상황에 감정을 표현하지 못하고 무심하게 대응하는 가족들의 모습이 드러난다.

④ [A]에서는 포구를 돌아보지만 보고 싶은 것이 보이지 않는 상황이, [B]에서는 격식을 갖추기 위해 뜨거운 땅에 엎드려 있는 일을 힘겨워하는 상황이 드러난다.

⑤ [A]에서는 예기치 않게 맞닥뜨린 여정상의 위험이, [C]에서는 과거의 위험했던 경험에 대한 소회가 드러난다.

40 〈보기〉를 참고하여 (가), (나)를 감상한 내용으로 적절하지 <u>않은</u> 것은? [3점]

> ─────[보기]─────
>
> 　조선 후기 시가에서는 경험과 외물에 대한 관심이 확대되었다. 「일동장유가」는 사행을 다녀온 경험을 생생하게 표현하며 그에 대한 정서를 솔직하게 드러냈다. 「화암구곡」은 포착된 자연의 양상에 따라 강호에서의 자족감, 출사하지 못한 선비로서 생활 공간인 향촌에 머물 수밖에 없는 데 따른 회포, 취향이 반영된 자연물로 구성한 개성적 공간에서의 긍지를 드러냈다.

① (가)는 배가 '나뭇잎'처럼 파도에 휩쓸리고 하늘에 올랐다 떨어지는 것 같다고 하여 대풍을 겪은 체험을 생동감 있게 드러내는군.

② (나)는 화암의 풍경이라 인정할 만한 것이 '너뿐'이라고 하여 자신이 기른 화훼로 조성한 공간에 대한 자긍심을 드러내는군.

③ (가)는 '육선'에 탄 사신단이 만물이 격동할 만한 '군악'을 들으며 떠나는 데 주목해 경험에 대한 관심을, (나)는 꼬이고 틀어진 모양으로 가꾼 식물에 주목해 외물에 대한 관심을 드러내는군.

④ (가)는 배에서 '신세'를 생각하는 모습으로 사행길의 복잡한 심사를, (나)는 '청산'에서의 삶에서 느끼는 자랑스러움을 '야인 생애'로 표현하여 겸양의 태도를 드러내는군.

⑤ (가)는 집으로 돌아와 한가하게 지내며 '성대'를 누리는 삶에 대한 만족감을, (나)는 양류풍에 감응하며 '뜻대로 소일'하는 강호의 삶에 대한 자족감을 드러내는군.

(가)

　돌담으로 튼튼히 가려 놓은 집 안엔 검은 기와집 종가
가 살고 있었다. 충충한 울 속에서 거미 알 터지듯 흩어
져 나가는 이 집의 지손(支孫)*들. 모두 다 싸우고 찢고
헤어져 나가도 오래인 동안 이 집의 광영(光榮)을 지키
어 주는 신주(神主)*들은 대머리에 곰팡이가 나도록 알
리어지지는 않아도 종가에서는 무기처럼 아끼며 제삿
날이면 갑자기 높아 제상(祭床) 위에 날름히 올라앉는
다. 큰집에는 큰아들의 식구만 살고 있어도 제삿날이면
제사를 지내러 오는 사람들 오조 할머니와 아들 며느리
손자 손주며느리 칠촌도 팔촌도 한데 얼리어 닝닝거린
다. 시집갔다 쫓겨 온 작은딸 과부가 되어 온 큰고모 손
꾸락을 빨며 구경하는 이종 언니 이종 오빠. 한참 찡찡
울리던 옛날에는 오조 할머니 집에서 동원 뒷밥*을 먹
어왔다고 오조 할머니 시아버니도 남편도 동네 백성들
을 곧-잘 잡아들여다 모말굴림*도 시키고 주릿대를 앵
기었다고. 지금도 종가 뒤란에는 중복사 나무 밑에서 대
구리가 빤들빤들한 달걀귀신이 융융거린다는 마을의 풍
설. 종가에 사는 사람들은 아무 일을 안 해도 지내 왔었
고 대대손손이 아-무런 재주도 물리어받지는 못하여
종갓집 영감님은 근시 안경을 쓰고 눈을 찝찝거리며 먹
을 궁리를 한다고 작인(作人)들에게 고리대금을 하여
살아 나간다.

-오장환, 「종가」-

* 지손 : 맏이가 아닌 자손에서 갈라져 나간 파의 자손.
* 신주 : 죽은 사람의 위패.
* 뒷밥 : 고사나 제사를 지낸 후 객귀를 위해 차리는 상.
* 모말굴림 : 곡식을 담는 그릇 위에 무릎을 꿇리는 형벌.

(나)

　노래는 심장에, 이야기는 뇌수에 박힌다
　처용이 밤늦게 돌아와, 노래로써
　아내를 범한 귀신을 꿇어 엎드리게 했다지만
　막상 목청을 떼어 내고 남은 가사는
　베개에 떨어뜨린 머리카락 하나 건드리지 못한다　[A]
　하지만 처용의 이야기는 살아남아
　새로운 노래와 풍속을 짓고 유전해 가리라
　정간보가 오선지로 바뀌고
　이제 아무도 시집에 악보를 그리지 않는다
　노래하고 싶은 시인은 말 속에
　은밀히 심장의 박동을 골라 넣는다　[B]

　그러나 내 격정의 상처는 노래에 쉬이 덧나
　다스리는 처방은 이야기일 뿐
　이야기로 하필 시를 쓰며
　뇌수와 심장이 가장 긴밀히 결합되길 바란다.

-최두석, 「노래와 이야기」-

41 (가)에 대한 이해로 가장 적절한 것은?

① '이 집의 지손들'이 '거미 알 터지듯 흩어져 나간다는
　데서, 종가의 번성에 대한 자부심을 드러낸다.
② '오래인 동안 이 집의 광영을 지키어 주는 신주들'이
　'제삿날이면 갑자기 높아 제상 위에 날름히 올라앉는
　다'는 데서, 종가에 대한 풍자적 태도를 드러낸다.
③ '동네 백성들을 곧-잘 잡아들여다 모말굴림도 시키고
　주릿대를 앵기었다'는 데서, 종가의 위세에 대한 시기
　심을 드러낸다.
④ '종가에 사는 사람들은 아무 일을 안 해도 지내 왔었고
　대대손손이 아-무런 재주도 물리어받지는 못'했다는
　데서, 종가의 내력을 존중하는 태도를 드러낸다.
⑤ '근시 안경을 쓰고 눈을 찝찝거리'는 '종갓집 영감님'이
　'작인들에게 고리대금을 하여 살아 나간다'는 데서, 종
　가에 대한 선망을 드러낸다.

42 [A], [B]에 대한 이해로 가장 적절한 것은?

① [A]는 '노래'와 '가사'의 융합이 가져온 결과를 보여 준
　것이다.
② [A]는 '노래'와 '이야기'가 결합되었을 때 나타나는 단
　점을 설명한 것이다.
③ [B]는 시인의 '말'에 '이야기'가 직접 연결된 상황을 표
　현한 것이다.
④ [B]는 '노래'의 성격이 약화된 '말'에 '노래'가 주는 감동
　을 불어넣는 상황을 보여 준 것이다.
⑤ [A]는 '이야기'의 도입이 지닌 한계를, [B]는 '노래'의
　회복이 지닌 의의를 설명한 것이다.

43 (가), (나)에 대한 설명으로 적절하지 <u>않은</u> 것은?

① (가)는 '쩡쩡 울리던 옛날'과 '달걀귀신이 융융거린다는 마을의 풍설'을 통해 '종가'에 대한 인상을 감각적으로 나타내고 있다.

② (가)는 '돌담으로 튼튼히 가려 놓은 집'과 '검은 기와집'을 통해 '종가'의 분위기를 드러내고 있다.

③ (나)는 '그러나'라는 시상 전환 표지를 활용하여 '노래'만으로는 화자가 바라는 '시' 창작이 어렵다는 점을 부각하고 있다.

④ (나)는 '처용'이 부른 '노래'와 '처용'에 대한 '이야기'의 성격을 비교하여 주제를 구체화하고 있다.

⑤ (가)는 '지금도'를 통해 '종가'의 불변성을, (나)는 '이제'를 통해 '시'의 영속성을 강조하고 있다.

44 〈보기〉를 바탕으로 (가), (나)를 감상한 내용으로 적절하지 <u>않은</u> 것은? [3점]

> ┌─────[보기]─────┐
>
> (가)에서 화자는 '종가'의 상황을 구체적으로 서술함으로써 종가와 연관된 사람들의 상처를 드러내고, 이러한 종가의 이야기가 현재의 상황과 연결되도록 현재 시제를 주로 사용하여 생동감 있게 표현했다. (나)에서 화자는 '시'가 '노래'의 성격을 되찾아야 할 뿐만 아니라, 감정의 과잉으로 상처가 오히려 깊어지기도 하는 노래의 한계를 극복하기 위해 '이야기'가 요구된다는 점을 강조했다. (가)는 종가에 대한 화자의 경험을 이야기한 산문 형식의 시이고, (나)는 「종가」와 같은, 이야기가 두드러진 시를 짓는 까닭을 제시한 시론 성격의 시이다.

① (가)는 종가 구성원들의 행동을 현재 시제로 생동감 있게 표현함으로써 종가의 이야기와 현실이 연관되도록 서술하고 있군.

② (가)는 '동네 백성들'이 받은 상처를 보여 줌으로써 종가의 부정적 측면을 드러내려는 화자의 의도를 부각하고 있군.

③ (나)는 상처가 노래에 쉽게 덧난다고 말함으로써 시에서 노래의 성격이 분리된 결과를 보여 주고 있군.

④ (나)는 '뇌수'와 '심장'의 결합을 희망한다고 말함으로써 시에 이야기도 필요하다는 생각을 담아내고 있군.

⑤ (가)는 종가에 얽힌 경험과 상처에 대한 이야기를, (나)는 시 창작에서 이야기의 활용이 지니는 의미를 제시하고 있군.

[45~49] 다음 글을 읽고 물음에 답하시오.　　　2021.12 [38~42]

———— (해설 p.105)

(가)

이 몸 삼기실 제 님을 조차 삼기시니
훈 성 **연분(緣分)**이며 하늘 모를 일이런가
나 호나 **졈어 잇고** 님 호나 날 괴시니
이 모음 이 스랑 견졸 디 **노여** 업다
평성(平生)애 원(願)호요디 훈디 녜쟈 호얏더니
늙거야 므스 일로 외오 두고 그리는고
엇그제 님을 뫼셔 광한뎐(廣寒殿)의 올낫더니
그 더디 엇디호야 하계(下界)예 누려오니
올 저긔 비슨 머리 헛틀언 디 **삼 년일쇠**
연지분(臙脂粉) 잇니마는 눌 위호야 고이 홀고
모음의 미친 실음 텹텁(疊疊)이 빠혀 이셔
짓니 한숨이오 디니 눈믈이라
인싱(人生)은 유훈(有限)훈디 시름도 그지업다
무심(無心)훈 셰월(歲月)은 믈 흐르둣 호는고야
염냥(炎凉)이 째를 아라 **가는 둧 고텨** 오니
듯거니 보거니 늣길 일도 하도 할샤
동풍이 건듯 부러 젹셜(積雪)을 헤텨 내니
창(窓) 밧긔 심근 **미화(梅花)** 두세 가지 피여셰라
굿득 닝담(冷淡)훈디 암향(暗香)은 **므스 일고**
황혼의 둘이 조차 벼마틔 빗최니
늣기는 둧 반기는 둧 **님이신가** 아니신가
뎌 미화 것거 내여 님 겨신 디 보내오져
님이 너를 보고 엇더타 너기실고

　　　　　　　　　　　　　　-정철, 「사미인곡」-

(나)

창 밧긔 워석버석 **님이신가** 니러 보니
혜란(蕙蘭) 혜경(蹊徑)* 에 낙엽은 **므스 일고**
어즈버 유한(有限)훈 간장(肝腸)이 다 그츨가 **호노라**

　　　　　　　　　　　　　　-신흠-

* 혜란 혜경 : 난초 핀 지름길.

(다)

　나는 예전에 장흥방의 길갓집에 살았다. 그 집은 저잣거리에 제법 가까워서 소란스러웠다. 문 옆에 한 칸짜리 초당이 있어 볏짚으로 덮고 흙을 쌓았더니 그윽하고 조용해서 살 만했다. 그러나 초당이 동쪽으로 치우쳐 햇볕을 받았기에 여름이면 너무 더웠다. 그래서 '고요함이 더위를 이긴다[靜勝熱]'는 말을 당호(堂號)*로 정해 문설주에 편액을 해 걸어 두고 위안을 삼았다.

　대저 고요함에는 두 가지가 있으니 하나는 몸의 고요함이요, 다른 하나는 마음의 고요함이다. 몸이 고요한 사람은, 앉고 눕고 일어나고 서는 등 모든 행동에 있어 편안함을 취할 뿐이다. 마음이 고요한 사람은, 천하만사가 마치 촛불로 비춰 보고 거북이로 점을 치는 듯하니 시원한 날씨와 더운 날씨가 무슨 상관이 있겠는가? 그러므로 '고요함이 이긴다'고 한 지금의 말은 마음의 고요함을 가리킨다.

　그 집에서 이십 년을 살고 이사하였다. 그로부터 삼 년이 흐른 뒤 옛집을 찾아가 보았다. 그새 주인이 바뀐 지 여러 번이지만 집은 옛 모습 그대로였다.

　은은하게 처마에 들어오는 산빛, 콸콸콸 담을 따라 도는 골짜기 물, 밀랍으로 발라 번들번들한 살창, 쪽빛으로 물들여 놓은 늘어진 천막.

　　　　　　　　　　　　　　(중략)

　내가 여기에 살던 시절은 집안이 번성하던 때였다. 선친께서 승명전에 봉직하실 때라, 퇴근하신 밤이면 우리 형제들이 모시고 앉아 학문과 예술을 담론하고 옛일을 기록하거나, 시를 읽거나 거문고를 들었으니 유중영의 옛일*과 비슷하였다. 그 즐거움을 잊을 수는 없건마는 다시 되찾을 수는 없다!

　『서경』에 '그릇은 새것을 찾고, 사람은 옛 사람을 찾는다.'라고 했다. 집 역시 그릇과 같이 무언가를 담는 부류이긴 하나, 사람은 집이 아니면 몸을 붙여 머물 데가 없고 집보다 더 거처를 많이 하는 것은 없으므로, 집은 그릇보다는 사람에 가깝다 하겠다. 그러니 어찌 그리워하지 않을 수 있으랴!

　그렇지만 인간사가 벌써 바뀌어, 사물에 닿을 때마다 슬픔만 더하므로 이 집에 다시 살고 싶지는 않다. 마땅히 임원(林園)*에 집터를 보아 집을 지어서 옛 이름의 편액을 걸어 옛집에서 지녔던 뜻을 잊지 않으려 한다.

　누군가는 '임원이 이미 고요하거늘, 지금 다시 '고요함이 이긴다'고 하면 또한 군더더기가 아닌가?'라고 말할

수 있으리라. 나는 답하리라. '고요한데 또 고요하니, 이
것이야말로 고요함이라네.'라고.

-유본학, 「옛집 정승초당을 둘러보고 쓰다」-

* 당호 : 집에 붙이는 이름.
* 유중영의 옛일 : 당나라 때 문신 유중영이 늘 책을 가까이하며
  자식들을 가르치던 일.
* 임원 : 산림.

45 (가)와 (나)에 대한 설명으로 가장 적절한 것은?

① (가)의 '노여'와 (나)의 '다'라는 수식어는 모두 임에 대
한 원망의 정서를 강조하기 위해 사용된 것이다.
② (가)의 'ᄒᆞᄂᆞ고야'와 (나)의 'ᄒᆞ노라'는 모두 화자의 의
지를 단정적인 종결형으로 나타낸 것이다.
③ (가)의 '미화'와 (나)의 '혜란'은 모두 화자와 동일시되
는 자연물을 의인화하여 나타낸 것이다.
④ (가)의 '므스 일고'와 (나)의 '므스 일고'는 모두 뜻밖의
대상과 마주하게 된 반가움을 영탄적 어조로 표현한
것이다.
⑤ (가)의 '님이신가'와 (나)의 '님이신가'는 모두 임을 만
나고 싶은 간절함을 독백적 어조로 드러낸 것이다.

46 〈보기〉를 바탕으로 (가)를 감상한 내용으로 적절하지
<u>않은</u> 것은?

① 임과의 '연분'을 '하ᄂᆞᆯ'과 연결 짓는 것은, 임과의 사랑
이 천상의 시간 질서처럼 끝없이 이어지기를 바라는
마음이 반영된 것이라 볼 수 있겠어.
② '겸어 잇고'와 '늙거야'를 통해 화자가 천상의 시간에서
벗어나 지상의 시간으로 편입되었음을 알 수 있겠어.
③ '삼 년' 전을 '엇그제'로 인식하는 것에서, 임과 함께한
기억이 아직도 선명하게 남아 있어 지상의 물리적 시
간이 심리적으로 압축되어 나타나고 있음을 알 수 있
겠어.
④ '인ᄉᆡᆼ은 유ᄒᆞᆫ'과 '무심ᄒᆞᆫ 셰월'을 통해 지상의 시간적
질서에 따라 소망을 이룰 수 있는 시간이 줄고 있는 것
에 대한 불안한 마음을 엿볼 수 있겠어.
⑤ '염냥'이 '가ᄂᆞᆫ ᄃᆞᆺ 고텨' 온다는 인식에서, 임과의 관계
단절에 따른 절망감으로 인해 지상의 물리적 시간이
심리적으로 지연되어 나타나고 있음을 알 수 있겠어.

47 〈보기〉를 바탕으로 (나), (다)를 감상한 내용으로 적절하지 <u>않은</u> 것은? [3점]

고요함은 소리나 움직임이 없이 잠잠한 상태인 외적 고요와 마음이 평온한 상태인 내적 고요로 구분할 수도 있다. 이에 주목하여 (나)를 감상할 때, 화자가 처한 상황과 그에 따른 심리는 고요함의 측면에서 이해될 수 있다. 또한 (다)에서 필자는 고요함에 대한 통찰을 통해 자신이 처한 공간에서 내적 고요를 추구하려 하는데, 이를 통해 삶에서 느끼는 불편이나 슬픔을 이겨 내는 동력을 얻고 있다.

① (나)에서 '낙엽' 소리가 창 안에서도 들린다는 것은 화자가 외적 고요의 상태에 있었다는 것을 의미하겠군.
② (나)에서 '낙엽' 소리를 임이 오는 소리로 착각했다는 것은 화자의 심리가 내적 고요의 상태에 있지 못했기 때문이겠군.
③ (다)에서 '사물에 닿을 때마다 슬픔만 더'한다는 것은 옛집을 돌아본 경험이 필자로 하여금 내적 고요를 이루기 어렵게 만들었다는 인식이 반영된 것이겠군.
④ (다)에서 '옛집'의 '초당'에 붙였던 당호를 '임원'의 새집에서도 사용하겠다는 것은 필자가 외적 고요에 더해 내적 고요를 추구하고 있음을 보여 주는 것이겠군.
⑤ (다)에서 '누군가'가 '고요함이 이긴다'는 당호를 '군더더기'로 본다는 것은 외적 고요만으로는 삶에서 느끼는 불편이나 슬픔을 이겨 내기 어렵다고 여겼기 때문이겠군.

48 (가)와 (다)를 비교하여 이해한 내용으로 가장 적절한 것은?

① (가)와 (다) 모두 인간의 외양이 변화하는 상황에 대한 안타까움이 나타나 있다.
② (가)와 (다) 모두 오래된 것보다는 새로운 것을 더 중시하는 삶의 자세가 나타나 있다.
③ (가)와 (다) 모두 자신이 있는 공간에서 그 공간에 부재하는 대상을 떠올리는 상황이 나타나 있다.
④ (가)에는 인생의 허무함에 대한 순응적 태도가, (다)에는 인생의 허무함에 대한 극복 의지가 나타나 있다.
⑤ (가)에는 과거와 달라진 타인의 마음에 대한, (다)에는 과거와 달라진 자신의 마음가짐에 대한 아쉬움이 나타나 있다.

49 (다)에 대한 이해로 적절하지 <u>않은</u> 것은?

① 여름에 더웠던 경험을 바탕으로 옛집 초당의 당호를 정하게 된 내력을 서술하고 있다.
② 과거 인물의 행적에 비추어, 다시 찾은 옛집에서 떠올린 기억에 대한 감회를 드러내고 있다.
③ 새집에 붙이고자 하는 당호의 의미를 통해 옛집에서 다시 살고 싶어하는 마음을 표현하고 있다.
④ 변함없는 옛집의 외양과 달리, 변해 버린 인간사로 인해 새집을 지으려는 마음을 갖게 되었음을 밝히고 있다.
⑤ 집이 그릇과 같은 부류이지만 사람을 담고 있는 존재라는 점에 주목하여 옛집에 대한 그리움을 부각하고 있다.

(가)

만년(萬年)을 싸늘한 바위를 안고도
뜨거운 가슴을 어찌하리야

어둠에 창백한 꽃송이마다
깨물어 피터진 입을 맞추어

마지막 한방울 피마저 불어 넣고
해돋는 아침에 죽어가리야

사랑하는 것 사랑하는 모든 것 다 잃고라도
흰뼈가 되는 먼 훗날까지
그 뼈가 부활하여 다시 죽을 날까지

거룩한 일월(日月)의 눈부신 모습
임의 손길 앞에 나는 울어라.

마음 가난하거니 임을 위해서
내 무슨 자랑과 선물을 지니랴

의로운 사람들이 피흘린 곳에
솟아 오른 대나무로 만든 피리뿐

흐느끼는 이 피리의 아픈 가락 이
구천(九天)에 사모침을 임은 듣는가.

미워하는 것 미워하는 모든 것 다 잊고라도
붉은 마음이 숯이 되는 날까지
그 숯이 되살아 다시 재 될 때까지

못 잊힐 모습을 어이 하리야
거룩한 이름 부르며 나는 울어라.

-조지훈, 「맹세」-

(나)

저기 저 담벽, 저기 저 라일락, 저기 저 별, 그리고 저기 저 우리 집 개의 똥 하나, 그래 모두 이리 와 ㉠내 언어 속에 서라. 담벽은 내 언어의 담벽이 되고, 라일락은 내 언어의 꽃이 되고, 별은 반짝이고, 개통은 내 언어의 뜰에서 굴러라. ㉡내가 내 언어에게 자유를 주었으니 너희들도 자유롭게 서고, 앉고, 반짝이고, 굴러라. 그래 봄이다.

봄은 자유다. 자 봐라, 꽃피고 싶은 놈 꽃피고, 잎 달고 싶은 놈 잎 달고, 반짝이고 싶은 놈은 반짝이고, 아지랑이고 싶은 놈은 아지랑이가 되었다. ㉢봄이 자유가 아니라면 꽃피는 지옥이라고 하자. 그래 봄은 지옥이다. ㉣이름이 지옥이라고 해서 필 꽃이 안 피고, 반짝일 게 안 반짝이던가. 내 말이 옳으면 자, ㉤자유다 마음대로 뛰어라.

-오규원, 「봄」-

50 (가), (나)에 대한 설명으로 적절하지 <u>않은</u> 것은?

① (가)는 1연과 6연에서 물음의 형식을 활용하여 화자의 상황 인식을 보여 준다.

② (가)는 4연과 9연에서 상황을 가정하는 표현을 활용하여 화자의 의지를 강조한다.

③ (나)는 반복적인 표현을 제시하면서 쉼표를 사용하여 리듬감을 형성한다.

④ (가)는 대비되는 시어를 활용하여 대상의 양면성을 드러내고, (나)는 반복되는 행위를 제시하여 대상의 효용성을 드러낸다.

⑤ (가)는 같은 시구를 5연, 10연의 마지막에서 반복하여 화자의 정서를 강조하고, (나)는 1연 끝 문장의 시어를 2연 첫 문장으로 연결하며 그 의미를 드러내고 있다.

51 아픈 가락 에 대한 이해로 가장 적절한 것은?

① 임에게 자랑스레 내보일 화자의 자부심을 포함한다.

② 의로운 사람들이 보여 준 희생과 설움을 담고 있다.

③ 대나무에 서린 임의 뜻을 잊으려는 화자를 질책한다.

④ 피리의 흐느낌에 호응하여 화자의 억울함을 해소한다.

⑤ 구천에 사무친 원망을 살아남은 사람들에게 전달한다.

52 다음에 따라 (가), (나)를 감상한 내용으로 적절하지 <u>않은</u> 것은? [3점]

> 선생님 : (가)는 부재하는 임을 기다리며 더 나은 세상에 대한 바람을 드러내고, (나)는 봄과 같은 세계에서, 대상들과 함께 자유를 누리려는 바람을 드러냅니다. 그러나 (가)는 대상에게 의미를 부여하는 화자의 시선이 두드러짐에 비해, (나)는 화자가 주목하는 대상들의 모습이 두드러진다는 차이를 보여요. 이 차이가 주변 존재들을 대하는 태도나 바람을 실현하는 방식에 반영되기도 해요.

① (가)의 화자가 바라는 세상은 '해돋는 아침'과 같이 '어둠'을 벗어나 밝음을 회복한 세상일 거야.

② (나)의 화자가 지향하는 세계에서 대상들은 '자유롭게 서고, 앉고, 반짝이고,' 구를 거야.

③ (가)의 화자는 '꽃송이'를 '창백한' 대상으로 바라보고, (나)의 화자는 대상들 각각의 모습에 주목하여 그 개별성을 드러내고 있어.

④ (가)의 화자는 '피마저 불어 넣'는 희생적 태도를 보이고, (나)의 화자는 대상들이 원하는 바를 실현하게 하여 '자유'를 함께 누리려는 태도를 보이고 있어.

⑤ (가)의 화자는 '붉은 마음'을 바쳐 부재하는 '임'을 기다리고, (나)의 화자는 '담벽' 안에서 '봄'과 같은 세계를 대상들과 공유하려 하고 있어.

53 ⟨보기⟩를 참고하여 ㉠~㉤의 의미를 설명한 것으로 가장 적절한 것은?

> ──[보기]──
>
> (나)는 언어의 한계와 가능성에 대한 시인의 탐구를 보여 준다. 언어를 사용함으로써 대상을 파악할 수 있지만 그 결과는 다시 언어에 구속된다는 필연적 한계를 갖는다. 그래서 시인은 기존의 언어 사용 방식을 벗어나려는 시도를 한다. 이를 통해 언어와 대상이 기존의 관습에서 벗어나 자유를 향해 나아갈 수 있는 가능성을 모색한다.

① ㉠은 자신의 언어 속에서도 기존의 언어 사용 방식이 유지된다는 생각을 의미한다.

② ㉡은 대상을 파악하는 행위까지 포기하면서 자유를 얻고자 하는 의도를 나타낸다.

③ ㉢은 새로운 표현을 시도하여 언어와 대상이 자유를 얻을 가능성을 모색하는 과정을 나타낸다.

④ ㉣은 대상들을 구속에서 벗어나게 하기 위해 외부 상황에 변화를 주었음을 의미한다.

⑤ ㉤은 언어의 새로운 가능성을 실현하여 자신이 제한한 의미에 따라 대상들이 움직임을 의미한다.

[54~56] 다음 글을 읽고 물음에 답하시오.　　　2022.11 [32~34]

―― 해설 p.122 ――

(가)

춘일(春日)이 지지(遲遲)하여 뻐꾸기가 보채거늘
동린(東隣)에 쟁기 얻고 서사(西舍)에 호미 얻고
집 안에 들어가 씨앗을 마련하니
㉠올벼 씨 한 말은 반 넘게 쥐 먹었고
기장 피 조 팥은 서너 되 부쳤거늘
한아(寒餓)한 식구 이리하여 어이 살리

(중략)

베틀 북도 쓸데없어 빈 벽에 남겨 두고
㉡솥 시루 버려두니 붉은 빛이 다 되었다
세시 삭망 명절 제사는 무엇으로 해 올리며
원근 친척 내빈왕객(來賓往客)은 어이하여 접대할꼬
㉢이 얼굴 지녀 있어 어려운 일 하고 많다
이 원수 궁귀(窮鬼)를 어이하여 여의려뇨
술에 후량을 갖추고 이름 불러 전송하여
길한 날 좋은 때에 사방으로 가라 하니
웅얼웅얼 불평하며 원노(怨怒)하여 이른 말이
어려서나 늙어서나 희로우락(喜怒憂樂)을 너
와 함께하여
죽거나 살거나 여읠 줄이 없었거늘　　　　　[A]
어디 가 뉘 말 듣고 가라 하여 이르느뇨
우는 듯 꾸짖는 듯 온가지로 협박커늘
돌이켜 생각하니 네 말도 다 옳도다
무정한 세상은 다 나를 버리거늘
네 혼자 유신하여 나를 아니 버리거든
위협으로 회피하며 잔꾀로 여읠려냐
하늘 삼긴 이내 궁(窮)을 설마한들 어이하리
빈천도 내 분(分)이니 서러워해 무엇하리

-정훈, 「탄궁가」-

(나)

서산에 돋을볕 비추고 구름은 느지막이 내린다
비 온 뒤 묵은 풀이 뉘 밭이 우거졌던고
㉣두어라 차례 정한 일이니 매는 대로 매리라

〈제1수〉

면화는 세 다래 네 다래요 이른 벼의 패는 모가
곱난가　　　　　　　　　　　　　　　　　　[B]
오뉴월이 언제 가고 칠월이 반이로다
아마도 하느님 너희 삼길 제 날 위하여 삼기셨다

〈제7수〉

아이는 낚시질 가고 집사람은 절이채 친다
새 밥 익을 때에 새 술을 걸러셔라
㉤아마도 밥 들이고 잔 잡을 때에 흥에 겨워 하노라

〈제8수〉

-위백규, 「농가」-

54 (가)에 대한 설명으로 가장 적절한 것은?

① 계절의 변화에 조응하는 여러 자연물을 활용해 화자의 인식 전환을 보여 주고 있다.
② 계절감이 드러난 소재를 대등하게 나열해 시상을 전개하고 있다.
③ 특정 계절의 풍속을 화자의 시선 이동에 따라 묘사하고 있다.
④ 특정 계절을 배경으로 제시해 화자의 처지를 부각하고 있다.
⑤ 계절의 순환을 중심으로 자연의 섭리를 드러내고 있다.

55 [A], [B]에 대한 이해로 적절하지 않은 것은?

① [A]에서 '술에 후량'을 갖춘 화자는 의례를 통해 '궁귀'에 대한 예우를 표하고 있다.
② [B]에서 화자는 시간의 경과를 의식하며 '세 다래 네 다래' 열린 '면화'에 대한 만족감을 드러내고 있다.
③ [A]에서 화자는 '이내 궁'과의 관계를, [B]에서 화자는 '너희'와의 관계를 운명적인 것으로 여기는 관점을 취하고 있다.
④ [A]에서 화자는 '옳도다'라는 응답으로 '네 말'을 수용하는 태도를, [B]에서 화자는 '반이로다'라는 감탄으로 '패는 모'에 대한 기대감을 드러내고 있다.
⑤ [A]와 [B]에서 화자는 각각 초월적인 존재인 '하늘'과 '하느님'을 예찬하는 어조를 취하고 있다.

56 〈보기〉를 참고할 때, ㉠~㉤의 문맥적 의미에 대한 이해로 적절하지 <u>않은</u> 것은? [3점]

> ─────[보기]─────
>
> 「탄궁가」는 향촌 공동체에서 경제적 기반이 취약한 사대부가 가정과 사회에 대한 책임을 다하기 어려운 자신의 궁핍한 삶을 실감나게 그려 낸 작품이다. 한편 「농가」는 곤궁한 향촌 공동체의 발전을 위해 여러 방도를 모색한 사대부가 가난을 벗어난 이상화된 농촌상을 그려 낸 작품이다.

① ㉠은 파종할 볍씨를 쥐가 먹어 버린 상황을 제시해 가난한 향촌 사대부의 곤혹스러운 처지를 실감나게 그려 낸다.

② ㉡은 솥과 시루가 녹슨 상황을 제시해 끼니조차 잇지 못하는 생활이 지속되는 향촌 사대부 가정의 궁핍함을 부각한다.

③ ㉢은 체면을 지키기 어려운 상황을 제시해 취약한 경제적 기반 때문에 사회적 책임을 내려놓는 향촌 사대부의 죄책감을 드러낸다.

④ ㉣은 밭을 맬 때 예정된 차례에 따라야 함을 나타내어 사회적 약속에 대한 존중을 향촌 공동체 발전의 방도로 여기는 관점을 드러낸다.

⑤ ㉤은 먹을거리에 부족함이 없이 즐거운 향촌 구성원의 모습을 통해 가난을 벗어난 이상화된 농촌상의 일면을 보여 준다.

(가)

산모퉁이를 돌아 논가 외딴 우물을 홀로
찾아가선 가만히 들여다봅니다.

우물 속에는 달이 밝고 구름이 흐르고
하늘이 펼치고 파아란 바람이 불고 가을이 있습니다.

그리고 한 사나이가 있습니다.
어쩐지 그 사나이가 미워져 돌아갑니다.

돌아가다 생각하니 그 사나이가 가엾어집니다. 도로
가 들여다보니 사나이는 그대로 있습니다.

다시 그 사나이가 미워져 돌아갑니다.
돌아가다 생각하니 그 사나이가 그리워집니다.

우물 속에는 달이 밝고 구름이 흐르고 하늘이 펼치고
파아란 바람이 불고 가을이 있고 추억처럼 사나이가 있
습니다.

–윤동주, 「자화상(自畵像)」–

(나)

먹밤중 한밤중 새터 중뜸 개들이 시끌짝하게 짖
어댄다
　이 개 짖으니 저 개도 짖어
　들 건너 갈메 개까지 덩달아 짖어댄다
　이런 개 짖는 소리 사이로
　언뜻언뜻 까 여 다 여 따위 말끝이 들린다
　밤 기러기 드높게 날며
　추운 땅으로 떨어뜨리는 소리하고 남이 아니다
　앞서거니 뒤서거니 의좋은 그 소리하고 남이 아
니다
　콩밭 김칫거리
　아쉬울 때 마늘 한 접 이고 가서
　군산 묵은장 가서 팔고 오는 선제리 아낙네들
　팔다 못해 파장떨이로 넘기고 오는 아낙네들
　㉠시오릿길 한밤중이니
　십릿길 더 가야지
　빈 광주리야 가볍지만
　빈 배 요기도 못하고 오죽이나 가벼울까
　그래도 이 고생 혼자 하는 게 아니라

[A]

못난 백성
못난 아낙네 끼리끼리 나누는 고생이라
얼마나 ㉡의좋은 한세상이더냐
그들의 말소리에 익숙한지
어느새 개 짖는 소리 뜸해지고
밤은 내가 밤이다 하고 말하려는 듯 어둠이 눈을 멀뚱
거린다

–고은, 「선제리 아낙네들」–

(다)

한 해의 꽃잎을 며칠 만에 활짝 피웠다 지운
벚꽃 가로 따라가다가
미처 제 꽃 한 송이도 펼쳐 들지 못하고 멈칫거리는
늦된 그 나무 발견했지요.
들킨 게 부끄러운지, 그 나무
시멘트 개울 한 구석으로 비틀린 뿌리 감춰놓고
앞줄 아름드리 그늘 속에 반쯤 숨어 있었지요.
봄은 그 나무에게만 더디고 더뎌서
꽃철 이미 지난 줄도 모르는지,
그래도 여느 꽃나무와 다름없이
가지 가득 매달고 있는 멍울 어딘가 안쓰러웠지요.
늦된 나무가 비로소 밝혀드는 ㉢꽃불 성화,
환하게 타오를 것이므로 나도 이미 길이 끝난 줄
까마득하게 잊어버리고 한참이나 거기 멈춰 서 있었
지요.
산에서 내려 두 달거리나 제자릴 찾지 못해
헤매고 다녔던 저 ㉣난만한 봄길 어디,
늦깎이 깨달음 함께 얻으려고 한나절
나도 병든 그 나무 곁에서 서성거렸지요.
이 봄 가기 전 저 나무도 푸릇한 잎새 매달까요?
무거운 청록으로 여름도 지치고 말면
불타는 소신공양 틈새 ㉤가난한 소지(燒紙)*,
저 나무도 가지가지마다 지펴 올릴 수 있을까요?

[B]

–김명인, 「그 나무」–

* 소지 : 부정을 없애고 신에게 소원을 빌기 위하여 태워서 공중에
올리는 종이.

57 (가)~(다)의 공통점으로 가장 적절한 것은?

① 대상의 현재 상황에 대한 화자의 비판적 태도가 드러난다.
② 대상의 미래에 대한 화자의 낙관적 전망이 드러난다.
③ 대상과 일체가 되려는 화자의 의지가 드러난다.
④ 대상을 딱하게 여기는 화자의 마음이 드러난다.
⑤ 대상에 대한 화자의 대결 의식이 드러난다.

58 〈보기〉를 참고하여 (가)를 이해한 내용으로 적절하지 <u>않은</u> 것은? [3점]

> ─────[보기]─────
>
> 「자화상(自畫像)」은 1941년 「문우(文友)」에는 '우물 속의 자상화(自像畫)'라는 제목으로 게재되었다. 이 제목에서는 '우물'과 '그림'이 부각되어 있다. 상징적 관점에서 볼 때, 우물은 자신의 모습을 투영해 볼 수 있는 사물이고, 하늘을 향해 있는 동굴이며, 그 동굴의 원형인 모태(母胎)를 떠올리게 하는 공간이다. 이 점에서 보면, 이 시에서 우물 속의 자상화는 자신의 존재에 대한 화자의 인식과 태도를 다층적으로 담아내고 있는 그림이다.

① 제1연에서 '외딴', '홀로', '가만히', '들여다봅니다' 등으로 보아, '우물'은 화자의 모습을 투영해 볼 수 있는 내밀한 공간이겠군.
② 제2연에서 '우물 속'에 들어 있는 자연은 하늘을 향해 있는 우물 속의 그림이므로, 화자가 지향해 온 바를 담고 있겠군.
③ 제3연~제5연에서 '한 사나이'에 대한 화자의 반응들로 보아, 화자는 자신을 성찰하는 자세를 지니고 있겠군.
④ 제6연에서 자연과 '사나이'가 함께 나타나는 것은, 우물 속의 자상화를 들여다보는 화자가 존재 탐구를 끝냈음을 의미하겠군.
⑤ 제6연에서 '추억처럼'에는 고향과 같은 모태적 공간을 통해서 자신을 바라보려는 화자의 태도가 내포되어 있겠군.

59 [A]와 [B]를 비교한 내용으로 가장 적절한 것은?

① [A]는 [B]와 달리 대조를 통해 주제 의식을 강조한다.
② [A]는 [B]와 달리 유사한 구절을 병치하여 운율감을 조성한다.
③ [B]는 [A]와 달리 공감각적 심상을 통해 입체감을 부여한다.
④ [B]는 [A]와 달리 현재 시제를 사용하여 현장감을 부각한다.
⑤ [B]는 [A]와 달리 의성어를 통해 구체적인 생동감을 부여한다.

60 ㉠~㉤에 대한 설명으로 적절하지 <u>않은</u> 것은?

① ㉠: '군산 묵은장'과 '선제리' 사이의 거리로, '한밤중', '십릿길'과 더불어 '아낙네들'이 처한 상황을 구체적으로 나타낸다.
② ㉡: '끼리끼리'와 상관되는 것으로, 공동체적 삶에 공감하는 화자의 태도가 내포되어 있다.
③ ㉢: '늦된 나무'가 피워 낼 '꽃'을 성스러운 불에 비유한 것으로, '늦된 나무'에 대한 화자의 기대가 내포되어 있다.
④ ㉣: '벚꽃'이 흐드러지게 피어 있는 '봄길'로, 일탈적 삶에 대한 화자의 갈망이 간절한 것이었음을 나타낸다.
⑤ ㉤: 가을의 나뭇잎을 '깨달음'과 관련하여 표현한 것으로, '불타는 소신공양'과 대비되어 화자의 겸손한 태도를 드러낸다.

DAY 11

[61~65] 다음 글을 읽고 물음에 답하시오. 2021.09 [38~42]

(해설 p.136)

(가)

ⓐ 문학 작품의 의미가 생성되는 양상은 세 가지로 나누어 볼 수 있다. 첫째는 자기의 경험은 물론 자기 내면의 정서나 의식 등을 대상에 투영하여, 외부 세계에 새로운 의미를 부여하는 경우이다. 둘째는 외부 세계의 일반적 삶의 방식이나 가치관, 이념 등을 자기 내면으로 수용하여, 자신을 새롭게 해석함으로써 의미를 만들어 내는 경우이다. 셋째는 자기와 외부 세계를 상호적으로 대비하여 양자에 대한 새로운 해석을 통해 의미를 생성하는 경우이다.

문학적 의미 생성의 이러한 세 가지 양상은 문학 작품에서 자기와 외부 세계의 관계를 파악할 때 적용할 수 있다. 첫째와 둘째의 경우, 자기와 외부 세계와의 거리는 가까워지고 친화적 관계가 형성된다. 셋째의 경우는 자기가 외부 세계를 바라보는 관점에 따라 둘 사이의 거리가 가까워져 친화적 관계가 형성되기도 하고, 그 거리가 드러나 소원한 관계가 유지되기도 한다.

(나)

산슈 간(山水間) 바회 아래 뛰집을 짓노라 ᄒᆞ니
그 모론 **놈**들은 욷는다 ᄒᆞᆫ다마ᄂᆞᆫ
㉠ 어리고 햐암의 뜻의ᄂᆞᆫ 내 분(分)인가 ᄒᆞ노라

〈제1수〉

보리밥 픗ᄂᆞ믈을 알마초 머근 후(後)에
바횟 긋 믉ᄀᆞ의 슬ᄏᆞ지 노니노라
그 나믄 **녀나믄 일**이야 부롤 줄이 이시랴

〈제2수〉

잔 들고 혼자 안자 먼 **뫼**흘 ᄇᆞ라보니
그리던 **님**이 오다 **반가옴**이 이리ᄒᆞ랴
말숨도 우움도 아녀도 몯내 됴하ᄒᆞ노라

〈제3수〉

누고셔 **삼공**(三公)도곤 낫다 ᄒᆞ더니 **만승**(萬乘)이 이만ᄒᆞ랴
이제로 헤어든 소부(巢父) 허유(許由)ㅣ 냑돗더라
아마도 **님쳔 한흥**(林泉閑興)을 비길 곳이 업세라

〈제4수〉

내 셩이 게으르더니 하ᄂᆞᆯ히 아ᄅᆞ실샤
인간 만ᄉᆞ(人間萬事)를 ᄒᆞᆫ 일도 아니 맛뎌
다만당 ᄃᆞ토리 업슨 강산(江山)을 딕희라 ᄒᆞ시도다

〈제5수〉

강산이 됴타 ᄒᆞᆫ들 내 분(分)으로 누얻ᄂᆞ냐
님군 은혜(恩惠)를 이제 더옥 아노이다
아므리 갑고쟈 ᄒᆞ야도 히올 일이 업세라

〈제6수〉

-윤선도, 「만흥(漫興)」-

(다)

산림(山林)에 살면서 명리(名利)에 마음을 두는 것은 큰 부끄러움[大恥]이다. 시정(市井)에 살면서 명리에 마음을 두는 것은 작은 부끄러움[小恥]이다. 산림에 살면서 은거(隱居)에 마음을 두는 것은 큰 즐거움[大樂]이다. 시정에 살면서 은거에 마음을 두는 것은 작은 즐거움[小樂]이다.

작은 즐거움이든 큰 즐거움이든 나에게는 그것이 다 즐거움이며, 작은 부끄러움이든 큰 부끄러움이든 나에게는 그것이 다 부끄러움이다. 그런데 큰 부끄러움을 안고 사는 자는 백(百)에 반이요, 작은 부끄러움을 안고 사는 자는 백에 백이며, 큰 즐거움을 누리는 자는 백에 서넛쯤 되고, 작은 즐거움을 누리는 자는 백에 하나 있거나 아주 없거나 하니, 참으로 가장 높은 것은 작은 즐거움을 누리는 자이다.

나는 시정에 살면서 은거에 마음을 두는 자이니, 그렇다면 이 작은 즐거움을 가장 높은 것으로 말한 ㉡ 나의 이 말은 대부분의 사람들의 생각과는 거리가 먼, 물정 모르는 소리일지도 모른다.

-이덕무, 「우언(迂言)」-

61 (나)의 시상 전개에 대한 설명으로 가장 적절한 것은?

① 〈제1수〉에서는 경험적 성격과 연결된 공간으로부터, 〈제6수〉에서는 관념적 성격과 연결된 공간으로부터 시상이 전개된다.
② 〈제2수〉에서는 구체성이 드러나는 소재로, 〈제3수〉에서는 추상성이 강화된 소재로 시상이 시작된다.
③ 〈제2수〉에서 설의적 표현으로 제기된 의문이 〈제5수〉에서 해소되었음이 영탄적 표현으로 드러난다.
④ 〈제3수〉에서의 현재에 대한 긍정이 〈제4수〉에서의 역사에 대한 부정으로 바뀌며 시상이 전환된다.
⑤ 〈제3수〉에 나타난 정서적 반응이 〈제6수〉에서 감각적 표현을 통해 구체화된다.

62 (가)를 참고하여 (나)를 감상한 내용으로 적절하지 <u>않은</u> 것은?

① '산슈 간'에서 살고자 하는 마음과 이에 공감하지 못하는 '놈들'의 생각을 병치하여 화자와 '놈들' 사이의 거리가 드러남으로써, 자기와 외부 세계 사이의 소원한 관계가 유지된다.

② '바횟 굿 묽?'에서 즐거움을 누리는 삶과 '녀나믄 일'을 대비하여 세상일과 거리를 두려는 화자의 태도가 드러남으로써, 자기와 외부 세계 사이의 소원한 관계가 유지된다.

③ '님'에 대한 '반가옴'보다 더한 감흥을 불러일으키는 '뫼'의 의미를 부각하여 화자와 '님' 사이의 거리가 드러남으로써, 자기와 외부 세계 사이의 소원한 관계가 유지된다.

④ '님쳔'에서의 '한흥'이 '삼공'이나 '만승'보다 더한 가치를 지닌다고 강조하여 화자와 '님쳔' 사이의 거리가 가까워짐으로써, 자기와 외부 세계 사이의 친화적 관계가 형성된다.

⑤ '강산' 속에서의 삶이 '님군'의 '은혜' 덕택임을 제시하여 화자와 '님군' 사이의 거리가 가까워짐으로써, 자기와 외부 세계 사이의 친화적 관계가 형성된다.

63 (다)를 이해한 내용으로 적절하지 <u>않은</u> 것은?

① '부끄러움'과 '즐거움'을 조화시킴으로써 더 나은 삶의 방식을 결정할 수 있다.

② '나'는 어디에 사느냐와 어디에 마음을 두느냐를 고려하여 삶의 유형을 나누고 있다.

③ '산림'에 사는 사람들 중에는 '즐거움'을 누리는 경우보다 '부끄러움'을 가진 경우가 더 많다.

④ '큰 부끄러움'과 '작은 즐거움'은 어디에 사느냐와 어디에 마음을 두느냐가 모두 서로 다르다.

⑤ '명리'를 '부끄러움'에, '은거'를 '즐거움'에 대응시킨 것으로 보아 '나'는 '은거'의 가치를 '명리'의 가치보다 높이 두고 있음을 알 수 있다.

64 ㉠, ㉡에 대한 설명으로 가장 적절한 것은?

① ㉠은 자신의 처지를 남의 일을 말하듯이 표현함으로써 자신의 문제를 회피하고 있다.

② ㉡은 자신의 행동을 냉철하게 성찰함으로써 자신의 과오를 인정하고 있다.

③ ㉠은 ㉡과 달리, 자신의 처지를 자문자답 형식으로 말함으로써 자신의 생각을 일반화하고 있다.

④ ㉡은 ㉠과 달리, 자신의 생각을 남의 말을 인용하여 표현함으로써 자신의 신념을 객관화하고 있다.

⑤ ㉠과 ㉡은 모두, 자신이 말하고자 하는 바를 우회하여 표현함으로써 자신의 삶에 대한 자부심을 드러내고 있다.

65 ⓐ를 바탕으로 (나), (다)를 이해한 내용으로 적절하지 <u>않은</u> 것은? [3점]

① (나)에서 무정물인 대상에 대해 호감을 표현한 것은 자신의 정서를 대상에 투영한 것이라고 볼 수 있다.

② (다)에서 자연에 의미를 부여하는 것은 자신의 생각을 대상에 투영하여 세계를 해석하는 것이라고 볼 수 있다.

③ (다)에서 삶의 방식을 상대적 기준에 따라 나누어 평가한 것은 자신의 가치관과 세상 사람들의 생각을 비교하여 세계의 의미를 새롭게 파악한 것이라고 할 수 있다.

④ (나)에서는 선인들의 삶의 태도를 자기 내면으로 수용하는 과정을 거쳐, (다)에서는 대다수 사람들의 뜻을 자기 내면으로 수용하는 과정을 거쳐 새로운 의미를 생성한다고 볼 수 있다.

⑤ (나)에서 자기 본성을 하늘의 뜻에 연관 지은 것과, (다)에서 자기 삶의 방식을 일반적인 삶의 방식과 견준 것은 자기 삶의 가치를 새롭게 해석하여 의미를 만들어 낸 것이라고 할 수 있다.

(가)

　첩첩산중에도 없는 마을이 여긴 있습니다. 잎 진 사잇
길 저 모랫둑, 그 너머 강기슭에서도 보이진 않습니다.
허방다리* 들어내면 보이는 마을.
　갱 속 같은 마을. ㉠꼴깍, 해가, 노루꼬리 해가 지면 집
집마다 봉당에 불을 켜요. 콩깍지, 콩깍지처럼 후미진
외딴집, 외딴집에도 불빛은 앉아 이슥토록 창문은 모과
빛입니다.
　기인 밤입니다. 외딴집 노인은 홀로 잠이 깨어 출출한
나머지 무우를 깎기도 하고 고구마를 깎다, 문득 바람도
없는데 시나브로 풀려 풀려 내리는 짚단, 짚오라기의 설
레임을 듣습니다. 귀를 모으고 듣지요. ㉡후루룩 후루룩
처마 깃에 나래 묻는 이름 모를 새, 새들의 온기를 생각
합니다. 숨을 죽이고 생각하지요.
　참 오래오래, 노인의 자리맡에 밭은기침 소리도 없을
양이면 벽 속에서 겨울 귀뚜라미는 울지요. 떼를 지어
웁니다, 벽이 무너지라고 웁니다.
　어느덧 밖에는 눈발이라도 치는지, 펄펄 함박눈이라
도 흩날리는지, 창호지 문살에 돋는 월훈(月暈).

-박용래, 「월훈」-

* 허방다리 : 짐승 따위를 잡기 위해 풀 등을 덮어 위장한 구덩이.

(나)

　내 어린 날!
　아슬한 하늘에 뜬 연같이
　바람에 깜박이는 연실같이
　내 어린 날! 아슴풀하다*

　하늘은 파랗고 끝없고
　편편한 연실은 조매롭고*
　오! 흰 연 그새에 높이
　㉢아실아실* 떠 놀다 내 어린 날!

　바람 일어 끊어지던 날
　엄마 아빠 부르고 울다
　㉣희끗희끗한 실낱이 서러워
　아침저녁 나무 밑에 울다

　오! 내 어린 날 하얀 옷 입고
　외로이 자랐다 하얀 넋 담고

　㉤조마조마 길가에 붉은 발자욱
　자욱마다 눈물이 고이었었다

-김영랑, 「연1」-

* 아슴풀하다 : '아슴푸레하다'의 방언.
* 조매롭고 : '조마롭다'의 방언. 보기에 마음이 초조하고 불안하다.
* 아실아실 : '아슬아슬'의 방언.

(다)

　ⓐ신위가 **자기 집** 이름을 '문의당'이라 하고 ⓑ나에
게 편지를 보내 말했다.
　"내 천성이 물을 좋아하는데, 도성 안이라 **볼만한 샘
이나 못이 없어** 비록 **물을 보는 법**을 알고 있어도 **써
볼 데가 없는** 것이 늘 아쉬웠습니다. 그런데 **천하의
지도를 보고** 깨우친 점이 있었습니다.
　넘실거리는 큰 바다 사이로 아홉 개 대륙, 일만 개
나라가 퍼져 있는데 큰 나라는 범선이 늘어선 듯하고,
작은 나라는 갈매기와 해오라기가 출몰하는 듯했습니
다. 천하만국에 두루 살고 있는 사람들은 모두 물 가운
데 있는 존재일 뿐입니다. 이것이 제 집의 이름을 '**문
의(文漪)***'라고 한 까닭입니다. 그대는 저를 위해 이
집의 기문을 지어 주시기 바랍니다."
　나는 편지를 보고 웃으며 말했다.
　"세상에는 본래 그 실물은 없으면서도 이름을 차지하
는 경우가 있으니, 지금 그대가 집에 이름을 붙인 것
이 바로 그 실물이 없는 것이라고 할 수 있겠소. 비록
그러하나 그대도 이에 대해 할 말이 있을 것이오. 지금
바다의 섬 가운데 집을 짓고 사는 사람이 있다면, 사
람들은 반드시 **물에 산다고** 하지 산에 산다고 하지 않
겠지요. 섬사람 중에는 담장을 두르고, 집을 짓고, 문
을 닫고 들어앉아 사는 사람도 있게 마련이니, 그가
날마다 파도와 깊은 물을 가까이 접하지는 않는다고
하여, 물에 사는 게 아니라고 한다면 옳지 않겠지요.
이와 같은 이치를 **사람들**이 모두 그렇다고 인정하는
데, 어찌 유독 그대의 말에만 의심을 품겠소?
　대지는 하나의 섬이고, 세상 사람들은 섬사람이라
오. 비록 **배를 집으로 삼아** 물 위를 떠다니면서 날마
다 **물과 더불어** 살아가는 사람이라 하더라도, 그 형편
상 눈을 한곳에 두고 꼼짝하지 않을 수는 없을 것이고,
잠시 눈길을 돌려서 잠깐 동안이나마 물이 있다는 것
을 생각하지 못할 때가 반드시 있을 것이오. 이때에는
겨우 반걸음을 움직인 것이나 천 리를 간 것이나 매한
가지라 할 것이오."

-서영보, 「문의당기」-

* 문의 : 물결무늬.

66 (가)~(다)의 공통점으로 가장 적절한 것은?

① 설의적 표현을 사용하여 인물의 정서를 강조하고 있다.
② 묘사의 방식을 활용하여 대상의 특징을 구체화하고 있다.
③ 말을 건네는 방식을 사용하여 주제 의식을 심화하고 있다.
④ 과거의 장면을 회상하여 현재 상황에 대한 원인을 포착하고 있다.
⑤ 가상의 상황을 설정하여 현실에 대한 긍정적 인식을 이끌어내고 있다.

67 〈보기〉를 참고하여 (가)를 감상한 내용으로 적절하지 <u>않은</u> 것은?

─────[보기]─────
　(가)는 적막한 산골 마을을 배경으로 그곳에 사는 한 노인의 모습을 관찰하여 들려주는 시이다. 향토적인 정경 속에서 낯설게 느껴지는 일상에 감각적으로 집중하는 노인을 통해 점점 사라져 가는 것들에 대한 관심을 드러내고, 노인의 삶이 마주한 깊은 정적 속 울음소리를 통해 인간의 쓸쓸함을 고조하고 있다. 이러한 노인의 모습은 외딴집 창호지 문살에 비친 달무리의 이미지로 형상화되고 있다.
─────────────

① '첩첩산중에도 없는 마을'을 '여긴 있'다고 한 데서, 노인이 살아가는 곳은 쉽게 보기 어려울 것 같은 장소임을 짐작할 수 있겠군.
② '강기슭에서도 보이진 않'는 '후미진 외딴집'이라는 배경 설정에서, 적막한 공간의 분위기를 추측할 수 있겠군.
③ '봉당에 불을 켜'는 분위기와 '콩깍지'의 이미지로 나타낸 향토적 정경에서, 사라져 가는 것들에 대한 관심을 유추할 수 있겠군.
④ '짚오라기의 설레임'을 '귀를 모으고 듣'고 '새들의 온기'를 '숨을 죽이고 생각하'는 것은, 일상을 자연스럽게 받아들이는 노인의 감각을 부각한 것으로 볼 수 있겠군.
⑤ '밭은기침 소리도 없'는데 '겨울 귀뚜라미'가 우는 상황과 눈발이 치는 듯한 '밖'의 달무리 이미지가 어우러져, 노인의 고독을 형상화한 것으로 이해할 수 있겠군.

68 (나)에 대한 설명으로 적절하지 <u>않은</u> 것은?

① 1연에서 '연'과 '연실'의 모습에 빗대어 '내 어린 날'의 기억을 '아슴풀하다'라고 표현하고 있다.
② 2연에서 '조매롭고'로 표현된 '연실'의 긴장은 3연에서 연실이 '바람 일어 끊어지던 날'의 정서를 고조하고 있다.
③ 3연에서 '울다'의 반복과 4연에서 '눈물이 고이었었다'를 통해 '내 어린 날'의 상황을 짐작할 수 있게 하고 있다.
④ 4연에서 '외로이 자랐다'와 이어진 '하얀 넋'은 '붉은 발자욱'에 함축된 정서와 상반되는 의미를 이끌어 내고 있다.
⑤ 1연과 4연의 '내 어린 날'은 2연의 '내 어린 날'의 기억을 통해 떠올린 유년 시절을 표상하는 의미를 지니고 있다.

69 ㉠~㉤에 대한 설명으로 적절하지 <u>않은</u> 것은?

① ㉠: 아주 짧은 순간에 해가 지는 모습을 나타낸 말로, 시간의 변화를 함축하고 있다.
② ㉡: 소리를 통해 연상되는 새의 모습을 감각적으로 형상화하고 있다.
③ ㉢: 높이 날아오른 연을 동경하는 심리를 드러내고 있다.
④ ㉣: 서러움을 느끼게 하는 대상인 실낱의 모습을 표현하고 있다.
⑤ ㉤: 외롭고 슬픈 어린 시절의 정서를 함께 담아내고 있다.

70 ⓐ, ⓑ에 대한 이해로 적절하지 <u>않은</u> 것은?

① ⓐ는 '볼만한 샘이나 못'이 없는 곳에 산다고 생각하다가, '천하의 지도를 보고' 깨달은 바에 따라 자신이 물 가운데 살고 있는 것이나 다름없다는 발상으로 사고를 전환한다.

② ⓐ가 '자기 집'을 '문의'라고 한 것에 ⓑ가 동의한 이유는 ⓐ의 상황이 '배를 집으로 삼아' 사는 사람의 상황보다 집에 '들어앉아 사는 사람'의 상황에 가깝다고 생각했기 때문이다.

③ ⓑ는 '바다의 섬'에 '집을 짓고 사는 사람'의 삶에 주목하여, 바라보는 관점을 달리하면 세상 모든 사람들이 섬에 살고 있다는 논리가 성립한다고 생각한다.

④ ⓑ가 ⓐ의 발상이 타당하다고 하는 이유는, '바다의 섬 가운데' 살더라도 그것을 가리켜 '물에 산다고' 보는 것이 ⓑ의 생각만이 아니라 '사람들'의 판단과도 일치하기 때문이다.

⑤ ⓑ는 '물과 더불어' 사는 사람도 '눈길을 돌'리는 순간이 있는 것과 ⓐ가 '물을 보는 법'을 '써 볼 데가 없'다 하는 것은 물을 보지 못할 때가 있다는 점에서 유사하다고 생각한다.

71 〈보기〉를 바탕으로 (가), (다)를 이해한 내용으로 가장 적절한 것은? [3점]

─────[보기]─────

　문학 작품 속의 소재들은 연관성 속에서 서로 유사 혹은 대립의 관계를 이룸으로써 의미를 생성하거나 그 특징을 부각하는 효과를 드러낸다.

① (가)의 '허방다리 들어내면 보이는 마을', '갱 속 같은 마을'은 얕음과 깊음의 대비를 이루어 숨어 있는 두 공간의 차이를 부각하고 있군.

② (가)의 '무우'와 '고구마'는 차가움과 따뜻함의 대비를 이루어 밤에 출출함을 달래기 위해 먹는 다양한 음식의 속성을 부각하고 있군.

③ (다)의 '아홉 개 대륙'과 '일만 개 나라'는 바다 안의 육지라는 유사성으로 관계를 맺으며 '천하의 지도'라는 새로운 의미를 생성하고 있군.

④ (다)의 '파도'와 '깊은 물'은 바다의 형상이라는 유사성으로 관계를 맺으며 물에 사는 사람이 살면서 만나게 되는 환경이라는 의미를 생성하고 있군.

⑤ (가)의 '창문은 모과빛'과 '기인 밤'은 밝음과 어둠의 대비를, (다)의 '갈매기'와 '해오라기'는 크고 작음의 대비를 이루어 각 소재가 가진 특징을 부각하고 있군.

[72~75] 다음 글을 읽고 물음에 답하시오. 2026.09 [27~30]

———— (해설 p.157) ————

(가)

이렇듯이 좋은 해에 이때가 어느 때뇨
불한불열 삼춘이라
버드나무 드린 곳에 꾀꼬리 편편하고
수놓은 장막 베푼 곳에 벌 나비 분분하다
우리 꾀꼬리 아니로되 ⓐ꽃은 같이 얻었으니
우리 비록 여자라도 이러한 태평세에 아니 놀고 무엇하리
백만 년을 다 버리고 하루 놀음 하려 하고
날짜를 정하자 하니 좋은 날은 언제런고
이월이라 이십오일 청명시절 제때로다
손꼽고 바라더니 어느 덧에 다달고야
아이 종 급히 불러 앞뒷집 서로 일러
소식 주고 가사이다 노소 없이 다 모이어
㉠차례대로 달아나니 호화 장식 찬란하다
먼 산 같은 눈썹일랑 아미로 다스리고
구름 같은 귀밑일랑 고운 머리로 꾸미도다
동해의 고운 명주 잔줄 지어 누벼 입고
가을볕에 바랜 베를 연반 물 들여 입고
선명하게 나와 서서
좋은 풍경 보려 하고 가려강산 찾았으되
용산을 가려느냐 매봉으로 가려느냐
산명수려 좋은 곳은 소학산이 제일이라
어서 가자 바삐 가자 앞에 서고 뒤에 서고
태산같이 높은 고개 허위허위 올라가서
승지에 다달거다
좌우 풍경 둘러보니 수양산 같은 **금오산**
충신이 멀었거늘 어찌 저리 푸르렀으며
황하 같은 낙동강은 성인이 나시련가
어찌 저리 맑아 있노
구경을 그만하고 화전터로 나려와서
빈천이야 **정관***이야 **시냇가**에 걸어 놓고
청유라 백분이라 화전을 지저 놓고
꽃 사이에 친척들을 웃으며 불렀으되
어서 오고 어서 오소
집에 앉아 수륙진미 맛보기는 하려니와
부녀자들 함께 즐김 이에서 더할소냐

(중략)

청계변에 복성 꽃은 **무릉원**이 의연하다
이러한 좋은 경치 흠 없이 다 즐기니
㉡소선(蘇仙)의 적벽(赤壁)인들 이에서 더할손가
이백(李白)의 채석(采石)인들 이에서 나을손가
꽃 사이에 벌여 앉아 서로 보며 이른 말이
여자의 소견인들 좋은 경치 모를소냐
규중에 **썩힌 간장 오늘**이야 쾌한지고
가슴이 상쾌하고 심신이 호탕하여
장장춘일 긴긴날을 긴 줄도 잊었더니
㉢서산에 지는 해가 깊은 계곡 재촉하여
층암 고산에 저녁 안개 일어나고
푸른 나무 숲속으로 숙조(宿鳥)가 돌아든다
흥대로 놀려 하면 인간의 자연 취객이
아닌 고로 마지못해 일어나니
암하(岩下)야 잘 있거라 강산아 다시 보자
시화세풍 하거들랑 창안백발 흩날리고
고향 산천 찾아오마

　　　　　　　　　　　－작자 미상, 「화전가」－

* 정관 : 솥.

(나)

㉣공명을 헤아리니 영욕이 반이로다
　동문에 괘관하고* 전려에 돌아와서 **성경현전 헤쳐 놓고** 읽기를 파한 후에 **앞내에 살진 고기도 낚고 뒷뫼에** 엄긴 **약도** 캐다가 임고원망*하여 임의소요하니 **청풍이** 시지하고 **명월이** 자래하니 아지 못게라 천양지간에 이같이 **즐거움을** 무엇으로 **대할쏘니**
　평생에 이리저리 즐기다가 노사태평하여 승화귀진*하면 긔 좋은가 하노라

　　　　　　　　　　　　　　　－작자 미상－

* 동문에 괘관하고 : 벼슬을 그만두고.
* 임고원망 : 높은 곳에 올라 먼 곳을 바라보는 것.
* 승화귀진 : 자연에 순응하며 살다가 자연에 귀의하는 것.

(다)

㉤청산이 둘러 있고 벽수도 흘러간다
　풍월이 벗이 되어 ⓑ백운(白雲)에 누웠으니
　백구(白鷗)야 **백년**을 함께 놀자 하노라

　　　　　　　　　　　　　　〈제2수〉
　　　　　　　　　　　－채헌, 「석문가」－

72 (가)~(다)의 공통점으로 가장 적절한 것은?

① 관념적 사유를 통해 내면을 수양하는 모습이 나타난다.
② 현재의 상황을 바탕으로 미래에 대한 바람을 드러낸다.
③ 구체적 행위를 통해 대상의 유한한 속성에 대한 아쉬움을 드러낸다.
④ 대상의 이면적 가치에 주목하여 태도 변화에 대한 의지를 드러낸다.
⑤ 공간의 이동 과정에서 탈속적 가치의 지향이 심화되는 모습이 나타난다.

73 ㉠~㉤에 대한 이해로 적절하지 <u>않은</u> 것은?

① ㉠: 대상의 동적 속성에 주목하여 자연 경물을 화려하다고 여기고 있음이 드러난다.
② ㉡: 수려한 경관이라고 보편적으로 인정받는 대상과 관련지어 자연 경관에 대한 예찬을 드러낸다.
③ ㉢: 시간의 경과를 느끼게 하는 자연물을 통해 화자가 처한 상황이 바뀌게 되는 배경이 드러난다.
④ ㉣: 과거에 대한 성찰을 바탕으로 세속적 성취의 추구가 헛된 일일 수도 있다는 깨달음을 드러낸다.
⑤ ㉤: 자연의 모습을 통해 화자가 속세로부터 벗어난 공간에 있음이 드러난다.

74 ⓐ와 ⓑ에 대한 설명으로 가장 적절한 것은?

① ⓐ는 화자가 현실의 한계를 인지하게 하는 원인이고, ⓑ는 화자가 추구하는 삶의 가치를 함축하고 있는 대상이다.
② ⓐ는 화자가 기다리던 시기가 도래했음을 알려 주는 표지이고, ⓑ는 화자가 심리적으로 가깝게 여기고 있는 대상이다.
③ ⓐ는 화자가 계절이 변화했음을 확인하게 되는 계기이고, ⓑ는 화자에게 특정한 계절을 연상하게 하는 대상이다.
④ ⓐ는 화자가 주변의 다른 존재들과 함께 즐기고 있는 대상이고, ⓑ는 화자가 주변과 소통하지 못하게 만드는 원인이다.
⑤ ⓐ는 화자가 시대를 태평하다고 판단하는 근거이고, ⓑ는 화자가 도달할 수 없다고 여기는 이상향을 의미하는 대상이다.

75 〈보기〉를 참고하여 (가)~(다)를 감상한 내용으로 적절하지 <u>않은</u> 것은? [3점]

> ──────[보기]──────
>
> (가)는 사대부가(士大夫家)의 여성이 자연에서 화전놀이를 하는 상황을, (나)와 (다)는 사대부가의 남성이 강호에서 지내는 상황을 보여 준다. 세 작품에는 유교적 가치가 내면화되어 있는 사대부가로서의 공통적 인식이 드러나기도 하고, 사대부가의 여성이나 남성이 처해 있는 상황에 따라 화자의 정서, 행위, 주변 대상과의 관계 등의 측면에서 서로 다른 인식이 드러나기도 한다.

① (가)에서 '시냇가'에 '정관'을 '걸어 놓'는 것과 (나)에서 '앞내'의 '고기'를 낚고 '뒷뫼'의 '약'을 캐는 것에서, 일상적 생활 공간으로서 자연에 머물고자 하는 사대부가의 모습을 엿볼 수 있군.
② (가)에서 '금오산'의 푸름을 보며 '충신'을 연상하고, (나)에서 '전려'에 돌아와서도 '성경현전 헤쳐 놓고 읽'는 것에서, 유교적 가치가 내면화되어 있는 사대부가의 모습을 엿볼 수 있군.
③ (가)에서 '청계변'의 광경을 '무릉원'으로, (나)에서 '청풍'과 '명월'을 다른 것이 '대할' 수 없는 '즐거움'으로 여기는 것에서, 자연을 긍정적으로 수용하는 사대부가의 모습을 엿볼 수 있군.
④ (가)에서 '부녀자들 함께 즐김'이 '이에서 더'하겠냐고 하는 것에서 사대부가 여성의 공동체적 흥취를, (다)에서 '풍월'을 '벗'으로 삼는 것에서 사대부가 남성의 자족적 흥취를 엿볼 수 있군.
⑤ (가)에서 '썩힌 간장'이 '오늘'은 쾌하다는 것에서 사대부가 여성의 한시적 만족감을, (다)에서 '백구'와 '백년'을 놀고자 하는 것에서 사대부가 남성의 지속적 만족감 추구를 엿볼 수 있군.

(가)

얇은 사(紗) 하이얀 고깔은
고이 접어서 나빌레라.

파르라니 깎은 머리
박사(薄紗) 고깔에 감추오고

두 볼에 흐르는 빛이
정작으로 고와서 서러워라.

빈 대(臺)에 황촉(黃燭)불이 말없이 녹는 밤에
오동잎 잎새마다 달이 지는데

소매는 길어서 하늘은 넓고
돌아설 듯 날아가며 사뿐히 접어 올린 외씨보선이여.

까만 눈동자 살포시 들어
먼 하늘 한 개 별빛에 모두오고

복사꽃 고운 뺨에 아롱질 듯 두 방울이야
세사에 시달려도 번뇌는 별빛이라.

휘어져 감기우고 다시 접어 뻗는 손이
깊은 마음 속 거룩한 합장인 양하고

이 밤사 귀또리도 지새는 삼경(三更)인데
얇은 사(紗) 하이얀 고깔은 고이 접어서 나빌레라.

　　　　　　　　　　　-조지훈, 「승무」-

(나)

여러 산봉우리에 여러 마리의 뻐꾸기가
울음 울어
때로 울음 울어
석 석 삼년도 봄을 더 넘겨서야
나는 길뜬* 설움 에 맛이 들고
그것이 실상은 한 마리의 뻐꾹새임을
알아냈다.

지리산 하
한 봉우리에 숨은 실제의 뻐꾹새가
한 울음을 토해 내면　　　　　　　[A]

뒷산 봉우리 받아넘기고
또 뒷산 봉우리 받아넘기고
그래서 여러 마리의 뻐꾹새로 울음 우는 것을
알았다.

지리산 중
저 연연한 산봉우리들이 다 울고 나서
오래 남은 추스름 끝에
비로소 한 소리 없는 강이 열리는 것을 보았다.

섬진강 섬진강
그 힘센 물줄기가
하동 쪽 남해로 흘러들어
남해 군도의 여러 작은 섬을 밀어 올리는 것을 보았다.

봄 하룻날 그 눈물 다 슬리어서
지리산 하에서 울던 한 마리 뻐꾹새 울음이
이승의 서러운 맨 마지막 빛깔로 남아
이 세석(細石)* 철쭉꽃밭을 다 태우는 것을 보았다.

　　　　　　　　　　　-송수권, 「지리산 뻐꾹새」-

* 길뜬 : 길이 덜 든.
* 세석 : 지리산 정상 아래 부근의 지명.

(다)

무등산 한 활개 뫼가 동쪽으로 뻗어 있어
멀리 떼쳐 와 ⓐ제월봉(霽月峯)이 되었거늘
무변대야(無邊大野)*에 무슨 짐작 하노라
일곱 굽이 한데 뭉쳐 우뚝우뚝 벌여 논 듯
가운데 굽이는 구멍에 든 ⓑ늙은 용이
선잠을 갓 깨어 머리를 앉혔으니
너럭바위 위에 송죽을 헤치고 ⓒ정자를 앉혔으니
구름 탄 청학이 천 리를 가리라 두 날개 벌렸는 듯
옥천산 용천산 내린 ⓓ물이
정자 앞 넓은 들에 올올히 펴진 듯이
넓거든 기노라 푸르거든 희지 마나
쌍룡이 뒤트는 듯 긴 깁을 펼쳤는 듯
어디로 가노라 무슨 일 바빠서
닫는 듯 따르는 듯 밤낮으로 흐르는 듯
물 좋은 사정(沙汀)*은 눈같이 펴졌거든
어지러운 기러기는 무엇을 어르노라
앉으락 내리락 모이락 흩으락
노화(蘆花)*를 사이 두고 우러곰 좇니느뇨　　[B]

넓은 길 밖이요 긴 하늘 아래 두르고 꽂은 것은
뫼인가 병풍인가 그림인가 아닌가
높은 듯 낮은 듯 궂는 듯 잇는 듯
숨거니 뵈거니 가거니 머물거니
어지러운 가운데 이름난 양하여
하늘도 저어치 않고 우뚝이 섰는 것이 ⓔ추월산 머리 짓고
용구산 몽선산 불대산 어등산
용진산 금성산이 허공에 벌였거든
원근창애(遠近蒼崖)에 머문 짓도 하도 할샤
　　　　　　　　　　　　　　　　-송순, 「면앙정가」-

* 무변대야 : 끝없이 넓은 들판.
* 사정 : 모래톱.
* 노화 : 갈대.

76 (가)~(다)의 공통점으로 가장 적절한 것은?

① 단호한 어조로 화자의 의지를 드러낸다.
② 과거와 현재를 대비하여 그리움의 정서를 고조한다.
③ 감각적 이미지를 통해 시적 대상의 운동감을 나타낸다.
④ 대립적 시각을 바탕으로 긍정적 상황 인식을 드러 낸다.
⑤ 역설적 표현을 통해 대상의 의미를 긴장감 있게 제시 한다.

77 〈보기〉를 참고하여 (가)를 이해한 내용으로 적절하지 <u>않은</u> 것은? [3점]

[보기]

「승무」는 무녀(舞女)를 무대 공간의 중심에 배치하여 관객이 이를 바라보는 상황을 보여 주고 있다. 무녀와 그의 춤을 초점화하기 위해서는 여러 가지 빛이 동원되어야 한다. 이 작품에는 지상과 천상, 상승과 하강, 생성과 소멸의 속성을 지닌 다양한 빛이 등장하여 무녀의 외양과 행위, 더 나아가 내면세계를 비추고 있다. 이 빛은 다양한 상징적 의미를 전달하고, 관객이 무대와 인물을 관조하거나 그것에 몰입할 수 있도록 유도한다.

① 어두운 '밤'은 무녀를 비추는 다양한 빛의 양상을 효과적으로 드러내고, 관객의 관심이 무녀에게 집중되게 한다.
② '흐르는 빛'은 여러 빛들에 비추어진 무녀의 낯빛으로서, 상승 이미지를 통해 환상적인 분위기를 조성한다.
③ 말없이 녹아내리는 '황촉불'과 기우는 '달'은 하강과 소멸 이미지를 지니고 있어 유한한 인간 존재를 떠올리게 한다.
④ 6연의 천상의 '별빛'은 번뇌에서 벗어난 초탈의 세계를 환기하면서 승화의 의미로 이어지게 된다.
⑤ 7연의 '별빛'은 무녀의 눈과 연결되어 그녀가 지향하는 세계와 내면세계를 서로 이어 준다.

78 (가)의 '서러워라'와 (나)의 '설움'에 대한 설명으로 가장 적절한 것은?

① (가)의 설움은 역사적인 삶의 경험에서 비롯된 것이다.
② (나)의 설움은 자연물의 주술적 속성을 통해 구체적으로 표출된다.
③ (가)와 (나)의 설움에는 부정적 현실에 대한 비판 의식이 담겨 있다.
④ (가)와 (나)의 설움은 외부 대상과는 무관하게 화자의 내면에서 생성되는 정서이다.
⑤ (가)는 밤을 지새우는 '귀또리'의 소리를 통해, (나)는 '철쭉꽃'의 색채를 통해 설움을 환기하며 시상을 마무리하고 있다.

79 (나)에 대한 설명으로 적절하지 <u>않은</u> 것은?

① 1연에는 화자가 깨달음에 도달하기까지 걸린 시간과 노력이 나타난다.
② 2연의 '실제의 뻐꾹새'는 '여러 마리의 뻐꾹새'와 상반되는 의미를 형성한다.
③ 2연~4연의 첫 행들은 각 연의 시적 공간에 대해 주의를 환기하는 방식으로 시상 전개에 통일성을 부여한다.
④ 3연~4연에서 '산봉우리', '강', '남해', '섬'이 잇달아 연결되면서 변화와 생성의 세계를 보여 준다.
⑤ 3연~5연은 연의 끝 부분에 '보았다'를 반복적으로 사용하여 깨달음의 의미를 강조한다.

80 [A]와 [B]를 비교한 내용으로 가장 적절한 것은?

① [A]와 달리, [B]는 직유를 통해 시각적 인상을 구체화한다.
② [B]와 달리, [A]는 음보율을 통해 정형적 운율미를 느끼게 한다.
③ [A]와 [B] 모두 어순의 도치를 통해 의미를 강조한다.
④ [A]와 [B] 모두 반어적 표현을 통해 냉소적 태도를 드러낸다.
⑤ [A]와 [B] 모두 영탄적 표현을 통해 자연물에서 받은 감흥을 표출한다.

81 〈보기〉를 참고하여 (다)를 감상한 내용으로 적절하지 <u>않은</u> 것은?

[보기]

송순이 「면앙정가」에서 펼쳐 보인 세계는 흔히 '면앙우주'라고 일컬어진다. 면앙우주는 작가에게 천지만물의 이치를 심성의 수양으로 내면화하는 공간이었다. 작가는 자연 세계를 통해 인간 세계의 이치를 읽어 내는 가운데 조화와 합일을 추구했다. 그는 객관적 자연물에 인간적 생명력과 의지를 부여하는 방식으로 자신의 이상과 세계관을 표출했다.

---

① ⓐ의 '제월봉'이 '무변대야에 무슨 짐작'을 한다는 표현에는 높은 이상을 향한 작가의 의지가 자연물에 투영되어 있군.
② ⓑ의 '늙은 용'이 '선잠을 갓 깨어'라는 표현에는 이상을 펼치기에 이미 늦었다고 여기는 작가의 조바심이 담겨 있어.
③ ⓒ의 '정자'가 '청학'처럼 '두 날개 벌렸는 듯'하다는 표현에서 면앙정이 비상(飛上)을 위한 심성 수양의 장소임을 알 수 있군.
④ ⓓ의 '물'이 '밤낮으로 흐르는' 모습을 통해 작가도 자신이 추구하는 바를 쉼 없이 행해야 함을 드러내고 있어.
⑤ ⓔ의 '추월산'을 비롯한 여러 산들이 '높은 듯 낮은 듯 긏는 듯 잇는 듯' 서 있다는 표현에서 조화와 합일을 추구하는 삶의 태도를 볼 수 있군.

오늘은 산문문학을 독해하고 해결하는 태도에 대해서 배워 볼 것입니다. 길고 긴 소설 지문, 어떻게 처리할 수 있는지 천천히 살펴보도록 합시다.

소설과 극문학 : 산문문학을 통해 인물의 삶을 간접경험한다.

우리는 소설을 왜 배울까요? 소설을 비롯한 문학을 배우는 이유에는 여러 가지가 있겠지만, 대표적으로 뽑을 수 있는 것은 '공감 능력 향상'입니다. 우리는 문학 작품을 통해서 우리가 경험해보지 못한 다른 이들의 삶을 '간접적'으로 경험합니다. 전쟁 · 독재 · 빈곤 등 우리가 쉽게 겪기 힘든 여러 가지 상황들을 겪는 인물의 모습을 보면서, 그 인물의 삶에 '공감'하는 경험을 하게 되는 것입니다. 그 인물이 그 상황에서 어떤 심정으로 어떤 행동을 하고 어떤 말을 하는지 보면서, '저런 상황이라면, 저렇게 행동할 수도 있겠구나.'라는 '공감'이 이루어지는 것이죠. 우리가 정규 교육과정에서 소설을 배우는 가장 큰 이유는 여기에 있는 것입니다. 앞에서 이야기했었던 내용 그대로죠? 운문문학에 비해 상대적으로 텍스트의 양이 많아 인물 각각의 내면세계에게 공감할 만한 단서가 많은 산문문학에서는 이 '공감 능력'이 더더욱 중요하다고 할 수 있습니다.

따라서, 수능 소설 문제 역시 인물에 대한 '공감' 능력이 갖춰져 있는지를 물어봅니다. 물론 앞에서 계속 이야기하던 대로 '독해력'이 갖춰져 있는지를 물어보는 문제들도 많이 출제되지만, 기본적으로는 어떤 인물이 그 상황에서 '왜' 그렇게 말하고 행동했는지, 즉 어떤 이유로 그러한 '내면세계'를 가지게 되었는지에 대해 '공감'했는지를 물어봅니다. 우리도 이에 맞춰 지문을 읽어주시면 되겠죠? 소설에서 인물에게 '공감'하며 읽는다는 것은 지문의 내용을 정확하게 '이해'한다는 것입니다. 이렇게 지문의 내용이 정확히 '이해'된 상태에서는 문제풀이 속도가 자연스럽게 빨라질 수밖에 없습니다. 이런 방식으로 산문문학 문제풀이 시간을 줄여내야 합니다.

우리는 이제 '인물에 대한 공감'이라는 태도를 바탕으로, 지문을 확실하게 '이해'하며 읽는 연습을 할 겁니다. 문제에 나오는 포인트이면서 인물에게 '공감'하는 데 포인트가 되는 부분에 신경을 쓰면서 지문을 '최대한 한 번만' 읽고, 그것을 토대로 선지의 허용 가능성을 평가할 겁니다. 물론 정말로 한 번만 읽고 풀어야 하는 것은 아니지만, 한 번 읽을 때 제대로 읽자는 뜻입니다! 이렇게 '인물에 대한 공감'을 바탕으로 지문을 '이해'하는데 핵심적인 역할을 하는 포인트들에는

1. <u>인물의 심리/행동/발화의 근거</u>
2. 인물관계
3. 시간/공간(변화)
4. 배경/외양 묘사

정도가 있습니다. 간단하죠? 생각보다 체크할 것이 별로 없습니다. 하나하나 설명을 자세히 정리해봅시다.

먼저 소설에서 '인물의 심리/행동/발화'는 시에서 화자의 '반응'이 담당하는 역할을 하는 부분입니다. 역시 인물들이 자신을 둘러싼 세계에 대해 어떤 '반응'을 하는지가 '공감'에 있어 매우 중요한 요소로 작용하는 것이죠! 이때 각각의 인물들이 단순히 어떤 '반응'을 보이는지에서 머무는 것이 아닌, 도대체 '왜' 그런 반응을 보이는지에 주목할 수 있어야 합니다. 사실상 이게 전부라고 보셔도 됩니다. 다음으로 설명할 '인물관계' 및 '시/공간적 배경' 등은 모두 인물의 심리와 행동에 '명분'을 부여하는

역할을 하거든요. 따라서, 시험장에서 소설이 잘 읽히지 않을 때는 하나만 생각하시는 겁니다. "도대체 얘가 왜 이러지?" 이를 생각하며 읽는 연습을 많이 해 주시면, 시험장에서도 각 인물들에게 깊게 '공감'하면서 읽을 수 있습니다. 그리고 이렇게 읽어내면, 그 자체가 바로 작품에 대한 '이해'가 됩니다. 소설을 읽는 우리의 목표는 여기가 되어야 해요. 전문을 싣지 않는 수능의 특성상, 전체적인 줄거리 파악보다는 각 장면마다 인물에게 '공감'할 수 있는지를 물을 수밖에 없기 때문에 '인물의 심리/행동/발화 및 그 근거'가 중요할 수밖에 없는 것이에요.

다음으로 인물관계는 소설을 이루는 가장 기본적인 요소입니다. 기본적으로 소설은 '여러 인물들의 상호작용'을 그려내는 것이고, 각 인물들이 어떤 관계를 맺고 어떤 상호작용을 하는지는 각 인물에게 '공감'하는 데 있어 필수적인 내용이 됩니다. 똑같은 말을 해도 나와 가까운 사이의 친구가 하는 것과 원수같은 친구가 하는 것은 다르게 받아들여질 수밖에 없잖아요. 소설의 인물들도 마찬가지로 각자 맺고 있는 타인과의 관계에 따라 심리나 행동이 달라지게 되고, 이 부분을 캐치해야 각 인물들에게 진정으로 '공감'할 수 있습니다. 인물관계를 체크하고 하는 것 자체가 중요하기보다는, 인물에게 '공감'하는 데 있어 인물관계가 큰 역할을 한다는 것을 생각하시면 될 것 같습니다.

시간/공간은 소설을 이루는 세계, 즉 일종의 '상황'입니다. 시에서 화자의 상황이 중요하듯이, 소설에서도 그 인물들을 둘러싸고 있는 세계를 파악하는 것이 중요합니다. 시대적 배경은 언제인지, 현재 있는 공간이 그 인물에게 편한 곳인지 아닌지와 같은 요소들도 인물의 내면세계 형성에 큰 영향을 미치니까요. 특히 시간이 거꾸로 가거나, 뒤죽박죽 이어지거나 하는 '시간의 변화', 또 지상계에서 천상계로 넘어간다거나 인물이 계속해서 이동하며 공간을 바꾸는 경우 등의 '공간의 변화'는 평가원이 굉장히 좋아하는 출제 요소입니다. 앞에서도 언급했지만, '변화'는 특이한 포인트이기 때문이에요. 이처럼 시간/공간 역시 인물에게 '공감'하는 과정에서 중요하게 쓰이는 요소이기 때문에 신경을 써야 합니다.

마지막으로 '배경/외양 묘사'에 대한 내용입니다. 먼저 배경 묘사의 경우, '인물의 심리'가 반영되는 경우가 많습니다. 기분이 좋은 날에 오는 비와 기분이 더러운 날에 오는 비는 완전히 다르게 묘사될 수밖에 없겠죠? 또한 인물의 심리뿐 아니라 작품의 전반적인 '분위기'도 배경 묘사에 반영되어 있을 확률이 높습니다. 전반적으로 평화로운 분위기면 평화롭게, 긴박한 분위기면 긴박하게 묘사된다는 것이에요. 범죄 영화의 마지막 길고 긴 액션씬에선 항상 비가 오잖아요? 또 로맨스 영화에서 주인공들이 첫키스를 하는 날은 보통 눈이 부시도록 맑은 날이구요. 이처럼 '인물의 심리' 혹은 '작품의 전반적인 분위기'가 반영되어 있으니 '배경 묘사'가 나오면 어떤 심리, 혹은 분위기를 나타내는 것인지 신경 쓰면서 읽어야 합니다. 이는 또 '인물'에게 공감할 수 있는 중요한 단서가 될 것이니까요.

외양 묘사의 경우, 일반적으로 '인물의 성격'과 직결되는 정보이기에 중요합니다. 여러분은 흥부와 놀부를 실제로 보신 적이 있으신가요? 당연히 없겠죠. 애초에 실존 인물이 아니니까요. 그런데 이상하게, 우리는 흥부와 놀부의 얼굴을 알고 있는 것 같습니다. 흥부는 둥그런 얼굴에 인자한 눈매를 가지고 있을 것 같고, 놀부는 주걱턱에 뾰족한 눈썹을 가지고 있을 것만 같아요. 왜 이런 이미지가 생긴 것일까요? 그렇죠. 많은 서술자들이 인물의 '성격'에 따라 그들의 외양을 묘사해왔기 때문이에요! 바보같고 착한 이미지인 흥부는 둥글둥글하게, 동생조차 외면하는 나쁜 이미지로 그려지는 놀부는 뾰족하고 날카롭게! 이해되시죠? 이렇게 '외양 묘사'가 나오는 경우 그 묘사를 체크하면서 생각해 주시는 겁니다. "이 외양 묘사를 통해 인물의 어떤 성격을 드러내고 싶은 걸까?" 이 생각을 통해 인물의 성격을 잡고 간다면, 역시 '인물'의 심리나 행위에 명분으로 작용할 것이고, 이는 그 인물에게 '공감'하는 데 있어 큰 힘이 되겠죠?

물론 이것 외에도 문제가 출제되는 포인트는 존재합니다. 하지만 위의 포인트들만 인식하면서 지문을 읽어준다면 적어도 지문 내용이 이해가 안 되지는 않을 겁니다. 사실상 이게 소설의 전부니까요! 저 포인트들을 바탕으로 인물에게 '공감'하고, 이를 바탕으로 지문을 '이해'하며, 각 선지들의 허용 가능 여부를 '평가'하는 것이 소설 지문을 푸는 가장 기본적인 과정인 것입니다.

주의할 점은, 주객이 전도되면 안 된다는 겁니다. 이 포인트들을 찾는 것 자체가 목적이 되면 안 돼요. 물론 이 포인트들은 어떠한 스킬 같은 것이 아닌, 소설의 기본적인 구성 요소이기 때문에 당연히 중요하긴 합니다. 하지만 저 포인트들을 체크하는 행위의 목표는 '내용 이해'이기 때문에, 저 요소들을 체크하지 않아도 내용이 쭉쭉 이해된다면 그냥 달리시면 됩니다. 정확히 는, 인물들에게 '공감'하며 읽는 과정에서 이 요소들이 자연스럽게 체크되는 느낌이 들어야 합니다.

나아가, 산문문학 문제를 풀 때도 〈보기〉를 먼저 확인하는 전략을 취하는 것이 좋습니다. 운문문학 파트에서도 언급했듯이 단순히 지식을 전달하는 〈보기〉는 큰 의미가 없겠지만, 작품의 주제 의식(작가가 전달하고자 하는 바)이나 인물의 내면세계, 혹은 전체적인 줄거리를 언급해주는 〈보기〉는 지문 독해 및 문제풀이 과정에 큰 도움을 줄 수 있어요.

1) 지문과는 무관한, 해당 문제를 풀기 위한 지식을 전달하는 〈보기〉

[보기]

아이러니는 흔히 말하는 반어보다 넓은 개념이다. 소설에서는 어떤 인물의 행위나 내면, 그리고 그가 살고 있는 세계에서 대립적인 두 의미를 동시에 찾 을 수 있을 때에 아이러니가 발견될 수 있다. 이때 대립적인 의미는 양면성을 생성한다.「한계령」에서 는 인물이 바라보는 대상, 인물의 행위와 의식의 대 립, 인물의 심리 등에서 이러한 양면성을 발견할 수 있다.　　　　　　　　　(2019학년도 6월 모의평가)

[보기]

소설에서 시간 표지는 배경을 지시할 뿐 아니라, 우연하게 일어날 수 있는 사건들에 개연성을 부여 하거나 사건의 전개나 장면의 전환 등에 관여된 서 사적 정보를 제시하기도 한다. 또한 장면을 제시하 는 것은 물론 서로 다른 장면을 연결하거나, 사건이 요약적으로 제시되었음을 가능하게 하는 등 서사의 주요 요소들을 보조하는 기능을 한다.
　　　　　　　　　(2022학년도 6월 모의평가)

→ 각각 '아이러니'나 소설의 '시간 표지'와 같은, 지문 내용 과는 무관한 특정한 지식을 소개하는 〈보기〉입니다. 이런 〈보기〉는 지문을 이해하는 과정에서 큰 역할을 하지 못하 기 때문에, 문제를 푸는 과정에서만 참고하면 됩니다.

2) 작품의 주제 의식 혹은 전체적인 줄거리를 언급해주는 〈보기〉

[보기]

「자서전들 쓰십시다」의 주인공은 자서전 대필 작 가로서의 글쓰기에 환멸을 느끼고 있다. 이러한 글 쓰기는 의뢰인의 삶을 미화하여 결국 의뢰인에게 아첨하는 것일 뿐이기 때문이다. 어떤 의뢰인들은 자신의 요구를 강요하는 일까지 서슴지 않아 주인 공을 괴롭히기도 한다. 주인공이 바라는 의뢰인은 작가의 의사를 존중하면서 삶을 거짓 없이 성찰하 는 사람이다. 또한 주인공은, 후회나 의문이 없는 확 신에 찬 태도로 독자를 사로잡는 주장을 하는 사람 보다는 타인의 삶에 기여할 수 있는 정직한 고백을 하는 사람을 원한다.　　(2020학년도 9월 모의평가)

→ 이 〈보기〉의 경우, 주인공의 '내면세계'를 바탕으로 작품 의 주제 의식을 자세하게 소개하고 있습니다. 이런 〈보기〉를 먼저 읽고 들어가면, 해당 작품의 주인공에게 '공감'하는 것 이 더 쉬워질 수 있겠죠?

[보기]

윗글은 민담적 요소를 적극 활용한 현대 소설이 다. 바보 취급을 받는 황만근이 신이한 존재와 대면 했으나 위기를 극복하며 의외의 승리를 거둔다는 비현실적 이야기는 민담적 특징을 잘 보여 준다. 또 한 반복적이거나 위협적인 어구 사용, 구성진 입담 등에는 언어의 주술성과 해학성이 잘 드러난다.
　　　　　　　　　(2021학년도 6월 모의평가)

→ 또한, 이렇게 지문의 줄거리를 자세하게 소개하는 〈보기〉 도 있습니다. 물론 수능 시험의 특성상 해당 작품의 모든 줄 거리를 파악하기는 어렵고, 그럴 필요도 없습니다. 하지만 시험에 출제된 해당 '지문' 부분의 줄거리를 미리 아는 것 은, 인물들에게 '공감'하는 과정에서 큰 역할을 할 수 있을 거예요.

한편, 〈보기〉가 아닌 방법으로 '줄거리'를 제시하는 경우, 즉 [앞부분 줄거리]나 [중략 줄거리]가 등장하는 경우에도 주목하셔야 합니다. 독서 파트와 달리, 문학 문제의 경우 작가가 수능 출제를 위해 쓴 글이 아닌 것을 가져와 문제의 재료로 활용합니다. 그런데, [앞부분 줄거리], [중략 줄거리] 등으로 나타나는 '줄거리'는 문학 지문에서 유일하게 출제자가 '직접' 작성한 부분입니다. 출제자가 작성했다는 것은, 지문 이해 혹은 문제 풀이에 중요하게 쓰인다는 것이겠죠? 이러한 '필연적인 이유'로 인해, 우리는 이제 '줄거리'에서 얻을 수 있는 정보를 모두 얻어가는 습관을 들여야 합니다. 출제자가 우리에게 제시한 일종의 '힌트'가 되는 것이니까요!

> [중략 줄거리] 이후 홍계월(평국)은 천자의 주선으로 보국과 혼인을 하게 되는데, 군영 및 집안에서의 사건 등으로 남편 보국과 갈등을 겪으면서 남편과 떨어져 홀로 지내게 된다.
>
> (2016학년도 6월 모의평가 A형)

이처럼 [줄거리]는 주로 인물관계, 사건의 전말, 인물의 심리 등을 다루는데, 하나같이 인물들에게 '공감'하기 위해서, 즉 지문을 완벽하게 '이해'하기 위해서 중요한 정보들입니다. 그러니 줄거리는 정말 '암기'할 정도로 꼼꼼하게 읽는 습관을 들입시다. [줄거리]를 제대로 체크하지 못해 인물에게 공감하지 못하는 불상사는 없어야 해요.

이번에도 아주 짧은 예시 하나만 들어볼까요? 먼저 읽으면서, 해당 작품에 등장하는 인물들의 입장에 공감하며 해당 선지들을 판단해봅시다. 제시된 내용만으로 판단할 수 있는 선지들만 골라봤어요.

> 정작 문제가 터진 건 손님들이 돌아가고 난 후였다. 아들은 민 노인을 하얗게 질린 얼굴로 다잡았다. 아버지는 왜 제 체면을 판판이 우그러뜨리느냐는 게 항변의 줄거리였다. 그 녀석들은 아버지의 북소리를 꼭 듣고 싶어서 청한 것이 아니라, 그 북을 통해 자기의 면목이나 위치를 빈정대기 위해서 그러는 것임을 왜 모르냐고, 민 노인의 괜찮은 기분을 구석으로 떼밀어 조각을 내었다. 아들 옆에서 입을 꼭 다물고 있는 며느리는, 차라리 더 많은 힐난을 내쏘고 있음을 민 노인은 모르지 않았다. 아들 내외는 요컨대 아버지가 그냥 보통 노인네로 머물러 있기를 바랐다.

36 다음 〈학습 활동 과제〉를 해결한 내용으로 적절하지 <u>않은</u> 것은? [3점]

> 학습 활동 과제 최일남의 「흐르는 북」은 산업화 시대에 전통 예술을 둘러싼 세대 간의 가치관 대립과 갈등, 그리고 화해의 문제를 다룬 소설이다. 다음을 참고하여 작품을 감상해 보자.
>
> > 소통은 경험이나 가치관의 공유를 전제로 하는데, 인간은 다양한 방식의 소통을 통해 사회적 관계 속에서 자신의 존재 가치를 인정받으려 한다. 그런데 산업화 시대에는 가치관이 급격히 변하고 세대 간에 서로가 경험을 공유하지 못하여 소통에 어려움을 겪는 경우가 많았다. 이는 예술가의 삶에도 영향을 미쳤다.

① '아들'이 '민 노인'과 소통할 수 없는 것은 예술에 대한 가치관을 '민 노인'과 공유하지 못한 데서 원인을 찾을 수 있겠군.

③ '민 노인'이 '아들'에게서 예술가로서의 삶을 이해받지 못하고 격리된 것은 아버지로서 존재 가치를 인정받지 못했기 때문이겠군.

⑤ '아들'이 '민 노인'이 평범한 노인으로 살기를 바라는 것은 사회적 관계에서 자신의 존재 가치를 인정받는 데 '민 노인'의 예술가로서의 삶이 방해가 된다고 판단했기 때문이겠군.

> 　　정작 문제가 터진 건 **손님들이 돌아가고 난 후였다.**
> 아들은 민 노인을 하얗게 질린 얼굴로 다잡았다. 아버
> 지는 왜 제 체면을 판판이 우그러뜨리냐는 게 항변의 줄
> 거리였다. 그 녀석들은 아버지의 북소리를 꼭 듣고 싶어
> 서 청한 것이 아니라, 그 북을 통해 자기의 면목이나 위
> 치를 빈정대기 위해서 그러는 것임을 왜 모르냐고, 민
> 노인의 괜찮은 기분을 구석으로 떼밀어 조각을 내었다.
> 아들 옆에서 입을 꼭 다물고 있는 며느리는, 차라리 더
> 많은 힐난을 내쏘고 있음을 민 노인은 모르지 않았다.
> 아들 내외는 요컨대 아버지가 그냥 보통 노인네로 머물
> 러 있기를 바랐다.

→ 그냥 밑줄 : 인물의 심리
→ 박스 : 주요 인물(최초 등장시에만)
→ 밑줄+굵은 글씨 : 시·공간적 배경
(지문 표시는 제가 편한 대로 한 것입니다. 굳이 표시하고 할 필
요는 없어요. 저 부분들에 주목했는지가 중요한 것입니다. 해설
지도 같은 양식으로 되어 있으니 참고하세요.)

'손님'들이 돌아가고 난 후, '아들'은 '민 노인'에게 '하얗게 질린
얼굴'을 보여 줍니다. 머릿속에 상상이 되시죠? 처음부터 말씀
드렸지만, 마치 영화를 보는 것처럼 그 장면을 떠올리는 '상상
력'을 발휘하며 지문을 읽어주셔야 해요. 이렇게 인물의 '심리'
가 등장하고 나면, 반드시 생각하시는 겁니다. '왜 얼굴이 하얗
게 질린 거지?' 그러면 자연스레 '아들'과 '민 노인'의 '관계'에
주목하게 되겠죠. 그 이유를 찾고 공감하기 위해서 말이에요!

바로 다음에 '아버지' 이야기를 하는 것으로 보아 '아들'과 '민 노
인'은 부자지간인 것 같습니다. 뒤를 읽어보니 앞에서 나온 '손
님'들이 '아버지', 즉 '민 노인'에게 북 연주를 청했고, '민 노인'
은 신나게 북을 한 번 친 모양새네요. '아들'은 이것이 자신의 체
면을 우그러뜨린다고 생각했기에, 얼굴이 하얗게 질렸다는 '심
리'를 보여 준 것입니다. 아들 옆에 있는 '며느리' 역시 마찬가
지의 생각을 하고 있는 것 같구요. 이렇게 '아들' 내외는 자신의
'체면'을 생각해서, 아버지가 그냥 '보통 노인네'로 머물러 있기
를 바라기 때문에 저런 심리를 보이고 있다는 식으로 '공감'할
수 있겠네요. 어렵지 않죠? 체면을 중시하는 아들 부부의 '성격'
을 생각하면, 아버지의 저런 행동은 굉장히 수치스럽게 다가온
다고 볼 수 있으니까요. 이렇게 읽어내면 내용이 '이해'되었다고
할 수 있겠습니다.

한편, '민 노인'은 오랜만에 북을 쳐서 '괜찮은 기분'을 보이고 있
었는데, 아들이 뭐라고 하자 그 기분이 '조각이 난' 모습이네요.
역시 '민 노인'의 심리와 그 '근거'에 주목하니 내용이 손쉽게 이
해되는 모습이죠? 이런 식으로 각 인물들에게 '공감'하며 내용
을 이해하시면, 선지 판단은 아주 빠르게 이루어지는 경우가 많
습니다.

> 학습 활동 과제 최일남의 「흐르는 북」은 산업화 시대에 전
> 통 예술을 둘러싼 세대 간의 가치관 대립과 갈등, 그리고
> 화해의 문제를 다룬 소설이다. 다음을 참고하여 작품을 감
> 상해 보자.
>
> > 　소통은 경험이나 가치관의 공유를 전제로 하는데, 인간
> > 은 다양한 방식의 소통을 통해 사회적 관계 속에서 자신
> > 의 존재 가치를 인정받으려 한다. 그런데 산업화 시대에
> > 는 가치관이 급격히 변하고 세대 간에 서로가 경험을 공
> > 유하지 못하여 소통에 어려움을 겪는 경우가 많았다. 이
> > 는 예술가의 삶에도 영향을 미쳤다.

① '아들'이 '민 노인'과 소통할 수 없는 것은 예술에 대한
　가치관을 '민 노인'과 공유하지 못한 데서 원인을 찾을
　수 있겠군.
③ '민 노인'이 '아들'에게서 예술가로서의 삶을 이해받지
　못하고 격리된 것은 아버지로서 존재 가치를 인정받
　지 못했기 때문이겠군.
⑤ '아들'이 '민 노인'이 평범한 노인으로 살기를 바라는
　것은 사회적 관계에서 자신의 존재 가치를 인정받는
　데 '민 노인'의 예술가로서의 삶이 방해가 된다고 판단
　했기 때문이겠군.

세 선지 모두, 아버지의 예술에 대한 자부심을 전혀 이해하지 못
한 채, 그저 자신의 체면을 위해서 아버지가 '보통 노인네'가 되
기를 바라는 '아들'의 마음과 그에 상처받은 '민 노인'의 마음에
공감했다면 어렵지 않게 허용할 수 있는 선지들이죠? 나아가 이
'학습 활동 과제'(일종의 〈보기〉라고 할 수 있겠죠?)를 먼저 읽
고 지문을 독해했다면, '아들'과 '민 노인'에게 공감하는 것이 조
금 더 쉬워졌을 것입니다.

Q 3번 선지에서, '아버지로서 존재 가치를 인정받지 못했'다는 것은 어떻게 허용할 수 있나요? 이건 너무 과한 해석인 것 같아요.

A '학습 활동 과제'에 따르면 인간이 자신의 존재 가치를 인정받기 위해서는 경험이나 '가치관의 공유'를 전제로 하는 '소통'을 통해 사회적 관계를 맺어야 합니다. 그런데 '아들'은 그저 아버지인 '민 노인'이 평범한 노인네로 머무르기를 바라는 자신의 '가치관'을 일방적으로 적용하고 있을 뿐, '민 노인'과 가치관을 '공유'하지 않습니다. 즉, 이 부자 사이에는 '소통'이 이루어지지 않는 것이죠. 이처럼 '민 노인'은 '소통'을 통한 사회적 관계를 맺지 못하고 있기에, 아들로부터 존재 가치를 인정받지 못하는 것이라고 할 수 있습니다. 이처럼 〈보기〉에 제시된 개념의 정의를 정확하게 적용하면서 문제를 풀 수 있어야 합니다.

이건 엄밀한 풀이고, 가볍게 풀면 '아들'은 '민 노인'의 의중과는 상관없이 그저 자신이 원하는 모습만을 투영하려 하기에 '민 노인'의 아버지로서의 존재 가치를 인정하지 않고 있다고 할 수 있는 거라고 이해하시면 되겠습니다. 그냥 그렇게 느껴지는 게 제일 좋은 거예요.

이처럼 인물들에게 공감하며 지문을 완벽하게 '이해'하고, 선지를 빠르게 판단하는 것. 산문문학을 대하는 가장 기본적이고도 핵심적인 태도입니다. 처음에는 생각보다 힘들 수도 있어요. 이런 식의 공부가 익숙하지 않은 학생들은 뭘 어떻게 하라는 것인지 감이 오지 않을 수도 있구요. 하지만 이를 믿고, 시키는 대로 연습하고 해설지를 통해 피드백하는 과정을 통해 '공감'하는 것에 쉽게 익숙해지실 것이라 확신합니다. 걱정말고 잘 따라와주세요.

고전소설에 대해서

고전소설이라고 해서 현대소설과 다른 점은 없습니다. 똑같이 인물의 심리, 인물관계, 시/공간, 배경/외양 묘사 등을 신경 쓰면서 내용을 '이해'해주시면 됩니다. 다만 고전소설에서는 같은 인물이라도 계속해서 다른 호칭으로 불리는 경우가 많아, '인물관계'를 잡는 것이 상당히 어려운 경우가 많습니다. 따라서 새로운 호칭이 나올 때마다 잠깐 멈춰서 '정말로 새로운 인물인지'를 생각하고 넘어가시는 태도를 갖추는 것이 좋습니다. 뒤의 기출문제를 풀면서 다양한 예시를 만날 수 있을 것이에요.

여기에 추가적으로, 고전소설에서 특히 신경 써야 할 부분이 있습니다. 바로 '서술자의 개입'입니다. 앞에서도 설명했지만, '서술자의 개입'이란 개념은 '서술자가 본인의 생각이나 감정을 표현하는 것'이라고 생각하면 됩니다. 가끔 현대소설에서도 등장하기는 하지만, 절대다수의 작품이 전지적 작가 시점인 고전소설에서 훨씬 빈번하게 등장합니다. 예를 들면, 이야기를 전개하다가 갑자기 '저 인물 너무 불쌍하다!' 혹은 '국어는 본래 어려운 과목이라 공부가 많이 필요하다.' 등 감정, 생각(평가 등도 포함합니다. 두 번째 문장에서는 국어가 어렵다는 내용이 서술자의 '생각'이자 '평가'이기에 서술자의 개입으로 보면 됩니다.)이 나오는 부분을 말하는 것이죠. 선지에서 '서술자의 개입'이 나왔는지 묻는 경우, 미리 체크하지 않았다면 긴 지문 속에서 찾기가 매우 어렵기 때문에 미리 찾아 두는 것을 권하고 싶습니다.

실제 기출된 예시를 한번 살펴볼까요?

> 태후가 유 원수를 치사한 후에 조카 강 승상을 부르시니, 강 승상이 바삐 들어와 땅에 엎드리는지라, 태후가 강 승상을 보고 하시는 말씀이야 어찌 말로 다 표현할 수 있으리오. 천자가 내려와 강 승상의 손을 잡고 위로하며 말하였다.
>
> (2015학년도 9월 모의평가 AB형 공통)

④ 서술자의 개입과 인물의 발화를 통해 인물의 심리를 드러낸다. (O)

4번 선지가 맞는 선지였는데, 어떤 부분이 서술자의 개입에 해당할까요?

바로 '태후가 강 승상을 보고 하시는 말씀이야 어찌 말로 다 표현하겠냐며 갑자기 해당 장면에 대한 '서술자의 생각'을 말하고 있죠. 조금 감이 잡히시나요?

> ⓜ 즉시 별당을 소쇄(掃灑)하고 잔치를 배설하여 토끼를 정으로 청하여 상좌에 앉히고 주부 내외 당하에 꿇어 백배 애걸 하는 말이,
>
> (2016학년도 수능 B형)

⑤ ⓜ: 편집자적 논평을 통해 인물의 행위에 대한 서술자의 시각을 보여 주고 있다. (X)

여기 나오는 '편집자적 논평'은 '서술자의 개입'과 같은 말이라고 생각하시면 됩니다. (물론 둘은 조금 다르긴 합니다! 하지만 수능 수준에서는 같은 것으로 봐도 무방해요.) 여기서는 '서술자의 개입'이 아니라고 했네요. ⓜ을 보니 서술자의 생각이 아닌 장면 묘사, 즉 '눈에 보이는 팩트'만을 제시하고 있네요. '백배 애걸'과 같은 표현은 인물의 심리를 드러내는 것이지, 서술자의 생각이 아니죠? 이런 건 '서술자의 개입'이 아니라고 하는 겁니다. 감이 잡히시나요? 서술자가 보고 있는 것을 그대로 서술하는 게 아니라, 그 본 것으로부터 든 '생각이나 감정'을 서술하는 것이 서술자의 개입이라는 것. 이해하시겠죠?

극문학에 대해서

극문학 역시 다른 것은 없습니다. 소설과 같은 방식으로 해결해주시면 됩니다. 인물의 심리, 인물관계, 시/공간, 배경/외양 묘사 등을 체크하고, 인물에 대한 '공감'을 바탕으로 전체적인 내용을 '이해'하면서 읽어 가면 되는 것이죠.

그런데 극문학의 경우 따로 신경 써야 하는 부분이 있습니다. 바로 '대사 외 부분'입니다. 대사 외 부분이란 사회자의 발언이나 지시문(괄호 부분–인물의 대사 옆에서 행동이나 몸짓, 표정을 나타내는 부분을 말해요.)을 말합니다. 말 그대로 인물의 대사 외에 다른 부분들을 말하는 것이죠.

극문학은 이런 '대사 외 부분'에서 답의 근거가 나오는 경우가 많아요! 예를 들어, 지문에서

> 원영 : 민재야, 우리 파스타 먹으러 갈까?
> 민재 : (석연찮은 표정으로) 그래. 좋지 뭐.

라는 부분이 있으면 선지에서

    ④ 민재는 파스타를 먹고 싶어한다. (틀린 선지)

이런 식인 것이죠. 어떤 느낌인지 이해가 되시나요? 애초에 극문학에서는 '대사 외 부분' 역시 인물에게 '공감'하기 위한 근거가 되기 때문에 중요할 수밖에 없는 것입니다. 결국 핵심은 또 '공감'이었네요.

현대소설이든, 고전소설이든, 극문학이든 다른 건 없습니다. 주요 포인트들에 주목하면서, 인물에게 '공감'하고 내용을 '이해'한다. 그리고 그 이해한 내용을 바탕으로 문제를 '빠르게' 해결한다. 단순한 내용일치 문제를 푼다는 생각이 아니라, 인물에게 '공감'한 내용을 바탕으로 선지를 판단한다는 생각을 하셔야 합니다. 억지로 근거를 찾고 하는 게 아니라, '내가 공감한 바에 따르면 맞는데?/아닌데?'라는 생각이 들어야 해요. 이 내용 딱 정리해두시고, 몇 지문을 풀어보면서 연습해봅시다.

(해설 p.176)

㉠그렇게…… 그렇게도 배가 고프디야.

그 넓은 운동장을 다 걸어 나올 때까지 불현듯 어머니의 입에서 새어 나온 말은 꼭 그 한마디였다. 하지만 그것은 반드시 그를 향해 묻는 말이라기보다는 넋두리에 더 가까웠다. 교문을 나선 어머니는 집으로 가는 길을 제쳐 두고 웬일인지 곧장 다릿목에서 왼쪽으로 꺾어 드는 것이었다. 저만치 구호소 식당이 눈에 들어왔을 때 그는 까닭 모를 두려움과 수치심으로 뒷걸음질을 쳤다. 그런 그를 어머니는 별안간 무서운 힘으로 잡아끌었다.

㉡가자. 아무리 없어서 못 먹고 못 입고 살더래도 나는 절대로 내 새끼를 거지나 도둑놈으로 키울 수는 없응께. 시상에…… 시상에, 돌아가신 느그 아버지가 이런 꼴을 보시면 뭣이라고 그러시끄나이.

어머니의 음성은 돌연 냉랭하게 변해 있었다. 끝내 그는 와앙 울음을 터뜨려 버리고 말았다. 그러나 어머니는 기어코 구호소 식당 안의 때 묻은 널빤지 의자 위에 그를 끌어다가 앉혀 놓았다.

잠시 후 어머니가 손바닥에 받쳐 들고 온 것은 ⓐ한 그릇의 국수였다. 긴 대나무 젓가락이 찔려져 있는 그것을 어머니는 그의 앞으로 밀어 놓으며 말했다.

㉢먹어라이. 어서 먹어 보란 말다이…….

어머니의 음성에는 어느새 아까의 냉랭함이 거의 지워져 있었다. 그는 몇 번 망설이다가는 젓가락을 뽑아 들고 무 조각 하나가 덩그러니 떠 있는 그 구호용 가락국수를 먹기 시작했다. 그러다가 문득 고개를 들었던 그는 그만 젓가락을 딸각 놓아 버리고 말았다. 마주 앉아서 그때까지 그를 줄곧 지켜보고 있었을 어머니의 눈에는 소리도 없이 눈물이 그득히 괴어오르고 있었기 때문이었다. 탁자 밑에 가지런히 모아져 있는 어머니의 낡은 먹고무신을 내려다보며 그는 갑자기 목구멍이 뻐근해져 옴을 느껴야 했다.

그 후, 그는 두 번 다시 그 빈민 구호소 식당 앞에서 얼쩡거리지 않았다. 아마도 그런 기억 때문이었는지는 몰라도, 두 아이의 아버지가 된 지금까지도 국수는 그에게 여전히 싫어하는 음식으로 남아 있었다.

(중략)

어머니한테 뭔가 이상한 변화가 일어나고 있을지도 모른다는 불길한 조짐을 처음으로 느끼기 시작한 것은 두 달 전쯤부터였다. 그날따라 겨울이 전에 없이 일찍 앞당겨 찾아온 듯한 늦가을 날씨로 밖은 유난히 썰렁했

다. 젓가락으로 밥알을 헤아리듯 하며 맛없는 아침상을 받고 있노라니까 아내가 심상찮은 기색으로 곁에 쪼그려 앉는 것이었다. 그녀가 미처 입을 열기도 전에 그는 짐짓 신경질적인 표정부터 준비했다. 그즈음은 마침 지난달의 봉급을 받지 못한 데다가 그달 봉급마저도 벌써 며칠째 넘기고 있던 참이었으므로, 이번에도 또 아내의 입에서 보나 마나 궁색한 소리가 튀어나오리라고 지레짐작했던 때문이었다. 급료도 제대로 나오지 않는 직장을 뭣 하러 나다녀야 하느냐는 당연한 투정 때문에 얼마 전에도 한바탕 말다툼을 벌였던 적이 있었던 것이다. 그러나 이날 아침은 그게 아니었다.

여보. 나가시기 전에 어머님 좀 잠시 들여다보세요. 암만 해도…….

아니 왜. 감기약을 지어 드렸는데도 여전히 차도가 없으시대?

며칠 전부터 몸이 편찮으시다고 누워 계시는 줄은 그도 알고 있었다. 병원에 가 보는 게 어떻겠느냐고 물었더니, 특별히 아픈 데는 없노라고, 아마도 고뿔인 것 같으니까 누워 있으면 곧 괜찮아질 거라고 하며 어머니는 손을 내젓던 것이었다.

그게 아니라, 저어, 암만해도 어머님이 좀 이상해지신 것 같단 말예요.

그, 그건 또 무슨 소리야.

아내는 뭔가 숨기고 있는 듯한 어정쩡한 표정으로 그의 눈치를 살피고 있었다. 문득 불길한 예감이 뒤통수를 때렸다.

아무리 봐도 예전 같지가 않으시다구요. 그렇게 정신이 총총하시던 분이 별안간 무슨 말인지도 모를 헛소리를 하시기도 하고……. 어쩌다가는 또 말짱해 보이시는 것 같다가도 막상 물어 보면 전혀 엉뚱한 대답을 하시는 거예요. 처음엔 일부러 그러시는가 했는데, 글쎄 그게 아니에요.

도대체 난데없이 무슨 소릴 하고 있는 거야, 지금.

설마 어머니가 그럴 리가 있을까 싶으면서도 왠지 섬뜩한 예감에 그는 숟가락을 놓고 곧장 건너가 보았다.

어머니는 이불을 덮고 누워 무얼 생각하는지 멀거니 천장만 올려다보고 있었다. 의외로 안색이 나아 보였으므로 그는 적이 맘을 놓았다. 하지만 어머니는 두 번씩이나 부르는 아들의 목소리에도 대답이 없었다. 그저 꼼짝도 하지 않고 망연한 시선을 천장의 어느 한 점에 멈춰 두고 있을 뿐이었다. 한동안 멍청하게 앉아 있던 그가 자리에서 마악 일어서려 할 때였다.

ⓔ찬우야이!

어머니의 입에서 불쑥 그 한마디가 튀어나오는 순간 그는 가슴이 철렁했다. 직감적으로 어떤 불길한 예감이 전신을 휩싸 안는 것 같았다. 아직까지 어머니는 한 번도 그렇게 아들의 이름을 직접 부르는 적이 없었다. 적어도 그가 결혼한 후로는 그랬다. 하지만 그보다도 더 그가 놀랐던 것은 어머니의 음성에서였다. 그것은 이미 예전의 귀에 익은 음성이 아니었다. 언제나 보이지 않는 따뜻함과 부드러움으로 흘러나오곤 하던 그 목소리에는 대신 어딘가 냉랭하면서도 들떠 있는 듯한 건조함이 배어 있었다. 그 음성을 듣는 순간 그가 내심 섬찟했던 것은 바로 그 생경한 이질감 때문이었는지도 모른다. 그는 놀란 눈으로 황급히 어머니의 얼굴을 들여다보았다.

ⓜ찬우야. 어서 꼬두메로 돌아가자이. 느그 아부지랑 찬세가 얼매나 기다리겄냐아. 더 추워지기 전에 싸게 싸게 집으로 가야 한단 말다이.

어머니는 나직하게, 그러나 힘이 서린 목소리로 그렇게 말하는 것이었다. 그가 너무 당황하여 그 말이 무슨 뜻인지를 얼른 쉽사리 가려낼 수가 없었다.

-임철우, 「눈이 오면」-

01 윗글의 서술상 특징으로 가장 적절한 것은?

① 특정 인물의 회상을 중심으로 이야기를 전개하고 있다.
② 계절의 변화를 통해 사건 해결의 실마리가 드러나고 있다.
③ 공간적 배경에 대한 상세한 묘사를 통해 사건 전개를 지연시키고 있다.
④ 서술자가 관찰자의 입장에서 사건을 전달함으로써 객관성을 높이고 있다.
⑤ 서술의 초점을 다양한 인물로 옮겨 가며 갈등을 다각적으로 조명하고 있다.

02 ⓐ에 대한 설명으로 가장 적절한 것은?

① '어머니'와 '그'의 갈등을 지속시키는 매개물이다.
② '그'가 사회 문제에 관심을 갖게 하는 매개물이다.
③ '그'가 '어머니'의 속마음을 깨닫게 하는 매개물이다.
④ '어머니'에 대한 '그'의 배려를 드러내는 매개물이다.
⑤ 어려운 처지의 '어머니'에게 위안을 주는 매개물이다.

03 〈보기〉를 참고하여 ㉠~㉤을 감상한 내용으로 적절하지 않은 것은? [3점]

> ─[보기]─
>
> 「눈이 오면」에서는 어머니의 목소리가 발화 내용과 어우러져 '그'에게 특별한 메시지를 전달한다. 그 목소리는 '그'에게 수치심, 죄책감, 불길함, 섬찟함, 당혹감 등의 감정을 불러일으키거나 특정한 행동을 야기한다.

① ㉠에서 '어머니'가 넋두리에 가까운 말로 아들의 배고픔을 언급한 것은 '그'가 구호소 식당을 보았을 때 느낀 까닭 모를 두려움과 수치심으로 이어지는군.
② ㉡에서 '어머니'가 냉랭한 음성으로 '아버지'를 언급한 것은 '그'에게 죄책감을 불러일으켜 결국 '그'로 하여금 울음을 터뜨리게 하는군.
③ ㉢에서 '어머니'가 냉랭함이 사라진 음성으로 '그'에게 국수를 먹으라고 권하는 것은 '그'에게 불길함을 느끼게 하여 젓가락을 딸각 놓는 행동에 영향을 주는군.
④ ㉣에서 '어머니'가 생경한 이질감이 느껴지는 음성으로 '그'의 이름을 부른 것은 '그'에게 '어머니'의 변화를 인식하게 하여 섬찟함을 느끼게 하는군.
⑤ ㉤에서 '어머니'가 힘이 서린 목소리로 돌아가신 아버지가 있는 집으로 가자고 하는 것은 과거와 현재를 구분하지 못하는 '어머니'의 모습을 드러내어 '그'에게 당혹감을 갖게 하는군.

———— (해설 p.182)

　그런 일이 있은 지 한 달쯤 지나니 내 겨드랑에 생긴 이변의 전모가 대강 드러났다. **파마늘**은 어김없이 밤 12시부터 새벽 4시 사이에 솟구친다는 것. **방**에 있으면 쑤시고 밖에 나가면 씻은 듯하다는 것. 까닭은 전혀 알 길이 없다는 것 등이었다. **의사**는 나에게 전혀 이상이 없다고 잘라 말했다. 그도 그럴 것이 그 시간에는 내 겨드랑은 멀쩡했기 때문이다. 그때부터 나의 괴로움은 비롯되었다. 파마늘은 전혀 불규칙한 사이를 두고 튀어나왔다. 연이틀을 쑤시는가 하면 한 일주일 소식을 끊고 하는 것이었다. 하루 이틀이지 이렇게 줄곧 밖에서 새운다는 것은 못 할 일이었다. 나는 제집이면서 꼭 **도적놈처럼** 뜰의 어느 구석에 숨어서 밤을 지내야 했기 때문이다. 그런 생활이 두 달째에 접어들었을 때 나는 견디다 못해서 담을 넘어서 밖으로 나가 보았다. 그랬더니 참으로 이상한 일도 다 있었다. 뜰에 나와 있어도 가끔 뜨끔거리고 손을 대 보면 미열이 있던 것이 거리를 거닐게 되면서는 아주 깨끗이 편한 상태가 되었다. 이렇게 되면서 독자들은 곧 짐작이 갔겠지만, 문제가 생겼다. 내가 의료적인 이유로 산책을 강요당하게 되는 시간이 행정상의 **통행 제한**의 시간과 우연하게도 겹치는 점이었다. 고민했다. 나는 부르주아의 썩은 미덕을 가지고 있었다. 관청에서 정하는 규칙은 따라야 한다는 것이 그것이다. 12시부터 4시까지는 모든 **시민**은 밖에 나다니지 말기로 되어 있다. 모든 사람이 받아들이는 규칙이니까 **페어플레이**를 지키는 사람이면 이것은 소형(小型)의 도덕률일 수밖에 없다. 그러나 이 도덕률을 지키는 한 내 겨드랑은 요절이 나고 나는 죽을는지도 모른다.

　[중략 부분의 줄거리] '나'는 겨드랑이에 파마늘 같은 것이 돋으면 밤거리를 몰래 산책하곤 한다. '나'는 밤 산책 중 종종 다른 사람들과 마주친다.

　오늘은 경관을 만났다. 나는 얼른 몸을 숨겼다. 그는 부산하게 내 앞을 지나갔다. 그 순간 나는 내가 레닌*인 것을, 안중근인 것을, 김구인 것을, 아무튼 그런 인물임을 실감한 것이다. 그가 지나간 다음에도 나는 ㉠은신처에서 나오지 않았다. 공화국의 시민이 어찌하여 그런 엄청난 변모를 할 수 있었는지 모를 일이다. 나는 정치적으로 백치나 다름없는 감각을 가진 사람이다. 위에서 레닌과 김구를 같은 유(類)에 놓은 것만 가지고도 알 만할 것이다. 그런데 경관이 지나가는 순간에 내가 **혁명가**

였다는 것도 분명한 사실이다. 혁명가라고 자꾸 하는 것이 안 좋으면 **간첩**이래도 좋다. 나는 그 순간 분명히 간첩이었던 것이다. 그런데 내가 간첩이 아닌 것은 역시 분명하였다. 도적놈이래도 그렇다. 나는 분명히 도적놈이었으나 분명히 도적놈은 아니었다. 나는 아주 희미하게나마 혁명가, 간첩, 도적놈 그런 사람들의 마음이 알 만해지는 듯싶었다. 이 맛을 못 잊는 것이구나 하고 나는 생각하였다. 나도 물론 처음에는 치료라는 순전히 **공리적인** 이유로 이 산책에 나섰다. 그러나 지금으로서는 반드시 그런 것만은 아니다. 설사 내 겨드랑의 달걀이 영원히 가 버린다 하더라도 이 금지된 산책을 그만둘 수 있을지는 심히 의심스럽다. 나의 산책의 성격은 **변질되**기 시작하였다. **누룩 반죽처럼.**

　기적(奇蹟). 기적. 경악. 공포. 웃음. 오늘 세상에도 희한한 일이 내 몸에 일어났다. 한강 근처를 산책하고 있는데 겨드랑이 간질간질해 왔다. 나는 속옷 사이로 더듬어 보았다. 털이 만져졌다. 그런데 닿임새가 심상치 않았다. 털이 괜히 빳빳하고 잘 묶여 있는 느낌이다. 빗자루처럼. 잘 만져 본다. 아무래도 보통이 아니다. 나는 ㉡바위틈에 몸을 숨기고 윗옷을 벗었다. 속옷은 벗지 않고 들치고는 겨드랑을 들여다보았다. 나는 실소하고 말았다. 내 겨드랑에는 새끼 까마귀의 그것만 한 아주 치사하게 쬐끄만 **날개**가 돋아나 있었다. 다른 쪽 겨드랑을 또 들여다보았다. 나는 쿡 웃어 버렸다. 그쪽에도 장난감 몽당빗자루만 한 것이 달려 있는 것이었다. 날개가 보통 새들의 것과 다른 점이 그 깃털이 곱슬곱슬한 고수머리라는 것뿐이었다. 흠. 이놈이 나오려는 아픔이었구나 하고 나는 생각했다. 나는 그 날개를 움직이려고 해 보았다. **귓바퀴**가 말을 안 듣는 것처럼 그놈도 움직이지 않았다. 나는 참말 부끄러워졌다.

－최인훈, 「크리스마스 캐럴 5」－

* 레닌 : 러시아의 혁명가.

04 윗글의 서술상 특징으로 가장 적절한 것은?

① 시간의 순서를 뒤바꾸어 이야기의 인과 관계를 재구성하고 있다.
② 유사한 사건을 반복해서 제시하며 서술의 초점을 분산시키고 있다.
③ 장면에 따라 서술자를 달리하여 사건의 의미를 입체적으로 조명하고 있다.
④ 공간의 이동에 따른 인물의 경험을 다른 인물의 시선을 통해 서술하고 있다.
⑤ 사건에 대한 중심인물의 내적 반응을 중심인물 자신의 목소리를 통해 제시하고 있다.

05 윗글에 대한 이해로 적절하지 <u>않은</u> 것은?

① '의사'가 '나'의 증상을 진단하지 못한 것은 '나'의 증상이 '의사' 앞에서는 나타나지 않았기 때문이다.
② '나'는 자신의 집에서 '도적놈'과 비슷한 방식으로 행동하곤 했다.
③ '뜰'에서의 '나'의 고통은 '방'에서보다는 덜하지만 완전히 사라지지는 않는다.
④ '나'는 '시민'이 정한 규칙을 준수해야 하는 '페어플레이'를 지키지 못하게 되어 고민한다.
⑤ '혁명가'와 '간첩'은 '나'가 자신의 행동을 이해하기 위해 자신과 비교해 보는 대상이다.

06 ㉠과 ㉡에 대한 이해로 가장 적절한 것은?

① ㉠은 정신적 안정을, ㉡은 신체적 회복을 위한 공간이다.
② ㉠은 윤리적인, ㉡은 정치적인 이유로 몸을 숨기는 공간이다.
③ ㉠은 ㉡과 달리, 타인의 출현으로 인해 몸을 감춘 공간이다.
④ ㉡은 ㉠과 달리, 반복적으로 사용하는 공간이다.
⑤ ㉠과 ㉡은 모두, 과거의 자신을 긍정하는 공간이다.

07 〈보기〉를 바탕으로 윗글을 감상한 내용으로 적절하지 <u>않은</u> 것은? [3점]

> ──────[보기]──────
>
> 「크리스마스 캐럴 5」는 자유가 억압된 시대적 상황에서 자유의 가능성과 한계를 묻는 작품이다. '나'의 겨드랑이에 돋은 정체불명의 파마늘이 주는 통증은 자유에 대한 요구를, 그로 인한 밤 '산책'은 자유를 위한 실천을 의미한다. 작품은 처음에는 명료하지 않고 미약했던 자유를 향한 의지가 밤 산책을 거듭하면서 심화되는 모습과 함께 그 과정에서 생기는 문제점을 드러낸다.

① '통행 제한'으로 인해 산책의 자유가 제한된 상황은, 단순히 이동의 자유에 대한 억압만이 아니라 자유가 억압되는 시대적 상황 자체에 대한 문제 제기라고 할 수 있겠군.
② '파마늘'이 돋을 때의 극심한 통증은, 자유가 그만큼 절박하게 요구되었던 상황을 보여 주는 동시에 자유를 얻기 위해 필요한 고통을 암시하기도 하겠군.
③ '공리적인' 목적을 가지고 있었던 산책이 점차 '누룩 반죽'처럼 '변질'되었다는 표현은, 자유의 필요성이 망각되어 자유를 위한 실천의 목적이 훼손되는 문제점에 대한 비판이겠군.
④ 정체불명의 파마늘이 '날개'의 형상으로 바뀐 것은, 처음에는 명료하지 않았던 자유를 향한 의지가 산책을 통해 심화되었다는 것을 의미하겠군.
⑤ '날개'가 '귓바퀴' 같다는 점에 대해 '나'가 느낀 부끄러움은, 여러 차례의 산책에도 불구하고 자유를 의지대로 실현하기 어려웠던 한계에 대한 인식으로 볼 수 있겠군.

[8~10] 다음 글을 읽고 물음에 답하시오.　　　2020.09 [32~34]

——— (해설 p.188) ———

　'콩알 하나 없으니 주린 처자를 어이할꼬? 어떻든 협사촌의 서대주가 도적들과 아래위 낭청을 다니며 함께 도적하여 부유하다 하니 찾아가 얻어 보리라.'

하고 협사촌을 찾아간다. 허위허위 이 산 저 산 어정어정 걸어가며 생각하되,

　'이놈이 본디 큰 쥐로 도적질하는 놈이니 무엇이라 부를꼬? 쥐라 해도 좋지 않고, 서대주라 해도 좋지 않으니, 이놈 부르기 어렵구나. 어떻든 대접함이 으뜸이라.'

　길을 재촉해 협사촌을 찾아 서대주 집 문 앞에서 장끼 큰기침 두 번 하고,

　"서동지 계시오?"

하며 찾으니, 이윽고 시비 쥐 나오거늘 장끼 문왈,

　"이 댁이 아래위 낭청으로 다니며 관리하시는 서동지 댁이오?"

　물으니 시비 답왈,

　"어찌 찾으시오?"

　장끼 가로되,

　"잠깐 뵈오리다."

　이때 서대주 자녀의 재미 보며 아내와 함께 있더니, 시비 와서 왈,

　"문전에 어떤 객이 왔으되 위풍이 헌앙(軒昂)*하고 빛갓 쓰고 옥관자 붙이고 여차여차 동지 님을 뵈러 왔다 하나이다."

　서대주 동지란 말을 듣더니 대희하여 외헌으로 청하고, 정주(頂珠) 탕건 모자 쓰고 평복으로 나아가 장끼를 맞아 예하고 자리를 정하니, 장끼 하는 말이,

　"댁이 서동지라 하시오? 나는 양지촌 사는 화충이라고도 하고, 세상에서 부르기를 장끼라고도 혹 꿩이라고도 하는데, 귀댁을 찾아 금일 만나니 구면처럼 반갑소이다. 한 번도 뵌 적 없으나 평안하시었소?"

　서대주 맹랑하다, 탕건을 어루만지며 답왈,

　"존객의 이름은 높이 들었더니 나를 먼저 찾아 누지에 와 주시니 황공 감사하오이다."

　장끼 답왈,

　"서로 찾기에 선후가 있는 것 아니니 아무커나 반갑다 못하여 진저리 나노라."

　하거늘 서대주 웃으며 온갖 음식으로 대접하고 고금사를 문답하며 장끼를 조롱하며 벗하더니, 장끼 콧소리를 내며 말하기를,

　"서동지께 청할 말이 있노라. 내 본시 넉넉지 못해 오늘까지 먹지 못하다가 처음 청하온데 양미 이천 석만 빌려주시면 내년 가을에 갚으리니 동지 님 생각에 어떠시오?"

　서대주 웃으며 하는 말이,

　"속담에 '우마(牛馬)도 초분식(草分食)하고, 산저(山猪)도 갈분식(葛分食)이라*.' 하였거든 우리 사이에 무엇이 어려우리오?"

　　　　　　　(중략)

　장끼 감사함을 칭사하고 양지촌으로 돌아가니라. 이때 서대주 노비 쥐를 명하여 창고를 열고 이천 석 콩을 배로 옮겨 양지촌으로 보내니라.

　각설. 이때 동지촌에 딱부리란 새가 있으되 주먹볏에 흑공단 두루마기, 홍공단 끝동이며, 주둥이는 두 자나 하고 위풍이 헌앙한 짐승이라. 양지촌 장끼를 찾아가 오래 못 본 인사 하고 하는 말이,

　"자네는 어찌하여 양식이 저리 풍족하여 쌓아 두었는가?"

　장끼가 협사촌 서대주를 찾아가 양식 빌린 사연을 자세히 말하니, 딱부리 놈이 고개를 끄덕이며,

　"자네 마음이 녹녹지 아니하거늘 미천한 도적놈을 무엇이라 찾았는가?"

　장끼 답왈,

　"나도 생각이 있으나 옛글에 '교만한 자는 집이 망한다.' 했고, '남을 대접하면 내가 대접을 받는다.' 했고, 내 가난하여 빌리러 갔기로 저를 대접하여 서동지라 존칭하였더니 대희하여 후대하고 종일 문답하며 여차여차하였노라."

하거늘 딱부리 하는 말이,

　"자네 일정 간사하도다. 만일 입신양명하면 충신을 험담하여 귀양 보내고 조정을 농권하며 임금을 어둡게 하리로다. 나는 그놈을 찾아가서 서대주라 하고 도적질한 말을 하면 그놈이 겁내어 만석이라도 추심(推尋)*하리라."

　장끼 답왈,

　"자네 재주를 몰랐더니 오늘에야 알리로다."

　딱부리 웃으며 나와 협사촌을 찾아가, 구멍 앞에 나가서 생각은 많으나 이를 갈고 "서대주, 서대주." 찾으니 이윽하여 시비 쥐 나오며 하는 말이,

　"뉘 집을 찾아오시니까?"

딱부리 하는 말이,

"네 명색이 무엇이냐? 이 집이 아래위 낭청으로 다니
며 도적질하는 서대주 집이냐? 나는 동지촌 사는 딱장
군이니 와 계시다 일러라."

하거늘 쥐란 놈이 골을 내어 대답하고 들어가 고하니,
서대주 크게 성내고 분부하는 말이,

"어떤 놈이든지 잡아들이라."

하니 수십 명 범 같은 쥐들이 명을 듣고 딱부리를 에워
싸고 결박하고 이 뺨 치고 저 뺨 치며 몰아가니 딱부리
애걸하며 비는 말이,

"내 무슨 잘못이 있다 이리하시오? 내 손주 노릇할 터
이니 놓아주고 달아났다 하시오."

한데 듣지 않고 잡아들여 서대주 앞에다 꿇리니 서대주
호령하되,

"이놈! 너는 어인 놈이기에 주인 찾을 때 근본을 해하
여 찾으니 그중에 너 같은 놈은 만단을 내리라."

하며 매우 치라 하니 딱부리 머리를 조아리고 애걸하며
빌더라.

-작자 미상, 「장끼전」-

* 헌앙 : 풍채가 좋고 의기가 당당함.
* 우마도 초분식하고, 산저도 갈분식이라: 소와 말도 풀을 나눠 먹
  고, 산돼지도 칡을 나눠 먹는다.
* 추심 : 찾아내어 가지거나 받아 냄.

08 윗글에 대한 설명으로 가장 적절한 것은?

① 세밀한 외양 묘사를 통해 인물의 속성을 드러내고 있다.
② 서술자가 개입하여 인물의 행동에 대해 호감을 보이
　고 있다.
③ 속담과 옛글을 삽입하여 인물의 내적 갈등을 강조하
　고 있다.
④ 과거와 현재를 대비하여 인물의 초월적 능력을 부각
　하고 있다.
⑤ 공간적 배경을 자세히 묘사하여 인물의 심리 변화를
　암시하고 있다.

09 '장끼'와 '딱부리'가 '서대주'를 각각 방문하는 상황에
대한 이해로 적절하지 <u>않은</u> 것은?

① 서대주를 방문하기 전에, 장끼와 딱부리는 서대주의
　정체에 대해 알고 있었다.
② 서대주를 방문하기 전에, 장끼와 딱부리는 각자의 생
　각에 따라 서대주를 대할 방식을 계획했다.
③ 서대주를 방문하여, 장끼는 시종 일관된 태도를 보였
　고 딱부리는 상황의 변화에 따라 자신의 태도를 바꾸
　었다.
④ 서대주의 거처를 확인하면서, 장끼는 서대주의 환심
　을 살 만하게, 딱부리는 서대주의 반감을 살 만하게 표
　현했다.
⑤ 서대주를 방문하는 목적을, 장끼는 경제적인 이익을
　취하는 데에 두었고 딱부리는 도적질을 벌로 다스리
　고 교화하는 데 두었다.

10 〈보기〉를 참고하여 윗글을 감상한 내용으로 적절하지
<u>않은</u> 것은? [3점]

─[보기]─

　「장끼전」은 '까투리'를 중심으로 남존여비와 여성
의 개가 금지 같은 가부장제 사회의 문제를, '장끼'
를 중심으로는 몰락 양반의 삶과 조선 후기 향촌 사
회의 다양한 변화상을 형상화했다. 이 대목은 가족
의 생계 문제를 걱정하는 몰락 양반의 출현과 향촌
사회에 새롭게 등장한 신흥 부호의 생활상을 보여
주고 있다. 또한 신흥 부호의 위세로 인해 빚어지는
신흥 부호와 몰락 양반의 갈등, 그리고 신흥 부호를
둘러싼 몰락 양반 간의 불화를 그려 내고 있다.

① 장끼가 양식이 떨어져 굶주리는 처자식을 위해 부유한
　서대주를 찾아가 양식을 빌리는 장면에서, 가장으로서
　의 책무를 다하려는 몰락 양반의 면모를 알 수 있군.
② 서대주가 '시비 쥐'를 부리고 복색을 갖추어 손님을
　'외헌'에서 맞이하는 장면에서, 신흥 부호의 생활상을
　알 수 있군.
③ 서대주를 대접하여 양식을 빌린 장끼에게 딱부리가
　'간사하도다'라고 언급하는 장면에서, 신흥 부호에 대
　한 처신을 놓고 몰락 양반 간에 의견 차이가 있었음을
　알 수 있군.
④ 서대주의 '시비 쥐'가 딱부리에게 골을 내는 장면에서,
　몰락 양반의 경제적 곤궁함을 업신여기는 신흥 부호
　의 모습을 알 수 있군.
⑤ 서대주가 '수십 명 범 같은 쥐들'에게 명령하여 딱부리
　를 결박하는 장면에서, 향촌 사회에서의 신흥 부호의
　위세를 알 수 있군.

─────────── (해설 p.194)

아내는 너 밤새워 가면서 도적질하러 다니느냐, 계집질하러 다니느냐고 발악이다. 이것은 참 너무 억울하다. 나는 어안이 벙벙하여 도무지 입이 떨어지지를 않았다.

너는 그야말로 나를 살해하려던 것이 아니냐고 소리를 한번 꽥 질러 보고도 싶었으나 그런 긴가민가한 소리를 섣불리 입 밖에 내었다가는 무슨 화를 볼는지 알 수 있나. 차라리 억울하지만 잠자코 있는 것이 우선 상책인 듯싶이 생각이 들길래 나는 이것은 또 무슨 생각으로 그랬는지 모르지만 툭툭 털고 일어나서 내 바지 포켓 속에 남은 돈 몇 원 몇 십 전을 가만히 꺼내서는 몰래 미닫이를 열고 살며시 문지방 밑에다 놓고 나서는 그냥 줄달음박질을 쳐서 나와 버렸다.

여러 번 자동차에 치일 뻔하면서 나는 그래도 경성역을 찾아갔다. 빈자리와 마주 앉아서 이 쓰디쓴 입맛을 거두기 위하여 무엇으로나 입가심을 하고 싶었다.

커피. 좋다. 그러나 경성역 홀에 한 걸음을 들여놓았을 때 나는 내 주머니에는 돈이 한 푼도 없는 것을, 그것을 깜빡 잊었던 것을 깨달았다. 또 아뜩하였다. 나는 어디선가 그저 맥없이 머뭇머뭇하면서 어쩔 줄을 모를 뿐이었다. 얼빠진 사람처럼 그저 이리 갔다 저리 갔다 하면서……

[A]

나는 어디로 어디로 들입다 쏘다녔는지 하나도 모른다. 다만 몇 시간 후에 내가 미쓰꼬시* 옥상에 있는 것을 깨달았을 때는 거의 대낮이었다.

나는 거기 아무 데나 주저앉아서 내 자라 온 스물여섯 해를 회고하여 보았다. 몽롱한 기억 속에서는 이렇다는 아무 제목도 불그러져 나오지 않았다.

나는 또 나 자신에게 물어보았다. 너는 인생에 무슨 욕심이 있느냐고. 그러나 있다고도 없다고도, 그런 대답은 하기가 싫었다. 나는 거의 나 자신의 존재를 인식하기조차도 어려웠다.

허리를 굽혀서 나는 그저 금붕어나 들여다보고 있었다. 금붕어는 참 잘들도 생겼다. 작은 놈은 작은 놈대로 큰 놈은 큰 놈대로 다 싱싱하니 보기 좋았다. 내리비치는 오월 햇살에 금붕어들은 그릇 바탕에 그림자를 내려뜨렸다. 지느러미는 하늘하늘 손수건을 흔드는 흉내를 낸다. 나는 이 지느러미 수효를 헤어 보기도 하면서 굽힌 허리를 좀처럼 펴지 않았다. 등허리가 따뜻하다.

나는 또 회탁의* 거리를 내려다보았다. 거기서는 피곤한 생활이 똑 금붕어 지느러미처럼 흐늑흐늑 허비적거렸다. 눈에 보이지 않는 끈적끈적한 줄에 엉

켜서 헤어나지들을 못한다. 나는 피로와 공복 때문에 무너져 들어가는 몸뚱이를 끌고 그 회탁의 거리 속으로 섞여 들어가지 않는 수도 없다 생각하였다.

나서서 나는 또 문득 생각하여 보았다. 이 발길이 지금 어디로 향하여 가는 것인가를……

그때 내 눈앞에는 아내의 모가지가 벼락처럼 내려 떨어졌다. 아스피린과 아달린*.

우리들은 서로 오해하고 있느니라. 설마 아내가 아스피린 대신에 아달린의 정량을 나에게 먹여 왔을까? 나는 그것을 믿을 수는 없다. 아내가 대체 그럴 까닭이 없을 것이니.

그러면 나는 날밤을 새면서 도적질을, 계집질을 하였나? 정말이지 아니다.

우리 부부는 숙명적으로 발이 맞지 않는 절름발이인 것이다. 나나 아내나 제 거동에 로직을 붙일 필요는 없다. 변해할 필요도 없다. 사실은 사실대로 오해는 오해대로 그저 끝없이 발을 절뚝거리면서 세상을 걸어가면 되는 것이다. 그렇지 않을까?

그러나 나는 이 발길이 아내에게로 돌아가야 옳은가. 이것만은 분간하기가 좀 어려웠다. 가야 하나? 그럼 어디로 가나?

㉠이때 뚜― 하고 정오 사이렌이 울었다. 사람들은 모두 네 활개를 펴고 닭처럼 푸드덕거리는 것 같고 온갖 유리와 강철과 대리석과 지폐와 잉크가 부글부글 끓고 수선을 떨고 하는 것 같은 찰나, 그야말로 현란을 극한 정오다.

나는 불현듯이 겨드랑이가 가렵다. 아하 그것은 내 인공의 날개가 돋았던 자국이다. 오늘은 없는 이 날개, 머릿속에서는 희망과 야심의 말소된 페이지가 딕셔너리 넘어가듯 번뜩였다.

나는 걷던 걸음을 멈추고 그리고 어디 한번 이렇게 외쳐 보고 싶었다.

날개야 다시 돋아라.

날자. 날자. 날자. 한 번만 더 날자꾸나.

한 번만 더 날아 보자꾸나.

─이상, 「날개」─

* 미쓰꼬시 : 일제 강점기에 서울에 있었던 백화점 이름.

* 회탁의 : 회색의 탁한.

* 아달린 : 수면제의 일종.

11 윗글의 서술적 특징과 효과를 〈보기〉에서 고른 것은?

> ───────[보기]───────
> ㄱ. 독백적인 어조로 현실과 단절된 의식 상태를 표현하고 있다.
> ㄴ. 단정적이고 객관적인 진술로 사건에 사실성을 부여하고 있다.
> ㄷ. 회상의 기법을 사용하여 현재와 과거의 화해를 지향하고 있다.
> ㄹ. 비유적 표현으로 인물의 생각과 인상을 구체적으로 제시하고 있다.

① ㄱ, ㄷ　　② ㄱ, ㄹ　　③ ㄴ, ㄷ
④ ㄴ, ㄹ　　⑤ ㄷ, ㄹ

12 일제 강점기에 미쓰꼬시 백화점은 서울에서 매우 높은 건물이었다. 이 사실에 비추어 볼 때, [A]에서 '미쓰꼬시 옥상'이 가지는 기능에 대한 설명으로 적절하지 <u>않은</u> 것은?

① '나'로 하여금 내면적 성찰을 시도하게 한다.
② '나'에게 이전과는 다른 삶의 태도를 갖게 한다.
③ '회탁의 거리'를 압축적으로 조감할 수 있게 한다.
④ '나'와 '회탁의 거리' 사이의 괴리감을 드러내 준다.
⑤ '회탁의 거리'를 부자유와 체념의 공간으로 인식하게 한다.

13 ㉠에 관한 설명의 일부인 〈보기〉를 참고하여 윗글을 감상한 내용으로 적절하지 <u>않은</u> 것은?

> ───────[보기]───────
> 철학과 문학에서는 전통적으로 시간을 가리키는 말에 함축적인 의미를 부여해 왔다. 특히 독일의 철학자 니체는 '정오'를 각성과 재생의 시간으로 간주했다. '정오'는 인식의 태양이 가장 높이 솟아오른 때라는 것이다.

① '나'의 의식 상태는 ㉠ 이전과 이후로 나누어 볼 수 있겠군.
② '정오'의 사이렌 소리가 '나'의 생명력을 일깨운 것으로 볼 수 있겠군.
③ '정오'의 함축적 의미 때문에 ㉠을 경계로 어조와 분위기가 바뀐 것이겠군.
④ '나'는 '정오'가 되면서 자아의 문제에서 사회의 문제로 시선을 전환하게 되는군.
⑤ 이 작품은 시간의 물리적인 의미보다 심리적인 의미에 중점을 두고 읽어야겠군.

14 〈보기〉의 설명을 바탕으로 윗글을 이해한 내용으로 적절하지 <u>않은</u> 것은?

> ───────[보기]───────
> 「날개」는 현대 문명과 불화를 겪고 있는 지식인의 내면세계를 '아내'와 '나'의 부조리한 관계에 빗대어 표현한 작품이다. 여기서 '아내'는 현대 문명을, '나'는 지식인의 내면세계를 상징한다. 같은 맥락에서 이 소설에 나타나는 사물들과 사건들 또한 상징적인 의미를 지닌다.

① 도적질하거나 계집질한다고 '아내'가 '나'를 의심하면서 따지는 것은 지식인의 내면세계에 대한 현대 문명의 위협적인 힘을 의미한다.
② '나'가 아내 몰래 집에서 나온 것은 현대 문명의 구속에 맞서고자 하는 지식인의 적극적인 대결 의지를 의미한다.
③ '나'가 '아내'에게서 완전히 떠나겠다고 생각하지 못하는 것은 현대 문명과 결별하기 어려운 지식인의 의식 상태를 의미한다.
④ 자신도 모르게 아달린을 먹어 왔는지도 모른다는 '나'의 의구심은 자기의 이성이 자신도 모르게 현대 문명에 길들여져 가는 데 대한 지식인의 두려움을 의미한다.
⑤ '나'의 머릿속에서 희망과 야심의 말소된 페이지가 번뜩인다고 한 것은 현대 문명에 대한 비판 의식을 회복하고 싶어 하는 지식인의 소망을 의미한다.

[15~17] 다음 글을 읽고 물음에 답하시오.　　2019.09 [39~41]

―――――――――――――――――――――――――――――（해설 p.200）―

[앞부분 줄거리] 공동 경비 구역에서 근무하는 국군 이수혁 병장, 남성식 일병(수정의 오빠)과 인민군 오경필 중사, 정우진 전사 사이에 총격 사건이 일어난다. 중립국 감독 위원회는 소피 소령을 파견하여 보타 소장 관할 아래 사건을 조사하게 한다.

ⓐ**S#79. 팔각정 (낮)**
　팔각정에서 본 판문각 근처 부감* 전경 — 대질 심문을 받고 나온 수혁, 경필 일행이 회담장 앞에서 각각 차를 타고 현장을 떠난다. 카메라, 후진하면서 팔각정 내부로 초점 이동하면 보타의 손이 쑥 들어와 서류 봉투를 내민다.

소피 : (영어) (봉투를 받아 들고) 뭐죠?

　보타, 대답 대신 관측경을 들여다본다.

보타 : (영어) 한국이 처음이랬지?

　㉠보타의 관측경으로, 판문각 앞에서 쌍안경을 들고 이쪽을 관찰하는 북한 군인이 보인다.

보타 : (영어) (목소리) 그래 '아버지' 나라가 마음에 들던가?

　㉡판문각 쪽에서 북한 군인의 쌍안경 시점으로, 사진을 보고 있는 소피의 모습이 잡힌다.
　보타의 설명 사이사이, 한국전 당시 거제도 포로수용소의 생활과 좌우 투쟁, 종전 후 공산 포로 북송, 반공 포로 석방 및 제3국행 포로의 출발과 도착 장면들이 사진과 기록 영화 화면으로 편집된다.

보타 : (영어) (목소리) ㉢한국전 당시 거제도에는 인민군 포로 수용소가 있었지. 그 속에서 공산주의자와 반공주의자, 두 무리 간엔 처참한 살육이 계속됐어. 종전되고 그들에게 선택권이 주어졌어. 남으로의 귀순이냐, 북으로의 귀환이냐… 그 17만 포로 중 76명은 둘 다를 거부했어. 그들 중 지금도 행방이 묘연한 사람이 있네. 바로… 자네 아버지 장연우 같은 사람이지.

　소피, 놀란 얼굴로 손에 든 다른 사진을 내려다보면 거제 포로 수용소에서 포로들, 결박당한 채 쪼그리고 앉아 있다. ㉣그중 동그라미가 쳐진 사람 얼굴로 줌인*.

보타 : (영어) 표 장군이 매우 잽싸게 움직였더군. 국방부, 외무부, 인도, 아르헨티나, 스위스 대사관… 며칠 사이 정보란 정보는 다 모았어. 표 장군으로선 ⓑ전 인민군 장교의 딸인 자네에게 사건을 맡길 수 없었겠지.

소피 : (영어) (흥분해서) 3일이면 돼요. 곧 이 병장의 자백을 받아낼 수 있다구요.

　　　　　　　　　　　(중략)

㉤**S#81. 소피의 숙소 (낮)**
　침대에 가방을 올려놓고 짐을 싸는 소피. 사진 액자를 가방에 넣으려다 말고 들여다본다. 어린 시절의 소피와 스위스인 엄마 사진. 액자 뒤를 열어 가족사진을 꺼낸다. 접힌 부분을 펴자 숨겨진 아버지의 모습이 온전히 나타난다. 물끄러미 사진을 바라보는 소피.

S#82. 수사본부 (낮)
　문이 열리고 들어오는 수혁, 목발을 짚었다. 사진을 바라보고 앉아 있는 소피.

소피 : (수혁을 돌아보며) 오라고 해서 미안해요. 몸도 불편한데.

　영문을 모르고 불려 온 수혁이 가만히 지켜보는 가운데, 탁자에 놓인 서류 봉투를 집어 들고 출입구 앞으로 가는 소피, 과녁판에서 다트 화살을 뽑아 든 다음 서류 한 장을 꽂아 고정시킨다.

소피 : 내일 자정을 기해 나를 제이에스에이 근무에서 해제한다는 명령서예요.
수혁 : 들었습니다, 아버지 얘기.
소피 : 그래, 내가 인민군 장교의 딸이란 얘길 듣고 기분이 어떻던가요?
수혁 : (주저 없이) 친근감이 들었습니다.

　㉥소피, 당황한 듯 잠시 침묵했다가 군복 안에 받쳐 입은 터틀넥 스웨터의 목을 젖혀 보인다. 목에 나 있는 피멍 자국.

소피 : 난 아직 흔적이 남아 있는데 이 병장은 깨끗하네
요. 이 병장이 오 중사보다 힘이 센가 보지요?

　당황하는 수혁, 대답 없다.
소피 : 자, 진짜 재미난 쇼는 이제부터예요. 잘 봐요.

　수정의 얼굴이 프린트된 출력물을 과녁판에 꽂는 소
피. 당황하는 수혁.

소피 : 수정 씨를 만나자마자 전에 본 적이 있는 얼굴이
라고 생각했어요. 그런데 그 사람이 누군지 알아내는
건 그렇게 어려운 일이 아니었죠.

　이번에는 수정의 초상화를 과녁판에 꽂는 소피. 놀라
는 수혁.

소피 : 정우진이 그린 초상화예요. 그리고 이건 (찢어져
너덜 너덜한 얼굴 없는 사진을 과녁에 꽂으며) 정우진
의 시신에서 나온 사진이에요.

　과녁판에 나란히 부착된 ⓒ석 장의 이미지. 충격받은
표정의 수혁.

소피 : '사라진 탄환'이 남 일병의 알리바이를 깨는 증거
였다면… (얼굴이 찢겨 나간 사진을 가리키며) '사라진
얼굴'은 네 명의 병사가 오랫동안 친하게 지냈다는 걸
뜻하는 증거죠.

　수혁, 애써 외면하고 걸어간다.

수혁 : 그래서요?

　ⓓ노란색과 빨간색 디스켓 두 개를 꺼내 보이는 소피.

소피 : 완전히 다른 두 개의 수사 보고서예요. 내가 뭘 제
출하느냐는 이 병장한테 달렸어요. 진실을 말해 준다면
난 후임자한테 어떤 증거나 추리도 제공하지 않겠어요.
수혁 : 협박입니까?
소피 : 거래죠.
수혁 : 영창을 가든 훈장을 받든 전 관심 없습니다. 그렇
다면 ⓔ진실의 대가로 소령님이 저한테 해 줄 수 있는
게 뭡니까?

소피 : 이 병장이 끝까지 보호하려고 하는 사람… 오경필
의 안전이에요.
　　　　-박상연 원작, 박찬욱 외 각색, 「공동 경비 구역 JSA」-

* 부감 : 카메라가 인물의 시선보다 높은 곳에서 아래로 내려다보
며 촬영하는 것.
* 줌인 : 피사체의 크기를 점점 확대 촬영하는 것.

15 윗글의 인물에 대한 설명으로 가장 적절한 것은?

① '소피'의 아버지는 전쟁이 끝나자 북으로 귀환한다.
② '소피'는 사건의 진실에 대해 조사 의지가 없다.
③ '수혁'은 '소피'의 아버지의 전력을 듣고 '소피'를 경계
한다.
④ '소피'는 '사라진 얼굴'이 누구인지 짐작하지 못한다.
⑤ '소피'는 '수혁'이 '오경필'의 안전을 염려한다고 생각
한다.

16 ⓐ~ⓔ에 대한 설명으로 적절하지 <u>않은</u> 것은?

① ⓐ의 공간 범위는 팔각정 내부뿐만 아니라 외부도 포
함한다.
② ⓑ는 '소피'가 직무에서 해제되는 원인이 된다.
③ ⓒ는 '소피'가 네 병사의 관계를 짐작하게 된 단서
이다.
④ ⓓ는 '수혁'이 진실을 밝히느냐에 따라 어느 것이 제출
될지가 정해질 것이다.
⑤ ⓔ는 '수혁'이 수사본부에 있는 '소피'를 만나러 온 이
유이다.

17 윗글을 영상화한다고 가정할 때, ㉠~㉺에 해당하는 감독의
연출 계획으로 적절하지 <u>않은</u> 것은? [3점]

① ㉠과 ㉡은 각각 관측경과 쌍안경으로 상대측을 바라
보는 장면을 설정하여 남북한 대치 국면에 있는 S#79
공간의 특수성을 그려야겠어.
② ㉢은 인물에 초점을 맞추는 촬영과 달리 사진이나 기
록 영상물을 제시하여 당시 상황을 보여 주어야겠어.
③ ㉣은 동그라미 처진 얼굴을 확대 촬영하여 '소피'의
아버지가 포로 중 한 사람이었다는 사실을 환기해야
겠어.
④ ㉤은 대사 없이 인물의 행동과 소품으로 인물의 심리
를 간접적으로 표현해야겠어.
⑤ ㉥은 사건의 맥락이 관객에게 인지될 수 있도록 실내
전체를 한 화면에 담아야겠어.

나는 집에 도착한 그 첫 순간에 베일에 가린 듯이 ⓐ모든 사물, 모든 사람들로부터 차단된 나 자신을 느꼈다. 집에서 맞는 첫날 아침을 나는 이상한 비현실감 속에서 맞았다. "이런 전선에서 두부 장수 종소리, TV에서 흘러나오는 노랫소리, 수돗물이 넘치는 소리가 웬일일까?"라고 중얼거리며 주위를 둘러보았던 것이다. '이런 전선에서'란 느낌은 어떤 긴박한 위기에 대처한 생생한 의지였다. 그것은 아직도 내 몸에 밴 전쟁 냄새였다. 그런데 두부 장수 종소리, 유행가 소리 따위를 의식했을 때 나는 뭔가 맥이 탁 풀리는 것 같았다. 나의 안에 있는 긴박감에 비해서 밖은 너무도 무의미하고 태평스럽고 어쩌면 패덕스럽기까지 했다. 나미도, 학교 공부도, 또 나로부터 그토록 수많은 밤을 앗아 갔던 아틀리에도 예외일 수는 없었다. 나는 그것들과의 관계를 다시 시작할 하등의 흥미도 관심도 없었다. 나날이 권태스럽고 짜증스럽기만 했다. 이따금 나는 내 안의 긴장에 대해서, 적어도 숨김없는 그 진실에 대해서 누군가에게 말하려 애써보았다. 그러나 이해하는 사람은 아무도 없었다.

그렇다. 이제 생각이 난다. 며칠 전 다방에서의 일이. 실내엔 담배 연기가 꽉 차 있었고 선정적인 허스키로 어떤 여자가 느린 곡조로 노래를 들려주고 있었다. 어쩌다가 내가 나미에게 그 얘기를 들려주려고 했는지 알 수가 없다. 나는 다음과 같이 그 얘기를 시작했다.

나는 D고지에서 전투 중인 ○○ 연대 근처까지 물을 실어다 주라는 명령을 받았어. 음료수가 떨어져서 전 연대원이 전투는 고사하고 타는 듯한 갈증과 싸우고 있다는 소식이었어. T에서 거기까진 팔십 킬로 거리였지. 나와 한병장은 밤중에 급수차를 몰아 T를 떠났어. 한 치 앞도 가릴 수 없는 어둠과 정적. 목쉰듯한 엔진 소리는 어둠과 정적의 벽에 부딪혀 바로 우리의 귓가에서 부서지고, 부챗살 모양으로 어둠이 지워진 헤드라이트의 반경 속에선 사물이 극도로 정밀해져 마치 입체 영화에서처럼 눈 속으로 뛰어들었지. 그 정밀함이란 길바닥에 뒹구는 돌에 묻은 티, 풀포기에 매달려 잠자는 벌레 따위의 미세한 것들까지도 죄다 눈에 잡히는 듯했어. 나는 온갖 사물들이 바로 내 심장에 맞닿아 있는 듯한 그런 느낌을 이전엔 한 번도 가져 보지 못했어. 이따금씩 여우나 늑대 따위들이 길을 횡단하여 쏜살같이 사라지곤 했어. 어둠 속에서 한가로이 떠돌던 나방이 떼들은 갑작스런 불빛에 방향 감각을 잃고 윈도에 머리를 부딪혀 빗방울처럼 떨어져 죽었고, 나는 운전하고 있는 한병장의 팔을 건드리며 유리창을 가리켰지. 그는 겁에 질린 해쓱한 표정으로 나를 힐끔 곁눈질했을 뿐이야. 그렇지, 혈관 속을 움직이는 피의 선회마저 느낄 듯한 이 비상한 감각, 그리고 심연에서 샘처럼 솟아오르는 넘칠 듯한 생동감이 없이는, 저 유리창에 부딪혀 죽는 나방이 따위야 아무것도 신기할 것이 없지, 라고 생각하며 나는 혼자서 빙긋 웃었어.

[A]

한병장이 다시 얼굴을 힐끔 돌리며 잡아 늘이는 듯한 목소리로 말했어. "차일병은 무섭지 않나?" "아뇨, 전연." "대단하군. 여기선 적이 언제 어디서라도 나타날 수 있지." "저는 적보다 진정으로 무서운 건 무감각이라고 깨달았습니다." "나는 제대하면 곧장 결혼할 거야." "언젭니까, 제대가?" "석 달 남았지." "저는 지금까지 마치 꿈을 꾸다가 깨어난 것 같아요. 이곳에 온 뒤론 바로 생명의 한가운데를 관통하는 느낌입니다." 그런데 중간에서 엔진이 고장났지. 몇 시간 지체하고 나니 벌써 동이 트더군. 이제부터 정말 위험이 시작된 것이라 싶더군. 왜냐하면 적의 정찰 비행에 발견되면 공중 사격을 받을 우려가 있는 데다 불볕 같은 폭염이 사정 없이 쏟아져 그도 또한 견디기 어려운 문제였지.

(중략)

아까부터 나는 창 옆에서 노인이 나타나기를 기다리고 있었다. 오늘도 그가 그토록 진지한 얼굴로 잃어버린 물건을 계속 찾을 것인지. 대체로 그렇지 못할 것이라고 나는 믿고 있다. 그러나 만에 하나라도 노인이 어제와 같은 모습으로 내 앞에 나타난다면 무료한 가운데서도 어떤 안정성을 획득하고 있던 나의 생활은 송두리째 무너질지도 모른다. 그가 창밖에서 뭔가 열심히 찾고 있는 한 나는 계속 도전을 받는 셈이기에. 때문에 사실을 좀 더 명확하게 파악할 필요가 있다. 노인이 찾고 있는 ⓑ물건의 정체가 무엇인지, 그런저런 것을 알아보노라면 노인의 그와 같은 숙연한 태도와 잃어버린 물건 사이의 상관 관계도 알게 될 것이다. 아무튼 이제 나는 그와 한마디 얘기라도 나눠 보지 않으면 못 견딜 것 같은 심정이다.

드디어 자전거에 짐을 싣고 공터 안으로 들어오는 노인의 모습이 눈에 잡힌다. 그 곁엔 개가 종종 걸음으로 따르고 있다. 어제와 거의 같은 장소에서 노인은 자전거를 멈추고 짐을 내린다. 비치파라솔 · 궤짝 · 연탄불 따위들이 착착 있을 곳에 놓여진다. 그런데 얼마 후에 나를 놀라게 하는 일이 벌어진다. 준비를 끝낸 노인은 이내 포장 안에서 빠져나와 개를 데리고 물웅덩이 쪽으로 가는 게 아닌가.

[B] 개는 하루 사이 아주 눈에 띄게 쇠약한 모습이고,
      노인도 피곤하고 지친 모습이긴 하나 끈질긴 어떤
      힘이 그의 전신에서 면면히 솟아 나오고 있는 듯하
      다. 나는 완전히 안정을 잃고 방 안을 오락가락했
      다. 믿어지지 않는다. 거짓말이다. 무엇이 노인에게
      저토록 소중하게 여겨진단 말인가. 아니, 노인은
      무슨 실없는 망상을 하고 있는 걸까. 나는 방에서
      뛰쳐나왔다.

-서영은, 「사막을 건너는 법」-

18 [A]와 [B]의 서술상 특징에 대한 설명으로 가장 적절한
것은?

① [A]는 회상 장면을 삽입하여, [B]는 시간의 흐름에 따
라 사건을 서술하여 인물들이 처한 상황을 객관적으
로 전달하고 있다.

② [A]는 구어체를 활용하여 경험한 사실을, [B]는 현재형
시제를 활용하여 관찰하고 있는 사실을 생생하게 나
타내고 있다.

③ [A]는 공간 이동에 따라 일어나는 사건을 통해, [B]는
공간에 대한 묘사를 통해 인물들의 외적 갈등을 심화
하고 있다.

④ [A]는 인물 간의 대화를 삽입하여, [B]는 인물들의 반
복되는 행동을 제시하여 갈등 해소 과정을 보여 주고
있다.

⑤ [A]는 중심인물의 말을 제시하여, [B]는 주변 인물의
말을 제시하여 사건들의 인과 관계를 드러내고 있다.

19 윗글에 대한 이해로 가장 적절한 것은?

① '나'는 일상을 권태롭고 짜증스럽게 느끼는 상황에서
'나미'를 만나 전쟁의 경험담을 전한다.

② '나'는 D고지로 향하는 도중 음료수가 떨어져 곤란함
이 가중된 상황에 처한다.

③ '나'와 '한병장'은 어둠을 밝히는 헤드라이트로 인해 적
의 정찰 비행에 발견되어 공격을 받는다.

④ '나'는 임무 수행 중에 결혼할 계획을 밝히며 귀환 후
의 꿈 같은 생활에 대한 기대를 갖는다.

⑤ '나'는 전장에서 귀환한 후 자신의 긴장감을 이해해 주
는 사람들을 만난다는 사실에 생동감을 느낀다.

20 ⓐ, ⓑ에 대한 이해로 적절하지 <u>않은</u> 것은?

① '나'는 '노인'의 변화된 모습을 통해 ⓑ를 찾는 '노인'의
행위가 중단될 것임을 예감한다.

② '나'는 ⓑ의 정체와 '노인'이 ⓑ를 찾는 태도 사이의 상
관관계를 알고 싶어한다.

③ '나'는 '노인'이 ⓑ를 가치 있는 대상으로 여기고 있다
고 판단한다.

④ '나'는 자신과 ⓐ의 관계에 대해 타인들은 이해하지 못
한다고 생각한다.

⑤ '나'는 ⓐ로부터 소외된 상태에, '노인'은 ⓑ를 상실한
상태에 있다.

21 〈보기〉를 참고하여 윗글을 감상한 내용으로 적절하지
<u>않은</u> 것은? [3점]

─────[보기]─────

　이 작품은 신체의 감각을 활용해 '나'의 체험을 다
양하게 형상화한다. 청각을 통해 현실에 대한 타인과
의 인식 차이를 나타내거나, 과거 경험을 후각화하
여 상징적으로 표현한다. 시각을 통해서는 긴장 상태
에서 극대화된 감각 체험을 보여 주는 한편 전쟁의
실상을 체험하면서 갖게 된, 현실에 대한 체념을 드
러낸다. 또한 체념 상태를 흔드는 사건을 주시하면서
생기는 번민을, 행동을 통해 제시한다. 이는 '나'가 사
막 같은 현실에 발을 내딛는 계기로 작용한다.

① '집에서 맞는 첫날 아침'의 느낌을 '나'가 '전선에서' 느
끼는 '전쟁 냄새'라고 지각하는 데에서, 과거의 경험이
상징적 감각으로 표현되고 있군.

② '두부 장수 종소리, 유행가 소리'를 듣고 '밖'은 '무의미
하고 태평스럽'다고 생각하는 데에서, '나'의 현실 인식
이 타인과 다르다는 것을 의식하고 있음이 드러나고
있군.

③ '돌', '벌레' 같은 것들을 '입체 영화'처럼 보며 '심장에
맞닿아 있는 듯' 체감하는 데에서, 전장의 긴장 속에서
'나'의 감각이 극대화되고 있음이 나타나고 있군.

④ '방향 감각'을 잃은 '나방이 떼들'이 차창에 '부딪혀' 죽
는 것을 목격하는 데에서, '나'가 전쟁의 실상을 깨달
음으로써 체념적 현실 인식을 갖게 된다는 것이 나타
나고 있군.

⑤ '믿어지지' 않는 '노인'의 행위를 지켜보고 '방 안을 오
락가락'하는 데에서, 현실 인식에 대한 '나'의 번민이
행동을 통해 제시되고 있군.

[22~24] 다음 글을 읽고 물음에 답하시오.　　　2020.06 [16~18]

(해설 p.214)

[앞부분 줄거리] 조준구와 아내 홍 씨는 서희가 물려받아야 할 최 참판가의 재산을 가로채고, 하인 삼수를 내세워 마을 사람들을 착취한다. 한편, 윤보는 의병 자금을 확보하기 위해 최 참판가 습격을 준비하는데 삼수가 찾아온다.

"아무리 그리 시치미를 떼 쌓아도 알 만치는 나도 알고 있으니께요. 머 내가 훼방을 놓자고 찾아온 것도 아니겄고, 나는 나대로 생각이 있어서 온 긴데 너무 그러지 마소. 한마디로 딱 짤라서 말하겄소. 왜눔들하고 한통속인 조가 놈을 먼지 치고 시작하라 그 말이오. 고방에는 곡식이 썩을 만큼 쌓여 있고 안팎으로 쌓인 기이 재물인데 큰일을 하자 카믄 빈손으로 우찌 하겄소. 그러니 왜눔과 한통속인 조가부터 치고 보믄 ㉠꿩 묵고 알 묵는 거 아니겄소."
"야아가 참 제정신이 아니구마는."
"하기사 전력이 있으니께 나를 믿지 않는 것도 무리는 아니겄소. 하지마는 두고 보믄 알 거 아니오?"
"야, 야 정신 산란하다. 나는 원체 입이 무겁고 또 초록은 동색이더라도 내 안 들은 거로 해 둘 기니 어서 돌아가거라. 공연히 신세 망칠라."
윤보는 삼수 등을 민다.
"이거 놓으소. 누가 안 가까 바 이러요? 지내 놓고 보믄 알 기니께요. 내가 머 염탐이라도 하러 온 줄 아요? 흥, ㉡그랬을 양이믄 벌써 조가 놈한테 동네 소문 고해바칬일 기고 읍내서 순사가 와도 몇 놈 왔일 거 아니오."
큰소리로 지껄이며 삼수는 언덕을 내려간다.
'빌어묵을, 이거 다 된 죽에 코 빠지는 거 아닌지 모르겄네. 날을 다가야겠다.'
　　삼수가 왔다 간 다음 날 밤, 자정이 넘었다. 칠흑의 밤을 타고 덩어리 같은 침묵을 지키며 타작마당에 장정들이 모여들었다. 마을에서는 개들이 짖는다. 불은 켜지 않았지만 집집에선 인적기가 난다.
[A] 언덕 위의 최 참판댁은 어둠에 묻혀 위엄에 찬 그 형태는 보이지 않는다. 타작마당에서는 윤보의 그 우렁우렁한 목소리가 평소보다 얕게 울리고, 이윽고 횃불이 한 개 두 개 또 세 개, 계속하여 늘어나고 그 횃불은 움직이기 시작한다.

[중략 부분 줄거리] 윤보 일행이 습격하자 조준구와 홍 씨는 사당 마루 밑에 숨어 있다가 삼수의 도움을 받는다. 윤보 일행이 떠나고 날이 밝았다.

"서희 이, 이년! 썩 나오지 못할까!"
나오길 기다릴 홍 씨는 아니다. 방문을 박차고 들어가서 서희를 끌어 일으킨다.
"네년 소행인 줄 뉘 모를 줄 알았더냐? 자아! 내 왔다! 이제 죽여 보아라! ㉢화적 놈 불러들일 것 없이!"
나오지 않는 목청을 뽑으며, 거품이 입가에 묻어 나온다.
　"자아! 자아! 못 죽이겠니?"
　손이 뺨 위로 날았다. 앞가슴을 잡고 와락와락 흔들어 댄다. 서희 얼굴이 흙빛으로 변한다. 울고 있던 봉순이,
　"왜 이러시오!"
　달려들어 서희 몸을 잡아당기니 실 뜯어지는 소리와 함께 홍 씨 손에 옷고름이 남는다.
　"감히 누굴! 감히!"
[B] 하다가 별안간 방에서 뛰쳐나간다. 맨발로 연못을 향해 몸을 날린다. 그는 죽을 생각을 했던 것이다.
　"애기씨!"
　울부짖으며 봉순이 뒤쫓아 간다.
　"죽어라! 죽어! 잘 생각했어! 어차피 너는 산목숨은 아니란 말이야! 죽고 남지 못할 거란 말이야!"
　고래고래 소리를 지른다. 서희는 연못가에서 걸음을 뚝 멈춘다. 돌아본다. 흙빛 얼굴에 웃음이 지나간다.
"내가 왜 죽지? 누구 좋아하라고 죽는단 말이냐?"
나직한 음성이다. 홍 씨 눈을 똑바로 주시한다.
"㉣사람 영악한 것은 범보다 더 무섭다는 말 못 들으셨소?"
여전히 나직한 음성이다.
"무서우면 어떻게 무서워! 우리 내외한테 비상을 먹이겠다 그 말이냐?"
아이고! 아이고! 눈물도 안 나오는 헛울음을 울더니 이번에는 봉순에게 달려들어 머리끄덩이를 꺼두르고 한 소동을 피운다. 읍내서 헌병, 순사들이 왔다는 말에 홍 씨는 겨우 본채로 돌아 갔다. 서희는 찢겨진 저고리를 내려다본다.
"길상이 놈이 날 죽으라고 내버리고 갔다."
눈이 부어오른 봉순이는,
"마지막까지 남아서 찾았지마는 사당 마릿장 밑에 숨은 줄이야 우, 우찌 …… 으흐흐흐."

되풀이 입술을 떨면서 서희는 말했다.

"길상이 놈이 날 죽으라고 내버리고 갔다."

달려온 헌병들에게 맨 먼저 당한 것은 삼수다.

"나, 나으리! 이, 이기이 우찌 된 영문입니까!"

헌병이 총대를 들이대자 겁에 질린 삼수는 그러나 무엇인가 잘못 되었거니 믿는 구석이 있어서 조준구를 향해 도움을 청하였다.

"이놈! 이 찢어 죽일 놈 같으니라구!"

무섭게 눈을 부릅뜬 조준구를 바라본 삼수 얼굴은 일순 백지장으로 변한다.

"예? 머, 머, 머라 캤십니까?"

"이놈! 네 죄를 몰라 하는 말이냐? ㉤간밤에 감수한 생각을 하면 네놈을 내 손으로 타살할 것이로되 으음, 능지처참할 놈 같으니라구. 이놈! 어디 한번 죽어 봐라!"

"나, 나으리! 꾸, 꿈을 꾸시는 깁니까? 이, 이 목심을 건지 디린 이, 이 삼수 놈을 말입니다!"

그러나 조준구는 바로 저놈이 폭도의 앞잡이였다고 이미 한 말을 다시 강조할 뿐이다. 물론 이 경우 폭도란 의병을 일컬은 것이다.

-박경리, 「토지」-

22 [A]와 [B]에 대한 설명으로 적절하지 <u>않은</u> 것은?

① [A]는 비유적 표현을 활용하여 인물의 은밀한 행동 양상을 드러낸다.

② [B]는 음성 상징어를 활용하여 행동의 격렬함을 강조한다.

③ [A]는 장면에 대한 관찰을 중심으로 서술하고, [B]에는 인물의 내면에 대한 직접적 서술이 나타난다.

④ [A]는 시제가 과거형에서 현재형으로 바뀌면서 장면에 긴장감을 더하고, [B]는 현재형 진술을 활용하여 인물 간 갈등을 더욱 생생하게 전달한다.

⑤ [A]는 시간적 배경을 통해 장면의 분위기를 드러내고, [B]는 공간적 배경의 변화를 통해 인물 간 대립의 원인을 드러낸다.

23 ㉠~㉤에 대한 이해로 가장 적절한 것은?

① ㉠ : 삼수는 자신의 말대로 하면 '조가'도 제거할 수 있고 윤보의 계획도 숨길 수 있음을 알리고 있다.

② ㉡ : 삼수는 자신이 윤보의 계획을 이미 알고 있어 이를 동네에 알리겠다며 윤보를 협박하고 있다.

③ ㉢ : 홍 씨는 자신을 습격했던 무리를 '화적 놈'이라 부르며 서희가 그들과 공모했다고 몰아가고 있다.

④ ㉣ : 서희는 홍 씨에게 홍 씨의 뻔뻔함과 영악함이 도를 넘었음을 경고하고 있다.

⑤ ㉤ : 조준구는 지난밤 자신을 습격했던 삼수의 행동에 분노하고 있다.

24 〈보기〉를 바탕으로 윗글을 감상한 내용으로 적절하지 <u>않은</u> 것은? [3점]

> ─────[보기]─────
>
> 「토지」는 개화기부터 해방 무렵까지 우리 민족의 수난과 저항의 역사를 다루고 있다. 근대 이전까지 비교적 안정적이었던 신분 질서와 사회적 관계는 이 시기를 거치며 큰 변화를 겪는데, 「토지」에서는 몰락한 양반층, 친일 세력, 저항 세력, 기회주의자 등 다양한 인물들이 때로 협력하고 때로 대립하면서 복잡한 관계망을 형성한다.

① 최 참판가 습격을 준비하던 윤보가 삼수의 제안을 듣지 않은 것으로 하겠다는 내용으로 보아, 윤보는 삼수와의 협력 관계를 거부한 것이군.

② 타작마당에 모인 장정들이 횃불을 들고 윤보와 함께 움직이는 것으로 보아, 이들은 조준구로 대표되는 친일 세력과 대립하고 있군.

③ 봉순이가 달려들어 서희 몸을 잡아당기는 것으로 보아, 이전까지 비교적 안정적이었던 신분 질서가 흔들리며 봉순이와 서희의 협력 관계가 약화되고 있군.

④ 홍 씨의 모욕에 죽을 생각을 했던 서희가 홍 씨의 눈을 똑바로 주시한 것으로 보아, 홍 씨와 서희는 대립 관계를 이어 가겠군.

⑤ 윤보에게 조준구를 치라고 했던 삼수가 조준구의 목숨을 구해 줬다는 것으로 보아, 조준구와 삼수의 관계는 상황에 따라 변하는군.

―――――――――――――――― (해설 p.221)

"도대체 박준은 어째서 꼭 불을 밝혀 놓아야 잠이 들 수 있었을까요. 그리고 전짓불을 보고는 왜 갑자기 발작을 일으킨 것입니까?"

"중요한 걸 물으시는군요."

잠시 입을 다물고 있던 김 박사는 그동안 나에게서 그런 질문을 기다리고 있었기라도 한 듯 이번에는 박준의 버릇에 대해 다시 설명을 시작했다.

"글쎄, 나 역시도 어젯밤 우연히 그런 발작이 나기 전까지는 환자가 특히 어둠을 싫어하는 이유를 알아내지 못하고 있었거든요. 그야 물론 앞서도 말씀드렸듯이 그것도 다른 환자들에게서 볼 수 있는 일반적인 병증의 하나임엔 틀림없지요. 하지만 이제까지의 관찰로는 영 그 원인을 분석해 낼 재간이 없었단 말입니다. 한데 어젯밤 발작을 보고는 비로소 어떤 힌트를 얻을 수 있었어요. 무슨 얘기냐 하면, 환자가 그토록 어둠을 싫어하게 된 것은 직접적으로 그 어둠 자체를 싫어하기 때문이 아니라, 그 어둠으로부터 연상되는 어떤 다른 공포감이 있었기 때문이라는 겁니다. 이를테면 그 전짓불 같은 것이 바로 그런 거지요. 환자가 진짜 발작을 일으키도록 심한 공포감을 유발시킨 것은 어둠이 아니라 그 어둠 속에 나타난 전짓불이었단 말씀입니다. 환자에겐 그 어둠이라는 것이 늘 전짓불을 연상시키는 공포의 촉매물이었지요."

"그렇다면 앞으로의 문제는 박준이 무엇 때문에 그 전짓불에 공포를 느끼게 되는지 그걸 알아내는 것이겠군요. 그게 바로 박사님께서 자주 말씀하신 최초의 갈등 요인이 아니겠습니까."

"옳은 말씀이에요. 전짓불의 비밀이야말로 박준 씨의 치료에는 무엇보다 중요한 열쇠가 되고 있지요."

"하지만 어젯밤 박준이 전짓불을 보고 놀랐던 것만으론 그가 어째서 그것에 대해 공포감을 지니게 되었는지, 그리고 그 **전짓불의 공포**라는 것이 박준에게 어떤 의미를 지니고 있는 것인지 아직 설명하실 수가 없으신 것 아닙니까."

"아직까지는 그런 셈이지요."

"역시 그의 소설에 대해 관심을 좀 가져 보시는 게 어떨까요?"

나는 필시 박준의 소설들과 전짓불 사이엔 뭔가 썩 깊은 상관이 있는 듯한 예감에 사로잡히며 은근히 김 박사를 권해 보았다. 그러나 김 박사는 박준의 소설에 대해서는 여전히 관심을 보이려 하지 않았다.

"역시 그럴 필요는 없어요. 별로 기분 좋은 방법이 아니기는 하지만, 이젠 최소한 환자로 하여금 전짓불의 내력을 포함한 모든 비밀을 털어놓게 할 마지막 방법은 찾아 놓고 있는 셈이니까요."

(중략)

―이 달의 화제작, 화제 작가.

신문지는 벌써 이태쯤 전에 발간된 어떤 주간지의 한 조각이었는데, 거기엔 우선 그런 제호가 크게 눈에 띄었다. 그리고 그 제호 한쪽으로 그 달에 발표된 박준의 소설이 한 편 몇몇 평론가들로부터 합평되어 있고, 다른 한쪽엔 그 달의 화제 작가로서 박준을 인터뷰한 기사가 실려 있었다.

나는 정신이 번쩍 들었다. 신문지 조각을 못에서 빼어냈다. 그러나 금세 실망이 되고 말았다. 기사는 별로 읽을 만한 곳이 남아 있지 않았다. 대부분의 기사가 다른 조각으로 찢어져 나가 버리고 없었다. 찢어져 나간 조각들은 찾아낼 수가 없었다. 이미 휴지로 사용이 되고 만 모양이었다. 남아 있는 것은 그의 인터뷰 기사 중의 몇 마디뿐이었다. 나는 그것이나마 찢어지다 남은 데서부터 기사를 읽어 내려가기 시작했다.

―당신은 아까 내가 **위험한 질문**이라고 한 말의 뜻을 아직 잘 알아듣지 못한 모양이다. 그렇다면 내가 좀 더 설명을 하겠다……

아마 기자의 어떤 질문에 대한 답변을 부연하고 있는 모양이었다. 박준은 이야기를 꽤 길게 계속하고 있었다.

―어렸을 때 겪은 일이지만 난 아주 **기분 나쁜 기억**을 한 가지 가지고 있다. 6·25가 터지고 나서 우리 고향에는 한동안 우리 경찰대와 지방 공비가 뒤죽박죽으로 마을을 찾아드는 일이 있었는데, 어느 날 밤 경찰인지 공빈지 알 수 없는 사람들이 또 마을을 찾아 들어왔다. 그리고 그 사람들 중의 한 사람이 우리 집까지 찾아 들어와 어머니하고 내가 잠들고 있는 방문을 열어젖혔다. 눈이 부시도록 밝은 전짓불을 얼굴에다 내리비추며 어머니더러 당신은 누구의 편이냐는 것이었다. 하지만 어머니는 그때 얼른 대답을 할 수가 없었다. 전짓불 뒤에 가려진 사람이 경찰대 사람인지 공비인지를 구별할 수 없었기 때문이다. 대답을 잘못했다가는 지독한 복수를 당할 것이 뻔한 사실이었다. 하지만 어머니는 상[A] 대방이 어느 쪽인지 정체를 모른 채 대답을 해야 할 사정이었다. 어머니의 입장은 절망적이었다. 나는 지금까지도 그 절망적인 순간의 기억을, 그리고 사

람의 얼굴을 가려 버린 전짓불에 대한 공포를 생생
하게 간직하고 있다.

　　그런데 나는 요즘 나의 **소설 작업** 중에도 가끔
그 비슷한 느낌을 경험하곤 한다. 내가 소설을 쓰고
있는 것이 마치 그 얼굴이 보이지 않는 전짓불 앞
에서 일방적으로 나의 진술만을 하고 있는 것 같다
는 말이다. 문학 행위란 어떻게 보면 한 작가의 가
장 성실한 **자기 진술**이라고 할 수 있다. 그런데 나
는 지금 어떤 전짓불 아래서 나의 진술을 행하고
있는지 때때로 엄청난 공포감을 느낄 때가 많다. 지
금 당신 같은 질문을 받게 될 때가 바로 그렇다……
박준의 말은 거기서 일단 끝나고 있는 듯 보였다. 그리
고 신문이 찢어져 나가 버린 것도 거기서부터였다.

-이청준, 「소문의 벽」-

25 윗글에 대한 이해로 가장 적절한 것은?

① '김 박사'는 '박준'이 느끼는 공포감의 비밀을 밝힐 방
법을 찾았다고 믿는다.

② '김 박사'의 말을 들은 '나'는 그의 치료 방안에 대해 전
적으로 신뢰하게 된다.

③ '박준'이 어둠 때문에 발작을 일으킨 일이 있음을 '김
박사'는 알지 못하고 있다.

④ '어머니'의 입장이 절망적인 것은 아들의 안전을 지키
지 못했다는 자괴감 때문이다.

⑤ 신문지 조각을 읽은 '나'는 궁금해 하는 사실과 기사의
내용이 거리가 있어서 실망한다.

26 [A]의 서사적 기능으로 가장 적절한 것은?

① 특정 지역을 배경으로 설정하여 공간의 상징적 의미
를 부각한다.

② 인물의 행동을 객관적 시점에서 묘사하여 인물의 성
격을 짐작하게 한다.

③ 주인공의 두 경험을 연관 지어 사건의 의미를 이해하
는 데 단서를 제공한다.

④ 동일한 사건을 다각적으로 구성하여 사건에 대한 해
석의 여지를 열어 놓는다.

⑤ 이질적인 시선을 대비해 가며 역사적인 사건의 전모
가 총체적으로 드러나도록 한다.

27 〈보기〉를 참고하여 윗글을 감상한 내용으로 적절하지 <u>않은</u> 것은? [3점]

[보기]

　　정신적 외상(trauma)은 충격적 경험의 기억이 무
의식에 잠재되었다가 정신적 병증의 요인으로 작용
하면서 모습을 드러낸다. 그 기억은 떠올리는 것만
으로도 고통스러울 수 있는데, 이를 들추어 '말문'을
트게 하는 것은 정신적 병증의 치유에서 중요한 과
정이다. 개인뿐만 아니라 사회에서도 공동체의 위
기 상황으로 인해 발생한 정신적 외상에 대해 '말문
트기'가 요구된다. 이런 점에서 소설은 개인의 아픔
은 물론 사회적 병증을 치유해 주는 개인적·사회적
말문 트기의 하나라 할 수 있다.

① '전짓불의 공포'를 강하게 느끼는 '박준'은, 일방적 진
술을 강요하는 듯한 사회적 상황에 직면하여 고통 받
는 이들을 상징하는 인물이겠군.

② '전짓불의 공포'와 '소설 작업'의 관계에 주목해 보면,
소설 쓰기를 통한 '박준'의 '자기 진술'은 치유 방법으
로서의 말문 트기에 상응하는 것이겠군.

③ '자기 진술'을 어렵게 만드는 상황에 직면했다는 '박준'
의 고백은, 일방적일 수밖에 없는 '자기 진술'의 상황
속에서 정신적 외상이 환기된다는 점을 드러내는 것
이겠군.

④ 유년의 '기분 나쁜 기억'이 전쟁으로 인한 공동체의 위
기 상황과 관련되었다는 설정을 통해, '박준'의 정신적
외상이 사회적 차원의 문제와 관련이 있다는 점을 알
수 있겠군.

⑤ 정신적 외상의 최초 원인을 밝히기 위해 '김 박사'가
'박준'의 과거 기억을 진술하게 할 계획을 세웠다면,
이는 '위험한 질문'을 회피하기 위한 말문 트기 방법을
모색한 결과이겠군.

[28~31] 다음 글을 읽고 물음에 답하시오.　　2020.11 [33~36]

— (해설 p.227) —

[앞부분의 줄거리] 아들 유세기가 부모의 허락 없이 백공과 혼사를 결정했다고 여긴 선생은 유세기를 집에서 내쫓는다.

백공이 왈,

"혼인은 좋은 일이라 서로 헤아려 잘 생각할 것이니 어찌 이같이 좋지 않은 일 이 일어나는가? 내가 한림의 재모를 아껴 이같이 기별해 사위를 삼고자 하였더니 선생 형제는 도학 군자라 예가 아닌 것을 문책하시는도다. 내가 마땅히 곡절을 말하리라."

이에 백공이 유씨 집안에 이르러 선생 형제를 보고 인사를 하고 나서 흔쾌히 웃으며 가로되,

"제가 두 형과 더불어 죽마고우로 절친하고 또 아드님의 특출함을 아껴 제 딸의 배필로 삼고자 하여, 어제 세기를 보고 여차여차하니 아드님이 단호하게 말하고 돌아가더이다. 제가 더욱 흠모하여 염치를 잊고 거짓말로 일을 꾸며 구혼하면서 '정약'이라는 글자 둘을 더했으니 이는 진실로 저의 희롱함이외다. 두 형께서 과도히 곧이듣고 아드님을 엄히 꾸짖으셨다 하니, 혼사에 도리어 훼방이 되었으므로 어찌 우습지 않으리까? 원컨대 두 형은 아드님을 용서하여 아드님이 저를 원망하게 하지 마오."

선생과 승상이 바야흐로 아들의 죄가 없는 줄을 알고 기뻐하면서 사례하여 왈,

"저희 자식이 분에 넘치게 공의 극진한 대우를 받으니 마땅히 그 후의를 받들 만하되, 이는 선조로부터 대대로 내려오는 가법이 아니기에 감히 재취를 허락하지 못하였소이다. 저희 자식이 방자함이 있나 통탄하였더니 그간 곡절이 이렇듯 있었소이다."

백공이 화답하고 이윽고 돌아가서 다시 혼삿말을 이르지 못하고 딸을 다른 데로 시집보냈다. 선생이 백공을 돌려보낸 후에 한림을 불러 앞으로 더욱 행실을 닦을 것을 훈계하자 한림이 절을 하면서 명령을 받들었다. 차후 더욱 예를 삼가고 배우기를 힘써 학문과 도덕이 날로 숙연하고, 소 소저와 더불어 백수해로하면서 여덟 아들, 두 딸을 두고, 집안에 한 명의 첩도 없이 부부 인생 희로를 요동함이 없더라.

승상의 둘째 아들 세형의 자는 문희이니, 형제 중 가

장 빼어났으니 산천의 정기와 일월의 조화를 타고 태어나 아름다운 얼굴은 윤택한 옥과 빛나는 봄꽃 같고, 호탕하고 깨끗한 풍채는 용과 호랑이의 기상이 있으며, 성품이 호기롭고 의협심이 강하여 맑고 더러움의 분별을 조금도 잃지 않으니, 부모가 매우 사랑하여 며느리를 널리 구하더라.

(중략)

화설, 장 씨 ⊙이화정에 돌아와 긴 단장을 벗고 난간에 기대어 하늘가를 바라보며 평생 살아갈 계책을 골똘히 헤아리자, 한이 눈썹에 맺히고 슬픔이 마음속에 가득하여 생각하되,

[A]
'내가 재상가의 귀한 몸으로 유생과 백년가약을 맺었으니 마음이 흡족하고 뜻이 즐거울 것이거늘, 천자의 귀함으로 한 부마를 뽑는데 어찌 구태여 나의 아름다운 낭군을 빼앗아 가 위세로써 나로 하여금 공주 저 사람의 아래가 되게 하셨는가? 도리어 저 사람의 덕을 찬송하고 은혜를 읊어 한없는 영광은 남에게 돌려보내고 구차한 자취는 내 일신에 모이게 되었도다. 우주 사이는 우러러 바라보기나 하려니와 나와 공주의 현격함은 하늘과 땅 같도다. 나의 재주와 용모가 저 사람보다 떨어지는 것이 없고 먼저 혼인 예물까지 받았는데 이처럼 남의 천대를 감심할 줄 어찌 알리오? 공주가 덕을 베풀수록 나의 몸엔 빛이 나지 않으리니 제 짐짓 능활하여 아버님, 어머님이나 시누이를 제 편으로 끌어들인다면 낭군의 마음은 이를 좇아 완전히 달라질지라. 슬프다, 나의 앞날은 어이 될고?'

생각이 이에 미치자 북받쳐 오르는 한이 마음속에 가득 쌓이기 시작하니 어찌 좋은 뜻이 나리오? 정히 눈물을 머금고 마음을 붙일 곳 없어하더니, 문득 세형이 보라색 두건과 녹색 도포를 가볍게 나부끼며 이르러 장 씨의 참담한 안색을 보고 옥수를 잡고 어깨를 비스듬히 기대게 하며 물어 왈,

"그대 무슨 일로 슬픈 빛이 있나뇨? 나를 좇음을 원망하는가?"

장 씨가 잠시 동안 탄식 왈,

"낭군은 부질없는 말씀 마옵소서. 제가 낭군을 좇는 것을 원망했다면 어찌 깊은 규방에서 홀로 늙는 것을 감심하였사오리까? 다만 제가 귀댁에 들어온 지 오륙일이 지났으나 좌우에 친한 사람이

없고 오직 우러르는 바는 아버님, 어머님과 낭군
뿐이라 어린 여자의 마음이 편안하지 못한 바이
옵니다. 공주가 위에 계셔 온 집의 권세를 오로지
[B] 하시니 그 위의와 덕택이 저로 하여금 변변찮은
재주 가진 하졸이 머릿수나 채워 우물 속에서 하
늘을 바라보는 것 같게 만드옵니다. 제가 감히 항
거할 뜻이 있는 것이 아니나 평생의 신세가 구차
하여 슬프고, 진양궁에 나아가면 궁비와 시녀들
이 다 저를 손가락질하며 비웃어 한 가지 일도 자
유롭게 하지 못하게 하옵고, 제 입에서 말이 나면
일천여 시녀가 다 제 입을 가리니, 공주의 은덕에
의지하여 겨우 실례를 면하고 돌아왔사옵니다.”

부마가 바야흐로 장 씨의 외로움을 가련하게 여기고
공주의 위세가 장 씨를 억누르는 것을 좋지 않게 여기고
있다가 장 씨의 이렇듯 애원한 모습을 보자 크게 불쾌하
여 장 씨를 위한 애정이 샘솟는 듯하였다. 은근하고 간
곡하게 장 씨를 위로하고 그 절개와 외로움에 감동하여
이날부터 발자취가 ⓛ 이화정을 떠나지 않았다. 연리지
와 같은 신혼의 정은 양왕의 꿈에 빠진 듯 어지럽고, 낙
천의 마음이 취한 듯 기쁘고 즐거워 바라던 바를 다 얻
은 듯한 마음은 세상에 비할 데가 없더라.

-작자 미상, 「유씨삼대록」-

28 <u>이같이 좋지 않은 일</u>에 대한 이해로 적절하지 <u>않은</u> 것은?

① 백공의 거짓말 때문에 일어난 일이다.
② 백공이 한림을 곤경에 처하게 한 일이다.
③ 선생과 승상 사이에서 의견 대립이 심화된 일이다.
④ 한림이 선생과 승상으로부터 꾸지람을 당한 일이다.
⑤ 백공이 한림을 자신의 딸과 혼인시키려다 일어난 일
이다.

29 [A]와 [B]에 대한 설명으로 적절하지 <u>않은</u> 것은?

① [A]와 [B]는 모두 과거 사건에 대한 정보를 제공하고
있다.
② [A]와 [B]는 모두 비유적 진술을 통해 자신이 처한 상
황을 부각하고 있다.
③ [A]는 [B]와 달리 타인에 대한 자신의 원망을 의문형
표현을 활용하여 드러내고 있다.
④ [B]는 [A]와 달리 대화 상대의 환심을 사기 위해 자신
의 우월한 지위를 드러내고 있다.
⑤ [A]는 앞으로의 일을 추정하는, [B]는 지난 일을 토로
하는 방식으로 자신의 우려를 제시하고 있다.

30 '장 씨'를 중심으로 ㉠과 ㉡을 이해한 내용으로 가장 적절한
것은?

① ㉠은 학문을 연마하는 공간이고, ㉡은 덕행을 닦는 공
간이다.
② ㉠은 불신을 드러내는 공간이고, ㉡은 조소를 당하는
공간이다.
③ ㉠은 한탄을 드러내는 공간이고, ㉡은 애정을 확인하
는 공간이다.
④ ㉠은 계책을 꾸미는 공간이고, ㉡은 외로움을 인내하
는 공간이다.
⑤ ㉠은 선후 시비를 따지는 공간이고, ㉡은 오해를 해소
하는 공간이다.

31 〈보기〉를 참고하여 윗글을 감상한 내용으로 적절하지
<u>않은</u> 것은? [3점]

─[보기]─

「유씨삼대록」은 유씨 3대 인물들의 이야기들을
연결한 국문 장편 가문 소설이다. 각 이야기는 그 자
체로 완결성을 갖추고 있어 독립적이지만, 혼사나
그로부터 파생된 각각의 갈등이 동일한 가문 내에
서 전개된다는 점에서 연결된다. 이러한 갈등은 가
법이나 인물의 성격에서 유발된다. 가문의 구성원
들은 혼사를 둘러싼 갈등이 가문의 안정과 번영을
저해한다고 여겼기에, 가문 차원에서 이를 해결해
간다.

① 유세기 이야기와 유세형 이야기를 보니, 각각의 갈등
이 한 가문의 혼사를 중심으로 발생한다는 점에서 두
이야기가 서로 연결되어 있음을 알 수 있군.
② 유세기의 혼사 문제에 선생과 승상이 관여한 것을 보
니, 혼사를 둘러싼 갈등 해결이 가문 구성원들의 문제
로 다루어짐을 알 수 있군.
③ 유세기가 혼사와 관련한 곤욕을 치른 것과 유세형이
공주를 멀리 한 것을 보니, 가법과 인물의 성격 간의
대립이 갈등의 원인임을 알 수 있군.
④ 백공이 유세기를 사위 삼으려는 것과 천자가 유세형
을 부마 삼은 것을 보니, 혼사가 혼인 당사자 개인의
문제에 그치지 않음을 알 수 있군.
⑤ 유세기가 평생 첩을 두지 않고 소 소저와 해로했다는
것을 보니, 유세기를 둘러싼 혼사 갈등이 해소되며 이
야기 하나가 마무리됨을 알 수 있군.

— 해설 p.234 —

이때 ㉠동리 사람들, 들것에 복조 송장을 태워 들어온다. 물이 뚝뚝 떨어진다. 복실과 분 어미, 의아하여 잠시 보고 있더니 달려들어 목 놓고 운다. 동리 사람들, 소리를 낮춰 힐끽힐끽 운다.

간(間)

처　　(부엌에서 나오며) 왜들 우니?

분 어미와 복실　어머니, 복조예요.

동리 사람 3　㉡쇠뿌리로 배 내다가 보니 범바위 틈에 꼈습디다.

처　　물에서 죽은 놈이 복조뿐인가? 어떻게 복조라고 장담해. (아무 관계없는 듯이 부엌으로 들어간다.) (노어부를 석이와 윤 첨지가 양편에서 꽉 붙들고 들어온다.)

노어부　놔. 두고 볼 거 아니야.

윤 첨지　참어. 참는 데 복이 있다네. 그저 참는 것이 제일이야. 참을 인(忍) 자가 셋이면 사람 하나 살린다는 말이 있지 않나.

석이　　(그제야 들것과 사람들을 보고) 누나, 이것이 작은형이요? (붙들고 운다.)

윤 첨지　찾았으니 다행이군. (눈물을 씻는다.)

노어부　(한참 바라보고 있더니 눈물을 닦으며 서러운 소리로 똑똑히) 몇 해 전에는 배도 서너 척 있었고, 그물도 동리에 뛰어나게 가졌드랬지. 배 팔고 그물 팔고 나머지는 뭐냐? 내 살덩이밖에 없었어. 그것도 다- 못해서 다리 한쪽 뺏겼지. 고기잡이 3년에 자식 다- 잡아먹는다는 것은, 윤 첨지…….

윤 첨지　…….

노어부　나를 두고 하는 말이야. 두고 보고 바랄 것이 인제는 하나도 없어. (별안간 부엌 뒤로 퇴장. 들어가더니 ⬛괭이⬛를 들고 나온다. 뒤따라 처가 미친 듯이 달려들어 부지깽이로 노어부의 머리를 후려 때린다. 노어부 쓰러진다.)

처　　(괭이를 잡아 뺏으며) 이 괭이가 무슨 괭인 줄 알어?

노어부　(덤비려다가 처의 너무도 핼쑥한 얼굴을 보고 고개를 돌려 복조를 붙들고 운다.)

처　　내가 맑은 물 떠 놓고 수신께 빌었거든. 이것은 우리 복조 아니야. 내 정성을 봐서라도 이렇게 전신을 파먹히게 안 했을 거야. 지금쯤은 너구리섬

동녘에 있는 시퍼런 깊은 물속에. 참 거기는 미역 냄새가 향기롭지. 그리고 백옥 같은 모래가 깔렸지. 거기서 팔다리 쪽-뻗고 눈감었을 거야. 나는 지금 눈에 완연히 보이는 걸. 복조 배 위로 무지갯빛 같은 고기가 쑥- 지나갔어. (눈앞에 보이는 환영을 물리치는 듯이 손으로 앞을 가리며) 눈감은 얼굴이 너무도 쓸쓸하군. 이렇-게 (시늉을 하며) 원망스러운 얼굴이야. 불만스러운 얼굴이야. 다문 입이 너무도 쓸쓸해.

간(間), 울음소리

툇창으로 가야지. 서남풍이 자고, 동풍이 불면 나를 만나러 올지도 몰라. 아니야 꼭 올 거야. 저녁물 아니면 내일 아침물 그도 아니면 모레 아침물. 산수 자리를 골라놓고 동쪽을 보고 기대려야지. (일동을 보고 픽 웃으며) 뭣 때문에 울어들? (괭이를 들고 밖으로 뛰어 나간다.)

석이　　어머니, 어머니, 어머니. (속이 타서 발을 구르며) 아버지, 얼른 가서 어머니 좀 붙드세요. 얼른 얼른 아버지.

노어부　내 알 것 아니야.

석이　　(어머니, 어머니 부르며 뒤따라 퇴장)

㉢(멀리서 처의 웃는 소리 우는 소리 번갈아 들린다.)

노어부　(일어서며) 윤 첨지, 북망산으로 가지.

복실　　촛불 하나 안 키고 관도 없이 어델 가요?

분 어미　사람 목숨이 이렇게도 싼가. 뒤란에 검부락지 쓸어가듯 휙 쓸어 가면 고만이야.

윤 첨지　장성한 사람을 그럴 수 있나.

분 어미　(일어서며) 난 항구로 가겠다. 더 있는댔자 가슴만 졸이지. 울며 웃으며 한세상 살다 그럭저럭 죽을 때 되면 죽지. (언덕을 넘어 퇴장)

노어부　(뒷모양을 바라보다가) 왜, 과부 수절하기가 싫으냐?

석이　　(울면서 등장) ㉣어머니가 갯가에서 괭이로 물을 파며 통곡을 하시다가는 별안간 허파가 끊어진 것처럼 웃으며 (복실의 가슴에 안겨) 누나야. 어머니는 한세상 참말 헛사셨다. 왜 우리는 밤낮 울고불고 살아야 한다든?

복실　　(머리를 쓰다듬으며) 굴뚝에 연기 한 번 무럭무럭 피어오른 적도 없었지.

석이　　(울음 섞인 소리로, 그러나 한 마디 한 마디 똑

똑히) 왜 그런지를 난 생각해 볼 테야. 긴긴 밤 갯가에
서 조개 잡으며, 긴긴 낮 신작로 오가는 길에 생각해
볼 테야.

복실　(바다를 보고) 인제 물결이 자는구나.

윤 첨지　㉤먼동이 트는군. (나가면서)

　(노어부를 보고) 사람 삼키더니 물결이 얼음판 같어
졌지. 자네 한 잔 쭉— 들이키고 수염 닦는 듯이. 어서 초
상 준비나 하게. 상엿집에 휑하니 다녀올 테니.

— 막 —

-함세덕, 「산허구리」-

32 윗글의 등장인물에 대한 이해로 적절한 것은?

① '복조'와 '복실'은 평소에 친했던 이웃이다.

② '석이'는 형의 죽음을 차분하게 받아들이고 있다.

③ '윤 첨지'는 '노어부'의 처지에 대해 공감하고 있다.

④ '분 어미'는 친정이 있는 항구로 돌아가려 하고 있다.

⑤ '복실'은 행복하기만 했던 어린 시절을 그리워하고
있다.

33 ㉠~㉤을 통해 무대 밖에서 일어난 사건이 관객에게 전달된다고 할 때, 그에 대한 설명으로 적절하지 <u>않은</u> 것은?

① ㉠은 무대 밖에서 이미 일어난 사건을 추후에 시각적
효과를 활용하여 알려 주고 있다.

② ㉠과 상반된 ㉡의 정보로 인해, ㉡에 대한 관객들의
의심이 증폭되고 있다.

③ ㉢은 무대 밖에서 현재 진행되고 있는 사건을 청각적
효과를 활용하여 전달하고 있다.

④ ㉣은 무대 밖에서 이미 일어난 사건을 추후에 알려 주
지만, ㉢과 연관되면서 무대 밖에서 동시에 진행되는
사건을 환기하기도 한다.

⑤ 관객은 ㉤을 통해 시간의 경과를 분명하게 인지하여
새로운 아침이 시작되었다는 것을 알 수 있다.

34 〈보기〉의 ⓐ~ⓔ 중 [A]의 괭이 에 대한 해석으로 적절하지 <u>않은</u> 것은?

[보기]

　괭이는 '복조'가 사용하던 것으로, 사건 진행과 인
물의 정서적 변화에 중요한 역할을 하는 소도구이
다. 처음에 괭이는 관객이 볼 수 없는 부엌 뒤에 놓
여 있었는데, ⓐ'노어부'가 무대로 가지고 들어오면
서 관객들의 주목을 끌게 된다. 이후 괭이는 ⓑ'처'
가 '노어부'를 뒤따라 움직이는 계기를 제공하고,
ⓒ'처'가 '노어부'와 충돌하게 만드는 매개체 구실
을 하며, ⓓ'처'가 내면 심경을 직접 토로하지 못하
도록 억제하는 기능을 순차적으로 수행한다. ⓔ관
객들은 괭이에 대한 '처'의 집착을 지켜보면서 '처'의
내면을 엿볼 수 있게 된다.

① ⓐ　　　② ⓑ　　　③ ⓒ　　　④ ⓓ　　　⑤ ⓔ

[35~38] 다음 글을 읽고 물음에 답하시오.　　　2017.06 [39~42]

───── (해설 p.240) ─────

"누가 돈 쓰는 것을 아랑곳하랬나? 누가 저더러 돈을 쓰라니 걱정인가? 내 돈 가지고 내가 어떻게 쓰든지……."

"아버지께서 하시는 일에……."

조금 뜸하여지며 부친이 쌈지를 풀어서 담배를 담는 동안에 상훈이는 나직이 말을 꺼냈다.

"……돈 쓰신다고만 하는 것도 아닙니다마는 어쨌든 공연한 일을 만들어 내는 사람들이 첫째 잘못이란 말씀입니다."

"무에 어째 공연한 일이란 말이냐?"

부친의 어기는 좀 낮추어졌다.

"대동보소만 하더라도 족보 한 질에 오십 원씩으로 매었다 하니 그 오십 원씩을 꼭꼭 수봉하면 무엇 하자고 삼사천 원이 가외로 들겠습니까?"

"삼사천 원은 누가 삼사천 원 썼다던?"

[A]
㉠ 영감은 아들의 말이 옳다고는 생각하였으나 실상 그 삼사천 원이란 돈이 족보 박이는 데에 직접으로 들어간 것이 아니라 ×× 조씨로 무후(無後)한 집의 계통을 이어서 일문일족에 끼려 한즉 군식구가 늘면 양반에 진국이 묽어질까 보아 반대를 하는 축들이 많으니까 그 입들을 씻기기 위하여 쓴 것이다. 하기 때문에 난봉자식이 난봉 피운 돈 액수를 줄이듯이 이 영감도 실상은 한 천 원 썼다고 하는 것이다. 중간의 협잡배는 이런 약점을 노리고 우려 쓰는 것이지만 이 영감으로서 성한 돈 가지고 이런 병신 구실해 보기는 처음이다.

"그야 얼마를 쓰셨던지요. 그런 돈은 좀 유리하게 쓰셨으면 좋겠다는 말씀입니다."

'재하자 유구무언(在下者 有口無言)'의 시대는 지났다 하더라도 노친 앞이라 말은 공손했으나 속은 달았다.

"어떻게 유리하게 쓰란 말이냐? 너같이 오륙천 원씩 학교에 디밀고 제 손으로 가르친 남의 딸자식 유인하는 것이 유리하게 쓰는 방법이냐?"

아까부터 상훈이의 말이 화롯가에 앉아서 폭발탄을 만지작거리는 것 같아서 위태위태하더라니 겨우 간정되려던 영감의 감정에 또 불을 붙여 놓고 말았다.

상훈이는 어이가 없어서 얼굴이 벌게진다.

[중략 부분의 줄거리] 조 의관(덕기의 조부)이 죽고, 덕기가 재산 상속자가 된다. 조 의관의 유산 목록에 정미소가 없었다는 것을 안 상훈은 정미소를 차지하려고 한다. 한편 상훈은 세간 값을 적은 종이들을 덕기에게 보내 값을 치르라고 한다.

"어제 그건 봤니?"

부친이 비로소 말을 붙이나 아들은 다음 말을 기다리고 가만히 앉았다.

"치를 수 없거든 거기 두고 가거라."

역정스러운 목소리나 여자 손들이 많은데 구차스럽게 세간 값으로 부자 충돌을 하는 꼴을 보이기 싫기 때문에 ⓐ아들의 입을 미리 막으려는 것이다.

"안 치러 드린다는 것은 아닙니다마는……."

덕기는 너무 오래 잠자코 있을 수 없어서 말부리만 따고 또 가만히 고개를 떨어뜨리고 앉았다. 그러나 복통이 터져서 속은 끓었다. 속에 있는 말이나 시원스럽게 하고싶으나 부친 앞에서, 더구나 조인광좌(稠人廣座)* 중에서 그럴 수도 없다.

"이 판에 용이 이렇게 과하시면 어떡합니까. 여간한 세간 나부랭이야 저 집에 안 쓰고 굴리는 것만 갖다 놓으셔도 넉넉할 게 아닙니까?"

안방 치장 하나에 천여 원 돈을 묶어서 들인다는 것은 생돈 잡아먹는 것 같고, 누가 치르든지 간에 어려운 일이다.

"이 판이 무슨 판이란 말이냐? 그 따위 아니꼬운 소리 할 테거든 그거 내놓고 어서 가거라. 안 쓰고 굴리는 세간은 너나 쓰렴!"

영감은 자식에게라도 좀 점해서* 그런지 화만 버럭버럭 내고 호령이다.

"할아버지께서 산소에 돈 쓰신다고 반대하시던 걸 생각하시기로……."

"무어 어째? 널더러 먹여 살리라니? 걱정 마라. 아니꼽게 네가 무슨 총찰이냐? 그러나 정미소 장부는 이따라도 내게로 보내라."

[B]
부친은 이 말을 하려고 트집을 잡는 것이었다.

"정미소 아니라 모두 내놓으라셔도 못 드릴 것은 아닙니다마는, 늘 이렇게만 하시면야 어디 드릴 수 있겠습니까?"

"드릴 수 있고 없고 간에, 내 거는 내가 찾는 게 아니냐?"

"왜 그렇게 말씀을 하셔요. 제게 두시면 어디 갑니까?"

"이놈 불한당 같은 소리만 하는구나? 돈 천도 못

되는 것을 치러 줄 수 없다는 놈이 무어 어째?"

부친은 신경질이 일어났는지 별안간 달려들더니 주먹으로 뺨을 갈기려는 것을 덕기가 벌떡 일어서니까 주먹이 어깨에 맞았다. 병적인지 벌써 망녕인지는 모르겠으나 점점 흥분하게 해서는 아니 되겠다 하고 마루로 피해 나와 버렸다. 그러나 금시로 정이 떨어지는 것 같고, 그 속에 앉은 부친은 딴 세상 사람같이 생각이 들었다. ⓛ신앙을 잃어버리고 사회적으로 활약할 야심이나 희망까지 길이 막히고 보면야, 생활이 거칠어 가는 수밖에는 없을 것이라고 동정도 하는 한편인데, 이미 신앙을 잃어버린 다음에야 가면을 벗어 버리고 파탈하고 나서는 것도 오히려 나은 일이라고도 하겠으나, 노래(老來)에 이렇게도 생활이 타락하여 갈까 하고, 덕기는 부친에게 반항하기보다도 다만 혼자 탄식을 하는 것이었다.

-염상섭, 「삼대」-

* 조인광좌 : 여러 사람이 빽빽하게 많이 모인 자리.
* 점해서 : 부끄럽고 미안해서.

35 윗글에 대한 이해로 적절하지 <u>않은</u> 것은?

① 상훈의 부친은 족보를 만드는 데에 '한 천 원'이 들었다며 다행이라 여기고 있다.
② 상훈의 부친은 상훈이 '오륙천 원'을 학교에 '디밀'었던 것은 돈을 '유리하게' 쓴 것이 아니라고 본다.
③ 상훈은 자신의 부친이 '산소'에 '돈'을 쓰는 것에 동의하지 않았다.
④ 덕기는 '세간 값'으로 치러야 하는 돈을 낭비라고 생각한다.
⑤ 덕기는 집안의 재산이 낭비되지 않게 하기 위해 '정미소 장부'를 내놓지 않으려 한다.

36 윗글의 맥락을 고려할 때, ⓐ의 의미로 가장 적절한 것은?

① 아들에게 말을 돌려서 하려는 것이다.
② 아들의 말에 놀라움을 표시하려는 것이다.
③ 아들과 자신의 의견을 같게 하려는 것이다.
④ 아들에게 하고자 했던 말을 참으려는 것이다.
⑤ 아들이 말하고자 하는 것을 못 하게 하려는 것이다.

37 [A], [B]에서 각각 드러나는 부자간의 갈등에 대한 이해로 적절하지 <u>않은</u> 것은?

① [B]와 달리 [A]에서는 아버지가 아들의 치부를 들추어 내며 책망한다.
② [A]와 달리 [B]에서는 아들이 아버지를 동정한다.
③ [A]와 달리 [B]에서는 아버지가 자신의 잘못을 아들의 탓으로 돌린다.
④ [A]와 [B] 모두에서 아버지는 아들의 간섭을 못마땅해한다.
⑤ [A]와 [B] 모두에서 아들은 자신과 생각이 다른 아버지의 행위를 문제 삼는다.

38 〈보기〉를 바탕으로 ㉠과 ⓛ을 설명한 내용으로 가장 적절한 것은? [3점]

[보기]

「삼대」의 서술자는 대체로 특정 인물의 시각에 의존하여 다른 인물을 서술 대상으로 포착한다. 이때 그 특정 인물은 장면에 따라 선택되며, 서술자는 특정 인물의 시각을 통해 서술 대상이 되는 인물들의 심리를 보여 준다. 이러한 서술 방식으로 서술자는 특정 인물이 지닌 의식과 행동 사이의 인과관계, 다른 인물과의 관계에서 겪는 심리적 갈등을 통해 인물의 성격과 그에 대한 평가를 복합적으로 드러낸다.

① ㉠에서는 서술자가 선택한 특정 인물이 영감에서 아들로 달라지는 반면, ⓛ에서는 덕기로 고정되어 있다.
② ㉠에서는 서술 대상인 상훈의 의식과 행동 사이의 인과관계가, ⓛ에서는 덕기가 포착한 상훈의 심리적 갈등이 드러난다.
③ ㉠에서는 영감의, ⓛ에서는 덕기의 시각에서 서술 대상인 상훈을 낮게 평가하며 그와의 심리적인 갈등을 드러내고 있다.
④ ㉠에서는 서술 대상인 상훈에 대한 영감의 평가가 달라지는 반면, ⓛ에서는 서술 대상인 상훈에 대한 덕기의 평가가 달라지지 않는다.
⑤ ㉠에서는 서술자가 선택한 특정 인물인 영감의 성격이, ⓛ에서는 서술자가 선택한 특정 인물인 덕기와 서술 대상인 상훈의 성격이 드러난다.

―――― (해설 p.247) ――――

[앞부분의 줄거리] 아들 성기가 역마살 때문에 떠돌이가 될까 봐 걱정하던 옥화는 그를 정착시키기 위해 체 장수 영감의 딸 계연과 맺어 주려 하지만, 계연이 자기 동생이라는 것을 알고는 그녀를 떠나보내기로 한다.

계연의 시뻘겋게 상기한 얼굴은, 옥화와 그의 아버지가 그들을 지켜보고 있다는 것도 잊은 듯이 성기의 얼굴만 일심으로 바라보고 있었으나, 버드나무에 몸을 기댄 성기의 두 눈엔 다만 불꽃이 활활 타오를 뿐, 아무런 새로운 명령도 기적도 나타나지 않았다.

"오빠, 편히 사시오."

하고, ⓐ거의 울음이 다 된, 마지막 목소리를 남기고 돌아선 계연의 저만치 가고 있는 항라 적삼*을, 고운 햇빛과 늘어진 버들가지와 산울림처럼 울려오는 뻐꾸기 울음 속에, 성기는 우두커니 지켜보고 있을 뿐이었다.

성기가 다시 자리에서 일어나게 된 것은 이듬해 우수(雨水)도 경칩(驚蟄)도 다 지나, 청명(淸明) 무렵의 비가 질금거릴 무렵이었다. 주막 앞에 늘어선 버들가지는 다시 실같이 푸르러지고 살구, 복숭아, 진달래 들이 골목 사이로 산기슭으로 울긋 불긋 피고 지고 하는 날이었다.

아들의 미음상을 차려 들고 들어온 옥화는 성기가 미음 그릇을 비우는 것을 보자 이렇게 물었다.

"아직도, 너, 강원도 쪽으로 가 보고 싶냐?"

"……"

성기는 조용히 고개를 돌렸다.

"여기서 장가들어 나랑 같이 살겠냐?"

"……"

성기는 역시 고개를 돌렸다.

그해 아직 봄이 오기 전, 보는 사람마다, 성기의 회춘을 거의 다 단념하곤 하였을 때 옥화는, 이왕 죽고 말 것이라면, 어미의 맘속이나 알고 가라고, 그래, 그 체 장수 영감은, 서른여섯 해 전 남사당을 꾸며 와 이 화개 장터에 하룻밤을 놀고 갔다는 자기의 아버지임에 틀림이 없었다는 것과, 계연은 그 왼쪽 귓바퀴 위의 사마귀로 보아 자기의 동생임이 분명하더라는 것을, 통정*하노라면서, 자기의 같은 왼쪽 귓바퀴 위의 검정 사마귀까지를 그에게 보여 주었다.

"나도 처음부터 영감이 '서른여섯 해 전'이라고 했을 때 가슴이 섬뜩하긴 했다. 그렇지만 설마 했지 그렇게 남의 간을 뒤집어 놀 줄이야 알았나. 하도 아슬해서 이튿날 악양으로 가 명도*까지 불러 봤더니, 요것도

남의 속을 빤히 들여다나 보는 듯이 재잘대는구나, 차라리 망신을 했지."

옥화는 잠깐 말을 그쳤다. 성기는 두 눈에 불을 켜듯한 형형한 광채를 띠고, 그 어머니의 얼굴을 쳐다보고 있었다.

"차라리 몰랐으면 또 모르지만 한번 알고 나서야 인륜이 있는듸 어쩌겠냐."

그리고 ㉠부디 어미 야속타고나 생각지 말라고, 옥화는 아들의 뼈만 남은 손을 눈물로 씻었다.

옥화의 이 마지막 하직같이 하는 통정 이야기에 의외로도 성기는 도로 힘을 얻은 모양이었다. 그 불타는 듯한 형형한 두 눈으로 천장을 한참 바라보고 있던 성기는 무슨 새로운 결심이나 하듯 입술을 지그시 깨물고 있었다.

아버지를 찾아 강원도 쪽으로 가 볼 생각도 없다, 집에서 장가들어 살림을 할 생각도 없다, 하는 아들에게 그러나, 옥화는 이제 전과 같이 고지식한 미련을 두는 것도 아니었다.

"그럼 어쩔라냐? 너 좋을 대로 해라."

"……"

성기는 아무런 말도 없이 도로 자리에 드러누워 버렸다.

그러고 나서 한 달포나 넘어 지난 뒤였다.

성기가 좋아하는 여러 가지 산나물이 화갯골에서 연달아 자꾸 내려오는 이른 여름의 어느 장날 아침이었다. 두릅회에 막걸리 한 사발을 쭉 들이켜고 난 성기는 옥화더러,

"어머니, 나 엿판 하나만 맞춰 주."

하였다.

"……"

옥화는 갑자기 무엇으로 머리를 얻어맞은 듯이 성기의 얼굴을 멍하니 바라보고 있었다.

그런 지도 다시 한 보름이나 지나, ⓑ뻐꾸기는 또다시 산울림처럼 건드러지게 울고, 늘어진 버들가지엔 햇빛이 젖어 흐르는 아침이었다. 새벽녘에 잠깐 가는 비가 지나가고, 날은 다시 유달리 맑게 갠 화개 장터 삼거리 길 위에서, 성기는 그 어머니와 하직을 하고 있었다. 갈아입은 옥양목 고의적삼에, 명주 수건까지 머리에 잘끈 동여매고 난 성기는, 새로 맞춘 새하얀 나무 엿판을 걸빵해서 느직하게 엉덩이 즈음에다 걸었다. 위 목판에는 새하얀 가락엿이 반나마 들어 있었고, 아래 목판에는 팔다 남은 이야기책 몇 권과 간단한 방물이 좀 들어 있었다.

그의 발 앞에는, 물과 함께 갈려 길도 세 갈래로 나 있었으나, 화갯골 쪽엔 처음부터 등을 지고 있었고, 동남으

로 난 길은 하동, 서남으로 난 길이 구례, 작년 이맘때도
지나 그녀가 울음 섞인 하직을 남기고 체 장수 영감과
함께 넘어간 산모퉁이 고갯길은 퍼붓는 햇빛 속에 지금
도 환히 장터 위를 굽이돌아 구례 쪽을 향했으나, 성기
는 한참 뒤, 몸을 돌렸다. 그리하여 그의 발은 구례 쪽을
등지고 하동 쪽을 향해 천천히 옮겨졌다.

  한 걸음, 한 걸음, 발을 옮겨 놓을수록 그의 마음은 한
결 가벼워져, 멀리 버드나무 사이에서 그의 뒷모양을 바
라보고 서 있을 어머니의 주막이 그의 시야에서 완전히
사라져 갈 무렵 해서는, 육자배기 가락으로 제법 콧노래
까지 흥얼거리며 가고 있는 것이었다.

-김동리, 「역마」-

* 항라 적삼 : 명주, 모시, 무명실 따위로 된 한 겹의 윗도리.
* 통정 : 통사정. 딱하고 안타까운 형편을 털어놓고 말함.
* 명도 : 마마를 앓다가 죽은 어린 계집아이의 귀신.

39 윗글에 대한 설명으로 적절한 것은?

① 과거 장면을 삽입하여 인물들의 관계를 드러내고 있다.
② 다른 장소에서 동시에 벌어진 사건들을 병치하고 있다.
③ 의식의 흐름을 통해 사건을 요약적으로 진술하고 있다.
④ 상상적 공간을 배경으로 삼아 허구성을 강화하고 있다.
⑤ 등장인물의 독백을 직접 인용하여 내면을 보여 주고
  있다.

40 ㉠은 〈보기〉 (가)의 시점으로 서술되어 있다. ㉠을 (나)의
시점으로 바꾸어 썼을 때, 가장 적절한 것은?

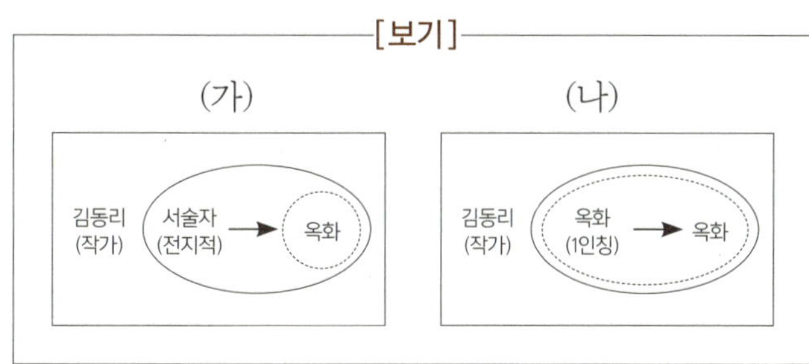

① 부디 나를 야속타고나 생각지 말라고, 나는 나의 뼈만
  남은 손을 눈물로 씻었다.
② 부디 나를 야속타고나 생각지 말라고, 나는 아들의 뼈
  만 남은 손을 눈물로 씻었다.
③ 부디 나를 야속타고나 생각지 말라고, 옥화는 아들의
  뼈만 남은 손으로 눈물로 씻었다.

④ "부디 나를 야속타고나 생각지 마라."라고 말하며, 나
  는 나의 뼈만 남은 손을 눈물로 씻었다.
⑤ "부디 어미 야속타고나 생각지 마라."라고 말하며, 엄
  마는 나의 뼈만 남은 손을 눈물로 씻었다.

41 ⓐ와 ⓑ에 대한 해석으로 가장 적절한 것은?

① ⓐ의 '항라 적삼'과 '고운 햇빛'은 모두 인물의 성격을
  드러내고 있다.
② ⓐ의 '목소리'는 '뻐꾸기 울음'과 대조를 이루며 비극
  성을 약화시키고 있다.
③ ⓑ의 '햇빛'은 '유달리 맑게 갠'과 함께 분위기를 새롭
  게 전환하고 있다.
④ ⓑ의 '뻐꾸기'는 '화개 장터'와 연결되어 시대적 상황
  을 나타내고 있다.
⑤ ⓑ의 '버들가지'는 '또다시'와 연결되어 갈등이 재현될
  것을 예고하고 있다.

42 〈보기〉를 참고하여, 윗글을 감상한 내용으로 적절하지
<u>않은</u> 것은?

> [보기]
> ㄱ. 김동리는 「역마」의 인물들을 통해, 운명을 수용
>   하는 것이 운명에 패배하는 것이 아니라 세계와
>   조화되는 것이며, 이는 우리 민족의 전통적 삶의
>   방식이라고 여겼다.
> ㄴ. 「역마」의 인물들이 보여 주는 생각과 행동은 적
>   극적이지 않고 비합리적이어서, 주체적으로 자
>   기 삶의 방향을 결정하는 현대인들이 공감하기
>   힘들다는 비판이 있다.

① ㄱ에 따르면, 성기와 계연의 이별 장면은 한국인의 전
  통적 삶의 방식을 보여 주는 장면이군.
② ㄱ에 따르면, 엿장수가 되어 떠나는 성기의 행동은 세
  계와 조화를 이루는 행동이군.
③ ㄴ에 따르면, 성기를 떠난 계연은 전통적 인물이면서
  도 삶의 방향을 스스로 결정하는 주체적인 인물이군.
④ ㄴ에 따르면, 명도를 불러 보고 그가 한 말을 받아들이
  는 옥화는 비합리적인 인물이군.
⑤ ㄴ에 따르면, 하동 쪽으로 발을 옮겨 놓는 성기는 소극
  적 삶의 자세를 보여 주는 인물이군.

[43~46] 다음 글을 읽고 물음에 답하시오.　2024.09 [28~31]

（해설 p.253）

　몽달 씨 나이가 스물일곱이라니까 나보다 스무 살이나 많지만 우리는 엄연히 친구다. 믿지 않겠지만 내게는 스물일곱짜리 남자 친구가 또 하나 있다. 우리 집 옆, 형제슈퍼의 김 반장이 바로 또 하나의 내 친구인데 그는 원미동 23통 5반의 반장으로 누구보다도 씩씩하고 재미있는 사람이었다. 나는 **매일같이** 슈퍼 앞의 비치파라솔 의자에 앉아 그와 함께 낄낄거리는 재미로 하루를 보내다시피 하였는데 **요즘**은 내가 의자에 앉아 있어도 전처럼 웃기는 소리를 해 주거나 쭈쭈바 따위를 건네주는 법 없이 다소 퉁명스러워졌다. ㉠그 까닭도 나는 환히 알고 있지만 모르는 척하는 수밖에. 우리 집 셋째 딸 선옥이 언니가 지난달에 서울 이모 집으로 훌쩍 떠나 버렸기 때문인 것이다. 김 반장이 선옥이 언니랑 좋아지내는 것은 온 동네가 다 아는 일이지만 선옥이 언니 마음이 요새 좀 싱숭생숭하더니 기어이는 이모네가 하는 옷 가게를 도와준다고 서울로 가 버렸다. 선옥이 언니는 얼굴이 아주 예뻤다. 남들 말대로 개천에서 용이 났다고 해도 과언이 아닐 만큼 지지리 궁상인 우리 집에 두고 보기로는 아까운 편인데, 그 지지리 궁상이 지겨워 맨날 뚱하던 언니였다.

（중략）

　집으로 가다 말고 문득 형제슈퍼 쪽을 돌아보니 음료수 박스들을 차곡차곡 쟁여 놓는 일에 땀을 뻘뻘 흘리고 있는 몽달 씨가 보였다. ㉡실컷 두들겨 맞고 열흘간이나 누워 있었던 사람이라 안색이 차마 마주보기 어려울 만큼 핼쑥했다. 그런데도 뭐가 좋은지 **히죽히죽** 웃어 가면서 열심히 박스들을 나르고 있는 게 아닌가. 그것도 김 반장네 가게에서. 아무리 눈을 크게 뜨고 보아도 몽달 씨가 분명했다. 저럴 수가. ㉢어쨌든 제정신이 아닌 작자임이 틀림없었다. 아무리 정신이 좀 헷갈린 사람이래도 그렇지, 그날 밤의 김 반장 행동을 깡그리 잊어버리지 않고서야 저럴 수가 없다는 게 내 생각이었다.

　잊었을까. 그날 밤 머리의 어딘가를 세게 다쳐서 김 반장이 자기를 내쫓은 부분만큼만 감쪽같이 지워진 것은 아닐까. 전혀 엉뚱한 이야기만도 아니었다. 텔레비전에서도 보면 기억 상실증인가 뭔가로 자기 아들도 못 알아보는 연속극이 있었다. 그런 쪽의 상상이라면 나를 따라

올 만한 아이가 없는 형편이었다. 내 머릿속은 기기괴괴한 온갖 상상들로 늘 모래주머니처럼 **빽빽했으니까**. 나는 청소부 아버지의 딸이 아니라 사실은 어느 부잣집의 버려진 딸이다, 라는 식의 유치한 상상은 작년도 못 되어 이미 졸업했었다. 요즘의 내 상상이란 외계인 아버지와 지구인 엄마와의 사랑, 뭐 그런 쪽의 의젓한 것이었다. ㉣아무튼 나의 기막힌 상상력으로 인해 몽달 씨는 부분적인 기억 상실증 환자로 결정되었다. 그렇다면 이제는 확인할 일만 남은 셈이었다. 오래 기다릴 필요도 없었다. 나는 김 반장네 가게 일을 거들어 주고 난 뒤 비치파라솔 밑의 **의자**에 앉아 **뭔가**를 읽고 있는 몽달 씨에게로 갔다. 보나 마나 주머니 속에 잔뜩 들어 있는 종잇조각 중의 하나일 것이었다. ㉤멀쩡한 정신도 아닌 주제에 이번엔 기억 상실증이란 병까지 얻어 놓고도 여태 시 따위나 읽고 있는 몽달 씨 꼴이 한심했다.

　"ⓐ이거, 또 시예요?"

　"ⓑ그래. 슬픈 시야. 아주 슬픈……."

　몽달 씨가 핼쑥한 얼굴을 쳐들며 행복하게 웃었다. 슬픈 시라고 해 놓고선 웃다니. 나는 이맛살을 찡그리며 몽달 씨 옆에 앉았다.

　그리고 아주 낮은 목소리로 물었다.

　"ⓒ이제 다 나았어요?"

　"ⓓ응. 시를 읽으면서 누워 있었더니 금방 나았지."

　금방은 무슨 금방. 열흘이나 되었는데. 또 한 번 나는 몽달 씨의 형편없는 정신 상태에 실망했다.

　"**그날** 밤에 난 **여기**에 앉아서 다 봤어요."

　"무얼?"

　"ⓔ김 반장이 아저씨를 쫓아내는 것……."

　순간 몽달 씨가 정색을 하고 내 얼굴을 쳐다보았다. 예전의 그 풀려 있던 눈동자가 아니었다. 까맣고 반짝이는 눈이었다. 그러나 잠깐이었다. 다시는 내 얼굴을 보지 않을 작정인지 괜스레 팔뚝에 엉겨 붙은 상처 딱지를 떼어 내려고 애쓰는 척했다. 나는 더욱 바싹 다가앉았다.

　"ⓕ김 반장은 나쁜 사람이야. 그렇지요?"

　몽달 씨가 팔뚝을 탁 치면서 "아니야"라고 응수했는데도 나는 계속 다그쳤다.

　"ⓖ그렇지요? 맞죠?"

　그래도 몽달 씨는 못 들은 척 팔뚝만 문지르고 있었다. 바보같이. 기억 상실도 아니면서……. 나는 자꾸만 약이 올라 견딜 수 없는데도 몽달 씨는 마냥 딴전만 피우고 있었다.

－양귀자, 「원미동 시인」－

43 윗글에 대한 이해로 가장 적절한 것은?

① 몽달 씨는 김 반장이 자기를 매정하게 대했으나, 김 반장네 가게 일을 해 주고 있다.

② 김 반장은 선옥을 좋아했으나, 선옥이 서울로 가자 '나'를 통해 선옥과의 관계를 회복해 나갔다.

③ '나'는 김 반장을 좋은 친구라고 생각했으나, 김 반장이 빈둥거리며 실없는 행동을 해서 당황했다.

④ 선옥은 자신의 집안 형편에 대해 부정적으로 생각하고 있지만, '나'는 집안 형편을 그렇게 생각하지 않는다.

⑤ '나'는 몽달 씨를 친구라 여겼으나, 몽달 씨가 김 반장 가게에 다시 나온 것을 보고 그렇게 생각한 것을 후회했다.

44 ⓐ∼ⓖ에 대한 이해로 적절하지 <u>않은</u> 것은?

① ⓐ는 상대를 못마땅해하는 발언이지만, ⓒ를 고려하면 상대의 상태에 대한 관심에서 비롯된 것이라고 할 수 있다.

② ⓑ와 ⓓ의 시에 대한 인물의 태도를 고려하면, 인물이 시를 통해 위안을 얻었음을 알 수 있다.

③ ⓔ는 ⓓ를 듣고 실망하여, 상대의 새로운 반응을 기대하며 한 발언이라고 할 수 있다.

④ ⓕ는 ⓔ에 대한 상대의 반응이 예상을 벗어났지만, 상대가 보여 준 판단을 수용하기 위한 질문이라고 할 수 있다.

⑤ ⓖ는 ⓕ의 주장을 확인하는 질문으로, 상대의 태도를 탐탁지 않게 여기는 마음이 반영된 발언이라고 할 수 있다.

45 형제슈퍼 를 중심으로 확인할 수 있는 인물의 행위에 대한 설명으로 가장 적절한 것은?

① '나'가 '매일같이' 김 반장과 재미있게 낄낄거렸던 행위는 '그날'보다 앞선 시간대에 이루어지며, '그날'의 일을 지켜보기만 한 '나'의 부정적 자기 인식으로 이어지고 있다.

② 김 반장이 '나'를 퉁명스럽게 대하는 행위는 '요즘'보다 앞선 시간대에 이루어지며, '나'에게 반성을 유도하고 있다.

③ 몽달 씨가 '히죽히죽' 웃는 행위는 현재 '여기'에서 '나'에게 속내를 감추는 행위보다 앞선 시간대에 이루어지며, '나'에게 진심을 드러내어 보여 주고 있다.

④ '의자'에서 '뭔가'를 읽는 몽달 씨의 행위는 '여기'에서 환기된 '그날'의 경험보다 앞선 시간대에 이루어지며, '나'가 '그날' 느꼈을 긴박감과 대비되는 이완된 상황을 보여 주고 있다.

⑤ '여기'에서 목격된 '그날' 김 반장의 행위는 '요즘'보다 이후의 시간대에 이루어지며, '나'가 김 반장을 이전과 다르게 평가하는 원인으로 기능하고 있다.

46 〈보기〉를 바탕으로 ㉠∼㉤을 이해한 내용으로 적절하지 <u>않은</u> 것은? [3점]

> ──────[보기]──────
>
> 미성숙한 어린아이 서술자라도 합리적 정보를 제공하면 독자는 서술자를 신뢰하게 된다. 그러나 작가는 때로 합리성이 부족한 어린아이의 특성을 강화하여 독자가 서술자를 의심하게 한다. 이때 독자는 서술자가 제공하는 정보가 틀릴 수 있다고 생각하면서 서술자와 다른 각도에서 작품이 전하려는 의미를 탐색하게 된다. 이 경우에도 독자는 서술자가 제공하는 제한된 정보에 의존할 수밖에 없으므로, 서술적 상황과 작품이 전하려는 의미가 서로 달라져 작품을 더욱 집중해서 읽게 된다.

① ㉠: 문제적 상황의 원인을 파악하여 이에 대응하고, 인물의 태도 변화를 설명할 수 있는 정보를 제시한다는 점에서 독자가 서술자를 신뢰하도록 유도하고 있군.

② ㉡: 인물이 처한 부정적 상황을 보여 주고, 인물의 안색과 그 이유에 대해 여러 정보를 제공한다는 점에서 독자가 서술자를 신뢰하도록 유도하고 있군.

③ ㉢: 논리적 연관을 무시하고, 추측에 근거하여 인물의 의식 상태를 단정하는 모습을 통해 독자가 작품에 더욱 집중하면서, 서술자와 다른 각도로 생각하도록 유도하고 있군.

④ ㉣: 인물에 대해 적극적으로 탐색하고, 인물의 상태를 스스로 진단하여 그 정보를 제공하는 모습을 통해 독자가 서술자를 신뢰하도록 유도하고 있군.

⑤ ㉤: 시에 대한 이해가 부족하고, 합당한 이유 없이 인물의 취향을 비난하는 모습을 통해 독자가 작품에 더욱 집중하면서, 서술자와 다른 각도로 생각하도록 유도하고 있군.

— (해설 p.261) —

[앞부분의 줄거리] 나는 기범이 죽기 전에 무슨 일이 있었는지 알기 위해, 그가 살았던 구천동을 찾아간다. 기범의 행적을 잘 알고 있는 '임 씨'를 만나 사연을 듣기 전에, 일규의 장례식 후에 있었던 기범과의 과거 일을 회상한다.

"네가 일규를 어떻게 아냐? 네깐 게 뭘 안다구 감히 일규를 입에 올리냐?"

기범은 순간 잔을 던지고 미친 듯이 웃기 시작했다. 너무나 돌연한 웃음이어서 나는 그때 꽤나 놀랐다. 기범이 그처럼 미친듯이 웃는 것을 나는 그날 처음 보았다.

"그래, 네 말이 맞다. 나는 그놈을 **입에 올릴 자격이 없다**. 허지만 누가 그놈을 진심으로 사랑한 줄 아냐? 너희냐? 너희가 그놈을 사랑한 줄 아냐?"

㉠나는 긴장했다. 그의 눈에서 번쩍이는 눈물을 보았기 때문이다.

"너는 그놈이 아깝다구 했지만 나는 그놈이 죽어 세상 살맛이 없어졌다. 나는 살기가 **울적할 때마다** 허공에서 그놈의 쌍판을 찾았다. 나는 그놈을 통해서만 살아가는 **재미와 기쁨**을 느꼈다. 그러나 그놈 역시 사정은 나하구 똑같았다. 나를 **발길로 걷어찼지만** 그놈은 나를 잊은 적이 없다. 우리는 **서로 사랑했지만** 사랑하는 방법이 달랐을 뿐이다."

(중략)

"원래 그 사람은 도회지에서 살던 사람인데 왜 그때 도시를 버리구 **깊은 산골**을 찾았는지 모르겠군."

"처음엔 저두 많이 궁금하게 생각했습니다. 뭔가 세상에 죄를 짓구 숨어 사는 분이 아닌가 했습니다. ㉡더구나 이리루 들어오시자 머리를 깎구 수염까지 기르셨거든요. 그러나 오래 뫼시구 살다 보니 저대루 차츰 납득이 갔습니다. 한마디로 말하기는 어렵지만 세상에 뭔가 실망을 느끼신 게 아닌가 싶습니다."

"본인이 그런 말을 한 적이 있소?"

"과거 얘기는 좀체 안 하시는 편이었는데 언젠가는 내게 그 비슷한 말씀을 하시더군요. 듣기에 따라서는 궤변 같지만 그분은 남하구 다른 ⓐ<u>묘한 철학</u>을 지니구 계셨습니다."

"그걸 한번 들려줄 수 없소?"

"그분은 세상이 어지럽구 더러울 때는 그것을 구하는 방법이 한 가지밖에 없다구 하셨습니다. 세상을 좀 더 썩게 해서 더 이상 그 세상에 썩을 것이 없도록 만들어야 한다는 것입니다. 그걸 썩지 않게 고치려구 했다가

는 공연히 사람만 상하구 힘만 배루 든다는 것입니다. ㉢'모두 썩어라, 철저히 썩어라'가 그분이 세상을 보는 이상한 눈입니다. 제 나름의 어설픈 추측입니다만 그분은 **사람만이 지닌 이상한 초능력**을 믿으시는 것 같았습니다. 사람은 온갖 악행에도 불구하고 자기 스스로를 송두리째 포기하지는 않는다는 것입니다. 세상이 철저히 썩어서 더 썩을 것이 없게 되면 사람은 살아남기 위해 언젠가는 스스로 자구책을 쓴다는 것입니다. 당신은 바로 그걸 믿으셨고, 이러한 자기 생각을 부정(不正)의 미학이라는 묘한 말루 부르시기두 했습니다."

나는 순간 가슴 한구석에 뭔가가 미미하게 부딪쳐 오는 진동을 느꼈다. 진동의 진상은 확실치 않지만, 나는 그것이 기범을 이해하는 어떤 열쇠가 아닌가 생각했다. 그의 온갖 기행과 궤변들이 어지러운 혼란 속에서 그제야 언뜻 한 가닥의 질서 위에 어렴풋이 늘어서는 것이었다.

"헌데 세상에 대해 그런 생각을 지닌 사람이 갑자기 왜 세상을 등지구 이런 산속에 박혀 사는 거요?"

"당신께서 아끼시던 친구 한 분이 갑자기 세상을 버리셨다구 하시더군요. 그때 아마 **충격을 받으시구** 이리루 들어오신 게 아닌가 싶습니다."

"누구랍니까, 그 친구가?"

"이름은 말씀 안 하시구 그분을 언제나 '미련한 놈'이라구만 부르셨습니다."

오일규다. 나는 그제야 오일규의 장례식 후에 기범이 격렬하게 지껄인 저 시끄럽던 요설들이 생각났다. 어쩌면 기범은 그때 이미 세상을 등질 결심을 했는지도 알 수 없다. ㉣아니 그는 그 얼마 후에 내 앞에서 정말로 깨끗하게 사라져 버린 것이다.

"그래 그 친구가 죽은 후로 왜 세상을 등졌답디까?"

"**세상 살 재미가 없어졌다구** 하시더군요. 아마 친구분을 꽤나 좋아하셨던 모양입니다. 그 미련한 놈이 죽어 버렸으니 자기도 앞으로는 미련하게 살밖에 없노라구 하셨습니다. ㉤당신이 미련하다고 말씀하는 건 우습게 들리시겠지만 착한 일을 뜻하시는 것이었습니다."

"그래서 이곳에 온 후 사람이 갑자기 달라진 거요?"

"전 그분의 과거를 몰라서 어떻게 달라졌는지는 잘 모릅니다. 허지만 이곳에 오신 후로는 그분은 거의 남을 위해서만 사셨습니다. 제가 생명을 구한 것두 순전히 그분의 덕입니다."

나는 다시 기범이 지껄였던 과거의 ⓑ 요설들이 생각난다. 세상을 항상 역(逆)으로만 바라보던 그의 난해성이 또 한 번 나를 혼란 속에 빠뜨린다. 그는 어쩌면 이 세상을 역순(逆順)과 역행(逆行)에 의해 누

구보다 열심으로 가장 솔직하게 살다 간 것 같다. 그
에게 악과 선은 등과 배가 서로 맞붙은 동위(同位)
동질(同質)의 것이었는지도 알 수 없다. 그는 악과
선 중 아무것도 믿지 않았고 오직 믿은 것이라고는
세상에는 아무것도 믿을 것이 없다는 사실뿐이었다.
그와 오일규가 맞부딪쳤을 때 오일규가 해체되는 것
은 너무나 당연하다. 그것은 가장 비열한 삶이 가장
올바른 삶을 해체시키는 역설적인 예인 것이다.

- 홍성원, 「무사와 악사」 -

47 [A]의 서술상 특징으로 가장 적절한 것은?

① 이야기 내부의 서술자가 인물의 행동을 객관적으로
서술하고 있다.

② 이야기 내부의 서술자가 인물에 대한 평가를 관념적
으로 서술하고 있다.

③ 이야기 외부의 서술자가 인물의 체험을 바탕으로 사
건의 배경을 실감나게 서술하고 있다.

④ 이야기 외부의 서술자가 인물의 회상을 중심으로 사
건의 전개를 지연시키며 서술하고 있다.

⑤ 이야기 외부의 서술자가 인물의 내면을 묘사하여 인
물 간의 갈등이 지속되고 있음을 서술하고 있다.

48 서사의 흐름을 고려하여 ㉠~㉤에 대해 이해한 내용으로
적절하지 <u>않은</u> 것은?

① ㉠: 돌연한 웃음을 보이다가 눈물을 보이는 식으로 갑
작스러운 감정 변화를 보인 데 대한 반응이다.

② ㉡: 신원이 미심쩍다고 의심하는 상황에서 그 외모가
의심을 가중했다는 생각이 담긴 말이다.

③ ㉢: 세상에 대한 관점이 상식적이지 않아 일반적으로
는 수긍하기 어렵다는 생각을 드러낸 판단이다.

④ ㉣: 약속을 곧바로 실행에 옮긴 행위에 대한 놀라움을
드러낸 표현이다.

⑤ ㉤: 말의 표면적인 뜻과 달리 그 속에 숨은 뜻을 파악
한 우호적인 해석이다.

49 ⓐ, ⓑ에 대한 설명으로 가장 적절한 것은?

① ⓐ에 대한 '나'의 이해는 기범에 대한 '나'의 인식이 전
환되는 데에 기여한다.

② ⓐ에 대한 얘기를 '나'가 꺼낸 것은 기범에 대한 '저'의
오해를 풀 목적에서이다.

③ '저'는 '나'가 기범에 대해 품은 의문이 ⓑ를 바탕으로
하고 있음을 알게 된다.

④ '저'가 ⓐ로 인해 기범을 오해한다면, '나'는 ⓑ에 의해
기범을 이해한다.

⑤ '저'는 기범이 선행을 베풀며 보인 변화가 ⓑ에서 ⓐ로
변화된 과정과 일치함을 알고 있다.

50 〈보기〉의 관점에서 윗글을 감상한 내용으로 적절하지
<u>않은</u> 것은? [3점]

---[보기]---

　사람들은 존경하거나 사랑하는 사람을 닮아 가며
그와 자신을 동일시하려는 경향이 있다. 이를 통해
심리적 위안이나 성취감을 느끼기도 하지만 그 상
대로부터 외면받거나 그가 부재한 상황에서는 마음
에 상처를 입는다. 이때 동일시의 상대를 부정하거
나, 외면당하지 않았다고 자신의 처지를 합리화한
다. 또는 관심을 다른 데로 돌려 그 상황에서 아예
벗어나고자 한다. 「무사와 악사」에서 '기범'이 보이
는 기행과 궤변은 '일규'를 동일시하려는 상대로 의
식한 데서 비롯한 것으로도 볼 수 있다.

① 일규의 죽음에 '충격을 받고 '세상 살 재미가 없어졌
다'는 기범의 말이 사실이라면, 동일시하려던 상대의
부재가 가져 오는 심리적 영향이 컸다는 것이겠군.

② 기범이 자신을 '발길로 걷어찼'던 일규로부터 외면받
았다고 본다면, 일규와 '서로 사랑했'다고 믿는 기범의
진술은 외면당한 자신의 처지를 합리화하려는 의도에
서 나온 것이겠군.

③ '울적할 때마다' 일규를 떠올리며 삶의 '재미와 기쁨'을
얻었다는 기범의 고백을 동일시의 결과로 이해한다
면, 일규를 통해 기범이 심리적 위안을 얻었음을 추측
할 수 있겠군.

④ 일규의 죽음이 기범이 도시를 떠나 '깊은 산골'에 정착
한 계기였다고 본다면, 이는 동일시하려던 상대가 사
라진 상황에서 관심을 다른 데로 돌려 그 상황을 벗어
나기 위해서였겠군.

⑤ 기범이 일규를 '입에 올릴 자격이 없다'는 것이 동일시
의 대상에 대한 존경심의 표현이라면, '사람만이 지닌
이상한 초능력'에 대한 기범의 믿음은 동일시를 통한
성취감에 해당되겠군.

[51~54] 다음 글을 읽고 물음에 답하시오.　　　2022예시 [26~29]

—— (해설 p.269) ——

　　[앞부분의 줄거리] 박영채와 혼인하고자 했던 이형식은 영채가 죽은 줄로만 알고 김 장로의 청을 수락하여 김선형과 약혼한다. 그런데 선형과 미국으로 유학을 가기 위해 우선과 함께 올라탄 기차에서 형식은 영채를 만나고 충격을 받는다.

　"나는 미국 가기를 중지할라네."
　"응?"
하고 우선도 놀라며,
　"어째?"
　"㉠미국 가기를 중지할 테여…… 그것이 옳은 일이지…… 응, 그리할라네."
하면서 우선의 손을 놓고 차실로 들어가려 한다. 우선은 손을 잡아 형식을 끌어당기며,
　"자네 미쳤단 말인가. 이리 좀 오게."
형식은 멀거니 섰다.
　"㉡자네 지금 정신이 산란하였네. 미국 가기를 중지한다는 것이 무슨 소리여."
　"아니! 저편은 나를 위해서 목숨까지 버리려고 하는데 나는 이게 무슨 일인가. 나는 선형 씨한테 이 뜻을 말하고 약혼을 파하겠네. 그것이 옳은 일이지."
　"그러면 영채하고 혼인한단 말이지?"
　"㉢응, 그렇지. 그것이 옳지."
　"영채는 자네와 혼인을 한다던가."
　"그런 말은 없어."
　"만일 영채가 자네와 혼인하기를 싫다 하면 어쩔 텐가."
형식은 한참 생각하더니,
　"그러면 일생 혼인 말고 지내지…… 절에 가서 중이 되든지."
우선은 마침내 껄껄 웃으며,
　"지금 자네가 좀 노보세[上氣]했네*. 참 자네는 어린아일세. 세상이 무엇인지를 모르네그려. 행여 꿈에라도 그런 생각 내지 말고 어서 미국이나 가게."
　"㉣그러면 저 사람을 버리고?"
　"버리는 것이 아니지. 일이 이미 그렇게 되었으니까. 이제 그런 생각을 하면 무엇 하나. 또 영채 씨도 동경에 유학도 하게 되었고, 하니까 ㉤피차에 공부나 잘하고 장래에 서로 남매 삼아 지내게그려. 그런 어림없는 미친 소리는 다 집어치고……."

하면서 형식의 등을 툭 친다.
　팔에 붉은 헝겊 두른 차장이 지나가다가 두 사람을 슬쩍 본다. 형식은 자리에 돌아와 뒤에 몸을 기대고 가만히 눈을 감았다. 선형은 조는지, 무슨 생각을 하는지 그린 듯이 기대어 앉았다.
　형식의 가슴속에는 새로운 의문 하나가 일어난다.

　　대체 자기는 누구를 사랑하는가. 선형인가, 영채인가. 영채를 대하면 영채를 사랑하는 것 같고, 선형을 대하면 선형을 사랑하는 것 같다. 아까 남대문에서 차를 탈 때까지는 자기는 오직 선형에게 몸과 마음을 다 바친 듯하더니, 지금 또 영채를 보매, 선형은 둘째가 되고 영채가 자기의 사랑의 대상인 듯도 하다. 그러다가 또 앞에 앉은 선형을 보매 '이야말로 내 아내, 내 사랑하는 아내'라는 생각도 난다.
[A]　자기는 선형과 영채를 둘 다 사랑하는가. 그렇다 하면 동시에 두 사람을 다 같이 사랑할 수가 있을까. 남들이 하는 말을 듣거나, 자기가 지금껏 생각하여 온 바로 보건대, 참된 사랑은 결코 동시에 두 사람 이상에 향할 수 없는 것이어늘, 지금 자기의 마음은 어떠한 상태에 있나.

(중략)

　　그는 사랑이란 것을 인류의 모든 정신 작용 중에 가장 중하고 거룩한 것의 하나인 줄을 믿는다.
　그러므로 자기가 선형을 사랑하는 것은 자기에게 대하여서는 극히 뜻이 깊고 거룩한 일이요, 자기의 동포에게 대하여서는 큰 정신적 혁명으로 생각한다. 그러므로 형식의 사랑에 대한 태도는 종교적으로 진실하고 경건한 것이었다. 사랑을 인생의 전
[B]체라고까지는 생각하지 않는다 하더라도 사랑에 대한 태도로 족히 인생에 대한 태도를 결정할 수 있다고 믿는다. 그러나 이제 생각하여 보건대 자기의 선형에게 대한 사랑은 너무 유치한 것이었다. 너무 근거가 박약하고 내용이 빈약한 것이었다.
　형식은 오늘 저녁에 이것을 깨달았다. 깨달으매 슬펐다. 마치 자기가 인생 경력을 다 들여서 하여 오던 사업이 일조에 헛된 것인 줄을 깨달은 듯한 실망을 맛보았다. 그와 함께 자기의 정신의 발달한 정도가 아직도 극히 유치함을 깨달았다. 자기는 아직 인생을 깨달을 때도 아니요, 따라서 사랑을 의논할 때도 아님을 깨달았다.
　그러므로 자기가 오늘날까지 여러 학생에게 문명을 가르치고, 인생을 가르친 것이 극히 외람된 일인 줄도 깨

달았다. 자기는 아직도 어린아이 다. 마침 어른 없는 사
회에 처하였으므로 스스로 어른인 체하던 것인 줄을 깨
달으매 스스로 부끄러운 생각도 난다.

　형식은 생각에 이어 생각을 한다.

　나는 조선의 나갈 길을 분명히 알았거니 하였다. 조선
사람의 품을 이상과, 따라서 교육자의 가질 이상을 확실
히 잡았거니 하였다. 그러나 이것도 필경은 어린애의 생
각에 지나지 못하는 것이다.

-이광수, 「무정」-

* 노보세했네 : 일본어를 차용한 표현으로 '흥분했네'의 뜻임.

51 [A]와 [B]에 대한 설명으로 가장 적절한 것은?

① [A]의 자기 주도적 사랑의 가치는 [B]의 자기희생적
　사랑에 의해 부인되고 있다.

② [A]에서는 사랑의 대상을 고민하고 있고, [B]에서는 사
　랑의 근거를 반성하고 있다.

③ [A]에서는 사랑에 대한 이성적 접근이, [B]에서는 사랑
　에 대한 감성적 접근이 이루어지고 있다.

④ [A]에서는 사랑의 현재적 상황에, [B]에서는 사랑의 미
　래에 대한 전망에 초점을 맞추고 있다.

⑤ [A]에서 사랑의 가치에 대해 의혹을 제기하는 것과 달
　리, [B]에서는 사랑의 가치에 대해 확신을 표현하고
　있다.

52 ㉠~㉤에 대한 설명으로 적절하지 <u>않은</u> 것은?

① ㉠: 영채에 대한 미안함 때문에 미국행을 포기하는 것
　이 옳다는 인식이 드러나고 있다.

② ㉡: 영채에 대한 의리를 지키기 위해 선형과의 혼인
　약속을 깨는 것이 비상식적이라는 인식이 드러나고
　있다.

③ ㉢: 영채와 혼인하기 위해서는 선형과의 약혼을 유지
　할 수 없으므로, 약혼을 파하는 것이 옳다는 인식이 드
　러나고 있다.

④ ㉣: 영채를 버리고 미국행을 선택하는 것과 선형과 혼
　인하는 일이 동시에 이루어질 수 없다는 인식이 드러
　나고 있다.

⑤ ㉤: 영채는 동경으로, 형식은 미국으로 유학 가서, 미
　래에는 새로운 관계를 맺는 것이 낫겠다는 인식이 드
　러나고 있다.

53 어린아이 와 어른 을 이해한 내용으로 가장 적절한 것은?

① 어린아이가 윤리적으로 순결한 자라면, 어른은 윤리
　적으로 타락한 자이다.

② 어린아이가 권력에 복종하는 사회적 약자라면, 어른
　은 약자를 지배하는 권력자이다.

③ 어린아이가 새로운 풍습에 적응하는 자라면, 어른은
　기존의 풍습에 얽매인 자이다.

④ 어린아이가 외부 세계의 충격에 위축되는 자라면, 어
　른은 외부 세계의 충격에 유연하게 대응하는 자이다.

⑤ 어린아이가 공동체의 이상을 관념적으로 받아들이고
　있는 자라면, 어른은 공동체의 이상을 체득한 자이다.

54 〈보기〉를 바탕으로 윗글을 감상한 내용으로 적절하지 않은 것은? [3점]

'연애'라는 말은 20세기 초 조선에서 영어 'LOVE'의 번역어로 처음 등장했다. 연애는 단순히 남녀의 교제라는 행위가 아니라, 감정의 주체로서 개인을 전제한 근대적인 관념이었다. 따라서 연애는 개인에게는 자아를 자각하는 중요한 계기로 작용했고, 사회에는 자유로운 배우자 선택의 근거로 작용함으로써 가족 제도의 변혁을 유도했다. 「무정」이 창작될 무렵, 연애를 고민하고 실천하는 일은 근대적 삶의 실천으로 인식되었고, 소설은 '연애에 기초한 혼인'을 형상화함으로써 계몽성을 드러냈다. 나아가 「무정」에서는 '형식'이 연애와 관련된 개인적 경험을 통해 자기만의 새로운 진실을 발견한다. 사랑의 갈등을 겪는 가운데 스스로를 민족 계몽의 선각자로 자부했던 '형식'은 자신의 내면에서 결핍을 발견하게 되는 것이다.

① 사랑의 대상을 혼인의 대상으로 삼아야 한다고 고민하는 형식의 모습은, 연애에 기초한 혼인의 문제를 고민하는 개인을 형상화한 결과이겠군.

② 사랑의 대상이 누구인지 자문하는 형식의 모습은, 감정의 주체로서의 개인을 통하여 근대적 관념으로서의 연애를 서사화한 결과이겠군.

③ 사랑을 개인의 일로만 국한하지 않고 민족에 대한 정신적 혁명의 일환으로 생각하는 형식의 모습은, 근대적 삶의 실천으로서의 연애가 계몽성을 지녔음을 보여 주는군.

④ 인생의 사업이 하루아침에 헛된 것임을 깨닫고 실망하는 형식의 모습은, 연애의 실천에서 겪는 어려움이 근대적 자아의 자각에도 부정적으로 영향을 미치고 있음을 드러내는군.

⑤ 사랑의 진실을 확인함으로써 인생에 대한 자신의 깨달음을 성찰하는 형식의 모습은, 연애를 고민하는 개인적 경험을 통해 내면의 결핍이라는 새로운 진실에 접근하는 모습을 보여 주는군.

— (해설 p.277) —

선군이 한림원에 다녀온 후 편지 먼저 하는지라. 노복이 주야로 내려와 상공께 편지를 드리니, 한 장은 부모님께, 한 장은 낭자에게 부친 편지거늘, 부모님께 올린 편지를 상공이 열어 보니,

[A]
"문안드립니다. 그사이 부모님께서는 평안하셨나이까? 저는 부모님 덕분에 무탈하옵니다. 또한 천은을 입어 금번에 장원 급제하여 한림학사로 입조하여 도문*하니, 일자는 금월 망일이오니 잔치는 알아서 준비해 주옵소서."

하였더라.

낭자에게 온 편지를 부인 정 씨 춘양에게 주며,

"ⓐ이 편지는 네 어미에게 부친 편지라. 네가 잘 간수하라."

하고 부인 통곡하니 춘양이 그 편지를 받고 울며 동춘을 안고 방에 들어가 어미 시신 흔들고 울며, 편지 열어 낯에 대고 통곡 왈,

"어머님 일어나소. 아버님 편지가 왔나이다. 일어나소. 아버님 장원 급제하여 내려오시나이다."

하며 편지로 낯을 덮으며,

"동춘은 연일 젖 먹자고 웁니다. 어머님 평시 글을 좋아하시더니 아버님 편지 왔사온데 어찌 반기지 아니하시나이까? 춘양은 글을 몰라 어머님 영전에 읽어 드리지 못하나니 답답하나이다."

하고 할머님께 빌며,

"할머님께서 어머님 영전에 가 편지를 읽으시면 어머님 영혼이 감동할 듯하나이다."

하니 정 씨 마지못해 방에 들어가 울면서 편지를 읽는지라.

[B]
"낭자께 문안 전하니, 애정 담은 편지 한 장 올리나이다. 우리의 태산 같은 정이 천리에 가림에, 낭자의 얼굴을 보고 싶어도 볼 수 없고, 낭자를 생각하지 않아도 절로 생각이 납니다. 요사이 그대의 그림이 전과 빛이 달라 날로 변하나이다. 무슨 병이 들었는지 몰라 객창 등불 아래에서 수심으로 잠들지 못하니 답답합니다. 낭자의 지극한 정성으로 장원 급제하여 이 몸이 영화롭게 내려가니, 어찌 낭자의 뜻을 맞추지 아니하였으리오? 날짜는 금월 모일이니 바라건대 낭자는 천금 같은 옥체를 보존하소서. 내려가 반갑게 만나사이다."

정 씨 보기를 다함에 더욱 슬픈 마음을 진정치 못하여 통곡하며,

"ⓑ슬프다, 춘양아! 가련타, 동춘아! 너희 어미 잃고 어찌 살라 하는가?"

[중략 줄거리] 선군은 숙영이 시아버지로부터 가문의 명예를 실추했다는 오해를 받고 자결한 것을 알게 된다. 숙영은 장례 중 부활해 선군과 집에 돌아온다.

상공과 정씨 부인 내달아 낭자를 붙들고 통곡하며,

"낭자는 어디를 갔다 왔느냐?"

하며 참혹한 마음을 이기지 못하더라. 낭자 상공과 정씨 부인 앞에 가 절하고 사뢰되,

"ⓒ첩은 천상의 죄 있으니 천명이 아닌 것이 없습니다. 너무 한탄치 마옵소서."

하며,

"ⓓ옥황상제님이 우리를 올라오라 하시니 천명을 거스르지 못하여 올라가옵나이다."

하니, 상공 부부 더욱 처량한 심사를 측량치 못할러라. 낭자 백학선과 약주 한 병을 드리며,

"ⓔ이 백학선은 몸이 추우면 더운 바람이 나오니 천하 유명한 보배이옵고, 약주는 기운 불편하시거든 드십시오. 백학선과 약주를 몸에 지니시오면 백세 무양하오리다."

하고,

"**부모님 돌아가실 때 연화궁**의 세계로 모셔 가오이다. 천상 선관이 연화궁에 자주 다니오니 극락 연화궁으로 오시면 반가이 만나 뵈오리다."

하고 선군더러,

"우리 올라갈 때가 급하였으니, 하직하고 **올라가사이다.**"

하니 선군이 부모지정을 잊지 못하여 새로이 슬퍼하니, 선군과 낭자 **부모를 위로하여 나아가 엎드려 고왈,**

"소자 등은 세상 연분이 다하였삽기로 오늘 하직하옵나이다."

하고 인하여 **하직**하며,

"부모님 내내 평안하옵소서."

하고 청사자 한 쌍을 몰아 한림은 동춘을 낭자는 춘양을 안고, 구름에 싸여 올라가는지라.

상공 부부 낭자와 선군이 천궁에 올라간 후로 망연해하며 **세간을 다 나누어** 주고, 백세를 살다가 한날한시에 별세하더라.

－작자 미상, 「숙영낭자전」－

* 도문 : 과거 급제하고 집에 오던 일.

55 '춘양'에 대한 설명으로 가장 적절한 것은?

① 아버지를 보고 싶은 심정을 어머니 영전에서 언급한다.
② 할머니로부터 아버지의 편지를 받아 어머니에게 읽어 준다.
③ 할머니와 함께 어머니 생전의 일화에 대해 이야기를 나눈다.
④ 동생이 어머니가 살아 있는 줄 알고 찾아가려 하자 동생을 막아선다.
⑤ 아버지의 소식을 어머니에게 전하고 싶은 마음을 행동으로 표출한다.

56 [A], [B]에 대한 이해로 가장 적절한 것은?

① [A]에서는 자신의 안부를 전한 뒤 곧이어 받는 이의 안부를 묻는다.
② [B]에서는 받는 이를 만나고 싶지만 당장 그럴 수 없는 처지를 언급하며 안타까운 심정을 드러낸다.
③ [B]에서는 받는 이의 건강에 문제가 있다는 소식을 듣고 걱정하는 마음을 드러낸다.
④ [A]와 [B]에서 모두 자신이 뜻한 바를 이루었음을 전하고, 받는 이에게 그 공을 돌리며 감사해한다.
⑤ [A]와 [B] 모두 당부의 말을 전하는데, [A]에서는 받는 이가 글쓴이의 노력을 알아주길 바라고, [B]에서는 받는 이가 스스로 잘 처신하기를 바란다.

57 ⓐ~ⓔ를 이해한 내용으로 적절하지 <u>않은</u> 것은?

① ⓐ : 편지의 수신인이 누구인지 말해 주며 상대가 편지의 중요성을 인식하게 하고 있다.
② ⓑ : 손주들을 호명하며 격해진 감정과 그들을 불쌍해하는 마음을 표출하고 있다.
③ ⓒ : 자신의 운명은 하늘의 뜻이라고 함으로써 집에 온 자신을 책망하지 말 것을 부탁하고 있다.
④ ⓓ : 옥황상제의 부름을 거절할 수 없다고 말함으로써 이별이 예정되어 있음을 언급하고 있다.
⑤ ⓔ : 백학선과 약주를 선물함으로써 상대를 걱정하는 마음을 드러내고 있다.

58 ⟨보기⟩를 참고하여 윗글을 감상한 내용으로 적절하지 <u>않은</u> 것은? [3점]

> ─────────[보기]─────────
>
> 「숙영낭자전」에서 승천은 인간 세상의 명분에 구속받지 않는 가족 사랑을 모색한다는 의의를 갖는다. 작품에서는 상공의 잘못이 개인의 문제이기 이전에 가문이라는 명분을 중시하는 인간 세상의 구조적 문제라고 보았다. 그래서 숙영 부부는 가문이라는 명분이 작동하지 않는 천상으로 보내고, 상공 부부는 가문의 무의미함을 깨닫게 하여 구조적 문제에 대응하는 한 방식을 보여 주었다. 하지만 숙영 부부를 천상에 간 뒤에도 부모를 잘 섬기려는 모습으로 그려 낸 것은, 가족 사랑의 보편적 가치를 환기하기 위한 것이다.

① 숙영이 '부모님 돌아가실 때 연화궁'으로 모셔 가겠다고 하는 데에서, 연화궁에서 숙영과 부모를 만나게 하여 가족 사랑의 보편적 가치를 환기하려는 것을 확인할 수 있군.
② 숙영이 선군에게 천궁으로 '올라가사이다'라고 하는 데에서, 숙영 부부를 천상으로 보내 가문이라는 명분이 작동하지 않는 곳에서 살게 하려는 것을 확인할 수 있군.
③ 숙영 부부가 '부모를 위로하여 나아가 엎드려 고'하는 데에서, 승천을 망설이는 모습을 보여 주어 숙영 부부를 부모를 잘 섬기는 인물로 그려 낸 것을 확인할 수 있군.
④ 숙영 부부가 부모에게 '하직' 인사를 하는 데에서, 숙영 부부로 하여금 부모를 떠나게 하여 인간 세상의 구조적 문제에 대응하는 양상을 보여 준 것을 확인할 수 있군.
⑤ '상공 부부'가 '세간을 다 나누어 주'는 데에서, 가족을 잃어 허망해하는 상공 부부의 모습을 보여 주어 가문의 무의미함을 깨닫게 한 것을 확인할 수 있군.

[59~62] 다음 글을 읽고 물음에 답하시오.　　2023.06 [28~31]

──── (해설 p.284) ─┐

[앞부분의 줄거리] 해방 직후, 미군 소위의 통역을 맡아 부정 축재를 일삼던 방삼복은 고향에서 온 백 주사를 집으로 초대한다.

"서 주사가 이거 두구 갑디다."

들고 올라온 각봉투 한 장을 남편에게 건네어 준다.

"어디?"

그러면서 받아 봉을 뜯는다. 소절수 한 장이 나온다. 액면 만 원짜리다.

미스터 방은 성을 벌컥 내면서

"겨우 둔 만 원야?"

하고 소절수를 다다미 바닥에다 홱 내던진다.

"내가 알우?"

"우랄질 자식 어디 보자. 그래 전, 걸 십만 원에 불하 맡아다, 백만 원 하나 냉겨 먹을 테문서, 그래 겨우 둔 만 원야? 엠병헐 자식, ㉠내가 엠피*헌테 말 한마디문, 전 어느 지경 갈지 모를 줄 모르구서."

"정종으루 가져와요?"

"내 말 한마디에, 죽을 눔이 살아나구, 살 눔이 죽구 허는 줄은 모르구서. 흥, 이 자식 경 좀 쳐 봐라…‥. 증종 따근허게 데와. 날두 산산허구 허니."

새로이 안주가 오고, 따끈한 정종으로 술이 몇 잔 더 오락가락하고 나서였다.

백 주사는 마침내, **진작부터 벼르던 이야기**를 꺼내었다.

백 주사의 아들 ㉡백선봉은, 순사 임명장을 받아 쥐면서부터 시작하여 8·15 그 전날까지 칠 년 동안, 세 곳 주재소와 두 곳 경찰서를 전근하여 다니면서, 이백 석 추수의 토지와, 만 원짜리 저금통장과, 만 원어치가 넘는 옷이며 비단과, 역시 만 원어치가 넘는 여편네의 패물과를 장만하였다.

[A] **남들**은 주린 창자를 졸라맬 때 그의 광에는 옥 같은 정백미가 몇 가마니씩 쌓였고, 반년 일 년을 남들은 구경도 못 하는 고기와 생선이 끼니마다 상에 오르지 않는 날이 없었다.

××경찰서의 경제계 주임으로 있던 마지막 이 년 동안은 더욱더 호화판이었다. 8·15 그날 밤, **군중**이 그의 집을 습격하였을 때에 쏟아져 나온 물건이

[B] 쌀 말고도
　　광목 여섯 필
　　고무신 스물세 켤레
　　지카다비 여덟 켤레
　　빨랫비누 세 궤짝
　　양말 오십 타
　　정종 열세 병
　　설탕 한 부대

[C] 이렇게 **있었더란다.** 만 원어치 여편네의 패물과, 만 원 어치의 옷감이며 비단과, 만 원짜리 저금통장은 고만두고 말이었다.

물건 하나 없이 죄다 빼앗기고, 집과 세간은 조각도 못 쓰게 산산 다 부수고, 백선봉은 팔이 부러지고, 첩은 머리가 절반이나 뽑히고, 겨우겨우 목숨만 살아, 본집으로 도망해 왔다.

[D] 일변 고을에서는, 백 주사가, 자식이 그런 짓을 해서 산 토지를 가지고, **동네 사람**한테 거만히 굴고, 작인들한테 팔 할 가까운 도지를 받고, 고리대 금을 하고 하였대서, 백선봉이 도망해 와 눕는 그날 밤, 그의 본집인 백 주사네 집을 습격하였다.

[E] 집과 세간 죄다 부수고, 백선봉이 보낸 통제 배급 물자 숱한 것 죄다 빼앗기고, **가족들**은 죽을 매를 맞고, 백선봉은 처가로, 백 주사는 서울로 각기 피신하여 목숨만 우선 보전하였다.

백 주사는 비싼 여관 밥을 사 먹으면서, 울적히 거리를 오락가락, 어떻게 하면 이 분풀이를 할까, ⓐ어떻게 하면 빼앗긴 돈과 물건을 도로 다 찾을까 하고 궁리를 하는 것이나, 아무런 묘책도 없었다.

그러자 오늘은 우연히 이 미스터 방을 만났다. 종로를 지향없이 거니는데, 지나가던 자동차가 스르르 멈추면서, 서양 사람과 같이 탔던 신사 양반 하나가 내려서더니, 어쩌다 눈이 마주치자

"아, 백 주사 아니신가요?"

하고 반기는 것이었었다.

자세히 보니, 무어 길바닥에서 신기료장수를 한다던 코삐뚤이 삼복이가 분명하였다.

"자네가, 저, 저, 방, 방…‥."

"네, 삼복입니다."

"아, 건데, 자네가…‥."

"허, 살 때가 됐답니다."

그러고는 ⓑ내 집으루 갑시다, 하고 잡아끄는 대로 끌리어 온 것이었다.

의표하며, 집하며, 식모에 침모에 계집 하인까지 부리
면서 사는 것이며, 신수가 훤히 트여 가지고, 말도 제법
의젓하여진 것 같은 것이며, ⓒ 진소위 개천에서 용이
났다고 할 것인지.

옛날의 영화가 꿈이 되고, 일조에 몰락하여 가뜩이나
초상집 개처럼 초라한 자기가, ⓓ 또 한 번 어깨가 옴츠
러듦을 느끼지 아니치 못하였다. 그런 데다 이 녀석이,
언제 적 저라고 무엄스럽게 굴어, 심히 불쾌하였고, 그래
서 ⓔ 엔간히 자리를 털고 일어설 생각이 몇 번이나 나
지 아니한 것도 아니었었다. 그러나 참았다.

보아하니 큰 세도를 부리는 것이 분명하였다. 잘만 하
면 그 힘을 빌려, 분풀이와, 빼앗긴 재물을 도로 찾을 여
망이 있을 듯싶었다.

-채만식, 「미스터 방」-

* 엠피(MP) : 미군 헌병.

59 윗글의 대화를 중심으로 '방삼복'을 이해한 것으로 가장
적절한 것은?

① 자신이 꾸미고 있는 일에 관심 없는 상대에게 자기 업
무를 떠넘기는 뻔뻔함을 보이고 있다.

② 질문에 대꾸하지 않음으로써 상대가 같은 질문을 반
복하도록 거드름을 피우고 있다.

③ 눈앞에 없는 사람을 비난하고 위협함으로써 함께 있
는 상대에게 자신의 위세를 드러내고 있다.

④ 차에서 내려 상대에게 먼저 알은체하며 동승자에게
자신의 인맥을 과시하고 있다.

⑤ 상대가 이름을 제대로 말하기 전에 말을 가로채 상대
에 대한 열등감을 감추고 있다.

60 ㉠과 ㉡에 대한 설명으로 가장 적절한 것은?

① ㉠과 ㉡에는 모두 외세에 기대어 사익을 추구하는 인
물의 부정적 모습이 드러난다.

② ㉠과 ㉡에는 모두 외세와 이를 돕는 인물 간의 권력
관계가 일시적으로 역전된 모습이 드러난다.

③ ㉠과 ㉡에는 모두 사회적 지위를 이용하여 타인의 권
익을 침해하는 인물이 몰락하는 모습이 드러난다.

④ ㉠에는 권력을 향한 인물의 조바심이, ㉡에는 권력에
의한 인물의 좌절감이 드러난다.

⑤ ㉠에는 자신의 권위에 대한 인물의 확신이, ㉡에는 추
락한 권위를 회복할 수 있다는 인물의 자신감이 드러
난다.

61 ⓐ~ⓔ에 대한 이해로 적절하지 <u>않은</u> 것은?

① ⓐ : 스스로는 문제 해결이 불가능한 상태임을 강조하
여 인물의 답답한 처지를 보여 준다.

② ⓑ : 방삼복의 제안에 엉겁결에 따라가는 모습을 통해
인물이 얼떨떨한 상태임을 보여 준다.

③ ⓒ : 신수가 좋고 재력이 대단해 보이는 방삼복의 모습
에 고향 사람에 대한 자부심을 갖게 되었음을 보여 준다.

④ ⓓ : 자신의 처지를 방삼복과 비교하면서 주눅이 들었
음을 보여 준다.

⑤ ⓔ : 방삼복에게 도움을 받을 수 있다는 기대감과 그에
대한 반감이 뒤섞여 있음을 보여 준다.

62 〈보기〉를 참고하여 [A]~[E]를 감상한 내용으로 적절하
지 <u>않은</u> 것은? [3점]

[보기]

'진작부터 벼르던 이야기'는 백 주사가 자신과 가
족의 억울함을 하소연하는 부분이다. 그런데 서술
자는 그 '이야기'를 서술자의 시선뿐 아니라 여러 인
물들의 시선으로 초점화하여 서술함으로써 독자와
작중 인물 간의 거리를 조절한다. 또한 세부 항목을
하나씩 나열하여 장면의 분위기를 고조하고 정서를
확장하는 서술 방법으로 독자에게 현장감을 전해
준다. 이때 독자는 백 주사와 그의 가족에게 고통받
았던 사람들의 입장에 서서 그들을 비판적으로 보
게 된다.

① [A] : 백선봉의 풍요로운 생활을 '남들'의 굶주린 생활
과 비교하여 서술함으로써 독자가 그를 비판적으로
보게 하고 있군.

② [B] : 부정하게 모은 많은 물건들을 하나씩 나열하여
습격 당시 현장의 들뜬 분위기를 환기함으로써 '군중'
의 놀람과 분노를 독자에게 전하려 하고 있군.

③ [C] : '있었더란다'를 통해 누군가에게 들은 것처럼 전
하면서도, 전하는 내용을 '군중'의 시선으로 초점화하
여 독자가 '군중'의 입장에 서도록 유도하고 있군.

④ [D] : '동네 사람'의 시선으로 초점화하여 백 주사의 만
행을 서술함으로써 백 주사가 습격의 빌미를 제공한
것처럼 독자가 느끼게 하고 있군.

⑤ [E] : 백 주사 '가족'의 몰락을 보여 주는 사건들을 백 주
사의 시선으로 일관되게 초점화하여 그들에게 고통받
았던 사람들의 편에 선 독자가 통쾌함을 느끼게 하고
있군.

—— (해설 p.292) ——

[앞부분의 줄거리] 위세를 떨치던 안양덕 집안에서 머슴으로 일하는 김원석이 양덕영감의 집에서 명절 떡을 훔쳐 온다. 이 떡으로 또쇠 아버지와 치전(길성 아버지)이 떡 먹기 내기를 하다가 치전이 급체로 죽는다. 이 일로 인해 순사가 양덕영감을 찾아온다.

"이리 오너라." 하며 순사는 죄인이나 다루듯이 원석이의 소맷자락을 잡아 채친다. 가슴이 떨리나 하는 대로 내버려두었다. ㉠설령 죄가 돌아온다 하더라도 받는 것이다! 고까지 생각하며 마음을 가라앉히려 하였다. 사랑마당에 들어서서도 원석이의 소매를 놓지 않고 큰방에다가 대고 주인을 부른다.

노영감이 유리로 내다보다가 누구든지 나가 보라고 소리를 치니까 약(藥) 맡아보는 ⓐ선달이 나왔다.

"당신이 주인이오?"

"아녜요……." 하고 이 늙은이는 벌벌 떨면서 뒤로 들어가더니 곧 양덕영감이 나왔다.

"왜 그러우?"

양덕영감은 망건을 도드라지게 쓴 위에 곱다란 인모탕건을 얹어 놓았다. 탐스런 대모풍잠이 은은히 비추인다. 말소리가 좀 거만한 듯한 데에 불끈한 순사는,

"당신이 주인이요? 호주요?" 하고 연거푸 물었다. ⓑ양덕영감은 왜 그러는지 잠깐 머뭇거리다가,

"네." 하고 겨우, 그러나 아까보다는 좀 수그러진 목소리로 대답을 했다.

"주재소로 좀 갑시다. 어서 옷 입으우."

"무슨 일인데요?"

"나도 모르우. 어서 옷 갖다가 입우."

이러는 동안에 노영감은 마루로 나서고 ⓒ꼬깔 참봉은 누가 기별했는지 안에서 눈이 뚱그래서 고깔을 휘젓고 튀어나오고 아들 손자 하인 할 것 없이 삽시간에 마당이 빽빽하게 모여들었다. 원석이 처는 코끝이 빨개서 뛰어나와서 똥그란 두 눈을 회회 내젓다가 남편이 순사에게 붙들려 섰는 것을 보고 틈을 비비고 나서다가 꼬깔 참봉께 호령만 당하고 사람의 틈으로 물러섰다.

"왜 그러슈? 치전이 죽은 데 무슨 상관이 있는 줄 알고 그러슈? 그 일이면 내가 자세히 아니 나하고 갑시다."

꼬깔 참봉이 나서며 이렇게 물었다. ㉡이 말에 누구보다 놀란 사람은 원석이었다. 벌써 소문이 돌았던 게다.

"응? 치전이가 죽었어?" 하고 놀라는 소리도 그중에서는 들렸다.

"그럼 갈 테건 당신도 갑시다." 하며 ⓓ순사는 부자를

다 데리고 갈 눈치다. 꼬깔 참봉이 나중에는 허리를 굽실거리며 쉰네를 개올려 가며 애원을 해 보았으나 끝끝내 고집을 세우고 어디로 도망이나 할 염려가 있는 듯이 부자의 옷을 내어다가 입혀서 앞장세우고 주재소로 갔다. 경관의 앞에는 상전 하인이 없었다. ㉢이런 일은 이곳에 주재소가 나와 선 지 수십 년 내에, 아니 이 집의 가문에 없던 일이었다.

(중략)

치전이의 장사는 하여간 이와 같이 하여 그날 저녁때에 눈발이 날리고 쓸쓸한 가운데 – 그러나 읍내의 청년 단체의 대표자의 호상까지 받고서 무사히 지냈다. 송장을 파묻고 내려올 제 그 청년들은 원석이를 붙들고,

"기위 양덕 집에서 쫓겨나게 되었다니 나올 바에야 오늘로라도 나오슈. 우리도 이리 올 때에는 그 집에 가서 장비라도 부조를 하라고 권고를 할 작정이었으나 그까짓 놈이 내놓으면 얼마나 내놓겠소. 그래서 그만두었지만 저희도 좀 정신 차릴 날이 있으리라." 하며 남의 일이건만 왜 그러는지 성벽을 내어서 여러 사람을 충동이는 것 같았다.

㉣"아닌 게 아니라 저희도 좀 양덕 댁에 말해 볼까 하다가 핀잔만 만날 것 같아 그만두었습죠."

원석이도 이렇게 맞장구를 쳤다.

"그렇다마다요. ㉤우리 지부에서도 창립할 때 원조를 청했더니 단돈 일 원 한 장도 안 내고 그런 건 우리는 모릅니다고 뻣뻣하기가 바지랑대*던데……."

이것은 또 다른 청년의 말이다.

"그는 하여간에 김원석 씨는 그 집에서 나오면 당장 어데를 가시려우?"

거의 길성이 집 근처까지 와서 한 청년은 원석이를 쳐다보며 발을 멈춘다. 길성 어머니는 어찌나 추운지 이제는 울지도 못하고 자식들이 기다리는 집으로 달음질을 해 간다.

"왜 그러시죠? …… 저두 이번 일에 무식한 생각이나마 깨달은 것이 있어서 단정코 서울로 올라가렵니다." 하고 원석이도 발을 멈추며 섰다.

"서울루? 서울루 가서 뭘 하려우?"

"무얼 하자는 게 아니오라 여기 있으면 어떻게 땅 뙈기라도 부쳐서 먹고 지내려면 지낼 수도 있겠지 마는요……." 하며 원석이는 추운지 어깨를 으쓱하며 두루마기 소매로 코를 쓱 씻는다. 여러 사람은 원석이의 나중 말을 들으려는 듯이 잠자코 쳐다본다.

"글쎄 말요. 시골 사람은 덮어놓고 서울 서울 하
지만 서울 처음 가서 어름어름하다가는 여기 있
[A]   는 것보다도 더 어려울 것 같은데……."
청년은 이런 소리를 한다.
"그것도 모르는 건 아닙니다마는……." 하며 원석
이는 자기가 아직 나이 늙기 전에 노동을 하면서
도 공부를 해서 **사람답게 살아 보겠다**는 말이며 길
성이네 네 식구를 적어도 장래는 자기가 뒤를 보아
주어야겠다는 말, 또 이곳에 떨어져 있으려면 친구
들에게 낯이 없어서 괴롭다는 여러 가지 사정을 간
단히 말하였다.

-염상섭, 「두 출발」-

* 바지랑대 : 빨랫줄을 받치는 긴 막대기.* 엠피(MP) : 미군 헌병.

---

63 [A]에 나타난 서술상 특징으로 가장 적절한 것은?

① 서술자가 특정 인물의 시선에 의존하여 사건의 전모
를 제한적으로 전달하고 있다.
② 이야기 외부의 서술자를 통해 인물에 대한 주관적 평
가를 직접적으로 밝히고 있다.
③ 직접 인용 표현과 간접 인용 표현을 혼용하여 특정 인
물의 생각을 드러내고 있다.
④ 대화를 주고받는 장면을 제시하여 인물 간의 갈등이
심화되는 양상을 보여 주고 있다.
⑤ 관찰자의 시선으로 특정 인물의 행동을 묘사하여 시
간의 흐름에 따른 인물의 심리 변화를 제시하고 있다.

64 ⓐ~ⓓ를 중심으로 윗글을 이해한 내용으로 가장 적절한
것은?

① ⓐ는 ⓓ가 주인을 부르는 소리를 듣고 ⓒ를 대신하여
마당으로 나온다.
② ⓑ는 불안한 상황에 처한 ⓐ의 입장을 설명하기 위해
ⓓ와의 대화를 시도한다.
③ ⓒ는 ⓓ가 ⓑ에게 거만한 태도로 응대하는 것을 지적
하며 불만을 표출한다.
④ ⓒ는 ⓑ가 곤란한 상황에 처한 것을 알아차리고 ⓓ와
동행하겠다는 의사를 밝힌다.
⑤ ⓓ는 ⓒ가 제안한 바를 수용하여 ⓑ를 주재소로 데리
고 간다.

65 ㉠~㉤에 대한 이해로 적절하지 <u>않은</u> 것은?

① ㉠: 가정적인 상황을 상정하여 심리적인 압박 상태를
해소하고자 애쓰고 있음이 나타난다.
② ㉡: 공유되지 않고 있다고 여겼던 일을 모두가 이미
알고 있었음을 알게 된 데에 따른 반응을 나타낸다.
③ ㉢: 시간적인 내력을 따져 보며 인물이 처해 있는 상
황이 매우 이례적인 사건임을 보여 준다.
④ ㉣: 대화에서 언급된 대상의 반응을 예상할 수 있기 때
문에 의도한 바를 시도조차 하지 않았음이 드러난다.
⑤ ㉤: 과거의 경험에서 비롯된 인물에 대한 부정적 인식
을 특정 사물의 속성에 빗대어 드러낸다.

66 〈보기〉를 참고하여 윗글을 감상한 내용으로 적절하지 <u>않은</u> 것은? [3점]

　　이 작품은 전통과 근대의 가치관이 혼재된 시기에, 엄격한 상하 관계에 기반한 신분 제도가 혼란해지는 사회상을 잘 담고 있다. 이 작품의 인물들은 권위를 내세우며 자신의 지위를 고수하려는 모습이나, 기존 삶의 구습에서 벗어나 자신의 삶을 새롭게 인식하는 면모를 보인다. 또한 급변하는 현실 속에서 위 세대와는 다르게, 권력에 더 민감하게 대응하는 모습을 보이기도 한다. 이 작품은 현실에 작용하는 권력이 다양한 계층의 인간들에게 영향을 끼치는 상황을 재현하며, 완고했던 신분적 위상이 흔들리고 있음을 보여 주고 있다.

① '똥그란 두 눈을 홰홰 내젓'는 원석의 처에게 '호령'하는 꼬깔 참봉의 모습에서, 자신의 신분적 지위를 고수하며 권위를 내세우고자 하는 태도를 엿볼 수 있겠군.

② '그까짓 놈'의 행태를 지적하고 그들도 '정신 차릴 날'이 올 거라는 청년의 말에서, 완고했던 신분적 위상이 전통과 근대가 혼재하던 시기에 흔들리고 있는 상황을 엿볼 수 있겠군.

③ '경관의 앞'에서는 '상전 하인이 없었다'는 것에서, 당시에 작용했던 새로운 권력으로 인해 기존 신분제의 엄격한 상하 관계가 역전된 사회의 혼란상을 엿볼 수 있겠군.

④ '쫓겨나게' 된 원석이 '깨달은 것이 있'다며 '사람답게 살아 보겠다'고 말하는 것에서, 기존 삶의 구습에서 벗어나 자신의 삶을 새롭게 인식하는 인물의 모습을 엿볼 수 있겠군.

⑤ '수그러진 목소리' 정도만으로 순사를 대하는 양덕영감과 달리, '굽실'대며 '쇤네'라고까지 하는 꼬깔 참봉의 모습에서, 위 세대보다 권력에 더 민감하게 대응하는 모습을 확인할 수 있겠군.

[67~70] 다음 글을 읽고 물음에 답하시오. 2024.06 [27~30]

―――――――― (해설 p.300) ――

[앞부분 줄거리] 아버지가 위독하다는 소식을 듣고 귀향한 정일은 용팔에게 재산 상속에 관한 이야기를 듣는다.

아버지가 아직도 지키고 있는 그의 재산을 넘겨다보는 듯한 용팔이가 따지는 산판알이 거침없이 한 자리씩 올라가는 것을 유심히 바라보고 있는 자신을 의식하며 보고 있을 때, 이렇게 대강만 놓아도, 하고 산판을 밀어 놓으며 쳐다보는 용팔의 눈과 마주치게 되자 정일이는 흠칫 놀라게 되는 자신의 얼굴이 붉어지는 것을 깨달았다. ⓐ여기 대한 상속세만 해도 큰돈인데 안 물고 할 수 있는 이것은 제 말씀대로 하시지요. 이렇게 결정적으로 말하는 용팔이는 정일이의 앞에 위임장을 내놓으며 도장을 치라고 하였다.

[A]
　　정일이는 더욱 불쾌하여졌다. 잠이 부족한 신경 탓도 있겠지만 자기의 눈을 기탄없이 바라보는 용팔이의 얼굴에 발라 놓은 듯한 그 웃음이 말할 수 없이 미웠다. 이 소인 놈! 하는 의분 같은 ㉠심열이 떠오르며, 언제 내가 이런 음모를 하자고 너와 공모를 하였던가? 하고 그의 뺨을 갈기고 싶은 충동을 느끼었다. 그러나 정일이는 금시에 미끄러지는 듯한 웃음이 자기 얼굴에 흐름을 깨달았다. 이러한 심열은 신경 쇠약의 탓이 아닐까? 의분이랄 것도 없고 결벽성도 아니고 그런 것을 공연히 이같이 한 순간에 뒤집히는 자기 마음 한 모퉁이에 상식을 농쳐 뿌린 결과가 어떤가? 해보자 하는 놓치기 쉬운 어떤 힌트같이 번쩍이는 생각을 보자 정일이는 조급히 도장을 뒤져내며, 자 칠 대로 치우, 나는 어디다 치는 것도 모르니까 하였다. 이렇게 지껄이듯이 말하는 정일이는 자기가 실없이 웃기까지 하는 것을 들을 때 내가 지금 더 심한 심열에 떠 있지 않은가? 하는 생각에 갑자기 말과 웃음과 표정까지 없어지고 말았다.

ⓑ도장을 치고 난 용팔이는 공손히 정일이에게 돌리며, 잔금은 제가 장인께 말씀드리겠습니다, 하고 일어선다. 중문으로 들어가는 용팔이의 뒷모양을 바라보던 정일이는 갑자기 불러내고 싶었다. 궁둥이를 들먹하고 부르는 손짓까지 하였으나 탄력 없이 벌어진 입에서는 말이 나오지 않았다. 창졸간에 용팔이를 어떻게 불러야 할

지 몰라서 주저되는 것같이도 생각되었다. 중문 안으로 들어가는 용팔이의 뒷모양은 마치 심한 장난을 꾸미다가 용기를 못 내는 자기를 남겨 두고 ⓒ그걸 못 해? 내 하마 하고 나서는 동무의 모양같이 아슬아슬한 것이었다. 종시 용팔이가 중문 안으로 사라져서 불러낼 기회를 놓치고 말았다고 후회하면서도 내가 정말 후회하는 것이라면 지금이라도 따라가서 붙들 수도 있지 않은가? 이렇게 생각하는 정일이는 용팔이가 이 말을 시작하였을 때부터 자기는 육감으로 벌써 예기하였던지도 모를 일이 지금 일어나리라는 기대가 앞서는 것을 느끼며 ⓓ정일이는 실험의 결과를 기다리는 듯이 숨을 죽이고 귀를 기울이고 있었다. 예사로운 말소리는 들리지 않는 거리이므로 긴장한 정일이의 귀에도 한참 동안은 아무런 말도 들리지 않았다. 아버지도 종시 죽음에 굴복하고 마는가? 이렇게 생각되어 정일이는 긴장하였더니만큼 허전한 실망에 담배를 붙이려고 성냥을 그었을 때 자기의 귀를 때리는 듯한 아버지의 격분한 고함 소리를 들었다.

(중략)

사실 이렇게 되어서까지도 죽기가 싫은가 하고 아버지를 눈 찌푸리고 바라보는 자기는 죽음의 공포를 해탈한 무슨 수양이 있는 것이 아니라 단지 애써 살려는 의지력이 없는 것뿐이다. ⓔ아버지는 한 번도 자기의 생활을 회의하거나 죽음을 생각할 필요가 없었던 사람이므로 이같이 죽음과 싸울 수 있는 것이 아닐까 생각하였다. 그래서 정일이는 어떤 위대한 의지력을 우러러보는 듯한 마음으로 아버지의 고통을 바라보고 있는 자기를 발견하는 때가 있었다.

[B]
　　그때 심한 구토를 한 후부터 한 방울 물도 먹지 못하고 혓바닥을 축이는 것만으로도 심한 구역을 하게 된 만수 노인은 물을 보기라도 하겠다고 하였다. 정일이는 요를 둗여서 병상을 돋우고 아버지가 바라보기 편한 곳에 큰 물그릇을 놓아 드렸다. 그러나 그 물그릇을 바라보기에 피곤한 병인은 어디나 눈 가는 곳에는 물이 보이기를 원하였다. 그래서 큰 어항을 병실에 가득 늘어놓고 물을 채워 놓았다. 병인은 이 어항에서 저 어항으로 ㉡서늘한 감각을 시선으로 핥듯이 돌려 보다가 그도 만족하지 못하여 시원히 흐르는 물이 보고 싶다고 하였다. 정일이는 아버지가 보기 편한 곳에 큰 물그릇을 놓고 대접으로 물을 떠서는 작은 폭포같이 들이 쏟고 또 떠서는 들이 쏟기를 계속하였다. 만수 노인은 꺼멓게 탄 혀를 벌린 입 밖에 내놓고 황홀한 눈으로 드리우는 물

줄기를 바라보고 있었다. 그 눈을 볼 때 정일이는 걷잡을 사이도 없이 자기 눈에 눈물이 솟아오름을 참을 수가 없었다. 정일이는 일찍이 그러한 눈을 본 기억이 없다고 생각하였다. 더욱이 아버지의 얼굴에서! 자기 아버지에게서 저러한 동경에 사무친 황홀한 눈을 보게 되는 것은 의외라고 할밖에 없었다.

-최명익, 「무성격자」-

67 윗글의 서술상의 특징으로 가장 적절한 것은?

① 회상 장면을 병치하여 사건의 흐름을 반전시킨다.
② 사물의 세부를 구체적으로 묘사하여 장면의 현장성을 강화한다.
③ 중심인물의 반복적인 동작을 강조하여 내적 갈등을 표면화한다.
④ 서술자가 풍자적 어조를 활용하여 중심인물에 대한 비판적 입장을 드러낸다.
⑤ 서술자가 중심인물의 시선에 의존하여 사건의 양상을 제한적으로 나타낸다.

68 ⓐ~ⓔ에 대한 이해로 적절하지 <u>않은</u> 것은?

① ⓐ는 정일이 주목하는 용팔의 이해타산적인 태도를 드러낸다.
② ⓑ는 용팔이 정일에게 예의를 갖추어야 하는 위치임을 드러낸다.
③ ⓒ는 용팔의 행위에 대한 정일의 실망스러운 마음을 드러낸다.
④ ⓓ는 아버지와 용팔 간 대화의 결과를 정일이 주시하고 있음을 드러낸다.
⑤ ⓔ는 아버지가 보여 주는 삶의 태도에 대한 정일의 평가를 드러낸다.

69 [A], [B]를 고려하여 ㉠과 ㉡을 이해한 내용으로 가장 적절한 것은?

① ㉠은 용팔의 '웃음'에 대한 정일의 불쾌감으로 인해, ㉡은 아버지가 내비치는 '황홀한 눈'으로 인해 발생한다.
② ㉠은 정일이 갈등 끝에 '도장'을 찍음으로써, ㉡은 아버지가 사무치는 '동경'을 포기함으로써 지속된다.
③ ㉠은 정일의 '신경 쇠약'을 일으키는 원인이고, ㉡은 아버지가 '꺼멓게 탄 혀'의 고통을 줄이기 위한 방편이다.
④ ㉠은 용팔에 대한 미움이 '뺨을 갈기고 싶은 충동'으로 격화되는 정일의 마음을, ㉡은 '물그릇'에서 '어항', '드리우는 물줄기'로 심화되는 아버지의 갈망을 함축한다.
⑤ ㉠은 용팔의 '공모' 요구로 인해 표면화된 정일의 물질 지향적인 태도를, ㉡은 '심한 구역' 이후로 아버지가 '물'에서 얻고자 하는 육체적 안정에 대한 추구를 드러낸다.

70 〈보기〉를 참고하여 윗글을 감상한 내용으로 적절하지 <u>않은</u> 것은? [3점]

> [보기]
>
> 「무성격자」의 정일은 자신을 구속하는 속물적 욕망을 경멸하고 현실에서의 적극적인 행동을 주저하는 한편, 자신과 주변에 관심을 집중한다. 그는 주변 대상을 관찰하여 그 의미를 파악하고, 파악한 내용에 반응하며, 그런 자신을 분석하기도 한다. 나아가 관찰과 분석을 수행하는 자신의 내면마저 대상화함으로써 인간 심리의 중층적 구조를 드러낸다.

① 산판알을 놓으며 이익을 따지는 상대를 경멸하면서도 산판알이 올라가는 것을 주목하는 데에서, 자신을 구속하는 속물적 욕망으로부터 자유롭지 못한 모습을 찾을 수 있군.
② 상대의 웃음에서 공모 의사를 읽어 내자 얼굴에 흐르는 미끄러지는 듯한 웃음을 깨닫는 데에서, 상대에 대한 불쾌감을 웃음으로 무마하려는 자신을 의식하는 모습을 찾을 수 있군.
③ 중문 안으로 들어가는 상대를 불러내지는 못하고 자신이 그를 부르지 못한 이유를 생각하는 데에서, 행동을 주저하고 자신에게로 관심을 돌리는 모습을 찾을 수 있군.
④ 상대의 고통을 바라보며 의지력을 우러러보는 듯한 마음이 있는 자신을 발견하는 데에서, 상대와의 차이를 인식하는 스스로의 내면마저 대상화하는 모습을 찾을 수 있군.
⑤ 물줄기를 바라보는 상대로부터 이전에는 한 번도 보지 못한 눈을 확인하는 데에서, 주변 대상을 관찰하여 상대가 내비치는 생에 대한 강렬한 동경을 파악하는 모습을 찾을 수 있군.

— (해설 p.308) —

명식의 밤 외출은 날이 갈수록 잦아 갔다. 2층 서재로 숨어 들어가 그의 가면 뒤에서 이상스런 휴식에 젖는 것도 마찬가지였다. 그렇게 하여 그는 사무실에서 묻어 온 피곤기를 가면 뒤에서 말끔히 씻어낸 다음 지연을 찾아 ⓐ밤늦은 2층 계단을 내려오곤 했다.

[A] 　명식은 분명 그 가면 뒤에서라야 비로소 휴식을 얻을 수 있는 듯했다. 그것은 어쩌면 자기 변신의 연극기 같은 것에서 오는, 그 가면 뒤에서 세상을 바라보고 새삼스럽게 자기를 느끼는 시간이 되고 있는지도 모를 일이었다.

그것은 어쨌든, 이제 지연이 명식을 속속들이 다 만나는 것은 그가 그 밤 외출에서 이상스런 방법으로 피로를 씻고 새 힘을 얻어 돌아오는 날뿐이었다.

이윽고 지연에게도 한 가지 변화가 생기기 시작했다. 명식을 만나고 싶은 밤의 소망은 반드시 그의 가면을 연상시켜 주곤 했다. 지연은 명식의 가면을 사랑하기 시작했다. 그녀는 명식의 가면을 만나고 싶어 하고 있었다. 그녀에게는 명식의 가면이 어느새 그렇게 익숙하게 느껴지기 시작하고 있었고, 어찌된 셈인지 그녀는 명식의 동기까지를 포함하여 그러는 자신을 스스로 수긍해 버리고 있었던 것이다. 명식에게서도 혹시 그런 기미가 엿보이고 있었기 때문일까. ㉠지연은 이제 오히려 명식의 맨얼굴 쪽에서 어떤 불편스런 가면이 느껴지고 있을 지경이었다. 그녀에게는 명식이 맨얼굴로 대문을 들어설 때의 표정이야말로 영락없이 가면을 쓰고 있는 것처럼 뻣뻣하고 변화 없고 그리고 어떤 뻔뻔스런 피곤기 같은 것이 온통 그를 가려 버리고 있는 듯한 느낌이 들곤 했다.

그러나 지연은 그토록 익숙해진 명식의 가면을 아직도 똑똑히 본 일이 없었다.

그 첫날 한 번밖엔 명식이 자기의 가면 뒤에서 편안히 쉬고 있는 모습을, 그것이 진짜 자기의 얼굴이나 되는 양 익숙해져 버린 가면으로 의기양양 밤 외출에서 돌아오곤 한 명식을 다시 본 일이 없었다.

지연은 보지 않아도 그것을 알고 있었다. 그리고 이미 그 명식의 얼굴을 자신 속에다 깊이 지녀 버리고 있었다. 문득문득 그것을 만나고 싶은 밤이 많았다. 이날도 지연은 그런 명식을 기다리고 있었다.

[중략 부분의 줄거리] 잠시 후 명식이 밤 외출에서 돌아온다.

한참을 기다렸다. 역시 기척이 없다. 이상한 일이었다.

㉡오늘 밤에도 또?

지연은 갑자기 초조해지기 시작했다. 문득 어떤 별난 밤의 일이 떠올랐다. 그날도 명식은 썩 오랜만의 밤 외출에서 돌아와 소리 없이 2층으로 올라간 다음이었다. 지연은 물론 그녀의 침대 속에서 명식을 기다리고 있었다. 아무리 기다려도 그가 계단을 내려오는 기척이 없었다. 지연은 불쑥 상서롭지 못한 예감이 들었다. 술이 너무 지나쳤나 싶기도 했고, 그런 일이 워낙 처음이라 다른 심상찮은 변고가 생기지 않았나 싶기도 했다. 그녀는 기다리다 못해 결국 자기가 먼저 침대를 내려오고 말았다. 여자가 먼저 남편을 찾는 것처럼 보이기가 여간 쑥스럽지 않았지만, 어쨌든 그녀는 명식을 살피고 와야 한다고 생각했다. 마루에서 잠깐 발길을 망설이던 그녀는 ⓑ가만가만 2층 계단을 올라갔다.

㉢지연이 명식의 방문 앞까지 다가갔을 때 방안의 반응은 그녀가 예상했던 것과는 너무도 딴판이었다.

"좀 들어오지그래."

기다리고 있기나 했었던 듯 문을 열기도 전에 명식의 소리가 먼저 흘러나왔다. 술이 취해 있기는커녕 너무도 정연하고 조용한 목소리였다. 지연은 쑥스러움도 잊고 끌리듯 문을 열고 방안으로 들어섰다.

명식은 불을 켜지 않은 채 창문 근처의 어둠 속에 조용히 파묻혀 있었다.

"앉지 않구."

어둠 속이라 모습은 잘 보이지 않고 목소리만 들려왔다.

"오늘 밤은 여기서 좀 이렇게 지내다 가."

어떤 분명한 의미가 담긴 말이었다. 지연은 감히 명식의 곁으로는 갈 수가 없었다. 공연히 그가 두려웠다. 변장을 하고 있을 그의 얼굴을 만나 버리기가 두려웠다. 그녀는 명식과 멀찌감치 떨어져 있는 등 없는 둥글의자 위로 몸을 주저앉혔다. 그러나 지연은 그러고 앉아서도 명식의 어떤 분명한 얼굴을 보고 있었다.

[B] 　명식은 아직 변장을 풀지 않고 있었다. 그는 목소리가 너무 잔잔했다. 어딘가 한숨 같은 것이 묻어 있는 잔잔한 음성이었다.

지연은 명식의 그 음성으로 그가 지금 자기는 보지도 않고 창밖으로 시선을 내보낸 채, 그녀로서는 도저히 알 수도 없고 설명할 수도 없는 어떤 깊은 갈망에 젖고 있다는 것을 어슴푸레 느낄 수 있었다.

ㅡ이렇게 불을 끄고 앉아 있으니 밤이 좋군. ㉣대낮은 얼굴이 너무 따가워서…… 누구나 결국은 그렇게 되는 거지만 사실 사람들이 얼굴 가득히 그 엄청난 대낮의 햇빛

을 스스럼없이 견디어 낼 수 있도록 잘 단련이 되고 있
는 건 다행한 일이지.

 -하지만 그건 다행스럽다고만은 할 수가 없다면……
그런 식으로 사람들은 제각기 자기의 가면을 든든하게
단련시켜 가고 있거든. 눈물을 흘릴 수가 없어…….

 -가면이 우는 걸 보았을까. 물론 그런 일은 있을 수가
없지. 가면의 눈물은 속으로만 흐르게 마련이거든.

 명식은 역시 취기가 좀 숨어 있었던 모양이었다. 그는
어둠 속에서 혼잣말처럼 띄엄띄엄 중얼거리고 있었는
데 앞뒤가 닿는 소리만 추려 보면 대강 그런 식이었다.
ⓜ지연이 보아 온 대로였다. 대낮을 다니는 맨얼굴에서
가면을 느끼는 대신, 가발과 콧수염으로 변장을 하고 있
는 당장의 자신에 대해서는 전혀 이질감을 느끼지 않고
있는 기미였다. 그리고, 그래서 명식은 그러한 변장 속
에서 비로소 자신의 고뇌를 가장 정직하게 안을 수 있는
듯한 태도였다.

 지연은 아무 말도 하지 않았다. 조용히 입을 다물고 앉
아서 어둠에 싸인 명식의 희미한 모습만 더듬고 있었다.
그러다가 방을 나오고 말았다.

-이청준, 「가면의 꿈」-

71 [A]와 [B]에 대한 설명으로 가장 적절한 것은?

① [A]는 인물 자신이 보고 들은 사건을 주관적 시각에서
 직접적으로 서술한다.
② [A]는 인물의 독백적 발화를 통해 다른 인물의 내면
 심리를 생생하게 제시한다.
③ [B]는 사건을 작중 상황 안에서 목격하는 인물과 그 사
 건을 전달하는 서술자가 서로 다르다.
④ [B]는 작중 상황 안의 서술자가 인물의 심리를 추측하
 여 전달함으로써 독자의 상상력을 제한한다.
⑤ [B]는 서술자가 인물의 행동과 심리를 작중 상황 밖에
 서 전달하다가 작중 상황 안으로 이동하여 전달한다.

72 ㉠~㉤의 문맥적 의미로 가장 적절한 것은?

① ㉠: 귀가할 때 다른 가면을 지어내는 '명식'에게 불편
 을 느끼고 있다.
② ㉡: 가면을 쓴 '명식'과의 대화가 누차 반복되었음을
 나타내고 있다.
③ ㉢: '명식'에 대한 불길한 예감이 들어맞지 않았음을
 보여 주고 있다.

④ ㉣: 타인들의 시선 때문에 낮에도 변장을 하게 되었음
 을 나타내고 있다.
⑤ ㉤: '명식'의 사회적 지위에 대한 '지연'의 부정적 인식
 을 드러내고 있다.

73 ⓐ와 ⓑ에 제시된 행위에 대한 설명으로 가장 적절한 것은?

① ⓐ는 아래층 인물이 위층 인물을 전과 달리 대하는 결
 과를 낳는다.
② ⓐ는 위층 인물이 자신의 가면을 보여 주기 위하여 하
 는 행위이다.
③ ⓐ는 위층 인물이 일상의 고단함을 탈피하기 위하여
 하는 행위이다.
④ ⓑ는 아래층 인물의 내적 욕망과 행동의 괴리가 일어
 나게 한다.
⑤ ⓑ는 아래층 인물이 부부에 대한 전통적 관념을 비판
 적으로 인식하게 한다.

74 〈보기〉를 바탕으로 윗글을 감상할 때, 적절하지 <u>않은</u>
것은?

─────[보기]─────

 소설 속 인물의 변신 모티프는 그가 겪는 갈등의
크기를 드러내고 그것을 해소하려는 깊은 소망을 내
보이는 방편일 뿐, 소망의 실현을 목적으로 하지 않
는다. 변신은 갈등의 일시적 해소 효과가 없지 않지
만, 가짜 해결의 속임수이고 상상적 희망의 기호에
불과하다. 결국 갈등을 극복할 수 있는 길은 참된 자
아의 진실을 근거로 하여 그것에 맞서는 것뿐이다.

-작가의 말 중에서

① '지연'이 '명식'과 멀찌감치 떨어져 있는 의자에 앉은 것
 은 '명식'의 참된 자아를 발견할까 두려웠기 때문이다.
② '명식'의 밤 외출이 잦아지는 것은 현실 세계와의 불화
 로 인하여 갈등이 고조되었음을 우회적으로 나타낸다.
③ '명식'이 가면의 눈물은 속으로만 흐른다고 말한 것은 참
 된 자아를 숨긴 채 살아가는 자기 삶에 대한 고백이다.
④ '명식'의 가면을 똑똑히 보지 않고도 그를 기다리는 '지
 연'의 행위는 '명식'의 상상적 희망을 자기화한 것이다.
⑤ '명식'이 가면을 쓴 자신에게 이질감을 느끼지 않는 것
 처럼 보였던 것은 그가 일시적 속임수에 도취되었음
 을 의미한다.

"쌤 오늘 너무 집중이 안 돼요."
"왜?"

"아 그냥...수능날 갑자기 폭망하면 어떡해요. 나 진짜 이 짓거리 1년은 더 못하겠는데."
"수능이 갑자기 망하진 않아. 열심히 했으면 잘 보게 돼 있다."
"아니 그래도... 쌤 집중 너무 안 되는데 재밌는 얘기 좀 해주심 안돼요?"
"재밌는 얘기? ㅋㅋㅋㅋ 그래 너 수학 좋아하니까 맞춤식으로다가 해줄게"

나는 종이 위에 좌표평면을 그리고 y=x 그래프를 그렸다.

"아 뭐에요. 재밌는 얘기 해 준다면서요 ㅠㅠ"
"글쎄 가만 있어봐. 이 그래프 이름이 뭐야?"
"y=x요. 너무 쉽네"

그 다음 그 오른쪽에 새로운 좌표평면을 그리고, 이리저리 끊기고 접히고 꺾인, 못생긴 그래프를 그렸다.

"자 그럼 이 그래프 이름은 뭐야."
"아 이걸 어떻게 알아;;; 불연속점하고 함숫값하고 구간별 함수하고... 그런 걸 줘야지!"
"ㅋㅋㅋㅋㅋ그렇지. 자 그러면 두 그래프를 놓고서, 네가 평가원장이야. 둘 중에 뭐가 더 눈길이 가? 뭘 문제로 내고 싶어?"
"당연히 오른쪽 거죠."

"그래. 이제 x축을 시간이라고 하고, y축을...뭐라고 둘까. 잘나가는 정도?라고 둬 보자.
그럼 이제 이게 인생 그래프야. 자, 아마 사람들은 y=x 그래프를 살고 싶어하겠지.
아니다. 요즘 금수저 은수저 하는데 y절편이 아예 100인 사람들도 있지. 그런 사람들은 아마 기울기도 엄청 클거야. 한 y=100x+100 정도 되려나.

아무튼, 근데 말이지. 사람들한테 두 그래프를 줬을 때, 어떤 그래프를 더 뚫어져라 쳐다보고 더 관심을 줄까. 어떤 그래프가 크게 놓고 봤을 때, 더 주목받는 그래프일까. 크게 보자면 여기저기 끊긴 그래프라는 거야."

"에잌ㅋㅋㅋㅋㅋ 이건 좀 약 파는 것 같은데요 쌤."
"ㅋㅋㅋㅋ 맘대로 생각해. 근데 내가 너보다 얼마나 더 살았다고 인생 운운하는지는 모르겠지만, 확실히 너보다 입시는 미리 겪어본 입장에서 말해주자면, 수능만큼 불연속적인 인생 이벤트도 없더라고.

수학적으로 말하자면, 보통은 미분 불가능하더라도 연속은 하거든. 근데 이거는 완전히 끊겨가지고 미분도 안 되는 거야. 그냥 하루아침에 저 밑으로 뚝. 그렇게 재수하러들 많이 가지. 물론 갑자기 수능 대박쳐서 저 위로 올라가 있는 친구들도 있겠지만.

그런데 좀 많이 착각하고들 있는 게, 만약에 뚝 떨어져 버렸다고 하면 인생 잘못 살고 있다고 생각한다는 거야. 왜? 내 미래가 계획한대로 안 풀리니까. 사람이란 게 자꾸 계획을 짜고 그거에 맞춰서 주변 환경을 변화시키려 들다 보니까, 이게 뜻대로 안 되면 패닉에 빠져. 쉽게 말해서, 내 머릿속에는 y=x를 잘 그려 놨는데, 갑자기 예정된 함숫값이 사라졌어. 그럼 얼마나 멘붕이야. 식 자체가 틀린 거잖아.

근데, 살면서 내 뜻대로 일이 따라 줄 리가 없어. 그렇잖아. 운이란 것도 분명 있고 그럼 불운이란 것도 존재하지. 네가 수능장 가다가 교통사고가 날지 벼락을 맞을지 누가 아냐고. 쉽게 말해서, 불연속 게릴라들이 네 주위에 늘 도사리고 있다는 거야. 그럼 어떻게 해야 될까? 함수를 못 세우는데."

"그럼 구간 나눠서 세워야죠 뭐."
"이제 말이 좀 통하네. 맞아. 인생 그래프가 한 번에 그려질 거라는 생각 자체를 버려야지. 그럼 이제 구간 나눠서 그려야 되는데, 그럼 뭐가 필요해?"
"일단 불연속점이 어딘지 알아야 되고..."

"바로 그거지. 그러니까 다시 말해서, 우리 인생인 x축에서 가장 중요한 지점은 어디냐 하면, 아이러니하게도 높은 함숫값을 갖는 x가 아니라, 불연속되는 바로 그 x값이라는 거야. 거기서 네가 어떻게 움직이느냐에 따라 너의 인생 그래프가 좌지우지 되는 거지

근데 밑으로 푹 꺼져도 상관은 없어. 위로 솟구쳐도 상관없고. 다만 중요하고 확실한 건, 이런 임의의 함수를 소개할 때 불연속점부터 이야기하듯이, 네 인생을 이야기하고자 할 때 지금 이 시점은 반드시 짚고 넘어갈 만큼 귀중하고 소중한 시간이라는 거지.

살다 보면 뜻대로 참 안 되는구나 싶을 때가 종종 있을 거야. 아마 너도 거의 스무 살 먹었으니까 많이 겪어 봤겠지. 그래도 대학교 오면 주변이 소란스러워서 아마 더 많이 느낄 텐데... 어쨌든, 갑자기 인생이 내 뜻대로 안 된다 싶을 때, 아니면 갑자기 어찌 감당할 수 없을 정도로 큰 벽에 부딪혔을 때, 상황이 너무 급격하게 변하고 있을 때, 그럴 때마다 정신 가다듬고 생각해봐.

'예상대로 안 풀리는 지금이, 가장 중요한 때다.'라고."

출처 : 페이스북 서울대학교 대나무숲 (2015.10.21.)

"P.I.R.A.M 국어 생각의 전개 문학편 2권"으로 이어집니다.

빠른 정답 (문학편 1권)

Day 2

선지 판단의 대원칙 : 독해하고, 허용 가능성을 평가한다.

[21] 2011.06	[29] 2018.06	[15] 2013.11	[35] 2017.06	[34] 2023.06	[37] 2015.09A
21	**29**	**15**	**35**	**34**	**37**
③	④	③	④	①	②

Day 4~Day 12

시와 수필 : 운문문학은 주제 중심으로 해결한다.

[1~3] 2015.11B [43~45]		
1	**2**	**3**
①	③	①

[4~6] 2020.11 [43~45]		
4	**5**	**6**
④	②	④

[7~9] 2019.11 [43~45]		
7	**8**	**9**
①	③	④

[10~15] 2023.09 [22~27]					
10	**11**	**12**	**13**	**14**	**15**
①	④	⑤	⑤	④	③

[16~20] 2019.06 [27~31]				
16	**17**	**18**	**19**	**20**
①	③	②	⑤	④

[21~26] 2025.11 [22~27]					
21	**22**	**23**	**24**	**25**	**26**
④	⑤	②	②	①	①

[27~31] 2025.06 [22~26]				
27	**28**	**29**	**30**	**31**
①	②	⑤	②	⑤

[32~37] 2022.11 [18~23]					
32	**33**	**34**	**35**	**36**	**37**
③	③	②	④	①	④

[38~40] 2024.11 [32~34]		
38	**39**	**40**
②	③	④

[41~44] 2022.09 [28~31]			
41	**42**	**43**	**44**
②	④	⑤	③

[45~49] 2021.12 [38~42]				
45	**46**	**47**	**48**	**49**
⑤	⑤	⑤	③	③

[50~53] 2024.06 [31~34]			
50	**51**	**52**	**53**
④	②	⑤	③

[54~56] 2022.11 [32~34]		
54	**55**	**56**
④	⑤	③

[57~60] 2011.11 [13~16]			
57	**58**	**59**	**60**
④	④	②	④

[61~65] 2021.09 [38~42]				
61	**62**	**63**	**64**	**65**
①	③	①	⑤	④

[66~71]	2024.09 [22~27]				
66	67	68	69	70	71
②	④	④	③	②	④

[72~75]	2026.09 [27~30]		
72	73	74	75
②	①	②	①

[76~81]	2010.11 [32~37]				
76	77	78	79	80	81
③	②	⑤	②	①	②

Day 13~Day 22

소설과 극문학 : 산문문학을 통해 인물의 삶을 간접경험한다.

[1~3]	2018.09 [43~45]	
1	2	3
①	③	③

[4~7]	2023.09 [28~31]		
4	5	6	7
⑤	④	③	③

[8~10]	2020.09 [32~34]	
8	9	10
①	⑤	④

[11~14]	2008.09 [40~43]		
11	12	13	14
②	②	④	②

[15~17]	2019.09 [39~41]	
15	16	17
⑤	⑤	⑤

[18~21]	2021.12 [22~25]		
18	19	20	21
②	①	①	④

[22~24]	2020.06 [16~18]	
22	23	24
⑤	③	③

[25~27]	2014.11B [35~37]	
25	26	27
①	③	⑤

[28~31]	2020.11 [33~36]		
28	29	30	31
③	④	③	③

[32~34]	2012.11 [37~39]	
32	33	34
③	②	④

[35~38]	2017.06 [39~42]		
35	36	37	38
①	⑤	③	⑤

[39~42]	2013.09 [47~50]		
39	40	41	42
①	②	③	③

[43~46]	2024.09 [28~31]		
43	44	45	46
①	④	⑤	④

[47~50]	2022.06 [18~21]		
47	48	49	50
②	④	①	⑤

[51~54]	2022예시 [26~29]		
51	52	53	54
②	④	⑤	④

[55~58]	2024.09 [18~21]		
55	56	57	58
⑤	②	③	③

[59~62]	2023.06 [28~31]		
59	60	61	62
③	①	③	⑤

[63~66]	2026.09 [31~34]		
63	64	65	66
③	④	②	③

[67~70]	2024.06 [27~30]		
67	68	69	70
⑤	③	④	②

[71~74]	2017LEET [7~10]		
71	72	73	74
③	③	①	①

저자 **김민재**

중학교 전교 300등에서 삼수 끝에 고려대학교에 입학한 뒤, P.I.R.A.M 국어를 출판하여 베스트셀러로 만들었다.

단순히 수능 국어 점수를 올리는 것을 넘어 글을 읽고 생각하는 것 자체에 흥미를 붙일 수 있게끔 도우려는 열망을 가지고 있다.

P.I.R.A.M 국어
생각의 전개 문학 1권

지은이 김민재

표지 디자인 엄문영

편집인 전온유

발행인 정환수

펴낸곳 무브(주)

출판신고 2011년 4월 7일 제2011-115호

주소 서울특별시 강남구 테헤란로55길 17, 어반9빌딩 3층 (역삼동)

홈페이지 orbibooks.com | **이메일** orbibook@move.is | **팩스** 02-6008-8286 | **전화** 070-4353-3537

ⓒ MOVE

ISBN 979-11-7468-062-4

- 난이도와 출제 기조에 상관없이 통하는 '생각의 틀' 제시
- 독해력 자체의 상승을 도모하는 체계적 구성
- 글을 읽고 이해하는 과정의 즐거움 체감

실제 학생 후기

- 해설을 쭉 따라 읽다 보니 어느 순간 해설에서 이야기하는 대로 생각하고 있는 나를 발견했습니다.

- 교재에서 제시하는 대로 공부했더니 시간이 단축되는 게 느껴졌어요.

- 글이 이해되기 시작하니, 국어 공부를 하는 게 즐거워졌습니다.

- 교재를 끝내고 나니 나 스스로가 똑똑해진 느낌이 들어서 정말 좋습니다.

정오표 및 첨부 파일은 orbibooks.com의 본 교재 페이지에서 다운로드 하실 수 있습니다.

54700 정가 31,000원
ISBN 979-11-7468-062-4
ISBN 978-89-6819-859-5 (시리즈)

PiRAM

해설지의 사용법

이 해설지에서는 각 지문들·문제들을 읽으며 제가 했던, 그리고 여러분이 했어야 할 '생각들'을 제시합니다. 여러분은 이 해설지의 생각을 본인의 생각과 '비교'하며 생각의 힘을 키워나가셔야 합니다. 해설의 내용을 이해한 뒤에는 그것으로 그치지 마시고, 다시 스스로 해설해 보면서 본인 스스로 '필연적인' 사고 과정을 통해 해결할 수 있는지 확인하셔야 합니다. 다소 과할 정도로 깊이 들어가는 해설도 있고, 아주 실전적인 태도를 전하는 해설도 있을 것이에요. 이렇게 풍부한 해설들을 읽으며 저와 생각이 비슷해질 때, 여러분들의 국어 영역 실력은 몰라보게 올라와 있을 겁니다. 그 순간만을 기대하며 따라와 봅시다!

이 교재로 공부하셨으나 효과를 보지 못했던 학생들의 공통점 중 가장 대표적인 것으로 '해설지를 대충 읽었다'는 점을 꼽을 수 있습니다. 빠르게 읽어도 어느 정도 이해가 되고, 대충 무슨 말 하는지 알겠으니 휙휙 넘어가는 것이죠. '효율성'을 취한다는 미명하에 여러분의 '생각의 힘'을 기를 수 있는 기회를 놓치지 마시기 바랍니다. 문장 하나하나 많은 것을 배우고 익힐 수 있도록 최선을 다해서 작성했으니, 여러분도 문장 하나하나 열심히 읽고 따라와주세요.

스스로 고민해보고, 생각을 비교하며 체화한다. 간단하죠?

해설지 속에는 여러분의 공부를 돕기 위한 다양한 요소들이 포함되어 있습니다. 이들이 어떤 의미가 있는지를 아시면 훨씬 풍부하게 공부하실 수 있겠죠?

① 지문 정보

> **DAY 8 [38~40]**
> 2024.11 [32~34] 고전시가 '일동장유가 / 화암구곡' ☆☆☆

→ 순서대로 Day 정보와 본교재에서의 문제 번호, 그리고 시행 년도 및 실제 시험지에서의 문제 번호, 제재와 작품 제목, 난이도가 표시되어 있습니다. 난이도의 경우, 별 한 개부터 다섯 개까지 부여되며 정답률, 학생들의 당시 체감, 집필진의 주관적 난이도 평가, 완벽하게 이해하는 데 드는 시간 등을 반영하여 표시했습니다. 사람마다 다르게 느낄 수 있는 부분이나, 대략적인 참고가 되었으면 하는 바람으로 표시했습니다.

② 〈보기〉 확인

〈보기〉 확인

> [보기]
>
> 「유씨삼대록」은 유씨 3대 인물들의 이야기들을 연결한 국문 장편 가문 소설이다. 각 이야기는 그 자체로 완결성을 갖추고 있어 독립적이지만, 혼사나 그로부터 파생된 각각의 갈등이 동일한 가문 내에서 전개된다는 점에서 연결된다. <u>이러한 갈등은 가법이나 인물의 성격에서 유발된다.</u> 가문의 구성원들은 혼사를 둘러싼 갈등이 가문의 안정과 번영을 저해한다고 여겼기에, <u>가문 차원에서 이를 해결해 간다.</u>

'가문 차원'에서 혼사나 그로부터 파생된 각각의 갈등을 ~

→ 이 교재에서는 문학 문제를 풀 때 기본적으로 〈보기〉를 먼저 확인하는 것을 원칙으로 합니다. 〈보기〉를 읽고 지문 독해에 도움이 되는 정보를 끄집어 내는 과정을 보여드립니다. 이를 통해 〈보기〉의 내용을 어떻게 읽어내면 되는지 확실하게 기준을 세울 수 있을 겁니다. 물론 〈보기〉가 지문 내용을 이해하는 데 큰 도움을 주지 않는다고 판단하는 경우, 그냥 넘어가기도 합니다.

③ 지문 독해

1) 운문문학 (실전적 지문 독해)

실전적 지문 독해

> (가)
>
> 아아 아득히 내 <u>첩첩한 산길</u> 왔더니라. 인기척 끊이고 새도 짐승도 있지 않은 한낮 그 화안한 골 길을 다만 아득히 나는 머언 생각에 잠기어 왔더니라.
>
> 백화(白樺) 앙상한 사이를 바람에 백화같이 불리우며 물소리에 흰 돌 되어 씻기우며 나는 총총히 <u>외롬도 잊고</u> 왔더니라

'첩첩한 산길'에 '외로움도 잊고' 혼자 와서~

> (나)
> 꼬아 자란 층석류*요 틀어 지은 고사매*라
> 삼봉 괴석에 달린 솔이 늙었으니
> 아마도 화암 풍경이 너뿐인가 하노라
> 〈제1수〉

〈보기〉에서 제시한 것처럼, '층석류'나 '고사매' 등으로

→ 실전에서 시를 읽을 때 주목하면 좋은 화자의 상황·정
서 등의 부분에 밑줄을 쳐 두었습니다. 고전시가의 경우, '실
전적'인 지문 독해 과정을 제시하기도 했습니다. 실전에서
시를 어디까지 읽으면 되는지에 대해 배워보시기 바랍니다.

2) 운문문학 (현대시 독해 연습)
현대시 독해 연습

> (가)
> 산모퉁이를 돌아 논가 외딴 우물을 홀로
> 찾아가선 가만히 들여다봅니다.
>
> 우물 속에는 달이 밝고 구름이 흐르고
> 하늘이 펼치고 파아란 바람이 불고 가을이 있
> 습니다.
>
> 그리고 한 사나이가 있습니다.
> 어쩐지 그 사나이가 미워져 돌아갑니다.

'우물'을 홀로 찾아가 가만히 들여다보는 화자입니다. 그 '우
물' 속에는 여러 자연의 모습이 있다고 합니다. ~

→ 본교재에서 배운 '현대시 독해 연습'을 돕는 부분입니다.
실전을 넘어서서, 조금 더 완벽하게 해당 시를 독해하는 과
정을 제시했습니다. 이렇게 읽지 못했다고 자책하지만 마시
고, 교재에서 제시한 가이드대로 현대시를 읽고 이해하는 연
습 및 경험을 한다는 데 의의를 두시기 바랍니다.

3) 산문문학
지문 독해

> 그렇게…… 그렇게도 배가 고프디야.
> 그 넓은 운동장을 다 걸어 나올 때까지 불현듯
> 어머니의 입에서 새어 나온 말은 꼭 그 한마디였
> 다. 하지만 그것은 반드시 그를 향해 묻는 말이라
> 기보다는 넋두리에 더 가까웠다. 교문을 나선 어
> 머니는 집으로 가는 길을 제쳐 두고 웬일인지 곧
> 장 다릿목에서 왼쪽으로 꺾어 드는 것이었다. 저
> 만치 구호소 식당이 눈에 들어왔을 때 그는 까닭
> 모를 두려움과 수치심으로 뒷걸음질을 쳤다. 그
> 런 그를 어머니는 별안간 무서운 힘으로 잡아끌
> 었다.

'넓은 운동장'을 걸어 나오면서 '어머니'는 '그'에게 딱 한 마
디를 합니다. 이는 '넋두리'에 더 가까웠다고 해요. ~

→ 박스 : 주요 인물(최초 등장시에만)
→ 밑줄+굵은 글씨 : 시·공간적 배경
→ 그냥 밑줄 : 인물의 심리

→ 소설 지문을 읽으면서 주목해야 할 부분에 하는 표시들
을 시각화시켰습니다. 저런 표시를 꼭 따라할 필요는 없지
만, 어떤 부분에 주목하여 지문을 이해하는지 참고하시기 바
랍니다. 이 표시와 해설을 따라가며, 저의 사고과정을 훔쳐
보세요.

④ 문제풀이

선지	①	②	③	④	⑤
선택률(예상)	6%	5%	17%	31%	41%

53 어린아이와 어른을 이해한 내용으로 가장 적절한
것은? ⑤

- 상당히 추상적인 작품 내의 표현에 대한 '이해'를 묻는 ~

→ 해당 문제의 실제 선택률(정답률 데이터가 없는 경우 예
상 정답률)을 제시했습니다. 선택률을 통해 확인할 수 있는
다른 학생들의 반응을 바탕으로 나의 태도를 피드백할 수
있을 겁니다. 나는 쉽게 맞았는데 다른 학생들은 어려워한
선지나, 다른 학생들은 쉽게 넘어갔는데 나만 고민했던 그러

한 선지들에 주목하세요. 여러분의 약점이 될 수 있는 부분들이니까요.

나아가 '발문'을 보고서 해야 하는 생각들이 있으면 역시 제시해두었습니다. 문제풀이의 시작은 '발문 독해'입니다. '발문'에서 필요한 정보를 확실하게 가져갈 수 있도록 합시다.

① ㉠에서는 움직임이라는 '바람'의 속성을 '괴로움'이라는 내면의 흔들림을 지각하는 계기로 활용하고 있다.

> ㉠ 바람이 부는데
> 내 괴로움에는 이유가 없다.

선지 유형	근거가 있어서 허용 가능
실전에서의 판단 과정	바람 속에서 괴로움 생각하고 있으니까 계기라고 할 수 있지.
해설	'바람' 이야기를 한 다음에 '괴로움'을 지각하고 있으니 허용할 수 있겠네요. '계기'라는 말에 시비를 걸지 않고 ~

→ 해당 선지를 그대로 제시하고, 그 선지를 판단할 때 돌아가야 하는 부분이 있다면 함께 제시했으며, 아래 표를 통해 자세한 해설을 적어두었습니다. '선지 유형'을 통해 '허용 가능성 평가'라는 기본 원칙을 확실히 익힐 수 있도록 했고, '실전에서의 판단 과정'을 통해 만점을 받는 사람들의 시험장에서의 사고과정을 엿볼 수 있게 했습니다. 나아가 '근거'를 바탕으로 '허용'한다는 기본적인 태도를 바탕으로 완벽한 '해설'도 실어두었습니다.

⑤ FAQ

→ 지난 몇 년간 '피램의 국어공작소'라는 카페에서 QnA 서비스를 운영했습니다. 해당 카페에서 몇 천 개 이상의 질문을 받았고, 답해드렸습니다. 덕분에 학생들이 헷갈려하는 부분에 대해 인식할 수 있었는데, 이를 교재에 반영했습니다. 여러분이 궁금해했던 그 내용, 미리미리 답변드립니다. 간혹

FAQ 부분에서 상당히 중요한 내용이 언급되는 경우가 있습니다. 그러니 별로 안 궁금한 내용이었다고 해도 꼭 읽어 보시는 걸 추천합니다.

⑥ 생각 심화

→ 여러분의 '생각의 힘'을 극대화할 수 있는 다양한 이야기를 녹인 부분입니다. 약간은 사후적인 해설부터, 굳이 시험장에서 생각할 필요는 없지만 한 번쯤 이해해보면 좋은 내용들에 대한 설명, 자잘한 팁 및 알아두면 좋은 배경지식 등이 적혀 있습니다. 나올 때마다 꼼꼼하게 읽고 넘어가주세요. '심화'라는 이름만 보고 겁 먹어 넘어가 버리기엔 너무나 아까운 내용들이 많습니다.

⑦ 몰랐던 어휘 정리하기

몰랐던 어휘 정리하기

→ 한 지문의 마지막엔 항상 이런 칸이 있습니다. 교재의 초반부에서 강조했듯이, 국어 공부의 시작은 어휘력입니다. 지문에서 처음 보는 단어들, 생소한 단어들은 모두 스스로 정리하도록 합시다. 기출된 단어들은 평가원에서 여러분이 당연히 알고 있을 거라고 생각하는 '기본 수준의 어휘'에 해당하니까요!

⑧ 핵심 point

| 핵심 point |

① **허용 가능성 평가** : 선지의 내용을 '허용'하려는 태도를 바탕으로 지문을 '독해'하며 '근거'를 찾아야 합니다. 허용할 수 있는 '근거'가 있어야만 허용할 수 있습니다. 주관적인 생각을 개입시키면 안 됩니다.
② **현대시 독해** : 〈보기〉의 도움 등을 통해 '주제' 위주로, 그리고 일상 언어의 감각으로 읽어내면 됩니다. 현대시도 읽을 수 있는 하나의 글입니다.

→ 해당 지문에서 주목했어야 할 포인트들을 정리한 부분입니다. 본교재에서 배운 내용을 기반으로 작성한 것이므로, 가벼운 복습도 가능할 것입니다. 복습할 때 이 부분들에 주목하면 더 효과적인 공부가 가능할 것이에요.

⑨ 지문 내용 총정리

| 지문 내용 총정리 |

'시'도 하나의 글이므로, '주제' 중심으로 ~

→ 그 지문에서 배울 수 있었던 내용을 요약해둔 파트입니다. 많이 공부하다보면 반복된다는 느낌이 들 겁니다. 그 느낌이 들면 공부를 잘 하고 있다고 생각하셔도 좋을 것 같아요. 모든 지문이 똑같이 해결되는 느낌이 든다는 것이니까요!

이렇게 중요한 내용은 끊임없이 강조하고 복습할 수 있도록 다양한 요소들을 통해 해설을 작성했습니다. 정말 열심히 쓰고 검토한 해설들입니다. 여러분의 공부에 적극적으로 활용해주시기 바랍니다.

※ 본교재와 해설지 모두 맨 뒤쪽에는 '빠른 정답'이 있습니다. 해설지를 보기 전 채점을 하고 싶으시다면 활용하시기 바랍니다.

CONTENTS

P.I.R.A.M 국어 생각의 전개 문학편

선지 판단의 대원칙 :
독해하고, 허용 가능성을 평가한다.

[19~22] 다음 글을 읽고 물음에 답하시오.　　　2011.06

(가)

조금 전까지는 거기 있었는데
어디로 갔나,
㉠밥상은 차려놓고 어디로 갔나,
넘치지지미 맵싸한 냄새가
코를 맵싸하게 하는데
어디로 갔나,
이 사람이 갑자기 왜 말이 없나,
내 목소리는 ㉡메아리가 되어
되돌아온다.
내 목소리만 내 귀에 들린다.
이 사람이 어디 가서 잠시 누웠나,
옆구리 담괴가 다시 도졌나, 아니 아니
㉢이번에는 그게 아닌가 보다.
한 뼘 두 뼘 어둠을 적시며 비가 온다.
혹시나 하고 나는 밖을 기웃거린다.
나는 ㉣풀이 죽는다.
빗발은 한 치 앞을 못 보게 한다.
왠지 느닷없이 그렇게 퍼붓는다.
㉤지금은 어쩔 수가 없다고,

　　　　　　　　　　-김춘수, 「강우(降雨)」-

선지	①	②	③	④	⑤
선택률	3%	2%	90%	2%	2%

21 (가)의 ㉠~㉤에 대한 설명으로 가장 적절한 것은? ③

① ㉠은 화자의 마음이 '이 사람'과 함께했던 때와 마찬가지로 평온함을 나타낸다.

선지 유형	근거가 없어서 허용 불가능
해설	'평온함'을 허용하려면 근거가 필요합니다. 도저히 찾을 수 없죠? 오히려 밑줄 바로 뒤의 '어디로 갔나'라는 말을 근거로 하면 평온하지 않고 애타게 찾는 모습이 드러난다고 할 수 있겠어요.

② ㉡은 화자와 '이 사람' 사이의 소통을 나타낸 것으로, 화자가 '이 사람'과 공감하고 있음을 나타낸다.

선지 유형	근거가 있어서 허용 불가능
해설	'소통'과 '공감'을 허용하기 위한 근거를 찾아봅시다. '메아리'라는 강력한 표현이 존재하네요. '메아리'는 혼자서 외치는 것을 의미하므로, 이를 근거로 하면 '소통'과 '공감'은 절대 허용할 수 없겠습니다. '소통'과 '공감'은 상대방을 꼭 필요로 하는 것이니까요.

③ ㉢에서 화자는 스스로 던진 질문에 대한 대답을 통해 '이 사람'과 관련된 상황이 그 이전과는 다름을 스스로 인식하고 있다.

선지 유형	근거가 있어서 허용 가능
해설	하나씩 천천히 판단하면 됩니다. 먼저 '스스로 던진 질문에 대한 대답'입니다. '~잠시 누웠나', '~다시 도졌나'라는 표현에서 '스스로 던진 질문'이 드러나네요. 이에 대해 '아니 아니'라는 '대답'도 하고 있는 모습입니다. 다음으로 '그 이전과는 다름을 인식'입니다. ㉢에는 '이번에는'라는 강력한 근거가 있습니다. 이를 근거로 하면, 잠시 눕고 옆구리 담괴가 도졌던 이전과는 다른 상황이 벌어졌음을 충분히 '허용'할 수 있겠습니다. 이게 정답이네요.

④ ㉣에는 존재를 드러내지 않는 '이 사람'에 대한 배신감이 드러나 있다.

선지 유형	근거가 없어서 허용 불가능
해설	역시 '배신감'을 허용할 만한 근거가 필요합니다. '풀이 죽는다'라는 말에서 '배신감'을 이끌어내기엔 그 근거가 너무 빈약하죠?

⑤ ㉤에는 '이 사람'의 부재를 인정하지 않겠다는 화자의 다짐이 나타난다.

선지 유형	근거가 있어서 허용 불가능
해설	'부재를 인정하지 않겠다는 다짐'을 허용할 근거를 찾으려 하는데, '어쩔 수가 없다'라는 말이 보입니다. 이는 부재를 인정하고 '체념'하는 태도라고 볼 수 있겠죠. 도저히 허용할 수 없는 근거가 존재하니 틀린 선지입니다.

(다)

어머님,
제 예닐곱 살 적 겨울은
목조 적산 가옥 이층 다다미방의
벌거숭이 유리창 깨질 듯 울어 대던 외풍 탓으로
한없이 추웠지요, 밤마다 나는 벌벌 떨면서
아버지 가랭이 사이로 시린 발을 밀어 넣고
그 가슴팍에 벌레처럼 파고들어 얼굴을 묻은 채
겨우 잠이 들곤 했었지요.

    요즈음도 추운 밤이면
    곁에서 잠든 아이들 이불깃을 덮어 주며
    늘 그런 추억으로 마음이 아프고,
[B] 나를 품어 주던 그 가슴이 이제는 한 줌 뼛가루
    로 삭아
    붉은 흙에 자취 없이 뒤섞여 있음을 생각하면
    옛날처럼 나는 다시 아버지 곁에 눕고 싶습니다.

그런데 어머님,
오늘은 영하(零下)의 한강교를 지나면서 문득
나를 품에 안고 추위를 막아 주던
예닐곱 살 적 그 겨울밤의 아버지가
이승의 물로 화신(化身)해 있음을 보았습니다.
품 안에 부드럽고 여린 물살은 무사히 흘러
바다로 가라고,
꽝 꽝 얼어붙은 잔등으로 혹한을 막으며
하얗게 얼음으로 엎드려 있던 아버지,
아버지, 아버지……

          –이수익, 「결빙(結氷)의 아버지」–

선지	①	②	③	④	⑤
선택률	3%	3%	8%	84%	2%

29 [B]를 중심으로 (다)를 감상한 것으로 적절하지 <u>않은</u> 것은? ④

① '곁에서 잠든 아이들 이불깃을 덮어 주'는 모습이 '나를 품에 안고 추위를 막아 주던' 모습과 호응하여, 자식을 걱정하는 아버지의 마음이 시적 화자에게로 이어짐을 보여 주는군.

선지 유형	근거가 있어서 허용 가능
해설	'곁에서 잠든 아이들 이불깃을 덮어 주'는 모습은 화자가 자신의 자식들을 위해 하는 행동이고, '나를 품에 안고 추위를 막아 주던' 모습은 아버지가 화자를 위해 하던 행동입니다. 둘은 모두 추위를 막아준다는 점에서 '호응'된다고 할 수 있겠고, 이러한 행동이 '자식을 걱정하는 아버지의 마음'이라는 건 너무나 당연하죠?

② '늘 그런 추억으로 마음이 아프'다는 것으로 미루어 볼 때, '아버지, 아버지……'에서 아버지의 부재에 대한 시적 화자의 애틋함을 여운으로 남기고 있음을 알 수 있군.

선지 유형	근거가 있어서 허용 가능
해설	아버지가 부재하다는 것은 이 시의 상황 그 자체이니 생각할 필요도 없고, '마음이 아프다'는 것을 근거로 '애틋함'을, 말줄임표를 근거로 '여운'을 충분히 허용할 수 있겠네요.

③ '한 줌 뼛가루'의 이미지와 '하얗게 얼음으로 엎드려 있'는 강의 이미지를 연관시켜, 아버지의 모습을 감각적으로 표현하고 있군.

선지 유형	근거가 있어서 허용 가능
해설	선지 그 자체로 허용하고 넘어가면 그리 어렵지 않지만, 디테일하게 따져보면 꽤나 까다로운 선지입니다. 선지에선 '한 줌 뼛가루'의 이미지와 '하얗게 얼음으로 엎드려 있는' 강의 이미지를 연관시켰는지 먼저 묻고 있습니다. 근처 맥락을 바탕으로 '독해'해 보면, '한 줌 뼛가루'는 화자를 품어 주던 '아버지의 가슴'을 의미하고, '하얗게 얼음으로 엎드려 있'는 강은 '아버지'가 '이승의 물'(한강물)로 화신한 모습을 의미합니다. 둘 다 떨고 있는 화자를 안아 주었던 '아버지'의 모습을 나타내고 있으니, '이미지의 연관'이라는 말을 충분히 허용할 수 있겠네요. '뼛가루'와 '얼음' 모두 눈으로 볼 수 있는 것이니, '감각적으로 표현'한다는 것 역시 허용할 수 있겠구요. 이처럼 선지에서 묻는 것이 복잡한 경우에는 차분하게 그 근처 맥락을 바탕으로 '독해'하는 것이 중요합니다. 결국, 시도 글입니다. 천천히 읽으면 다 읽을 수 있어요!

④ '나를 품어 주던 그 가슴'과 '꽝 꽝 얼어붙은 잔등'의 대비를 통하여, 내면의 의도와 반대되는 행동을 보여 주셨던 아버지의 태도를 강조하고 있군.

선지 유형	근거가 없어서 허용 불가능
해설	일단 두 표현이 각각 따뜻한 이미지와 차가운 이미지를 가지고 있고, 가혹한 외부로부터 보호받는 내부와 가혹한 외부 그 자체라는 점에서 '대비'된다는 것은 허용할 수 있을 것 같습니다. 그런데 '나를 품어주던 그 가슴'과 '꽝 꽝 얼어붙은 잔등'은 모두 화자를 안아주던 아버지의 모습을 형상화한 것입니다. 이때 아버지의 내면과 그 행동 모두 자식에 대한 사랑이라고 보는 게 옳겠죠. '내면의 의도와 반대되는 행동'을 허용할 근거가 전혀 없으니, 가볍게 답으로 고를 수 있겠습니다.

⑤ '다시 아버지 곁에 눕고 싶'은 현재와 '아버지 가랭이 사이로 시린 발을 밀어 넣'었던 과거를 연결하여, 아버지에 대한 그리움을 담아내고 있군.

선지 유형	근거가 있어서 허용 가능
해설	'다시 아버지 곁에 눕고 싶은' 현재 떠올리고 있는 '옛날'은 '아버지 가랑이 사이로 시린 발을 밀어 넣었던' 과거의 모습입니다. 아버지 곁에 눕고 싶다며 과거를 떠올린다는 건, 그 과거와의 '연결'을 바탕으로 대상에 대한 그리움을 표현한 것이라고 볼 수 있겠죠. '근거'가 있으니, 충분히 허용할 수 있겠습니다.

(가)

　바람도 없는 공중에 수직의 파문을 내이며 고요히 떨어지는 오동잎은 ⊙누구의 발자취입니까
　지리한 장마 끝에 서풍에 몰려가는 ⓛ무서운 검은 구름의 터진 틈으로 언뜻언뜻 보이는 푸른 하늘은 누구의 얼굴입니까
　꽃도 없는 깊은 나무에 푸른 이끼를 거쳐서 옛 탑 위의 고요한 하늘을 스치는 ⓒ알 수 없는 향기는 누구의 입김입니까
　근원은 알지도 못할 곳에서 나서 돌뿌리를 울리고 가늘게 흐르는 작은 시내는 구비구비 누구의 노래입니까
　연꽃 같은 발꿈치로 가이없는 바다를 밟고 옥 같은 손으로 ⓔ끝없는 하늘을 만지면서 떨어지는 날을 곱게 단장하는 저녁놀은 누구의 시입니까
　타고 남은 재가 다시 기름이 됩니다 그칠 줄을 모르고 타는 나의 가슴은 누구의 밤을 지키는 ⓜ약한 등불입니까

　　　　　　　　　　　－한용운, 「알 수 없어요」－

선지	①	②	③	④	⑤
선택률	3%	5%	81%	4%	7%

15 〈보기〉를 참고하여 ⊙~ⓜ을 이해한 내용으로 적절하지 <u>않은</u> 것은? [3점] ③

[보기]

　「알 수 없어요」를 비롯한 한용운의 시는 '절대자'라는 궁극적 존재를 탐구하는 시이다. 동시에 그것은 역설에 의한 구도자로서의 자기 정립 또는 자기 극복의 시이기도 하다. 「알 수 없어요」에서는 이런 점이 물음의 방식을 통해 강화되어 나타난다.

① ⊙: '바람도 없는 ~ 오동잎'의 이미지와 결합되어, '누구'로 표현된 절대자의 존재 방식을 알려 주는군.

선지 유형	근거가 있어서 허용 가능
해설	'바람도 없는 ~ 오동잎'은 화자가 '절대자'의 발자취로 생각하는 이미지입니다. '발자취'라는 단어가 쓰였다는 것을 근거로 하면, 이는 화자가 생각하는 '절대자'의 존재 방식(발자취를 남기는 방식)을 의미한다고 할 수 있겠습니다.

② ⓛ: '푸른 하늘'과 대조되는 것으로, 화자와 절대자 사이의 만남을 가로막는 번뇌와도 같은 것이군.

선지 유형	근거가 있어서 허용 가능
해설	화자는 ⓛ의 터진 틈 사이에서 언뜻언뜻 보이는 '푸른 하늘'에 주목합니다. 틈 사이에서 보이는 것이라는 점, 그리고 '검은'과 '푸른'의 의미적 대조를 근거로 하면 ⓛ이 '푸른 하늘'과 대조된다는 것은 충분히 허용할 수 있겠죠? 나아가 화자는 '푸른 하늘'을 '절대자의 얼굴'로 보고 있습니다. 그렇다면 '푸른 하늘'을 계속 볼 수 없게 하는 ⓛ은 선지에서 말하는 것처럼 화자와 절대자 사이의 만남을 가로막는 번뇌와도 같은 것이라는 해석을 충분히 허용할 수 있겠네요.

③ ⓒ: '꽃도 없는 깊은 나무'에서 만들어진 것으로, 절대자의 존재에 대한 화자의 회의적 태도를 드러내는군.

선지 유형	근거가 있어서 허용 불가능
해설	일단 ⓒ은 '꽃도 없는 깊은 나무'에서 만들어진 것이 아닙니다. '누구'로 표현된 '절대자'의 입으로부터 만들어져, '꽃도 없는 깊은 나무', '푸른 이끼', '옛 탑 위의 고요한 하늘' 등을 스쳤을 뿐이에요. 여기서부터 틀린 선지네요. 나아가 화자는 ⓒ을 '절대자'의 입김으로 표현하고 있어요. 입김이 있다는 것은 존재한다는 의미이기 때문에, 이를 근거로 하면 화자가 '절대자'의 존재에 대한 회의적 태도를 가지고 있다는 것은 절대 허용할 수 없겠습니다.

④ ⓔ: '가이없는 바다를 밟고'와 짝을 이루어, 무한 공간에 걸쳐 있는 절대자의 면모를 드러내는군.

선지 유형	근거가 있어서 허용 가능
해설	화자가 보는 '절대자'의 시는 '가이없는 바다'를 밟고, '끝없는 하늘'을 만집니다. '가이없다(가없다= 끝이 없다)'와 '끝없다'라는 단어의 의미를 근거로 하면, '절대자'의 면모가 무한 공간에 걸쳐 있다는 해석을 충분히 허용할 수 있겠죠?

⑤ ⓜ: '타고 남은 ～ 됩니다'와 관련되면서, 구도자로서의 자기 정립에 대한 화자의 열망을 역설적으로 드러내는군.

선지 유형	근거가 있어서 허용 가능
해설	화자는 자신의 가슴을 '절대자'의 밤을 지키는 '약한 등불'로 보는데, 이 '약한 등불'은 타고 남은 재가 다시 기름이 되는 역설적인 것입니다. 〈보기〉를 참고하면, 이는 이러한 역설에 의해 자기 자신을 구도자로 정립하려는 화자의 열망을 드러낸 것이라고 할 수 있겠습니다. 자기 자신을 역설을 통해 '절대자'를 지키는 존재로 정립한 것이죠.

(가)

　　아랫도리 다박솔 깔린 산(山) 넘어 큰 산(山) 그 넘엇 산(山) 안 보이어 내 마음 둥둥 구름을 타다.

　　우뚝 솟은 산(山), 묵중히 엎드린 산(山), 골골이 장송(長松) 들어섰고, 머루 다랫넝쿨 바위 엉서리에 얽혔고, 샅샅이 떡갈나무 억새풀 우거진 데 너구리, 여우, 사슴, 산(山)토끼, 오소리, 도마뱀, 능구리 등(等), 실로 무수한 짐승을 지니인,

　　산(山), 산(山), 산(山)들! 누거만년(累巨萬年) 너희들 침묵(沈默)이 흠뻑 지리함즉 하매,

　　산(山)이여! 장차 너희 솟아난 봉우리에, 엎드린 마루에, 확 확 치밀어 오를 화염(火焰)을 내 기다려도 좋으랴?

　　핏내를 잊은 여우 이리 등속이 사슴 토끼와 더불어 싸릿순 칡순을 찾아 함께 즐거이 뛰는 날을 믿고 길이 기다려도 좋으랴?

　　　　　　　　　　　　　　　－박두진, 「향현(香峴)」－

선지	①	②	③	④	⑤
선택률	10%	13%	7%	64%	6%

35 (가)에 대한 감상으로 적절하지 **않은** 것은? [3점] ④

① (가)는 산이 '누거만년' 동안 '침묵'하고 있는 것을 '지리함즉하'다고 말함으로써 화자가 마주한 현실이 지향하는 세계와 거리가 있음을 보여 주는 것이겠군.

선지 유형	근거가 있어서 허용 가능
해설	'누거만년' (정확히 어느 정도의 시간인지는 몰라도, 꽤 긴 시간이라는 느낌은 오죠?)동안 침묵하는 게 '지리함즉' 하다고 합니다. (지루하다는 뜻인데, 정확히 몰라도 상관은 없어요. 무언가 부정적인 뉘앙스만 느껴지면 돼요. 이 느낌은 문학 작품을 다루는 경험이 쌓이면 자연스레 생길 겁니다.) 오랫동안, 지루하다는 느낌. 이를 근거로 하면 '지향하는 세계와의 거리감'을 충분히 허용할 수 있겠죠? 지루하다는 건 원하는 게 이루어지지 않은 상황이라고 할 수 있고, 이 상황이 오래 지속되는 것이라고 할 수 있으니까요!

'지리함즉 하다'의 의미가 전혀 감도 오지 않았다면, 다음과 같이 해결할 수도 있습니다. 화자는 '산'이 '누거만년' 동안 '침묵'한 상황을 '지리함즉 하'다고 말했습니다. 그리고 그 아래 두 연에서 어떠한 상황들을 '기다려도 좋'겠냐는 이야기를 하고 있어요. 무언갈 기다린다는 것은 아직 원하는 바가 이루어지지 않았다는 걸 의미합니다. 즉, '지리함즉 하다'라는 표현은 이 작품에서 '원하는 대로 되지 않는다.'의 의미를 가지는 것이죠. 이를 근거로 하면, '기다림'을 표현하고 있는 현재 느끼는 '지리함즉 함'은 '지향하는 세계와 거리가 있는 현실'이라고 할 수 있겠습니다.

어떻게 해결하든, 근처 맥락과 함께 '독해'하여 허용의 근거를 찾는다는 원칙만 잊지 않으면 됩니다. '지리함즉 하다'처럼 어려운 말들의 의미는 근처 맥락을 '독해'하여 만들어 낼 수 있는 거예요.

② (가)의 '내 기다려도 좋으랴'와 관련하여 볼 때 '화염'이 치밀어 오르는 것은 화자가 기대하는 산의 변화를 나타내는 것이겠군.

선지 유형	근거가 있어서 허용 가능
해설	'화염'은 '장차' 치밀어 오르는 것입니다. 이를 통해 '변화'를 충분히 허용할 수 있겠고, 그것을 기다리겠다는 말을 근거로 하면 '기대'한다는 반응도 충분히 허용할 수 있겠네요.

④ (가)의 '내 마음'이 '둥둥 구름을 타'는 것은 '큰 산', '그 넘엇산'을 바꾸려는 화자의 바람이 이루어지는 과정을 표현한 것이겠군.

선지 유형	근거가 없어서 허용 불가능
해설	'큰 산'과 '그 넘엇산'을 바꾸려는 화자의 '바람'을 허용할 근거를 찾아야 합니다. 해당 부분을 독해해 보니, 화자는 그저 '큰 산'과 '그 넘엇산'이 보이지 않을 뿐입니다. 안 보여서 답답하다는 것만 체크할 수 있을 뿐, '산을 바꾸려는 바람'을 허용할 만한 근거는 도저히 찾을 수가 없네요.

⑤ (가)의 '핏내를 잊은 ~ 즐거이 뛰는 날'은 평화로운 세계를 표현한 것으로 볼 수 있겠군.

선지 유형	근거가 있어서 허용 가능
해설	화자가 기다리는 세계는 '핏내를 잊은' 동물들이 '함께 즐거이 뛰는' 곳입니다. 이 정도의 근거라면 '평화로운 세계'를 충분히 허용할 수 있겠죠?

(가)

　향아 너의 고운 얼굴 조석으로 우물가에 비최이던 오래지 않은 옛날로 가자

　수수럭거리는 수수밭 사이 걸찍스런 웃음들 들려 나오며 호미와 바구니를 든 환한 얼굴 그림처럼 나타나던 석양……

　구슬처럼 흘러가는 냇물가 맨발을 담그고 늘어앉아 빨래들을 두드리던 전설같은 풍속으로 돌아가자

　눈동자를 보아라 향아 회올리는 무지갯빛 허울의 눈부심에 넋 빼앗기지 말고
　철따라 푸짐히 두레를 먹던 정자나무 마을로 돌아가자 미끈덩한 기생충의 생리와 허식에 인이 배기기 전으로 눈빛 아침처럼 빛나던 우리들의 고향 병들지 않은 젊음으로 찾아 가자꾸나

　향아 허물어질까 두렵노라 얼굴 생김새 맞지 않는 발돋움의 흉낼랑 그만 내자
　들국화처럼 소박한 목숨을 가꾸기 위하여 맨발을 벗고 콩바심하던 차라리 그 미개지에로 가자 달이 뜨는 명절밤 비단치마를 나부끼며 떼지어 춤추던 전설같은 풍속으로 돌아가자 냇물 굽이치는 싱싱한 마음밭으로 돌아가자.

-신동엽, 「향아」-

선지	①	②	③	④	⑤
선택률	42%	11%	22%	18%	7%

34 〈보기〉를 참고하여 (가)를 감상한 내용으로 적절하지 <u>않은</u> 것은? [3점] ①

——[보기]——

　(가)는 부정적 현실을 비판한 작품이다. (가)는 물질문명의 허위와 병폐에 물들어 가는 공동체가 농경 문화의 전통에 바탕을 두고 건강한 생명력과 순수성을 회복하기를 소망하는 작가 의식을 담고 있다.

① (가)에서 '차라리 그 미개지에로 가자'라는 화자의 권유는 공동체의 터전을 확장하여 순수성을 지켜 나가려는 의식을 보여 주는군.

선지 유형	근거가 없어서 허용 불가능
해설	'미개지'라는 표현은 '개발해야 할 곳'이라는 느낌이 들기 때문에, '공동체의 터전 확장'에 낚이기를 노린 출제자의 노림수가 드러나는 선지입니다. 하지만 '미개지' 역시 화자가 '향'에게 가자고 이야기하는 공간으로, '생명력·순수성'을 지닌 '농경 문화의 공동체'를 의미한다고 할 수 있겠죠? 원래 있던 곳으로 돌아가자는 것이기 때문에, '공동체의 터전 확장'이라는 말을 절대 허용할 수 없겠습니다. 나아가 〈보기〉에서 화자는 순수성을 '회복'하고자 하는 소망을 드러내고 있다고 했습니다. 이는 현재는 '상실'한 것을 되찾자는 것인데, 이 선지에서는 순수성을 '지켜 나가'려는 의식을 보여 준다고 하고 있습니다. 이는 '원래 있는 것'을 보존한다는 것이기 때문에, '회복'이라는 내용과 상충되는 것이죠? 이렇게 두 가지 부분에서 근거를 찾을 수 있으니, 허용할 수 없는 선지로 판단할 수 있겠습니다.

③ (가)에서 '기생충의 생리'는 자족적인 농경 문화 전통에 반하는 문명의 병폐를 보여 주는군.

선지 유형	근거가 있어서 허용 가능
해설	이 선지를 판단하기 위해서는 작품에 나타난 이분법적인 사고를 독해할 수 있어야 합니다. 화자는 자신이 돌아가고자 하는 공간과 '향'을 유혹하는 문명의 병폐를 대비하고 있어요. 따라서 화자가 부정적으로 묘사하고 있는 '기생충의 생리'는 자연스럽게 '자족적인 농경 문화 전통에 반하는 문명의 병폐'라고 할 수 있는 것입니다. 원래는 '기생충' 없이도 '철따라 푸짐히 두레를 먹'이며 농사를 지었는데, '기생충'이라는 '허식'을 가진 물질문명이 도입되었다는 의미인 것이죠. 이러한 독해의 결과를 근거로 하면 어렵지 않게 허용할 수 있겠습니다.

④ (가)에서 '발돋움의 흉내'를 낸다는 것은 물질문명에 물들어 가는 상황을 보여 주는군.

선지 유형	근거가 있어서 허용 가능
해설	'발돋움의 흉내'는 3번 선지의 '기생충의 생리'처럼 화자가 부정적으로 바라보는 것입니다. 따라서 여기서의 '발돋움'이 곧 '물질문명'을 의미하는 것인데, '흉내'를 낸다는 것은 이에 물들어 가는 상황이라고 할 수 있는 것이죠.

⑤ (가)에서 '떼지어 춤추던' 모습은 농경 문화 공동체의
건강한 생명력을 보여 주는군.

선지 유형	근거가 있어서 허용 가능
해설	'떼지어 춤추'는 것은 화자가 돌아가자고 하는 '전설 같은 풍속'에서의 모습입니다. 화자가 지향하는 것은 곧 '농경 문화 공동체의 건강한 생명력'이므로 당연히 허용할 수 있겠네요.

선지	①	②	③	④	⑤
선택률	9%	56%	14%	7%	14%

37 〈보기〉를 참고하여 (나)를 이해한 내용으로 가장 적절한
것은? [3점] ②

─────[보기]─────

장면(scene)은 시나리오를 이루는 기본 단위로 일정
한 시간과 공간 속에서 일어나는 일련의 행동을 뜻한다.
장면은 주로 시간이나 공간이 변할 때 나뉜다. 구분된 장
면들은 서로 연결되면서 행동의 연속성이나 카메라의
위치에 따른 시선의 변화를 통해 영화의 내용을 담아내
게 된다. 장면 속에 담긴 여러 표현들은 영상을 구성하는
요소와 의도를 나타내기도 한다.

① S#4에서 인서트된 사진은 인물의 분열된 의식을 보여
주기 위해 선택된 요소이다.

선지 유형	근거가 없어서 허용 불가능
해설	인서트된 사진은 단순한 가족 사진입니다. 이 사진으로부터 '분열된 의식'을 드러내고 있음을 허용할 만한 근거를 도저히 찾을 수가 없죠.

② S#4에서 등장하는 공간과 소품들은 주인공의 경제
적 수준을 고려하여 선택된 요소들이다.

선지 유형	근거가 있어서 허용 가능
해설	S#4에 등장하는 공간과 소품들을 보면, 욕실이 방에 붙어 있고, 화사한 남성용 의류, 세면도구, 로우브를 벗은 뒤 넥타이를 매는 모습 등이 보입니다. 이 모든 것들은 곧 '전무'가 될 '나'의 여유로운 경제적 수준을 고려한 것이라고 할 수 있겠죠? 이러한 생각을 근거로 충분히 허용할 수 있겠어요. 이 선지에서 많은 학생들이 도대체 왜 저런 것들이 여유로운 '경제적 수준'을 드러내는 것이냐고 물어봅니다. 사실 요즘의 기준으로 보면 딱히 부유

하지 않아도 충분히 누릴 수 있는 것들이니까요.

일단 이 작품이 발표된 1960년대, 저런 물건들은
서민들에겐 꿈과도 같은 것들이었어요. 만약 이런
배경을 몰랐다고 해도, 어찌 되었든 제대로 된 작품
이라면 주인공들의 경제적 수준은 고려를 해야겠
죠. 주인공이 잘 살든 못 살든 말이죠. 특히 시나리
오는 시간적 배경의 정확한 묘사가 중요하다는 점
에서, 이 정도는 충분히 허용할 수 있어야 합니다.

이처럼 각 작품의 특징, 그 중에서도 충분히 상식
적으로 생각할 수 있는 내용들 역시 '허용'의 근거
가 된다는 점을 알아두도록 합시다.

③ S#5의 창밖 풍경은 S#4의 공간과 대조되어 인물 간의
갈등을 강화시키고 있다.

선지 유형	근거가 있어서 허용 불가능
해설	일단 허용하려고 해봅시다. S#5의 창밖 풍경과 S#4의 공간은 각각 '밖'과 '안'이라는 점에서 근거를 잡고, 억지로나마 '대조'를 허용할 수 있을 것 같습니다. 그런데 '밖'과 '안'의 대조가 '인물 간의 갈등'을 강화시킨다는 것은 근거를 잡기가 쉽지 않습니다. 애초에 '윤기준'과 '아내' 사이에 큰 갈등이 있는 것처럼 보이지도 않구요. 억지로나마 '무진'에 갈까 말까하는 '갈등'이 있다고 한다 해도 '밖'와 '안'의 대조가 이를 강화시킨다고 보기는 어렵겠어요. 아무리 허용하려고 해도 근거가 없으니 허용할 수 없습니다.

④ S#4에서 S#5로의 전환은 방 안의 우울한 분위기가 도
시 전체로 확대되고 있음을 보여 준다.

선지 유형	근거가 있어서 허용 불가능
해설	허용을 해주고 싶어도, S#4에 나오는 방 안의 분위기가 '우울'하다는 것의 근거를 잡기가 어렵습니다. 나아가 S#5의 '도시'는 '아름다운' 풍경으로 묘사되고 있죠? '아름다운' 풍경이라는 명백한 근거가 있으니, '도시 전체'가 '우울'한 분위기를 가진다는 것은 절대로 허용할 수 없겠습니다.

⑤ S#11에서 S#12로의 전환은 카메라의 시선이 버스의 내부에서 외부로 바뀌고 있음을 보여 준다.

선지 유형	근거가 있어서 허용 불가능
해설	S#11과 S#12의 카메라는 모두 버스의 '외부'를 찍고 있습니다. 이러한 근거가 있으니, '내부'에서 '외부'로 바뀌었다는 것은 절대로 허용할 수 없겠네요.

FAQ

Q S#12는 공간이 '버스 안'으로 나와 있는데, 이러한 근거가 있으니 '외부에서 내부'로 바뀌었기에 틀린 것이라고 해야 정확한 거 아닌가요?

A 선지 판단을 하실 때는, 늘 그 선지가 묻고자 하는 것이 무엇인지 정확하게 독해하는 태도를 갖추셔야 합니다. 선지에서는 S#11과 S#12의 '공간적 배경'을 물은 것이 아니라, '카메라의 시선'을 묻고 있어요. S#11에서 카메라는 시골 자동차길을 달리는 버스를 찍고 있고 S#12에서는 버스 차창에서 내다보이는 풍경을 찍고 있습니다. 즉, S#11과 S#12 모두 '카메라'는 버스의 외부를 찍고 있다는 것이죠.

현대시는 읽고 이해할 수 있는 글이다.

이용악, 「풀벌레 소리 가득 차 있었다」

> 우리 집도 아니고
> 일가 집도 아닌 집
> 고향은 더욱 아닌 곳에서
> 아버지의 침상(寢床) 없는 최후 최후의 밤은
> 풀벌레 소리 가득 차 있었다

'고향'이 아닌 공간에서 '아버지'는 최후의 순간을 보냅니다. 그리고 그 시간적 배경인 '밤'은 '풀벌레 소리'로 가득 차 있어요. 여기서 '풀벌레 소리'가 가득 들릴 정도로 집이 조용했다는 건, 그 누구도 없이 쓸쓸하게 돌아가신 아버지의 처지를 환기한다고 할 수 있겠죠?

> 노령(露領)*을 다니면서까지
> 애써 자래운* 아들과 딸에게
> 한 마디 남겨 두는 말도 없었고
> 아무을 만(灣)*의 파선도
> 설룽한* 니코리스크*의 밤도 완전히 잊으셨다
>
> * 노령 : 러시아의 영토.
> * 자래운 : 키운.
> * 아무을 만, 니코리스크 : 오호츠크 해 근처의 러시아 지명.
> * 설룽한 : 춥고 차가운.

아버지는 자식들을 키우기 위해 러시아까지 가서 일을 하셨나 봅니다. 돌아가시는 순간의 아버지는 자식들에게 유언을 남기지도 않았고, 러시아에서의 기억도 완전히 잊은 채 돌아가셨어요.

> 목침을 반듯이 벤 채
> 다시 뜨시잖는 두 눈에
> 피지 못한 꿈의 꽃봉오리가 갈앉고
> 얼음장에 누우신 듯 손발은 식어 갈 뿐
> 입술은 심장의 영원한 정지를 가리켰다
> 때 늦은 의원이 아모 말없이 돌아간 뒤
> 이웃 늙은이 손으로

> 눈빛 미명은 고요히
> 낯을 덮었다

아버지의 임종의 순간을 시적으로 표현한 부분입니다. 쓸쓸하게 돌아가신 뒤 '때 늦은 의원', '이웃 늙은이' 등이 아버지의 시신을 수습하는 모습이네요.

> 우리는 머리맡에 엎디어
> 있는 대로의 울음을 다아 울었고
> 아버지의 침상 없는 최후 최후의 밤은
> 풀벌레 소리 가득 차 있었다

'우리'는 아마 아버지의 자식들이겠죠? 아버지가 쓸쓸하게 돌아가신 모습을 보고는 펑펑 울었고, 화자는 그 '최후의 밤'을 '풀벌레 소리 가득 차 있었다'라고 말하며 첫 연의 내용을 반복하고 있습니다. 아버지의 쓸쓸한 죽음과 그에 대한 슬픔을 표현한 작품이네요.

이성복, 「서해」

> 아직 서해엔 가보지 않았습니다
> 어쩌면 당신이 거기 계실지 모르겠기에

화자는 '서해'라는 공간에 가보지 않았다고 합니다. 그리고 바로 그 이유가 나오고 있어요. '당신'이 거기 있을지도 모르기 때문에 안 갔다는 것이에요. 왜일까요? '당신'을 보기가 싫어서? '당신'과 어색한 사이라서?

> 그곳 바다인들 여느 바다와 다를까요
> 검은 개펄에 작은 게들이 구멍 속을 들락거리고
> 언제나 바다는 멀리서 진펄에 몸을 뒤척이겠지요

'그곳 바다'는 당연히 '서해'를 칭하는 것이겠죠? 화자는 '서해'에 가본 적은 없지만, 서해의 모습이 다른 바다들과 다를 바 없으리라고 예상하고 있어요. 어떻게 보면 당연한 내용입니다.

> 당신이 계실 자리를 위해
> 가보지 않은 곳을 남겨두어야 할까봅니다

> 내 다 가보면 당신 계실 곳이 남지 않을 것이기에

화자가 왜 서해를 가지 않는지에 대한 이유가 3연에 나오고 있어요. '당신이 계실 자리'를 남겨 주기 위해서라고 합니다. 아직 무슨 소리인지 잘 모르겠어요.

> 내 가보지 않은 한쪽 바다는
> 늘 마음속에서나 파도치고 있습니다

화자는 '서해'를 가 본 적이 없지만, 그의 마음속에는 항상 '서해'가 있어요. 왜 항상 마음속에 서해가 있을까요? 그곳이 뭔가 특별한 모습을 가진 바다라서? 그건 아니라고 2연에서 말했죠. 화자에게 서해가 특별한 이유는 오직 그곳이 '당신이 계실지도 모르는 곳'이기 때문입니다.

화자는 '당신'을 사랑하고, 특별하게 생각하고 있어요. 그렇기 때문에 '당신'이 있을 자리를 남겨 두기 위해서 '당신'이 있을지도 모르는 장소에는 가지 않겠다고 합니다. 만약 '서해'에 갔는데도 '당신'이 없다면, 그것은 정말로 '당신'이 이 세상에 존재하지 않는다는 걸 의미하는 것이 되니까요.

약간 어렵게 느껴지기도 하겠지만, 결국 화자의 내면세계가 '당신에 대한 그리움'으로 가득하다는 것을 파악했다면 어렵지 않게 읽어낼 수 있었을 겁니다.

박남수, 「새 1」

> 1
> 하늘에 깔아 논
> 바람의 여울터에서나
> 속삭이듯 서걱이는
> 나무의 그늘에서나, 새는
> 노래한다. 그것이 노래인 줄도 모르면서
> 새는 그것이 사랑인 줄도 모르면서
> 두 놈이 부리를
> 서로의 쭉지에 파묻고
> 다스한 체온을 나누어 가진다.

'새'는 노래가 노래인 줄도 모르고 노래하며, 사랑이 사랑인 줄도 모르면서 사랑한다고 합니다. 여기서 '순수성'과 같은 속성을 떠올린다면 문학적 감수성이 굉장히 풍부하신 편이라고 할 수 있어요. 떠올리지 못하더라도, 화자가 규정하고 있는 '새'의 속성을 정확하게 인식하고 가시는 것이 중요합니다.

> 2
> 새는 울어
> 뜻을 만들지 않고,
> 지어서 교태로
> 사랑을 가식하지 않는다.

새는 노래하려고 노래하는 게 아닙니다. '뜻'을 만들어서 노래하는 게 아니라는 뜻이죠. 마찬가지로 사랑하려고 사랑하지도 않습니다. '지어서', '가식'으로 사랑하지 않는 존재예요. 앞에서도 말했듯이, 화자의 입장에서 '새'는 순수하게 노래하고, 순수하게 사랑하는 동물로 그려지고 있습니다. 이처럼 시도 결국 하나의 '주제'를 중심으로 '재진술'되는 것이에요.

> 3
> —포수는 한 덩이 납으로
> 그 순수를 겨냥하지만,
> 매양 쏘는 것은
> 피에 젖은 한 마리 상한 새에 지나지 않는다.

'새'와 대비되는 '포수'는 '그 순수(=새)'를 쏘아 죽입니다. 그러나 포수에 의해 죽은 새는 이미 '순수'가 아니에요. 포수의 '뜻'에 의해 죽은 '한 마리 상한 새'에 불과할 뿐이죠. '포수' 따위로는 '순수'라는 숭고한 가치를 훼손시킬 수 없다는 화자의 생각이 나타나고 있습니다.

이 시는 '새'가 가진 '순수'를 예찬하는 것처럼도 보이지만, 그보다는 그러한 '순수'와 대비되는 '포수', 즉 인간을 비판하는 메시지가 더 강하다고 볼 수 있을 것 같습니다. 이처럼 현대시는 결국 '인간'의 이야기라는 것도 알아두도록 합시다. 다른 대상을 주인공으로 등장시키는 경우에도, 결국 진짜 하고 싶은 말의 주인공은 '인간'인 경우가 많아요. 이를 알고 있으면 현대시를 독해하는 것이 훨씬 쉬워지겠죠?

한용운, 「님의 침묵」

> 님은 갔습니다. 아아, 사랑하는 나의 님은 갔습니다.

화자가 '사랑하는' '님'은 떠나갔다고 합니다. '님'이 부재한 상황에 대한 내용이 이어지리라고 생각해 볼 수 있습니다. '아아'라는 표현으로 보아 화자는 이 상황이 힘들어 보이네요.

> 푸른 산빛을 깨치고 단풍나무 숲을 향하여 난 작은 길을 걸어서, 차마 떨치고 갔습니다.
> 황금의 꽃같이 굳고 빛나던 옛 맹서는 차디찬 티끌이 되어서 한숨의 미풍에 날아갔습니다.

'님'이 떠나가는 장면을 여러 시적인 표현들로 바꾸어 표현하고 있습니다. '작은 길'로 화자를 '떨치고' 간 '님' 때문에 '황금의 꽃같이 굳고 빛나던 옛 맹서'는 '차디찬 티끌'이 되어 허무하게 날아간 모습이에요. '님'과의 허무한 헤어짐을 강조하는 모습이네요.

> 날카로운 첫 키스의 추억은 나의 운명의 지침을 돌려놓고, 뒷걸음쳐서 사라졌습니다.

이번에도 '님'과 첫 키스를 하던 추억이 허무하게 사라진 상황을 강조하고 있습니다. 이처럼 시에서도 독서 지문처럼 '똑같은 말'을 반복하는 식으로 중요 정보를 강조하는 경우가 많습니다.

이 부분을 조금만 더 깊게 읽어봅시다. '날카로운 첫 키스의 추억'이라고 했는데, 우리가 일상생활에서 사용하는 '추억'이라는 말에는 일반적으로 '행복한 기억'이라는 의미가 깃들어 있습니다. 따라서 '날카로운 첫 키스'는 화자에게는 행복한 기억으로 남아 있다고 할 수 있는데, 이러한 '추억'은 너무나 강력해서 화자의 '운명의 지침'을 돌려놓을 정도였다고 합니다. 지문의 전체적인 맥락을 고려하면, 이렇게 돌아간 '운명의 지침'이 가리키는 곳은 아마 '님'이 있는 곳이겠죠.

그런데 이렇게 '운명의 지침'을 돌려놓은 '추억'은 잔인하게도 '뒷걸음쳐서 사라'지는 모습입니다. 이 역시 '님은 갔습니다.'의 재진술이라고 할 수 있겠죠? 현대시 작가는 이처럼 너무나 아름다운 말들로 '재진술'을 합니다. 바꾸어 말하면 현대시를 읽을 때 하나의 '주제'(=내면세계)를 중심으로 '재진술'되는 양상을 파악한다면 더욱 쉽게 이해할 수 있다는 것도 되겠네요. 이때의 독해는 독서 지문처럼 '일상 언어의 의미'를 바탕으로 이루어지는 것이구요!

> 나는 향기로운 님의 말소리에 귀먹고, 꽃다운 님의 얼굴에 눈멀었습니다.

화자에게 '님'은 정말 각별하고 아름다운 존재였나 봅니다. '님'의 목소리와 얼굴은 화자의 '귀'와 '눈'을 상하게 할 정도로 강력한 '추억'인 것입니다. 역시 앞에서 이야기한 '운명의 지침'이 돌아간 상황의 재진술이라고 할 수 있겠죠?

> 사랑도 사람의 일이라, 만날 때에 미리 떠날 것을 염려하고 경계하지 아니한 것은 아니지만, 이별은 뜻밖의 일이 되고, 놀란 가슴은 새로운 슬픔에 터집니다.

'님'을 사랑하던 화자는, 물론 이별이 있을 수 있다는 것을 알고는 있었지만, 막상 실제로 이별을 하게 되니 가슴이 슬픔에 터진다고 해요. 인간의 보편적인 감정이기에, 충분히 공감하면서 읽을 수 있을 것 같습니다.

> 그러나 이별을 쓸데없는 눈물의 원천을 만들고 마는 것은 스스로 사랑을 깨치는 것인 줄 아는 까닭에, 걷잡을 수 없는 슬픔의 힘을 옮겨서 새 희망의 정수박이에 들어부었습니다.
> 우리는 만날 때에 떠날 것을 염려하는 것과 같이, 떠날 때에 다시 만날 것을 믿습니다.

그러나 화자는 마냥 슬퍼하기만 하는 것이 아니에요! 이별로 계속 울기만 한다면, 그것은 오히려 '사랑을 깨치는 것'이라고 하네요. 이별했다고 정말 슬퍼하기만 하면 사랑이 진짜로 끝나버릴 것 같다는 것이죠. 이를 원치 않는 화자는 현재 자신이 느끼는 '슬픔'을 '희망'으로 바꾸겠다는 의지를 드러내고 있어요. 그리고 '희망'의 내용은, 언젠가 '님'을 다시 만나리라는 믿음이네요. 화자의 내면세계, 즉 주제 의식이 변하는 부분이므로 확실하게 인식할 수 있어야겠죠?

> 아아, 님은 갔지마는 나는 님을 보내지 아니하였습니다.
> 제 곡조를 못 이기는 사랑의 노래는 님의 침묵을 휩싸고 돕니다.

이렇게 화자는 '님'과 다시 만날 것을 믿기에, '님은 갔지만은 나는 님을 보내지 아니하였습니다.'라는 말을 할 수 있습니다. 역시 '재진술'된 내용이니 어렵지 않게 이해할 수 있겠죠?

나아가 화자는 '제 곡조를 못 이기는 사랑의 노래'를 부릅니다. '사랑의 노래'의 '제 곡조'라는 것은 말 그대로 '사랑'에 대한 내용이어야 할 텐데, 화자는 지금 '사랑'을 하지 못하고 있으니 '제 곡조를 못 이기는 사랑의 노래'라는 표현을 쓴 것인 것 같네요.

아무튼 이 '사랑의 노래'는 '님의 침묵', 즉 '님의 부재 상황'을 휩싸고 돈다고 합니다. '사랑'의 노래를 '님'의 부재 상황에서 계속 부른다는 것은, 언젠가 '님'이 다시 나타났을 때 '사랑'이 닿기를 바라기 때문이라고 할 수 있겠죠? 결국 마지막 행의 내용도 바로 앞 행의 내용을 '재진술'한 것이었습니다.

전반부에서는 '님을 정말 사랑했는데 떠나버려서 슬프다.'는 말을, 후반부에서는 '그래도 언젠가는 다시 만날 수 있을 것이야.'라는 말을 끝없이 재진술하는 작품이었습니다. 약간 과하게 읽은 부분들도 있어요. 하지만 결국 시도 하나의 글이라는 점, 따라서 '주제'를 중심으로 '같은 말'을 반복할 수밖에 없다는 점을 확실하게 배울 수 있었을 것이라고 생각합니다.

장석남, 「배를 매며」

아무 소리도 없이 말도 없이
등 뒤로 털썩
밧줄이 날아와 나는
뛰어가 밧줄을 잡아다 배를 맨다
아주 천천히 그리고 조용히
배는 멀리서부터 닿는다

화자는 아무런 소리도, 말도 없이 날아온 밧줄을 잡아다 '배'를 매고 있습니다. '배'는 천천히 멀리서부터 선착장으로 닿고 있어요. 화자는 뭘 하려고 배를 매는 것일까요?

사랑은,
호젓한 부둣가에 우연히,
별 그럴 일도 없으면서 넋 놓고 앉았다가
배가 들어와
던져지는 밧줄을 받는 것
그래서 어찌할 수 없이
배를 매게 되는 것

갑자기 '사랑' 이야기를 합니다. '호젓한 부둣가'에 넋 놓고 앉아 있는데 '배'가 들어와 던져지는 '밧줄'을 받는 것이 곧 '사랑'이라고 합니다. 이렇게 '밧줄'을 받으면? 1연에서 말했던 것처럼 배를 매야겠죠. 화자는 이러한 행위들을 '사랑'으로 보고 있습니다. 이렇게 '사랑=밧줄 받는 것=배를 매는 것'이라는 재진술을 체크하면서 읽어보도록 합시다. 나아가 '밧줄 받는 것'과 '사랑'은 모두 우연히 들어오는 것이라는 점에서 공통점을 가지고 있죠? 이런 것까지 읽어낼 수 있다면 더욱 훌륭하겠습니다.

잔잔한 바닷물 위에
구름과 빛과 시간과 함께
떠 있는 배

배를 매면 구름과 빛과 시간이 함께
매어진다는 것도 처음 알았다
사랑이란 그런 것을 처음 아는 것

빛 가운데 배는 울렁이며
온종일을 떠 있다

-장석남, 「배를 매며」-

'배'는 원래 '구름', '빛', '시간'과 함께 떠 있습니다. 화자는 '배'를 매면 이 모든 것들이 함께 매어진다는 걸 갑자기 깨닫고 있어요. 그리고 이러한 것들을 처음 아는 것이 곧 '사랑'임을 강조하고 있습니다. '사랑'과 같은 말이 하나 더 늘었네요. 이제 '사랑=밧줄 받는 것=배를 매는 것=배를 매면 구름, 빛, 시간이 함께 매어진다는 걸 처음 아는 것'으로 잡아주셔야 합니다.

나아가, '배'를 매면 그 주변 풍경까지 함께 매어진다는 것은 '사랑'의 근본적인 속성을 비유한다고 볼 수 있겠습니다. 어떠한 사람을 '사랑'하는 것은 그 사람 자체뿐만 아니라 그 사람을 둘러싸고 있는 풍경들, 이를테면 가족·친구·경제적 사정 등을 모두 포용하겠다는 의지를 담고 있으니까요. 굳이 생각하지 않아도 되는 부분이기는 하지만, 이런 것까지 생각할 수 있다면 현대시의 맛을 더 깊게 느낄 수 있을 것 같습니다.

아무튼, 이렇게 '사랑'을 알게 해 주는 '배'는 '빛' 가운데에서 온종일 떠 있습니다. 이 '배'를 매고 저런 것들을 깨닫는 순간, 누구라도 '사랑'을 할 수 있는 것이겠죠?

이대흠, 「동그라미」

> 　어머니는 말을 둥글게 하는 버릇이 있다
> 　오느냐 가느냐라는 말이 어머니의 입을 거치면 옹가
> 강가가 되고 자느냐 사느냐라는 말은 장가 상가가 된다
> 나무의 잎도 그저 푸른 것만은 아니어서 밤낭구 잎은 푸
> 르딩딩해지고 밭에서 일 하는 사람을 보면 일 항가 댕가
> 하기에 장가 가는가라는 말은 장가 강가가 되고 애기 낳
> 는가라는 말은 아 낭가가 된다
>
> 　강가 낭가 당가 랑가 망가가 수시로 사용되는 어머니
> 의 말에는
> 　한사코 ㅇ이 다른 것들을 떠받들고 있다

'어머니'라는 대상에 대해서 이야기하는 작품입니다. 화자의 '어머니'는 말을 둥글게 하는 버릇이 있다고 해요. '옹가 강가', '장가 상가', '밤낭구', '항가 댕가' 등 표현을 보면 'ㅇ'이라는 자음을 활용해 둥글게 말하는 '어머니'의 모습을 확인할 수 있을 것 같습니다. 이는 마치 ㅇ이 다른 것들을 떠받들고 있는 것처럼 보인다고 하네요. 화자는 이러한 '어머니'의 모습을 어떻게 생각하는 것일까요? (물론 당연히 좋은 의미로 말하는 것이겠죠.)

> 　남한테 해꼬지 한 번 안 하고 살았다는 어머니
> 　일생을 흙 속에서 산,
>
> 　무장* 허리가 굽어져 한쪽만 뚫린 동그라미 꼴이 된
> 몸으로
> 　어머니는 아직도 당신이 가진 것을 퍼 주신다
> 　머리가 발에 닿아 둥글어질 때까지
> 　C자의 열린 구멍에서는 살리는 것들이 쏟아질 것이다
>
> * 무장 : 갈수록 더.

'어머니'는 남한테 해꼬지 한 번 안 하고 살았다고 합니다. 역시 화자는 말을 둥글게 하는 버릇이 있는 '어머니'의 삶을 긍정적으로 보고 있다고 할 수 있겠죠? 나아가 '어머니'는 일생을 흙 속에서 살았다고 합니다. 정말 흙무더기 속에서 살았다기보다는, 언제나 몸에 흙을 묻힐 정도로 힘들게 일하며 살았다는 식으로 이해할 수 있겠죠.

나이가 들어가면서 '어머니'는 허리가 굽어져 한쪽만 뚫린 동그라미 꼴, 즉 C자가 된 몸이 되었지만 그 와중에 '가진 것'을 퍼 주신

다고 합니다. 머리가 발에 닿아 둥글어질 정도로 C자가 더 심해질 때까지도, 그 '열린 구멍'에서는 '살리는 것'들이 쏟아질 것이라고 해요. 여기서 맥락상 '살리는 것'은 '당신이 가진 것'과 같은 의미를 가지고 있다고 할 수 있겠죠? 누군가를 살릴 수 있을 정도로 위로가 되는 여러 것들을 퍼 주시는 '어머니'에 대한 이야기를 하고 있는 것입니다.

나아가, 앞에서 어머니의 말에는 ㅇ이 다른 것들을 떠받들고 있다고 했습니다. '어머니의 말'이라는 문장 구조를 바탕으로 생각할 수 있듯이, 어머니의 '말'이 가진 속성은 곧 '어머니'의 속성이라고도 할 수 있어요. 따라서 ㅇ이 다른 것들을 떠받들고 있는 것처럼, '어머니' 역시 다른 이들을 떠받들면서 살았다는 의미로 이해할 수 있겠죠. 무언가 잡일을 해 주는 느낌보다는, 자신이 가진 것을 아낌없이 내어 주는 인심 좋은 '어머니'의 느낌을 살려 주시면 훌륭하겠습니다.

> 　우리들의 받침인 어머니
> 　어머니는 한사코
> 　오손도순 살어라이 당부를 한다
>
> 　어머니는 모든 것을 둥글게 하는 버릇이 있다
> 　　　　　　　　　　　　　　－이대흠, 「동그라미」－

이에 대해 제대로 짚어 주고 있습니다. '어머니'는 '우리들'(아마 자식들이겠죠?)의 받침이라고 해요. 말마다 붙이는 ㅇ처럼 '어머니'는 '우리들'을 떠받들며 가진 것을 다 내어 주신 것이죠.

이런 '어머니'는 아직까지도 오순도순 살라는 당부를 합니다. 언제나 '우리들'을 생각하는 '어머니'는 모든 것을 둥글게 하는 버릇이 있어요. 말을 둥글게 하는 버릇이 아니라, 주변 사람들을 둥글둥글하게 기분 좋게 만들어 주는 버릇이 있다는 식으로 이해할 수 있겠죠?

정호승, 「슬픔이 기쁨에게」

나는 이제 너에게도 슬픔을 주겠다.
사랑보다 소중한 슬픔을 주겠다.

'너'에게 '슬픔'을 주겠다는 이야기로 시작하고 있습니다. '너'라는 청자를 설정하고 있는데, '슬픔'을 주겠다는 건 무슨 뜻일까요? 저주도 아니고 말이죠. 그 내용은 당연히 지문 전체 내용의 '독해'를 통해 이해할 수 있을 겁니다. '슬픔'이 의미하는 바가 무엇일지 알아보러 갑시다.

겨울밤 거리에서 귤 몇 개 놓고
살아온 추위와 떨고 있는 할머니에게
귤값을 깎으면서 기뻐하던 너를 위하여
나는 슬픔의 평등한 얼굴을 보여 주겠다.

'너'는 힘들게 살고 있는 할머니에게 귤값을 깎으면서 '기뻐했'다고 합니다. 그런데 화자는 이런 '너'에게 '슬픔'의 평등한 얼굴을 보여 주겠다고 하네요.

내가 어둠 속에서 너를 부를 때
단 한 번도 평등하게 웃어 주질 않은
가마니에 덮인 동사자가 다시 얼어 죽을 때
가마니 한 장조차 덮어 주지 않은
무관심한 너의 사랑을 위해
흘릴 줄 모르는 너의 눈물을 위해
나는 이제 너에게도 기다림을 주겠다.
이 세상에 내리던 함박눈을 멈추겠다.

그리고 다음 연을 보니, '너'의 자세한 행동들이 제시되고 있네요. '나'가 '어둠' 속, 즉 부정적인 상황에서 부르는 소리를 무시하고, '동사자'에게 가마니 한 장의 연민조차 주지 않고, '눈물'을 흘리지도 못하는 모습을 보이고 있었습니다. 이러한 모습을 종합하면, '너'는 '이기적이고 공감 능력이 떨어지는 사람'임을 알 수 있겠죠.

화자는 이러한 '너'에게 '기다림'을 줄 것이고, '함박눈'을 멈출 것이라 말하고 있습니다. 맥락상 '기다림'은 '너'에게 부족한 공감 능력 등을 의미할 것이고, '함박눈'은 '너'를 둘러싼 포근한 '기쁨'을 의미한다고 할 수 있겠죠. 지문 전체적으로 '너'에게 '결여된 것'은 준다는 말로 도배되어 있으니, 빼앗아 가는 '함박눈'은 '너'가 가지고 있는 것이라고 쉽게 이해할 수 있을 것입니다. 이렇게

이분법적인 구도도 활용하면서 '독해'할 수 있어야 해요!

보리밭에 내리던 봄눈들을 데리고
추워 떠는 사람들의 슬픔에게 다녀와서
눈 그친 눈길을 너와 함께 걷겠다.
슬픔의 힘에 대한 이야기를 하며
기다림의 슬픔까지 걸어가겠다.

'함박눈'은 멈추지만, '봄눈'들을 데리고 '슬픔'에게 가겠다는 이야기를 하고 있습니다. '봄눈'은 '함박눈'을 멈춘 뒤 데리고 가는 눈이라는 점에서 긍정적인 대상이라고 할 수 있겠죠? (물론 '봄눈'을 부정적으로 보는 견해도 있으니 선지의 '허용 가능성' 측면에서 살피도록 합시다.) 아무튼 이걸 데리고 '슬픔'이라는 최종 목적지에 다녀온 뒤, 그것을 탑재한 '너'와 '눈길'을 걸어 '기다림의 슬픔'까지 가겠다는 이야기로 마무리되고 있습니다. 이때의 '너'는 각박한 사회 속에서 공동체 의식을 잃어가는 우리들을 의미한다고 할 수 있겠어요. 화자는 '슬픔'에게 다가설 수 있어야 한다는 자신의 내면세계 속 생각을 우리 모두 공유하자고 주장하는 것이죠.

단어 자체가 아닌, 지문의 맥락을 바탕으로 긍정적인 시어와 부정적인 시어를 구분할 수 있어야 해요.

긍정 : 슬픔, 기다림, (봄눈)
부정 : 기쁨, 함박눈, (봄눈)

현대시 작품들을 읽어보았습니다. 처음 몇 작품은 그저 어색하고 잘 이해도 안 되었겠지만, 결국 '주제 의식'을 중심으로 같은 말만 한다는 점, 일상 언어에서 사용하는 단어의 의미를 살리면서 읽으면 충분히 이해할 수 있다는 점 등을 깨달으며 점차 익숙해지셨을 겁니다. 뒤에서도 자세히 설명하겠지만, 시험장에서 이렇게 읽으라는 것은 절대 아니에요. 다만 시험장에서 요구하는 수준의 '독해'를 빠르고 정확하게 해 내기 위해서는, 한 지문을 통째로 읽어내는 능력을 갖추는 것이 필요하다는 것을 강조하는 파트였습니다. 이를 위한 연습이었으니, 앞으로도 현대시를 볼 때마다 스스로의 힘으로 읽어내는 연습을 게을리하지 맙시다. 그럼 이제 본격적으로 문제를 푸는 연습을 해 볼까요?

시와 수필 : 운문문학은 주제 중심으로 해결한다.

> **DAY 4 [1~3]**
> 2015.11B [43~45] 현대시 '고향 앞에서 / 낡은 집' ☆☆☆

〈보기〉 확인

[보기]

   고향을 떠난 사람들이 고향을 각박하고 차가운 현실과 대비되는 공간으로 인식하고, 그곳으로 복귀하려는 것을 귀향 의식이라고 한다. 이때 고향은 공동체의 인정과 가족애가 살아 있는 따뜻한 공간으로 표상된다. 이들의 기억 속에서 고향은 평화로운 이상적 공간으로 남아 있기도 하다. 그러나 고향으로 돌아가더라도 고향이 변해 있거나 고향이 고향처럼 느껴지지 않을 때 귀향은 미완의 형태로 남게 된다.

'귀향 의식'이라는 것이 담긴 작품들이 나오나 봅니다. 이는 고향을 긍정적으로 인식하고 돌아가고 싶어하는 것을 의미하네요. 하지만 막상 고향에 돌아갔는데 실망스러우면 '미완의 형태'로 남게 된다고 합니다. 뭐 그럴 수 있겠죠. 이런 내용들이 지문에 어떻게 반영되어 있는지 생각하면서 문제 풀어보도록 합시다.

혹은 최소한 '고향'에 대한 내용이라는 생각 정도만 해주셔도 충분합니다. 이 정도만 해도 주제에 대한 엄청난 힌트를 얻은 것이니까요.

실전적 지문 독해

(가)

흙이 풀리는 내음새
강바람은
산짐승의 우는 소릴 불러
다 녹지 않은 얼음장 울멍울멍 떠내려간다.

진종일
나룻가에 서성거리다
행인의 손을 쥐면 따듯하리라.

고향 가차운 주막에 들러
누구와 함께 지난날의 꿈을 이야기하랴.
양귀비 끓여다 놓고
주인집 늙은이는 공연히 눈물짓는다.

간간이 잰나비 우는 산기슭에는
아직도 무덤 속에 조상이 잠자고
설레는 바람이 가랑잎을 휩쓸어간다.

예제로* 떠도는 장꾼들이여!
상고(商賈)하며 오가는 길에
혹여나 보셨나이까.

전나무 우거진 마을
집집마다 누룩을 디디는 소리, 누룩이 뜨는 내음새……
-오장환, 「고향 앞에서」-

* 예제로: 여기저기로.

얼음이 다 녹지 않은 것으로 보아 늦겨울~초봄인 상황입니다. 그리고 나서 고향을 그리워하는 말들을 쏟아내고 있어요. 나룻가의 행인, 고향 가차운 주막의 노인, 예제로 떠도는 장꾼들은 전부 화자가 고향에 대한 그리움을 나누고 싶어 하는 상대들이네요. '눈물짓는다', '설레는 바람' 등의 반응에서 이러한 심정이 잘 드러나죠? 이 시는 〈보기〉에서 말한 '평화로운 이상적 공간'으로 고향을 바라보는 주제를 가지고 있네요!

(나)

   귀향이라는 말을 매우 어설퍼하며 마당에 들어서니 다리를 저는 오리 한 마리 유난히 허둥대며 두엄자리로 도망간다. 나의 부모인 농부 내외와 그들의 딸이 사는 슬레이트 흙담집, 겨울 해어름의 집 안엔 아무도 없고 방바닥은 선뜩한 냉돌이다. 여덟 자 방구석엔 고구마 뒤주가 여전하며 벽에 메주가 매달려 서로 박치기한다. 허리 굽은 어머니는 냇가 빨래터에서 오셔서 콩깍지로 군불을 피우고 동생은 면에 있는 중학교에서 돌아와 반가워한다. 닭똥으로 비료를 만드는 공장에 나가 일당 서울 광주 간 차비 정도를 버는 아버지는 한참 어두워서야 귀가해 장남의 절을 받고, 가을에 이웃의 텃밭에 나갔다 팔매질 당한 다리병신 오리를 잡는다.
-최두석, 「낡은 집」-

(나)의 화자는 (가)의 화자와는 달리 귀향을 한 상태네요. 그런데 귀향이 '어설프다'고 합니다. 〈보기〉에서 말한 미완의 형태로 남은 귀향의 일종인가 봐요. 아무튼 '겨울 해어름 쯤'에 '슬레이트 돌담집'이라는 고향으로 온 화자는 어설픈 귀향 속에서도 가족들의 애정 어린 행동들을 보고 있습니다. 은근히 평화로운 공간으로 고향이 인식되고 있는 것 같기도 한데, '슬레이트 흙담집', '선뜩한 냉돌', '다리병신 오리' 같은 표현을 보면 고향이 막 이상적인 공간처럼 보이지는 않네요. '일당 서울 광주 간 차비 정도를 버는' 아버지의 모습 등을 보면 오히려 현실의 궁핍한 모습을 표현한 것 같습니다. 조금 애매하지만, 〈보기〉에서 말한 '귀향 의식의 미완'과 관련된 주제를 가진 작품이었네요.

선지	①	②	③	④	⑤
선택률	55%	6%	7%	20%	12%

01 (가), (나)에 대한 이해로 가장 적절한 것은? ①

① (가)의 화자는 낯선 행인에게서 친근감을 기대하고 있고, (나)의 화자는 익숙했던 공간에 들어서며 낯선 느낌을 받는다.

선지 유형	근거가 있어서 허용 가능
실전에서의 판단 과정	손을 쥐면 따뜻할 것이고 귀향이 어설프다고 했으니 허용할 수 있겠네.
해설	(가)의 화자는 낯선 '행인'의 손을 쥐면 따뜻하리라고 말하고 있습니다. '따뜻할 것 같아~'라고 말한다는 '근거'가 있으니 친근감을 충분히 허용할 수 있겠죠. 또 (나)의 화자는 귀향이 어설프다고 했다는 '근거'가 있으니 낯선 느낌 역시 허용이 되겠어요. 답은 바로 1번이네요. 쉽죠?

② (가)의 화자는 아직도 조상의 권위가 지속되는 공간을, (나)의 화자는 여전히 가난이 지속되는 공간을 벗어나고자 한다.

선지 유형	근거가 있어서 허용 불가능
실전에서의 판단 과정	고향을 왜 벗어나려고 해.
해설	무덤 속에 조상이 잠자는 것을 강조하는 것을 근거로 하면 '조상의 권위'는 정말 억지로라도 허용할 수 있습니다. 물론 지문의 주제와 살짝 어긋나기 때문에 허용할 수 없다고 보는 게 더 적절해 보이기는 해요. 확실한 건, (가)의 화자가 그러한 공간인 '고향'을 벗어나고자 한다는 건 절대 허용할 수 없겠죠?

같은 논리로 (나) 부분도 틀렸습니다. 주제를 고려할 때, (나)에서 고향을 벗어나려 한다는 것 역시 허용하기 어렵죠?

③ (가)의 화자는 세상이 변해도 각박한 인심이 여전함에 좌절하고 있고, (나)의 화자는 세상이 변해도 인심은 변하지 않기를 바라고 있다.

선지 유형	근거가 없어서 허용 불가능
실전에서의 판단 과정	인심이 갑자기 왜 나와.
해설	완전 헛소리네요. 인심에 대한 얘기는 나온 적이 없어요. 이렇게 이 내용을 허용할 수 있는 근거가 없다면 절대 허용하시면 안 됩니다. 여러분의 생각을 고르는 게 아니에요!

④ (가)의 화자는 떠돌아다니는 자신의 처지를 통해, (나)의 화자는 공장 노동자로 전락한 농민의 처지를 통해 삶의 무상함을 드러내고 있다.

선지 유형	근거가 없어서 허용 불가능
실전에서의 판단 과정	삶의 무상함은 주제와 너무 무관하네.
해설	떠돌아다니는 처지, 공장 노동자로 전락한 농민의 처지 등은 모두 나타난다고 할 수 있겠는데, '삶의 무상함'을 허용할 만한 근거를 찾기는 어렵죠? 억지로라도 허용할 만한 근거도 없고, 애초에 이 지문들의 주제와도 크게 어긋나기에 틀렸다고 판단해야 합니다.

⑤ (가)의 화자는 자연과 조화를 이루는 농촌의 모습이 보존되기를 희망하고, (나)의 화자는 산업화를 통해 농촌의 모습이 변화되기를 희망한다.

선지 유형	근거가 없어서 허용 불가능
실전에서의 판단 과정	농촌 보존... 산업화... 좀 심하네.
해설	'농촌 모습 보존, 산업화' 등을 허용할 근거를 도저히 찾을 수가 없네요. 근거가 있어야 허용할 수 있습니다. 주제와도 크게 어긋나죠?

선지	①	②	③	④	⑤
선택률	5%	7%	76%	5%	7%

02 ㉠~㉤에 대한 이해로 적절하지 <u>않은</u> 것은? ③

① ㉠: 계절이 바뀌면서 얼음이 풀리는 강변 풍경을 시각적으로 묘사하고 있다.

> ㉠ 다 녹지 않은 얼음장 울멍울멍 떠내려간다.

선지 유형	근거가 있어서 허용 가능
실전에서의 판단 과정	얼음이 살짝 녹았으니까 계절 바뀌는 거 허용되지.
해설	'다 녹지 않은 얼음장'이라는 말은 얼음이 녹는 중이라는 걸 내포하고 있습니다. 이는 '겨울'에서 '봄'으로 계절이 바뀐다는 것을 의미한다고 볼 수 있겠죠? 이러한 풍경을 '떠내려간다'라는 표현을 통해 시각적으로 묘사하고 있으니 충분히 허용할 수 있겠습니다.

② ㉡: 꿈이 있던 시절을 함께 회상할 사람이 없는 아쉬움을 설의적으로 드러내고 있다.

> ㉡ 누구와 함께 지난날의 꿈을 이야기하랴.

선지 유형	근거가 있어서 허용 가능
실전에서의 판단 과정	지난날의 꿈을 이야기할 사람이 없다는 뜻이네.
해설	'지난날의 꿈'을 바탕으로 '꿈이 있던 시절'을, '누구와 이야기하랴'라는 표현을 근거로 '회상할 사람이 없는 아쉬움'을 허용할 수 있겠습니다. 여기에 물음의 형식이지만 진짜 궁금해하는 것이 아니므로 '설의적'이라는 것도 허용할 수 있겠네요.

③ ㉢: 이리저리 떠돌며 고향에 가지 못하는 장꾼들의 설움을 독백조로 토로하고 있다.

> 예제로 떠도는 장꾼들이여!
> 상고(商賈)하며 오가는 길에
> ㉢ 혹여나 보셨나이까.
>
> 전나무 우거진 마을
> 집집마다 누룩을 디디는 소리, 누룩이 뜨는 내음새……

선지 유형	근거가 있어서 허용 불가능
실전에서의 판단 과정	그냥 자기 고향 어딨냐고 했지, 장꾼들 설움 이야기한 적은 없는데?
해설	주변 맥락을 독해해보면, 화자는 그저 '장꾼'들에게 자신의 고향을 보았냐고 묻고 있다는 것을 알 수 있습니다. '장꾼들의 설움'을 허용할 만한 근거가 없으니 가볍게 답으로 골라주시면 되겠습니다.

④ ㉣: 가족의 일원이면서도 자신의 가족을 객관화하여 지칭하고 있다.

> ㉣ 나의 부모인 농부 내외와 그들의 딸

선지 유형	근거가 있어서 허용 가능
실전에서의 판단 과정	농부 내외와 그들의 딸…
해설	'농부 내외와 그들의 딸'은 화자의 가족들이 '객관적'으로 가지고 있는 지위입니다. 자신의 가족임에도 이러한 표현을 쓴다는 점에서 충분히 허용할 수 있겠네요.

⑤ ㉤: 썰렁한 집 안의 정경 묘사를 통해 화자가 느끼는 심정을 간접적으로 드러내고 있다.

> ㉤ 집 안엔 아무도 없고 방바닥은 선뜩한 냉돌이다.

선지 유형	근거가 있어서 허용 가능
실전에서의 판단 과정	썰렁한 묘사는 허용되고, 심정을 간접적으로 드러낸다는 건 당연한 말이지.
해설	집에 '아무도 없'고 방바닥이 '선뜩한' 냉돌이라는 점에서 '썰렁한 집 안'을 묘사했다는 건 충분히 허용이 되겠습니다. 나아가 시의 모든 표현이 화자가 느끼는 심정, 즉 '반응'을 간접적으로라도 드러낸다는 건 당연한 말이죠? 여기선 '쓸쓸함', '안타까움' 등의 심정이 드러난다고 할 수 있겠죠.

선지	①	②	③	④	⑤
선택률	38%	4%	27%	21%	10%

03 〈보기〉를 참고하여, (가)와 (나)를 감상한 학생들의 반응으로 적절하지 않은 것은? [3점] ①

① (가)에서 주인집 늙은이의 슬픔에 공감하는 것을 보니, 화자는 타인과의 조화를 통해서 현실을 따뜻한 공간으로 만들어 귀향을 완성하려 하겠군.

양귀비 끓여다 놓고
주인집 늙은이는 공연히 눈물지운다.

선지 유형	근거가 있어서 허용 불가능
실전에서의 판단 과정	현실을 왜 따뜻한 공간으로 만들어.
해설	하나씩 천천히 판단해봅시다. 먼저 '주인집 늙은이'의 슬픔에 공감했다는 내용입니다. 일단 주인집 늙은이는 '눈물'을 짓고 있으니 '슬픔'을 가지고 있다는 것을 허용할 수 있습니다. 나아가 앞에서 배웠듯이, 자아는 기본적으로 자신의 내면세계를 바탕으로 외부세계를 인식합니다. 즉, 화자가 '주인집 늙은이'의 눈물을 인식한 이유는 기본적으로 그것이 자신의 내면세계와 유사하기 때문이라는 것입니다. 물론 자신의 내면세계와 대조되는 경우에도 주목을 하겠지만, 이 작품의 주제를 고려하면 유사한 내면세계를 가지고 있다고 보는 게 더 적절할 것입니다. 이렇게 유사한 내면세계를 가지고 있으니, 화자가 '주인집 늙은이'의 슬픔에 '공감'한다는 것은 충분히 허용할 수 있겠습니다.
	다음은 '타인과의 조화', '현실을 따뜻한 공간으로', 귀향 완성'입니다. '주인집 늙은이'의 슬픔에 주목한다는 점에서 '타인과의 조화'는 정말 억지로 억지로 허용한다 쳐도, '현실을 따뜻한 공간으로' 만든다는 것은 허용할 만한 근거를 도저히 찾을 수가 없네요. 화자는 그저 과거의 이야기를 할 사람이 없고 고향이 그리울 뿐이지, 현실을 바꾸겠다는 거창한 목표를 가지고 있지는 않습니다. 즉, '주제'와 완전히 어긋나는 내용인 것이죠. 개인적인 바람을 이야기하는 지문을 공동체적인 바람을 이야기하는 지문으로 해석한 것입니다. 꽤 어려운 선지였습니다. '주제'에 대한 인식과 〈보기〉 독해를 요구하고 있네요. 요즘 운문문학에서 이러한 선지가 자주 등장하고 있으니 확실하게 정리하도록 합시다.

FAQ

Q 주인집 늙은이는 '공연히' 눈물 짓고 있습니다. '공연히'의 사전적 의미는 '아무 까닭이나 실속이 없게'인데, 이를 근거로 하면 '공감'한다는 것을 허용할 수 없다고 볼 수 있지 않을까요? '공감'이라는 건 어떠한 '까닭·실속'에 해당한다고 할 수 있으니까요.

A 일단 '공연히' 눈물짓는 것은 '주인집 늙은이'입니다. 그런데 선지에서 '공감'의 주체로 제시하는 것은 '화자'예요. '화자'는 '공연히' 눈물 흘린 적이 없기 때문에, '공연히'를 근거로 해서 이 선지가 틀렸다고 하는 것은 잘못된 생각입니다.

나아가, 만약 선지에서 묻는 '공감'의 주체가 화자가 아니라 '주인집 늙은이'였다고 해도, '공연히' 눈물 흘렸다는 것으로부터 '공감'을 허용하는 것도 크게 무리가 아닙니다. 정말 아무런 이유 없이 눈물이 뚝 흐르는 경우도 있기는 하겠지만, 일단 누군가의 이야기를 듣는 상황에서 '눈물'이라는 반응을 보였다는 것만으로 그 누군가에게 '공감'했다는 것을 충분히 허용할 수 있으니까요. 물론 애매한 부분이기에, 평가원이 정말 이 부분을 정답의 근거로 삼고자 한다면 조금 더 확실한 근거를 제시할 것입니다.

| 생각 심화 |

아직도 납득이 안 된다면, 다음과 같이 볼 수도 있습니다. 이 선지에서는 화자가 현실을 따뜻한 공간으로 만들어 '귀향을 완성'하려 하는지 묻고 있습니다. 그런데 〈보기〉에 따르면, 고향이 변해 있거나 고향이 고향처럼 느껴지지 않을 때 귀향은 '미완'의 형태로 남는다고 했습니다. 이를 바탕으로 하면, 귀향이 '완성' 되기 위해서는 고향이 변하지 않거나 고향이 고향처럼 느껴져야 한다는 것을 추론할 수 있습니다. 즉, '현실을 따뜻한 공간으로 만드는 것'은 〈보기〉를 참고할 때 '귀향 완성'의 조건이 아닌 것이죠. 따라서 1번 선지는 〈보기〉를 참고한 감상이 아니기에 틀린 선지가 됩니다.

답이 보이지 않을 때는, 이렇게 〈보기〉 혹은 선지에서 제대로 독해하지 못한 것이 있지는 않은지 확인하는 습관이 필요합니다. 답이 보이지 않는다고 뇌피셜을 동원하거나 괜히 선지에 시비를 거는 것이 최악의 선지 판단 태도예요.

② (가)에서 전나무가 울창하고 집집마다 술을 빚고 있는 모습으로 고향을 묘사한 것을 보니, 화자의 의식 속에서 고향은 평화로운 공간으로 기억되고 있겠군.

전나무 우거진 마을
집집마다 누룩을 디디는 소리, 누룩이 뜨는 내음새……

선지 유형	근거가 있어서 허용 가능
실전에서의 판단 과정	저 정도면 평화롭다고 할 수 있겠지.
해설	울창한 나무와 술을 빚는 모습 등은 '평화로운 공간'을 허용하기에 충분한 근거라고 할 수 있겠습니다.

| 생각 심화 |

농촌 마을에서 빚는 술은 일반적으로 막걸리입니다. 이는 쌀을 이용하는 것이기 때문에, 술을 빚는다는 것은 밥을 먹고도 쌀이 충분히 남았다는 의미가 됩니다. 따라서 농촌 마을에서 술을 빚는 모습이 나오면 어느 정도 여유롭고 평화로운 분위기를 드러낸다는 식으로 이해하셔도 좋아요. 고전시가의 독해 과정에서도 요긴하게 써먹을 수 있는 내용이니 알아두도록 합시다.

③ (나)에서 고향의 가족들이 궁핍한 삶을 살고 있는 것을 본 화자는 현재의 고향을 이상적인 공간이라고 생각하지 않겠군.

선지 유형	근거가 있어서 허용 가능
실전에서의 판단 과정	궁핍한 삶을 살고 있으니 이상적이지 않다고 할 수 있겠지.
해설	(나)에 따르면 가족들은 '슬레이트 흙담집'에 살고, '겨울'인데 '방바닥'은 '선뜩'합니다. 나아가 아버지는 '일당 서울 광주 간 차비 정도'를 버십니다. 이런 내용들을 근거로 하면 '궁핍한 삶'을 충분히 허용할 수 있겠고, 이를 본 화자가 고향을 이상적이지 않은 공간으로 생각한다는 건 너무나 쉽게 허용할 수 있겠습니다. 〈보기〉에 따르면 고향이 '이상적인 공간'이 되는 조건은 '평화로움'인데, 가족들이 궁핍한 삶을 사는 것을 본 화자가 '평화로움'을 느끼지 않을 것이라는 해석은 어렵지 않게 '허용'할 수 있는 내용이니까요.

④ (나)에서 어머니가 군불을 피우고 아버지가 오리를 잡아 주는 것을 본 화자는 고향에 와서 가족애를 느낄 수 있겠군.

선지 유형	근거가 있어서 허용 가능
실전에서의 판단 과정	군불 피우고 오리 잡는 건 화자를 위해서니까 가족애도 느낄 수 있겠다.
해설	언뜻 보면 3번 선지와 정반대의 이야기를 하는 것으로 보입니다. '이상적이지 않지만 가족애가 느껴지는 고향'이라는 말은 겉으로 보기엔 너무 모순적이에요. 실제로 선지 선택률을 봐도, 3번과 4번 사이에서 갈등한 많은 학생들의 모습이 보이시죠?

하지만 선지에서 이야기하는 것처럼 군불을 피우고 오리를 잡는 모습은, 아들을 위해 이것저것 하는 모습이라는 점에서 '가족애'의 근거로 쓰일 수 있을 것입니다. 이처럼 다른 적절한 선지와 정반대로 보이는 내용이라고 해도, '근거'만 있으면 허용할 수 있어야 합니다. 내 생각이 아니라, 지문 독해를 기반으로 한 선지 판단이 이루어져야 해요!

⑤ (가)에서는 고향을 앞에 두고도 고향 근처 주막에 머물고 있고 (나)에서는 고향에 와서도 마음이 편치 않아 보인다는 점에서, 화자의 귀향이 완성되었다고 보기 어렵겠군.

선지 유형	근거가 있어서 허용 가능
실전에서의 판단 과정	고향 근처에 있으면 아예 귀향도 안 한 것이고, 고향에 와서도 마음이 편치 않으면 미완의 형태네.
해설	일단 (가)에서 '고향 앞 주막'에 있다는 건 '귀향' 자체를 하지 않고 있다는 것을 의미합니다. 이를 근거로 하면 '귀향 미완성'을 허용할 수 있겠네요. 한편 (나)의 화자는 힘들게 사는 가족들의 모습을 보며 편치 않은 마음을 드러내고 있으니, 〈보기〉에 의해 귀향이 '미완의 형태'로 남았음을 허용할 수 있겠네요.

| 생각 심화 |

(나)와 관련해서 5번 선지의 내용을 조금 더 자세히 설명하면 다음과 같습니다. 1번 선지의 '생각 심화'와도 연결되는 내용이에요. (나)의 화자는 힘들게 사는 가족들의 모습을 보며 편치 않은 마음을 드러내고 있습니다. 그런데 〈보기〉에서는 '고향'을 각박하고 차가운 현실과 대비되는 공간이라고 했어요. 화자가 바라보는 고향 가족들의 모습은 이렇게 따뜻한 '고향'의 모습이 아닌, 각박하고 차가운 현실에 치이는 모습이라고 할 수 있겠죠? 화자는 이러한 가족들을 보면서 마음이 편치 않아 보이는데, 이는 고향이 〈보기〉에서 말하는 '고향'처럼 느껴지지 않는 모습이라고 할 수 있겠습니다. 이러한 상황은 화자의 귀향이 미완의 형태로 남은 모습을 의미한다고 할 수 있겠죠.

이처럼 〈보기〉에서 제시한 정보를 꼼꼼하게 독해하여 '귀향이 완성되지 않음'의 의미를 파악하면 선지를 훨씬 명확하게 판단할 수 있습니다. 결국 '독해력'이 선지 판단의 열쇠라는 것, 잊지 맙시다.

> (가)
> 흙이 풀리는 내음새
> 강바람은
> 산짐승의 우는 소릴 불러
> 다 녹지 않은 얼음장 울멍울멍 떠내려간다.

흙이 '풀리는' 냄새가 나고, 강바람이 '산짐승의 우는' 소리를 부르고 있습니다. 무슨 말인가 했더니, '다 녹지 않은 얼음장'이 떠내려간다는 말로부터 늦겨울~초봄의 이야기라는 것을 알 수 있겠습니다. 얼어 있던 흙이 풀리고, 강물도 녹아 강바람을 만들면서 겨울잠을 자던 산짐승을 깨우는 모습인 것이죠. 이렇게 디테일하게 이해하지 못하더라도 '늦겨울~초봄'이라는 이미지만 떠올릴 수 있으면 좋겠습니다.

> 진종일
> 나룻가에 서성거리다
> 행인의 손을 쥐면 따듯하리라.

이런 '초봄'에 '나룻가'에서 하루종일 서성거리던 화자는, 행인의 손을 쥐는 모습을 상상하고 있습니다. 그렇게 되면 '따듯'할 것이라는 말을 하면서 말이죠. 아무래도 아직은 추울 테니, 행인의 손을 잡으면 따뜻할 것이라고 생각하는 것일까요?

> 고향 가차운 주막에 들러
> 누구와 함께 지난날의 꿈을 이야기하랴.

그렇게 떠돌아다니던 화자는 '고향 가차운 주막'에 들릅니다. 그런데 아까 '행인'의 손을 쥐고 싶다고 상상했던 것에 이어서, '지난날의 꿈'을 이야기할 사람이 없음을 한탄하고 있습니다. 화자는 홀로 있는 자신의 처지가 못내 아쉬운가 보네요. 특히 '고향' 근처에서 서성거린다는 점에서 전형적인 현대시의 주제인 '고향에 대한 그리움'도 드러내고 있다고 할 수 있습니다. '고향 가차운 주막'에 들른 화자의 마음에 공감한다면 충분히 떠올릴 수 있는 내용이죠?

> 양귀비 끓여다 놓고
> 주인집 늙은이는 공연히 눈물지운다.

이 부분은 사실 아무런 맥락 없이 해석하기는 굉장히 어려운 부분이에요. 여기서 '양귀비'는 마약의 원료입니다. 그리고 작품의 전체적인 주제를 고려할 때, '주인집 늙은이'가 눈물짓는 것은 '고향에 대한 그리움' 때문이라고 추측할 수 있어요. '주인집 늙은이'는 고향에 갈 수 없어 괴로운 자신의 마음을 마약이라는 극단적인 수단으로 달래려고 하는 것이죠. 마약에 취한 상태에서는 '고향'에 대한 생각도 떠오르지 않을 것인데, 괜히 눈물이 흐르는 '주인집 늙은이'의 모습입니다. 그만큼 '고향'과 관련된 한이 크게 서려 있다는 것을 알 수 있겠죠. 결국 화자와 '주인집 늙은이'는 '고향에 대한 그리움'이라는 감정을 공유하고 있는 것이었습니다.

사후적인 내용 맞고, 먼저 생각하기에는 거의 불가능합니다. 하지만 시도 결국 '하나의 주제 의식'을 가진 글이라는 것을 생각하면서 읽어보면 이 설명 자체는 납득될 것이라고 생각해요. 최소한 '주인집 늙은이'가 화자와 비슷한 감정을 공유하고 있다는 것 정도만 읽어낸다면 충분할 것 같습니다.

> 간간이 잰나비 우는 산기슭에는
> 아직도 무덤 속에 조상이 잠자고
> 설레는 바람이 가랑잎을 휩쓸어간다.

작품의 주제를 고려하면, '잰나비 우는 산기슭', '무덤 속 조상'은 화자의 기억 속에 있는 고향의 모습(혹은 변해 버린 현재 고향의 모습)이라고 할 수 있겠습니다. 그리고 '설레는 바람'은 고향 생각만 해도 즐거운 화자의 마음이 잘 드러난다고 할 수 있겠죠. 고향을 정말 좋아하네요.

> 예제로* 떠도는 장꾼들이여!
> 상고(商賈)하며 오가는 길에
> 혹여나 보셨나이까.
>
> 전나무 우거진 마을
> 집집마다 누룩을 디디는 소리, 누룩이 뜨는 내음새……
>   -오장환, 「고향 앞에서」-
>
> * 예제로: 여기저기로.

이런 상황에서, 화자는 '장꾼들'에게 자신의 고향을 보았는지 묻고 있습니다. 그렇게 가고 싶으면 가면 될 텐데 왜 안 가나 했더니, 아마 고향이 더 이상 존재하지 않기 때문인가 보네요. 괜히 여기저기 돌아다니는 '장꾼들'에게 물어보면서 그리움을 달래는 화자의 모습입니다. 아주 일관된 주제 의식이 드러난 작품이었네요.

（나）
　　귀향이라는 말을 매우 어설퍼하며 마당에 들어서니 다리를 저는 오리 한 마리 유난히 허둥대며 두엄자리로 도망간다.

화자는 고향에 돌아온 상황입니다. 그런데 귀향이라는 말을 '어설퍼하며' 마당에 들어서고 있어요. 오랜만에 온 것인지 아니면 다른 이유 때문인지 무언가 어색해보입니다. 또 오리 한 마리가 유난히 허둥대면서 도망가고 있네요. 왜 그러는 것일까요?

　　나의 부모인 농부 내외와 그들의 딸이 사는 슬레이트 흙담집, 겨울 해어름의 집 안엔 아무도 없고 방바닥은 선뜩한 냉돌이다. 여덟 자 방구석엔 고구마 뒤주가 여전하며 벽에 메주가 매달려 서로 박치기한다.

화자의 부모님은 농부들이고, 화자의 누나/언니 혹은 여동생이 함께 살고 있는 모습입니다. 그런데 '슬레이트 흙담집'에 살고 있고, '겨울'인데 방바닥은 난방이 되지 않아 '선뜩한 냉돌'이고, '여덟 자 방구석' 정도로 작은 집의 모습 등으로 보아 그리 넉넉한 형편은 아닌 것으로 보이네요. 자신의 가족들이 넉넉하지 못하게 살고 있는 것을 알다보니 '어설퍼하'는 감정을 보인 것이 아닐까 하고 생각할 수 있겠습니다.

　　허리 굽은 어머니는 냇가 빨래터에서 오셔서 콩깍지로 군불을 피우고 동생은 면에 있는 중학교에서 돌아와 반가워한다. 닭똥으로 비료를 만드는 공장에 나가 일당 서울 광주 간 차비 정도를 버는 아버지는 한참 어두워서야 귀가해 장남의 절을 받고, 가을에 이웃의 텃밭에 나갔다 팔매질 당한 다리병신 오리를 잡는다.
　　　　　　　　　　　　　　　　　　－최두석, 「낡은 집」－

시간이 흘러, 가족들이 하나 둘 돌아옵니다. 여기서도 '허리 굽은' 어머니의 모습, '일당 서울 광주 간 차비 정도'를 버는 아버지의 모습 등에서 궁핍한 가족의 생활상이 잘 드러나고 있습니다. 그리고 '그들의 딸'은 화자의 여동생이었네요.

어쨌든 아버지는 화자의 절을 받은 뒤 '다리병신 오리'를 잡습니다. 처음 등장했던 '다리를 저는 오리'는 이러한 자신의 운명을 직감하고 도망간 것이었네요. 넉넉하지 못한 형편이지만, 오랜만에 장남이 왔으니 오리고기를 먹이려는 부모님의 마음에 뭉클해지는 작품입니다.

<hr>

몰랐던 어휘 정리하기

| 핵심 point |
① **허용 가능성 평가** : 선지의 내용을 '허용'하려는 태도를 바탕으로 지문을 '독해'하며 '근거'를 찾아야 합니다. 허용할 수 있는 '근거'가 있어야만 허용할 수 있습니다. 주관적인 생각을 개입시키면 안 됩니다.
② **현대시 독해** : 〈보기〉의 도움 등을 통해 '주제' 위주로, 그리고 일상 언어의 감각으로 읽어내면 됩니다. 현대시도 읽을 수 있는 하나의 글입니다.

| 지문 내용 총정리 |
〈보기〉를 바탕으로 지문의 '주제'를 파악하며 읽고, 이를 선지 판단에 적절히 활용하는 것을 배울 수 있는 지문이었습니다. 특히 마지막 문제의 1번 선지는 고난도 문학 선지의 정석과도 같았어요. 여러 번 반복해서 자기 것으로 만들어봅시다.

〈보기〉 확인

---[보기]---

　공기와 바람은 눈에 보이지 않지만 사물의 움직임을 통해 지각되고, 계속 움직이며 대상에 영향을 주는 힘으로 인식되기도 합니다. 이런 속성이 시에 어떻게 활용되는지 알아봅시다.

두 작품은 '공기'와 '바람'의 속성을 이용한다고 합니다. 화자의 내면세계와 관련된 건 아니기 때문에, 가볍게 읽고 넘어가시면 되겠습니다.

---[보기]---

　「새」에서 '새장에 갇힌 새'는 일상의 안온함에 길들어 자유를 억압하는 일상을 벗어나지 못하는 현대인의 알레고리이다. '새'의 행동에 대한 묘사는 일상에 충실할수록 잠재된 힘과 본질을 잃어 가는 아이러니와, 일상에 만족하며 자유로운 삶의 가능성을 외면하는 현대인의 모습을 보여 준다.

(나) 작품에 대한 〈보기〉입니다. '일상을 벗어나지 못하는 현대인'에 대한 내용이라고 해요. 주제를 제시해준 소중한 〈보기〉죠? 지문 독해에 큰 도움이 될 것 같습니다.

실전적 지문 독해

(가)
　바람이 어디로부터 불어와
　어디로 불려 가는 것일까,

　바람이 부는데
　내 괴로움에는 이유가 없다.

　내 괴로움에는 이유가 없을까,

　단 한 여자를 사랑한 일도 없다.
　시대를 슬퍼한 일도 없다.

　바람이 자꾸 부는데
　내 발이 반석 위에 섰다.

　강물이 자꾸 흐르는데
　내 발이 언덕 위에 섰다.

　　　　　　　　　　-윤동주, 「바람이 불어」-

깊은 의미까지는 모르겠어도, 〈보기〉에서 이야기하던 '바람'이 계기가 되어 화자가 스스로를 되돌아 본다는 정도는 파악할 수 있을 것 같습니다. '반성'의 태도로 유명한 윤동주 작가의 시이기도 하네요. 이렇게 주제만 가볍게 잡아두고, 자세한 건 선지 판단하면서 알아보도록 합시다.

(나)
　새는 새장 밖으로 나가지 못한다.
　매번 머리를 부딪치고 날개를 상하고 나야 보이는,
　창살 사이의 간격보다 큰, 몸뚱어리.
　하늘과 산이 보이고 울음 실은 공기가 자유로이 드나드는
　그러나 살랑거리며 날개를 굳게 다리에 매달아 놓는,
　그 적당한 간격은 슬프다.
　그 창살의 간격보다 넓은 몸은 슬프다.
　넓게, 힘차게 뻗을 날개가 있고
　날개를 힘껏 떠받쳐 줄 공기가 있지만
　새는 다만 네 발 달린 짐승처럼 걷는다.
　부지런히 걸어 다리가 굵어지고 튼튼해져서
　닭처럼 날개가 귀찮아질 때까지 걷는다.
　새장 문을 활짝 열어 놓아도 날지 않고
　닭처럼 모이를 향해 달려갈 수 있을 때까지 걷는다.
　걸으면서, 가끔, 창살 사이를 채우고 있는 바람을
　부리로 쪼아 본다, 아직도 벽이 아니고
　공기라는 걸 증명하려는 듯.
　유리보다도 더 환하고 선명하게 전망이 보이고
　울음 소리 숨내음 자유롭게 움직이도록 고안된 공기,
　그 최첨단 신소재의 부드러운 질감을 음미하려는 듯.

　　　　　　　　　　-김기택, 「새」-

이번에는 〈보기〉를 토대로 어느 정도 이해할 수 있을 것 같아요. 새장 안에 갇힌 새가 현대인의 모습처럼 느껴졌다면, 그걸로 됐습니다. 화자는 그 모습을 '슬프다'고 표현하고 있네요. 주제가 확실하게 잡혔죠? 이 상태로 선지 판단해봅시다.

선지	①	②	③	④	⑤
선택률	10%	10%	12%	57%	11%

04 (가)에 대한 이해로 가장 적절한 것은? ④

① '불려 가는'이라는 피동 표현을 통해 자신이 처한 현실에 순응하려는 화자의 태도를 강조하고 있다.

> 바람이 어디로부터 불어와
> 어디로 불려 가는 것일까,

선지 유형	근거가 있어서 허용 불가능
실전에서의 판단 과정	불려 가는 건 바람인데?
해설	'불려 가는'이라는 표현을 바탕으로 화자가 '순응'이라는 반응을 보이고 있는지 묻고 있습니다. 해당 부분으로 돌아가 근거를 찾으려 했는데, '불려 가는' 건 '바람'이라는 내용이 명시되어 있네요. '바람'이 불려 가는 건데 그것이 '화자'가 순응하는 태도라고 해석할 수는 없겠습니다. 허용할 수 없네요.

② '이유가 없을까'라는 물음의 형식으로 화자의 정신적 고통에 타당한 이유가 없음을 단정하고 있다.

> 바람이 부는데
> 내 괴로움에는 이유가 없다.
>
> 내 괴로움에는 이유가 없을까,

선지 유형	근거가 있어서 허용 불가능
실전에서의 판단 과정	물음의 형식인데 왜 단정이야.
해설	허용 가능성을 따지기 전부터 틀린 선지네요. '물음'이 어떻게 '단정'의 근거가 될 수 있겠습니까. 이런 선지를 바로 넘겨 버리는 것도 문학 실력이에요. '물음'이 '단정'과 함께 쓰일 수 있는 예외적인 상황은 강한 어조의 설의법일 때입니다. '어찌 하지 않을 수 있겠는가?' 식의 발화 말이죠.

③ '사랑한 일'과 '슬퍼한 일'을 병치하여 화자의 개인적 불행이 시대에 대한 무관심의 원인임을 암시하고 있다.

> 단 한 여자를 사랑한 일도 없다.
> 시대를 슬퍼한 일도 없다.

선지 유형	근거가 없어서 허용 불가능
실전에서의 판단 과정	둘 사이가 원인이라고 보기는 어렵지.
해설	이번에도 선지에서 묻는 내용을 허용해봅시다. '사랑한 일'이 없다는 것은 '개인적 불행'으로, 시대를 '슬퍼한 일'도 없다는 것은 '시대에 대한 무관심'이라고 할 수는 있겠어요. 하지만 해당 부분을 아무리 독해해봐도, 한 여자를 사랑한 적도 없는 '개인적 불행' 때문에 '시대를 슬퍼하지 않는' 것은 아니죠? 둘 사이에는 인과성이 없어요. '원인'을 허용할 근거가 없다는 뜻이죠. 심지어 '도'라는 보조사를 통해 인과가 아닌 단순 나열임을 확실히 알 수 있습니다. 단순히 나란히 제시되었다고 '인과 관계'라고 단정하셨다면, 그 근거는 여러분의 머릿속이죠? 머릿속 뇌피셜은 허용의 근거로 삼을 수 없어요!

④ '없다'의 반복을 활용하여 자신의 삶과 내면을 응시하는 화자의 반성적 자세를 드러내고 있다.

> 바람이 부는데
> 내 괴로움에는 이유가 없다.
>
> 내 괴로움에는 이유가 없을까,
>
> 단 한 여자를 사랑한 일도 없다.
> 시대를 슬퍼한 일도 없다.

선지 유형	근거가 있어서 허용 가능
실전에서의 판단 과정	성찰하면서 자기 인생 반성하고 있네.
해설	화자는 자신의 '괴로움'에 이유가 '없다'는 것으로 시작된 '없다'라는 표현을 반복하면서, 그동안 자신이 단 한 여자를 사랑한 일도, 시대를 슬퍼한 일도 없다는 이야기를 하고 있습니다. 이는 자신의 내면을 들여다보며 '성찰'하는 모습이라고 할 수 있겠습니다. 이렇게 화자 자신이 느끼고 있는 '괴로움'의 원인을 탐구하는 '성찰'의 과정 속에서,

화자는 자신이 누군가를 '사랑한 일'도, 시대를 '슬퍼한 일'도 없다는 것을 발견했어요. 누군가를 사랑하거나 시대를 슬퍼하는 것은 일반적으로 '괴로움'을 불러일으키는 일인데, 이런 일도 겪지 않은 화자 자신이 왜 괴로운지 도대체 알 수가 없다는 것이죠. 화자는 이러한 자신의 모습에서 답답함을 느끼고 있기 때문에, '성찰'의 결과 '나는 도대체 왜 이러지?'라는 맥락의 '반성적 자세'를 드러내고 있다는 식으로이해할 수 있겠습니다. '반성'이라는 개념이 생각보다 넓게 허용된다는 것을 이번 기회에 배워가도록 합시다.

조금 어렵기는 하지만, 현대시에 대한 경험이 쌓이면 충분히 생각할 수 있는 내용입니다. 나아가 이렇게 생각하기 어렵더라도, 이 선지는 우리가 지문 독해 과정에서 얻은 '주제'와 직결되는 내용이니 충분히 허용할 수 있다고 생각하시면 좋겠습니다. 이처럼 정답 선지는 '주제'와 직결되는 내용인 경우가 많아요.

⑤ '흐르는데'와 '섰다'의 대비를 통해 변함없는 자연에서 깨달음을 얻으려는 화자의 의지를 드러내고 있다.

> 강물이 자꾸 흐르는데
> 내 발이 언덕 위에 섰다.

선지 유형	근거가 없어서 허용 불가능
실전에서의 판단 과정	그냥 서 있는 건데 깨달음에 대한 의지를 허용하긴 어렵지.
해설	'흐르는데'와 '섰다'가 대비된다는 건 충분히 허용할 수 있을 것 같습니다. 움직임의 유무라는 차이점이 존재하니까요. 그런데 선지에서 묻는 부분을 읽어보면, 강물이 '흐른다'라는 표현을 찾을 수 있습니다. 이를 근거로 하면, '변함없는' 자연을 허용하기는 어렵겠죠? 흐른다는 것은 강물의 위치 '변화'가 있다는 것이니까요. 물론 강물이 흐르는 건 너무나 당연한, '변함없는' 자연의 모습이라고 생각할 수도 있을 것입니다. 그렇다면 '깨달음을 얻으려는 화자의 의지' 부분에 대해 판단해 보아야겠네요. 해당 부분을 독해해 보면, 화자는 그저 '언덕' 위에 발을 놓고 서 있을 뿐 무언가를 깨닫기 위한 의지를 보이고 있지는 않죠? 나아가 '깨달음에 대한 의지'는 '성찰'이라는 이 지문의 주제와 아무런 관련이 없기도 하구요. 허용을 하고 싶어도 도저히 근거를 찾을 수가 없네요.

선지	①	②	③	④	⑤
선택률	9%	60%	9%	16%	6%

05 다음에 제시된 선생님의 안내에 따라, ㉠~㉤을 탐구한 내용으로 적절하지 <u>않은</u> 것은? ②

– '바람'은 계속 움직이는 것이고, 대상에게 영향을 준다는 것이 제시문의 핵심이겠어요. 얼핏 해석을 요하는 어려운 문제처럼 보이지만, 정작 판단 근거는 굉장히 객관적인 요소들일 겁니다. 허용하러 가봅시다!

① ㉠에서는 움직임이라는 '바람'의 속성을 '괴로움'이라는 내면의 흔들림을 지각하는 계기로 활용하고 있다.

> ㉠바람이 부는데
> 내 괴로움에는 이유가 없다.

선지 유형	근거가 있어서 허용 가능
실전에서의 판단 과정	바람 속에서 괴로움 생각하고 있으니까 계기라고 할 수 있지.
해설	'바람' 이야기를 한 다음에 '괴로움'을 지각하고 있으니 허용할 수 있겠네요. '계기'라는 말에 시비를 걸지 않고 허용하려는 태도가 있으면 쉽게 넘어갈 수 있는 선지입니다. '괴로움'이 '내면의 흔들림'이라는 건 어휘적으로 쉽게 허용이 되겠죠?

② ㉡에서는 끊임없이 움직이는 '바람'의 속성을 활용해 '내 발'을 '반석 위'로 이끄는 힘을 보여 주고 있다.

> ㉡바람이 자꾸 부는데
> 내 발이 반석 위에 섰다.

선지 유형	근거가 있어서 허용 불가능
실전에서의 판단 과정	바람이 부는데도 불구하고 반석 위에 섰다는 거잖아.
해설	'바람'이 '내 발'을 '반석 위'로 이끌었다는 것에 대한 근거를 찾아야 합니다. 그런데 지문을 독해해보니, 바람이 자꾸 부는'데' 내 발이 반석 위에 섰다고 합니다. 이는 바람에도 '불구하고' 발은 반석 위에 섰다는 소리죠? 이렇게 명확한 근거가 있으니, '바람'이 '발'을 '반석 위'로 이끌었다는 건 절대 허용할 수 없겠네요. 결국 문학 선지 판단의 핵심은 이러한 '독해력'이에요.

③ ⓒ에서는 자유롭게 창살 사이를 이동하는 '공기'의 속성을 '새'가 처한 상황을 부각하는 데 활용하고 있다.

새는 새장 밖으로 나가지 못한다.
매번 머리를 부딪치고 날개를 상하고 나야 보이는,
창살 사이의 간격보다 큰, 몸뚱어리.
하늘과 산이 보이고 ⓒ 울음 실은 공기가 자유로이
드나드는

선지 유형	근거가 있어서 허용 가능
실전에서의 판단 과정	공기는 자유로운데 새는 그렇지 못하네.
해설	'공기'는 창살 사이를 자유롭게 넘나들지만, '새'는 '새장 밖을 나가지 못한다'고 합니다. '공기'의 처지가 '새'와 반대되는 것이니, '새'가 처한 상황을 부각하는데 효과적이겠죠? 이처럼 화자나 대상의 처지와 대비되는 상황에 놓인 대상을 제시하면서 그 처지를 강조하는 방식은 문학에서 자주 사용됩니다. 익숙해지면 비슷한 선지를 더욱 빠르게 처리할 수 있겠죠?

④ ⓐ에서는 '날개'를 '힘껏' 떠받치는 '공기'의 속성을 활용해 '새'의 '날개'가 '공기'의 힘을 이용할 수 있음을 암시하고 있다.

넓게, 힘차게 뻗을 날개가 있고
ⓐ 날개를 힘껏 떠받쳐 줄 공기가 있지만
새는 다만 네 발 달린 짐승처럼 걷는다.

선지 유형	근거가 있어서 허용 가능
실전에서의 판단 과정	떠받쳐 줄 수 있다고 했으니 이용할 수 있음을 암시한다고 할 수 있지.
해설	허용하려고 하면, 근거가 너무 쉽게 잡힙니다. '떠받쳐 줄'이라는 표현을 근거로 하면, '새'의 '날개'가 언제든 '공기'로부터 도움을 받을 수 있다고 해석하는 것이 큰 무리는 아니겠습니다.

⑤ ⓜ에서는 보이지 않지만 존재하는 '바람'의 속성을 활용해 '창살 사이'의 빈 공간을 쪼는 '새'의 동작에 의미를 부여하고 있다.

새장 문을 활짝 열어 놓아도 날지 않고
닭처럼 모이를 향해 달려갈 수 있을 때까지 걷는다.
ⓜ 걸으면서, 가끔, 창살 사이를 채우고 있는 바람을

부리로 쪼아 본다, 아직도 벽이 아니고
공기라는 걸 증명하려는 듯.

선지 유형	근거가 있어서 허용 가능
실전에서의 판단 과정	바람은 보이지 않으면서 빈 공간에 존재하는 거 맞고, 그걸 쪼는 새의 모습이 있으니 허용되네.
해설	역시 허용하려고만 하면 어렵지 않습니다. '바람'은 '보이지 않지만 존재하는' 속성을 가졌다고 충분히 허용할 수 있고, '창살 사이'라는 빈 공간을 쪼는 '새'의 동작은 어떠한 의미를 가진다고 할 수 있겠죠? 어떤 의미인지를 정확하게 파악하는 건 중요하지 않습니다. 진짜 중요한 건, 시에 존재하는 모든 대상의 행동에 어떠한 '의미'가 있는 것은 너무나 당연하다는 생각을 하는 것이에요.

선지	①	②	③	④	⑤
선택률	13%	9%	13%	51%	14%

06 〈보기〉를 바탕으로 (나)를 감상한 내용으로 적절하지 않은 것은? [3점] ④

① 몸이 창살에 부딪치고 나서야 창살의 간격이 보이는 새는, 일상에 갇힌 자신을 의식하는 현대인의 모습을 보여 주는군.

새는 새장 밖으로 나가지 못한다.
매번 머리를 부딪치고 날개를 상하고 나야 보이는,
창살 사이의 간격보다 큰, 몸뚱어리.

선지 유형	근거가 있어서 허용 가능
실전에서의 판단 과정	창살의 간격을 의식했으니 허용되겠네.
해설	이 작품의 주제는 '새'의 모습을 통해 '현대인'의 현실을 그려내는 것입니다. '새'가 '창살'에 부딪친 뒤 자기의 '몸뚱어리'보다 작은 '간격'을 봤다는 것은, 자신의 몸으론 그 창살을 벗어날 수 없다는 것을 깨달은 모습이라고 할 수 있겠습니다. 이를 현대인에게 적용하면, '일상'에서 탈출할 수 없음을 의식하는 모습이라고 할 수 있겠죠? 직접 나서서 해석한 결과가 아니라, 선지에서 제시한 대로 읽고 생각해본 결과입니다. 이런 '허용 가능성 평가'의 과정이 자연스러워질 때까지 열심히 연습합시다.

② 바깥 풍경이 보일 정도로 적당한 간격의 창살로 된 새장은, 안온함과 억압성이라는 양가성을 지닌 일상을 보여 주는군.

선지 유형	근거가 있어서 허용 가능
실전에서의 판단 과정	하늘과 산은 보이는데 날개를 매달아 놓으니 양가성을 허용할 수 있겠네.
해설	'하늘과 산'이 보인다는 점에서 '바깥 풍경'이 보인다는 건 허용할 수 있겠고, 지문에선 이를 '적당한 간격'이라는 말로 표현하고 있습니다. 그런데 이 '간격'은 '새'의 '날개'를 굳게 다리에 매달아 놓기도 하죠? 바깥이 보이는 '안온함'과 날개를 매달아 놓는 '억압성'이라는 '양가성'이 드러난다고 할 수 있겠네요. 〈보기〉에선 이 둘 모두 '일상'의 특성이라고 했죠? 충분히 허용할 수 있겠네요. 혹시나 '안온함', '양가성' 등의 어휘가 무슨 뜻인지 몰랐다면, 스스로 사전을 찾아보면서 정리하도록 합시다. 어휘력도 정말 중요해요!

③ 닭처럼 날개가 귀찮아질 때까지 부지런히 걷는 새는, 성실한 생활이 잠재력의 상실로 이어지는 아이러니를 보여 주는군.

선지 유형	근거가 있어서 허용 가능
실전에서의 판단 과정	부지런히 걸었더니 날 수 있다는 잠재력을 잃었네.
해설	선지에서 이야기하는 대로 '부지런히' 걷는다고 했으니 '성실한' 생활을 허용할 수 있겠죠? 그런데 이것이 결국 '날개의 퇴화'를 야기하고 있네요. '새'에게 있어 날 수 없다는 것은 '잠재력의 상실'이라고 하기에 충분하겠습니다.

④ 새장 문이 열려도 날지 않고 모이를 향해 달려갈 수 있을 때까지 걷는 새는, 자신의 본질에 충실하다 보니 오히려 자유를 상실하게 되는 상황을 보여 주는군.

선지 유형	근거가 있어서 허용 불가능
실전에서의 판단 과정	걷는 게 왜 본질이야.
해설	이번에도 선지의 내용을 허용해봅시다. 일단 '새장 문이 열려도 날지 않고 달려'가는 새의 모습은 지문 속에 잘 드러나 있네요. 선지에선 이를 '본질에 충실'이라고 표현했는데, 새의 '본질'은 걷는 게 아니라 나는 것이라고 해야겠죠? 상식적인 선에서 답을 고를 수 있는 문제였습니다. 물론 굳이 확실한 근거를 찾는다면, 〈보기〉를 가져올 수 있겠습니다. 〈보기〉에서 이 작품은 '본질'을 잃어 가는 아이러니를 다루고 있다고 했어요. 그런데 새의 모습이 '본질'에 충실하는 것이라 하면, 〈보기〉에서 제시한 주제를 역행하는 선지가 되겠죠? 이처럼 〈보기〉와의 내용일치로 해결 가능한 선지도 많이 출제됩니다. 답이 보이지 않을 때, 혹은 조금 더 확신을 가지고 싶을 때 활용하는 태도를 가져보도록 합시다.

⑤ 하늘을 자유롭게 날도록 날개를 밀어 올리는 공기를 음미할 대상으로만 여기는 듯한 새는, 자유로운 삶의 가능성을 외면하고 일상에 안주하려는 현대인의 모습을 보여 주는군.

선지 유형	근거가 있어서 허용 가능
실전에서의 판단 과정	공기를 음미만 하고 있으니 일상 안주라고 할 수 있겠지.
해설	선지에서 이야기하는 대로, '새'는 자신의 '날개'를 떠받쳐 줄 수 있는 '공기'를 그저 '음미'하고만 있습니다. 이는 '자유'를 충분히 추구할 수 있는 일상을 그저 '음미'하며 안주하는 현대인의 모습을 상징한다고 할 수 있겠죠? 이번에도 직접 나서서 해석한 게 아니라, 선지에서 제시한 해석을 '평가'하는 과정을 보여드린 것이에요. 이런 태도에 익숙해지도록 합시다!

현대시 독해 연습

(가)
바람이 어디로부터 불어와
어디로 불려 가는 것일까,

바람이 부는데
내 괴로움에는 이유가 없다.

내 괴로움에는 이유가 없을까,

'바람'의 향방을 궁금해하면서 시작하고 있습니다. 그런데 이렇게 부는 '바람'을 보면서 자신의 '괴로움'에는 이유가 없다는 생각을 하는 화자예요. '바람'이 부는 것과 무슨 관련이 있을까 생각해 보면, '바람'조차도 어딘가에서 불어와 어디로 불려 가는 등 '이유'를 가지고 움직이는 것 같은데 자신의 '괴로움'은 이유가 없다는 것을 깨달았다고 볼 수 있겠네요. 여기저기 부는 '바람' 속에서 자신의 '괴로움'에는 정말로 이유가 없는 것인지 '성찰'을 시작하는 화자입니다.

단 한 여자를 사랑한 일도 없다.
시대를 슬퍼한 일도 없다.

화자가 스스로 생각해 보니, 자신은 '단 한 여자'를 사랑한 적도 없고 '시대'를 슬퍼한 적도 없는 사람이에요. 일반적으로 누군가를 사랑하거나 시대를 슬퍼하는 것은 '괴로움'으로 이어지는 일들인데, 이런 적도 없으면서 '괴로움'을 느끼고 있는 '이유'가 무엇인지 답답해하는 화자의 내면세계를 충분히 떠올릴 수 있겠죠?

바람이 자꾸 부는데
내 발이 반석 위에 섰다.

강물이 자꾸 흐르는데
내 발이 언덕 위에 섰다.

-윤동주, 「 바람이 불어」-

그 와중에 '바람'은 자꾸 불고, '강물'은 자꾸 흐릅니다. '바람'과 '강물' 같은 존재들은 나름의 '이유'를 가지고 계속해서 앞으로 나아가는데, 화자는 '반석'과 '언덕' 위에 서서 '괴로움'의 이유도 모른 채 멈춰 있습니다. 이런 처지에 있는 화자는 스스로가 답답하고 한심하게 느껴지겠죠? 이런 내면세계를 떠올릴 수 있다면 훌륭하겠습니다.

(나)
새는 새장 밖으로 나가지 못한다.
매번 머리를 부딪치고 날개를 상하고 나야 보이는,
창살 사이의 간격보다 큰, 몸뚱어리.
하늘과 산이 보이고 울음 실은 공기가 자유로이 드나드는
그러나 살랑거리며 날개를 굳게 다리에 매달아 놓는,
그 적당한 간격은 슬프다.
그 창살의 간격보다 넓은 몸은 슬프다.

'새'가 '새장' 밖으로 나가지 못한다는 이야기를 하고 있습니다. 그 새장은 아주 잔인한 곳이에요. 새의 몸뚱어리보다 작은 간격의 창살을 가지고 있어 나가지는 못하지만, 바깥 풍경은 잘 보여 희망고문을 하는 곳이죠. 화자는 이러한 간격을 보며 '슬프다'라는 반응을 보이고 있네요.

넓게, 힘차게 뻗을 날개가 있고
날개를 힘껏 떠받쳐 줄 공기가 있지만
새는 다만 네 발 달린 짐승처럼 걷는다.
부지런히 걸어 다리가 굵어지고 튼튼해져서
닭처럼 날개가 귀찮아질 때까지 걷는다.
새장 문을 활짝 열어 놓아도 날지 않고
닭처럼 모이를 향해 달려갈 수 있을 때까지 걷는다.

이처럼 '새장'에 갇혀 있는 새는 사실 '날개'도 있고, '공기'의 도움을 받아 충분히 날아갈 수도 있습니다. 하지만 새는 마치 '네 발

달린 짐승'처럼 걷는다고 해요. '날개'가 있는데도, 즉 '새장'을 탈출할 수 있는 힘이 있는데도 '새장'에서의 삶이 너무 익숙해진 탓에 그 잠재력을 발휘하지 못하는 거죠.

> 걸으면서, 가끔, 창살 사이를 채우고 있는 바람을
> 부리로 쪼아 본다, 아직도 벽이 아니고
> 공기라는 걸 증명하려는 듯.

'새'는 걸으면서도 창살 사이의 바람을 부리로 쪼아 봅니다. 화자는 이 모습을 '벽이 아니고 공기라는 걸 증명'하는 행위라고 보고 있어요. 지문의 일관된 흐름을 따라 해석을 해 보면, '벽'이 아니라 '공기'인 게 어디냐는 식으로 만족하는 모습이라고 볼 수 있겠죠. '시'도 결국 하나의 주제를 담은 글이기 때문에, 전체적으로 '같은 말'을 하고 있어요. 앞에서 '새'가 '새장' 속에서의 삶에 안주하고 있다는 이야기가 나왔으니, 여기서도 같은 맥락으로 해석할 수 있는 겁니다.

> 유리보다도 더 환하고 선명하게 전망이 보이고
> 울음 소리 숨내음 자유롭게 움직이도록 고안된 공기,
> 그 최첨단 신소재의 부드러운 질감을 음미하려는 듯.
>
> ―김기택, 「새」―

마지막 3행도 마찬가지죠? '새'에게 있어 '새장'은 '환하고 선명하게 전망이 보이고 / 울음 소리 숨내음 자유롭게 움직'일 수 있는 나쁘지 않은 곳입니다. 그래서 그 공기를 그저 '음미'하면서, 현실에 안주하는 모습을 보이고 있는 것이죠.

〈보기〉에서 언급된 내용이기는 하지만, 기본적으로 모든 시는 '인간의 이야기'라는 걸 생각하면 주제를 잡아내는 게 훨씬 쉬울 겁니다. 여기서의 '새'는 결국 '인간'에 대한 비유가 되는 거예요! '자유'를 추구하지 않고 현실에 '안주'하는 인간들의 모습을 나타낸다는 것까지 생각할 수 있다면 더욱 훌륭하겠습니다.

몰랐던 어휘 정리하기

〈보기〉 확인

---[보기]---

　사행 가사인 「일동장유가」에는 화자와 일본인 문인 사이의 필담 장면이 기술되어 있는데, 필담을 통한 문답 형식은 일종의 대화의 성격을 지닌다. 필담 속에는 대화가 시작되는 상황, 문답의 주요 내용, 의사소통의 심층적 의미, 선비로서의 예법 등이 자연스럽게 포함되어 있다.

이 작품에는 '필담'을 통한 문답 형식이 제시되어 있다고 합니다. 참고로 '필담'은 '筆붓 필 / 談말씀 담'으로, 말이 통하지 않고 글자만 공유할 수 있을 때 글로 써서 대화하는 것을 의미해요. 조선말과 일본말이 통하지는 않겠지만, 한자를 쓰면서 대화하는 그런 상황으로 보입니다. 여기에는 다양한 내용들이 포함되어 있다고 해요. 천천히 읽어봅시다.

실전적 지문 독해

배 방에 누워 있어 내 신세를 생각하니
가뜩이 심란한데 대풍(大風)이 일어나서
태산(泰山) 같은 성난 물결 천지에 자욱하니
크나큰 만곡주가 나뭇잎 불리이듯
하늘에 올랐다가 지함(地陷)*에 내려지니
열두 발 쌍돛대는 차아*처럼 굽어 있고
쉰두 폭 초석(草席) 돛은 반달처럼 배불렀네
굵은 우레 잔 벼락은 등[背] 아래서 진동하고
성난 고래 동(動)한 용(龍)은 물속에서 희롱하니
방 속의 요강 타구(唾具) 자빠지고 엎어지며
상하좌우 배 방 널은 잎잎이 우는구나
이윽고 해 돋거늘 장관(壯觀)을 하여 보세
일어나 배 문 열고 문설주 잡고 서서
사면(四面)을 돌아보니 어와 장할시고
인생 천지간에 이런 구경 또 있을까
구만리 우주 속에 큰 물결뿐이로다

* 지함 : 땅이 움푹하게 주저앉은 곳.
* 차아 : 줄기에서 벋어 나간 곁가지.

어려워보여도 친절하게 현대어로 풀이되어 있으니, 천천히 이해하면 되겠습니다. 혼자 배에 누워 심란한 상황인데, '대풍'이 일어나서 '태산 같은 성난 물결'이 천지에 자욱한 상황입니다. 그 뒤로

파도에 고생하는 모습이 쭉 나타나고 있네요.

그런데 해가 돋은 뒤에 '장관'을 보고 '이런 구경' 또 없다며 흡족해하고 있습니다. 하나하나 꼼꼼하게 읽을 필요는 없을 것 같고, 이렇게 전반적인 상황과 반응만 체크해주시면 되겠습니다.

(중략)

　그중에 전승산이 글 쓰는 양(樣) 바라보고　　[A]
필담(筆談)으로 써서 뵈되 전문(傳聞)에 퇴석(退石) 선생
　쉬 짓기가 유명(有名)터니 선생의 빠른 재주　　[B]
일생 처음 보았으니 엎디어 묻잡나니
필연코 귀한 별호(別號) 퇴석인가 하나이다
내 웃고 써서 뵈되 늙고 병든 둔한 글을　　[C]
포장(褒獎)을 과히 하니 수괴(羞愧)*키 가이 없다
승산이 다시 하되 소국(小國)의 천한 선비　　[D]
세상에 났삽다가 장(壯)한 구경 하였으니
저녁에 죽사와도 여한이 없다 하고
어디로 나가더니 또다시 들어와서
아롱보(褓)에 무엇 싸고 삼목궤(杉木櫃)에 무엇 넣어
이마에 손을 얹고 엎디어 들이거늘
받아 놓고 피봉(皮封)* 보니 봉(封)한 위에 쓰였으되
각색 대단(大緞) 삼단이요 사십삼 냥 은자(銀子)로다
놀랍고 어이없어 종이에 써서 뵈되　　[E]
그대 비록 외국이나 선비의 몸으로서
은화를 갖다 가서 글 값을 주려 하니
그 뜻은 감격하나 의(義)에 크게 가하지 않아
못 받고 도로 주니 허물하지 말지어다

-김인겸, 「일동장유가」-

* 수괴 : 부끄럽고 창피함.
* 피봉 : 겉봉.

(중략) 이후의 상황입니다. 이번엔 '전승산'이라는 인물이 등장했어요. 그러면서 〈보기〉에서 말한 '필담'이 시작되고 있네요. 밑줄 친 부분 위주로 읽어보니, 서로 칭찬하고 웃으면서 좋은 분위기인 것으로 보이네요. 어차피 자세한 해석은 선지에서 해 줄 것이니, 우리는 이렇게 큰 분위기만 잡아두고 넘어가도록 합시다.

선지	①	②	③	④	⑤
선택률	55%	6%	13%	11%	15%

07 윗글에 대한 설명으로 적절하지 <u>않은</u> 것은? ①

– 이런 문제는 선지에서 가리키는 각 표현을 지문에서 찾는 데에도 시간이 꽤 걸릴 수 있습니다. 지문을 읽을 때 큰 흐름을 잡고 읽는 것, 그리고 평소에 이런 문학 기출을 많이 풀어 보는 것이 제일 중요해요! 물론 실전에서 이렇게 지문 전체의 내용을 한 번에 판단해야 하는 문제는 마지막에 푸는 것도 좋은 전략입니다.

① 동물의 역동성을 통해 공간의 분위기를 긍정적으로 바꾸고 있다.

선지 유형	근거가 없어서 허용 불가능
실전에서의 판단 과정	큰 파도 때문에 난리가 났는데 긍정적이라니.
해설	'동물의 역동성'은 '성난 고래 동한 용은 물속에서 희롱하니'와 같은 부분을 근거로 허용할 수 있습니다. 그렇다면 분위기를 '긍정적'으로 바꾼다는 내용을 허용할 만한 근거가 있는지 찾아야 하는데, 아무리 찾아봐도 그저 파도가 쳐서 난리난 상황을 묘사할 뿐 분위기가 '긍정적'으로 바뀌었음을 암시하는 표현은 나오지 않네요. 근거가 없으면 허용할 수 없습니다!

② 거대한 자연물에 비유하여 악화된 기상 상황을 표현하고 있다.

선지 유형	근거가 있어서 허용 가능
실전에서의 판단 과정	뭐 하나쯤은 있겠지.
해설	'태산 같은 성난 물결'이 있네요. 이렇게 미시적인 선지들은 바로 찾기 힘들 수 있습니다. 보이지 않으면 당황하지 말고 다른 선지부터 보시면 됩니다. '실전에서 판단 과정'을 실제로 행하셔도 되는 거예요. 답이 도저히 보이지 않으면 그때 찾아도 되니까요.

③ 식물의 연약한 속성을 활용하여 화자의 위태로운 상황을 드러내고 있다.

선지 유형	근거가 있어서 허용 가능
실전에서의 판단 과정	뭐 하나쯤 있겠지.
해설	'크나큰 만곡주가 ~ 배불렀네' 부분에서 '나뭇잎'과 '차아' 등의 식물이 제시되고 있습니다. 나아가 이들은 각각 불려지고 굽어 있는 모습, 즉 식물 스스로의 의지가 아닌 타의에 의해 만들어진 모습으로 표현되고 있습니다. 이러한 표현을 근거로 하면 식물의 '연약한 속성'을 활용하고 있다는 것을 충분히 허용할 수 있겠습니다. 해당 속성을 통해 화자가 탄 배가 위태롭다는 것을 나타내고 있는 것이죠. 나아가 2번 선지처럼 그냥 있을 것이라 생각하고 가볍게 넘길 수 있는 미시적인 선지였습니다. '긍정적 분위기'라는 거시적인 내용을 담고 있는 1번 선지와 구분되시죠?

④ 상승과 하강의 이미지를 대비하여 목전에 닥친 위기감을 강조하고 있다.

선지 유형	근거가 있어서 허용 가능
실전에서의 판단 과정	올랐다가 내려가는 거 있네. 위기감은 당연하고.
해설	'하늘에 올랐다가 지함에 내려지니'에서 상승과 하강 이미지가 모두 나타나네요. 화자의 전반적인 상황을 근거로 하면, '위기감'은 당연하게 허용할 수 있겠죠?

⑤ 인물의 행동을 시간의 흐름에 따라 열거하여 상황을 구체적으로 보여 주고 있다.

선지 유형	근거가 있어서 허용 가능
실전에서의 판단 과정	혼자 있다가 파도 만났다가 멋진 경치 보는 거니까 시간의 흐름 맞네.
해설	(중략) 이전을 보면, 배 안에 혼자 있다가 큰 파도를 만나 고생하고, 이것이 끝난 뒤 멋진 경치를 구경하고 있습니다. 이는 철저히 '시간의 흐름'에 따라 열거된 것이라 할 수 있겠죠? 나아가 (중략) 이후의 '필담' 장면에서도 시간의 흐름에 따라 이야기를 주고받고 있습니다. 충분히 허용할 수 있겠네요.

선지	①	②	③	④	⑤
선택률	4%	4%	80%	7%	5%

08 ㉠과 ㉡에 대한 이해로 가장 적절한 것은? ③

> 이윽고 해 돋거늘 장관(壯觀)을 하여 보세
> 일어나 배 문 열고 문설주 잡고 서서
> 사면(四面)을 돌아보니 어와 장할시고
> 인생 천지간에 ㉠이런 구경 또 있을까

> 내 웃고 써서 뵈되 늙고 병든 둔한 글을
> 포장(襃獎)을 과히 하니 수괴(羞愧)*키 가이 없다
> 승산이 다시 하되 소국(小國)의 천한 선비
> 세상에 났삽다가 ㉡장(壯)한 구경 하였으니
>
> * 수괴 : 부끄럽고 창피함.

– ㉠은 해가 돋고 난 후에 아름다운 자연의 모습을 나타내는 표현이고, ㉡은 '승산'이 '나'의 글을 칭찬하는 표현이었습니다. 이 정도 파악하고 풀어봅시다.

① ㉠과 ㉡은 모두 화자의 고난 극복 의지를 드러내고 있다.

선지 유형	근거가 없어서 허용 불가능
실전에서의 판단 과정	고난 극복 의지가 어딨어.
해설	㉠은 자연에 대한, ㉡은 글에 대한 '감탄'을 나타낼 뿐이죠? '의지'라는 반응을 허용할 만한 근거로 보기는 어렵겠네요.

② ㉠과 ㉡은 모두 화자가 구경하는 대상의 실체를 은폐하고 있다.

선지 유형	근거가 없어서 허용 불가능
실전에서의 판단 과정	무슨 소리야...
해설	실체를 은폐?? 너무 뜬금없어서 헛웃음이 나오는 선지죠.

③ ㉠은 자연의 풍광에 대한 감탄을, ㉡은 인물의 능력에 대한 감탄을 표현하고 있다.

선지 유형	근거가 있어서 허용 가능
실전에서의 판단 과정	미리 생각했던 내용이네.

해설	문제를 보자마자 미리 했던 생각이 그대로 나타나 있죠? 어렵지 않게 답으로 골라주시면 됩니다.

④ ㉠은 화자의 관찰력에 대한, ㉡은 화자의 창조력에 대한 타인의 평가를 담고 있다.

선지 유형	근거가 있어서 허용 불가능
실전에서의 판단 과정	㉠에서는 화자 혼자 있던 거잖아.
해설	㉡이 화자의 창조력에 대한 타인의 평가인 것은 충분히 허용이 되는데, ㉠은 화자 혼자만의 반응이죠? '타인의 평가'를 허용할 만한 근거가 없네요.

⑤ ㉠은 대상에 대한 화자의 만족을, ㉡은 대상에 대한 화자의 아쉬움을 드러내고 있다.

선지 유형	근거가 없어서 허용 불가능
실전에서의 판단 과정	아쉽긴 뭐가 아쉬워.
해설	㉠이 멋진 경치를 나타낸다는 점을 근거로 하면, 이것이 화자의 '만족'을 드러낸다는 것은 충분히 허용할 수 있겠습니다. 하지만 ㉡에 '아쉬움'이 드러난다는 건 도저히 허용하기 어렵네요. 애초에 ㉡이 '화자의 반응'도 아니고, 화자의 반응이라고 쳐도 '장한 구경'은 멋진 구경이라는 의미일 테니까요.

선지	①	②	③	④	⑤
선택률	4%	14%	16%	49%	17%

09 〈보기〉를 바탕으로 윗글을 감상한 내용으로 적절하지 않은 것은? [3점] ④

① [A]는 [B]~[D]의 필담이 시작되는 계기를 보여 주는군.

선지 유형	근거가 있어서 허용 가능
실전에서의 판단 과정	전승산이 글 쓰는 걸 보면서 시작되니까 맞다고 할 수 있지.
해설	'전승산'이라는 인물이 글 쓰는 것을 보면서 필담이 시작되고 있습니다. 이런 독해의 결과는 '계기'라는 해석의 근거로 사용하기에 충분하네요.

② [B]의 '빠른 재주'는 '나'의 글에 대한 상대의 평가를,
　[C]의 '늙고 병든 둔한 글'은 자신의 글에 대한 '나'의
　입장을 보여 주는군.

선지 유형	근거가 있어서 허용 가능
실전에서의 판단 과정	[B]는 전승산의 이야기고 [C]는 화자의 이야기니까 맞는 말이지.
해설	[B]와 [C]를 읽으면서 누가 누구에게 하는 말인지 생각할 수 있어야 합니다. [C]의 '내 웃고 써서 뵈되'를 읽으면서, [B]를 읽은 '나'가 웃으면서 [C]의 내용을 말하고 있다는 걸 읽어낼 수 있어야 해요. 아주 기본적인 독해의 과정이죠! 따라서 [B]의 '빠른 재주'는 '전승산'이 '나'의 글을 평가하는 것이고, [C]의 '늙고 병든 둔한 글'은 자신의 글을 높게 평가해줘서 부끄럽다는 '나'의 입장이 들어 있다고 할 수 있겠습니다. 독서 지문처럼 읽어내면 됩니다!

③ [B]의 '필담으로 써서 뵈되'와 [C]의 '내 웃고 써서 뵈
　되'를 통해, 문답의 형식을 활용하여 의사소통 장면을
　구체적으로 제시하는군.

선지 유형	근거가 있어서 허용 가능
실전에서의 판단 과정	서로 말 걸고 있으니까 허용되지.
해설	[B]에서 전승산이 '필담'으로 써서 보여 준 내용은 '엎디어 묻잡나니'입니다. 현대어로 읽어내면 '엎드려 묻겠습니다.' 정도가 되겠죠? 화자는 이에 대해 웃으면서 대답을 하고 있으니, '문답의 형식'이라는 말을 충분히 허용할 수 있겠네요. 애초에 〈보기〉에서도 문답의 형식을 활용하고 있다고 했구요.

④ [B]의 '귀한 별호 퇴석'과 [D]의 '소국의 천한 선비'는
　선비의 예법을 동원하여 동일한 사람을 다르게 지칭
　한 표현이군.

선지 유형	근거가 있어서 허용 불가능
실전에서의 판단 과정	다른 사람이잖아?
해설	'귀한 별호 퇴석'은 '전승산'이 화자의 글을 평가하며 화자를 일컬은 내용이고, '소국의 천한 선비'는 '전승산'이 본인을 낮추어 부른 말이죠. 선비의 예법을 동원했는데 '야 이 천한 선비야'라고 하면 이상하잖아요. 두 표현은 다른 인물을 지칭하므로 허용할 수 없는 선지입니다. [B]~[D]를 유기적으로 독해할 수 있는지 물어보고 있네요.

⑤ [D]에는 '나'의 글에 대한 상대의 찬사가 나타나 있고,
　[E]에는 상대의 글 값에 대한 '나'의 거절이 드러나 있군.

선지 유형	근거가 있어서 허용 가능
실전에서의 판단 과정	승산이 칭찬하고 돈 주니까 도로 주고 있네.
해설	[D]는 '전승산'이 '나'를 보고 '장한 구경'을 했다며 찬사를 보내는 부분입니다. 이는 당연히 '나'의 '글'에 대한 찬사라고 할 수 있겠죠? 나아가 [D]와 [E] 사이를 보면 '전승산'이 무언갈 들고 와서 '나'에게 내밀었는데 거기에 '대단'과 '은자'가 있다는 걸 확인할 수 있습니다. [E]에서 '나'는 이러한 선물이 '놀랍고 어이없어' 도로 주고 있죠. 지문에 적힌 말 그대로 상상하며 독해했다면 어렵지 않게 지워낼 수 있는 선지였습니다.

몰랐던 어휘 정리하기

〈보기〉 확인

---[보기]---

(가)에서 화자는 금강산으로 가는 길에서 만난 <u>자연의 모습을 자신의 내면에 투영하여 형상화</u>하고 있다. 자연의 외적 모습을 바라보는 데 그치지 않고 주관적 대상으로 묘사하여, <u>화자와 자연의 정서적 교감</u>을 드러낸다.

(나)에서 화자는 길에 대한 사람들의 생각이 자신의 관점에만 치우쳐 있어서 내면의 길을 찾지 못하고 있음을 일깨우고 있다. '밖'과 '안'을 대비하여 <u>내적 성찰의 중요성을 이끌어 내는 길의 상징적 의미를 진술</u>함으로써, 길에 대해 사람들이 깨달음을 얻어 가는 과정을 보여 준다.

(가)와 (나)의 주제를 친절하게 설명해주고 있습니다. (가)는 '자연과의 교감', (나)는 '길을 통한 성찰 및 깨달음' 정도로 주제를 잡아두면 되겠죠? 이러한 주제에 맞춰서 선지 판단할 준비를 합시다.

---[보기]---

'당신'에게 쓰는 편지 형식의 이 수필에서 글쓴이는 개인적 경험과 공동체적 경험으로 대비되는 두 가지 이야기를 들려준다. 수선화에서 연상된 이야기가 글쓴이에게 슬픔을 환기하는 기억이라면, 고향의 풍속 이야기는 일탈이 용인되는 유쾌한 축제로 그려진다. 이를 통해 독자는 <u>슬픔과 즐거움이라는 삶의 양면성을 경험</u>하게 된다.

수필인 (다) 작품의 주제도 챙겨두고 갑시다. 두 가지 이야기를 통해 '슬픔'과 '즐거움'이라는 삶의 양면성을 경험한다는 독특한 주제를 가지고 있습니다. 주제가 생소하니, 조금은 꼼꼼하게 읽어야겠다는 생각을 할 수 있겠죠?

실전적 지문 독해

(가)

아아 아득히 내 <u>첩첩한 산길</u> 왔더니라. 인기척 끊기고 새도 짐승도 있지 않은 한낮 그 화안한 골 길을 다만 아득히 나는 머언 생각에 잠기어 왔더니라.

백화(白樺) 앙상한 사이를 바람에 백화같이 불리우며 물소리에 흰 돌 되어 씻기우며 나는 총총히 <u>외롬도 잊고</u> 왔더니라

살다가 오래여 삭은 장목들 흰 팔 벌리고 서 있고 풍설(風雪)에 깎이어 날선 봉우리 훌 훌 훌 창천(蒼天)에 흰 구름 날리며 섰더니라

쏴아―한종일내―쉬지 않고 부는 물소리 안은 바람소리 …… 구월 고운 낙엽은 날리어 푸른 담(潭) 위에 호르르르 낙화 같이 지더니라.

어젯밤 잠자던 동해안 어촌 그 검푸른 밤하늘에 나는 장엄히 뿌리어진 허다한 바다의 별들을 보았느니,

이제 나의 이 오늘밤 산장에도 얼어붙는 바람 속 우러르는 나의 하늘에 별들은 쏠리며 다시 꽃과 같이 난만(爛漫)하여라.

-박두진, 「별-금강산시 3」-

'첩첩한 산길'에 '외로움도 잊고' 혼자 와서 자연의 모습을 즐기고 있습니다. 사용된 단어가 굉장히 어렵기 때문에, 이 정도로만 파악하고 자세한 해석은 선지와 함께 해보도록 합시다.

(나)

<u>사람들은 자기들이 길을 만든 줄 알지만</u>
<u>길은 순순히 사람들의 뜻을 좇지는 않는다</u>   [A]
사람을 끌고 가다가 문득
벼랑 앞에 세워 낭패시키는가 하면
큰물에 우정 제 허리를 동강 내어   [B]
사람이 부득이 저를 버리게 만들기도 한다
사람들은 이것이 다 사람이 만든 길이
거꾸로 사람들한테 세상 사는   [C]
슬기를 가르치는 거라고 말한다
길이 사람을 밖으로 불러내어
온갖 곳 온갖 사람살이를 구경시키는 것도
세상 사는 이치를 가르치기 위해서라고 말한다
그래서 길의 뜻이 거기 있는 줄로만 알지
<u>길이 사람을 밖에서 안으로 끌고 들어가</u>   [D]
<u>스스로를 깊이 들여다보게 한다는 것은 모른다</u>
길이 밖으로가 아니라 안으로 나 있다는 것을   [E]
아는 사람에게만 길은 고분고분해서

꽃으로 제 몸을 수놓아 향기를 더하기도 하고
그늘을 드리워 사람들이 땀을 식히게도 한다
그것을 알고 나서야 사람들은 비로소
자기들이 길을 만들었다고 말하지 않는다

[F]

-신경림, 「길」-

사람들은 자신들이 '길'을 만든 줄 알았지만, 사실 '길'은 사람들에게 성찰의 기회를 제공한다는 이야기입니다. 이를 통해 사람들은 비로소 자기들이 '길'을 만든 것이 아니라는 깨달음을 얻게 되네요. 정확히 무슨 말인지 이해하기는 어렵지만, 〈보기〉에서 제시한 주제와 일맥상통한다는 것만 생각하고 넘어가도록 합시다.

(다)

　　고요하니 즐거운 이 밤 초롱초롱 맑게 고인 샘물 같은 눈으로 나는 지금 당신께서 보내 주신 맑고 고운 수선화 한 폭을 들여다 봅니다. 들여다보노라니 그윽한 향기와 새파란 꿈이 안개같이 오르고 또 노란 슬픔이 연기같이 오릅니다. 나는 이제 이 긴긴 밤을 당신께 이 노란 슬픔의 이야기나 해서 보내도 좋겠습니까.

　　남쪽 바닷가 어떤 낡은 항구의 처녀 하나를 나는 좋아하였습니다. 머리가 까맣고 눈이 크고 코가 높고 목이 패고 키가 호리 낭창하였습니다.

'고요하니 즐거운 이 밤'에, 글쓴이는 '당신'이 보내 준 '수선화 한 폭'을 들여다 보고 있습니다. 〈보기〉에 따르면 이는 글쓴이에게 '슬픔'을 환기할 겁니다. 실제로 '노란 슬픔'이라는 표현으로 그 감정을 드러내고 있네요. 보아하니, 글쓴이는 어떤 '처녀'를 좋아했던 것 같습니다. 이 '처녀'에 대한 기억 때문에 슬픈 것이겠죠? 어떤 사연이 있는 것일까요?

(중략)

　　어느 해 유월이 저물게 실비 오는 무더운 밤에 처음으로 그를 안 나는 여러 아름다운 것에 그를 견주어 보았습니다—당신께서 좋아하시는 산새에도 해오라비에도 또 진달래에도 그리고 산호에도……. 그러나 나는 어리석어서 아름다움이 닮은 것을 골라낼 수 없었습니다.

　　총명한 내 친구 하나가 그를 비겨서 수선이라고 하였습니다. 그제는 나도 기뻐서 그를 비겨 수선이라고 하였습니다. 그러한 나의 수선이 시들어 갑니다. 그는 스물을 넘지 못하고 또 가슴의 병을 얻었습니다. 이 이야기는 이만하고 나의 노란 슬픔이 더 떠오르지 않게 나는 당신의 보내

주신 맑고 고운 수선화의 폭을 치워 놓아야 하겠습니다

(중략) 이후에도 계속해서 '처녀'에 대한 이야기가 이어지는 것 같습니다. 여러 아름다운 것에 견주다가 '수선화'에 비길 정도로 좋아했던 것 같은데, '처녀'는 스물을 넘지 못하고 '가슴의 병'을 얻었다고 합니다. 정확히 어떤 병인지는 몰라도, 이 때문에 '슬픔'이라는 반응을 얻게 된 것이었네요. 그래서 글쓴이는 '당신'이 보내 준 '수선화'를 치울 수밖에 없는 것입니다. 어렵지 않게 공감할 수 있겠네요.

　　밤이 아직 샐 때가 멀고 또 복밥을 먹을 때도 아직 되지 않았습니다. 이제 나는 어머니의 바느질 그릇이 있는 데로 가서 무새 헝겊이나 얻다가 알룩달룩한 각시나 만들면서 이 남은 밤을 당신께서 좋아하실 내 시골 육보름* 밤의 이야기나 해서 보내도 좋겠습니까.

　　육보름으로 넘어서는 밤은 〈집집이 안간으로 사랑으로 웃간에도 맏웃간에도 다락방에도 허텅에도 고방에도 부엌에도 대문 간에도 외양간에도 모두 째듯하니 불을 켜 놓고 복을 맞이하는 밤입니다. 달 밝은 마을의 행길 어데로는 복덩이가 돌아다닐 것도 같은 밤입니다. 닭이 수잠을 자고 개가 밤물을 먹고 도야지 깃을 들썩이는 밤입니다. 새악시 처녀들은 새 옷을 입고 복물을 긷는다고 벌을 건너기도 하고 고개를 넘기도 하여 부잣집 우물로 가서 반동이에 옹패기에 찰락찰락 물을 길어 오며 별 같은 이야기를 자깔자깔 하는 밤입니다. 새악시 처녀들은 또 복을 가져오노라고 달을 보고 웃어 가며 살쾡이같이 여우같이 부잣집으로 가서는 날쌔기도 하게 기왓골의 기왓장을 벗겨 오고 부엌의 솥뚜껑을 들어 오고 곱새 담의 짚날을 뽑아 오고…….〉 이렇게 허물없는 즐거움 속에 끼득깨득 하는 그들은 산에서 내린 무슨 암짐승이 되어 버리는 밤입니다.

-백석, 「편지」-

* 육보름 : 정월 대보름 다음날.

이렇게 '처녀'와 관련된 '수선화' 이야기를 끝낸 뒤, 글쓴이는 '시골 육보름 밤'의 이야기를 하고 있습니다. 〈보기〉에서 말한 것처럼, 이때는 일탈이 용인되는 유쾌한 축제가 벌어지는 때네요. 〈 〉 표시한 부분은 굳이 꼼꼼히 읽을 필요가 없겠죠? 모두 '즐거움'을 느끼는 사람들의 모습을 표현한 부분일 테니까요. 글쓴이는 이렇게 '슬픔'과 '즐거움'이라는 양면적인 감정을 느끼고 있던 것이었습니다. 어렵지 않게 이해할 수 있겠죠?

선지	①	②	③	④	⑤
선택률	77%	8%	5%	6%	4%

10 (가)~(다)의 공통점으로 가장 적절한 것은? ①

– '공통점' 문제입니다. 늘 강조하던 대로, '거시적인 측면'의 선지 위주로 판단하셔야 합니다. 쓸데없이 미시적인 부분에서 고민하면서 시간을 낭비하지 마세요.

① 빗대어 표현하는 방식으로 대상의 속성을 드러내고 있다.

선지 유형	근거가 있어서 허용 가능
실전에서의 판단 과정	문학이라면 당연한 거 아닌가?
해설	'빗대어 표현하는 방식', 즉 '비유법'은 문학의 본질과도 같은 내용입니다. '비유법'을 사용하지 않고서 내면이나 상황 등을 멋들어지게 표현하는 건 어려우니까요. 이 선지는 답일 확률이 99%에 육박한다고 생각할 수 있어야 합니다. 그래도 혹시 모르니 확인해볼까요? (가)의 경우, '장목'이 팔을 벌리고 서 있다고 하며 의지를 지닌 존재로 빗대고 있고, '낙엽'을 '낙화'에 빗대며 지는 모습을 묘사하고 있습니다. 나아가 (나)의 경우, '길'이 의지를 가지고 여러 가지 행동을 능동적으로 하는 것처럼 표현하고 있고, (다)에서는 '고인 샘물 같은 눈' 등을 통해 비유법을 확인할 수 있네요.

② 과거를 회상하는 방식으로 현재의 의미를 나타내고 있다.

선지 유형	근거가 있어서 허용 불가능
실전에서의 판단 과정	(나)에는 과거 시제 선어말 어미가 없네.
해설	'과거 회상'에 대한 선지가 나올 때 가장 일차원적인 방법은 '시제'를 확인하는 것입니다. (가)의 '왔더니라~'와 (다)의 '좋아하였습니다'와 같은 표현을 근거로 하면 바로 '과거 회상'을 찾아낼 수 있는 것이죠. 실제로 내용적으로도 과거에 대한 이야기를 하고 있구요. '현재의 의미를 나타낸다'는 것 역시 너무나 당연한 말로 처리할 수 있습니다. 한편 (나)의 경우 처음부터 끝까지 현재 시제 선어말 어미만 쓰이고 있습니다. 이러한 근거가 있으니, 허용할 수 없다고 판단할 수 있겠습니다. 물론

'내용'적으로 과거에 대한 이야기가 있는지 따지는 것도 중요하지만, '시제'에 주목하면 빠른 선지 판단이 가능하다는 것을 알아둡시다.

③ 영탄적인 어조로 대상에서 촉발된 인상을 표현하고 있다.

선지 유형	근거가 없어서 허용 불가능
실전에서의 판단 과정	(나)랑 (다)에는 없는 것 같다.
해설	'영탄적인 어조'를 찾으려면 문장의 끝부분 위주로 살피면 됩니다. (나)와 (다) 어디에서도 '영탄적 어조'를 찾아보기는 어렵죠? 다만 (가)에는 '아아'라는 명백한 영탄적 어조가 보이네요. 비록 문장 끝부분은 아니어도, 눈에 확 띄는 표현이니 어렵지 않게 찾을 수 있을 겁니다.

④ 예스러운 종결 표현으로 고풍스러운 느낌을 자아내고 있다.

선지 유형	근거가 없어서 허용 불가능
실전에서의 판단 과정	(나)랑 (다)는 전혀 아닌데.
해설	'예스러운 종결 표현'은 쉽게 말해 '옛날 말투 같은 종결 표현'을 의미합니다. (가)의 '~더니라'라는 표현은 뭔가 옛날 말투 같으니 허용할 수 있겠네요. 나아가 '고풍스러운 느낌'은 '옛것과 같은 멋이 있는 느낌'을 의미하는데, 이는 '예스러운 말투'가 있으면 당연히 허용이 가능하겠습니다. 하지만 (나)와 (다)에서는 요즘은 안 쓸 것 같은 그런 말투를 사용하지 않고 있어요. 정답으로 고르기는 어렵겠습니다.

⑤ 계절감을 드러내는 표현으로 시간의 경과를 보여 주고 있다.

선지 유형	근거가 없어서 허용 불가능
실전에서의 판단 과정	시간의 경과는 느낀 적이 없는데?
해설	(가)~(다) 모두 '낙엽', '꽃', '유월' 등 계절감을 드러내는 표현을 찾아볼 수는 있습니다. 하지만 이들로부터 '시간의 경과'를 보여 준다는 건 허용하기 어렵죠? '시간의 경과'라는 상황 자체를 읽어낸 적이 없으니까요.

선지	①	②	③	④	⑤
선택률	2%	10%	13%	66%	9%

11 〈보기〉를 참고하여 (가), (나)를 감상한 내용으로 적절하지 않은 것은? [3점] ④

① (가)는 '화안한 골 길'과 '백화 앙상한 사이'를 통해, 화자가 여정 속에서 만난 자연의 모습을 묘사하고 있군.

> 아아 아득히 내 첩첩한 산길 왔더니라. 인기척 끊이고 새도 짐승도 있지 않은 한낮 그 화안한 골 길을 다만 아득히 나는 머언 생각에 잠기어 왔더니라.
>
> 백화(白樺) 앙상한 사이를 바람에 백화같이 불리우며 물소리에 흰 돌 되어 씻기우며 나는 총총히 외롬도 잊고 왔더니라

선지 유형	근거가 있어서 허용 가능
실전에서의 판단 과정	저 길을 따라갔지.
해설	'화안한 골 길'과 '백화 앙상한 사이' 모두 화자가 지나 온 곳의 풍경입니다. 가볍게 허용할 수 있네요.

② (가)는 '바다의 별들'과 '하늘에 별들'을 통해, 화자의 내면에 투영된 자연에 대한 주관적 인상을 형상화하고 있군.

> 어젯밤 잠자던 동해안 어촌 그 검푸른 밤하늘에 나는 장엄히 뿌리어진 허다한 바다의 별들을 보았느니,
>
> 이제 나의 이 오늘밤 산장에도 얼어붙는 바람 속 우러르는 나의 하늘에 별들은 쓸리며 다시 꽃과 같이 난만(爛漫)하여라.

선지 유형	근거가 있어서 허용 가능
실전에서의 판단 과정	두 별들을 주관적으로 묘사하고 있네.
해설	'바다의 별들'은 '장엄히 뿌리어진' 것으로, '하늘에 별들'은 '꽃과 같이 난만'한 것으로 묘사하고 있습니다. '별'을 보고서 떠오른 자신의 생각을 표현하고 있다는 점에서, '자연에 대한 주관적 인상 형상화'는 당연히 허용할 수 있겠네요.

애초에 이 작품의 주제와 직결되는 내용이기에, 무조건 맞는 말로 처리하고 넘어갈 수 있어야 합니다. 이런 선지를 지워내는 속도가 곧 문학 실력이라고 생각해야 해요.

③ (나)는 '벼랑 앞에'서 '낭패'를 겪는 사람들의 상황을 보여줌으로써, 자신의 관점으로만 길을 이해한 사람들을 일깨우려 하고 있군.

> 사람들은 자기들이 길을 만든 줄 알지만
> 길은 순순히 사람들의 뜻을 좇지는 않는다
> 사람을 끌고 가다가 문득
> 벼랑 앞에 세워 낭패시키는가 하면
> 큰물에 우정 제 허리를 동강 내어
> 사람이 부득이 저를 버리게 만들기도 한다

선지 유형	근거가 있어서 허용 가능
실전에서의 판단 과정	길이 사람들 뜻대로 하지 않는 것의 예시니까 맞는 말이네.
해설	'벼랑 앞에'서 '낭패'를 겪는 사람들의 이야기가 왜 나왔는지 그 맥락을 독해해야 합니다. 근처를 읽어 보니, '벼랑 앞에'서 사람들에게 '낭패'를 주는 것은 '길'이 '순순히 사람들의 뜻을 좇지는 않는' 모습을 구체적으로 보여 준 것입니다. '사람들의 뜻'을 좇지 않는다는 점을 근거로 하면, '자신의 관점으로만 길을 이해한 사람들'을 일깨우려는 의도라는 해석을 허용할 수 있겠습니다. 여기서 말하는 '자신의 관점'이라는 것이 '사람들의 뜻'에 대응된다고 할 수 있으니까요.

④ (나)는 '세상 사는 이치'에서, 내면의 길을 찾아내어 내적 성찰을 이끌어 낸 사람들의 생각을 담아내고 있군.

> 길이 사람을 밖으로 불러내어
> 온갖 곳 온갖 사람살이를 구경시키는 것도
> 세상 사는 이치를 가르치기 위해서라고 말한다
> 그래서 길의 뜻이 거기 있는 줄로만 알지
> 길이 사람을 밖에서 안으로 끌고 들어가
> 스스로를 깊이 들여다보게 한다는 것은 모른다

선지 유형	근거가 있어서 허용 불가능
실전에서의 판단 과정	아직 성찰할 수 있다는 거 모르는 상황이잖아.

<table>
<tr><td>해설</td><td>사람들은 '길'이 '세상 사는 이치'를 가르치는 것이라고 이야기합니다. 그런데 화자는 이런 사람들은 '길'이 사람 '스스로를 깊이 들여다보게 한다는 것'을 모를 것이라고 생각해요. 여기서 '스스로를 깊이 들여다보게 한다는 것'은 선지의 '내적 성찰'과 대응될 텐데, 이로부터 '세상 사는 이치'를 이야기하는 사람들이 아직 '내적 성찰'을 이끌어 내지 못했다는 것을 독해할 수 있네요. 이렇게 명백한 근거가 존재하니, 허용할 수 없다고 판단해야겠습니다.</td></tr>
</table>

⑤ (가)는 '꽃과 같이 난만하여라'에서, (나)는 '꽃으로 제 몸을 수놓아 향기를 더하기도 하고'에서, 대상에 대한 화자의 긍정적인 태도를 엿볼 수 있군.

> 이제 나의 이 오늘밤 산장에도 얼어붙는 바람 속 우러르는 나의 하늘에 별들은 쓸리며 다시 <u>꽃과 같이 난만</u>(爛漫)하여라.

> 길이 밖으로가 아니라 안으로 나 있다는 것을
> 아는 사람에게만 길은 고분고분해서
> <u>꽃으로 제 몸을 수놓아 향기를 더하기도 하고</u>
> 그늘을 드리워 사람들이 땀을 식히게도 한다

선지 유형	근거가 있어서 허용 가능
실전에서의 판단 과정	전부 긍정적인 표현으로 보이네.
해설	'하늘에 별들'이 '꽃'처럼 '난만'(꽃이 활짝 피어 화려한 모습)하다는 것, 그리고 '길'에 대해 제대로 알고 있는 사람들에게 '향기'를 준다는 것 등은 모두 대상을 긍정적으로 보는 모습이라고 할 수 있겠습니다. 어렵지 않게 허용할 수 있네요.

선지	①	②	③	④	⑤
선택률	3%	6%	8%	6%	77%

12 (가), (다)에 대한 이해로 가장 적절한 것은? ⑤

① (가)의 '구월'은 화자의 고뇌가 심화되는 시간으로 볼 수 있다.

> 쏴아―한종일내―쉬지 않고 부는 물소리 안은 바람소리 …… <u>구월</u> 고운 낙엽은 날리어 푸른 담(潭) 위에 호르르르 낙화 같이 지더니라.

선지 유형	근거가 없어서 허용 불가능
실전에서의 판단 과정	고뇌가 어딨어.
해설	'구월'은 '고운 낙엽'이라는 자연의 모습을 즐기는 시간입니다. '고뇌'를 허용할 근거는 보이지 않네요. 애초에 (가)의 주제와 크게 벗어나는 내용이기에 가볍게 지워낼 수 있어야 합니다.

② (다)의 '고요하니 즐거운 이 밤'은 '당신'과의 재회에 대한 기대감이 고조되는 시간으로 볼 수 있다.

> <u>고요하니 즐거운 이 밤</u> 초롱초롱 맑게 고인 샘물 같은 눈으로 나는 지금 <u>당신</u>께서 보내 주신 맑고 고운 수선화 한 폭을 들여다 봅니다. 들여다보노라니 그윽한 향기와 새파란 꿈이 안개같이 오르고 또 노란 슬픔이 연기같이 오릅니다. 나는 이제 이 긴긴 밤을 당신께 이 노란 슬픔의 이야기나 해서 보내도 좋겠습니까.

선지 유형	근거가 없어서 허용 불가능
실전에서의 판단 과정	당신을 만나겠다고 한 적은 없는데?
해설	'고요하니 즐거운 이 밤'은 '당신'이 주신 '수선화'를 보고 '노란 슬픔'에 빠지는 시간입니다. '당신'을 만날 수 있다는 기대를 한 적도 없고, '기대감'이 아닌 '노란 슬픔'에 빠져 있다는 근거도 있으니 절대로 허용할 수 없는 선지네요.

③ (가)의 '어젯밤'은 화자가, (다)의 '복덩이가 돌아다닐 것도 같은 밤'은 글쓴이가 고독감을 느끼는 시간으로 볼 수 있다.

> 어젯밤 잠자던 동해안 어촌 그 검푸른 밤하늘에 나는 장엄히 뿌리어진 허다한 바다의 별들을 보았느니,

> 달 밝은 마을의 행길 어데로는 복덩이가 돌아다닐 것도 같은 밤입니다.

선지 유형	근거가 없어서 허용 불가능
실전에서의 판단 과정	고독감은 주제랑 너무 어긋나지.
해설	'어젯밤'은 화자가 혼자서 자연을 즐기는 시간이고, '복덩이가 돌아다닐 것도 같은 밤'은 많은 사람들이 '즐거움'을 느끼는 육보름 밤을 의미합니다. '고독감'을 허용할 근거가 전혀 없네요. 애초에

④ (가)의 '오늘밤'은 화자가 고향에 대한 기억을 되살리
는, (다)의 '실비 오는 무더운 밤'은 글쓴이가 지난날을
후회하는 계기로 볼 수 있다.

이제 나의 이 오늘밤 산장에도 얼어붙는 바람 속 우러
르는 나의 하늘에 별들은 쓸리며 다시 꽃과 같이 난만
(爛漫)하여라.

어느 해 유월이 저물게 실비 오는 무더운 밤에 처음으
로 그를 안 나는 여러 아름다운 것에 그를 견주어 보았
습니다―당신께서 좋아하시는 산새에도 해오라비에도
또 진달래에도 그리고 산호에도……. 그러나 나는 어리석
어서 아름다움이 닮은 것을 골라낼 수 없었습니다.

선지 유형	근거가 없어서 허용 불가능
실전에서의 판단 과정	고향에 대한 내용도 없고, 후회하지도 않았지.
해설	(가)의 화자가 '고향'에 대한 기억을 되살린다는 내용은 그 어디에서도 찾아볼 수가 없습니다. 그저 '오늘밤' 자연을 즐길 뿐이에요. 나아가 '실비 오는 무더운 밤'은 글쓴이가 '처녀'를 아름다움에 빗대보던 시간이지, '후회'라는 감정을 가지고 있는 시간이 아닙니다. 허용을 해 주고 싶 어도 근거가 없네요.

⑤ (가)의 '인기척 끊'긴 '한낮'은 화자가 생각에 잠길 만
한, (다)의 '아직 샐 때가' 먼 '이 남은 밤'은 글쓴이가
이야기를 계속할 만한 시간으로 볼 수 있다.

아아 아득히 내 첩첩한 산길 왔더니라. 인기척 끊고
새도 짐승도 있지 않은 한낮 그 화안한 골 길을 다만 아
득히 나는 머언 생각에 잠기어 왔더니라.

밤이 아직 샐 때가 멀고 또 복밥을 먹을 때도 아직 되
지 않았습니다. 이제 나는 어머니의 바느질 그릇이 있는
데로 가서 무새 헝겊이나 얻어다가 알룩달룩한 각시나
만들면서 이 남은 밤을 당신께서 좋아하실 내 시골 육보
름* 밤의 이야기나 해서 보내도 좋겠습니까.

* 육보름 : 정월 대보름 다음날.

선지 유형	근거가 있어서 허용 가능
실전에서의 판단 과정	근거가 그대로 있네.
해설	'인기척 끊'긴 '한낮'에 화자는 생각에 잠기어 왔다 고 했고, '이 남은 밤'에 글쓴이는 '시골 육보름 밤 의 이야기'를 하겠다고 했습니다. 선지에서 묻는 내용 그대로 지문에 적혀 있으니, 가볍게 허용할 수 있겠습니다.

선지	①	②	③	④	⑤
선택률	4%	6%	9%	3%	78%

13 (가)에 대한 이해로 적절하지 <u>않은</u> 것은? ⑤

① 1연에서 '아득히', '왔더니라'를 반복하여, '첩첩한 산
길'과 '머언 생각에 잠기'는 화자의 내면을 조응시키고
있다.

아아 아득히 내 첩첩한 산길 왔더니라. 인기척 끊이고
새도 짐승도 있지 않은 한낮 그 화안한 골 길을 다만 아
득히 나는 머언 생각에 잠기어 왔더니라.

선지 유형	근거가 있어서 허용 가능
실전에서의 판단 과정	아득히 왔더니라가 첩첩한 산길이랑 머언 생각에 서 반복적으로 쓰였네.
해설	'아득히'와 '왔더니라'라는 표현은 '첩첩한 산길'과 '머언 생각'에 대응되며 반복되고 있습니다. 이렇 게 같은 표현을 사용하고 있다는 점에서, '첩첩한 산길'이 '머언 생각에 잠기'는 화자의 내면과 대응 된다는 것은 충분히 허용할 수 있겠습니다.

② 2연의 '물소리에 흰 돌 되어 씻기우며'에서, 자연과의
관계에서 느끼는 화자의 정서를 드러내고 있다.

백화(白樺) 앙상한 사이를 바람에 백화같이 불리우며
물소리에 흰 돌 되어 씻기우며 나는 총총히 외롬도 잊고
왔더니라

선지 유형	근거가 있어서 허용 가능
실전에서의 판단 과정	물소리에 흰 돌이 된 것 같다고 했으니 자연과 관 계를 맺었다고 할 수 있겠다.

해설	화자는 '백화 앙상한 사이'를 지날 때 자신이 '흰 돌'이 되어 '물소리'에 '씻기우'는 것 같다고 말하고 있습니다. 이는 '백화'와 같은 자연과 관계를 맺으며 그로부터 자연과 하나가 된 것 같은 정서를 느끼는 모습이라고 할 수 있죠. 애초에 '화자의 정서를 드러내고 있다.'라는 말은 무조건 맞는 말로 판단할 수 있어야 합니다.

③ 3연의 '오래여 삭은 장목들'과 '풍설에 깎이어 날선 봉우리'를 통해, 자연의 유구함에서 풍기는 분위기를 표상하고 있다.

> 살다가 <u>오래여 삭은 장목들</u> 흰 팔 벌리고 서 있고 풍설(風雪)에 깎이어 날선 봉우리 훌 훌 훌 창천(蒼天)에 흰 구름 날리며 섰더니라

선지 유형	근거가 있어서 허용 가능
실전에서의 판단 과정	오래된 것들이니까 허용되겠다.
해설	'유구함'이라는 단어는 '아득하게 오래됨.'이라는 의미를 가지고 있습니다. '장목들'은 '오래'되었고, '봉우리'는 '풍설'에 깎일 정도로 많은 시간을 견뎌 왔다고 했으니 '유구'에서 풍기는 분위기를 표상하고 있다고 할 수 있겠네요. '유구함'이라는 단어의 뜻을 정확하게 몰랐다고 해도, '자연에서 풍기는 분위기'를 나타내는 것은 이 작품의 주제 그 자체이므로 일단 허용할 수 있었어야 합니다.

④ 3연의 '훌 훌 훌', 4연의 '쏴아', '호르르르'와 같은 표현으로, 자연의 풍경을 생동감 있게 형상화하고 있다.

> 살다가 오래여 삭은 장목들 흰 팔 벌리고 서 있고 풍설(風雪)에 깎이어 날선 봉우리 <u>훌 훌 훌</u> 창천(蒼天)에 흰 구름 날리며 섰더니라

> <u>쏴아</u>―한종일내―쉬지 않고 부는 물소리 안은 바람소리 …… 구월 고운 낙엽은 날리어 푸른 담(潭) 위에 <u>호르르르</u> 낙화 같이 지더니라.

선지 유형	근거가 있어서 허용 가능
실전에서의 판단 과정	음성 상징어니까 생동감 있다고 할 수 있지.
해설	이러한 음성 상징어들을 사용하면 자연의 풍경을 생동감 있게 형상화할 수 있다는 것, 너무나 상식적인 내용이죠? 가볍게 허용할 수 있습니다.

⑤ 5연의 '동해안'과 6연의 '산장'이라는 공간의 대조를 통해, 장소의 이동에 따른 화자의 태도 변화를 부각하고 있다.

> 어젯밤 잠자던 <u>동해안</u> 어촌 그 검푸른 밤하늘에 나는 장엄히 뿌리어진 허다한 바다의 별들을 보았느니,

> 이제 나의 이 오늘밤 <u>산장</u>에도 얼어붙는 바람 속 우러르는 나의 하늘에 별들은 쓸리며 다시 꽃과 같이 난만(爛漫)하여라.

선지 유형	근거가 없어서 허용 불가능
실전에서의 판단 과정	태도 변화가 어딨냐.
해설	화자는 '동해안'에서도, '산장'에서도 그저 자연을 즐기고 있습니다. 이 두 공간이 '대조'된다고 보기도 힘들고, 이를 통해 '태도 변화'를 보이고 있다는 것도 절대 허용할 수 없겠죠? '태도 변화'라는 엄청난 반응은 우리가 놓칠 리가 없었을 테니까요.

선지	①	②	③	④	⑤
선택률	8%	10%	13%	66%	3%

14 [A]~[F]에 대한 이해로 적절하지 <u>않은</u> 것은? ④

① [A]에서 '길'이 '사람들의 뜻'을 좇지 않는다는 진술의 구체적인 양상을 [B]에서 확인할 수 있다.

선지 유형	근거가 있어서 허용 가능
실전에서의 판단 과정	[B]는 [A]의 예시지.
해설	앞 문제를 풀면서도 확인한 내용이지만, 사람들을 '벼랑 앞에'서 '낭패'시킨다는 내용과 [B]의 내용은 모두 [A]를 구체적으로 설명하는 부분이었습니다. '길'이 '사람들의 뜻'을 그대로 좇지 않는 예시에 해당하니 가볍게 허용할 수 있겠네요.

② [B]에서의 경험을 [C]에서 '사람들'이 어떻게 수용하는
지를 밝히고 있다.

선지 유형	근거가 있어서 허용 가능
실전에서의 판단 과정	그러네.
해설	문장들의 관계만 따지면 쉽게 해결할 수 있습니다. [B]와 같은 경험을 하자, '사람들'은 [C]처럼 생각합니다. 물론 결과적으로 이것도 '사람들'의 착각이었지만요.

③ [C]의 '사람들'이 미처 깨닫지 못한 바가 무엇인지를
[D]에서 밝히고 있다.

선지 유형	근거가 있어서 허용 가능
실전에서의 판단 과정	사람들이 모른다고 했으니까 맞네.
해설	사람들은 [B]와 같은 일을 겪고서 [C]처럼 생각하지만, 이는 [D]의 내용을 모르는 상태입니다. [D]에 따르면 사람들은 '길'이 '내적 성찰'을 돕는다는 것을 깨닫지 못하고 있는 것이에요. 그냥 문장 그대로 읽어내면 어렵지 않게 파악할 수 있겠습니다.

④ [E]와 같이 제 뜻을 굽혀 '사람'에게 복종하는 '길'의
<u>모습</u>은 [B]와 대비되고 있다.

선지 유형	근거가 있어서 허용 불가능
실전에서의 판단 과정	길이 뜻을 굽히지는 않았지.
해설	정확하게 독해해야 합니다. [E]에 따르면 '길'은 자신이 안으로 나 있다는 것, 즉 '제 뜻'을 정확히 아는 사람에게만 고분고분하다고 했습니다. 이 모습이 사람들을 괴롭게 하는 [B]와 대비되기는 하지만, 여기서 '길'은 '제 뜻을 굽'힌 적이 없어요. '제 뜻'을 아는 사람에게 잘해줄 뿐이죠. '고분고분'이라는 말로부터 '복종'을 충분히 허용할 수 있고, '복종'이라는 말에는 '제 뜻을 굽'힌다는 느낌이 있기에 그럴듯해 보였던 선지였습니다. 평가원은 이렇게 단어의 일상적 의미가 지문의 맥락적 의미와 다른 부분을 적극적으로 이용합니다. 단어 자체에 매몰되지 않고, 지문의 맥락을 정확하게 '독해'할 수 있어야 합니다.

⑤ [F]에서 깨달음을 얻은 '사람들'의 태도는 [A]의 '사람
들'의 태도와 대비되고 있다.

선지 유형	근거가 있어서 허용 가능
실전에서의 판단 과정	거의 주제에 가까운 내용이네.
해설	사람들이 '길'의 진짜 뜻을 모르던 [A]의 태도와, '길'의 진짜 뜻을 깨달은 [F]의 태도는 당연히 대비된다고 할 수 있죠. 이러한 '인식 변화'가 곧 (나)의 주제였으니 어렵지 않게 허용할 수 있겠습니다.

선지	①	②	③	④	⑤
선택률	4%	10%	71%	10%	5%

15 〈보기〉를 참고하여 (다)를 감상한 내용으로 적절하지
<u>않은</u> 것은? ③

① 글쓴이가 '당신'에게 말하는 형식으로 되어 있어 독자
는 자신이 편지의 수신인이 된 것처럼 친근함을 느낄
수 있겠군.

> 고요하니 즐거운 이 밤 초롱초롱 맑게 고인 샘물 같은
> 눈으로 나는 지금 당신께서 보내 주신 맑고 고운 수선화
> 한 폭을 들여다 봅니다.

선지 유형	근거가 있어서 허용 가능
실전에서의 판단 과정	뭐 그렇지.
해설	이 지문의 '당신'이 누구인지는 모르겠지만, '당신'에게 말을 건네는 모습이 독자로 하여금 자신이 수신인이 된 것 같은 친근감을 느끼게 한다는 건 너무나 당연하게 허용이 되겠습니다.

② '노란 슬픔의 이야기'는 '가슴의 병'을 얻은 여인과 관
련된 개인적 경험으로 볼 수 있겠군.

> 나는 이제 이 긴긴 밤을 당신께 이 <u>노란 슬픔의 이야
> 기</u>나 해서 보내도 좋겠습니까.
>
> (중략)
>
> 총명한 내 친구 하나가 그를 비겨서 수선이라고 하였
> 습니다. 그제는 나도 기뻐서 그를 비겨 수선이라고 하였
> 습니다. 그러한 나의 수선이 시들어 갑니다. 그는 스물을
> 넘지 못하고 또 <u>가슴의 병</u>을 얻었습니다.

선지 유형	근거가 있어서 허용 가능
실전에서의 판단 과정	가슴의 병을 얻은 건 처녀였지.
해설	글쓴이의 '노란 슬픔'에 공감했다면 어렵지 않게 지워낼 수 있는 선지였습니다. 글쓴이는 어릴 적 좋아했던 '처녀'가 '가슴의 병'을 얻었던 개인적 경험을 떠올리고 있습니다. 이로부터 '처녀'를 닮은 '수선화'만 보면 '노란 슬픔'이 차올랐던 것이죠. 지문을 읽으면서 미리 독해한 내용이니, 가볍게 허용할 수 있겠습니다.

③ '육보름'에 대한 '당신'과 글쓴이의 경험을 대비한 것은 삶의 양면성을 보여 주려는 의도로 볼 수 있겠군.

> 밤이 아직 샐 때가 멀고 또 복밥을 먹을 때도 아직 되지 않았습니다. 이제 나는 어머니의 바느질 그릇이 있는 데로 가서 무새 헝겊이나 얻어다가 알록달록한 각시나 만들면서 이 남은 밤을 당신께서 좋아하실 내 시골 육보름* 밤의 이야기나 해서 보내도 좋겠습니까.
>
> * 육보름 : 정월 대보름 다음날.

선지 유형	근거가 없어서 허용 불가능
실전에서의 판단 과정	육보름에 대한 당신의 경험은 뭔데?
해설	글쓴이는 '육보름'에 대한 자신의 경험을 '당신'에게 이야기하고 있을 뿐, '당신'의 경험과 대비하고 있지는 않습니다. 애초에 '육보름'에 대한 '당신'의 경험이 나타나지도 않았죠? 나아가 〈보기〉에 따르면, 이 선지에서 말하는 '삶의 양면성'은 '슬픔'과 '즐거움'을 동시에 느끼는 것을 말하는 것입니다. '육보름'은 '즐거움'에만 해당하는 내용이기 때문에, 이를 근거로 해서 틀렸다고 볼 수도 있겠네요.

④ '부잣집'의 '기왓장을 벗겨 오는 '새악시 처녀들'의 행동은 축제 같은 분위기 속에 일시적으로 용인된 것이겠군.

> 새악시 처녀들은 또 복을 가져오노라고 달을 보고 웃어 가며 살쾡이같이 여우같이 부잣집으로 가서는 날쌔기도 하게 기왓골의 기왓장을 벗겨 오고 부엌의 솥뚜껑을 들어 오고 곱새담의 짚날을 뽑아 오고…….

선지 유형	근거가 있어서 허용 가능
실전에서의 판단 과정	일탈적 행동이 용인된다고 했지.
해설	'육보름'에 벌어지는 일종의 마을 축제는 일탈이 잠시 용인되는 시간이라고 했습니다. '부잣집'의 '기왓장을 벗겨 오'는 것은 일종의 도둑질이라는 일탈인데, 이 시기에만 일시적으로 용인된 것이라고 할 수 있겠죠.

⑤ '자깔자깔', '끼득깨득'과 같은 음성 상징어에서 '새악시 처녀들'의 '허물없는 즐거움'과 쾌감을 느낄 수 있겠군.

> 새악시 처녀들은 새 옷을 입고 복물을 긷는다고 벌을 건너기도 하고 고개를 넘기도 하여 부잣집 우물로 가서 반동이에 옹패기에 찰락찰락 물을 길어 오며 별 같은 이야기를 자깔자깔 하는 밤입니다. …(중략)… 이렇게 허물없는 즐거움 속에 끼득깨득 하는 그들은 산에서 내린 무슨 암짐승이 되어 버리는 밤입니다.

선지 유형	근거가 있어서 허용 가능
실전에서의 판단 과정	자깔자깔, 끼득깨득은 너무 즐거워 보이네.
해설	'자깔자깔'과 '끼득깨득'이라는 음성 상징어는 '새악시 처녀들'의 '즐거움'을 드러내기에 충분하다고 볼 수 있겠죠?

현대시 독해 연습

> (가)
> 　아아 아득히 내 첩첩한 산길 왔더니라. 인기척 끊이고 새도 짐승도 있지 않은 한낮 그 화안한 골 길을 다만 아득히 나는 머언 생각에 잠기어 왔더니라.

화자는 '아득히 첩첩한 산길'에 왔습니다. 인기척도 끊기도 새·짐승도 없는, 말 그대로 아득하고 첩첩한 곳인데, 화자는 그곳을 '머언 생각'에 잠기어 왔다고 합니다. 이때 '한낮 그 화안한 골 길'은 '아득히 첩첩한 산길'과 같은 공간이라고 할 수 있겠죠? 화자는 '한낮'에 생각에 잠겨 이곳으로 왔어요.

백화(白樺) 앙상한 사이를 바람에 백화같이 불리우며 물소리에 흰 돌 되어 씻기우며 나는 총총히 외롬도 잊고 왔더니라

'백화 앙상한 사이'를 지나며 화자는 바람에 날리는 '백화'같기도 했고, 물소리에 씻기는 '흰 돌'이 된 것 같기도 했네요. 이렇게 자연과 일체감을 느끼면서 '외로움'도 잊고 이곳으로 온 거예요.

살다가 오래여 삭은 장목들 흰 팔 벌리고 서 있고 풍설(風雪)에 깎이어 날선 봉우리 홀 홀 홀 창천(蒼天)에 흰 구름 날리며 섰더니라

쏴아—한종일내—쉬지 않고 부는 물소리 안은 바람소리 …… 구월 고운 낙엽은 날리어 푸른 담(潭) 위에 호르르르 낙화 같이 지더니라.

그곳은 '살다가 오래여 삭은 장목들'과 '풍설에 깎이어 날선 봉우리' 등이 있는 곳입니다. 나아가 쉬지 않고 부는 '물소리'와 '바람소리' 등이 들리고, '낙엽'이 '낙화'같이 지는 곳이네요. 별다른 내용 없이 '첩첩한 산길'을 묘사하고 있습니다.

어젯밤 잠자던 동해안 어촌 그 검푸른 밤하늘에 나는 장엄히 뿌리어진 허다한 바다의 별들을 보았느니,

이제 나의 이 오늘밤 산장에도 얼어붙는 바람 속 우러르는 나의 하늘에 별들은 쓸리며 다시 꽃과 같이 난만(爛漫)하여라.

-박두진, 「별-금강산시 3」-

화자는 '어젯밤'에 '동해안 어촌'에서 잠을 잔 것 같습니다. 이곳에서 장엄히 뿌리어진 '바다의 별'을 봤는데, '오늘밤'에는 '산장'에서 '하늘에 별들'을 보고 있네요. 지금 보고 있는 별들은 마치 꽃처럼 난만하게 펼쳐진 모습이라고 합니다.

전반적으로 '첩첩한 산길'을 비롯해 화자가 경험했던 여러 자연 풍경을 묘사하는 작품이었습니다. 어렵지 않게 읽어낼 수 있겠죠?

(나)
사람들은 자기들이 길을 만든 줄 알지만
길은 순순히 사람들의 뜻을 좇지는 않는다

'사람들'은 자기들이 '길'을 만든 줄 안다고 합니다. 사실 저부터도 이렇게 생각하고 있었는데, 화자가 보기에 이건 잘못된 생각인 것 같아요. '길'은 순순히 사람들의 뜻을 좇지 않는다고 합니다. 이러한 문장 구조로부터, 우리는 사람들의 생각이 단순히 자신이 '길을 만들었다.'가 아닌 '길이 순순히 우리의 뜻을 좇을 것이다.'라는 걸 알 수 있겠죠? 즉, '만든다=뜻을 좇게 한다'라는 의미가 되는 것입니다. 이렇게 시도 하나의 글처럼 독해하면서 재진술을 체크해주시면 더 깊게 이해할 수 있습니다.

사람을 끌고 가다가 문득
벼랑 앞에 세워 낭패시키는가 하면
큰물에 우정 제 허리를 동강 내어
사람이 부득이 저를 버리게 만들기도 한다

'길'은 사람들을 '벼랑' 앞에 세워 '낭패'시키기도 하고, '큰물'에 '제 허리'를 동강 내기도 한다고 합니다. 참고로 '우정'은 '일부러'의 방언인데, 해석해보면 큰물에 일부러 자기 허리를 동강 낸다는 것이에요. 비가 많이 와서 길이 잠긴 모습을 상상하면 되겠죠? 이렇게 되면 사람이 어쩔 수 없이 '저'(길)를 버리고 돌아갈 수밖에 없죠. 물에 잠겼으니 '길'을 버릴 수밖에 없다는 겁니다.

중요한 것은, 이렇게 '길'은 사람의 뜻대로만 움직이지 않는다는 것을 생각하는 겁니다. 오히려 사람들을 곤경에 빠뜨리기도 하고, 원래 의도(건너갈 수 있게 함)대로 사용할 수 없게 하기도 하는 것이죠. 충분히 이해할 수 있겠죠?

사람들은 이것이 다 사람이 만든 길이
거꾸로 사람들한테 세상 사는
슬기를 가르치는 거라고 말한다
길이 사람을 밖으로 불러내어
온갖 곳 온갖 사람살이를 구경시키는 것도
세상 사는 이치를 가르치기 위해서라고 말한다

사람들은 이러한 '길'의 모습을 보고서, 사람이 만든 '길'이 사람들한테 세상 사는 슬기를 가르치는 것이라고 합니다. 아직도 정신을 못 차렸네요. 화자가 하고 싶은 말은 사람들이 '길'을 만든 게 아니라는 뜻이기 때문에, 이렇게 해석하는 것은 잘못되었을 것입니다.

나아가 사람들은 '길'이 사람을 밖으로 불러내어 '온갖 곳 온갖 사람살이'를 구경시키는 것도 세상 사는 이치를 가르치기 위해서라고 생각합니다. 여기서 사람을 밖으로 불러낸다는 것은 '길'을 통

해 바깥으로 나가게 한다는 의미가 되겠죠? 그렇게 밖으로 내보내 여러 가지를 구경시켜주는 것은 '세상 사는 이치'를 가르치기 위해서라는 것이죠. 화자는 이 생각 역시 '사람이 길을 만들었다.'라는 대전제에서 벗어나지 못하는 것이기에 잘못되었다고 생각할 겁니다.

> 그래서 길의 뜻이 거기 있는 줄로만 알지
> 길이 사람을 밖에서 안으로 끌고 들어가
> 스스로를 깊이 들여다보게 한다는 것은 모른다

이렇게 '길'의 뜻이 '밖'에서 '사람에게 무언가를 가르친다'는 데에만 있는 줄로 알고, '길'이 사람을 '안'으로 끌고 들어가 내적 성찰을 하게 한다는 것은 모른다고 해요. 화자가 생각하기에 '길'은 단순히 사람들을 '밖'으로 불러내기만 하는 게 아니라, '안'으로 끌고 들어가 스스로를 깊이 들여다볼 수 있게 한다는 것이죠! '길'을 걸으면서 사색에 빠졌던 경험이 있으신 분들은 화자가 무슨 말을 하고 싶은지 쉽게 생각할 수 있을 것 같습니다.

나아가 이렇게 '길'이 사람들을 '안'으로 들어가게 유도하는 것은, 사람들이 '길'을 만들었다는 기존의 생각과는 다르게 '길'이 사람들의 내면이 만들어지도록 유도한다는 생각으로 이어질 수 있겠습니다. 여기까지 독해할 수 있다면 정말 훌륭하겠죠?

> 길이 밖으로가 아니라 안으로 나 있다는 것을
> 아는 사람에게만 길은 고분고분해서
> 꽃으로 제 몸을 수놓아 향기를 더하기도 하고
> 그늘을 드리워 사람들이 땀을 식히게도 한다
> 그것을 알고 나서야 사람들은 비로소
> 자기들이 길을 만들었다고 말하지 않는다
>
>   -신경림, 「길」-

이렇게 '길'이 '안'으로 나 있다는 것을 아는 사람들에게만 '길'은 굉장히 고분고분합니다. 그래서 '꽃향기'를 주기도, '그늘'을 드리워주기도 하면서 '내적 성찰'을 도와주는 것이에요. 이렇게 '길'이 사람들을 '안'으로 들어가게 해서 '내적 성찰'을 하게 한다는 것을 알게 된 사람들은 비로소 자기들이 '길'을 만들었다는 건방진 이야기를 하지 않게 되는 것입니다.

첫 두 연에서 화자가 하고 싶은 말이 무엇인지 정확하게 인식하고, '밖'과 '안'이라는 단어가 의미하는 바에 대해 생각하며 독해해야 하는 어려운 지문이었습니다. 이렇게 읽을 수 있도록 연습해서 현대시의 고수가 되어보도록 합시다.

몰랐던 어휘 정리하기

| 핵심 point |

① **허용 가능성 평가** : 선지의 내용을 '허용'하려는 태도를 바탕으로 지문을 '독해'하며 '근거'를 찾아야 합니다. 허용할 수 있는 '근거'가 있어야만 허용할 수 있습니다. 주관적인 생각을 개입시키면 안 됩니다.

② **현대시 독해** : 〈보기〉의 도움 등을 통해 '주제' 위주로, 그리고 일상 언어의 감각으로 읽어내면 됩니다. 현대시도 읽을 수 있는 하나의 글입니다.

③ **수필 독해** : 운문문학과 마찬가지로, 글쓴이가 하고자 하는 말인 '주제'를 파악하는 것이 핵심입니다. 수필이 어렵게 출제될 것을 대비해, 독서 지문을 읽듯이 꼼꼼하게 읽으며 주제를 파악하는 연습을 해야 해요.

| 지문 내용 총정리 |

문학 작품을 읽고 이해할 수 있는 '독해력'을 측정하는 전형적인 현대시+수필 세트였습니다. '주제' 중심으로 일상 언어의 의미를 살려서 독해한다는 기본적인 원칙을 잊지 않으셔야 합니다. 그 외에도 '허용 가능성 평가'라는 선지 판단의 원칙을 잘 갖추고 있는지 확인할 수 있는 좋은 문항들로 구성되어 있었네요. 모든 면에서 무난한 지문이었으니, 이 정도는 아주 쉽게 해결할 수 있도록 준비합시다.

〈보기〉 확인

[보기]

이 시의 화자는 '우포늪'에서 왁새 울음소리를 들으며, 득음을 못한 채 생을 마감했던 한 '소리꾼'을 상상적으로 떠올리고 있다. 화자는 왁새 울음소리에서 고단하고 외로웠던 소리꾼이 평생을 추구했던 절창을 연상함으로써, 우포늪의 생명력이 소리꾼의 영혼을 절창으로 이끌었음을 표현하고자 했다. 자연과 인간이 어우러진 세계에서 창조되는 예술의 경지와 우포늪의 아름다움을 조화롭게 형상화한 것이다.

(나) 지문에 대한 〈보기〉입니다. 우포늪의 '왁새' 소리를 들으면서, 어떤 '소리꾼'에 대한 이야기를 떠올리는 내용이네요. '자연'과의 조화를 중시한다는 주제까지 확실하게 체크해놓고 넘어가면 되겠습니다.

실전적 지문 독해

(가)

산과 산이 마주 향하고 믿음이 없는 얼굴과 얼굴이 마주 향한 항시 어두움 속에서 꼭 한 번은 천동 같은 화산이 일어날 것을 알면서 요런 자세로 꽃이 되어야 쓰는가.

저어 서로 응시하는 쌀쌀한 풍경. 아름다운 풍토는 이미 고구려 같은 정신도 신라 같은 이야기도 없는가. 별들이 차지한 하늘은 끝끝내 하나인데 …… 우리 무엇에 불안한 얼굴의 의미는 여기에 있었던가.

모든 유혈(流血)은 꿈같이 가고 지금도 나무 하나 안심하고 서 있지 못할 광장. 아직도 정맥은 끊어진 채 휴식인가 야위어 가는 이야기뿐인가.

언제 한 번은 불고야 말 독사의 혀같이 징그러운 바람이여. 너도 이미 아는 모진 겨우살이를 또 한 번 겪으라는가 아무런 죄도 없이 피어난 꽃은 시방의 자리에서 얼마를 더 살아야 하는가 아름다운 길은 이뿐인가.

산과 산이 마주 향하고 믿음이 없는 얼굴과 얼굴이 마주 향한 항시 어두움 속에서 꼭 한 번은 천동 같은 화산

이 일어날 것을 알면서 요런 자세로 꽃이 되어야 쓰는가.

　　　　　　　　　　　　　　　　　　-박봉우, 「휴전선」-

처음에는 이해하기 어렵다가도, 제목을 보고서야 비로소 이해할 수 있는 작품이네요. 6 · 25 전쟁과 관련된 이야기인 것 같습니다. 그런 부정적 상황에서 부정적인 반응들을 보이고 있는 작품이네요. 자세한 해석은 어차피 선지에서 해줄 테니 다음 시로 넘어가 봅시다.

(나)

득음은 못하고, 그저 시골장이나 떠돌던
소리꾼이 있었다, 신명 한 가락에
막걸리 한 사발이면 그만이던 흰 두루마기의 그 사내
꿈속에서도 폭포 물줄기로 내리치는
한 대목 절창을 찾아 떠돌더니
오늘은, 왁새* 울음 되어 우항산 솔밭을 다 적시고　┐
우포늪 둔치, 그 눈부신 봄빛 위에 자운영 꽃불　　│[A]
질러 놓는다　　　　　　　　　　　　　　　　　┘
살아서는 근본마저 알 길 없던 혈혈단신　　　　　┐
텁텁한 얼굴에 달빛 같은 슬픔이 엉켜 수염을 흔　│[B]
들곤 했다　　　　　　　　　　　　　　　　　　┘
늙은 고수라도 만나면
어깨 들썩 산 하나를 흔들었다
필생 동안 그가 찾아 헤맸던 소리가　　　　　　　┐[C]
적막한 늪 뒷산 솔바람 맑은 가락 속에 있었던가　┘
소목 장재 토평마을 양파들이 시퍼런 물살 몰아　┐
칠 때　　　　　　　　　　　　　　　　　　　　│[D]
일제히 깃을 치며 동편제* 넘어가는　　　　　　　│
저 왁새들　　　　　　　　　　　　　　　　　　┘
완창 한 판 잘 끝냈다고 하늘 선회하는　　　　　　┐
그 소리꾼 영혼의 심연이　　　　　　　　　　　　│[E]
우포늪 꽃잔치를 자지러지도록 무르익힌다　　　　┘

　　　　　　　　　　　　　　　　-배한봉, 「우포늪 왁새」-

* 왁새 : 왜가리의 별명.
* 동편제 : 판소리의 한 유파.

〈보기〉에서 이야기한 내용 그대로죠? 소리꾼의 소리가 '왁새'가 되어 '우포늪'에 꽃불을 질러 놓고 있습니다. 화자는 이러한 모습에 주목하며, '우포늪 왁새'라는 자연과 '소리꾼'이라는 인간 사이의 조화로운 모습을 이야기하고 있네요. 더 자세한 해석은 선지에게 맡겨두면 되겠죠?

(다)

　　그 바위를 가리켜 어느 건방진 옛사람이 오심암(吾心岩)이라고 이름을 지어 주었다 한다. 그보다도 조금 겸손한 누구는 세심암(洗心岩)이라고 불렀다 한다.
　　기운차게 일어선 산발이 이곳에 이르러 오심암의 절경을 남기기 위하여 한 둥근 골짜기를 이루어 놓고 다시 다물어졌다.
　　<u>짙은 단풍 빛에 붉게 누렇게 물든 검은 절경의 성장(盛裝), 그것을 선을 두른 동해보다도 더 푸른 하늘빛, 천사가 흘리고 간 헝겊인 듯 봉우리 위에 가볍게 비낀 백옥보다도 흰 엷은 구름 조각.</u>
　　이것은 분명히 자연이 흘려 놓은 예술의 극치다. 그러나 겸손한 자연은 그의 귀한 예술이 홍진(紅塵)에 물들 것을 염려하여 그것을 이 깊은 산골짜기에 감추었던 것인가 보다.

글쓴이는 '오심암'이라는 곳에 구경을 온 모습이에요. 밑줄 친 부분 위주로 보면, '오심암'이라는 자연의 풍경을 아주 멋진 것으로 묘사하고 있죠? '자연 예찬'이라는 주제를 인식한 채로 계속 읽어 봅시다.

　　어귀까지 '버스'를 불러오고 이곳까지 2등 도로를 끌어 오는 것은 본래부터 그의 뜻은 아니었을 게다. <u>오직 사람만이 장하지도 아니한 그들의 예술을 천하에 뽐낼 기회만 엿보나 보다.</u>
　　둘러보건대 이 골짜기에는 일찍이 먼지를 품은 미친 바람과 같은 것은 지나가 본 일이 아주 없었나 보아서 아득히 쳐다보이는 높은 하늘 아래 티끌을 품은 듯한 아무것도 없다. 잠깐 내 자신을 굽어보니 허옇게 먼지 낀 의복, 그 밑에 숨은 먼지 낀 내 몸뚱어리, 그리고 또 그 속에 엎드린 먼지 낀 내 마음, <u>나는 그 팃기 모르는 순결한 자연 속에 쓰레기처럼 동떨어진 내 몸의 더러움을 새삼스럽게 부끄러워하였다.</u>

계속해서 '자연 예찬'이라는 주제에 맞는 이야기를 하고 있습니다. 나아가 '인간'에 대해 비판하는 모습도 보이고 있어요. 사실 '자연 예찬'이라는 주제가 나타나는 경우 '인간 비판'은 거의 세트로 따라 오는 것이니, 어렵지 않게 정리하고 갈 수 있겠습니다.

(중략)

　　차디찬 바위 위에 신발을 벗고 모자를 던지고 외투를 벗어 팽개치고 반듯이 누워서 눈을 감으니 인생도 예술도 다 어디로 사라지고 오직 끝없는 망각이 내 마음을 아니 우주를 채우며 온다. 그러나 몸을 식히며 스며드는 찬 기는 어느새 거리에서 멀리 떨어진 우리들의 위치를 깨닫게 한다. 우리는 채 씻기지 않은 마음을 거두어 가지고 잠시나마 정을 들인 오심암을 두 번 세 번 돌아다보면서 간 길을 다시 내려오기 시작하였다. 좋은 벗 떠나기란 싫은 것처럼, 좋은 자연에도 석별의 정은 마찬가진가 보다. 또한 좋은 음식을 만났을 때 벗을 생각하는 것이 자연스러운 것처럼 떠나고 싶지 않은 자연을 앞에 두고는 멀리 있는 벗들이 갑자기 그리웁다. 나는 마음속으로 어느새 오심암에게 무언(無言)의 약속을 주어 버렸다.
　　'내년에는 벗을 데리고 또 찾아오마'고.

-김기림, 「주을온천행」-

마지막까지 '자연 예찬'이라는 주제 의식을 강조하고 있습니다. 마치 소설 지문에서 'skip 가능 구간'을 읽을 때처럼,(뒤에서 배웁니다!) 뻔한 소리라는 생각을 하며 넘어갈 수 있겠죠?

선지	①	②	③	④	⑤
선택률	75%	4%	8%	9%	4%

16 (가)~(다)의 공통점으로 가장 적절한 것은? ①

　　① 인간의 삶과 공간의 의미를 연결 지어 주제 의식을 구체화하고 있다.

선지 유형	근거가 있어서 허용 가능
실전에서의 판단 과정	주제 의식은 당연하고, 휴전선, 우포늪, 오심암이라는 공간 나왔으니 허용되겠네.
해설	'주제 의식'이 있네요! 공통점을 묻는 문제의 경우에는 이렇게 거시적인 선지가 답이 되는 경우가 매우 많다고 했습니다. 앞의 내용만 확인하면 될 것 같네요. 일단 세 작품 모두 공간(휴전선, 우포늪, 오심암이 있는 곳)의 의미를 드러내고 있습니다. 나아가 이 모든 공간은 '전쟁, 소리꾼의 소리, 인간의 더러움'이라는 '인간의 삶'과 연결되어 있죠? 애초에 거의 대부분의 문학 작품은 '인간의 이야기'라는 것을 잊지 맙시다.

② 갈등과 대립이 없는 화합의 세계를 보여 줌으로써 희
망적인 미래를 예견하고 있다.

선지 유형	근거가 있어서 허용 불가능
실전에서의 판단 과정	애초에 (가)는 전쟁 이야기인데 너무하네.
해설	일단 (가) 하나만으로 지워낼 수 있는 선지죠? '전쟁'이라는 갈등 그 자체의 상황을 제시하고 있으니까요. 나아가 (가)~(다) 모두 주제를 생각하면 '희망적인 미래 예견'을 허용하기는 어렵죠?

③ 역사적 상황을 직시함으로써 부정적 현실을 극복하려
는 참여 의식을 표방하고 있다.

선지 유형	근거가 없어서 허용 불가능
실전에서의 판단 과정	(나)와 (다)에 이런 내용이 있을 리가 없지.
해설	(가)의 경우에는 주제 그 자체라고 할 수 있겠지만, '역사적 상황'을 직시하는 것과 부정적 현실을 극복하려는 '참여 의식' 모두 (나)와 (다)의 주제를 고려하면 허용하기 어렵죠?

FAQ

Q (가)는 단순히 전쟁 상황에 대한 안타까움을 드러내는 작품이라고 생각했는데, '부정적 현실을 극복하려는 참여 의식'이 어떻게 (가)의 주제 그 자체가 되나요?

A 작가 내지는 화자가 이 작품을 어떤 마음으로 세상에 내놓았는지 생각해 보세요. '시'라는 도구를 통해 분단이라는 부정적 현실을 극복해야 하지 않겠냐는 메시지를 던진 것이라고 할 수 있을 것입니다. 구체적으로, '요런 자세로 꽃이 되어야 쓰는가.'와 같은 표현은 그렇게 해서는 안 된다는 '참여 의식'을 표방한 표현이라고도 할 수 있겠죠?

④ 자연이 인간에게 미친 긍정적인 영향을 강조함으로써
사물에 대한 예찬적 태도를 드러내고 있다.

선지 유형	근거가 없어서 허용 불가능
실전에서의 판단 과정	(가)에서는 예찬을 허용하기 어렵지.
해설	일단 (가)의 주제를 고려하면 절대 허용할 수 없는 선지입니다. 전쟁 상황에 대한 이야기인데 '예찬적 태도'를 허용하기는 어려울 테니까요. (나)와 (다)의 경우에는 좀 애매하죠?

⑤ 특정한 장소에 대한 직접적인 경험을 바탕으로 인간
의 교만한 태도에 대한 비판을 이끌어 내고 있다.

선지 유형	근거가 없어서 허용 불가능
실전에서의 판단 과정	교만한 태도는 너무 헛소리네.
해설	화자나 글쓴이가 (가)에서는 '휴전선' 혹은 '한반도 전체'를, (나)에서는 '우포늪'을, (다)에서는 '오심암'이라는 특정한 장소를 직접적으로 경험하는 모습이 나타나 있다고 할 수 있습니다. 그런데 '인간의 교만한 태도에 대한 비판'은 (가)와 (나)의 주제를 고려할 때 허용하기 어렵죠? 물론 (다)의 주제와는 찰떡이라고 할 수 있겠지만요.

선지	①	②	③	④	⑤
선택률	3%	13%	72%	7%	5%

17 (가), (나)에 대한 설명으로 적절하지 <u>않은</u> 것은? ③

① (가)는 설의적 표현으로 현실에 대한 화자의 안타까움
을 드러내고 있다.

선지 유형	근거가 있어서 허용 가능
실전에서의 판단 과정	설의적 표현 엄청 많고, 안타까움은 주제 그 자체지.
해설	(가)에서는 한눈에 봐도 설의적 표현을 많이 찾을 수 있고, 이를 통해 '안타까움'이라는 반응을 드러내고 있죠? 주제 그 자체이니 어렵지 않게 허용할 수 있겠네요.

② (나)는 청각의 시각화를 통해 소재의 생동감을 부각하
고 있다.

선지 유형	근거가 있어서 허용 가능
실전에서의 판단 과정	귀찮으니까 나중에 찾아야지.
해설	왁새의 '울음'이 '꽃불'을 질러 놓고 있습니다. 이 정도면 '청각'을 '시각'으로 표현한 것이라고 할 수 있겠죠? '실전에서의 판단 과정'처럼, 일단 넘기고 다른 선지를 먼저 체크하는 것이 현명했을 겁니다.

③ (가)는 시간의 흐름에 따라, (나)는 시선의 이동에 따라 시상을 전개하고 있다.

선지 유형	근거가 없어서 허용 불가능
실전에서의 판단 과정	아무리 봐도 둘 다 없는데?
해설	일단 (가)에서는 '시간의 흐름'을 허용할 만한 근거를 찾기 어렵습니다. '시간'에 대한 내용은 화자의 '상황'을 결정하는 중요한 단서인데, 만약 있었다면 놓쳤을 리가 없었을 것이에요. 나아가 '시선의 이동'이라는 표현은 화자의 시선에 맞추어 지문 내용을 상상했는지 묻고 싶을 때 출제하는 표현입니다. (나)의 화자는 철저하게 '우포늪 왁새'만을 바라보면서 '소리꾼'과 관련된 여러 관념들을 상상하고 있죠? 화자는 철저하게 '우포늪 왁새'에게 시선을 고정하고 있다는 것을 상상할 수 있기 때문에, '시선의 이동'이 나타난다는 것 역시 허용하기 어렵겠네요. 문학 텍스트를 독해할 때는 항상 그 상황을 상상하는 습관이 필요하다는 것, 잊지 마시기 바랍니다.

④ (가)는 동일한 시구를 반복하여, (나)는 인물에 대한 이야기를 활용하여 주제 의식을 강조하고 있다.

선지 유형	근거가 있어서 허용 가능
실전에서의 판단 과정	(가)는 동일한 시구가 수미상관으로 쓰였고, (나)는 소리꾼 이야기를 하고 있었지.
해설	(가)는 첫 연과 마지막 연에 완전히 '동일한' 구조가 쓰였고, (나)는 소리꾼에 대한 이야기를 하고 있으니 허용할 수 있습니다. '주제 의식 강조'는 고민하면 안 되겠죠? 무조건 맞는 내용이에요.

⑤ (가)와 (나)는 모두 화자의 인식을 자연물에 투영하여 시적 정서를 환기하고 있다.

선지 유형	근거가 있어서 허용 가능
실전에서의 판단 과정	꽃, 왁새 같은 자연물 나오네.
해설	'시적 정서 환기'라는 말은 무조건 맞는 말이라고 할 수 있으니, 화자의 인식이 투영된 '자연물'이 있는지만 생각하면 되겠습니다. (가)에서는 '하늘', '꽃'과 같은 자연물이 제시되고 있고, (나)에서는 '우포늪 왁새'라는 자연물 자체가 화자의 인식과 연결되어 있죠?

선지	①	②	③	④	⑤
선택률	7%	63%	8%	7%	15%

18 (가)와 (다)에 대한 감상으로 가장 적절한 것은? ②

① (가)의 '천동 같은 화산'은 신뢰를 잃은 상황이 초래한 불안한 현실을, (다)의 '검은 절경'은 아름다움을 잃은 풍경에서 느껴지는 암울한 심정을 드러내고 있다.

> 산과 산이 마주 향하고 믿음이 없는 얼굴과 얼굴이 마주 향한 항시 어두움 속에서 꼭 한 번은 천동 같은 화산이 일어날 것을 알면서 요런 자세로 꽃이 되어야 쓰는가.

> 짙은 단풍 빛에 붉게 누렇게 물든 검은 절경의 성장(盛裝), 그것을 선을 두른 동해보다도 더 푸른 하늘빛, 천사가 흘리고 간 헝겊인 듯 봉우리 위에 가볍게 비낀 백옥보다도 흰 엷은 구름 조각.

선지 유형	근거가 있어서 허용 불가능
실전에서의 판단 과정	믿음이 없으니 신뢰를 잃은 상황을 허용할 수 있겠는데, 검은 절경은 이쁜 자연 그 자체지.
해설	'천동 같은 화산'은 '믿음이 없는' 얼굴들이 마주한 상황에서 일어날 수 있는 '불안한 현실'이라고 할 수 있습니다. 선지 내용 자체를 허용할 만한 근거가 충분하네요. 하지만 '검은 절경'이 아름다움을 잃은 풍경이라는 건 (다)의 전반적인 분위기를 봤을 때 절대 허용할 수 없는 헛소리죠? 근처 맥락을 보아도 자연이 이쁘다는 이야기만 나오고 있구요.

② (가)의 '별들이 차지한 하늘'은 하나로 이어진 세계를, (다)의 '아득히 쳐다보이는 높은 하늘 아래'는 흠결 없는 세계를 그려내고 있다.

> 저어 서로 응시하는 쌀쌀한 풍경. 아름다운 풍토는 이미 고구려 같은 정신도 신라 같은 이야기도 없는가. 별들이 차지한 하늘은 끝끝내 하나인데 …… 우리 무엇에 불안한 얼굴의 의미는 여기에 있었던가.

둘러보건대 이 골짜기에는 일찍이 먼지를 품은 미친 바람과 같은 것은 지나가 본 일이 아주 없었나 보아서 <u>아득히 쳐다보이는 높은 하늘 아래</u> 티끌을 품은 듯한 아무것도 없다.

선지 유형	근거가 있어서 허용 가능
실전에서의 판단 과정	끝끝내 하나이면 하나로 이어진 세계라고 할 수 있고, 티끌 하나 없으니 흠결 없다고 할 수 있네.
해설	'별들이 차지한 하늘'은 '끝끝내 하나인 곳'이라는 '근거'를 통해 하나로 이어진 세계를 허용할 수 있겠죠. 나아가 '아득히 쳐다보이는 높은 하늘 아래'는 '티끌을 품은 듯한 아무것도 없'는 곳이라는 '근거'를 통해 흠결 없는 세계를 허용할 수 있겠습니다. 허용할 만한 근거가 충분하니 어렵지 않게 답으로 골라주실 수 있겠죠?

③ (가)의 끊어진 '정맥'은 '유혈'을 이겨낸 삶의 의지를, (다)의 엄습하는 '찬기'는 정든 곳을 떠나야 하는 절망감을 환기하고 있다.

모든 <u>유혈(流血)</u>은 꿈같이 가고 지금도 나무 하나 안심하고 서 있지 못할 광장. 아직도 <u>정맥</u>은 끊어진 채 휴식인가 야위어 가는 이야기뿐인가.

차디찬 바위 위에 신발을 벗고 모자를 던지고 외투를 벗어 팽개치고 반듯이 누워서 눈을 감으니 인생도 예술도 다 어디로 사라지고 오직 끝없는 망각이 내 마음을 아니 우주를 채우며 온다. 그러나 몸을 식히며 스며드는 <u>찬기</u>는 어느새 거리에서 멀리 떨어진 우리들의 위치를 깨닫게 한다.

선지 유형	근거가 없어서 허용 불가능
실전에서의 판단 과정	삶의 의지, 절망감은 주제와 크게 상관이 없지.
해설	'정맥'은 '유혈'로 인해 끊어진 것일 뿐, '삶의 의지'와는 관련이 없어 보입니다. 끊어진 채 가만히 있기만 한 모습을 나타낸 것이니까요. 한편 '찬기' 역시 자연에서 느낄 수 있는 감각을 의미할 뿐, '절망감'을 허용할 만한 근거를 찾기가 어렵습니다. 애초에 지문의 '주제'와 별로 상관이 없는 내용들이죠.

④ (가)의 '징그러운 바람'은 미래에 닥칠지 모를 모진 상황을, (다)의 '미친 바람'은 삶에서 지켜야 할 소중한 존재를 상징하고 있다.

언제 한 번은 불고야 말 독사의 혀같이 <u>징그러운 바람</u>이여. 너도 이미 아는 모진 겨우살이를 또 한 번 겪으라는가 아무런 죄도 없이 피어난 꽃은 시방의 자리에서 얼마를 더 살아야 하는가 아름다운 길은 이뿐인가.

둘러보건대 이 골짜기에는 일찍이 먼지를 품은 <u>미친 바람</u>과 같은 것은 지나가 본 일이 아주 없었나 보아서 아득히 쳐다보이는 높은 하늘 아래 티끌을 품은 듯한 아무것도 없다.

선지 유형	근거가 있어서 허용 불가능
실전에서의 판단 과정	먼지를 품었다는데 왜 소중하냐.
해설	'징그러운 바람'은 화자가 언제 한 번은 불고야 말 것으로 인식하고 있는 대상입니다. 이를 근거로 하면 '미래에 닥칠지 모를 모진 상황'을 허용할 수 있겠습니다. 하지만 '미친 바람'은 화자가 먼지를 품은 것으로 인식하고 있는 대상입니다. 이를 근거로 하면 '소중한 존재'라는 해석을 절대 허용할 수 없겠죠? 먼지를 품고 있는 것을 소중하게 여길 리는 없으니까요.

⑤ (가)의 '꽃'은 죄 없이 '요런 자세'로 삶에 순응하는 존재를, (다)의 '바위'는 지나온 과거를 '망각'하며 삶을 회의하는 존재를 표현하고 있다.

산과 산이 마주 향하고 믿음이 없는 얼굴과 얼굴이 마주 향한 항시 어두움 속에서 꼭 한 번은 천동 같은 화산이 일어날 것을 알면서 <u>요런 자세</u>로 꽃이 되어야 쓰는가.

차디찬 <u>바위</u> 위에 신발을 벗고 모자를 던지고 외투를 벗어 팽개치고 반듯이 누워서 눈을 감으니 인생도 예술도 다 어디로 사라지고 오직 끝없는 <u>망각</u>이 내 마음을 아니 우주를 채우며 온다.

선지 유형	근거가 있어서 허용 불가능
실전에서의 판단 과정	회의는 주제와 너무 상관이 없지.
해설	'꽃'은 '천동 같은 화산'이 일어날 것을 알면서도 죄 없이 '요런 자세'로 있습니다. 이는 자신이 원하지 않는 모습으로 있다는 것이니, 이를 근거로 '순응'하는 존재라는 해석을 충분히 허용할 수 있겠습니다. 한편 '회의'라는 반응은 이 지문의 주제를 생각했을 때 절대 허용할 수 없는 내용이죠? 화자를 '망각'에 빠지게 하는 '바위'는 그저 자연의 모습일 뿐이니까요.

선지	①	②	③	④	⑤
선택률	5%	5%	15%	47%	28%

19 〈보기〉를 참고하여 [A]~[E]를 이해한 내용으로 적절하지 <u>않은</u> 것은? ⑤

① [A] : 화자는 왁새 울음소리와 우포늪의 풍경을 연결지어 소리꾼이 추구했던 절창을 상상적으로 떠올리고 있다.

선지 유형	근거가 있어서 허용 가능
실전에서의 판단 과정	왁새 울음소리가 우포늪 둔치와 연결되었고, 이건 소리꾼을 상상적으로 떠올린 것이라 했지?
해설	'왁새 울음소리'는 '우포늪 둔치'에 꽃불을 질러 놓습니다. 이러한 표현을 근거로 하면 '왁새 울음소리'가 '우포늪의 풍경'과 연결된다는 걸 어렵지 않게 허용할 수 있겠죠? 나아가 이 '왁새 울음소리'가 '소리꾼이 추구했던 절창'을 의미한다는 것, 그리고 이러한 내용을 '상상적'으로 떠올린다는 것은 〈보기〉를 통해 충분히 확인한 정보입니다.

② [B] : 득음의 경지를 찾아 떠돌았던 소리꾼의 얼굴에 묻어나는 삶의 비애를 감각적으로 표현하고 있다.

선지 유형	근거가 있어서 허용 가능
실전에서의 판단 과정	달빛 같은 슬픔이면 삶의 비애라고 할 수 있지.
해설	소리꾼의 '텁텁한 얼굴'에는 '달빛 같은 슬픔'이 엉켜 있다고 했습니다. 이는 '슬픔'이라는 소리꾼의 삶의 비애를 '시각적 이미지'를 통해 감각적으로 표현한 것이라 할 수 있겠죠? 이 정도는 어렵지 않게 허용할 수 있을 겁니다.

③ [C] : 소리꾼이 평생 추구했던 절창을 우포늪에서 찾아낸 화자의 정서를 드러내고 있다.

선지 유형	근거가 있어서 허용 가능
실전에서의 판단 과정	소리꾼의 소리가 우포늪에 있었던 것이니 맞는 말이네.
해설	화자는 소리꾼이 평생 찾아 헤맸던 소리, 즉 '절창'이 적막한 '늪' 속에 있다고 인식하고 있습니다. 그리고 이때의 '늪'은 당연히 '우포늪'이겠죠? 나아가 이는 〈보기〉를 통해서도 확실하게 체크한 내용입니다. 그렇다면 '화자의 정서를 드러내고 있다.'라는 말을 허용할 근거가 있는지를 생각해야 하는데, 이는 고민하지도 않고 허용해야 하는 내용이죠? 명시적으로 드러나지는 않지만, 시의 모든 내용은 화자의 '정서'를 드러내니까요. 좀 더 자세히 설명하자면, '~던가'와 같은 방식을 이용하는 '설의법'은 화자의 정서를 드러내기 위해 사용하는 것이라고 보면 됩니다. 여기서는 화자의 감탄과 같은 정서가 드러난다고 할 수 있겠죠. 이런 선지에서 고민하는 일은 없어야 합니다.

④ [D] : 화자가 상상적으로 떠올린 세계를 우포늪 일대의 현실적 공간과 결부하고 있다.

선지 유형	근거가 있어서 허용 가능
실전에서의 판단 과정	토평마을이면 현실적 공간이라고 할 수 있고, 이게 왁새 울음소리와 결부되고 있지.
해설	〈보기〉에 따르면, '동편제'를 넘어가는 '왁새'의 모습을 언급한 것은 화자가 '소리꾼'을 '상상적'으로 떠올린 결과라고 할 수 있습니다. 이것이 '소목 장재 토평마을'이라는 현실적 공간과 함께 제시되고 있으니, 이를 근거로 하면 '결부'한다는 것을 어렵지 않게 허용할 수 있겠습니다. 당시 많은 학생들이 '왁새'를 보는 건 상상이 아닌 '사실적' 사건이 아니냐는 식으로 '시비'를 걸었던 선지입니다. 이런 선지에 '시비'를 거는 게 아니라, 일단 '허용'하려고 하는 태도를 갖추고 있는 것이 아주 중요했습니다.

⑤ [E] : 날아가는 왁새와 완창을 한 소리꾼을 대비하여 자연과 인간이 통합된 예술의 형상을 사실적으로 보여 주고 있다.

선지 유형	근거가 있어서 허용 불가능
실전에서의 판단 과정	소리꾼을 왁새로 표현한 것이면 대비라고 볼 수는 없지.
해설	이번에도 '허용'하려고 했는데, 절대로 허용할 수 없다는 '근거'가 명확히 살아 있습니다. 이 지문의 핵심은 '왁새=소리꾼'이에요. 이는 누가 뭐라 해도 깰 수 없는 대전제이므로, '대비'된다는 말은 절대 허용할 수 없겠네요. 한편 '자연과 인간이 통합된 예술의 형상'을 보여 준다는 것까지는 맞다고 할 수 있지만, 이를 '사실적'으로 보여 준다는 것은 허용할 수 없죠? 〈보기〉에서 계속해서 화자가 이런 내용들을 '상상적'으로 떠올렸음을 강조했기 때문에, 이를 근거로 하면 '사실적'으로 보여 준다는 건 절대 허용할 수 없겠습니다.

선지	①	②	③	④	⑤
선택률	6%	28%	16%	47%	3%

20 〈보기〉는 '선생님'의 안내에 따라 학생들이 (다)를 감상한 내용이다. ⓐ~ⓔ 중 적절하지 <u>않은</u> 것은? [3점] ④

[보기]

선생님 : 수필은 글쓴이의 성찰을 보여 준다는 점에서 <u>반성적</u>이고, 깨달음을 전한다는 점에서 <u>교훈적</u>이며, 인생과 사회에 대한 인식과 판단을 드러낸다는 점에서 <u>비판적</u>인 특징을 갖습니다. 글쓴이의 발상과 통찰은 제재에서 새로운 의미를 이끌어 내고, 글쓴이의 문체는 내용을 <u>효과적</u>으로 표현하는 데 활용되지요. 그러면 이 작품에 드러난 수필의 특징을 확인해 봅시다.

– 수필의 다양한 특징을 소개하고 있는 〈보기〉입니다. 밑줄 친 부분 위주로 그 내용을 정확하게 파악하고, 가볍게 선지를 판단해보도록 합시다.

① **학생 1** : 가을의 풍경을 효과적으로 그려 내기 위해 감각적인 문체를 활용하고 있음을 알 수 있어요. ··· ⓐ

선지 유형	근거가 있어서 허용 가능
실전에서의 판단 과정	여러 가지 있겠지.
해설	가을의 풍경을 효과적으로 그려내기 위해서 '누런 단풍', '푸른 하늘빛' 등의 감각적인 문체를 활용하고 있네요. 수필 역시 문학 장르의 하나라는 점에서, 애초에 이렇게 명시적인 근거를 찾지 않아도 '감각적인 문체'는 당연하게 허용할 수 있겠죠?

② **학생 2** : '예술의 극치'와 '장하지도 아니한' 예술을 대비하는 데에서, 인간에 대한 비판적 인식을 엿볼 수 있어요. ·· ⓑ

이것은 분명히 자연이 흘려 놓은 <u>예술의 극치</u>다. 그러나 겸손한 자연은 그의 귀한 예술이 홍진(紅塵)에 물들 것을 염려하여 그것을 이 깊은 산골짜기에 감추었던 것인가 보다.

어귀까지 '버스'를 불러오고 이곳까지 2등 도로를 끌어 오는 것은 본래부터 그의 뜻은 아니었을 게다. 오직 사람만이 <u>장하지도 아니한</u> 그들의 예술을 천하에 뽐낼 기회만 엿보나 보다.

선지 유형	근거가 있어서 허용 가능
실전에서의 판단 과정	장하지도 아니하다면 비판적이라고 할 수 있지.
해설	'예술의 극치'는 '자연'이 흘려 놓은 것으로, 자연을 예찬하는 지문의 주제와 잘 들어맞는 표현입니다. 한편 '인간'의 예술을 '장하지도 아니한' 것으로 표현하고 있다는 점에서, 이것이 '자연'과 대비된다는 점과 '비판적 인식'을 드러낸다는 점 모두 어렵지 않게 허용할 수 있겠습니다.

③ **학생 3** : '오심암'의 경치에서 '겸손한 자연', '순결한 자연'을 이끌어 내는 데에서, 대상의 새로운 의미에 대한 통찰을 엿볼 수 있어요. ·················· ⓒ

그 바위를 가리켜 어느 건방진 옛사람이 <u>오심암</u>(吾心岩)이라고 이름을 지어 주었다 한다.

…(중략)… 이것은 분명히 자연이 흘려 놓은 예술의 극치다. 그러나 <u>겸손한 자연</u>은 그의 귀한 예술이 홍진(紅塵)에 물들 것을 염려하여 그것을 이 깊은 산골짜기에 감추었던 것인가 보다.

…(중략)… 그리고 또 그 속에 엎드린 먼지 낀 내 마음, 나는 그 틧기 모르는 <u>순결한 자연</u> 속에 쓰레기처럼 동떨어진 내 몸의 더러움을 새삼스럽게 부끄러워하였다.

선지 유형	근거가 있어서 허용 가능
실전에서의 판단 과정	자연을 겸손하고 순결하다고 하는 건 새로운 의미라고 할 수 있지.
해설	글쓴이는 '오심암'을 '겸손'하고 '순결'한 자연으로 표현하고 있습니다. 이를 근거로 하면, 〈보기〉에서 이야기한 것처럼 작가의 발상과 통찰을 통해 '자연'에서 '새로운 의미'를 이끌어 내고 있다고 할 수 있겠습니다.

④ **학생 4** : 인간의 삶에서 자연이 '티끌'처럼 작아 보인다고 한다는 점에서, 사색을 통해 교훈을 얻는 수필의 특성을 확인할 수 있어요. ················· ⓓ

> 둘러보건대 이 골짜기에는 일찍이 먼지를 품은 미친 바람과 같은 것은 지나가 본 일이 아주 없었나 보아서 아득히 쳐다보이는 높은 하늘 아래 <u>티끌</u>을 품은 듯한 아무것도 없다.

선지 유형	근거가 있어서 허용 불가능
실전에서의 판단 과정	언제 티끌처럼 작아 보인다고 했어. 티끌 하나 없다고 한 것이지.
해설	지문에서 '티끌'을 언급하는 것은 딱 한 부분밖에 없는데, 해당 부분을 독해해보면 '티끌'은 자연이 너무나 깨끗하다는 것을 강조하기 위해 나온 것이었습니다. 즉, 자연이 '티끌'처럼 작아 보인다는 것이 아니라 자연이 '티끌' 하나 품고 있지 않다는 것을 이야기한 것이죠. 이러한 독해의 결과를 근거로 하면, 어렵지 않게 틀린 선지로 처리할 수 있겠습니다. 혹은 이 지문의 '주제'를 바탕으로 가볍게 처리할 수도 있습니다. 이 지문은 '자연 예찬'이라는 주제를 가지고 있었습니다. 그런데 이 선지의 내용은 자연이 작아 보인다는 식으로 낮게 평가하는 것이죠? 주제를 고려해도 절대 허용할 수 없는 선지라고 할 수 있겠네요. 문학에서도 선지 판단은 '주제' 중심으로 이루어진다는 것을 잊지 맙시다.

⑤ '먼지 낀 의복'을 보고 '몸뚱어리'와 '마음'에 대한 부끄러움을 떠올린 데에서, 스스로를 돌아보는 반성적인 태도를 확인할 수 있어요.. ················· ⓔ

> 잠깐 내 자신을 굽어보니 허옇게 먼지 낀 의복, 그 밑에 숨은 먼지 낀 내 <u>몸뚱어리</u>, 그리고 또 그 속에 엎드린 먼지 낀 내 <u>마음</u>, 나는 그 티끌 모르는 순결한 자연 속에 쓰레기처럼 동떨어진 내 몸의 더러움을 새삼스럽게 부끄러워하였다.

선지 유형	근거가 있어서 허용 가능
실전에서의 판단 과정	의복을 보고 자기 몸과 마음을 떠올리면 반성적이라고 할 수 있지.
해설	글쓴이는 자신의 '먼지 낀 의복'을 본 다음, 또 자신의 '몸뚱어리'와 '마음'을 떠올리며 부끄러워하고 있습니다. 자기 자신의 내면세계를 살피며 '성찰'하고 있고, 심지어 부끄러워까지 하고 있으니 '반성적인 태도'라는 말을 쉽게 허용할 수 있겠네요.

현대시 독해 연습

> **(가)**
>
> 산과 산이 마주 향하고 믿음이 없는 얼굴과 얼굴이 마주 향한 항시 어두움 속에서 꼭 한 번은 천동 같은 화산이 일어날 것을 알면서 요런 자세로 꽃이 되어야 쓰는가.

'산과 산'이 마주 보고 있는 공간입니다. 이곳에서 '믿음이 없는 얼굴'들은 서로 마주 보고 있고, 그곳에서 '꼭 한 번은 천동 같은 화산'이 일어날 것이라고 해요. '화산'이라는 단어를 사용한 것으로 보아 무언가 무서운 일이 일어날 것 같은데, '얼굴'들은 그것을 알면서 '요런 자세로 꽃이 되어' 있는 모습이네요. '꽃'이 의미하는 바가 무엇인지 파악하기는 어렵지만, 어쨌든 불행한 일이 일어날 것임을 아는 상태로 서로 마주 보고 있다고 하니 생각만 해도 두려울 것 같습니다.

> 저어 서로 응시하는 쌀쌀한 풍경. 아름다운 풍토는 이미 고구려 같은 정신도 신라 같은 이야기도 없는가. 별들이 차지한 하늘은 끝끝내 하나인데 ······ 우리 무엇에 불안한 얼굴의 의미는 여기에 있었던가.

계속해서 이들이 '서로 응시하는' 상황에 대해 이야기하고 있습니다. '아름다운 풍토'도 없고, '끝끝내 하나'인 하늘 아래에서 '불안한 얼굴'로 마주 보고 있는 슬픈 현실이에요. 화자가 생각하기에

'믿음이 없는 얼굴과 얼굴'들은 사실은 '끝끝내 하나'인 대상들인 것 같습니다. 어차피 하나인데 쓸데없이 불안을 안은 채 대치하고 있는 것이죠.

> 모든 유혈(流血)은 꿈같이 가고 지금도 나무 하나 안심하고 서 있지 못할 광장. 아직도 정맥은 끊어진 채 휴식인가 야위어 가는 이야기뿐인가.

이곳에서는 '유혈' 사태도 있었고, '나무 하나'도 안심하지 못합니다. '정맥'이 끊어졌다는 것은 '유혈' 사태를 의미할 것이고, '휴식인가 야위어가는 이야기뿐인가.'는 가만히 있는 '나무 하나'도 안심하지 못하는 불안정한 상태를 의미한다고 할 수 있겠죠. 가만히 서서 휴식을 취하는 것도 아니고 그렇다고 야위어 가는 것도 아닌 것이니까요. 계속해서 같은 말만 하고 있네요.

> 언제 한 번은 불고야 말 독사의 혀같이 징그러운 바람이여. 너도 이미 아는 모진 겨우살이를 또 한 번 겪으라는가 아무런 죄도 없이 피어난 꽃은 시방의 자리에서 얼마를 더 살아야 하는가 아름다운 길은 이뿐인가.

'징그러운 바람'은 '언제 한 번은 불고야 말' 것입니다. 이는 1연에서 이야기한 '천동 같은 화산'과 같은 말이라고 할 수 있겠죠. 나아가 이런 바람은 1연에서 이야기했듯이 '죄도 없이 피어난 꽃'으로 서 있는 '얼굴'들을 괴롭힐 것입니다. 이 '얼굴'들은 도대체 언제까지 이 자리에 있어야 하는지 물어보면서, 현재 상황에 대한 안타까움을 계속해서 드러내고 있습니다.

> 산과 산이 마주 향하고 믿음이 없는 얼굴과 얼굴이 마주 향한 항시 어두움 속에서 꼭 한 번은 천동 같은 화산이 일어날 것을 알면서 요런 자세로 꽃이 되어야 쓰는가.
> —박봉우, 「휴전선」—

수미상관으로 마무리되고 있습니다. 그런데 이때 '휴전선'이라는 제목을 보자마자 모든 것이 이해되네요. 계속 이야기했던 '얼굴'들은 결국 남북한의 병사들을 의미하는 것이었습니다. '끝끝내 하나'인 동포들끼리 '천동 같은 화산', '징그러운 바람'을 기다리는, 그러한 불안한 상황이 지속되는 모습을 안타까워하는 화자의 마음이 잘 드러나네요.

> (나)
> 득음은 못하고, 그저 시골장이나 떠돌던
> 소리꾼이 있었다, 신명 한 가락에
> 막걸리 한 사발이면 그만이던 흰 두루마기의 그 사내
> 꿈속에서도 폭포 물줄기로 내리치는
> 한 대목 절창을 찾아 떠돌더니
> 오늘은, 왁새* 울음 되어 우항산 솔밭을 다 적시고
> 우포늪 둔치, 그 눈부신 봄빛 위에 자운영 꽃불 질러 놓는다
>
> * 왁새 : 왜가리의 별명.

어떤 '소리꾼'에 대해 이야기하면서 시작하고 있습니다. '득음'도 못했고, 소소한 일상만 즐길 수 있으면 만족하는 그런 평범한 사람이었어요. 하지만 '소리꾼'답게, '한 대목 절창'을 찾아 떠돌았다고 해요. 그런데 오늘은 '소리꾼'이 '왁새' 울음이 되어 '우포늪 둔치'에 '자운영 꽃불'을 질러 놓는 모습입니다.

'소리꾼'이 '있었다'와 같은 표현과 '왁새' 울음이 되었다는 내용들을 바탕으로 생각하면, '소리꾼'은 아마 죽은 사람인 것 같아요. 어쨌든, '소리꾼의 소리=왁새의 울음'이라는 도식을 잡아놓고 계속 읽어봅시다.

> 살아서는 근본마저 알 길 없던 혈혈단신
> 텁텁한 얼굴에 달빛 같은 슬픔이 엉켜 수염을 흔들곤 했다
> 늙은 고수라도 만나면
> 어깨 들썩 산 하나를 흔들었다
> 필생 동안 그가 찾아 헤맸던 소리가
> 적막한 늪 뒷산 솔바람 맑은 가락 속에 있었던가

앞에서도 이야기했듯이, 이 '소리꾼'은 살아 있을 때 그리 대단한 업적을 이루지는 못했습니다. 그래서 평생 '소리'를 찾아 헤맸을 것인데, 화자가 그 '소리'를 '적막한 늪'에서 찾아낸 모습이에요. '소리꾼=우포늪 왁새'라는 도식을 계속해서 강조하고 있습니다.

소목 장재 토평마을 양파들이 시퍼런 물살 몰아칠 때
일제히 깃을 치며 동편제* 넘어가는
저 왁새들
완창 한 판 잘 끝냈다고 하늘 선회하는
그 소리꾼 영혼의 심연이
우포늪 꽃잔치를 자지러지도록 무르익힌다
-배한봉, 「우포늪 왁새」-

* 동편제 : 판소리의 한 유파.

이번에도 '왁새'들을 바라보고 있는 화자입니다. 이 '왁새'들은 '소리꾼'과 동일시되는 대상이기에, '왁새'들이 '소리꾼'의 영역인 '동편제'를 넘어간다고 표현한 것이겠죠. 화자는 '왁새'를 '소리꾼 영혼의 심연'으로까지 표현하면서, '소리꾼=우포늪 왁새'라는 도식을 강조하고 있습니다. 이번에도 '같은 말'로 도배하는 형태의 작품이었네요.

몰랐던 어휘 정리하기

| 핵심 point |

① **허용 가능성 평가** : 선지의 내용을 '허용'하려는 태도를 바탕으로 지문을 '독해'하며 '근거'를 찾아야 합니다. 허용할 수 있는 '근거'가 있어야만 허용할 수 있습니다. 주관적인 생각을 개입시키면 안 됩니다.
② **현대시 독해** : 〈보기〉의 도움 등을 통해 '주제' 위주로, 그리고 일상 언어의 감각으로 읽어내면 됩니다. 현대시도 읽을 수 있는 하나의 글입니다.

| 지문 내용 총정리 |

역시 까다로운 선지들이 많이 출제되었던 세트였습니다. 하지만 '허용 가능성 평가' 및 '주제' 중심의 선지 판단 태도가 갖춰져 있었다면 충분히 답을 골라낼 수 있었을 거예요. 아무리 어려워도, 평가원이 요구하는 '생각'의 흐름은 똑같다는 것 명심하면서 계속 복습해봅시다.

〈보기〉 확인

―――――――[보기]―――――――

　시는 표현하고자 하는 바를 어떤 심적 상태에 놓인 화자의 발화로써 형상화한다. (나)에 나타나 있는 **독특한 발화 방식**, 즉 끊어질 듯 이어지는 서술, 어휘의 반복적 출현, 맥락이 없어 보이는 구절들의 배열, 수시로 등장하는 말줄임표와 쉼표 등은 사랑의 기억을 떠올리거나 상처를 치유하지 못한 화자의 내면을 드러내는 시적 장치들이다. 이러한 장치들은 사랑의 기억과 함께 상실의 고통을 안고 남은 생을 살아 내야 하는 화자의 복합적인 내면을 생생하게 그려 내는 역할을 한다.

(나)에 대한 〈보기〉입니다. 대놓고 화자의 내면세계를 제시하고 있으니, 고맙게 읽어봐야겠죠? (나)는 독특한 발화 방식을 가지고 있는데, 이는 '사랑의 기억과 함께 상실의 고통을 안고 있는' 화자의 내면세계를 생생하게 그려 내는 역할을 한다고 합니다. 행복했던 기억을 떠올리면서도 그 속에서 상실의 고통을 느끼는 화자. 이렇게 이중적인 내면세계를 가진 화자를 만날 수 있을 것이란 기대를 하면서 넘어가봅시다.

―――――――[보기]―――――――

　(다)에서 편지는 받는 사람뿐만 아니라 쓰는 사람 자신을 향한 것이기도 하다. 상대에 대한 열망으로 사랑의 편지를 쓰지만 결국 그것은 자신을 표현하는 글이다. 자신을 이상화하려는 욕구에 빠져 있기에 편지는 '그녀'가 사랑할 만한 '그'로 채워진다. 사랑의 편지를 받은 '그녀'는 '편지 속의 그'를 사랑하고, 편지를 쓰는 '그'도 '편지 속의 그'에게 매료되어 있다. 그러나 이런 식의 자기 고백이 지속될 수 없는 까닭은 이 이상화된 '그'와 실제의 '그' 사이의 간극이 주는 부끄러움 때문이다.

이번엔 (다)의 주제 그 자체를 설명해주고 있습니다. 편지를 쓰는데, 그 편지가 받는 사람뿐 아니라 쓰는 사람 자신을 향한 것이기도 하다고 합니다. 무슨 말인가 봤더니, 글쓴이는 '그'와 같은 사람들이 '자신을 이상화하려는 욕구'에 빠져 있기에 편지 속에 이상화된 자신의 모습을 만들어 넣는다고 합니다. 하지만 이 이상화된 '그'와 실제의 '그' 사이에는 간극이 있고, 이로부터 발생한 '부끄러움' 때문에 이런 식의 편지는 지속될 수 없다고 해요. 글쓴

이가 말하고자 하는 바를 적나라하게 보여 주고 있죠? 이를 적극적으로 활용하면서 지문을 읽고 문제를 풀어보도록 합시다.

실전적 지문 독해

(가)

　배를 민다
　배를 밀어보는 것은 아주 드문 경험
　희번덕이는 잔잔한 가을 바닷물 위에
　배를 밀어넣고는
　온몸이 아주 추락하지 않을 순간의 한 허공에서
　밀던 힘을 한껏 더해 밀어주고는
　아슬아슬히 배에서 떨어진 손, 순간 환해진 손을
　허공으로부터 거둔다

　사랑은 참 부드럽게도 떠나지
　뵈지도 않는 길을 부드럽게도

　배를 한껏 세게 밀어내듯이 슬픔도
　그렇게 밀어내는 것이지

　배가 나가고 남은 빈 물 위의 흉터
　잠시 머물다 가라앉고

　그런데 오, 내 안으로 들어오는 배여
　아무 소리 없이 밀려들어오는 배여

　　　　　　　　　-장석남, 「배를 밀며」-

〈보기〉가 없습니다. 스스로 화자의 내면세계라는 주제를 잡을 수 있어야 해요. 화자는 '배'를 미는 경험에 대해서 이야기하는데, 이를 '사랑'을 떠나보내는 것에 비유하고 있습니다. '배'를 밀어내듯이 '슬픔'도 밀어내면, '흉터'는 잠시 머물다 가라앉아 버리지만, 다시 '배'는 화자의 마음 속으로 들어옵니다. 이는 〈보기〉를 통해 미리 확인한 (나)의 주제처럼, 깔끔하게 이별을 맞이하려다가도 미련이 남아 있는 이중적인 내면세계를 드러낸 것이라고 할 수 있겠죠? 이 정도만 읽어내도 훌륭하겠어요.

(나)

　당신……, 당신이라는 말 참 좋지요, 그래서 불러봅니다 킥킥거리며 한때 적요로움의 울음이 있었던 때, 한 슬픔이 문을 닫으면 또 한 슬픔이 문을 여는 것을 이만큼 살아옴의 상처에 기대, 나 킥킥……, 당신을 부릅니다 단풍의 손바닥, 은행의 두 갈래 그리고 합침 저 개망

초의 시름, 밟힌 풀의 흙으로 돌아감 당신……, 킥킥거
리며 세월에 대해 혹은 사랑과 상처, 상처의 몸이 나에
게 기대와 저를 부빌 때 당신……, 그대라는 자연의 달과
별……, 킥킥거리며 당신이라고……, 금방 울 것 같은 사내
의 아름다움 그 아름다움에 기대 마음의 무덤에 나 벌초
하러 진설 음식도 없이 맨 술 한 병 차고 병자처럼, 그러
나 치병*과 환후*는 각각 따로인 것을 킥킥 당신 이쁜 당
신……, 당신이라는 말 참 좋지요, 내가 아니라서 끝내 버
릴 수 없는, 무를 수도 없는 참혹……, 그러나 킥킥 당신
-허수경, 「혼자 가는 먼 집」-

* 치병 : 병을 다스림.
* 환후 : 병을 정중하게 이르는 말.

'킥킥'과 같은 우스운 표현에 현혹되면 안 됩니다. 조금 어렵지만,
차분하게 〈보기〉를 적용하며 읽어낼 수 있어야 해요. '당신'이라
는, 사랑의 상대를 떠올리면서 좋다는 표현을 하는 화자입니다.
이는 〈보기〉에서 말하는 것처럼 사랑의 기억을 떠올리는 모습이
라고 할 수 있겠죠? 그렇게 알 수 없는 말들을 나열하며 기억을
떠올리던 화자는, 결국 '끝내 버릴 수 없는, 무를 수도 없는 참혹'
과 같은 표현으로 상실의 고통을 표현하고 있습니다. 일단 이 정
도로만 파악해놓고, 자세한 건 선지 판단 과정에서 확인해보도록
해요.

(다)

　　그녀에게 편지를 쓰는 것이 자신의 존재를 증명하던
시절이 있었다. 사랑하는 사람에게 보내는 편지만큼 표
현의 욕구로 흘러 넘치는 것도 없다. 무언가를 표현하
지 않고는 견딜 수 없는 시간들이 편지를 쓰게 한다. 그
는 그녀에게 자신의 사랑이 얼마나 어렵고 진정하며 운
명적인가를 설명하고 싶었다. 편지는 사람을 설득하거
나 매혹시키는 방편이 될지도 모른다. 그러나 모든 사랑
의 편지는 마지막 순간, 도구적이지 못하다. 세상의 모든
글쓰기가 최후의 순간에는 처음에 품었던 소소한 의도
를 배반하는 것처럼. 그 통제할 수 없는 익명의 욕구가
그 편지의 현실적인 목표를 잊어버리게 만들기 때문이
다. 그런 이유로, 모든 사랑의 편지에는 아무 전언도 들
어 있지 않다.

사랑하는 사람에게 편지를 쓰는 것에 대한 이야기를 하고 있습
니다. 이는 '표현의 욕구'로 흘러 넘치는 일인데, '그' 역시 '그녀'
에게 자신의 사랑에 대하여 이리저리 표현하려고 애썼다고 합니

다. 하지만 〈보기〉를 통해 미리 확인했듯이, 모든 사랑의 편지에
는 아무 전언도 들어 있지 않아요. 즉, 편지는 그저 이상화된 자신
의 모습을 표현하는 수단일 뿐 진정으로 상대에 대한 사랑을 표
현하는 것은 아니라는 거예요. 이에 '마지막 순간, 도구적이지 못
하다.'와 같은 표현이 등장하는 것이죠. 편지는 '그녀'에 대한 마
음을 표현하는 '도구'여야 하는데 그런 역할을 할 수 없다는 것입
니다.

　　거기에는 결정적인 정보나 주장이 들어 있지 않다. 다
만 내 고백을 누군가가 들어준다는 충만한 느낌. 희미한
불빛 아래서 스스로 옷을 벗어야 할 때처럼, 주체할 수
없는 부끄러움 따위. 고백이란 결국 2인칭을 경유하여
1인칭으로 돌아온다. 그의 들끓는 고백의 언어들은 고
스란히 자신에게 돌아왔다. 한동안 그는, 사랑하는 ○○
에게로 시작되는 편지를 자주 썼다. 그녀는 그의 편지를
사랑했다. 정확하게 말하면 '편지 속의 그'를 그녀는 사
랑했다. 편지 속에는 그가 찾아낸 자신의 또 다른 영혼
이 있었다. 또 다른 영혼의 '그'는 순수한 열정과 끝 모를
동경과 깊은 이해심을 가진 존재였다. 그도 역시 그녀처
럼 자신의 편지 속 1인칭 화자에게 깊이 매료되었다. 하
지만 너무 뻔해서 가혹했던 지리멸렬한 시간들 속에서
그는 편지 속의 1인칭 주체를 잊어버렸다.

우리가 알고 있듯이, 편지에는 결정적인 정보나 주장이 들어 있지
않습니다. 그저 '너'에게 쓰는 편지라는 2인칭을 경유하여 다시
'나'라는 1인칭으로 돌아올 뿐이에요. '편지 속의 그'라는 이상화
된 모습을 만들어놓고, 이를 통해 끊임없이 자기 고백을 할 뿐이
라는 것이죠. 이는 '그녀'는 물론 '그'도 매료시키지만, 너무 뻔하
고 지리멸렬한 시간들, 즉 일상 속에서 '그'는 편지 속의 이상화된
'그'의 모습을 잊습니다. 편지 속에서 달콤하게 속삭이던 것과는
달리 일상에서는 지극히 평범한 '그'의 모습이 된다는 의미겠죠.

　　편지조차 쓸 수 없는 시간들이 무심하게 지나가고, 다
시 편지를 쓰고 싶었을 때, 그는 이미 '편지 속의 그'가
되지 못한다는 것을 알았다. 그는 '편지 속의 그'를 연기
하는 것이 부끄러웠고, 자신의 비루함을 뼛속 깊이 실감
했다. 그는 '사랑하는 ○○에게'라는 편지를 쓰고 싶어
하는 자신 속의 어떤 늙지 않는 영혼을, 그 순수한 인격
을 외면하고 싶었다. 누군가가 듣기를 바라는 모든 고백
이란, 위선이 아니면 위악이다.
-이광호, 「이젠 되도록 편지 안 드리겠습니다」-

그렇게 편지조차 쓸 수 없는 시간들, 즉 '그녀'에 대한 표현의 욕구가 들끓지 않는 시간들이 무심하게 지나갔을 때, '그'는 자신이 '편지 속의 그'가 되지 못한다는 것을 깨닫고 '부끄러움'을 느낍니다. 〈보기〉에서 말한 그대로죠? 글쓴이는 누군가가 듣기를 바라는 모든 고백은 위선이 아니면 위악이라며, 즉 어찌 되었든 거짓일 뿐이라며 하고자 하는 말을 명확하게 밝혀주고 있습니다. 주제가 명확하기에 읽어내는 게 그렇게 어렵지는 않았을 것 같아요.

선지	①	②	③	④	⑤
선택률	2%	3%	5%	88%	2%

21 (가)~(다)의 공통점으로 가장 적절한 것은? ④

① 하강적 이미지를 활용하여 시간의 흐름을 보여 준다.

선지 유형	근거가 없어서 허용 불가능
실전에서의 판단 과정	하강적 이미지를 언제 찾고 있어. 일단 넘어가자.
해설	(가)의 흉터가 가라앉는다는 표현 등에서 '하강적 이미지'를 찾아볼 수 있고, 이것이 머물다가 가라앉았다고 했으니 그동안의 시간의 흐름을 보여 준다고 할 수도 있겠죠. 하지만 (나)와 (다)에서는 딱히 '하강적 이미지'를 찾을 수가 없네요. 시험장에서 '하강적 이미지'를 찾아보겠다고 시간을 쓰는 건 너무나 아깝기 때문에, '실전에서의 판단 과정'처럼 일단 넘어가는 것이 상책입니다.

② 자연물에 빗대어 부정적 현실의 극복 가능성을 암시한다.

선지 유형	근거가 없어서 허용 불가능
실전에서의 판단 과정	주제랑 너무 먼데?
해설	'자연물'이야 당연히 여기저기 나오겠지만, '부정적 현실의 극복 가능성'은 (가)~(다)의 주제를 고려하면 너무 뜬금없죠? (가)와 (나)는 '이별'이라는 부정적 현실과 이에 대한 슬픔이라는 반응이 나타나긴 하지만, 이를 극복해보려 하지는 않았고, (다) 역시 '편지'에 대한 깊은 성찰을 하는 작품일 뿐 부정적 현실을 극복해보려는 내용은 아니었습니다. 이렇게 주제와 무관하면 과감하게 넘어갈 수 있어야 해요.

③ 동일한 구절의 반복과 변주를 통해 상황의 반전을 표현한다.

선지 유형	근거가 없어서 허용 불가능
실전에서의 판단 과정	상황의 반전은 뭔가 찝찝하네.
해설	(가)의 경우, 마지막 연에서 '들어오는 배여'라는 구절을 반복하고 변주하며 '흉터'가 가라앉았던 화자의 마음에 다시금 사랑의 기억이 밀려들어오고 있음을 표현하고 있습니다. 이를 바탕으로 하면 '상황의 반전'을 표현한다고 할 여지가 조금은 있을 것 같아요. 실전에서 이걸 찾는 건 쉽지 않지만요. (나)의 경우, '킥킥'과 같은 표현을 반복하고 변주하고 있기는 합니다. 하지만 이러한 표현 자체가 '상황의 반전'을 표현하지는 않죠? '상황의 반전'을 표현하는 것은 ⓐ 앞에 있는 '그러나'와 같은 표현이라고 할 수 있겠습니다. (다)의 경우에도 열심히 편지를 쓰던 '그'가 편지를 쓰지 않게 되는 등의 '상황의 반전'이 나타난다고 할 수는 있겠지만, 이것이 '동일한 표현의 반복과 변주'를 통해 나타나지는 않죠? 엄밀하게 풀면 이렇게 해결하면 되겠지만, 주제와도 무관하고 미시적인 포인트인 '상황의 반전'과 같은 말을 보고 '실전에서의 판단 과정'처럼 그냥 넘어갈 수 있으면 좋겠어요.

④ 특정한 행위를 중심으로 행위 주체와 대상의 관계를 드러낸다.

선지 유형	근거가 있어서 허용 가능
실전에서의 판단 과정	배를 밀고, 불러보고, 편지를 쓰면서 주제를 드러냈지.
해설	3번 선지와 달리, '행위 주체와 대상의 관계를 드러낸다'는 표현에는 주목해야 합니다. '사랑'과 관련된 이야기를 하는 세 작품의 주제와 관련된 내용이니까요. 꼼꼼하게 판단해보니, (가)의 경우 '배'를 미는 행위, (나)의 경우 '당신'을 불러보는 행위, (다)의 경우 '편지'를 쓰는 행위를 중심으로 행위 주체와 대상의 관계를 드러내고 있음을 확인할 수 있네요. (가)와 (나)는 화자와 이별한 상대방과의 관계를, (다)는 '그'와 편지를 받는 '그녀'와의 관계를 말이에요. 조금 미시적인 포인트에서 답이 나오기는 했지만, 그래도 '주제'와 직결되는 포인트라는 점에서 충분히 맞혀낼 수 있는 문제였을 겁니다.

⑤ 공간의 이동에 따라 내용을 전개하여 역동적 분위기
   를 강화한다.

선지 유형	근거가 없어서 허용 불가능
실전에서의 판단 과정	공간의 이동이 어딨냐.
해설	(가)~(다) 모두 '공간의 이동'을 찾아볼 수는 없죠? '역동적 분위기' 역시 (가) 정도를 제외하면 너무나 어색한 표현이구요.

선지	①	②	③	④	⑤
선택률	2%	4%	3%	5%	86%

22 (가)에 대한 이해로 적절하지 <u>않은</u> 것은? ⑤

① '아주 추락하지 않을 순간'에 '배'를 밀던 '손'이 '아슬아
   슬히 배에서 떨어진'다는 것은 이별의 정서적 긴장감
   을 드러낸다.

> 배를 밀어넣고는
> 온몸이 아주 추락하지 않을 순간의 한 허공에서
> 밀던 힘을 한껏 더해 밀어주고는
> 아슬아슬히 배에서 떨어진 손, 순간 환해진 손을
> 허공으로부터 거둔다

선지 유형	근거가 있어서 허용 가능
실전에서의 판단 과정	극적인 순간, 아슬아슬. 충분히 긴장감을 드러낸다고 할 수 있겠다.
해설	온몸이 '아주 추락하지 않을 순간'이라는 극적인 순간에 화자의 '손'은 '아슬아슬히 배에서 떨어'집니다. 이는 이별하는 상황을 아주 극적으로 표현하여 '정서적 긴장감'을 드러내기 위한 것이라고 할 수 있겠죠? 상황을 상상해보면 어렵지 않게 허용할 수 있을 것입니다.

② '뵈지도 않는 길'은 '사랑'이 '떠나'는 길이라는 점에서,
   이별의 막막한 상황을 공간의 형상으로 드러낸다.

> 사랑은 참 부드럽게도 떠나지
> 뵈지도 않는 길을 부드럽게도

선지 유형	근거가 있어서 허용 가능
실전에서의 판단 과정	보이지도 않으면 막막하지.
해설	'사랑'이 '뵈지도 않는 길'을 부드럽게 떠난다는 것을 근거로 하면, 이것이 '이별의 막막한 상황'을 공간의 형상으로 드러냈다는 해석을 충분히 허용할 수 있겠습니다. 보이지도 않는다는 건 정말로 막막한 상황이니까요.

③ '슬픔'을 '밀어내는 것'을 '배'를 밀듯 '한껏 세게 밀어'
   낸다고 한 것은 이별의 아픔을 떨쳐 내려는 화자의 태
   도를 드러낸다.

> 배를 한껏 세게 밀어내듯이 슬픔도
> 그렇게 밀어내는 것이지

선지 유형	근거가 있어서 허용 가능
실전에서의 판단 과정	밀어내는 건 떨쳐 내려는 거지.
해설	선지 그 자체로 허용할 수 있겠죠? '슬픔'을 마치 '배'를 '한껏 세게 밀어내'는 것처럼 밀어낸다는 것은 그 아픔을 떨쳐 내려는 태도를 드러내는 것을 의미한다고 볼 수 있겠습니다. '배'를 미는 행위가 '사랑'을 떠나보내는 행위를 비유한다는 것만 체크했다면 어렵지 않게 해결할 수 있는 선지들이네요.

④ '배가 나가'며 생긴 '흉터'가 '잠시 머물다 가라앉'는다는
   것은 이별의 슬픔이 잦아든 상태에 있음을 드러낸다.

> 배가 나가고 남은 빈 물 위의 흉터
> 잠시 머물다 가라앉고

선지 유형	근거가 있어서 허용 가능
실전에서의 판단 과정	흉터가 가라앉았다는데 당연한 말이네.
해설	역시 선지 그대로 허용할 수 있겠습니다. '흉터'가 '잠시 머물다 가라앉'는다는 것은 이별로 인한 상처가 가라앉아 잦아들었다는 의미로 이해할 수 있죠.

⑤ '밀려들어' 온 '배'는 '아무 소리 없이' 다시 돌아온 배라
   는 점에서, 대상과의 재회가 예상대로 이루어짐을 드
   러낸다.

> 그런데 오, 내 안으로 들어오는 배여
> 아무 소리 없이 밀려들어오는 배여

선지 유형	근거가 있어서 허용 불가능
실전에서의 판단 과정	화자의 안으로 들어온 건데 재회가 아니지.
해설	화자는 이미 '배'를 밀어 보냈습니다. 즉 사랑을 떠나 보낸 것이죠. 그런데 '배'가 화자의 '안으로' 들어왔다고 합니다. 이는 실제의 '배'가 돌아온 것이 아니라, '배'로 표현된 사랑의 기억이 화자의 마음속으로 밀려들어온 것으로 이해해야겠죠? 즉, 대상과 재회를 한 것이 아니라 대상과의 그리움이 갑자기 사무쳤다는 의미로 이해해야 할 것입니다. 만약 단순히 '배'가 돌아왔다고만 되어 있었다면 애매했겠지만, '안으로' 들어왔다는 말을 근거로 해서 허용할 수 없다는 판단을 할 수 있어야 합니다.

선지	①	②	③	④	⑤
선택률	4%	79%	6%	8%	3%

23 (나)의 '당신'에 대한 설명으로 적절하지 <u>않은</u> 것은? ②

– (나)의 화자의 내면세계를 형성하는데 큰 영향을 끼친 '당신'에 대한 문제입니다. '당신'과의 기억을 회상하면서도 상실의 고통을 안고 있는 화자를 생각하면서 문제를 풀어봅시다.

① 화자와 '한때'의 기억을 잇는 매개적 존재이다.

> 킥킥거리며 한때 적요로움의 울음이 있었던 때, 한 슬픔이 문을 닫으면 또 한 슬픔이 문을 여는 것을 이만큼 살아옴의 상처에 기대, 나 킥킥……, 당신을 부릅니다

선지 유형	근거가 있어서 허용 가능
실전에서의 판단 과정	한때의 기억을 바탕으로 당신을 부르고 있네.
해설	화자는 '한때'를 떠올리고 있습니다. 이때는 '적요로움'(외롭고 쓸쓸함)의 울음이 있었던 때인데, 화자는 이때 한 슬픔이 문을 닫으면 또 한 슬픔이 문을 여는 것처럼 굉장히 힘든 시기를 보냈나 봐요. 그리고 그때의 상처에 기대 화자는 '당신'을 부르고 있습니다. 이렇게 '한때'의 상처 속에서 '당신'을 부르는 것으로 보아, 화자는 '당신'에게 의존하여 '한때'의 상처를 이겨내려고 하는 것 같습니다. 이러한 독해의 결과를 근거로 하면 화자가 '당신'을 매개로 '한때'의 기억을 잇는다는 것을 충분히 허용할 수 있겠죠? 생각보다 쉽지 않은 선지입니다. 단순히 '한때'가

'당신'과 관련되어 있을 것이라는 생각으로 지웠다면 반성하셔야 해요. 맥락을 정확하게 독해할 수 있어야 합니다.

② 화자의 내면에 살고 있는 '병자'로서 연민의 대상이다.

> 금방 울 것 같은 사내의 아름다움 그 아름다움에 기대 마음의 무덤에 나 벌초하러 진설 음식도 없이 맨 술 한 병 차고 병자처럼,

선지 유형	근거가 있어서 허용 불가능
실전에서의 판단 과정	병자는 화자 자신을 말하는 것이잖아.
해설	'병자'처럼 무덤에 벌초하러 가는 것은 '당신'이 아니라 '나', 즉 화자입니다. 즉, 화자의 내면 자체가 '병자'와 같다는 의미이지, '병자'인 '당신'이 화자의 내면에 살고 있다는 의미는 아닙니다. 이렇게 주변 맥락을 정확하게 독해할 수 있어야 해요. 나아가 '당신'은 화자에게 있어 상처를 견딜 수 있게끔 도와주는 존재이자 그리움의 대상이지, '연민'하는 대상이라고 볼 수는 없겠죠? 화자의 처지가 '당신'을 '연민'할 만한 처지는 아니니까요. 여러모로 허용하기 어려운 선지네요.

③ 화자의 눈앞에 없지만 '부'름으로써 환기되는 대상이다.

선지 유형	근거가 있어서 허용 가능
실전에서의 판단 과정	그렇지.
해설	이건 당연하게 허용할 수 있겠죠? '당신'은 화자와 이별한 상태이기에 눈앞에 없지만, '부'름으로써 환기되는 존재입니다. 애초에 이 작품의 주제와 직결되는 내용이기도 하네요.

④ 화자가 '버릴 수 없'고 '무를 수도 없는' 숙명적 존재이다.

> 내가 아니라서 끝내 버릴 수 없는, 무를 수도 없는 참혹……, 그러나 킥킥 당신

선지 유형	근거가 있어서 허용 가능
실전에서의 판단 과정	그렇다고 했네.
해설	화자는 '당신'을 '내가 아니라서' 끝내 '버릴 수 없'고 '무를 수도 없는' 참혹이라고 표현하고 있습니다. 이 내용 그대로 표현하고 있는 선지네요.

⑤ 화자에게 '사랑'과 '슬픔'을 경험하게 하는 이중적 존재
이다.

선지 유형	근거가 있어서 허용 가능
실전에서의 판단 과정	주제네.
해설	〈보기〉를 통해서도 확인했던 주제 그 자체죠? 가볍게 허용할 수 있겠습니다.

선지	①	②	③	④	⑤
선택률	3%	82%	5%	6%	4%

24 〈보기〉를 참고하여 (나)를 감상한 내용으로 적절하지 <u>않은</u> 것은? [3점] ②

① '킥킥'은 반복적으로 출현하는 웃음의 의성어로서, 사랑과 슬픔이 내재된 화자의 복합적인 정서를 생생하게 드러내는 표현이겠군.

선지 유형	근거가 있어서 허용 가능
실전에서의 판단 과정	주제네.
해설	슬픈 상황을 '킥킥'이라는 표현을 통해 최대한 승화시켜보려고 애쓴다는 점에서, 이는 '사랑과 슬픔이 내재된 화자의 복합적인 정서'를 생생하게 드러내는 표현이라고 할 수 있겠습니다. 애초에 주제 그 자체인 선지이기에 가볍게 허용할 수 있겠죠?

② '상처에 기대, 나 킥킥……, 당신을 부릅니다'는 말줄임표와 쉼표를 사용한 서술로서, 상실의 고통으로 인하여 사랑의 기억이 희미해지는 화자의 심적 상태를 보여 주는 표현이겠군.

킥킥거리며 한때 적요로움의 울음이 있었던 때, 한 슬픔이 문을 닫으면 또 한 슬픔이 문을 여는 것을 이만큼 살아옴의 <u>상처에 기대, 나 킥킥……, 당신을 부릅니다</u>

선지 유형	근거가 있어서 허용 불가능
실전에서의 판단 과정	오히려 당신을 부르고 있는데?
해설	화자는 '상처'에 기대 '당신'을 부르고 있습니다. 이렇게 '당신'을 떠올리고 있다는 명백한 근거가 있기 때문에, '사랑의 기억이 희미해지는' 화자의 심적 상태를 보여 준다는 것은 절대 허용할 수 없겠죠.

나아가, 〈보기〉에 따르면 이 작품에서 '말줄임표와 쉼표' 같은 독특한 발화 방식은 '사랑의 기억을 떠올리거나' 상처를 치유하지 못한 화자의 내면을 드러내는 시적 장치입니다. 이를 근거로 하면, '말줄임표와 쉼표'를 통해 '사랑의 기억이 희미해'진다고 하는 것은 절대 허용할 수 없다는 식으로도 해결할 수 있겠네요.

③ '킥킥거리며 세월에 대해 혹은 사랑과 상처,'는 맥락이 없어 보이는 표현들이 한데 이어진 서술로서, 감정들이 뒤섞인 화자의 내면을 보여 주는 표현이겠군.

킥킥거리며 세월에 대해 혹은 사랑과 상처,

선지 유형	근거가 있어서 허용 가능
실전에서의 판단 과정	오 그렇게도 볼 수 있겠다.
해설	처음 지문을 읽을 때는 의식하기 어려웠지만, 이제 보니 맥락이 없어 보이는 표현들이 한데 이어져 있기는 합니다. 〈보기〉에 따르면, 이는 '사랑의 기억을 떠올리거나 상처를 치유하지 못한 화자의 내면', 즉 감정들이 뒤섞인 화자의 내면들을 보여 준다고 했습니다. 가볍게 허용할 수 있겠네요.

④ '마음의 무덤'은 화자의 심적 상태를 형상화한 서술로서, 상실의 고통을 안고 생을 살아 내야 하는 화자의 내면을 비유한 표현이겠군.

금방 울 것 같은 사내의 아름다움 그 아름다움에 기대 <u>마음의 무덤</u>에 나 벌초하러

선지 유형	근거가 있어서 허용 가능
실전에서의 판단 과정	마음이 무덤같다는 건 많이 힘들다는 거지.
해설	'마음의 무덤'은 화자가 표현한 자신의 내면세계입니다. 'A의 B'라는 표현법이 쓰인 것으로 보아, '마음=무덤'이라는 인식을 드러냈다고 할 수 있는 것이죠. 〈보기〉를 참고하면 이는 '상실의 고통'을 안고 생을 살아 내야 하는 화자의 내면을 비유한 것이라고 할 수 있겠죠?

⑤ '이쁜 당신……, 당신이라는 말 참 좋지요,'는 끊어질 듯 이어지는 서술로서, 대상에 대하여 사랑의 감정을 품고 있는 화자의 내면을 보여 주는 표현이겠군.

킥킥 당신 이쁜 당신……, 당신이라는 말 참 좋지요,

선지 유형	근거가 있어서 허용 가능
실전에서의 판단 과정	그러네.
해설	해당 부분은 '이쁜 당신'으로 끊어질 듯하면서도 '당신이라는 말 참 좋지요'로 이어지는 서술입니다. 〈보기〉에 따르면 이런 '독특한 발화 방식'은 '사랑의 기억'을 떠올리는데 사용된다고 했어요. 이 내용과 '참 좋지요'라는 표현을 근거로 하면, 대상에 대하여 '사랑'의 감정을 품고 있는 화자의 내면을 보여 준다는 해석은 어렵지 않게 허용할 수 있을 것 같습니다.

선지	①	②	③	④	⑤
선택률	64%	5%	8%	8%	15%

25 ⓐ, ⓑ에 대한 이해로 가장 적절한 것은? ①

금방 울 것 같은 사내의 아름다움 그 아름다움에 기대 마음의 무덤에 나 벌초하러 진설 음식도 없이 맨 술 한 병 차고 병자처럼, 그러나 ⓐ 치병*과 환후*는 각각 따로인 것

* 치병 : 병을 다스림.
* 환후 : 병을 정중하게 이르는 말.

ⓑ 누군가가 듣기를 바라는 모든 고백이란, 위선이 아니면 위악이다.

– ⓐ는 '병자'처럼 '마음의 무덤'에 벌초하러 간 화자가 자신의 '환후'와 '치병'은 각각 따로라는 말을 하는 부분이고, ⓑ는 (다)의 주제 의식을 담고 있는 서술입니다. 이 내용을 가지고 선지를 판단해봅시다.

① ⓐ는 치병의 노력으로도 환후가 사라지는 것은 아니라는 화자의 인식을 말한다.

선지 유형	근거가 있어서 허용 가능
실전에서의 판단 과정	아 이런 뜻으로 보면 되네.
해설	화자는 현재 '병자'와 같은 상태입니다. 그러면서 '치병'과 '환후'는 각각 따로라는 말을 하고 있어요. 이는 병을 다스리는 것과 병은 각각 따로라는 말인데, 이러한 내용을 근거로 하면 이 선지의 해석을 충분히 허용할 수 있겠습니다. 병을 다스리려는 노력을 해도 병은 그것과는 별개이기 때문에, 병이 사라지는 것은 아니라는 뜻이죠. 지문을 읽자마자 이 해석을 하는 것은 쉽지 않지만, 지문의 내용을 근거로 이 해석을 '허용'하는 것은 그리 어렵지 않았을 것이라고 봅니다. 다들 잘 해냈죠?

② ⓐ는 화자가 대상의 아름다움을 발견함으로써 자신의 환후를 의식하지 않게 되었음을 말한다.

선지 유형	근거가 있어서 허용 불가능
실전에서의 판단 과정	아름다움에 기대 치병한다는 거잖아.
해설	화자가 '사내'로 표현된 대상의 아름다움을 발견한 것은 맞습니다. 하지만 화자가 하고 싶은 것은 그 아름다움에 기대 자신의 '마음의 무덤'에 벌초하는 것, 즉 '환후'를 다스리는 '치병'을 시도하는 것이에요. 이렇게 '환후'를 명확히 인식하고 '치병'을 시도하고 있다는 것을 근거로 하면, '환후를 의식하지 않게 되었'다는 해석은 절대 허용할 수 없겠습니다.

③ ⓑ는 사랑의 편지가 상대를 향한 표현일 때, 위선과 위악에서 벗어날 수 있음을 말한다.

선지 유형	근거가 있어서 허용 불가능
실전에서의 판단 과정	주제랑 반대되는 말이네.
해설	애초에 (다)의 주제는 '사랑의 편지'가 상대를 향한 표현일 수 없다는 것입니다. 따라서 (다)의 글쓴이가 '사랑의 편지가 상대를 향한 표현일 때'라는 가정을 할 리가 없어요. 즉, ⓑ의 의미가 저런 가정 속에서 만들어질 리가 없다는 것이죠.

사실 ⓑ를 단순한 명제로 본다면 이 선지가 맞는 선지가 될 수 있습니다. ⓑ가 'A라면 B이다.'일 때, 3번 선지는 '~A라면 ~B이다.'가 된다고 할 수 있으니까요. 물론 논리학적으로는 맞지 않을 수 있지만, 국어에서 이런 '반대 추론'을 맞는 선지로 인정하는 경우는 아주 많습니다.

하지만 ⓑ는 단순한 명제가 아닌, (다)의 글쓴이가 주제에 맞춰 써낸 문장입니다. 즉, (다)라는 작품의 전체적인 맥락에 따라 ⓑ의 의미가 결정된다는 것이죠. 글쓴이는 ⓑ를 통해 '모든 편지는 남이 듣기를 바라는 자기 고백인데, 이건 거짓이야.'라는 말을 하고 싶은 것이지, '근데 만약 상대에 대한 표현이면 거짓에서 벗어날 수 있어.'라는 말을 하고 싶지는 않을 것이라는 뜻입니다. 후자는 주제에서 벗어나니까요.

결국 수필은 글쓴이의 생각이라는 주제가 무엇보다도 중요하다는 것, 한 번 더 인식하도록 합시다.

④ ⓑ는 더 나은 자신을 드러내려는 욕망이야말로 상대를 매혹하는 진정한 요인임을 말한다.

선지 유형	근거가 있어서 허용 불가능
실전에서의 판단 과정	주제랑 반대되는 말이네.
해설	이번에도 주제와 반대되는 말이죠? 화자는 '이상화된 자기'를 드러내는 것이 결국은 '부끄러움'으로 이어진다는 인식을 드러내고 있어요. 그런데 이것이 상대를 매혹할 수 있다고 하는 건 절대로 허용할 수 없는 내용이죠.

⑤ ⓐ와 ⓑ는 모두, 아픔을 겪는 이나 고백을 하는 이가 그 아픔이나 고백의 실체를 지각하지 못함을 말한다.

선지 유형	근거가 있어서 허용 불가능
실전에서의 판단 과정	둘 다 잘 알고 있잖아.
해설	(나)의 화자는 자신의 '환후'를 정확히 알고 있습니다. 그렇기에 자신의 상처가 '치병'으로 다룰 수 없는 것임을 인식하는 것이죠. 나아가 (다)의 '그' 역시 자신의 고백이 위선 또는 위악임을 명확히 인식하고 이에 대해 부끄러움을 느끼고 있죠? 이렇게 명백한 근거가 있으니 허용할 수 없겠습니다.

선지	①	②	③	④	⑤
선택률	57%	14%	14%	11%	4%

26 〈보기〉를 바탕으로 (다)를 이해한 내용으로 적절하지 <u>않은</u> 것은? ①

① '익명의 욕구'를 '통제할 수 없'다는 것은 상대를 향한 '그'의 사랑이 운명적인 것이어서 사랑을 멈출 수 없음을 말하는군.

세상의 모든 글쓰기가 최후의 순간에는 처음에 품었던 소소한 의도를 배반하는 것처럼. 그 통제할 수 없는 익명의 욕구가 그 편지의 현실적인 목표를 잊어버리게 만들기 때문이다.

선지 유형	근거가 있어서 허용 불가능
실전에서의 판단 과정	익명의 욕구는 자신을 이상화하려는 욕구지.
해설	여기서 말하는 '익명의 욕구'는 '그녀'에게 사랑을 표현하려는 것처럼 포장된, '이상화된 자신'에 대한 욕구입니다. 〈보기〉에서도 그렇게 말하고 있고, 지문 전체의 주제를 고려해도 그렇다는 것을 쉽게 알 수 있죠? 그런데 이걸 강렬한 '사랑'으로 해석하는 것은 지문 전체의 주제를 잘못 파악한 결과라고 할 수 있겠습니다.

② '아무 전언도 들어 있지 않다'는 것은 '처음에 품었던 소소한 의도'를 잊음으로써, 상대를 향한 글쓰기의 '현실적인 목표'가 실패로 돌아갔음을 말하는군.

세상의 모든 글쓰기가 최후의 순간에는 처음에 품었던 소소한 의도를 배반하는 것처럼. 그 통제할 수 없는 익명의 욕구가 그 편지의 현실적인 목표를 잊어버리게 만들기 때문이다. 그런 이유로, 모든 사랑의 편지에는 아무 전언도 들어 있지 않다.

선지 유형	근거가 있어서 허용 가능
실전에서의 판단 과정	주제네.
해설	주제 그 자체를 읊어주고 있는 선지입니다. 그렇게 느껴져야 합니다. '처음에 품었던 소소한 의도'와 '현실적인 목표', 즉 '그녀'에게 마음을 전한다는 것은 잊고 그저 '이상화된 그'가 있을 뿐 '아무 전언도 들어 있지 않'은 편지를 쓰게 되어 버린다는 이야기였습니다.

③ '2인칭을 경유하여 1인칭으로 돌아온다'는 것은 편지
가 상대를 향한 '도구적' 기능을 하지 못하고 자기 고
백에 그치게 됨을 말하는군.

> 그러나 모든 사랑의 편지는 마지막 순간, 도구적이지
> 못하다.
>
> (중략)
>
> 고백이란 결국 2인칭을 경유하여 1인칭으로 돌아온다.

선지 유형	근거가 있어서 허용 가능
실전에서의 판단 과정	주제네.
해설	이 역시 주제 그 자체를 멋지게 표현한 부분이었습니다. 편지는 원래 '2인칭'으로, '그녀'에게 '그'의 마음을 전하는 '도구적' 기능을 합니다. 하지만 이는 결국 '2인칭'을 거쳐 '그'가 '자기 고백'을 하게 되는 '1인칭'으로 돌아올 뿐이었어요.

④ "편지 속의 그"를 그녀는 사랑했다'는 것은 편지를 받
은 그녀가 사랑한 상대는 편지 속의 '또 다른 영혼'임
을 말하는군.

> 그녀는 그의 편지를 사랑했다. 정확하게 말하면 '편지
> 속의 그'를 그녀는 사랑했다. 편지 속에는 그가 찾아낸
> 자신의 또 다른 영혼이 있었다.

선지 유형	근거가 있어서 허용 가능
실전에서의 판단 과정	그렇지.
해설	선지 그 자체로 허용할 수 있겠죠? '그녀'가 사랑했던 것은 '그'가 편지 속에서 새롭게 만든 '또 다른 영혼'인 '편지 속의 그'였습니다. 아주 이상화된 모습의 '그' 말이에요.

⑤ '자신의 비루함을 뼛속 깊이 실감했다'는 것은 실제 자
신과 이상화된 자신 사이의 간극을 자각한 '그'가 부끄
러움에 빠져 있음을 말하는군.

> 그는 '편지 속의 그'를 연기하는 것이 부끄러웠고, 자
> 신의 비루함을 뼛속 깊이 실감했다.

선지 유형	근거가 있어서 허용 가능
실전에서의 판단 과정	미리 생각한 내용이네.
해설	지문을 읽으면서부터 미리 생각했던 내용입니다. 〈보기〉에서 말하는 것처럼, '그'는 이상화된 자신과 실제 자신의 간극이 주는 부끄러움을 인식하고 있어요.

현대시 독해 연습

> (가)
> 배를 민다
> 배를 밀어 보는 것은 아주 드문 경험
> 희번덕이는 잔잔한 가을 바닷물 위에
> 배를 밀어 넣고는
> 온몸이 아주 추락하지 않을 순간의 한 허공에서
> 밀던 힘을 한껏 더해 밀어 주고는
> 아슬아슬히 배에서 떨어진 손, 순간 환해진 손을
> 허공으로부터 거둔다

화자는 '배'를 밀고 있습니다. 이는 아주 드문 경험인데, '가을 바닷물' 위에 '배'를 밀어 넣고 있는 화자예요. 이런 상황에서, '온몸이 아주 추락하지 않을 순간의 한 허공', 다시 말해서 바닷물에 빠지기 직전에 있는 힘껏 '배'를 밀어 주고, 그렇게 '아슬아슬히 배에서 떨어진 손'을 허공으로부터 거두는 화자의 모습이 나타나고 있습니다. 온 힘을 다해 '배'를 밀고서 손을 거두고 멀어져가는 '배'를 바라보는 화자의 모습을 상상하실 수 있겠죠? 이때 '순간 환해진 손'은 이렇게 이해할 수 있을 것 같아요. '배'를 미는 동안에는 화자의 손 뒤의 배경이 '배'의 몸체겠죠? 이에 어둡게 느껴지겠지만, '배'를 밀고 난 후에는 손 뒤의 배경이 바다 위 지평선이 되기에 순간 환하게 느껴질 것입니다. 이런 식으로 상상할 수 있으면 더 좋을 것 같아요.

> 사랑은 참 부드럽게도 떠나지
> 뵈지도 않는 길을 부드럽게도
>
> 배를 한껏 세게 밀어내듯이 슬픔도
> 그렇게 밀어내는 것이지

갑자기 '사랑' 이야기를 하고 있습니다. 결국 이 작품에서 '배'를 민다는 것은 '사랑'이 떠나는 것에 대한 비유였나 보네요. '배'가 떠나듯이, '사랑'은 참 부드럽게도 떠납니다. 지평선 뒤 '뵈지도

않는 길'을 말이에요. 화자는 이렇게 '사랑'을 떠나보내는 '슬픔'도 '배'를 한껏 세게 밀어내듯이 그렇게 밀어내는 것이라고 생각하고 있어요. '사랑'도 미련없이 힘껏 밀어내서 부드럽게 떠날 수 있게끔 해야 한다는 것이죠.

> 배가 나가고 남은 빈 물 위의 흉터
> 잠시 머물다 가라앉고
>
> 그런데 오, 내 안으로 들어오는 배여
> 아무 소리 없이 밀려 들어오는 배여
>
> -장석남, 「배를 밀며」-

'배'가 나가고 남은 빈 물 위의 흉터, 이는 정확히는 '사랑'을 떠나보내고 화자의 가슴속에 남은 흉터일 것입니다. 이는 잠시 머물다 가라앉아요. 이별에 대한 슬픔도 언젠가는 무뎌진다는 것이죠. 그런데 그 순간, 화자의 안으로 '배'가 아무 소리 없이 밀려 들어옵니다. 정말로 '배'가 들어오는 것이 아니라, '배'로 표현된 '사랑'에 대한 그리움이 화자의 내면세계 속으로 훅 들어오는 모습을 말하는 것이겠죠. 이별로 인한 강렬한 슬픔은 언젠가는 가라앉았겠지만, 그리움은 오래도록 남아 가끔씩 심장을 쿵 하게 한다는 것입니다. '사랑'에 대한 화자의 통찰이 잘 드러나는 작품이었네요. 이 작가는 '사랑'에 대한 이야기를 많이 했는데, '배를 매며'(2013학년도 6월 모의평가)도 함께 감상해 보세요. 해당 작품은 '사랑'이 이루어지는 순간을 노래하고 있습니다.

> (나)
> 　당신……, 당신이라는 말 참 좋지요, 그래서 불러봅니다 킥킥거리며 한때 적요로움의 울음이 있었던 때, 한 슬픔이 문을 닫으면 또 한 슬픔이 문을 여는 것을 이만큼 살아옴의 상처에 기대, 나 킥킥……, 당신을 부릅니다

화자는 '당신'을 부르고 있습니다. 그 이름은 '참 좋'은 이름이에요. 화자에게 '당신'은 아주 소중한 사람인 것처럼 보이죠? 화자는 '한때' 킥킥거리며 '적요로움(외롭고 쓸쓸함)의 울음'이 있었던 시기를 겪었다고 합니다. 이때는 '한 슬픔'이 문을 닫으면 또 '한 슬픔'이 문을 여는 것처럼 악재가 겹쳐 오던 힘든 시기였어요. 그런데 이렇게 힘든 상황에서 얻은 '상처'에 기대 화자는 '당신'을 부릅니다.

> 단풍의 손바닥, 은행의 두 갈래 그리고 합침 저 개망초의 시름, 밟힌 풀의 흙으로 돌아감 당신……,

화자는 뜬금없이 여러 자연물을 떠올리고 있습니다. 그런데 '밟힌 풀의 흙으로 돌아감 당신'이라는 표현을 통해, '당신'은 현재 죽은 상태임을 추론할 수 있겠죠? 그럼 자연스럽게 '단풍의 ~ 개망초의 시름'은 사람이 결국 죽어 흙으로 돌아가는 것과 같은 자연의 순환을 의미한다고 이해할 수도 있겠습니다. 이 부분은 문학적 센스가 어느 정도 필요하다고도 할 수 있겠네요.

> 킥킥거리며 세월에 대해 혹은 사랑과 상처, 상처의 몸이 나에게 기대와 저를 부빌 때 당신……, 그대라는 자연의 달과 별……, 킥킥거리며 당신이라고……,

어쨌든 화자는 순환하는 자연처럼 흘러가는 '세월'에 대해 생각도 해보고, '사랑과 상처'에 대해서도 생각해봅니다. 그러면서도 '상처의 몸'이 화자에게 기대와 저를 부빌 때, 즉 화자가 '상처'에 힘들어할 때 '당신'을 떠올리고 불러 보는 모습을 또 보여 주고 있네요. 화자에게 이미 죽은 '당신'은 정말 의지가 많이 되는 사람인가 봅니다. 그렇기에 '당신'을 '그대라는 자연의 달과 별'과 같은 존재로 표현하고 있는 것이겠죠.

> 금방 울 것 같은 사내의 아름다움 그 아름다움에 기대 마음의 무덤에 나 벌초하러 진설 음식도 없이 맨 술 한 병 차고 병자처럼, 그러나 치병*과 환후*는 각각 따로인 것을 킥킥 당신 이쁜 당신……,
>
> * 치병 : 병을 다스림.
> * 환후 : 병을 정중하게 이르는 말.

화자가 떠올리는 '당신'의 모습은 '금방 울 것 같은 사내의 아름다움'입니다. 이렇게 아름다운 '당신'이 죽어 곁에 없으니 화자의 내면세계는 당연히 '마음의 무덤' 그 자체겠죠? 화자는 이렇게 '병자'나 다름없는 자신의 내면을 '당신'의 '아름다움'에 기대어 달래 보고자 '벌초'하러 가는 것입니다. 하지만 '치병'과 '환후'는 각각 따로예요. 즉, 화자가 가지고 있는 상처는 치유를 하려고 해도 할 수 없는 그런 종류의 것이라는 거죠. 자신의 상처를 치유할 수 없다는 걸 깨달은 화자는 결국 그저 '이쁜 당신'을 또 떠올려보기나 합니다.

> 당신이라는 말 참 좋지요, 내가 아니라서 끝내 버릴 수 없는, 무를 수도 없는 참혹……, 그러나 킥킥 당신
>
> -허수경, 「혼자 가는 먼 집」-

참 좋은 '당신'은 화자 스스로가 아니기 때문에 버릴 수도 없고, 무를 수도 없는 참혹한 이름입니다. 만약 그냥 화자 자체가 가지고 있는 문제라면 잊으려고 노력도 해보는 등 다스릴 방법이 있을 것 같은데, '당신'은 화자 밖의 존재이기에 버릴 수도 무를 수도 없는 존재입니다. 화자는 결국 '당신'의 부재로 인해 얻게 된 상처를 평생 가져갈 수밖에 없네요. 이런 자신의 복잡한 마음을 '킥킥'과 같은 표현을 통해 역설적으로 드러내고 있는 모습입니다.

상당히 어려운 작품이었습니다. 하지만 결국 핵심은 또 '내면세계 중심으로 독해하기'였어요. 그 어떤 외부의 도움 없이도 이 정도는 읽어낼 수 있으니, 포기하지 말고 많은 현대시를 경험하면서 연습하시기 바라겠습니다.

몰랐던 어휘 정리하기

| 핵심 point |

① **허용 가능성 평가** : 선지의 내용을 '허용'하려는 태도를 바탕으로 지문을 '독해'하며 '근거'를 찾아야 합니다. 허용할 수 있는 '근거'가 있어야만 허용할 수 있습니다. 주관적인 생각을 개입시키면 안 됩니다.

② **현대시 독해** : 〈보기〉의 도움 등을 통해 '주제' 위주로, 그리고 일상 언어의 감각으로 읽어내면 됩니다. 현대시도 읽을 수 있는 하나의 글입니다.

③ **수필 독해** : 운문문학과 마찬가지로, 글쓴이가 하고자 하는 말인 '주제'를 파악하는 것이 핵심입니다. 수필이 어렵게 출제될 것을 대비해, 독서 지문을 읽듯이 꼼꼼하게 읽으며 주제를 파악하는 연습을 해야 해요.

| 지문 내용 총정리 |

다소 난해한 작품이 포함되어 있었지만, 〈보기〉에서 주제를 친절하게 제시했고 선지의 난이도도 그리 높지 않아 답을 고르는 것 자체는 어렵지 않았던 지문이었습니다. 하지만 작품을 완전히 감상하고 모든 선지를 엄밀하게 판단하는 것은 결코 쉽지 않은 지문이기도 해요. 여러분은 후자도 그리 어렵지 않다는 생각이 들었으면 좋겠습니다.

〈보기〉 확인

[보기]

　당면한 현실에 대응하는 양상에 따라 삶에 대한 평가는 달라진다. 요행을 바라면서 책임감 없는 삶을 사는 경우에는 부정적으로, 현실적 한계를 극복하고자 노력하는 삶을 사는 경우에는 긍정적으로 평가된다. (가)에서는 당대 규범에서 벗어나 세속적 욕망을 추구하며 요행을 바라는 태도에 대한 경계가, (나)에서는 운명론적 태도에서 벗어나 삶의 주체로서 문제를 성실하게 해결하는 자세에 대한 권면이 나타나고 있다.

(가)와 (나)의 주제를 친절하게 제시하고 있습니다. 적극적으로 활용할 준비를 해야겠죠? (가)는 당대 규범에서 벗어나 세속적 욕망을 추구하며 요행을 바라는 태도, 즉 〈보기〉에 따르면 부정적으로 평가되는 태도에 대한 경계를 드러낸다고 합니다. 한편 (나)는 운명론적 태도에서 벗어나, 현실적 한계를 극복하고자 삶의 주체로서 문제를 성실하게 해결하려고 노력하는 삶의 자세에 대한 권면이 나타난다고 하네요.

'권하고 격려하다.' 정도의 뜻을 가진 '권면'이라는 단어를 몰랐다고 해도, 앞쪽의 '긍정적으로 평가'와 비슷한 의미일 것이라는 추론을 할 수 있었어야 합니다. 〈보기〉 역시 '독해'할 수 있는 하나의 글이라는 것을 잊지 마세요. 물론 이를 알고 있을 정도로 어휘력이 뒷받침되어 있다면 훨씬 좋겠지만요. 어쨌든 두 작품의 주제를 바탕으로 독해하고 선지의 허용 가능성을 평가할 준비를 해 봅시다.

실전적 지문 독해

(가)

저 건너 꽁생원은 팔자를 원망토다
제 아비 덕분으로 돈천이나 가졌더니
술 한 잔 밥 한 술을 친구 대접 하였던가
주제넘게 아는 체로 음양술수(陰陽術數) 현혹되어
이장도 자주 하며 이사도 힘을 쓰고
당대발복(當代發福) 예 아니면 피란처가 여기로다
올 적 갈 적 행로상에 처자식을 흩어 놓고
유무(有無) 상관 아니하고 공것을 바라도다
기인취물(欺人取物) 하자 하니 두 번째는 아니 속고
공납(公納) 범용 하자 하니 일가 중에 부자 없고

뜬재물을 경영하여 경향출입 싸다닐 제
재상가에 청질하다 봉변당해 물러서며
남의 고을 걸태 하다 혼금(閽禁)에 쫓겨 오기
혼인 중매 선채* 돈에 창피당해 뺨 맞으며
가대* 흥정 구문 먹기 핀잔 듣고 자빠지고
불의행실(不義行實) 찌그렁이 위조문서 비리호송(非理好訟)
부자나 후려 볼까 감언이설 꾀어 보자
언막이에 보막이며 은광이며 금광이라
큰길가에 색주가며 노름판에 푼돈 떼기
남북촌에 뚜쟁이로 인물 초인(招引) 하여 볼까
산진매 수진매로 사냥질로 놀아나기
혼인 핑계 어린 딸이 백 냥짜리 되었구나
대종손 양반 자랑 산소나 팔아 볼까
아낙은 친정살이 자식은 머슴살이
일가에게 인심 잃고 친구에게 손가락질
부지거처(不知去處) 나간 후에 소문이나 들었던가

–작자 미상, 「우부가」–

* 선채(先綵): 혼례 전에 신랑 집에서 신부 집으로 보내는 비단.
* 가대(家垈): 집이나 토지 등을 통틀어 이르는 말.

그나마 이해가 되는 부분 위주로 밑줄을 쳐 보았습니다. 모두 '꽁생원'이라는 사람이 세속적 욕망을 추구하며 요행을 바라는 태도를 보이는 모습에 해당한다고 할 수 있겠죠? 이에 '일가에게 인심 잃고 친구에게 손가락질'받는, 즉 '부정적인 평가'를 받는 삶을 살게 되었다는 이야기를 전하며 이러한 삶의 태도에 대한 경계를 드러내고 있습니다. 나머지 이해가 잘 되지 않는 부분도 모두 '꽁생원'이 하려고 하는 것이면 '세속적 욕망을 추구하며 요행을 바라는 태도'와 엮어 이해하면 되겠죠? 이렇게 실전에서는 주제 중심으로 가볍게 독해하고 넘어가셔도 충분합니다. 자세한 독해는 선지 판단 과정에서 하면 되니까요.

(나)

　경인년(庚寅年)에 큰 가뭄이 들어 정월부터 가을 7월에 이르기까지 비가 내리지 않았다. 봄에는 논밭을 갈지 못했고, 여름에는 김을 맬 수가 없었다. 들판에 있는 풀은 하나같이 누렇게 말랐고, 논밭의 곡식도 모두 시들었다.

최근 상당한 난이도로 출제되고 있는 수필입니다. 어려울 것을 각오하고 꼼꼼하게 정독하는 태도가 필요합니다. 큰 가뭄이 들

어 제대로 농사를 짓기가 어려웠던 상황이 제시되고 있습니다. 〈보기〉에서 제시한 '현실적 한계'가 나타나는 모습이라고 할 수 있겠죠? 농사를 지으려고 해도 비가 안 오면 뭘 할 수가 없으니까요.

부지런한 농부가 말하기를,
"김을 매도 죽을 것이고 김을 매지 않아도 죽을 것이다. 편안히 앉아 기다리는 것보다는 힘을 다하여 곡식을 살리는 게 나을 것이다. 만일 비가 내린다면 어찌 그동안 들인 노력이 모두 허사가 되겠는가."
라고 하였다. 그러므로 논밭은 이미 갈라졌으나 김매기를 그치지 아니하고 싹이 이미 시들었어도 풀 뽑기를 쉬지 아니하여, 한 해가 다 가도록 부지런히 일을 하면서 자신이 할 일에 최선을 다하였다.
게으른 농부는 말하기를,
"김을 매도 죽을 것이고 김을 매지 않아도 죽을 것이다. 바쁘게 일하면서 수고로운 것보다는 아무 일도 하지 않고 그냥 쉬는 것이 나을 것이다. 만일 비가 오지 않으면 이것 모두 무익하게 될 것이다."
라고 하였다. 그러므로 밭에서 일하는 농부들을 보고 비웃기를 그치지 않았고, 들밥을 내가는 아녀자들을 보고 조롱하기를 그만두지 않으면서, 한 해가 다 가도록 물러나 앉아 천명을 기다리고 있었다.

이때 '부지런한 농부'와 '게으른 농부'의 입장이 대비되고 있습니다. 전자는 편안히 앉아 기다리기보다는 힘을 다하여 곡식을 살려 보자 결심하고, 부지런히 일을 하면서 자신이 할 일에 최선을 다했네요. 이 농부의 모습은 글쓴이가 권면하고자 하는, 삶의 주체로서 문제를 성실하게 해결하는 자세를 상징한다고 할 수 있겠죠? 반대로 어차피 망했으니 일을 하지 않는 게 낫겠다고 말하는 '게으른 농부'는 '운명론적 태도'에서 벗어나지 못하고 노력하지 않는, 글쓴이가 비판하고자 하는 자세를 상징한다고 할 수 있겠구요.

나는 일찍이 가을걷이할 무렵 파산(坡山)의 들판에 가 보았다. 그 밭의 절반은 황폐하였고 절반은 곡식이 잘 가꾸어져 있었는데, 절반은 곡식이 성글게 달렸고 절반은 빽빽하게 달려 있었다. 어떤 농부는 목을 뻣뻣이 세우고 하늘을 우러러보고, 또 어떤 농부는 술에 취해 잠이 들어 있었다. 마을 노인에게 이유를 물으니,
"저 황폐하고 성긴 곡식은 목을 뻣뻣이 세우고 하늘을 우러러보는 자들이 무익하다고 여겨 김을 매지 않은 것이고, 잘 가꾸어져 빽빽한 곡식은 술에 취한 채 목이 메어 잠든 자들이 정성과 힘을 다하여 살린 것이다. 한때의 편안함을 탐내었다가 일 년 내내 굶주리게 되었고, 한때의 괴로움을 참아 일 년 내내 배불리 지낼 수 있게 되었다."
라고 하였다.

그렇게 가을걷이할 무렵이 되자, 글쓴이는 그 밭의 절반이 황폐하고 절반은 곡식이 잘 가꾸어진 것을 보게 됩니다. '마을 노인'은 그 사정을 설명하는데, '목을 뻣뻣이 세우고 하늘을 우러러보는' 농부들은 게으른 태도로 김을 매지 않아 '황폐하고 성긴 곡식'만을 얻게 되었고, '술에 취한 채 목이 메어 잠든' 농부들은 부지런하게 일하여 '빽빽한 곡식'을 얻게 되었다고 합니다. 이런 결과가 나타난 것을 보니 비가 온 모양이네요. 이에 게으른 태도를 보인 농부들은 이렇게 비가 올 줄 알았으면 열심히 일을 하는 게 나았겠다는 생각을 하면서 하늘만 우러러보게 된 것이고, 부지런한 태도를 보인 농부들은 술에 취할 정도로 많은 곡식을 얻은 것입니다.

아무튼, 이러한 모습을 설명하는 노인이 이야기하는 한마디(밑줄 친 부분)가 곧 이 지문의 주제라고도 할 수 있겠죠? 〈보기〉의 내용이 그대로 반영되어 있는 모습이네요.

아, 열심히 일하여 얻고, 편안하게 놀다가 잃는 것은 비단 농사일만이 아닐 것이다. 오늘날 시서(詩書)를 공부하여 벼슬길에 나아가기를 도모하는 사람들도 어찌 이와 다를 것인가?

글쓴이 역시 이러한 깨달음을 얻고 있습니다. 그런데 글쓴이는 농사일에 대한 이야기를 하고자 했던 것이 아니네요. '시서를 공부하여 벼슬길에 나아가기를 도모하는 사람들' 역시 이와 다르지 않다는 이야기를 하고 있습니다. 즉, 이제부터는 벼슬길에 나아가려는 선비들 역시 현실적 한계를 극복하고자 노력하는 삶을 살아야 한다며 권면하는 모습이 제시될 것이에요. 이렇게 주제를 계속 의식하면서 읽어주셔야 합니다.

선비들은 젊었을 때에 학문에 뜻을 두고 밤낮없이 부지런히 노력하여 육경(六經)과 온갖 사서(史書)를 탐구하지 않음이 없고 문장과 아름다운 글귀를 익히지 않음이 없다. 저마다 재주를 품고 기이한 재주를 쌓아 과거 시험장에 나아가 솜씨를 겨루어, 한 번에 뜻을 이루지 못하면 못마땅해하고, 두 번에 뜻을 얻지 못하면 마음이 흐려지고, 세 번에도 뜻을 얻지 못하면 스스로 낙심하여

　　말하기를,

　　"공명에는 분수가 있어서 학문으로 이룰 수 있는 것
　　이 아니며, 부귀는 운명에 달려 있으니 역시 학문으
　　로 이룰 수 있는 것이 아니다."

라고 한다. 그동안 배운 것을 버리고 아울러 이전에 쌓
아 온 바를 버려서 어떤 이는 중도에 그만두기도 하고
또 어떤 이는 문(門)에 거의 다 이르렀다가 되돌아간다.
아홉 길 높이로 산을 쌓고도 한 삼태기의 힘을 마저 쏟
지 않는 것과 같으니, 어찌 게을러서 김을 매지 않는
자들과 같지 않으리오.

글쓴이가 보기에, 선비들은 젊었을 때에는 열심히 공부하다가, 세
번 정도 떨어지면 아예 자신이 공명을 이룰 분수가 아니라며 '운
명론적 태도'를 보인다고 합니다. 이에 그동안 배운 것을 버리고
는 하는데, 이는 게을러서 김을 매지 않는 농부들과 같은 모습이
라고 해요. 우리가 미리 생각한 것처럼, 선비들 역시 현실적 한계
를 극복하기 위해 열심히 노력해야 한다는 이야기를 하고 있는
것이죠.

　　학문의 수고로움은 농부들이 봄, 여름, 가을의 세 계
절을 고생하는 것에 비할 바가 아니나, 학문을 하여 얻
는 공이 어찌 농사를 지어 얻는 이로움 정도뿐이겠는가.
농사를 지어 입과 배를 채우는 것은 그 이로움이 적으
나, 학문을 하여 명성을 취하는 것은 그 이로움이 크다.
이로움이 작은 일도 오히려 부지런히 하지 않을 수 없는
데, 하물며 큰 일을 하면서 부지런하지 않을 수 있겠는
가. 마음을 수고롭게 하는 군자는 도리어 몸을 수고롭게
하는 소인이 끝까지 노력함을 알지 못한다. 그러므로 이
글을 지어 그들을 깨우치는 바이다.

　　　　　　　　　　　　　　　　　　　　　　　-성현, 「타농설」-

글쓴이가 보기에 학문의 수고로움은 농부들의 고생에 비할 바가
아니라고 합니다. 나아가 학문을 하여 얻는 이로움이 농사를 지
어 얻는 이로움보다 훨씬 크다고 이야기를 하고 있어요. '사농공
상' 사상이 지배하던 고전문학의 세계관을 고려하면 그러려니 할
수 있는 주장이죠? 아무튼 글쓴이는 농사처럼 이로움이 작은 일
도 부지런해야 하듯이, 공부처럼 큰 일을 하면서 부지런하지 않
을 수는 없다는 주장을 펼칩니다. 처음부터 끝까지 〈보기〉에서
제시한 주제로 도배되어 있는 지문이네요.

선지	①	②	③	④	⑤
선택률	72%	8%	9%	6%	5%

27 (가)와 (나)에 대한 설명으로 가장 적절한 것은? ①

① (가)는 열거의 방식을, (나)는 대조의 방식을 활용하
여 주제를 부각하고 있다.

선지 유형	근거가 있어서 허용 가능
실전에서의 판단 과정	(가)는 꽁생원이 욕심 부리는 거 열거했고, (나)는 부지런함과 게으름을 대조했지.
해설	(가)는 전체적으로 '꽁생원'이라는 인물이 '당대 규범에서 벗어나 세속적 욕망을 추구하며 요행을 바라는 태도'를 보이는 일들을 열거하고 있습니다. 나아가 (나)는 '부지런한 농부↔게으른 농부', '농사↔공부'와 같은 대조의 방식을 활용하여 '운명론적 태도에서 벗어나, 현실적 한계를 극복하고자 삶의 주체로서 문제를 성실하게 해결하려고 노력하는 삶의 자세에 대한 권면'이라는 주제를 부각했죠? 가볍게 답으로 고를 수 있겠습니다.

② (가)는 (나)와 달리, 대구적 표현을 활용하여 인물에
대한 태도의 변화를 드러내고 있다.

선지 유형	근거가 없어서 허용 불가능
실전에서의 판단 과정	태도의 변화가 왜 드러나.
해설	(가)의 화자와 (나)의 글쓴이는 각각 '꽁생원', '게으른 농부' 혹은 '선비들'과 같은 인물에 대해 일관되게 비판적인 태도를 보이고 있습니다. 이를 근거로 하면 '인물에 대한 태도의 변화'는 절대 허용할 수 없겠죠. 물론 (가)는 (나)와 달리 '아낙은 친정살이 자식은 머슴살이'와 같은 대구적 표현이 나타나기는 하지만요.

③ (나)는 (가)와 달리, 반어적 표현을 활용하여 인물에
대한 기대감을 높이고 있다.

선지 유형	근거가 있어서 허용 불가능
실전에서의 판단 과정	반어가 어딨냐.
해설	(가)와 (나) 모두 딱히 반어적 표현을 찾을 수가 없습니다. 화자나 글쓴이가 자신의 내면세계와 반대되는 표현을 사용한 적은 없죠?

④ (가)와 (나)는 모두, 계절적 배경을 활용하여 향토적 분위기를 조성하고 있다.

선지 유형	근거가 있어서 허용 불가능
실전에서의 판단 과정	(가)에 계절적 배경을 나타낸 부분은 없네.
해설	(가)에는 계절적 배경을 활용한 부분이 나타나지 않습니다. 애초에 그저 '꽁생원'의 행동을 비판하는 것이 주제이기 때문에, 구태여 계절적 배경을 나타낼 이유도 없겠죠? 한편 (나)의 경우, '봄', '여름', '가을걷이' 등 계절적 배경을 활용했고, 이를 통해 농사를 짓는 농촌의 향토적 분위기를 조성하고 있다고 할 수는 있겠습니다.

⑤ (가)와 (나)는 모두, 해학적 표현을 활용하여 인물 간의 우호적 관계를 드러내고 있다.

선지 유형	근거가 있어서 허용 불가능
실전에서의 판단 과정	딱히 해학적 표현을 활용할 만한 지문들은 아니지.
해설	'해학적 표현'은 슬픔이나 아픔을 웃음으로 승화시키려는 의도를 가진 표현을 의미합니다. 즉, '슬픔이나 아픔'이라는 내면세계가 전제되어야 허용할 수 있는 표현이라는 것이죠. 그런데 (가)와 (나) 모두 특정 인물을 비판하고 어떠한 삶의 자세를 권면하는 주제를 가지고 있다는 점에서, '해학적 표현'이 활용될 만한 여지는 없다고 봐야겠죠? 나아가 '인물 간의 우호적 관계' 역시 헛소리구요.

선지	①	②	③	④	⑤
선택률	4%	78%	9%	6%	3%

28 ㉠~㉤을 이해한 내용으로 적절하지 <u>않은</u> 것은? ②

① ㉠은 집터나 묏자리를 통해 길운을 바라는 꽁생원이 관심을 보이는 대상이다.

주제넘게 아는 체로 ㉠음양술수(陰陽術數) 현혹되어
이장도 자주 하며 이사도 힘을 쓰고

선지 유형	근거가 없어서 허용 가능
실전에서의 판단 과정	이장, 이사!

해설	'꽁생원'은 ㉠에 현혹되어 '이장'(무덤을 옮기는 것)도 자주 하고 '이사'도 힘을 씁니다. 이는 ㉠에 따라 집터나 묏자리를 옮겨 길운을 바라는 '꽁생원'의 모습을 드러낸다고 할 수 있겠죠?

② ㉡은 재물을 모은 꽁생원이 함께 풍요로운 삶을 누리고 싶은 대상이다.

올 적 갈 적 행로상에 ㉡처자식을 흩어 놓고
(중략)
아낙은 친정살이 자식은 머슴살이

선지 유형	근거가 없어서 허용 불가능
실전에서의 판단 과정	그냥 흩어 놓았다는데 무슨.
해설	'꽁생원'은 '올 적 갈 적 행로상'에 ㉡을 흩어 놓습니다. 애초에 세속적 욕망만을 추구하는 '꽁생원'이 처자식을 열심히 챙길 리가 없죠? 나아가 지문 후반부에서는 아낙(처)은 친정살이를 하고 있고, 자식은 머슴살이를 하고 있다는 내용이 나옵니다. 이를 근거로 하면 '꽁생원'이 가족을 전혀 챙기지 않는다는 것도 알 수 있겠네요.

③ ㉢은 재물을 경영하여 부를 증식하려는 꽁생원이 권력가의 권세를 이용하기 위한 방법이다.

재상가에 ㉢청질하다 봉변당해 물러서며

선지 유형	근거가 있어서 허용 가능
실전에서의 판단 과정	재상가에 뭘 하려고 했네.
해설	'청질'(권세 있는 사람에게 부탁하여 그 힘을 빌리는 일.)이라는 단어의 뜻이 정확히 무엇인지 모르더라도, '세속적 욕망'이 가득한 '꽁생원'이 '재상가'에 하는 것이라는 점에서 '꽁생원'이 권력가의 권세를 이용하기 위한 방법임을 충분히 허용할 수 있겠습니다. 이렇게 모르는 어휘가 나오더라도 인물의 내면세계를 바탕으로 맥락을 이해하며 문제를 풀 수 있어야 합니다.

④ ㉣은 집이나 땅을 중개하여 이문을 취하려는 꽁생원이 흥정 과정에서 겪은 부정적 반응이다.

가대* 흥정 구문 먹기 ㉣핀잔 듣고 자빠지고
* 가대(家垈): 집이나 토지 등을 통틀어 이르는 말.

선지 유형	근거가 없어서 허용 가능
실전에서의 판단 과정	가대 흥정하려다 핀잔 들었네.
해설	'꽁생원'은 '가대 흥정 구문 먹기'를 하려다가 핀잔을 듣고 자빠집니다. '구문'(흥정을 붙여 주고 그 보수로 받는 돈.)의 뜻을 알고 있기는 힘들겠지만, 맥락상 '가대 흥정'을 통해 얻는 보상 정도라는 생각은 해야겠죠? 아무튼 이를 노리다가 '핀잔'만 듣고 자빠진 '꽁생원'입니다. 이렇게 독해한 결과를 근거로 하면 어렵지 않게 허용할 수 있는 선지네요.

⑤ ㉤은 부자의 재산으로 이익을 얻으려는 꽁생원이 부자를 꾀는 수단이다.

부자나 후려 볼까 ㉤감언이설 꾀어 보자

선지 유형	근거가 없어서 허용 가능
실전에서의 판단 과정	그대로 적어놨네.
해설	'꽁생원'은 부자를 후리려는 생각으로 '감언이설'로 꾀어 보려고 합니다. 이는 '감언이설'을 통해 부자의 재산으로 이익을 얻으려는 모습 그 자체라고 할 수 있겠죠?

| 생각 심화 |

이장, 행로상, 청질, 구문과 같은 단어를 몰라서 이 문제를 틀렸다고 생각하시면 안 됩니다. 평가원이 묻고자 하는 것은 요즈음 잘 쓰지도 않는 단어에 대해 알고 있는지가 아니라, 주제를 바탕으로 맥락을 '독해'할 수 있는지이니까요. 나아가, 실전에서는 선지만 쭉 보고도 2번이 답일 것 같다는 느낌이 드셔야 합니다. '꽁생원'의 '세속적 욕망을 추구하며 요행을 바라는 태도'가 그대로 드러난 나머지 선지와 달리, 2번 선지는 '꽁생원'을 가족애를 가진 따뜻한 인물처럼 묘사한 선지니까요. 이런 '감' 역시 문학 고수가 되기 위해 꼭 필요한 요소임을 잊지 않고 공부하시기 바랍니다.

선지	①	②	③	④	⑤
선택률	14%	6%	8%	9%	63%

29 ⓐ~ⓒ에 대한 이해로 가장 적절한 것은? ⑤

ⓐ꽁생원 / ⓑ게으른 농부 / ⓒ선비들

– ⓐ~ⓒ 모두 (가)의 화자와 (나)의 글쓴이가 비판하는 대상들입니다. ⓐ는 '당대 규범에서 벗어나 세속적 욕망을 추구하며 요행을 바라는 태도'를 가진 인물이고, ⓑ와 ⓒ는 '운명론적 태도에 얽매여 삶의 주체로서 문제를 성실하게 해결하려고 하지 않는 자세'를 가진 인물들이었죠? 이런 내용을 바탕으로 답을 골라봅시다.

① ⓐ는 도박과 음주에 빠져 있고, ⓑ는 파산의 들판에서 술에 취해 잠들어 있다.

선지 유형	근거가 있어서 허용 불가능
실전에서의 판단 과정	술에 취한 건 부지런한 농부들이었지.
해설	ⓐ는 '큰길가에 색주가며 노름판에 푼돈 떼기'를 하고 있습니다. 이는 도박과 음주에 빠져 있는 모습을 나타낸다고 할 수 있겠죠. 다만 '실전적 지문 독해'를 한 정도만 가지고는 이 부분을 떠올리기 쉽지 않으니, 뒷부분을 바탕으로 선지를 판단하는 게 나을 것 같습니다. ⓑ는 '게으른 농부'로, 가을걷이할 때가 되자 '목을 뻣뻣이 세우고 하늘을 우러러보고' 있었습니다. 선지에서 말하는 것처럼 술에 취해 잠든 것은 '부지런한 농부'들이었죠? 지문을 읽는 과정에서부터 이들이 왜 이런 행동을 하는 것인지 생각하고 공감하는 과정을 거쳤다면 충분히 기억할 수 있었을 거예요.

② ⓐ는 부모의 혜택을 받지 못하여 팔자를 원망하고, ⓒ는 분수를 알아 자신의 배움에 한계가 있다고 생각한다.

선지 유형	근거가 있어서 허용 불가능
실전에서의 판단 과정	ⓐ는 금수저였던 것 같은데?
해설	ⓐ는 '제 아비 덕분으로 돈천이나 가'진 인물입니다. 금수저 그 자체이기 때문에, 부모의 혜택을 받지 못하여 팔자를 원망할 리가 없죠. 실제로 그런 부분이 나타나지도 않구요. 한편, ⓒ는 '공명'에 분수가 있다고 생각했을 뿐, 자신의 '배움'에 한계가 있다고 생각한 적은 없습니다. 공부야 얼마든지 할 수 있겠지만, '공명'하는 것에는 한계가 있다고 생각한 것이죠. 이를 근거로 해도 허용하기 어려운 선지네요.

③ ⓐ는 혼인을 중매하는 일에 성공하지 못하여 창피를 당하고, ⓒ는 과거 시험에서 뜻을 이루지 못하여 수치를 당한다.

선지 유형	근거가 있어서 허용 불가능
실전에서의 판단 과정	과거 시험 떨어졌다고 수치를 당한 적은 없지.
해설	ⓐ는 '혼인 중매 선채 돈에 창피당해 뺨 맞'습니다. 이는 혼인을 중매하는 일을 제대로 하지 못해 창피를 당한 모습이라고 할 수 있겠죠? 한편, ⓒ는 과거 시험에서 뜻을 이루지 못하고 '스스로 낙심'할 뿐, 수치를 당하지는 않습니다. 아무도 뭐라고 하지 않았지만 본인 스스로 한계를 설정하고 포기하는 모습을 보인 것이죠?

④ ⓑ는 가뭄에 김을 매지 않아 다른 농부들의 조롱을 받고, ⓒ는 한때의 괴로움을 참지 못하여 공명을 이루지 못한다.

선지 유형	근거가 있어서 허용 불가능
실전에서의 판단 과정	ⓑ는 오히려 지가 놀렸지.
해설	ⓑ는 가뭄에 김을 매지 않으면서, 어차피 망할 판에 열심히 일하는 '부지런한 농부'들을 조롱합니다. 이렇게 명백한 근거가 있으니 허용하기 어렵겠죠? 한편 ⓒ는 과거에 낙방한 뒤 한때의 괴로움을 참지 못하고, '그동안 배운 것을 버'려 공명을 이루지 못하는 모습을 보였습니다. 이렇게 중도에 포기하는 모습은 ⓒ가 가진 태도 그 자체를 나타낸 것이라고 할 수 있겠네요.

⑤ ⓑ는 김매기를 하여도 작물이 죽을 것이라고 생각하고, ⓒ는 학문에 힘을 쏟아도 부귀를 이루지 못할 수 있다고 생각한다.

선지 유형	근거가 있어서 허용 가능
실전에서의 판단 과정	주제 그 자체네.
해설	ⓑ는 비가 전혀 내리지 않았다는 '현실적 한계' 때문에 김매기를 하여도 작물이 죽을 것이라고 생각하고, ⓒ는 공명과 부귀는 운명에 달려 있고, 자신은 그 운명을 타고나지 못했다는 '현실적 한계' 때문에 학문에 힘을 쏟아도 부귀를 이루지 못할 수 있다고 생각하고 있습니다. 이는 '운명론적 태도에 얽매여 삶의 주체로서 문제를 성실하게 해결하

려고 하지 않는 자세' 그 자체를 보여 주는 것으로, (나)의 글쓴이가 경계하고자 하는 삶의 태도, 즉 이 지문의 주제 그 자체를 드러내고 있죠? 나머지 선지의 디테일한 부분이 잘 기억나지 않더라도, 이렇게 '주제'와 직접적으로 연결된 5번 선지를 답으로 고를 수는 있었어야 합니다.

선지	①	②	③	④	⑤
선택률	4%	63%	15%	9%	9%

30 (나)에 대한 설명으로 적절하지 <u>않은</u> 것은? ②

① 인물들의 말을 인용하여 특정 상황에 대한 서로 다른 태도를 드러내고 있다.

선지 유형	근거가 있어서 허용 가능
실전에서의 판단 과정	그렇지.
해설	(나)에서는 '부지런한 농부', '게으른 농부'의 말을 인용하여, 비가 내리지 않는다는 특정 상황에 대한 서로 다른 태도를 드러내고 있었습니다.

② 글쓴이의 주장과 그에 대한 반박을 제시하여 화제에 대한 상반된 입장을 나타내고 있다.

선지 유형	근거가 없어서 허용 불가능
실전에서의 판단 과정	반박이 어딨어.
해설	이 지문은 철저하게 글쓴이의 주장만 제시되고 있습니다. 애초에 수필은 글쓴이의 주관적인 생각을 주제로 하기에, 그에 대한 반박이 나타나기 어렵다는 것을 생각하면 더 쉽게 답으로 고를 수 있겠죠?

③ 물음에 답하는 인물을 통해 글쓴이가 관찰한 상황이 발생하게 된 이유를 제시하고 있다.

선지 유형	근거가 있어서 허용 가능
실전에서의 판단 과정	노인의 대사를 말하는 거네.
해설	글쓴이의 물음에 답하는 '마을 노인'이라는 인물을 통해, 글쓴이가 관찰한 상황(밭의 절반은 황폐하였고 절반은 곡식이 잘 가꾸어진 것)이 발생하게 된 이유(부지런한 농부와 게으른 농부의 차이)를 제시하고 있네요. 가볍게 허용할 수 있겠습니다.

④ 다른 사람에게 교훈을 전달하고자 하는 글쓴이의 의
도를 드러내며 글을 마무리하고 있다.

선지 유형	근거가 있어서 허용 가능
실전에서의 판단 과정	주제네.
해설	애초에 이 지문의 주제가 다른 이에게 특정한 삶의 자세를 권면하는 것입니다. 글을 마무리할 때 대놓고 '이 글을 지어 그들을 깨우치는 바이다.'라고 표현하기까지 했죠?

⑤ 글쓴이의 경험을 통해 얻은 깨달음을 바탕으로 논의의 대상을 다른 상황으로 확장하고 있다.

선지 유형	근거가 있어서 허용 가능
실전에서의 판단 과정	농사·학문!
해설	글쓴이가 '농사'와 관련된 경험을 통해 얻은 깨달음을 바탕으로, 논의의 대상을 '학문'하는 선비들의 모습이라는 다른 상황으로 확장하고 있습니다. 이게 이 지문의 핵심이었죠?

선지	①	②	③	④	⑤
선택률	3%	5%	17%	14%	61%

31 〈보기〉를 참고하여 (가), (나)를 감상한 내용으로 적절하지 **않은** 것은? [3점] ⑤

① (가)의 '공것'과 '뜬재물'은 정당한 노력을 기울이지 않고 요행을 바라는 태도를 알 수 있는 소재이군.

> 유무(有無) 상관 아니하고 공것을 바라도다
> 기인취물(欺人取物) 하자 하니 두 번째는 아니 속고
> 공납(公納) 범용 하자 하니 일가 중에 부자 없고
> 뜬재물을 경영하여 경향출입 싸다닐 제

선지 유형	근거가 있어서 허용 가능
실전에서의 판단 과정	꽁생원이 바라고 경영하는 것들이네.
해설	'공것'과 '뜬재물'은 모두 '꽁생원'이 바라고 경영하는 것들입니다. '꽁생원'은 정당한 노력을 기울이지 않고 요행을 바라는 태도를 가진 인물이기에, '꽁생원'이 바라고 경영하는 '공것'과 '뜬재물'은 이러한 태도를 알 수 있게 하는 소재라고 할 수 있겠네요.

② (나)의 '비가 내리지 않'아 '김을 맬 수가 없'는 것을 보니, 농부들이 농경에 부적합한 환경이라는 문제 상황에 당면하게 된 것을 알 수 있군.

> 경인년(庚寅年)에 큰 가뭄이 들어 정월부터 가을 7월에 이르기까지 비가 내리지 않았다. 봄에는 논밭을 갈지 못했고, 여름에는 김을 맬 수가 없었다. 들판에 있는 풀은 하나같이 누렇게 말랐고, 논밭의 곡식도 모두 시들었다.

선지 유형	근거가 있어서 허용 가능
실전에서의 판단 과정	현실적 한계!
해설	'비가 내리지 않'아 '김을 맬 수가 없'는 것은 농부들이 농경에 부적합한 환경이라는 문제 상황, 즉 '현실적 한계'에 당면하게 된 모습을 나타냅니다. 이를 극복하고자 노력해야 한다는 것이 (나)의 주제였구요.

③ (가)의 '공납'을 유용하려는 것에서 이익을 위해 규범을 무시하는 태도를, (나)의 '그냥 쉬는 것이 나을 것'에서 불행한 결과를 예단하는 운명론적 태도를 확인할 수 있군.

> 공납(公納) 범용 하자 하니 일가 중에 부자 없고

선지 유형	근거가 있어서 허용 가능
실전에서의 판단 과정	그렇네.
해설	'공납'은 일종의 세금입니다. 이를 범용(남이 맡긴 물건이나 보관하여야 할 물건을 마음대로 써 버림.≒유용)하려 하는 '꽁생원'의 태도는 자신의 이익을 위해 '세금 납부'라는 당대 규범을 무시하는 태도를 드러낸다고 할 수 있겠죠. 사실상 어휘 문제라고 봐도 되겠네요. '공납', '범용', '유용' 정도의 어휘는 알고 계셔야 합니다.
	한편, (나)의 '그냥 쉬는 것이 나을 것'은 어차피 비가 오지 않아 죽게 될 것이니 그냥 아무 일도 하지 않는 것이 낫다는, '게으른 농부'의 '운명론적 태도'가 드러나는 대목입니다. 지문을 읽으면서도 미리 생각했던 내용이죠?

④ (가)의 '돈천이나 가졌더니', '친구 대접 하였던가'에서 재물을 베푸는 데 인색한 물욕을, (나)의 '풀 뽑기를 쉬지 아니하여'에서 한계 상황을 극복하고자 하는 의지를 확인할 수 있군.

> 제 아비 덕분으로 <u>돈천이나 가졌더니</u>
> 술 한 잔 밥 한 술을 <u>친구 대접 하였던가</u>

라고 하였다. 그러므로 논밭은 이미 갈라졌으나 김매기를 그치지 아니하고 싹이 이미 시들었어도 풀 뽑기를 쉬지 아니하여, 한 해가 다 가도록 부지런히 일을 하면서 자신이 할 일에 최선을 다하였다.

선지 유형	근거가 있어서 허용 가능
실전에서의 판단 과정	그러네.
해설	금수저를 물고 태어나 '돈천이나 가'진 '꽁생원'은 '친구 대접'을 술 한 잔 밥 한 술도 하지 않습니다. 이렇게 재물을 베푸는 데 인색한 물욕은 〈보기〉에 의하면 '꽁생원'이 가진 '세속적 욕망'에 기인한 것이라고 할 수 있겠죠? 한편, (나)의 '풀 뽑기를 쉬지 아니하'는 것은 '현실적 한계' 상황을 극복하고자 하는 의지로 노력하는 '부지런한 농부'의 모습입니다. 이 역시 지문을 읽으면서부터 미리 생각했던 내용이니, 가볍게 허용할 수 있겠죠?

⑤ (가)의 '일가'와 '친구'에게서 소외당한 꽁생원의 말로에서 무책임한 삶에 대한 경계가, (나)의 '<u>큰 일을 하면서 부지런하</u>'기를 촉구하는 데에서 게으른 농부에 대한 권면이 나타나는군.

> <u>일가</u>에게 인심 잃고 <u>친구</u>에게 손가락질

이로움이 작은 일도 오히려 부지런히 하지 않을 수 없는데, 하물며 <u>큰 일</u>을 하면서 <u>부지런하</u>지 않을 수 있겠는가.

선지 유형	근거가 있어서 허용 불가능
실전에서의 판단 과정	큰 일은 학문에 대한 것인데?

| 해설 | (가)에서 '일가'에게 인심을 잃고 '친구'에게 손가락질 당하는 '꽁생원'의 말로를 보여 주는 것은, '꽁생원'처럼 무책임한 삶을 사는 것에 대한 경계를 드러내고자 하는 주제를 강조하기 위해서라고 할 수 있겠습니다.

그런데, (나)에서 말하는 '큰 일'은 농사라는 '작은 일'과 대비되는, 학문을 하는 일을 의미하죠? 따라서 '큰 일을 하면서 부지런하'기를 촉구하는 것은 글쓴이가 학문을 하는 '선비들'에게 하고자 하는 말이라고 할 수 있겠습니다. 이를 근거로 하면, '큰 일을 하면서 부지런하'기를 촉구하는 모습을 '게으른 농부에 대한 권면'과 연결지은 5번 선지는 절대 허용할 수 없겠죠. |

몰랐던 어휘 정리하기

| 핵심 **point** |

① **허용 가능성 평가** : 선지의 내용을 '허용'하려는 태도를 바탕으로 지문을 '독해'하며 '근거'를 찾아야 합니다. 허용할 수 있는 '근거'가 있어야만 허용할 수 있습니다. 주관적인 생각을 개입시키면 안 됩니다.

② **고전시가 독해** : 겁먹지 않고, 현대시를 읽듯이 읽어내면 됩니다. 현대시와 마찬가지로, 〈보기〉의 도움 등을 통해 '주제' 위주로 가볍게 읽어내면 되는 거예요. 자세한 해석은 선지가 해줄 겁니다!

② **수필 독해** : 운문문학과 마찬가지로, 글쓴이가 하고자 하는 말인 '주제'를 파악하는 것이 핵심입니다. 수필이 어렵게 출제될 것을 대비해, 독서 지문을 읽듯이 꼼꼼하게 읽으며 주제를 파악하는 연습을 해야 해요.

| **지문 내용 총정리** |

주제도 명확하고 선지도 깔끔해서, 고전시가와 수필을 대하는 태도가 제대로 갖춰져 있었다면 그리 어렵지 않게 해결할 수 있는 지문이었습니다. 하지만 중간중간 어려운 어휘들이 많이 제시되어, 어휘력이 약한 학생들은 꽤나 고생했을 지문이기도 해요. 이렇게 어려운 어휘를 많이 활용하는 것은 최근 몇 년 동안 두드러지는 경향이기도 하니, '피램의 국어공작소' 카페에서 제공하는 단어장 및 평소에 모르는 어휘를 찾아보는 습관을 바탕으로 '어휘력'에 대해서도 신경을 쓰도록 합시다. 그렇지 않으면 수능날 반드시 후회할 거예요.

〈보기〉 확인

> **[보기]**
>
> 이육사는 「초가」를 발표하면서 '유폐된 지역에서'라고 창작 장소를 밝혔다. 이곳에서 그는 오래전 떠나온 고향을 떠올려 시로 형상화했다. 계절의 흐름에 따라 낭만적인 봄에서 비극적인 겨울로 시상을 전개하여 악화되어 가는 일제 강점기의 현실을 묘사했다.

'유폐된 지역'에서 오래전 떠나온 '고향'을 떠올리며 시로 형상화했다는 주제와 함께, '봄→겨울'의 시상 전개 방식을 통해 '일제 강점기'의 현실을 묘사했다는 내용도 체크해주시면 되겠습니다. 시의 전반적인 주제를 모두 제시했으니, 이를 적극적으로 활용하면서 읽어봐야겠죠?

실전적 지문 독해

(가)

　구겨진 하늘은 묵은 얘기책을 편 듯
　돌담 울이 고성같이 둘러싼 산기슭 　　[A]
　박쥐 나래 밑에 황혼이 묻혀 오면
　초가 집집마다 호롱불이 켜지고
　고향을 그린 묵화(墨畵) 한 폭 좀이 쳐.

　띄엄 띄엄 보이는 그림 조각은
　앞밭에 보리밭에 말매나물 캐러 간 　　[B]
　가시내는 가시내와 종달새 소리에 반해

　빈 바구니 차고 오긴 너무도 부끄러워
　술레짠 두 뺨 위에 모매꽃이 피었고.

　그넷줄에 비가 오면 풍년이 든다더니
　앞내강에 씨레나무 밀려 나리면 　　[C]
　젊은이는 젊은이와 뗏목을 타고
　돈 벌러 항구로 흘러간 몇 달에
　서릿발 잎 져도 못 오면 바람이 분다.

　피로 가꾼 이삭이 참새로 날아가고
　곰처럼 어린 놈이 북극을 꿈꾸는데 　　[D]
　늙은이는 늙은이와 싸우는 입김도

　벽에 서려 성에 끼는 한겨울 밤은
　동리(洞里)의 밀고자인 강물조차 얼붙는다. 　　[E]

　　　　　　　　　　　　　　　－이육사, 「초가」－

상당히 추상적으로 적혀 있어 이해하기가 쉽지 않습니다. 〈보기〉의 도움을 받아 읽어 보면, '고향'의 다양한 이미지를 제시하고 있기도 하고 '봄'의 이미지에서 '겨울'의 이미지의 흐름을 바탕으로 시상을 전개하여 '일제 강점기'라는 현실의 부정적 모습을 강조하고 있기도 하네요. 실전에선 이 정도로만 읽어도 충분하겠습니다.

(나)

　오늘, 북창을 열어,
　장거릴 등지고 산을 향하여 앉은 뜻은
　사람은 맨날 변해 쌓지만
　태고로부터 푸르러 온 산이 아니냐.
　고요하고 너그러워 수(壽)하는 데다가
　보옥을 갖고도 자랑 않는 겸허한 산.
　마음이 본시 산을 사랑해
　평생 산을 보고 산을 배우네.
　그 품 안에서 자라나 거기에 가 또 묻히리니
　내 이승의 낮과 저승의 밤에
　아아라히 뻗쳐 있어 다리 놓는 산.
　네 품이 내 고향인 그리운 산아
　미역취 한 이파리 상긋한 산 내음새
　산에서도 오히려 산을 그리며
　꿈같은 산 정기(精氣)를 그리며 산다.

　　　　　　　　　　　　　　　－김관식, 「거산호 2」－

(가)에 비해 훨씬 쉬운 내용으로 이루어져 있네요. '산'을 보면서 사랑하는 마음, 배우고자 하는 마음, 그리운 마음 등을 드러내고 있습니다. '맨날 변해 쌓'는 사람과 달리 언제나 푸른 모습이 화자의 마음에 쏙 들었나 보네요. 이 정도로 주제만 잡아두고 넘어가도록 합시다.

(다)

　온갖 꽃들이 요란스럽게 일제히 터트려져 광채가 찬란하다. 이때에 바람이 살짝 불어오면 향기가 코를 스친다. 때마침 꼴베는 자가 낫을 가지고 와서 손 가는 대로 베어 내는데, 아쉬워 돌아보거나 거리끼는 마음도 없다. 나는 이에 한숨을 쉬며 탄식하여 말하였다.
　"땅이 낳고 하늘이 기르는바, 만물이 무성히 자라며

모두가 광대한 은택을 입는구나. 이에 따스한 바람이 불어 갖가지 형상을 아로새기고 단비를 내려 온 둘레를 물들이니, 천기(天機)를 함께 타고나 형체를 부여받음에 각기 그 자질에 따라 고운 자태를 드러낸다. 모란의 진귀하고 귀중함을 해당화의 곱고 아름다움에 견주어 보면, 비록 크고 작은 차이는 있겠으나, 어찌 공교함과 졸렬함에 다른 헤아림이 있었겠는가?

'꽃'들이 활짝 핀 봄으로 추정되는데, '꼴베는 자'가 꽃을 막 베어 가는 것을 보고 '나'는 한숨을 쉬고 탄식합니다. 왜 그러한가 했더니, 각기 다른 꽃의 아름다움에 주목하지 않는 게 마음에 들지 않았나 봐요. 자연의 전반적인 아름다움을 강조하는 주제를 가지고 있는 것으로 보이죠?

(중략)

그런데도 귀함이 저와 같고 천함이 이와 같아, 어떤 것은 부호가의 깊은 장막 안에서 눈앞의 봄바람을 지키고, 어떤 것은 짧은 낫을 든 어리석은 종의 손아귀에서 가을 서리처럼 변한다. 이 어찌 된 일인가? 뜨락은 사람 가까이에 있고 교외의 땅은 멀리 막혀 있어 가까운 것은 친하기 쉽고 멀리 있는 것은 저어하기 때문이 아니겠는가? 아니면 요황과 위자*는 성씨가 존엄한데 범상한 화초는 이름이 없으며, 성씨가 존엄한 것은 곱게 빛나는데 이름 없는 것들은 먼 데서 이주해 온 백성 같은 존재이기 때문인가? 그도 아니면 뿌리가 깊은 것은 종족이 번성한데 빽빽이 늘어선 것들은 가늘고 작으며, 높고 큰 것은 높은 자리에 있고 가늘고 작은 것들은 들판에 있기 때문인가?

* 요황과 위자 : 모란의 진귀한 품종을 일컫는 말.

이렇게 모든 꽃은 각자의 아름다움을 가지고 있는데, 왜 어떤 꽃은 귀하게 자라고 어떤 꽃은 천하게 자라는지 궁금해하고 있습니다. 사람과의 거리, 성씨의 존엄함, 뿌리가 가늘고 작은 정도 등 여러 가지 이유를 생각하고 있어요. 이 중에서 어떤 이유가 귀천을 결정하는 것일까요?

아! 낳는 것은 하늘에 달려 있으나 영화롭게 하는 것은 인간에 달려 있다. 하늘은 사사로움이 없기에 그 조화(造化)가 균일하지만, 인간은 널리 베풀지 못하므로 소원함도 있고 친함도 있는 것이다. 하늘이 이미 낳아

주었는데 또 어찌 사람이 영화롭게 하고 영화롭지 못하게 한다고 원망하겠는가? 나에게는 비록 감정이 있지만 풀에는 감정이 없으니, 그것이 소의 목구멍을 채우는 것과 나비로 하여금 다투어 찾도록 하는 것을 어찌 달리 보겠는가?"

—이옥, 「담초(談艸)」—

글쓴이는 이러한 생각 끝에 사람과의 거리, 성씨의 존엄함, 뿌리가 가늘고 작은 정도 같은 것들 모두 '인간'이 영화롭게 하기 위해 만든 기준이라는 것을 깨닫습니다. '사사로움' 없이 '균일'하게 꽃을 낳은 '하늘'과는 달리 '인간'은 널리 베풀지 못해 어떤 꽃은 귀하게, 또 어떤 꽃은 천하게 대하는 것이었어요. 나름의 이유를 만들어서 말이죠. 이처럼 만물을 낳은 '하늘'의 입장에선 별 차이도 없는 자연에 우열을 매기는 사람의 모습을 비판하는 주제를 가지고 있네요.

선지	①	②	③	④	⑤
선택률	1%	2%	86%	7%	4%

32 (가)~(다)에 대한 설명으로 가장 적절한 것은? ③

① (가)에서는 현실적인 문제 해결의 실마리로 조화로운 공동체의 모습을 제시하고 있다.

선지 유형	근거가 없어서 허용 불가능
실전에서의 판단 과정	문제 해결의 실마리를 왜 찾아.
해설	(가)는 '일제 강점기'라는 암울한 상황을 드러내고 있을 뿐, 그러한 문제를 '해결'하기 위한 실마리를 탐색하지는 않았습니다. 나아가 '조화로운 공동체'라는 말을 허용할 만한 근거도 찾기 어렵죠?

② (나)에서는 현실에 대한 부정적 인식을 바탕으로 앞날에 대한 회의를 드러내고 있다.

선지 유형	근거가 없어서 허용 불가능
실전에서의 판단 과정	주제랑 너무 상관이 없는데.
해설	(나)는 그저 '산'이 좋아 죽겠다는 말만 반복하는 작품이었습니다. '부정적 인식', '앞날에 대한 회의'라는 반응 모두 주제와 크게 어긋나 허용하기 어렵네요.

③ (다)에서는 자연과 인간의 관계를 살펴 자연을 바라
보는 인간의 태도에 대한 성찰을 드러내고 있다.

선지 유형	근거가 있어서 허용 가능
실전에서의 판단 과정	주제네.
해설	이건 (다)의 주제 그 자체죠? 자연에 우열을 매기는 인간의 태도를 성찰하는 작품이었습니다. 이 정도는 읽어낼 수 있어야 해요!

④ (가), (다)에서는 모두 자연물이 쇠락하는 과정을 제시
하여 인생에 대한 무상감을 드러내고 있다.

선지 유형	근거가 없어서 허용 불가능
실전에서의 판단 과정	무상감은 주제와 전혀 상관이 없지.
해설	(가)와 (다) 모두 '자연물이 쇠락하는 과정'을 찾아보기도 어렵고, '인생에 대한 무상감'은 주제와 무관한 헛소리죠?

⑤ (가), (나), (다)에서는 모두 자연과의 교감을 통해 장소
에 대한 낙관적 전망을 이끌어 내고 있다.

선지 유형	근거가 없어서 허용 불가능
실전에서의 판단 과정	낙관적 전망을 하는 부분은 없는 것 같은데?
해설	'자연과의 교감', '낙관적' 태도 등은 (나)와 연관이 있어 보이기는 하지만, (나)에서 '전망'을 허용할 만한 구절은 보이지 않죠? (가)와 (다)에서는 당연히 헛소리인 내용들이구요.

선지	①	②	③	④	⑤
선택률	2%	2%	85%	10%	1%

33 〈보기〉를 참고할 때, [A]~[E]에 대한 이해로 적절하지
<u>않은</u> 것은? ③

① [A] : 돌담 울에 둘러싸인 산기슭을 묘사하여 화자가
고향을 회상하는 장소의 분위기를 나타내고 있다.

선지 유형	근거가 있어서 허용 가능
실전에서의 판단 과정	산기슭에서 얘기책을 폈으니 고향을 회상하는 장소라고 할 수 있겠다.

해설	'돌담 울에 둘러싸인 산기슭'은 '구겨진 하늘'을 보고 '묵은 얘기책'을 떠올리는 공간입니다. 〈보기〉에 따르면, 화자는 현재 '유폐된 지역'에서 고향을 떠올리고 있어요. 이를 근거로 하면 여기서의 '얘기'는 '고향'에 대한 이야기라고 할 수 있겠습니다. 결국 화자는 '산기슭'에서 '고향'에 대한 '얘기'를 떠올리고 있는 것이네요. 이러한 공간을 '묘사'하고 있으니, '분위기'를 나타낸다는 말은 어렵지 않게 허용할 수 있겠죠?

② [B] : 봄날의 보리밭 풍경을 제시하여 화자가 떠올리는
고향의 모습을 형상화하고 있다.

선지 유형	근거가 있어서 허용 가능
실전에서의 판단 과정	보리밭 풍경 나오고, 화자는 지금 고향을 떠올리는 것이니 허용되겠다.
해설	'산기슭'에서 떠올리는 '그림 조각'에는 '보리밭'의 풍경이 나타나 있습니다. 이곳은 '나물'을 캐는 곳이기에 '봄날'이라고 할 수 있고, 지문의 주제를 생각하면 이곳이 바로 '고향'이라고 할 수 있겠네요.

③ [C] : 고향 사람들이 기대하던 앞내강 정경을 묘사하
여 화자의 소망이 이루어진 상황을 나타내고 있다.

선지 유형	근거가 있어서 허용 불가능
실전에서의 판단 과정	풍년 든다고 했는데 나무가 밀리는 모습은 기대하던 정경이라고 보기는 어렵지.
해설	사람들은 그넷줄에 비가 오면 풍년이 든다는 '기대'를 하고 있었습니다. 그런데 사람들의 기대와는 달리 '앞내강'에 '씨레나무'가 밀려 나리는 등 홍수가 난 모습이 나타나고 있네요. 홍수가 난 모습을 생각하지 못하더라도, '젊은이'가 '돈 벌러' 항구로 갔다는 점을 통해서 사람들의 '기대' 혹은 화자의 '소망'이 이루어지지 못했다는 것은 확실히 알 수 있을 것 같습니다. 풍년이 들었다면 '젊은이'가 굳이 '뗏목'을 타고 '돈 벌러' 항구로 가는 위험천만한 일을 벌일 이유가 없었을 것이니까요. 나아가, '화자의 소망이 이루어짐'이라는 것은 이 지문의 '주제'와 정반대되는 내용이죠? 이 지문은 암울함을 드러내는 주제를 가지고 있으니까요. 이렇게 생각하면 이 선지가 답이라는 것에 더 확신을 가질 수 있겠습니다.

④ [D] : 풍족한 결실을 거두지 못한 상황에서 자신이 처한 현실 너머의 세계를 꿈꾸는 소년의 모습을 보여 주고 있다.

선지 유형	근거가 있어서 허용 가능
실전에서의 판단 과정	이삭을 참새가 다 먹었으니 풍족하지 못하고, 북극이라는 고향 너머를 꿈꾸는 것도 맞네.
해설	'피로 가꾼', 즉 정말 힘들게 가꾼 '이삭'은 '참새'로 날아갔다고 합니다. '참새'들이 전부 쪼아 먹었다는 의미겠죠. 이는 '풍족한 결실을 거두지 못한 상황'이라는 말을 허용할 근거로 충분하다고 할 수 있겠습니다. 한편, 이러한 상황에서 '어린 놈'은 '북극'을 꿈꾸고 있습니다. '북극'은 화자가 처한 '현실', 즉 '고향' 너머의 공간이므로 선지 뒤쪽 내용도 충분히 허용할 수 있겠네요.

⑤ [E] : 강물이 얼어붙는 삭막한 겨울의 이미지로 일제 강점기의 가혹한 현실 상황을 드러내고 있다.

선지 유형	근거가 있어서 허용 가능
실전에서의 판단 과정	강물이 얼면 삭막하다고 할 수 있고, 〈보기〉에서 이거 일제 강점기 이야기라고 했네.
해설	'강물'조차 얼어붙을 정도로 추운 '겨울'은 충분히 '삭막'하다고 할 수 있겠죠? 〈보기〉에서는 이 모습이 '일제 강점기의 가혹한 현실'이라고 했으니 충분히 허용할 수 있는 선지입니다.

선지	①	②	③	④	⑤
선택률	2%	84%	5%	6%	3%

34 '산'에 대한 화자의 태도를 중심으로 (나)를 감상한 내용으로 적절하지 <u>않은</u> 것은? ②

– (나) 지문에서 '산'에 대한 화자의 태도는 '사랑스러움' 그 자체였습니다. '불변성'이라는 속성에 푹 빠진 것이었죠. 이 정도는 생각하고 선지 판단해보도록 합시다.

① '산'을 수시로 변하는 인간과 달리 태고로부터 본질을 잃지 않는 불변성을 지닌 것으로 인식하는군.

선지 유형	근거가 있어서 허용 가능
실전에서의 판단 과정	주제네.
해설	주제 그 자체입니다. 가볍게 허용할 수 있어야 해요.

② '산'을 인간의 덕성을 표면화하는 데 집중하는 적극적 의지를 지닌 존재로 여기는군.

선지 유형	근거가 있어서 허용 불가능
실전에서의 판단 과정	산에 의지가 어딨어.
해설	이 작품에서 인간은 '맨날 변해 쌓'는 부정적인 존재로 표현됩니다. 따라서 인간이 '덕성'을 가지고 있다는 것도 허용하기 힘들고, 그저 가만히 앉아 있을 뿐인 '산'에게 '적극적 의지'를 부여하고 있다는 것도 허용하기 어렵네요. 지문의 전반적인 주제와 크게 어긋나는 선지입니다.

③ '산'을 삶과 죽음을 이어 줌으로써 죽음 이후에도 함께 할 대상으로 여기는군.

선지 유형	근거가 있어서 허용 가능
실전에서의 판단 과정	이승과 저승을 다리 놓는다고 했으니 허용되겠다.
해설	'내 이승의 낮과 저승의 밤에 아아라히 뻗쳐 있어 다리 놓는'이라는 표현을 근거로 하면 '삶과 죽음을 이어' 준다는 내용을 충분히 허용할 수 있겠습니다. 나아가 '저승'까지 다리를 놓는다는 건 죽음 이후에도 '산'과 함께 한다는 걸 의미한다고 볼 수 있겠죠.

④ '산'을 근원적 고향으로 인식함으로써 그리움의 대상으로 바라보는군.

선지 유형	근거가 있어서 허용 가능
실전에서의 판단 과정	고향이라고 했고, 그립다고도 했지.
해설	'산'을 '내 고향'이라고 표현하면서 '그리운' 감정을 직접적으로 드러냈습니다. 이 정도 근거라면 당연히 허용해야죠.

⑤ '산'을 현재 함께하는 존재로 여기면서도 지속적으로 지향해야 할 궁극적인 존재로 인식하는군.

선지 유형	근거가 있어서 허용 가능
실전에서의 판단 과정	주제네.
해설	화자는 현재 '산'을 마주하고 있고, '산'에서도 오히려 '산'을 그리고 있습니다. 나아가 '평생' 보고 배우겠다는 표현을 통해 '산'을 '지속적으로 지향해야 할 궁극적인 존재'로 인식하고 있다고 할 수 있죠. 애초에 이 내용이 (나)의 주제 그 자체이므로 어렵지 않게 허용할 수 있을 겁니다.

선지	①	②	③	④	⑤
선택률	4%	4%	4%	81%	7%

35 (다)의 '나'에 대한 이해로 가장 적절한 것은? ④

– 수필 지문에서 적절한 것을 고르라고 합니다. 결국 정답은 '주제'와 직결되겠네요. '하늘은 다 똑같이 만들었지만, 인간이 마음대로 다르게 본다.'라는 주제를 생각하면서 선지를 판단해봅시다.

① 꽃의 '공교함과 졸렬함'을 판단할 때는 꽃의 형체보다는 쓰임새에 기준을 두어야 함을 강조한다.

> 모란의 진귀하고 귀중함을 해당화의 곱고 아름다움에 견주어 보면, 비록 크고 작은 차이는 있겠으나, 어찌 공교함과 졸렬함에 다른 헤아림이 있었겠는가?

선지 유형	근거가 없어서 허용 불가능
실전에서의 판단 과정	쓰임새를 강조한 적이 없는데?
해설	애초에 '공교함과 졸렬함'에는 '다른 헤아림'이 없다고 했습니다. 즉, 이들을 구별할 수 없다는 것이죠. 나아가 꽃의 '쓰임새'를 강조한 부분 자체가 없으니 절대로 허용할 수 없는 선지입니다.

② 화초의 '귀함'과 '천함'에 대한 평가는 그 본성에 맞게 이름이 부여되었느냐에 달려 있다고 믿는다.

> 그런데도 귀함이 저와 같고 천함이 이와 같아, …(중략)… 아니면 요황과 위자*는 성씨가 존엄한데 범상한 화초는 이름이 없으며, 성씨가 존엄한 것은 곱게 빛나는데 이름 없는 것들은 먼 데서 이주해 온 백성 같은 존재이기 때문인가?
>
> * 요황과 위자 : 모란의 진귀한 품종을 일컫는 말.

선지 유형	근거가 없어서 허용 불가능
실전에서의 판단 과정	귀함과 천함 따지지 말자는 게 주제 아니었어?
해설	화자는 '귀함'과 '천함'의 차이가 어디에서 오는지 궁금해하면서 여러 가지 물음을 던지고 있습니다. 그러면서 '이름' 이야기도 하는데, 이때 '범상한 화초'는 '이름'이 없다는 이야기를 하고 있어요. 선지의 표현대로라면 '범상'한 화초는 그 본성에 맞게 '이름'이 부여되어야 하는데 말이에요.

이렇게 생각하는 게 어렵다면, 실전에선 '주제'와 반대되는 내용이라는 생각을 하고 과감하게 넘어가셔도 됩니다.

③ 풀을 '영화롭게' 만드는 주체는 인간이 아니라 하늘이어야 한다는 깨달음을 드러낸다.

> 아! 낳는 것은 하늘에 달려 있으나 영화롭게 하는 것은 인간에 달려 있다.

선지 유형	근거가 있어서 허용 불가능
실전에서의 판단 과정	영화롭게 하는 것은 인간이라며.
해설	지문에 적혀 있는 말을 정확히 반대로 이야기하고 있죠?

④ 하늘의 입장에서 보면 모든 풀은 '조화가 균일'한 존재로서 가치의 우열을 가지지 않는다고 생각한다.

> 하늘은 사사로움이 없기에 그 조화(造化)가 균일하지만,

선지 유형	근거가 있어서 허용 가능
실전에서의 판단 과정	주제네.
해설	지문에 있는 말 그대로이기도 하면서, '하늘'은 다 똑같이 만들었다는 주제와 직결되는 내용이기도 하죠? 어렵지 않게 답으로 고를 수 있겠습니다.

⑤ 인간의 감정에는 '소원함'과 '친함'이 모두 있으므로 사사로움을 넘어 균형을 도모할 수 있다고 본다.

> 인간은 널리 베풀지 못하므로 소원함도 있고 친함도 있는 것이다.

선지 유형	근거가 있어서 허용 불가능
실전에서의 판단 과정	주제와 반대되네.
해설	인간의 감정에는 '소원함'과 '친함'이 모두 있기에 '균형'을 도모하지 못하고 자꾸 우열을 가리는 것이었어요! 지문의 주제와 정반대되는 이야기를 하고 있네요.

선지	①	②	③	④	⑤
선택률	47%	4%	21%	26%	2%

36 묵화와 북창을 중심으로 (가)와 (나)를 비교한 내용으로 가장 적절한 것은? ①

> 박쥐 나래 밑에 황혼이 묻혀 오면
> 초가 집집마다 호롱불이 켜지고
> 고향을 그린 묵화(墨畫) 한 폭 좀이 쳐.

> 오늘, 북창을 열어,
> 장거릴 등지고 산을 향하여 앉은 뜻은
> 사람은 맨날 변해 쌓지만
> 태고로부터 푸르러 온 산이 아니냐.

– '묵화'는 '고향'의 모습을 그린 것이고, '북창'은 '산'과 마주하게 해 주는 요소입니다. 이 정도 생각하고 선지 판단해봅시다.

① (가)에서는 '묵화'와 '박쥐 나래'의 이미지를 연결하여 고향의 어두운 분위기를, (나)에서는 '북창'에서 바라본 산의 '품'에 주목하여 산이 주는 아늑한 분위기를 드러낸다.

> 박쥐 나래 밑에 황혼이 묻혀 오면
> 초가 집집마다 호롱불이 켜지고
> 고향을 그린 묵화(墨畫) 한 폭 좀이 쳐.

> 그 품 안에서 자라나 거기에 가 또 묻히리니
>
> (중략)
>
> 네 품이 내 고향인 그리운 산아

선지 유형	근거가 있어서 허용 가능
실전에서의 판단 과정	주제네.
해설	'묵화'와 '박쥐 나래' 모두 어두운 색의 대상들이기에, 이러한 이미지들을 연결하면 '어두운 분위기'를 나타낸다는 것은 어렵지 않게 허용할 수 있을 겁니다. 나아가 이 모든 모습들이 '고향'의 분위기를 드러낸다는 것도 어렵지 않게 허용할 수 있겠죠? '고향'을 '어두운 분위기'로 묘사하는 것은 이 지문의 주제니까요.

> 한편, (나)에서 '북창'을 통해 바라보는 '산의 품'에 주목하고 아늑한 분위기를 드러내는 것은 너무나 당연하죠? 이 지문의 주제 그 자체니까요.

FAQ

Q (가)에서 '박쥐 나래'는 화자가 고향을 떠올리는 공간에서 인식한 대상 아닌가요? 이게 왜 고향의 분위기와 연관되나요?

A 화자는 '산기슭'에서 '박쥐 나래' 밑에 밑에 황혼이 묻혀 오고 초가 집집마다 호롱불이 켜지는 시간에 고향을 떠올리고 있습니다. 이는 '박쥐 나래'가 고향을 떠올리는 매개체로 기능하고 있음을 의미한다고 할 수 있는 것이죠. '박쥐 나래', 저녁과 같은 어두운 분위기 속에 있으니 고향을 그린 '묵화'(묵으로 그린 그림=어두운 그림)가 떠오른 것입니다. 이러한 독해의 결과를 근거로 하면 '박쥐 나래' 역시 고향의 분위기와 연관된다고 할 수 있겠죠.

② (가)에서 '묵화'는 '황혼'이 상징하는 현실적 상황에, (나)에서 '북창'은 '저승의 밤'이 의미하는 절망적 상황에 대응된다.

> 박쥐 나래 밑에 황혼이 묻혀 오면
> 초가 집집마다 호롱불이 켜지고
> 고향을 그린 묵화(墨畫) 한 폭 좀이 쳐.

> 내 이승의 낮과 저승의 밤에
> 아아라히 뻗쳐 있어 다리 놓는 산.

선지 유형	근거가 있어서 허용 불가능
실전에서의 판단 과정	저승의 밤이 절망적이라고 하는 건 너무 헛소리네.
해설	일단 '묵화'가 '황혼'이 상징하는 현실적 상황에 대응된다는 건 억지로나마 허용할 수 있습니다. '황혼'으로부터 떠올리고 있는 '고향의 모습'은 실제 화자가 경험했던 현실의 상황이었으니까요. 하지만 '저승의 밤'이 '절망적 상황'을 의미한다는 건 지문의 주제와 정반대로 대치되는 내용이죠? '저승의 밤'은 이승과 저승을 이어주는 '산'의 역할을 강조하는 역할을 할 뿐, '저승'이 가진 부정적 이미지와는 관련이 없어요.

③ (가)에서 '묵화'에 '좀이 쳐'라고 한 것은 화자가 고향에
대해 느끼는 세월의 깊이를, (나)에서 '북창'을 '오늘'
열었다고 한 것은 산을 대하는 화자의 인식이 변화된
시점을 드러낸다.

고향을 그린 묵화(墨畫) 한 폭 좀이 쳐.

오늘, 북창을 열어,

선지 유형	근거가 있어서 허용 불가능
실전에서의 판단 과정	(나)의 화자는 산을 원래부터 좋아했잖아.
해설	일단 '묵화'에 '좀이 쳐'라고 한 것은 '세월의 깊이'를 드러내는 표현이라고 할 수 있습니다. '좀이 치다'라는 표현은 시간이 오래 지나 좀벌레가 생길 정도임을 의미하니까요. 하지만 '북창'을 '오늘' 여는 것이 '산'을 대하는 화자의 인식 변화라는 것은 허용하기 어렵습니다. 화자는 '본시' 산을 사랑하는 마음을 드러냈으니까요. 이러한 근거를 찾지 못했다고 해도, 애초에 '산'을 이제야 좋아하게 되었다는 건 주제에 어긋나므로 과감하게 지워낼 수 있었어야 합니다.

④ (가)에서 '묵화'를 '그림 조각'이라고 한 것은 고향의 분
절된 이미지를, (나)에서 '북창'을 '열어' 산을 보고 있다
는 것은 선망하는 세계와 분리된 이미지를 나타낸다.

고향을 그린 묵화(墨畫) 한 폭 좀이 쳐.

띄엄 띄엄 보이는 그림 조각은
앞밭에 보리밭에 말매나물 캐러 간
가시내는 가시내와 종달새 소리에 반해

오늘, 북창을 열어,
장거릴 등지고 산을 향하여 앉은 뜻은

선지 유형	근거가 있어서 허용 불가능
실전에서의 판단 과정	산과 분리되어 있다고 하면 안 되지.
해설	묵화를 그림 '조각'이라고 표현했다는 것을 근거로 하면, '분절된 이미지'를 허용하는 것은 어렵지 않아 보입니다. 한편 (나)의 화자는 '북창'을 '열어' 산을 보고 있어요. 창문을 열었다는 것은, 창문

밖의 풍경과 '연결'되어 있다는 것을 의미하겠죠?
'산'이 있는 세계와 분리되어 있다는 건 주제와도
어긋나구요. 허용하기 어렵네요.

⑤ (가)에서는 '묵화'에 그려진 '모매꽃'에 부끄러움의 정
서를, (나)에서는 '북창'을 통해 본 '보옥'에 안타까움의
정서를 담아낸다.

빈 바구니 차고 오긴 너무도 부끄러워
술레짠 두 뺨 위에 모매꽃이 피었고.

고요하고 너그러워 수(壽)하는 데다가
보옥을 갖고도 자랑 않는 겸허한 산.

선지 유형	근거가 없어서 허용 불가능
실전에서의 판단 과정	보옥이 도대체 왜 안타까워.
해설	'모매꽃'에 '부끄러움'의 정서를 담아냈다는 건 근처 맥락을 통해 어렵지 않게 허용할 수 있지만, '보옥'에 '안타까움'의 정서를 담아냈다는 건 도저히 허용하기 어렵죠? '보옥'을 갖고도 자랑하지 않는 '산'을 예찬하는 내용일 뿐이에요.

선지	①	②	③	④	⑤
선택률	2%	5%	15%	41%	37%

37 <보기>를 참고하여 (가)~(다)를 감상한 내용으로 적절하지
않은 것은? [3점] ④

─────[보기]─────

문학적 표현에는 표현 대상을 그와 연관된 다른 관념
이나 사물로 대신하여 나타내는 방법이 있다. 여기에는
사물의 속성으로 실체를 대신하거나 대상의 한 부분으
로 전체를 대신하는 것 등이 포함된다. 이러한 방법들은
서로 혼재되기도 하면서 구체적이고 생생한 이미지와
분위기를 환기한다.

– 표현 대상을 다른 관념이나 사물에 비유할 수 있다는 당연한 이
야기를 하고 있습니다. 이것이 지문에 어떻게 반영되어 있을지 기
대하면서 선지를 판단해 보도록 합시다.

① (가)에서 저녁이 오는 시간을 그와 연관된 사물인 '호롱불'이 켜진다는 것으로 나타냄으로써, 산골 마을의 저녁 풍경을 시각적 이미지로 보여 주는군.

> 박쥐 나래 밑에 황혼이 묻혀 오면
> 초가 집집마다 호롱불이 켜지고
> 고향을 그린 묵화(墨畫) 한 폭 좀이 쳐.

선지 유형	근거가 있어서 허용 가능
실전에서의 판단 과정	황혼이 묻힐 때 호롱불을 켜고 있네.
해설	'황혼'이 묻혀 오면 초가 집집마다 '호롱불'이 켜진다고 했습니다. '황혼'은 저녁 시간을 의미하기 때문에, '호롱불'을 바탕으로 산골 마을의 저녁 풍경을 시각적으로 보여 준다는 건 어렵지 않게 허용할 수 있겠습니다.

② (가)에서 고향에 머무르지 못하고 객지로 떠나는 현실을 '뗏목'을 타고 흘러가는 것과 연관 지어 나타냄으로써, 삶의 불안정함을 구체적 이미지로 보여 주는군.

> 그넷줄에 비가 오면 풍년이 든다더니
> 앞내강에 씨레나무 밀려 나리면
> 젊은이는 젊은이와 뗏목을 타고
> 돈 벌러 항구로 흘러간 몇 달에
> 서릿발 잎 져도 못 오면 바람이 분다.

선지 유형	근거가 있어서 허용 가능
실전에서의 판단 과정	뗏목 타고 항구로 흘러가는 건 불안정하지.
해설	'젊은이'는 '뗏목'을 타고 돈 벌러 '항구'로 흘러갑니다. 그렇게 '몇 달'이 흘러 '서릿발'이 지는 초겨울이 되어도 '못 오'는 경우도 있는 것 같아요. 고향을 떠나야 하고, 몇 달 동안 돌아오지도 못하는 모습을 근거로 하면 '삶의 불안정함'을 허용하는 게 그리 어렵지 않을 것 같습니다.

③ (나)에서 세속적인 삶의 공간 전체를 이해관계가 얽혀 있는 '장거리'의 속성을 활용하여 나타냄으로써, 인심이 쉽게 변하는 세속 공간의 분위기를 환기하는군.

> 오늘, 북창을 열어,
> 장거릴 등지고 산을 향하여 앉은 뜻은
> 사람은 맨날 변해 쌓지만
> 태고로부터 푸르러 온 산이 아니냐.

선지 유형	근거가 있어서 허용 가능
실전에서의 판단 과정	산을 바라보려면 세속적인 공간을 등져야지.
해설	화자는 '산'을 향하여 앉기 위해 '장거리'를 등집니다. 이렇게 보면 '장거리'는 '자연'과 반대되는 공간이기에, 이곳을 '세속적인 삶의 공간', '이해관계가 얽혀 있는 곳'으로 표현하는 것은 그리 무리가 아니겠습니다. 나아가 이렇게 '사람'들이 가득한 곳은 '맨날 변해 쌓'는 곳이라고 할 수 있습니다. 이러한 독해의 결과를 근거로 하면, '인심이 쉽게 변하는 세속 공간의 분위기'도 충분히 허용할 수 있겠네요.

④ (다)에서 귀한 대우를 받는 삶을 그러한 속성을 가진 '부호가의 깊은 장막 안'으로 나타냄으로써, 인간과 가까운 공간의 적막한 분위기를 환기하는군.

> 그런데도 귀함이 저와 같고 천함이 이와 같아, 어떤 것은 부호가의 깊은 장막 안에서 눈앞의 봄바람을 지키고, 어떤 것은 짧은 낮을 든 어리석은 종의 손아귀에서 가을 서리처럼 변한다.

선지 유형	근거가 없어서 허용 불가능
실전에서의 판단 과정	도대체 저곳이 왜 적막한데?
해설	'부호가의 깊은 장막 안'이 '귀한 대우를 받는 삶'을 나타낸다는 건 너무나 당연하게 허용할 수 있겠습니다. 하지만 이곳이 '적막'하다는 것을 허용할 만한 근거는 아무리 읽어봐도 찾을 수가 없습니다. '고요하고 쓸쓸한' 분위기를 허용하려면 이와 조금이라도 비슷한 이미지를 가진 시어가 필요할 텐데 말이죠. 근거가 없으면, 허용할 수 없겠네요. '부잣집은 조용하지 않을까요?'와 같은 뇌피셜을 개입해서 허용하시면 안 됩니다. 지문 속에서 '적막한 분위기'(단순히 조용한 게 아니라 '쓸쓸'한 느낌이 있어야 합니다.)에 적용될 만한 근거를 찾을 수 있어야 해요. 그리고 정말 억지로 '적막한 분위기' 같은 걸 허용하려고 한다 쳐도, 애초에 '적막한 분위기'는 (다)의 주제(글쓴이의 생각)와 아무런 관련이 없기 때문에 허용하기 어렵다고 할 수 있겠습니다. (다)의 글쓴이는 귀하게 여겨지는 풀과 그렇지 않은 풀의 차이를 생각하고 있을 뿐, 굳이 '적막한 분위기'를 드러내려고 할 이유가 없으니까요.

조금 애매하다고 생각이 든다면, 더욱 확실한 근거를 잡아봅시다. 일단 '부호가의 깊은 장막 안'은 '귀함'에 대응되는 것이 맞습니다. 그런데 선지에서는 이를 통해 '인간과 가까운 공간'의 적막한 분위기를 나타낼 수 있는지 물어보고 있어요. 그런데 여기서 말하는 '인간과 가까운 공간'은 '뜨락'에 해당하는 것이었어요. '뜨락'이라는 공간을 바탕으로 '인간과의 거리'가 꽃의 귀천을 결정하는 요인인 것인지 생각하는 글쓴이의 모습이 나타났던 것 기억하시죠? 결국 이 지문에서는, '부호가의 깊은 장막 안'을 바탕으로 '인간과 가까운 공간'의 분위기를 드러낼 수는 없는 것이었습니다. 적막한 분위기든 즐거운 분위기든 상관없이 말이에요. '인간과의 거리'는 '뜨락'이나 '교외'라는 예시를 통해서 이야기한 것이니까요!

좀 더 자세히 설명해보겠습니다. 귀한 대우를 받는 삶과 천한 대우를 받는 삶을 본 글쓴이는 '이 어찌 된 일인가?'라는 물음을 던집니다. 그리고 그에 대한 답으로 '뜨락/교외', '요황과 위자/범상한 화초', '뿌리가 깊은 것/빽빽이 늘어선 것' 등을 비교하며 여러 의견을 던지고 있어요. 그리고 이 의견들은 '아니면', '그도 아니면'이라는 표현으로 연결되어 있습니다. 즉, 글쓴이가 보기에 이 의견 중 무엇이 답인지 알 수 없다는 것이고, 이에 글쓴이는 마지막 문단에서 '결국 이건 다 인간이 만든 무의미한 기준이구나!'라는 걸 깨닫게 된 것이죠.

여기서 '뜨락'은 '부호가의 깊은 장막 안'과 대응되는 예시로 제시된 것이 맞습니다. 즉, "'부호가의 깊은 장막 안'에서 귀한 대우를 받는 것은 '뜨락'처럼 사람과 가깝기 때문에 대우받는 것인가?"라는 물음을 던진 것이죠. 여기까지만 본다면 '부호가의 깊은 장막 안'이 '인간과 가까운 공간'이라고 할 수 있을 것 같기도 합니다. 하지만 글쓴이는 바로 뒤에 '아니면 요황과 위자는~'이라고 표현했기 때문에, '뜨락'과 관련된 생각이 맞지 않다는 인식을 드러내고 있다고 할 수 있어요. 다시 말해, '부호가의 깊은 장막 안'을 '뜨락'처럼 '인간과 가까운 공간'으로 보는 것은 적절하지 않다는 인식을 드러낸 것입니다. 결국 '인간과 가까운 공간' 부분 역시 틀렸다고 할 수 있겠네요.

쉽지 않네요. 어쨌든 '적막한 분위기'를 드러낸다는 건 절대 허용할 수 없다는 판단이 선행되었어야 합니다. 다만 애매하다는 생각이 들었다면, '적막한 분위기'라는 임팩트 있는 단어에 매몰되는 것이 아니라 시야를 넓혀 선지 속 '인간과 가까운 공간'을 볼 수 있었어야 합니다. 특정 단어에 매몰되지 않고 시야를 넓힐 수 있는 것, 실전에서 여러분이 몇 점을 더 맞게 해 줄 수 있는 중요한 태도입니다.

⑤ (다)에서 풀의 가치를 '소'와 '나비'의 행위와 연관 지어 나타냄으로써, 하찮게 취급되는 풀과 귀하게 여겨지는 풀의 차이를 구체적 이미지로 보여 주는군.

> 나에게는 비록 감정이 있지만 풀에는 감정이 없으니, 그것이 소의 목구멍을 채우는 것과 나비로 하여금 다투어 찾도록 하는 것을 어찌 달리 보겠는가?"

선지 유형	근거가 있어서 허용 가능
실전에서의 판단 과정	소한테 먹히는 건 하찮고 나비가 찾는 건 귀하다고 할 수 있지.
해설	상식적으로 생각해보면, '소'의 목구멍을 채우는 풀은 그저 '여물'밖에 안 된다는 점에서 '하찮게 취급되는 풀'이라고 할 수 있고, '나비'가 다투어 찾는 풀은 향기가 좋다는 의미이므로 '귀하게 여겨지는 풀'이라고 할 수 있습니다. 이들의 이미지를 구체적으로 보여 주고 있으니 충분히 허용할 수 있겠죠. 이렇게 생각하지 못한다고 해도, 이 지문의 주제를 생각하면 쉽게 허용할 수 있습니다. 이 지문은 '하찮음'과 '귀함'을 구별하지 말자는 주제를 가지고 있어요. 그리고 글쓴이는 '소'의 목구멍을 채우는 것과 '나비'가 다투어 찾는 것을 달리 볼 수 없다는 이야기를 하고 있습니다. 주제를 고려하면, 여기서 '소'와 '나비'의 이야기가 각각 '하찮음'과 '귀함'에 대응된다는 걸 추론할 수 있죠? 무엇이 '하찮음'이고 무엇이 '귀함'인지는 몰라도, 이들이 대비된다는 것 자체는 생각할 수 있다는 거예요! 4번 선지와 비교하면, 확실히 주제와 가깝기 때문에 허용할 수 있다고 할 수 있겠죠? 어떻게 해결하든 핵심은 결국 '독해'였네요.

현대시 독해 연습

(가)

　구겨진 하늘은 묵은 얘기책을 편 듯
　돌담 울이 고성같이 둘러싼 산기슭
　박쥐 나래 밑에 황혼이 묻혀 오면
　초가 집집마다 호롱불이 켜지고
　고향을 그린 묵화(墨畫) 한 폭 좀이 쳐.

'구겨진 하늘'을 본 화자는 '묵은 얘기책'의 이미지를 떠올리고 있습니다. 그곳은 '돌담 울'이 둘러싸고 있는 '산기슭'이에요. 박쥐 날개 밑에 '황혼'이 묻혀 오고 초가집에서는 '호롱불'을 켜는 저녁 시간인데, 화자는 '고향'을 그린 '묵화' 한 폭을 떠올리고 있습니다. '묵화'라는 그림이 좀이 쳤다는 것으로 보아, 꽤 오래된 추억인가봐요. 추상적인 표현들이 많아 한 번에 이해하기는 어려웠지만, 핵심은 '저녁 산기슭'에서 '고향'의 옛추억을 떠올리고 있다는 것입니다.

> 띄엄 띄엄 보이는 그림 조각은
> 앞밭에 보리밭에 말매나물 캐러 간
> 가시내는 가시내와 종달새 소리에 반해
>
> 빈 바구니 차고 오긴 너무도 부끄러워
> 술레짠 두 뺨 위에 모매꽃이 피었고.

본격적으로 '고향'의 모습을 떠올리고 있습니다. 우리의 기억도 완전하지 못하듯, 화자도 '띄엄 띄엄 보이는 그림 조각'처럼 회상을 하고 있어요. 먼저 '보리밭'에 나물을 캐러 갔다가 '종달새' 소리에 관심이 끌려 '빈 바구니'로 돌아가기 '부끄러워'하는 '가시내'의 모습을 떠올리고 있습니다. 이렇게 묘사가 중심이 되는 작품은 최대한 이미지를 상상하면서 읽을 수 있어야 해요.

> 그넷줄에 비가 오면 풍년이 든다더니
> 앞내강에 씨레나무 밀려 나리면
> 젊은이는 젊은이와 뗏목을 타고
> 돈 벌러 항구로 흘러간 몇 달에
> 서릿발 잎 쪄도 못 오면 바람이 분다.

계속해서 고향의 모습을 이야기하고 있습니다. '그넷줄에 비가 오면 풍년이 든다'고 알고 있었는데, '앞내강'에 물이 불어나 '씨레나무'가 밀려 가는 상황입니다. '풍년'은 택도 없고 홍수가 나서 난리가 난 모습인 거죠. 이러한 상황에서 '젊은이'는 '뗏목'을 타고 항구로 가 돈을 벌어 보려고 하지만, '몇 달'이 지나 '서릿발'이 불 정도가 돼도 오지 못합니다. 여기서 '말매나물→풍년→서리'라는 이미지로 계절의 변화가 나타나고 있다는 걸 읽어낼 수도 있겠네요.

> 피로 가꾼 이삭이 참새로 날아가고
> 곰처럼 어린 놈이 북극을 꿈꾸는데
> 늙은이는 늙은이와 싸우는 입김도

이렇게 가을에 '피로 가꾼 이삭'은 '참새'로 날아갑니다. 계속해서 암울한 이야기가 반복되고 있네요. 이런 상황에서 '곰처럼 어린 놈'은 '북극'을 꿈꾸기도 합니다. 열악한 고향을 넘어 더 큰 세계를 꿈꾸는 소년의 모습이 드러난 것이라고 할 수 있겠죠. 하지만 '늙은이'들은 그저 말싸움만 벌입니다. 화자는 이를 '싸우는 입김'으로 표현하고 있네요. 여러모로 갑갑한 고향의 상황이죠?

> 벽에 서려 성에 끼는 한겨울 밤은
> 동리(洞里)의 밀고자인 강물조차 얼붙는다.
>
> -이육사, 「초가」-

이렇게 힘든데, 설상가상으로 '한겨울 밤'은 '강물'을 얼게 할 정도로 춥습니다. '좀이 친 묵화'로 표현된 고향의 암울한 모습을 그려낸 작품이었네요.

> (나)
> 오늘, 북창을 열어,
> 장거릴 등지고 산을 향하여 앉은 뜻은
> 사람은 맨날 변해 쌓지만
> 태고로부터 푸르러 온 산이 아니냐.

화자는 '북창'을 열어 '장거리'라는 속세의 공간을 등진 채, '산'을 향하여 앉습니다. '산'을 좋아하는 것 같은데, 그 이유는 '사람'과 달리 변함없이 푸른 모습 때문이라고 해요.

> 고요하고 너그러워 수(壽)하는 데다가
> 보옥을 갖고도 자랑 않는 겸허한 산.
> 마음이 본시 산을 사랑해
> 평생 산을 보고 산을 배우네.

이러한 '산'에 대한 예찬적 태도를 보여 주고 있습니다. 고요하고 너그러운 데다가 자랑 않는 겸허한 모습까지! '사랑'할 수밖에 없는 산의 모습을 '평생' 동안 보고 배우는 화자예요.

> 그 품 안에서 자라나 거기에 가 또 묻히리니
> 내 이승의 낮과 저승의 밤에
> 아아라히 뻗쳐 있어 다리 놓는 산.

화자는 '산'의 품 안에서 자라나 다시 '산'으로 가 묻힐 겁니다. 태어나는 순간부터 죽는 순간까지, 즉 '이승의 낮'과 '저승의 밤'에 뻗쳐서 다리를 놓는 산의 모습이에요.

> 네 품이 내 고향인 그리운 산아
> 미역취 한 이파리 상긋한 산 내음새
> 산에서도 오히려 산을 그리며
> 꿈같은 산 정기(精氣)를 그리며 산다.
> -김관식, 「거산호 2」-

화자는 이러한 '산'의 품을 '고향'으로까지 표현하고 있습니다. '산' 앞에 살고 있으면서도 '산'을 그리워하고 그 냄새를 맡으며 정기를 느끼는 모습이에요. '산'을 너무나 좋아하는 화자의 내면세계가 잘 드러나는 작품이었습니다.

몰랐던 어휘 정리하기

| **핵심 point** |

① **허용 가능성 평가** : 선지의 내용을 '허용'하려는 태도를 바탕으로 지문을 '독해'하며 '근거'를 찾아야 합니다. 허용할 수 있는 '근거'가 있어야만 허용할 수 있습니다. 주관적인 생각을 개입시키면 안 됩니다.

② **현대시 독해** : 〈보기〉의 도움 등을 통해 '주제' 위주로, 그리고 일상 언어의 감각으로 읽어내면 됩니다. 현대시도 읽을 수 있는 하나의 글입니다.

③ **수필 독해** : 운문문학과 마찬가지로, 글쓴이가 하고자 하는 말인 '주제'를 파악하는 것이 핵심입니다. 수필이 어렵게 출제될 것을 대비해, 독서 지문을 읽듯이 꼼꼼하게 읽으며 주제를 파악하는 연습을 해야 해요.

| **지문 내용 총정리** |

난해한 표현이 많이 들어있는 어려운 작품이 출제된 모습입니다. 하지만 결국 '주제' 중심 독해와 '허용 가능성 평가'라는 선지 판단의 원칙으로 다 뚫어낼 수 있었죠? 아무리 어려운 시가 나와도, 아무리 추상적인 표현들이 등장해도 다른 건 없습니다. 가장 기본적인 것에 대한 준비만이 어려운 문제를 뚫어낼 수 있는 힘을 줍니다. 이를 인식하고, 지금까지 배운 기본적인 태도들을 반복해서 정리하도록 합시다.

〈보기〉 확인

─────[보기]─────

　　조선 후기 시가에서는 경험과 외물에 대한 관심이 확대되었다. 「일동장유가」는 사행을 다녀온 경험을 생생하게 표현하며 그에 대한 정서를 솔직하게 드러냈다. 「화암구곡」은 포착된 자연의 양상에 따라 강호에서의 자족감, 출사하지 못한 선비로서 생활 공간인 향촌에 머물 수밖에 없는 데 따른 회포, 취향이 반영된 자연물로 구성한 개성적 공간에서의 긍지를 드러냈다.

(가)와 (나)의 주제를 친절하게 설명하는 〈보기〉입니다. 2019학년도 수능에서도 출제된 바 있던 '일동장유가'는 사행을 다녀온 경험을 표현하고, 그에 대한 정서를 드러내는 작품이라고 해요. 한편 (나)에 해당하는 '화암구곡'은 '강호에서의 자족감', '향촌에 머물 수밖에 없는 데 따른 회포', '개성적 공간에서의 긍지' 등을 드러냈다고 합니다. 모두 화자의 '내면세계'와 관련된, 주제 그 자체라고 할 수 있겠죠? 이를 바탕으로 지문을 읽어봅시다.

실전적 지문 독해

(가)

장풍에 돛을 달고 육선이 함께 떠나
삼현과 군악 소리 해산을 진동하니
물속의 어룡들이 응당히 놀라리라
해구를 얼른 나서 오륙도를 뒤 지우고
고국을 돌아보니 야색이 아득하여
아무것도 아니 뵈고 연해 각진포에
불빛 두어 점이 구름 밖에 뵐 만하다
배 방에 누워 있어 내 신세를 생각하니　　[A]
가뜩이 심란한데 대풍이 일어나서
태산 같은 성난 물결 천지에 자욱하니
크나큰 만곡주가 나뭇잎 불리이듯
하늘에 올랐다가 지함에 내려지니
열두 발 쌍돛대는 차아처럼 굽어 있고
쉰두 폭 초석 돛은 반달처럼 배불렀네

(중략)

날이 마침 극열하고 석양이 비치어서
끓는 땅에 엎디어서 말씀을 여쭈오니

속에서 불이 나고 관대에 땀이 배어　　[B]
물 흐르듯 하는지라 나라께서 보시고서
너희 더위 어려우니 먼저 나가 쉬라시니
곡배하고 사퇴하니 천은이 망극하다
더위를 장히 먹어 막힐 듯하는지라
사신들도 못 기다려 하처로 돌아오니
누이도 반겨하고 딸은 기뻐 우는지라
일가 친척들이 나와서 위문하네
여드레 겨우 쉬어 공주로 내려가니
처자식들 나를 보고 죽었던 이 고쳐 본 듯
기쁘기 극한지라 어리석은 듯 앉았구나　　[C]
사당에 현알하고 옷도 벗고 편히 쉬니
풍도의 험하던 일 저승 같고 꿈도 같다
손주 안고 어르면서 한가히 누웠으니
강호의 산인이요 성대의 일반이로다

－김인겸, 「일동장유가」－

(중략) 이전 부분은 2019학년도 수능에서도 출제된 부분이죠? 기출 공부가 잘 되어 있다면 익숙하다는 느낌을 받으셨을 겁니다. 계속해서 강조하지만, 최근에는 이렇게 기출된 지문을 그대로 출제하는 경우가 아주 많습니다. EBS 연계가 아닌 '기출 연계' 효과가 더 클 정도예요. 기출문제 공부를 더 열심히 해야겠다는 생각이 드시죠?

어쨌든, (중략) 이전은 사행을 떠나는 배에서 고국을 돌아보며 느낀 정서와, 갑작스레 '대풍'이 일어나서 위태위태한 상황을 겪는 모습을 드러내고 있습니다. (중략) 이후는 사행이 끝나고 고국으로 돌아온 모습이라고 할 수 있겠죠? 너무 더워 땀흘리는 것을 보고 왕이 일찍 집으로 돌아가라 한 것에 감사한 마음을 보인 뒤, 집으로 돌아와 가족들과 시간을 보내는 모습을 제시하고 있습니다. 더 자세한 감상은 문제를 풀면서 하면 되겠죠?

(나)

꼬아 자란 층석류*요 틀어 지은 고사매*라
삼봉 괴석에 달린 솔이 늙었으니
아마도 화암 풍경이 너뿐인가 하노라

〈제1수〉

막대 짚고 나와 거니니 양류풍 불어온다
긴 파람 짧은 노래 뜻대로 소일하니
어디서 초동과 목수(牧叟)는 웃고 가리키나니

〈제6수〉

맑은 물에 벼를 갈고 청산에 섶을 친 후
서림 풍우에 소 먹여 돌아오니
두어라 야인 생애도 자랑할 때 있으리라

〈제9수〉

-유박, 「화암구곡」-

* 층석류 : 석류나무로 만든 분재.
* 고사매 : 매화를 고목에 접붙인 분재.

〈보기〉에서 제시한 것처럼, '층석류'나 '고사매' 등으로 구성된 개성적 공간에서의 긍지, '양류풍'을 느끼며 보이는 강호에서의 자족감, '야인 생애'라는 표현으로 보여 주는 향촌 생활에 대한 회포 등이 나타나고 있습니다. 이렇게 주제 위주로 읽은 상태에서 선지를 판단하면 되겠죠?

선지	①	②	③	④	⑤
선택률	6%	51%	17%	8%	18%

38 (가), (나)의 표현상 특징에 대한 설명으로 가장 적절한 것은? ②

– '표현상 특징'을 묻는 문제입니다. 늘 강조하지만, '표현상 특징'을 묻는 문제는 '실전적 지문 독해' 수준으로 지문을 가볍게 읽은 상태에서는 답을 고르기가 쉽지 않습니다. 따라서 다른 문제를 먼저 풀고 마지막에 해결하는 습관을 들이시는 걸 추천해요. 물론 이 해설에서는 '실전적 지문 독해' 수준으로 지문을 가볍게 읽은 상태에서 문제를 푸는 과정을 담았으니 참고하시기 바랍니다.

① (가)는 과거를 회상하는 표현을 통해 현재 상황에 대한 아쉬움을 드러내고 있다.

선지 유형	근거가 없어서 허용 불가능
실전에서의 판단 과정	회상하는 장면이 있나? 귀찮은데 넘어가자.
해설	일단 지문 속에서 '회상하는 표현'을 찾는 것은 아주 귀찮은 일이니, 일단 넘어가셔도 좋습니다. 물론 '풍도의 험하던 일 저승 같고 꿈도 같다'라고 하면서 과거를 회상하는 표현을 쓰기는 했어요. 하지만 이는 과거가 너무 힘들었는데 현재는 편하다는 의미이지, 현재 상황에 대한 아쉬움을 드러내는 것은 아니죠? 가볍게 지워낼 수 있겠습니다.

② (가)는 사물의 형태가 변화한 모습을 묘사하여 외부 환경의 영향력을 부각하고 있다.

선지 유형	근거가 있어서 허용 가능
실전에서의 판단 과정	외부 환경의 영향력? 파도치는 거 말하는 건가? 아 이 부분에 형태가 변화한 모습 나오네.
해설	'외부 환경의 영향력'이라는 말을 보자마자, '대풍'이 불어 배 위에서 혼란스러워했던 부분을 떠올려야 합니다. 해당 부분으로 돌아가보니, '만곡주'가 이리저리 움직이고, '쌍돛대'가 굽어 있고, '쉰두 폭 초석 돛'은 반달처럼 배불러 있습니다. 이러한 내용을 근거로 하면, '사물의 형태가 변화된 모습'도 충분히 허용할 수 있겠죠?

③ (나)는 계절을 나타내는 어휘를 활용해 애달픈 정서를 부각하고 있다.

선지 유형	근거가 없어서 허용 불가능
실전에서의 판단 과정	왜 애달파?
해설	(나)에서는 '양류풍'(버드나무에 부는 바람)과 같은 어휘를 통해 '봄'이라는 계절을 나타내고 있다고 할 수 있습니다. 하지만 이는 자연을 즐기며 느끼는 '자족감'을 드러내기 위한 것일 뿐, '애달픈 정서'를 드러내는 것은 아니죠? 애초에 지문을 읽으면서 '애달픔'이라는 내면세계를 파악한 적이 없기 때문에, 절대로 허용할 수 없는 선지가 되겠습니다.

④ (나)는 두 인물의 행위를 대비하여 대상에 대한 평가를 드러내고 있다.

선지 유형	근거가 없어서 허용 불가능
실전에서의 판단 과정	누굴 대비했냐.
해설	(나)에 나타나는 인물은 '초동'과 '목수'라고 할 수 있습니다. 그런데 이들은 함께 일하면서 웃고 있을 뿐, '대비되는 행위'를 하고 있지는 않죠? 정확히는 이들이 '대비되는 행위'를 하고 있다는 것을 허용할 근거가 없기 때문에, 적절하지 않은 선지라고 할 수 있겠습니다. 이들에 대한 '평가'를 하는 것도 아니구요.

⑤ (가)와 (나)는 모두 영탄적 표현을 통해 대상에 대한 경외감을 드러내고 있다.

선지 유형	근거가 없어서 허용 불가능
실전에서의 판단 과정	경외감은 파악한 적 없는 내면세계인데?
해설	(가)에서는 '기쁘기 극한지라 어리석은 듯 앉았구나'에서, (나)에서는 '너뿐인가 하노라' 등에서 '영탄적 표현'을 찾을 수 있습니다. 하지만 이들은 각각 화자를 만난 가족들의 반가움과 '층석류·고사매'에 대한 애정을 드러내는 것일 뿐, 대상에 대한 '경외감'을 드러내기 위한 표현은 아니었죠. 애초에 '경외감'이라는 내면세계를 파악한 적도 없구요.

선지	①	②	③	④	⑤
선택률	5%	5%	65%	14%	11%

39 [A]~[C]에 대한 이해로 적절하지 않은 것은? ③

① [A]에서는 선상에서 불빛 두어 점에 의지해, 떠나온 곳을 가늠하는 행위를 통해 출항 후의 모습이 드러난다.

선지 유형	근거가 있어서 허용 가능
실전에서의 판단 과정	고국을 돌아보니까 아무것도 안 보이는데, 불빛 두어 점만 보이니 허용할 수 있겠다.
해설	[A]의 맥락을 그대로 독해하면 됩니다. 화자는 배를 탄 뒤 떠나온 곳인 고국을 돌아보는데, '야색'(밤의 경치)이 아득하여 아무것도 보이지 않았음을 드러내고 있습니다. 그러다 화자는 '연해 각진포'에 있는 '불빛 두어 점'이 구름 밖에 보일 만하다는 것을 이야기하면서, 그 불빛을 통해 자신이 지금 육지로부터 얼마나 떠나온 것인지 그 거리를 가늠하고 있습니다. 아무것도 보이지 않는 상황에서 육지의 '불빛 두어 점'이 보이면, 그 불빛과의 거리를 통해 떠나온 곳을 가늠할 수 있겠죠?

② [B]에서는 신하들의 고충을 헤아리는 임금의 배려에 감격한 마음이 드러난다.

선지 유형	근거가 있어서 허용 가능
실전에서의 판단 과정	천은이 망극하다!
해설	[B]는 왕의 말을 듣기 위해 '끓는 땅'에 엎드린 신하들이 날씨가 너무 더워 땀을 뻘뻘 흘리는 모습을 보고, 그 고충을 헤아려 먼저 나가 쉬라는 임금의 배려와 그에 대해 '천은이 망극하다'며 감격한

신하들의 모습을 보여 주고 있습니다. 어렵지 않게 허용할 수 있겠네요.

③ [C]에서는 갑작스러운 상황에 감정을 표현하지 못하고 무심하게 대응하는 가족들의 모습이 드러난다.

선지 유형	근거가 있어서 허용 불가능
실전에서의 판단 과정	기뻐했다며.
해설	[C]는 화자가 갑작스레 돌아오자 처자식들이 죽었던 사람을 다시 본 것처럼 기뻐하는 모습을 드러내고 있습니다. 이렇게 '무심하게 대응'한다는 것을 절대 허용할 수 없다는 명백한 근거가 있으니, 쉽게 답으로 고를 수 있겠죠.

④ [A]에서는 포구를 돌아보지만 보고 싶은 것이 보이지 않는 상황이, [B]에서는 격식을 갖추기 위해 뜨거운 땅에 엎드려 있는 일을 힘겨워하는 상황이 드러난다.

선지 유형	근거가 있어서 허용 가능
실전에서의 판단 과정	그러네.
해설	[A]와 [B]를 독해한 내용을 그대로 제시하고 있죠? 1번 선지와 2번 선지를 판단하는 과정에서 자연스럽게 체크했던 내용입니다.

⑤ [A]에서는 예기치 않게 맞닥뜨린 여정상의 위험이, [C]에서는 과거의 위험했던 경험에 대한 소회가 드러난다.

선지 유형	근거가 있어서 허용 가능
실전에서의 판단 과정	[A]에서는 파도치는 모습이, [C]에서는 풍도의 험하던 일에 대한 소회가 드러나지.
해설	[A]에서는 '대풍'이 일어나서 '태산 같은 성난 물결'이 일어나는 상황을 보여 주고 있습니다. 이는 '예기치 않게 맞닥뜨린 여정상의 위험'이라고 할 수 있겠죠? 한편 [C]에서는 '풍도의 험하던 일 저승 같고 꿈도 같다'라는 표현을 사용했으니, 이를 근거로 하면 '과거의 위험했던 경험에 대한 소회가 드러난다'는 해석은 충분히 허용할 수 있겠죠.

선지	①	②	③	④	⑤
선택률	3%	14%	32%	37%	14%

40 〈보기〉를 참고하여 (가), (나)를 감상한 내용으로 적절하지 <u>않은</u> 것은? [3점] ④

① (가)는 배가 '나뭇잎'처럼 파도에 휩쓸리고 하늘에 올랐다 떨어지는 것 같다고 하여 대풍을 겪은 체험을 생동감 있게 드러내는군.

> 크나큰 만곡주가 나뭇잎 불리이듯
> 하늘에 올랐다가 지함에 내려지니

선지 유형	근거가 있어서 허용 가능
실전에서의 판단 과정	나뭇잎 불리이듯 올랐다 떨어졌다 했네.
해설	2019학년도 수능 공부가 되어 있는 학생이라면, '만곡주'가 '큰 배'를 의미한다는 것을 알 수 있었을 겁니다. 몰랐다고 하더라도, 맥락상 '만곡주'가 '배'를 의미한다는 것은 충분히 생각할 수 있겠죠? 화자는 대풍이 불자 '만곡주'가 마치 '나뭇잎'이 불리이듯 올라갔다 내려갔다 했다는 이야기를 하면서, 이러한 체험을 생동감 있게 드러내고 있습니다.

② (나)는 화암의 풍경이라 인정할 만한 것이 '너뿐'이라고 하여 자신이 기른 화훼로 조성한 공간에 대한 자긍심을 드러내는군.

> 꼬아 자란 층석류*요 틀어 지은 고사매*라
> 삼봉 괴석에 달린 솔이 늙었으니
> 아마도 화암 풍경이 너뿐인가 하노라
>
> * 층석류 : 석류나무로 만든 분재.
> * 고사매 : 매화를 고목에 접붙인 분재.

선지 유형	근거가 있어서 허용 가능
실전에서의 판단 과정	분재니까 화자가 직접 기른 화훼 맞지.
해설	화자는 '층석류'와 '고사매'라는 분재들을 바라보면서, '너뿐'만이 '화암 풍경'이라는 이야기를 하고 있습니다. '분재'는 화분을 의미하기에, '층석류'와 '고사매'는 화자가 직접 기른 화훼라고 할 수 있겠죠. 나아가 이러한 화훼로 조성한 공간만이 '화암 풍경'이라고 하는 것은, 그만큼 자신이 조성한 공간이 아름답다는 자긍심을 드러낸다고 할 수 있겠

습니다. '분재'라는 단어를 알았다면 훨씬 쉽게 판단할 수 있었을 것이고, 몰랐다고 해도 〈보기〉에서 화자가 자신의 취향이 반영된 자연물로 '개성적 공간'을 구성했다고 한 내용을 근거로 해서 허용할 수 있어야 합니다.

③ (가)는 '육선'에 탄 사신단이 만물이 격동할 만한 '군악'을 들으며 떠나는 데 주목해 경험에 대한 관심을, (나)는 꼬이고 틀어진 모양으로 가꾼 식물에 주목해 외물에 대한 관심을 드러내는군.

> 장풍에 돛을 달고 육선이 함께 떠나
> 삼현과 군악 소리 해산을 진동하니
> 물속의 어룡들이 응당히 놀라리라

> 꼬아 자란 층석류*요 틀어 지은 고사매*라
> 삼봉 괴석에 달린 솔이 늙었으니
> 아마도 화암 풍경이 너뿐인가 하노라
>
> * 층석류 : 석류나무로 만든 분재.
> * 고사매 : 매화를 고목에 접붙인 분재.

선지 유형	근거가 있어서 허용 가능
실전에서의 판단 과정	그러고 있네.
해설	(가)의 화자는 사신단이 '육선'에 함께 타고 '해산을 진동하'는 '군악' 소리를 들으며 떠나는 데 주목하고 있습니다. 〈보기〉를 고려하면, 이는 '경험'에 대한 관심이 확대된 모습이라고 할 수 있겠죠. 한편 (나)의 화자는 꼬이고 틀어진 모양으로 가꾼 '층석류'와 '고사매'의 모습에 주목하고 있어요. 〈보기〉를 고려하면, 이는 '외물'에 대한 관심을 드러내는 모습이라고 할 수 있겠습니다.

④ (가)는 배에서 '신세'를 생각하는 모습으로 사행길의 복잡한 심사를, (나)는 '청산'에서의 삶에서 느끼는 자랑스러움을 '야인 생애'로 표현하여 겸양의 태도를 드러내는군.

> 배 방에 누워 있어 내 신세를 생각하니
> 가뜩이 심란한데 대풍이 일어나서

맑은 물에 벼를 갈고 청산에 섶을 친 후
서림 풍우에 소 먹여 돌아오니
두어라 야인 생애도 자랑할 때 있으리라

선지 유형	근거가 없어서 허용 불가능
실전에서의 판단 과정	자랑스럽지는 않은 것 같은데? 그리고 애초에 겸손할 상황이 아닌데 왜 겸양이야.
해설	(가)의 화자는 배에서 '신세'를 생각하는 모습으로 사행길의 복잡한 심사, 즉 '심란'한 내면세계를 보여 주고 있습니다. 이 부분은 어렵지 않게 허용할 수 있겠네요. 한편, (나)의 화자는 '청산'이라는 공간에서 벼를 갈고 섶을 치고, 서림 풍우에 소를 먹이는 등의 일을 하고 있습니다. 화자는 이러한 자신의 모습을 '야인 생애'로 표현하고 있어요. 〈보기〉에 따르면, 이 작품은 '강호에서의 자족감', '출사하지 못한 선비로서 생활 공간인 향촌에 머물 수밖에 없는 데 따른 회포', '개성적 공간에서의 긍지'를 드러냈다고 했습니다. 그런데 이 중에는 선지에서 말하는 '자랑스러움'이 포함되어 있지 않습니다. 그나마 비슷한 표현인 '자족감'과 '자랑스러움'은 분명히 다른 의미를 가지고 있으니까요. 나아가, 〈보기〉에서 제시한 세 가지 내용 중 첫 번째는 〈제6수〉, 세 번째는 〈제1수〉와 맞닿아 있다고 할 수 있습니다. 그렇다면 자연스럽게 두 번째로 제시된 이 작품의 특징인 '출사하지 못한 선비로서 생활 공간인 향촌에 머물 수밖에 없는 데 따른 회포'가 〈제9수〉와 연관된다고 생각할 수 있을 것 같아요. 이를 바탕으로 〈제9수〉를 다시 독해하면, 출사하지 못해 향촌에 머물 수밖에 없는 화자의 처지를 묘사한 것이라고 이해할 수 있습니다. 즉, 향촌에서 이런저런 일을 한 뒤 화자 자신의 '야인 생애'도 언젠간 자랑할 때 있을 것이라고 말하는 내용인 것이죠. 이런 말을 하는 화자의 내면세계를 〈보기〉와 엮어서 공감해보면, 출사하지 못해 향촌에 머물고 있는 자신의 모습(야인 생애)이 마음에 들지는 않지만, 언젠간 벼슬에 나가 지금의 생활을 자랑할 때가 있을 것이라는 희망이 깃들어 있다는 것을 생각할 수 있을 것입니다. 결국 '야인 생애'로 표현한 화자의 내면세계는 '아쉬움' 정도이지 '자랑스러움'이 아니기 때문에 허용할 수 없습니다. 이 '아쉬움'이 〈보기〉에서 말하는 '회포'(= 마음속에 품은 생각이나 정)에 해당하는 것이죠.

나아가 '겸양의 태도' 역시 허용하기 어렵습니다. '겸양의 태도'는 쉽게 말해 겸손하다는 것인데, 화자는 정말로 '청산'이라는 공간에 틀어박혀 '야인 생애'를 보내고 있을 뿐 스스로가 생각하기에도, 그리고 남들이 보기에도 만족스러운 삶을 살고 있지 않습니다. 따라서 애초에 '겸손'할 상황이 아니기 때문에 '겸양의 태도'를 보인다는 것 역시 허용할 수 없다고 보는 게 맞겠죠?

⑤ (가)는 집으로 돌아와 한가하게 지내며 '성대'를 누리는 삶에 대한 만족감을, (나)는 양류풍에 감응하며 '뜻대로 소일'하는 강호의 삶에 대한 자족감을 드러내는군.

손주 안고 어르면서 한가히 누웠으니
강호의 산인이요 성대의 일반이로다

막대 짚고 나와 거니니 양류풍 불어온다
긴 파람 짧은 노래 뜻대로 소일하니
어디서 초동과 목수(牧叟)는 웃고 가리키나니

선지 유형	근거가 있어서 허용 가능
실전에서의 판단 과정	손주 안고 만족스러워 보이고, 자족감은 (나)의 주제라고 할 수 있지.
해설	(가)의 화자는 집으로 돌아와 손주를 안고 어르면서 한가롭게 지내고 있습니다. 나아가 이러한 자신의 모습을 '강호의 산인', '성대의 일반'이라고 표현하고 있죠. 정확히 무슨 뜻인지 몰라도, 이렇게 말하는 화자의 '내면세계'가 만족스러움으로 가득하다는 것 정도는 파악할 수 있어야 합니다. 한편 (나)의 화자는 '양류풍'이 불자 '뜻대로 소일'하고 있습니다. 이렇게 화자가 강호 속에서 자족하는 모습을 보이는 것은 (나)의 주제 그 자체였으니, 가볍게 허용할 수 있겠습니다.

| 핵심 point |

① **허용 가능성 평가** : 선지의 내용을 '허용'하려는 태도를 바탕으로 지문을 '독해'하며 '근거'를 찾아야 합니다. 허용할 수 있는 '근거'가 있어야만 허용할 수 있습니다. 주관적인 생각을 개입시키면 안 됩니다.

② **고전시가 독해** : 겁먹지 않고, 현대시를 읽듯이 읽어내면 됩니다. 현대시와 마찬가지로, 〈보기〉의 도움 등을 통해 '주제' 위주로 가볍게 읽어내면 되는 거예요. 자세한 해석은 선지가 해줄 겁니다!

| 지문 내용 총정리 |

〈보기〉를 바탕으로 주제를 인식하고, 이를 기준으로 삼아 선지의 허용 가능성을 평가하는 전형적인 고전시가 세트였습니다. 나아가 '일동장유가'처럼 기출문제에 출제된 작품이 다시 출제되는 최근의 경향을 잘 보여 주는 지문이기도 하죠? 기출문제 학습을 통해 내용적인 일관성을 확인하시고, 많은 작품에 대한 경험치도 쌓으면서 문학 실력을 키우시기 바랍니다.

〈보기〉 확인

---[보기]---

　(가)에서 화자는 '종가'의 상황을 구체적으로 서술함으로써 종가와 연관된 사람들의 상처를 드러내고, 이러한 종가의 이야기가 현재의 상황과 연결되도록 현재 시제를 주로 사용하여 생동감 있게 표현했다. (나)에서 화자는 '시'가 '노래'의 성격을 되찾아야 할 뿐만 아니라, 감정의 과잉으로 상처가 오히려 깊어지기도 하는 노래의 한계를 극복하기 위해 '이야기'가 요구된다는 점을 강조했다. (가)는 종가에 대한 화자의 경험을 이야기한 산문 형식의 시이고, (나)는 「종가」와 같은, 이야기가 두드러진 시를 짓는 까닭을 제시한 시론 성격의 시이다.

(가)와 (나)의 주제를 제시하는 친절한 〈보기〉입니다. (가)는 '종가'와 연관된 사람들의 '상처'를 드러내고, (나)는 '시' 속에 '노래'와 '이야기'가 조화를 이룰 것을 강조하는 것으로 보입니다. 이 내용이 어떻게 구현되어 있을지 기대하면서 읽어봅시다.

실전적 지문 독해

(가)

　돌담으로 튼튼히 가려 놓은 집 안엔 검은 기와집 종가가 살고 있었다. 충충한 울 속에서 거미 알 터지듯 흩어져 나가는 이 집의 지손(支孫)*들. 모두 다 싸우고 찢고 헤어져 나가도 오래인 동안 이 집의 광영(光榮)을 지키어 주는 신주(神主)*들은 대머리에 곰팡이가 나도록 알리어지지는 않아도 종가에서는 무기처럼 아끼며 제삿날이면 갑자기 높아 제상(祭床) 위에 날름히 올라앉는다. 큰집에는 큰아들의 식구만 살고 있어도 제삿날이면 제사를 지내러 오는 사람들 오조 할머니와 아들 며느리 손자 손주며느리 칠촌도 팔촌도 한데 얼리어 닝닝거린다. 시집갔다 쫓겨 온 작은딸 과부가 되어 온 큰고모 손꾸락을 빨며 구경하는 이종 언니 이종 오빠. 한참 쩡쩡 울리던 옛날에는 오조 할머니 집에서 동원 뒷밥*을 먹어왔다고 오조 할머니 시아버지도 남편도 동네 백성들을 곧-잘 잡아들여다 모말굴림*도 시키고 주릿대를 앵기었다고. 지금도 종가 뒤란에는 중복사 나무 밑에서 대구리가 빤들빤들한 달걀귀신이 융융거린다는 마을의 풍설. 종가에 사는 사람들은 아무 일을 안 해도 지내 왔었고 대대손손이 아-무런 재주도 물리어받지는 못하여 종갓집 영감

님은 근시 안경을 쓰고 눈을 찝찝거리며 먹을 궁리를 한다고 작인(作人)들에게 고리대금을 하여 살아 나간다.

-오장환, 「종가」-

* 지손 : 맏이가 아닌 자손에서 갈라져 나간 파의 자손.
* 신주 : 죽은 사람의 위패.
* 뒷밥 : 고사나 제사를 지낸 후 객귀를 위해 차리는 상.
* 모말굴림 : 곡식을 담는 그릇 위에 무릎을 꿇리는 형벌.

굵은 글씨를 다 삭제하기는 했지만, 실전적으로 독해할 때는 굵은 글씨 위주로 읽으면서 '종가'를 비판하고 있다는 걸 잡아주시면 됩니다. 좋은 말만 하는 것 같지만, 일종의 '반어법'이 쓰인 작품이에요. 〈보기〉에서 제시한 주제를 바탕으로 읽었다면 어렵지 않게 생각할 수 있었을 겁니다. 이 정도로만 읽어놓고 갈까요?

(나)

노래는 심장에, 이야기는 뇌수에 박힌다
처용이 밤늦게 돌아와, 노래로써
아내를 범한 귀신을 꿇어 엎드리게 했다지만
막상 목청을 떼어 내고 남은 가사는
베개에 떨어뜨린 머리카락 하나 건드리지 못한다　　[A]
하지만 처용의 이야기는 살아남아
새로운 노래와 풍속을 짓고 유전해 가리라
정간보가 오선지로 바뀌고
이제 아무도 시집에 악보를 그리지 않는다
노래하고 싶은 시인은 말 속에
은밀히 심장의 박동을 골라 넣는다　　[B]
그러나 내 격정의 상처는 노래에 쉬이 덧나
다스리는 처방은 이야기일 뿐
이야기로 하필 시를 쓰며
뇌수와 심장이 가장 긴밀히 결합되길 바란다.

-최두석, 「노래와 이야기」-

많이들 알고 계실 '처용가'의 이야기를 통해 시상이 전개되고 있네요. (어떤 내용인지 모르면 꼭 찾아보세요!) 계속해서 '노래'와 '이야기'를 대비해가고 있는데, '이야기'로 시를 쓰면서 '뇌수'(이야기)와 '심장'(노래)이 긴밀히 '결합'되길 '바라는' 화자의 반응이 나타나고 있습니다. 이 정도로 주제만 확인하고 넘어가시면 됩니다. 나머지 자세한 해석은 선지에서 해 줄 테니까요.

선지	①	②	③	④	⑤
선택률	5%	80%	8%	4%	3%

41 (가)에 대한 이해로 가장 적절한 것은? ②

① '이 집의 지손들'이 '거미 알 터지듯 흩어져 나'간다는 데서, 종가의 번성에 대한 자부심을 드러낸다.

> 돌담으로 튼튼히 가려 놓은 집 안엔 검은 기와집 종가가 살고 있었다. 충충한 울 속에서 <u>거미 알 터지듯 흩어져 나가는 이 집의 지손(支孫)*들</u>.
>
> * 지손 : 맏이가 아닌 자손에서 갈라져 나간 파의 자손.

선지 유형	근거가 있어서 허용 불가능
실전에서의 판단 과정	터지듯 흩어지는데 왜 번성이야.
해설	'번성'과 '자부심'이라는 말을 허용하려고 해도, '거미 알 터지듯 흩어져 나가는' 모습은 '해체'의 이미지를 가지고 있죠? 바로 뒤 맥락에서도 '싸우고 찢고 헤어져 나'간다는 이야기가 나오구요.

② '오래인 동안 이 집의 광영을 지키어 주는 신주들'이 '제삿날이면 갑자기 높아 제상 위에 날름히 올라앉는다'는 데서, 종가에 대한 풍자적 태도를 드러낸다.

> 모두 다 싸우고 찢고 헤어져 나가도 <u>오래인 동안 이 집의 광영(光榮)을 지키어 주는 신주(神主)*들</u>은 대머리에 곰팡이가 나도록 알리어지지는 않아도 종가에서는 무기처럼 아끼며 <u>제삿날이면 갑자기 높아 제상(祭床) 위에 날름히 올라앉는다</u>.
>
> * 신주 : 죽은 사람의 위패.

선지 유형	근거가 있어서 허용 가능
실전에서의 판단 과정	주제네?
해설	일단 '날름히'와 같은 표현을 근거로 하면, 종가에 대한 '풍자적' 태도를 충분히 허용할 수 있을 것으로 보입니다. 나아가 이 선지는 〈보기〉에서도 언급한 이 지문의 '주제'이기 때문에, 답이 될 확률이 매우 높은 선지라고 할 수 있어요.

③ '동네 백성들을 곧-잘 잡아들여다 모말굴림도 시키고 주릿대를 앵기었다'는 데서, 종가의 위세에 대한 시기심을 드러낸다.

> 한참 쩡쩡 울리던 옛날에는 오조 할머니 집에서 동원 뒷밥*을 먹어왔다고 오조 할머니 시아버니도 남편도 <u>동네 백성들을 곧-잘 잡아들여다 모말굴림*도 시키고 주릿대를 앵기었다</u>고.
>
> * 뒷밥 : 고사나 제사를 지낸 후 객귀를 위해 차리는 상.
> * 모말굴림 : 곡식을 담는 그릇 위에 무릎을 꿇리는 형벌.

선지 유형	근거가 없어서 허용 불가능
실전에서의 판단 과정	시기심을 어디서 허용하냐
해설	'동네 백성들'을 잡아서 이것저것 시키는 모습은, 종가가 가진 '위세'를 허용하기에 충분해 보입니다. 하지만 이런 행동들을 '시기'한다고 볼 만한 근거는 찾아볼 수가 없죠? 단순히 비판적인 어조를 보일 뿐, 부러워하고 질투하는 모습이 나타나지는 않아요. 애초에 지문의 주제와도 어긋나구요!

④ '종가에 사는 사람들은 아무 일을 안 해도 지내 왔었고 대대손손이 아-무런 재주도 물리어받지는 못'했다는 데서, 종가의 내력을 존중하는 태도를 드러낸다.

> <u>종가에 사는 사람들은 아무 일을 안 해도 지내 왔었고 대대손손이 아-무런 재주도 물리어받지는 못하여</u>

선지 유형	근거가 없어서 허용 불가능
실전에서의 판단 과정	누가 봐도 놀리는 건데 존중은 무슨.
해설	'아-무런 재주'도 없다는데, '존중'을 허용하기는 어렵겠죠? 오히려 놀리는 것이라 볼 수 있겠죠.

⑤ '근시 안경을 쓰고 눈을 찝찝거리'는 '종갓집 영감님'이 '작인들에게 고리대금을 하여 살아 나간다'는 데서, 종가에 대한 선망을 드러낸다.

> 종가에 사는 사람들은 아무 일을 안 해도 지내 왔었고 대대손손이 아-무런 재주도 물리어받지는 못하여 <u>종갓집 영감님은 근시 안경을 쓰고 눈을 찝찝거리며</u> 먹을 궁리를 한다고 <u>작인(作人)들에게 고리대금을 하여 살아 나간다</u>.

선지 유형	근거가 없어서 허용 불가능
실전에서의 판단 과정	누가 봐도 놀리는 건데 선망은 무슨.
해설	4번 선지와 비슷한 맥락입니다. '찜찜거리며'와 같은 표현을 보면 비꼬고 놀리는 것이라고 해야지, '선망'이라는 심리를 허용하기는 어려워보여요. 이 지문의 주제와 정반대되는 내용이기도 하구요.

선지	①	②	③	④	⑤
선택률	8%	5%	19%	59%	9%

42 [A], [B]에 대한 이해로 가장 적절한 것은? ④

① [A]는 '노래'와 '가사'의 융합이 가져온 결과를 보여 준 것이다.

선지 유형	근거가 있어서 허용 불가능
실전에서의 판단 과정	저기서의 가사는 노래가 떨어진 것이지.
해설	맥락을 독해해보면, '귀신을 꿇어 엎드리게' 한 '노래'와는 달리, '목청을 떼어 내고 남은 가사'는 아무런 힘을 발휘하지 못합니다. 이는 '목청', 즉 '노래'가 '떨어져 나갔기 때문'에 그런 것이라고 할 수 있겠죠. 이렇게 확실한 '근거'가 있기 때문에, '융합'이라는 말을 허용하기는 어려워 보입니다.

② [A]는 '노래'와 '이야기'가 결합되었을 때 나타나는 단점을 설명한 것이다.

선지 유형	근거가 있어서 허용 불가능
실전에서의 판단 과정	결합 아니라니까.
해설	1번 선지 해설과 마찬가지로, [A]는 '노래'와 '이야기'가 결합한 것이 아닌 '노래'가 분리된 상황을 의미하는 것입니다. '목청=노래'를 독해하는 것이 아주 중요했네요. 일상 언어의 감각으로 이해해주시면 됩니다!

③ [B]는 시인의 '말'에 '이야기'가 직접 연결된 상황을 표현한 것이다.

선지 유형	근거가 있어서 허용 불가능
실전에서의 판단 과정	말에 이야기가 아니라 노래를 골라 넣는 거지.
해설	첫 행에서부터 '노래=심장'임을 분명히 밝히고 있습니다. 그리고 상식적으로 생각해도, '심장의 박동'이라고 하면 '이야기'보다는 '노래'를 떠올리는 게 더 자연스럽죠? [B]는 '말' 속에 '노래'를 골라 넣는 상황이므로, 이를 근거로 하면 '말'에 '이야기'가 연결되었다는 3번 선지는 허용할 수 없겠습니다.

④ [B]는 '노래'의 성격이 약화된 '말'에 '노래'가 주는 감동을 불어넣는 상황을 보여 준 것이다.

선지 유형	근거가 있어서 허용 가능
실전에서의 판단 과정	심장 박동 골라 넣는 건 노래가 주는 감동을 불어넣는 상황이라고 할 수 있지.
해설	[B]는 아무도 시집에 악보를 그리지 않는, 즉 '노래'를 하지 않는 상황에서 '말' 속에 '심장의 박동'을 골라 넣는 모습입니다. 이 작품의 대전제가 '노래=심장'이므로, 이는 '노래'의 성격이 약화된 '말'에 '심장'에 박히는 '노래'의 감동을 불어넣은 상황이라고 할 수 있겠습니다. 차근차근 독해했더니, 어렵지 않게 허용의 근거를 찾을 수 있는 모습이죠?

⑤ [A]는 '이야기'의 도입이 지닌 한계를, [B]는 '노래'의 회복이 지닌 의의를 설명한 것이다.

선지 유형	근거가 있어서 허용 불가능
실전에서의 판단 과정	[A]는 '이야기'를 도입한 게 아니라니까.
해설	1번, 2번 선지 해설에서 확인했듯이, [A]는 '이야기'를 도입한 상황이 아니라 '노래'와 분리된 가사가 아무런 힘이 없음을 강조하는 부분이었습니다. 가볍게 지워낼 수 있겠죠? 나아가 [B]의 경우에도, '노래'의 회복에 대해 이야기하는 것은 맞지만 어떤 '의의'를 설명한다고 보기는 어렵겠습니다. '의의'에 대한 내용은 조금 애매하다고 해도, [A] 부분을 바탕으로 확실하게 지워낼 수 있어야 해요!

선지	①	②	③	④	⑤
선택률	5%	3%	14%	11%	67%

43 (가), (나)에 대한 설명으로 적절하지 <u>않은</u> 것은? ⑤

① (가)는 '쩡쩡 울리던 옛날'과 '달걀귀신이 융융거린다는 마을의 풍설'을 통해 '종가'에 대한 인상을 감각적으로 나타내고 있다.

> 한참 쩡쩡 울리던 옛날에는 오조 할머니 집에서 동원 뒷밥*을 먹어왔다고 오조 할머니 시아버지도 남편도 동네 백성들을 곧-잘 잡아들여다 모말굴림*도 시키고 주릿대를 엉기었다고. 지금도 <u>종가</u> 뒤란에는 중복사 나무 밑에서 대구리가 빤들빤들한 <u>달걀귀신이 융융거린다는 마을의 풍설</u>.
>
> * 뒷밥 : 고사나 제사를 지낸 후 객귀를 위해 차리는 상.
> * 모말굴림 : 곡식을 담는 그릇 위에 무릎을 꿇리는 형벌.

선지 유형	근거가 있어서 허용 가능
실전에서의 판단 과정	저 정도면 종가의 인상이라고 할 수 있겠지.
해설	'쩡쩡' 울리던 옛날의 위엄스러운 모습, '달걀귀신'이 돌아다니는 으스스한 현재의 모습 등 '종가'에 대한 인상을 감각적으로 나타내고 있다고 할 수 있겠습니다.

② (가)는 '돌담으로 튼튼히 가려 놓은 집'과 '검은 기와집'을 통해 '종가'의 분위기를 드러내고 있다.

> <u>돌담으로 튼튼히 가려 놓은 집</u> 안엔 <u>검은 기와집</u> 종가가 살고 있었다.

선지 유형	근거가 있어서 허용 가능
실전에서의 판단 과정	돌담으로 가려 놓고 검다고 했으면 분위기 허용되지.
해설	'돌담'으로 가려 놓고, '검은' 느낌을 주는 '기와집'. 이 정도면 '종가'의 분위기를 드러내기엔 충분하죠? 굳이 어떤 분위기인지 특정하지 않더라도, '분위기를 드러낸다'는 것 자체는 맞는 말이니까요.

③ (나)는 '그러나'라는 시상 전환 표지를 활용하여 '노래'만으로는 화자가 바라는 '시' 창작이 어렵다는 점을 부각하고 있다.

> 노래하고 싶은 시인은 말 속에
> 은밀히 심장의 박동을 골라 넣는다
> <u>그러나</u> 내 격정의 상처는 노래에 쉬이 덧나
> 다스리는 처방은 이야기일 뿐
> 이야기로 하필 시를 쓰며
> 뇌수와 심장이 가장 긴밀히 결합되길 바란다.

선지 유형	근거가 있어서 허용 가능
실전에서의 판단 과정	그러나 뒤에 노래의 한계가 나오고 있으니 허용되네.
해설	'그러나'라는 '시상 전환 표지'를 활용했고, 그 뒤에서 '노래'가 가진 한계를 제시하며 '이야기'로 시를 쓰는 것이 중요하다는 말로 이어가고 있습니다. 이 정도의 근거라면 3번 선지를 허용하는 건 어렵지 않겠네요.

④ (나)는 '처용'이 부른 '노래'와 '처용'에 대한 '이야기'의 성격을 비교하여 주제를 구체화하고 있다.

> 노래는 심장에, 이야기는 뇌수에 박힌다
> <u>처용</u>이 밤늦게 돌아와, 노래로써
> 아내를 범한 귀신을 꿇어 엎드리게 했다지만
> 막상 목청을 떼어 내고 남은 가사는
> 베개에 떨어뜨린 머리카락 하나 건드리지 못한다
> 하지만 <u>처용의 이야기는 살아남아</u>
> 새로운 노래와 풍속을 짓고 유전해 가리라

선지 유형	근거가 있어서 허용 가능
실전에서의 판단 과정	노래와 이야기의 결과가 다르네. 비교 허용.
해설	'처용'의 '노래'는 '귀신을 꿇어 엎드리게' 하는 결과를 낳았지만, '처용'의 '이야기'는 살아남아 '새로운 노래와 풍속을 짓고 유전해 가리라'고 했습니다. 하나는 상대를 엎드리게 했고, 하나는 새로운 요소를 만들어냈으니 '비교'를 허용하기에 충분하네요.

| 생각 심화 |

1행에 제시된 '노래'는 '심장'에, '이야기'는 '뇌수'에 박힌다는 것을 생각하면 훨씬 더 정확하게 판단할 수 있습니다. 처용의 '노래'는 귀신의 '심장'에 박혀 꿇어 엎드리게 하는 결과를, '이야기'는 사람들의 '뇌수'에 박혀 새로운 노래·풍속을 짓고 유전하게 하는 결과를 낳았습니다. 즉, 각각 상대를 굴복시키거나 다른 행동을 유도하는 등 명백하게 다른 '결과'를 만들었던 것이죠. 이는 '노래'와 '이야기'가 가진 '성격'이 확실하게 다르다는 것을

의미하겠죠? 화자는 이렇게 두 요소의 서로 다른 성격을 제시하면서, 시 창작에 두 요소를 함께 사용하는 것이 중요하다는 주제를 구체화하고 있는 것입니다.

⑤ (가)는 '지금도'를 통해 '종가'의 불변성을, (나)는 '이제'를 통해 '시'의 영속성을 강조하고 있다.

> 지금도 종가 뒤란에는 중복사 나무 밑에서 대구리가 빤들빤들한 달걀귀신이 융융거린다는 마을의 풍설.

> 정간보가 오선지로 바뀌고
> 이제 아무도 시집에 악보를 그리지 않는다

선지 유형	근거가 있어서 허용 불가능
실전에서의 판단 과정	이제 아무도 악보 안 그리는 거면 변화가 있는 거잖아.
해설	(가)의 '지금도'라는 표현은 그 자체로 '불변성'을 허용할 근거가 될 수 있습니다. 하지만 (나)에서 '이제' 아무도 시집에 악보를 그리지 않는다는 건 '시'의 성질이 '변화'했다는 걸 의미하죠? 이런 근거가 있는데, '영속성'을 허용하기는 어렵겠네요.

선지	①	②	③	④	⑤
선택률	5%	7%	68%	11%	9%

44 〈보기〉를 바탕으로 (가), (나)를 감상한 내용으로 적절하지 않은 것은? [3점] ③

① (가)는 종가 구성원들의 행동을 현재 시제로 생동감 있게 표현함으로써 종가의 이야기와 현실이 연관되도록 서술하고 있군.

선지 유형	근거가 있어서 허용 가능
실전에서의 판단 과정	〈보기〉가 그렇다며.
해설	〈보기〉에서도 언급한 내용이고, 실제로 지문에서도 '-ㄴ다'라는 현재 시제를 많이 사용하고 있죠? '현재 시제'를 사용했다는 것을 생각하면 '생동감 있게' 표현했다는 것과 '이야기와 현실이 연관되도록 서술'이라는 것도 자연스럽게 허용이 될 것이구요.

② (가)는 '동네 백성들'이 받은 상처를 보여 줌으로써 종가의 부정적 측면을 드러내려는 화자의 의도를 부각하고 있군.

> 오조 할머니 시아버지도 남편도 동네 백성들을 곧-잘 잡아들여다 모말굴림*도 시키고 주릿대를 앵기었다고.
>
> * 모말굴림 : 곡식을 담는 그릇 위에 무릎을 꿇리는 형벌.

선지 유형	근거가 있어서 허용 가능
실전에서의 판단 과정	동네 백성들을 괴롭혔으니 부정적 측면 허용되지.
해설	'동네 백성들'은 '모말굴림'도 당하고, '주릿대'에 고통받기도 했습니다. 이런 내용들은 '상처'의 근거로 충분할 것이고, '종가의 부정적 측면'이라고 보기에도 충분하겠죠.

③ (나)는 상처가 노래에 쉽게 덧난다고 말함으로써 시에서 노래의 성격이 분리된 결과를 보여 주고 있군.

> 노래하고 싶은 시인은 말 속에
> 은밀히 심장의 박동을 골라 넣는다
> 그러나 내 격정의 상처는 노래에 쉬이 덧나
> 다스리는 처방은 이야기일 뿐
> 이야기로 하필 시를 쓰며
> 뇌수와 심장이 가장 긴밀히 결합되길 바란다.

선지 유형	근거가 있어서 허용 불가능
실전에서의 판단 과정	상처가 노래에 덧나는 건 말 속에 심장의 박동이 들어간 이후잖아.
해설	'상처는 노래에 쉬이 덧나'라고 말하는 시점은, '말 속에 은밀히 심장의 박동을 골라 넣'은 이후입니다. 즉, '상처'가 '노래'에 덧나는 것은 시에 '노래'가 들어 온 이후의 일인 것이죠. 〈보기〉에서는 이를 '감정의 과잉'으로 인해 상처가 오히려 깊어지기도 한다는 것으로 표현했습니다. 다시 말해, 상처가 노래에 쉽게 덧나는 것은 노래의 성격이 '분리'된 결과가 아니라, 노래의 성격이 '과하게' 들어간 결과인 것입니다. 마치 독서 지문의 문제를 풀듯이, '객관적 독해'를 바탕으로 해결했어야 하는 문제입니다.

④ (나)는 '뇌수'와 '심장'의 결합을 희망한다고 말함으로
　　써 시에 이야기도 필요하다는 생각을 담아내고 있군.

> 이야기로 하필 시를 쓰며
> 뇌수와 심장이 가장 긴밀히 결합되길 바란다.

선지 유형	근거가 있어서 허용 가능
실전에서의 판단 과정	뇌수가 곧 이야기지.
해설	첫 행에서 '노래=심장', '이야기=뇌수'로 지정해 주었습니다. '뇌수'와 '심장'의 결합을 희망한다는 건, '이야기'와 '노래'의 결합을 희망한다는 이야기 겠죠. 그렇다면 시에 '이야기'가 필요하다는 생각 을 담아낸 것이라고 볼 수 있겠네요.

⑤ (가)는 종가에 얽힌 경험과 상처에 대한 이야기를,
　　(나)는 시 창작에서 이야기의 활용이 지니는 의미를
　　제시하고 있군.

선지 유형	근거가 있어서 허용 가능
실전에서의 판단 과정	주제네.
해설	〈보기〉에서 제시한 각 작품의 주제를 언급하는 선 지입니다. 가볍게 허용해주시면 되겠네요.

현대시 독해 연습

> (가)
> 　돌담으로 튼튼히 가려 놓은 집 안엔 검은 기와집 종가
> 가 살고 있었다. 충충한 울 속에서 거미 알 터지듯 흩어
> 져 나가는 이 집의 지손(支孫)*들.
>
> * 지손 : 맏이가 아닌 자손에서 갈라져 나간 파의 자손.

'종가'에 대해 묘사하면서 시작하고 있습니다. 참고로 '종가'는 장
남으로만 대대로 이어온 집을 의미하는데, 장남에게 거의 모든
권한을 몰아 주었던 과거 풍속에 따라 '종가'가 가진 위세는 엄청
났습니다. 이런 배경지식이 있다는 가정하에 읽어보겠습니다.

'돌담으로 튼튼히 가려 놓'을 정도로 엄청난 위세를 자랑하는 '종
가'에서는 '지손들'이 흩어져 나간다고 합니다. 각주를 보니, '지
손들'은 '종가'에 살 수 없는 이들을 의미하네요. 이렇게 '종가'에
서 쫓겨나는 '지손들'의 처지를 '거미 알 터지듯'으로 표현하면서
'종가'에 대한 비판적 입장을 보여 주고 있네요.

> 모두 다 싸우고 찢고 헤어져 나가도 오래인 동안 이 집
> 의 광영(光榮)을 지키어 주는 신주(神主)*들은 대머리에
> 곰팡이가 나도록 알리어지지는 않아도 종가에서는 무
> 기처럼 아끼며 제삿날이면 갑자기 높아 제상(祭床) 위
> 에 날름히 올라앉는다. 큰집에는 큰아들의 식구만 살고
> 있어도 제삿날이면 제사를 지내러 오는 사람들 오조 할
> 머니와 아들 며느리 손자 손주며느리 칠촌도 팔촌도 한
> 데 얼리어 닝닝거린다. 시집갔다 쫓겨 온 작은딸 과부가
> 되어 온 큰고모 손꾸락을 빨며 구경하는 이종 언니 이종
> 오빠.
>
> * 신주 : 죽은 사람의 위패.

이렇게 '싸우고 찢고 헤어져 나가도' 이 집에 있는 '신주들'에는
'머리에 곰팡이가 나도록' 관심도 없습니다. 하지만 제삿날이면
이 '신주들'은 '제상 위에 날름히 올라앉는다'고 해요. '종가'의 '신
주들'은 그 집안에 살았던 장남들일 텐데, 평소에는 관심도 없다
가 제삿날에만 '종가'의 위세를 위해 등장하는 모습입니다. 이 '종
가'에는 큰아들의 식구만 살고 있지만, 이렇게 '신주들'이 위세를
떨치는 '제삿날'이 되면 온 식구가 모이네요. '날름히' 및 가족들
을 묘사하는 여러 표현들을 바탕으로 하면, 화자가 '종가'에 대해
굉장히 부정적이라는 점을 알 수 있겠죠?

> 한참 쩡쩡 울리던 옛날에는 오조 할머니 집에서 동원 뒷
> 밥*을 먹어왔다고 오조 할머니 시아버니도 남편도 동네
> 백성들을 곧－잘 잡아들여다 모말굴림*도 시키고 주릿대
> 를 앵기었다고. 지금도 종가 뒤란에는 중복사 나무 밑에
> 서 대구리가 빤들빤들한 달걀귀신이 융융거린다는 마을
> 의 풍설.
>
> * 뒷밥 : 고사나 제사를 지낸 후 객귀를 위해 차리는 상.
> * 모말굴림 : 곡식을 담는 그릇 위에 무릎을 꿇리는 형벌.

계속해서 '종가'에 대해 비판적인 입장을 보이고 있습니다. 이번
에는 '한참 쩡쩡 울리던 옛날'에 '종가'에서 다른 이들을 괴롭혔다
는 이야기를 하고 있습니다. 얼마나 괴롭혔으면, '달걀귀신'이 돌
아다닐 정도라고 합니다. 정확한 내용은 이해되지 않더라도, 화자
가 '종가'에 대해 비판적이라는 것만 확실하게 느낄 수 있으면 충
분해요.

종가에 사는 사람들은 아무 일을 안 해도 지내 왔었고
대대손손이 아─무런 재주도 물리어받지는 못하여 종갓
집 영감님은 근시 안경을 쓰고 눈을 찝찝거리며 먹을 궁
리를 한다고 작인(作人)들에게 고리대금을 하여 살아 나
간다.

-오장환, 「종가」-

이번엔 '종가'에 사는 사람들의 능력을 비판하고 있습니다. 이들은 아무 일도 안 하고, 아무런 재주도 물려받은 것도 없이 '고리대금'을 하며 살아 나간다고 해요. 능력도 없이 장남이라는 이유로 위세를 떨쳤던 '종가'의 사람들에 대한 비판적 입장을 잘 드러낸 작품이었습니다.

(나)
　노래는 심장에, 이야기는 뇌수에 박힌다

'노래=심장', '이야기=뇌수'라는 도식을 만들어 주고 있습니다. 약간 감동적이고 감성적인 '노래'는 우리의 마음인 '심장'에, 이성적인 '이야기'는 '뇌수'에 박힌다는 것. 어렵지 않게 이해할 수 있을 것 같아요.

처용이 밤늦게 돌아와, 노래로써
아내를 범한 귀신을 꿇어 엎드리게 했다지만
막상 목청을 떼어 내고 남은 가사는
베개에 떨어뜨린 머리카락 하나 건드리지 못한다

'처용'의 이야기를 하고 있습니다. '처용'은 통일신라의 사람으로, 집에 돌아와 보니 자신의 아내를 범하고 있던 귀신을 노래를 통해 무릎 꿇게 한 설화를 가지고 있습니다. 화자는 그 이야기를 가져 와서, 처용의 '노래'가 귀신을 '꿇어 엎드리게' 할 정도로 강한 힘을 가지고 있음을 이야기하고 있어요. 앞의 내용과 엮어 생각하면, 이때 처용의 '노래'는 귀신의 '심장'에 박혔기에 귀신을 '꿇어 엎드리게' 했다고 볼 수 있겠습니다. 이처럼 유기적으로 독해할 수 있겠죠?

그런데 처용의 '노래'에서 '목청을 떼어 내고 남은 가사'는 머리카락 하나 건드리지 못할 정도로 힘이 약하다고 합니다. 여기서 '목청'은 '노래'를 의미할 것인데, '심장'에 박히는 '노래'가 없으면 당연히 그 '가사'는 아무런 힘이 없겠죠. '노래'가 가진 힘을 다시 한 번 강조하는 내용이라고 보면 되겠습니다.

하지만 처용의 이야기는 살아남아
새로운 노래와 풍속을 짓고 유전해 가리라

이처럼 '목청을 떼어 내고 남은 가사'는 상대에게는 아무런 힘이 없지만, 그러한 '이야기'는 '새로운 노래와 풍속을 짓고 유전'하게끔 하는 힘을 가지고 있다고 합니다. 처용의 '이야기'를 통해 '노래'가 중요하다는 것을 깨달았으니, 새로운 '노래'를 짓는 노력을 하게 되는 것이죠.

이 역시 앞의 내용과 엮어서 생각하면, '이야기'는 '뇌수'에 박히기에 창작 활동이라는 '이성적 활동'을 유도한다고 생각할 수 있겠습니다. 계속해서 똑같은 말만 하고 있는 것이죠!

정간보가 오선지로 바뀌고
이제 아무도 시집에 악보를 그리지 않는다
노래하고 싶은 시인은 말 속에
은밀히 심장의 박동을 골라 넣는다

'정간보'는 조선의 전통적인 악보이고, '오선지'는 서양의 근대적인 악보입니다. 이렇게 바뀔 정도로 많은 시간이 흐르자, '시집'에 '악보'를 그리는 사람이 없다고 합니다. 여기서 '악보'는 곧 '노래'를 의미한다는 점, 어렵지 않게 읽어낼 수 있겠죠? 나아가 화자는 '오선지'는 악보로 인정하지 않는 태도를 가지고 있다고도 할 수 있겠습니다. '오선지'로 바뀌었더니 시집에 (제대로 된) 악보를 그리지 않는다고 하고 있으니까요.

그래서 '노래'하고 싶은 시인은 말(시어) 속에 '심장의 박동'을 골라 넣는다고 해요. 여기서 '심장의 박동' 역시 '노래'를 의미한다는 걸 생각하면, 화자는 계속해서 '노래'의 중요성을 강조하고 있다는 걸 읽어낼 수 있습니다. '정간보'가 '오선지'로 바뀌어 시집에 '악보'를 그릴 수는 없지만, 즉 대놓고 '노래'의 성격을 집어 넣을 수는 없지만, '노래'하고 싶은 시인은 말 속에 은밀히 '심장의 박동'을 넣어서 '노래'의 성격이 묻어나게끔 한다는 것이죠. '노래'의 중요성을 역설하는 화자의 모습이 나타나고 있습니다.

그러나 내 격정의 상처는 노래에 쉬이 덧나
다스리는 처방은 이야기일 뿐
이야기로 하필 시를 쓰며
뇌수와 심장이 가장 긴밀히 결합되길 바란다

-최두석, 「노래와 이야기」-

이렇게 '노래'는 중요한 것이지만, 이는 '격정의 상처'를 덧나게 하는 단점도 있다고 합니다. '노래'는 '심장'에 박히는 것이기에, '심장'으로 느끼는 '격정의 상처'를 덧나게 할 수 있다는 건 충분히 이해할 수 있겠어요.

이런 상황에서의 처방은 바로 '이야기'입니다. 감정적으로 고조된 상태를 억누르기 위해 '뇌수'에 박히는 '이야기'로 시를 쓰는 것이죠. 이렇게 '이야기'로 시를 쓰지만, 그 속에 '심장의 박동'(=노래)을 골라 넣어 결론적으로 '뇌수와 심장이 가장 긴밀히 결합'된 상태를 꿈꾸는 화자의 모습입니다. '노래'만 좋다고 하는 줄 알았지만, 결국 '노래'와 '이야기'가 모두 조화를 이루어야 좋은 시가 나온다는 화자의 관점이 잘 드러나는 작품이었습니다.

이 작품을 읽을 때, '노래=심장', '이야기=뇌수'라는 도식이 마치 독서 지문의 '화제의 틀'처럼 작용하고 있다는 것을 알 수 있죠? 이처럼 시도 독서 지문처럼 읽을 수 있는 하나의 '글'입니다. 이를 잊지 않고 현대시를 독해하는 연습을 많이 해 보도록 합시다.

<table>
<tr><td align="center">몰랐던 어휘 정리하기</td></tr>
<tr><td>

</td></tr>
</table>

| 핵심 point |
① **허용 가능성 평가** : 선지의 내용을 '허용'하려는 태도를 바탕으로 지문을 '독해'하며 '근거'를 찾아야 합니다. 허용할 수 있는 '근거'가 있어야만 허용할 수 있습니다. 주관적인 생각을 개입시키면 안 됩니다.
② **현대시 독해** : 〈보기〉의 도움 등을 통해 '주제' 위주로, 그리고 일상 언어의 감각으로 읽어내면 됩니다. 현대시도 읽을 수 있는 하나의 글입니다.

| 지문 내용 총정리 |
'시'도 하나의 글이므로, '주제' 중심으로 맥락을 독해하고 선지를 판단하면 된다는 것을 배울 수 있는 지문이었습니다. 학생들이 은근히 많이 어려워했던 세트였지만, 여러분은 아주 쉽게 해결할 수 있었으면 좋을 것 같아요.

〈보기〉 확인

[보기]

　　(가)에는 천상의 시간과 지상의 시간이 모두 나타난
다. 천상에서는 지상과 달리 생로병사의 과정 없이 끝없
는 사랑이 지속된다. 이러한 시간적 질서는 지상에 내려
온 화자를 힘겹게 하는데, 이 과정에서 화자는 <u>지상의 물
리적 시간을 심리적으로 변형</u>하여 자신의 심경을 드러
낸다.

'천상'과 '지상'의 시간이 모두 나타나고, 화자는 '지상의 시간'을
적절히 변형하여 자신의 심경을 드러낸다고 합니다. '시간 표현'
이 중요하게 다뤄지겠다는 것 정도를 얻을 수 있겠네요.

[보기]

　　고요함은 소리나 움직임이 없이 잠잠한 상태인 외적
고요와 마음이 평온한 상태인 내적 고요로 구분할 수도
있다. 이에 주목하여 <u>(나)를 감상할 때, 화자가 처한 상황
과 그에 따른 심리는 고요함</u>의 측면에서 이해될 수 있다.
또한 (다)에서 필자는 고요함에 대한 통찰을 통해 자신
이 처한 공간에서 <u>내적 고요를 추구</u>하려 하는데, 이를 통
해 삶에서 느끼는 불편이나 슬픔을 이겨 내는 동력을 얻
고 있다.

(나)와 (다)는 '고요함'이라는 요소를 바탕으로 읽을 수 있다고 합
니다. '외적 고요'와 '내적 고요'라는 개념의 정의는 정확하게 체
크해주셔야겠죠? 특히 (다)에 대한 설명에서는 '내적 고요 추구'
라는 주제를 제시하고 있네요. 꼼꼼하게 챙기고 나서 읽어보도록
합시다!

실전적 지문 독해

(가)

이 몸 삼기실 제 님을 조차 삼기시니
→ 이 몸 태어날 때 님을 좇아 태어났으니

　ᄒ싱 연분(緣分)이며 하늘 모를 일이런가
→ 한생 연분임을 하늘이 모를 일이던가

　나 ᄒ나 졈어 잇고 님 ᄒ나 날 괴시니
→ 나 하나 젊어 있고 님 하나 날 사랑하시니

이 ᄆᆞ음 이 ᄉᆞ랑 견졸 디 노여 업다
→ 이 마음과 이 사랑은 견줄 데가 전혀 없다

평ᄉᆡ(平生)애 원(願)ᄒ요디 ᄒ디 녜쟈 ᄒ얏더니
→ 평생에 원하니 한 데 살자 했더니

늙거야 므ᄉ 일로 외오 두고 그리ᄂᆞᆫ고
→ 늙어서야 무슨 일로 외로이 두고 그리워하는가

엇그제 님을 뫼셔 광한뎐(廣寒殿)의 올낫더니
→ 엊그제 님을 모셔 광한전에 올랐더니

그 더디 엇디 ᄒᆞ야 하계(下界)예 ᄂᆞ려오니
→ 그 동안에 어찌하여 하계에 내려오니

올 저긔 비슨 머리 헛틀언 디 삼 년일쇠
→ 올 때 빗은 머리 헝클어진 지도 삼년이구나

연지분(臙脂粉) 잇니마ᄂ 눌 위ᄒᆞ야 고이 홀고
→ 연지분 있지만은 누굴 위해 곱게 할까

ᄆᆞ음의 미친 실음 텹텹(疊疊)이 ᄡᅡ혀 이셔
→ 마음에 맺힌 시름 첩첩이 쌓여 있어

짓ᄂᆞ니 한숨이오 디ᄂᆞ니 눈믈이라
→ 짓느니 한숨이고 디느니(?) 눈물이다

인ᄉᆡᆼ(人生)은 유훈(有限)ᄒᆞ디 시름도 그지업다
→ 인생은 유한한데 시름도 끝이 없다

무심(無心)ᄒᆞᆫ 셰월(歲月)은 믈 흐ᄅᆞ듯 ᄒᆞᄂᆞᆫ고야
→ 무심한 세월은 물 흐르듯 하는구나

염냥(炎凉)이 ᄣᆡ롤 아라 가ᄂᆞᆫ 듯 고텨 오니
→ 염냥이 때를 알아 가는 듯 다시 오니

듯거니 보거니 늣길 일도 하도 할샤
→ 듣거니 보거니 느낄 일도 많다.

동풍이 건듯 부러 젹셜(積雪)을 헤텨 내니
→ 동풍이 불어 적설을 헤쳐 내니

창(窓) 밧긔 심근 미화(梅花) 두세 가지 픠여셰라
→ 창 밖에 심은 매화 두세 가지 피었다

ᄀᆞ득 닝담(冷淡)ᄒᆞᆫ디 암향(暗香)은 므ᄉ 일고
→ 가뜩이나 냉담한데 암향은 무슨 일이냐

황혼의 ᄃᆞᆯ이 조차 벼마티 빗최니
→ 황혼의 달이 좇아와 벼 맡에 비치니

늣기는 듯 반기는 듯 님이신가 아니신가
→ 흐느끼는 듯 반기는 듯 님이신가 아니신가

뎌 미화 것거 내여 님 겨신 디 보내오져
→ 저 매화 꺾어 내어 님 계신 데 보내고자 한다

님이 너를 보고 엇더타 너기실고
→ 님이 너를 보고 어떻다고 여기실까

-정철, 「사미인곡」-

필수 고전시가 중의 하나인 '사미인곡'입니다. '삼기다', '괴다', '노여', '~할 제' 등의 어휘의 의미와 '동풍', ''적설', '매화' 등 계절을 나타내는 어휘의 쓰임을 잘 알고 계실 필요가 있습니다. 이 정도로 읽어내면 큰 문제는 없을 것 같아요. 결국 처음부터 끝까지 '임금님 보고싶어요!'라고 하는 작품이니까요. 이 정도의 주제는 확실하게 잡을 수 있겠죠?

(나)

　　창 밧긔 워석버석 님이신가 니러 보니
　　➔ 창 밖에 워석버석 님이신거 일어나 보니
　　혜란(蕙蘭) 혜경(蹊徑)*에 낙엽은 므스 일고
　　➔ 혜란 혜경에 낙엽은 무슨 일이냐
　　어즈버 유한(有限)훈 간장(肝腸)이 다 그츨가 ㅎ노라
　　➔ 유한한 간장이 다 끊어질까 하노라

-신흠-

* 혜란 혜경 : 난초 핀 지름길.

2017학년도 9월 모의평가에도 출제되었던 '신흠'의 '방옹시여' 중 일부입니다. 워낙 유명한 클리셰를 가진 작품이에요. '착각' 모티프에 해당하는데, '님'을 기다리다가 다른 물체를 님으로 착각했다는 식으로 그리움을 표현하는 작품입니다. 그리 어렵지는 않죠?

(다)

　　나는 예전에 장흥방의 길갓집에 살았다. 그 집은 저잣거리에 제법 가까워서 소란스러웠다. 문 옆에 한 칸짜리 초당이 있어 볏짚으로 덮고 흙을 쌓았더니 그윽하고 조용해서 살 만했다. 그러나 초당이 동쪽으로 치우쳐 햇볕을 받았기에 여름이면 너무 더웠다. 그래서 '고요함이 더위를 이긴다[靜勝熱]'는 말을 당호(堂號)*로 정해 문설주에 편액을 해 걸어 두고 위안을 삼았다.

* 당호 : 집에 붙이는 이름.

글쓴이의 과거 이야기를 하면서 시작하고 있습니다. 꽤나 소란스러웠지만 초당을 만들어서 조용하게 지내려 했는데, 이렇게 했더니 너무 더웠다고 해요. 그런데 글쓴이는 '고요함이 더위를 이긴다.'는 말을 '당호'로 정해 위안을 삼았다고 합니다. 더운 것보다 조용한 게 더 중요했나봐요.

　　대저 고요함에는 두 가지가 있으니 하나는 <u>몸의 고요함</u>이요, 다른 하나는 <u>마음의 고요함</u>이다. 몸이 고요한 사람은, 앉고 눕고 일어나고 서는 등 모든 행동에 있어 편안함을 취할 뿐이다. 마음이 고요한 사람은, 천하만사가 마치 촛불로 비춰 보고 거북이로 점을 치는 듯하니 시원한 날씨와 더운 날씨가 무슨 상관이 있겠는가? 그러므로 '고요함이 이긴다'고 한 지금의 말은 <u>마음의 고요함</u>을 가리킨다.

글쓴이는 '몸의 고요함'과 '마음의 고요함' 중 '마음의 고요함'이 더위를 이긴다고 하고 있습니다. 〈보기〉에서 이야기한 것처럼, '외적 고요'보다는 '내적 고요'를 중시하는 모습이네요. 당호에 나타난 '고요함'은 내적 고요함을 뜻하는 것이라고도 구분해서 말해 주고 있어요.

　　그 집에서 <u>이십 년</u>을 살고 이사하였다. 그로부터 <u>삼 년</u>이 흐른 뒤 옛집을 찾아가 보았다. 그새 주인이 바뀐 지 여러 번이지만 집은 옛 모습 그대로였다.
　　〈은은하게 처마에 들어오는 산빛, 쾰쾰쾰 담을 따라 도는 골짜기 물, 밀랍으로 발라 번들번들한 살창, 쪽빛으로 물들여 놓은 늘어진 천막.〉

그 집에서 이십 년을 살다 이사했고, 몇 번 찾아가봤다고 합니다. 그 집의 배경을 묘사해주고 있네요. 꽤 아름답게 묘사되는 모습이죠?

　내가 여기에 살던 시절은 집안이 번성하던 때였다. 선친께서 승명전에 봉직하실 때라, 퇴근하신 밤이면 우리 형제들이 모시고 앉아 학문과 예술을 담론하고 옛일을 기록하거나, 시를 읽거나 거문고를 들었으니 유중영의 옛일*과 비슷하였다. 그 즐거움을 잊을 수는 없건마는 다시 되찾을 수는 없다!

　『서경』에 '그릇은 새것을 찾고, 사람은 옛 사람을 찾는다.'라고 했다. 집 역시 그릇과 같이 무언가를 담는 부류이긴 하나, 사람은 집이 아니면 몸을 붙여 머물 데가 없고 집보다 더 거처를 많이 하는 것은 없으므로, 집은 그릇보다는 사람에 가깝다 하겠다. 그러니 <u>어찌 그리워하지 않을 수 있으랴!</u>

* 유중영의 옛일 : 당나라 때 문신 유중영이 늘 책을 가까이하며 자식들을 가르치던 일.

그러면서 그 집에서 살던 과거를 회상하고 있습니다. '집'은 '그릇'보다는 사람에 가깝기 때문에 그리워한다는 어려운 이야기를 하고 있어요. '그립다'는 반응만 정확하게 읽어내면 되겠습니다.

　그렇지만 인간사가 벌써 바뀌어, 사물에 닿을 때마다 슬픔만 더하므로 이 집에 다시 살고 싶지는 않다. 마땅히 임원(林園)*에 집터를 보아 집을 지어서 옛 이름의 편액을 걸어 옛집에서 지녔던 뜻을 잊지 않으려 한다.

　누군가는 '임원이 이미 고요하거늘, 지금 다시 '고요함이 이긴다'고 하면 또한 군더더기가 아닌가?'라고 말할 수 있으리라. 나는 답하리라. '<u>고요한데 또 고요하니, 이것이야말로 고요함이라네.</u>'라고.

-유본학, 「옛집 정승초당을 둘러보고 쓰다」-

* 임원 : 산림.

이 집에 살던 과거가 그립지만, 다시 살고 싶지는 않다고 합니다. 다만 새 집에 같은 이름을 지어 '내적 고요'를 마음속에 품으려고 하는 모습이네요. 과거를 회상하는 모습과 더불어, 〈보기〉에서 이야기한 '내적 고요 추구'라는 주제가 잘 드러난 작품이었습니다.

선지	①	②	③	④	⑤
선택률	3%	5%	10%	6%	76%

45 (가)와 (나)에 대한 설명으로 가장 적절한 것은? ⑤

① (가)의 '노여'와 (나)의 '다'라는 수식어는 모두 임에 대한 원망의 정서를 강조하기 위해 사용된 것이다.

> 이 ᄆᆞᆷ이 ᄉᆞ랑 견졸 ᄃᆡ 노여 업다

> 어즈버 유한(有限)ᄒᆞᆫ 간장(肝腸)이 다 그츨가 ᄒᆞ노라

선지 유형	근거가 없어서 허용 불가능
실전에서의 판단 과정	원망이 어디 있어.
해설	'노여'는 '전혀'라는 뜻이고, '다'는 '간장'이 끊어질 것 같다는 걸 강조하는 표현입니다. 맥락상 '원망'이라는 엄청난 반응을 허용할 근거가 없어요.

② (가)의 'ᄒᆞᄂᆞᆫ고야'와 (나)의 'ᄒᆞ노라'는 모두 화자의 의지를 단정적인 종결형으로 나타낸 것이다.

> 무심(無心)ᄒᆞᆫ 셰월(歲月)은 믈 흐ᄅᆞᆺ 둣 ᄒᆞᄂᆞᆫ고야

> 어즈버 유한(有限)ᄒᆞᆫ 간장(肝腸)이 다 그츨가 ᄒᆞ노라

선지 유형	근거가 없어서 허용 불가능
실전에서의 판단 과정	의지를 허용하기는 어렵겠는데?
해설	'ᄒᆞᄂᆞᆫ고야'와 'ᄒᆞ노라'는 모두 '~한다'는 의미로 쓰인 것입니다. 여기서 '의지'라는 반응을 허용할 근거를 찾을 수가 없죠?

③ (가)의 '미화'와 (나)의 '혜란'은 모두 화자와 동일시되는 자연물을 의인화하여 나타낸 것이다.

> 창(窓) 밧긔 심근 <u>미화(梅花)</u> 두세 가지 픠여셰라
> 굿득 닝담(冷淡)ᄒᆞᆫᄃᆡ 암향(暗香)은 므스 일고

> <u>혜란(蕙蘭)</u> 혜경(蹊徑)에 낙엽은 므스 일고

선지 유형	근거가 있어서 허용 불가능
실전에서의 판단 과정	혜란에는 의인화도, 동일시도 없는데?
해설	'매화'는 봄이 되자 피어난 것으로, 화자가 님에게 보내고자 하는 대상입니다. 이는 화자의 마음을 의미한다고 볼 수 있으니, '화자와 동일시되는 자연물'로 허용할 수 있을 것 같아요. '너를 보고'라는 표현을 통해 의인화도 되어 있구요. 하지만 '혜란'은 화자의 착각을 유발한 '낙엽'이 있는 곳의 꽃일 뿐입니다. 의인화가 쓰이지도 않았을 뿐 아니라, 화자의 마음을 아프게 한다는 점에서 '동일시'된 것이라 보기도 어렵겠죠.

④ (가)의 '므스 일고'와 (나)의 '므스 일고'는 모두 뜻밖의 대상과 마주하게 된 반가움을 영탄적 어조로 표현한 것이다.

> 굿득 넝담(冷淡)흔디 암향(暗香)은 므스 일고

> 혜란(蕙蘭) 혜경(蹊徑)에 낙엽은 므스 일고

선지 유형	근거가 있어서 허용 불가능
실전에서의 판단 과정	반가움은 주제랑 너무 어긋나네.
해설	애초에 두 작품의 화자는 모두 님과 만나지 못한 상황입니다. '반가움'을 허용할 수가 없겠죠. 두 '므스 일고'는 각각 '암향, 낙엽'이라는, 화자가 기다리지 않는 대상에 대한 이야기라는 점에서 더 확실하게 틀렸음을 알 수 있겠죠?

⑤ (가)의 '님이신가'와 (나)의 '님이신가'는 모두 임을 만나고 싶은 간절함을 독백적 어조로 드러낸 것이다.

> 늣기는 둣 반기는 둣 님이신가 아니신가

> 창 밧긔 워석버석 님이신가 니러 보니

선지 유형	근거가 있어서 허용 가능
실전에서의 판단 과정	주제 그 자체네.
해설	'님이신가'라는 말 자체가 님을 기다리고 있다는 표현이니, '간절함'은 자동으로 허용이 되겠습니다. 근처 맥락을 봐도 모두 화자가 님이 온 것 같은

느낌을 받고 있다는 점에서 더욱 그렇구요. 애초에 '임을 만나고 싶은 간절함'은 이 지문의 '주제'에 해당하기 때문에, 당연하게 맞는 선지라고 할 수도 있겠네요.

선지	①	②	③	④	⑤
선택률	6%	12%	10%	18%	54%

46 〈보기〉를 바탕으로 (가)를 감상한 내용으로 적절하지 않은 것은? ⑤

① 임과의 '연분'을 '하늘'과 연결 짓는 것은, 임과의 사랑이 천상의 시간 질서처럼 끝없이 이어지기를 바라는 마음이 반영된 것이라 볼 수 있겠어.

> 이 몸 삼기실 제 님을 조차 삼기시니
> 흔싱 연분(緣分)이며 하눌 모룰 일이런가

선지 유형	근거가 있어서 허용 가능
실전에서의 판단 과정	하늘과 연결지었으면 천상의 시간 질서 허용되지.
해설	근처로 돌아가서 독해해보니, '연분'임을 '하늘'이 모르겠냐고 하고 있습니다. 그럼 '사랑'이 '천상'의 시간 질서를 따라가길 바란다는 건 허용이 되겠습니다. '사랑'을 '천상'도 안다고 했으니까요. '연분'이 '사랑'과 관련된 단어라는 것만 알아도 쉽게 허용할 수 있겠죠?

② '졈어 잇고'와 '늙거야'를 통해 화자가 천상의 시간에서 벗어나 지상의 시간으로 편입되었음을 알 수 있겠어.

> 나 흐나 졈어 잇고 님 흐나 날 괴시니
> 이 무음 이 스랑 견줄 디 노여 업다
> 평싱(平生)애 원(願)흐요디 흔디 녜쟈 흐얏더니
> 늙거야 므스 일로 외오 두고 그리는고

선지 유형	근거가 있어서 허용 가능
실전에서의 판단 과정	젊고 늙으면 지상의 시간으로 넘어 온 거지.
해설	특이하게 1번 선지와 연결되는 형태입니다. 분명 화자는 님과의 '연분'이 '천상의 시간' 속에서 이어지길 바라고 있었는데, 갑자기 '젊음'과 '늙음'이라는 '지상의 시간' 이야기를 하고 있어요. 이 내용을 근거로 하면 '천상의 시간'에서 벗어나 '지상의

시간'으로 편입되었음을 쉽게 허용할 수 있겠네요.
작품을 처음 보자마자 해낼 수 있는 수준의 해석
이 아니에요. '작품에 대한 해석'이 아니라, '선지
에 대한 판단'이 수능 문학의 핵심이라는 것! 잊지
맙시다.

③ '삼 년' 전을 '엊그제'로 인식하는 것에서, 임과 함께한
기억이 아직도 선명하게 남아 있어 지상의 물리적 시
간이 심리적으로 압축되어 나타나고 있음을 알 수 있
겠어.

> 엊그제 님을 뫼셔 광한뎐(廣寒殿)의 올낫더니
> 그 더디 엇디ᄒ야 하계(下界)예 ᄂ려오니
> 올 저긔 비슨 머리 헛틀언 디 삼 년일쇠

선지 유형	근거가 있어서 허용 가능
실전에서의 판단 과정	삼 년 전이 엊그제면 심리적으로 압축된 것이지.
해설	'광한전'에 올라 임과의 사랑을 나누던 때를 '엊그제'라고 했습니다. 그런데 그 아래선 '올 때 빗은 머리가 헝클어진 지도 삼 년이다.'라고 했습니다. 즉, '엊그제→돌아옴→머리 헝클어짐→삼 년지나 현재'라는 타임라인을 가지고 있는 것이네요. 따라서 삼 년 '전'을 '엊그제'로 인식한다는 건 허용이 되겠습니다. '삼 년 이상'이라는 지상의 물리적 시간이 심리적으로는 '엊그제'라는 짧은 시간으로 압축되어 나타나고 있는 것이네요.

④ '인싱은 유ᄒ'과 '무심ᄒ 셰월'을 통해 지상의 시간적
질서에 따라 소망을 이룰 수 있는 시간이 줄고 있는 것
에 대한 불안한 마음을 엿볼 수 있겠어.

> 인싱(人生)은 유ᄒ(有限)ᄒ디 시룸도 그지업다
> 무심(無心)ᄒ 셰월(歲月)은 믈 흐ᄅ듯 ᄒᄂ고야

선지 유형	근거가 있어서 허용 가능
실전에서의 판단 과정	유한한 세월이 흐르면 남은 시간이 줄고 있는 것이지. 당연히 불안할 것이고.
해설	인생은 '유한'한데, 세월은 '무심'하게도 빠르게 흘러갑니다. 임을 만날 수 있는 '인생의 시간'이 얼마 남지 않았으니 불안한 마음이 나타난다고 할 수 있겠죠. 나아가 무심한 세월이 빠르게 흘러 가는 것을 '지상의 시간적 질서'라고 부르는 건 전혀 무리가 없구요.

⑤ '염냥'이 '가ᄂ 듯 고텨' 온다는 인식에서, 임과의 관
계 단절에 따른 절망감으로 인해 지상의 물리적 시
간이 심리적으로 지연되어 나타나고 있음을 알 수
있겠어.

> 인싱(人生)은 유ᄒ(有限)ᄒ디 시룸도 그지업다
> 무심(無心)ᄒ 셰월(歲月)은 믈 흐ᄅ듯 ᄒᄂ고야
> 염냥(炎凉)이 ᄊᆒ롤 아라 가ᄂ 듯 고텨 오니
> 듯거니 보거니 늣길 일도 하도 할샤
> 동풍이 건듯 부러 젹셜(積雪)을 헤텨 내니
> 창(窓) 밧긔 심근 미화(梅花) 두세 가지 픠여셰라

선지 유형	근거가 있어서 허용 불가능
실전에서의 판단 과정	염냥이 다시 돌아온다는 말일 뿐, 시간이 심리적으로 지연된 건 아니지.
해설	역시 '독해'가 핵심이었습니다. '염냥'은 '믈 흐르 듯' 하는 '무심한 세월', '동풍'이 '적설'을 헤치는 것, '매화'가 피는 것 등과 연관된 시어예요. 즉, 화자의 마음이 무색하게 흐르는 시간을 나타내는 표현이라는 것이죠. '염냥'이라는 단어가 '계절'을 의미한다는 것을 알지 못했더라도, '때를 알아 가는 듯 다시 오니'라는 표현과 함께 근처 시어들과의 관계를 '독해'했다면 '심리적 지연'과는 완전 정반대의 이야기를 하고 있다는 걸 알 수 있었을 겁니다. 시간이 너무 빠르다는 이야기를 하고 있는 것이니까요! 나아가, 애초에 '심리적 지연'이 맞는 선지가 되면 지금 시간이 느리게 가는 것처럼 느껴진다는 것이기에, 주제와 반대되는 선지가 됩니다. 이런 생각을 바탕으로 지워도 좋겠네요.

선지	①	②	③	④	⑤
선택률	14%	6%	15%	17%	48%

47 〈보기〉를 바탕으로 (나), (다)를 감상한 내용으로 적절하지
않은 것은? [3점] ⑤

① (나)에서 '낙엽' 소리가 창 안에서도 들린다는 것은 화
자가 외적 고요의 상태에 있었다는 것을 의미하겠군.

> 창 밧긔 워석버석 님이신가 니러 보니
> 혜란(蕙蘭) 혜경(蹊徑)*에 낙엽은 므스 일고
>
> * 혜란 혜경 : 난초 핀 지름길.

선지 유형	근거가 있어서 허용 가능
실전에서의 판단 과정	창 안에서 낙엽 소리가 들릴 정도면 진짜 조용한 상태인 거지.
해설	창 안에서도 '혜란 혜경'의 '낙엽' 소리가 들린다는 건, 주변이 아주 조용하다는 뜻일 것입니다. 이는 '외적 고요'의 상태라고 할 수 있겠죠.

FAQ

Q 어쨌든 낙엽 '소리'가 들리는 것이니까 '외적 고요'가 아니라고 봐야 하지 않을까요?

A 전형적으로 선지에 '시비'를 거는 형태의 생각입니다. 선지가 묻는 것은 '외적 고요'를 허용할 수 있냐는 것입니다. 그렇다면 이 말을 허용하려고 해야 하고, '원래라면 들리지도 않을 낙엽 소리가 들릴 정도로 조용하다'라는 근거를 바탕으로 허용할 수 있는 거예요. 굳이 시비를 걸어서 헷갈릴 필요가 없어요!

② (나)에서 '낙엽' 소리를 임이 오는 소리로 착각했다는 것은 화자의 심리가 내적 고요의 상태에 있지 못했기 때문이겠군.

> 창 밧긔 워석버석 님이신가 니러 보니
> 혜란(蕙蘭) 혜경(蹊徑)*에 낙엽은 므스 일고
>
> * 혜란 혜경 : 난초 핀 지름길.

선지 유형	근거가 있어서 허용 가능
실전에서의 판단 과정	님을 기다리느라 낙엽 소리에도 반응할 정도면 내적 고요에 있지 않다는 거지.
해설	(나)의 화자는 '낙엽' 소리에도 민감하게 반응하는 것을 확인할 수 있습니다. 아마 마음이 평온하지 않은 채 임을 기다리느라 불안하기 때문이겠죠. 이는 〈보기〉에서 말한 '내적 고요'의 반대 상태라고 할 수 있겠습니다.

③ (다)에서 '사물에 닿을 때마다 슬픔만 더'한다는 것은 옛집을 돌아본 경험이 필자로 하여금 내적 고요를 이루기 어렵게 만들었다는 인식이 반영된 것이겠군.

> 그렇지만 인간사가 벌써 바뀌어, 사물에 닿을 때마다 슬픔만 더하므로 이 집에 다시 살고 싶지는 않다. 마땅히 임원(林園)*에 집터를 보아 집을 지어서 옛 이름의 편액을 걸어 옛집에서 지녔던 뜻을 잊지 않으려 한다.
>
> * 임원 : 산림.

선지 유형	근거가 있어서 허용 가능
실전에서의 판단 과정	슬픔만 더하면 내적 고요를 이루기 어려운 것이지.
해설	글쓴이가 닿을 때마다 '슬픔'만 더한다고 하는 '사물'은 맥락상 '옛집'의 물건들입니다. '옛집'의 물건이 닿을 때마다 슬프다는 건, '옛집'을 돌아본 경험이 글쓴이에게 '슬픔'이라는, '내적 고요'를 이루기 어렵게 만드는 감정을 줬다는 걸 의미한다고 할 수 있겠네요. 이러한 감정을 이유로 글쓴이는 '이 집에 다시 살고 싶지는 않다'고 선언하는 것이에요. 결국 또 '독해'가 핵심이 되는 모습이죠?

④ (다)에서 '옛집'의 '초당'에 붙였던 당호를 '임원'의 새 집에서도 사용하겠다는 것은 필자가 외적 고요에 더해 내적 고요를 추구하고 있음을 보여 주는 것이겠군.

> 초당이 있어 볏짚으로 덮고 흙을 쌓았더니 그윽하고 조용해서 살 만했다. 그러나 초당이 동쪽으로 치우쳐 햇볕을 받았기에 여름이면 너무 더웠다. 그래서 '고요함이 더위를 이긴다[靜勝熱]'는 말을 당호(堂號)*로 정해 문설주에 편액을 해 걸어 두고 위안을 삼았다.
>
> (중략)
>
> 그렇지만 인간사가 벌써 바뀌어, 사물에 닿을 때마다 슬픔만 더하므로 이 집에 다시 살고 싶지는 않다. 마땅히 임원(林園)*에 집터를 보아 집을 지어서 옛 이름의 편액을 걸어 옛집에서 지녔던 뜻을 잊지 않으려 한다.
> 누군가는 '임원이 이미 고요하거늘, 지금 다시 '고요함이 이긴다'고 하면 또한 군더더기가 아닌가?'라고 말할 수 있으리라. 나는 답하리라. '고요한데 또 고요하니, 이것이야말로 고요함이라네.'라고.
>
> * 당호 : 집에 붙이는 이름.
> * 임원 : 산림.

선지 유형	근거가 있어서 허용 가능
실전에서의 판단 과정	고요한데 또 고요하다는 건 내적 고요를 더 추구한다는 거지.
해설	마지막 문단의 표현들을 통해 허용할 수 있습니다. 글쓴이는 '이미 고요'한 임원의 새집에도 '고요함이 더위를 이긴다.'라는 당호를 사용하겠다고 했어요. 그리고 이는 '군더더기'가 아니냐는 세간의 물음에 대해, '고요한데 또 고요하니, 이것이야말로 고요함이라네.'라는 대답을 하고 있습니다. 이는 '(외적으로) 고요한데 또 (당호로도) 고요하니,

이것이야말로 (내적) 고요함이라네.'라는 의미를 담고 있다고 볼 수 있으니, 충분히 허용할 수 있는 선지네요.

이렇게까지 생각하지 못하더라도, 〈보기〉를 바탕으로도, 우리가 읽은 내용을 바탕으로도 글쓴이가 '내적 고요'를 추구하고 있다는 것을 알 수 있고, '이미 고요'한 임원의 새집에서 또 '고요함'을 추구한다는 건 곧 '내적 고요'를 추구하는 것과 같다는 생각을 할 수 있겠습니다. 결국 수필의 '주제'가 중요하게 다뤄지고 있는 선지였네요.

⑤ (다)에서 '누군가'가 '고요함이 이긴다'는 당호를 '군더더기'로 본다는 것은 외적 고요만으로는 삶에서 느끼는 불편이나 슬픔을 이겨 내기 어렵다고 여겼기 때문이겠군.

> 누군가는 '임원이 이미 고요하거늘, 지금 다시 '고요함이 이긴다'고 하면 또한 군더더기가 아닌가?'라고 말할 수 있으리라. 나는 답하리라. '고요한데 또 고요하니, 이것이야말로 고요함이라네.'라고.

선지 유형	근거가 있어서 허용 불가능
실전에서의 판단 과정	외적 고요만으로 충분하다는 소리잖아?
해설	4번 선지를 잘 판단했다면 너무나 쉽게 답으로 고를 수 있겠네요. '누군가'가 당호를 '군더더기'라고 보는 이유는 '외적 고요'만으로 충분하다고 생각하기 때문이었을 겁니다. 이미 외적으로 고요한데, 왜 또 '고요함'이라는 당호를 붙이냐는 뜻이니까요. 글쓴이는 이에 대해 '내적 고요'도 필요하다는 답을 하고 있습니다. 이 점을 파악해야 선지를 제대로 골라낼 수 있었습니다. 계속해서 '독해력'이 선지 판단에 핵심적인 역할을 하는 모습입니다.

선지	①	②	③	④	⑤
선택률	6%	3%	61%	17%	13%

48 (가)와 (다)를 비교하여 이해한 내용으로 가장 적절한 것은? ③

① (가)와 (다) 모두 인간의 외양이 변화하는 상황에 대한 안타까움이 나타나 있다.

선지 유형	근거가 없어서 허용 불가능
실전에서의 판단 과정	(다)에 외양 변화 이야기는 없는 것 같은데?
해설	(가)에서는 '올 때 빗은 머리'가 헝클어졌다는 외양의 변화를 언급하고 있지만, (다)에서는 확인하기 어렵죠?

② (가)와 (다) 모두 오래된 것보다는 새로운 것을 더 중시하는 삶의 자세가 나타나 있다.

선지 유형	근거가 있어서 허용 불가능
실전에서의 판단 과정	둘 다 오래된 것을 중시하고 있잖아.
해설	완전 헛소리죠. 두 작품 모두 '과거 님과의 사랑', '과거의 집'이라는 '오래된 것'에 중요도를 두고 이야기하고 있습니다.

③ (가)와 (다) 모두 자신이 있는 공간에서 그 공간에 부재하는 대상을 떠올리는 상황이 나타나 있다.

선지 유형	근거가 있어서 허용 가능
실전에서의 판단 과정	임과 선친을 그리워하고 있었지.
해설	(가)의 화자는 '님'이라는 부재의 대상을 떠올리고 있고, (다)에서는 '옛집'에 함께 살던 '선친, 형제들' 등을 떠올리고 있죠? 손쉽게 답으로 고를 수 있습니다. 애초에 주제와 직결되는 내용이기도 하죠?

④ (가)에는 인생의 허무함에 대한 순응적 태도가, (다)에
는 인생의 허무함에 대한 극복 의지가 나타나 있다.

선지 유형	근거가 없어서 허용 불가능
실전에서의 판단 과정	순응적 태도, 인생의 허무함, 극복 의지 전부 근거가 없네.
해설	(가)에서는 '유한한 인생'과 같은 표현을 통해 '인생의 허무함'에 대한 이야기를 하기는 하지만, 이것에 '순응'하고 있다고 보기는 어렵죠? 한편 (다)에서는 '인생의 허무함'도, '극복 의지' 같은 것도 찾아보기 어렵네요. 허용할 '근거'가 없어요! 주제와도 무관하구요.

⑤ (가)에는 과거와 달라진 타인의 마음에 대한, (다)에는
과거와 달라진 자신의 마음가짐에 대한 아쉬움이 나
타나 있다.

선지 유형	근거가 없어서 허용 불가능
실전에서의 판단 과정	(다)의 글쓴이는 마음가짐에 변화가 없는데?
해설	(가)에는 과거와 달라진 '님'이라는 타인의 마음에 대한 아쉬움이 너무나 잘 드러나지만, (다)에는 과거와 달라진 자신의 마음가짐 자체가 나타나지 않죠? 글쓴이가 '내적 고요'를 추구하는 것은 과거나 지금이나 똑같습니다.

선지	①	②	③	④	⑤
선택률	3%	5%	69%	18%	5%

49 (다)에 대한 이해로 적절하지 <u>않은</u> 것은? ③

① 여름에 더웠던 경험을 바탕으로 옛집 초당의 당호를
정하게 된 내력을 서술하고 있다.

선지 유형	근거가 있어서 허용 가능
실전에서의 판단 과정	더위로부터 위안을 삼기 위해 당호를 정했지.
해설	여름에 더웠으나, 그 더위를 이기기 위해 '고요함'을 더 중시하던 모습을 바탕으로 당호를 정하게 된 내력을 서술하고 있었습니다.

② 과거 인물의 행적에 비추어, 다시 찾은 옛집에서 떠올
린 기억에 대한 감회를 드러내고 있다.

선지 유형	근거가 있어서 허용 가능
실전에서의 판단 과정	각주가 달려 있던 유중영 이야기인가보네.
해설	(중략) 바로 아래 문단을 통해 허용할 수 있겠죠? '유중영'이라는 과거 인물의 행적을 이야기하면서, '즐거움을 잊을 수는 없건마는 다시 되찾을 수는 없다!'라는 감회를 드러내고 있습니다. 심지어 이를 떠올린 계기는 승명전에 봉직했다는 행적을 가진 '과거 인물', '선친'과의 기억이었습니다.이를 처음부터 기억하는 것은 어렵겠지만, '유중영의 옛일'이라는 단어의 각주를 체크했던 기억이 있었다면 충분히 떠올릴 수 있을 거예요.

③ 새집에 붙이고자 하는 당호의 의미를 통해 옛집에서
다시 살고 싶어하는 마음을 표현하고 있다.

선지 유형	근거가 있어서 허용 불가능
실전에서의 판단 과정	옛집에 다시 돌아가고 싶지는 않다고 했는데?
해설	글쓴이는 '옛집'을 그리워하기는 하지만, 다시 돌아가고 싶지는 않다고 분명히 이야기했습니다. 절대 허용할 수 없겠죠.

④ 변함없는 옛집의 외양과 달리, 변해 버린 인간사로
인해 새집을 지으려는 마음을 갖게 되었음을 밝히고
있다.

선지 유형	근거가 있어서 허용 가능
실전에서의 판단 과정	그렇다고 했지.
해설	'옛집'에 다시 가도 외양은 분명히 그대로였음을 이야기했습니다. 그러나 '인간사가 벌써 바뀌어' 이 집에 다시 살고 싶지는 않고, '임원'에 새로 집을 짓겠다고 했으니 허용할 수 있겠네요. 지문 내용 그대로 독해를 하는 거예요.

⑤ 집이 그릇과 같은 부류이지만 사람을 담고 있는 존재
라는 점에 주목하여 옛집에 대한 그리움을 부각하고
있다.

선지 유형	근거가 있어서 허용 가능
실전에서의 판단 과정	그렇다고 했지.

해설	서경의 구절을 언급하면서 선지에 서술된 집의 속성을 언급했습니다. 이 이야기는 결국 글쓴이가 자신의 옛집에 대한 그리움을 부각하기 위해 쓴 것이므로, 허용할 수 있겠네요. 기억이 나지 않았다고 해도, '그릇' 이야기로 돌아가서 확인했다면 어렵지 않게 지울 수 있었을 겁니다.

| 핵심 point |

① **허용 가능성 평가** : 선지의 내용을 '허용'하려는 태도를 바탕으로 지문을 '독해'하며 '근거'를 찾아야 합니다. 허용할 수 있는 '근거'가 있어야만 허용할 수 있습니다. 주관적인 생각을 개입시키면 안 됩니다.

② **고전시가 독해** : 겁먹지 않고, 현대시를 읽듯이 읽어내면 됩니다. 현대시와 마찬가지로, 〈보기〉의 도움 등을 통해 '주제' 위주로 가볍게 읽어내면 되는 거예요. 자세한 해석은 선지가 해줄 겁니다!

③ **수필 독해** : 운문문학과 마찬가지로, 글쓴이가 하고자 하는 말인 '주제'를 파악하는 것이 핵심입니다. 수필이 어렵게 출제될 것을 대비해, 독서 지문을 읽듯이 꼼꼼하게 읽으며 주제를 파악하는 연습을 해야 해요.

| 지문 내용 총정리 |

고전시가에 대한 공부가 되어있지 않았다면, 수능 시험장에서 지문을 제대로 읽고 문제를 풀기 어려웠을 것 같습니다. 더하여 수필 문제도 상세한 내용일치를 물어 보면서 시간을 많이 쏟게 했을 것 같아요. 고전시가와 수필의 기본적인 풀이 태도를 확실하게 갖출 수 있게 연습합시다!

DAY 9 [50~53]
2024.06 [31~34] 현대시 '맹세 / 봄' ☆☆☆☆

〈보기〉 확인

---[보기]---

선생님 : (가)는 부재하는 임을 기다리며 더 나은 세상에 대한 바람을 드러내고, (나)는 봄과 같은 세계에서, 대상들과 함께 자유를 누리려는 바람을 드러냅니다. 그러나 (가)는 대상에게 의미를 부여하는 화자의 시선이 두드러짐에 비해, (나)는 화자가 주목하는 대상들의 모습이 두드러진다는 차이를 보여요. 이 차이가 주변 존재들을 대하는 태도나 바람을 실현하는 방식에 반영되기도 해요.

(가)와 (나)의 주제를 친절하게 설명하고 있습니다. (가)는 부재하는 임을 기다리며 '더 나은 세상에 대한 바람'을 드러내고 있고, (나)는 봄과 같은 세계에서 대상들과 함께 '자유를 누리려는 바람'을 드러내고 있다고 해요. 나아가 (가)와 (나)에서 각각 '화자의 시선', '대상들의 모습'이 두드러진다는 것까지 보너스로 챙기면 훌륭하겠죠? 〈보기〉에서 많은 정보를 주고 있으니, 최대한 다 체크해 보도록 합시다.

---[보기]---

(나)는 언어의 한계와 가능성에 대한 시인의 탐구를 보여 준다. 언어를 사용함으로써 대상을 파악할 수 있지만 그 결과는 다시 언어에 구속된다는 필연적 한계를 갖는다. 그래서 시인은 기존의 언어 사용 방식을 벗어나려는 시도를 한다. 이를 통해 언어와 대상이 기존의 관습에서 벗어나 자유를 향해 나아갈 수 있는 가능성을 모색한다.

(나)와 관련된 〈보기〉가 하나 더 있습니다. (나)는 대상들과 함께 '자유를 누리려는 바람'을 드러내는 작품이라고 했는데, 여기에는 '언어의 한계와 가능성'에 대한 탐구도 포함된다고 해요. 기존의 언어 사용 방식을 벗어나려는 시도를 통해, 언어와 대상이 기존의 관습에서 벗어나 '자유'를 향해 나아갈 수 있는 가능성을 모색한다는 것이죠. 조금 어려운 주제를 담고 있는 만큼, 두 개의 〈보기〉를 통해 그 주제를 자세히 설명하고 있는 모습입니다.

(가)

만년(萬年)을 싸늘한 바위를 안고도
뜨거운 가슴을 어찌하리야

어둠에 창백한 꽃송이마다
깨물어 피터진 입을 맞추어

마지막 한방울 피마저 불어 넣고
해돋는 아침에 죽어가리야

사랑하는 것 사랑하는 모든 것 다 잃고라도
흰뼈가 되는 먼 훗날까지
그 뼈가 부활하여 다시 죽을 날까지

거룩한 일월(日月)의 눈부신 모습
임의 손길 앞에 나는 울어라.

마음 가난하거니 임을 위해서
내 무슨 자랑과 선물을 지니랴

의로운 사람들이 피흘린 곳에
솟아 오른 대나무로 만든 피리뿐

흐느끼는 이 피리의 아픈 가락이
구천(九天)에 사모침을 임은 듣는가.

미워하는 것 미워하는 모든 것 다 잊고라도
붉은 마음이 숯이 되는 날까지
그 숯이 되살아 다시 재 될 때까지

못 잊힐 모습을 어이 하리야
거룩한 이름 부르며 나는 울어라.

−조지훈, 「맹세」−

지문 전체적으로 '임'을 찾는 모습, '해돋는 아침'과 같은 더 나은 세상을 갈망하는 모습 등이 잘 드러나고 있습니다. '임'과 '이상 세계'에 대한 지향을 하는 과정에서 '울음'과 같은 반응을 보인다는 것 정도만 생각하면 충분할 것 같아요.

(나)

저기 저 담벽, 저기 저 라일락, 저기 저 별, 그리고 저기
저 우리 집 개의 똥 하나, 그래 모두 이리 와 내 언어 속
에 서라. 담벽은 내 언어의 담벽이 되고, 라일락은 내 언
어의 꽃이 되고, 별은 반짝이고, 개똥은 내 언어의 뜰에
서 굴러라. 내가 내 언어에게 자유를 주었으니 너희들도
<u>자유롭게 서고, 앉고, 반짝이고, 굴러라.</u> 그래 봄이다.

봄은 자유다. 자 봐라, 꽃피고 싶은 놈 꽃피고, 잎 달고
싶은 놈 잎 달고, 반짝이고 싶은 놈은 반짝이고, 아지랑
이고 싶은 놈은 아지랑이가 되었다. 봄이 자유가 아니라
면 꽃피는 지옥이라고 하자. 그래 봄은 지옥이다. 이름이
지옥이라고 해서 필 꽃이 안 피고, 반짝일 게 안 반짝이
던가. 내 말이 옳으면 자, 자유다 마음대로 뛰어라.

- 오규원, 「봄」 -

전반적으로 이해하기 어려운 내용들이 나타나기는 하지만, '담
벽', '라일락', '별', '개의 똥' 등 여러 '대상들'에게 주목하면서 '자
유'를 부르짖는 모습이 나타나고 있다는 건 잡아낼 수 있겠습
니다. 더 자세한 건 어차피 선지를 판단하면서 알 수 있을 테니,
〈보기〉에서 설명한 내용이 어떤 맥락인지만 확실하게 이해한 채
로 문제를 풀어 봅시다.

선지	①	②	③	④	⑤
선택률	8%	6%	8%	72%	6%

50 (가), (나)에 대한 설명으로 적절하지 <u>않은</u> 것은? ④

① (가)는 1연과 6연에서 물음의 형식을 활용하여 화자의
상황 인식을 보여 준다.

만년(萬年)을 싸늘한 바위를 안고도
뜨거운 가슴을 <u>어찌하리야</u>

(중략)

마음 가난하거니 임을 위해서
내 무슨 자랑과 선물을 <u>지니랴</u>

선지 유형	근거가 있어서 허용 가능
실전에서의 판단 과정	그러네.

해설	'어찌하리야'와 '지니랴'라는 물음의 형식을 활용하여, 자신의 가슴이 뜨겁다거나 자랑과 선물을 지니지 않는다는 등의 상황 인식을 보여 주고 있습니다. 가볍게 허용할 수 있겠죠?

② (가)는 4연과 9연에서 상황을 가정하는 표현을 활용하
여 화자의 의지를 강조한다.

사랑하는 것 사랑하는 <u>모든 것 다 잃고라도</u>
흰뼈가 되는 먼 훗날까지
그 뼈가 부활하여 다시 죽을 날까지

미워하는 것 미워하는 <u>모든 것 다 잊고라도</u>
붉은 마음이 숯이 되는 날까지
그 숯이 되살아 다시 재 될 때까지

선지 유형	근거가 있어서 허용 가능
실전에서의 판단 과정	가정 엄청 하고 있네. 화자의 의지는 주제이고.
해설	(가)의 화자는 모든 것을 다 잃거나 잊는 상황을 가정하면서, 그러한 날까지 '임'과 '이상 세계'를 지향하겠다는 의지를 보이고 있습니다. '화자의 의지'는 지문의 주제 그 자체이니 어렵지 않게 허용할 수 있겠죠?

③ (나)는 반복적인 표현을 제시하면서 쉼표를 사용하여
리듬감을 형성한다.

선지 유형	근거가 있어서 허용 가능
실전에서의 판단 과정	(나)의 특징 그 자체네.
해설	(나)에서는 '저기 저 ~', '~하고 싶은 놈 ~하고' 등의 표현이 반복적으로 제시되고 있고, 쉼표를 사용하고 있습니다. 이러한 표현 방식이 '리듬감'을 형성한다는 건 어렵지 않게 납득할 수 있겠죠?

④ (가)는 대비되는 시어를 활용하여 대상의 <u>양면성</u>을
<u>드러내고</u>, (나)는 반복되는 행위를 제시하여 대상의
<u>효용성을 드러낸다.</u>

선지 유형	근거가 없어서 허용 불가능
실전에서의 판단 과정	양면성, 효용성은 주제랑 너무 어긋나지.

<table>
<tr><td></td><td>(가)에서는 '싸늘한 바위'와 '뜨거운 가슴', '어둠'과 '해돋는 아침'처럼 대비되는 시어를 많이 활용하고 있습니다. 하지만 이는 화자가 현재 처한 상황과 지향하는 바를 대비하는 것일 뿐, 대상의 '양면성'을 드러낸다고 보기는 어렵죠? 앞뒤가 다른 모습을 나타낸 것이 아니라, 정말로 대비되는 두 대상을 나타낸 것이니까요.</td></tr>
</table>

<table>
<tr><td rowspan="3">해설</td><td>(가)에서는 '싸늘한 바위'와 '뜨거운 가슴', '어둠'과 '해돋는 아침'처럼 대비되는 시어를 많이 활용하고 있습니다. 하지만 이는 화자가 현재 처한 상황과 지향하는 바를 대비하는 것일 뿐, 대상의 '양면성'을 드러낸다고 보기는 어렵죠? 앞뒤가 다른 모습을 나타낸 것이 아니라, 정말로 대비되는 두 대상을 나타낸 것이니까요.</td></tr>
<tr><td>나아가, (나)에서는 대상들의 여러 행위가 나타나기는 하지만 그것이 반복되지는 않습니다. 또한 이 행위들은 모두 '자유'를 누리는 것을 상징할 뿐, 그 대상이 어떤 쓸모가 있는지를 설명하는 것은 아니죠? 절대로 허용할 수 없겠습니다.</td></tr>
<tr><td>한편, 대상의 '양면성'을 드러낸다거나 대상의 '효용성'을 드러낸다는 건 (가)와 (나)의 주제를 고려할 때 너무 뜬금없는 내용입니다. 시험장에서는 이렇게 '주제' 중심으로 선지를 판단한 다음, 다른 문제들을 풀면서 (가)와 (나)에 대한 추가적인 독해를 진행한 뒤 이 선지가 완전히 틀렸다는 것을 확신하시는 게 더 좋을 것 같습니다.</td></tr>
</table>

⑤ (가)는 같은 시구를 5연, 10연의 마지막에서 반복하여 화자의 정서를 강조하고, (나)는 1연 끝 문장의 시어를 2연 첫 문장으로 연결하며 그 의미를 드러내고 있다.

거룩한 일월(日月)의 눈부신 모습
임의 손길 앞에 나는 울어라.

　　　　　　　(중략)

못 잊힐 모습을 어이 하리야
거룩한 이름 부르며 나는 울어라.

내가 내 언어에게 자유를 주었으니 너희들도 자유롭게 서고, 앉고, 반짝이고, 굴러라. 그래 봄이다.

봄은 자유다. 자 봐라, 꽃피고 싶은 놈 꽃피고, 잎 달고 싶은 놈 잎 달고, 반짝이고 싶은 놈은 반짝이고, 아지랑이고 싶은 놈은 아지랑이가 되었다.

선지 유형	근거가 있어서 허용 가능
실전에서의 판단 과정	그러네.
해설	선지에서 묻는 부분을 따라가면, 선지 내용 그대로 지문에 제시되어 있다는 걸 알 수 있습니다. 어렵지 않게 허용할 수 있겠네요.

선지	①	②	③	④	⑤
선택률	4%	69%	8%	10%	9%

51 아픈 가락에 대한 이해로 가장 적절한 것은? ②

마음 가난하거니 임을 위해서
내 무슨 자랑과 선물을 지니랴

의로운 사람들이 피흘린 곳에
솟아 오른 대나무로 만든 피리뿐

흐느끼는 이 피리의 아픈 가락이
구천(九天)에 사모침을 임은 듣는가.

- 근처 맥락을 독해하여 '아픈 가락'의 의미를 추출해 봅시다. 마음이 가난한 화자는 '임'에게 줄 만한 '자랑'도, '선물'도 없다고 해요. 오직 줄 수 있는 것은 '의로운 사람들이 피흘린 곳'에 솟아 오른 대나무로 만든 피리인데, 그 피리의 가락이 '아픈 가락'이라고 합니다. 이는 '의로운 사람'들의 슬픈 이야기가 '임'에게 전해져 '임'이 돌아오고 '이상 세계'가 도래하기를 기대하는 화자의 마음이 담긴 것이라고 할 수 있겠네요. 이러한 내용을 정답 선지로 골라 봅시다.

① 임에게 자랑스레 내보일 화자의 자부심을 포함한다.

선지 유형	근거가 있어서 허용 불가능
실전에서의 판단 과정	자랑도 없다며.
해설	화자는 자신의 마음이 가난해서 '임'에게 줄 수 있는 '자랑'도 없다고 했습니다. 이를 근거로 하면 '아픈 가락'이 화자의 '자부심'을 포함한다는 것은 허용하기 어렵겠죠.

② 의로운 사람들이 보여 준 희생과 설움을 담고 있다.

선지 유형	근거가 있어서 허용 가능
실전에서의 판단 과정	독해한 결과 그대로네.
해설	'아픈 가락'의 근처 맥락을 독해한 결과 그대로 선지화된 모습입니다. 가볍게 허용할 수 있겠죠?

③ 대나무에 서린 임의 뜻을 잊으려는 화자를 질책한다.

선지 유형	근거가 없어서 허용 불가능
실전에서의 판단 과정	화자가 언제 그랬어.
해설	일단 '대나무'에는 '임'이 아닌 '의로운 사람'들의 뜻이 서려 있다고 해야 하고, 화자는 이것이 '임'에게 전해지기를 바라고 있습니다. 전체적으로 헛소리를 하는 선지네요.

④ 피리의 흐느낌에 호응하여 화자의 억울함을 해소한다.

선지 유형	근거가 없어서 허용 불가능
실전에서의 판단 과정	화자가 왜 억울해.
해설	화자는 딱히 억울한 게 없어요. 억울하다는 반응이 나타났다면 우리가 체크를 했을 겁니다. '아픈 가락'은 화자의 억울함이 아닌 '의로운 사람'들의 뜻을 전하는 역할을 한다고 보는 것이 더 맞습니다.

⑤ 구천에 사무친 원망을 살아남은 사람들에게 전달한다.

선지 유형	근거가 있어서 허용 불가능
실전에서의 판단 과정	임에게 전달하는 거지.
해설	'아픈 가락'은 '임'에게 전달하려는 것이에요. 살아남은 사람들에게 전달하는 것이 아닙니다.

선지	①	②	③	④	⑤
선택률	18%	4%	28%	13%	37%

52 다음에 따라 (가), (나)를 감상한 내용으로 적절하지 <u>않은</u> 것은? [3점] ⑤

① (가)의 화자가 바라는 세상은 '해돋는 아침'과 같이 '어둠'을 벗어나 밝음을 회복한 세상일 거야.

> 어둠에 창백한 꽃송이마다
> 깨물어 피터진 입을 맞추어
>
> 마지막 한방울 피마저 불어 넣고
> 해돋는 아침에 죽어가리야

선지 유형	근거가 있어서 허용 가능
실전에서의 판단 과정	어둠은 현재 상황이고, 해돋는 아침은 미래의 상황이니 허용할 수 있겠다.
해설	화자는 '어둠'에 창백한 꽃송이마다 입을 맞추겠다고 했습니다. 이는 화자가 지금 당장 하겠다고 하는 행위이니, '어둠'은 현재의 상황이라고 할 수 있어요. '선생님'의 말씀에 따르면, (가)에서 현재의 상황은 '임'이 부재하고 '더 나은 세상'을 누리지 못하는 상황이었죠? 그런데 '해돋는 아침'은 화자가 꽃송이에 마지막 한방울 피마저 불어 넣은 뒤 죽겠다고 다짐하는 때입니다. 이는 화자가 본인을 희생해서라도 도래하기를 바라는 미래의 상황, 즉 '더 나은 세상'을 의미한다고 할 수 있겠죠? '해돋는 아침'이 되면 현재의 '어둠'을 벗어나 밝음을 회복할 수 있을 것이니, 충분히 허용할 수 있는 선지가 되겠습니다.

② (나)의 화자가 지향하는 세계에서 대상들은 '자유롭게 서고, 앉고, 반짝이고,' 구를 거야.

> 내가 내 언어에게 자유를 주었으니 너희들도 자유롭게 서고, 앉고, 반짝이고, 굴러라. 그래 봄이다.

선지 유형	근거가 있어서 허용 가능
실전에서의 판단 과정	그렇다고 했네.
해설	(나)의 화자는 '자유'를 주었으니 대상들에게 '자유롭게 서고, 앉고, 반짝이고,' 구르라고 하고 있습니다. '자유'는 곧 (나)의 화자의 지향점이니, 화자가 지향하는 세계에서 대상들은 저런 행동을 한다고 할 수 있겠네요.

③ (가)의 화자는 '꽃송이'를 '창백한' 대상으로 바라보고, (나)의 화자는 대상들 각각의 모습에 주목하여 그 개별성을 드러내고 있어.

> 어둠에 창백한 꽃송이마다
> 깨물어 피터진 입을 맞추어

선지 유형	근거가 있어서 허용 가능
실전에서의 판단 과정	(가)에선 꽃송이가 창백하다고 했고, (나)에선 대상들 각각의 모습에 주목하고 있네.

해설	(가)의 화자는 '꽃송이'가 '창백'하다고 했습니다. 나아가 (나)의 화자는 '담벽', '라일락' 등 대상들 하나하나의 모습에 주목하고, 각 대상들에게 서로 다른 역할을 주거나 서로 원하는 것이 다르다는 것을 인정하는 등 그 개별성을 드러내고 있습니다. 지문을 읽는 과정에서 이렇게 생각하기는 어렵지만, 이와 같은 근거를 바탕으로 허용할 수는 있겠죠?

④ (가)의 화자는 '피마저 불어 넣'는 희생적 태도를 보이고, (나)의 화자는 대상들이 원하는 바를 실현하게 하여 '자유'를 함께 누리려는 태도를 보이고 있어.

> 마지막 한방울 피마저 불어 넣고
> 해돋는 아침에 죽어가리야

선지 유형	근거가 있어서 허용 가능
실전에서의 판단 과정	피마저 불어 넣는 건 희생이고, 자유를 함께 누리려는 건 주제지.
해설	(가)의 화자는 자신의 '피마저 불어 넣'은 뒤 '해돋는 아침'에 죽어가겠다는 다짐을 하고 있습니다. 자신의 피를 기꺼이 제공하고 죽겠다는 점에서 '희생적 태도'를 충분히 허용할 수 있을 것 같아요. 나아가 (나)의 화자가 '자유'를 함께 누리려고 한다는 건 주제 그 자체이니 어렵지 않게 허용할 수 있을 것 같습니다. '대상들이 원하는 바를 실현하게' 한다는 것은 '~하고 싶은 놈 ~하고'라는 부분을 근거로 허용할 수 있겠죠?

⑤ (가)의 화자는 '붉은 마음'을 바쳐 부재하는 '임'을 기다리고, (나)의 화자는 '담벽' 안에서 '봄'과 같은 세계를 대상들과 공유하려 하고 있어.

> 미워하는 것 미워하는 모든 것 다 잊고라도
> 붉은 마음이 숯이 되는 날까지
> 그 숯이 되살아 다시 재 될 때까지

> 저기 저 담벽, 저기 저 라일락, 저기 저 별, 그리고 저기 저 우리 집 개의 똥 하나, 그래 모두 이리 와 내 언어 속에 서라. 담벽은 내 언어의 담벽이 되고, 라일락은 내 언어의 꽃이 되고, 별은 반짝이고, 개똥은 내 언어의 뜰에서 굴러라.

선지 유형	근거가 있어서 허용 불가능
실전에서의 판단 과정	담벽도 대상의 하나일 뿐인데?
해설	(가)의 화자는 '붉은 마음'이 숯이 되는 그날까지 '임'을 기다리겠다는 다짐을 보여 주고 있습니다. 이는 자신의 마음을 바쳐서라도 '임'을 기다리겠다는 모습이라고 할 수 있겠죠? 주제와도 직결되는 내용이구요. 한편, (나)의 화자에게 '담벽' 역시 '라일락', '별' 등과 같은 하나의 '대상'입니다. 화자와 함께 '자유'를 누리려고 하는 '대상'의 하나라는 것이죠. 그런데 이 선지는 다른 대상들과 함께 담벽 '안에서' 봄과 같은 세계를 공유하려 한다는 내용을 담고 있습니다. 이는 다른 대상들과 '담벽'을 분리시키는 것이기 때문에 절대 허용할 수 없는 내용이 되겠어요. 애초에 화자가 담벽 '안에서' 무언갈 하자고 한 적도 없구요.

FAQ

Q 어쨌든 여러 대상들이 모인 곳의 공간적 범위가 '담벽 안'이라고 할 수는 있지 않나요? '담벽'을 비롯한 나머지 대상들이 함께 있는 것이라면, 모든 대상들이 '담벽 안'에 있다고 볼 수도 있으니까요.

A '담벽 안'에 주목하는 풀이가 애매하다면, 이렇게도 볼 수 있습니다. '선생님'의 말씀에 따르면, (나)의 화자가 대상들과 함께 누리려는 것, 즉 '공유'하려는 것은 '봄'이 아니라 '자유'입니다. 그런데 (나)의 2연을 보면, '봄=자유'라고 한 다음 그것이 마음에 들지 않으면 '봄=꽃피는 지옥'이라고 하자는 이야기를 하고 있습니다. 결국 (나)의 화자는 '봄'을 무엇이라고 부르든 그 본질은 변하지 않는다는 이야기를 하는 것일 뿐, '봄' 자체를 '자유'와 같은 것으로 명명한 것은 아니었어요. 화자는 '봄'이라는 현재 상황에서 '봄'을 무엇이라고 불러도 상관없는 '자유'를 대상들과 공유하고 싶을 뿐이었습니다. 따라서 '봄'과 같은 세계(현재 상황)를 공유하려고 한다는 5번 선지의 내용은 '꽃피는 지옥'을 공유하려고 한다는 내용과도 같은 선지가 되기 때문에, 허용하기 어렵습니다. 지문의 주제와 어긋나는 선지가 되어 버리는 것이죠!

이는 지문에서 '봄'의 의미를 정확하게 독해하고, 〈보기〉에서 작품의 주제를 정확하게 체크하고, 선지에서 묻는 것을 정확하게 인지할 것을 요구하는 풀이입니다. 어려운 문학 선지의 종합 선물 세트와도 같으니 확실하게 정리하도록 합시다.

선지	①	②	③	④	⑤
선택률	7%	9%	60%	14%	10%

53 〈보기〉를 참고하여 ㉠~㉤의 의미를 설명한 것으로 가장 적절한 것은? ③

① ㉠은 자신의 언어 속에서도 기존의 언어 사용 방식이 유지된다는 생각을 의미한다.

> 저기 저 담벽, 저기 저 라일락, 저기 저 별, 그리고 저기 저 우리 집 개의 똥 하나, 그래 모두 이리 와 ㉠내 언어 속에 서라.

선지 유형	근거가 있어서 허용 불가능
실전에서의 판단 과정	주제랑 반대잖아?
해설	화자는 대상들에게 모두 '내 언어' 속에 서라는 이야기를 하고 있습니다. 이는 대상들을 자신의 언어로 표현하겠다는 내용인데, 〈보기〉에 따르면 이러한 생각은 기존의 언어 사용 방식에서 벗어나려는 시도예요. 〈보기〉에서 제시한 주제와 어긋난 내용이니 허용할 수 없겠습니다.

② ㉡은 대상을 파악하는 행위까지 포기하면서 자유를 얻고자 하는 의도를 나타낸다.

> 담벽은 내 언어의 담벽이 되고, 라일락은 내 언어의 꽃이 되고, 별은 반짝이고, 개똥은 내 언어의 뜰에서 굴러라. ㉡내가 내 언어에게 자유를 주었으니 너희들도 자유롭게 서고, 앉고, 반짝이고, 굴러라. 그래 봄이다.

선지 유형	근거가 없어서 허용 불가능
실전에서의 판단 과정	대상을 파악하는 행위를 왜 포기해.
해설	㉡은 그저 언어와 대상에게 '자유'를 주겠다는 것이지, 대상을 파악하는 행위를 포기하겠다는 내용이 아닙니다. 허용을 하고 싶어도 도저히 근거를 찾을 수 없는 내용이죠?

③ ㉢은 새로운 표현을 시도하여 언어와 대상이 자유를 얻을 가능성을 모색하는 과정을 나타낸다.

> ㉢봄이 자유가 아니라면 꽃피는 지옥이라고 하자. 그래 봄은 지옥이다.

선지 유형	근거가 있어서 허용 가능
실전에서의 판단 과정	주제네.
해설	'봄'을 '자유'가 아닌 '꽃피는 지옥'으로 표현하고 있습니다. 이는 〈보기〉에서 말한 것처럼 기존의 언어 사용 방식에서 벗어나려는 시도라고 할 수 있겠죠? 나아가 이러한 시도는 '자유'를 얻을 가능성을 모색하려는 (나)의 주제를 담고 있는 것이었습니다. 주제 그 자체인 선지이므로 가볍게 허용할 수 있죠.

④ ㉣은 대상들을 구속에서 벗어나게 하기 위해 외부 상황에 변화를 주었음을 의미한다.

> ㉣이름이 지옥이라고 해서 필 꽃이 안 피고, 반짝일 게 안 반짝이던가.

선지 유형	근거가 있어서 허용 불가능
실전에서의 판단 과정	외부 상황이 아니라 그냥 이름에만 변화를 준 거지.
해설	㉣은 '봄'을 '지옥'으로 명명하는 것처럼 기존의 언어 사용 방식에서 벗어나도 대상들의 본질은 변하지 않는다는 내용입니다. 즉, '외부 상황'에 변화를 준 것이 아니라 그저 '언어 사용 방식'에만 변화를 준 것이죠. 이러한 근거를 바탕으로 하면 허용할 수 없는 선지네요.

⑤ ㉤은 언어의 새로운 가능성을 실현하여 자신이 제한한 의미에 따라 대상들이 움직임을 의미한다.

> 내 말이 옳으면 자, ㉤자유다 마음대로 뛰어라.

선지 유형	근거가 있어서 허용 불가능
실전에서의 판단 과정	마음대로 뛰라며.
해설	언어의 새로운 가능성을 실현한 것은 맞는데, '자신이 제한한 의미'에 따라 대상들이 움직인다고 하면 안 되겠죠? 언어의 새로운 가능성을 실현한 것은 '자유'를 위해서이고, ㉤은 그러한 '자유'가 실현되어 '마음대로' 될 수 있는 상황이니까요. 지문의 핵심 주제와 반대되는 선지이니, 절대로 허용할 수 없겠습니다.

> (가)
>
> 만년(萬年)을 싸늘한 바위를 안고도
> 뜨거운 가슴을 어찌하리야
>
> 어둠에 창백한 꽃송이마다
> 깨물어 피터진 입을 맞추어
>
> 마지막 한방울 피마저 불어 넣고
> 해돋는 아침에 죽어가리야

화자는 '만년을 싸늘한 바위'를 안고도 '뜨거운 가슴'을 가지고 있습니다. 이는 '싸늘한 바위'로 표현된 부정적인 현실에서도 문제 해결에 대한 강한 의지를 보이는 화자의 모습이라고 할 수 있겠습니다.

'어둠에 창백한 꽃송이'마다 '피터진 입'을 맞추고, 자신의 '마지막 한방울 피마저 불어 넣'는 모습은 이러한 '뜨거운 가슴'과 같은 의미를 가진다고 할 수 있겠죠? 이렇게 '뜨거운 가슴'을 가진 화자는 '해돋는 아침'에 죽어가겠다는 말과 함께 계속해서 의지를 불태우고 있습니다.

> 사랑하는 것 사랑하는 모든 것 다 잃고라도
> 흰뼈가 되는 먼 훗날까지
> 그 뼈가 부활하여 다시 죽을 날까지
>
> 거룩한 일월(日月)의 눈부신 모습
> 임의 손길 앞에 나는 울어라.

'사랑하는 모든 것'을 다 잃은 후에도, '흰뼈'가 되고 다시 '그 뼈가 부활'할 때까지 '거룩한 일월의 눈부신 모습'을 기다리겠다는 의지를 보이고 있습니다. 맥락상 여기서 '거룩한 일월'은 '해돋는 아침'과 같은 말이라고 할 수 있겠죠? 이는 '임의 손길'로 만들 수 있는 세상인 것 같은데, 화자는 그 앞에서 기쁨의 눈물을 흘릴 그 날을 기다리고 있습니다.

> 마음 가난하거니 임을 위해서
> 내 무슨 자랑과 선물을 지니랴
>
> 의로운 사람들이 피흘린 곳에
> 솟아 오른 대나무로 만든 피리뿐

> 흐느끼는 이 피리의 아픈 가락이
> 구천(九天)에 사모침을 임은 듣는가.

이러한 화자는 마음이 가난하다고 합니다. 그래서 '임'을 위해 줄 수 있는 자랑도, 선물도 없다고 해요. 이렇게 '임'에게 줄 수 있는 화자의 것은 없지만, '의로운 사람들이 피흘린 곳에 솟아 오른 대나무로 만든 피리'가 있다고 합니다. 화자가 가진 것은 없어도 '의로운 사람들' 덕에 '임'에게 줄 것이 아예 없지는 않은 것이죠.

이 피리는 '아픈 가락'을 가지고 있는데, 그 가락이 '구천'에 사무친다고 합니다. 이 소리를 '임'이 들으면 안타깝게 여겨서 '거룩한 일월'을 만들어 주실 거예요. 화자는 이를 바라고 있는 것 같습니다.

> 미워하는 것 미워하는 모든 것 다 잊고라도
> 붉은 마음이 숯이 되는 날까지
> 그 숯이 되살아 다시 재 될 때까지
>
> 못 잊힐 모습을 어이 하리야
> 거룩한 이름 부르며 나는 울어라.
>
> -조지훈, 「맹세」-

계속해서 같은 이야기입니다. 화자는 '미워하는 것'을 모두 잊고 난 후, '붉은 마음'이 숯이 되고 다시 그 숯이 재가 되는 아주 오랜 뒤까지 '임'의 모습을 잊지 못할 것이라는 이야기를 하고 있습니다. 여기서 '붉은 마음'은 화자가 현재 가지고 있는 '뜨거운 가슴'이라고도 할 수 있겠죠? 그러한 '뜨거운 가슴'이 숯이 되어 버리고 그 뒤 수많은 시간이 지나더라도 '임'의 이름을 부르며 울면서 기다리겠다는 화자의 의지가 드러나는 작품이었습니다.

> (나)
>
> 저기 저 담벽, 저기 저 라일락, 저기 저 별, 그리고 저기 저 우리 집 개의 똥 하나, 그래 모두 이리 와 내 언어 속에 서라. 담벽은 내 언어의 담벽이 되고, 라일락은 내 언어의 꽃이 되고, 별은 반짝이고, 개똥은 내 언어의 뜰에서 굴러라.

'담벽', '라일락', '별', '개의 똥'과 같은 대상들에게 화자의 '언어 속'에 서라는 이야기를 하고 있습니다. 추상적이기는 하지만, 글자 그대로 화자의 '언어' 속에 대상들을 집어 넣고 있죠? '내 언어의 담벽', '내 언어의 꽃' 등이 의미하는 바가 무엇인지 정확하게는 모르겠지만, 화자의 언어 체계 속으로 대상들이 들어오기를 바라고 있다는 것만 이해하면 충분할 것 같습니다.

> 내가 내 언어에게 자유를 주었으니 너희들도 자유롭게 서고, 앉고, 반짝이고, 굴러라. 그래 봄이다.

그런데 화자는 자신의 '언어'에게 '자유'를 주었다고 합니다. 그렇다면 그 '언어' 속에 있는 대상들도 '자유'를 누릴 수 있을 것이에요. 이렇게 서고, 앉고, 반짝이고, 구르는 '자유'를 만끽할 것을 명령하고 있습니다. 결국 화자가 대상들을 자신의 언어 체계 속으로 넣으려고 한 것은 이들에게 '자유'를 주기 위해서였네요.

나아가 화자는 이러한 상황을 '봄'이라고 하고 있습니다. 이에 따르면 '봄'의 의미는 곧 '자유'를 누리는 상황이라고 할 수 있겠죠?

> 봄은 자유다. 자 봐라, 꽃피고 싶은 놈 꽃피고, 잎 달고 싶은 놈 잎 달고, 반짝이고 싶은 놈은 반짝이고, 아지랑이고 싶은 놈은 아지랑이가 되었다.

'봄=자유'라는 앞 문단 독해의 결과가 재진술되고 있습니다. '봄'이라는 '자유'의 상황이 되었더니, 대상들은 자기가 하고 싶은 대로 꽃피기도 하고, 잎을 달기도 하고, 반짝이기도 하고, 아지랑이가 되기도 합니다. 똑같은 말이 반복되면서 '봄=자유'를 누리는 대상들의 모습이 강조되고 있어요.

> 봄이 자유가 아니라면 꽃피는 지옥이라고 하자. 그래 봄은 지옥이다. 이름이 지옥이라고 해서 필 꽃이 안 피고, 반짝일 게 안 반짝이던가.

그런데 이번엔 '봄'을 '자유'가 아닌 '꽃피는 지옥'이라고 하자고 합니다. '봄=자유'라는 도식을 납득했더니, 갑자기 다른 소리를 하네요. 아무튼 화자의 말대로 '봄'을 '지옥'이라고 해도, 꽃은 피고, 반짝이는 별은 계속 반짝인다고 합니다. 생각해 보면 그렇죠? '봄'을 무엇이라고 부르든, 대상들의 속성이 변하지는 않을 것입니다.

> 내 말이 옳으면 자, 자유다 마음대로 뛰어라.
>
> -오규원, 「봄」-

화자는 이러한 상황을 진정한 '자유'라고 이야기하고 있습니다. '봄'을 무엇이라고 부르든 대상들의 본질은 변하지 않을 것이니, 그 본질을 마음껏 펼쳐 보이는 '자유'를 누리자는 주제 의식을 담고 있다고 할 수 있겠네요.

몰랐던 어휘 정리하기

| 핵심 **point** |

① **허용 가능성 평가** : 선지의 내용을 '허용'하려는 태도를 바탕으로 지문을 '독해'하며 '근거'를 찾아야 합니다. 허용할 수 있는 '근거'가 있어야만 허용할 수 있습니다. 주관적인 생각을 개입시키면 안 됩니다.

② **현대시 독해** : 〈보기〉의 도움 등을 통해 '주제' 위주로, 그리고 일상 언어의 감각으로 읽어내면 됩니다. 현대시도 읽을 수 있는 하나의 글입니다.

③ **선지에서 묻는 것** : 독서에서도 문학에서도, 선지 판단의 기본은 그 선지가 무엇을 묻고 있는지 정확하게 따지는 것입니다. 선지를 대충 판단하는 습관은 시험장에서 꽤나 치명적으로 다가올 거예요. 항상 '묻는 것'이 무엇인지 체크하는 습관을 가지도록 합시다.

| 지문 내용 총정리 |

〈보기〉에서 주제를 체크하고, 이 '주제'를 중심으로 선지의 '허용 가능성'을 판단하고, 지문의 주요 구절을 정확하게 '독해'할 것을 요구하는 지문이었습니다. 현대시가 어려울 때 나올 수 있는 거의 모든 요소들이 쓰인 지문이니, 확실하게 복습하도록 합시다.

〈보기〉 독해

[보기]

「탄궁가」는 향촌 공동체에서 경제적 기반이 취약한 사대부가 가정과 사회에 대한 책임을 다하기 어려운 자신의 궁핍한 삶을 실감나게 그려 낸 작품이다. 한편 「농가」는 곤궁한 향촌 공동체의 발전을 위해 여러 방도를 모색한 사대부가 가난을 벗어난 이상화된 농촌상을 그려 낸 작품이다.

두 작품 모두 '향촌'에서의 생활을 그려 낸 작품인데, '탄궁가'는 '궁핍한 삶'에, '농가'는 '이상화된 농촌상'에 주목한다고 합니다. 주제를 알려 주고 있으니, 적극적으로 활용해보도록 합시다.

실전적 지문 독해

(가)

춘일(春日)이 지지(遲遲)하여 뻐꾸기가 보채거늘
동린(東隣)에 쟁기 얻고 서사(西舍)에 호미 얻고
집 안에 들어가 씨앗을 마련하니
올벼 씨 한 말은 반 넘게 쥐 먹었고
기장 피 조 팥은 서너 되 부쳤거늘
한아(寒餓)한 식구 이리하여 어이 살리

(중략)

베틀 북도 쓸데없어 빈 벽에 남겨 두고
솥 시루 버려두니 붉은 빛이 다 되었다
세시 삭망 명절 제사는 무엇으로 해 올리며
원근 친척 내빈왕객(來賓往客)은 어이하여 접대할꼬
이 얼굴 지녀 있어 어려운 일 하고 많다
이 원수 궁귀(窮鬼)를 어이하여 여의려뇨
술에 후량을 갖추고 이름 불러 전송하여
길한 날 좋은 때에 사방으로 가라 하니
웅얼웅얼 불평하며 원노(怨怒)하여 이른 말이
어려서나 늙어서나 희로우락(喜怒憂樂)을 너와 함께하여
죽거나 살거나 여읠 줄이 없었거늘
어디 가 뉘 말 듣고 가라 하여 이르느뇨
우는 듯 꾸짖는 듯 온가지로 협박커늘   [A]
돌이켜 생각하니 네 말도 다 옳도다
무정한 세상은 다 나를 버리거늘

네 혼자 유신하여 나를 아니 버리거든
위협으로 회피하며 잔꾀로 여읠려냐
하늘 삼긴 이내 궁(窮)을 설마한들 어이하리
빈천도 내 분(分)이니 서러워해 무엇하리

—정훈, 「탄궁가」—

〈보기〉에서 제시한 주제가 그대로 반영되어 있습니다. 밑줄 친 부분 위주로 읽어주시면, 화자의 궁핍한 생활이 잘 드러난다는 것을 확인할 수 있을 거예요. 여기에 '춘일'이라는 말을 보고서 '봄'이라는 계절적 배경을 체크했다면 훌륭하겠죠?

(나)

서산에 돋을볕 비추고 구름은 느지막이 내린다
비 온 뒤 묵은 풀이 뉘 밭이 우거졌던고
두어라 차례 정한 일이니 매는 대로 매리라

〈제1수〉

면화는 세 다래 네 다래요 이른 벼의 패는 모가 곱난가
오뉴월이 언제 가고 칠월이 반이로다   [B]
아마도 하느님 너희 삼길 제 날 위하여 삼기셨다

〈제7수〉

아이는 낚시질 가고 집사람은 절이채 친다
새 밥 익을 때에 새 술을 걸러셔라
아마도 밥 들이고 잔 잡을 때에 흥에 겨워 하노라

〈제8수〉

—위백규, 「농가」—

역시 〈보기〉에서 언급한 것처럼, 농촌에서 열심히 일하는 모습과 함께 '흥에 겨워 하는' 이상화된 모습이 드러나고 있습니다.

선지	①	②	③	④	⑤
선택률	4%	16%	6%	72%	3%

54 (가)에 대한 설명으로 가장 적절한 것은? ④

① 계절의 변화에 조응하는 여러 자연물을 활용해 화자의 인식 전환을 보여 주고 있다.

선지 유형	근거가 없어서 허용 불가능
실전에서의 판단 과정	계절의 변화가 어딨냐.
해설	'계절의 변화'는 엄청난 상황의 변화이기 때문에, 만약 등장했다면 우리가 놓쳤을 리가 없습니다. 어렵지 않게 지워낼 수 있네요. 한편, '화자의 인식 전환'의 경우 궁핍한 삶을 한탄하다가 '빈천도 내 분'이라고 이야기하는 체념적 태도를 보이는 것에 근거하면 나타난다고 할 수 있겠습니다.

② 계절감이 드러난 소재를 대등하게 나열해 시상을 전개하고 있다.

선지 유형	근거가 없어서 허용 불가능
실전에서의 판단 과정	에이 뭐 없겠지.
해설	일단 '계절감이 드러난 소재를 대등하게 나열'하는 부분이 존재하지 않기에 허용할 수 없는 선지가 됩니다. 다만 시험장에서 이를 확신하기는 쉽지 않은데, 앞에서 몇 번 언급했었던 '귀찮은 건 나중에'라는 원칙으로 넘어가시는 게 좋은 전략일 것 같아요.

③ 특정 계절의 풍속을 화자의 시선 이동에 따라 묘사하고 있다.

선지 유형	근거가 없어서 허용 불가능
실전에서의 판단 과정	풍속이 어디 나와.
해설	'풍속'은 '옛날부터 전해 오는 습관 따위를 이르는 말'을 의미합니다. 이 작품에는 '봄'이라는 계절은 나타나지만, 이때의 습관 같은 것은 언급되지 않았죠. 나아가 '시선 이동' 역시 허용할 수 없겠구요. 이 역시 판단하기 귀찮은 부분에 해당하니, 일단 넘긴 후 다른 선지를 먼저 판단하는 것도 좋을 것 같습니다.

④ 특정 계절을 배경으로 제시해 화자의 처지를 부각하고 있다.

선지 유형	근거가 있어서 허용 가능
실전에서의 판단 과정	봄 나왔으니 정답이네.
해설	'화자의 처지 부각'은 무조건 맞는 말이기에, '특정 계절'만 제시되었다면 정답이 됩니다. 앞 선지들을 판단하는 과정에서 몇 번이고 '봄'이라는 계절을 확인했었죠? 어렵지 않게 답으로 고를 수 있네요. 이처럼 정답 선지는 대부분 주제와 직결되는 중요 부분으로 제시하는 경우가 많으니 귀찮은 건 나중으로 넘겨도 괜찮다는 것을 인식해주세요.

⑤ 계절의 순환을 중심으로 자연의 섭리를 드러내고 있다.

선지 유형	근거가 없어서 허용 불가능
실전에서의 판단 과정	계절의 순환이 어딨어.
해설	계절은 '봄'으로 고정되어 있다고 반복해서 이야기하고 있습니다. '계절의 순환'을 허용하기는 어렵죠.

선지	①	②	③	④	⑤
선택률	10%	7%	12%	16%	55%

55 [A], [B]에 대한 이해로 적절하지 않은 것은? ⑤

– [A]는 자신의 궁핍한 처지를 구체적으로 묘사하는 부분이었고, [B]는 농사를 짓는 모습을 구체적으로 묘사하는 부분이었습니다. 이 정도는 정리할 수 있어야 해요!

① [A]에서 '술에 후량'을 갖춘 화자는 의례를 통해 '궁귀'에 대한 예우를 표하고 있다.

> 이 원수 궁귀(窮鬼)를 어이하여 여의려뇨
> 술에 후량을 갖추고 이름 불러 전송하여
> 길한 날 좋은 때에 사방으로 가라 하니

선지 유형	근거가 있어서 허용 가능
실전에서의 판단 과정	길한 날 좋은 때에 사방으로 가라고 하니 예우를 표하고 있다고 할 수 있지.

<table>
<tr><td>해설</td><td>화자는 '술에 후량'을 갖춰두고, '궁귀'의 이름을 불러 전송해주고 있습니다. 그러면서 '길한 날 좋은 때'에 사방으로 가라며 좋은 말만 해 주고 있죠. 이를 근거로 하면 '예우를 표하고 있다.'라는 말을 충분히 허용할 수 있겠습니다.</td></tr>
</table>

② [B]에서 화자는 시간의 경과를 의식하며 '세 다래 네 다래' 열린 '면화'에 대한 만족감을 드러내고 있다.

> <u>면화</u>는 세 다래 네 다래요 이른 벼의 패는 모가 곱난가
> 오뉴월이 언제 가고 칠월이 반이로다
> 아마도 하느님 너희 삼길 제 날 위하여 삼기셨다

선지 유형	근거가 있어서 허용 가능
실전에서의 판단 과정	벌써 칠월이라고 했으니 시간의 경과 의식하는 것이고, 면화 잘 열려서 좋아하는 거지.
해설	화자는 '오뉴월'이 언제 가고 벌써 '칠월'이 반이나 지났다고 말하며, '시간의 경과'를 의식하는 모습을 보입니다. 그러면서 잘 열린 '면화'에 대해 만족하는 모습을 보이고 있죠. '면화'에 대한 만족감은 지문 속에 명시적으로 드러나지는 않지만, '이상화된 농촌상'이라는 주제를 생각하고 이를 말하는 화자의 내면세계에 공감한다면 충분히 허용할 수 있는 내용이죠? 이상적인 농촌을 가정한다면, '세 다래 네 다래' 생산된 면화는 그 양이 꽤 많은 것이라고 할 수 있으니까요.

③ [A]에서 화자는 '이내 궁'과의 관계를, [B]에서 화자는 '너희'와의 관계를 운명적인 것으로 여기는 관점을 취하고 있다.

> 하늘 삼긴 이내 궁(窮)을 설마한들 어이하리
> 빈천도 내 분(分)이니 서러워해 무엇하리

> 아마도 하느님 <u>너희</u> 삼길 제 날 위하여 삼기셨다

선지 유형	근거가 있어서 허용 가능
실전에서의 판단 과정	하늘 이야기를 하고 있으니 운명적인 것이라고 할 수 있겠다.
해설	먼저 [A]에서는 '하늘'을 삼긴 '이내 궁'을 어찌 할 수 없다는 말을 하고 있습니다. '어이하리'라는 명백한 근거를 바탕으로 하면, 화자가 '이내 궁'과의 관계를 운명적인 것으로 바라보고 있다고 할 수 있겠죠.

나아가 [B]의 '너희'는 '하느님'이 삼기는(만드는) 것입니다. 역시 '하느님'이라는 절대자가 개입했다는 점에서, 인간이 어찌할 수 없는 '운명적인 것'으로 여기는 화자의 모습이 드러난다고 할 수 있겠죠. 일단 허용하려고 하면, 근거를 찾을 수 있습니다.

④ [A]에서 화자는 '옳도다'라는 응답으로 '네 말'을 수용하는 태도를, [B]에서 화자는 '반이로다'라는 감탄으로 '패는 모'에 대한 기대감을 드러내고 있다.

> 돌이켜 생각하니 <u>네 말</u>도 다 <u>옳도다</u>

> 면화는 세 다래 네 다래요 이른 벼의 <u>패는 모</u>가 곱난가
> 오뉴월이 언제 가고 칠월이 <u>반이로다</u>

선지 유형	근거가 있어서 허용 가능
실전에서의 판단 과정	옳도다라고 했으니 수용하는 것이고, 감탄하고 있으니 기대감이라고 할 수 있지.
해설	먼저 [A]에서 '네 말'이 '옳도다'라며 응답한 것을 근거로 하면, '수용하는 태도'는 어렵지 않게 허용할 수 있을 것 같습니다. 한편, [B]에서는 칠월이 반이나 왔다는 영탄적인 표현을 통해 곧 '벼'의 수확을 하게 될 상황에 대한 '기대감'을 드러낸다고 할 수 있겠습니다. 저 상황에서 화자가 가지고 있을 내면세계에 공감해본다면 충분히 '기대감'을 허용할 수 있겠죠? 혹은, 최소한 '주제'와 직결되는 내용이니 맞는 선지일 것이라는 생각을 할 수 있어야 합니다. '독해를 바탕으로 한 허용 가능성 평가'라는 주무기가 먹히지 않을 때, '주제'라는 보조 무기를 생각해야 해요!

⑤ [A]와 [B]에서 화자는 각각 초월적인 존재인 '하늘'과 '하느님'을 예찬하는 어조를 취하고 있다.

> 하늘 삼긴 이내 궁(窮)을 설마한들 어이하리
> 빈천도 내 분(分)이니 서러워해 무엇하리

> 아마도 <u>하느님</u> 너희 삼길 제 날 위하여 삼기셨다

선지 유형	근거가 없어서 허용 불가능
실전에서의 판단 과정	하늘을 왜 예찬해.
해설	[A]의 '하늘'은 그저 자신의 가난을 운명적인 것으로 여기는 화자의 태도가 반영된 것이라 할 수 있습니다. 자신의 처지를 한탄하는 내용이니, 여기서 '예찬'이라는 반응을 허용할 만한 근거를 찾기 어렵죠. 일단 여기서 5번 선지를 정답으로 확정할 수 있겠네요. 한편 [B]에서 화자는 '하느님'이 너희(면화·모 등)를 삼길(만들) 때 '날 위하여' 만드셨다고 이야기하고 있습니다. 이는 '하느님'이 화자 자신을 위해 여러 가지를 만들어주었다는 인식이 담겨 있는 것이겠죠? 이를 근거로 하면, 화자가 '하느님'에 대한 감사함과 '예찬'을 드러내고 있다는 것을 허용할 수 있겠습니다. 조금 애매하긴 하지만, 어쨌든 '근거'를 찾을 수 있다는 점에서 허용의 여지가 있어요.

Q 이 정도 수준으로 독해하는 게 너무 어려운데 어떡하죠?

A 어떡하긴요. 공부해야죠! 확실히 어휘의 수준도 어렵고 요구하는 독해의 수준도 높기는 하지만, 고전시가에 대한 경험이 충분한 학생이라면 어렵지 않게 뚫어낼 수 있는 정도였어요. 다만 시험장에서 도저히 독해하기 어렵다면, '주제'라는 보조 무기를 적극적으로 활용할 수 있겠죠? 최소한 '주제'를 바탕으로 선지를 판단할 수 있다는 것 정도는 알아두도록 합시다.

선지	①	②	③	④	⑤
선택률	2%	3%	73%	18%	4%

56 〈보기〉를 참고할 때, ㉠~㉤의 문맥적 의미에 대한 이해로 적절하지 <u>않은</u> 것은? [3점] ③

– 〈보기〉는 두 작품의 주제를 제시하는 역할을 하고 있었습니다. 이를 생각하면서 선지를 판단해보도록 합시다.

① ㉠은 파종할 볍씨를 쥐가 먹어 버린 상황을 제시해 가난한 향촌 사대부의 곤혹스러운 처지를 실감나게 그려 낸다.

㉠ 올벼 씨 한 말은 반 넘게 쥐 먹었고

선지 유형	근거가 있어서 허용 가능
실전에서의 판단 과정	볍씨를 쥐가 먹으면 곤혹스럽지.
해설	선지 그 자체로 허용할 수 있겠죠? '올벼 씨'를 '쥐'가 먹어 버린 상황은 충분히 곤혹스러울 겁니다.

② ㉡은 솥과 시루가 녹슨 상황을 제시해 끼니조차 잇지 못하는 생활이 지속되는 향촌 사대부 가정의 궁핍함을 부각한다.

㉡ 솥 시루 버려두니 붉은 빛이 다 되었다

선지 유형	근거가 있어서 허용 가능
실전에서의 판단 과정	솥과 시루가 붉은 빛이 되었다는 건 녹슬었다는 것이지.
해설	밥을 짓는데 필요한 '솥'과 '시루'가 '붉은 빛'이 될 정도로 녹슬었다는 건, 그만큼 쓸 일이 없었다는 것이겠죠? 이는 '향촌 사대부 가정의 궁핍함'을 부각하기에 충분한 내용이네요.

③ ㉢은 체면을 지키기 어려운 상황을 제시해 취약한 경제적 기반 때문에 사회적 책임을 내려놓는 향촌 사대부의 죄책감을 드러낸다.

세시 삭망 명절 제사는 무엇으로 해 올리며 원근 친척 내빈왕객(來賓往客)은 어이하여 접대할꼬 ㉢ 이 얼굴 지녀 있어 어려운 일 하고 많다

선지 유형	근거가 없어서 허용 불가능
실전에서의 판단 과정	죄책감을 허용할 근거는 없는 것 같은데?
해설	화자는 가난한 상황 때문에 '제사'를 지내지도 못하고, '원근 친척 내빈왕객'을 접대하지도 못합니다. 이에 ㉢에서 '어려운 일'이 많다며 한탄하고 있죠. 즉, 화자는 단순히 자신의 처지를 비관하고 있을 뿐, 사회적 책임을 내려놓은 데에 대한 '죄책감'을 드러내고 있다고 보기는 어렵습니다. 이를 허용하려면 적어도 '나의 잘못이다'라고 하는 정도의 근거는 필요할 것이니까요.

Q 제사를 지내지 못하거나 손님을 접대하지 못하는 것은 사대부 입장에서 '죄책감'을 가질 만한 일이라고 할 수 있지 않나요? '허용 가능성 평가'의 관점에서 충분히 근거가 있는 생각인 것 같은데...

A 말씀하신 대로 '죄책감'이라는 말 자체는 억지로나마 허용할 수도 있습니다. 하지만 선지에서 묻는 것은 '사회적 책임을 내려놓는' 것으로 인한 '죄책감'이었어요. 만약 화자가 '죄책감'을 느낀다면 그것은 사회적 책임을 다하지 못하는 것에 대한 자책 때문이지, 사회적 책임을 '포기'(=내려놓음)했기 때문이 아니에요. 너무나 하고 싶은데 못하고 있어 발을 동동 구르는 것이지, 이제 사대부의 도리를 다하지 않겠다고 다짐한 것은 아니니까요. 이렇게 '내려놓다'라는 단어의 의미를 확실하게 살리면 조금 더 명쾌한 선지 판단이 가능할 것 같습니다. 이처럼 최근 평가원 문학에서는 단어의 미묘한 뉘앙스 차이를 바탕으로 답을 가르는 경우가 많으니, 헷갈릴 땐 '선지에서 묻는 것'을 아주 디테일하게 따지는 습관을 들이도록 합시다. 나아가 이 선지의 판단 과정에서도 결국 화자의 '내면세계'가 핵심이라는 것, 확실하게 체크할 수 있겠죠? 화자의 마음이 어떠한지 정확히 파악하는 것이 중요합니다.

④ ㉣은 밭을 맬 때 예정된 차례에 따라야 함을 나타내어 사회적 약속에 대한 존중을 향촌 공동체 발전의 방도로 여기는 관점을 드러낸다.

> ㉣ 두어라 차례 정한 일이니 매는 대로 매리라

선지 유형	근거가 있어서 허용 가능
실전에서의 판단 과정	차례를 정했다고 했으니 사회적 약속에 대한 존중이 드러난다고 할 수 있지.
해설	허용하려고 하면 근거를 잡을 수 있습니다. 화자는 '차례 정한 일'을 따르는 것을 강조하고 있는데, 이는 곧 '사회적 약속'을 의미한다고 할 수 있습니다. 주제를 고려하면, 화자가 이러한 '사회적 약속'에 대한 존중을 바탕으로 '이상화된 농촌상'을 만들어 '향촌 공동체 발전'을 꾀한다는 것을 충분히 허용할 수 있겠습니다. 이런 해석을 먼저 생각하기는 어렵지만, 선지에서 요구하는 방향대로 '허용'하려는 마음을 가지고 있으면 떠올릴 수 있습니다. 이 태도를 잊지 마세요!

⑤ ㉤은 먹을거리에 부족함이 없이 즐거운 향촌 구성원의 모습을 통해 가난을 벗어난 이상화된 농촌상의 일면을 보여 준다.

> ㉤ 아마도 밥 들이고 잔 잡을 때에 흥에 겨워 하노라

선지 유형	근거가 있어서 허용 가능
실전에서의 판단 과정	미리 생각한 내용이네.
해설	지문을 읽으면서부터 〈보기〉와 엮어 생각한 내용이죠? '흥에 겨워 하는' 모습은 충분히 '이상화'된 농촌상이라고 할 수 있어요.

몰랐던 어휘 정리하기

| 핵심 point |

① **허용 가능성 평가** : 선지의 내용을 '허용'하려는 태도를 바탕으로 지문을 '독해'하며 '근거'를 찾아야 합니다. 허용할 수 있는 '근거'가 있어야만 허용할 수 있습니다. 주관적인 생각을 개입시키면 안 됩니다.

② **고전시가 독해** : 겁먹지 않고, 현대시를 읽듯이 읽어내면 됩니다. 현대시와 마찬가지로, 〈보기〉의 도움 등을 통해 '주제' 위주로 가볍게 읽어내면 되는 거예요. 자세한 해석은 선지가 해줄 겁니다!

| 지문 내용 총정리 |

주제가 명료하고 현대어 풀이도 잘 되어 있어 내용을 파악하는 것 자체는 어렵지 않았겠지만, 선지 판단을 위해서는 꽤 높은 독해력이 필요했던 지문이었습니다. 이처럼 최근의 운문문학 지문들은 여러분들의 '독해력'을 물어보고 있다는 것을 잊지 말고, 다양한 작품들을 바탕으로 문학 작품에 대한 독해력을 키우도록 합시다.

〈보기〉 확인

[보기]

「자화상(自畵像)」은 1941년 「문우(文友)」에는 '우물 속의 자상화(自像畵)'라는 제목으로 게재되었다. 이 제목에서는 '우물'과 '그림'이 부각되어 있다. 상징적 관점에서 볼 때, 우물은 자신의 모습을 투영해 볼 수 있는 사물이고, 하늘을 향해 있는 동굴이며, 그 동굴의 원형인 모태(母胎)를 떠올리게 하는 공간이다. 이 점에서 보면, 이 시에서 우물 속의 자상화는 <u>자신의 존재에 대한 화자의 인식과 태도</u>를 다층적으로 담아내고 있는 그림이다.

(가) 시에 대한 〈보기〉입니다. 자신에 대한 성찰을 담고 있다는 내용이에요. 주제 그 자체이니 큰 힌트가 되겠죠? 이 내용을 바탕으로 지문 읽어봅시다.

실전적 지문 독해

(가)

산모퉁이를 돌아 논가 외딴 우물을 홀로
찾아가선 가만히 들여다봅니다.

우물 속에는 달이 밝고 구름이 흐르고
하늘이 펼치고 파아란 바람이 불고 가을이 있습니다.

그리고 한 사나이가 있습니다.
어쩐지 그 사나이가 미워져 돌아갑니다.

돌아가다 생각하니 그 사나이가 가엾어집니다. 도로 가 들여다보니 사나이는 그대로 있습니다.

<u>다시 그 사나이가 미워져 돌아갑니다.</u>
<u>돌아가다 생각하니 그 사나이가 그리워집니다.</u>
우물 속에는 달이 밝고 구름이 흐르고 하늘이 펼치고 파아란 바람이 불고 가을이 있고 추억처럼 사나이가 있습니다.

　　　　　　　　　　　　　-윤동주, 「자화상(自畵像)」-

〈보기〉에서 말한 대로 우물을 보면서 자신에 대한 성찰을 하고 있네요. 밉기도 하고, 가엾기도 하고, 그립기도 한 자신에 대한 이야기였습니다. 이렇게 주제 정도만 가볍게 체크하고 계속 읽어봅시다.

(나)

먹밤중 한밤중 새터 중뜸 개들이 시끌짝하게 짖어댄다
　이 개 짖으니 저 개도 짖어
　들 건너 갈메 개까지 덩달아 짖어댄다
　이런 개 짖는 소리 사이로
　언뜻언뜻 까 여 다 여 따위 말끝이 들린다
　<u>밤 기러기 드높게 날며</u>
　<u>추운 땅으로 떨어뜨리는 소리하고 남이 아니다</u>
　앞서거니 뒤서거니 의좋은 그 소리하고 남이 아니다
　콩밭 김칫거리
　아쉬울 때 마늘 한 접 이고 가서
　군산 묵은장 가서 팔고 오는 선제리 아낙네들
　팔다 못해 파장떨이로 넘기고 오는 아낙네들
　시오릿길 한밤중이니
　십릿길 더 가야지
　빈 광주리야 가볍지만
　<u>빈 배 요기도 못하고 오죽이나 가벼울까</u>
　그래도 이 고생 혼자 하는 게 아니라
　못난 백성
　못난 아낙네 끼리끼리 나누는 고생이라
　<u>얼마나 의좋은 한세상이더냐</u>
　그들의 말소리에 익숙한지
　어느새 개 짖는 소리 뜸해지고
　밤은 내가 밤이다 하고 말하려는 듯 어둠이 눈을 멀뚱거린다

　　　　　　　　　　　　　-고은, 「선제리 아낙네들」-

[A]

밤에 개들이 짖는 모습, 아낙네들끼리 이야기하는 모습 등을 묘사하고 있습니다. 이러한 아낙네들을 안타까워하기도 하고, 의좋은 세상이라고 긍정적으로 표현하기도 합니다. 이 정도의 큰 틀만 잡고 가면 돼요.

(다)

　한 해의 꽃잎을 며칠 만에 활짝 피웠다 지운
벚꽃 가로 따라가다가
미처 제 꽃 한 송이도 펼쳐 들지 못하고 멈칫거리는
늦된 그 나무 발견했지요.
들킨 게 부끄러운지, 그 나무
시멘트 개울 한 구석으로 비틀린 뿌리 감춰놓고
앞줄 아름드리 그늘 속에 반쯤 숨어 있었지요.
봄은 그 나무에게만 더디고 더뎌서
꽃철 이미 지난 줄도 모르는지,
그래도 여느 꽃나무와 다름없이
가지 가득 매달고 있는 멍울 어딘가 안쓰러웠지요.
늦된 나무가 비로소 밝혀드는 꽃불 성화,
환하게 타오를 것이므로 나도 이미 길이 끝난 줄
까마득하게 잊어버리고 한참이나 거기 멈춰 서 있었
지요.
　산에서 내려 두 달거리나 제자릴 찾지 못해
헤매고 다녔던 저 난만한 봄길 어디,
늦깎이 깨달음 함께 얻으려고 한나절
나도 병든 그 나무 곁에서 서성거렸지요.
이 봄 가기 전 저 나무도 푸릇한 잎새 매달까요?
무거운 청록으로 여름도 지치고 말면
불타는 소신공양 틈새 가난한 소지(燒紙)*,
저 나무도 가지가지마다 지펴 올릴 수 있을까요?
-김명인,「그 나무」-

[B]

* 소지 : 부정을 없애고 신에게 소원을 빌기 위하여 태워서 공중에
올리는 종이.

'봄'에 봤던 '나무'에 대한 이야기를 하고 있습니다. 그 나무는 다른 나무들과는 달리 꽃 한 송이도 펼치지 못하고 있었는데, 화자는 이러한 모습을 안쓰러워 하고 있습니다. 그런데 화자는 언젠가 그 나무도 '푸릇한 잎새'를 매달게 되기를 소망하고 있어요. 안쓰러운 '그 나무'를 응원하고 있다는 주제를 확실하게 체크하고 문제 풀어보도록 합시다.

57 (가)~(다)의 공통점으로 가장 적절한 것은? ④

① 대상의 현재 상황에 대한 화자의 비판적 태도가 드러난다.

선지 유형	근거가 없어서 허용 불가능
실전에서의 판단 과정	비판적 태도는 주제가 아니지.
해설	(가)의 경우 자신을 비판적으로 인식하고 있다고 할 여지가 있지만, (나)와 (다)의 주제를 고려할 때 '비판적 태도'는 허용하기 어렵죠? 두 작품 모두 시적 대상을 비판적으로 보고 있지는 않으니까요. 주제를 중심으로 가볍게 판단할 수 있어야 합니다.

② 대상의 미래에 대한 화자의 낙관적 전망이 드러난다.

선지 유형	근거가 없어서 허용 불가능
실전에서의 판단 과정	(다)만 해당하는 거 같은데?
해설	(가)의 경우, 단순히 자아 성찰을 하는 내용이었으므로 '낙관적 전망'은 절대 허용할 수 없겠습니다. 나아가 (나) 역시 그저 '선제리 아낙네'들을 안타까워하고 그들이 사는 세상을 긍정적으로 바라볼 뿐, 낙관적으로 '전망'하는 부분은 보이지 않습니다. 하지만 (다)에서는 '긍정적 전망'을 충분히 허용할 수 있을 것 같아요. '그 나무'가 꽃을 피워낼 것이라는 전망을 보이고 있으니까요. (다) 시에 미래에 대한 전망이 나타나다보니, 이 선지에 많들이 손이 간 것 같아요.

③ 대상과 일체가 되려는 화자의 의지가 드러난다.

선지 유형	근거가 없어서 허용 불가능
실전에서의 판단 과정	아낙네나 나무가 되려는 의지를 보이지는 않지.
해설	(가)의 경우에는 애초에 대상이 화자 자신이니 애매하지만, (나)와 (다)에 대상과 '일체'가 되려는 '의지'가 어디에 있나요? 단순히 '아낙네'와 '나무'를 긍정적으로 볼 뿐, 그 대상과 하나가 되겠다는 말을 허용할 만한 근거는 찾을 수 없습니다.

④ 대상을 딱하게 여기는 화자의 마음이 드러난다.

선지 유형	근거가 있어서 허용 가능
실전에서의 판단 과정	주제 그 자체지.
해설	(가)~(다) 모두 각각 '화자 자신', '아낙네들', '그 나무'를 안타까워한다는 주제를 가지고 있었습니다. 가볍게 허용할 수 있겠네요.

⑤ 대상에 대한 화자의 대결 의식이 드러난다.

선지 유형	근거가 없어서 허용 불가능
실전에서의 판단 과정	대결 의식은 너무 헛소리지.
해설	너무 헛소리죠? 주제를 고려할 때 절대로 허용할 수 없는 선지입니다.

선지	①	②	③	④	⑤
선택률	1%	15%	8%	69%	7%

58 〈보기〉를 참고하여 (가)를 이해한 내용으로 적절하지 <u>않은</u> 것은? [3점] ④

① 제1연에서 '외딴', '홀로', '가만히', '들여다봅니다' 등으로 보아, '우물'은 화자의 모습을 투영해 볼 수 있는 내밀한 공간이겠군.

> 산모퉁이를 돌아 논가 <u>외딴</u> 우물을 <u>홀로</u>
> 찾아가선 <u>가만히</u> 들여다봅니다.

선지 유형	근거가 있어서 허용 가능
실전에서의 판단 과정	홀로 가만히 들여다보는 건 내밀하게 자기 모습 투영하는 것이라 할 수 있겠네.
해설	외딴 곳에서 홀로 가만히 우물을 들여다보면, 아무도 없으니 내밀하게 화자의 모습을 투영할 수 있겠죠? 각 시어의 의미 그대로 허용할 수 있는 선지입니다.

② 제2연에서 '우물 속'에 들어 있는 자연은 하늘을 향해 있는 우물 속의 그림이므로, 화자가 지향해 온 바를 담고 있겠군.

> <u>우물 속에</u>는 달이 밝고 구름이 <u>흐르고</u>
> 하늘이 펼치고 파아란 바람이 불고 가을이 있습니다.

선지 유형	근거가 있어서 허용 가능
실전에서의 판단 과정	하늘이면 화자가 지향해 온 바라고 할 수 있지.
해설	'우물'은 자신의 모습이 투영되는 사물인데, 그러한 우물 속에 '하늘'이 보인다고 합니다. 문학에서 어떠한 가치가 결핍되어 있을 때 무언갈 바라본다는 건 그걸 '지향'하는 것으로 충분히 허용할 수 있다고 보시면 됩니다. 그럼 자기 자신을 가엾다고 생각하며 '결핍'을 느끼는 화자가 바라보는 '하늘'은 지향해 온 바를 담고 있다고 할 수 있겠네요. 이 정도는 허용된다는 '허용 범위'를 잡아보도록 합시다!

③ 제3연~제5연에서 '한 사나이'에 대한 화자의 반응들로 보아, 화자는 자신을 성찰하는 자세를 지니고 있겠군.

> 그리고 <u>한</u> 사나이가 있습니다.
> 어쩐지 그 사나이가 미워져 돌아갑니다.
>
> 돌아가다 생각하니 그 사나이가 가엾어집니다. 도로 가 들여다보니 사나이는 그대로 있습니다.
>
> 다시 그 사나이가 미워져 돌아갑니다.
> 돌아가다 생각하니 그 사나이가 그리워집니다.

선지 유형	근거가 있어서 허용 가능
실전에서의 판단 과정	자기 자신에 대한 반응을 나열하고 있으니 성찰이라고 할 수 있지.
해설	'우물'을 통해 보이는 '한 사나이'는 화자 자신을 의미할 것입니다. 화자는 자기 자신을 '미워'하기도, '가엾어'하기도, '그리워'하기도 합니다. 이렇게 자기 자신의 내면세계를 들여다보고 있다는 점에서, '성찰'이라는 말을 충분히 허용할 수 있겠습니다.

④ 제6연에서 자연과 '사나이'가 함께 나타나는 것은, 우물 속의 자상화를 들여다보는 화자가 존재 탐구를 끝냈음을 의미하겠군.

우물 속에는 달이 밝고 구름이 흐르고 하늘이 펼치고 파아란 바람이 불고 가을이 있고 추억처럼 <u>사나이</u>가 있습니다.

선지 유형	근거가 있어서 허용 불가능
실전에서의 판단 과정	존재 탐구를 왜 끝내?
해설	존재 탐구를 끝냈다구요? 일단 제6연의 내용은 한창 존재 탐구를 하고 있던 제2연의 내용과 같습니다. 화자는 계속해서 '우물 속' 자기 자신의 모습을 보며 자신의 존재에 대한 탐구, 즉 '성찰'을 하고 있는 것이에요. 나아가 〈보기〉에서도 우물 속의 자상화를 보고 자신의 존재에 대한 인식을 드러내고 있다고 했어요. 존재 탐구를 끝냈다고 해버리면 이러한 주제를 무시하게 되는 것이죠. 여러모로 허용할 수 없는 선지로 판단할 수 있네요.

⑤ 제6연에서 '추억처럼'에는 고향과 같은 모태적 공간을 통해서 자신을 바라보려는 화자의 태도가 내포되어 있겠군.

우물 속에는 달이 밝고 구름이 흐르고 하늘이 펼치고 파아란 바람이 불고 가을이 있고 <u>추억처럼</u> 사나이가 있습니다.

선지 유형	근거가 있어서 허용 가능
실전에서의 판단 과정	추억이라고 하면 과거의 이야기니까, 고향 같은 모태적 공간을 떠올릴 수 있겠지.
해설	'추억처럼'은 '우물'이라는 모태적 공간에서 발견한 것입니다. '모태'라는 단어의 뜻이 '사물의 발생·발전의 근거가 되는 토대를 비유적으로 이르는 말'이라는 것을 알고 있다면, 이를 근거로 '고향과 같은'이라는 말을 충분히 허용할 수 있을 것이에요. 조금 더 자세히 설명해볼까요? 선지에서 묻는 것은 '고향'을 통해 자신을 성찰했다는 것이 아니라 고향과 '같은' '모태적' 공간을 통해 자신을 성찰했다는 것입니다. 화자가 지금 '고향'을 통해 성찰하고 있다는 것은 근거가 없어 허용하기 어렵지만,

고향과 '같은' '모태적' 공간을 통해 성찰하고 있다는 것은 〈보기〉의 내용을 근거로 하면 충분히 허용할 수 있다는 것이에요. '선지에서 묻는 것'을 바탕으로, 해당 선지를 허용할 만한 근거가 있는지를 우선적으로 따지는 태도가 이렇게 어려운 선지를 판단하는 힘을 줍니다. 확실하게 정리합시다!

선지	①	②	③	④	⑤
선택률	6%	81%	5%	4%	4%

59 [A]와 [B]를 비교한 내용으로 가장 적절한 것은? ②

– 눈에 띄는 포인트는 정리하고 가는 것이 좋을 것 같습니다. [A]에서는 '~하는 소리하고 남이 아니다'와 같은 구절을 반복하고 있고, [B]에서는 해요체를 바탕으로 '말을 건네는 어투'를 사용하고 있다는 것 정도가 보이네요. 사실 표현법을 미리 찾으려고 하면 너무나 막막하기 때문에 굳이 거치지 않아도 되는 과정이기는 하지만, 할 수 있다면 최대한 체크하는 습관을 들이도록 해요! 시간 단축의 열쇠가 될 수 있으니까요.

① [A]는 [B]와 달리 대조를 통해 주제 의식을 강조한다.

선지 유형	근거가 없어서 허용 불가능
실전에서의 판단 과정	둘 다 대조가 있는데?
해설	주제 의식 강조야 당연히 맞는 말일 텐데, '대조'가 있는지 확인해야겠네요. 일단 [A]에서는 '드높게'와 '떨어뜨리는'이라는 표현이 대조되고 있다는 것을 확인할 수 있죠? 그런데 [B]에서도 꽃잎을 며칠 만에 활짝 피운 '벚꽃'과 제 꽃 한 송이도 펼쳐 들지 못하고 멈칫 거리는 '늦된 그 나무'가 대조되고 있으니, [A]는 [B]와 '달리' 부분이 틀렸다고 할 수 있겠습니다.

② [A]는 [B]와 달리 유사한 구절을 병치하여 운율감을 조성한다.

선지 유형	근거가 있어서 허용 가능
실전에서의 판단 과정	[A]는 미리 생각한 내용이네. [B]에는 유사한 구절은 없으니까 맞지.
해설	[A]는 '~한 소리하고 남이 아니다'라는 유사한 구절을 병치하고 있는데, [B]에는 딱히 보이지 않네요. 미리 생각한 내용이었죠? '~지요.'는 유사한 '구절'을 병치한 것이 아니라 단순히 어미가 같을 뿐이에요. 헷갈리면 안 됩니다!

③ [B]는 [A]와 달리 공감각적 심상을 통해 입체감을 부여한다.

선지 유형	근거가 없어서 허용 불가능
실전에서의 판단 과정	귀찮으니까 나중에 판단하자.
해설	[A]와 [B] 모두 '공감각적 심상'을 찾을 수는 없죠? 답이 될 수 없습니다. 물론, '실전에서의 판단 과정'에서 봤듯이 '공감각적 심상'과 같은 미시적인 내용은 답이 될 가능성이 낮으니 나중에 판단하겠다는 생각을 하며 넘어가셔도 좋습니다. 정답은 '거시적인 차원'에서 출제될 것이니까요.

④ [B]는 [A]와 달리 현재 시제를 사용하여 현장감을 부각한다.

선지 유형	근거가 있어서 허용 불가능
실전에서의 판단 과정	[B]는 과거 시제 쓰고 있는데?
해설	[B]의 '했지요, 있었지요.'는 누가 봐도 과거 시제죠? 오히려 [A]에서 현재 시제를 사용하고 있네요.

⑤ [B]는 [A]와 달리 의성어를 통해 구체적인 생동감을 부여한다.

선지 유형	근거가 있어서 허용 불가능
실전에서의 판단 과정	의성어는 오히려 [A]에 있지.
해설	역시 [B]에는 의성어가 없고, 오히려 [A]에 '까 여다 여'라는 의성어가 나타나고 있습니다.

선지	①	②	③	④	⑤
선택률	2%	8%	5%	64%	21%

60 ㉠~㉤에 대한 설명으로 적절하지 <u>않은</u> 것은? ④

① ㉠ : '군산 묵은장'과 '선제리' 사이의 거리로, '한밤중', '십릿길'과 더불어 '아낙네들'이 처한 상황을 구체적으로 나타낸다.

> 군산 묵은장 가서 팔고 오는 선제리 아낙네들
> 팔다 못해 파장떨이로 넘기고 오는 아낙네들
> ㉠시오릿길 한밤중이니
> 십릿길 더 가야지

선지 유형	근거가 있어서 허용 가능
실전에서의 판단 과정	아낙네들의 일상 그 자체네.
해설	'군산 묵은장'에서 마늘을 팔고 나면 집이 있는 '선제리'로 돌아와야 합니다. 그 두 공간 사이의 거리가 '시오릿길'인 것이죠. 나아가 이 길을 걸어오는 '아낙네들'의 상황도 독자들에게 충분히 전달하고 있으니, 허용할 수 있는 선지네요.

② ㉡ : '끼리끼리'와 상관되는 것으로, 공동체적 삶에 공감하는 화자의 태도가 내포되어 있다.

> 그래도 이 고생 혼자 하는 게 아니라
> 못난 백성
> 못난 아낙네 끼리끼리 나누는 고생이라
> 얼마나 ㉡의좋은 한세상이더냐

선지 유형	근거가 있어서 허용 가능
실전에서의 판단 과정	끼리끼리 의좋으면 공동체적 삶이라고 할 수 있지.
해설	'끼리끼리' 고생을 나누며 서로 힘이 되는 모습을 '공동체적 삶'이라고 충분히 볼 수 있고, 시인은 이를 '의좋은 한세상'이라고 평가하고 있어요. 이를 긍정하고 있으니 공감도 허용이 되겠구요. 근거가 충분하니 가볍게 허용해야겠네요.

③ ⓒ : '늦된 나무'가 피워 낼 '꽃'을 성스러운 불에 비유한 것으로, '늦된 나무'에 대한 화자의 기대가 내포되어 있다.

> 늦된 나무가 비로소 밝혀드는 ⓒ꽃불 성화,
> 환하게 타오를 것이므로 나도 이미 길이 끝난 줄
> 까마득하게 잊어버리고 한참이나 거기 멈춰 서 있었
> 지요.

선지 유형	근거가 있어서 허용 가능
실전에서의 판단 과정	성화가 타오를 것이라고 기대하고 있으니 맞네.
해설	'성화'(성스러운 불)라는 표현을 통해 선지의 앞부분을 그대로 허용할 수 있고, '환하게 타오를 것'이라는 기대를 품고 '거기 멈춰 서' 있던 화자의 모습을 통해 선지의 뒷부분도 허용할 수 있겠어요.

④ ⓔ : '벚꽃'이 흐드러지게 피어 있는 '봄길'로, 일탈적 삶에 대한 화자의 갈망이 간절한 것이었음을 나타낸다.

> 산에서 내려 두 달거리나 제자릴 찾지 못해
> 헤매고 다녔던 저 ⓔ난만한 봄길 어디,
> 늦깎이 깨달음 함께 얻으려고 한나절
> 나도 병든 그 나무 곁에서 서성거렸지요.

선지 유형	근거가 없어서 허용 불가능
실전에서의 판단 과정	일탈적 삶을 언제 갈망했냐.
해설	벚꽃이 흐드러지게 피어 있는 봄길은 맞는데, '일탈적 삶'을 허용할 만한 근거를 찾을 수가 없죠? 벚꽃을 보러 가는 게 '일탈'이라는 식으로 상상하며 선지를 판단하면 안 됩니다. 나아가 '일상에서의 탈출'이라는 식으로 '일탈'을 이해하여 허용한다고 쳐도, 화자가 그에 대한 '갈망'이라는 내면세계를 가지고 있음을 허용할 근거는 없으니 절대로 허용할 수 없겠습니다.

⑤ ⓜ : 가을의 나뭇잎을 '깨달음'과 관련하여 표현한 것으로, '불타는 소신공양'과 대비되어 화자의 겸손한 태도를 드러낸다.

> 산에서 내려 두 달거리나 제자릴 찾지 못해
> 헤매고 다녔던 저 ⓔ난만한 봄길 어디,
> 늦깎이 깨달음 함께 얻으려고 한나절
> 나도 병든 그 나무 곁에서 서성거렸지요.
> 이 봄 가기 전 저 나무도 푸릇한 잎새 매달까요?
> 무거운 청록으로 여름도 지치고 말면
> 불타는 소신공양 틈새 ⓜ가난한 소지(燒紙)*,
> 저 나무도 가지가지마다 지펴 올릴 수 있을까요?

* 소지 : 부정을 없애고 신에게 소원을 빌기 위하여 태워서 공중에 올리는 종이.

선지 유형	근거가 있어서 허용 가능
실전에서의 판단 과정	너무 어렵네. 4번이 확실하니까 일단 넘어가자.
해설	역대 가장 어려운 선지 중 하나입니다. '실전에서의 판단 과정'처럼 일단 넘어가는 게 현실적이라는 생각이 들 정도예요. 하나하나 판단해봅시다. 일단 '가난한 소지'는 '여름도 지치고 말면' 지펴 올리는 것이라고 했어요. 여기에 '가지가지마다' 지펴 올리는 것이니, '가을의 나뭇잎'은 충분히 허용할 수 있겠네요. 그리고 이 '소지'는 ⓔ의 '난만한 봄길'에 서성거리며 '깨달음'을 얻는 과정에서 떠올린 내용이었습니다. 따라서 '가을의 나뭇잎'을 '깨달음'과 관련하여 표현한 것이라는 점은 어렵지 않게 허용할 수 있겠네요. 여기까지는 할 만한데, 두 번째 줄이 아주 끔찍합니다. 일단 '가난한 소지'가 '불타는 소신공양'과 대비된다고 할 수 있을까요? '가난한 소지'는 '불타는 소신공양'의 '틈새'에 지펴 올리는 겁니다. 둘은 결국 함께 있는 것으로 볼 수도 있지만, 전체적인 뼈대를 잡고 있는 '불타는 소신공양'과 그 사이 사이에 있는 '가난한 소지'가 대비된다고 하면 딱히 틀린 건 없네요. '불타는'과 '가난한'이라는 표현의 어감도 확실히 대비가 될 것 같구요. 그럼 '겸손함'은요? 일단 각주에서 '소지'의 의미를 보니 신에게 소원을 비는 것이라고 합니다. 여기서 바로 '겸손함'을 떠올리기는 어렵겠지만, 선지에서 '겸손함'을 평가해 보라고 했으니 생각해 봅시다. 신에게 소원을 빈다는 건 원하는 바를

스스로의 힘만으로는 이루지 못한다는 뜻입니다. 이렇게 화자는 스스로의 힘을 저평가하고 있는데, 이를 '겸손함'의 근거로 사용하는 것은 충분히 자연스럽네요. 나아가 자신의 소원을 '가난'하다고 표현하는 데에서, 자신이 바라는 바를 낮게 표현하는 '겸손함'이 드러난다고 할 수 있겠네요. 즉, 화자가 '가난한 소지'와 관련된 이야기를 하는 과정에서 '겸손함'이라는 내면세계를 가지고 있다고 할 수 있겠네요. 그럼 허용하는 겁니다. 굉장히 어렵지만 말이죠.

다시 말씀드리지만, 이 선지는 아주 어렵습니다. 그리고 정말 솔직히 말해서 이 해설에 뒷북이 하나도 없다고 한다면 그것도 거짓말입니다.

하지만 우리는 4번을 답으로 고를 수는 있어야 합니다. 억지로라도 근거를 끌고 와서 허용할 수 있는 5번 선지와는 달리, 4번 선지는 도저히 허용할 수 있는 근거가 없습니다.

반면 5번 선지는, 정말 맘에 안 들고 억지스럽지만 '틈새', '각주에서 설명한 소지의 뜻'과 같은 '근거'가 명백하게 존재한다는 점에서, 허용할 수밖에 없는 겁니다. '소신공양', '소지'와 같은 어휘가 무슨 뜻인지 알고 있거나, ⓔ 부분을 읽으면서 '겸손함'을 미리 떠올릴 수는 없습니다. 평범한 수험생이라면 말이죠. 하지만 선지에서 '대비'와 '겸손함'이라는 해석의 허용 가능성을 평가해 보라고 시켰으니, 그에 따르는 것 정도는 할 수 있을 겁니다. 일단 허용하려고 하면, 근거를 찾을 수 있는 것이에요!

어렵지만, 평가원이 여기까지는 허용한다고 알려준 것이나 다름없습니다. 심지어 수능 문제니까요! 위의 해설을 잘 이해하면서, 다시 한번 '허용 가능성 평가'라는 선지 판단의 태도를 잡도록 합시다.

현대시 독해 연습

(가)
산모퉁이를 돌아 논가 외딴 우물을 홀로
찾아가선 가만히 들여다봅니다.

우물 속에는 달이 밝고 구름이 흐르고
하늘이 펼치고 파아란 바람이 불고 가을이 있습니다.

그리고 한 사나이가 있습니다.
어쩐지 그 사나이가 미워져 돌아갑니다.

'우물'을 홀로 찾아가 가만히 들여다보는 화자입니다. 그 '우물' 속에는 여러 자연의 모습이 있다고 합니다. '우물'의 물에 반사된 풍경이 보이는 것은 당연하겠죠? 그리고 이렇게 반사된 풍경에는 너무나 당연하게 화자 자신의 모습도 있을 것입니다. 화자는 그 모습을 '한 사나이'로 객관화해서 표현하고 있네요. 그런데 화자는 자신의 모습이 미워져 돌아갔다고 해요. 정확히 어떤 일이 있었는지는 모르겠지만, 화자는 스스로에게 불만이 많은 것 같습니다.

돌아가다 생각하니 그 사나이가 가엾어집니다. 도로가 들여다보니 사나이는 그대로 있습니다.

다시 그 사나이가 미워져 돌아갑니다.
돌아가다 생각하니 그 사나이가 그리워집니다.

그렇게 자신의 모습이 미워져 돌아가는데, 갑자기 또 자기 자신이 가엾어집니다. 당장 자신의 모습이 마음에 들지는 않지만, 그렇다고 자기 자신을 사랑하지 않는 것은 아니기에 갈등하는 것이겠죠. 그렇게 다시 들여다보니 '사나이'는 그대로 있습니다. 하지만 계속 보다보면 또 미워지고, 돌아가다보면 또 그리워지고 하는 화자입니다. 자기 자신의 모습을 성찰하면서 애증을 모두 느끼고 있네요.

우물 속에는 달이 밝고 구름이 흐르고 하늘이 펼치고 파아란 바람이 불고 가을이 있고 추억처럼 사나이가 있습니다.

－윤동주, 「자화상(自畵像)」－

다시 한번 '우물'을 들여다봅니다. 늘 그렇듯이 자연과 함께 자기 자신, 즉 '사나이'가 보입니다. '윤동주'라는 이름에 걸맞게, 처음부터 끝까지 자아 성찰을 하는 태도를 보여 주는 작품이었네요.

(나)
먹밤중 한밤중 새터 중뜸 개들이 시끌짝하게 짖어댄다
이 개 짖으니 저 개도 짖어
들 건너 갈메 개까지 덩달아 짖어댄다
이런 개 짖는 소리 사이로
언뜻언뜻 까 여 다 여 따위 말끝이 들린다
밤 기러기 드높게 날며
추운 땅으로 떨어뜨리는 소리하고 남이 아니다
앞서거니 뒤서거니 의좋은 그 소리하고 남이 아니다

'한밤중'입니다. 개들이 여기저기서 짖어대고 있어요. 자기들끼리 이야기를 하는 건지 누가 온 건지는 모르겠는데, 그 개 짖는 소리 사이로 '말끝'이 들린다고 합니다. 사람들 소리가 들리니까 개들이 짖어댄 것 같습니다.

그런데 화자는 이 소리가 '밤 기러기 드높게 날며 / 추운 땅으로 떨어뜨리는 소리'와도, '앞서거니 뒤서거니 의좋은 그 소리'와도 '남이 아니'라고 합니다. 여기서 후자는 '까 여 다 여 따위 말끝'을 의미한다고 봐야 할 것입니다. 둘 다 사람의 소리이니까요. 따라서 '기러기 소리', '사람 소리'와 '남이 아니'라고 할 수 있는 소리는 처음에 나온 '개 짖는 소리'라고 할 수 있겠습니다.

정리하면, '개 짖는 소리', '기러기 소리', '의 좋은 사람들의 소리' 모두 같은 장면에서 들을 수 있는 '남이 아닌' 소리인 것입니다. 여기서 현대시의 대표적인 주제인 '연대감'을 떠올릴 수 있다면 정말 훌륭하겠죠?

> 콩밭 김칫거리
> 아쉬울 때 마늘 한 접 이고 가서
> 군산 묵은장 가서 팔고 오는 선제리 아낙네들
> 팔다 못해 파장떨이로 넘기고 오는 아낙네들
> 시오릿길 한밤중이니
>
> 십릿길 더 가야지
> 빈 광주리야 가볍지만
> 빈 배 요기도 못하고 오죽이나 가벼울까

여기서 '의 좋은 사람들'은 바로 '선제리 아낙네들'이었나봅니다. '파장떨이'로 넘겼다는 것이나, '요기'도 못한 '빈 배' 등을 보니 이들의 처지가 그리 풍족해보이지는 않습니다. 화자는 이러한 '선제리 아낙네들'에게 연민을 느끼는 것 같아요.

> 그래도 이 고생 혼자 하는 게 아니라
> 못난 백성
> 못난 아낙네 끼리끼리 나누는 고생이라
> 얼마나 의좋은 한세상이더냐

하지만 이러한 고생은 혼자 하는 것이 아닙니다. 첫 부분에서도 강조했던 '연대감'을 한 번 더 이야기하고 있네요. 화자는 이렇게 서로 고생을 나누는 모습을 '의좋은 한세상'으로 표현하고 있습니다.

> 그들의 말소리에 익숙한지
> 어느새 개 짖는 소리 뜸해지고
> 밤은 내가 밤이다 하고 말하려는 듯 어둠이 눈을 멀뚱거린다
>
>   -고은, 「선제리 아낙네들」-

'선제리 아낙네'들이 이렇게 고생하는 것이 오늘만은 아닐 겁니다. 이들이 이렇게 떠들면서 돌아오는 것에 익숙한지 '개 짖는 소리'도 뜸해지고, '어둠'이 눈을 멀뚱거리는 깊은 밤이 되고 있습니다. '민중들의 연대감'이라는 전형적인 현대시의 주제를 담고 있는 작품이었네요.

> (다)
> 한 해의 꽃잎을 며칠 만에 활짝 피웠다 지운
> 벚꽃 가로 따라가다가
> 미처 제 꽃 한 송이도 펼쳐 들지 못하고 멈칫거리는
> 늦된 그 나무 발견했지요.

'벚꽃 가'를 걷고 있는 화자입니다. 상상만 해도 아름다운 광경인데, 화자는 꽃 한 송이 펴지 못한 '늦된 그 나무'를 발견합니다. 이렇게 하나의 대상에 꽂혀 그에 대한 시상을 전개하는 것은 현대시의 전형적인 창작 방식 중 하나입니다. 익숙해지도록 합시다.

> 들킨 게 부끄러운지, 그 나무
> 시멘트 개울 한 구석으로 비틀린 뿌리 감춰놓고
> 앞줄 아름드리 그늘 속에 반쯤 숨어 있었지요.
> 봄은 그 나무에게만 더디고 더뎌서
> 꽃철 이미 지난 줄도 모르는지,
> 그래도 여느 꽃나무와 다름없이
> 가지 가득 매달고 있는 멍울 어딘가 안쓰러웠지요.

'그 나무'는 들킨 게 부끄러운지 숨어 있었다고 합니다. 나무가 정말로 부끄러워하지는 않을 것이고, 꽃을 피우지 못해 구석에 박혀 있는 모습을 보고 화자가 '부끄러움'이라는 감정을 상상한 것이겠죠. 그만큼 보잘 것 없어 보이는 나무였던 겁니다.

화자는 이렇게 봄이 외면한 것만 같은 나무를 보고서 '안쓰러움'을 느끼고 있습니다. 심지어 꽃을 피워보겠다고 멍울을 가득 매달고 있는 모습은 이러한 '안쓰러움'을 더욱 심화시키네요.

> 늦된 나무가 비로소 밝혀드는 꽃불 성화,
> 환하게 타오를 것이므로 나도 이미 길이 끝난 줄
> 까마득하게 잊어버리고 한참이나 거기 멈춰 서 있었
> 지요.

그런데 화자는 이 '늦된 나무'가 비로소 '꽃불 성화'를 밝혀들 것이라 믿고 있는 것 같습니다. 그러한 믿음을 비롯한 여러 정서들이 겹쳤는지, 화자는 그 나무 앞에 한참이나 멈춰 서 있는 모습이네요.

> 산에서 내려 두 달거리나 제자릴 찾지 못해
> 헤매고 다녔던 저 난만한 봄길 어디,
> 늦깎이 깨달음 함께 얻으려고 한나절
> 나도 병든 그 나무 곁에서 서성거렸지요.

이렇게 자연물에 주목하는 작품이라고 해도, 결국은 인간의 이야기를 하는 것이 문학이라고 할 수 있습니다. 화자는 산에서 내려와 두 달 동안 헤매고 있었는데, '병든 그 나무 곁'에서 서성거리며 '늦깎이 깨달음'을 함께 얻으려고 합니다. 여기서 말하는 '늦깎이 깨달음'이란 '지금은 보잘 것 없어도 언젠간 밝게 빛날 것'이라는 내용이겠죠? 화자는 '그 나무'라는 대상으로부터 이러한 '늦깎이 깨달음'을 얻고 있습니다.

> 이 봄 가기 전 저 나무도 푸릇한 잎새 매달까요?
> 무거운 청록으로 여름도 지치고 말면
> 불타는 소신공양 틈새 가난한 소지(燒紙)*,
> 저 나무도 가지가지마다 지펴 올릴 수 있을까요?
> -김명인, 「그 나무」-
>
> * 소지 : 부정을 없애고 신에게 소원을 빌기 위하여 태워서 공중에
>   올리는 종이.

이 봄이 가기 전 저 나무가 푸릇한 잎새를 매달 수 있을지, 여름도 지치고 말아 가을이 되면 '불타는 소신공양 틈새 가난한 소지'를 지펴 올릴 수 있을지 묻고 있습니다. 이때 가을이라는 점에서 '불타는 소신공양 틈새 가난한 소지'는 단풍을 의미한다는 걸 알 수 있겠죠? 나아가 이 물음에 대한 답이 'yes'라는 것도 어렵지 않게 생각할 수 있겠습니다. 앞에서 설명한 '늦깎이 깨달음'이 바로 이 물음에 대한 답이고, 그것이 화자가 말하고 싶었던 주제에 해당하는 것이니까요.

| 핵심 point |

① **허용 가능성 평가** : 선지의 내용을 '허용'하려는 태도를 바탕으로 지문을 '독해'하며 '근거'를 찾아야 합니다. 허용할 수 있는 '근거'가 있어야만 허용할 수 있습니다. 주관적인 생각을 개입시키면 안 됩니다.

② **현대시 독해** : 〈보기〉의 도움 등을 통해 '주제' 위주로, 그리고 일상 언어의 감각으로 읽어내면 됩니다. 현대시도 읽을 수 있는 하나의 글입니다.

| 지문 내용 총정리 |

독해하기 어려운 지문은 물론, 판단하기 어려운 선지들도 잔뜩 출제되었던 고난도 세트였습니다. 이 정도의 선지들도 조금의 의심도 없이 가볍게 해결할 수 있다는 자신감이 들었으면 좋겠습니다. 아무리 어려워도, 선지 판단의 원칙 자체는 변하지 않으니까요.

〈보기〉 확인

이번 지문의 경우 〈보기〉는 따로 없지만, (가)에 비평문이 제시되어 있습니다. 이 경우 비평문을 〈보기〉라고 생각하며 먼저 읽어보자고 했죠?

> (가)
> 　문학 작품의 의미가 생성되는 양상은 세 가지로 나누어 볼 수 있다. 첫째는 자기의 경험은 물론 자기 내면의 정서나 의식 등을 대상에 투영하여, 외부 세계에 새로운 의미를 부여하는 경우이다. 둘째는 외부 세계의 일반적 삶의 방식이나 가치관, 이념 등을 자기 내면으로 수용하여, 자신을 새롭게 해석함으로써 의미를 만들어 내는 경우이다. 셋째는 자기와 외부 세계를 상호적으로 대비하여 양자에 대한 새로운 해석을 통해 의미를 생성하는 경우이다.

'문학 작품의 의미가 생성되는 양상'에 대해 소개하고 있습니다. 총 세 가지인데, 첫째는 자기 내면을 통해 '외부 세계'에 새로운 의미를 부여하는 경우입니다. 둘째는 외부 세계를 바탕으로 '자신'을 새롭게 해석하는 겁니다. 첫째와 반대되는 내용이네요. 여기에 셋째는 자기와 외부를 상호적으로 대비하여 양자를 모두 새롭게 해석하는 것입니다. 어떻게 보면 당연한 내용들이죠?

> 　문학적 의미 생성의 이러한 세 가지 양상은 문학 작품에서 자기와 외부 세계의 관계를 파악할 때 적용할 수 있다. 첫째와 둘째의 경우, 자기와 외부 세계와의 거리는 가까워지고 친화적 관계가 형성된다. 셋째의 경우는 자기가 외부 세계를 바라보는 관점에 따라 둘 사이의 거리가 가까워져 친화적 관계가 형성되기도 하고, 그 거리가 드러나 소원한 관계가 유지되기도 한다.

이러한 세 가지 양상은 '자기와 외부 세계의 관계'를 파악하는 데에도 적용할 수 있다고 합니다. '첫째와 둘째'의 경우 친화적 관계가 형성된다고 합니다. 서로 영향을 주고받고 있으니 당연히 '친화적'이라고 할 수 있겠죠. 이렇게 납득할 수 있어야 합니다! '셋째'의 경우는 '친화적'일 수도, '소원한 관계'가 유지될 수도 있다고 해요. '자기'와 '외부 세계'를 대비하여 '새로운 해석'이 만들어진다고 했으니, 가까워질 수도, 멀어질 수도 있는 것이죠.

약간은 독서 지문 같은 비평문이었습니다. 충분히 납득할 수 있게끔 제시되었으니, 확실하게 이해하며 정리하셔야 합니다. 이걸 이용해서 지문을 읽고 선지를 판단해봅시다.

실전적 지문 독해

> (나)
> 산슈 간(山水間) 바회 아래 뛰집을 짓노라 ᄒ니
> → 산수 사이 바위 아래 초가집을 짓자 하니
> 그 모론 눔들은 욷는다 ᄒ다마는
> → 그걸 모르는 남들은 웃는다 하지만
> 어리고 햐암의 뜻의눈 내 분(分)인가 ᄒ노라
> → 어리석은 나의 뜻에는 내 분인가 한다
> 〈제1수〉
>
> 보리밥 픗ᄂ 물을 알마초 머근 후(後)에
> → 보리밥 풋나물을 알맞게 먹은 후에
> 바횟 굿 믉ᄀ의 슬ᄏ지 노니노라
> → 바위 끝 물가의 실컷 노니노라
> 그 나믄 녀나믄 일이야 부룰 줄이 이시랴
> → 그 남은 일(속세에서의 일)이야 부러울 리가 있으랴
> 〈제2수〉
>
> 잔 들고 혼자 안자 먼 뫼흘 ᄇ라보니
> → 잔 들고 혼자 앉아서 먼 산을 바라보니
> 그리던 님이 오다 반가옴이 이리ᄒ랴
> → 그리던 님이 와도 반가움이 이정도겠냐
> 말ᄉ도 우움도 아녀도 몰내 됴하ᄒ노라
> → 말씀도 우움도 아니 하셔도 못내 좋아하노라
> 〈제3수〉
>
> 누고셔 삼공(三公)도곤 낫다 ᄒ더니 만승(萬乘)이 이만ᄒ랴
> → 누군가 삼공보다 낫다 하더니 만승이 이만하겠냐
> 이제로 헤어든 소부(巢父) 허유(許由)ㅣ 냑돗더라
> → 이제 생각해보니 소부 허유가 약았더라
> 아마도 님쳔 한흥(林泉閑興)을 비길 곳이 업세라
> → 아마도 자연을 즐기는 것을 비길 곳이 없을 것이다
> 〈제4수〉
>
> 내 셩이 게으르더니 하눌히 아ᄅ실샤
> → 내 성이 게으르더니 하늘이 아셨나
> 인간 만ᄉ(人間萬事)를 ᄒ 일도 아니 맜뎌
> → 인간 만사를 한 일도 아니 마쳐

다만당 둣토리 업슨 강산(江山)을 딕희라 ᄒ시도다
→ 다만 다툼이 없는 강산을 지키라 하셨도다

〈제5수〉

강산이 됴타 ᄒ돌 내 분(分)으로 누얻ᄂ냐
→ 강산이 좋다 한들 내 분으로 누웠냐
님군 은혜(恩惠)룰 이제 더욱 아노이다
→ 임금의 은혜를 이제 더욱 알겠다
아므리 갑고쟈 ᄒ야도 히올 일이 업세라
→ 아무리 갚고자 해도 할 일이 없다

〈제6수〉
-윤선도, 「만흥(漫興)」-

'자연' 속에서 안빈낙도하면서 '임금'의 은혜도 챙기는 고전시가의 전형적인 내용입니다. 이렇게 해석한 정도로만 읽을 수 있어도, 주제가 어렵지 않으니 충분히 이해할 수 있을 거예요.

(다)
　산림(山林)에 살면서 명리(名利)에 마음을 두는 것은 큰 부끄러움[大恥]이다. 시정(市井)에 살면서 명리에 마음을 두는 것은 작은 부끄러움[小恥]이다. 산림에 살면서 은거(隱居)에 마음을 두는 것은 큰 즐거움[大樂]이다. 시정에 살면서 은거에 마음을 두는 것은 작은 즐거움[小樂]이다.

'부끄러움'과 '즐거움'을 각각 두 가지로 나누어서 제시하고 있습니다. 두 '부끄러움'의 '공통점'은 '명리'에 마음을 두는 것이고, 두 '즐거움'의 '공통점'은 '은거'에 마음을 두는 것이네요. 이 '공통점'을 바탕으로, 각각 '산림, 시정'이라는 공간에 있는 경우라는 '차이점'을 가진다는 생각을 해주시면 됩니다. 독서 지문의 비교/대조형 지문을 읽는 방법과 똑같죠? 최근에는 이런 '문학의 독서화'가 하나의 트렌드가 되고 있어요. 확실하게 정리합시다.

　작은 즐거움이든 큰 즐거움이든 나에게는 그것이 다 즐거움이며, 작은 부끄러움이든 큰 부끄러움이든 나에게는 그것이 다 부끄러움이다. 그런데 큰 부끄러움을 안고 사는 자는 백(百)에 반이요, 작은 부끄러움을 안고 사는 자는 백에 백이며, 큰 즐거움을 누리는 자는 백에 서넛쯤 되고, 작은 즐거움을 누리는 자는 백에 하나 있거나 아주 없거나 하니, 참으로 가장 높은 것은 작은 즐거움을 누리는 자이다.

글쓴이는 이들 중 '작은 즐거움'을 누리는 자가 가장 높다는 이야기를 하고 있습니다. 그 수가 제일 적기 때문이에요! 맞는 논리인지는 모르겠지만, 뭐 글쓴이가 그렇다면 그런 것이겠죠. 핵심은 이러한 글쓴이의 생각, 즉 내면세계가 곧 주제임을 생각하는 것이에요.

　나는 시정에 살면서 은거에 마음을 두는 자이니, 그렇다면 이 작은 즐거움을 가장 높은 것으로 말한 나의 이 말은 대부분의 사람들의 생각과는 거리가 먼, 물정 모르는 소리일지도 모른다.

-이덕무, 「우언(迂言)」-

글쓴이는 '시정에 살면서 은거에 마음을 두는 자'이니, 가장 높은 것인 '작은 즐거움'을 누리는 자라고 합니다. 그런데 화자 자신이 누리고 있는 '작은 즐거움'을 가장 높은 것으로 말한 건 대부분 사람들의 생각과는 거리가 먼 소리라고 해요. 애초에 '작은 즐거움'을 누리는 자는 백에 하나 있을까 말까 하기 때문에 세상 사람들 대부분이 선호하지 않는 것이고, 그렇다면 글쓴이의 말은 '물정 모르는 소리'일 수도 있다는 거죠. 말은 이렇게 하면서 사실 자신의 삶이 가장 낫다는 자부심이 드러나는 작품이네요. '독해'하는 것 자체도 그리 어렵지 않습니다. 이러한 주제를 확실하게 잡아줄 수 있겠죠?

선지	①	②	③	④	⑤
선택률	30%	26%	16%	8%	20%

61 (나)의 시상 전개에 대한 설명으로 가장 적절한 것은? ①

① 〈제1수〉에서는 경험적 성격과 연결된 공간으로부터, 〈제6수〉에서는 관념적 성격과 연결된 공간으로부터 시상이 전개된다.

산슈 간(山水間) 바회 아래 뛰집을 짓노라 ᄒ니
그 모론 ᄂ들은 욷는다 ᄒ다마ᄂ
어리고 햐암의 뜻의는 내 분(分)인가 ᄒ노라

〈제1수〉

강산이 됴타 ᄒ돌 내 분(分)으로 누얻ᄂ냐
님군 은혜(恩惠)룰 이제 더욱 아노이다
아므리 갑고쟈 ᄒ야도 히올 일이 업세라

〈제6수〉

선지 유형	근거가 있어서 허용 가능
실전에서의 판단 과정	산슈 간에 있는 뛰집은 경험과 연결된 공간이고, 강산은 님군 은혜와 연결되어 있네.
해설	먼저 〈제1수〉입니다. 여기서는 '산슈 간'이라는 공간이 나타나요. 이는 화자가 '띠집'을 짓고 사는, '경험적 성격'과 연결된 공간입니다. 화자가 실제로 '경험'하는 공간이라는 거죠. 한편 〈제6수〉의 공간은 '강산'입니다. 이는 화자가 실제로 경험하는 공간이라고 볼 수도 있기에 틀린 선지 같지만, 선지를 정확하게 독해해봅시다. 선지에서는 관념적 성격과 '연결'된 공간이냐고 묻고 있습니다. 다시 말해서, 그 자체가 '관념적 공간'이냐고 묻는 게 아니라 그 공간이 관념적 성격과 '연결'되었는지를 묻는다는 거죠. 그럼 '강산'이라는 공간이 어떤 개념과 '연결'되어 있는지를 생각해야 합니다. 근처를 독해해보니, '강산'에 화자가 누울 수 있는 이유는 '님군 은혜' 때문이라고 해요. 그럼 '강산'은 '님군 은혜'라는 '관념적 성격'과 연결된다고 할 수 있겠네요. 따라서 이 선지가 정답이 됩니다. 물론 한자 병기가 되지 않은 '강산'이라는 단어는 '자연 일반'을 의미하기에 '관념적 공간'이라고 볼 수도 있습니다. 하지만 평가원이 요구한 것은 그러한 '지식'이 있느냐보다 '선지에서 묻는 것'을 정확히 파악할 수 있는지였어요. '관념적'이라는 말 자체는 '추상성'을 지닌 대상에게 허용될 수 있는데, '은혜'라는 추상적이고 관념적인 성격을 가진 개념과 연결되는 '강산'이라는 공간으로부터 시상이 전개된다고 할 수 있다는 거죠. 독서뿐만 아니라 문학에서도 '선지에서 묻는 것'이 중요하게 작용하는 모습입니다. 답이 안 보일 때의 선지 판단 태도로 하나 더 추가하면 되겠죠?

② 〈제2수〉에서는 구체성이 드러나는 소재로, 〈제3수〉에서는 추상성이 강화된 소재로 시상이 시작된다.

보리밥 픗ᄂ 물을 알마초 머근 후(後)에
바횟 긋 믉ᄀ의 슬ᄏ지 노니노라
그 나믄 녀나믄 일이야 부롤 줄이 이시랴
　　　　　　　　　　　　　　　〈제2수〉

잔 들고 혼자 안자 먼 뫼흘 ᄇ라보니
그리던 님이 오다 반가옴이 이리ᄒ랴
말ᄉᆷ도 우움도 아녀도 몯내 됴하ᄒ노라
　　　　　　　　　　　　　　　〈제3수〉

선지 유형	근거가 있어서 허용 불가능
실전에서의 판단 과정	보리밥이랑 잔, 뫼 전부 구체적인데?
해설	〈제2수〉의 '보리밥 픗ᄂ 물'뿐만 아니라 〈제3수〉의 '잔, 뫼'도 모두 '구체성'이 드러난 소재죠? 실제 현실에서 쉽게 볼 수 있는 것들이니까요! 선지에선 '시상이 시작'되는 지점을 묻고 있으니 당연히 초장을 보아야 하고, 각 수의 초장에 저러한 구체적 소재가 제시되었으니 틀린 선지가 되겠습니다.

③ 〈제2수〉에서 설의적 표현으로 제기된 의문이 〈제5수〉에서 해소되었음이 영탄적 표현으로 드러난다.

보리밥 픗ᄂ 물을 알마초 머근 후(後)에
바횟 긋 믉ᄀ의 슬ᄏ지 노니노라
그 나믄 녀나믄 일이야 부롤 줄이 이시랴
　　　　　　　　　　　　　　　〈제2수〉

내 셩이 게으르더니 하늘히 아ᄅ실샤
인간 만ᄉ(人間萬事)롤 ᄒ 일도 아니 맛뎌
다만당 ᄃ토리 업슨 강산(江山)을 딕희라 ᄒ시도다
　　　　　　　　　　　　　　　〈제5수〉

선지 유형	근거가 없어서 허용 불가능
실전에서의 판단 과정	도대체 무슨 의문을 제기한다는 거야?
해설	〈제2수〉에서 설의적 표현이 있기는 하지만, 이는 '다른 건 하나도 안 부러워~'의 느낌으로 화자의 반응을 표현한 내용일 뿐이죠. '의문'이라고 볼 수가 없습니다. '의문' 자체가 없었으니 〈제5수〉에서 해소된다는 것도 허용하기 어렵겠습니다. 애초에 '설의법'은 '의문'의 의미를 가지지 못한다는 걸 알아둡시다. 오히려 자신이 말하고자 하는 바를 '강조'하는 것이에요.

④ 〈제3수〉에서의 현재에 대한 긍정이 〈제4수〉에서의 역사에 대한 부정으로 바뀌며 시상이 전환된다.

잔 들고 혼자 안자 먼 뫼흘 ᄇ라보니
그리던 님이 오다 반가옴이 이리ᄒ랴
말ᄉᆷ도 우움도 아녀도 몯내 됴하ᄒ노라
　　　　　　　　　　　　　　　〈제3수〉

누고셔 삼공(三公)도곤 낫다 ᄒ더니 만승(萬乘)이 이만ᄒ랴

이제로 헤어든 소부(巢父) 허유(許由) ㅣ 냑돗더라
아마도 님쳔 한홍(林泉閑興)을 비길 곳이 업세라

〈제4수〉

선지 유형	근거가 있어서 허용 불가능
실전에서의 판단 과정	소부 허유가 좋다고 했는데 어떻게 역사에 대한 부정이야.
해설	〈제3수〉가 '현재에 대한 긍정'이라고 보는 것은 너무나 자연스러워요. '반가옴', '됴하ᄒ노라'와 같은 반응들을 근거로 하면 말이죠. 그런데 〈제4수〉가 '역사에 대한 부정'이라구요? 역사적 인물인 '소부'와 '허유'가 나오기는 했지만, (이 정도는 고전시가 공부를 했다면 알고 있어야 해요.) 이 인물들을 부정하기는커녕 오히려 긍정적으로 보고 있죠? 절대 허용할 수 없네요.

⑤ 〈제3수〉에 나타난 정서적 반응이 〈제6수〉에서 감각적 표현을 통해 구체화된다.

잔 들고 혼자 안자 먼 뫼흘 ᄇ라보니
그리던 님이 오다 반가옴이 이리ᄒ랴
말숨도 우움도 아녀도 몯내 됴하ᄒ노라

〈제3수〉

강산이 됴타 ᄒ들 내 분(分)으로 누얼ᄂᆞ냐
님군 은혜(恩惠)를 이제 더욱 아노이다
아므리 갑고쟈 ᄒ야도 ᄒ올 일이 업세라

〈제6수〉

선지 유형	근거가 있어서 허용 불가능
실전에서의 판단 과정	좋다는 걸 구체화하면 어떻게 강산이 되냐.
해설	〈제3수〉에서는 '반가옴', '됴하ᄒ노라'와 같은 정서적 반응이 나타납니다. 나아가 〈제6수〉에서 '감각적 표현'이 드러난다고 하는 것도, 틀렸다고 보기에는 조금 애매하네요. 하지만, 선지에서 묻는 것은 '〈제3수〉의 정서적 반응'이 〈제6수〉에서 '구체화'되었는지입니다. 〈제3수〉의 정서적 반응은 '뫼'와 관련된 것이에요. '뫼'를 바라보니 정말 즐겁다는 이야기를 하는 것이죠. 하지만 〈제6수〉에서 화자가 보이는 정서적 반응은 '님군'에 대한 감사이지, '강산'이라는 감각적 표현에 대한 즐거움이 아닙니다. 〈제6수〉에 강산이 좋다는 반응이 나타나기는 하지만, 이는

그저 '님군 은혜'에 대한 예찬을 위한 빌드업에 불과하다는 것을 생각하면 〈제3수〉의 정서적 반응이 〈제6수〉에서 '강산'과 같은 감각적 표현을 통해 '구체화'되었다는 것은 허용하기 어렵습니다. 다시 말하지만, 〈제6수〉에서 화자가 '강산'을 통해 나타내고자 하는 정서적 반응은 '감사함'이라는, '즐거움'의 구체적 표현이 아닌 아예 다른 방향의 정서적 반응이니까요.

물론, '강산'은 실제 강과 산이라기보다는 '자연' 자체를 상징하는 말이기 때문에, '감각적 표현'으로 볼 수 없다고 할 수도 있습니다. 하지만 결국 중요한 것은 〈제3수〉와 〈제6수〉 속 화자의 내면세계, 즉 정서적 반응이 무엇인지 정확하게 파악하는 것이었죠? 늘 같은 것만 묻고 있다는 것을 잊지 맙시다.

선지	①	②	③	④	⑤
선택률	4%	7%	48%	30%	11%

62 (가)를 참고하여 (나)를 감상한 내용으로 적절하지 <u>않은</u> 것은? ③

– '문학적 의미 생성'에 대해 이야기하던 (가)를 활용한 문제입니다. 기본적으로는 (나)의 내용을 바탕으로 해결하시면 되지만, 선지 판단이 애매할 때는 반드시 (가)의 내용을 근거로 사용해야 한다는 것을 잊지 맙시다.

① '산슈 간'에서 살고자 하는 마음과 이에 공감하지 못하는 '눔들'의 생각을 병치하여 화자와 '눔들' 사이의 거리가 드러남으로써, 자기와 외부 세계 사이의 소원한 관계가 유지된다.

산슈 간(山水間) 바회 아래 뛰집을 짓노라 ᄒ니
그 모론 눔들은 운눈다 ᄒ다마는
어리고 햐암의 뜻의눈 내 분(分)인가 ᄒ노라

〈제1수〉

선지 유형	근거가 있어서 허용 가능
실전에서의 판단 과정	화자와 남들의 생각이 다르니까 거리가 드러나고 소원한 관계가 유지된다고 할 수 있겠지.
해설	'산슈 간'에서 살고자 하는 화자의 마음과 이를 모르는 '눔들'의 생각을 병치하고 있고, 이로 인해 둘 사이의 거리감이 드러난다고 할 수 있겠죠? 서로

다른 생각을 하고 있으니까요. 이 경우 화자라는 '자기'와 '놈들'이라는 '외부 세계' 사이의 소원한 관계가 유지된다고 할 수 있겠네요.

② '바횟 긋 묽ᄀ'에서 즐거움을 누리는 삶과 '녀나믄 일'을 대비하여 세상일과 거리를 두려는 화자의 태도가 드러남으로써, 자기와 외부 세계 사이의 소원한 관계가 유지된다.

보리밥 픗ᄂᆞ 믈을 알마초 머근 후(後)에
바횟 긋 묽ᄀ의 슬ᄏᆞ지 노니노라
그 나믄 녀나믄 일이야 부룰 줄이 이시랴
〈제2수〉

선지 유형	근거가 있어서 허용 가능
실전에서의 판단 과정	자연 속에서 즐거움을 누리는 화자와 속세라는 외부 세계 사이에는 소원한 관계가 유지되겠지.
해설	'바횟 긋 묽ᄀ'에서 즐거움을 누리는 것은 '자연' 속에서 행복하게 사는 것이고, '녀나믄 일'은 '속세'에서의 일을 의미하죠? 이 둘을 대비하면서 '녀나믄 일'이라는 세상일에 관심이 없는 화자의 태도가 드러나고 있다고 할 수 있습니다. 나아가 이 경우 화자라는 '자기'와 '녀나믄 일'이라는 '외부 세계' 사이의 소원한 관계는 유지된다고 할 수 있겠네요.

③ '님'에 대한 '반가움'보다 더한 감흥을 불러일으키는 '뫼'의 의미를 부각하여 화자와 '님' 사이의 거리가 드러남으로써, 자기와 외부 세계 사이의 소원한 관계가 유지된다.

잔 들고 혼자 안자 먼 뫼흘 ᄇᆞ라보니
그리던 님이 오다 반가움이 이리ᄒᆞ랴
말ᄉᆞᆷ도 우움도 아녀도 몯내 됴하ᄒᆞ노라
〈제3수〉

선지 유형	근거가 있어서 허용 불가능
실전에서의 판단 과정	화자와 님의 거리가 드러나는 게 아니잖아?
해설	'님'에 대한 '반가움'조차도 '뫼'를 바라보고 얻는 감흥보다 덜하다고 한 것은 맞는데, 이것이 화자와 '님' 사이의 거리를 드러나게 하나요? 화자는 그저 '뫼'가 '님'만큼 좋다는 내면세계를 드러내는 것이지, '님'이 싫다는 내면세계를 드러낸 것이 아닙니다. 절대 허용할 수 없어요.

조금 애매하다면, (가)를 활용하면 됩니다. (가)에서 3번 선지가 이야기하는 대로 '자기와 외부 세계 사이의 소원한 관계가 유지'되려면 '셋째'의 경우에만 가능하다는 걸 알 수 있어요. '셋째'는 '자기'와 '외부 세계'를 '상호적으로 대비'하는 것인데, 지금 화자는 자신의 정서를 '님'과 '뫼'라는 대상에 투영하는 '첫째'를 행하고 있죠. '셋째'는 1번, 2번 선지처럼 '자기'와 '외부 세계'가 상호적으로 대비되어야 하잖아요! 이렇게 하면 조금 더 명확하게 해결할 수 있겠습니다. 철저하게 지문의 '독해' 위주로 선지가 구성되는 모습이에요.

④ '님쳔'에서의 '한흥'이 '삼공'이나 '만승'보다 더한 가치를 지닌다고 강조하여 화자와 '님쳔' 사이의 거리가 가까워짐으로써, 자기와 외부 세계 사이의 친화적 관계가 형성된다.

누고셔 삼공(三公)도곤 낫다 ᄒᆞ더니 만승(萬乘)이 이만ᄒᆞ랴
이제로 헤어든 소부(巢父) 허유(許由)ㅣ 냑돗더라
아마도 님쳔 한흥(林泉閑興)을 비길 곳이 업세라
〈제4수〉

선지 유형	근거가 있어서 허용 가능
실전에서의 판단 과정	자연 좋아하는 게 주제니까, 친화적 관계는 당연히 생기겠지.
해설	'님쳔 한흥'은 자연 속에서 얻는 즐거움을 의미합니다. 흥(興)이라는 한자에 주목하면 더욱 쉽게 파악할 수 있었겠죠? 그리고 주제를 생각했을 때, 이는 '삼공', '만승'과 같은 속세의 가치보다 더 높게 평가될 것입니다. 이 역시 '자연 친화'를 모토로 하는 고전시가의 기본적인 세계관이니 알아두셔야 합니다. '삼공', '만승'이 '속세'와 관련되어 있다는 건 최소한 고전시가 공부가 되어 있다면 당연히 알아야 하는 내용이에요. 이 경우 화자와 '님쳔'이라는 자연 사이의 거리는 당연히 가까워질 것이고, 화자라는 '자기'와 자연이라는 '외부 세계' 사이의 친화적 관계가 형성된다고 할 수 있겠네요.

FAQ

Q 자기와 '외부 세계' 사이의 관계를 이야기할 때, '외부 세계'를 '속세'로 본다면 틀린 선지 아닌가요?

A 늘 이야기하지만, 설사 그런 해석이 맞다고 해도 '외부 세계'를 자연으로 보았을 때는 허용할 수 있기에 이 선지는 맞는 선지입니다. 선지의 반례를 따지는 게 아니라, 그 선지

자체의 허용 가능성을 따지는 태도를 꼭 갖춰주세요. 심지어 이 선지에서는 '님천'에 대해서 판단할 것을 요구하고 있으니, 굳이 '속세'를 끌고 올 필요가 없을 거예요.

⑤ '강산' 속에서의 삶이 '님군'의 '은혜' 덕택임을 제시하여 화자와 '님군' 사이의 거리가 가까워짐으로써, 자기와 외부 세계 사이의 친화적 관계가 형성된다.

> 강산이 됴타 ᄒᆞᆫ들 내 분(分)으로 누얻ᄂᆞ냐
> 님군 은혜(恩惠)를 이제 더옥 아노이다
> 아므리 갑고쟈 ᄒᆞ야도 ᄒᆡ올 일이 업세라
>
> 〈제6수〉

선지 유형	근거가 있어서 허용 가능
실전에서의 판단 과정	역시 주제 그 자체네.
해설	4번 선지와 같은 맥락으로 설명할 수 있겠죠? 화자는 자연에서 즐겁게 살 수 있는 것이 전부 '님군' 덕분이라며 '님군'을 긍정적으로 평가하고 있으니, 화자라는 '자기'와 님군이라는 '외부 세계' 사이의 친화적 관계가 생긴다고 할 수 있겠죠.

선지	①	②	③	④	⑤
선택률	47%	6%	26%	14%	7%

63 (다)를 이해한 내용으로 적절하지 <u>않은</u> 것은? ①

① '부끄러움'과 '즐거움'을 조화시킴으로써 더 나은 삶의 방식을 결정할 수 있다.

선지 유형	근거가 없어서 허용 불가능
실전에서의 판단 과정	주제가 이게 아닌데?
해설	'부끄러움'과 '즐거움'을 조화시킨다구요? 글쓴이는 '작은 즐거움'을 누리는 자신의 삶이 최고라고 말할 뿐이지, 이들을 조화시켜야 한다고 말 한 적은 없습니다. 허용할 만한 근거가 없으니, 바로 정답으로 골라 주시면 되겠네요. 지문의 '주제'와 어긋난다는 생각을 하면서 지우는 것도 훌륭하겠네요!

② '나'는 어디에 사느냐와 어디에 마음을 두느냐를 고려하여 삶의 유형을 나누고 있다.

선지 유형	근거가 있어서 허용 가능
실전에서의 판단 과정	즐거움과 부끄러움의 조건이 어디에 살고 어디에 마음을 두느냐였지.
해설	'산림'과 '시정' 중 어디에 사는지, '명리'와 '은거' 중 어디에 마음을 두는지에 따라 삶의 유형을 나누고 있죠. 이 중에서 '시정'에 살며 '은거'에 마음을 두는 '작은 즐거움'이 최고라고 했구요.

③ '산림'에 사는 사람들 중에는 '즐거움'을 누리는 경우보다 '부끄러움'을 가진 경우가 더 많다.

선지 유형	근거가 있어서 허용 가능
실전에서의 판단 과정	백에 서넛보다는 백에 반이 더 많겠지.
해설	'산림'에 사는 사람들에 대해 묻고 있습니다. 화자에 따르면, 이들이 느낄 수 있는 것은 '큰 부끄러움'과 '큰 즐거움'입니다. 그런데 2문단에서 '큰 부끄러움'은 백에 반이나 안고 살지만, '큰 즐거움'을 누리는 자는 백에 서넛쯤 된다고 했습니다. '산림' 속에서 사는 사람 중에서는 '큰 부끄러움'을 느끼는 사람이 더 많다고 할 수 있겠네요. 물론 분모가 정확히 무엇인지 특정하기 어려워 엄밀하게 따지면 '알 수 없음'이라고 이야기할 수도 있지만, 우리는 지금 '국어' 문제를 풀고 있죠? 허용이 가능하다면 맞다고 하는 겁니다.

④ '큰 부끄러움'과 '작은 즐거움'은 어디에 사느냐와 어디에 마음을 두느냐가 모두 서로 다르다.

선지 유형	근거가 있어서 허용 가능
실전에서의 판단 과정	지문 돌아가서 확인하면 되겠다. 진짜 다 다르네.
해설	'큰 부끄러움'은 '산림'에 살면서 '명리'에 마음을 두는 것이고, '작은 즐거움'은 '시정'에 살면서 '은거'에 마음을 두는 것입니다. 모두 다르네요.

⑤ '명리'를 '부끄러움'에, '은거'를 '즐거움'에 대응시킨 것으로 보아 '나'는 '은거'의 가치를 '명리'의 가치보다 높이 두고 있음을 알 수 있다.

선지 유형	근거가 있어서 허용 가능
실전에서의 판단 과정	즐거움이 부끄러움보다는 높은 가치를 의미하겠지.
해설	'부끄러움'과 '즐거움'의 의미만 안다면 충분히 허용할 수 있는 내용이겠죠? '명리'에 마음을 두는 것은 어찌 되었든 '부끄러움'이라고 생각하며, '은거'에 마음을 두는 것은 '즐거움'이라고 말하고

있음을 근거로 하면 간단하게 허용할 수 있습니다. '명리'를 꿈꾸는 것은 부끄러울 일이고, '은거'를 꿈꾸는 것은 즐거울 일이라고 하니 '은거'를 '명리' 보다 높게 두고 있음은 확실해 보이네요.

선지	①	②	③	④	⑤
선택률	5%	15%	13%	9%	58%

64 ㉠, ㉡에 대한 설명으로 가장 적절한 것은? ⑤

> 산슈 간(山水間) 바회 아래 뛰집을 짓노라 ㅎ니
> 그 모론 눔들은 웃눈다 혼다마논
> ㉠ 어리고 햐암의 뜻의눈 내 분(分)인가 ㅎ노라
> 〈제1수〉

> 나는 시정에 살면서 은거에 마음을 두는 자이니, 그렇다면 이 작은 즐거움을 가장 높은 것으로 말한 ㉡ <u>나의 이 말은 대부분의 사람들의 생각과는 거리가 먼, 물정 모르는 소리일지도 모른다.</u>

– ㉠은 자신을 '어리석은 사람'이라고 표현하며 자연 속의 삶이 자기 분수에 맞다고 하는 내용이고, ㉡은 자신의 주장을 '물정 모르는 소리'라고 표현하며 강조하고 있는 내용입니다. 이와 비슷한 말을 그대로 답으로 골라주시면 되겠죠?

① ㉠은 자신의 처지를 남의 일을 말하듯이 표현함으로써 자신의 문제를 회피하고 있다.

선지 유형	근거가 없어서 허용 불가능
실전에서의 판단 과정	남의 일을 말하듯이 한 건 아니지.
해설	'나'라는 주체를 직접 드러낸다는 점에서 '남의 일을 말하듯이 표현'했다는 내용을 절대 허용할 수 없네요. 나아가 '자신의 문제'도, 그걸 회피하려는 태도도 드러나 있지 않죠? ㉠은 자신의 삶이 만족스럽다는 걸 표현하고 있으니까요.

② ㉡은 자신의 행동을 냉철하게 성찰함으로써 자신의 과오를 인정하고 있다.

선지 유형	근거가 있어서 허용 불가능
실전에서의 판단 과정	자기 잘못이라고 하는 게 아니지.

㉡ 자체만 읽으면 허용할 수도 있는 선지입니다. 하지만 ㉡의 '맥락'을 따져야 해요. 이 말은 자신의 삶이 최고라는 내면세계를 강조하기 위해 한 것이지, 자신이 잘못 생각했다고 반성하는 게 아니에요! '부분'을 보고 선지를 판단하되, 인물의 '내면세계'를 바탕으로 그 '맥락'을 독해하며 디테일하게 판단해야 한다! 문학 선지 판단에서 가장 중요한 부분 중 하나입니다.

③ ㉠은 ㉡과 달리, 자신의 처지를 자문자답 형식으로 말함으로써 자신의 생각을 일반화하고 있다.

선지 유형	근거가 없어서 허용 불가능
실전에서의 판단 과정	물어본 적이 없는데?
해설	㉠은 자'문'을 하는 것이 아닙니다. 애초에 물어보고 있지도 않으니, '자문자답'이라는 말을 허용하기는 어렵겠네요.

④ ㉡은 ㉠과 달리, 자신의 생각을 남의 말을 인용하여 표현함으로써 자신의 신념을 객관화하고 있다.

선지 유형	근거가 없어서 허용 불가능
실전에서의 판단 과정	인용이 어딨어.
해설	'대부분의 사람들의 생각'을 언급했을 뿐, 남의 말을 '인용'하지는 않았습니다. 나아가 ㉡은 '남들은 물정 모르는 소리라고 볼지 모르겠지만 나는 내 삶이 너무 좋아!'라는 의도를 담고 있기에, '객관화' 역시 허용하기 어렵겠네요. 자신의 주관적인 신념을 한 번 더 강조하는 것이니까요.

⑤ <u>㉠과 ㉡은 모두, 자신이 말하고자 하는 바를 우회하여 표현함으로써 자신의 삶에 대한 자부심을 드러내고 있다.</u>

선지 유형	근거가 있어서 허용 가능
실전에서의 판단 과정	어리석다는 것이나 물정 모른다는 건 전부 자부심 드러내려고 우회해서 표현한 것이라 할 수 있지.
해설	㉠에서는 '이게 내 분수지 뭐~'라는 표현으로, ㉡에서는 '대부분의 욕심 많은 세상 사람들이 보기에는 내가 바보같겠지? ㅎㅎ'라는 표현으로 자신이 말하고자 하는 바(자신의 삶의 태도가 최고임)를 우회하여 표현하고, 그로부터 자부심을 드러낸다고 할 수 있겠어요. '맥락'을 '독해'하는 태도를 가지고 있었다면, 그리고 이를 통해 내면세계를 파악

선지	①	②	③	④	⑤
선택률	5%	6%	14%	68%	7%

65 ⓐ를 바탕으로 (나), (다)를 이해한 내용으로 적절하지 <u>않은</u> 것은? [3점] ④

> ⓐ 문학 작품의 의미가 생성되는 양상

– 총 세 가지로 나누어 제시되었던 '의미 생성 양상'에 대한 문제입니다. '자기→외부 세계', '외부 세계→자기', '자기↔외부 세계'라는 세 가지 양상을 떠올리면서 해결하면 되겠죠?

① (나)에서 무정물인 대상에 대해 호감을 표현한 것은 자신의 정서를 대상에 투영한 것이라고 볼 수 있다.

선지 유형	근거가 있어서 허용 가능
실전에서의 판단 과정	자기 내면을 자연물이라는 대상에 투영한 것이지.
해설	(나)에서는 무정물인 '자연'들에 계속해서 호감을 표현하고 있습니다. 이는 자신의 '정서'(호감)를 대상(자연)에 투영한 것으로 볼 수 있겠죠?

② (다)에서 자연에 의미를 부여하는 것은 자신의 생각을 대상에 투영하여 세계를 해석하는 것이라고 볼 수 있다.

선지 유형	근거가 있어서 허용 가능
실전에서의 판단 과정	자기 생각을 자연이라는 대상에 투영하고 있는 것이지.
해설	(다)에서는 '자연'에 살거나 마음을 두는 것에 '즐거움', '부끄러움' 등의 의미를 부여하고 있고, 이는 자신의 '생각'을 대상에 투영하는 모습으로 볼 수 있겠네요.

③ (다)에서 삶의 방식을 상대적 기준에 따라 나누어 평가한 것은 자신의 가치관과 세상 사람들의 생각을 비교하여 세계의 의미를 새롭게 파악한 것이라고 할 수 있다.

선지 유형	근거가 있어서 허용 가능
실전에서의 판단 과정	자기 생각과 세상 사람들의 생각이 다르다고 했으니 비교하는 셋째 방식이라고 할 수 있지.
해설	(다)에서는 삶의 방식을 상대적 기준에 따라 나누고 있고, 이런 기준에 대해 '대부분의 사람들'과 자신의 생각을 비교하면서 세계의 의미를 새롭게 파악하고 있다고 할 수 있겠죠. ⓐ의 '셋째' 방식을 활용하고 있는 거예요!

④ (나)에서는 선인들의 삶의 태도를 자기 내면으로 수용하는 과정을 거쳐, (다)에서는 대다수 사람들의 뜻을 자기 내면으로 수용하는 과정을 거쳐 새로운 의미를 생성한다고 볼 수 있다.

선지 유형	근거가 있어서 허용 불가능
실전에서의 판단 과정	(다)에서는 화자와 대다수 사람들이 생각이 다르다고 했잖아.
해설	(나)에서 '소부', '허유'와 같은 선인들의 삶의 태도를 자기 내면으로 수용하는 것은 충분히 허용할 수 있는데, (다)에서 대다수 사람들의 뜻을 자기 내면으로 수용한다구요? 오히려 '대부분의 사람들'과 자신의 생각이 다르다는 것을 강조하고 있죠. (다)를 정확히 독해했다면 너무나 쉽게 답으로 고를 수 있어요.

⑤ (나)에서 자기 본성을 하늘의 뜻에 연관 지은 것과, (다)에서 자기 삶의 방식을 일반적인 삶의 방식과 견준 것은 자기 삶의 가치를 새롭게 해석하여 의미를 만들어 낸 것이라고 할 수 있다.

선지 유형	근거가 있어서 허용 가능
실전에서의 판단 과정	각각 둘째, 셋째 방식으로 의미를 생성하고 있네.
해설	〈제5수〉에서는 자신의 '성'이 게으른 것을 '하늘'이 맡긴 것으로 표현했으니, 이를 근거로 '자기 본성을 하늘의 뜻에 연관'지었다고 허용할 수 있겠네요. 이는 '둘째' 방식을 통해 의미를 생성하는 모습이라고 할 수 있겠죠? 나아가 (다)에서는 '대부분의 사람들'과 자신의 생각을 비교하며 새롭게 의미를 만들고 있습니다. 이는 ⓐ의 '셋째' 방식을 활용하는 것이라고 할 수 있겠네요.

| 핵심 point |

① **허용 가능성 평가** : 선지의 내용을 '허용'하려는 태도를 바탕으로 지문을 '독해'하며 '근거'를 찾아야 합니다. 허용할 수 있는 '근거'가 있어야만 허용할 수 있습니다. 주관적인 생각을 개입시키면 안 됩니다.

② **고전시가 독해** : 겁먹지 않고, 현대시를 읽듯이 읽어내면 됩니다. 현대시와 마찬가지로, 〈보기〉의 도움 등을 통해 '주제' 위주로 가볍게 읽어내면 되는 거예요. 자세한 해석은 선지가 해줄 겁니다!

③ **수필 독해** : 운문문학과 마찬가지로, 글쓴이가 하고자 하는 말인 '주제'를 파악하는 것이 핵심입니다. 수필이 어렵게 출제될 것을 대비해, 독서 지문을 읽듯이 꼼꼼하게 읽으며 주제를 파악하는 연습을 해야 해요.

④ **선지에서 묻는 것** : 독서에서도 문학에서도, 선지 판단의 기본은 그 선지가 무엇을 묻고 있는지 정확하게 따지는 것입니다. 선지를 대충 판단하는 습관은 시험장에서 꽤나 치명적으로 다가올 거예요. 항상 '묻는 것'이 무엇인지 체크하는 습관을 가지도록 합시다.

| 지문 내용 총정리 |

상당히 오답률이 높았던 고전시가+수필 세트입니다. 당시 EBS 연계라서 지문을 외우고 시험을 본 학생들이 많았지만, 그 학생들도 고전을 면치 못했던 지문이에요. 여러 번 강조하지만, 요즘 문학은 모르는 지문이 나와서 어려운 것도, 어려운 지문이 나와서 힘든 것도 아니에요. 그저 여러분들의 '독해력'을 물어보기에 어려운 것입니다. 이를 인지하고, 문학에서도 '독해력'을 기르는 것이 중요하다는 것을 잊지 말도록 합시다.

〈보기〉 확인

> ─────────────[보기]─────────────
>
> (가)는 적막한 산골 마을을 배경으로 그곳에 사는 한 노인의 모습을 관찰하여 들려주는 시이다. 향토적인 정경 속에서 낯설게 느껴지는 일상에 감각적으로 집중하는 노인을 통해 점점 사라져 가는 것들에 대한 관심을 드러내고, 노인의 삶이 마주한 깊은 정적 속 울음소리를 통해 인간의 쓸쓸함을 고조하고 있다. 이러한 노인의 모습은 외딴집 창호지 문살에 비친 달무리의 이미지로 형상화되고 있다.

(가)의 주제를 자세하게 알려 주고 있는 〈보기〉입니다. 적막한 산골 마을을 배경으로 그곳에 사는 한 노인의 모습을 관찰하여 들려주는 시라고 해요. 그 노인은 '향토적인 정경' 속에서 '낯설게 느껴지는 일상'에 감각적으로 집중하는데, 화자는 이를 통해 '점점 사라져가는 것들'에 대한 관심을 드러낸다고 합니다. '향토적인 정경' 속에 있는 '점점 사라져가는 것들', 이를테면 시골의 풍경에 관심을 드러낸다는 식으로 이해할 수 있겠죠? 나아가 '인간의 쓸쓸함'도 고조하고 있다고 해요. 이러한 주제 의식을 생각한 채로 지문을 읽고 문제를 풀어봅시다.

두 번째 〈보기〉는 지문 내용을 알려 주는 〈보기〉가 아니니, 굳이 먼저 읽을 필요는 없겠죠?

실전적 지문 독해

> (가)
>
> 첩첩산중에도 없는 마을이 여긴 있습니다. 잎 진 사잇길 저 모랫둑, 그 너머 강기슭에서도 보이진 않습니다. 허방다리* 들어내면 보이는 마을.
>
> 갱 속 같은 마을. 꼴깍, 해가, 노루꼬리 해가 지면 집집마다 봉당에 불을 켜지요. 콩깍지, 콩깍지처럼 후미진 외딴집, 외딴집에도 불빛은 앉아 이슥토록 창문은 모과빛입니다.
>
> 기인 밤입니다. 외딴집 노인은 홀로 잠이 깨어 출출한 나머지 무우를 깎기도 하고 고구마를 깎다, 문득 바람도 없는데 시나브로 풀려 풀려 내리는 짚단, 짚오라기의 설레임을 듣습니다. 귀를 모으고 듣지요. 후루룩 후루룩 처마 깃에 나래 묻는 이름 모를 새, 새들의 온기를 생각합

니다. 숨을 죽이고 생각하지요.
>
> 참 오래오래, 노인의 자리맡에 밭은기침 소리도 없을 양이면 벽 속에서 겨울 귀뚜라미는 울지요. 떼를 지어 웁니다, 벽이 무너지라고 웁니다.
>
> 어느덧 밖에는 눈발이라도 치는지, 펄펄 함박눈이라도 흩날리는지, 창호지 문살에 돋는 월훈(月暈).
>
>   -박용래, 「월훈」-
>
> * 허방다리 : 짐승 따위를 잡기 위해 풀 등을 덮어 위장한 구덩이.

〈보기〉에서 설명한 그대로입니다. '첩첩산중에도 없는 마을'에 사는 '노인'의 모습을 보여 주고 있어요. 나아가 '기인 밤'이라는 표현이나 '겨울 귀뚜라미' 같은 표현을 바탕으로 하면 현재 상황이 '겨울 밤'이라는 것도 알 수 있겠네요.

> (나)
>
> 내 어린 날!
> 아슬한 하늘에 뜬 연같이
> 바람에 깜박이는 연실같이
> 내 어린 날! 아슴풀하다*
>
> 하늘은 파랗고 끝없고
> 편편한 연실은 조매롭고*
> 오! 흰 연 그새에 높이
> 아실아실* 떠 놀다 내 어린 날!
>
> 바람 일어 끊어지던 날
> 엄마 아빠 부르고 울다
> 희끗희끗한 실낱이 서러워
> 아침저녁 나무 밑에 울다
>
> 오! 내 어린 날 하얀 옷 입고
> 외로이 자랐다 하얀 넋 담고
> 조마조마 길가에 붉은 발자욱
> 자욱마다 눈물이 고이었었다
>
>   -김영랑, 「연1」-
>
> * 아슴풀하다 : '아슴푸레하다'의 방언.
> * 조매롭고 : '조마롭다'의 방언. 보기에 마음이 초조하고 불안하다.
> * 아실아실 : '아슬아슬'의 방언.

화자는 '아슴풀'한 '어린 날'을 회상하고 있습니다. 그런데 실낱이 서러웠고 발자욱마다 눈물이 고이었었다는 걸 보면, 그 '어린 날'

이 그렇게 좋은 기억만은 아닌 것 같아요. 어쨌든 화자가 자신의 '어린 날'을 회상하고 있다는 것만 체크하면 충분할 것 같습니다. 나머지는 선지 판단 과정에서 꼼꼼하게 독해해 봅시다.

수필입니다. 결국 핵심은 '주제'를 파악하는 '독해력'이라고 했어요. 〈보기〉와 같은 외부 단서도 없는 상황이니, 순수한 '독해력'으로 '주제'를 파악하며 읽어 봅시다.

'신위'라는 사람이 자기 집 이름을 '문의당'이라 하고 '나'에게 편지를 보낸 상황입니다. 그 내용을 보니, 자신은 물을 좋아하는데 물을 볼 데가 없어 아쉬워하다가 '천하의 지도'를 보고 결국 모든 사람들이 '물 가운데' 있는 존재일 뿐임을 깨달았다는 것입니다. 즉, '신위' 본인도 결국 '물 가운데' 있는 존재이지 않느냐는 이야기를 하는 것이죠. 이에 자신의 집 이름을 '물결무늬'로 짓고 '나'에게 집의 기문을 지어 줄 것을 요구한 상황입니다.

이에 대해 '나'는 세상에 본래 그 실물은 없으면서도 이름은 차지하는 경우가 있다고 합니다. 이는 '신위'가 물에 살지도 않으면서 '물결무늬'라는 이름을 붙인 것을 의미하겠죠? 그렇다면 '나'는 '신위'의 주장에 동의하지 않는 것처럼 보이기도 합니다.

그런데 '나'는 '신위'도 이에 대해 할 말이 있을 것이라고 합니다. '바다의 섬 가운데' 집을 짓고 사는 사람을 보면 다른 사람들이 당연히 '물에 산다고' 할 것입니다. 섬의 가운데면 바다(물)와 굉장히 멀 텐데도 말이에요. 그러한 섬사람 중에는 집에 들어앉아 날마다 파도와 깊은 물을 가까이 접하지 않는 사람도 있을 거예요. 하지만 이런 사람 역시 '물에 산다고' 해야 할 것입니다. 이와 같은 이치를 사람들이 모두 인정하고 있기에, '신위'의 말도 일리가 있다고 할 수 있다는 것이죠.

'나'가 보기에도 세상 사람들은 모두 '섬사람'입니다. 그러면서 '배를 집으로 삼아 물 위를 떠다니'는 사람이라도 항상 물을 볼 수는 없고, 잠깐 동안이나마 자기 곁에 물이 있다는 것을 생각하지 못할 때가 있다는 이야기를 하고 있어요. 이때에는 겨우 반걸음을 움직인 것이나 천 리를 간 것이나 매한가지라 할 것이라고 합니다.

여기서 '반걸음을 움직인 것'은 앞에 나온 '배를 집으로 삼아 물 위를 떠다니'는 사람을, '천 리를 간 것'은 '신위'를 의미한다고 할 수 있겠죠. 항상 물 옆에 있다가 '반걸음'을 움직여 물을 잊어버리는 것과, 물과 '천 리' 떨어져 있어 물을 볼 수 없는 것은 같다는 것입니다. 반대로 표현하면 물을 안 보다가도 '반걸음'만 움직이면 물을 볼 수 있는 것과, 물을 보려면 '천 리'를 가야 하는 것 모두 결국 물 근처에 있다는 점에서 같다는 의미인 것이죠.

결국 '나'는 '세상 사람들은 모두 물에 산다.'라는 '신위'의 주장에
동의하고 있는 것입니다. 주제를 파악하기 위해 꼼꼼한 독해를
요구한 작품이네요. 최근에는 이렇게 수필의 난이도가 매우 높아
진 모습을 보이고 있으니, 수필을 꼼꼼하게 독해하며 주제를 파
악하는 연습을 많이 하도록 합시다.

선지	①	②	③	④	⑤
선택률	6%	81%	6%	5%	2%

66 (가)~(다)의 공통점으로 가장 적절한 것은? ②

① 설의적 표현을 사용하여 인물의 정서를 강조하고 있다.

선지 유형	근거가 없어서 허용 불가능
실전에서의 판단 과정	(나)에는 없네.
해설	'실전에서의 판단 과정'처럼, 가장 짧고 쉬운 (나)에서 먼저 '설의적 표현'을 찾아보는 센스가 필요합니다. 어쨌든 (가)와 (나)에서는 애초에 '설의적 표현'을 찾아볼 수가 없죠? 한편 (다)에서는 '어찌 유독 그대의 말에만 의심을 품겠소?'라는 설의적 표현을 통해 '나'의 정서를 강조하고 있네요.

② <u>묘사의 방식을 활용하여 대상의 특징을 구체화하고 있다.</u>

선지 유형	근거가 있어서 허용 가능
실전에서의 판단 과정	문학인데 웬만하면 맞겠지.
해설	'묘사의 방식'은 문학 작품이라면 웬만해서는 사용하는 것이라고 할 수 있습니다. 실전에서는 이렇게만 생각하고, 다른 선지에 답이 없으면 과감하게 답으로 골라주시면 됩니다. 그래도 찾아볼까요? (가)에서는 노인이 사는 집을, (나)에서는 화자의 옛 기억 속 '연'을, (다)에서는 '천하의 지도' 속 나라들의 모습을 묘사하며 각 대상의 특징을 구체화하고 있네요.

③ 말을 건네는 방식을 사용하여 주제 의식을 심화하고 있다.

선지 유형	근거가 없어서 허용 불가능
실전에서의 판단 과정	(나)는 아닌데?
해설	이번에도 찾기 귀찮은 내용이니 가장 만만한 (나)를 활용하면 됩니다. (나)에는 말을 건네는 방식이 나타나지 않고, 철저한 독백조라고 할 수 있겠죠? 한편 (가)는 '해요체'를 활용하고 있고, (다)는 편지 형식을 취하고 있다는 점에서 '말을 건네는 방식'을 사용하고 있다고 할 수 있겠습니다.

④ 과거의 장면을 회상하여 현재 상황에 대한 원인을 포착하고 있다.

선지 유형	근거가 없어서 허용 불가능
실전에서의 판단 과정	(가)나 (다)에서 과거 회상을 하지는 않았지.
해설	일단 (나)에서 과거의 장면을 회상하는 모습은 나오지만, 이것이 '현재 상황에 대한 원인'을 포착하기 위한 것은 아닙니다. 그저 자신의 우울했던 유년 시절을 떠올리고 있을 뿐이에요. 나아가 (가)와 (다)는 과거의 장면을 회상하는 모습 자체가 나타나지 않죠?

⑤ 가상의 상황을 설정하여 현실에 대한 긍정적 인식을 이끌어내고 있다.

선지 유형	근거가 없어서 허용 불가능
실전에서의 판단 과정	(나)에는 가상의 상황 없네.
해설	이번에도 만만한 (나)를 먼저 보니, 가상의 상황을 설정한 모습은 나타나지 않습니다. 실제 있었던 과거를 회상하는 주제를 가지고 있으니까요. 한편 (가)에서도 딱히 가상의 상황이 제시되지 않았고, (다)에서는 '바다의 섬 가운데 집을 짓고 사는 사람이 있다면~'과 같은 부분에서 가상의 상황을 설정하기는 했지만 이것이 현실에 대한 긍정적 인식을 이끌어내지는 않네요.

선지	①	②	③	④	⑤
선택률	3%	3%	35%	55%	4%

67 〈보기〉를 참고하여 (가)를 감상한 내용으로 적절하지 않은 것은? ④

① '첩첩산중에도 없는 마을'을 '여긴 있'다고 한 데서, 노인이 살아가는 곳은 쉽게 보기 어려울 것 같은 장소임을 짐작할 수 있겠군.

> 첩첩산중에도 없는 마을이 여긴 있습니다.

선지 유형	근거가 있어서 허용 가능
실전에서의 판단 과정	그러네.
해설	선지 그 자체로 허용할 수 있겠죠? '첩첩산중'에도 없을 정도로 쉽게 보기 어려운 곳이 노인이 사는 '여긴 있'다는 이야기이니까요.

② '강기슭에서도 보이진 않'는 '후미진 외딴집'이라는 배경 설정에서, 적막한 공간의 분위기를 추측할 수 있겠군.

> 잎 진 사잇길 저 모랫둑, 그 너머 강기슭에서도 보이진 않습니다. 허방다리* 들어내면 보이는 마을.
> 갱 속 같은 마을. 꼴깍, 해가, 노루꼬리 해가 지면 집집마다 봉당에 불을 켜지요. 콩깍지, 콩깍지처럼 후미진 외딴집, 외딴집에도 불빛은 앉아 이슥토록 창문은 모과 빛입니다.
>
> * 허방다리 : 짐승 따위를 잡기 위해 풀 등을 덮어 위장한 구덩이.

선지 유형	근거가 있어서 허용 가능
실전에서의 판단 과정	강기슭에서도 안 보이면 진짜 적막하겠다.
해설	노인이 사는 곳은 '강기슭에서도 보이진 않'는, '후미진 외딴집'입니다. 이 정도면 〈보기〉에서 말한 대로 아주 적막한 분위기를 가진 산골 마을이라고 할 수 있겠네요.

③ '봉당에 불을 켜'는 분위기와 '콩깍지'의 이미지로 나타낸 향토적 정경에서, 사라져 가는 것들에 대한 관심을 유추할 수 있겠군.

> 갱 속 같은 마을. 꼴깍, 해가, 노루꼬리 해가 지면 집집마다 봉당에 불을 켜지요. 콩깍지, 콩깍지처럼 후미진 외딴집, 외딴집에도 불빛은 앉아 이슥토록 창문은 모과 빛입니다.

선지 유형	근거가 있어서 허용 가능
실전에서의 판단 과정	주제네.
해설	'봉당에 불을 켜'는 분위기와 '콩깍지'의 이미지로 나타낸 '후미진 외딴집'은 〈보기〉에 따르면 '향토적 정경'을 표현한 것입니다. 또한 〈보기〉에서 화자는 이러한 '향토적인 정경' 속에서 낯설게 느껴지는 일상에 감각적으로 집중하는 노인을 통해 '사라져 가는 것들'에 대한 관심을 드러낸다고 했어요. 결국 화자는 '향토적인 정경' 속 노인의 모습을 통해 주제 의식을 드러내는 것입니다. 그렇다면 선지에서 이야기하는 것처럼 '향토적 정경'을 보면 그 속에서 일상을 보내는 노인의 모습을 떠올릴 수 있을 것이고, 이를 통해 화자가 '사라져 가는 것들에 대한 관심'을 가지고 있음을 '유추'할 수 있겠네요. 〈보기〉에 따르면, 이러한 관심을 '직접적'으로 파악하고 싶으면 노인의 모습이 나와야 할 것입니다. 하지만 노인의 모습 없이 '향토적 정경'만으로도 화자의 관심을 '유추'하는 게 충분히 가능하다는 것 역시 〈보기〉를 참고한 감상이 되는 것이에요. 나아가, '실전에서의 판단 과정'처럼 이 선지의 내용은 〈보기〉에서 제시한 주제 그 자체에 해당하기도 하니, 간단하게 허용하고 넘어가시면 되겠습니다.

④ '짚오라기의 설레임'을 '귀를 모으고 듣'고 '새들의 온기'를 '숨을 죽이고 생각하'는 것은, 일상을 자연스럽게 받아들이는 노인의 감각을 부각한 것으로 볼 수 있겠군.

> 기인 밤입니다. 외딴집 노인은 홀로 잠이 깨어 출출한 나머지 무우를 깎기도 하고 고구마를 깎다, 문득 바람도 없는데 시나브로 풀려 풀려 내리는 짚단, 짚오라기의 설레임을 듣습니다. 귀를 모으고 듣지요. 후루룩 후루룩 처마 깃에 나래 묻는 이름 모를 새, 새들의 온기를 생각합니다. 숨을 죽이고 생각하지요.

선지 유형	근거가 있어서 허용 불가능
실전에서의 판단 과정	딱히 자연스럽게 받아들이는 것 같지는 않은데?
해설	노인은 '짚오라기의 설레임'을 '귀를 모으고 듣'고 '새들의 온기'를 '숨을 죽이고 생각'하고 있습니다. 이는 일상을 매우 집중하며 감각하는 모습이라고 할 수 있겠죠? 귀를 기울이고, 숨을 죽이는 건 집중하는 것이지 '자연스럽게 받아들이는' 것이 아니니까요. 이러한 근거가 있으니 절대 허용할 수 없는 선지가 되겠습니다. 나아가 〈보기〉에 따르면 노인은 '낯설게 느껴지는 일상에 감각적으로 집중'한다고까지 했습니다. 일상에 '감각적으로 집중'하는 것은 '자연스럽게 받아들이는' 모습과는 정반대라고 할 수도 있겠죠?

⑤ '발은기침 소리도 없'는데 '겨울 귀뚜라미'가 우는 상황과 눈발이 치는 듯한 '밖'의 달무리 이미지가 어우러져, 노인의 고독을 형상화한 것으로 이해할 수 있겠군.

참 오래오래, 노인의 자리맡에 발은기침 소리도 없을 양이면 벽 속에서 겨울 귀뚜라미는 울지요. 떼를 지어 웁니다, 벽이 무너지라고 웁니다.
어느덧 밖에는 눈발이라도 치는지, 펄펄 함박눈이라도 흩날리는지, 창호지 문살에 돋는 월훈(月暈).

선지 유형	근거가 있어서 허용 가능
실전에서의 판단 과정	〈보기〉 내용 그대로네.
해설	노인의 자리맡에는 '발은기침 소리도 없'습니다. 그런데 벽 속에서 '겨울 귀뚜라미'는 울고 있네요. 그런 상황에서 '밖'에는 눈발이 치는 것처럼 '월훈'(달무리)이 돋고 있습니다. 이는 〈보기〉에서 말한 것처럼, 외딴집 창호지 문살에 비친 달무리의 이미지로 형상화되는 노인의 삶이 마주한 깊은 정적 속 울음소리(겨울 귀뚜라미)를 통해 인간의 쓸쓸함(=노인의 고독)을 고조한 것이라고 할 수 있겠습니다. 〈보기〉의 내용을 그대로 읊어주는 것이나 다름없는 선지이니 가볍게 허용할 수 있겠죠?

선지	①	②	③	④	⑤
선택률	2%	6%	6%	74%	12%

68 (나)에 대한 설명으로 적절하지 <u>않은</u> 것은? ④

① 1연에서 '연'과 '연실'의 모습에 빗대어 '내 어린 날'의 기억을 '아슴풀하다'라고 표현하고 있다.

내 어린 날!
아슬한 하늘에 뜬 연같이
바람에 깜박이는 연실같이
내 어린 날! 아슴풀하다*

* 아슴풀하다 : '아슴푸레하다'의 방언.

선지 유형	근거가 있어서 허용 가능
실전에서의 판단 과정	그러고 있네.
해설	선지 그 자체로 허용할 수 있겠죠? '내 어린 날'을 '연'과 '연실'같다고 하면서, '아슴플하다'라고 표현하고 있습니다.

② 2연에서 '조매롭고'로 표현된 '연실'의 긴장은 3연에서 연실이 '바람 일어 끊어지던 날'의 정서를 고조하고 있다.

하늘은 파랗고 끝없고
편편한 연실은 조매롭고*
오! 흰 연 그새에 높이
아실아실* 떠 놀다 내 어린 날!

바람 일어 끊어지던 날
엄마 아빠 부르고 울다

* 조매롭고 : '조마롭다'의 방언. 보기에 마음이 초조하고 불안하다.
* 아실아실 : '아슬아슬'의 방언.

선지 유형	근거가 있어서 허용 가능
실전에서의 판단 과정	연실이 조매롭다가 끊어지자 울었구나.
해설	화자의 '어린 날', 편편한 '연실'은 보기에 마음이 초조하고 불안한 모습을 보이다가 결국 '바람 일어 끊어지'고 맙니다. 이를 본 화자는 엄마 아빠 부르면서 울었네요. 이러한 화자의 정서는 '조매롭고'로 표현된 '연실'의 긴장으로부터 고조된 것이라고 할 수 있겠죠? 어렵지 않게 허용할 수 있습니다.

③ 3연에서 '울다'의 반복과 4연에서 '눈물이 고이었었다'를 통해 '내 어린 날'의 상황을 짐작할 수 있게 하고 있다.

> 바람 일어 끊어지던 날
> 엄마 아빠 부르고 <u>울다</u>
> 희끗희끗한 실낱이 서러워
> 아침저녁 나무 밑에 <u>울다</u>
>
> 오! 내 어린 날 하얀 옷 입고
> 외로이 자랐다 하얀 넋 담고
> 조마조마 길가에 붉은 발자욱
> 자욱마다 <u>눈물이 고이었었다</u>

선지 유형	근거가 있어서 허용 가능
실전에서의 판단 과정	많이 힘들었나 보네.
해설	화자는 '어린 날'에 울고 눈물이 고이고 했습니다. 이는 그리 긍정적이지는 않았을 '내 어린 날'의 상황을 짐작할 수 있게 하는 근거로 충분하겠죠?

④ 4연에서 '외로이 자랐다'와 이어진 '하얀 넋'은 '붉은 발자욱'에 함축된 정서와 상반되는 의미를 이끌어 내고 있다.

> 오! 내 어린 날 하얀 옷 입고
> <u>외로이 자랐다 하얀 넋</u> 담고
> 조마조마 길가에 <u>붉은 발자욱</u>
> 자욱마다 눈물이 고이었었다

선지 유형	근거가 있어서 허용 불가능
실전에서의 판단 과정	다 부정적인 의미인 것 같은데?
해설	화자는 '하얀 넋'을 담으면서 '외로이 자랐다'고 합니다. 그러면서 자신의 '붉은 발자욱'에는 '눈물이 고이었었다'고 하네요. 외로이 자랐고 눈물이 고였다는 건 모두 '내 어린 날'이 부정적인 기억으로 남아 있다는 의미를 담고 있네요. 두 시어의 의미가 상반되지 않는다는 명백한 근거가 있으니, 가볍게 답으로 골라낼 수 있겠습니다.

⑤ 1연과 4연의 '내 어린 날'은 2연의 '내 어린 날'의 기억을 통해 떠올린 유년 시절을 표상하는 의미를 지니고 있다.

선지 유형	근거가 있어서 허용 가능
실전에서의 판단 과정	주제네.
해설	화자가 '내 어린 날'의 기억을 통해 유년 시절을 표상한다는 것, 이 작품의 주제 그 자체죠? 가볍게 허용할 수 있겠네요.

| 생각 심화 |

사실 이 선지는 위의 '해설'보다 조금 더 엄밀하게 따져 볼 필요가 있습니다. 선지에서는 단순히 화자가 유년 시절을 떠올린다는 것이 아니라, 1연/4연과 2연의 '내 어린 날' 사이의 관계를 묻고 있거든요. 즉, 2연의 '내 어린 날'의 기억을 통해 떠올린 유년 시절을 1연/4연의 '내 어린 날'이 표상(추상적인 것을 구체적으로 표현)하는 의미를 지니고 있어야 이 선지가 비로소 맞는 선지가 됩니다. 이 관점에서 지문을 제대로 독해하며 해결해 봅시다.

2연에서는 구체적으로 묘사된 과거 '내 어린 날'의 장면이 나타나고 있습니다. 끝없이 파란 하늘에서 조매로운 연실을 날리던 어떤 특정한 날의 기억이죠. 그리고 1연과 4연에서는 이러한 장면에 대한 기억으로부터 떠올린 전체적인 유년 시절을 '내 어린 날'이라는 의미로 표현하고 있어요. 이는 유년 시절이라는 추상적인 개념을 '내 어린 날'이라는 구체적인 언어로 '표상'한 것이라고 할 수 있겠습니다. 2연의 구체적인 기억으로부터 '유년 시절'이라는 추상적인 개념을 떠올리고, 이것을 다시 힘들었던 '내 어린 날'이라는 구체적인 표현으로 표상한 것이죠.

즉, 엄밀하게 말하면 1연/4연의 '내 어린 날'과 2연의 '내 어린 날'은 다른 의미를 가지고 있는 것이죠. 전자는 '유년 시절의 표상화', 후자는 '어린 시절의 기억'으로 말입니다. 같은 단어라도 맥락에 따라 그 의미가 달라질 수 있다는 현대시 독해의 기본 원칙을 묻는 선지였습니다. 어렵게 진화할 가능성이 충분한 선지이니 확실하게 정리하도록 해요.

선지	①	②	③	④	⑤
선택률	2%	5%	81%	6%	6%

69 ㉠~㉤에 대한 설명으로 적절하지 <u>않은</u> 것은? ③

① ㉠ : 아주 짧은 순간에 해가 지는 모습을 나타낸 말로, 시간의 변화를 함축하고 있다.

> 갱 속 같은 마을. ㉠<u>꼴깍</u>, 해가, 노루꼬리 해가 지면 집집마다 봉당에 불을 켜지요.

선지 유형	근거가 있어서 허용 가능
실전에서의 판단 과정	해가 졌다는 시간의 변화를 함축하고 있네.
해설	'꼴깍'은 해가 지는 모습을 표현한 말입니다. 특히 '꼴깍'의 일상적 의미를 생각하면 '아주 짧은 순간'이라는 말도 충분히 허용할 수 있겠죠.

② ㉡ : 소리를 통해 연상되는 새의 모습을 감각적으로 형상화하고 있다.

> ㉡<u>후루룩 후루룩</u> 처마 깃에 나래 묻는 이름 모를 새, 새들의 온기를 생각합니다. 숨을 죽이고 생각하지요.

선지 유형	근거가 있어서 허용 가능
실전에서의 판단 과정	새가 날아가는 소리네.
해설	맥락상 '후루룩 후루룩'은 새들이 날아가는 소리를 의미합니다. 선지 그 자체로 허용할 수 있겠네요.

③ ㉢ : 높이 날아오른 연을 동경하는 심리를 드러내고 있다.

> 오! 흰 연 그새에 높이
> ㉢<u>아실아실</u>* 떠 놀다 내 어린 날!
>
> * 아실아실 : '아슬아슬'의 방언.

선지 유형	근거가 없어서 허용 불가능
실전에서의 판단 과정	갑자기 왜 동경해?
해설	'아실아실'은 조매로운 연실을 가진 '연'이 아슬아슬하게 떠오른 모습을 묘사한 것일 뿐입니다. 나아가 '내 어린 날'도 아슬아슬했다는 의미를 담고 있는 것이죠. '연'을 '동경'하는 심리를 허용할 근거는

도저히 찾을 수가 없기 때문에, 가볍게 답으로 고를 수 있겠습니다.

④ ㉣ : 서러움을 느끼게 하는 대상인 실낱의 모습을 표현하고 있다.

> ㉣<u>희끗희끗한</u> 실낱이 서러워
> 아침저녁 나무 밑에 울다

선지 유형	근거가 있어서 허용 가능
실전에서의 판단 과정	그러네.
해설	'실낱'은 화자에게 서러움을 느끼게 하는데, 그러한 '실낱'은 '희끗희끗'합니다. 가볍게 허용할 수 있죠?

⑤ ㉤ : 외롭고 슬픈 어린 시절의 정서를 함께 담아내고 있다.

> 오! 내 어린 날 하얀 옷 입고
> 외로이 자랐다 하얀 넋 담고
> ㉤<u>조마조마</u> 길가에 붉은 발자욱
> 자욱마다 눈물이 고이었었다

선지 유형	근거가 있어서 허용 가능
실전에서의 판단 과정	외로이 자라고 눈물이 고였다네.
해설	화자의 '내 어린 날'은 '외로이 자랐'고, 발자욱마다 '눈물이 고이었었'던 시절입니다. 그렇게 눈물이 고였던 '발자욱'을 수식하는 '조마조마' 역시 이러한 정서와 궤를 같이 하는 것이라고 할 수 있겠죠?

선지	①	②	③	④	⑤
선택률	4%	49%	14%	15%	18%

70 ⓐ, ⓑ에 대한 이해로 적절하지 <u>않은</u> 것은? ②

> ⓐ<u>신위</u>가 자기 집 이름을 '문의당'이라 하고 ⓑ<u>나</u>에게 편지를 보내 말했다.

– ⓐ가 비록 자기 집 근처에 물이 없지만 자기도 물에 산다고 생각한다고 하자, ⓑ 역시 그에 동의하는 모습을 보였습니다. 물에 멀리 살든 가까이 살든 결국 사람들은 다 물에 산다고 할 수 있다는 것이죠. 이러한 주제 의식을 생각하면서 문제를 풀어 봅시다.

① ⓐ는 '볼만한 샘이나 못'이 없는 곳에 산다고 생각하다가, '천하의 지도를 보고' 깨달은 바에 따라 자신이 물 가운데 살고 있는 것이나 다름없다는 발상으로 사고를 전환한다.

> "내 천성이 물을 좋아하는데, 도성 안이라 볼만한 샘이나 못이 없어 비록 물을 보는 법을 알고 있어도 써 볼 데가 없는 것이 늘 아쉬웠습니다. 그런데 천하의 지도를 보고 깨우친 점이 있었습니다.

선지 유형	근거가 있어서 허용 가능
실전에서의 판단 과정	그렇지.
해설	선지 그 자체로 허용할 수 있겠죠? '신위'는 자신이 물이 없는 곳에 살고 있다고 생각하다가 '천하의 지도'를 보고서 자기도 결국 물에 사는 사람이라는 것을 깨닫는 식으로 사고를 전환했습니다.

② ⓐ가 '자기 집'을 '문의'라고 한 것에 ⓑ가 동의한 이유는 ⓐ의 상황이 '배를 집으로 삼아' 사는 사람의 상황보다 집에 '들어앉아 사는 사람'의 상황에 가깝다고 생각했기 때문이다.

> 이것이 제 집의 이름을 '문의(文漪)*'라고 한 까닭입니다. 그대는 저를 위해 이 집의 기문을 지어 주시기 바랍니다."
>
> (중략)
>
> 섬사람 중에는 담장을 두르고, 집을 짓고, 문을 닫고 들어앉아 사는 사람도 있게 마련이니, ~
>
> 대지는 하나의 섬이고, 세상 사람들은 섬사람이라오. 비록 배를 집으로 삼아 물 위를 떠다니면서 날마다 물과 더불어 살아가는 사람이라 하더라도, ~

선지 유형	근거가 있어서 허용 불가능
실전에서의 판단 과정	동의한 게 그런 이유 때문이 아니잖아.

| 해설 | 이 지문의 주제는 결국 '들어앉아 사는 사람'이나 '배를 집으로 삼아' 사는 사람이나 모두 '물에 사는 사람'이라는 것입니다. 이들 모두 '반걸음'이든 '천리'이든 물 근처에 사는 사람들이니까요. 즉, '나'는 '신위'가 둘 중 어느 쪽에 가깝다고 생각한 것이 아니라, 앞의 두 사람도 그렇고 '신위'도 그렇고 '나'도 그렇고 결국 사람이라면 모두 물 근처에 산다는 생각을 하고 있는 것입니다. 결국 이 지문의 주제에 위배되는 선지이기에 허용할 수 없겠네요.

마치 독서 문제처럼 수필 지문의 주제 의식을 정확하게 이해하고 있을 것을 요구한 선지였습니다. 이러한 경향이 강화되고 있으니, 확실하게 대비하도록 합시다. |

③ ⓑ는 '바다의 섬'에 '집을 짓고 사는 사람'의 삶에 주목하여, 바라보는 관점을 달리하면 세상 모든 사람들이 섬에 살고 있다는 논리가 성립한다고 생각한다.

> 지금 바다의 섬 가운데 집을 짓고 사는 사람이 있다면, 사람들은 반드시 물에 산다고 하지 산에 산다고 하지 않겠지요.

선지 유형	근거가 있어서 허용 가능
실전에서의 판단 과정	주제네.
해설	'나'는 '바다의 섬'에 '집을 짓고 사는 사람'의 삶에 주목하면서, 이러한 사람뿐 아니라 세상 모든 사람들이 물 근처에 사는 '섬사람'이라고 생각합니다. 주제 그 자체이기도 하니, 어렵지 않게 허용할 수 있겠죠?

④ ⓑ가 ⓐ의 발상이 타당하다고 하는 이유는, '바다의 섬 가운데' 살더라도 그것을 가리켜 '물에 산다고' 보는 것이 ⓑ의 생각만이 아니라 '사람들'의 판단과도 일치하기 때문이다.

> 지금 바다의 섬 가운데 집을 짓고 사는 사람이 있다면, 사람들은 반드시 물에 산다고 하지 산에 산다고 하지 않겠지요. 섬사람 중에는 담장을 두르고, 집을 짓고, 문을 닫고 들어앉아 사는 사람도 있게 마련이니, 그가 날마다 파도와 깊은 물을 가까이 접하지는 않는다고 하여, 물에 사는 게 아니라고 한다면 옳지 않겠지요. 이와 같은 이치를 사람들이 모두 그렇다고 인정하는데, 어찌 유독 그대의 말에만 의심을 품겠소?

선지	①	②	③	④	⑤
선택률	7%	9%	35%	35%	14%

선지 유형	근거가 있어서 허용 가능
실전에서의 판단 과정	사람들이 모두 그렇다고 인정하니 신위의 말도 인정한다는 것이지.
해설	'바다의 섬 가운데' 살아 물과 멀리 떨어져 있더라도, 세상 사람들은 그가 '물에 산다고' 할 것입니다. 나아가 이와 같은 이치는 '신위'를 비롯한 다른 '사람들'도 모두 인정하는 바예요. '나'는 이를 바탕으로 '신위'의 말에 의심을 품을 수 없다는 입장을 보였으니, 충분히 허용할 수 있습니다.

⑤ ⓑ는 '물과 더불어' 사는 사람도 '눈길을 돌'리는 순간이 있는 것과 ⓐ가 '물을 보는 법'을 '써 볼 데가 없'다 하는 것은 물을 보지 못할 때가 있다는 점에서 유사하다고 생각한다.

> 대지는 하나의 섬이고, 세상 사람들은 섬사람이라오. 비록 배를 집으로 삼아 물 위를 떠다니면서 날마다 물과 더불어 살아가는 사람이라 하더라도, 그 형편상 눈을 한곳에 두고 꼼짝하지 않을 수는 없을 것이고, 잠시 눈길을 돌려서 잠깐 동안이나마 물이 있다는 것을 생각하지 못할 때가 반드시 있을 것이오. 이때에는 겨우 반걸음을 움직인 것이나 천 리를 간 것이나 매한가지라 할 것이오."

> "내 천성이 물을 좋아하는데, 도성 안이라 볼만한 샘이나 못이 없어 비록 물을 보는 법을 알고 있어도 써 볼 데가 없는 것이 늘 아쉬웠습니다. 그런데 천하의 지도를 보고 깨우친 점이 있었습니다.

선지 유형	근거가 있어서 허용 가능
실전에서의 판단 과정	주제네.
해설	'나'는 '물과 더불어' 사는 사람도 언제나 물을 볼 수는 없고, 반드시 '눈길을 돌'리는 순간이 있을 것이라 이야기를 합니다. 이는 '신위'가 '물을 보는 법'을 '써 볼 데가 없'다고 하는 것, 즉 물을 볼 수 없다는 것과 같은 상황을 의미하겠죠. 이처럼 물에서 '반걸음'을 움직인 것이나 '천 리'를 간 것이나 매한가지로 언제나 물을 볼 수는 없다는 의미이므로, 세상 사람들은 결국 다 물에 산다는 주제 의식을 뒷받침하는 생각이라고 할 수 있겠습니다.

71 〈보기〉를 바탕으로 (가), (다)를 이해한 내용으로 가장 적절한 것은? [3점] ④

> ──────[보기]──────
> 문학 작품 속의 소재들은 연관성 속에서 서로 유사 혹은 대립의 관계를 이룸으로써 의미를 생성하거나 그 특징을 부각하는 효과를 드러낸다.

– 문학 작품 속의 소재들이 유사 혹은 대립의 관계를 이룸으로써 의미를 생성하거나 그 특징을 부각한다는, 아주 당연한 〈보기〉입니다. 선지를 판단해 봅시다.

① (가)의 '허방다리 들어내면 보이는 마을', '갱 속 같은 마을'은 얕음과 깊음의 대비를 이루어 숨어 있는 두 공간의 차이를 부각하고 있군.

> 허방다리* 들어내면 보이는 마을.
> 갱 속 같은 마을.
>
> * 허방다리 : 짐승 따위를 잡기 위해 풀 등을 덮어 위장한 구덩이.

선지 유형	근거가 있어서 허용 불가능
실전에서의 판단 과정	둘 다 깊은 거 아니야?
해설	두 표현 모두 노인이 있는 공간이 깊은 곳에 있어 찾기 힘들다는 의미를 생성하고 있습니다. 이렇게 명백한 근거가 있으니, '얕음과 깊음의 대비'를 이룬다는 것은 절대 허용할 수 없네요. 나아가 억지로나마 '허방다리 들어내면 보이는 마을'이 더 얕은 거 아니냐고 해도, 두 표현이 가리키는 공간이 같은 공간이기에 '두 공간의 차이'를 부각한다는 것도 허용할 수 없습니다.

② (가)의 '무우'와 '고구마'는 차가움과 따뜻함의 대비를 이루어 밤에 출출함을 달래기 위해 먹는 다양한 음식의 속성을 부각하고 있군.

> 기인 밤입니다. 외딴집 노인은 홀로 잠이 깨어 출출한 나머지 무우를 깎기도 하고 고구마를 깎다,

선지 유형	근거가 없어서 허용 불가능
실전에서의 판단 과정	차가운지 따뜻한지 어떻게 알아?
해설	'무우'와 '고구마'가 노인이 밤에 출출함을 달래기 위해 먹는 음식인 것은 맞지만, '무우'는 차갑고 '고구마'는 따뜻하다는 근거를 찾을 수 없습니다. 근거를 찾는다면 그건 따뜻한 군고구마를 떠올리는 여러분의 머릿속이겠죠. 도저히 허용할 근거가 없으니 허용할 수 없습니다. 조금 더 생각해 보면, 현재 노인이 추운 겨울 밤을 지내고 있다는 것과 고구마를 '깎는다'는 표현(따뜻한 군고구마는 깎지 않고 껍질을 까서 먹죠.)을 보면 차가운 생고구마일 것이라고 추측할 수 있겠습니다. 이를 바탕으로 하면 확실하게 허용하기 힘들다는 것을 알 수 있네요.

③ (다)의 '아홉 개 대륙'과 '일만 개 나라'는 바다 안의 육지라는 유사성으로 관계를 맺으며 '천하의 지도'라는 새로운 의미를 생성하고 있군.

> 그런데 천하의 지도를 보고 깨우친 점이 있었습니다. 넘실거리는 큰 바다 사이로 <u>아홉 개 대륙</u>, <u>일만 개 나라</u>가 퍼져 있는데 큰 나라는 범선이 늘어선 듯하고,

선지 유형	근거가 있어서 허용 불가능
실전에서의 판단 과정	새롭게 생성된 의미는 지도가 아니라 모든 사람이 물에 산다는 것이지.
해설	'신위'는 '천하의 지도'를 보고 '아홉 개 대륙', '일만 개 나라'가 모두 바다 안의 육지일 뿐이라는 것을 인식합니다. 따라서 '아홉 개 대륙'과 '일만 개 나라'가 바다 안의 육지라는 유사성으로 관계를 맺는다는 것은 허용이 가능하죠. 하지만 이를 통해 생성한 새로운 의미는 '나를 비롯한 모든 사람은 사실 물 가운데 있는 존재, 즉 바다 안의 육지에 사는 존재일 뿐이다.'라는 것입니다. '천하의 지도'를 보고서 이러한 의미를 생성한 것이지, '천하의 지도'라는 의미 자체를 생성한 것이 아니에요. 선지에서 묻는 것을 꼼꼼하게 따졌어야 합니다. 선지에 따르면 '신위'가 '천하의 지도' 자체를 생성했다는 것이 되는데, '지도'가 아닌 '생각'이 새롭게 만들어진 거예요. 이러한 '생각'이 바로 이 지문의 '주제'였구요.

④ (다)의 '파도'와 '깊은 물'은 바다의 형상이라는 유사성으로 관계를 맺으며 물에 사는 사람이 살면서 만나게 되는 환경이라는 의미를 생성하고 있군.

> 섬사람 중에는 담장을 두르고, 집을 짓고, 문을 닫고 들어앉아 사는 사람도 있게 마련이니, 그가 날마다 <u>파도</u>와 <u>깊은 물</u>을 가까이 접하지는 않는다고 하여, 물에 사는 게 아니라고 한다면 옳지 않겠지요.

선지 유형	근거가 있어서 허용 가능
실전에서의 판단 과정	둘 다 물에 사는 사람이 살면서 만나게 되는 환경 맞지.
해설	'파도'와 '깊은 물'은 모두 문을 닫고 들어앉아 사는 '섬사람'이 언제든 누릴 수 있는 바다의 형상이라는 점에서 유사성을 가지고 있다고 할 수 있습니다. 나아가 이는 '섬사람'을 비롯한 모든 사람들(=물에 사는 사람)이 살면서 만나게 되는 환경이라는 의미를 생성한다고 할 수 있겠죠? 근거가 충분하니 허용할 수 있겠습니다. 이번에도 '모든 사람은 물에 살고 있으므로, 언제든 물을 만날 수 있다'는 주제 의식을 선지화시킨 모습입니다. 수필의 주제를 정확하게 이해할 것을 요구하고 있다는 점에 주목해야 합니다.

⑤ (가)의 '창문은 모과빛'과 '기인 밤'은 밝음과 어둠의 대비를, (다)의 '갈매기'와 '해오라기'는 크고 작음의 대비를 이루어 각 소재가 가진 특징을 부각하고 있군.

> 콩깍지, 콩깍지처럼 후미진 외딴집, 외딴집에도 불빛은 앉아 이슥토록 <u>창문은 모과빛</u>입니다.
<u>기인 밤</u>입니다.

> 작은 나라는 <u>갈매기</u>와 <u>해오라기</u>가 출몰하는 듯했습니다.

선지 유형	근거가 있어서 허용 불가능
실전에서의 판단 과정	갈매기와 해오라기 둘 다 작은 나라 설명하려고 나온 거잖아.
해설	(가)의 '창문은 모과빛'과 '기인 밤'은 각각 밝음과 어둠의 대비를 이룬다고 할 수 있습니다. 나아가 '창문' 및 '밤'이라는 소재가 가진 특징을 부각하고 있다고 할 수 있죠.

하지만 (다)의 '갈매기'와 '해오라기'는 모두 '작은 나라'를 비유하기 위해 사용된 표현입니다. 즉, 무엇이 더 작고 큰지를 따지는 것이 아니라 모두 '작음'이라는 성질을 가지고 있다는 것이죠. 이를 근거로 하면 '갈매기'와 '해오라기'가 '크고 작음의 대비'를 이루고 있다는 것은 절대 허용할 수 없겠습니다. 이들은 모두 '작은 나라'를 나타낸다는 점에서 '갈매기'와 '해오라기'라는 각각의 소재의 특징을 부각하는 것도 아니구요.

현대시 독해 연습

(가)
　첩첩산중에도 없는 마을이 여긴 있습니다. 잎 진 사잇
길 저 모랫둑, 그 너머 강기슭에서도 보이진 않습니다.
허방다리* 들어내면 보이는 마을.
　갱 속 같은 마을. 꼴깍, 해가, 노루꼬리 해가 지면 집집
마다 봉당에 불을 켜지요. 콩깍지, 콩깍지처럼 후미진 외
딴집, 외딴집에도 불빛은 앉아 이슥토록 창문은 모과빛
입니다.

* 허방다리 : 짐승 따위를 잡기 위해 풀 등을 덮어 위장한 구덩이.

화자는 '첩첩산중에도 없는 마을'을 보고 있습니다. 이곳은 '모랫둑'이나 '강기슭'에서도 보이진 않는, 그리고 '허방다리'를 들어내야 보이고 '갱 속' 같은 마을이에요. 말 그대로 오지 중의 오지라고 할 수 있겠죠?

그곳도 사람이 사는 곳이라, 해가 지면 집집마다 '봉당'에 불을 켜요. 참고로 '봉당'은 쉽게 생각하면 초가집의 흙으로 된 마루라고 보시면 됩니다. 그만큼 옛날 살던 방식 그대로 사는 집이라고 할 수 있겠네요. 그곳은 '콩깍지처럼 후미진 외딴집'이고, 그러한 외딴집에도 불빛이 들어와 창문이 '모과빛'으로 빛난다고 하네요. 전반적으로 '콩깍지처럼 후미진 외딴집'의 이미지 그대로 묘사되고 있는 모습입니다.

　기인 밤입니다. 외딴집 노인은 홀로 잠이 깨어 출출한
나머지 무우를 깎기도 하고 고구마를 깎다, 문득 바람도
없는데 시나브로 풀려 풀려 내리는 짚단, 짚오라기의 설
레임을 듣습니다. 귀를 모으고 듣지요. 후루룩 후루룩 처
마 깃에 나래 묻는 이름 모를 새, 새들의 온기를 생각합
니다. 숨을 죽이고 생각하지요.

그렇게 시간은 흘러 '기인 밤'입니다. '외딴집'에 사는 '노인'은 홀로 잠이 깨어 '무우'나 '고구마'를 깎고 있어요. 그러다가 '짚오라기의 설레임'을 듣고, '새들의 온기'를 생각하고 있습니다. '무우'와 '고구마'를 먹으며 주변에 집중하는 '노인'의 모습을 충분히 상상할 수 있겠죠?

　참 오래오래, 노인의 자리맡에 밭은기침 소리도 없을
양이면 벽 속에서 겨울 귀뚜라미는 울지요. 떼를 지어
웁니다, 벽이 무너지라고 웁니다.
　어느덧 밖에는 눈발이라도 치는지, 펄펄 함박눈이라
도 흩날리는지, 창호지 문살에 돋는 월훈(月暈).
–박용래, 「월훈」–

이런 상황에서, '노인'의 자리맡에 밭은기침 소리도 없이 조용할 때 벽 속에서 '겨울 귀뚜라미'는 울고 있습니다. 그리고 밖에는 마치 눈이 온 것처럼 창호지 문살에 '월훈'이 돋고 있습니다. '월훈'은 달무리를 의미하는데, '노인'의 집 창호지 문살에 달무리가 비친 모습이 마치 눈이 오는 것 같다는 표현이겠죠. 전반적으로 '외딴집'에 사는 '노인'의 모습을 묘사하는 작품이었습니다.

(나)
내 어린 날!
아슬한 하늘에 뜬 연같이
바람에 깜박이는 연실같이
내 어린 날! 아슴풀하다*

* 아슴풀하다 : '아슴푸레하다'의 방언.

화자는 자신의 '어린 날'을 생각하고 있습니다. '내 어린 날'은 마치 '아슬한 하늘에 뜬 연'이나 '바람에 깜박이는 연실' 같았다고 하는데, 화자는 이러한 시기가 아슴푸레하다고 해요. '연'이나 '연실'이 의미하는 바가 무엇인지 정확히는 모르겠지만, 화자는 약간은 희미하게 남아 있는 '내 어린 날'을 떠올리고 있습니다.

하늘은 파랗고 끝없고
편편한 연실은 조매롭고*
오! 흰 연 그새에 높이
아실아실* 떠 놀다 내 어린 날!

바람 일어 끊어지던 날
엄마 아빠 부르고 울다
희끗희끗한 실낱이 서러워

아침저녁 나무 밑에 울다

* 조매롭고 : '조마롭다'의 방언. 보기에 마음이 초조하고 불안하다.
* 아실아실 : '아슬아슬'의 방언.

'연'과 '연실'에 대해 자세히 설명하고 있습니다. 이는 마음이 초조하고 불안하게, 그리고 아슬아슬하게 파랗고 끝없는 하늘에 떠 있었다고 해요. 화자의 '내 어린 날'이 이런 '연'과 '연실' 같았다는 건, 화자의 유년 시절도 초조하고 불안하고 아슬아슬한 시기였다는 걸 의미하겠네요. 실제로 화자의 기억 속 '내 어린 날'은 바람이 일어 '연실'이 끊어져 엄마 아빠 부르며 울던 슬픈 기억입니다.

> 오! 내 어린 날 하얀 옷 입고
> 외로이 자랐다 하얀 넋 담고
> 조마조마 길가에 붉은 발자욱
> 자욱마다 눈물이 고이었었다
>
> ―김영랑, 「연1」―

화자는 '내 이런 날'에 '하얀 옷'을 입고, 그리고 '하얀 넋'을 담고 외롭게 자랐다고 해요. 그리고 조마조마하게 '붉은 발자욱'을 남기며 눈물이 고였었다고 합니다. 마지막까지 슬펐던 유년 시절을 묘사하고 있네요.

몰랐던 어휘 정리하기

① **허용 가능성 평가** : 선지의 내용을 '허용'하려는 태도를 바탕으로 지문을 '독해'하며 '근거'를 찾아야 합니다. 허용할 수 있는 '근거'가 있어야만 허용할 수 있습니다. 주관적인 생각을 개입시키면 안 됩니다.

② **현대시 독해** : 〈보기〉의 도움 등을 통해 '주제' 위주로, 그리고 일상 언어의 감각으로 읽어내면 됩니다. 현대시도 읽을 수 있는 하나의 글입니다.

③ **수필 독해** : 운문문학과 마찬가지로, 글쓴이가 하고자 하는 말인 '주제'를 파악하는 것이 핵심입니다. 수필이 어렵게 출제될 것을 대비해, 독서 지문을 읽듯이 꼼꼼하게 읽으며 주제를 파악하는 연습을 해야 해요.

④ **선지에서 묻는 것** : 독서에서도 문학에서도, 선지 판단의 기본은 그 선지가 무엇을 묻고 있는지 정확하게 따지는 것입니다. 선지를 대충 판단하는 습관은 시험장에서 꽤나 치명적으로 다가올 거예요. 항상 '묻는 것'이 무엇인지 체크하는 습관을 가지도록 합시다.

| 지문 내용 총정리 |

매우 정확한 독해와 선지 판단을 요구하고 있어 상당한 난이도를 자랑하는 세트였습니다. 그래도 결국 '주제'와 '맥락을 고려한 독해'라는, 운문문학 문제풀이의 핵심 포인트를 바탕으로 선지의 '허용 가능성'을 평가하는 태도 외에는 요구하는 것이 없다는 점에서는 같습니다. 문학 지문과 선지들도 결국 하나의 '글'이고 '문장'이기 때문에, 정확하게 '독해'하는 것이 우선시된다는 것을 절대 잊지 맙시다.

〈보기〉 확인

> [보기]
>
>   (가)는 사대부가(士大夫家)의 여성이 자연에서 화전놀이를 하는 상황을, (나)와 (다)는 사대부가의 남성이 강호에서 지내는 상황을 보여 준다. 세 작품에는 유교적 가치가 내면화되어 있는 사대부가로서의 공통적 인식이 드러나기도 하고, 사대부가의 여성이나 남성이 처해 있는 상황에 따라 화자의 정서, 행위, 주변 대상과의 관계 등의 측면에서 서로 다른 인식이 드러나기도 한다.

세 작품의 주제를 소개하는 〈보기〉입니다. 세 작품 모두 자연을 즐기는 내용인데, (가)는 주체가 사대부가의 여성이고 (나)와 (다)는 남성이네요. 이들은 모두 사대부가의 일원이기에 유교적 가치가 내면화되어 있겠지만, 또 한편 성별의 차이로 인해 여러 인식의 차이가 나타나기도 할 것입니다. 어찌 보면 당연한 내용들이죠? 이런 부분을 생각하면서 지문을 가볍게 읽어보고 문제를 풀어보도록 합시다.

실전적 지문 독해

> (가)
>
> 이렇듯이 좋은 해에 이때가 어느 때뇨
> 불한불열 삼춘이라
> 버드나무 드린 곳에 꾀꼬리 편편하고
> 수놓은 장막 베푼 곳에 벌 나비 분분하다
> 우리 꾀꼬리 아니로되 꽃은 같이 얻었으니
> 우리 비록 여자라도 이러한 태평세에 아니 놀고 무엇하리
> 백만 년을 다 버리고 하루 놀음 하려 하고
> 날짜를 정하자 하니 좋은 날은 언제런고
> 이월이라 이십오일 청명시절 제때로다
> 손꼽고 바라더니 어느 덧에 다닫고야
> 아이 종 급히 불러 앞뒷집 서로 일러
> 소식 주고 가사이다 노소 없이 다 모이어
> 차례대로 달아나니 호화 장식 찬란하다
> 먼 산 같은 눈썹일랑 아미로 다스리고
> 구름 같은 귀밑일랑 고운 머리로 꾸미도다
> 동해의 고운 명주 잔줄 지어 누벼 입고
> 가을볕에 바랜 베를 연반 물 들여 입고

선명하게 나와 서서
좋은 풍경 보려 하고 가려강산 찾았으되
용산을 가려느냐 매봉으로 가려느냐
산명수려 좋은 곳은 소학산이 제일이라
어서 가자 바삐 가자 앞에 서고 뒤에 서고
태산같이 높은 고개 허위허위 올라가서
승지에 다닫거다
좌우 풍경 둘러보니 수양산 같은 금오산
충신이 멀었거늘 어찌 저리 푸르렀으며
황하 같은 낙동강은 성인이 나시련가
어찌 저리 맑아 있노
구경을 그만하고 화전터로 나려와서
빈천이야 정관*이야 시냇가에 걸어 놓고
청유라 백분이라 화전을 지저 놓고
꽃 사이에 친척들을 웃으며 불렀으되
어서 오고 어서 오소
집에 앉아 수륙진미 맛보기는 하려니와
부녀자들 함께 즐김 이에서 더할소냐

(중략)

청계변에 복성 꽃은 무릉원이 의연하다
이러한 좋은 경치 흠 없이 다 즐기니
소선(蘇仙)의 적벽(赤壁)인들 이에서 더할손가
이백(李白)의 채석(采石)인들 이에서 나을손가
꽃 사이에 벌여 앉아 서로 보며 이른 말이
여자의 소견인들 좋은 경치 모를소냐
규중에 썩힌 간장 오늘이야 쾌한지고
가슴이 상쾌하고 심신이 호탕하여
장장춘일 긴긴날을 긴 줄도 잊었더니
서산에 지는 해가 깊은 계곡 재촉하여
층암 고산에 저녁 안개 일어나고
푸른 나무 숲속으로 숙조(宿鳥)가 돌아든다
흥대로 놀려 하면 인간의 자연 취객이
아닌 고로 마지못해 일어나니
암하(嵓下)야 잘 있거라 강산아 다시 보자
시화세풍 하거들랑 창안백발 흩날리고
고향 산천 찾아오마

-작자 미상, 「화전가」-

* 정관 : 솥.

지문이 길어도 당황할 필요 없습니다. 〈보기〉에서 설명한 주제를 바탕으로 화자의 상황 혹은 내면세계가 잘 드러나는 부분 위주로 체크해주시면 돼요. 자세한 독해는 문제를 풀면서 하면 됩니다.

어쨌든, 밑줄 친 부분 위주로 보면 여성들이 자연을 마음껏 즐기고 있다는 게 잘 느껴지시죠? 어차피 이렇게 긴 지문을 꼼꼼하게 읽어봤자 문제 풀 때 기억이 나질 않아서 다시 왔다갔다 해야 하니, 이 정도로 큰 주제만 체크하고 과감하게 넘어가는 게 좋을 것 같습니다.

> (나)
>
> 　공명을 헤아리니 영욕이 반이로다
> 　동문에 괘관하고* 전려에 돌아와서 성경현전 헤쳐 놓고 읽기를 파한 후에 앞내에 살진 고기도 낚고 뒷뫼에 엄긴 약도 캐다가 임고원망*하여 임의소요하니 청풍이 시지하고 명월이 자래하니 아지 못게라 천양지간에 이 같이 즐거움을 무엇으로 대할쏘니
> 　평생에 이리저리 즐기다가 노사태평하여 승화귀진* 하면 그 좋은가 하노라
>
> 　　　　　　　　　　　　　　　-작자 미상-
>
> * 동문에 괘관하고 : 벼슬을 그만두고.
> * 임고원망 : 높은 곳에 올라 먼 곳을 바라보는 것.
> * 승화귀진 : 자연에 순응하며 살다가 자연에 귀의하는 것.

이번에도 말은 굉장히 어렵지만 자연을 즐기는 모습이 드러난다는 것 정도는 알 수 있겠습니다. 벼슬을 그만두고 자연에 귀의하여 평화로움을 만끽하는 모습이네요.

> (다)
>
> 　청산이 둘러 있고 벽수도 흘러간다
> 　풍월이 벗이 되어 백운(白雲)에 누웠으니
> 　백구(白鷗)야 백년을 함께 놀자 하노라
>
> 　　　　　　　　　　　　　　　〈제2수〉
> 　　　　　　　　　　　　　　　-채헌,「석문가」-

마찬가지죠? 자연 속에서 자연과 하나가 되려는 내면세계가 너무나 잘 드러나고 있습니다. 이 정도 하고, 이제 문제 풀어봅시다.

선지	①	②	③	④	⑤
선택률	10%	61%	6%	7%	16%

72 (가)~(다)의 공통점으로 가장 적절한 것은? ②

- 이런 구성의 지문에서는 (다)를 적극적으로 활용하시는 것이 좋습니다. '공통점'을 찾으라고 했으니 (다)에 나타난 내용만 답이 될 수 있는데, 굉장히 짧아서 근거를 찾기가 수월하니까요. 이를 전제로 한 상태에서 문제를 풀어보도록 합시다.

① 관념적 사유를 통해 내면을 수양하는 모습이 나타난다.

선지 유형	근거가 없어서 허용 불가능
실전에서의 판단 과정	(다)에 관념적 사유가 어딨냐.
해설	'실전에서의 판단 과정'처럼, 일단 (다)에 관념적 사유가 없다는 것을 바탕으로 지워내면 됩니다. 물론 (가)와 (나)에서는 '충신'을 떠올리거나 '공명을 헤아리'는 모습 등에서 '관념적 사유'를 허용할 수 있겠지만, 실전에서 이들을 찾는 것은 너무나 귀찮은 일인 데다가 '내면 수양' 역시 각 작품의 주제와 너무나 거리가 멀기 때문에 가볍게 지워주시면 되겠습니다. 지금 보여드리는 것처럼 빠르게 지워내야 합니다. (가)부터 하나하나 찾고 있으면 쓸데없는 시간 낭비를 많이 하게 되실 겁니다.

② 현재의 상황을 바탕으로 미래에 대한 바람을 드러낸다.

선지 유형	근거가 있어서 허용 가능
실전에서의 판단 과정	(다)는 맞고, 전부 자연 계속 즐기고 싶어하는 거니까 유력하네. 자세히 보니 맞구나.
해설	일단 (다)부터 보면, 자연 속에 있는 현재의 상황을 바탕으로 '백구야 백년을 함께 놀자 하노라'라며 미래에 대한 바람을 드러내고 있습니다. (가)와 (나) 역시 자연 속에 있는 현재의 상황을 바탕으로 '고향 산천 찾아오마', '노사태평하여 승화귀진하면 그 좋은가 하노라'라며 미래에도 그 상황이 이어지길 바란다는 바람을 드러내고 있네요. 주제와 직결되기도 하고, 나머지 선지를 보면 알겠지만 (다)와 연결되는 선지도 이 선지밖에 없기에 어렵지 않게 답으로 골라낼 수 있어야 합니다.

③ 구체적 행위를 통해 대상의 유한한 속성에 대한 아쉬움을 드러낸다.

선지 유형	근거가 없어서 허용 불가능
실전에서의 판단 과정	(다)에 아쉬움이 어딨냐.
해설	일단 (다)에 '유한한 속성에 대한 아쉬움'이 드러난 적이 없기 때문에 틀린 선지네요. (다)는 그저 '백구'와 오래오래 재밌게 놀고 싶을 뿐이에요. 굳이 해설을 해야 하니 (가)와 (나)도 판단을 해 보면, (가)에서는 해가 져서 마지못해 일어나는 부분을 근거로 허용할 수 있겠습니다. 반면 (나)에서도 '유한한 속성에 대한 아쉬움'을 찾기는 어렵네요.

④ 대상의 이면적 가치에 주목하여 태도 변화에 대한 의지를 드러낸다.

선지 유형	근거가 없어서 허용 불가능
실전에서의 판단 과정	일단 (다)에서 아웃이네.
해설	(다)에서도, 심지어 (가)와 (나)에서도 찾아보기 어려운 내용이네요. 세 작품 모두 그저 자연을 즐기고 있을 뿐인 데다가, '태도 변화에 대한 의지'라는 무시무시한 주제를 담고 있지도 않습니다.

⑤ 공간의 이동 과정에서 탈속적 가치의 지향이 심화되는 모습이 나타난다.

선지 유형	근거가 없어서 허용 불가능
실전에서의 판단 과정	(다)에 공간 이동 없네.
해설	'탈속적 가치의 지향'이 주제와 직결되기에 많이들 덥석 물어버린 선지입니다. 일단 (다)에서 '공간의 이동'이 나타나지 않기에 틀린 선지죠? '청산'이 둘러 있고 '벽수'가 흘러 가며 '풍월'이 함께 하는 건 한 공간에서 일어나는 일입니다. 한편, (가)에서는 꽤 많은 공간의 이동이 있고, (나)에서는 '동문에 괘관하고 전려에 돌아와서'를 공간의 이동으로 볼 수도 있겠습니다. 앞서 말했듯이 '탈속적 가치의 지향'은 당연하게 허용할 수 있을 것이구요.

선지	①	②	③	④	⑤
선택률	49%	8%	28%	12%	3%

73 ㉠~㉤에 대한 이해로 적절하지 <u>않은</u> 것은? ①

① ㉠: 대상의 동적 속성에 주목하여 자연 경물을 화려하다고 여기고 있음이 드러난다.

> 아이 종 급히 불러 앞뒷집 서로 일러
> 소식 주고 가사이다 노소 없이 다 모이어
> ㉠차례대로 달아나니 호화 장식 찬란하다
> 먼 산 같은 눈썹일랑 아미로 다스리고
> 구름 같은 귀밑일랑 고운 머리로 꾸미도다

선지 유형	근거가 없어서 허용 불가능
실전에서의 판단 과정	자연이 아니라 얼굴 장식 말하는 거잖아.
해설	㉠만 떼어 놓고 보면 주제를 고려했을 때 그럴듯한 선지입니다. 하지만 항상 밑줄 근처 맥락까지 따지는 태도가 필요하다고 했습니다. 근처 맥락을 보면, ㉠은 노소 없이 근처 집의 여성들이 모두 모여 '아미' 혹은 '고운 머리' 등 찬란한 호화 장식을 뽐내는 모습입니다. 이를 근거로 하면 ㉠이 '자연 경물'을 화려하다고 여기는 부분이라는 해석은 절대 허용할 수 없겠죠? 근처 맥락을 고려한 '독해력' 역시 문학의 주요 변별 포인트라는 것을 잊지 맙시다.

② ㉡: 수려한 경관이라고 보편적으로 인정받는 대상과 관련지어 자연 경관에 대한 예찬을 드러낸다.

> 이러한 좋은 경치 흠 없이 다 즐기니
> ㉡소선(蘇仙)의 적벽(赤壁)인들 이에서 더할손가
> 이백(李白)의 채석(采石)인들 이에서 나을손가

선지 유형	근거가 있어서 허용 가능
실전에서의 판단 과정	소선의 적벽과 관련지어 예찬하고 있네.
해설	화자는 좋은 경치를 즐기면서, '소선의 적벽' 및 '이백의 채석'이 이보다 더 멋질 수는 없다는 이야기를 합니다. '소선의 적벽' 및 '이백의 채석'을 몰랐다고 해도, 이런 대상을 등장시켰다는 것은 이들이 수려한 경관이라고 보편적으로 인정받기에 그런 것이라고 충분히 볼 수 있겠죠?

③ ㉢: 시간의 경과를 느끼게 하는 자연물을 통해 화자가
　처한 상황이 바뀌게 되는 배경이 드러난다.

> ㉢ 서산에 지는 해가 깊은 계곡 재촉하여
> 층암 고산에 저녁 안개 일어나고
> 푸른 나무 숲속으로 숙조(宿鳥)가 돌아든다
> 흥대로 놀려 하면 인간의 자연 취객이
> 아닌 고로 마지못해 일어나니

선지 유형	근거가 있어서 허용 가능
실전에서의 판단 과정	해가 져서 마지못해 일어나고 있네.
해설	㉢은 해가 지는 상황을 묘사하고 있습니다. 이에 화자는 마지못해 일어나며 자리를 정리하고 있어요. 이런 상황의 변화가 일어난 배경이 곧 시간의 경과를 느끼게 하는 자연물인 '해'가 지는 것임은 충분히 허용할 수 있겠죠?

④ ㉣: 과거에 대한 성찰을 바탕으로 세속적 성취의 추구
　가 헛된 일일 수도 있다는 깨달음을 드러낸다.

> ㉣ 공명을 헤아리니 영욕이 반이로다

선지 유형	근거가 있어서 허용 가능
실전에서의 판단 과정	성찰 제대로 하고 있네.
해설	(나)의 화자는 '공명'(세속적 성취의 추구)을 헤아려 보며 시상을 전개하고 있습니다. 그렇게 해 보니 '영욕'('영'예와 치'욕'이라는 뜻)이 반반이었다며 '공명'을 추구하는 과정에서 '치욕'을 느낀 부정적인 일도 많았다는 생각을 하고 있어요. 이는 세속적 성취의 추구가 헛된 일일 수도 있다는 깨달음으로 이어진다고 할 수 있겠죠? '영욕'과 같은 단어를 몰랐다고 해도, 최소한 이 작품의 주제와 직결되는 내용이기에 충분히 허용할 수 있어야 합니다.

⑤ ㉤: 자연의 모습을 통해 화자가 속세로부터 벗어난 공
　간에 있음이 드러난다.

> ㉤ 청산이 둘러 있고 벽수도 흘러간다

선지 유형	근거가 있어서 허용 가능
실전에서의 판단 과정	자연 그 자체지.
해설	㉤은 자연의 모습 그 자체이고, 이는 속세로부터 벗어난 공간이죠? 화자가 이곳에 있는 것은 확실하니 어렵지 않게 허용할 수 있겠네요.

선지	①	②	③	④	⑤
선택률	11%	70%	6%	7%	6%

74 ⓐ와 ⓑ에 대한 설명으로 가장 적절한 것은? ②

> 이렇듯이 좋은 해에 이때가 어느 때뇨
> 불한불열 삼춘이라
> 버드나무 드린 곳에 꾀꼬리 편편하고
> 수놓은 장막 베푼 곳에 벌 나비 분분하다
> 우리 꾀꼬리 아니로되 ⓐ꽃은 같이 얻었으니
> 우리 비록 여자라도 이러한 태평세에 아니 놀고 무엇
> 하리

> 청산이 둘러 있고 벽수도 흘러간다
> 풍월이 벗이 되어 ⓑ백운(白雲)에 누웠으니
> 백구(白鷗)야 백년을 함께 놀자 하노라
>
> 〈제2수〉

– ⓐ는 봄철에 화자와 일행이 함께 얻은 사물이고, ⓑ는 화자가 함께 하고 있다고 여기는 대상입니다. 이 내용을 답으로 골라봅시다.

① ⓐ는 화자가 현실의 한계를 인지하게 하는 원인이고,
　ⓑ는 화자가 추구하는 삶의 가치를 함축하고 있는 대상
　이다.

선지 유형	근거가 없어서 허용 불가능
실전에서의 판단 과정	현실의 한계를 왜 인지해.
해설	화자는 ⓐ와 함께 그저 즐거울 뿐, 현실의 한계 같은 딱딱한 것에 관심을 두고 있지 않습니다. 물론 ⓑ는 화자가 추구하는 삶, 즉 자연과 함께 하는 삶의 가치를 함축하고 있는 대상이라고 볼 수 있죠.

② ⓐ는 화자가 기다리던 시기가 도래했음을 알려 주는 표지이고, ⓑ는 화자가 심리적으로 가깝게 여기고 있는 대상이다.

선지 유형	근거가 있어서 허용 가능
실전에서의 판단 과정	미리 생각한 내용이네.
해설	ⓐ는 화자가 기다리던 시기인 봄철이 도래했음을 알려 주는 표지이고, ⓑ는 화자가 물리적으로 닿을 수는 없으나 심리적으로 가깝게 여겨 그 위에 누워 있다고 생각하는 대상입니다. 미리 생각한 내용과 일맥상통하니 가볍게 답으로 고를 수 있겠네요.

③ ⓐ는 화자가 계절이 변화했음을 확인하게 되는 계기이고, ⓑ는 화자에게 특정한 계절을 연상하게 하는 대상이다.

선지 유형	근거가 없어서 허용 불가능
실전에서의 판단 과정	구름을 보고 무슨 계절을 연상해.
해설	ⓐ는 화자가 계절이 봄으로 변화했음을 확인하게 되는 계기라고 할 수 있습니다. 하지만 ⓑ는 '흰 구름'을 의미하기에, 특정한 계절을 연상하게 한다는 것은 절대 허용할 수 없겠습니다.

④ ⓐ는 화자가 주변의 다른 존재들과 함께 즐기고 있는 대상이고, ⓑ는 화자가 주변과 소통하지 못하게 만드는 원인이다.

선지 유형	근거가 없어서 허용 불가능
실전에서의 판단 과정	주변과의 소통이 왜 나오냐.
해설	ⓐ는 화자가 주변의 다른 존재들과 함께 즐기는 대상이 맞습니다. 하지만 ⓑ가 화자로 하여금 주변과 소통하지 못하게 만드는 원인이라는 것은 절대 허용하기 어렵죠. 화자는 그저 ⓑ와 함께 즐거울 뿐, 이것 때문에 소통이 어렵다는 반응을 보인 적이 없으니까요. 즉, 이 해석을 허용할 근거가 전혀 존재하지 않으니까요.

⑤ ⓐ는 화자가 시대를 태평하다고 판단하는 근거이고, ⓑ는 화자가 도달할 수 없다고 여기는 이상향을 의미하는 대상이다.

선지 유형	근거가 없어서 허용 불가능
실전에서의 판단 과정	이미 ⓑ에 도달했잖아?
해설	ⓐ를 얻은 화자는 시대를 '태평세'로 평가합니다. 이를 근거로 하면 ⓐ를 화자가 시대를 태평하다고 판단하는 근거로 해석하는 것은 충분히 허용할 수 있겠네요. 하지만 ⓑ는 화자가 현재 '누웠'다고 생각할 정도로 가깝게 여기는 대상입니다. 이를 근거로 하면 ⓑ를 화자가 도달할 수 없다고 여기는 이상향을 의미한다고 해석하는 것은 절대 허용할 수 없겠네요.

선지	①	②	③	④	⑤
선택률	28%	20%	8%	19%	25%

75 〈보기〉를 참고하여 (가)~(다)를 감상한 내용으로 적절하지 않은 것은? [3점] ①

① (가)에서 '시냇가'에 '정관'을 '걸어 놓'는 것과 (나)에서 '앞내'의 '고기'를 낚고 '뒷뫼'의 '약'을 캐는 것에서, 일상적 생활 공간으로서 자연에 머물고자 하는 사대부가의 모습을 엿볼 수 있군.

구경을 그만하고 화전터로 나려와서
빈천이야 정관*이야 시냇가에 걸어 놓고
청유라 백분이라 화전을 지저 놓고

* 정관 : 솥.

앞내에 살진 고기도 낚고 뒷뫼에 엄긴 약도 캐다가 임고원망*하여 임의소요하니

* 임고원망 : 높은 곳에 올라 먼 곳을 바라보는 것.

선지 유형	근거가 있어서 허용 불가능
실전에서의 판단 과정	사대부가 여성이 자연에 있는 게 일상이라고?

(가)의 화자와 지인들은 '정관'과 같은 일상적 생활 공간의 물건을 내려놓고 자연을 즐기고 있습니다. 즉, 지금의 상황은 일상적 생활 공간의 물건을 잠시 신경쓰지 않아도 되는 '비일상적 상황'이라는 것이죠. 이러한 독해의 결과를 근거로 하면, (가)의 화자가 '일상적 생활 공간으로서 자연'에 머물고자 한다는 것은 절대로 허용할 수 없겠습니다. 〈보기〉에서 (가)의 화자는 '화전놀이'를 하고 있다고 하기도 했는데, '화전놀이'를 일상적으로 한다는 것도 납득하기 어렵구요. 나아가, 애초에 〈보기〉에서 이 작품의 화자가 사대부가 여성이라고 했는데, 상식적으로도 사대부가 여성이 자연을 '일상적으로' 즐긴다는 것은 말이 되질 않죠? 이 중 하나의 근거라도 생각했다면 어렵지 않게 답으로 고르실 수 있었을 겁니다. '자연에 머물고자 하는 사대부가의 모습'만 보고서 허용했다고 변명하면 안 돼요. 선지에서 묻는 것을 정확히 따지는 건 몇 번이고 강조한 핵심 포인트니까요.

한편, 〈보기〉에 따르면 (나)의 화자는 사대부가 남성으로서 강호에서 지내고 있습니다. 그렇다면 자연에서 이런저런 행동을 하는 것은 '일상적 생활 공간으로서 자연'에 머물고자 하는 모습이라고 할 수 있겠죠?

② (가)에서 '금오산'의 푸름을 보며 '충신'을 연상하고, (나)에서 '전려'에 돌아와서도 '성경현전 헤쳐 놓고 읽'는 것에서, 유교적 가치가 내면화되어 있는 사대부가의 모습을 엿볼 수 있군.

좌우 풍경 둘러보니 수양산 같은 금오산
충신이 멀었거늘 어찌 저리 푸르렀으며

동문에 괘관하고* 전려에 돌아와서 성경현전 헤쳐 놓고 읽기를 파한 후에

* 동문에 괘관하고 : 벼슬을 그만두고.

선지 유형	근거가 있어서 허용 가능
실전에서의 판단 과정	충신 생각하고 책 읽는 건 유교적 가치가 내면화된 모습이라고 할 수 있지.

해설

'금오산' 같은 자연 풍경을 보고서 '충신'을 떠올리고, 벼슬을 그만두고서 '전려'(맥락상 '자연'을 의미하겠죠?)에 돌아와서도 책을 읽고 있는 모습은 전형적인 유교적 가치의 실현이라고 할 수 있겠죠? 고전시가에 대한 경험치가 충분하다면 선지 그대로 허용할 수 있었을 겁니다.

③ (가)에서 '청계변'의 광경을 '무릉원'으로, (나)에서 '청풍'과 '명월'을 다른 것이 '대할' 수 없는 '즐거움'으로 여기는 것에서, 자연을 긍정적으로 수용하는 사대부가의 모습을 엿볼 수 있군.

청계변에 복성 꽃은 무릉원이 의연하다

청풍이 시지하고 명월이 자래하니 아지 못게라 천양지간에 이같이 즐거움을 무엇으로 대할쏘니

선지 유형	근거가 있어서 허용 가능
실전에서의 판단 과정	주제네.
해설	자연을 즐기고 긍정적으로 수용하는 사대부가의 모습. 〈보기〉에서 제시한 주제 그 자체죠? 가볍게 허용할 수 있겠습니다.

④ (가)에서 '부녀자들 함께 즐김'이 '이에서 더'하겠냐고 하는 것에서 사대부가 여성의 공동체적 흥취를, (다)에서 '풍월'을 '벗'으로 삼는 것에서 사대부가 남성의 자족적 흥취를 엿볼 수 있군.

집에 앉아 수륙진미 맛보기는 하려니와
부녀자들 함께 즐김 이에서 더할소냐

풍월이 벗이 되어 백운(白雲)에 누웠으니

선지 유형	근거가 있어서 허용 가능
실전에서의 판단 과정	함께 즐기니 공동체적 흥취, 혼자서 자연 즐기니 자족적 흥취네.
해설	'부녀자들'이 함께 모여 자연을 즐기는 모습에서는 사대부가의 여성의 '공동체적 흥취'를 엿볼 수 있을 것이고, '풍월'을 '벗'으로 삼는 것은 지금 혼자 있다는 의미라고 할 수 있으니 이를 통해 사대부가 남성의 자족적 흥취를 엿볼 수 있겠네요. 역시 가볍게 허용할 수 있겠죠?

⑤ (가)에서 '썩힌 간장'이 '오늘'은 쾌하다는 것에서 사대
부가 여성의 한시적 만족감을, (다)에서 '백구'와 '백년'
을 놀고자 하는 것에서 사대부가 남성의 지속적 만족
감 추구를 엿볼 수 있군.

> 여자의 소견인들 좋은 경치 모를소냐
> 규중에 썩힌 간장 오늘이야 쾌한지고

> 백구(白鷗)야 백년을 함께 놀자 하노라

선지 유형	근거가 있어서 허용 가능
실전에서의 판단 과정	주제네.
해설	역시 주제 그 자체죠? 구체적으로 살펴 보면, (가) 의 화자인 사대부가 여성은 평소에 집안일 등으로 스트레스가 많을 것입니다. 그런데 오랜만에 자연 에 놀러와 '오늘'이야 '썩힌 간장'이 쾌하다고 이야 기하는 것은 사대부가 여성의 한시적 만족감을 드 러내는 표현이라고 할 수 있겠죠. 한편, (다)의 화자는 '백구'와 '백년'을 놀고자 하 고 있습니다. 이는 '백년'이라는 긴 시간 동안 지속 적으로 자연 속에서 만족감을 추구하고자 하는 사 대부가 남성의 모습을 잘 표현한다고 할 수 있겠 네요.

몰랐던 어휘 정리하기

① **허용 가능성 평가** : 선지의 내용을 '허용'하려는 태도를 바
탕으로 지문을 '독해'하며 '근거'를 찾아야 합니다. 허용할 수
있는 '근거'가 있어야만 허용할 수 있습니다. 주관적인 생각
을 개입시키면 안 됩니다.
② **고전시가 독해** : 겁먹지 않고, 현대시를 읽듯이 읽어내면 됩
니다. 현대시와 마찬가지로, 〈보기〉의 도움 등을 통해 '주제'
위주로 가볍게 읽어내면 되는 거예요. 자세한 해석은 선지가
해줄 겁니다!
③ **선지에서 묻는 것** : 독서에서도 문학에서도, 선지 판단의 기
본은 그 선지가 무엇을 묻고 있는지 정확하게 따지는 것입니
다. 선지를 대충 판단하는 습관은 시험장에서 꽤나 치명적으
로 다가올 거예요. 항상 '묻는 것'이 무엇인지 체크하는 습관
을 가지도록 합시다.

| 지문 내용 총정리 |

주제가 전형적이고 내용도 그리 어렵지 않아 독해하는 것에는
큰 문제가 없었을 지문입니다. 하지만 선지가 조금 까다롭게 출
제되기도 했고, 맥락과 엮어서 정확하게 독해하는 습관이 없으
면 힘들었을 문제도 있었던 데다, 고전시가의 기본적인 세계관
을 바탕으로 〈보기〉를 이해하는 연습 등이 충분히 되지 않았다
면 답이 보이지 않아 당황할 수 있었을 거예요. 고전문학의 해결
책은 결국 경험이라는 걸 잊지 마시고, 남은 시간 동안 최대한
많은 경험치를 쌓아야겠다는 다짐을 하시기 바랍니다.

〈보기〉 확인

[보기]

　「승무」는 무녀(舞女)를 무대 공간의 중심에 배치하여 관객이 이를 바라보는 상황을 보여 주고 있다. 무녀와 그의 춤을 초점화하기 위해서는 여러 가지 빛이 동원되어야 한다. 이 작품에는 지상과 천상, 상승과 하강, 생성과 소멸의 속성을 지닌 다양한 빛이 등장하여 무녀의 외양과 행위, 더 나아가 내면세계를 비추고 있다. 이 빛은 다양한 상징적 의미를 전달하고, 관객이 무대와 인물을 관조하거나 그것에 몰입할 수 있도록 유도한다.

'승무'라는 시는 무녀의 춤을 보여 주는 시라고 하네요! 시의 '상황'을 제시해주는 아주 친절한 〈보기〉입니다. 다양한 빛이 동원된다고 하는데, 이걸 다 기억하면서 읽을 수는 없을 것 같습니다. 하지만 이러한 빛들이 결국 무녀의 '내면세계'를 비춘다는 것은 주목할 만한 포인트네요. 이 작품의 '주제'에 해당하는 부분일 것이니까요.

[보기]

　송순이 「면앙정가」에서 펼쳐 보인 세계는 흔히 '면앙우주'라고 일컬어진다. 면앙우주는 작가에게 천지만물의 이치를 심성의 수양으로 내면화하는 공간이었다. 작가는 자연 세계를 통해 인간 세계의 이치를 읽어 내는 가운데 조화와 합일을 추구했다. 그는 객관적 자연물에 인간적 생명력과 의지를 부여하는 방식으로 자신의 이상과 세계관을 표출했다.

'필수 고전시가' 중 하나인 '면앙정가'입니다. '자연' 속에서 인간 세계의 이치를 읽어 내고, '조화'와 '합일'을 추구한다는 뻔한 이야기가 나열되어 있네요. 뻔하긴 하지만, '주제'를 알려 준다는 점에서 고마운 〈보기〉였습니다.

실전적 지문 독해

(가)

얇은 사(紗) 하이얀 고깔은
고이 접어서 나빌레라.

파르라니 깎은 머리
박사(薄紗) 고깔에 감추오고

두 볼에 흐르는 빛이
정작으로 고와서 서러워라.

빈 대(臺)에 황촉(黃燭)불이 말없이 녹는 밤에
오동잎 잎새마다 달이 지는데

소매는 길어서 하늘은 넓고
돌아설 듯 날아가며 사뿐히 접어 올린 외씨보선이여.

까만 눈동자 살포시 들어
먼 하늘 한 개 별빛에 모두오고

복사꽃 고운 뺨에 아롱질 듯 두 방울이야
세사에 시달려도 번뇌는 별빛이라.

휘어져 감기우고 다시 접어 뻗는 손이
깊은 마음 속 거룩한 합장인 양하고

이 밤사 귀뚜리도 지새는 삼경(三更)인데
얇은 사(紗) 하이얀 고깔은 고이 접어서 나빌레라.

　　　　　　　　　　　　　　　　　－조지훈, 「승무」－

〈보기〉가 아니었으면 전혀 이해하지 못했을 법한 어려운 시입니다. '황촉불이 말없이 녹는 밤'에 춤을 추는 무녀의 모습을 보면서, '서러움'이라는 반응을 나타내고 있습니다. 나아가 〈보기〉에서 이야기한 것처럼 이 작품이 무녀의 '내면세계'에 대한 이야기라는 것도 잊지 않아야 합니다. 이 이상 해석하는 건 무리겠죠? 선지를 믿고 넘어가도록 합시다.

(나)

여러 산봉우리에 여러 마리의 뻐꾸기가
울음 울어
떼로 울음 울어
석 석 삼년도 봄을 더 넘겨서야
나는 길뜬* 설움에 맞이 들고
그것이 실상은 한 마리의 뻐꾹새임을
알아냈다.

지리산 하
한 봉우리에 숨은 실제의 뻐꾹새가
한 울음을 토해 내면
뒷산 봉우리 받아넘기고
또 뒷산 봉우리 받아넘기고   [A]
그래서 여러 마리의 뻐꾹새로 울음 우는 것을
알았다.

지리산 중
저 연연한 산봉우리들이 다 울고 나서
오래 남은 추스름 끝에
비로소 한 소리 없는 강이 열리는 것을 보았다.

섬진강 섬진강
그 힘센 물줄기가
하동 쪽 남해로 흘러들어
남해 군도의 여러 작은 섬을 밀어 올리는 것을 보았다.

봄 하룻날 그 눈물 다 슬리어서
지리산 하에서 울던 한 마리 뻐꾹새 울음이
이승의 서러운 맨 마지막 빛깔로 남아
이 세석(細石)* 철쭉꽃밭을 다 태우는 것을 보았다.

－송수권, 「지리산 뻐꾹새」－

* 길뜬 : 길이 덜 든.
* 세석 : 지리산 정상 아래 부근의 지명.

(다)

무등산 한 활개 뫼가 동쪽으로 뻗어 있어
멀리 떼쳐 와 제월봉(霽月峰)이 되었거늘
무변대야(無邊大野)*에 무슨 짐작 하노라
일곱 굽이 한데 뭉쳐 우뚝우뚝 벌여 논 듯
가운데 굽이는 구멍에 든 늙은 용이
선잠을 갓 깨어 머리를 앉혔으니
너럭바위 위에 송죽을 헤치고 정자를 앉혔으니
구름 탄 청학이 천 리를 가리라 두 날개 벌렸는 듯
옥천산 용천산 내린 물이
정자 앞 넓은 들에 올올히 펴진 듯이
넓거든 기노라 푸르거든 희지 마나
쌍룡이 뒤트는 듯 긴 깁을 펼쳤는 듯
어디로 가노라 무슨 일 바빠서
닫는 듯 따르는 듯 밤낮으로 흐르는 듯
물 좇은 사정(沙汀)*은 눈같이 펴졌거든   [B]
어지러운 기러기는 무엇을 어르노라
앉으락 내리락 모이락 흩으락
노화(蘆花)*를 사이 두고 우러곰 좇니느뇨
넓은 길 밖이요 긴 하늘 아래 두르고 꽂은 것은
뫼인가 병풍인가 그림인가 아닌가
높은 듯 낮은 듯 궂는 듯 잇는 듯
숨거니 뵈거니 가거니 머물거니
어지러운 가운데 이름난 양하여
하늘도 저어치 않고 우뚝이 섰는 것이 추월산 머리 짓고
용구산 몽선산 불대산 어등산
용진산 금성산이 허공에 벌였거든
원근창애(遠近蒼崖)에 머문 짓도 하도 할샤

－송순, 「면앙정가」－

* 무변대야 : 끝없이 넓은 들판.
* 사정 : 모래톱.
* 노화 : 갈대.

'뻐꾸기'의 울음에 주목하던 화자가 '길뜬 설움'을 느끼고, 여러 마리인 줄 알았던 '뻐꾸기'가 사실은 '한 마리의 뻐꾹새'임을 알아내고 있습니다. 나아가 자연을 살펴보며 어떠한 현상들을 보고 있네요. 이 작품은 〈보기〉도 없어 무슨 뜻인지 전혀 이해할 수 없는데, 화자가 무언갈 깨닫고 있다는 것만 인식하시면 좋을 것 같습니다. '알았다.'와 '보았다.'는 확실히 깨달음을 표현하기에 좋은 서술어니까요. 나머지 자세한 해석은 선지에서 맡기고 넘어가

〈보기〉에서 이야기하던 '면앙우주'에 대해 소개하고 있네요. '무등산'에 있는 자연의 모습을 묘사하는 모습입니다. 전부 자연에 대한 묘사임을 깨달은 이상 굳이 꼼꼼하게 읽을 필요가 없어요. 자세한 해석은 선지에서 만나봅시다.

선지	①	②	③	④	⑤
선택률	5%	4%	83%	3%	5%

76 (가)~(다)의 공통점으로 가장 적절한 것은? ③

① 단호한 어조로 화자의 의지를 드러낸다.

선지 유형	근거가 없어서 허용 불가능
실전에서의 판단 과정	의지는 드러난 적이 없지.
해설	'단호한 어조' 같은 애매한 개념에 현혹되시면 안 됩니다. 여러분이 알고 있는 '단호하다'의 의미로 접근하시면 돼요. 다만 '의지'라는 건 주제와 직결되는 내면세계이기에 고민할 여지가 있습니다. 작품들을 완벽하게 이해하지는 못했지만, '의지'라는 강력한 내면세계가 나타나는 부분은 없었어요.

② 과거와 현재를 대비하여 그리움의 정서를 고조한다.

선지 유형	근거가 없어서 허용 불가능
실전에서의 판단 과정	그리움은 무슨.
해설	주제와 너무 어긋나는 내용이죠? '과거와 현재의 대비', '그리움' 등을 허용할 만한 근거가 없습니다.

③ 감각적 이미지를 통해 시적 대상의 운동감을 나타낸다.

선지 유형	근거가 있어서 허용 가능
실전에서의 판단 과정	감각적 이미지는 무조건 있고, 운동감도 여기저기 나타나네.
해설	일단 '감각적 이미지'는 무조건 맞는 선지로 처리하시면 된다고 했습니다. 최소한 '시각적 이미지' 하나는 있을 테니까요. 그렇다면 '운동감'만 찾으면 되겠죠? 무녀의 춤, 섬을 밀어 올리는 강, 떠쳐 오는 산 등에서 '운동감'을 허용할 근거가 넘쳐나네요. 꽤 거시적인 선지였죠? 가볍게 답으로 골라 주시면 되겠습니다.

④ 대립적 시각을 바탕으로 긍정적 상황 인식을 드러낸다.

선지 유형	근거가 없어서 허용 불가능
실전에서의 판단 과정	대립적 시각이 어디 있냐.
해설	애초에 너무 미시적이라 따질 필요성을 느낄 수도 없는 선지입니다. '대립적 시각'을 허용할 만한

근거가 없네요. 현대시들의 경우 '설움'이라는 반응이 구체적으로 나타나니 '긍정적 상황 인식'을 허용하기 어렵기도 하구요.

⑤ 역설적 표현을 통해 대상의 의미를 긴장감 있게 제시한다.

선지 유형	근거가 없어서 허용 불가능
실전에서의 판단 과정	역설적 표현이 어딨냐.
해설	(가)의 '고와서 서러워라'라는 표현은 역설적 표현이지만, 그것이 '긴장감'을 제시하는 역할을 하고 있지는 않죠? 애초에 '긴장감'은 작품의 주제와 너무 무관하기도 하구요. 나아가 (나)와 (다)에서는 역설적 표현도 긴장감도 찾을 수 없습니다. 이렇게 미시적인 선지는 고민도 하지 않고 넘어가는 센스를 발휘해주세요.

선지	①	②	③	④	⑤
선택률	4%	56%	12%	16%	12%

77 〈보기〉를 참고하여 (가)를 이해한 내용으로 적절하지 않은 것은? [3점] ②

① 어두운 '밤'은 무녀를 비추는 다양한 빛의 양상을 효과적으로 드러내고, 관객의 관심이 무녀에게 집중되게 한다.

> 빈 대(臺)에 황촉(黃燭)불이 말없이 녹는 밤에
> 오동잎 잎새마다 달이 지는데

선지 유형	근거가 있어서 허용 가능
실전에서의 판단 과정	밤이면 빛이 잘 보이겠지.
해설	'밤'이니까 다양한 빛의 양상을 효과적으로 드러낸다고 할 수 있겠고, 〈보기〉에서 그 빛은 무녀를 비춘다고 했으니 관객의 관심이 무녀에게 집중된다고 해도 딱히 틀린 것 없네요. 이 해석을 우리가 하는 건 너무나 어렵지만, 이걸 '허용'할 수 있다고 '평가'하는 건 할 수 있죠? 이 태도가 중요한 겁니다.

② '흐르는 빛'은 여러 빛들에 비추어진 무녀의 낯빛으로서, 상승 이미지를 통해 환상적인 분위기를 조성한다.

> 두 볼에 흐르는 빛이
> 정작으로 고와서 서러워라.

선지 유형	근거가 있어서 허용 불가능
실전에서의 판단 과정	흐르는 거면 하강 이미지잖아.
해설	'흐르다'라는 어휘는 기본적으로 '하강'의 이미지를 가지고 있습니다. 따라서 '상승 이미지'를 활용한다는 것은 절대 허용할 수 없겠죠? 나아가 딱히 비현실적인 모습이 나타나지도 않기 때문에, '환상적인 분위기'를 조성한다는 것도 허용할 수 없겠습니다. 가볍게 답으로 골라주시면 됩니다.

③ 말없이 녹아내리는 '황촉불'과 기우는 '달'은 하강과 소멸 이미지를 지니고 있어 유한한 인간 존재를 떠올리게 한다.

> 빈 대(臺)에 황촉(黃燭)불이 말없이 녹는 밤에
> 오동잎 잎새마다 달이 지는데

선지 유형	근거가 있어서 허용 가능
실전에서의 판단 과정	하강과 소멸이면 유한하다고 할 수 있지.
해설	허용하려고 하면 근거를 잡을 수 있습니다. 녹아내리는' 것과 '지는' 성질은 각각 '하강'과 '소멸'의 이미지를 가지고 있다고 할 수 있겠습니다. 그렇다면 '하강'과 '소멸'을 근거로 '유한한 인간 존재'를 허용할 수 있는지가 핵심인데, '유한하다'라는 단어의 의미를 생각하면 어렵지 않게 허용이 되겠죠? 떨어지고 사라지는 건 한계가 명확한 것들이니까요. 조금 더 깊게 이해해볼까요? 녹아내리는 '황촉불'과 기우는 '달'은 모두 '무녀'라는 인간을 둘러싸고 있는 풍경입니다. 〈보기〉에서는 이 지문에 생성과 '소멸' 등의 속성을 가진 빛이 사용되었다고 했구요. 그렇다면 '황촉불'과 '달'이 내뿜는 빛은 녹아내리고 기운다는 측면에서 '소멸'의 속성을 가진 빛이라 할 수 있고, 이 빛이 감싸고 있는 '무녀'라는 인간 역시 언젠가 '소멸'하는 유한한 존재라는 의미가 부여된다고 할 수 있는 것입니다.

④ 6연의 천상의 '별빛'은 번뇌에서 벗어난 초탈의 세계를 환기하면서 승화의 의미로 이어지게 된다.

> 까만 눈동자 살포시 들어
> 먼 하늘 한 개 별빛에 모두오고
>
> 복사꽃 고운 뺨에 아롱질 듯 두 방울이야
> 세사에 시달려도 번뇌는 별빛이라.

선지 유형	근거가 있어서 허용 가능
실전에서의 판단 과정	뭐... 맞겠지. 2번 선지가 확실한 정답이니까.
해설	이번에도 꽤 어렵습니다. 이런 선지를 그냥 멋있다고 답으로 고르시면 안 돼요. 한 번 허용할 만한 근거를 잡아봅시다. 먼저 7연을 통해, 뺨에 두 방울이 흐르고 있다는 걸 체크할 수 있었습니다. 앞서 나왔던 '서러움'이라는 반응과 엮으면 이는 눈물이라고 유추할 수 있는데, 눈물 흘리며 세사에 시달리는 무녀에게 '번뇌'는 '별빛'의 모양으로 다가옵니다. 이렇게 '번뇌'에 빠져 있는 상태였던 무녀는 6연에서 이야기하듯이 먼 하늘에 있는 '별빛'을 바라보고 있습니다. 결핍이 있는 상황에서 무언가를 바라본다는 건, 그것을 '지향'하는 행위라고 할 수 있습니다. '번뇌'에 빠진 상태에서 지향하는 '별빛'이란, 당연히 속세에서의 '번뇌'를 극복할 수 있는 '초탈'(세속적인 것이나 일반적인 한계를 벗어남.)의 세계를 환기하겠죠. 이는 무녀의 '번뇌'를 '초탈'로 '승화'한다는 의미를 담고 있다는 이야기로 이어질 수 있겠습니다. 상당히 어려운 선지입니다. 어휘력도 충만해야 하고, 6연과 7연을 유기적으로 '독해'하는 능력도 필요했어요. 나아가 '결핍이 있는 상황에서 바라본다=지향한다'와 같은 문학적인 감각도 필요로 하고 있네요. 실전에서 이런 판단이 힘들 것 같다면, 2번 선지를 믿고 넘어가셔도 됩니다. 우리의 목표는 45개의 정답을 고르는 것이니까요.

⑤ 7연의 '별빛'은 무녀의 눈과 연결되어 그녀가 지향하는 세계와 내면세계를 서로 이어 준다.

> 까만 눈동자 살포시 들어
> 먼 하늘 한 개 별빛에 모두오고
>
> 복사꽃 고운 뺨에 아롱질 듯 두 방울이야
> 세사에 시달려도 번뇌는 별빛이라.

선지 유형	근거가 있어서 허용 가능
실전에서의 판단 과정	뭐... 별빛 보고 있으니까 지향세계 맞겠지. 2번이 확실하니까 넘어가자.
해설	이 역시 완벽하게 지워내기는 어려운 선지입니다. 4번 선지와 마찬가지로, 2번 선지를 믿고 그냥 넘어가는 것이 실전적인 태도라고 할 수 있어요. 그렇다면 이번에도 '독해'하며 해결해볼까요? 7연의 2행을 보면, 세사에 시달려'도' 번뇌는 별빛이라고 했습니다. 세사에 시달린다는 건 '번뇌'하는 것과 같은 것이라 볼 수 있는데, 이렇게 하더라도 번뇌는 '별빛'이 될 뿐이라는 것이에요. 아무리 힘들고 지쳐도 춤을 추면서 '두 방울', 즉 눈물을 흘리면 '번뇌'를 '별빛'으로 바꿔낼 수 있다는 것이죠. 이는 '무녀의 눈'에 흐르는 눈물을 통해 이루어지는 것이므로, 이를 근거로 '무녀의 눈과 연결'이라는 해석을 허용할 수 있게 되는 겁니다. 그런데 4번 선지에서 확인했듯이, '별빛'은 무녀가 '지향하는 세계'이기도 합니다. 무녀가 '눈'을 통해 지향하는 것, 즉 무녀의 '내면세계'와 연결된 '별빛'과 그녀가 '지향하는 세계'인 '별빛'은 같은 대상으로 표현되어 있으니, 이를 근거로 하면 '이어 준다.'라는 해석도 허용할 수 있겠네요. 진짜 말도 안 되는 수준의 문제라고 생각합니다. 학생 수준에서 해내길 바란 것이 맞는지 의문이 드는 정도예요. 이 해설을 이해하고 스스로 설명할 수 있을 정도로 반복해서 공부해보도록 합시다. 현대시 독해 연습의 끝판왕격인 작품이니까요.

선지	①	②	③	④	⑤
선택률	4%	11%	9%	33%	43%

78 (가)의 '서러워라'와 (나)의 '설움'에 대한 설명으로 가장 적절한 것은? ⑤

– (가)와 (나)의 반응이었던 '서러움'에 대해 이야기하고 있네요. 하나하나 평가해봅시다.

① (가)의 설움은 역사적인 삶의 경험에서 비롯된 것이다.

선지 유형	근거가 없어서 허용 불가능
실전에서의 판단 과정	어떤 역사...?
해설	대충 무녀가 춤추는 거니까 '역사적'이라는 식으로 판단하면 안 됩니다. 무녀는 지금도 있는 것이에요. '역사적'이라는 말을 허용할 만한 근거를 도저히 찾을 수 없으니, 가볍게 지워주시면 됩니다.

② (나)의 설움은 자연물의 주술적 속성을 통해 구체적으로 표출된다.

선지 유형	근거가 없어서 허용 불가능
실전에서의 판단 과정	어떤 주술적 속성...?
해설	'주술'은 '불행이나 재해를 막으려고 주문을 외거나 술법을 부리는 일.'이라는 뜻을 가진 어휘입니다. 이런 부분을 허용할 만한 근거는 찾을 수가 없죠? 이번 지문은 어휘력도 정말 중요하게 작용했네요.

③ (가)와 (나)의 설움에는 부정적 현실에 대한 비판 의식이 담겨있다.

선지 유형	근거가 없어서 허용 불가능
실전에서의 판단 과정	주제가 그게 아니지.
해설	(가)는 '무녀'에게, (나)는 여러 자연에게 주목하고 있습니다. 이러한 주제를 고려할 때, '현실 비판'이라는 거창한 내용을 허용하는 건 어렵겠습니다.

④ (가)와 (나)의 설움은 외부 대상과는 무관하게 화자의 내면에서 생성되는 정서이다.

선지 유형	근거가 있어서 허용 불가능
실전에서의 판단 과정	외부 대상이랑 관련있잖아?

| 해설 | (가)의 설움은 '무녀'에 의해, (나)의 설움은 '뻐꾸기'에 의해 형성된 것입니다. 이렇게 외부 대상과 관련되어 있다는 확실한 근거가 존재하니, '외부 대상과는 무관'이라는 해석을 허용할 수 없다고 평가해야겠네요. 여러분의 생각이 아니라, 지문에 적힌 그대로의 근거를 바탕으로 선지를 판단하셔야 합니다! |

⑤ <u>(가)는 밤을 지새우는 '귀또리'의 소리를 통해, (나)는 '철쭉꽃'의 색채를 통해 설움을 환기하며 시상을 마무리하고 있다.</u>

> 이 밤사 귀또리도 지새는 삼경(三更)인데
> 얇은 사(紗) 하이얀 고깔은 고이 접어서 나빌레라.

> 봄 하룻날 그 눈물 다 슬리어서
> 지리산 하에서 울던 한 마리 뻐꾹새 울음이
> 이승의 서러운 맨 마지막 빛깔로 남아
> 이 세석(細石)* 철쭉꽃밭을 다 태우는 것을 보았다.

* 세석 : 지리산 정상 아래 부근의 지명.

선지 유형	근거가 있어서 허용 가능
실전에서의 판단 과정	귀또리랑 철쭉꽃으로 마무리하고 있네. 설움 환기는 주제니까 당연하고.
해설	역시 굉장히 어려운 선지입니다. 그리고 많은 것을 배울 수 있는 선지예요. 우리는 귀또리의 '소리'와 철쭉꽃의 '색채'를 통해 설움을 환기했다는 내용을 허용해야 하는데, 지문 그 어디에도 '소리'와 '색채'에 대한 내용이 없습니다. (나)에 나오는 '마지막 빛깔'은 철쭉꽃이 아니라 '뻐꾹새 울음'을 표현한 것이니까요. 그렇다면 근거가 없어서 허용할 수 없다고 해야 하는 게 아니냐고 할 수 있는데, 평가원은 이 선지를 과감하게 허용해버린 모습입니다. 먼저 '귀또리'부터 확인해봅시다. '무녀'가 춤을 추는 '이 밤'은 '귀또리'(귀뚜라미)도 지새는 삼경(밤 11시~새벽 1시)이에요. 이 풍경을 '상상'해보면, 자연스럽게 '귀또리'의 시끄러운 울음소리가 들리는 것과 같은 느낌을 받으실 수 있을 겁니다. 그리고 앞에서 확인했듯이, '무녀'는 '서러움'이라는 내면 세계를 가지고 있어요. 이 상황에서 들려오는 '귀또리'의 울음소리는 '무녀'의 '서러움'을 강화하는 것과 같은 효과를 가져올 것입니다. '귀또리'의 소리 자체가 명시적으로 표현되지는 않았지만, '귀또리'를 '상상'했을 때 당연하게 떠올릴 수 있는 '소리'

를 '통해' 인물이 가지고 있는 '서러움'을 환기한다는 것은 허용이 되는 거예요.

그렇다면 '철쭉꽃'은 어떨까요? 화자는 '한 마리 뻐꾹새 울음'이 '이승의 서러운 맨 마지막 빛깔'로 남았다고 표현하고 있습니다. 역시 '상상'해봅시다. '한 마리 뻐꾹새 울음'은 이승의 '서러움'을 모아놓은 것과 같은데, 이를 '빛깔'로 시각화한 거예요. 이렇게 '서러움'을 가득 담고 있는 '빛깔'은 '철쭉꽃밭'을 다 태웁니다. 정말로 불을 붙였다는 느낌이라기보다는, '서러움'을 담은 '빛깔'이 '철쭉꽃'의 색채, 즉 보랏빛이 되어 '철쭉꽃밭'을 만들었다는 식으로 이해하는 게 적절하겠죠? 그렇다면 '철쭉꽃'의 색채는 그 자체로 '서러움'을 담은 '빛깔'이기에, 이를 근거로 '설움을 환기'한다는 내용을 충분히 허용할 수 있겠습니다.

굉장히 어려웠지만, 결국 '주제'와 직결되는 선지가 정답으로 제시된다는 점에 주목할 만합니다. 시험장에서 답을 고르기 힘들 때, 두 선지가 너무나 헷갈릴 때는 '주제와의 거리 따지기'라는 보조 무기를 적극 활용하도록 합시다.

선지	①	②	③	④	⑤
선택률	4%	66%	10%	15%	5%

79 (나)에 대한 설명으로 적절하지 <u>않은</u> 것은? ②

① 1연에는 화자가 깨달음에 도달하기까지 걸린 시간과 노력이 나타난다.

> 여러 산봉우리에 여러 마리의 뻐꾸기가
> 울음 울어
> 떼로 울음 울어
> 석 석 삼년도 봄을 더 넘겨서야
> 나는 길뜬* 설움에 맛이 들고
> 그것이 실상은 한 마리의 뻐꾹새임을
> 알아냈다.

* 길뜬 : 길이 덜 든.

선지 유형	근거가 있어서 허용 가능
실전에서의 판단 과정	석 석 삼년만에 알아내는 의지를 보였으니 시간과 노력이지.
해설	화자가 깨달음에 도달하기까지 '석 석 삼년도 봄'을 더 넘겼다고 했으니 이를 근거로 '걸린 시간'이라는 말은 쉽게 허용이 되겠네요. 참고로 '석 석 삼년도'는 27년(3의 세제곱)을 의미합니다. 또한 화자는 이렇게 오랜 시간 동안 뻐꾸기 울음소리를 들으며 그것이 실상은 한 마리의 뻐꾹새임을 알아'냈'습니다. 단순히 알게 된 것이 아니라 알아'냈'다는 것을 근거로 하면, 화자가 깨달음을 얻기 위해 '노력'을 기울였다는 해석을 허용할 수 있겠죠? 화자가 가만히 있다가 알게 된 것이 아니라 알기 위해서 '의지'를 가지고 행동한 것이니까요. 허용하려고 하면, 근거가 보입니다!

② 2연의 '실제의 뻐꾹새'는 '여러 마리의 뻐꾹새'와 상반되는 의미를 형성한다.

> 지리산 하
> 한 봉우리에 숨은 실제의 뻐꾹새가
> 한 울음을 토해 내면
> 뒷산 봉우리 받아넘기고
> 또 뒷산 봉우리 받아넘기고
> 그래서 여러 마리의 뻐꾹새로 울음 우는 것을
> 알았다.

선지 유형	근거가 있어서 허용 불가능
실전에서의 판단 과정	실제의 뻐꾹새가 사실은 여러 마리의 뻐꾹새라며? 같은 의미잖아.
해설	'지리산 하'에서 실제의 뻐꾹새가 울면 그게 결국 여러 마리의 뻐꾹새가 된다고 했습니다. 이렇게 둘은 '같은 의미'를 가진다는 근거가 있으니, '상반되는 의미'는 절대 허용할 수 없겠죠?

③ 2연~4연의 첫 행들은 각 연의 시적 공간에 대해 주의를 환기하는 방식으로 시상 전개에 통일성을 부여한다.

> 지리산 하
>
> (중략)
>
> 지리산 중
>
> (중략)
>
> 섬진강 섬진강

선지 유형	근거가 있어서 허용 가능
실전에서의 판단 과정	시적 공간 제시하고 있고, 비슷하게 하니 통일성도 맞지.
해설	각 연마다 '지리산 하', '지리산 중', '섬진강'이라는 시적 공간을 환기하며 시작하고 있습니다. 이렇게 같은 방식으로 시작하고 있으니 이를 근거로 하면 '시상 전개에 통일성'이라는 말도 허용할 수 있겠죠?

④ 3연~4연에서 '산봉우리', '강', '남해', '섬'이 잇달아 연
결되면서 변화와 생성의 세계를 보여 준다.

> 지리산 중
> 저 연연한 <u>산봉우리</u>들이 다 울고 나서
> 오래 남은 추스름 끝에
> 비로소 한 소리 없는 <u>강</u>이 열리는 것을 보았다.
>
> 섬진강 섬진강
> 그 힘센 물줄기가
> 하동 쪽 <u>남해</u>로 흘러들어
> 남해 군도의 여러 작은 <u>섬</u>을 밀어 올리는 것을 보았다.

선지 유형	근거가 있어서 허용 가능
실전에서의 판단 과정	연결되고 있고, 서로 다른 대상이니 변화와 생성을 허용할 수 있겠네.
해설	'산봉우리→강→남해→섬'이 이어지고 있다는 건 쉽게 허용할 수 있습니다. 이렇게 대상의 '변화'와 함께, 강이 열리는 모습, 섬을 밀어 올리는 모습 등을 통해 '생성'의 세계도 함께 보여 주고 있네요. 우리가 처음부터 이렇게 해석하는 것은 거의 불가능한 선지지만, 이 선지를 보고 역으로 근거로 찾아 '평가'하는 것은 할 만하네요. 이런 선지 판단 태도를 갖춰주셔야 합니다!

⑤ 3연~5연은 연의 끝 부분에 '보았다'를 반복적으로 사
용하여 깨달음의 의미를 강조한다.

> 비로소 한 소리 없는 강이 열리는 것을 <u>보았다</u>.
>
> (중략)
>
> 남해 군도의 여러 작은 섬을 밀어 올리는 것을 <u>보았다</u>.
>
> (중략)
>
> 이 세석(細石)* 철쭉꽃밭을 다 태우는 것을 <u>보았다</u>.
>
> * 세석 : 지리산 정상 아래 부근의 지명.

선지 유형	근거가 있어서 허용 가능
실전에서의 판단 과정	보았다가 반복되면 깨달음의 의미 허용할 수 있지.
해설	'보았다'를 반복 사용한 것도 맞고, 무언가를 '보았다'고 하는 건 그것의 존재를 인식했음을 '깨달았다'는 해석의 근거로 사용하기에 충분해 보입니다.

선지	①	②	③	④	⑤
선택률	67%	14%	8%	3%	8%

80 [A]와 [B]를 비교한 내용으로 가장 적절한 것은? ①

– '비교한 내용'을 물어보지만, 사실 표현법만 눈으로 찾으면 되
는 문제네요. 이런 유형은 훈련할수록 속도가 빨라져요!

① [A]와 달리, [B]는 직유를 통해 시각적 인상을 구체
화한다.

선지 유형	근거가 있어서 허용 가능
실전에서의 판단 과정	[B]에만 있네.
해설	직유법은 '~처럼, ~한 듯, ~같은' 등을 사용한 비유법을 말합니다. [A]에는 없고, [B]에는 있죠? 자연을 시각적으로 묘사하고 있기도 하구요. '직유법'이라는 개념만 정확하게 알았다면 쉽게 답으로 고를 수 있겠죠.

② [B]와 달리, [A]는 음보율을 통해 정형적 운율미를 느
끼게 한다.

선지 유형	근거가 있어서 허용 불가능
실전에서의 판단 과정	둘 다 운율미가 있는데?
해설	음보율은 내신에서 하듯이 3음보, 4음보 나눠서 생각할 필요 없고, 그냥 뭔가 규칙성이 있으면 허용해주면 됩니다. 둘 다 '~넘기고', '~한 듯' 등을 이용한 음보율이 있다고 할 수 있네요.

③ [A]와 [B] 모두 어순의 도치를 통해 의미를 강조한다.

선지 유형	근거가 없어서 허용 불가능
실전에서의 판단 과정	[A]에 도치가 어딨어.
해설	[A]에서는 어순의 도치를 확인할 수가 없으니 일단 틀린 선지네요. 한편 [B]에서는 '어디로 가노라 무슨 일 바빠서' 등의 부분에서 어순의 도치를 확인할 수는 있죠?

④ [A]와 [B] 모두 반어적 표현을 통해 냉소적 태도를 드
러낸다.

선지 유형	근거가 없어서 허용 불가능
실전에서의 판단 과정	도대체 어디서...?

해설	반어와 냉소 둘 다 없어요. 네... 진짜 없는 걸 어떡해요. 물론 반어가 있다면 이는 일반적으로 비판을 위한 것이기에 '냉소적 태도'가 드러나기는 할 겁니다. 이 지문과는 무관하지만요.

⑤ [A]와 [B] 모두 영탄적 표현을 통해 자연물에서 받은 감흥을 표출한다.

선지 유형	근거가 없어서 허용 불가능
실전에서의 판단 과정	[A]에는 영탄적 표현이 없는데?
해설	[A]에는 눈 씻고 찾아봐도 영탄적 표현이 없습니다. 다만 [B]의 '우러곰 좇니느뇨'는 영탄적 표현이라 할 수 있습니다! '~느뇨'는 '의문형 종결 어미'거든요. 일종의 설의법으로 작용하는 영탄적 표현이라고 할 수 있습니다. 이런 기본적인 수사법 정도는 정확하게 알고 있어야 해요.

선지	①	②	③	④	⑤
선택률	5%	74%	7%	7%	7%

81 〈보기〉를 참고하여 (다)를 감상한 내용으로 적절하지 않은 것은? ②

– 앞의 엄청난 문제들을 푸느라 잠깐 까먹고 있던 (다)의 단독문제입니다. '자연 예찬'이라는 주제 생각하면서 가볍게 해결해봅시다.

① ⓐ의 '제월봉'이 '무변대야에 무슨 짐작'을 한다는 표현에는 높은 이상을 향한 작가의 의지가 자연물에 투영되어 있군.

무등산 한 활개 뫼가 동쪽으로 뻗어 있어
멀리 떼쳐 와 ⓐ제월봉(霽月峰)이 되었거늘
무변대야(無邊大野)*에 무슨 짐작 하노라

* 무변대야 : 끝없이 넓은 들판.

선지 유형	근거가 있어서 허용 가능
실전에서의 판단 과정	끝없이 넓은 들판이면 높은 이상 허용되지.
해설	'무등산'이 '제월봉'이 되었다고 하면서, 이 '제월봉'이 '무변대야에 무슨 짐작'을 한다고 합니다. '무변대야'가 가진 뜻을 근거로 하면, '높은 이상'을 향한 작가의 의지를 충분히 허용할 수 있겠네요.

Q '무변대야'에서 짐작을 하는 건 '제월봉'인데, 왜 '화자의 의지'가 허용되는 건가요?

A 모든 문학 작품은 기본적으로 '인간의 이야기'입니다. 특히 고전시가일수록 이런 경향이 강해요. 따라서 문학 작품 내에서 의인화된 다양한 대상들은 화자 자신을 의미하거나 화자의 정서 및 내면세계를 강조하기 위한 도구적 역할을 수행한다고 할 수 있어요. 이런 내용은 미리 알아두도록 합시다.

나아가, 〈보기〉에 제시된 작가가 객관적 자연물에 인간적 생명력과 의지를 부여하는 방식, 즉 '의인법'을 통해 '자신의 이상과 세계관을 표출'했다는 내용도 근거로 활용할 수 있겠습니다. 이 작품에서 의인화된 자연물은 곧 화자의 내면세계를 대표한다고 할 수 있는 거예요. 이는 나머지 선지를 판단하는 데에도 적용되는 전제이기 때문에 확실하게 체크하셔야 합니다.

② ⓑ의 '늙은 용'이 '선잠을 갓 깨어'라는 표현에는 이상을 펼치기에 이미 늦었다고 여기는 작가의 조바심이 담겨 있어.

가운데 굽이는 구멍에 든 ⓑ늙은 용이
선잠을 갓 깨어 머리를 앉혔으니

선지 유형	근거가 없어서 허용 불가능
실전에서의 판단 과정	묘사만 하고 있는데 조바심이 어디 있어.
해설	해당 부분은 그저 '가운데 굽이'의 모습을 묘사하는 부분입니다. '조바심'이라는 엄청난 반응을 허용할 만한 근거를 도저히 찾을 수 없죠? 애초에 '조바심'은 '생명력과 의지'를 드러내고 있는 이 지문의 주제와 너무나 먼 내용이기도 하네요.

③ ⓒ의 '정자'가 '청학'처럼 '두 날개 벌렸는 듯'하다는 표현에서 면앙정이 비상(飛上)을 위한 심성 수양의 장소임을 알 수 있군.

너럭바위 위에 송죽을 헤치고 ⓒ정자를 앉혔으니
구름 탄 청학이 천 리를 가리라 두 날개 벌렸는 듯

선지 유형	근거가 있어서 허용 가능
실전에서의 판단 과정	날개를 벌렸으면 비상할 수 있겠지.

해설	면앙정 속 '정자'가 '날개'를 벌렸다고 표현하고 있습니다. 이를 근거로 하면 그곳에서 '비상'하고자 하는 화자의 의지를 너무나 쉽게 허용할 수 있겠죠.

④ ⓓ의 '물'이 '밤낮으로 흐르는' 모습을 통해 작가도 자신이 추구하는 바를 쉼 없이 행해야 함을 드러내고 있어.

> 옥천산 용천산 내린 ⓓ 물이
>
> (중략)
>
> 닫는 듯 따르는 듯 밤낮으로 흐르는 듯

선지 유형	근거가 있어서 허용 가능
실전에서의 판단 과정	밤낮으로 흐른다는데 쉼 없이 행해야 함을 드러낸다고 할 수 있지.
해설	'실전에서의 판단 과정' 그대로죠? 밤낮으로 변함 없이 흐르는 모습을 근거로 하면, 추구하는 바를 쉼 없이 행하려는 화자의 의지가 드러난다는 것은 너무나 쉽게 허용할 수 있겠습니다.

⑤ ⓔ의 '추월산'을 비롯한 여러 산들이 '높은 듯 낮은 듯 긏는 듯 잇는 듯' 서 있다는 표현에서 조화와 합일을 추구하는 삶의 태도를 볼 수 있군.

> 높은 듯 낮은 듯 긏는 듯 잇는 듯
> 숨거니 뵈거니 가거니 머물거니
> 어지러운 가운데 이름난 양하여
> 하늘도 저어치 않고 우뚝이 섰는 것이 ⓔ 추월산 머리
> 짓고
> 용구산 몽선산 불대산 어등산

선지 유형	근거가 있어서 허용 가능
실전에서의 판단 과정	여러 산들이 다양한 모습으로 있으니 조화와 합일 허용되네.
해설	'추월산'을 비롯해 용구산, 몽선산, 불대산, 어등산 등의 산이 나오는데, 이들은 높기도 하고 낮기도 하고 긏기도 하고 잇기도 합니다. 이게 무엇인지 정확히는 몰라도, 서로 다른 모습으로 '함께' 있으니 '조화'와 '합일'이라는 말을 허용할 근거로 쓸 수 있다는 건 생각할 수 있겠네요.

현대시 독해 연습

> (가)
>   얇은 사(紗) 하이얀 고깔은
>   고이 접어서 나빌레라.
>
>   파르라니 깎은 머리
>   박사(薄紗) 고깔에 감추오고

'얇은 사 하이얀 고깔'을 접어서 날리고 있고, '파르라니 깎은 머리'는 '박사 고깔'에 감추고 있습니다. 도대체 무슨 말인지 알 수가 없습니다. '薄(엷을 박)', '紗(비단 사)'와 같은 한자를 미리 알고 있었다면 조금은 더 쉬웠겠지만 말이에요. 최소한 '파르라니 깎은 머리'를 감추고 있다는 것을 보니, 화자가 어떤 사람을 바라보고 있는 것 같다는 느낌은 받으셔야 합니다.

> 두 볼에 흐르는 빛이
> 정작으로 고와서 서러워라.

그 사람의 두 볼에는 '빛'이 흐르고 있다고 합니다. 정말로 빛이 반사되는 것일 수도 있지만, 뒤에 나오는 '서러워라'라는 반응과 연계해서 생각하면 '눈물'일 것이라고 추측할 수 있겠습니다. 화자가 관찰하는 사람이 눈물을 흘리고 있고, 화자는 그에 대해 '고와서 서러워라.'라는 역설적인 반응을 보이고 있네요.

> 빈 대(臺)에 황촉(黃燭)불이 말없이 녹는 밤에
> 오동잎 잎새마다 달이 지는데
>
> 소매는 길어서 하늘은 넓고
> 돌아설 듯 날아가며 사뿐히 접어 올린 외씨보선이여.

현재의 상황은 '황촉불'이 말없이 녹는 '밤'입니다. '달'도 지고 있구요. 화자는 이러한 상황에 긴 '소매'를 휘날리며 '외씨보선'을 접어 올린 채 눈물을 흘리는 누군가를 바라보고 있는 것입니다. 참고로 이때 '소매는 길어서 하늘은 넓고'라는 표현은 흩날리는 소매 위로 넓은 하늘이 보였다는 의미 정도로 이해할 수 있겠죠? 이렇게 일상 언어의 감각 그대로 읽어내는 겁니다.

까만 눈동자 살포시 들어
먼 하늘 한 개 별빛에 모두오고

복사꽃 고운 뺨에 아롱질 듯 두 방울이야
세사에 시달려도 번뇌는 별빛이라.

계속해서 누군가를 바라보고 있습니다. 그 사람은 눈동자를 들어 하늘의 '별빛'을 바라보고 있어요. 그리고 다시 한번 뺨에 두 방울의 '눈물'을 흘리고 있는데, 화자가 생각하기에 이는 '세사에 시달려도 번뇌는 별빛'인 모습이라고 합니다.

조금 더 자세하게 이해해봅시다. 현재 화자가 바라보는 누군가는 '눈물'을 흘릴 정도로 무언가 힘든 일이 있는 것 같습니다. (정확히는 화자가 그렇게 생각하는 것이겠죠.) 이런 상황에서 그 누군가는 하늘에 있는 '별빛'을 바라보고 있어요. 아마 그 '별빛'이 일종의 희망처럼 느껴져서 그런 것이겠죠? 즉, '세사'에 시달리며 '번뇌'에 빠지더라도 그것은 그저 '별빛'이라는 희망으로 치환될 수 있다는 이야기를 하고 싶은 것입니다.

사실 여기서의 누군가는 불교의 '무녀'인데, 이 맥락에 따르면 '세사에 시달려도 번뇌는 별빛이라.'라는 부분은 불교에서 말하는 '열반'의 경지를 표현한 것으로 볼 수 있습니다. '열반'의 경지는 '미혹과 집착을 끊고 일체의 속박에서 해탈한 경지'를 의미해요. 즉, '번뇌'를 바탕으로 '깨달음'에 이르는 과정을 그려낸 것이죠. 이러한 맥락을 알지 못한다면 읽어내기가 굉장히 힘든 부분이라고 할 수 있습니다. 최소한 '번뇌'를 극복하려는 누군가의 태도만 읽어낼 수 있으면 정말 훌륭해요.

휘어져 감기우고 다시 접어 뻗는 손이
깊은 마음 속 거룩한 합장인 양하고

이 밤사 귀또리도 지새는 삼경(三更)인데
얇은 사(紗) 하이얀 고깔은 고이 접어서 나빌레라.
　　　　　　　　　　　　　　　　　-조지훈, 「승무」-

다시 한번 화자가 바라보는 누군가의 모습을 묘사하고, 밤의 분위기를 드러내고 있습니다. 굉장히 어려운 작품인 만큼, 여기 제시된 해석의 70% 수준만 해내셔도 충분할 것 같습니다.

(나)
여러 산봉우리에 여러 마리의 뻐꾸기가
울음 울어
떼로 울음 울어
석 석 삼년도 봄을 더 넘겨서야
나는 길뜬* 설움에 맛이 들고
그것이 실상은 한 마리의 뻐꾹새임을
알아냈다.

* 길뜬 : 길이 덜 든.

'여러 마리의 뻐꾸기'가 울음 우는 상황입니다. 화자는 '석 석 삼년'(27년)이라는 오랜 시간이 지나서야 '설움'이라는 감정을 느끼고, '여러 마리의 뻐꾸기 울음'이 실상은 '한 마리의 뻐꾹새'임을 알아냈다고 해요. 일단 '여러 마리=한 마리'라는 재진술을 정확하게 인식할 수 있어야겠죠? 화자는 오랜 시간 동안 뻐꾸기 울음 소리를 들은 후에야 이러한 내용을 깨달은 것입니다.

지리산 하
한 봉우리에 숨은 실제의 뻐꾹새가
한 울음을 토해 내면
뒷산 봉우리 받아넘기고
또 뒷산 봉우리 받아넘기고
그래서 여러 마리의 뻐꾹새로 울음 우는 것을
알았다.

'지리산' 아래입니다. 이번엔 '실제의 뻐꾹새'가 토해 내는 '한 울음'이에요. 이것 역시 '여러 마리의 뻐꾹새'가 된다고 하네요. 계속해서 '여러 마리=한 마리'라는 도식을 깨달았음을 강조하고 있네요.

지리산 중
저 연연한 산봉우리들이 다 울고 나서
오래 남은 추스름 끝에
비로소 한 소리 없는 강이 열리는 것을 보았다.

계속해서 '지리산'입니다. 지리산의 산봉우리들이 다 울고 나서, (사실은 '뻐꾸기'가 운 것이겠죠?) 소리 없는 '강'이 열린다고 해요. '산'이 '강'으로 연결되는 모습이네요.

> 섬진강 섬진강
> 그 힘센 물줄기가
> 하동 쪽 남해로 흘러들어
> 남해 군도의 여러 작은 섬을 밀어 올리는 것을 보았다.

그 '강'은 '섬진강'이었습니다. 이번엔 '섬진강'의 물줄기가 '남해'로 흘러들었고, 이 '남해'의 여러 '섬'을 밀어 올리는 걸 봤다고 해요. '산 → 강 → 바다 → 섬'이 연결된 모습이네요.

> 봄 하룻날 그 눈물 다 슬리어서
> 지리산 하에서 울던 한 마리 뻐꾹새 울음이
> 이승의 서러운 맨 마지막 빛깔로 남아
> 이 세석(細石)* 철쭉꽃밭을 다 태우는 것을 보았다.
>   -송수권, 「지리산 뻐꾹새」-
>
> *세석 : 지리산 정상 아래 부근의 지명.

봄 하룻날의 눈물(화자의 '설움'일수도, 뻐꾹새의 울음일 수도 있겠죠.)도 다 흘리고, '뻐꾹새'의 울음이 '이승의 서러운 맨 마지막 빛깔'로 남아 '철쭉꽃밭'을 다 태웠다고 합니다. '뻐꾸기'의 울음이 '강'으로, '바다'로, '섬'으로 움직이면서 결국 '철쭉꽃밭'까지 영향을 주는 모습이네요.

조금 깊게 이해해볼까요? 화자는 '여러 마리의 뻐꾸기' 소리가 사실은 '한 마리의 뻐꾹새' 소리나 다름없다는 것을 깨달았습니다. 즉, 여러 사람의 슬픔이 사실 한 사람의 슬픔이라고 봐도 될 정도로 일반적인 것임을 깨달은 것이죠. 이러한 소리는 '강', '바다', '섬' 등에도 영향을 끼칩니다. 세상 만물이 모두 같은 종류의 슬픔을 공유하고 있기에 이와 같이 영향을 끼칠 수 있는 거예요. 결국 마지막 연의 '한 마리 뻐꾹새 울음'은 이런 일반적인 울음을 대표하는 울음소리로 기능할 수 있습니다. '이승의 서러운 맨 마지막 빛깔'이라는 표현은 여기서 나오는 거예요. '한 마리 뻐꾹새 울음'만으로도 이승의 모든 서러움을 대표할 수 있다는 것이죠. 이 '빛깔'은 '세석'이라는 곳의 '철쭉꽃밭'을 태웁니다. '철쭉꽃밭'이 보랏빛이 되었다는 의미겠죠? 결국 화자는 '세석'의 '철쭉꽃밭'은 '이승의 모든 서러움'을 환기하는 공간이라고 인식하고 있는 것이네요.

상당히 어렵지만 이와 같이 읽어낼 수 있으면 더 좋겠습니다. 현대시 독해 연습을 꾸준히 했다면 충분히 해낼 수 있으리라 믿어요.

| 핵심 point |

① **허용 가능성 평가** : 선지의 내용을 '허용'하려는 태도를 바탕으로 지문을 '독해'하며 '근거'를 찾아야 합니다. 허용할 수 있는 '근거'가 있어야만 허용할 수 있습니다. 주관적인 생각을 개입시키면 안 됩니다.

② **현대시 독해** : 〈보기〉의 도움 등을 통해 '주제' 위주로, 그리고 일상 언어의 감각으로 읽어내면 됩니다. 현대시도 읽을 수 있는 하나의 글입니다.

③ **고전시가 독해** : 겁먹지 않고, 현대시를 읽듯이 읽어내면 됩니다. 현대시와 마찬가지로, 〈보기〉의 도움 등을 통해 '주제' 위주로 가볍게 읽어내면 되는 것이에요. 자세한 해석은 선지가 해줄 겁니다!

| 지문 내용 총정리 |

진짜 어떤 걸 정리해줘야 할지 모를 정도로 수없이 많은 걸 배운 지문이었습니다. 이 지문은 아마 2040학년도 수능(그때까지 수능이 있을지도 모르겠지만…) 대비 교재에도 들어갈 만큼 많은 걸 알려 주는 지문이에요. 모든 선지가 명쾌하게 뚫릴 때까지 완벽하게 복습해서 문학 실력을 확 올려보도록 합시다.

소설과 극문학 : 산문문학을 통해 인물의 삶을 간접경험한다.

DAY 13 [1~3]
2018.09 [43~45] 현대소설 '눈이 오면' ☆☆

〈보기〉 확인

> ─────[보기]─────
>
> 「눈이 오면」에서는 어머니의 목소리가 발화 내용과 어우러져 '그'에게 특별한 메시지를 전달한다. 그 목소리는 '그'에게 수치심, 죄책감, 불길함, 섬찟함, 당혹감 등의 감정을 불러일으키거나 특정한 행동을 야기한다.

어머니의 목소리가 '그'라는 인물에게 다양한 메시지를 전달하나 봐요. 이것 자체는 그리 중요하지 않은데, '수치심, 죄책감, 불길함, 섬찟함, 당혹감' 등의 다양한 감정이 드러난다는 힌트를 주고 있다는 게 볼 만합니다. 결국 '그'의 심리와 그 근거에 주목하는 게 핵심이 되겠네요.

지문 독해

> 그렇게…… 그렇게도 배가 고프디야.
> 그 넓은 운동장을 다 걸어 나올 때까지 불현듯 어머니의 입에서 새어 나온 말은 꼭 그 한마디였다. 하지만 그것은 반드시 그를 향해 묻는 말이라기보다는 넋두리에 더 가까웠다. 교문을 나선 어머니는 집으로 가는 길을 제쳐 두고 웬일인지 곧장 다릿목에서 왼쪽으로 꺾어드는 것이었다. 저만치 구호소 식당이 눈에 들어왔을 때 그는 까닭 모를 두려움과 수치심으로 뒷걸음질을 쳤다. 그런 그를 어머니는 별안간 무서운 힘으로 잡아끌었다.

'넓은 운동장'을 걸어 나오면서 '어머니'는 '그'에게 딱 한 마디를 합니다. 이는 '넋두리'에 더 가까웠다고 해요. 도대체 무슨 일이 있던 걸까요? '어머니'는 집으로 가지 않고 '구호소 식당'을 향해 가고 있습니다. 그런데 이 곳에 가자 '그'가 '두려움과 수치심'이라는 심리를 보여 주고 있어요. 인물의 심리가 나왔으니 그 근거를 생각해 봐야겠죠? '그'는 도대체 왜 '구호소 식당'을 보고 '두려움과 수치심'을 느낀 걸까요?

> 가자. 아무리 없어서 못 먹고 못 입고 살더래도 나는 절대로 내 새끼를 거지나 도둑놈으로 키울 수는 없응께. 시상에…… 시상에, 돌아가신 느그 아버지가 이런 꼴을 보시면 뭣이라고 그러시끄나이.

이 생각을 가지고 조금 더 읽어 봤더니, '어머니'의 '거지나 도둑놈으로 키울 수는 없다.'라는 대사가 보입니다. 아! 아마도 이 구호소 식당에서 도둑질을 했나 보네요. 그래서 '그'는 두려움과 수치심을 느꼈던 것이구요. 이렇게 '심리의 근거'를 생각하며 읽으니까 내용이 잘 이해되죠? '도둑질'과 같은 행위를 콕 집어서 생각하지 못했더라고 해도, 뭔가 잘못했으니까 그렇겠구나.. 정도는 생각할 수 있어야 합니다. '두려움과 수치심'이라는 심리의 근거를 찾겠다는 목적의식이 있었다면 충분히 할 수 있는 생각이에요!

> 어머니의 음성은 돌연 냉랭하게 변해 있었다. 끝내 그는 와앙 울음을 터뜨려 버리고 말았다. 그러나 어머니는 기어코 구호소 식당 안의 때 묻은 널빤지 의자 위에 그를 끌어다가 앉혀 놓았다.
> 잠시 후 어머니가 손바닥에 받쳐 들고 온 것은 한 그릇의 국수였다. 긴 대나무 젓가락이 찔려져 있는 그것을 어머니는 그의 앞으로 밀어 놓으며 말했다.
> 먹어라이. 어서 먹어 보란 말다이…….
> 어머니의 음성에는 어느새 아까의 냉랭함이 거의 지워져 있었다. 그는 몇 번 망설이다가는 젓가락을 뽑아 들고 무 조각 하나가 덩그러니 떠 있는 그 구호용 가락국수를 먹기 시작했다. 그러다가 문득 고개를 들었던 그는 그만 젓가락을 딸각 놓아 버리고 말았다. 마주 앉아서 그때까지 그를 줄곧 지켜보고 있었을 어머니의 눈에는 소리도 없이 눈물이 그득히 괴어오르고 있었기 때문이었다. 탁자 밑에 가지런히 모아져 있는 어머니의 낡은 먹고무신을 내려다보며 그는 갑자기 목구멍이 뻐근해져 옴을 느껴야 했다.

이런 이야기를 '냉랭하게' 하는 '어머니'를 보며, '그'는 그만 와앙 울어 버립니다. 앞에서 봤던 '두려움과 수치심'이 폭발했다고 할 수 있겠죠? 하지만 '어머니'는 기어코 그를 식당에 앉힙니다.

잠시 후 '어머니'는 '국수'를 들고 옵니다. 그리고 '그'에게 국수를 먹을 것을 권하고 있죠. 이렇게 말하는 '어머니'의 음성에는 '냉랭함'이 거의 지워진 모습입니다. 여기서 또 생각해야 합니다. 아니 혼낼 것처럼 하더니, 갑자기 왜 이렇게 말투가 부드러워진 거죠?

'심리의 근거'를 생각하려고 하면 충분히 알아낼 수 있습니다. 바로 아들에 대한 '안쓰러움'과 미안함' 때문이겠죠. 어린아이가 배가 고파 도둑질까지 했다는 건 평소에 집에서 제대로 밥을 못 먹었다는 소리이고, '어머니' 입장에서는 그렇게 키울 수밖에 없는 상황에 미안한 감정이 들었던 것이에요. 이렇게 우리는 '어머니'에게 공감을 했습니다. 지문을 완벽하게 이해한 것이에요!

어리둥절한 상태로 국수를 먹던 '그'는 갑자기 젓가락을 놓아 버립니다. 이번에도 그 행동의 '근거'를 생각해야 해요. 왜 그런 건가요? 뒤를 조금만 읽어 보니, '어머니'의 눈물을 봤기 때문이겠죠. 어린 나이 탓에 '어머니'의 마음을 완벽하게 이해하지는 못했겠지만, 자기 때문에 '어머니'가 울고 있으니 마음이 편치는 않을 겁니다. 이러한 심리는 '목구멍이 뻐근'해지는 것으로 이어지고 있네요.

> 그 후, 그는 두 번 다시 그 빈민 구호소 식당 앞에서 얼쩡거리지 않았다. 아마도 그런 기억 때문이었는지는 몰라도, **두 아이의 아버지가 된 지금**까지도 국수는 그에게 여전히 싫어하는 음식으로 남아 있었다.

아무튼 그 뒤로 그는 다시는 구호소 앞을 얼쩡거리지도 않았고, 두 아이의 아버지가 된 현재 시점까지도 국수가 가장 싫어하는 음식이라고 합니다. 그 심정이 잘 이해되겠죠? '국수 맛있는데 왜 그러지?' 이런 생각을 하면 안 돼요. '그'에게는 '국수'를 싫어할 수밖에 없는 이유가 있는 겁니다. 여기에 공감하면서 읽어 주시면 완벽하겠죠?

나아가 지금까지 '과거 회상'을 하다가 '현재'로 시점이 넘어왔다는 것도 자연스럽게 체크가 되어야 합니다. 평가원은 '시간의 변화'를 집요하게 물어보니까요.

> (중략)
>
> 어머니한테 뭔가 이상한 변화가 일어나고 있을지도 모른다는 불길한 조짐을 처음으로 느끼기 시작한 것은 **두 달 전**쯤부터였다. 그날따라 겨울이 전에 없이 일찍 앞당겨 찾아온 듯한 늦가을 날씨로 밖은 유난히 썰렁했다. 젓가락으로 밥알을 헤아리듯 하며 맛없는 아침상을 받고 있노라니까 아내가 심상찮은 기색으로 곁에 쪼그려 앉는 것이었다. 그녀가 미처 입을 열기도 전에 그는 짐짓 신경질적인 표정부터 준비했다. 그즈음은 마침 지난달의 봉급을 받지 못한 데다가 그달 봉급마저도 벌써

> 며칠째 넘기고 있던 참이었으므로, 이번에도 또 아내의 입에서 보나 마나 궁색한 소리가 튀어나오리라고 지레짐작했던 때문이었다. 급료도 제대로 나오지 않는 직장을 뭣 하러 나다녀야 하느냐는 당연한 투정 때문에 얼마 전에도 한바탕 말다툼을 벌였던 적이 있었던 것이다. 그러나 **이날 아침**은 그게 아니었다.
>
> 여보. 나가시기 전에 어머님 좀 잠시 들여다보세요. 암만 해도……

(중략) 이전의 내용이 '그'의 과거 시점이었다면, 이제는 '현재'와 그로부터 '두 달 전'의 이야기입니다. 앞에서도 말씀드렸지만, 이러한 시간의 변화는 정말 디테일하게 잡아주셔야 해요!

시간적 배경에 유의해서 읽었다면, 내용을 이해하는 것은 크게 어렵지 않아 보여요. '아내'가 심상찮은 기색으로 곁에 앉자, 또 잔소리를 할 것이라 생각한 '그'는 '신경질적인 표정'부터 준비합니다. 그동안 비슷한 일이 많았나 보네요. 그런데 '이날 아침', 즉 '두 달 전'의 '아내'는 '어머니'를 들여다보라는, '불길한 조짐'이 드는 이야기를 합니다. 도대체 무슨 일이 일어난 것일까요?

> 아니 왜. 감기약을 지어 드렸는데도 여전히 차도가 없으시대?
>
> **며칠 전**부터 몸이 편찮으시다고 누워 계시는 줄은 그도 알고 있었다. 병원에 가 보는 게 어떻겠느냐고 물었더니, 특별히 아픈 데는 없노라고, 아마도 고뿔인 것 같으니까 누워 있으면 곧 괜찮아질 거라고 하며 어머니는 손을 내젓던 것이었다.
>
> 그게 아니라, 저어, 암만해도 어머님이 좀 이상해지신 것 같단 말예요.
>
> 그, 그건 또 무슨 소리야.
>
> 아내는 뭔가 숨기고 있는 듯한 어정쩡한 표정으로 그의 눈치를 살피고 있었다. 문득 불길한 예감이 뒤통수를 때렸다.
>
> 아무리 봐도 예전 같지가 않으시다구요. 그렇게 정신이 총총하시던 분이 별안간 무슨 말인지도 모를 헛소리를 하시기도 하고……. 어쩌다가는 또 말짱해 보이시는 것 같다가도 막상 물어 보면 전혀 엉뚱한 대답을 하시는 것이에요. 처음엔 일부러 그러시는가 했는데, 글쎄 그게 아니에요.
>
> 도대체 난데없이 무슨 소릴 하고 있는 거야, 지금.
>
> 설마 어머니가 그럴 리가 있을까 싶으면서도 왠지 섬뜩한 예감에 그는 숟가락을 놓고 곧장 건너가 보았다.

처음에 '그'는 무심하게 '감기약 지어 드렸잖아'라는 식으로 대꾸했으나, '아내'의 반응을 보고 '어머니'가 단순히 감기에 걸렸던 것이 아님을 알게 됩니다. '헛소리', '엉뚱한 대답'을 하셨단 얘기를 보니 아마 치매에 걸리신 것이 아닐까 싶어요. 그는 '아니겠지...'하는 식으로 반응하려다가도, '불길'하고 '섬뜩'한 예감을 느끼고 바로 어머니한테 달려갑니다. '그'의 이러한 심정을 함께 느끼면서 읽을 수 있어야 해요!

　　어머니는 이불을 덮고 누워 무얼 생각하는지 멀거니 천장만 올려다보고 있었다. <u>의외로 안색이 나아 보였으므로 그는 적이 맘을 놓았다.</u> 하지만 어머니는 두 번씩이나 부르는 아들의 목소리에도 대답이 없었다. 그저 꼼짝도 하지 않고 망연한 시선을 천장의 어느 한 점에 멈춰 두고 있을 뿐이었다. 한동안 멍청하게 앉아 있던 그가 자리에서 마악 일어서려 할 때였다.

　　찬우야이!

　　어머니의 입에서 불쑥 그 한마디가 튀어나오는 순간 그는 <u>가슴이 철렁했다.</u> 직감적으로 어떤 <u>불길한 예감</u>이 전신을 휩싸 안는 것 같았다. 아직까지 어머니는 한 번도 그렇게 아들의 이름을 직접 부르는 적이 없었다. 적어도 그가 결혼한 후로는 그랬다. 하지만 그보다도 더 그가 놀랐던 것은 어머니의 음성에서였다. 그것은 이미 예전의 귀에 익은 음성이 아니었다. 언제나 보이지 않는 따뜻함과 부드러움으로 흘러나오곤 하던 그 목소리에는 대신 어딘가 냉랭하면서도 들떠 있는 듯한 건조함이 배어 있었다. 그 음성을 듣는 순간 그가 <u>내심 섬찟했던 것은 바로 그 생경한 이질감 때문이었는지도 모른다.</u> 그는 <u>놀란 눈으로</u> 황급히 어머니의 얼굴을 들여다보았다.

　　찬우야. 어서 꼬두메로 돌아가자이. 느그 아부지랑 찬세가 얼매나 기다리겄냐아. 더 추워지기 전에 싸게싸게 집으로 가야 한단 말다이.

　　어머니는 나직하게, 그러나 힘이 서린 목소리로 그렇게 말하는 것이었다. 그가 너무 당황하여 그 말이 무슨 뜻인지를 얼른 쉽사리 가려낼 수가 없었다.

－임철우, 「눈이 오면」－

뛰어가 '어머니'의 안색을 살피니, 의외로 괜찮아보여 '맘을 놓'는 '그'입니다. 다행이다... 싶은데 갑자기?? '어머니'가 '찬우야이!'라는 말을 합니다. 그 말을 들은 '그'는 '가슴이 철렁'하며, 또 다시 '불길한 예감'을 느껴요. 결혼한 후로 한 번도 자기 이름을 제대로 부른 적이 없었는데 갑자기 이름을 부른다는 점, '이질감'이 느껴지는 음성 등이 그 심리의 근거로 기능한다고 할 수 있겠죠. 놀라

고 당황한 '그'는 어찌할 줄을 모르는 반응을 보이고 있네요. 누구나 그럴 것이므로, '그'의 심리에 공감하는 게 그리 어려워보이지는 않습니다.

이처럼 '심리와 행동의 근거'에 주목하면서 지문을 읽어 나간다면, 어렵지 않게 이해할 수 있을 겁니다. 소설 독해는 이 태도 하나만 가지고 진행하는 겁니다. 익숙해질 때까지 많이 연습해보도록 합시다.

선지	①	②	③	④	⑤
선택률	60%	3%	6%	25%	6%

01 윗글의 서술상 특징으로 가장 적절한 것은? ①

– 서술상 특징을 묻는 문항입니다. '개념어' 같은 걸 묻는 게 아닙니다! 우리처럼 인물들에게 공감하며 지문을 잘 이해했다면, 어렵지 않게 해결할 수 있을 것이에요.

　　① 특정 인물의 회상을 중심으로 이야기를 전개하고 있다.

선지 유형	근거가 있어서 허용 가능
실전에서의 판단 과정	(중략) 전/후가 모두 과거 이야기였지.
해설	바로 답이네요. '그'라는 특정 인물의 어릴 적과 '두 달 전'이라는 과거 이야기의 회상을 통해 이야기가 전개되고 있으니까요. 시간의 변화를 체크하고, 그것을 통해 내용을 이해했다면 쉽게 답으로 고를 수 있었어요.

FAQ

Q (중략) 이전은 그냥 전지적 서술자가 주인공의 과거를 서술하는 부분 아닌가요? 이 부분은 왜 회상인가요?

A 전지적 서술자가 특정 인물의 시선에 제한하지 않고 단순히 전반적인 과거를 설명해주는 부분은 '회상'이라고 보기 어렵습니다. '회상'은 특정 주체가 자신의 내면세계를 바라보는 과정에서 과거의 특정 장면을 떠올리는 것을 말하니까요. 즉, 전지적 서술자가 '특정 인물의 관점'에서 바라본 과거를 설명하는 것은 특정 인물이 '회상'하는 모습을 설명하고 있다는 식으로 이해할 수 있습니다. 전지적 서술자는 인물의 내면세계에 대해서 다 알고 있을 것인데, 특정 인물이 '회상'하고 있다는 내면세계를 설명한 것이라 할 수 있다는 것이죠. 결국 (중략) 이전은 전지적 서술자가 '그'의 '회상' 장면을 설명하고 있다는 식으로 이해할 수 있겠습니다.

② 계절의 변화를 통해 사건 해결의 실마리가 드러나고 있다.

선지 유형	근거가 없어서 허용 불가능
실전에서의 판단 과정	해결될 만한 사건이 없는데?
해설	늦가을이라는 계절이 드러나기는 했지만 계절이 변화했다는 내용도 없었고, 사건 해결의 실마리는 더더욱 없었죠. 갑자기 어머니의 치매가 치료되고 그런 건 아니잖아요.

③ 공간적 배경에 대한 상세한 묘사를 통해 사건 전개를 지연시키고 있다.

선지 유형	근거가 없어서 허용 불가능
실전에서의 판단 과정	배경 묘사를 체크한 기억이 없는데?
해설	구호소 식당이라는 공간적 배경이 등장하기는 했지만 그 공간을 상세하게 묘사하지는 않았죠. 만약 어떤 공간을 상세하게 묘사했다면 사건 전개가 지연되는 것은 허용할 수 있을 것이에요. '사건 전개 속도'라는 개념은 조금만 익숙해지면 어렵지 않으니 꼭 숙지하도록 합시다. 중요한 건 한 시점 속에서 얼마나 오래 머무르냐는 겁니다!

④ 서술자가 관찰자의 입장에서 사건을 전달함으로써 객관성을 높이고 있다.

선지 유형	근거가 있어서 허용 불가능
실전에서의 판단 과정	전지적 작가 시점이잖아.
해설	관찰자의 입장이면, 즉 3인칭 '관찰자' 시점이라면 '그'가 왜 저런 행동을 하는지 몰라야 해요. 이 작품은 '그'의 심리를 완벽하게 꿰뚫고 있으므로 '전지적 작가 시점'으로 봐 주셔야 합니다. 관찰자와 전지적 작가 시점의 차이는 '인물의 내면세계'를 직접적으로 말해주느냐의 여부라는 걸 확실하게 알아둡시다.

⑤ 서술의 초점을 다양한 인물로 옮겨 가며 갈등을 다각적으로 조명하고 있다.

선지 유형	근거가 있어서 허용 불가능
실전에서의 판단 과정	그의 이야기만 했던 것 같은데?

| 해설 | 이 소설은 오로지 '그'의 시점에서만 이야기를 전개하고 있어요. '초점 화자' 같은 개념어를 알고 있는지 묻는 선지가 아니라, 지문의 내용을 잘 이해하고 있는지 묻는 선지입니다. 공부의 초점을 잘 잡아보도록 합시다. |

선지	①	②	③	④	⑤
선택률	6%	3%	81%	6%	4%

02 ⓐ에 대한 설명으로 가장 적절한 것은? ③

> 잠시 후 어머니가 손바닥에 받쳐 들고 온 것은 ⓐ한 그릇의 국수였다.

– (중략) 이전 줄거리에서 가장 중요한 소재라고 할 수 있죠. 내용을 잘 이해했으니 어렵지 않게 해결할 수 있을 겁니다.

① '어머니'와 '그'의 갈등을 지속시키는 매개물이다.

선지 유형	근거가 없어서 허용 불가능
실전에서의 판단 과정	갈등이 지속된 적은 없는데?
해설	'국수'를 받은 '그'는 '어머니'의 눈물을 보고 목구멍이 뻐근해져 옴을 느낍니다. 우리가 이해한 내용에 따르면, 이 심리는 '어머니'의 마음을 알아버린 슬픔으로 봐야 할 겁니다. '갈등을 지속'시킨다고 하기엔 지문의 내용과 너무 어긋나네요.

② '그'가 사회 문제에 관심을 갖게 하는 매개물이다.

선지 유형	근거가 없어서 허용 불가능
실전에서의 판단 과정	사회 문제 얘기가 언제 나왔냐.
해설	'사회 문제에 대한 관심'은 어이가 없을 정도의 헛소리네요.

③ '그'가 '어머니'의 속마음을 깨닫게 하는 매개물이다.

선지 유형	근거가 있어서 허용 가능
실전에서의 판단 과정	목구멍이 뻐근해져 옴을 느낀 근거였지.

해설	'어머니'의 눈물을 본 '그'는 목구멍이 뻐근해져 옴을 느낍니다. 그리고 우리가 이해한 바에 따르면, 이 심리의 근거는 '어머니의 마음을 알아버렸기 때문'이에요. 인물에게 공감하며 내용을 이해했다면 1초만에 답으로 고를 수 있는 선지였네요.

④ '어머니'에 대한 '그'의 배려를 드러내는 매개물이다.

선지 유형	근거가 없어서 허용 불가능
실전에서의 판단 과정	배려를 언제 보여줬냐.
해설	역시 너무 헛소리죠? 지문의 내용을 이해했다면 쳐다도 보지 않아야 할 선지입니다.

⑤ 어려운 처지의 '어머니'에게 위안을 주는 매개물이다.

선지 유형	근거가 없어서 허용 불가능
실전에서의 판단 과정	오히려 펑펑 울었잖아.
해설	국수가 위안이 된다고 하는 건 지문을 아예 이해하지 못한 반응이죠. '어머니'는 오히려 국수를 주면서 미안함과 안타까움에 눈물을 흘렸습니다.

선지	①	②	③	④	⑤
선택률	4%	17%	71%	4%	4%

03 〈보기〉를 참고하여 ㉠~㉤을 감상한 내용으로 적절하지 <u>않은</u> 것은? [3점] ③

① ㉠에서 '어머니'가 넋두리에 가까운 말로 아들의 배고픔을 언급한 것은 '그'가 구호소 식당을 보았을 때 느낀 까닭 모를 두려움과 수치심으로 이어지는군.

㉠ 그렇게…… 그렇게도 배가 고프디야.

선지 유형	근거가 있어서 허용 가능
실전에서의 판단 과정	저런 말 들으면 나 같아도 두렵고 수치스럽겠다.
해설	'어머니'가 넋두리에 가까운 말로 아들의 배고픔을 언급하고 구호소 식당으로 가자, '그'는 '두려움'과 '수치심'을 느끼고 있었습니다. 본인의 도둑질과 그것을 상기시킨 '어머니'의 대사를 통해 나온 심리라는 점에서 충분히 허용할 수 있는 선지네요.

② ㉡에서 '어머니'가 냉랭한 음성으로 '아버지'를 언급한 것은 '그'에게 죄책감을 불러일으켜 결국 '그'로 하여금 울음을 터뜨리게 하는군.

㉡ 가자. 아무리 없어서 못 먹고 못 입고 살더래도 나는 절대로 내 새끼를 거지나 도둑놈으로 키울 수는 없응께. 시상에…… 시상에, 돌아가신 느그 아버지가 이런 꼴을 보시면 뭣이라고 그러시끄나이.

선지 유형	근거가 있어서 허용 가능
실전에서의 판단 과정	아버지 이야기를 들었으면 자신의 행동이 더욱 부끄러웠을 수 있겠다.
해설	전형적으로 '시비'를 걸면 틀리게 되는 선지입니다. '아버지'를 무서워했다거나 '아버지'를 그리워했다거나 하는 말이 없기 때문에, '허용'하겠다는 의지가 없다면 틀렸다고 판단하기 쉬운 선지죠. 하지만 우리는 '허용 가능성 평가'라는 태도를 가지고 있기 때문에, 이 선지를 간단하게 허용할 수 있습니다. '어머니'가 냉랭한 음성으로 '아버지'를 언급한 것은 어린 '그'에겐 꽤나 충격적인 이야기일 수 있을 겁니다. 안 그래도 지금 '수치심'을 느끼고 있었는데, '어머니'가 거기에 '아버지' 이야기까지 하면서 불을 붙이고 있으니까요. 그렇다면 '그'가 울음을 터뜨린 것은 무서운 '어머니'의 목소리와 함께 '아버지'에 대한 부끄러움 등이 중첩된 복합적인 감정 때문이라고 할 수 있겠습니다. 이러한 '공감'이 충분히 가능하기 때문에, 허용 가능한 선지로 판단해야겠네요.

③ ㉢에서 '어머니'가 냉랭함이 사라진 음성으로 '그'에게 국수를 먹으라고 권하는 것은 '그'에게 불길함을 느끼게 하여 젓가락을 딸각 놓는 행동에 영향을 주는군.

㉢ 먹어라이. 어서 먹어 보란 말다이…….

선지 유형	근거가 있어서 허용 불가능
실전에서의 판단 과정	젓가락 놓는 건 어머니의 울음 때문이었는데?
해설	㉢을 들은 '그'는 몇 번 망설이다가 국수를 먹습니다. 그런데 '어머니'의 눈물을 보고서 '젓가락을 딸각 놓는 행동'을 해요. 이 행동의 근거는 '어머니의 눈물'이지, ㉢이 아니었던 것이죠! 심리와 행동의 근거를 묻는 전형적인 선지였네요.

④ ㉣에서 '어머니'가 생경한 이질감이 느껴지는 음성으로 '그'의 이름을 부른 것은 '그'에게 '어머니'의 변화를 인식하게 하여 섬찟함을 느끼게 하는군.

> ㉣ 찬우야이!

선지 유형	근거가 있어서 허용 가능
실전에서의 판단 과정	이거 듣고 당황했으니 허용할 수 있지.
해설	'찬우야이!'라는 대사를 들은 '그'는 여러 이유로 '가슴이 철렁'하고, '불길한 예감'을 느낍니다. 이를 근거로 하면 '섬찟함'이라는 심리를 쉽게 허용할 수 있겠네요.

⑤ ㉤에서 '어머니'가 힘이 서린 목소리로 돌아가신 아버지가 있는 집으로 가자고 하는 것은 과거와 현재를 구분하지 못하는 '어머니'의 모습을 드러내어 '그'에게 당혹감을 갖게 하는군.

> ㉤ 찬우야이. 어서 꼬두메로 돌아가자이. 느그 아부지랑 찬세가 얼매나 기다리겄냐아. 더 추워지기 전에 싸게 싸게 집으로 가야 한단 말다이.

선지 유형	근거가 있어서 허용 가능
실전에서의 판단 과정	이 말 듣고 당황했으니 허용되네.
해설	'찬우야이!'에 이어지는 ㉤을 들은 '그'는 너무 '당황'하여 아무것도 하지 못합니다. 이런 맥락에서 '당혹감'은 너무 쉽게 허용이 되겠죠?

몰랐던 어휘 정리하기

〈보기〉 확인

---[보기]---

「크리스마스 캐럴 5」는 자유가 억압된 시대적 상황에서 자유의 가능성과 한계를 묻는 작품이다. '나'의 겨드랑이에 돋은 정체불명의 파마늘이 주는 통증은 자유에 대한 요구를, 그로 인한 밤 '산책'은 자유를 위한 실천을 의미한다. 작품은 처음에는 명료하지 않고 미약했던 자유를 향한 의지가 밤 산책을 거듭하면서 심화되는 모습과 함께 그 과정에서 생기는 문제점을 드러낸다.

'자유가 억압된 시대적 상황'에서 '자유의 가능성과 한계'를 묻는다는, 전형적인 현대소설의 주제를 가진 작품입니다. 그런데 겨드랑이에 돋은 정체불명의 파마늘이 주는 '통증'은 '자유에 대한 요구'를, 그로 인한 '밤 산책'은 '자유를 위한 실천'을 의미한다고 합니다. 이렇게 특정한 포인트의 의미를 친절하게 설명해 주고 있으니, 이를 바탕으로 지문을 읽어 보도록 합시다.

지문 독해

그런 일이 있은 지 한 달쯤 지나니 내 겨드랑에 생긴 이변의 전모가 대강 드러났다. 파마늘은 어김없이 밤 12시부터 새벽 4시 사이에 솟구친다는 것. 방에 있으면 쑤시고 밖에 나가면 씻은 듯하다는 것. 까닭은 전혀 알 길이 없다는 것 등이었다.

〈보기〉를 읽고 나니, '그런 일'이라는 것이 겨드랑에 '파마늘'이 돋은 일임을 파악할 수 있겠죠? 이런 일이 있은 지 벌써 한 달이 지나고 나서야, '나'는 그 양상을 대강이나마 파악한 모습입니다. '밤 12시부터 새벽 4시'라는 애매한 시간에만 솟구치고 '방'에 있으면 쑤시고 '밖'에서는 괜찮다는 내용이죠. 현대소설은 어떤 인물이라도 최대한 공감하려고 해야 합니다. 만약 우리에게 이런 증상이 생긴다면 참 고통스러울 것 같아요. '나'가 불쌍하다는 생각이 든다면 정말 잘 읽고 계신 겁니다.

의사는 나에게 전혀 이상이 없다고 잘라 말했다. 그도 그럴 것이 그 시간에는 내 겨드랑은 멀쩡했기 때문이다. 그때부터 나의 괴로움은 비롯되었다. 파마늘은 전혀 불규칙한 사이를 두고 튀어나왔다. 연이틀을 쑤시는가 하면 한 일주일 소식을 끊고 하는 것이었다. 하루 이틀

이지 이렇게 줄곧 밖에서 새운다는 것은 못 할 일이었다. 나는 제집이면서 꼭 도적놈처럼 뜰의 어느 구석에 숨어서 밤을 지내야 했기 때문이다.

하지만 '의사'는 '나'에게 이상이 없다고 합니다. 아까 '파마늘'은 '밤 12시~새벽 4시'에만 솟구친다고 했는데, 이 시간에 '의사'를 볼 일은 없으니 막상 '의사'를 볼 때는 멀쩡할 것입니다. 마치 가전이 고장나서 수리를 맡기면 꼭 정상작동하는 상황에 있는 것처럼, '나'가 답답하면서 '괴로움'을 느끼는 것은 당연하겠습니다. 충분히 공감할 수 있겠죠?

앞에서 '파마늘'이 돋을 때는 '밖'에 있어야 괜찮다고 했기 때문에, '나'는 밤만 되면 '뜰의 어느 구석'에 가서 밤을 지새야 합니다. 마치 '도적놈'이 된 것처럼 말이죠. 생각만 해도 너무 짜증나고 힘들 것 같아요. 확실하게 공감할 수 있겠죠?

그런 생활이 두 달째에 접어들었을 때 나는 견디다 못해서 담을 넘어서 밖으로 나가 보았다. 그랬더니 참으로 이상한 일도 다 있었다. 뜰에 나와 있어도 가끔 뜨끔거리고 손을 대 보면 미열이 있던 것이 거리를 거닐게 되면서는 아주 깨끗이 편한 상태가 되었다. 〈이렇게 되면서 독자들은 곧 짐작이 갔겠지만, 문제가 생겼다.〉 내가 의료적인 이유로 산책을 강요당하게 되는 시간이 행정상의 통행 제한의 시간과 우연하게도 겹치는 점이었다. 고민했다. 나는 부르주아의 썩은 미덕을 가지고 있었다. 관청에서 정하는 규칙은 따라야 한다는 것이 그것이다. 12시부터 4시까지는 모든 시민은 밖에 나다니지 말기로 되어 있다. 모든 사람이 받아들이는 규칙이니까 페어플레이를 지키는 사람이면 이것은 소형(小型)의 도덕률일 수밖에 없다. 그러나 이 도덕률을 지키는 한 내 겨드랑은 요절이 나고 나는 죽을는지도 모른다.

이런 고통스러운 시간을 두 달 정도 보내고 있을 때, '나'는 결국 '밖'으로 나가봅니다. 그런데 '방' 밖의 '뜰'에서도 가끔 아프던 것이 '거리'로 나오자 아주 깨끗이 아프지 않게 되었다고 해요. 〈보기〉를 고려하면, 이 '통증'은 '자유에 대한 요구'였기에 자유를 획득할 수 있는 '밖'의 '거리'에서는 아프지 않다는 식으로 이해할 수 있겠죠? 같은 맥락에서 '뜰'이라는, 부자유와 자유의 경계에서는 적당히 아팠다는 것도 확실하게 납득할 수 있을 것 같습니다. 이와 같은 방식으로 이해할 수 있어야 해요. 나아가, 〈 〉 표시한 부분에서는 독자를 언급하며 서술자가 자신을 드러내고 있죠? 독특한 부분이니 확실하게 체크하고 넘어갑시다.

중요한 것은, 이렇게 되면 '밤 12시~새벽 4시'에 적용되는 '통행 제한'을 어기게 됩니다. 여기서 〈보기〉의 내용이 떠올라야 합니다. 〈보기〉에서 '파마늘'이 주는 통증은 '자유에 대한 요구'를 의미한다고 했는데, 이를 통해 '통행 제한'이라는 '자유'가 통제된 시간에만 '파마늘'이 돋은 이유를 파악할 수 있겠네요. 자기도 모르는 사이에 '나'는 '자유'를 갈망하고 있던 것입니다.

하지만 '나'는 '부르주아의 썩은 미덕'을 갖고 있어, '통행 제한'을 어기는 것이 '고민'됩니다. 관청에서 정하는 규칙은 지켜야 한다는 '페어플레이'를 어길 수는 없으니까요. 그렇다고 '통행 제한'을 지켜 '자유'를 억압하면, 겨드랑이 아파 참을 수가 없는 것이죠. '나'의 갈등 상황에 공감할 수 있어야 합니다. 이러지도 저러지도 못하는 거예요.

> **[중략 부분의 줄거리]** '나'는 겨드랑이에 파마늘 같은 것이 돋으면 밤거리를 몰래 산책하곤 한다. '나'는 밤 산책 중 종종 다른 사람들과 마주친다.

[중략 부분의 줄거리]입니다. 꼼꼼하게 읽어야겠죠? '나'는 결국 '통행 제한'을 어기게 되네요. 이러한 점에서 〈보기〉는 '밤 산책'이 '자유를 위한 실천'이라고 한 것이겠죠? 그런데 이런 '밤 산책' 중 종종 다른 사람들과 마주친다고 해요. '통행 제한'을 어긴 사람들이 또 있는 걸까요? 무슨 일인지 알아보러 갑시다.

> 오늘은 경관 을 만났다. 나는 얼른 몸을 숨겼다. 그는 부산하게 내 앞을 지나갔다. 〈그 순간 나는 내가 레닌*인 것을, 안중근인 것을, 김구인 것을, 아무튼 그런 인물임을 실감한 것이다. 그가 지나간 다음에도 나는 은신처에서 나오지 않았다. 공화국의 시민이 어찌하여 그런 엄청난 변모를 할 수 있었는지 모를 일이다. 나는 정치적으로 백치나 다름없는 감각을 가진 사람이다. 위에서 레닌과 김구를 같은 유(類)에 놓은 것만 가지고도 알 만할 것이다. 그런데 경관이 지나가는 순간에 내가 혁명가였다는 것도 분명한 사실이다. 혁명가라고 자꾸 하는 것이 안 좋으면 간첩이래도 좋다. 나는 그 순간 분명히 간첩이었던 것이다. 그런데 내가 간첩이 아닌 것은 역시 분명하였다. 도적놈이래도 그렇다. 나는 분명히 도적놈이었으나 분명히 도적놈은 아니었다. 나는 아주 희미하게나마 혁명가, 간첩, 도적놈 그런 사람들의 마음이 알 만해지는 듯싶었다. 이 맛을 못 잊는 것이구나 하고 나는 생각하였다.〉 나도 물론 처음에는 치료라는 순전히 공리적인 이유로 이 산책에 나섰다. 그러나 지금으로서는

> 반드시 그런 것만은 아니다. 설사 내 겨드랑의 달걀이 영원히 가 버린다 하더라도 이 금지된 산책을 그만둘 수 있을지는 심히 의심스럽다. 나의 산책의 성격은 변질되기 시작하였다. 누룩 반죽처럼.
>
> * 레닌 : 러시아의 혁명가.

이렇게 여러 사람을 만나는데, '경관'을 만나기도 합니다. 걸리면 큰일나기 때문에 몸을 숨겨야겠죠? 그런데 '나'는 그 순간의 본인이 마치 혁명가나 독립 운동가인 것 같은 느낌을 받습니다. 그러면서 '혁명가', '간첩'과 같은 사람들의 마음에 공감을 하게 되네요. 〈보기〉에 따르면 '나'의 '밤 산책'은 '자유의 실천'이라는 의미가 있기 때문에, '나'는 그 긴장감 속에서 일종의 카타르시스를 느끼고 있는 것입니다.

참고로 〈 〉 표시한 부분은 일종의 'skip 가능 구간'이라고 할 수 있겠죠? 자신이 '혁명가, 간첩, 도적놈' 그런 사람인 것 같다고 느끼는 '하나의 이야기'를 길게 풀어쓴 부분이니 빠르게 읽고 넘길 수 있겠습니다.

'나'는 처음에는 치료를 위해 '밤 산책'을 나섰지만, 이제 그 산책의 성격은 '누룩 반죽'처럼 변질되기 시작합니다. 누룩이 발효하는 것처럼, 산책의 성격도 발효되어 '자유의 실천'이라는 성격을 가지게 된 것이라고 이해할 수 있겠습니다. 이렇게 긴장감 속에서 '자유'를 느끼는 '나'의 심정에 충분히 공감해주신다면 잘 읽고 있는 것입니다.

> 기적(奇蹟). 기적. 경악. 공포. 웃음. **오늘** 세상에도 희한한 일이 내 몸에 일어났다. **한강 근처**를 산책하고 있는데 겨드랑이 간질간질해 왔다. 나는 속옷 사이로 더듬어 보았다. 털이 만져졌다. 그런데 닿임새가 심상치 않았다. 털이 괜히 빳빳하고 잘 묶여 있는 느낌이다. 빗자루처럼. 잘 만져 본다. 아무래도 보통이 아니다. 나는 바위 틈에 몸을 숨기고 윗옷을 벗었다. 속옷은 벗지 않고 들치고는 겨드랑을 들여다보았다. 나는 실소하고 말았다. 내 겨드랑에는 새끼 까마귀의 그것만 한 아주 치사하게 쬐끄만 날개가 돋아나 있었다. 다른 쪽 겨드랑을 또 들여다보았다. 나는 쿡 웃어 버렸다. 그쪽에도 장난감 몽당 빗자루만 한 것이 달려 있는 것이었다. 날개가 보통 새들의 것과 다른 점이 그 깃털이 곱슬곱슬한 고수머리라는 것뿐이었다. 흠. 이놈이 나오려는 아픔이었구나 하고 나는 생각했다. 나는 그 날개를 움직이려고 해 보았다.

귓바퀴가 말을 안 듣는 것처럼 그놈도 움직이지 않았다. 나는 참말 부끄러워졌다.

-최인훈, 「크리스마스 캐럴 5」-

'밤 산책'의 의미가 바뀐 '나'는 '오늘' 기적, 경악, 공포, 웃음 등이 섞인 희한한 일을 경험합니다. '한강 근처'를 산책하는데, 겨드랑이 간질간질한 겁니다. 도대체 무슨 일인가 싶어 바위틈에 몸을 숨기고 봤더니, 겨드랑에 '날개'가 돋았다는 어이없는 일이 있었네요. 정말로 '날개'가 생긴다면 '실소'하고 '쿡 웃어 버'릴 수 있겠죠? '파마늘'이 돋아 '나'를 괴롭혔던 것은 '나'가 '자유'를 실천하게 하여 겨드랑에 '날개'를 돋게 하기 위한 것이었던 겁니다. 하지만 아직 '나'는 그 '날개'를 움직일 수 없어요. 굳이 깊게 해석해보자면, '자유'를 제대로 누리기에는 아직 부족하다는 뜻이겠죠. 자신이 부족하다는 것이기 때문에, '부끄러움'이라는 감정을 느끼는 것도 충분히 공감할 수 있겠습니다.

조금 더럽기는 해도, '나'의 입장에서 생각해보면 충분히 공감할 수 있을 만한 내용들의 연속이었습니다. 이렇게 읽을 수 있겠죠?

선지	①	②	③	④	⑤
선택률	3%	4%	3%	6%	84%

04 윗글의 서술상 특징으로 가장 적절한 것은? ⑤

① 시간의 순서를 뒤바꾸어 이야기의 인과 관계를 재구성하고 있다.

선지 유형	근거가 있어서 허용 불가능
실전에서의 판단 과정	시간의 순서가 바뀐 적은 없었던 것 같은데?
해설	이 작품은 '그런 일이 있은 지도 한 달쯤 지나'부터 '그런 생활이 두 달째에 접어들었을 때', 그리고 '오늘'까지 시간의 흐름 그대로 전개되고 있습니다. 시간 표현에 민감했다면 아주 쉽게 지울 수 있겠죠.

② 유사한 사건을 반복해서 제시하며 서술의 초점을 분산시키고 있다.

선지 유형	근거가 있어서 허용 불가능
실전에서의 판단 과정	유사한 사건 반복하면 초점이 모여야 하는 거 아냐?
해설	애초에 선지의 표현이 이상합니다. '유사한 사건'을 반복해서 제시한다면, 그 유사한 속성으로 '서술의 초점'이 집중된다고 해야 맞을 것입니다. 애초에 말이 되지 않는 선지네요. 물론 이 작품에서 '겨드랑에 무언가 나는 일'이라는 유사한 사건이 반복되고 있다고 볼 수는 있습니다. 하지만 답이 되기는 어렵겠네요.

③ 장면에 따라 서술자를 달리하여 사건의 의미를 입체적으로 조명하고 있다.

선지 유형	근거가 있어서 허용 불가능
실전에서의 판단 과정	계속 1인칭 시점이었는데?
해설	이 작품은 처음부터 끝까지 '나'라는 서술자의 시선에서 전개되고 있습니다. 허용하기 힘드네요.

④ 공간의 이동에 따른 인물의 경험을 다른 인물의 시선을 통해 서술하고 있다.

선지 유형	근거가 있어서 허용 불가능
실전에서의 판단 과정	다른 인물의 시선이 어딨냐.
해설	3번 선지와 비슷한 맥락이죠? '공간 이동'은 자주 나타났지만, '다른 인물의 시선'이 나타난 적은 없어요.

⑤ 사건에 대한 중심인물의 내적 반응을 중심인물 자신의 목소리를 통해 제시하고 있다.

선지 유형	근거가 있어서 허용 가능
실전에서의 판단 과정	주제네.
해설	'겨드랑에 파마늘 돋음'이라는 사건에 대한 '나'라는 중심인물의 내적 반응을 중심인물 자신의 목소리(1인칭 시점)를 통해 제시하고 있다는 것, 이 지문을 요약한 것과 다름없는 선지네요. 애초에 '사건에 대한 중심인물의 내적 반응'을 드러내는 것이 이 작품의 주제이기 때문에, 간단하게 답으로 고를 수 있겠습니다.

선지	①	②	③	④	⑤
선택률	3%	11%	18%	49%	19%

05 윗글에 대한 이해로 적절하지 <u>않은</u> 것은? ④

① '의사'가 '나'의 증상을 진단하지 못한 것은 '나'의 증상이 '의사' 앞에서는 나타나지 않았기 때문이다.

선지 유형	근거가 있어서 허용 가능
실전에서의 판단 과정	증상은 밤에만 나타났지.
해설	증상이 '밤 12시~새벽 4시'에만 나타났기 때문에, '나'는 '의사'에게 자신의 증상을 보여 줄 수가 없었습니다. 이로부터 오는 답답함과 괴로움에 공감했던 기억이 있죠?

② '나'는 자신의 집에서 '도적놈'과 비슷한 방식으로 행동하곤 했다.

선지 유형	근거가 있어서 허용 가능
실전에서의 판단 과정	도적놈처럼 뜰에 숨어서 밤을 지샜지.
해설	'나'는 '방'보다는 증상이 좀 덜한 '뜰'에서 밤을 지새우기 일쑤였습니다. '나'는 이렇게 멀쩡한 방을 두고 '뜰'에 숨어 있는 자신의 모습을 '도적놈' 같다고 표현했었죠? 이는 겨드랑의 통증을 이겨내기 위해 어쩔 수 없이 선택한 행위였고, 우리는 그 마음에 충분히 공감했기 때문에 쉽게 허용할 수 있습니다.

③ '뜰'에서의 '나'의 고통은 '방'에서보다는 덜하지만 완전히 사라지지는 않는다.

선지 유형	근거가 있어서 허용 가능
실전에서의 판단 과정	뜰에 나와도 완전한 자유를 이룬 건 아니었지.
해설	'나'는 '방'에 있을 때보다는 '뜰'에 있을 때 훨씬 나았지만, 여기서도 가끔 뜨끔거리고 미열이 있었습니다. 하지만 '거리'로 아예 나가고부터는 씻은 듯이 나은 느낌을 받게 되었죠. 중요한 것은, '뜰'이라는 부자유와 자유의 경계 공간에서 애매하게 아픈 이유를 미리 납득했어야 한다는 것입니다. 단순한 내용일치 문제가 아니에요!

④ '나'는 '시민'이 정한 규칙을 준수해야 하는 '페어플레이'를 지키지 못하게 되어 고민한다.

선지 유형	근거가 있어서 허용 불가능
실전에서의 판단 과정	페어플레이는 통행 제한에 대한 이야기인데?
해설	'페어플레이'는 '나'와 같은 일반 사람들이 지켜야 하는 '통행 제한'이라는 규칙을 준수하는 것을 의미합니다. 그런데 이 규칙은 '시민'이 아니라 '관청'에서 정한 것이죠? 조금 허무하지만, '페어플레이'가 어떤 맥락에서 나왔던 것인지 미리 생각하며 '나'의 갈등에 공감했다면 충분히 기억할 수 있는 내용이었을 거예요. 다시 강조하지만, 단순한 내용 일치 문제가 아닙니다!

⑤ '혁명가'와 '간첩'은 '나'가 자신의 행동을 이해하기 위해 자신과 비교해 보는 대상이다.

선지 유형	근거가 있어서 허용 가능
실전에서의 판단 과정	자기 행동이 혁명가나 간첩이랑 다를 바가 없다고 했었지.
해설	'나'는 몰래 '밤 산책'을 하면서, 자신이 마치 '혁명가'나 '간첩'이 된 것 같은 느낌을 받습니다. 이로부터 자신의 '밤 산책'이라는 행동의 성격이 변질되었다는 것을 이해하게 되었죠. 이를 근거로 하면 자신의 행동을 이해하기 위해 비교해 보는 대상이라는 말을 충분히 허용할 수 있겠습니다.

선지	①	②	③	④	⑤
선택률	7%	4%	85%	2%	2%

06 ㉠과 ㉡에 대한 이해로 가장 적절한 것은? ③

그가 지나간 다음에도 나는 ㉠은신처에서 나오지 않았다.

나는 ㉡바위틈에 몸을 숨기고 윗옷을 벗었다.

– ㉠은 '경관'을 피하기 위해 몸을 숨긴 곳이고, ㉡은 자신의 겨드랑에 난 '날개'를 확인하기 위해 몸을 숨긴 곳입니다. 이 맥락을 미리 파악하고 선지를 판단해봅시다.

① ㉠은 정신적 안정을, ㉡은 신체적 회복을 위한 공간이다.

선지 유형	근거가 없어서 허용 불가능
실전에서의 판단 과정	완전 헛소리네.
해설	미리 생각한 내용과 너무 동떨어져 있죠? '나'는 '정신적 안정'과 '신체적 회복'을 꾀한 적이 없어요.

② ㉠은 윤리적인, ㉡은 정치적인 이유로 몸을 숨기는 공간이다.

선지 유형	근거가 없어서 허용 불가능
실전에서의 판단 과정	윤리랑 정치가 왜 나오냐.
해설	일단 ㉠은 '통행 제한'이라는 규칙을 어긴 대가를 치르지 않기 위해 숨은 곳입니다. 이는 그저 법적인 처벌을 피하기 위해 선택한 공간일 뿐, '윤리'와는 무관하죠. ㉡ 역시 '나'의 겨드랑에 난 '날개'를 확인한다는 개인적인 이유 때문에 몸을 숨긴 곳입니다. '정치'와는 무관합니다.

③ ㉠은 ㉡과 달리, 타인의 출현으로 인해 몸을 감춘 공간이다.

선지 유형	근거가 있어서 허용 가능
실전에서의 판단 과정	미리 생각한 내용이네.
해설	바로 답으로 골라주시면 됩니다. ㉡은 누가 와서 몸을 숨긴 게 아니었어요!

④ ㉡은 ㉠과 달리, 반복적으로 사용하는 공간이다.

선지 유형	근거가 없어서 허용 불가능
실전에서의 판단 과정	둘 다 한 번만 나왔는데?
해설	'바위틈'에 반복적으로 간 적은 없습니다. 둘 다 지문상으로는 한 번만 사용한 공간이죠.

⑤ ㉠과 ㉡은 모두, 과거의 자신을 긍정하는 공간이다.

선지 유형	근거가 없어서 허용 불가능
실전에서의 판단 과정	과거의 자신이 왜 나와.
해설	㉡에서 '과거'에 있었던 일들의 의미를 파악하는 모습이 나오기는 하지만, '과거의 자신을 긍정'한 적은 없죠?

선지	①	②	③	④	⑤
선택률	2%	6%	68%	6%	18%

07 〈보기〉를 바탕으로 윗글을 감상한 내용으로 적절하지 않은 것은? [3점] ③

① '통행 제한'으로 인해 산책의 자유가 제한된 상황은, 단순히 이동의 자유에 대한 억압만이 아니라 자유가 억압되는 시대적 상황 자체에 대한 문제 제기라고 할 수 있겠군.

선지 유형	근거가 있어서 허용 가능
실전에서의 판단 과정	자유가 억압된 시대적 상황이라고 했으니까 그럴 듯하다.
해설	〈보기〉에 따르면, 이 작품은 '자유가 억압된 시대적 상황'에서 쓰여진 것입니다. 이를 근거로 하면 '나'의 자유가 억압받는 것은 사실 시대 상황 자체에 대한 문제 제기라고 할 수 있겠죠. 충분히 허용할 수 있다는 겁니다.

② '파마늘'이 돋을 때의 극심한 통증은, 자유가 그만큼 절박하게 요구되었던 상황을 보여 주는 동시에 자유를 얻기 위해 필요한 고통을 암시하기도 하겠군.

선지 유형	근거가 있어서 허용 가능
실전에서의 판단 과정	통증이니까 고통 암시 맞지.
해설	'파마늘'은 자유를 추구하면서 얻게 되는 '날개'로 가기 위한 관문 같은 것입니다. 이 '파마늘'이 돋을 때 고통스러운 것은, 그만큼 자유를 얻는 것이 어렵다는 점을 시사한다고 할 수 있겠죠. 이러한 내용을 근거로 하면 너무나 당연하게 허용이 되는 선지입니다.

③ '공리적인' 목적을 가지고 있었던 산책이 점차 '누룩 반죽'처럼 '변질'되었다는 표현은, 자유의 필요성이 망각되어 자유를 위한 실천의 목적이 훼손되는 문제점에 대한 비판이겠군.

선지 유형	근거가 있어서 허용 불가능
실전에서의 판단 과정	산책이 변질된 건 자유를 추구하는 방향으로였는데?
해설	자신의 고통을 치료한다는 '공리적인' 목적에서 출발한 '밤 산책'은 '자유의 실천'이라는 목적으로 변질되었습니다. 이는 〈보기〉에서도 명확하게 밝히고 있는 내용이죠. 이를 근거로 하면, '자유의 필요성이 망각'되었다는 말은 절대로 허용할 수 없겠습

니다. 애초에 이 작품은 '자유의 필요성'을 찾아 나
서는 내용이었으니까요.

'누룩 반죽'이라는 단어가 가진 부정적인 뉘앙스에
매몰되면 안 돼요. 계속 강조하지만, 지문의 전체
적인 맥락으로부터 단어의 의미를 독해할 수 있어
야 합니다.

④ 정체불명의 파마늘이 '날개'의 형상으로 바뀐 것은, 처
음에는 명료하지 않았던 자유를 향한 의지가 산책을
통해 심화되었다는 것을 의미하겠군.

선지 유형	근거가 있어서 허용 가능
실전에서의 판단 과정	정체불명에서 날개가 되었으니 심화라고 할 수 있겠다.
해설	형체를 정확히 알아볼 수 없는 '파마늘'에서 명료한 모양을 가지고 있는 '날개'가 되었다는 것은, '자유를 향한 의지'가 반복되며 심화된 모습을 나타낸다고 할 수 있겠습니다. '파마늘'과 '날개'가 의미하는 것이 '자유에 대한 의지'라는 것을 생각했다면 어렵지 않게 허용할 수 있는 선지네요.

⑤ '날개'가 '귓바퀴' 같다는 점에 대해 '나'가 느낀 부끄러
움은, 여러 차례의 산책에도 불구하고 자유를 의지대
로 실현하기 어려웠던 한계에 대한 인식으로 볼 수 있
겠군.

선지 유형	근거가 있어서 허용 가능
실전에서의 판단 과정	날개가 움직이지 않아서 부끄러워했잖아.
해설	'나'는 '날개'를 얻었지만, 정작 그 '날개'를 '귓바퀴'처럼 마음대로 움직일 수가 없습니다. 아직 자유를 제대로 실현하기에는 부족하다는 뜻이겠죠? 이러한 상황에서 '나'는 '부끄러움'을 느꼈고, 우리는 해당 부분을 읽으며 '나'의 감정에 공감했었습니다. 이러한 경험이 있었다면 어렵지 않게 지워낼 수 있는 선지였겠네요.

몰랐던 어휘 정리하기

① **허용 가능성 평가** : 선지의 내용을 '허용'하려는 태도를 바
탕으로 지문을 '독해'하며 '근거'를 찾아야 합니다. 허용할 수
있는 '근거'가 있어야만 허용할 수 있습니다. 주관적인 생각
을 개입시키면 안 됩니다.
② **소설 독해** : '심리와 행동의 근거'를 바탕으로 인물에게 '공
감'하며 읽어야 합니다. 이 과정이 물흐르듯 이어지면 지문
의 내용을 완벽하게 이해할 수 있어요.
③ **현대소설 클리셰** : 현대사의 흐름을 바탕으로 인물들의 성
격을 유추할 수 있습니다. 이런 내용은 현대소설의 클리셰로
작용하니 확실하게 알아두도록 합시다.

'심리의 근거'를 바탕으로 인물에게 공감하며 내용을 이해해나
간다는 소설의 기본적인 태도를 연습하기에 좋은 지문이었습니
다. 내용이 아무리 이상해도, 철저하게 인물의 입장에서 생각하
며 그 인물이 느끼는 감정에 공감할 수 있어야 해요.

〈보기〉 확인

---[보기]---

「장끼전」은 '까투리'를 중심으로 남존여비와 여성의
개가 금지 같은 가부장제 사회의 문제를, '장끼'를 중심
으로는 몰락 양반의 삶과 조선 후기 향촌 사회의 다양한
변화상을 형상화했다. 이 대목은 가족의 생계 문제를 걱
정하는 몰락 양반의 출현과 향촌 사회에 새롭게 등장한
신흥 부호의 생활상을 보여 주고 있다. 또한 신흥 부호
의 위세로 인해 빚어지는 신흥 부호와 몰락 양반의 갈등,
그리고 신흥 부호를 둘러싼 몰락 양반 간의 불화를 그려
내고 있다.

'가부장제 사회 문제' 및 '몰락 양반의 삶', '조선 후기 향촌 사회
의 변화상' 등을 형상화한 작품이라고 합니다. 주제를 알려 준 것
이나 다름 없으니, 어렵지 않게 읽어나갈 수 있겠죠?

지문 독해

'콩알 하나 없으니 주린 처자를 어이할꼬? 어떻든 **협
사촌**의 서대주가 도적들과 아래위 낭청을 다니며 함께
도적하여 부유하다 하니 찾아가 얻어 보리라.'
하고 협사촌을 찾아간다. 허위허위 이 산 저 산 어정어
정 걸어가며 생각하되,
'이놈이 본디 큰 쥐로 도적질하는 놈이니 무엇이라 부
를꼬? 쥐라 해도 좋지 않고, 서대주라 해도 좋지 않으
니, 이놈 부르기 어렵구나. 어떻든 대접함이 으뜸이라.'

어떤 인물이 '협사촌'의 '서대주'라는 인물을 만나러 가는 모습입
니다. 왜 그런 행동을 하나 했더니, 처자식이 굶고 있어 무엇이라
도 얻어 보려고 가는 것이었네요. 그러면서 '서대주'를 대접해야
겠다는 생각을 하고 있어요. '서대주'는 도적이기 때문에 무시할
수도 있지만, 당장 가족들이 굶어 죽게 생겼으니 자존심이고 뭐
고 다 버려야겠죠. 어렵지 않게 공감할 수 있네요.

길을 재촉해 협사촌을 찾아 서대주 집 문 앞에서 장끼
큰기침 두 번 하고,
"서동지 계시오?"
하며 찾으니, 이윽고 시비 쥐 나오거늘 장끼 문왈,

"이 댁이 아래위 낭청으로 다니며 관리하시는 서동지
댁이오?"
물으니 시비 답왈,
"어찌 찾으시오?"
장끼 가로되,
"잠깐 뵈오리다."

이렇게 '서대주'를 찾아가는 인물은 '장끼'였습니다. '서대주' 집
에 도착한 '장끼'는 '서동지 댁'과 같은 표현을 사용하며 '서대주'
를 높이고 있습니다. 부탁을 해야 하는 입장이니 철저하게 숙일
수밖에 없는 것이죠. 그 마음에 충분히 공감할 수 있겠습니다.

이때 서대주 자녀의 재미 보며 아내와 함께 있더니,
시비 와서 왈,
"문전에 어떤 객이 왔으되 〈위풍이 헌앙(軒昂)*하고
빛갓 쓰고 옥관자 붙이고〉 여차여차 동지 님을 뵈러
왔다 하나이다."
서대주 동지란 말을 듣더니 대희하여 **외헌**으로 청하
고, 〈정주(頂珠) 탕건 모자 쓰고 평복으로 나아가〉 장끼
를 맞아 예하고 자리를 정하니, 장끼 하는 말이,
"댁이 서동지라 하시오? 나는 양지촌 사는 화충이라
고도 하고, 세상에서 부르기를 장끼라고도 혹 꿩이라
고도 하는데, 귀댁을 찾아 금일 만나니 구면처럼 반갑
소이다. 한 번도 뵌 적 없으나 평안하시었소?"
서대주 맹랑하다, 탕건을 어루만지며 답왈,
"존객의 이름은 높이 들었더니 나를 먼저 찾아 누지에
와 주시니 황공 감사하오이다."
장끼 답왈,
"서로 찾기에 선후가 있는 것 아니니 아무커나 반갑다
못하여 진저리 나노라."

* 헌앙 : 풍채가 좋고 의기가 당당함.

이러한 상황에서, '시비 쥐'는 '아내'와 함께 즐거운 시간을 보내
던 '서대주'에게 '장끼'가 찾아왔음을 알립니다. 그러면서 '장끼'
의 외양을 묘사하고 있는데, 상당히 긍정적으로 묘사하고 있다는
걸 확인할 수 있겠죠? 이렇게 외양 묘사를 통해 인물의 심리와 성
격을 체크할 수 있어야 합니다.

아무튼 '동지'라며 자신을 높이는 데 기분이 좋아진 '서대주'는 '외
헌'으로 '장끼'를 부릅니다. 이때 '정주 탕건 모자', '평복' 등을 입으
며 예의를 차리고 있어요. 정확히 어떤 복장인지는 몰라도, 자신을
높여주는 상대에게 예의를 차리는 모습이라는 것 정도는 생각할

수 있어야 합니다. 모든 외양 묘사는 심리와 성격을 드러내니까요! '장끼'는 계속해서 '서대주'에게 예의를 차리고 있고, '서대주'도 기분이 좋아 보입니다. '장끼'에게 좋은 결과가 있을 것만 같죠?

하거늘 서대주 웃으며 온갖 음식으로 대접하고 고금사를 문답하며 장끼를 조롱하며 벗하더니, 장끼 콧소리를 내며 말하기를,

"서동지께 청할 말이 있노라. 내 본시 넉넉지 못해 오늘까지 먹지 못하다가 처음 청하온데 양미 이천 석만 빌려주시면 내년 가을에 갚으리니 동지 님 생각에 어떠시오?"

서대주 웃으며 하는 말이,

"속담에 '우마(牛馬)도 초분식(草分食)하고, 산저(山猪)도 갈분식(葛分食)이라*.' 하였거든 우리 사이에 무엇이 어려우리오?"

(중략)

장끼 감사함을 칭사하고 양지촌으로 돌아가니라. 이때 서대주 노비 쥐를 명하여 창고를 열고 이천 석 콩을 배로 옮겨 양지촌으로 보내니라.

* 우마도 초분식하고, 산저도 갈분식이라: 소와 말도 풀을 나눠 먹고, 산돼지도 칡을 나눠 먹는다.

우리의 예상대로 모든 일은 술술 풀립니다. '장끼'는 '서대주'에게 '양미 이천 석'을 빌려달라 하고, '서대주'는 웃으며 허락합니다. 본래의 목적을 완벽하게 달성한 모습이네요. 어렵지 않게 이해할 수 있겠죠?

나아가 〈보기〉를 바탕으로, 여기 나온 '장끼'가 '몰락 양반'을, '서대주'가 '신흥 부호'를 상징한다는 것도 생각할 수 있겠습니다. 이는 '조선 후기 향촌 사회의 변화상'이라는 지문의 주제와 관련되는 것이에요.

각설. 이때 동지촌에 딱부리란 새가 있으되 〈주먹볏에 흑공단 두루마기, 홍공단 끝듬이며, 주둥이는 두 자나 하고 위풍이 헌앙한 짐승이라.〉 양지촌 장끼를 찾아가 오래 못 본 인사 하고 하는 말이,

"자네는 어찌하여 양식이 저리 풍족하여 쌓아 두었는가?"

장끼가 협사촌 서대주를 찾아가 양식 빌린 사연을 자세히 말하니, 딱부리 놈이 고개를 끄덕이며,

"자네 마음이 녹녹지 아니하거늘 미천한 도적놈을 무엇이라 찾았는가?"

장끼 답왈,

"나도 생각이 있으나 옛글에 '교만한 자는 집이 망한다.' 했고, '남을 대접하면 내가 대접을 받는다.' 했고, 내 가난하여 빌리러 갔기로 저를 대접하여 서동지라 존칭하였더니 대희하여 후대하고 종일 문답하며 여차여차하였노라."

하거늘 딱부리 하는 말이,

"자네 일정 간사하도다. 만일 입신양명하면 충신을 험담하여 귀양 보내고 조정을 농권하며 임금을 어둡게 하리로다. 나는 그놈을 찾아가서 서대주라 하고 도적질한 말을 하면 그놈이 겁내어 만석이라도 추심(推尋)*하리라."

장끼 답왈,

"자네 재주를 몰랐더니 오늘에야 알리로다."

* 추심 : 찾아내어 가지거나 받아 냄.

이때 '동지촌'에 사는 '딱부리'라는 인물이 등장합니다. 이 인물의 외양 묘사도 제시되고 있는데, '주먹볏', '주둥이는 두 자' 등의 표현을 보니 서술자가 부정적으로 묘사하고 있다는 것을 인식할 수 있겠네요. 이 정도의 느낌은 와야 합니다.

아무튼, '딱부리'는 '장끼'에게 어떻게 양식을 쌓게 되었는지 묻고, '서대주'에게 존대를 한 '장끼'를 나무랍니다. 그러면서 자신이 '서대주'에게 가면 존대하지 않고도 겁을 주어 양식을 빼앗아 올 수 있다고 자신하고 있어요. 몰락 양반으로 보이는 '장끼'와 친하게 지내는 것으로 보아 '딱부리'도 몰락 양반이라고 할 수 있는데, 그래도 양반이었던 사람 입장에서 도적에게 존대하는 것은 자존심이 상할 수 있겠죠. 이렇게 공감할 수 있어야 합니다!

그런데 딱 봐도 끝이 좋지는 않을 것 같죠? 이렇게 예상할 수 있어야 해요. 많은 소설들을 경험한 뒤 얻게 되는 감입니다.

딱부리 웃으며 나와 협사촌을 찾아가, 구멍 앞에 나가서 생각은 많으나 이를 갈고 "서대주, 서대주." 찾으니 이윽하여 시비 쥐 나오며 하는 말이,

"뉘 집을 찾아오시니까?"

딱부리 하는 말이,

"네 명색이 무엇이냐? 이 집이 아래위 낭청으로 다니며 도적질하는 서대주 집이냐? 나는 동지촌 사는 딱장군이니 와 계시다 일러라."

'딱부리'는 그렇게 여유만만해하며 '협사촌'으로 찾아갑니다. 하지만 막상 도착하니 조금 겁나기는 하나 봐요. '생각은 많으나 이를 갈고', 즉 용기를 내어서 '서대주, 서대주'라며 불러 보고 있습니다. 그러면서 '시비 쥐'에게 '서대주'가 '도적질'하는 인물이라며 하대하고 있어요. 그래도 본인이 뱉은 말은 제대로 지키는 모습이네요.

> 하거늘 쥐란 놈이 골을 내어 대답하고 들어가 고하니,
> 서대주 크게 성내고 분부하는 말이,
>   "어떤 놈이든지 잡아들이라."
> 하니 수십 명 범 같은 쥐들이 명을 듣고 딱부리를 에워
> 싸고 결박하고 이 뺨 치고 저 뺨 치며 몰아가니 딱부리
> 애걸하며 비는 말이,
>   "내 무슨 잘못이 있다 이리하시오? 내 손주 노릇할 터
>   이니 놓아주고 달아났다 하시오."
> 한데 듣지 않고 잡아들여 서대주 앞에다 꿇리니 서대주
> 호령하되,
>   "이놈! 너는 어인 놈이기에 주인 찾을 때 근본을 해하
>   여 찾으니 그중에 너 같은 놈은 만단을 내리라."
> 하며 매우 치라 하니 딱부리 머리를 조아리고 애걸하며
> 빌더라.
>
>   –작자 미상, 「장끼전」–

'시비 쥐'는 '서대주'에게 이 사실을 고하고, '딱부리'는 철저하게 응징당하는 모습입니다. 실컷 얻어맞은 뒤 결국 '애걸하며 비는' 태도를 보이고 있어요. 자신을 무시한다고 생각해서 화가 난 '서대주'와 본인의 예상과 다르게 곤혹을 치른 '딱부리'의 심리에 모두 공감해주시면 됩니다. 〈보기〉에서 말한 대로 '신흥 부호'와 '몰락 양반' 사이의 갈등이 나타나는 부분이었네요.

선지	①	②	③	④	⑤
선택률	78%	6%	10%	1%	5%

08 윗글에 대한 설명으로 가장 적절한 것은? ①

① 세밀한 외양 묘사를 통해 인물의 속성을 드러내고 있다.

선지 유형	근거가 있어서 허용 가능
실전에서의 판단 과정	외양 묘사 많이 나왔지.
해설	'장끼', '서대주', '딱부리' 등의 인물의 외양을 자세하게 묘사하며, 각 인물들의 성격을 드러내고 있었습니다. 이는 워낙 중요하기에 우리가 미리 체크한 내용이기도 하죠? 어렵지 않게 답으로 고를 수 있겠습니다.

② 서술자가 개입하여 인물의 행동에 대해 호감을 보이고 있다.

선지 유형	근거가 없어서 허용 불가능
실전에서의 판단 과정	체크한 기억이 없는데?
해설	서술자의 개입은 나올 때마다 체크하기로 한 내용이었습니다. 그런데 체크한 기억이 없으니, 가볍게 넘어가주시면 되겠죠? 불안하더라도, 이렇게 찾기 귀찮은 내용은 일단 넘기는 게 중요합니다.

FAQ

Q '서대주'와 '장끼'가 만나는 장면에서 서술자가 '서대주 맹랑하다'라고 하는 부분은 서술자의 개입으로 보기 어렵나요?

A 그냥 '서대주'의 성격이 맹랑하다는 것을 설명하는 부분이라고도 할 수 있고, 서술자가 평가한 것이라고도 할 수 있어서 애매한 부분입니다. 그렇다고 해도 '호감을 보이고 있다'는 건 허용하기 어렵기에 틀린 선지가 되겠죠? '맹랑하다'는 '하는 짓이 만만히 볼 수 없을 만큼 똘똘하고 깜찍하다.'의 뜻이고, 맥락상 '장끼'와 같은 양반이 와서 존대해주는데도 거만하게 탕건을 만지고 한다는 이야기를 하는 것이라, 호감을 보인다기보다는 '요놈 요거 보소' 정도의 느낌이라고 보셔야 합니다.

③ 속담과 옛글을 삽입하여 인물의 내적 갈등을 강조하고 있다.

선지 유형	근거가 없어서 허용 불가능
실전에서의 판단 과정	내적 갈등을 강조한 적은 없는 것 같은데?

해설	'교만한 자는 집이 망한다.'와 같은 내용을 바탕으로 '속담과 옛글'이라는 말은 충분히 허용할 수 있겠습니다. 다만 이를 통해 '내적 갈등'을 강조한 적은 없죠? 단순히 '장끼'가 왜 '서대주'에게 존대를 했는지 강조하는 부분이었습니다.

④ 과거와 현재를 대비하여 인물의 초월적 능력을 부각하고 있다.

선지 유형	근거가 없어서 허용 불가능
실전에서의 판단 과정	초월적인 능력이 어디 나오냐.
해설	일단 '과거와 현재의 대비'라는 엄청난 내용을 체크한 기억이 없습니다. 이는 '시·공간적 배경'을 중시하는 우리가 놓쳤을 리가 없는데, 기억이 안 난다면 안 나온 것이겠죠. 나아가 '인물의 초월적 능력'이라는 게 허용될 여지도 없습니다. 가볍게 지울 수 있어야 합니다.

⑤ 공간적 배경을 자세히 묘사하여 인물의 심리 변화를 암시하고 있다.

선지 유형	근거가 없어서 허용 불가능
실전에서의 판단 과정	딱히 공간적 배경이 묘사된 적은 없는 것 같은데?
해설	'배경 묘사' 역시 우리가 중요하게 생각하는 포인트이기 때문에, 만약 나왔다면 놓쳤을 리가 없습니다. 어렵지 않게 지워야 합니다. 물론 '딱부리'가 '서대주'를 만나러 가기 전과 후에 '심리 변화'를 보이기는 했지만, 이를 '암시'하는 요소도 존재하지 않았구요.

선지	①	②	③	④	⑤
선택률	5%	7%	12%	7%	69%

09 '장끼'와 '딱부리'가 '서대주'를 각각 방문하는 상황에 대한 이해로 적절하지 <u>않은</u> 것은? ⑤

– 이 지문은 크게 '장끼의 방문'과 '딱부리의 방문'이라는 두 장면으로 나눠집니다. 이에 대한 이해를 묻고 있어요. 핵심은 '서대주'에 대한 대접이었습니다. 대접을 잘 해주면 보상이 따랐고, 그렇지 않으면 오히려 응징을 당했죠. 어렵지 않게 선지를 판단해보도록 합시다.

① 서대주를 방문하기 전에, 장끼와 딱부리는 서대주의 정체에 대해 알고 있었다.

선지 유형	근거가 있어서 허용 가능
실전에서의 판단 과정	둘 다 도적이라는 걸 알고 있었지.
해설	'장끼'와 '딱부리' 모두 '서대주'가 도적이라는 것은 알고 있었습니다. 다만 그러한 정체에 대해 어떻게 반응하는지에서 차이를 보였던 것이죠.

② 서대주를 방문하기 전에, 장끼와 딱부리는 각자의 생각에 따라 서대주를 대할 방식을 계획했다.

선지 유형	근거가 있어서 허용 가능
실전에서의 판단 과정	미리 생각한 내용이네.
해설	'서대주'를 어떻게 대할 것인가에 대한 계획은 미리 생각한 내용이자, 두 장면의 가장 큰 차이점이라고 할 수 있죠?

③ 서대주를 방문하여, 장끼는 시종 일관된 태도를 보였고 딱부리는 상황의 변화에 따라 자신의 태도를 바꾸었다.

선지 유형	근거가 있어서 허용 가능
실전에서의 판단 과정	장끼는 일관되게 잘 해줬고 딱부리는 맞고 나서 공손해졌지.
해설	'실전에서의 판단 과정' 그대로입니다. '장끼'는 일관되게 공손한 태도를 보였고, '딱부리'는 얻어맞은 후에 건방진 태도에서 겸손한 태도로 바뀌는 모습을 보였어요.

④ 서대주의 거처를 확인하면서, 장끼는 서대주의 환심을 살 만하게, 딱부리는 서대주의 반감을 살 만하게 표현했다.

선지 유형	근거가 있어서 허용 가능
실전에서의 판단 과정	그랬었지.
해설	'장끼'는 '서대주'의 거처가 맞는지 확인하기 위해 '서 동지 댁'이라는 표현을 사용했습니다. 이는 '서대주'의 환심을 샀죠. 한편 '딱부리'는 '도적질하는 서대주'라는 표현으로 반감을 사는 모습이었어요.

⑤ 서대주를 방문하는 목적을, 장끼는 경제적인 이익을
취하는 데에 두었고 딱부리는 도적질을 벌로 다스리
고 교화하는 데 두었다.

선지 유형	근거가 있어서 허용 불가능
실전에서의 판단 과정	둘 다 양식 빌리러 간 거잖아.
해설	결국 또 '행동의 근거'를 묻고 있습니다. '장끼'와 '딱부리' 모두 '서대주'를 방문하는 목적은 양식을 빌리기 위해서입니다. '딱부리'가 '서대주'를 하대한 것은 도적질을 다스리기 위해서가 아니라, 그저 양반인 자신의 지위를 이용하기 위한 것이었죠. 각 인물들에게 공감하며 읽었다면 어렵지 않게 답으로 골라낼 수 있을 겁니다.

선지	①	②	③	④	⑤
선택률	5%	3%	12%	78%	2%

10 〈보기〉를 참고하여 윗글을 감상한 내용으로 적절하지
않은 것은? [3점] ④

① 장끼가 양식이 떨어져 굶주리는 처자식을 위해 부유한
서대주를 찾아가 양식을 빌리는 장면에서, 가장으로서
의 책무를 다하려는 몰락 양반의 면모를 알 수 있군.

선지 유형	근거가 있어서 허용 가능
실전에서의 판단 과정	선지 그 자체로 허용할 수 있네.
해설	'처자식'을 위해 양반의 지위에도 불구하고 '도적질'하는 '서대주'에게 양식을 빌리는 모습은 '가장으로서의 책무'를 다하려는 면모라고 할 수 있겠습니다.

② 서대주가 '시비 쥐'를 부리고 복색을 갖추어 손님을
'외헌'에서 맞이하는 장면에서, 신흥 부호의 생활상을
알 수 있군.

선지 유형	근거가 있어서 허용 가능
실전에서의 판단 과정	잘 사는 모습이 나타나지.
해설	'시비 쥐'를 부리고, 좋은 옷을 입고, '외헌'과 같은 손님을 맞이할 수 있는 별도의 공간이 있을 정도로 큰 집에 사는 모습은 '신흥 부호의 여유로운 생활상'을 보여 준다고 할 수 있죠.

③ 서대주를 대접하여 양식을 빌린 장끼에게 딱부리가
'간사하도다'라고 언급하는 장면에서, 신흥 부호에 대
한 처신을 놓고 몰락 양반 간에 의견 차이가 있었음을
알 수 있군.

선지 유형	근거가 있어서 허용 가능
실전에서의 판단 과정	서대주에게 존대한 장끼와 달리 딱부리는 하대해야 한다고 했지.
해설	'장끼'는 '서대주'에게 공손하게 대접하여 양식을 빌렸는데, '딱부리'는 이에 대해 '간사하도다'라며 비판합니다. 그러면서 '서대주' 같은 도적은 하대해야 한다는 자신의 의견을 보이죠. 이는 '서대주'와 같은 신흥 부호들에 대한 처신을 놓고 몰락 양반들 간에 의견이 갈리는 모습이라고 할 수 있습니다.

④ 서대주의 '시비 쥐'가 딱부리에게 골을 내는 장면에서,
몰락 양반의 경제적 곤궁함을 업신여기는 신흥 부호
의 모습을 알 수 있군.

선지 유형	근거가 있어서 허용 불가능
실전에서의 판단 과정	시비 쥐가 골을 낸 이유는 자기 주인을 무시해서였지.
해설	서대주의 '시비 쥐'가 '골을 내는' 이유는 '딱부리'가 건방지게 자신의 주인을 무시해서였어요. 애초에 '시비 쥐'는 '딱부리'가 얼마나 잘 사는지 알지도 못하기 때문에, '몰락 양반의 경제적 곤궁함'을 업신여긴다는 말은 절대 허용할 수 없겠습니다. 물론 '시비 쥐'가 '신흥 부호'라고 보기도 어렵구요. 소설의 〈보기〉 문제 정답 선지답게, '심리의 근거'에서 답이 나오는 모습입니다. 이렇게 반복되는 출제 포인트는 확실하게 익혀 두는 것이 중요합니다.

⑤ 서대주가 '수십 명 범 같은 쥐들'에게 명령하여 딱부리
를 결박하는 장면에서, 향촌 사회에서의 신흥 부호의
위세를 알 수 있군.

선지 유형	근거가 있어서 허용 가능
실전에서의 판단 과정	다른 쥐들을 부리는 모습에서 위세를 알 수 있지.
해설	'서대주'가 다른 쥐들에게 명령하는 모습은 그 위세를 드러내기에 충분합니다. 어렵지 않게 허용할 수 있겠죠.

| 핵심 point |

① **허용 가능성 평가** : 선지의 내용을 '허용'하려는 태도를 바탕으로 지문을 '독해'하며 '근거'를 찾아야 합니다. 허용할 수 있는 '근거'가 있어야만 허용할 수 있습니다. 주관적인 생각을 개입시키면 안 됩니다.

② **소설 독해** : '심리와 행동의 근거'를 바탕으로 인물에게 '공감'하며 읽어야 합니다. 이 과정이 물흐르듯 이어지면 지문의 내용을 완벽하게 이해할 수 있어요.

| 지문 내용 총정리 |

각 인물의 심리와 행동의 근거를 생각하며 읽어 준다는 기본적인 원칙만으로 해결 가능한 쉬운 지문이었습니다. 이 정도는 어렵지 않다고 느낄 수 있어야 해요.

〈보기〉 확인

---[보기]---

철학과 문학에서는 전통적으로 시간을 가리키는 말에 함축적인 의미를 부여해 왔다. 특히 독일의 철학자 니체는 '정오'를 각성과 재생의 시간으로 간주했다. '정오'는 인식의 태양이 가장 높이 솟아오른 때라는 것이다.

'정오'라는 시간은 '각성과 재생'의 시간이라고 하네요. '정오'가 나올 때 이 〈보기〉 내용을 끌어오면 되겠다는 생각을 해 주시면 되겠습니다.

---[보기]---

「날개」는 현대 문명과 불화를 겪고 있는 지식인의 내면세계를 '아내'와 '나'의 부조리한 관계에 빗대어 표현한 작품이다. 여기서 '아내'는 현대 문명을, '나'는 지식인의 내면세계를 상징한다. 같은 맥락에서 이 소설에 나타나는 사물들과 사건들 또한 상징적인 의미를 지닌다.

'아내'와 '나'가 각각 '현대 문명'과 '지식인의 내면세계'를 상징하고, 이들이 갈등하는 내용을 다룬 작품이라고 합니다. 이러한 주인공의 내면에 주목하면서 읽어보도록 합시다.

지문 독해

아내는 너 밤새워 가면서 도적질하러 다니느냐, 계집질하러 다니느냐고 발악이다. 이것은 참 너무 억울하다. 나는 어안이 벙벙하여 도무지 입이 떨어지지를 않았다.
너는 그야말로 나를 살해하려던 것이 아니냐고 소리를 한번 꽥 질러 보고도 싶었으나 그런 긴가민가한 소리를 섣불리 입 밖에 내었다가는 무슨 화를 볼는지 알 수 있나. 차라리 억울하지만 잠자코 있는 것이 우선 상책인 듯싶이 생각이 들길래 나는 이것은 또 무슨 생각으로 그랬는지 모르지만 툭툭 털고 일어나서 내 바지 포켓 속에 남은 돈 몇 원 몇 십 전을 가만히 꺼내서는 몰래 미닫이를 열고 살며시 문지방 밑에다 놓고 나서는 그냥 줄달음박질을 쳐서 나와 버렸다.
여러 번 자동차에 치일 뻔하면서 나는 그래도 **경성역**을 찾아갔다. 빈자리와 마주 앉아서 이 쓰디쓴 입맛을 거두기 위하여 무엇으로나 입가심을 하고 싶었다.

커피. 좋다. 그러나 **경성역 홀**에 한 걸음을 들여놓았을 때 나는 내 주머니에는 돈이 한 푼도 없는 것을, 그것을 깜빡 잊었던 것을 깨달았다. 또 아뜩하였다. 나는 어디선가 그저 맥없이 머뭇머뭇하면서 어쩔 줄을 모를 뿐이었다. 얼빠진 사람처럼 그저 이리 갔다 저리 갔다 하면서…….

〈보기〉에서 이야기한 것처럼, '아내'와 '나'의 사이가 그리 좋아보이지는 않습니다. '아내'는 '나'를 의심하며 발악하고, '나'는 그냥 억울할 뿐이에요. '나'는 크게 싸우려다가 그냥 참고, 문지방(집)을 떠나 '경성역'으로 나간 모습입니다. 여기서 '남은 돈'을 전부 놓고 나오는 것을 바탕으로, '나'가 '아내'에게서 완전히 벗어나겠다는 의지를 보였음을 읽어낼 수 있다면 정말 훌륭하겠습니다. 여기까지 보지 못하더라도, 그냥 '나'의 갑갑한 마음이 느껴지신다면 잘 읽고 있는 것이에요.

그렇게 커피를 마시러 '경성역 홀'에 들어갔을 때, '나'는 돈이 하나도 없다는 것을 깨닫고 '아뜩한' 심정이 듭니다. 아까 '아내'에게서 떠나올 때 이미 돈을 다 두고 나온 상황이었어요. 돈이 없어 커피도 마실 수 없는 처지가 된 '나'는 여기저기 왔다갔다하면서 어쩔 줄 모르고만 있습니다. 〈보기〉에서 이야기하는 것처럼, '현대 문명'(=아내)과의 갈등 때문에 고생하는 화자의 모습이 잘 드러나고 있네요. 이렇게 〈보기〉와 엮어서 내용을 이해하는 것도 좋은 태도일 것 같아요!

나는 어디로 어디로 들입다 쏘다녔는지 하나도 모른다. 다만 **몇 시간 후**에 내가 **미쓰꼬시*** 옥상에 있는 것을 깨달았을 때는 거의 대낮이었다.
나는 거기 아무 데나 주저앉아서 내 자라 온 스물여섯 해를 회고하여 보았다. 몽롱한 기억 속에서는 이렇다는 아무 제목도 불그러져 나오지 않았다.
나는 또 나 자신에게 물어보았다. 너는 인생에 무슨 욕심이 있느냐고. 그러나 있다고도 없다고도, 그런 대답은 하기가 싫었다. 나는 거의 나 자신의 존재를 인식하기조차도 어려웠다.
[A] 허리를 굽혀서 나는 그저 금붕어나 들여다보고 있었다. 금붕어는 참 잘들도 생겼다. 작은 놈은 작은 놈대로 큰 놈은 큰 놈대로 다 싱싱하니 보기 좋았다. 내리비치는 오월 햇살에 금붕어들은 그릇 바탕에 그림자를 내려뜨렸다. 지느러미는 하늘하늘 손수건을 흔드는 흉내를 낸다. 나는 이 지느러미 수효를 헤어 보기도 하면서 굽힌 허리를 좀처럼 펴지

않았다. 등허리가 따뜻하다.

　나는 또 회탁의* 거리를 내려다보았다. 거기서는 피곤한 생활이 똑 금붕어 지느러미처럼 흐늑흐늑 허비적거렸다. 눈에 보이지 않는 끈적끈적한 줄에 엉켜서 헤어나지들을 못한다. 나는 피로와 공복 때문에 무너져 들어가는 몸뚱이를 끌고 그 회탁의 거리 속으로 섞여 들어가지 않는 수도 없다 생각하였다.

* 미쓰꼬시 : 일제 강점기에 서울에 있었던 백화점 이름.
* 회탁의 : 회색의 탁한.

이렇게 몇 시간 동안 돌아다니다 정신을 차려 보니, '나'는 '미쓰꼬시 옥상'에 올라온 상태입니다. '나'는 여기 앉아서 아주 제목도 붙일 수 없을 만큼 공허했던 자신의 인생을 돌아보고 있습니다. 자신에게 이런저런 물음도 던져보고, 금붕어를 보기도 하면서 스스로의 내면에 흠뻑 빠져들고 있어요. 백화점 옥상에 갇혀 있는 금붕어가 좋아 보일 정도로 자신의 인생이 별로라는 생각을 하기도 하고, 그 지느러미처럼 허비적거리는, 자신이 곧 돌아가야 할 '회탁의 거리'에 대한 부정적인 감정을 보이기도 하는 것이죠.

자신에 대해 성찰하는 '나'의 모습, 그리고 '회탁의 거리'로 돌아가기 싫은 '나'의 감정에 공감할 수 있다면 훌륭합니다.

　나서서 나는 또 문득 생각하여 보았다. 이 발길이 지금 어디로 향하여 가는 것인가를……
　그때 내 눈앞에는 아내의 모가지가 벼락처럼 내려 떨어졌다. 아스피린과 아달린*.
　우리들은 서로 오해하고 있느니라. 설마 아내가 아스피린 대신에 아달린의 정량을 나에게 먹여 왔을까? 나는 그것을 믿을 수는 없다. 아내가 대체 그럴 까닭이 없을 것이니.
　그러면 나는 날밤을 새면서 도적질을, 계집질을 하였나? 정말이지 아니다.

* 아달린 : 수면제의 일종.

그렇게 '미쓰꼬시'를 나서서 다시 '회탁의 거리'에 도달한 '나'입니다. 그런데 이때 갑자기 '아내' 생각이 납니다. 계속 자신의 인생만 되돌아보다가 이젠 '아내'에 대한 생각이 난 것이죠. 여기서 '나'는 '아내'가 상징하는 '현대 문명'이 자신에게 '아달린'을 먹여 온 것도 아닐 것이고, 그렇다고 자신이 '현대 문명'에게 계집질·도적질 등 무언가 잘못을 한 것도 아니라는 생각을 하고 있어요. 가만히 생각해 보면, '나'와 '아내'는 서로 잘못한 것이 없다는 것이죠.

　우리 부부는 숙명적으로 발이 맞지 않는 절름발이인 것이다. 나나 아내나 제 거동에 로직을 붙일 필요는 없다. 변해할 필요도 없다. 사실은 사실대로 오해는 오해대로 그저 끝없이 발을 절뚝거리면서 세상을 걸어가면 되는 것이다. 그렇지 않을까?
　그러나 나는 이 발길이 아내에게로 돌아가야 옳은가. 이것만은 분간하기가 좀 어려웠다. 가야 하나? 그럼 어디로 가나?

이처럼 '나'와 '아내'는 서로 무언가를 잘못한 것이 아니라, 그저 서로 발이 맞지 않을 뿐입니다. 그러니 서로 절름발이처럼 절뚝거리면서 함께 걸어가면 된다고 생각하고 있어요. 즉, 그냥 서로 안 맞더라도 '아내'라는 '현대 문명'에 순응하면서 살아가면 되는 거 아니냐는 '나'의 생각이 드러나고 있는 것입니다. '아내'라는 '현대 문명'을 피해 '회탁의 거리'로 일종의 도피를 했는데, 막상 그렇다고 할 것도 없으니 그냥 다시 돌아가도 괜찮지 않느냐는 일종의 '합리화'를 하고 있는 것이죠. 어렵지만, 이 감정에 확실하게 공감할 수 있어야 합니다.

그런데 마지막에는 다시 그렇다고 '아내'에게 돌아가는 게 맞는지, 안 간다면 어디로 가야 하는지 계속해서 갈등하는 모습을 보이고 있어요. 가 봤자 또 싸우고 말 것인데, 굳이 돌아가야 하느냐는 것이죠. '현대 문명'에 순응하고 살아야 하는지, 아니면 그렇다고 '현대 문명'을 등지고 살아야 하는지, 도대체 어떻게 살아야 하는 것인지에 대해 갈등하는 '나'의 모습입니다. 이 감정에 공감할 수 있어야 해요!

　이때 뚜- 하고 정오 사이렌이 울었다. 사람들은 모두 네 활개를 펴고 닭처럼 푸드덕거리는 것 같고 온갖 유리와 강철과 대리석과 지폐와 잉크가 부글부글 끓고 수선을 떨고 하는 것 같은 찰나, 그야말로 현란을 극한 정오다.
　나는 불현듯이 겨드랑이가 가렵다. 아하 그것은 내 인공의 날개가 돋았던 자국이다. 오늘은 없는 이 날개, 머릿속에서는 희망과 야심의 말소된 페이지가 딕셔너리 넘어가듯 번쩍였다.

바로 그때 '정오 사이렌'이 울렸네요. '정오'를 보자마자 〈보기〉의 내용을 끌어와야겠죠? '정오'는 각성과 재생의 시간이라고 했는데, 이 시간이 되자 사람들의 모습에서 생명력을 느끼는 '나'입니다. 똑같은 '회탁의 거리' 속 사람들인데, '정오' 전에는 무기력하게만 보이다가 '정오' 후에는 갑자기 생명력이 넘치는 모습으로 보이는 것이에요. 이처럼 같은 배경에 대한 묘사가 달라진 것은, '나'의 심리가 그렇게 변화했기 때문이라고 할 수 있겠죠?

여기서 '나'는 겨드랑이의 '날개'가 돋았던 자국을 인식합니다. 이 '날개'는 '오늘은 없는' 것이었습니다. '나'는 이와 함께 '희망과 야심의 말소된 페이지'가 번뜩이는 느낌을 받아요. '말소된 페이지'가 '오늘은 없는' 것을 의미한다는 점에 주목하면, 여기서 '나'가 인식한 '날개'는 곧 '희망과 야심'을 의미한다고 할 수 있겠습니다.

> 나는 걷던 걸음을 멈추고 그리고 어디 한번 이렇게 외쳐 보고 싶었다.
> 날개야 다시 돋아라.
> 날자. 날자. 날자. 한 번만 더 날자꾸나.
> 한 번만 더 날아 보자꾸나.
>
> —이상, 「날개」—

'나'는 걷던 걸음을 멈추고, '날개'가 다시 돋기를 바라면서 다시 날아보겠다는 '의지'(=희망과 야심)를 불태우고 있어요. '나'는 '정오' 이전에는 '현대 문명'으로 돌아가 순응해야 할지('아내'에게 가는 것), 아니면 그냥 도피해야 할지('회탁의 거리' 속에서 방황하는 것) 고민하다가, '정오' 이후에 다시금 '희망과 야심'을 불태우고 있는 것입니다. 더 이상 무기력하게 방황하지 않고 '희망과 야심'을 불태우겠다는 '나'의 의지에 공감하면서 마무리하면 되겠습니다.

선지	①	②	③	④	⑤
선택률	14%	75%	5%	4%	2%

11 윗글의 서술적 특징과 효과를 〈보기〉에서 고른 것은? ②

ㄱ. 독백적인 어조로 현실과 단절된 의식 상태를 표현하고 있다.

선지 유형	근거가 있어서 허용 가능
실전에서의 판단 과정	혼자 말하고 있고 현실과도 단절되어 있었지.
해설	처음부터 끝까지 자신의 목소리만 나오는 '독백적 어조'가 사용되었고, 나아가 현실에 제대로 적응하지 못하고 계속해서 내적 갈등을 겪고 있는 '나'의 내면세계를 바탕으로 했을 때, '나'는 충분히 현실과 '단절'되어 있다고 할 수 있겠죠? '단절'이라는 단어의 의미를 바탕으로 생각하시면 됩니다.

ㄴ. 단정적이고 객관적인 진술로 사건에 사실성을 부여하고 있다.

선지 유형	근거가 있어서 허용 불가능
실전에서의 판단 과정	너무 주관적인데?
해설	애초에 이 지문은 '내적 갈등'이 주제의 한 축을 이루고 있습니다. 계속해서 '고민'하기 때문에 '단정적'이라는 말은 허용할 수가 없고, 자신의 '주관적' 심정을 내뱉는 것이기 때문에 '객관적'이라고 할 수도 없겠죠.

ㄷ. 회상의 기법을 사용하여 현재와 과거의 화해를 지향하고 있다.

선지 유형	근거가 있어서 허용 불가능
실전에서의 판단 과정	화해를 지향한 건 아니지.
해설	'내 자라 온 스물여섯 해,' 즉 자신의 삶을 돌아보는 장면이 나오니 '회상의 기법'은 충분히 허용할 수 있겠습니다. 물론 구체적인 과거 속 장면이 있다고 하기에는 좀 애매해서, '회상의 기법'이 확실하게 맞다 아니다라고 판단하기는 어려울 것 같습니다. 하지만 '현재와 과거의 화해'는 이 지문의 주제와 너무 동떨어져 있죠? 이 지문은 현재 상황에서의 '갈등'과 '새롭게 깨달은 의지'가 핵심이었어요.

ㄹ. 비유적 표현으로 인물의 생각과 인상을 구체적으로 제시하고 있다.

선지 유형	근거가 있어서 허용 가능
실전에서의 판단 과정	사람들이 금붕어 같다고 했었지.
해설	'회탁의 거리'에 있는 사람들의 모습을 '금붕어'에 비유하기도 했고, 머릿속이 번뜩이는 모습을 '딕셔너리' 넘어가는 모습에 비유하기도 했습니다. 이런 내용들이 '생각과 인상'을 제시한다는 것과 연결되는 건 당연하게 허용할 수 있겠죠?

선지	①	②	③	④	⑤
선택률	6%	56%	10%	19%	9%

12 일제 강점기에 미쓰꼬시 백화점은 서울에서 매우 높은 건물이었다. 이 사실에 비추어 볼 때, [A]에서 '미쓰꼬시 옥상'이 가지는 기능에 대한 설명으로 적절하지 <u>않은</u> 것은?

②

– 문제 안에 〈보기〉가 있는 것 같아요. 이런 문제는 또 처음이네요. '미쓰꼬시'가 굉장히 높은 건물이었답니다. (참고로 여기서의 '미쓰꼬시'는 명동에 있는 신세계백화점 본점 자리에 있던, 우리나라 최초의 백화점이에요.) 한창 갈등이 절정으로 치솟던 [A]에서의 상황이네요. 이 상황에 대한 여러 판단을 한 번 평가해봅시다.

① '나'로 하여금 내면적 성찰을 시도하게 한다.

선지 유형	근거가 있어서 허용 가능
실전에서의 판단 과정	미쓰꼬시에서 내면 성찰했으니 허용되네.
해설	'미쓰꼬시'라는 높은 건물에서, '나'는 자신의 내면을 돌아보고 있습니다. 참고로 '높은 곳'은 내면 성찰을 하기에 아주 좋은 공간이라고 할 수 있어요. 알아두도록 합시다.

② '나'에게 이전과는 다른 삶의 태도를 갖게 한다.

선지 유형	근거가 없어서 허용 불가능
실전에서의 판단 과정	어떤 다른 삶의 태도?
해설	[A]에서 '나'는 그냥 계속해서 자신의 내면을 성찰하고 있었을 뿐입니다. 이전과 다른 태도를 가졌다는 걸 허용할 만한 근거를 찾기 어렵죠? '날개'자국을 인식한 건 [A] 이후의 상황입니다!

③ '회탁의 거리'를 압축적으로 조감할 수 있게 한다.

선지 유형	근거가 있어서 허용 가능
실전에서의 판단 과정	높은 곳에서 보면 압축적으로 보일 수 있겠지.
해설	'조감하다'는 '새가 높은 하늘에서 아래를 내려다보는 것처럼 전체를 한눈으로 관찰하다.'라는 뜻을 가지고 있습니다. 지금 '나'는 '옥상'에 있기 때문에 '회탁의 거리'를 압축적으로 조감할 수 있는 것이겠죠? 높은 곳에서 아래에 있는 곳이 압축적으로 보인다는 것은 충분히 허용할 수 있는 내용이니까요.

④ '나'와 '회탁의 거리' 사이의 괴리감을 드러내 준다.

선지 유형	근거가 있어서 허용 가능
실전에서의 판단 과정	회탁의 거리에 있는 사람들을 부정적으로 묘사했으니 허용되겠네.
해설	'나'는 '회탁의 거리'에 있는 사람들을 부정적으로 묘사하고 있습니다. 심리적으로 그들과 거리감을 두는 모습이라고 할 수 있겠죠? 나아가 높은 곳에 있기에 '물리적 거리감'까지 생긴 모습이에요. 이러한 내용을 근거로 하면, '미쓰꼬시 옥상'이 '괴리감'을 드러내게 해 준다는 것을 충분히 허용할 수 있겠네요.

FAQ

Q [A]의 마지막에 '나'가 피로와 공복 때문에 무너져 들어가는 몸뚱이를 끌고 그 회탁의 거리 속으로 섞여 들어가지 않는 수도 없다고 하는 부분을 통해서 저는 오히려 '나'와 '회탁의 거리' 사이의 '동질감'이 드러난다고 생각했어요. 이렇게 볼 수도 있지 않나요?

A 전형적으로 선지에 '시비'를 거는 태도입니다. 이러한 논리로 '동질감'을 허용할 수 있다고 쳐도, 선지에서 묻는 것은 결국 '괴리감'의 허용 가능성입니다. 따라서 우리는 이 선지에 굳이 '시비'를 걸면서 '동질감'을 떠올릴 필요가 없는 것이에요. 선지에서 묻는 '괴리감'을 허용할 근거가 여기저기 많다는 것을 바탕으로 넘어갈 수 있어야 하는 것입니다.

나아가, 소설 독해에서 가장 중요한 '공감 능력'을 발휘하면 더욱 쉽게 허용할 수 있습니다. [A]에서 '나'가 '회탁의 거리'로 섞여 들어가지 않는 수도 없다고 하는 것은 정말 가기 싫은데 억지로 갈 수밖에 없는 자신의 처지에 대한 한탄이 섞였다고 봐야 합니다. 이를 '동질감'으로 읽어내는 것은 일요일 저녁에 '아이고 내일이면 학교에 갈 수밖에 없구나.'라고 생각하는 것이 '학교에 대한 동질감'을 드러내는 것이라고 말하는 것과 다를 바가 없어요. 그 인물의 입장에서 아주 보편적인 감정을 바탕으로 '공감'하려고 애쓰는 것, 소설 독해의 기본이니 절대 잊지 맙시다.

⑤ '회탁의 거리'를 부자유와 체념의 공간으로 인식하게
한다.

선지 유형	근거가 있어서 허용 가능
실전에서의 판단 과정	줄에 엉켜서 헤어나지를 못하니 부자유와 체념 둘 다 허용되네.
해설	'나'는 아주 높은 건물에 있기 때문에, '회탁의 거리'를 전체적으로 바라볼 수 있습니다. 그리고 이렇게 전체적으로 바라본 사람들의 '끈적끈적한 줄에 엉켜서 헤어나지들을 못하는' 모습을 보고 있어요. 어떤 줄에 엉켜 있으니 '부자유'가, 거기서 헤어나지 못한 채 '흐늑흐늑 허비적거리는' 모습 등을 통해서는 '체념'을 허용할 수 있겠네요.

선지	①	②	③	④	⑤
선택률	5%	6%	9%	77%	3%

13 ㉠에 관한 설명의 일부인 〈보기〉를 참고하여 윗글을 감상한 내용으로 적절하지 <u>않은</u> 것은? ④

> ㉠이때 뚜- 하고 정오 사이렌이 울었다.

– ㉠은 '정오 사이렌'이 울리는 부분이었습니다. 이 이전에는 '나'의 내적 갈등이 계속 진행되다가, 정오 사이렌을 들은 뒤에는 '희망과 야심'이라는 의지를 갖게 되죠. '정오'가 〈보기〉에서 이야기하는 것처럼 각성을 가져온 계기임을 인지하고 선지를 판단해봅시다.

① '나'의 의식 상태는 ㉠ 이전과 이후로 나누어 볼 수 있겠군.
② '정오'의 사이렌 소리가 '나'의 생명력을 일깨운 것으로 볼 수 있겠군.
③ '정오'의 함축적 의미 때문에 ㉠을 경계로 어조와 분위기가 바뀐 것이겠군.

선지 유형	근거가 있어서 허용 가능
실전에서의 판단 과정	그렇지.
해설	세 선지 모두 발문을 읽으며 미리 했던 생각들이죠? 이렇게 지울 수 있으면 좋겠어요.

④ '나'는 '정오'가 되면서 자아의 문제에서 사회의 문제로 시선을 전환하게 되는군.

선지 유형	근거가 있어서 허용 불가능
실전에서의 판단 과정	사회의 문제는 주제와 관련이 없잖아.
해설	'나'는 사회의 문제에 그리 관심이 없어 보여요. 물론 중간에 다른 사람들의 모습을 보며 부자유의 사회를 조금 이야기하긴 하지만, 정오 이후로는 오히려 완벽하게 자아의 문제로 시선을 돌리고 있죠. 애초에 이 지문의 주제가 '사회의 문제'가 아니기 때문에, 절대로 허용할 수 없겠습니다.

⑤ 이 작품은 시간의 물리적인 의미보다 심리적인 의미에 중점을 두고 읽어야겠군.

선지 유형	근거가 있어서 허용 가능
실전에서의 판단 과정	정오가 심리에 영향을 주고 있으니 맞는 말이지.
해설	'정오'라는 시간은 물리적으로 '낮 12시'를 의미하기보다, '나'의 각성을 돕는 '심리적' 의미가 더 크게 작용하고 있습니다. 지문의 내용을 이해하고 있으니, 어렵지 않게 허용할 수 있겠네요.

선지	①	②	③	④	⑤
선택률	8%	70%	8%	5%	9%

14 〈보기〉의 설명을 바탕으로 윗글을 이해한 내용으로 적절하지 <u>않은</u> 것은? ②

① 도적질하거나 계집질한다고 '아내'가 '나'를 의심하면서 따지는 것은 지식인의 내면세계에 대한 현대 문명의 위협적인 힘을 의미한다.

선지 유형	근거가 있어서 허용 가능
실전에서의 판단 과정	아내는 현대 문명을 의미한다고 했으니까 맞지.
해설	〈보기〉에서 '아내'는 현대 문명을 의미한다고 했어요. 그럼 아내가 '나'에게 따지는 것은 '나'의 입장에서는 현대 문명의 위협이라고 할 수 있겠죠.

② '나'가 아내 몰래 집에서 나온 것은 현대 문명의 구속에 맞서고자 하는 지식인의 적극적인 대결 의지를 의미한다.

선지 유형	근거가 있어서 허용 불가능
실전에서의 판단 과정	도망쳤는데 무슨 대결 의지야.
해설	'나'는 현대 문명을 의미하는 '아내'와 싸우기보다 그냥 몰래 도망치고 있습니다. '적극적인 대결 의지'를 허용하고 싶어도, 이렇게 틀렸다고 할 수밖에 없는 명확한 근거가 존재하네요. 아내 몰래 집에서 나오는 '나'의 심리에 정확히 공감했다면 너무나 쉽게 답으로 고를 수 있었을 겁니다.

③ '나'가 '아내'에게서 완전히 떠나겠다고 생각하지 못하는 것은 현대 문명과 결별하기 어려운 지식인의 의식 상태를 의미한다.

선지 유형	근거가 있어서 허용 가능
실전에서의 판단 과정	완전히 못 떠나니 결별하기 어려운 거 맞지.
해설	현대 문명을 의미하는 '아내'에게 돌아가야 하는지에 대해 갈등하는 부분을 근거로 하면 너무나 쉽게 허용할 수 있는 내용이네요.

④ 자신도 모르게 아달린을 먹어 왔는지도 모른다는 '나'의 의구심은 자기의 이성이 자신도 모르게 현대 문명에 길들여져 가는 데 대한 지식인의 두려움을 의미한다.

선지 유형	근거가 있어서 허용 가능
실전에서의 판단 과정	아달린은 현대 문명이 준 거니까 허용되네.
해설	'아내'라는 현대 문명이 준 것을 '아달린'이라고 생각하고 그것을 먹어왔는지도 모른다는 건, 현대 문명의 영향을 받는 것, 즉 길들여져 가는 것에 대한 두려움이라고 볼 수 있죠. 근거가 있으니 충분히 허용할 수 있습니다.

⑤ '나'의 머릿속에서 희망과 야심의 말소된 페이지가 번뜩인다고 한 것은 현대 문명에 대한 비판 의식을 회복하고 싶어 하는 지식인의 소망을 의미한다.

선지 유형	근거가 있어서 허용 가능
실전에서의 판단 과정	현대 문명과 불화를 겪는 와중에 느끼는 희망과 야심은 당연히 현대 문명을 비판하는 쪽으로 가겠지.
해설	〈보기〉에서 말하는 것처럼, '나'라는 인물은 현대 문명과 불화를 겪고 있습니다. 이러한 상황에서 '정오 사이렌'이 울리기 전 '나'의 내면세계는 '방황, 무기력함' 등으로 가득합니다. 이는 자신이 겪고 있는 문제 상황(현대 문명과의 불화)에 적극적으로 대응하지 못하고 있었다는 의미라고 할 수 있겠죠. 이러한 상황에서 '나'는 '정오 사이렌'을 듣고서 '희망과 야심의 날개'가 돋는 것을 느낍니다. 현대 문명과의 불화라는 자신의 문제 상황에 대해 적극적으로 대응하지 못하던 상태에서 가지게 된 희망과 야심이란, 결국 불화를 겪고 있는 현대 문명에 대한 비판 의식을 회복하는 것이라고 '허용'할 수 있겠습니다. 희망이나 야심이 샘솟는다면, 이는 당연히 '나'의 원래 내면세계였던 '방황, 무기력함' 등에 대응한 것이라고 할 수 있으니까요.

조금 어려운 선지이지만, 〈보기〉에서 제시한 '나'의 상황과 관련된 내면세계를 정확하게 인식했다면 충분히 '허용'할 수는 있는 선지입니다. 결국 핵심은 인물이 가지고 있는 내면세계를 정확히 파악하고 이에 공감하는 것이에요. |

몰랐던 어휘 정리하기

| 핵심 point |

① **허용 가능성 평가** : 선지의 내용을 '허용'하려는 태도를 바탕으로 지문을 '독해'하며 '근거'를 찾아야 합니다. 허용할 수 있는 '근거'가 있어야만 허용할 수 있습니다. 주관적인 생각을 개입시키면 안 됩니다.

② **소설 독해** : '심리와 행동의 근거'를 바탕으로 인물에게 '공감'하며 읽어야 합니다. 이 과정이 물흐르듯 이어지면 지문의 내용을 완벽하게 이해할 수 있어요.

| 지문 내용 총정리 |

다소 생소한 형식의, 거의 20년이나 된 옛날 문제를 굳이 가져온 건 '허용 가능성 평가'의 태도를 기르기에 정말 좋은 지문이기 때문이에요. 내 생각을 찾는 것이 아니라, 선지의 내용을 허용할 수 있을지 없을지 '평가'한다! 이 태도 잊지 맙시다. 시를 읽든 소설을 읽든 말이에요.

〈보기〉확인

확인할 〈보기〉가 없네요. 바로 지문 읽어보도록 합시다.

지문 독해

> [앞부분 줄거리] 공동 경비 구역에서 근무하는 국군 이수혁 병장, 남성식 일병(수정의 오빠)과 인민군 오경필 중사, 정우진 전사 사이에 총격 사건이 일어난다. 중립국 감독 위원회는 소피 소령을 파견하여 보타 소장 관할 아래 사건을 조사하게 한다.

인물이 정말 많습니다. '이수혁, 남성식'이 국군이고, '오경필, 정우진'이 인민군이네요. 이때 '수정'이라는 인물이 '남성식'의 여동생이라는 것까지 외울 정도로 확실하게 체크해주셔야 합니다. 국군과 인민군 사이에 총격 사건이 일어난 상황입니다. 이를 '중립국' 감독 위원회에서 '보타' 소장 관할 아래 '소피' 소령이 조사하게 하네요. 상황이 확실하게 그려지시죠? [앞부분의 줄거리]는 외울 기세로 꼼꼼하게 읽어달라고 했어요!

S#79. 팔각정 (낮)

　팔각정에서 본 판문각 근처 부감* 전경 — 대질 심문을 받고 나온 수혁, 경필 일행이 회담장 앞에서 각각 차를 타고 현장을 떠난다. 카메라, 후진하면서 팔각정 내부로 초점 이동하면 보타의 손이 쑥 들어와 서류 봉투를 내민다.

소피 : (영어) (봉투를 받아 들고) 뭐죠?

　보타, 대답 대신 관측경을 들여다본다.

보타 : (영어) 한국이 처음이랬지?

　보타의 관측경으로, 판문각 앞에서 쌍안경을 들고 이쪽을 관찰하는 북한 군인이 보인다.

보타 : (영어) (목소리) 그래 '아버지' 나라가 마음에 들던가?

　판문각 쪽에서 북한 군인의 쌍안경 시점으로, 사진을 보고 있는 소피의 모습이 잡힌다.
　보타의 설명 사이사이, 한국전 당시 거제도 포로수용소의 생활과 좌우 투쟁, 종전 후 공산 포로 북송, 반공

포로 석방 및 제3국행 포로의 출발과 도착 장면들이 사진과 기록 영화 화면으로 편집된다.

* 부감 : 카메라가 인물의 시선보다 높은 곳에서 아래로 내려다보며 촬영하는 것.

공동 경비 구역의 이야기입니다. 사실 이 작품이 EBS 연계작품도 아니었고, 평가원 시험에 출제될 만큼 오래된 것도 아니라서 출제되었을 때는 여러 가지 말이 많았어요. 평가원이 낼 수 있는 작품의 폭이 굉장히 넓어졌다고 생각할 수 있는 포인트입니다. 섣불리 어떤 작품이 나올 것이라고 예측하지 맙시다.

'팔각정'이라는 공간에서 벌어지는 일입니다. [앞부분의 줄거리]에서 체크했던 '수혁'과 '경필' 일행이 현장을 떠나는 모습입니다. 총격 사건에 대한 조사를 받은 것으로 보이죠? 이를 비추던 카메라는 팔각정 내부로 시선을 돌리고, '보타'가 '소피'에게 서류 봉투를 내미는 모습이 보입니다. 그런데 갑자기 '보타'가 '소피'에게 '아버지' 이야기를 하고 있네요. '소피'는 한국이 처음인데, 한국이 '아버지'의 나라라고 합니다. 그러면서 한국의 역사적인 사건들이 기록 영화 형식으로 편집되고 있어요. 출생의 비밀이 밝혀지고 있습니다. '소피'는 한국인 아버지를 두고 있었어요.

극문학의 경우 영화나 연극 등의 대본에 해당하니, 내용을 머릿속으로 떠올리면서 영화를 본다고 생각하면 훨씬 생생하게 정리할 수 있어요. 여러분이 좋아하는 배우를 아무나 대입해서 읽다 보면 생각보다 쉽게 이해가 될 것이에요. '팔각정'에서의 상황을 상상하면서 계속 읽어봅시다.

보타 : (영어) (목소리) 한국전 당시 거제도에는 인민군 포로 수용소가 있었지. 그 속에서 공산주의자와 반공주의자, 두 무리 간엔 처참한 살육이 계속됐어. 종전되고 그들에게 선택권이 주어졌어. 남으로의 귀순이냐, 북으로의 귀환이냐… 그 17만 포로 중 76명은 둘 다를 거부했어. 그들 중 지금도 행방이 묘연한 사람이 있네. 바로… 자네 아버지 장연우 같은 사람이지.

　소피, 놀란 얼굴로 손에 든 다른 사진을 내려다보면 거제 포로 수용소에서 포로들, 결박당한 채 쪼그리고 앉아 있다. 그중 동그라미가 처진 사람 얼굴로 줌인*.

보타 : (영어) 표 장군이 매우 잽싸게 움직였더군. 국방부, 외무부, 인도, 아르헨티나, 스위스 대사관… 며칠 사이 정보란 정보는 다 모았어. 표 장군으로선 전 인민

> 군 장교의 딸인 자네에게 사건을 맡길 수 없었겠지.
>
> 소피 : (영어) (흥분해서) 3일이면 돼요. 곧 이 병장의 자
> 백을 받아낼 수 있다구요.
>
> * 줌인 : 피사체의 크기를 점점 확대 촬영하는 것.

'보타'가 '소피'의 아버지에 대한 자세한 정보를 제공하고 있습니다. 알고보니 소피의 아버지, 즉 '장연우'는 한국전 당시 남과 북을 모두 거부한 인민군 포로였어요. '소피'는 이 소식을 듣고 깜짝 놀라고 있습니다. 왜 놀라는지는 쉽게 공감할 수 있겠죠? 아버지의 정체를 모르다가 이렇게 갑작스럽게 들었고, 심지어 흔치 않은 사연까지 있었으니 놀라울 수밖에 없겠죠.

'보타'는 전 인민군 장교의 딸인 '소피'에게 사건을 맡길 수 없음을 통보합니다. 이 말을 들은 '소피'는 '흥분'하고 있어요. 사건 해결이 코앞인데, 알지도 못했던 아버지 정체 때문에 사건에서 배제된다는 것을 받아들이기 어렵겠죠. 쉽게 공감할 수 있습니다. 여기서 '대사 외 부분'에 나온 심리와 그 근거까지 정확하게 체크하는 것이 아주 중요해요.

> (중략)
>
> ### S#81. 소피의 숙소 (낮)
> 침대에 가방을 올려놓고 짐을 싸는 소피. 사진 액자를 가방에 넣으려다 말고 들여다본다. 어린 시절의 소피와 스위스인 엄마 사진. 액자 뒤를 열어 가족사진을 꺼낸다. 접힌 부분을 펴자 숨겨진 아버지의 모습이 온전히 나타난다. 물끄러미 사진을 바라보는 소피.

(중략) 이후 '소피의 숙소'입니다. 가족사진을 물끄러미 바라보는데, 접힌 부분을 펼치자 '아버지'의 모습이 나타나네요. '아버지'의 사진을 접어 둔 것으로 보아, '소피'가 사실은 '아버지'의 존재에 대해 알고 있었고 나아가 '아버지'에 대해 복잡한 심정을 가지고 있다는 것을 생각할 수 있겠네요. 지문 내용으로는 그 심정이 어떤 것인지 정확히 알기는 어렵지만요. '보타'가 이러한 '아버지' 이야기를 하니 놀라고 동요하는 모습을 보였다는 식으로 공감할 수 있겠습니다.

> ### S#82. 수사본부 (낮)
> 문이 열리고 들어오는 수혁, 목발을 짚었다. 사진을 바라보고 앉아 있는 소피.

> 소피 : (수혁을 돌아보며) 오라고 해서 미안해요. 몸도
> 불편한데.
>
> 영문을 모르고 불려 온 수혁이 가만히 지켜보는 가운데, 탁자에 놓인 서류 봉투를 집어 들고 출입구 앞으로 가는 소피, 과녁판에서 다트 화살을 뽑아 든 다음 서류 한 장을 꽂아 고정시킨다.
>
> 소피 : 내일 자정을 기해 나를 제이에스에이 근무에서
> 해제한다는 명령서예요.
> 수혁 : 들었습니다, 아버지 얘기.
> 소피 : 그래, 내가 인민군 장교의 딸이란 얘길 듣고 기분
> 이 어떻던가요?
> 수혁 : (주저 없이) 친근감이 들었습니다.
>
> 소피, 당황한 듯 잠시 침묵했다가 군복 안에 받쳐 입은 터틀넥 스웨터의 목을 젖혀 보인다. 목에 나 있는 피멍 자국.
>
> 소피 : 난 아직 흔적이 남아 있는데 이 병장은 깨끗하네
> 요. 이 병장이 오 중사보다 힘이 센가 보지요?
>
> 당황하는 수혁, 대답 없다.

'수사본부'에서 '소피'와 '수혁'이 만난 상황입니다. '소피'가 '수혁'을 부른 상황인데, '수혁'은 영문도 모르고 불려 온 상황입니다. '소피'는 자신이 수사에서 배제되었다는 문서를 보여 주고, 자신의 아버지 이야기에 대해 어떻게 생각하는지 '수혁'에게 묻습니다. 그런데 '수혁'은 '주저 없이 친근감'이 들었다고 이야기하네요! 여기서 여러분은 '수혁'에게 공감할 준비를 해야 합니다. 국군인 '수혁'이 인민군인 '소피의 아버지'에게 친근감이 들었다는 것은, '수혁'이 인민군에게 큰 반감이 없음을 내포하고 있을 겁니다. 정확히 어떤 일이 있었는지는 모르겠지만, [앞부분의 줄거리]에 나왔던 총격 사건에 숨겨진 비밀이 있는 것으로 보이네요.

'수혁'의 이러한 반응에 '당황'한 '소피'는 자기 목에 있는 피멍 자국을 보여 주면서, 알 수 없는 이야기를 합니다. '수혁'은 이를 듣고 크게 '당황'하네요. '수혁'에게 공감해보면, 무언가 알아서는 안 될 비밀을 들킨 것으로 보입니다. '심리의 근거'를 바탕으로 공감하려는 태도가 제대로 갖춰져 있다면 충분히 생각할 수 있어요!

소피 : 자, 진짜 재미난 쇼는 이제부터예요. 잘 봐요.

　　수정의 얼굴이 프린트된 출력물을 과녁판에 꽂는 소피. 당황하는 수혁.

소피 : 수정 씨를 만나자마자 전에 본 적이 있는 얼굴이라고 생각했어요. 그런데 그 사람이 누군지 알아내는 건 그렇게 어려운 일이 아니었죠.

　　이번에는 수정의 초상화를 과녁판에 꽂는 소피. 놀라는 수혁.

소피 : 정우진이 그린 초상화예요. 그리고 이건 (찢어져 너덜 너덜한 얼굴 없는 사진을 과녁에 꽂으며) 정우진의 시신에서 나온 사진이에요.

　　과녁판에 나란히 부착된 석 장의 이미지. 충격받은 표정의 수혁.

소피 : '사라진 탄환'이 남 일병의 알리바이를 깨는 증거였다면… (얼굴이 찢겨 나간 사진을 가리키며) '사라진 얼굴'은 네 명의 병사가 오랫동안 친하게 지냈다는 걸 뜻하는 증거죠.

　　수혁, 애써 외면하고 걸어간다.

수혁 : 그래서요?

　　노란색과 빨간색 디스켓 두 개를 꺼내 보이는 소피.

소피 : 완전히 다른 두 개의 수사 보고서예요. 내가 뭘 제출하느냐는 이 병장한테 달렸어요. 진실을 말해 준다면 난 후임자한테 어떤 증거나 추리도 제공하지 않겠어요.

수혁 : 협박입니까?

소피 : 거래죠.

수혁 : 영창을 가든 훈장을 받든 전 관심 없습니다. 그렇다면 진실의 대가로 소령님이 저한테 해 줄 수 있는 게 뭡니까?

소피 : 이 병장이 끝까지 보호하려고 하는 사람… 오경필의 안전이에요.

　　　　 -박상연 원작, 박찬욱 외 각색, 「공동 경비 구역 JSA」-

'소피'는 본격적으로 수사 내용을 공개하고 있습니다. 먼저 '수정'의 얼굴을 보여 주자 '당황'하는 '수혁'입니다. '수정'은 국군인 '남성식'의 동생이었습니다. 기억이 안 나면 [앞부분의 줄거리]에서 확인하고 왔어야 해요! 그런데 인민군인 '정우진'이 그린 초상화에 '수정'의 얼굴이 있다고 해요! 거기에 '정우진'의 시신에 '수정'의 것으로 추정되는 사진도 들어 있구요. 국군 병사의 여동생 초상화와 사진이 인민군 병사에게서 나왔다는 건, '소피'가 말하는 것처럼 네 명의 병사가 친하게 지냈다는 증거로 쓰일 수 있겠습니다. '소피'의 엄청난 추리력을 볼 수 있네요.

애써 담담한 척하는 '수혁'에게, '소피'는 진실을 알려줄 것을 요구합니다. 그 대가로 '오경필'의 안전을 지켜주겠다고 하죠. 이제 보니 [앞부분의 줄거리]에 나왔던 총격 사건은 사실 네 병사가 친하게 지냈다는 것과 관련된 사건이었나봅니다. 자세한 내막은 모르겠지만, 이 정도로만 읽어내도 정말 훌륭할 것 같아요. 참고로 이 영화 참 재미있습니다. 시간이 되실 때 한 번 보시는 걸 추천드려요 ㅎㅎ

선지	①	②	③	④	⑤
선택률	3%	3%	5%	5%	84%

15 윗글의 인물에 대한 설명으로 가장 적절한 것은? ⑤

– 인물관계가 복잡했던 지문이니 이런 문제가 나올 수 있겠죠. 우리는 '소피'와 '아버지'의 이야기, '소피'와 '수혁'의 이야기, 그리고 그 속에서 나타난 네 명의 병사 사이의 이야기 등에 대해 제대로 이해하고 있습니다. 이를 바탕으로 선지 판단해봅시다.

① '소피'의 아버지는 전쟁이 끝나자 북으로 귀환한다.

선지 유형	근거가 있어서 허용 불가능
실전에서의 판단 과정	중립국을 택했지.
해설	'장연우'라는 소피의 아버지는 중립국을 택한 76명 중 한 명이었습니다. '소피'가 '보타'의 말을 듣고 놀라는 장면에서 그 근거를 정확하게 잡았다면 기억에 남을 만한 정보였어요.

② '소피'는 사건의 진실에 대해 조사 의지가 없다.

선지 유형	근거가 있어서 허용 불가능
실전에서의 판단 과정	진실 너무 궁금해하던데?

선지	①	②	③	④	⑤
선택률	7%	10%	5%	4%	74%

해설	수혁에게 경필의 안전을 볼모로 잡고 진실을 요구하고 있습니다. 진실 조사 의지가 없다는 건 절대 허용할 수 없네요.

③ '수혁'은 '소피'의 아버지의 전력을 듣고 '소피'를 경계한다.

선지 유형	근거가 있어서 허용 불가능
실전에서의 판단 과정	친근감이 들었다며.
해설	'수혁'은 '소피'의 아버지의 이야기를 듣고 '주저 없이' 친근감이 들었다고 했습니다. 이렇게 시나리오 지문에서는 지시문 같은 '대사 외 부분'이 중요합니다. '주저 없이'라는 지시문을 보고 '수혁'이 진심으로 친근감이 들었다는 걸 알 수 있는 것이죠. 이를 근거로 하면, '수혁'이 '소피'를 경계한다는 해석은 절대 허용할 수 없겠네요.

④ '소피'는 '사라진 얼굴'이 누구인지 짐작하지 못한다.

선지 유형	근거가 있어서 허용 불가능
실전에서의 판단 과정	수정일 것이라고 추측하고 있잖아.
해설	'소피'는 '사라진 얼굴'을 바탕으로 '수혁'에게 협박(소피 표현대로라면 거래)을 하고 있습니다. 누구인지 짐작하지 못한다면 절대 그럴 수가 없겠죠. 그리고 그 대상은 맥락을 고려했을 때 '수정'일 것입니다. 국군 병사의 동생인 '수정'의 사진이 인민군 병사에게서 나온 것으로 그들이 친하게 지냈음을 추측한 것이죠.

⑤ '소피'는 '수혁'이 '오경필'의 안전을 염려한다고 생각한다.

선지 유형	근거가 있어서 허용 가능
실전에서의 판단 과정	그러니까 오경필 안전을 볼모로 잡은 거지.
해설	'소피'는 '수혁'에게 진실의 대가로 '오경필'의 안전을 제시합니다. 거래의 대상으로 삼았다는 건, 상대가 그것을 필요로 한다고 여겼기 때문이겠죠? '소피'에게 공감했다면 쉽게 지워낼 수 있네요.

16 ⓐ~ⓔ에 대한 설명으로 적절하지 <u>않은</u> 것은? ⑤

① ⓐ의 공간 범위는 팔각정 내부뿐만 아니라 외부도 포함한다.

> ⓐS#79. 팔각정 (낮)
>
> 팔각정에서 본 판문각 근처 부감* 전경 — 대질 심문을 받고 나온 수혁, 경필 일행이 회담장 앞에서 각각 차를 타고 현장을 떠난다. 카메라, 후진하면서 팔각정 내부로 초점 이동하면 보타의 손이 쑥 들어와 서류 봉투를 내민다.
>
> * 부감 : 카메라가 인물의 시선보다 높은 곳에서 아래로 내려다보며 촬영하는 것.

선지 유형	근거가 있어서 허용 가능
실전에서의 판단 과정	내부 외부 전부 나오네.
해설	판문각 근처 '부감'을 근거로 하면 '외부'를 공간 범위로 허용할 수 있겠고, 그 밑에 '팔각정 내부'로 초점을 이동했다는 것을 보고 '내부'도 공간 범위로 허용할 수 있겠네요.

② ⓑ는 '소피'가 직무에서 해제되는 원인이 된다.

> 보타 : (영어) 표 장군이 매우 잽싸게 움직였더군. 국방부, 외무부, 인도, 아르헨티나, 스위스 대사관… 며칠 사이 정보란 정보는 다 모았어. 표 장군으로선 ⓑ<u>전 인민군 장교의 딸인</u> 자네에게 사건을 맡길 수 없었겠지.

선지 유형	근거가 있어서 허용 가능
실전에서의 판단 과정	이것 때문에 사건을 맡길 수 없다며.
해설	전 인민군 장교의 딸인 '소피'에게 사건을 맡길 수 없다고 했으니 허용할 수 있네요. 다 전반적인 내용을 이해하고 있는지 묻고 있습니다.

③ ⓒ는 '소피'가 네 병사의 관계를 짐작하게 된 단서이다.

> 과녁판에 나란히 부착된 ⓒ석 장의 이미지. 충격받은 표정의 수혁.
>
> 소피 : '사라진 탄환'이 남 일병의 알리바이를 깨는 증거였다면… (얼굴이 찢겨 나간 사진을 가리키며) '사라진 얼굴'은 네 명의 병사가 오랫동안 친하게 지냈다는 걸 뜻하는 증거죠.

선지 유형	근거가 있어서 허용 가능
실전에서의 판단 과정	이거 붙이고 나서 바로 관계를 짐작하고 있네.
해설	석 장의 이미지를 바탕으로 '네 명의 병사'가 오랫동안 친하게 지냈다는 것을 짐작하고 있으니 허용할 수 있습니다.

④ ⓓ는 '수혁'이 진실을 밝히느냐에 따라 어느 것이 제출될지가 정해질 것이다.

> ⓓ노란색과 빨간색 디스켓 두 개를 꺼내 보이는 소피.
>
> 소피 : 완전히 다른 두 개의 수사 보고서예요. 내가 뭘 제출하느냐는 이 병장한테 달렸어요. 진실을 말해 준다면 난 후임자한테 어떤 증거나 추리도 제공하지 않겠어요.

선지 유형	근거가 있어서 허용 가능
실전에서의 판단 과정	그렇다고 했지.
해설	거래의 내용이죠. 지문을 이해하며 읽었다면 쉽게 지울 수 있습니다.

⑤ ⓔ는 '수혁'이 수사본부에 있는 '소피'를 만나러 온 이유이다.

> 영문을 모르고 불려 온 수혁이 가만히 지켜보는 가운데, ~
>
> 수혁 : 영창을 가든 훈장을 받든 전 관심 없습니다. 그렇다면 ⓔ진실의 대가로 소령님이 저한테 해 줄 수 있는 게 뭡니까?

선지 유형	근거가 있어서 허용 불가능
실전에서의 판단 과정	수혁은 왜 불려 온지 모르고 있었잖아.
해설	수혁은 소피를 만나러 왔다가 진실에 대한 거래를 제안 받습니다. 진실을 말해주려고 소피를 만난 것이 아니에요. S#82을 보면 수혁은 '영문도 모르고' 불려온다는 명확한 근거도 제시되어 있죠? 여기서도 '대사 외 부분'에 나온 '행동 및 심리의 근거'가 정답의 근거로 사용되었네요.

선지	①	②	③	④	⑤
선택률	3%	5%	4%	3%	85%

17 윗글을 영상화한다고 가정할 때, ㉠~㉫에 해당하는 감독의 연출 계획으로 적절하지 <u>않은</u> 것은? [3점] ⑤

– 극문학에서 자주 출제되는 유형입니다. 핵심은 실제 영화 장면을 상상해보는 것이에요. 실제 영화라면 '허용'될 만한 연출 계획인지 따져주시면 됩니다.

① ㉠과 ㉡은 각각 관측경과 쌍안경으로 상대측을 바라보는 장면을 설정하여 남북한 대치 국면에 있는 S#79 공간의 특수성을 그려야겠어.

> ㉠보타의 관측경으로, 판문각 앞에서 쌍안경을 들고 이쪽을 관찰하는 북한 군인이 보인다.

> ㉡판문각 쪽에서 북한 군인의 쌍안경 시점으로, 사진을 보고 있는 소피의 모습이 잡힌다.

선지 유형	근거가 있어서 허용 가능
실전에서의 판단 과정	남측의 보타와 북측의 북한 군인이 서로를 지켜 보고 있네.
해설	'보타'는 남측에 있는 사람인데, '관측경'을 가지고 '북한 군인'을 보고 있습니다. '북한 군인' 역시 '쌍안경'을 가지고 남측에 있는 '소피'를 보고 있죠. 이러한 장면은 대치 국면 속에서 남북이 서로 감시하고 있는 '판문각'의 특수성을 잘 드러낼 수 있는 연출 계획이라고 할 수 있겠습니다.

② ⓒ은 인물에 초점을 맞추는 촬영과 달리 사진이나 기록 영상물을 제시하여 당시 상황을 보여 주어야겠어.

보타의 설명 사이사이, 한국전 당시 거제도 포로수용소의 생활과 좌우 투쟁, 종전 후 공산 포로 북송, 반공 포로 석방 및 제3국행 포로의 출발과 도착 장면들이 사진과 기록 영화 화면으로 편집된다.

보타 : (영어) (목소리) ⓒ한국전 당시 거제도에는 인민군 포로 수용소가 있었지. 그 속에서 공산주의자와 반공주의자, 두 무리 간엔 처참한 살육이 계속됐어. 종전되고 그들에게 선택권이 주어졌어. 남으로의 귀순이냐, 북으로의 귀환이냐… 그 17만 포로 중 76명은 둘 다를 거부했어. 그들 중 지금도 행방이 묘연한 사람이 있네. 바로… 자네 아버지 장연우 같은 사람이지.

선지 유형	근거가 있어서 허용 가능
실전에서의 판단 과정	기록 영화 화면으로 편집한다며.
해설	ⓒ 바로 앞에서 '사진과 기록 영화 화면'으로 편집되었다는 이야기가 나오죠? 이는 인물에 초점을 맞추는 촬영과는 다른 연출 계획이라고 할 수 있는 기법입니다. 쉽게 허용할 수 있네요.

③ ⓐ은 동그라미 처진 얼굴을 확대 촬영하여 '소피'의 아버지가 포로 중 한 사람이었다는 사실을 환기해야겠어.

소피, 놀란 얼굴로 손에 든 다른 사진을 내려다보면 거제 포로 수용소에서 포로들, 결박당한 채 쪼그리고 앉아 있다. ⓐ그중 동그라미가 처진 사람 얼굴로 줌인*.

* 줌인 : 피사체의 크기를 점점 확대 촬영하는 것.

선지 유형	근거가 있어서 허용 가능
실전에서의 판단 과정	아버지 얘기하고 있었으니 당연히 아버지 얼굴로 줌인해야겠지.
해설	한창 아버지 이야기를 하고 있다가 동그라미 처진 사람 얼굴을 줌인했으니, 그 사람이 '아버지'임을 환기하는 연출 계획이라고 할 수 있겠죠.

④ ⓜ은 대사 없이 인물의 행동과 소품으로 인물의 심리를 간접적으로 표현해야겠어.

ⓜS#81. 소피의 숙소 (낮)
침대에 가방을 올려놓고 짐을 싸는 소피. 사진 액자를 가방에 넣으려다 말고 들여다본다. 어린 시절의 소피와 스위스인 엄마 사진. 액자 뒤를 열어 가족사진을 꺼낸다. 접힌 부분을 펴자 숨겨진 아버지의 모습이 온전히 나타난다. 물끄러미 사진을 바라보는 소피.

선지 유형	근거가 있어서 허용 가능
실전에서의 판단 과정	대사가 없네.
해설	S#81에는 인물의 대사가 없으니 허용할 수 있네요. 가방과 사진 액자 등 소품도 제시되어 있고요. 나아가 산문문학에서 보여지는 인물의 행동, 그리고 사용된 소품 등은 당연히 인물의 내면세계를 간접적으로나마 표현할 것입니다. 애초에 작가나 감독이 그런 부분만 선택해서 제시할 것이니까요. 어렵지 않게 허용할 수 있겠네요.

⑤ ⓗ은 사건의 맥락이 관객에게 인지될 수 있도록 실내 전체를 한 화면에 담아야겠어.

ⓗ소피, 당황한 듯 잠시 침묵했다가 군복 안에 받쳐 입은 터틀넥 스웨터의 목을 젖혀 보인다. 목에 나 있는 피멍 자국.

선지 유형	근거가 있어서 허용 불가능
실전에서의 판단 과정	목에 피멍을 보는데 왜 실내 전체를 담냐.
해설	스웨터를 젖혀 보였다는 건 스웨터 부분(목의 피멍 자국)을 보라는 건데, 실내 전체를 한 화면에 담으면 목이 잘 안 보이겠죠? '목을 보여 줘야 한다'라는 의도를 제대로 실현할 수 없는 연출 계획이니 틀린 선지가 되겠습니다.

몰랐던 어휘 정리하기

| 핵심 point |

① **허용 가능성 평가** : 선지의 내용을 '허용'하려는 태도를 바탕으로 지문을 '독해'하며 '근거'를 찾아야 합니다. 허용할 수 있는 '근거'가 있어야만 허용할 수 있습니다. 주관적인 생각을 개입시키면 안 됩니다.

② **극문학 독해** : 소설과 마찬가지로, '심리와 행동의 근거'를 바탕으로 인물에게 '공감'하며 읽어야 합니다. 이 과정이 물 흐르듯 이어지면 지문의 내용을 완벽하게 이해할 수 있어요. 이때 '대사 외 부분'에 주목하며 장면을 상상하면서 읽으면 훨씬 깊게 받아들일 수 있을 것이에요.

| 지문 내용 총정리 |

숨겨진 사건의 진실을 파악해나가는 것이 중요한 지문이었습니다. 그 과정에서 심리/행동의 근거가 또 핵심이 되는 모습이었죠? 나아가 극문학답게 '대사 외 부분'이 중요하게 다뤄지기도 했네요. 극문학은 훨씬 어렵게 나올 수 있으니, 더 많은 지문들로 많이 연습해보도록 합시다.

〈보기〉 확인

[보기]

　이 작품은 신체의 감각을 활용해 '나'의 체험을 다양하게 형상화한다. 청각을 통해 현실에 대한 타인과의 인식 차이를 나타내거나, 과거 경험을 후각화하여 상징적으로 표현한다. 시각을 통해서는 긴장 상태에서 극대화된 감각 체험을 보여 주는 한편 전쟁의 실상을 체험하면서 갖게 된, 현실에 대한 체념을 드러낸다. 또한 체념 상태를 흔드는 사건을 주시하면서 생기는 번민을, 행동을 통해 제시한다. 이는 '나'가 사막 같은 현실에 발을 내딛는 계기로 작용한다.

'감각'을 활용해 '나'의 체험을 다양하게 형상화하는 작품이라고 합니다. 어떤 체험인가 했더니, '전쟁의 실상'에 대한 내용이네요. 전쟁 상황에 대한 체험이라는 주제를 확실하게 잡아놓고, 인물에게 공감하며 읽어보도록 합시다.

지문 독해

　나는 집에 도착한 그 첫 순간에 베일에 가린 듯이 모든 사물, 모든 사람들로부터 차단된 나 자신을 느꼈다. 집에서 맞는 첫날 아침을 나는 이상한 비현실감 속에서 맞았다. "이런 전선에서 두부 장수 종소리, TV에서 흘러 나오는 노랫소리, 수돗물이 넘치는 소리가 웬일까?" 라고 중얼거리며 주위를 둘러보았던 것이다. '이런 전선에서'란 느낌은 어떤 긴박한 위기에 대처한 생생한 의지였다. 그것은 아직도 내 몸에 밴 전쟁 냄새였다. 그런데 두부 장수 종소리, 유행가 소리 따위를 의식했을 때 나는 뭔가 맥이 탁 풀리는 것 같았다. 나의 안에 있는 긴박감에 비해서 밖은 너무도 무의미하고 태평스럽고 어쩌면 패덕스럽기까지 했다. 나미도, 학교 공부도, 또 나로부터 그토록 수많은 밤을 앗아 갔던 아틀리에도 예외일 수는 없었다. 나는 그것들과의 관계를 다시 시작할 하등의 흥미도 관심도 없었다. 나날이 권태스럽고 짜증스럽기만 했다. 이따금 나는 내 안의 긴장에 대해서, 적어도 숨김없는 그 진실에 대해서 누군가에게 말하려 애써보았다. 그러나 이해하는 사람은 아무도 없었다.

시작부터 '나'의 체험이 제시되고 있습니다. '나'는 어딘가로부터 (아마 전쟁터겠죠?) 집에 도착한 순간 주변으로부터 '차단'된 느낌을 받았다고 해요. 왜 이런 심리를 보이나 했더니, 자신의 몸에 밴 '전쟁 냄새'와 다르게 밖은 너무나 평온했기 때문이네요. '나'는 이런 상황에서 '맥이 탁 풀리고', '권태스럽고 짜증스러운' 심리를 보입니다. 공감하기가 어렵지는 않죠? 전쟁에서 돌아와 잔뜩 긴장한 상태인데, 주변이 너무나 태평하다면 저런 감정을 느낄 법도 합니다. 전쟁이라는 상태에서 현실로 복귀하지 못하는 모습이에요.

　그렇다. 이제 생각이 난다. 며칠 전 다방에서의 일이. 실내엔 담배 연기가 꽉 차 있었고 선정적인 허스키로 어떤 여자가 느린 곡조로 노래를 들려주고 있었다. 어쩌다가 내가 나미에게 그 얘기를 들려주려고 했는지 알 수가 없다. 나는 다음과 같이 그 얘기를 시작했다.

그러다 '나'는 '며칠 전'의 이야기를 회상하고 있습니다. 과거로 시간이 변했다는 건 확실하게 체크해야겠네요. 여기서 '나'는 '나미'라는 인물에게 어떠한 '얘기'를 들려주고 있어요. 어떤 이야기일지 기대하면서 읽어봅시다.

　나는 D고지에서 전투 중인 ○○ 연대 근처까지 물을 실어다 주라는 명령을 받았어. 음료수가 떨어져서 전 연대원이 전투는 고사하고 타는 듯한 갈증과 싸우고 있다는 소식이었어. T에서 거기까진 팔십 킬로 거리였지. 나와 한병장은 밤중에 급수차를 몰아 T를 떠났어. 〈한 치 앞도 가릴 수 없는 어둠과 정적. 목쉰듯한 엔진 소리는 어둠과 정적의 벽에 부딪혀 바로 우리의 귓가에서 부서지고, 부챗살 모양으로 어둠이 지워진 헤드라이트의 반경 속에선 사물이 극도로 정밀해져 마치 입체 영화에서처럼 눈 속으로 뛰어들었지. 그 정밀함이란 길바닥에 뒹구는 돌에 묻은 티, 풀포기에 매달려 잠자는 벌레 따위의 미세한 것들까지도 죄다 눈에 잡히는 듯했어.〉 나는 온갖 사물들이 바로 내 심장에 맞닿아 있는 듯한 그런 느낌을 이전엔 한 번도 가져 보지 못했어. 이따금씩 여우나 늑대 따위들이 길을 횡단하여 쏜살같이 사라지곤 했어. 어둠 속에서 한가로이 떠돌던 나방이 떼들은 갑작스런 불빛에 방향 감각을 잃고 윈도에 머리를 부딪혀 빗방울처럼 떨어져 죽었고. 나는 운전하고 있는 한병장의 팔을 건드리며 유리창을 가리켰지. 그는 겁에 질린 해쓱한 표정으로 나를 힐끔 곁눈질했을 뿐이야. 그렇지, 혈관 속을 움직이는 피의 선회마저 느낄 듯한 이 비상한 감각, 그리고 심연에서 샘처럼 솟아오르는 넘칠 듯한 생동감이 없이는, 저 유리창에 부딪혀 죽는 나방이 따위야 아무것도 신기할 것이 없지, 라고 생각하며 나는 혼자서 빙긋 웃었어.

'나'가 '나미'에게 들려준 '얘기'는 전쟁터에서의 체험이었습니다. 이 체험을 이해하는 건 어렵지 않을 것 같아요. T라는 곳에서 D 고지까지 '한병장'과 함께 급수차를 몰고 가는 상황의 긴장감을 제시하고 있습니다. 〈 〉 표시한 배경 묘사 부분에서 여러분도 괜히 긴장되는 느낌을 느끼셨다면 정말 잘 읽고 있는 거예요.

그러면서도, 이 부분을 일종의 'skip 가능 구간'으로 여길 수 있으면 좋겠습니다. 전쟁터에서 작전을 수행하며 긴장되는 상황을 길게 나열하고 있기 때문에, 다 똑같은 말이라고 생각하면서 가볍게 처리해주시면 되는 거예요.

> [A]
> 한병장이 다시 얼굴을 힐끔 돌리며 잡아 늘이는 듯한 목소리로 말했어. "차일병은 무섭지 않나?" "아뇨, 전연." "대단하군. 여기선 적이 언제 어디서라도 나타날 수 있지." "저는 적보다 진정으로 무서운 건 무감각이라고 깨달았습니다." "나는 제대하면 곧장 결혼할 거야." "언젭니까, 제대가?" "석 달 남았지." "저는 지금까지 마치 꿈을 꾸다가 깨어난 것 같아요. 이곳에 온 뒤론 바로 생명의 한가운데를 관통하는 느낌입니다." 그런데 중간에서 엔진이 고장났지. 몇 시간 지체하고 나니 벌써 **동이 트더군**. 이제부터 정말 위험이 시작된 것이라 싶더군. 왜냐하면 적의 정찰 비행에 발견되면 공중 사격을 받을 우려가 있는 데다 **불볕 같은 폭염**이 사정 없이 쏟아져 그도 또한 견디기 어려운 문제였지.

이렇게 긴장되는 상황이 지속되고 있습니다. '나'와 '한병장'이 대화를 주고받고 있는데, 이 장면에서 누가 어떤 대사를 하고 있는지 정확하게 이해할 수 있어야 합니다. '병장'과 '일병'이라는 계급을 생각하고, 반말과 존댓말을 쓰는 게 누구인지 체크하며 읽으면 어렵지 않았을 거예요. 나아가 이들의 대화가 제대로 이어지지 않는 모습을 보고서, 극도의 긴장감이 맴도는 상황을 더욱 확실하게 이해할 수 있겠죠?

이러던 와중에 엔진이 고장난 모습입니다. 동이 트고, 둘은 더 깊은 긴장감으로 빠져들고 있어요. 여러분도 똑같은 느낌을 받아주시면 됩니다.

(중략)

아까부터 나는 창 옆에서 노인 이 나타나기를 기다리고 있었다. 오늘도 그가 그토록 진지한 얼굴로 잃어버린 물건을 계속 찾을 것인지. 대체로 그렇지 못할 것이라고 나는 믿고 있다. 그러나 만에 하나라도 노인이 어제와 같은 모습으로 내 앞에 나타난다면 무료한 가운데서도 어떤 안정성을 획득하고 있던 나의 생활은 송두리째 무너질지도 모른다. 그가 창밖에서 뭔가 열심히 찾고 있는 한 나는 계속 도전을 받는 셈이기에. 때문에 사실을 좀 더 명확하게 파악할 필요가 있다. 노인이 찾고 있는 물건의 정체가 무엇인지, 그런저런 것을 알아보노라면 노인의 그와 같은 숙연한 태도와 잃어버린 물건 사이의 상관관계도 알게 될 것이다. 아무튼 이제 나는 그와 한마디 얘기라도 나눠 보지 않으면 못 견딜 것 같은 심정이다.

(중략) 이후의 상황입니다. '나'는 갑자기 어떤 '노인'을 기다리고 있어요. '노인'이 어떤 인물이길래 그러나 했더니, 잃어버린 '물건'을 찾고 있는 사람이었어요. '나'는 '노인'이 오늘은 그것을 찾지 않을 것이라고 믿고 있습니다. 정확히는 찾지 않을 것을 바라고 있다고 할 수 있겠죠. 만약 그 물건을 계속 찾으려 한다면 자신의 생활이 송두리째 무너질지도 모른다고 하면서 말이에요. '노인'이 물건을 찾는 것과 '나'의 생활이 어떤 관련이 있는지는 잘 모르겠지만, 일단 그렇다고 하니 '나'에게 최대한 공감하면서 읽어봅시다. 드디어 전쟁에서 벗어나 '안정성'을 획득하고 있는데, 그러한 상황을 흔드는 위기가 나타난 거예요.

> [B]
> 드디어 자전거에 짐을 싣고 공터 안으로 들어오는 노인의 모습이 눈에 잡힌다. 그 곁엔 개가 종종걸음으로 따르고 있다. 어제와 거의 같은 장소에서 노인은 자전거를 멈추고 짐을 내린다. 비치파라솔 · 궤짝 · 연탄불 따위들이 착착 있을 곳에 놓여진다. 그런데 얼마 후에 나를 놀라게 하는 일이 벌어진다. 준비를 끝낸 노인은 이내 포장 안에서 빠져나와 개를 데리고 물웅덩이 쪽으로 가는 게 아닌가. 개는 하루 사이 아주 눈에 띄게 쇠약한 모습이고, 노인도 피곤하고 지친 모습이긴 하나 끈질긴 어떤 힘이 그의 전신에서 면면히 솟아 나오고 있는 듯하다. 나는 완전히 안정을 잃고 방 안을 오락가락했다. 믿어지지 않는다. 거짓말이다. 무엇이 노인에게 저토록 소중하게 여겨진단 말인가. 아니, 노인은 무슨 실없는 망상을 하고 있는 걸까. 나는

　　방에서 뛰쳐나왔다.

드디어 '노인'이 나타났습니다. 이것저것하다가, 갑자기 '나'를 '놀라게' 하는 일을 합니다! 왜 놀라는 걸까요? 그렇죠. '노인'이 '물건'을 찾지 않을 줄 알았는데 찾는 모습을 보이고 있으니까요! '나'는 완전히 '안정을 잃고' 방 안을 오락가락하는 모습입니다. 왜 이러는지는 알 수 없지만, '노인' 때문에 '나'의 멘탈이 무너졌다는 것만 확실하게 이해하면 어렵지 않게 읽어나갈 수 있겠네요. '노인'이 물건을 찾는 행위의 의미 같은 내용이 아니라, '나'의 심리에 주목할 수 있어야 해요. 결국 소설 독해의 핵심은 '인물에 대한 공감'이니까요.

선지	①	②	③	④	⑤
선택률	7%	80%	2%	10%	1%

18 [A]와 [B]의 서술상 특징에 대한 설명으로 가장 적절한 것은? ②

– [A]와 [B]의 '서술상 특징'을 묻고 있습니다. [A]는 '한병장'과 '나'가 대화를 나누는 장면, 상황이 변하면서 긴장감이 고조되는 장면 등을 실감나게 전달하고 있고, [B]는 '노인'의 모습을 바라보는 '나'의 심리를 그리고 있어요. 이 정도 생각하고 비슷한 말을 찾으러 가봅시다.

① [A]는 회상 장면을 삽입하여, [B]는 시간의 흐름에 따라 사건을 서술하여 인물들이 처한 상황을 객관적으로 전달하고 있다.

선지 유형	근거가 있어서 허용 불가능
실전에서의 판단 과정	1인칭 시점인데 객관적 전달은 너무하지.
해설	[A]에 회상 장면이 등장하는 것도 맞고, [B]에 시간의 흐름이 나타나는 것도 맞지만 인물의 상황을 '객관적'으로 전달한다는 건 지문의 내용에 완전히 어긋나죠? 이 작품은 '나'라는 사람의 '주관적'인 체험을 전달하고 있어요.

② [A]는 구어체를 활용하여 경험한 사실을, [B]는 현재형 시제를 활용하여 관찰하고 있는 사실을 생생하게 나타내고 있다.

선지 유형	근거가 있어서 허용 가능
실전에서의 판단 과정	생각했던 내용 그대로네.
해설	[A]는 애초에 '나'가 '나미'에게 이야기를 해 주는 부분이기 때문에 구어체를 사용하여 경험한 사실을 전달하는 게 당연하고, [B]에서도 다양한 현재형 어미(-ㄴ다)를 활용하여 '노인'을 관찰하는 모습을 전달하고 있으니 충분히 허용할 수 있겠습니다.

③ [A]는 공간 이동에 따라 일어나는 사건을 통해, [B]는 공간에 대한 묘사를 통해 인물들의 외적 갈등을 심화하고 있다.

선지 유형	근거가 없어서 허용 불가능
실전에서의 판단 과정	외적 갈등이 나타나지는 않지.
해설	'급수차'를 타고 있는 모습이 나타나는 [A]에는 '공간의 이동'이 있다고 할 수 있겠고, '노인'의 '한 공간'에서의 모습을 지켜보고 있는 [B]에서는 '공간에 대한 묘사'가 나타난다고 할 수 있겠습니다. 하지만 두 장면 모두 '외적 갈등'이 드러난다고 보기는 어려워요. [A]와 [B] 모두 '나'가 느끼는 긴장감, 괴로움 등의 '내적 갈등'만 나타날 뿐, '외적 갈등'을 허용할 만한 근거를 찾기는 어렵습니다.

④ [A]는 인물 간의 대화를 삽입하여, [B]는 인물들의 반복되는 행동을 제시하여 갈등 해소 과정을 보여 주고 있다.

선지 유형	근거가 없어서 허용 불가능
실전에서의 판단 과정	갈등 해소가 어딨어.
해설	[A]에 대화가 삽입된 것은 맞습니다. 반면 [B]에는 '노인'의 행동이 드러날 뿐, '인물들의 반복되는' 행동은 드러나지 않죠? 거기에 '갈등 해소 과정'이 드러난다는 것 역시 너무나 헛소리구요. 지금까지 많은 소설 기출문제를 풀어봤다면, '갈등 해소 과정'이 맞는 선지로 나온 경우가 거의 없다는 것도 경험적으로 알고 있었을 겁니다. 보통 수능 지문으로 발췌되는 부분이 '위기'와 '절정' 단계이기 때문에 그래요. 이런 것까지 챙겨가세요!

⑤ [A]는 중심인물의 말을 제시하여, [B]는 주변 인물의 말을 제시하여 사건들의 인과 관계를 드러내고 있다.

선지 유형	근거가 없어서 허용 불가능
실전에서의 판단 과정	인과 관계는 핵심이 아니지.

해설	[A]는 허용할 수 있을 것 같은데, [B]에서는 '주변 인물의 말'을 제시하지 않았죠? 그저 '노인의 행동 및 그로 인한 '나'의 심리를 드러내고 있을 뿐입니다.

선지	①	②	③	④	⑤
선택률	81%	4%	3%	7%	5%

19 윗글에 대한 이해로 가장 적절한 것은? ①

① '나'는 일상을 권태롭고 짜증스럽게 느끼는 상황에서 '나미'를 만나 전쟁의 경험담을 전한다.

선지 유형	근거가 있어서 허용 가능
실전에서의 판단 과정	권태롭고 짜증스럽게 느끼고 있던 것 맞지.
해설	바로 정답으로 고를 수 있어야겠죠? '나'의 '권태롭고 짜증스러운' 심리와 그 근거, '나미'와 만나 전쟁의 이야기를 전하는 상황 등을 이해했다면 너무나 쉬운 선지가 되겠네요.

② '나'는 D고지로 향하는 도중 음료수가 떨어져 곤란함이 가중된 상황에 처한다.

선지 유형	근거가 있어서 허용 불가능
실전에서의 판단 과정	음료수가 떨어져서 곤란한 게 아니었지.
해설	음료수가 떨어진 건 D 고지의 병사들이고, '나'는 그곳으로 음료수를 전달하러 가는 길이었습니다. 나아가 '나'가 '곤란함'에 처한 것은 엔진이 고장나서 날이 밝았기 때문이었죠? 심리의 근거에 주목할 것을 요구하고 있네요.

③ '나'와 '한병장'은 어둠을 밝히는 헤드라이트로 인해 적의 정찰 비행에 발견되어 공격을 받는다.

선지 유형	근거가 없어서 허용 불가능
실전에서의 판단 과정	그랬으면 살아 있을 리가 없지.
해설	동이 트자 적의 정찰 비행에 발견되어 공격을 받을 수 있다며 두려움에 떠는 모습만 등장했죠. 실제로 공격을 받지는 않았어요. 실제로 공격을 받았다면 전쟁 이후 '집'으로 돌아간 '나'가 존재할 수 없을 겁니다.

④ '나'는 임무 수행 중에 결혼할 계획을 밝히며 귀환 후의 꿈 같은 생활에 대한 기대를 갖는다.

선지 유형	근거가 있어서 허용 불가능
실전에서의 판단 과정	결혼 얘기한 건 한병장이지.
해설	결혼 계획을 꿈꾸는 건 '한병장'이었습니다. 대화가 나오면, 누구의 대사인지 정확하게 체크하는 것이 중요해요.

⑤ '나'는 전장에서 귀환한 후 자신의 긴장감을 이해해 주는 사람들을 만난다는 사실에 생동감을 느낀다.

선지 유형	근거가 있어서 허용 불가능
실전에서의 판단 과정	권태롭고 짜증났지.
해설	'나'는 전장에서 귀환한 후 '권태, 짜증' 등을 느낍니다. 하지만 아무도 '나'의 말을 이해하지 못하고 있었어요. 이러한 상황은 '나'를 더 힘들게 하는 요인으로 작용하고 있었죠?

선지	①	②	③	④	⑤
선택률	68%	3%	7%	12%	10%

20 ⓐ, ⓑ에 대한 이해로 적절하지 <u>않은</u> 것은? ①

나는 집에 도착한 그 첫 순간에 베일에 가린 듯이 ⓐ <u>모든 사물, 모든 사람</u>들로부터 차단된 나 자신을 느꼈다.

노인이 찾고 있는 ⓑ <u>물건</u>의 정체가 무엇인지, 그런저런 것을 알아보노라면 노인의 그와 같은 숙연한 태도와 잃어버린 물건 사이의 상관관계도 알게 될 것이다.

- ⓐ는 '나'가 차단된 느낌을 받는 '전쟁터 밖의 세상' 그 자체이고, ⓑ는 '나'에게 절망을 준 '노인'이 찾고 있는 것입니다. 이 내용을 근거로 해서 선지 판단에 나서보도록 합시다.

① '나'는 '노인'의 변화된 모습을 통해 ⓑ를 찾는 '노인'의 행위가 중단될 것임을 예감한다.

선지 유형	근거가 있어서 허용 불가능
실전에서의 판단 과정	예감한 건 아니지.
해설	'나'가 ⓑ를 찾는 '노인'의 행위가 중단될 것이라고 생각하기는 하지만, 이건 '노인'을 다시 만나기 전의 소망에 불과합니다. '믿음'이라고 표현하긴 했지만 그저 그렇게 바랄 뿐이었지, '예감'이라고 할 수는 없어요! (중략) 이후에 드러난 '나'의 마음에 정확히 공감할 수 있는지 묻는 선지였습니다. 나아가 이러한 생각이 '노인'의 변화된 모습을 통해 이루어진 것도 아니죠? '피곤하고 지친 모습'과 같은 '노인'의 변화된 모습을 보기 전부터 '나'는 '노인'이 ⓑ를 찾는 행위를 중단할 것이라고 믿고 있었습니다. 특정한 근거를 찾아서 해결하기보다는 '나'의 마음에 공감하면서 읽다 보니 당연하게 틀린 선지임을 알게 되었다는 식으로 해결할 수 있으면 좋겠습니다.

② '나'는 ⓑ의 정체와 '노인'이 ⓑ를 찾는 태도 사이의 상관관계를 알고 싶어한다.

선지 유형	근거가 있어서 허용 가능
실전에서의 판단 과정	상관관계 알고 싶어하네.
해설	이 내용을 정확히 기억하는 건 어렵지만, ⓑ 근처로 돌아가서 조금만 눈알을 굴려봤다면 찾을 수 있는 내용이네요. 지문에 있는 말을 그대로 적어두고 있죠?

③ '나'는 '노인'이 ⓑ를 가치 있는 대상으로 여기고 있다고 판단한다.

선지 유형	근거가 있어서 허용 가능
실전에서의 판단 과정	그러니까 열심히 찾는 것이라고 생각하겠지.
해설	선지를 보고 그 자체로 허용할 수도 있고, 마지막 부분의 '무엇이 노인에게 저토록 소중하게 여겨진단 말인가.'를 근거로 허용할 수도 있겠죠. 내용을 이해했다면 딱히 근거를 잡지 않고도 허용할 수 있었을 거예요. 여러분도 그랬죠?

④ '나'는 자신과 ⓐ의 관계에 대해 타인들은 이해하지 못한다고 생각한다.

선지 유형	근거가 있어서 허용 가능
실전에서의 판단 과정	그래서 더 힘들어했었지.
해설	'나'는 자신이 '모든 사물'로부터 '차단'된 느낌을 받지만, 알아 주는 이 없는 현실에 답답함을 느끼고 있었습니다. 이번에도 인물에 대한 '공감'을 기반으로 접근했다면 너무나 쉽게 답을 고를 수 있었네요.

⑤ '나'는 ⓐ로부터 소외된 상태에, '노인'은 ⓑ를 상실한 상태에 있다.

선지 유형	근거가 있어서 허용 가능
실전에서의 판단 과정	ⓐ, ⓑ에 대한 설명 그 자체네.
해설	'나'가 ⓐ로부터 소외되어 있다는 건 4번 선지와 같은 논리로 허용할 수 있고, '노인'이 ⓑ를 상실한 상태라는 건 그것을 찾는 행동을 근거로 해서 쉽게 허용할 수 있죠.

선지	①	②	③	④	⑤
선택률	5%	7%	6%	66%	16%

21 〈보기〉를 참고하여 윗글을 감상한 내용으로 적절하지 않은 것은? [3점] ④

① '집에서 맞는 첫날 아침'의 느낌을 '나'가 '전선에서' 느끼는 '전쟁 냄새'라고 지각하는 데에서, 과거의 경험이 상징적 감각으로 표현되고 있군.

선지 유형	근거가 있어서 허용 가능
실전에서의 판단 과정	전쟁은 과거에 한 것이고, 이를 냄새로 표현했으니 상징적 감각이라고 할 수 있네.
해설	'나'는 과거에 경험했던 '전쟁'의 느낌을 집에 와서도 느끼고 있습니다. 그리고 이를 전쟁 '냄새'라는 후각적 표현으로 나타내고 있네요. 이 정도면 '상징적 감각'이라는 말도 어렵지 않게 허용할 수 있겠죠?

② '두부 장수 종소리, 유행가 소리'를 듣고 '밖'은 '무의미하고 태평스럽'다고 생각하는 데에서, '나'의 현실 인식이 타인과 다르다는 것을 의식하고 있음이 드러나고 있군.

선지 유형	근거가 있어서 허용 가능
실전에서의 판단 과정	사람들은 저거 좋아하는데 나는 다르게 인식하고 있는 거지.
해설	'두부 장수 종소리', '유행가 소리' 등은 모두 '밖'의 사람들이 당연하게 즐기고 있는 것들입니다. 그런데 전쟁에 다녀온 '나'는 이렇게 사람들이 즐기고 느끼는 소리들이 '무의미하고 태평스럽'다고 생각하고 있어요. 이 정도면 '나'와 타인의 현실 인식이 다르다는 것을 충분히 허용할 수 있겠네요.

③ '돌', '벌레' 같은 것들을 '입체 영화'처럼 보며 '심장에 맞닿아 있는 듯' 체감하는 데에서, 전장의 긴장 속에서 '나'의 감각이 극대화되고 있음이 나타나고 있군.

선지 유형	근거가 있어서 허용 가능
실전에서의 판단 과정	저 정도면 감각 극대화라고 할 수 있지.
해설	'돌', '벌레'와 같은 사물들을 '심장에 맞닿아 있는 듯' 체감하는 것은 극도의 긴장감 속에서 느끼는 '감각의 극대화'라고 할 수 있습니다. 평소에도 저런 걸 '감각'할 수는 있지만, 긴장되는 순간이 되면 '극대화'되어 '감각'할 수 있다는 말이죠. 선지 그대로 허용할 수 있습니다.

④ '방향 감각'을 잃은 '나방이 떼들'이 차창에 '부딪혀' 죽는 것을 목격하는 데에서, '나'가 전쟁의 실상을 깨달음으로써 체념적 현실 인식을 갖게 된다는 것이 나타나고 있군.

선지 유형	근거가 없어서 허용 불가능
실전에서의 판단 과정	저게 체념이랑 무슨 관련이 있어.
해설	'나방이 떼들'이 차창에 '부딪혀' 죽는 것을 생생하게 느끼는 건 그저 '나'의 감각이 아주 민감하다는 것을 보여 주는 것이지, '전쟁의 실상'이나 '체념적 현실 인식'과는 아무런 관련이 없죠? 이를 허용할 만한 근거가 없으니, 쉽게 답으로 고를 수 있겠습니다.

⑤ '믿어지지' 않는 '노인'의 행위를 지켜보고 '방 안을 오락가락'하는 데에서, 현실 인식에 대한 '나'의 번민이 행동을 통해 제시되고 있군.

선지 유형	근거가 있어서 허용 가능
실전에서의 판단 과정	방 안을 오락가락하면 번민이 드러난다고 할 수 있지.
해설	'노인'의 행위를 보고 생긴 '번민'(마음이 번거롭고 답답하여 괴로워함)을 '방 안을 오락가락'하는 행동으로 제시하고 있으니 쉽게 허용할 수 있겠네요.

사실 이 문제는 〈보기〉와 지문의 정밀한 대응을 요구한 문제였어요. 〈보기〉를 자세히 읽어보면, 각 감각에 따라 드러내는 모습이 다르다는 걸 알 수 있습니다.

1) 청각 : 현실에 대한 타인과의 인식 차이 (2번 선지)
2) 후각 : 과거 경험의 상징적 표현 (1번 선지)
3) 시각 : 긴장 상태에서 극대화된 감각 표현 (3번 선지)

따라서 1~3번 선지 중, 지문의 내용과 들어맞는다고 해도 예컨대 '후각'을 바탕으로 '현실에 대한 타인과의 인식 차이'를 드러낸다는 내용의 선지가 있었다면 그것은 〈보기〉와의 내용일치' 때문에 틀린 선지가 되는 것이죠.

그런데 문제는, '시각'의 경우 '전쟁의 실상을 체험하면서 갖게 된, 현실에 대한 체념'까지 드러낸다고 했습니다. 그럼 이를 근거로 4번 선지를 허용해야 하는 것이 아니냐는 생각을 할 수 있습니다. 4번 선지 역시 '시각'과 관련된 내용이니까요.

하지만 〈보기〉를 조금만 더 '독해'해보면, 이렇게 생긴 '체념'은 어떠한 '사건'을 토대로 흔들리게 된다고 했습니다. 그리고 이를 '행동'을 통해 제시한다고 했어요. 5번 선지의 내용과 정확하게 연결되는 것이죠!

다시, 만약 4번 선지에서 이야기하는 대로 '나방이 떼들'이 차창에 부딪혀 죽는 것을 보았다는 '시각'을 통해 '나'의 '체념'이 드러난 것이라면, 이 '체념'은 '노인'과 관련된 사건을 통해 흔들려야만 합니다. 〈보기〉에서 그렇다고 했으니까요!

하지만 지문에서 '노인'과 관련된 사건을 통해 흔들린 것은 '나'의 '안정'이었습니다. 이를 〈보기〉와 대응시키면, 여기서의 '안정'이 바로 '나'가 갖게 된 '현실에 대한 체념'이라고 할 수 있는 것이죠. 이 '체념' 역시 '모든 사물'과 같은 것들을 보는 '시각'을 통해 얻게 된 것이니까요.

따라서 4번 선지는 틀린 선지가 되는 겁니다. '나방이 떼들' 이야기는 '긴장 상태에서 극대화된 감각 체험'을 보여 주는 것이지,

'현실에 대한 체념'을 드러내는 부분이 아니니까요. 물론 시험장에서 이렇게까지 할 필요는 없어 보입니다. 이런 과정을 거치지 않아도, '나방이 떼들' 이야기에서 '전쟁의 실상', '체념적 현실 인식'을 이끌어 낼 수 있는 근거가 존재하지 않으니까요. 하지만 평가원이 이렇게 문학에서도 '독해력'을 물어보는 경향이 지속되고 있다는 점! 확실하게 정리하도록 합시다.

<table>
<tr><td>몰랐던 어휘 정리하기</td></tr>
<tr><td>

</td></tr>
</table>

| 핵심 point |

① **허용 가능성 평가** : 선지의 내용을 '허용'하려는 태도를 바탕으로 지문을 '독해'하며 '근거'를 찾아야 합니다. 허용할 수 있는 '근거'가 있어야만 허용할 수 있습니다. 주관적인 생각을 개입시키면 안 됩니다.

② **소설 독해** : '심리와 행동의 근거'를 바탕으로 인물에게 '공감'하며 읽어야 합니다. 이 과정이 물흐르듯 이어지면 지문의 내용을 완벽하게 이해할 수 있어요.

③ **skip 가능 구간** : 인물의 똑같은 내면을 반복적으로 묘사하거나, 뻔한 이야기가 반복되는 구간은 조금 빠르게 스캔하면서 읽어주시면 됩니다.

| 지문 내용 총정리 |

'심리의 근거'를 바탕으로 인물에게 공감하는 와중에, 비슷한 내용이 반복되는 부분은 가볍게 skip하면서 읽는 태도 등을 기를 수 있는 지문이었습니다. 나아가 〈보기〉와의 강력한 내용일치까지 경험을 하셨죠? 그리 어렵지는 않지만, 배울 게 많은 지문이었습니다. 여러 번 복습합시다!

〈보기〉 확인

> ─────[보기]─────
>
> 「토지」는 개화기부터 해방 무렵까지 우리 민족의 수난과 저항의 역사를 다루고 있다. 근대 이전까지 비교적 안정적이었던 신분 질서와 사회적 관계는 이 시기를 거치며 큰 변화를 겪는데, 「토지」에서는 몰락한 양반층, 친일 세력, 저항 세력, 기회주의자 등 다양한 인물들이 때로 협력하고 때로 대립하면서 복잡한 관계망을 형성한다.

작품의 시대적 배경 및 주제를 알려 주는 고마운 〈보기〉입니다. 일제 강점기 즈음 우리 민족의 힘들었던 삶, 그 속에서 형성되던 인물들의 복잡한 관계 등에 주목하면서 글을 읽어봅시다.

지문 독해

> [앞부분 줄거리] 조준구와 아내 홍 씨는 서희가 물려받아야 할 최 참판가의 재산을 가로채고, 하인 삼수를 내세워 마을 사람들을 착취한다. 한편, 윤보는 의병 자금을 확보하기 위해 최 참판가 습격을 준비하는데 삼수가 찾아온다.

〈보기〉에서 인물들 사이의 복잡한 관계망이 있다고 말한 것처럼, [앞부분의 줄거리]부터 많은 인물들이 등장하고 있습니다. 천천히 읽으면서 이들의 관계를 확실하게 잡아주셔야 해요!

먼저 '조준구'와 아내 '홍 씨'가 있습니다. 이들은 '서희'가 물려받아야 할 '최 참판'가의 재산을 가로챘다고 해요. 혼란했던 시기의 모습을 반영하는 것 같은 모습이죠? '조준구'와 '홍 씨'는 나쁜 일을 하는 사람들이고, '서희'는 억울하게 당하는 모습으로 정리할 수 있겠습니다.

한편 '조준구'와 '홍 씨'는 하인으로 '삼수'를 부립니다. '삼수'는 이들이 마을 사람들을 착취하는데 앞장서고 있네요. '서희'의 재산을 가로채는 것으로도 모자라 마을 사람들 착취까지 하는 '조준구' 부부의 모습입니다.

그런데 '윤보'라는 인물이 있어요. 이 인물은 '의병'을 준비하는 사람 같은데, 자금 확보를 위해 '최 참판'가를 습격하려고 합니다. '최 참판'가는 '조준구'와 '홍 씨'가 가로챌 만한 재산을 가진 집일 테니, 의병 자금 확보를 위해 이곳을 습격하려는 계획은 충분히 납득할 수 있겠네요. 이렇게 '윤보'의 심정에 공감하면서 읽어주

셔야 합니다.

아니 그런데, 자기 주인을 공격하려고 하는 '윤보'에게 '삼수'가 찾아옵니다. 협박을 하러 온 것일까요? 긴장하면서 읽어봅시다.

> "아무리 그리 시치미를 떼 쌓아도 알 만치는 나도 알고 있으니께요. 머 내가 훼방을 놓자고 찾아온 것도 아니겄고, 나는 나대로 생각이 있어서 온 긴데 너무 그러지 마소. 한마디로 딱 짤라서 말하겄소. 왜눔들하고 한통속인 조가 놈을 먼지 치고 시작하라 그 말이오. 고방에는 곡식이 썩을 만큼 쌓여 있고 안팎으로 쌓인 기이 재물인데 큰일을 하자 카믄 빈손으로 우찌 하겄소. 그러니 왜눔과 한통속인 조가부터 치고 보믄 꿩 묵고 알 묵는 거 아니겄소."
> "야아가 참 제정신이 아니구마는."
> "하기사 전력이 있으니께 나를 믿지 않는 것도 무리는 아니겄소. 하지마는 두고 보믄 알 거 아니오?"
> "야, 야 정신 산란하다. 나는 원체 입이 무겁고 또 초록은 동색이더라도 내 안 들은 거로 해 둘 기니 어서 돌아가거라. 공연히 신세 망칠라."
> 윤보는 삼수 등을 민다.
> "이거 놓으소. 누가 안 가까 바 이러요? 지내 놓고 보믄 알 기니께요. 내가 머 염탐이라도 하러 온 줄 아요? 흥, 그랬을 양이믄 벌써 조가 놈한테 동네 소문 고해바칬일 기고 읍내서 순사가 와도 몇 놈 왔일 거 아니오."
> 큰소리로 지껄이며 삼수는 언덕을 내려간다.
> '빌어묵을, 이거 다 된 죽에 코 빠지는 거 아닌지 모르겄네. 날을 다가야겄다.'

사투리라서 알아듣기 쉽지는 않지만, '삼수'가 '윤보'에게 무엇인가를 제시하고 있네요. '조가'(아마 조준구겠죠?)를 먼저 치자고 합니다. '윤보'가 의병을 준비하는 것을 알고 있었던 모양인데, 자기 주인을 배신하자는 제안을 하고 있는 거예요. 살기 위해 여기저기 붙는 박쥐같은 모습을 보여 주고 있습니다.

이렇게 '윤보'를 꼬드기고 있는데, '윤보'는 '제정신이 아니구마는'이라고 대답합니다. 여기에 밑줄 친 이유는 인물들 간의 관계 및 그로 인한 심리를 적나라하게 보여주는 부분이기 때문이에요. '윤보'는 '삼수'의 제안을 단칼에 거절하고 있습니다. [앞부분 줄거리]를 통해 '삼수'의 그동안 행적이 못미더웠기 때문이라고 공감해주시면 되겠죠. '삼수'도 그것을 인정하고 있구요. 아무튼 냉정하게 거절 당한 '삼수'는 괜히 큰소리도 쳐보고, 안절부절하며 언덕을 내려갑니다.

　　삼수가 왔다 간 **다음 날 밤, 자정이 넘었다.** 〈칠
흑의 밤을 타고 덩어리 같은 침묵을 지키며 타작마
당에 장정들이 모여들었다. 마을에서는 개들이 짖
는다. 불은 켜지 않았지만 집집에선 인적기가 난
다. 언덕 위의 최 참판댁은 어둠에 묻혀 위엄에 찬
그 형태는 보이지 않는다. 타작마당에서는 윤보의
그 우렁우렁한 목소리가 평소보다 얕게 울리고, 이
윽고 횃불이 한 개 두 개 또 세 개, 계속하여 늘어
나고 그 횃불은 움직이기 시작한다.〉

[A] 부분에서는 삼수가 왔다 간 '다음 날 자정'의 '배경'을 묘사해
주고 있습니다. 어둡다는 시간적 특성, 그리고 그 시간적 특성을
바탕으로 한 배경 묘사가 의미하는 '조심스레 뭔가를 준비하는'
모습을 인식해주시면 됩니다. [앞부분 줄거리]에서 윤보가 최 참
판가를 습격하려고 준비하고 있다고 했으니 아마 그것을 준비하
는 모습이겠죠. 이렇게 [앞부분 줄거리] 내용을 계속 끌어오면서
읽어주셔야 합니다.

> **[중략 부분 줄거리]** 윤보 일행이 습격하자 조준구와 홍 씨는
> 사당 마루 밑에 숨어 있다가 <u>삼수의 도움을 받는다.</u> 윤보 일행이
> 떠나고 **날이 밝았다.**

그렇게 '윤보' 일행이 습격을 한 상황이 나타나고 있습니다. '조준
구'와 '홍 씨'는 숨어 있다가 '삼수'의 도움을 받은 상황이네요. '윤
보'의 습격이 완벽하게 성공하지는 못한 상황인데, '삼수'의 기회
주의적인 모습이 여실히 드러나고 있습니다. 의병 자금을 준비하
는 '윤보'에게 붙으려고 하다가, 거절당하니 다시 주인을 돕고 있
는 모습이에요. 그런데 '윤보' 일행이 최 참판가를 습격했는데 '조
준구'와 '홍 씨'가 그곳에 숨어 있었다는 것을 바탕으로 하면, '조
준구'와 '홍 씨'가 사는 집이 바로 '최 참판가 댁'이라는 것을 알
수 있겠습니다. 단순히 재산만 가로챈 것이 아니라 집까지 차지
하고 앉아 있는 것이네요.

아무튼, '윤보' 일행이 떠나고 날이 밝았습니다. 새로운 시간엔 또
어떤 새로운 사건이 발생할까요?

> "서희 이, 이년! 썩 나오지 못할까!"
> 나오길 기다릴 홍 씨는 아니다. <u>방문을 박차고 들어가</u>
> <u>서 서희를 끌어 일으킨다.</u>
> "네년 소행인 줄 뉘 모를 줄 알았더냐? 자아! 내 왔다!
> 이제 죽여 보아라! 화적 놈 불러들일 것 없이!"

나오지 않는 목청을 뽑으며, 거품이 입가에 묻어 나온다.
> "자아! 자아! 못 죽이겠니?"
> 손이 뺨 위로 날았다. 앞가슴을 잡고 와락와락
> 흔들어 댄다. 서희 얼굴이 <u>흙빛으로</u> 변한다. 울고
> 있던 봉순이,
> "왜 이러시오!"달려들어 서희 몸을 잡아당기니
> 실 뜯어지는 소리와 함께 홍 씨 손에 옷고름이 남
> 는다.
> "감히 누굴! 감히!"
> 하다가 별안간 방에서 뛰쳐나간다. 맨발로 **연못**을
> 향해 몸을 날린다. 그는 <u>죽을 생각을 했던 것이다.</u>
> "애기씨!"
> <u>울부짖으며</u> 봉순이 뒤쫓아 간다.
> "죽어라! 죽어! 잘 생각했어! 어차피 너는 산목숨
> 은 아니란 말이야! 죽고 남지 못할 거란 말이야!"

갑자기 '홍 씨'가 '서희'를 끌어내고 있습니다. 밤중의 습격이 '네년
소행'이라고 하면서, 뺨을 때리고 난리가 난 모습입니다. 아니 습
격은 '윤보' 일행이 했는데 도대체 왜 서희한테 난리를 치는 것이
죠? 우리는 '홍 씨'에게 공감해야 합니다. '홍 씨'가 저런 행동을 보
이는 이유를 생각해야 해요. 그 답은 [앞부분 줄거리]에 있다고 할
수 있겠죠? '홍 씨'는 '서희'의 재산을 가로챈 사람이니, 당연히 둘
은 관계가 좋을 리가 없습니다. 이에 자신을 습격한 것이 '서희'일
것이라고 지레짐작하고 있는 거죠. 이렇게 '인물 관계'를 바탕으로
'행동의 근거'를 확실하게 체크하면서 읽을 수 있어야 합니다.

한편 이런 취급을 받던 '서희'는 얼굴이 흙빛으로 변하고, '연못'으
로 뛰어 가 죽을 생각을 합니다. 자신이 그 습격에 가담하지 않았
다면 너무나 억울해서 그럴 것이고, 정말로 가담했다면 앞으로 있
을 일들이 너무나 두려워서 그런 것이라고 할 수 있겠죠? 충분히
공감할 수 있겠어요.

그리고, 이렇게 힘들어하는 '서희' 곁을 '봉순'이라는 인물이 지켜
주고 있습니다. '애기씨'라고 부르는 것으로 보아 '서희' 밑에서 일
을 하는 사람으로 보이는데, '서희'에게 폭력을 휘두르는 '홍 씨'를
말리기도 하고 죽으려고 하는 '서희'를 쫓아가기도 하는 등 '서희'
에게 아주 우호적인 모습을 보여 주고 있네요. 아마 둘의 관계가
정말 좋았나봐요.

> 고래고래 소리를 지른다. 서희는 <u>연못가에서 걸음을</u>
> <u>뚝 멈춘다. 돌아본다. 흙빛 얼굴에 웃음이 지나간다.</u>
> "내가 왜 죽지? 누구 좋아하라고 죽는단 말이냐?"

나직한 음성이다. 홍 씨 눈을 똑바로 주시한다.
"사람 영악한 것은 범보다 더 무섭다는 말 못 들으셨
소?"
여전히 나직한 음성이다.
"무서우면 어떻게 무서워! 우리 내외한테 비상을 먹이
겠다 그 말이냐?"
아이고! 아이고! 눈물도 안 나오는 헛울음을 울더니 이
번에는 봉순에게 달려들어 머리끄덩이를 꺼두르고 한
소동을 피운다. 읍내서 헌병, 순사들이 왔다는 말에 홍
씨는 겨우 본채로 돌아 갔다. 서희는 찢겨진 저고리를
내려다본다.
"길상이 놈이 날 죽으라고 내버리고 갔다."
눈이 부어오른 봉순이는,
"마지막까지 남아서 찾았지마는 사당 마릿장 밑에 숨
은 줄이야 우, 우찌 …… 으흐흐흐."
되풀이 입술을 떨면서 서희는 말했다.
"길상이 놈이 날 죽으라고 내버리고 갔다."

그렇게 죽으려던 '서희'는, 갑작스레 걸음을 멈추고 '내가 왜 죽
지?'라는 생각을 합니다. 사실 맞는 말이죠. 여기서 '서희'가 죽어
버리면 '홍 씨'에게 좋은 일만 시켜주는 꼴이 됩니다. '홍 씨' 입장
에선 '서희'가 눈엣가시 같을 테니까요. '서희'는 '홍 씨' 눈을 똑바
로 주시하면서, 사람이 영악한 것이 무섭다는 경고성 발언을 합
니다. 무언가 '영악한' 모습을 보여 주려나 보네요.

이런 '서희'의 모습에 더 화가 난 '홍 씨'는 이번엔 '봉순'을 잡고
난리를 치다가, 헌병, 순사들이 왔다는 이야기에 돌아갑니다. '서
희'는 '길상'이라는 인물을 원망하면서 서러워하고 있네요. 누구
인지는 모르겠지만, '서희'를 배신하고 도망간 것으로 보여요. 정
말로 그랬다면 '서희'의 배신감이 장난이 아니겠습니다.

그런데 이때 '봉순'의 대사 '사당 마릿장 밑에 숨은 줄이야'를 보
고서 실제로 '서희'와 '봉순'이 '윤보' 일행의 습격에 가담했음을
알 수 있겠네요. 이렇게 확실하게 이해하면서 읽을 수 있겠죠?

달려온 헌병들에게 맨 먼저 당한 것은 삼수다.
"나, 나으리! 이, 이기이 우찌 된 영문입니까!"
헌병이 총대를 들이대자 겁에 질린 삼수는 그러나 무
엇인가 잘못 되었거니 믿는 구석이 있어서 조준구를 향
해 도움을 청하였다.
"이놈! 이 찢어 죽일 놈 같으니라구!"
무섭게 눈을 부릅뜬 조준구를 바라본 삼수 얼굴은 일순

백지장으로 변한다.
"예? 머, 머, 머라 캤십니까?"
"이놈! 네 죄를 몰라 하는 말이냐? 간밤에 감수한 생각
을 하면 네놈을 내 손으로 타살할 것이로되 으음, 능지
처참할 놈 같으니라구. 이놈! 어디 한번 죽어 봐라!"
"나, 나으리! 꾸, 꿈을 꾸시는 깁니까? 이, 이 목심을 건
지 디린 이, 이 삼수 놈을 말입니다!"
그러나 조준구는 바로 저놈이 폭도의 앞잡이였다고
이미 한 말을 다시 강조할 뿐이다. 물론 이 경우 폭도란
의병을 일컬은 것이다.

-박경리, 「토지」-

그런데 의아하게도 헌병이 먼저 잡아간 건 '삼수'입니다. 겁에 질
린 '삼수'는 '조준구'를 향해 도움을 청하지만, 돌아오는 것은 '조
준구'의 무서운 눈입니다. 아니 자기를 도와 준 '삼수'를 도대체
왜 헌병에게 잡아가라고 하는 것일까요? 마지막 줄을 보니, '조준
구'는 '삼수'가 '폭도의 앞잡이'였다고 생각하고 있습니다. '윤보'
에게 접선을 시도했던 모습을 알고 있었는지는 몰라도, '조준구'
는 '삼수'가 이번 습격의 핵심 인물이었다고 생각하고 있네요. '삼
수' 입장에선 여기저기 간만 보다가 결국 모든 상황을 망쳐버리
게 된 것입니다.

선지	①	②	③	④	⑤
선택률	5%	5%	19%	9%	63%

22 [A]와 [B]에 대한 설명으로 적절하지 <u>않은</u> 것은? ⑤

- [A]는 '윤보' 일행이 습격을 준비하는 모습을 새벽의 '배경 묘
사'와 함께 제시한 부분이었습니다. 한편 [B]는 '홍 씨'에게 덜미
를 잡힌 '서희'가 충격을 받고 스스로 목숨을 끊으려다 마는 장면
이었어요. 다 확실하게 이해한 부분들이니, 가볍게 선지 판단해봅
시다.

① [A]는 비유적 표현을 활용하여 인물의 은밀한 행동 양
　상을 드러낸다.

선지 유형	근거가 있어서 허용 가능
실전에서의 판단 과정	침묵이면 은밀하다고 할 수 있지.
해설	'덩어리 같은 침묵'이라는 비유적 표현이 등장하고, 그 속에서 '침묵'이라는 표현, 즉 조용하다는 것을 근거로 하여 '은밀한 행동 양상'을 허용할 수 있네요.

② [B]는 음성 상징어를 활용하여 행동의 격렬함을 강조한다.

선지 유형	근거가 있어서 허용 가능
실전에서의 판단 과정	와락와락!
해설	'와락와락'이라는 음성 상징어가 사용되어 있고, 이를 통해 '서희'의 몸을 흔드는 행동의 '격렬함'이 잘 드러난다고 할 수 있겠죠?

③ [A]는 장면에 대한 관찰을 중심으로 서술하고, [B]에는 인물의 내면에 대한 직접적 서술이 나타난다.

선지 유형	근거가 있어서 허용 가능
실전에서의 판단 과정	[A]에선 습격 준비 관찰하고 있고, [B]에선 인물의 내면 서술을 잘 해주고 있네.
해설	[A] 부분은 최 참판가네를 치기 전 마을의 모습이라는 장면을 관찰하고 있고, [B]에서는 '그는 죽을 생각을 했던 것이다.'로 서희의 내면 심리를 직접적으로 보여주고 있네요. '내면에 대한 직접적 서술'은 인물의 심리를 직접적인 표현을 통해 나타내는 경우 허용할 수 있습니다. 여기서는 '죽을 생각'이라는 표현이 되겠죠?

④ [A]는 시제가 과거형에서 현재형으로 바뀌면서 장면에 긴장감을 더하고, [B]는 현재형 진술을 활용하여 인물 간 갈등을 더욱 생생하게 전달한다.

선지 유형	근거가 있어서 허용 가능
실전에서의 판단 과정	정말로 시제가 저렇게 바뀌었네. 긴장감/갈등은 당연히 허용되겠고.
해설	[A]에서는 '모여들었다'를 기점으로 과거형에서 현재형으로 바뀌고, 동시에 무언가를 준비하고 있다는 긴장감을 준다고 할 수 있죠? 반면 [B]에서는 현재형 진술만 나타나고 있네요. 현재형 진술을 사용하면 상황을 생생하게 전달한다고 할 수 있을 것이고, [B]에는 갈등도 나타나니 완벽하게 맞는 선지네요.

⑤ [A]는 시간적 배경을 통해 장면의 분위기를 드러내고, [B]는 공간적 배경의 변화를 통해 인물 간 대립의 원인을 드러낸다.

선지 유형	근거가 있어서 허용 불가능
실전에서의 판단 과정	서희랑 홍 씨가 대립하는 게 공간적 배경의 변화 때문은 아니잖아.

선지 유형	
해설	[A]에서는 '자정'이라는 시간 표현을 통해서 분위기(어둡고 은밀한 분위기 정도?)를 나타낸다고 할 수 있겠죠? 애초에 어떤 '분위기'를 드러낸다는 건 작품의 전반적인 내용에 벗어나지만 않으면 맞는 말로 처리해주시면 된다고 했어요. 한편 [B]에서는 공간적 배경의 변화는 나타나는데, (방 → 연못) 그 변화를 통해 대립의 원인을 나타낸다고 볼 수는 없죠? 그냥 변화하고 끝이지, 그 변화 때문에 싸우는 것은 아니잖아요! 지문 내용을 이해했다면, 즉 대립의 원인이 '윤보' 일행의 '홍 씨'(정확히는 '최 참판'가) 습격이라는 것을 파악하고 있었다면 바로 답으로 고를 수 있었을 겁니다.

선지	①	②	③	④	⑤
선택률	8%	4%	72%	11%	6%

23 ㉠~㉤에 대한 이해로 가장 적절한 것은? ③

① ㉠: 삼수는 자신의 말대로 하면 '조가'도 제거할 수 있고 윤보의 계획도 숨길 수 있음을 알리고 있다.

> "조가 놈을 먼지 치고 시작하라 그 말이오. 고방에는 곡식이 썩을 만큼 쌓여 있고 안팎으로 쌓인 기이 재물인데 큰일을 하자 카믄 빈손으로 우찌 하겠소. 그러니 왜눔과 한통속인 조가부터 치고 보믄 ㉠꿩 묵고 알 묵는 거 아니겠소."

선지 유형	근거가 있어서 허용 불가능
실전에서의 판단 과정	조가부터 치고 재물로 빈손을 채우라고 했지, 계획을 숨기잔 이야기는 안 했는데?
해설	밑줄 문제는 밑줄 근처를 꼭 보셔야 한다고 했습니다. ㉠ 근처(위쪽)를 보면 '큰일을 하자 카믄 ~ 조가부터 치고'라고 했습니다. 이를 통해 '꿩'과 '알'은 '큰일'과 '조가를 치는 것(혹은 재물을 얻는 것)'이라고 할 수 있겠죠. 윤보의 계획을 숨기는 것은 포함되지 않습니다. '꿩'과 '알'에 대응하는 것이 다른 내용이라는 근거가 명확히 살아 있으니, 이 선지는 허용하기 어렵겠네요.

② ㉡ : 삼수는 자신이 윤보의 계획을 이미 알고 있어 이를 동네에 알리겠다며 윤보를 협박하고 있다.

> "이거 놓으소. 누가 안 가까 바 이러요? 지내 놓고 보믄 알 기니께요. 내가 머 염탐이라도 하러 온 줄 아요? 흥, ㉡그랬을 양이믄 벌써 조가 놈한테 동네 소문 고해바쳤일 기고 읍내서 순사가 와도 몇 놈 왔일 거 아니오."

선지 유형	근거가 있어서 허용 불가능
실전에서의 판단 과정	협박한 게 아니라 자기 믿어달라는 거잖아.
해설	역시 근처를 보면, '염탐이라도 하러 온 줄 아요?' 라는 말이 나옵니다. 이를 통해 ㉡의 의도가 '염탐을 하러 올 거라면 소문을 내겠지, 너한테 찾아왔겠냐?' 라는 것을 알 수 있겠네요. 지문 내용을 이해하셔야 합니다! ㉡ 부분이 협박이 아닌 믿음을 보여주는 부분이라는 걸 이해하고 있었어야 해요!

③ ㉢ : 홍 씨는 자신을 습격했던 무리를 '화적 놈'이라 부르며 서희가 그들과 공모했다고 몰아가고 있다.

> [중략 부분 줄거리] 윤보 일행이 습격하자 조준구와 홍 씨는 사당 마루 밑에 숨어 있다가 삼수의 도움을 받는다. 윤보 일행이 떠나고 날이 밝았다.
>
> "서희 이, 이년! 썩 나오지 못할까!"
> 나오길 기다릴 홍 씨는 아니다. 방문을 박차고 들어가서 서희를 끌어 일으킨다.
> "네년 소행인 줄 뉘 모를 줄 알았더냐? 자아! 내 왔다! 이제 죽여 보아라! ㉢화적 놈 불러들일 것 없이!"

선지 유형	근거가 있어서 허용 가능
실전에서의 판단 과정	서희가 습격에 가담했다고 생각하니 저렇게 난리를 친 거지.
해설	㉢의 근처를 봅시다. ㉢은 중략 부분 줄거리의 '날이 밝았다.' 이후 상황입니다. 즉 ㉢은 습격 사건이 있고 난 이후의 발화라는 것이죠. 그러면서 이제 자신이 왔으니 죽이라고 합니다. 이 모든 상황을 종합해보면, '홍 씨'는 '서희'가 주축이 된 무리가 자신을 습격했다고 생각하고, '화적 놈'이라는 그 무리를 부를 필요 없다고 한 것이니 이를 근거로 하면 습격했던 무리를 '화적 놈'이라고 부른 것도 허용이 되겠네요. 애초에 우리는 '홍 씨'의 심리에 공감하려는 태도를 바탕으로 완벽하게

④ ㉣ : 서희는 홍 씨에게 홍 씨의 뻔뻔함과 영악함이 도를 넘었음을 경고하고 있다.

> "내가 왜 죽지? 누구 좋아하라고 죽는단 말이냐?"
> 나직한 음성이다. 홍 씨 눈을 똑바로 주시한다.
> "㉣사람 영악한 것은 범보다 더 무섭다는 말 못 들으셨소?"
> 여전히 나직한 음성이다.
> "무서우면 어떻게 무서워! 우리 내외한테 비상을 먹이겠다 그 말이냐?"

선지 유형	근거가 있어서 허용 불가능
실전에서의 판단 과정	서희 본인이 영악하게 할 거라고 경고하는 거잖아.
해설	역시 해당 부분을 잘 독해했는지 묻고 있는 선지입니다. '서희'는 죽을 생각을 하다가, 자기가 죽어 봤자 '홍 씨' 좋은 일만 하는 것이라 생각하고 살기로 결심합니다. 그 직후에 '홍 씨'에게 ㉣의 발화를 하고 있죠. 이런 맥락을 고려하면, ㉣은 '나 영악하게 하면 무서울 텐데?'라는 의미라고 할 수 있겠습니다. 심지어 '홍 씨'가 이 대사에 '뭐가 무섭냐'고 반응한 것을 고려하면 이러한 독해가 맞다는 것에 더욱 확신을 가질 수 있겠습니다. 이런 독해의 결과를 근거로 하면, ㉣이 '홍 씨'의 뻔뻔함과 영악함을 경고하는 것이라는 해석은 허용할 수 없겠어요.

⑤ ㉤ : 조준구는 지난밤 자신을 습격했던 삼수의 행동에 분노하고 있다.

> "이놈! 네 죄를 몰라 하는 말이냐? ㉤간밤에 감수한 생각을 하면 네놈을 내 손으로 타살할 것이로되 으음, 능지처참할 놈 같으니라구. 이놈! 어디 한번 죽어 봐라!"
> "나, 나으리! 꾸, 꿈을 꾸시는 깁니까? 이, 이 목심을 건지 디린 이, 이 삼수 놈을 말입니다!"
> 그러나 조준구는 바로 저놈이 폭도의 앞잡이였다고 이미 한 말을 다시 강조할 뿐이다. 물론 이 경우 폭도란 의병을 일컬은 것이다.

선지 유형	근거가 있어서 허용 불가능
실전에서의 판단 과정	폭도의 앞잡이여서 화났다며.

해설	'조준구'가 ⓜ에서 '분노'라는 심리를 보인 근거를 묻고 있습니다. 우리는 그에 대해 '삼수가 폭도의 앞잡이라고 생각해서'라는 답을 내려 놓은 상태였어요. 그런데 선지에서는 '자신을 습격했던' 삼수의 행동에 분노했다고 하고 있네요. 직접적으로 습격했기 때문에 화난 것이 아니고, 그 습격의 '앞잡이' 역할을 했기 때문에 화가 난 것입니다. 심리의 근거를 아주 디테일하게 물어 본 선지네요.

선지	①	②	③	④	⑤
선택률	3%	4%	83%	3%	6%

24 〈보기〉를 바탕으로 윗글을 감상한 내용으로 적절하지 않은 것은? [3점] ③

① 최 참판가 습격을 준비하던 윤보가 삼수의 제안을 듣지 않은 것으로 하겠다는 내용으로 보아, 윤보는 삼수와의 협력 관계를 거부한 것이군.

선지 유형	근거가 있어서 허용 가능
실전에서의 판단 과정	삼수가 믿을 만해야 믿을 텐데 말이지.
해설	우리가 미리 생각했던 내용이죠? '삼수'의 지난 행적이 못 미더웠던 '윤보'는 '삼수'와의 협력 관계를 거부합니다. "야아가 참 제정신이 아니구마는." 이라는 대사에서 명시적으로 근거를 잡을 수도 있구요.

② 타작마당에 모인 장정들이 횃불을 들고 윤보와 함께 움직이는 것으로 보아, 이들은 조준구로 대표되는 친일 세력과 대립하고 있군.

선지 유형	근거가 있어서 허용 가능
실전에서의 판단 과정	습격하러 간다는데 대립한다고 봐야지.
해설	타작마당의 '장정들'은 '윤보' 일행인데, 이들은 '조준구'가 살고 있는 '최 참판'가를 습격했어요. 습격했다는 것을 근거로 하면 이들이 '조준구' 세력과 대립한다는 해석은 쉽게 허용이 가능하겠습니다.

FAQ

Ⓠ '조준구'가 '친일 세력'인 건 어떻게 아나요?

Ⓐ 약간의 배경지식이 필요하다고 할 수도 있겠습니다. 이 작품의 배경이 되는 일제 강점기에는, 군사 경찰인 '헌병'과 더불어 가장 낮은 경찰 계급인 '순사'가 있었어요. 일제 강점기라는 배경을 생각하면, 이들이 일반 민중의 편이 아닌 일제에 부역하는 자들의 편이었음은 너무나 당연하죠? '조준구'처럼 '헌병'과 '순사'에게 누군가를 잡아가라고 할 수 있는 힘이 있고, 일제에 항거하려는 '의병'을 '폭도'라고 부르는 사람을 '친일 세력'이라고 부르는 것은 큰 무리가 없겠죠. 이 정도는 상식적인 내용으로 알아두도록 합시다.

③ 봉순이가 달려들어 서희 몸을 잡아당기는 것으로 보아, 이전까지 비교적 안정적이었던 신분 질서가 흔들리며 봉순이와 서희의 협력 관계가 약화되고 있군.

선지 유형	근거가 있어서 허용 불가능
실전에서의 판단 과정	신분 질서는 왜 흔들리고 봉순이 서희 협력 관계는 왜 약화돼. 말도 안 되는 선지네.
해설	'봉순이'가 '서희'의 몸을 잡아당기는 것은 '서희'를 도와주기 위한 행동이었습니다. 이는 둘 사이의 '협력 관계'를 적나라하게 보여 주는 것이라고 봐야겠죠? 나아가 '봉순이'는 계속해서 '서희'를 '애기씨'라고 부르며 '신분 질서'를 지키는 모습이에요. 이런 근거들이 있는데, 절대로 허용할 수 없겠습니다.

④ 홍 씨의 모욕에 죽을 생각을 했던 서희가 홍 씨의 눈을 똑바로 주시한 것으로 보아, 홍 씨와 서희는 대립 관계를 이어 가겠군.

선지 유형	근거가 있어서 허용 가능
실전에서의 판단 과정	어떤 영악한 행동을 보여 줄지 기대됐었지.
해설	'서희'는 '홍 씨'의 눈을 똑바로 주시하고서, 자신이 영악하게 굴 것이니 긴장하라는 경고를 했습니다. 이를 근거로 하면 둘 사이의 '대립 관계'는 계속 이어진다고 할 수 있겠죠.

⑤ 윤보에게 조준구를 치라고 했던 삼수가 조준구의 목
   숨을 구해 줬다는 것으로 보아, 조준구와 삼수의 관계
   는 상황에 따라 변하는군.

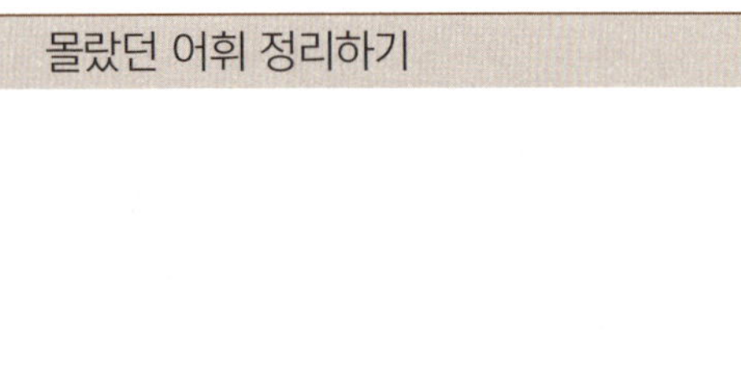

선지 유형	근거가 있어서 허용 가능
실전에서의 판단 과정	그렇지.
해설	'조준구'를 치라고 했다가 일이 잘 안 풀리자 다시 '조준구'를 습격으로부터 구해주는 모습을 근거로 하면, 대립했다가 협력하는 등 '조준구'와 '삼수'의 관계가 상황에 따라 변한다는 것을 쉽게 허용할 수 있겠습니다.

<table>
<tr><td>몰랐던 어휘 정리하기</td></tr>
<tr><td>

</td></tr>
</table>

| 핵심 **point** |

① **허용 가능성 평가** : 선지의 내용을 '허용'하려는 태도를 바탕으로 지문을 '독해'하며 '근거'를 찾아야 합니다. 허용할 수 있는 '근거'가 있어야만 허용할 수 있습니다. 주관적인 생각을 개입시키면 안 됩니다.

② **소설 독해** : '심리와 행동의 근거'를 바탕으로 인물에게 '공감'하며 읽어야 합니다. 이 과정이 물흐르듯 이어지면 지문의 내용을 완벽하게 이해할 수 있어요.

| **지문 내용 총정리** |

인물들에게 공감하기 위한 근거들이 곳곳에 잘 배치되어 있어, '왜 그러는 거지?'라는 물음에 대한 답을 찾으려는 태도가 있었다면 어렵지 않게 이해할 수 있었을 겁니다. 하지만 그런 태도가 없었다면, 대략적인 내용만 파악한 채 선지 판단에서 어려움을 겪었을 거예요. 기본적인 소설 독해의 포인트를 확실히 연습하도록 합시다.

〈보기〉 확인

─────────[보기]─────────

　정신적 외상(trauma)은 충격적 경험의 기억이 무의식에 잠재되었다가 정신적 병증의 요인으로 작용하면서 모습을 드러낸다. 그 기억은 떠올리는 것만으로도 고통스러울 수 있는데, 이를 들추어 '말문'을 트게 하는 것은 정신적 병증의 치유에서 중요한 과정이다. 개인뿐만 아니라 사회에서도 공동체의 위기 상황으로 인해 발생한 정신적 외상에 대해 '말문 트기'가 요구된다. 이런 점에서 소설은 개인의 아픔은 물론 사회적 병증을 치유해 주는 개인적·사회적 말문 트기의 하나라 할 수 있다.

이 지문은 '트라우마'와 관련된 내용이고, 이를 치유하기 위한 '말문 트기'를 시도하는 작품인가 봅니다. 그리고 그 과정에서 '소설'이 큰 역할을 하는 것으로 보이네요. 조금은 추상적이긴 한데, 대략적인 주제를 잡아둔 채로 한 번 읽어 봅시다.

지문 독해

　"도대체 박준은 어째서 꼭 불을 밝혀 놓아야 잠이 들 수 있었을까요. 그리고 전짓불을 보고는 왜 갑자기 발작을 일으킨 것입니까?"

　"중요한 걸 물으시는군요."

　잠시 입을 다물고 있던 김 박사는 그동안 나에게서 그런 질문을 기다리고 있었기라도 한 듯 이번에는 박준의 버릇에 대해 다시 설명을 시작했다.

　"글쎄, 나 역시도 어젯밤 우연히 그런 발작이 나기 전까지는 환자가 특히 어둠을 싫어하는 이유를 알아내지 못하고 있었거든요. 그야 물론 앞서도 말씀드렸듯이 그것도 다른 환자들에게서 볼 수 있는 일반적인 병증의 하나임엔 틀림없지요. 하지만 이제까지의 관찰로는 영 그 원인을 분석해 낼 재간이 없었단 말입니다. 한데 어젯밤 발작을 보고는 비로소 어떤 힌트를 얻을 수 있었어요. 무슨 얘기냐 하면, 환자가 그토록 어둠을 싫어하게 된 것은 직접적으로 그 어둠 자체를 싫어하기 때문이 아니라, 그 어둠으로부터 연상되는 어떤 다른 공포감이 있었기 때문이라는 겁니다. 이를테면 그 전짓불 같은 것이 바로 그런 거지요. 환자가 진짜 발작을 일으키도록 심한 공포감을 유발시킨 것은 어둠이

아니라 그 어둠 속에 나타난 전짓불이었단 말씀입니다. 환자에겐 그 어둠이라는 것이 늘 전짓불을 연상시키는 공포의 촉매물이었지요."

　"그렇다면 앞으로의 문제는 박준이 무엇 때문에 그 전짓불에 공포를 느끼게 되는지 그걸 알아내는 것이겠군요. 그게 바로 박사님께서 자주 말씀하신 최초의 갈등 요인이 아니겠습니까."

　"옳은 말씀이에요. 전짓불의 비밀이야말로 박준 씨의 치료에는 무엇보다 중요한 열쇠가 되고 있지요."

〈보기〉에서 이야기했던 '트라우마'는 '박준'이라는 인물이 가진 '전짓불'에 대한 공포로 보입니다. '김 박사'와 '나'라는 인물이 '박준'이 가지고 있는 트라우마의 비밀을 찾는 것으로 보이네요. '나'의 이야기를 들은 '김 박사'는 '어젯밤' 발작에서 '전짓불부터 연상된 공포감'이 '박준'의 트라우마라는 추측을 합니다. '나'와 '김 박사'는 '박준'이 왜 이런 '공포감'을 가지게 되었는지, 그 심리의 '근거'에 주목하고 있네요. 우리도 함께 궁금해 하면서 읽을 필요가 있겠죠? '박준'은 왜 '전짓불'을 무서워하는 것일까요?

　"하지만 어젯밤 박준이 전짓불을 보고 놀랐던 것만으론 그가 어째서 그것에 대해 공포감을 지니게 되었는지, 그리고 그 전짓불의 공포라는 것이 박준에게 어떤 의미를 지니고 있는 것인지 아직 설명하실 수가 없으신 것 아닙니까."

　"아직까지는 그런 셈이지요."

　"역시 그의 소설에 대해 관심을 좀 가져 보시는 게 어떨까요?"

　나는 필시 박준의 소설들과 전짓불 사이엔 뭔가 썩 깊은 상관이 있는 듯한 예감에 사로잡히며 은근히 김 박사를 권해 보았다. 그러나 김 박사는 박준의 소설에 대해서는 여전히 관심을 보이려 하지 않았다.

　"역시 그럴 필요는 없어요. 별로 기분 좋은 방법이 아니기는 하지만, 이젠 최소한 환자로 하여금 전짓불의 내력을 포함한 모든 비밀을 털어놓게 할 마지막 방법은 찾아 놓고 있는 셈이니까요."

하지만 아직 정확한 원인을 알 수는 없는 상황이에요. '나'는 이런 상황에서 '박준'의 소설을 통해 큰 힌트를 얻을 수 있을 것이라 생각하지만, '김 박사'는 소설에는 큰 관심을 보이지 않습니다. 왜 관심을 보이지 않는 것이죠? 그렇죠! '김 박사' 스스로 '마지막 방법'을 찾아 놓고 있다고 생각하기 때문인 거죠. 소설을 굳이 보지 않아도 '박준'이 스스로 자신의 트라우마에 대한 이야기를 하게

할 방법이 있으니 소설에 관심을 보이지 않는 것입니다. 이렇게 심리의 근거를 생각하면서 읽어야 해요.

아니 그래서, '박준'이 가진 트라우마의 정체는 도대체 무엇일까요? 계속 궁금해하면서 읽어봅시다.

(중략) 이후의 상황입니다. '나'는 어떤 신문지 조각을 발견하고 '정신이 번쩍' 듭니다. 바로 '나'가 궁금해하는 '박준'의 이야기가 실려 있기 때문이죠! 괜히 우리도 신나는 것 같습니다. 이렇게 공감하면서 읽을 수 있겠죠? 그런데 금세 '실망'이 되고 만 모습입니다. 계속해서 왜 그러한지 생각해야 해요. 읽을 만한 곳이 별로 남아 있지 않았기 때문이었어요! 관심사가 나왔는데 읽을 게 별로 없다면, 당연히 '실망'이라는 심리가 나타난다고 할 수 있겠죠?

그래도 저 신문지의 내용에서, '박준의 트라우마'에 대한 힌트를 얻을 수 있을지도 모르겠습니다. 기대하면서 읽어봅시다.

[A]

아니나 다를까 '박준'의 트라우마에 대한 내용이 적혀 있었습니다. 이 트라우마는 '전쟁 상황'과 관련된 것이었네요. '전짓불' 아래에서 경찰대인지 공비인지 모를 '사람들'에게 대답을 강요당하는 '절망적'인 상황. 여기서 얻은 '공포'가 트라우마로 남았던 것이었어요. 이 정도면 충분히 공감할 수 있겠죠? 누구라도 저런 일을 겪으면 트라우마가 생길 만합니다.

그런데 그 뒤의 내용에서 어디서 본 듯한 이야기가 나옵니다. '박준'은 '소설'을 쓰는 행위를 '자기 진술'의 일부로 인식하고 있습니다. 〈보기〉의 내용을 가져오면, '소설'을 쓰는 것이 '말문 트기'를 통한 치유 과정임을 인정한다는 것이죠. 이렇게 〈보기〉와 엮을 수 있는 부분이 보이면 엮어 주는 방식으로 독해하는 게 좋습니다.

하지만 '박준'이 느끼기에는, 이렇게 '치유'의 과정이어야 하는 소설 작업이 마치 '전짓불 아래의 진술'처럼 느껴진다고 해요. 자기 자신에 대한 이야기를 진솔하게 해야 하는데, '전짓불' 아래에서 어떠한 대답을 강요받는 것 같은 느낌이 들 때가 있다는 것이죠. 이렇게 대답을 강요받는 상황에 대한 트라우마를 치유하기 위해 '자기 진술'로서의 '소설 작업'을 하는 것인데, 여기서 또 이러한 트라우마를 느낀다면 굉장히 괴로울 것 같습니다.

'기자'의 질문이 정확히 어떤 것인지는 모르지만, '박준'이 느끼기에 그 질문은 어떠한 대답을 강요하는 폭력적인 질문이었던 것 같네요. 이것이 바로 앞에서 말한 '위험한 질문'에 해당하는 것이었습니다. '박준' 입장에서 이러한 질문들은 '전짓불의 공포'를 떠올리게 하기 때문에, 굉장히 '위험한' 것이라고 할 수 있겠습니다. 충분히 공감할 수 있겠죠?

선지	①	②	③	④	⑤
선택률	75%	7%	5%	7%	6%

25 윗글에 대한 이해로 가장 적절한 것은? ①

① '김 박사'는 '박준'이 느끼는 공포감의 비밀을 밝힐 방법을 찾았다고 믿는다.

선지 유형	근거가 있어서 허용 가능
실전에서의 판단 과정	그래서 소설에 관심을 안 가진 것이지.
해설	'김 박사'가 '박준'의 비밀을 밝힐 방법을 찾았다는 것. 박준의 소설에 관심을 보이지 않는 '심리'를 보이는 '근거'였습니다. '심리의 근거를 통한 내용 이해'라는 태도만 있었다면 이 선지를 맞다고 판단하는 데 0.76초 정도 걸렸겠네요.

② '김 박사'의 말을 들은 '나'는 그의 치료 방안에 대해 전적으로 신뢰하게 된다.

선지 유형	근거가 없어서 허용 불가능
실전에서의 판단 과정	언제 그랬냐.
해설	'나'가 '김 박사'의 치료 방법을 신뢰했다는 '심리'가 등장한 적 없죠? 지문 내용을 이해하고 있었으니 이런 내용은 헛소리라는 걸 알 수 있습니다.

③ '박준'이 어둠 때문에 발작을 일으킨 일이 있음을 '김 박사'는 알지 못하고 있다.

선지 유형	근거가 있어서 허용 불가능
실전에서의 판단 과정	이걸 알고 해결책을 '나'와 논의한 거잖아.
해설	'발작'이라는 사건을 계기로 '김 박사'가 치료 방법을 고민하고 있었습니다. 지문 내용과 정반대네요.

④ '어머니'의 입장이 절망적인 것은 아들의 안전을 지키지 못했다는 자괴감 때문이다.

선지 유형	근거가 있어서 허용 불가능
실전에서의 판단 과정	뭐라고 답해야 할지 몰라서 절망적이었던 거지.
해설	'어머니'는 전짓불 아래에서 뭐라고 대답을 해야 할지 몰라 '절망적'이었던 것입니다. 결국 또 '심리의 근거'를 묻고 있네요. 그리고 '어머니'가 '절망감'을 느낀 시점에 아들이 죽은 것도 아니니, '아들을 지키지 못했다'는 내용도 허용할 수 없겠죠?

⑤ 신문지 조각을 읽은 '나'는 궁금해 하는 사실과 기사의 내용이 거리가 있어서 실망한다.

선지 유형	근거가 있어서 허용 불가능
실전에서의 판단 과정	읽을 게 없어서 실망한 거잖아.
해설	'나'가 실망했다는 '심리'가 등장했었습니다. 그런데 이 '심리'의 근거가 뭔가요? 그렇죠. '읽을 수 있는 부분이 별로 없어서'입니다. 궁금해하는 내용과 기사의 내용이 거리가 있는 건 아니죠! 오히려 전짓불의 트라우마에 대한 내용이니 완벽하게 '나'가 궁금해하던 것입니다.

선지	①	②	③	④	⑤
선택률	5%	7%	76%	5%	7%

26 [A]의 서사적 기능으로 가장 적절한 것은? ③

– [A]에 대해 물어 보고 있습니다. [A]는 '박준'이 가지고 있는 전 짓불에 대한 공포의 이유를 밝혀주고, '소설'과 '기자의 질문'에 대한 '박준'의 생각이 나타나던 부분이었습니다. 이를 생각한 채 로 선지 판단해 봅시다.

① 특정 지역을 배경으로 설정하여 공간의 상징적 의미 를 부각한다.

선지 유형	근거가 없어서 허용 불가능
실전에서의 판단 과정	공간의 의미를 언제 부각했냐.
해설	'우리 고향'이 배경이기는 한데, 그 공간 자체의 의미가 중요하지는 않았죠? 이 지문 내용 상에서 [A]는 '전짓불에 대한 공포'가 핵심이지, 어떤 지역인지가 중요하지는 않습니다.

② 인물의 행동을 객관적 시점에서 묘사하여 인물의 성 격을 짐작하게 한다.

선지 유형	근거가 있어서 허용 불가능
실전에서의 판단 과정	객관적 시점에서 묘사한 건 말이 안 되지.
해설	객관적 시점이요? '어머니'의 절망적인 모습을 보고 있는데 아들의 입장에서 객관적이라는 건 말이 안 되겠죠. 가볍게 지워낼 수 있습니다. 물론 '인물의 성격'은 충분히 짐작할 수 있겠죠? 소설의 모든 행위, 대사에서는 그 인물의 '성격'이 드러난다고 볼 수 있어요. 여기선 '트라우마를 가지고 있다'라는 인물의 성격이 드러난다고 할 수 있겠네요. 문학에서의 '성격'은 그 인물의 특징 자체를 드러낸다고 보시면 된다고 했습니다.

③ 주인공의 두 경험을 연관 지어 사건의 의미를 이해하 는 데 단서를 제공한다.

선지 유형	근거가 있어서 허용 가능
실전에서의 판단 과정	미리 생각한 내용이네.
해설	주인공이라 할 수 있는 '박준'의 어릴 적 경험, 그리고 현재의 소설 쓰기의 경험을 연관 짓고 있고, 거기서 사건의 의미(전짓불에 대한 공포의 의미)를 이해하는 데 단서를 제공하고 있으므로 허용할 수 있네요. 내용을 이해했다면 아주 쉽게 판단할 수 있을 것이에요.

④ 동일한 사건을 다각적으로 구성하여 사건에 대한 해 석의 여지를 열어 놓는다.

선지 유형	근거가 없어서 허용 불가능
실전에서의 판단 과정	무슨 헛소리야.
해설	[A] 부분은 '박준'의 시선만으로 서술되고 있습니다. 동일한 사건을 다각적으로 구성하고 있다는 건 허용하기 힘드네요. 나아가 이 경우 '박준'의 시각에서만 이 사건을 해석할 것이니, 해석의 여지를 열어 놓는다는 것 역시 허용하기 어렵구요.

⑤ 이질적인 시선을 대비해 가며 역사적인 사건의 전모 가 총체적으로 드러나도록 한다.

선지 유형	근거가 없어서 허용 불가능
실전에서의 판단 과정	완전 헛소리네.
해설	일단 '박준'의 시선만 나오고 있다는 점에서 '이질적인 시선'을 허용하기 어렵고, '역사적 사건의 전모'라는 엄청난 내용은 이 지문의 주제와 크게 벗어나죠? '개인'에 주목하느냐 '사회'에 주목하느냐 라는 큰 틀의 주제 구분에 익숙해지셔야 합니다.

선지	①	②	③	④	⑤
선택률	6%	16%	7%	5%	66%

27 〈보기〉를 참고하여 윗글을 감상한 내용으로 적절하지 않은 것은? [3점] ⑤

① '전짓불의 공포'를 강하게 느끼는 '박준'은, 일방적 진 술을 강요하는 듯한 사회적 상황에 직면하여 고통 받 는 이들을 상징하는 인물이겠군.

선지 유형	근거가 있어서 허용 가능
실전에서의 판단 과정	일방적 진술 강요, 충분히 허용되네.

해설	우리는 '박준'이 가지고 있는 '전짓불의 공포'가 곧 '일방적 진술에 대한 압박'을 의미한다는 것을 독해했습니다. 이를 근거로 하면 선지의 내용을 충분히 허용할 수 있겠네요. 모든 소설의 인물은 작가가 주목하고자 하는 이들의 상징적 존재라고 할 수 있으니까요.

② '전짓불의 공포'와 '소설 작업'의 관계에 주목해 보면, 소설 쓰기를 통한 '박준'의 '자기 진술'은 치유 방법으로서의 말문 트기에 상응하는 것이겠군.

선지 유형	근거가 있어서 허용 가능
실전에서의 판단 과정	소설 쓰기가 치유 방법으로서의 말문 트기라며.
해설	〈보기〉에서 언급했던 내용 그 자체입니다. '전짓불의 공포'라는 '정신적 외상'을 가지고 있는 '박준'은 '소설 작업'이라는 '개인적 말문 트기'(=자기 진술)를 통해 그 '정신적 외상'을 치유하려고 한다고 할 수 있겠죠. 물론 기자가 '위험한 질문'을 하는 것과 같은 상황에 처할 때는 치유가 제대로 이루어지지 않겠지만 말이에요.

③ '자기 진술'을 어렵게 만드는 상황에 직면했다는 '박준'의 고백은, 일방적일 수밖에 없는 '자기 진술'의 상황 속에서 정신적 외상이 환기된다는 점을 드러내는 것이겠군.

선지 유형	근거가 있어서 허용 가능
실전에서의 판단 과정	소설 작업 중에 느끼는 공포감은 정신적 외상과 관련된 것이었지.
해설	'박준'은 '소설 작업'을 통해 '자기 진술'을 하려고 합니다. 그런데 때때로 그 '자기 진술'이 일방적이라는 생각이 들기도 한다고 해요. 이때 '일방적인 자기 진술'은 '박준'에게 '전짓불의 공포'라는 '정신적 외상'을 떠올리게 한다고 했습니다. 이는 우리가 충분히 공감했던 감정이기 때문에, 어렵지 않게 허용할 수 있겠네요.

④ 유년의 '기분 나쁜 기억'이 전쟁으로 인한 공동체의 위기 상황과 관련되었다는 설정을 통해, '박준'의 정신적 외상이 사회적 차원의 문제와 관련이 있다는 점을 알 수 있겠군.

선지 유형	근거가 있어서 허용 가능
실전에서의 판단 과정	전쟁이면 사회적 차원의 문제지.

해설	'박준'의 트라우마는 결국 '한국전쟁'이라는 역사적 배경 속에서 만들어진 것이므로 (지문에서 6 · 25에 대한 이야기가 나왔죠?) '박준' 개인의 문제가 아닌 우리 사회 전체의 문제라고 할 수 있겠습니다. 〈보기〉에서도 '사회'에 대한 언급이 있구요.

⑤ 정신적 외상의 최초 원인을 밝히기 위해 '김 박사'가 '박준'의 과거 기억을 진술하게 할 계획을 세웠다면, 이는 '위험한 질문'을 회피하기 위한 말문 트기 방법을 모색한 결과이겠군.

선지 유형	근거가 있어서 허용 불가능
실전에서의 판단 과정	'위험한 질문'을 회피하면 대답을 들을 수가 없지.
해설	사실 굉장히 어려운 선지입니다. 천천히 판단해봅시다. 실전에선 이렇게 풀지 않고, '실전에서의 판단 과정'처럼 간단하게 처리하셔도 됩니다. 먼저 '위험한 질문'에 대해 알아봅시다. '위험한 질문'은 '박준'으로 하여금 과거의 기억을 '일방적'으로 진술할 수밖에 없게 만드는 질문입니다. 마치 '전짓불' 아래서 대답을 강요받는 상황처럼, 자신의 과거에 대해 이야기해줄 것을 강요받는 질문을 의미하는 것이죠. 선지에선 '김 박사'가 '박준'의 '과거 기억'을 진술하게 할 계획을 세운 것으로 가정하고 있습니다. 나아가 지문 속에선 이러한 방법을 '별로 기분 좋은 방법이 아니'라고 하고 있구요. 그렇다면 '김 박사'의 계획은 '위험한 질문'을 회피하는 것이 아니라 적극적으로 사용하는 것임을 파악할 수 있겠네요. '박준'에게 압박을 주는 '기분 좋지 않은' 방법을 통해 '과거 기억'을 진술하게 하는 것이라고 할 수 있는 것이죠. 혹은 '말문 트기 방법'이 '위험한 질문을 회피하기 위한 것'이 아니라는 것을 토대로 해결해도 좋습니다. '말문 트기 방법'은 '트라우마 치유'를 위한 것이지, '위험한 질문'을 피하는 게 목적이 아니잖아요! 어떻게 판단하든, 결국 핵심은 '문학적 해석'이 아닌 '객관적 독해'를 기반으로 한 '생각의 흐름'이었습니다. 문학 문제도 결국 '수능 국어'의 일부입니다. 이 본질을 잊지 않은 채로 계속 달려봅시다.

몰랐던 어휘 정리하기

| 핵심 point |

① **허용 가능성 평가** : 선지의 내용을 '허용'하려는 태도를 바탕으로 지문을 '독해'하며 '근거'를 찾아야 합니다. 허용할 수 있는 '근거'가 있어야만 허용할 수 있습니다. 주관적인 생각을 개입시키면 안 됩니다.
② **소설 독해** : '심리와 행동의 근거'를 바탕으로 인물에게 '공감'하며 읽어야 합니다. 이 과정이 물흐르듯 이어지면 지문의 내용을 완벽하게 이해할 수 있어요.

| 지문 내용 총정리 |

'김 박사'와 '나'의 대화를 바탕으로 '박준'이 가지고 있는 트라우마의 비밀을 밝히는 부분은 '심리의 근거'를 바탕으로 한 전형적인 소설 독해의 과정이었고, '소설'과의 관계를 파악하는 부분은 '독해력'을 발휘하여 끈끈하게 읽어내는 과정이었습니다. 생각보다 많은 것을 배울 수 있는 지문이었습니다. 모든 선지를 완벽하게 지워낼 수 있을 때까지 여러 번 복습하도록 합시다.

〈보기〉 확인

[보기]

「유씨삼대록」은 유씨 3대 인물들의 이야기들을 연결한 국문 장편 가문 소설이다. 각 이야기는 그 자체로 완결성을 갖추고 있어 독립적이지만, 혼사나 그로부터 파생된 각각의 갈등이 동일한 가문 내에서 전개된다는 점에서 연결된다. 이러한 갈등은 가법이나 인물의 성격에서 유발된다. 가문의 구성원들은 혼사를 둘러싼 갈등이 가문의 안정과 번영을 저해한다고 여겼기에, 가문 차원에서 이를 해결해 간다.

'가문 차원'에서 혼사나 그로부터 파생된 각각의 갈등을 해결하는 내용이라고 합니다. 어떤 갈등이 나오는지, 그리고 이를 어떻게 해결해 가는지 생각하며 읽어 봐야 하겠죠. 나아가 3대의 인물들이 나온다고 하니, 여러 인물들이 나타날 것임을 짐작하고 그 인물들 사이의 관계를 잘 정리해야겠다는 생각을 할 수도 있겠습니다.

지문 독해

[앞부분의 줄거리] 아들 유세기가 부모의 허락 없이 백공과 혼사를 결정했다고 여긴 선생은 유세기를 집에서 내쫓는다.

[앞부분의 줄거리]는 언제나 중요하게 읽는 습관을 들이자고 했습니다! '유세기'는 '선생'의 아들인데, '선생'은 '유세기'가 허락 없이 '백공'과의 혼사를 결정했다고 여겨서 아들을 내쫓았다고 합니다. 옛날에는 이런 게 큰 죄가 되었을 테니 충분히 공감하며 읽을 수 있겠죠? '~했다고 여긴'이라는 표현을 보면, '선생'의 이 생각이 뭔가 오해에서 비롯했을 수도 있을 것 같아요. 〈보기〉에서 말한 '갈등'이 시작되는 것 같은데, 이 줄거리를 고려하여 지문을 읽어 봅시다.

백공이 왈,
"혼인은 좋은 일이라 서로 헤아려 잘 생각할 것이니 어찌 이같이 좋지 않은 일이 일어나는가? 내가 한림의 재모를 아껴 이같이 기별해 사위를 삼고자 하였더니 선생 형제는 도학 군자라 예가 아닌 것을 문책하시는도다. 내가 마땅히 곡절을 말하리라."

[앞부분의 줄거리]의 상황이 해결되기 시작하는 장면입니다. '백공'이 '한림의 재모를 아껴 이같이 기별해 사위를 삼고자'했다는 부분에서, '한림'이 유세기라는 것을 짐작할 수 있었다면 잘 하신 거예요. '한림'이라는 새로운 호칭이 나왔을 때, 정말로 새로운 인물인지 한 번만 생각했다면 어렵지 않게 체크할 수 있었을 겁니다. 나아가 '백공'은 '유세기=한림'과 결혼시키려 했던 어떤 여성의 아버지라고 할 수 있겠죠? '사위'라는 표현이 있으니까요. '백공'은 '선생 형제'를 찾아가서 오해를 풀고, '유세기'와 '선생' 사이의 갈등을 해결해주려 합니다. 어 그런데 '선생'에게 형제가 있나보네요? 체크할 준비하면서 읽어봅시다.

이에 백공이 유씨 집안에 이르러 선생 형제를 보고 인사를 하고 나서 흔쾌히 웃으며 가로되,
"제가 두 형과 더불어 죽마고우로 절친하고 또 아드님의 특출함을 아껴 제 딸의 배필로 삼고자 하여, 어제 세기를 보고 여차여차하니 아드님이 단호하게 말하고 돌아가더이다. 제가 더욱 흠모하여 염치를 잊고 거짓말로 일을 꾸며 구혼하면서 '정약'이라는 글자 둘을 더했으니 이는 진실로 저의 희롱함이외다. 두 형께서 과도히 곧이듣고 아드님을 엄히 꾸짖으셨다 하니, 혼사에 도리어 훼방이 되었으므로 어찌 우습지 않으리까? 원컨대 두 형은 아드님을 용서하여 아드님이 저를 원망하게 하지 마오."
선생과 승상이 바야흐로 아들의 죄가 없는 줄을 알고 기뻐하면서 사례하여 왈,
"저희 자식이 분에 넘치게 공의 극진한 대우를 받으니 마땅히 그 후의를 받들 만하되, 이는 선조로부터 대대로 내려오는 가법이 아니기에 감히 재취를 허락하지 못하였소이다. 저희 자식이 방자함이 있나 통탄하였더니 그간 곡절이 이렇듯 있었소이다."

백공은 '선생 형제'한테 가서 '흔쾌히 웃고' 있습니다. 왜? 그렇죠! 오해를 풀어야 하니, 웃는 낯으로 가야겠죠. 보아하니 결혼 이야기는 '유세기'의 잘못이 아니라, '백공'이 거짓말로 꾸며낸 소문이었네요.

'백공'의 해명을 들은 '선생'과 '승상'은 '기뻐하고' 있습니다. 오해가 풀렸고, 아들의 잘못이 아님을 알았으니 당연히 기쁘겠죠. 나아가 원래 '백공'이 대화를 건 대상은 '선생 형제'였는데, 기뻐하는 건 '선생, 승상'임을 토대로 '승상'이 바로 '선생'의 형제, 즉 '유세기'의 가족임을 생각할 수 있겠네요. 인물관계를 잡는 게 쉽지 않은 지문이었어요. 이처럼 새로 나온 인물(승상)이 정말로 뉴페이스인지를 끊임없이 생각해야 합니다. 아니라면 어떤 인물을 다

르게 표현하는 것인지를 토대로 관계를 만들어주셔야 해요!

> 백공이 화답하고 이윽고 돌아가서 다시 혼삿말을 이
> 르지 못하고 딸을 다른 데로 시집보냈다. 선생이 백공
> 을 돌려보낸 후에 한림을 불러 앞으로 더욱 행실을 닦
> 을 것을 훈계하자 한림이 절을 하면서 명령을 받들었다.
> 〈차후 더욱 예를 삼가고 배우기를 힘써 학문과 도덕이
> 날로 숙연하고, 소 소저와 더불어 백수해로하면서 여덟
> 아들, 두 딸을 두고, 집안에 한 명의 첩도 없이 부부 인생
> 희로를 요동함이 없더라.〉

아무튼 이렇게 한바탕 소동이 끝난 뒤, '백공'의 딸은 다른 곳으로 시집을 갔다고 합니다. 쿨하네요. 이제 '선생'은 '한림'을 불러 훈계를 하고, '한림'은 그 말을 잘 들었다고 해요. '소 소저'와 잘 살고 그러기까지 하고 말이죠. 사실 제가 '유세기=한림'의 상황이었다면 부모님을 원망하고 그랬을 것 같은데, 역시 조선시대의 감성은 남다릅니다. 그 시대를 생각하면서, 이들의 심리와 행동에 최대한 공감해주셔야 해요!

> 승상의 둘째 아들 세형의 자는 문희이니, 〈형제 중 가
> 장 빼어났으니 산천의 정기와 일월의 조화를 타고 태어
> 나 아름다운 얼굴은 윤택한 옥과 빛나는 봄꽃 같고, 호
> 탕하고 깨끗한 풍채는 용과 호랑이의 기상이 있으며, 성
> 품이 호기롭고 의협심이 강하여 맑고 더러움의 분별을
> 조금도 잃지 않으니,〉 부모가 매우 사랑하여 며느리를
> 널리 구하더라.

그러다 갑자기 '승상'의 아들 '세형'에 대해 설명하고 있습니다. 여기서 '승상'이 누구인지는 알고 있죠? 갑자기 '세형'에 대해서 왜 말해주는지는 모르겠지만, 그의 '외양'을 묘사하고 있다는 점. 확실하게 체크할 수 있어야 합니다. 이 외양 묘사를 통해 성격을 유추해보니, 엄친아 그 자체인 것 같아요. 갑자기 이 인물을 설명해준 이유가 있겠죠? 확실하게 잡아두고 가 봅시다. '며느리를 구하는 상황'임도 놓치지 마시고요.

> (중략)
>
> 화설, 장 씨 이화정에 돌아와 긴 단장을 벗고 난간에
> 기대어 하늘가를 바라보며 평생 살아갈 계책을 골똘히
> 헤아리자, 한이 눈썹에 맺히고 슬픔이 마음속에 가득하
> 여 생각하되,

> '내가 재상가의 귀한 몸으로 유생과 백년가약을 맺었
> 으니 마음이 흡족하고 뜻이 즐거울 것이거늘, 천자의
> 귀함으로 한 부마를 뽑는데 어찌 구태여 나의 아름다
> 운 낭군을 빼앗아 가 위세로써 나로 하여금 공주 저
> 사람의 아래가 되게 하셨는가? 도리어 저 사람의 덕
> 을 찬송하고 은혜를 읊어 한없는 영광은 남에게 돌려
> 보내고 구차한 자취는 내 일신에 모이게 되었도다. 우
> 주 사이는 우러러 바라보기나 하려니와 나와 공주의
> 현격함은 하늘과 땅 같도다. 나의 재주와 용모가 저 사
> 람보다 떨어지는 것이 없고 먼저 혼인 예물까지 받았
> 는데 이처럼 남의 천대를 감심할 줄 어찌 알리오? 공
> 주가 덕을 베풀수록 나의 몸엔 빛이 나지 않으리니 제
> 짐짓 능활하여 아버님, 어머님이나 시누이를 제 편으
> 로 끌어들인다면 낭군의 마음은 이를 좇아 완전히 달
> 라질지라. 슬프다, 나의 앞날은 어이 될고?'
> 생각이 이에 미치자 북받쳐 오르는 한이 마음속에 가
> 득 쌓이기 시작하니 〈어찌 좋은 뜻이 나리오?〉

(중략) 이후의 상황입니다. '장 씨'라는 인물이 '이화정'이라는 공간에 있습니다. 여기서 '한과 슬픔'이라는 심리가 나오고 있어요! 왜 그러는지 알아보겠다는 생각을 하면서 읽어야겠죠?

'장 씨'는 '유생'과 결혼을 한 상태인데, '부마'를 뽑는 '천자' 때문에 남편을 '공주'에게 빼앗긴 상태네요. 참고로 '부마'는 왕의 사위(공주의 남편)를 가리키는 단어인데, 고전소설을 읽을 때 이 정도는 알아두시는 것이 좋습니다. 어쨌든, 이 사건을 통해 자신이 공주보다 한참 밑에 있는 존재라는 생각이 들어 '장 씨'는 굉장히 슬퍼 보입니다. 자기 남편을 뺏기고 찬밥신세가 되었다는데, 누구라도 '한과 슬픔'이라는 심리가 나오겠죠. 이번엔 어렵지 않게 공감할 수 있겠네요.

그렇다면 여기서 '유생'은 누구일까요? 그렇죠. 당연히 (중략) 직전에 나왔던 '세형'일 것입니다. 이렇게 연결시킬 게 아니라면, 마지막에 뜬금없이 '세형'을 등장시킬 이유가 없죠. 물론 뒤에서 더 확실해지기는 하지만, '유생'이라는 뉴페이스의 정체를 생각하는 과정을 거치셨다면 어렵지 않게 잡아낼 수 있었을 거예요.

나아가 '어찌 좋은 뜻이 나리오?' 부분은 서술자의 생각이 개입된 부분이죠? 이런 '서술자의 개입', 선지에 출제될 수도 있으니 확실하게 체크하고 넘어갑시다.

정히 눈물을 머금고 마음을 붙일 곳 없어하더니, 문득
세형이 〈보라색 두건과 녹색 도포를 가볍게 나부끼며〉
이르러 장 씨의 참담한 안색을 보고 옥수를 잡고 어깨를
비스듬히 기대게 하며 물어 왈,

"그대 무슨 일로 슬픈 빛이 있나뇨? 나를 좇음을 원망
하는가?"

장 씨가 잠시 동안 탄식 왈,

"낭군은 부질없는 말씀 마옵소서. 제가 낭군을 좇는
것을 원망했다면 어찌 깊은 규방에서 홀로 늙는 것을
감심하였사오리까? 다만 제가 귀댁에 들어온 지 오륙
일이 지났으나 좌우에 친한 사람이 없고 오직 우러르
는 바는 아버님, 어머님과 낭군뿐이라 어린 여자의 마
음이 편안하지 못한 바이옵니다. 공주가 위에 계셔 온
집의 권세를 오로지하시니 그 위의와 덕택이 저로 하
여금 변변찮은 재주 가진 하졸이 머릿수나 채워 우물
속에서 하늘을 바라보는 것 같게 만드옵니다. 제가 감
히 항거할 뜻이 있는 것이 아니나 평생의 신세가 구차
하여 슬프고, 진양궁에 나아가면 궁비와 시녀들이 다
저를 손가락질하며 비웃어 한 가지 일도 자유롭게 하
지 못하게 하옵고, 제 입에서 말이 나면 일천여 시녀가
다 제 입을 가리니, 공주의 은덕에 의지하여 겨우 실례
를 면하고 돌아왔사옵니다."

부마가 바야흐로 장 씨의 외로움을 가련하게 여기고
공주의 위세가 장 씨를 억누르는 것을 좋지 않게 여기고
있다가 장 씨의 이렇듯 애원한 모습을 보자 크게 불쾌하
여 장 씨를 위한 애정이 샘솟는 듯하였다. 은근하고 간
곡하게 장 씨를 위로하고 그 절개와 외로움에 감동하여
이날부터 발자취가 이화정을 떠나지 않았다. 연리지와
같은 신혼의 정은 양왕의 꿈에 빠진 듯 어지럽고, 낙천
의 마음이 취한 듯 기쁘고 즐거워 바라던 바를 다 얻은
듯한 마음은 세상에 비할 데가 없더라.

-작자 미상, 「유씨삼대록」-

아니나다를까 여기서의 '유생'은 '세형'이었네요. 〈 〉 표시된 부분
에서 멋진 외양 묘사와 함께 등장하고 있습니다. '세형'은 '장 씨'
의 참담한 안색을 보고, 무슨 일인지 묻고 있습니다. 본인과 결혼
한 것이 후회되냐는 눈치없는 이야기를 하자, 답답한 '장 씨'는 자
신의 울분을 토해냅니다. 이 감정도 충분히 공감할 수 있겠죠?

'부마=유생=세형'도 '공주'를 좋지 않게 여기고 있었는데, 이 이
야기를 듣고 '장 씨'에 대한 가련함과 '공주'에 대한 '불쾌'함을 느
끼며 '장 씨'를 향한 '애정'이 샘솟는 모습입니다. '부마'가 '세형'

을 의미한다는 건 설명하지 않아도 알 수 있겠죠? 새로운 호칭이
나오면 계속해서 정말 새로운 인물이 등장한 것이 맞는지를 생각
해주셔야 해요! 그 뒤론 '장 씨'가 살고 있는 '이화정'에서 아주 행
복한 시간을 보냈다고 하네요.

선지	①	②	③	④	⑤
선택률	12%	7%	62%	11%	8%

28 **이같이 좋지 않은 일**에 대한 이해로 적절하지 <u>않은</u> 것은?

③

> "혼인은 좋은 일이라 서로 헤아려 잘 생각할 것이니
> 어찌 이같이 좋지 않은 일 이 일어나는가? 내가 한림
> 의 재모를 아껴 이같이 기별해 사위를 삼고자 하였더
> 니 선생 형제는 도학 군자라 예가 아닌 것을 문책하시
> 는도다. 내가 마땅히 곡절을 말하리라."

– 간단한 내용 이해를 요구하는 문제입니다. '유세기'가 오해로
인해 집에서 쫓겨 나게 된 상황이었죠? '선생'이 오해를 하게 된
이유, 그리고 '백공'이 그 오해를 풀어 주는 상황에 대해 이해하고
있는지 물어볼 것입니다. 가볍게 해결해봅시다.

① 백공의 거짓말 때문에 일어난 일이다.

선지 유형	근거가 있어서 허용 가능
실전에서의 판단 과정	거짓말로 혼사를 꾸며서 일어난 일이지.
해설	'백공'이 거짓말로 혼사를 꾸며서 갈등이 시작된 것이었죠? 내용을 이해했는지 묻고 있습니다. '백공'이 '선생 형제'에게 가서 무엇을, 왜 했는지 정확히 이해했어야 해요!

② 백공이 한림을 곤경에 처하게 한 일이다.

선지 유형	근거가 있어서 허용 가능
실전에서의 판단 과정	쫓겨났으면 곤경에 처하게 했다고 할 수 있겠네.
해설	'한림'이 '유세기'인 것을 체크했는지 묻는 선지네요. '백공'이 거짓말을 해서 '한림', 즉 '유세기'가 쫓겨날 뻔 했으니 허용할 수 있겠습니다. 새로운 호칭이 나올 때마다, 정말로 뉴페이스인지 생각해야 합니다!

③ 선생과 승상 사이에서 의견 대립이 심화된 일이다.

선지 유형	근거가 없어서 허용 불가능
실전에서의 판단 과정	선생과 승상 사이에 의견 대립이 없었는데?
해설	이번엔 '선생 형제'가 '선생+승상'으로 바뀌어서 불리고 있다는 걸 체크했는지 묻는 선지네요. 둘의 의견 대립은 나온 적이 없습니다. 오히려 '백공'의 이야기를 들은 뒤 동시에 기뻐하는 반응을 보였죠.

④ 한림이 선생과 승상으로부터 꾸지람을 당한 일이다.

선지 유형	근거가 있어서 허용 가능
실전에서의 판단 과정	그랬었지.
해설	이 일 때문에 '한림', 즉 '유세기'가 쫓겨날 뻔했고, 나중엔 행실을 바르게 하라고 한 소리 들었죠? 역시 '인물관계'를 통한 내용 이해를 묻고 있네요.

⑤ 백공이 한림을 자신의 딸과 혼인시키려다 일어난 일이다.

선지 유형	근거가 있어서 허용 가능
실전에서의 판단 과정	그랬었지.
해설	1번 선지와 연결되는 내용이죠? 이를 위해 거짓말을 했다가 갈등이 생긴 겁니다. 내용만 잘 이해했다면 어렵지 않게 지울 수 있는 선지였네요.

선지	①	②	③	④	⑤
선택률	3%	5%	9%	77%	6%

29 [A]와 [B]에 대한 설명으로 적절하지 <u>않은</u> 것은? ④

− [A]는 낭군을 빼앗겼다고 생각하는 '장 씨'가 혼자 자기 신세를 한탄하는 부분이고, [B]는 자신의 심정을 '세형'에게 털어 놓는 장면이었습니다. 대단한 문제는 아닙니다. 각 부분의 내용을 이해했는지 묻는 문제일 거예요.

① [A]와 [B]는 모두 과거 사건에 대한 정보를 제공하고 있다.

선지 유형	근거가 있어서 허용 가능
실전에서의 판단 과정	남편 뺏기고 그 이후의 상황 쭉 이야기한 거니까 과거 사건에 대한 정보 맞지.

해설	모두 과거 이야기가 있죠? [A]와 [B] 모두 과거에 있었던 일들, 즉 '공주'에게 남편을 뺏기고 여러 사람들에게 구박을 받았던 일들을 토대로 '장 씨' 자신의 서러움을 토로하는 부분들이니까요.

② [A]와 [B]는 모두 비유적 진술을 통해 자신이 처한 상황을 부각하고 있다.

선지 유형	근거가 있어서 허용 가능
실전에서의 판단 과정	에이 귀찮아. 일단 다른 선지부터 봐야지.
해설	비유적 진술 찾아봅시다. 이런 건 어쩔 수 없이 선지를 보고 지문으로 가서 찾아야 해요. 지문 읽으면서부터 비유적 진술을 체크하는 건 사실 어려운 일이니까요. [A]에는 '하늘과 땅 같도다', [B]에는 '하졸이 머릿수나 ~ 같게 만드옵니다.' 등에서 찾을 수 있네요.

③ [A]는 [B]와 달리 타인에 대한 자신의 원망을 의문형 표현을 활용하여 드러내고 있다.

선지 유형	근거가 있어서 허용 가능
실전에서의 판단 과정	의문형 표현 있고, 천자랑 공주 원망하고 있으니 허용되네.
해설	'비유적 표현'과 달리 '의문형 표현'은 찾는 게 어렵지 않습니다. 물음표만 찾으면 되니까요. [A]부터 볼까요? '~하여금 공주 저 사람의 아래가 되게 하셨는가?'에서 '의문형 표현'을 찾을 수 있고, 이 속에서 '천자'에 대한 원망을 읽어낼 수 있겠네요. [B]에서는요? '~홀로 늙는 것을 감심하였사오리까?'에 의문형 표현이 나타나긴 하지만, 이는 '원망'을 드러내기 위한 것이 아닌 '세형'의 오해를 풀기 위한 발화였죠? 인물의 발화가 어떤 의도 속에서 이루어지고 있는지, 그 행동의 '근거'를 생각하는 게 중요했습니다!

④ <u>[B]는 [A]와 달리 대화 상대의 환심을 사기 위해 자신의 우월한 지위를 드러내고 있다.</u>

선지 유형	근거가 없어서 허용 불가능
실전에서의 판단 과정	애초에 우월한 지위가 없잖아.
해설	우월한 지위를 드러낸다구요? 우월한 지위를 가지고 있는데 저렇게 존댓말하면서 애절하게 말하지는 않았겠죠? '장 씨'가 우월한 지위를 가지고 있다거나, 그것을 드러냈다는 '근거'가 없으니 절대

	허용할 수 없겠네요.

⑤ [A]는 앞으로의 일을 추정하는, [B]는 지난 일을 토로
하는 방식으로 자신의 우려를 제시하고 있다.

선지 유형	근거가 있어서 허용 가능
실전에서의 판단 과정	그랬었지.
해설	[A]에서는 '낭군의 마음이 달라질 것이다'라거나 '나의 앞날은 어이 될고?'라고 하며 앞으로의 일을 추정하고 있고, [B]는 아예 대부분이 과거의 일들이죠? 주변에 친한 사람도 없어서 앞으로도 힘들 것 같다는 식의 우려도 내보였으니, 쉽게 허용할 수 있겠네요.

선지	①	②	③	④	⑤
선택률	3%	3%	83%	7%	4%

30 '장 씨'를 중심으로 ㉠과 ㉡을 이해한 내용으로 가장 적절한 것은? ③

> 화설, 장 씨 ㉠이화정에 돌아와 긴 단장을 벗고 난간에 기대어 하늘가를 바라보며 평생 살아갈 계책을 골똘히 헤아리자, 한이 눈썹에 맺히고 슬픔이 마음속에 가득하여 생각하되,
> 은근하고 간곡하게 장 씨를 위로하고 그 절개와 외로움에 감동하여 이날부터 발자취가 ㉡이화정을 떠나지 않았다.

– '이화정'이라는 공간에 대해서 물어보고 있네요. 첫 번째 이화정은 '장 씨'가 자신의 한탄을 시작하는 공간이었고, 두 번째 이화정은 '세형'이 '장 씨'의 이야기를 듣고 행복하게 꽁냥대는 공간이었어요.

① ㉠은 학문을 연마하는 공간이고, ㉡은 덕행을 닦는 공간이다.

선지 유형	근거가 없어서 허용 불가능
실전에서의 판단 과정	학문 연마랑 덕행은 지문의 내용이랑 너무 상관이 없는데?
해설	'실전에서의 판단 과정'과 동일하게 해결하면 되겠죠? 내용을 이해했다면, 아무렇지 않게 지울 수 있어야 합니다.

② ㉠은 불신을 드러내는 공간이고, ㉡은 조소를 당하는 공간이다.

선지 유형	근거가 없어서 허용 불가능
실전에서의 판단 과정	불신과 조소는 지문의 내용이랑 너무 상관이 없는데?
해설	'불신', '조소' 같은 내용 역시 지문을 이해했다면 허용할 수가 없네요.

③ ㉠은 한탄을 드러내는 공간이고, ㉡은 애정을 확인하는 공간이다.

선지 유형	근거가 있어서 허용 가능
실전에서의 판단 과정	미리 생각한 내용 그대로네.
해설	우리가 찾아둔 거죠? 바로 답이네요. 내용 이해가 핵심임을 몇 번이고 확인시켜주고 있네요.

④ ㉠은 계책을 꾸미는 공간이고, ㉡은 외로움을 인내하는 공간이다.

선지 유형	근거가 없어서 허용 불가능
실전에서의 판단 과정	계책을 언제 꾸몄어.
해설	계책을 꾸민 적도 없고, 두 번째 '이화정'에서는 외로움을 해소하면 해소했지 인내하지는 않았겠죠?

⑤ ㉠은 선후 시비를 따지는 공간이고, ㉡은 오해를 해소하는 공간이다.

선지 유형	근거가 없어서 허용 불가능
실전에서의 판단 과정	선후 시비를 언제 따졌어.
해설	두 번째 '이화정'에서 오해를 풀고 행복하게 산다는 건 허용할 수 있는데, 이 작품은 '선후 시비'를 따지는 내용이 아니죠?

선지	①	②	③	④	⑤
선택률	6%	8%	58%	11%	17%

31 〈보기〉를 참고하여 윗글을 감상한 내용으로 적절하지 <u>않은</u> 것은? [3점] ③

– 〈보기〉에서는 가법이나 인물의 성격에서 유발된 가문 차원의 갈등을 얘기하는데, '유세기'가 오해를 받고 쫓겨난 것이나, '유세형'이 공주와 혼인하면서 생겨난 갈등을 말하는 것 같아요. 이 둘은 서로 다른 이야기이지만, 같은 가문 내에서 전개되어 연결된다고 하니, 〈보기〉의 관점을 참고하여 선지를 판단해 봅시다.

① 유세기 이야기와 유세형 이야기를 보니, 각각의 갈등이 한 가문의 혼사를 중심으로 발생한다는 점에서 두 이야기가 서로 연결되어 있음을 알 수 있군.

선지 유형	근거가 있어서 허용 가능
실전에서의 판단 과정	유세기랑 유세형은 한 가문이니까 연결된다고 할 수 있지.
해설	〈보기〉만 보고도 '유세기'와 '유세형'이 같은 집안 사람이라는 것은 짐작할 수 있을 듯하고, 지문만 보더라도 이 둘은 '승상'이라는 매개로 연결되고 있으니 둘이 한 가문인 것을 허용할 수 있을 것 같아요. 또한 둘 모두 결혼 이야기를 하고 있으니, 이들이 연결된다는 것까지도 허용할 수 있겠네요! 근거가 완벽하게 살아있습니다.

② 유세기의 혼사 문제에 선생과 승상이 관여한 것을 보니, 혼사를 둘러싼 갈등 해결이 가문 구성원들의 문제로 다루어짐을 알 수 있군.

선지 유형	근거가 있어서 허용 가능
실전에서의 판단 과정	결혼 당사자가 아닌 사람들이 참여했으니 허용되겠네.
해설	'선생'과 '승상'은 '유세기'의 가족이었어요. 결혼 당사자가 아닌 이들이 '유세기'의 문제에 개입하고 있으니. 혼사를 둘러싼 갈등 해결이 가문 구성원들의 문제로 다루어진다고 할 수 있겠죠.

③ 유세기가 혼사와 관련한 곤욕을 치른 것과 유세형이 공주를 멀리 한 것을 보니, 가법과 인물의 성격 간의 대립이 갈등의 원인임을 알 수 있군.

선지 유형	근거가 있어서 허용 불가능
실전에서의 판단 과정	가법과 성격의 대립? 이게 갈등의 원인이 아니지.
해설	'유세기'가 혼사와 관련한 곤욕을 치른 것 그리고, '유세형'이 '장 씨'의 말을 듣고 '공주'를 멀리 하는 것 등은 허용할 수 있는데, 이게 '가법과 인물 성격 간의 대립'이라구요? 애초에 인물의 '성격'이 갈등의 원인이 되지도 않았고, '유세기'가 '가법'을 지키지 않으려 한 것도 아니에요! '유세기'는 '백공'의 거짓말 때문에 억울하게 쫓겨날 뻔했을 뿐이죠. 내용을 이해했다면, 틀릴 수가 없는 문제입니다.

FAQ

Ｑ '가법과 인물의 성격 간의 대립'을 '가법↔인물의 성격'으로 보신 것 같은데, '가법 / 성격 간의 대립'으로 볼 수는 없나요? 즉, 유세기 이야기는 '가법'이 갈등의 원인이고, 유세형 이야기는 '성격 간의 대립'이 갈등의 원인이라는 것을 묻고 있다는 것이죠.

Ａ 중의적 문장이기에, 그렇게 볼 수 있습니다. 하지만 유세형 이야기의 주된 갈등인 '장 씨'와 '공주'의 갈등은 성격 차이가 아닌 지위 차이에 의해 발생한 것이기에 역시 허용할 수 없습니다. 〈보기〉에 제시된 '성격 간의 대립'은 사실 이 지문에 나타나지 않았던 것이에요. 〈보기〉는 그저 '유씨삼대록'에 대한 설명일 뿐, 이 지문에 대한 설명이 아니니 이런 일이 일어날 수 있습니다. 다른 기출문제에서도 가끔 있었던 일이기도 해요. 실제로 나머지 선지를 봐도, 가문 차원에서 갈등을 해소한다는 내용을 더 강조하고 있다는 것을 알 수 있습니다. 즉, 갈등의 원인은 이 문제에서 그렇게 관심있게 다루는 소재가 아니었던 것이죠.

④ 백공이 유세기를 사위 삼으려는 것과 천자가 유세형을 부마 삼은 것을 보니, 혼사가 혼인 당사자 개인의 문제에 그치지 않음을 알 수 있군.

선지 유형	근거가 있어서 허용 가능
실전에서의 판단 과정	그러네.
해설	'백공', '천자'는 모두 혼인 당사자가 아니죠? 쉽게 허용할 수 있겠네요.

⑤ 유세기가 평생 첩을 두지 않고 소 소저와 해로했다는
것을 보니, 유세기를 둘러싼 혼사 갈등이 해소되며 이
야기 하나가 마무리됨을 알 수 있군.

선지 유형	근거가 있어서 허용 가능
실전에서의 판단 과정	행복하게 잘 살았다는데, 갈등 해소와 이야기 마무리를 허용할 수 있지.
해설	'유세기'를 둘러싼 혼사 갈등이 '백공의 딸'이 다른 곳에 시집감으로써 해소되었고, '선생'의 훈계를 받고 '소 소저'와 행복하게 지냈다고 했으니 이야기의 마무리까지 허용할 수 있겠네요.

몰랐던 어휘 정리하기

| 핵심 point |

① **허용 가능성 평가** : 선지의 내용을 '허용'하려는 태도를 바탕으로 지문을 '독해'하며 '근거'를 찾아야 합니다. 허용할 수 있는 '근거'가 있어야만 허용할 수 있습니다. 주관적인 생각을 개입시키면 안 됩니다.
② **소설 독해** : '심리와 행동의 근거'를 바탕으로 인물에게 '공감'하며 읽어야 합니다. 이 과정이 물흐르듯 이어지면 지문의 내용을 완벽하게 이해할 수 있어요.

| 지문 내용 총정리 |

같은 인물을 다양한 호칭으로 쓰는 경우가 많아 조금 헷갈리긴 했겠지만, 심리의 근거를 잡는 것이 어렵지는 않았습니다. 이처럼 고전소설은 심리나 행동이 단순하게 제시되는 경우가 많아요. 겁먹지 말고 천천히 경험을 쌓아가신다면, 어느 순간 고전 파트가 더 쉽다는 말을 하고 있을 겁니다. 그날까지 화이팅!

〈보기〉 독해

'괭이'에 대한 〈보기〉가 있기는 하지만, 지문의 주제를 이해하는 데 큰 도움이 되는 것 같지는 않습니다. 바로 지문 읽어봅시다.

지문 독해

> 이때 동리 사람들, 들것에 복조 송장을 태워 들어온다. 물이 뚝뚝 떨어진다. 복실과 분 어미, 의아하여 잠시 보고 있더니 달려들어 목 놓고 운다. 동리 사람들, 소리를 낮춰 힐끽힐끽 운다.
>
> 간(間)
>
> 처　　(부엌에서 나오며) 왜들 우니?
> 분 어미와 복실　어머니, 복조예요.
> 동리 사람 3　쇠뿌리로 배 내다가 보니 범바위 틈에 꼈습디다.
> 처　　물에서 죽은 놈이 복조뿐인가? 어떻게 복조라고 장담해. (아무 관계없는 듯이 부엌으로 들어간다.)

인물들이 굉장히 많이 등장합니다. 긴장하고 관계 체크하며 읽어봅시다. 일단 '복조'라는 인물이 죽어서 돌아왔네요. 그 모습을 보고 '복실'과 '분 어미'는 '목 놓고 우는' 심리를 보이고 있어요. 소리를 낮춰 힐끽힐끽 우는 동리 사람들과 달리 펑펑 울고 있다는 점에서, '복조'와 특별한 관계에 있음을 유추할 수 있겠습니다.

그런데 '분 어미'와 '복실'은 '부엌'에서 나온 '처'를 보고 '어머니'라고 부르고 있습니다. 이들은 모두 가족 관계였네요. '어머니'인 '처'는 아마 '복조'의 어머니이기도 하겠죠? 이렇게 인물들의 관계를 제대로 잡으면서 읽어내야 합니다!

그런데 '처'는 '복조'의 죽음을 인정하지 않아요. 자기 아들이 범바위 틈에 껴서 죽었다고 하는데, 순순히 인정하기 쉽지는 않겠죠. '아무 관계없는 듯이' 부엌으로 돌아가는 모습에 공감할 수 있어야 합니다. 아들을 잃었으니 그럴 수도 있죠.

> (노어부를 석이와 윤 첨지가 양편에서 꼭 붙들고 들어온다.)
> 노어부　놔. 두고 볼 거 아니야.

> 윤 첨지　참어. 참는 데 복이 있다네. 그저 참는 것이 제일이야. 참을 인(忍) 자가 셋이면 사람 하나 살린다는 말이 있지 않나.
> 석이　　(그제야 들것과 사람들을 보고) 누나, 이것이 작은형이요? (붙들고 운다.)
> 윤 첨지　찾았으니 다행이군. (눈물을 씻는다.)
> 노어부　(한참 바라보고 있더니 눈물을 닦으며 서러운 소리로 똑똑히) 몇 해 전에는 배도 서너 척 있었고, 그물도 동리에 뛰어나게 가졌드랬지. 배 팔고 그물 팔고 나머지는 뭐냐? 내 살덩이밖에 없었어. 그것도 다― 못해서 다리 한쪽 뺏겼지. 고기잡이 3년에 자식 다― 잡아먹는다는 것은, 윤 첨지…….
> 윤 첨지　…….

이번엔 '노어부', '석이', '윤 첨지'라는 인물들이 추가됩니다. 독해 속도를 줄여서 이들의 관계를 제대로 잡아내야 해요! '노어부'를 '석이'와 '윤 첨지'가 꼭 붙들고 오는데, '윤 첨지'는 '노어부'를 말리고 있습니다. 그런데 '석이'가 '누나'를 부르며 '복조'를 '작은형'으로 칭하고 있네요. 앞에서 '누나'라고 할 만한 사람은 '복실'이거나 '분 어미'일 텐데, 이들 중 누군가가 '석이'의 누나라고 할 수 있겠습니다. 아마 '복조-복실'이라는 이름으로 보아, '복실'이 그 주인공일 가능성이 높겠죠? '윤 첨지'는 눈물을 닦으면서 함께 슬퍼해주고 있습니다.

'노어부'는 한참 바라보다 눈물을 닦으며 '윤 첨지'에게 한탄을 합니다. 그러자 '윤 첨지'는 아무런 말을 하지 못하네요. 여기서도 생각을 해야 합니다. '윤 첨지'는 왜 아무런 말을 하지 못하는 걸까요? 그렇죠. 어차피 뭐라고 말을 해 봐야 제대로 위로가 되지 않을 것이므로, 차라리 입을 닫고 있는 것입니다. '윤 첨지'에게 공감하려는 태도가 잡혀 있다면 충분히 할 수 있는 생각이죠?

> 노어부　나를 두고 하는 말이야. 두고 보고 바랄 것이 인제는 하나도 없어. (별안간 부엌 뒤로 퇴장. 들어가더니 괭이를 들고 나온다. 뒤따라 처가 미친 듯이 달려들어 부지깽이로 노어부의 머리를 후려 때린다. 노어부 쓰러진다.)
> 처　(괭이를 잡아 뺏으며) 이 괭이가 무슨 괭인 줄 알어?
> 노어부　(덤비려다가 처의 너무도 핼쑥한 얼굴을 보고 고개를 돌려 복조를 붙들고 운다.)
> 처　내가 맑은 물 떠 놓고 수신께 빌었거든. 이것은 우리 복조 아니야. 내 정성을 봐서라도 이렇게 전

신을 파먹히게 안 했을 거야. 지금쯤은 너구리섬 동녘에 있는 시퍼런 깊은 물속에. 참 거기는 미역 냄새가 향기롭지. 그리고 백옥 같은 모래가 깔렸지. 거기서 팔다리 쭉-뻗고 눈감았을 거야. 나는 지금 눈에 완연히 보이는 걸. 복조 배 위로 무지갯빛 같은 고기가 쑥- 지나갔어. (눈앞에 보이는 환영을 물리치는 듯이 손으로 앞을 가리며) 눈감은 얼굴이 너무도 쓸쓸하군. 이렇-게 (시늉을 하며) 원망스러운 얼굴이야. 불만스러운 얼굴이야. 다문 입이 너무도 쓸쓸해.

[A]

간(間), 울음소리

통창으로 가야지. 서남풍이 자고, 동풍이 불면 나를 만나러 올지도 몰라. 아니야 꼭 올 거야. 저녁 물 아니면 내일 아침물 그도 아니면 모레 아침물. 산수자리를 골라놓고 동쪽을 보고 기대려야지. (일동을 보고 픽 웃으며) 뭣 때문에 울어들? (괭이를 들고 밖으로 뛰어 나간다.)

'노어부'는 계속해서 한탄을 하다 '부엌 뒤'로 사라집니다. 그러다가 '괭이'를 들고 나오는데, '처'에게 맞고 뺏기고 있네요. 〈보기〉에서도 언급했던 '괭이'였는데, 굉장히 중요한 물건인가봅니다. 덤비려다가 '처'의 핼쑥한 얼굴을 본 '노어부'는, 그냥 '복조'를 붙잡고 웁니다. '처'의 안쓰러운 모습을 보고 차마 덤빌 엄두가 나지 않았던 것이겠죠. 그리고 이렇게 보니 '노어부' 역시 '복조'와 깊은 관계가 있는 인물인 것 같아요. 어떤 관계일지 계속 궁금해하면서 읽어야 해요.

그렇게 '처'는 계속해서 합리화를 합니다. 복조가 죽었더라도 저렇게 끔찍하게 죽지는 않았을 것이라 하며, 다른 사람들이 도대체 왜 우는지 모르겠다는 듯이 픽 웃고 '괭이'만 챙기고 있어요. '처'의 상황이 되면 저렇게 모든 것을 부정하고 하는 것이 충분히 납득될 것 같아요. 꽤 어려운 지문이지만, 이렇게 차근차근 인물들에게 공감하면서 읽어나가시면 됩니다. '대사 외 부분'을 적절히 활용하면서 말이죠!

석이　어머니, 어머니, 어머니. (속이 타서 발을 구르며) 아버지, 얼른 가서 어머니 좀 붙드세요. 얼른 얼른 아버지.

노어부　내 알 것 아니야.

석이　(어머니, 어머니 부르며 뒤따라 퇴장)

(멀리서 처의 웃는 소리 우는 소리 번갈아 들린다.)

노어부　(일어서며) 윤 첨지, **북망산**으로 가지.

복실　촛불 하나 안 키고 관도 없이 어델 가요?

분 어미　사람 목숨이 이렇게도 싼가. 뒤란에 검부락지 쓸어가듯 휙 쓸어 가면 고만이야.

윤 첨지　장성한 사람을 그럴 수 있나.

이성을 잃은 어머니의 모습에 속이 타는 '석이'는 '노어부'를 '아버지'라고 부르고 있습니다. 인물관계가 또 잡혔네요. '복조'와 깊은 관계로 보였던 '노어부'는 복조와 석이의 아버지였습니다. 그렇다면 '처'의 남편이라고도 할 수 있겠죠? 인물관계들이 확실히 잡혀야 합니다.

그런데 '노어부'는 아내의 저런 상황에 별 관심이 없습니다. 그러면서 '윤 첨지'에게 '북망산'으로 가자는 이야기만 해요. 참고로 '북망산'은 사람이 죽으면 묻히는 산을 의미합니다. '복조'를 묻으러 가자는 것이죠. 장례식도 제대로 치르지 않은 상황에서 '복실'은 반대하고, '분 어미'와 '윤 첨지'도 부정적인 반응을 보이고 있습니다.

분 어미　(일어서며) 난 항구로 가겠다. 더 있는댔자 가슴만 졸이지. 울며 웃으며 한세상 살다 그럭저럭 죽을 때 되면 죽지. (언덕을 넘어 퇴장)

노어부　(뒷모양을 바라보다가) 왜, 과부 수절하기가 싫으냐?

석이　(울면서 등장) 어머니가 갯가에서 괭이로 물을 파며 통곡을 하시다가는 별안간 허파가 끊어진 것처럼 웃으며 (복실의 가슴에 안겨) 누나야. 어머니는 한세상 참말 헛사셨다. 왜 우리는 밤낮 울고불고 살아야 한다든?

복실　(머리를 쓰다듬으며) 굴뚝에 연기 한 번 무럭무럭 피어오른 적도 없었지.

석이　(울음 섞인 소리로, 그러나 한 마디 한 마디 똑똑히) 왜 그런지를 난 생각해 볼 테야. 긴긴 밤 갯가에서 조개 잡으며, 긴긴 낮 신작로 오가는 길에 생각해 볼 테야.

복실　(바다를 보고) 인제 물결이 자는구나.

윤 첨지　먼동이 트는군. (나가면서)

(노어부를 보고) 사람 삼키더니 물결이 얼음판 같아졌지. 자네 한 잔 쭉- 들이키고 수염 닦는 듯이. 어서 초상 준비나 하게. 상엿집에 휑하니 다녀올 테니.

— 막 —

-함세덕, 「산허구리」-

그런데 갑자기 '분 어미'는 항구로 가겠다고 합니다. 그곳이 어떤 곳인지는 모르겠지만, '분 어미'에게는 남은 인생을 보내기에 적당한 곳인 것 같네요. 그런데 '노어부'가 '과부 수절'을 이야기하고 있습니다. '과부'는 남편을 잃은 여자를 이르는 말인데, '분 어미'는 남편을 잃었나봅니다. '노어부'는 '과부 수절'을 하기 싫어하는 '분 어미'를 탐탁치 않게 여기는 것으로 보이네요.

어머니를 찾으러 갔다가 '울면서' 돌아온 '석이'는 '복실'의 가슴에 안겨 '누나'라고 부르고 있습니다. '복실'이 '석이'의 누나인 것은 확실해보이네요. 밤낮 울고불고 살아야 하는 자신들의 처지를 안타까워하는 모습이에요. '복실'의 대사를 보니, 어릴 적부터 굴뚝에 연기 한 번 피어오른 적이 없을 정도로 가난하기까지 했나봅니다.

그런데 '석이'는 이런 일이 왜 일어나는지 생각해 보겠다는 대사를 던지고 있습니다. 좌절 그 자체인 현실에 그대로 머물지 않으려는 의지를 보여 주고 있네요. 그렇게 '먼동'이 트고, '복조'의 장례를 준비하며 극은 마무리됩니다.

선지	①	②	③	④	⑤
선택률	6%	20%	49%	20%	5%

32 윗글의 등장인물에 대한 이해로 적절한 것은? ③

– 이 문제는 당시 논란이 많아 이의제기까지 갔던 문제였습니다. 아마 어려웠던 분들이 정말 많았을 텐데, 명쾌하게 이해해봅시다. 다 우리가 배운 내용과 연관될 것이에요.

① '복조'와 '복실'은 평소에 친했던 이웃이다.

선지 유형	근거가 있어서 허용 불가능
실전에서의 판단 과정	남매였지.
해설	인물 관계를 정확하게 이해하는 것이 중요하다는 걸 보여 주는 선지입니다. '석이'가 '복조'는 '작은 형'으로, '복실'은 '누나'로 부른 것을 바탕으로 '복실-복조-석이'가 남매임을 파악할 수 있었죠.

② '석이'는 형의 죽음을 차분하게 받아들이고 있다.

선지 유형	근거가 있어서 허용 불가능
실전에서의 판단 과정	울고불고 난리가 났잖아.
해설	'복조'를 보자마자 우는 모습을 보였던 '석이'의 심리 상태를 봤을 때 절대 허용할 수 없겠네요. 이 선지의 선택률만 봐도 얼마나 많은 학생들이 인물의 심리를 놓치고 있는지를 알 수 있겠죠? 인물의 심리 체크, 기본 중의 기본이에요!

③ '윤 첨지'는 '노어부'의 처지에 대해 공감하고 있다.

선지 유형	근거가 있어서 허용 가능
실전에서의 판단 과정	노어부의 한탄을 가만히 듣고 있으면 공감이라고 할 수 있지.
해설	허용하려고 하면 근거를 잡을 수 있습니다. '노어부'는 아들을 잃은 처지인데, 친구로 보이는 '윤 첨지'는 눈물을 씻기도 하고, '노어부'의 말을 가만히 들어주기도 하고, '복조'의 장례에 적극적으로 참여하기도 합니다. 이런 내용들을 근거로 하면, '공감'이라는 심리를 보이고 있음을 충분히 허용할 수 있겠네요. 이 선지는 2012학년도 수능 당시 문제 오류 논란이 일며 엄청난 이의제기가 있었고, 평가원이 무려 직접 답변을 달아주었던 선지였습니다. 평가원이 제공한 일종의 해설이기도 한 것인데, 한 번 확인해볼까요? 〈'윤 첨지'는 '노어부'와 함께 등장했다가 친구의 아들이 죽었다는 사실을 알게 됩니다. 이에 대한 '윤 첨지'의 반응은 '노어부' 가족에게 일어난 불행에 함께 슬퍼하며('눈물을 씻는다'), '노어부'의 넋두리에 가까운 한탄을 기꺼이 들어 주는 것이었습니다. 특히 '노어부'가 자신의 처지를 한탄하면서 '윤 첨지'에게 동의를 구하는 장면이나, 친구 아들의 장례 절차에 대해 조언하는 장면, 그리고 '노어부' 일가의 장례 준비에 자신의 일처럼 나서는 장면에서, '윤 첨지'가 '노어부'와 그들 가족의 불행을 남의 일처럼 여기지 않는다는 사실을 알 수 있습니다. 따라서 답지 ③처럼, '윤 첨지'는 '노어부'의 처지를 공감하고 있다고 할 수 있습니다.〉 보시는 것처럼, '노어부'의 여러 가지 행동을 '근거'로 하여 '공감'이라는 해석을 허용할 수 있음을 밝히고 있습니다. 우리가 배우고 있는 내용이 틀린 것이 아님이 증명되는 순간이죠?

나아가 여기서 중요한 것은 '넋두리에 가까운 한탄을 기꺼이 들어 주는 것' 역시 '공감'의 근거로 보았다는 것입니다. 지문 속에선 '……'라는 대사로 표현되어 있어 별 신경을 안 쓰고 넘어갈 수 있는 부분인데, 침묵하는 순간을 굳이 대사 처리한 것에는 그로부터 전달하고 싶은 어떠한 심리가 있다는 것을 의미한다고 할 수 있겠죠? 그냥 '윤 첨지'라는 인물의 심리에 공감하려는 태도를 보였다면 충분히 생각할 수 있었을 것이에요. 배울 게 많은 선지였네요. 확실하게 정리합시다!

④ '분 어미'는 친정이 있는 항구로 돌아가려 하고 있다.

선지 유형	근거가 없어서 허용 불가능
실전에서의 판단 과정	항구에 친정이 있는지 어떻게 알아?
해설	'분 어미'가 '항구'로 돌아가려 하는 것은 맞지만, 그곳이 '친정'이라는 해석에는 어떠한 근거도 없죠. 근거가 없으면 허용할 수 없습니다. '과부'라는 말을 보고 '분 어미'를 '복조'의 아내로 생각한 학생들이 '힘들 때 돌아가는 곳이면 당연히 친정 아닐까?'와 같은 생각으로 이 선지를 고르는 경우가 많았는데, 이는 지문이 아닌 자신의 머릿속에 근거한 해석이므로 절대 허용할 수 없는 것이에요. 한편 이 역시 평가원의 답변이 있습니다. 첨부해드리도록 하겠습니다. 〈작품에서 '분 어미'와 '복실'은 자매 간입니다. 그 근거는 부엌에서 나오는 '처'를 '어머니'라 부르거나, '어머니' 앞에서 '복조'의 이름을 편안하게 부르는 상황에서 확인됩니다. 또한 '분 어미'는 동생의 장례에 대해 자신의 의견을 적극적으로 피력하고 있으며, 아버지 '노어부'는 딸인 '분 어미'가 수절을 포기하는 행위에 대해 거리낌 없이 비난하고 있습니다. 이러한 상황적 근거를 종합하면, '분 어미'는 출가한 딸이고, 그녀가 향하는 항구는 친정이 아님을 알 수 있습니다.〉 평가원의 답변에 따르면 이 선지는 '근거가 있어서 허용 불가능'이 됩니다. 여러 이유로 인해 '분 어미'와 '복실'이 자매 관계인 것을 알 수 있고, 부모님과 함께 있는 현재 이 공간이 친정이므로 '항구'는 친정이 될 수 없다는 것이죠. 이는 며느리가 시부모님과 남편을 저렇게 편하게 대할 리가 없다는 다소 가부장적인 시선을 통해 판단한 내용이라, 시간이 많이 흐른 지금은 저런 근거들을 통해 '분 어미'와 '복실'이 자매임을 파악하는 것은 조심스러울 것이

라 생각합니다. 지문의 내용만을 가지고 보면 '분 어미'가 '복조'의 아내라는 판단이 아예 틀린 것은 아니거든요.

조금 복잡하죠? 다만 어떻게 봐도 '항구=친정'이라는 근거는 전혀 없기에, 이 선지를 맞다고 판단하시면 안 됩니다.

⑤ '복실'은 행복하기만 했던 어린 시절을 그리워하고 있다.

선지 유형	근거가 있어서 허용 불가능
실전에서의 판단 과정	가난하고 항상 울면서 살았다며.
해설	'석이'가 '밤낮 울고불고 살아야' 하는 자신들의 처지를 비관하자, '복실'은 '굴뚝에 연기 한 번 무럭무럭 피어오른 적도 없었지.'라는 대사로 받아칩니다. 이를 근거로 하면, '복실'이 어린 시절을 행복했다고 생각하고 그리워하고 있다는 건 절대 허용할 수 없겠네요.

선지	①	②	③	④	⑤
선택률	3%	81%	3%	10%	3%

33 ㉠~㉤을 통해 무대 밖에서 일어난 사건이 관객에게 전달된다고 할 때, 그에 대한 설명으로 적절하지 <u>않은</u> 것은? ②

– '무대 밖'에 대해 묻는 문제네요. 연극의 경우에는 '무대 안'과 '무대 밖'으로 공간이 나뉘는데, 관객이 볼 수 없는 '무대 밖'의 사건들에 대한 정보가 '무대 안'으로 제공되는 경우가 많습니다. 기본적인 내용으로 알아둡시다.

① ㉠은 무대 밖에서 이미 일어난 사건을 추후에 시각적 효과를 활용하여 알려 주고 있다.

이때 ㉠<u>동리 사람들, 들것에 복조 송장을 태워 들어온다. 물이 뚝뚝 떨어진다.</u>

선지 유형	근거가 있어서 허용 가능
실전에서의 판단 과정	복조가 죽은 건 무대 밖의 사건이지.
해설	복조가 죽은 것은 무대 밖에서 일어난 사건이고, 물이 뚝뚝 떨어지는 '시각적 효과'도 활용하고 있으니 이를 근거로 허용 가능하네요.

② ㉠과 상반된 ㉡의 정보로 인해, ㉡에 대한 관객들의 의심이 증폭되고 있다.

> 이때 ㉠동리 사람들, 들것에 복조 송장을 태워 들어온다. 물이 뚝뚝 떨어진다.

> **동리 사람 3** ㉡쇠뿌리로 배 내다가 보니 범바위 틈에 꼈습디다.

선지 유형	근거가 있어서 허용 불가능
실전에서의 판단 과정	둘 다 복조가 죽었다는 이야기인데 상반된다니.
해설	㉠과 ㉡ 모두 '복조'가 죽었다는 정보를 담고 있습니다. '상반된 정보'를 허용하지 못한다는 명백한 근거가 되네요. '관객들의 의심'이 증폭될 일도 없겠구요.

③ ㉢은 무대 밖에서 현재 진행되고 있는 사건을 청각적 효과를 활용하여 전달하고 있다.

> ㉢ (멀리서 처의 웃는 소리 우는 소리 번갈아 들린다.)

선지 유형	근거가 있어서 허용 가능
실전에서의 판단 과정	저 상황에서 처는 무대 밖에 있으니까 맞네.
해설	'웃는 소리 우는 소리'는 청각적 효과인 것이 당연하고, 괄호를 쳐서 지시한 것을 통해 '무대 밖'에서 진행되는 상황인 것도 파악할 수 있습니다. 물론 애초에 상황 자체를 따져도, '처'가 '괭이'를 들고 무대 밖으로 뛰어 나간 이후의 상황임을 알 수 있죠?

④ ㉣은 무대 밖에서 이미 일어난 사건을 추후에 알려 주지만, ㉢과 연관되면서 무대 밖에서 동시에 진행되는 사건을 환기하기도 한다.

> ㉢ (멀리서 처의 웃는 소리 우는 소리 번갈아 들린다.)

> **석이** (울면서 등장) ㉣어머니가 갯가에서 괭이로 물을 파며 통곡을 하시다가는 별안간 허파가 끊어진 것처럼 웃으며 (복실의 가슴에 안겨) 누나야. 어머니는 한세상 참말 헛사셨다. 왜 우리는 밤낮 울고불고 살아야 한다든?

선지 유형	근거가 있어서 허용 가능
실전에서의 판단 과정	지금 처가 계속 무대 밖에 있으니까 허용되네.
해설	㉣이 '무대 밖'에서 일어난 사건을 추후에 알려 주는 것이라는 점은 너무나 쉽게 납득할 수 있습니다. [A] 이후로 '처'는 계속 무대 밖에 나가 있으니까요. 나아가 ㉣의 내용은 '처'가 울고 있다는 것인데, 이는 ㉢의 내용과 연관되어 있네요. 3번 선지에서 확인했듯이 ㉢ 역시 '무대 밖'의 사건이므로, 무대 밖에서 동시에 진행되는 사건을 환기하고 있다고 할 수 있겠습니다.

⑤ 관객은 ㉤을 통해 시간의 경과를 분명하게 인지하여 새로운 아침이 시작되었다는 것을 알 수 있다.

> **윤 첨지** ㉤먼동이 트는군. (나가면서)

선지 유형	근거가 있어서 허용 가능
실전에서의 판단 과정	해가 뜨는 것이면 새로운 아침이지.
해설	'먼동'이 튼다는 것은 새벽에서 아침으로 넘어가는 '시간의 경과'를 분명하게 알려 주는 근거라고 할 수 있습니다. 관객들은 당연히 이를 통해 아침이 왔음을 파악할 수 있겠죠.

선지	①	②	③	④	⑤
선택률	2%	7%	12%	75%	4%

34 〈보기〉의 ⓐ~ⓔ 중 [A]의 괭이에 대한 해석으로 적절하지 않은 것은? ④

[보기]

괭이는 '복조'가 사용하던 것으로, 사건 진행과 인물의 정서적 변화에 중요한 역할을 하는 소도구이다. 처음에 괭이는 관객이 볼 수 없는 부엌 뒤에 놓여 있었는데, ⓐ'노어부'가 무대로 가지고 들어오면서 관객들의 주목을 끌게 된다. 이후 괭이는 ⓑ'처'가 '노어부'를 뒤따라 움직이는 계기를 제공하고, ⓒ'처'가 '노어부'와 충돌하게 만드는 매개체 구실을 하며, ⓓ'처'가 내면 심경을 직접 토로하지 못하도록 억제하는 기능을 순차적으로 수행한다. ⓔ관객들은 괭이에 대한 '처'의 집착을 지켜보면서 '처'의 내면을 엿볼 수 있게 된다.

– '처'가 애지중지하던 '괭이'는 사실 '복조'가 사용하던 것입니다. 아들이 사용하던 물건이니 그렇게 소중하게 다뤘던 것이겠죠. 이에 대해 허용할 수 없는 해석을 찾아보도록 합시다.

① ⓐ

선지 유형	근거가 있어서 허용 가능
실전에서의 판단 과정	그랬었지.
해설	네 그랬었죠? 설명할 내용이 없네요.

② ⓑ

선지 유형	근거가 있어서 허용 가능
실전에서의 판단 과정	때리고 뺏으러 갔지.
해설	'노어부'가 '괭이'를 가져가자 '처'는 달려들어 부지깽이로 '노어부'를 머리를 후려 때리고 '괭이'를 뺏습니다. 이러한 내용을 근거로 하면, '처'가 '노어부'를 뒤따라 움직이는 계기를 제공했다는 해석은 충분히 허용할 수 있겠죠. '괭이'를 뺏기 위해 뒤따라 움직인 것이니까요.

③ ⓒ

선지 유형	근거가 있어서 허용 가능
실전에서의 판단 과정	후려 때리는 것 정도면 충돌의 매개체지.
해설	2번 선지의 해설과 이어지죠? '괭이'를 뺏기 위해 '노어부'를 후려 때리는 모습 등에서 '충돌의 매개체'라는 해석을 충분히 허용할 수 있어요.

④ ⓓ

선지 유형	근거가 있어서 허용 불가능
실전에서의 판단 과정	너무 잘 토로하는 것 같은데?
해설	'괭이'를 빼앗은 '처'는 이게 어떤 괭이인데 감히 뺏으려 하냐며 소리를 칩니다. 나아가 '괭이'를 뺏은 뒤 이성을 잃은 모습을 보이고, 일동을 보고 픽 웃기도 하는 등 다양한 심경을 드러내고 있어요. 이렇게 '처'가 직접 자신의 내면세계를 토로하는 많은 근거들이 있는데, '괭이'가 '처'로 하여금 '심경을 직접 토로하지 못하도록 억제'한다는 해석을 허용하기는 어렵겠네요.

⑤ ⓔ

선지 유형	근거가 있어서 허용 가능
실전에서의 판단 과정	그렇지.
해설	[A]를 요약한 것과 같은 내용이죠? 어렵지 않게 허용할 수 있겠습니다.

몰랐던 어휘 정리하기

| 핵심 point |

① **허용 가능성 평가** : 선지의 내용을 '허용'하려는 태도를 바탕으로 지문을 '독해'하며 '근거'를 찾아야 합니다. 허용할 수 있는 '근거'가 있어야만 허용할 수 있습니다. 주관적인 생각을 개입시키면 안 됩니다.

② **극문학 독해** : 소설과 마찬가지로, '심리와 행동의 근거'를 바탕으로 인물에게 '공감'하며 읽어야 합니다. 이 과정이 물 흐르듯 이어지면 지문의 내용을 완벽하게 이해할 수 있어요. 이때 '대사 외 부분'에 주목하며 장면을 상상하면서 읽으면 훨씬 깊게 받아들일 수 있을 것이에요.

| 지문 내용 총정리 |

인물관계 파악과 심리의 근거를 찾는 것이 굉장히 어려웠던 지문이었습니다. 나아가 평가원의 답변이 실릴 정도로 어려운 선지를 판단하는 연습까지 할 수 있었어요. 지문을 완벽하게 읽고 이해할 수 있을 때까지 여러 번 반복해서 학습하도록 합시다.

〈보기〉 독해

---[보기]---

「삼대」의 서술자는 대체로 특정 인물의 시각에 의존하여 다른 인물을 서술 대상으로 포착한다. 이때 그 특정 인물은 장면에 따라 선택되며, 서술자는 특정 인물의 시각을 통해 서술 대상이 되는 인물들의 심리를 보여 준다. 이러한 서술 방식으로 서술자는 특정 인물이 지닌 의식과 행동 사이의 인과관계, 다른 인물과의 관계에서 겪는 심리적 갈등을 통해 인물의 성격과 그에 대한 평가를 복합적으로 드러낸다.

주제가 명시적으로 드러나지는 않지만, 인물들의 '관계'와 그에 따른 '심리적 갈등'이 드러난다는 것은 확인할 수 있겠습니다. 이 내용을 바탕으로 천천히 독해해보도록 합시다.

지문 독해

"누가 돈 쓰는 것을 아랑곳하랬나? 누가 저더러 돈을 쓰라니 걱정인가? 내 돈 가지고 내가 어떻게 쓰든지……."
"아버지께서 하시는 일에……."
조금 뜸하여지며 부친이 쌈지를 풀어서 담배를 담는 동안에 상훈이는 나직이 말을 꺼냈다.
"……돈 쓰신다고만 하는 것도 아닙니다마는 어쨌든 공연한 일을 만들어 내는 사람들이 첫째 잘못이란 말씀입니다."
"무에 어째 공연한 일이란 말이냐?"
부친의 어기는 좀 낮추어졌다.
"대동보소만 하더라도 족보 한 질에 오십 원씩으로 매었다 하니 그 오십 원씩을 꼭꼭 수봉하면 무엇 하자고 삼사천 원이 가외로 들겠습니까?"
"삼사천 원은 누가 삼사천 원 썼다던?"
영감은 아들의 말이 옳다고는 생각하였으나 실상 그 삼사천 원이란 돈이 족보 박이는 데에 직접으로 들어간 것이 아니라 ×× 조씨로 무후(無後)한 집의 계통을 이어서 일문일족에 끼려 한즉 군식구가 늘면 양반에 진국이 묽어질까 보아 반대를 하는 축들이 많으니까 그 입들을 씻기기 위하여 쓴 것이
[A] 다. 하기 때문에 난봉자식이 난봉 피운 돈 액수를 줄이듯이 이 영감도 실상은 한 천 원 썼다고 하는

것이다. 중간의 협잡배는 이런 약점을 노리고 우려 쓰는 것이지만 이 영감으로서 성한 돈 가지고 이런 병신 구실해 보기는 처음이다.

'아버지'와 아들 '상훈이'가 싸우고 있네요. 정확히 무슨 말인지 알 수는 없지만 '돈' 때문에 싸우고 있는데, '아버지'는 '상훈이'의 말이 맞다고 생각하면서도 자기가 잘못한 게 있어서 그냥 우기는 상황이네요. 자존심을 지키려는 모습이라는 생각을 하면서 받아들이시면 됩니다. 충분히 공감할 수 있죠?

이처럼 인물관계와 중간중간 등장하는 '심리의 근거'를 잡아주면서 읽어 주시면 됩니다. 족보 이야기 같은 건 정확히 이해하지 못해도, 부자 간에 돈 때문에 싸우고 있고, '아버지'가 억지를 쓰고 있다는 상황 정도는 확실하게 들어와야 합니다!

"그야 얼마를 쓰셨던지요. 그런 돈은 좀 유리하게 쓰셨으면 좋겠다는 말씀입니다."
'재하자 유구무언(在下者 有口無言)'의 시대는 지났다 하더라도 노친 앞이라 말은 공손했으나 속은 달았다.
"어떻게 유리하게 쓰란 말이냐? 너같이 오륙천 원씩 학교에 디밀고 제 손으로 가르친 남의 딸자식 유인하는 것이 유리하게 쓰는 방법이냐?"
아까부터 상훈이의 말이 화롯가에 앉아서 폭발탄을 만지작거리는 것 같아서 위태위태하더라니 겨우 간정되려던 영감의 감정에 또 불을 붙여 놓고 말았다.
상훈이는 어이가 없어서 얼굴이 벌게진다.

상훈이는 공손하게 말하면서도 속으로 자기 말을 들어주었으면 좋겠다고 하고 있습니다. 상훈이 말하는 것의 핵심은 '돈 좀 똑바로 써요!' 정도가 되겠고, 아버지는 '너처럼 여자 꼬시는 데 돈 쓰는 게 똑바로 쓰는 거냐?'라는 식으로 대응하고 있네요. 이 말을 들은 '상훈이'는 어이가 없어서 얼굴이 벌게집니다. 왜 어이가 없는지는 이해가 되시죠? 굳이 다른 이야기 가져오는 게 짜증나기도 하고, 자신의 치부가 부끄럽기도 하고 할 거예요. 여러분이 상훈이라고 생각하면 체감이 바로 될 겁니다. 이처럼 '심리의 근거'를 토대로 쉽게 공감해주시면 돼요!

[중략 부분의 줄거리] 조 의관(덕기의 조부)이 죽고, 덕기가 재산 상속자가 된다. 조 의관의 유산 목록에 정미소가 없었다는 것을 안 상훈은 정미소를 차지하려고 한다. 한편 상훈은 세간 값을 적은 종이들을 덕기에게 보내 값을 치르라고 한다.

이제 [중략 부분의 줄거리]를 보는데, 갑자기 '조 의관', '덕기'라는 새로운 인물이 등장합니다. 긴장하고 인물관계를 체크해야겠죠? '조 의관'의 유산 중 하나인 '정미소'를 '상훈이'가 차지하려는 모습입니다. 그럼 '상훈이'는 '조 의관'과 무언가 관계가 있을 것이라고 추측할 수 있겠죠? 아무 관계도 없는데 유산을 가지려고 하지는 않을 테니까요. 나아가 '상훈이'는 '조 의관'의 손자인 '덕기'에게도 세간 값을 치르라고 하고 있어요. 정확한 관계는 모르겠지만, '조 의관–상훈–덕기' 사이에 어떠한 관계가 있다는 걸 생각하면서 읽어 봅시다. 여기서도 '줄거리'가 아주 큰 역할을 하고 있죠? 확실하게 정리하고 넘어가도록 해요!

> "어제 그건 봤니?"
> 　부친이 비로소 말을 붙이나 아들은 다음 말을 기다리고 가만히 앉았다.
> "치를 수 없거든 거기 두고 가거라."
> 　역정스러운 목소리나 여자 손들이 많은데 구차스럽게 세간 값으로 부자 충돌을 하는 꼴을 보이기 싫기 때문에 아들의 입을 미리 막으려는 것이다.
> "안 치러 드린다는 것은 아닙니다마는……."
> 　덕기는 너무 오래 잠자코 있을 수 없어서 말부리만 따고 또 가만히 고개를 떨어뜨리고 앉았다. 그러나 복통이 터져서 속은 끓었다. 속에 있는 말이나 시원스럽게 하고싶으나 부친 앞에서, 더구나 조인광좌(稠人廣座)* 중에서 그럴 수도 없다.
> "이 판에 용이 이렇게 과하시면 어떡합니까. 여간한 세간 나부랭이야 저 집에 안 쓰고 굴리는 것만 갖다 놓으셔도 넉넉할 게 아닙니까?"
> 　안방 치장 하나에 천여 원 돈을 묶어서 들인다는 것은 생돈 잡아먹는 것 같고, 누가 치르든지 간에
[B] 어려운 일이다.
>
> * 조인광좌 : 여러 사람이 빽빽하게 많이 모인 자리.

'부친', '아들'이라는 인물들이 또 등장하는데, 이들은 '세간 값'으로 다투고 있습니다. '세간 값'은 분명히 [중략 부분의 줄거리]에서 확인했던 내용이에요. 여기서 '상훈'이 '덕기'에게 '세간 값'을 치르라고 했었죠? 이를 통해 '상훈이'가 바로 '덕기'의 아버지였

다는 것을 알 수 있네요. 나아가 [A]에서 '상훈'의 아버지는 '덕기'의 할아버지가 될 텐데, [중략 부분의 줄거리]에서 '덕기'의 조부가 '조 의관'이라고 했으므로 결국 지문 첫 부분에서 '상훈'과 싸우던 '아버지'가 '조 의관'임을 알 수 있습니다.

이런 인물관계 때문에 제목이 '삼대'였던 것이에요. '조 의관–상훈–덕기'로 이어지는 삼대! 인물관계를 잡으려고 노력하지 않았다면 이 관계를 잡기 힘들었을 거예요. 이 관계를 못 잡으면 지문 내용을 이해하는 건 불가능했을 것이구요. [줄거리]를 바탕으로 내용을 이해하는 것이 중요하다는 걸 다시 한번 상기할 수 있겠습니다.

아무튼 '상훈'은 자기 아버지와도 돈으로 싸우더니, 자기 아들과도 싸우고 있네요. 계속 읽어 봅시다.

> "이 판이 무슨 판이란 말이냐? 그 따위 아니꼬운 소리 할 테거든 그거 내놓고 어서 가거라. 안 쓰고 굴리는 세간은 너나 쓰렴!"
> 　영감은 자식에게라도 좀 점해서* 그런지 화만 버럭버럭 내고 호령이다.
> "할아버지께서 산소에 돈 쓰신다고 반대하시던 걸 생각하시기로……."
> "무어 어째? 널더러 먹여 살리라니? 걱정 마라. 아니꼽게 네가 무슨 총찰이냐? 그러나 정미소 장부는 이따라도 내게로 보내라."
> 　부친은 이 말을 하려고 트집을 잡는 것이었다.
> "정미소 아니라 모두 내놓으라셔도 못 드릴 것은 아닙니다마는, 늘 이렇게만 하시면야 어디 드릴 수 있겠습니까?"
> "드릴 수 있고 없고 간에, 내 거는 내가 찾는 게 아니냐?"
> "왜 그렇게 말씀을 하셔요. 제게 두시면 어디 갑니까?"
> "이놈 불한당 같은 소리만 하는구나? 돈 천도 못 되는 것을 치러 줄 수 없다는 놈이 무어 어째?"
>
> * 점해서 : 부끄럽고 미안해서.

아무튼 '영감(상훈)'은 '아들(덕기)'에게 계속 화만 내고 있습니다. 괜히 자기가 민망하니까 아들 말에 트집을 잡으면서 쏘아 붙이고 있는 것 같아요. '덕기'는 '상훈'이 '할아버지(조 의관)'가 산소에 돈 쓰는 것을 반대하던 이야기를 하면서 설득하려 하지만, '상훈'은 그저 막무가내입니다.

부친은 신경질이 일어났는지 별안간 달려들더
니 주먹으로 뺨을 갈기려는 것을 덕기가 벌떡 일어
서니까 주먹이 어깨에 맞았다. 병적인지 벌써 망녕
인지는 모르겠으나 점점 흥분하게 해서는 아니 되
겠다 하고 마루로 피해 나와 버렸다. 그러나 금시
로 정이 떨어지는 것 같고, 그 속에 앉은 부친은 딴
세상 사람같이 생각이 들었다. 신앙을 잃어버리고
사회적으로 활약할 야심이나 희망까지 길이 막히
고 보면야, 생활이 거칠어 가는 수밖에는 없을 것
이라고 동정도 하는 한편인데, 이미 신앙을 잃어버
린 다음에야 가면을 벗어 버리고 파탈하고 나서는
것도 오히려 나은 일이라고도 하겠으나, 노래(老
來)에 이렇게도 생활이 타락하여 갈까 하고, 덕기
는 부친에게 반항하기보다도 다만 혼자 탄식을 하
는 것이었다.

-염상섭, 「삼대」-

* 점해서 : 부끄럽고 미안해서.

'상훈'은 심지어 주먹으로 아들의 얼굴을 때리려고 하기까지 하네
요. '덕기'는 그런 '부친'에게 화도 나지만 '동정'과 '탄식'을 보내
기도 하네요. 충분히 공감할 수 있겠죠? 말이 안 통하는 부모님과
대화를 하다보면, 짜증나고 답답하면서도 언제 저렇게 늙으셨나
싶어 한숨이 나오기도 할 테니까요. 〈보기〉에서 이야기한 대로
인물들의 관계 속 여러 갈등이 나타난 작품이었네요.

선지	①	②	③	④	⑤
선택률	63%	4%	10%	8%	11%

35 윗글에 대한 이해로 적절하지 **않은** 것은? ①

① 상훈의 부친은 족보를 만드는 데에 '한 천 원'이 들었
다며 다행이라 여기고 있다.

> 영감은 아들의 말이 옳다고는 생각하였으나 실상 그
> 삼사천 원이란 돈이 족보 박이는 데에 직접으로 들어간
> 것이 아니라 ×× 조씨로 무후(無後)한 집의 계통을 이어
> 서 일문일족에 끼려 한즉 군식구가 늘면 양반에 진국이
> 묽어질까 보아 반대를 하는 축들이 많으니까 그 입들을
> 씻기기 위하여 쓴 것이다. 하기 때문에 난봉자식이 난봉
> 피운 돈 액수를 줄이듯이 이 영감도 실상은 한 천 원 썼
> 다고 하는 것이다.

선지 유형	근거가 있어서 허용 불가능
실전에서의 판단 과정	진짜로 한 천 원만 쓴 게 아니잖아.
해설	'상훈'의 부친, 즉 '조 의관'은 애초에 족보를 만드는 데에 '한 천 원'을 쓴 것이 아닙니다. '한 천 원'을 썼다고 거짓말을 하기는 했지만, 실상은 족보에 이름을 넣고, 반대하는 이들에게 돈을 쥐여주는 등 하면서 '삼사천 원'을 썼죠. 애초에 조 의관은 '한 천 원'이 들었다고 거짓말을 한 것인데, 조 의관이 '한 천 원'이 들었다며 다행이라 여겼다는 선지는 절대 허용할 수 없겠죠?

② 상훈의 부친은 상훈이 '오륙천 원'을 학교에 '디밀'었던
것은 돈을 '유리하게' 쓴 것이 아니라고 본다.

> "어떻게 유리하게 쓰란 말이냐? 너같이 오륙천 원씩
> 학교에 디밀고 제 손으로 가르친 남의 딸자식 유인하
> 는 것이 유리하게 쓰는 방법이냐?"

선지 유형	근거가 있어서 허용 가능
실전에서의 판단 과정	지문에 있는 말 그대로네.
해설	'오륙천 원 쓰는 게 유리한 거냐?'라는 대사가 명시적으로 있으니, 이를 근거로 하면 충분히 허용할 수 있겠죠?

③ 상훈은 자신의 부친이 '산소'에 '돈'을 쓰는 것에 동의
하지 않았다.

> "할아버지께서 산소에 돈 쓰신다고 반대하시던 걸 생
> 각하시기로……."

선지 유형	근거가 있어서 허용 가능
실전에서의 판단 과정	덕기가 상훈이한테 한 말이니까 맞지.
해설	이 선지를 지우려면 '조 의관-상훈-덕기'의 인물 관계를 정확히 체크했어야겠죠. '덕기'가 '할아버지께서 산소에 돈 쓰신다고 반대하시던 걸 생각하시기로…….'라고 말한 것을 보니, '상훈'은 '조 의관'이 산소에 돈 쓰는 걸 반대했나봐요. 만약 저 관계를 잡지 못했다면, [A] 부분에서 '산소'라는 말만 눈 빠지게 찾다가 시간을 흘려보냈겠죠. 인물들이 나오면, 그 인물들이 무슨 관계인지 확실하게 잡아주셔야 합니다!

④ 덕기는 '세간 값'으로 치러야 하는 돈을 낭비라고 생각
한다.

> "이 판에 용이 이렇게 과하시면 어떡합니까. 여간한
> <u>세간</u> 나부랭이야 저 집에 안 쓰고 굴리는 것만 갖다
> 놓으셔도 넉넉할 게 아닙니까?"
> 안방 치장 하나에 천여 원 돈을 묶어서 들인다는 것은
> 생돈 잡아먹는 것 같고, 누가 치르든지 간에 어려운 일
> 이다.

선지 유형	근거가 있어서 허용 가능
실전에서의 판단 과정	세간은 집에 있는 것만 쓰라는 건, 새로 사는 게 낭비라고 생각하는 거지.
해설	'덕기'는 안방 치장 하나에 천여 원 돈을 쓰는 것도 생돈 잡아먹는 일이라고 생각하며, 웬만한 세간은 집에서 안 쓰고 있는 것만 갖다 놓아도 충분하다고 말합니다. 이 정도의 내용을 근거로 하면 '세간 값'을 낭비라고 생각한다는 말을 허용할 수 있겠죠?

⑤ 덕기는 집안의 재산이 낭비되지 않게 하기 위해 '정미
소 장부'를 내놓지 않으려 한다.

> "무어 어째? 널더러 먹여 살리라니? 걱정 마라. 아니
> 꼽게 네가 무슨 총찰이냐? 그러나 <u>정미소 장부</u>는 이따
> 라도 내게로 보내라."
> 부친은 이 말을 하려고 트집을 잡는 것이었다.
> "정미소 아니라 모두 내놓으라셔도 못 드릴 것은 아닙
> 니다마는, 늘 이렇게만 하시면야 어디 드릴 수 있겠습
> 니까?"

선지 유형	근거가 있어서 허용 가능
실전에서의 판단 과정	지문 내용 그 자체네.
해설	'덕기'는 주구장창 아버지인 '상훈'이 돈을 함부로 쓴다고 생각하고 있습니다. 그래서 '정미소 장부'도 주지 않으려는 것이구요. 정확히 말하자면, '정미소 장부를 줄 순 있지만, 아버지가 맨날 이러시면 제가 어떻게 줍니까.'라는 대사를 토대로 허용할 수 있겠네요. [B]의 내용 그 자체를 담고 있는 선지네요.

선지	①	②	③	④	⑤
선택률	9%	3%	9%	6%	**73%**

36 윗글의 맥락을 고려할 때, ⓐ의 의미로 가장 적절한 것은?

⑤

> 역정스러운 목소리나 여자 손들이 많은데 구차스럽게
> 세간 값으로 부자 충돌을 하는 꼴을 보이기 싫기 때문에
> ⓐ<u>아들의 입을 미리 막으려는 것</u>이다.

⑤ <u>아들이 말하고자 하는 것을 못 하게 하려는 것이다.</u>

선지 유형	근거가 있어서 허용 가능
실전에서의 판단 과정	입을 막는다는 것의 의미 그 자체네.
해설	'상훈'은 아들에게 돈을 달라고 요구합니다. 그런데 굳이 사람들이 많이 있는 앞에서 돈을 달라고 하는 이유는 무엇일까요? 바로 앞에 제시되어 있듯이, 구차스럽게 세간 값으로 부자 충돌하는 모습을 보여 주고 싶지 않으면서도 원하는 것을 얻고자 했기 때문이라고 할 수 있겠죠. 즉 ⓐ는 아들이 쉽게 말을 할 수 없도록 의도한 것이라는 뜻입니다. 아들이 말을 하면 싸울 테고, 그 꼴을 사람들 다 보는 데서 보이기는 싫으니까 아들이 하고자 하는 말을 막고 원하는 것만 취하겠다는 심산이죠. 그걸 찾으면 5번 선지밖에 없네요. 내용을 이해했는지 묻는 문제였어요. 사실 이 문제는 '입을 막는다'라는 관용구의 뜻을 아는지 묻는 어휘 문제이기도 합니다. 위와 같은 생각을 거치지 않고도 가볍게 답을 고를 수 있었으면 좋겠어요.

선지	①	②	③	④	⑤
선택률	11%	21%	54%	6%	8%

37 [A], [B]에서 각각 드러나는 부자간의 갈등에 대한 이해로 적절하지 <u>않은</u> 것은? ③

– [A]는 조 의관과 상훈의 갈등, [B]는 상훈과 덕기의 갈등입니다. 이 관계 확실히 잡아둔 채로 풀어 봅시다.

① [B]와 달리 [A]에서는 아버지가 아들의 치부를 들추어 내며 책망한다.

선지 유형	근거가 있어서 허용 가능
실전에서의 판단 과정	[A]에서는 아버지가 아들의 치부를 들추었지.
해설	[A]에서는 '조 의관'이 '상훈이'가 여자를 꼬시는 데 돈 쓴 것을 뭐라고 하고 있습니다. 반면 [B]에서 '상훈이'는 떼만 쓰고 있지, '덕기'의 치부를 구체적으로 언급한 적은 없습니다. 인물들의 갈등이 어떻게 전개되고 있는지 이해했다면 어렵지 않게 허용할 수 있는 선지네요.

② [A]와 달리 [B]에서는 아들이 아버지를 동정한다.

선지 유형	근거가 있어서 허용 가능
실전에서의 판단 과정	동정한다는 심리는 [B]에만 나왔었지.
해설	[A]에서 '상훈이'는 그냥 어이없어 하기만 했는데, [B]에서는 '덕기'가 동정하는 모습이 나옵니다. 충분히 허용 가능하네요. ⓒ 부분에 나온 '덕기'의 심리를 토대로 내용을 이해하고 있는지 묻고 있어요. '동정'이라는 심리에 대한 근거를 생각했던 기억이 있었다면 아주 빠르게 지워낼 수 있었을 거예요!

③ [A]와 달리 [B]에서는 아버지가 자신의 잘못을 아들의 탓으로 돌린다.

선지 유형	근거가 없어서 허용 불가능
실전에서의 판단 과정	아들 탓으로 돌린 적은 없지.
해설	[A]와 [B] 둘 다 딱히 아버지가 자신의 잘못을 아들의 탓으로 돌리는 장면은 보이지 않습니다. 전부 '아 몰라 그냥 내가 맞아!!' 이러고 있지, '네 탓이야!'라는 모습은 보이지 않으니까요.

④ [A]와 [B] 모두에서 아버지는 아들의 간섭을 못마땅해 한다.

선지 유형	근거가 있어서 허용 가능
실전에서의 판단 과정	아버지들 모두 아들이 간섭해서 화내는 것이지.
해설	[A]에서는 '상훈'이 '조 의관'을 지적합니다. '조 의관'이 족보를 만드는 데에 너무 큰 돈을 쓴다고 지적한 것이고, '조 의관'은 되레 '상훈'에게 화를 냈죠. 한편 [B]에서는 '덕기'가 '상훈'에게 씀씀이가 너무 크다고 지적을 하고 있고, '상훈'은 괜히 트집을 잡으면서 계속 화를 내요. [A]에서는 '조 의관'이, [B]에서는 '상훈'이 각각 자신의 아들이 간섭하는 것에 기분 나빠했으므로 허용할 수 있는 선지네요. 사실 지문 내용의 핵심이기도 하네요!

⑤ [A]와 [B] 모두에서 아들은 자신과 생각이 다른 아버지의 행위를 문제 삼는다.

선지 유형	근거가 있어서 허용 가능
실전에서의 판단 과정	아들 전부 아버지와 생각이 달라서 화를 내는 거지.
해설	[A]에서 '상훈'은 '조 의관'이 족보에 큰 돈을 쓰는 것을 지적하고, [B]에서 '덕기'는 '상훈'이 '용이 과하다'고 지적하고 있습니다. 둘 모두 아들이 아버지와 다른 생각을 갖고 '아버지'의 행위를 문제 삼는 장면이니, 이를 근거로 하면 허용할 수 있는 선지네요.

선지	①	②	③	④	⑤
선택률	9%	11%	15%	10%	55%

38 〈보기〉를 바탕으로 ㉠과 ㉡을 설명한 내용으로 가장 적절한 것은? [3점] ⑤

㉠영감은 아들의 말이 옳다고는 생각하였으나 실상 그 삼사천 원이란 돈이 족보 박이는 데에 직접으로 들어간 것이 아니라 ×× 조씨로 무후(無後)한 집의 계통을 이어서 일문일족에 끼려 한즉 군식구가 늘면 양반에 진국이 묽어질까 보아 반대를 하는 축들이 많으니까 그 입들을 씻기기 위하여 쓴 것이다. 하기 때문에 난봉자식이 난봉 피운 돈 액수를 줄이듯이 이 영감도 실상은 한 천원 썼다고 하는 것이다.

ⓛ 신앙을 잃어버리고 사회적으로 활약할 야심이나 희망까지 길이 막히고 보면야, 생활이 거칠어 가는 수밖에는 없을 것이라고 동정도 하는 한편인데, 이미 신앙을 잃어버린 다음에야 가면을 벗어 버리고 파탈하고 나서는 것도 오히려 나은 일이라고도 하겠으나, 노래(老來)에 이렇게도 생활이 타락하여 갈까 하고, 덕기는 부친에게 반항하기보다도 다만 혼자 탄식을 하는 것이었다.

―――――――[보기]―――――――

「삼대」의 서술자는 대체로 특정 인물의 시각에 의존하여 다른 인물을 서술 대상으로 포착한다. 이때 그 특정 인물은 장면에 따라 선택되며, 서술자는 특정 인물의 시각을 통해 서술 대상이 되는 인물들의 심리를 보여 준다. 이러한 서술 방식으로 서술자는 특정 인물이 지닌 의식과 행동 사이의 인과관계, 다른 인물과의 관계에서 겪는 심리적 갈등을 통해 인물의 성격과 그에 대한 평가를 복합적으로 드러낸다.

– 앞서 지문의 주제와 무관하기에 굳이 읽지 않았던 부분을 다시 확인해야 합니다. '특정 인물'의 시각에 의존하여 다른 인물을 '서술 대상'으로 포착한다고 해요. 이 정의 확실하게 잡아두고 가 봅시다. 〈보기〉에서 새롭게 제시한 정보는 당연히 중요하게 다룰 것이니까요!

① ㉠에서는 서술자가 선택한 특정 인물이 영감에서 아들로 달라지는 반면, ㉡에서는 덕기로 고정되어 있다.

선지 유형	근거가 있어서 허용 불가능
실전에서의 판단 과정	㉠의 특정 인물은 계속 영감인데?
해설	㉠의 특정 인물은 '영감'으로 고정되어 있습니다. 영감의 생각을 말해주고 있으니까요. 그럼 일단 틀린 선지네요. ㉠에는 아들, 즉 '상훈'의 시선이 나오지 않았으니까요. 그리고 ㉡의 특정 인물은? '덕기'라고 할 수 있겠죠. 덕기의 입장에서 '상훈'이라는 서술 대상에 대한 이야기를 하고 있잖아요.

② ㉠에서는 서술 대상인 상훈의 의식과 행동 사이의 인과관계가, ㉡에서는 덕기가 포착한 상훈의 심리적 갈등이 드러난다.

선지 유형	근거가 있어서 허용 불가능
실전에서의 판단 과정	㉠의 서술 대상은 영감인데?
해설	㉠에서는 '상훈'의 의식과 행동 사이의 인과관계가 나타나 있지 않고, '영감'의 의식과 행동 사이의 인과관계가 드러나고 있어요. 애초에 '서술 대상'이 '영감'이었던 것이죠. 이 때문에 허용하기 어려운 선지가 되겠죠? 물론 ㉡에서는 '덕기'가 포착한 '상훈'의 심리적 갈등이 드러나고 있다고 할 수 있습니다. '덕기'는 '상훈'이 신앙을 잃고 사회적으로 활약할 야심이나 희망까지 잃어버린 심리적 갈등 상황에 처해있다고 보고 있어요.

③ ㉠에서는 영감의, ㉡에서는 덕기의 시각에서 서술 대상인 상훈을 낮게 평가하며 그와의 심리적인 갈등을 드러내고 있다.

선지 유형	근거가 있어서 허용 불가능
실전에서의 판단 과정	㉠의 서술 대상은 상훈이 아니잖아.
해설	㉠은 '영감'이라는 특정 인물의 시각에서 '영감'이라는 서술 대상의 내면을 이야기하는 장면입니다. 서술 대상이 '상훈'이라고 볼 수는 없어요. 심지어 '상훈'을 낮게 평가한 것도 아니구요. (상훈의 말이 맞다고는 생각했으니까요.) 한편 ㉡에서는 '덕기'라는 특정 인물이 '상훈'이라는 서술 대상을 '신앙을 잃어버리고 사회적으로 활약할 야심이나 희망까지 길이 막'혔다는 식으로 낮게 평가하고 있으니 충분히 허용할 수 있겠습니다. '심리적인 갈등'은 이 지문의 내용 그 자체구요.

④ ㉠에서는 서술 대상인 상훈에 대한 영감의 평가가 달라지는 반면, ㉡에서는 서술 대상인 상훈에 대한 덕기의 평가가 달라지지 않는다.

선지 유형	근거가 있어서 허용 불가능
실전에서의 판단 과정	㉠의 서술 대상은 상훈이 아니지!
해설	일단 ㉠의 '서술 대상'은 '상훈'이라고 보기 어렵습니다. 〈보기〉에서 이야기한 바에 의하면, '서술 대상'의 '심리'를 보여 주어야 하는데 ㉠은 '영감'의 심리만을 보여 주고 있으니까요. 나아가 '상훈'에 대한 평가가 달라지지도 않죠? 나아가 ㉡에서는 '상훈'을 '서술 대상'이라고 할 수 있겠습니다. 이에 대한 '덕기'의 평가 역시 달라지지 않죠? 계속해서 부정적이에요.

⑤ ㉠에서는 서술자가 선택한 특정 인물인 영감의 성격
이, ㉡에서는 서술자가 선택한 특정 인물인 덕기와 서
술 대상인 상훈의 성격이 드러난다.

선지 유형	근거가 있어서 허용 가능
실전에서의 판단 과정	성격은 당연히 드러나겠지.
해설	㉠의 '특정 인물'이 '영감'이라는 것은 일단 허용이 됩니다. 그리고 ㉡의 '특정 인물'과 '서술 대상'이 각각 '덕기', '상훈'인 것도 나머지 선지를 판단하면서 확인한 내용이구요. 그럼 ㉠과 ㉡이 이 인물들의 '성격'을 보여 준다는 것을 허용할 수 있냐는 것이 핵심이네요. '인물의 성격'은 굉장히 넓은 범위로 허용이 가능하다고 했습니다. 여기서도 '영감'은 맞는 말을 인정 못하는 고집 센 성격, '덕기'는 인물을 객관적으로 판단하는 냉철한 성격, '상훈'은 생활이 타락해가며 고집만 늘어가는 성격 등으로 '허용'할 수 있겠네요. 이렇게 생각을 하지 못하더라도, '성격을 드러낸다.'라는 표현은 웬만하면 허용을 하자고 했습니다. 가볍게 답으로 골라주시면 됩니다.

FAQ

Q 〈보기〉에서는 '특정 인물'의 시각에 의존하여 '다른 인물'을 '서술 대상'으로 포착한다고 했습니다. 그런데 이 문제의 전반적인 해설에 따르면 ㉠의 '특정 인물'과 '서술 대상'을 모두 '영감'으로 설정하신 것 같습니다. 이는 〈보기〉와 모순되는 거 아닌가요?

A 〈보기〉에서는 이 작품의 서술자가 '대체로' 그렇게 한다고 했습니다. 즉, 그렇게 하지 않을 수도 있다는 것이죠. ㉠에서는 예외적으로 서술자가 '특정 인물'의 시각에 의존하여 '다른 인물'이 아닌 '같은 인물'을 '서술 대상'으로 삼았다고 할 수 있는 것입니다. 물론 조금 아쉬운 출제라고 할 수도 있겠지만, ㉠의 '특정 인물'과 '서술 대상'이 '영감'이라는 것은 의심의 여지가 없기 때문에 이 정도로 이해하시고 넘어가면 될 것 같습니다.

몰랐던 어휘 정리하기

| 핵심 point |

① **허용 가능성 평가** : 선지의 내용을 '허용'하려는 태도를 바탕으로 지문을 '독해'하며 '근거'를 찾아야 합니다. 허용할 수 있는 '근거'가 있어야만 허용할 수 있습니다. 주관적인 생각을 개입시키면 안 됩니다.
② **소설 독해** : '심리와 행동의 근거'를 바탕으로 인물에게 '공감'하며 읽어야 합니다. 이 과정이 물흐르듯 이어지면 지문의 내용을 완벽하게 이해할 수 있어요.

| 지문 내용 총정리 |

[중략 부분의 줄거리]를 활용하여 인물관계 파악만 제대로 되었다면, 우리의 원칙으로 쉽게 해결이 되는 지문이었네요. 물론 인물관계 파악이 지금껏 나왔던 소설 지문 중에서 손꼽을 정도로 어려운 지문이긴 했습니다. 다시 한번 복습해 봅시다.

〈보기〉 확인

> **[보기]**
>
> ㄱ. 김동리는 「역마」의 인물들을 통해, 운명을 수용하는 것이 운명에 패배하는 것이 아니라 세계와 조화되는 것이며, 이는 우리 민족의 전통적 삶의 방식이라고 여겼다.
>
> ㄴ. 「역마」의 인물들이 보여 주는 생각과 행동은 적극적이지 않고 비합리적이어서, 주체적으로 자기 삶의 방향을 결정하는 현대인들이 공감하기 힘들다는 비판이 있다.

이 작품에는 '운명을 수용'하는 인물, '적극적이지 않고 비합리적인' 인물이 등장하나 봅니다. 주인공의 성격을 알려주는 〈보기〉네요. 이렇게 운명을 수용하고, 비합리적인 선택을 하는 인물들에게 공감할 준비를 하고 지문 읽어보도록 합시다.

지문 독해

> **[앞부분의 줄거리]** 아들 성기가 역마살 때문에 떠돌이가 될까 봐 걱정하던 옥화는 그를 정착시키기 위해 체 장수 영감의 딸 계연과 맺어 주려 하지만, 계연이 자기 동생이라는 것을 알고는 그녀를 떠나보내기로 한다.

[앞부분의 줄거리]에서 엄청나게 많은 정보를 얻을 수 있는 지문입니다. 먼저 '성기'라는 인물은 역마살을 가지고 있어요. '역마살'이 '여기저기 떠돌아다니는 운명'이라는 의미인 건 알아둡시다. 일종의 어휘력이니까요. 아무튼 이를 걱정하던 엄마 '옥화'는 '계연'이라는 인물과 아들을 결혼시키려고 하지만, '계연'이 '옥화'의 동생이라는 막장드라마급 전개로 인해 무산되는 모습입니다. 인물관계가 아주 복잡하죠? 〈보기〉의 내용을 가져오면, 이 모습을 '운명의 수용'으로 해석할 수도 있겠네요. 이렇게 [앞부분의 줄거리]에서 핵심적인 정보들을 확실하게 체크한 뒤 계속 읽어보도록 합시다.

> 계연의 시뻘겋게 상기한 얼굴은, 옥화와 그의 아버지가 그들을 지켜보고 있다는 것도 잊은 듯이 성기의 얼굴만 일심으로 바라보고 있었으나, 버드나무에 몸을 기댄 성기의 두 눈엔 다만 불꽃이 활활 타오를 뿐, 아무런 새로운 명령도 기적도 나타나지 않았다.
>
> "오빠, 편히 사시오."

> 하고, 거의 울음이 다 된, 마지막 목소리를 남기고 돌아선 계연의 저만치 가고 있는 항라 적삼*을, 고운 햇빛과 늘어진 버들가지와 산울림처럼 울려오는 뻐꾸기 울음 속에, 성기는 우두커니 지켜보고 있을 뿐이었다.

* 항라 적삼 : 명주, 모시, 무명실 따위로 된 한 겹의 윗도리.

이렇게 비극적인 사건으로 인해 헤어지게 된 '계연'과 '성기'의 모습이 나타나고 있습니다. 자세히는 모르겠지만, 둘은 꽤나 정이 들었던 모양이에요. 아쉬움과 슬픔을 드러내는 '계연'과 달리, 그저 지켜만 보고 있는 '성기'입니다. 모두 저런 상황에서 충분히 보일 수 있는 반응이죠? 여러분도 함께 아쉬움을 느끼면서 공감해 주시면 됩니다.

> 성기가 다시 자리에서 일어나게 된 것은 **이듬해 우수(雨水)도 경칩(驚蟄)도 다 지나, 청명(淸明) 무렵의 비가 질금거릴 무렵**이었다. 주막 앞에 늘어선 버들가지는 다시 실같이 푸르러지고 살구, 복숭아, 진달래 들이 골목 사이로 산기슭으로 울긋 불긋 피고 지고 하는 날이었다.
>
> 아들의 미음상을 차려 들고 들어온 옥화는 성기가 미음 그릇을 비우는 것을 보자 이렇게 물었다.
>
> "아직도, 너, 강원도 쪽으로 가 보고 싶냐?"
>
> "……"
>
> 성기는 조용히 고개를 돌렸다.
>
> "여기서 장가들어 나랑 같이 살겠냐?"
>
> "……"
>
> 성기는 역시 고개를 돌렸다.

이렇게 비극적인 사건이 있고 난 후, '성기'는 자리에서 일어나지도 않았던 것으로 보입니다. 저렇게 많은 시간이 흘러서야 비로소 자리에서 일어나 미음 그릇을 비우고 있어요. 조금 회복되었다고 생각한 '옥화'는 '성기'에게 이것저것 제안을 하고 있네요. '강원도'가 어떤 사연이 있는 공간인지는 모르겠지만 그곳에 가는 것도, 그렇다고 지금 사는 곳에서 장가드는 것도 모두 거절하는 '성기'의 모습입니다. 어머니인 '옥화'의 속은 타들어가겠네요.

> **그해 아직 봄이 오기 전**, 보는 사람마다, 성기의 회춘을 거의 다 단념하곤 하였을 때 옥화는, 이왕 죽고 말 것이라면, 어미의 맘속이나 알고 가라고, 그래, 그 체 장수 영감은, **서른여섯 해 전** 남사당을 꾸며 와 이 화개 장터에 하룻밤을 놀고 갔다는 자기의 아버지임에 틀림이 없었다는 것과, 계연은 그 왼쪽 귓바퀴 위의 사마귀로 보아

자기의 동생임이 분명하더라는 것을, 통정*하노라면서, 자기의 같은 왼쪽 귓바퀴 위의 검정 사마귀까지를 그에게 보여 주었다.

"나도 처음부터 영감이 '서른여섯 해 전'이라고 했을 때 가슴이 섬뜩하긴 했다. 그렇지만 설마 했지 그렇게 남의 간을 뒤집어 놀 줄이야 알았나. 하도 아슬해서 이튿날 악양으로 가 명도*까지 불러 봤더니, 요것도 남의 속을 빤히 들여다나 보는 듯이 재잘대는구나, 차라리 망신을 했지."

옥화는 잠깐 말을 그쳤다. 성기는 두 눈에 불을 켜듯한 형형한 광채를 띠고, 그 어머니의 얼굴을 쳐다보고 있었다.

"차라리 몰랐으면 또 모르지만 한번 알고 나서야 인륜이 있는듸 어쩌겠냐."

그리고 부디 어미 야속타고나 생각지 말라고, 옥화는 아들의 뼈만 남은 손을 눈물로 씻었다.

옥화의 이 마지막 하직같이 하는 통정 이야기에 의외로도 성기는 도로 힘을 얻은 모양이었다. 그 불타는 듯한 형형한 두 눈으로 천장을 한참 바라보고 있던 성기는 무슨 새로운 결심이나 하듯 입술을 지그시 깨물고 있었다.

아버지를 찾아 강원도 쪽으로 가 볼 생각도 없다, 집에서 장가들어 살림을 할 생각도 없다, 하는 아들에게 그러나, 옥화는 이제 전과 같이 고지식한 미련을 두는 것도 아니었다.

"그럼 어쩔라냐? 너 좋을 대로 해라."

"······"

성기는 아무런 말도 없이 도로 자리에 드러누워 버렸다.

* 통정 : 통사정. 딱하고 안타까운 형편을 털어놓고 말함.
* 명도 : 마마를 앓다가 죽은 어린 계집아이의 귀신.

그렇게 시간이 흘러 '그해의 봄이 오기 전'입니다. '성기'의 상태는 더욱 심각해집니다. 사람들이 모두 회춘을 단념할 정도예요. '옥화'는 어차피 죽을 것이라면 그냥 사연이나 들어보라며, '체 장수 영감'과 있었던 일들을 이야기해주고 있습니다. 고작 하룻밤 놀고 간 '체 장수 영감'이 사실 자신의 아버지였던 것이에요. 진짜 막장드라마 그 자체인데, '성기'는 의외로 이 사실을 듣고 힘을 얻는 모습입니다.

이때, '그해의 봄이 오기 전'에서의 '그해'가 바로 앞에서 읽었던 '이듬해'임을 파악할 수 있어야 합니다. '우수', '경칩'이 봄이 왔음을 알려주는 절기라는 점을 알고 있었다면 더욱 쉬웠겠지만, 몰랐다고 하더라도 내용만으로 이를 파악할 수 있어야 해요. 분명

'이듬해'에서 '성기'는 미음상을 비울 정도로 어느 정도 회복한 모습을 보였지만, '그해의 봄이 오기 전'에서는 손에 뼈만 남을 정도로 수척한 모습이었으니까요. 혹은 '그'해라는 지시어를 바탕으로 생각할 수도 있었을 겁니다.

결국 '성기'는 '옥화'로부터 자신의 아버지에 대한 이야기를 전해 들은 뒤 힘을 얻고, 시간이 흘러 봄이 오자 미음상을 비우는 등 회복한 모습을 보인 것이 되는 것이죠. 이렇게 '시간'과 '인물의 심리'라는 포인트에 주목하면서 지문의 흐름을 정확하게 잡아낼 수 있어야 합니다.

| 생각 심화 |

그렇다면 '성기'는 도대체 왜 힘을 얻는 것일까요? 정확히 이해하기는 어렵지만, 〈보기〉를 근거로 하면 '운명 수용'과 관련된 것이라고 생각할 수는 있겠습니다. '계연'과 결혼하여 정착하려는 자신의 의지가 가로막히는 운명을 경험하고, 자신의 할아버지도 여기저기 떠돌아다니는 운명을 수용했다는 것을 들으며 '역마살'이라는 자신의 운명을 수용하려는 것이죠. 이렇게까지 생각하는 게 어렵기는 하지만, 〈보기〉를 최대한 활용하고 인물의 심리에 최대한 공감하려는 태도를 갖춰주셔야 한다는 점은 변함이 없습니다.

그러고 나서 **한 달포나 넘어 지난 뒤**였다.

성기가 좋아하는 여러 가지 산나물이 화갯골에서 연달아 자꾸 내려오는 **이른 여름의 어느 장날 아침**이었다. 두릅회에 막걸리 한 사발을 쭉 들이켜고 난 성기는 옥화더러,

"어머니, 나 엿판 하나만 맞춰 주."

하였다.

"······"

옥화는 갑자기 무엇으로 머리를 얻어맞은 듯이 성기의 얼굴을 멍하니 바라보고 있었다.

그런 지도 **다시 한 보름이나 지나**, 〈뻐꾸기는 또다시 산울림처럼 건드러지게 울고, 늘어진 버들가지엔 햇빛이 젖어 흐르는 아침이었다. 새벽녘에 잠깐 가는 비가 지나가고, 날은 다시 유달리 맑게 갠 화개 장터 삼거리 길 위〉에서, 성기는 그 어머니와 하직을 하고 있었다. 〈갈아입은 옥양목 고의적삼에, 명주 수건까지 머리에 잘끈 동여매고 난 성기는, 새로 맞춘 새하얀 나무 엿판을 걸빵해서 느직하게 엉덩이 즈음에다 걸었다. 위 목판에는 새하얀 가락엿이 반나마 들어 있었고, 아래 목판에는 팔다 남은 이야기책 몇 권과 간단한 방물이 좀 들어 있었다.〉

그렇게 한 달이 또 흘렀습니다. 이 지문은 시간의 변화가 잦기 때문에 확실하게 체크해주셨어야 해요! 갑자기 '성기'는 엿판을 맞춰달라고 하고, 이 말을 들은 '옥화'는 '머리를 얻어맞은 듯' 합니다. 이 '엿판을 맞추는 것'이 '성기'의 결심이었나봐요.

그렇게 또 보름 정도가 더 지나고, '성기'는 길을 떠납니다. 처음 〈 〉 표시한 부분에서 '배경 묘사'가 나타나고 있다는 걸 체크할 수 있겠죠? 두 번째로 〈 〉 표시한 부분에선 '외양 묘사'가 나타나고 있구요. 이 두 번의 묘사를 통해, 길을 떠나는 '성기'의 심리가 드러나고 있습니다. 뭔가 들떠 보여요! 다시 〈보기〉 내용을 끌고 오면, 여기저기 떠돌아다니는 엿장수가 되려는 자신의 모습이 '역마살'이라는 운명을 받아들이는 모습이기에 기분이 좋아보인다고 할 수 있겠습니다.

> 그의 발 앞에는, 물과 함께 갈려 길도 세 갈래로 나 있었으나, 화갯골 쪽엔 처음부터 등을 지고 있었고, 동남으로 난 길은 하동, 서남으로 난 길이 구례, 작년 이맘때도 지나 그녀가 울음 섞인 하직을 남기고 체 장수 영감과 함께 넘어간 산모퉁이 고갯길은 퍼붓는 햇빛 속에 지금도 환히 장터 위를 굽이돌아 구례 쪽을 향했으나, 성기는 한참 뒤, 몸을 돌렸다. 그리하여 그의 발은 <u>구례 쪽을 등지고 하동 쪽을 향해 천천히 옮겨졌다.</u>
> 한 걸음, 한 걸음, 발을 옮겨 놓을수록 그의 <u>마음은 한결 가벼워져</u>, 멀리 버드나무 사이에서 그의 뒷모양을 바라보고 서 있을 어머니의 주막이 그의 시야에서 완전히 사라져 갈 무렵 해서는, 육자배기 가락으로 제법 콧노래<u>까지 흥얼거리며 가고 있는 것이었다.</u>
>
> -김동리, 「역마」-

그렇게 '화갯골, 구례, 하동 쪽' 중에서 '하동' 쪽을 택하여 가고 있습니다. '구례 쪽'은 '계연'이 떠났던 길인데, '계연'이 간 길로는 가지 않겠다는 의지를 보이는 것이죠! 그렇게 길을 떠나는 '성기'는 점점 기분이 들뜨는 모습입니다. 그냥 자신의 운명을 수용하기로 결정했더니 홀가분해진 것이겠죠. 충분히 공감할 수 있겠죠? 〈보기〉를 지문 독해에 활용하는 것이 아주 중요했습니다.

선지	①	②	③	④	⑤
선택률	57%	3%	25%	2%	13%

39 윗글에 대한 설명으로 적절한 것은? ①

① 과거 장면을 삽입하여 인물들의 관계를 드러내고 있다.

선지 유형	근거가 있어서 허용 가능
실전에서의 판단 과정	체 장수 영감 이야기는 과거였지.
해설	'그해 아직 봄이 오기 전'이라는 과거 장면을 통해 '옥화'와 '체 장수 영감' 사이의 인물 관계를 드러내고 있으니 쉽게 허용할 수 있네요. '시간'이라는 포인트에 민감하게 반응하면서 '성기'의 심리 변화를 읽어냈어야만 제대로 해결할 수 있는 어려운 문제였습니다. 지문을 읽으면서 생각하지 못했다면, 선지에서 묻고 있는 '인물들의 관계'를 드러내던 부분(그해 아직 봄이 오기 전)으로 돌아가서 '과거 장면'을 허용할 만한 근거가 있는지 확인했어야겠죠?

② 다른 장소에서 동시에 벌어진 사건들을 병치하고 있다.

선지 유형	근거가 없어서 허용 불가능
실전에서의 판단 과정	동시에 벌어진 사건이 어딨었냐.
해설	'동시에 벌어진 사건'을 허용할 만한 근거를 찾을 수가 없습니다. '체 장수 영감'과 관련된 사건은 한참 과거의 일이었으니까요.

③ 의식의 흐름을 통해 사건을 요약적으로 진술하고 있다.

선지 유형	근거가 없어서 허용 불가능
실전에서의 판단 과정	의식의 흐름이 도대체 어디에 있어.
해설	사건을 요약적으로 진술하는 부분은 나오지만, (1번 선지 해설에서 제시한 부분) '의식의 흐름'을 허용할 만한 근거는 찾을 수가 없죠? 참고로 '의식의 흐름'은 '인과 관계 없는' 말들을 쭉 나열하는 것을 말합니다. 정말 나온다면 크게 티가 날 것이니 너무 겁먹지는 마시기 바랍니다. '과거 장면'을 찾지 못한 학생들이 울며 겨자 먹기로 3번을 고른 경우가 많았습니다. '시간의 변화'를 집요하게 체크하는 습관을 들입시다.

④ 상상적 공간을 배경으로 삼아 허구성을 강화하고 있다.

선지 유형	근거가 있어서 허용 불가능
실전에서의 판단 과정	구례, 하동은 실제 있는 공간이잖아.
해설	'상상적 공간'은 나온 적이 없죠? 오히려 '구례', '하동' 같은 실제 지명을 사용하여 실제성을 강화하고 있어요.

⑤ 등장인물의 독백을 직접 인용하여 내면을 보여 주고 있다.

선지 유형	근거가 있어서 허용 불가능
실전에서의 판단 과정	직접 인용한 적은 없는데.
해설	일단 등장인물이 자신의 내면세계를 혼잣말을 통해 제시하는 '독백'이 나타난 적도 없을 뿐 아니라, 이를 '직접 인용'한 부분이 나타나지도 않습니다. '이왕 죽고 말 것이라면~'이나 "나도 처음부터~" 부분은 '성기'라는 청자가 있다는 점에서 독백이라고 보기 어려워요.

선지	①	②	③	④	⑤
선택률	4%	85%	4%	5%	2%

40 ㉠은 〈보기〉 (가)의 시점으로 서술되어 있다. ㉠을 (나)의 시점으로 바꾸어 썼을 때, 가장 적절한 것은? ②

> 그리고 ㉠ 부디 어미 야속타고나 생각지 말라고, 옥화는 아들의 뼈만 남은 손을 눈물로 씻었다.

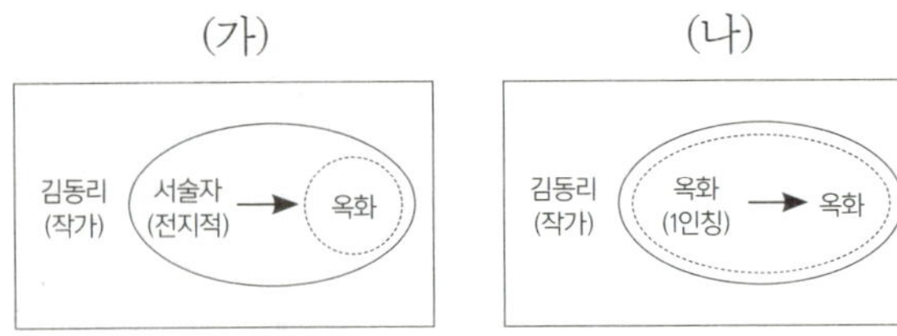

– 대단한 문제가 아닙니다. '전지적 작가 시점'에서 '1인칭 주인공 시점'으로 바꾸면 어떻게 되는지 물어보고 있네요. 간단하죠. '옥화'라는 3인칭 표현을 '나'로 바꾸면 됩니다. 그럼 2번 선지밖에 남지 않네요. 나머지는 고를 이유가 없는 선지들이죠?

① 부디 나를 야속타고나 생각지 말라고, 나는 나의 뼈만 남은 손을 눈물로 씻었다.

② 부디 나를 야속타고나 생각지 말라고, 나는 아들의 뼈만 남은 손을 눈물로 씻었다.

③ 부디 나를 야속타고나 생각지 말라고, 옥화는 아들의 뼈만 남은 손으로 눈물로 씻었다.

④ "부디 나를 야속타고나 생각지 마라."라고 말하며, 나는 나의 뼈만 남은 손을 눈물로 씻었다.

⑤ "부디 어미 야속타고나 생각지 마라."라고 말하며, 엄마는 나의 뼈만 남은 손을 눈물로 씻었다.

선지	①	②	③	④	⑤
선택률	4%	4%	83%	3%	6%

41 ⓐ와 ⓑ에 대한 해석으로 가장 적절한 것은? ③

> "오빠, 편히 사시오."
> 하고, ⓐ 거의 울음이 다 된, 마지막 목소리를 남기고 돌아선 계연의 저만치 가고 있는 항라 적삼*을, 고운 햇빛과 늘어진 버들가지와 산울림처럼 울려오는 뻐꾸기 울음 속에, 성기는 우두커니 지켜보고 있을 뿐이었다.   .
>
> * 항라 적삼 : 명주, 모시, 무명실 따위로 된 한 겹의 윗도리.

> 그런 지도 다시 한 보름이나 지나, ⓑ 뻐꾸기는 또다시 산울림처럼 건드러지게 울고, 늘어진 버들가지엔 햇빛이 젖어 흐르는 아침이었다. 새벽녘에 잠깐 가는 비가 지나가고, 날은 다시 유달리 맑게 갠 화개 장터 삼거리 길 위에서, 성기는 그 어머니와 하직을 하고 있었다.

– ⓐ와 ⓑ는 모두 '배경 묘사'를 바탕으로 인물의 심리를 드러내는 부분입니다. ⓐ에서는 '성기'와 이별하는 '계연'의 심리를, ⓑ에서는 자신의 운명을 수용하는 '성기'의 심리를 잘 드러내고 있죠. 이 내용을 가지고 선지 판단해볼까요?

① ⓐ의 '항라 적삼'과 '고운 햇빛'은 모두 인물의 성격을 드러내고 있다.

선지 유형	근거가 없어서 허용 불가능
실전에서의 판단 과정	옷이랑 날씨가 성격을 드러내지는 않지.
해설	인물의 '성격'을 드러낸다고 하기에는 그냥 '옷'과 '날씨'일 뿐이죠?

FAQ

Q 분명히 소설에선 대부분의 내용이 '인물의 성격'을 드러낸 다고 할 수 있다고 하시지 않았나요?

A 맞습니다. 그런데 정확하게 말하자면, 대부분의 '행동 및 심 리'가 '성격'을 드러낸다고 할 수 있다고 한 겁니다. 여기 있 는 '항라 적삼'과 '고운 햇빛'은 인물의 행동이나 심리와는 큰 관련이 없기에, 이 선지는 해당 내용과 상관이 없는 것 이죠!

② @의 '목소리'는 '뻐꾸기 울음'과 대조를 이루며 비극 성을 약화시키고 있다.

선지 유형	근거가 있어서 허용 불가능
실전에서의 판단 과정	헤어지는 상황인데 비극적인 목소리라고 해야 하 는 거 아냐?
해설	아주 우울한 순간에 들리는 뻐꾸기 '울음' 소리는 인물의 처지와 대비되지도 않을 뿐 아니라, 비극성 을 오히려 '강화'한다고 봐야겠죠.

③ ⓑ의 '햇빛'은 '유달리 맑게 갠'과 함께 분위기를 새롭 게 전환하고 있다.

선지 유형	근거가 있어서 허용 가능
실전에서의 판단 과정	유달리 맑게 갠 햇빛 아래서 우울한 성기가 밝아 지지.
해설	미리 생각한 내용 그 자체네요. '햇빛'과 '유달리 맑게 갠'이라는 표현을 근거로 하면, '성기'를 둘러 싼 우울했던 분위기가 밝게 전환되었음을 허용할 수 있습니다.

④ ⓑ의 '뻐꾸기'는 '화개 장터'와 연결되어 시대적 상황 을 나타내고 있다.

선지 유형	근거가 없어서 허용 불가능
실전에서의 판단 과정	어떤 시대적 상황?
해설	'뻐꾸기' 및 '화개 장터'를 통해 알 수 있는 시대 적 상황이 도대체 언제인가요? 말도 안 되는 선지 네요.

⑤ ⓑ의 '버들가지'는 '또다시'와 연결되어 갈등이 재현될 것을 예고하고 있다.

선지 유형	근거가 있어서 허용 불가능
실전에서의 판단 과정	ⓑ를 기점으로 갈등이 해결되고 있잖아.
해설	'또다시'와 연결되는 건 '버들가지'가 아니라 '뻐꾸 기 울음 소리'이기도 하고, ⓑ는 갈등이 해소되는 상황인데 갈등의 '재현'을 예고한다는 건 허용하기 가 너무 힘드네요.

선지	①	②	③	④	⑤
선택률	3%	3%	75%	5%	14%

42 〈보기〉를 참고하여, 윗글을 감상한 내용으로 적절하지 않은 것은? ③

① ㄱ에 따르면, 성기와 계연의 이별 장면은 한국인의 전 통적 삶의 방식을 보여 주는 장면이군.

선지 유형	근거가 있어서 허용 가능
실전에서의 판단 과정	운명을 수용하는 게 한국인의 전통적 삶이라며.
해설	'성기'와 '계연'이 이별하는 건 출생의 비밀이라는 '운명' 때문이었습니다. ㄱ에선 이렇게 운명을 수 용하는 것을 '한국인의 전통적 삶'이라고 했으니 쉽게 허용할 수 있겠네요.

② ㄱ에 따르면, 엿장수가 되어 떠나는 성기의 행동은 세 계와 조화를 이루는 행동이군.

선지 유형	근거가 있어서 허용 가능
실전에서의 판단 과정	운명을 수용하는 게 세계와 조화되는 것이라며.
해설	엿장수가 되어 떠나는 행동은 〈보기〉에 따르면 '운명'을 수용하는 것이고, ㄱ에서 이는 세계와 조 화되는 것이라고 했죠?

③ ㄴ에 따르면, 성기를 떠난 계연은 전통적 인물이면서 도 삶의 방향을 스스로 결정하는 주체적인 인물이군.

선지 유형	근거가 있어서 허용 불가능
실전에서의 판단 과정	계연이 왜 주체적이야. 운명을 수용하는데.
해설	'계연'이 삶의 방향을 스스로 결정하는 주체적 인 물이라구요? ㄴ에서 이 지문의 인물들은 적극적이 지 않다고도 했고, 실제로 운명에 순응하고 있으니 '주체적 인물'은 절대 허용할 수 없겠네요.

④ ㄴ에 따르면, 명도를 불러 보고 그가 한 말을 받아들이
   는 옥화는 비합리적인 인물이군.

선지 유형	근거가 있어서 허용 가능
실전에서의 판단 과정	귀신 말 듣는 건 요즘 관점에선 비합리적이지.
해설	'명도'라는 '귀신'의 말을 믿는 모습은 충분히 '비합리적'이라고 할 수 있겠죠?

⑤ ㄴ에 따르면, 하동 쪽으로 발을 옮겨 놓는 성기는 소극
   적 삶의 자세를 보여 주는 인물이군.

선지 유형	근거가 있어서 허용 가능
실전에서의 판단 과정	역마살이라는 운명을 수용하는 거니까 소극적이라고 할 수 있지.
해설	ㄴ에 따르면 이 작품의 인물들은 '적극적이지 않다'고 합니다. ㄱ과 엮어서 생각해보면 이 이유가 '운명을 수용하기 때문'이라고 할 수 있겠죠? 〈보기〉라는 허용할 만한 근거가 있기 때문에, 가볍게 허용할 수 있습니다.

<table>
<tr><td>몰랐던 어휘 정리하기</td></tr>
<tr><td>

</td></tr>
</table>

| 핵심 point |

① **허용 가능성 평가** : 선지의 내용을 '허용'하려는 태도를 바탕으로 지문을 '독해'하며 '근거'를 찾아야 합니다. 허용할 수 있는 '근거'가 있어야만 허용할 수 있습니다. 주관적인 생각을 개입시키면 안 됩니다.

② **소설 독해** : '심리와 행동의 근거'를 바탕으로 인물에게 '공감'하며 읽어야 합니다. 이 과정이 물흐르듯 이어지면 지문의 내용을 완벽하게 이해할 수 있어요.

| 지문 내용 총정리 |

'인물의 심리 변화'에 주목하며 시간의 흐름을 정확히 체크하면서 지문을 읽어나가는 것이 중요하다는 걸 배울 수 있었습니다. 나아가 〈보기〉 역시 선지 판단의 근거이므로 적절히 활용해야 한다는 것도 다시 한번 인식할 수 있었네요.

〈보기〉 확인

[보기]

　미성숙한 어린아이 서술자라도 합리적 정보를 제공하면 독자는 서술자를 신뢰하게 된다. 그러나 작가는 때로 합리성이 부족한 어린아이의 특성을 강화하여 독자가 서술자를 의심하게 한다. 이때 독자는 서술자가 제공하는 정보가 틀릴 수 있다고 생각하면서 서술자와 다른 각도에서 작품이 전하려는 의미를 탐색하게 된다. 이 경우에도 독자는 서술자가 제공하는 제한된 정보에 의존할 수밖에 없으므로, 서술적 상황과 작품이 전하려는 의미가 서로 달라져 작품을 더욱 집중해서 읽게 된다.

'미성숙한 어린아이 서술자'를 내세웠다는 독특한 내용을 알려 주고 있습니다. 지문의 직접적인 내용을 제시한 것은 아니지만, 서술자가 '미성숙한 어린아이'이며 그 서술자는 때에 따라 합리적이기도 하고 합리성이 부족하기도 하다는 정보가 제시되었으니 이를 바탕으로 지문을 이해해봅시다.

지문 독해

　몽달 씨 나이가 스물일곱이라니까 나보다 스무 살이나 많지만 우리는 엄연히 친구다. 믿지 않겠지만 내게는 스물일곱짜리 남자 친구가 또 하나 있다. 우리 집 옆, 형제슈퍼의 김 반장이 바로 또 하나의 내 친구인데 그는 원미동 23통 5반의 반장으로 누구보다도 씩씩하고 재미있는 사람이었다. 나는 매일같이 슈퍼 앞의 비치파라솔 의자에 앉아 그와 함께 낄낄거리는 재미로 하루를 보내다시피 하였는데 요즘은 내가 의자에 앉아 있어도 전처럼 웃기는 소리를 해 주거나 쭈쭈바 따위를 건네주는 법 없이 다소 퉁명스러워졌다. 그 까닭도 나는 환히 알고 있지만 모르는 척하는 수밖에.

'몽달 씨'라는 인물의 나이는 스물일곱인데, '나'는 그보다 스무 살 어린 일곱 살입니다. 〈보기〉에서 말한 대로 미성숙한 어린아이 서술자가 제시된 모습이라고 할 수 있겠죠? '나'는 '몽달 씨'를 친구로 여기고 있는데, 이는 '몽달 씨'와 동갑인 '형제슈퍼'의 '김 반장'도 마찬가지입니다.

'나'는 매일같이 슈퍼 앞의 비치파라솔 의자에 앉아 '김 반장'과 낄낄거리는 재미로 하루를 보내다시피 했다고 해요. 정말 친한 친구처럼 지낸 것이죠? 그런데 요즘에는 '김 반장'이 다소 퉁명스러워졌다고 합니다. 갑자기 왜 이러는 걸까요? '나'는 그 까닭도 훤히 알고 있지만 모르는 척하는 수밖에 없다고 합니다. 어떤 사정인지, 그리고 '나'는 왜 모르는 척하는 건지 궁금해하면서 읽어 봅시다.

　우리 집 셋째 딸 선옥이 언니 가 지난달에 서울 이모 집으로 훌쩍 떠나 버렸기 때문인 것이다. 김 반장이 선옥이 언니랑 좋아지내는 것은 온 동네가 다 아는 일이지만 선옥이 언니 마음이 요새 좀 싱숭생숭하더니 기어이는 이모네가 하는 옷 가게를 도와준다고 서울로 가 버렸다. 〈선옥이 언니는 얼굴이 아주 예뻤다. 남들 말대로 개천에서 용이 났다고 해도 과언이 아닐 만큼 지지리 궁상인 우리 집에 두고 보기로는 아까운 편인데,〉 그 지지리 궁상이 지겨워 맨날 뚱하던 언니였다.

이제 보니, '김 반장'은 '나'의 언니인 '선옥이'를 좋아하고 있었나 봅니다. 아마 그래서 '나'에게도 잘해준 것이라고 공감할 수 있겠죠? 아무튼 '선옥이 언니'는 얼굴이 아주 예뻤는데, 집안사정이 마음에 들지 않아 늘 뚱하고 싱숭생숭하다가 서울로 떠나버린 것입니다. 이에 '김 반장' 입장에서는 당연히 '나'에게 퉁명스러울 수밖에 없을 것이고, '나'도 굳이 아는 척을 할 필요가 없는 것이었죠.

(중략)

　집으로 가다 말고 문득 형제슈퍼 쪽을 돌아보니 음료수 박스들을 차곡차곡 쟁여 놓는 일에 땀을 뻘뻘 흘리고 있는 몽달 씨가 보였다. 실컷 두들겨 맞고 열흘간이나 누워 있었던 사람이라 〈안색이 차마 마주보기 어려울 만큼 핼쑥했다.〉 그런데도 뭐가 좋은지 히죽히죽 웃어 가면서 열심히 박스들을 나르고 있는 게 아닌가. 그것도 김 반장네 가게에서. 아무리 눈을 크게 뜨고 보아도 몽달 씨가 분명했다. 저럴 수가. 어쨌든 제정신이 아닌 작자임이 틀림없었다. 아무리 정신이 좀 헷갈린 사람이래도 그렇지, 그날 밤의 김 반장 행동을 깡그리 잊어버리지 않고서야 저럴 수가 없다는 게 내 생각이었다.

(중략) 이후의 상황입니다. '나'는 집으로 가다 말고 '형제슈퍼' 쪽을 돌아봤는데, 열심히 일을 하고 있는 '몽달 씨'를 봅니다. 무슨

일이 있었던 건지 실컷 두들겨 맞고 열흘간이나 누워 있어 안색이 핼쑥했다고 해요. 많이 힘든 상황일 텐데도 '히죽히죽 웃어 가면서' 열심히 '김 반장'네 가게의 일을 하는 '몽달 씨'입니다.

그런데 '나'는 이러한 '몽달 씨'가 제정신이 아닌 작자임이 틀림없다고 생각하고 있어요. 무슨 일인가 했더니, '그날 밤'의 '김 반장' 행동을 생각하면 '몽달 씨'가 저럴 수가 없다는 '나'의 판단이 나오고 있습니다. 자세히는 모르겠지만, '나'가 목격한 '그날 밤'의 사건에서 '김 반장'이 '몽달 씨'에게 나쁜 짓을 한 것이겠죠? 그런 사건을 목격했다면, 어린 '나'의 입장에서 히죽히죽 웃으며 '김 반장'네 일을 하는 '몽달 씨'가 진짜 이상해 보일 것 같습니다.

> 잊었을까. 그날 밤 머리의 어딘가를 세게 다쳐서 <u>김 반장이 자기를 내쫓은</u> 부분만큼만 감쪽같이 지워진 것은 아닐까. 전혀 엉뚱한 이야기만도 아니었다. 텔레비전에서도 보면 기억 상실증인가 뭔가로 자기 아들도 못 알아보는 연속극이 있었다. 그런 쪽의 상상이라면 나를 따라올 만한 아이가 없는 형편이었다. <u>내 머릿속은 기기괴괴한 온갖 상상들로 늘 모래주머니처럼 빽빽했으니까.</u> 나는 청소부 아버지의 딸이 아니라 사실은 어느 부잣집의 버려진 딸이다, 라는 식의 유치한 상상은 작년도 못 되어 이미 졸업했었다. 요즘의 내 상상이란 외계인 아버지와 지구인 엄마와의 사랑, 뭐 그런 쪽의 의젓한 것이었다. 아무튼 나의 기막힌 상상력으로 인해 <u>몽달 씨는 부분적인 기억 상실증 환자로 결정되었다.</u> 그렇다면 이제는 확인할 일만 남은 셈이었다. 오래 기다릴 필요도 없었다. 나는 김 반장네 가게 일을 거들어 주고 난 뒤 비치파라솔 밑의 의자에 앉아 뭔가를 읽고 있는 몽달 씨에게로 갔다. 보나 마나 주머니 속에 잔뜩 들어 있는 종잇조각 중의 하나일 것이었다. 멀쩡한 정신도 아닌 주제에 이번엔 기억 상실증이란 병까지 얻어 놓고도 여태 <u>시 따위나 읽고 있는 몽달 씨 꼴이 한심했다.</u>

이제 보니, '그날 밤'에 '김 반장'이 '몽달 씨'를 내쫓았다고 합니다. 자세한 사정은 모르겠으나, '그날 밤'에 '몽달 씨'는 누군가에게 실컷 두들겨 맞고 '김 반장'에게는 쫓겨났던 것이네요. 그럼 당연히 '몽달 씨'는 '김 반장'에 대한 감정이 안 좋아졌을 텐데, 웃으며 '김 반장'네 가게 일을 하고 있으니 '나'의 입장에서는 어이가 없던 것입니다.

그 와중에 자신의 부모님에 대해서도 엉뚱한 생각을 할 정도로 상상력이 풍부한 '나'는 '몽달 씨'를 부분적인 기억 상실증 환자로

결정해 버립니다. 이렇게 생각한 '나'는 곧장 '몽달 씨'에게 가는데, '몽달 씨'는 주머니 속에 들어 있던 시를 읽고 있습니다. '나'의 입장에서는 기억 상실증에 걸릴 정도로 큰일이 났는데 시만 읽고 있는 '몽달 씨'가 너무나 '한심'하게 느껴지겠죠? '나'의 답답한 심정에 공감하면서 계속 읽어봅시다.

> "이거, 또 시예요?"
> "그래. 슬픈 시야. 아주 슬픈⋯⋯."
> 몽달 씨가 핼쑥한 얼굴을 쳐들며 <u>행복하게</u> 웃었다. 슬픈 시라고 해 놓고선 웃다니. 나는 <u>이맛살을 찡그리며</u> 몽달 씨 옆에 앉았다.
> 그리고 아주 낮은 목소리로 물었다.
> "이제 다 나았어요?"
> "응. 시를 읽으면서 누워 있었더니 금방 나았지."
> 금방은 무슨 금방. 열흘이나 되었는데. 또 한 번 나는 몽달 씨의 <u>형편없는 정신 상태에 실망했다.</u>

'나'는 '몽달 씨'에게 또 시를 읽냐고 묻고 있습니다. 그런데 '슬픈 시'라고 부르는 것을 읽고 있던 '몽달 씨'는 아주 행복해 보여요. '몽달 씨'가 시를 정말 많이 좋아한다는 것을 생각할 수 있겠죠? 물론 어린 '나'로서는 슬픈 시를 읽으면서 웃는 게 이해가 안 되기만 합니다.

'나'는 '몽달 씨'에게 다 나았냐고 물어보는데, 아무렇지 않게 금방 다 나았다고 하는 '몽달 씨'의 정신 상태가 형편없다고 생각하며 실망하는 '나'입니다. '나'의 입장에서는 지금 그냥 '몽달 씨'의 모든 것이 마음에 들지 않는 것 같아요. 어린아이의 입장에서 어렵지 않게 공감할 수 있겠죠?

> "그날 밤에 난 여기에 앉아서 다 봤어요."
> "무얼?"
> "김 반장이 아저씨를 쫓아내는 것⋯⋯."
> 순간 몽달 씨가 <u>정색을 하고</u> 내 얼굴을 쳐다보았다. 예전의 그 풀려 있던 눈동자가 아니었다. 까맣고 반짝이는 눈이었다. 그러나 잠깐이었다. 다시는 내 얼굴을 보지 않을 작정인지 괜스레 팔뚝에 엉겨 붙은 상처 딱지를 떼어 내려고 애쓰는 척했다. 나는 더욱 바싹 다가앉았다.
> "김 반장은 나쁜 사람이야. 그렇지요?"
> 몽달 씨가 팔뚝을 탁 치면서 "아니야"라고 응수했는데도 나는 계속 다그쳤다.
> "그렇지요? 맞죠?"

> 그래도 몽달 씨는 못 들은 척 팔뚝만 문지르고 있었다. 바보같이. 기억 상실도 아니면서……. 나는 자꾸만 약이 올라 견딜 수 없는데도 몽달 씨는 마냥 딴전만 피우고 있었다.
>
> -양귀자, 「원미동 시인」-

이런 상황에서 '나'는 몽달 씨에게 '그날 밤'에 '김 반장'과 '몽달 씨' 사이에 있었던 일을 다 봤다는 이야기를 합니다. 그러자 '깜짝 놀란' 몽달 씨는 정색을 하고, '김 반장'이 나쁜 사람이라는 '나'의 말에 아니라는 답만 하고 있습니다. '나'의 입장에서는 너무 약오르는 상황이죠? '몽달 씨'가 왜 '김 반장'을 두둔하는지 정확히 알기는 어렵지만, '나'의 답답한 마음에는 확실하게 공감할 수 있을 것 같습니다.

선지	①	②	③	④	⑤
선택률	80%	4%	6%	6%	4%

43 윗글에 대한 이해로 가장 적절한 것은? ①

① 몽달 씨는 김 반장이 자기를 매정하게 대했으나, 김 반장네 가게 일을 해 주고 있다.

선지 유형	근거가 있어서 허용 가능
실전에서의 판단 과정	그래서 '나'가 이상하게 생각했지.
해설	'몽달 씨'는 '그날 밤'에 '김 반장'으로부터 매정한 대접을 받았지만, 히죽히죽 웃으면서 '김 반장'네 가게 일을 해 주고 있습니다. 이는 '나'로 하여금 '몽달 씨'가 기억 상실증에 걸린 것 같다고 생각하게 할 정도로 이상하게 여겨졌죠? 지문 내용을 제대로 이해했다면 너무나 쉽게 답으로 고를 수 있겠습니다.

② 김 반장은 선옥을 좋아했으나, 선옥이 서울로 가자 '나'를 통해 선옥과의 관계를 회복해 나갔다.

선지 유형	근거가 있어서 허용 불가능
실전에서의 판단 과정	그냥 '나'를 퉁명스럽게 대하기만 했지.
해설	'김 반장'은 '선옥'을 좋아했기에 '나'에게도 잘 해 주었지만, '선옥'이 서울로 가자 다시 관계를 회복하기는커녕 그냥 '나'에게 퉁명스러워지기만 했습니다. 이러한 '김 반장'의 심리에 공감했다면 쉽게 지워낼 수 있겠죠?

③ '나'는 김 반장을 좋은 친구라고 생각했으나, 김 반장이 빈둥거리며 실없는 행동을 해서 당황했다.

선지 유형	근거가 없어서 허용 불가능
실전에서의 판단 과정	김 반장이 빈둥거리며 실없는 행동을 한 적은 없지.
해설	'나'의 시각에서 '김 반장'은 누구보다도 씩씩하고 재밌는 사람이었다고 합니다. 이런 성격을 가지고 있는데 '빈둥거리며 실없는 행동'을 할 리도 없고, 이런 행동을 보고서 '당황'한 '나'의 심리에 공감한 기억도 없죠? '김 반장'은 그저 '선옥'이 떠난 후 '나'에게 퉁명스러워졌을 뿐입니다.

④ 선옥은 자신의 집안 형편에 대해 부정적으로 생각하고 있지만, '나'는 집안 형편을 그렇게 생각하지 않는다.

선지 유형	근거가 있어서 허용 불가능
실전에서의 판단 과정	우리 집이 지지리 궁상이라며.
해설	'나'는 자신의 집이 '지지리 궁상'이라고 하면서, 이런 곳에 질린 '선옥'이 서울로 떠나 버린 것이라고 판단하고 있습니다. 이렇게 명백한 근거가 있으니 '나'가 집안 형편을 부정적으로 생각하지 않는다는 해석은 절대 허용할 수 없겠네요.

⑤ '나'는 몽달 씨를 친구라 여겼으나, 몽달 씨가 김 반장 가게에 다시 나온 것을 보고 그렇게 생각한 것을 후회했다.

선지 유형	근거가 있어서 허용 불가능
실전에서의 판단 과정	친구라 생각한 것을 후회한 적은 없지.
해설	'나'는 '몽달 씨'를 친구라 여기고 있었는데, '그날 밤' 이후에도 '김 반장'네 가게 일을 하고 있는 '몽달 씨'를 보고 이상함, 실망감 등을 느낍니다. 이렇게 '몽달 씨'가 이상하다는 생각을 했을 뿐, '몽달 씨'를 친구로 생각한 것을 후회한 적은 없죠? 그런 감정이 있었다면 우리가 분명히 공감했을 것입니다.

선지	①	②	③	④	⑤
선택률	3%	4%	21%	68%	4%

44 ⓐ~ⓖ에 대한 이해로 적절하지 <u>않은</u> 것은? ④

① ⓐ는 상대를 못마땅해하는 발언이지만, ⓒ를 고려하면 상대의 상태에 대한 관심에서 비롯된 것이라고 할 수 있다.

> "ⓐ <u>이거, 또 시예요?</u>"

> "ⓒ <u>이제 다 나았어요?</u>"

선지 유형	근거가 있어서 허용 가능
실전에서의 판단 과정	다 나았냐고 묻는 걸 보니 관심에서 비롯된 것이라고 할 수 있겠네.
해설	'나'는 '몽달 씨'에게 또 시를 읽냐며 못마땅한 태도를 보이지만, 그 뒤에 바로 다 나았냐고 물으며 사실은 '몽달 씨'의 건강에 관심이 있다는 것을 드러내고 있습니다. 이러한 맥락을 근거로 하면 ⓐ 역시 상대의 상태에 대한 관심에서 비롯된 것이라는 해석을 충분히 허용할 수 있겠습니다.

② ⓑ와 ⓓ의 시에 대한 인물의 태도를 고려하면, 인물이 시를 통해 위안을 얻었음을 알 수 있다.

> "ⓑ <u>그래. 슬픈 시야. 아주 슬픈……</u>"

> "ⓓ <u>응. 시를 읽으면서 누워 있었더니 금방 나았지.</u>"

선지 유형	근거가 있어서 허용 가능
실전에서의 판단 과정	몽달 씨는 딱 봐도 시 엄청 좋아하지.
해설	'몽달 씨'는 시를 읽으며 그 속에 담긴 슬픔에 충분히 공감하고 있고, 시를 읽었더니 몸이 금방 나았다고 하며 시에 대한 애착을 보여 주고 있습니다. 이러한 내용을 근거로 하면 '몽달 씨'가 시를 통해 위안을 얻었다는 것을 충분히 허용할 수 있겠죠.

③ ⓔ는 ⓓ를 듣고 실망하여, 상대의 새로운 반응을 기대하며 한 발언이라고 할 수 있다.

> "ⓓ <u>응. 시를 읽으면서 누워 있었더니 금방 나았지.</u>"
> 금방은 무슨 금방. 열흘이나 되었는데. 또 한 번 나는

몽달 씨의 형편없는 정신 상태에 실망했다.
> "그날 밤에 난 여기에 앉아서 다 봤어요."
> "무얼?"
> "ⓔ <u>김 반장이 아저씨를 쫓아내는 것……</u>"

선지 유형	근거가 있어서 허용 가능
실전에서의 판단 과정	몽달 씨가 정신 차리기를 바라면서 한 말이겠지.
해설	'나'는 '몽달 씨'에게 시를 빌미로 말을 걸지만, '몽달 씨'의 형편없는 정신 상태에 실망하고 있습니다. 이에 바로 '김 반장'과의 일을 보았다는 것을 말하고 있어요. 이러한 말을 하는 '나'의 심리에 충분히 공감해 보면, '몽달 씨'가 형편없는 정신 상태에서 벗어나 새로운 반응을 해 주기를 기대했다고 할 수 있겠죠. 결국 '나'의 심리에 제대로 공감했는지 묻는 선지였습니다.

④ ⓕ는 ⓔ에 대한 상대의 반응이 예상을 벗어났지만, 상대가 보여 준 판단을 수용하기 위한 질문이라고 할 수 있다.

> "ⓔ <u>김 반장이 아저씨를 쫓아내는 것……</u>"
> 순간 몽달 씨가 정색을 하고 내 얼굴을 쳐다보았다. 예전의 그 풀려 있던 눈동자가 아니었다. 까맣고 반짝이는 눈이었다. 그러나 잠깐이었다. 다시는 내 얼굴을 보지 않을 작정인지 괜스레 팔뚝에 엉겨 붙은 상처 딱지를 떼어 내려고 애쓰는 척했다. 나는 더욱 바싹 다가앉았다.
> "ⓕ <u>김 반장은 나쁜 사람이야. 그렇지요?</u>"
> 몽달 씨가 팔뚝을 탁 치면서 "아니야"라고 응수했는데도 나는 계속 다그쳤다.

선지 유형	근거가 있어서 허용 불가능
실전에서의 판단 과정	몽달 씨가 김 반장 욕하기를 바라는 거잖아.
해설	ⓔ에 대해 '몽달 씨'는 '나'의 예상과는 달리 정색을 하고 딴청을 피웁니다. 이러한 반응이 마음에 들지 않은 '나'는 다시 한번 ⓕ와 같은 질문을 통해 '몽달 씨'가 '김 반장'에 대해 가지고 있을 안 좋은 감정을 보여 주기를 유도하고 있어요. '몽달 씨'는 이에 대해서 '아니야'라고 대답하며 계속해서 부정하고 있습니다. 이런 식으로 ⓕ를 말하는 '나'의 감정에 충분히 공감했다면, '나'가 '몽달 씨'의 반응을 수용하기 위한 질문을 던졌다는 것은 절대 허용할 수 없겠네요.

⑤ ⑧는 ⑥의 주장을 확인하는 질문으로, 상대의 태도를 탐탁지 않게 여기는 마음이 반영된 발언이라고 할 수 있다.

> "⑥ 김 반장은 나쁜 사람이야. 그렇지요?"
> 몽달 씨가 팔뚝을 탁 치면서 "아니야"라고 응수했는데도 나는 계속 다그쳤다.
> "⑧ 그렇지요? 맞죠?"

선지 유형	근거가 있어서 허용 가능
실전에서의 판단 과정	김 반장이 나쁜 사람이라고 말하지 않는 몽달 씨를 탐탁지 않게 여기는 거지.
해설	4번 선지의 내용과 이어지네요. '나'는 '몽달 씨'가 '김 반장'을 나쁜 사람이 아니라고 말하는 것에 답답함을 느끼며 ⑧와 같은 질문도 하고 있습니다. 이러한 답답함에 공감했다면, '상대의 태도를 탐탁지 않게 여기는 마음이 반영된 발언'이라는 해석은 쉽게 허용할 수 있겠죠.

선지	①	②	③	④	⑤
선택률	14%	4%	12%	13%	57%

45 형제슈퍼 를 중심으로 확인할 수 있는 인물의 행위에 대한 설명으로 가장 적절한 것은? ⑤

– '형제슈퍼'는 '나'가 '김 반장'과 낄낄거리기도 하고, '김 반장'에게 수모를 당하고도 계속해서 그의 가게 일을 하고 있는 '몽달 씨'를 보고서 '나'가 답답해 하는 장소이기도 합니다. 이 지문의 중심 공간이니, 큰 역할을 한다고 할 수 있겠죠? 이러한 내용을 바탕으로 해서 선지를 판단해 봅시다.

① '나'가 '매일같이' 김 반장과 재미있게 낄낄거렸던 행위는 '그날'보다 앞선 시간대에 이루어지며, '그날'의 일을 지켜보기만 한 '나'의 부정적 자기 인식으로 이어지고 있다.

선지 유형	근거가 없어서 허용 불가능
실전에서의 판단 과정	'나'가 언제 부정적으로 자기 인식을 했냐.
해설	'그날'은 '김 반장'이 '몽달 씨'를 내쫓았던 날입니다. '나'가 매일같이 '김 반장'과 낄낄거렸던 행위가 이러한 날보다 앞선 시간대에 이루어진 것은 맞지만, '그날'의 일을 지켜보기만 한 '나'의 부정적 자기 인식은 완전 헛소리죠. '나'는 그저 '김 반

장'이 나쁜 사람이라고만 생각했을 뿐, 지켜만 본 자신이 한심하다는 등의 표현을 통해 스스로를 부정적으로 인식한 적은 없습니다. 정확히는 그렇게 부정적 자기 인식을 하는 '나'의 감정에 공감한 적이 없죠?

② 김 반장이 '나'를 퉁명스럽게 대하는 행위는 '요즘'보다 앞선 시간대에 이루어지며, '나'에게 반성을 유도하고 있다.

선지 유형	근거가 없어서 허용 불가능
실전에서의 판단 과정	'나'가 뭘 반성해.
해설	'김 반장'은 '선옥'이 떠나자 '나'를 퉁명스럽게 대합니다. 이를 인식한 '나'가 '김 반장'의 이러한 태도를 '요즘' 일어나는 일로 보고 있으니, '김 반장'이 '나'를 퉁명스럽게 대하는 행위는 '요즘'을 전후로 해서 연속적으로 일어나고 있다고 보는 것이 맞겠죠? 나아가 이는 '김 반장' 혼자 빈정상해서 그런 것일 뿐, '나'에게 반성을 유도하는 건 말이 되지 않아요. '나'는 '김 반장'에게 딱히 잘못한 것도 없습니다. 전반적으로 틀린 선지네요.

③ 몽달 씨가 '히죽히죽' 웃는 행위는 현재 '여기'에서 '나'에게 속내를 감추는 행위보다 앞선 시간대에 이루어지며, '나'에게 진심을 드러내어 보여 주고 있다.

선지 유형	근거가 없어서 허용 불가능
실전에서의 판단 과정	히죽히죽 웃는 건 그냥 일하는 상황인데 무슨 진심을 드러내냐.
해설	'몽달 씨'가 '히죽히죽' 웃는 행위가 '여기'에서 '나'에게 '김 반장'에 대한 속내를 감추는 행위보다 앞선 시간대에 이루어진 것은 맞습니다. '히죽히죽' 웃는 행위는 '나'와 만나기 전 '형제슈퍼'에서 열심히 일하던 모습이었으니까요. 하지만 이것이 '나'에게 진심을 드러내어 보여 주는 것은 아니죠? 그냥 열심히 일하고 있었을 뿐, '몽달 씨'는 '나'가 있는지도 몰랐습니다.

④ '의자'에서 '뭔가'를 읽는 몽달 씨의 행위는 '여기'에서 환기된 '그날'의 경험보다 앞선 시간대에 이루어지며, '나'가 '그날' 느꼈을 긴박감과 대비되는 이완된 상황을 보여 주고 있다.

선지 유형	근거가 있어서 허용 불가능
실전에서의 판단 과정	그날 이후에 시를 읽는 모습이 나왔잖아.

해설	'의자'에서 '뭔가'를 읽는 '몽달 씨'의 행위는 '여기'에서 '환기'된 '그날'의 경험 이후 몸을 회복한 다음 있었던 일입니다. 이러한 근거가 있으니 '앞선 시간대'를 절대 허용할 수 없겠죠? 물론 '나'가 '그날' 느꼈을 긴박감과 '의자'에서 평화롭게 시를 읽는 이완된 상황이 서로 대비된다는 것은 충분히 허용할 수 있겠습니다.

⑤ '여기'에서 목격된 '그날' 김 반장의 행위는 '요즘'보다 이후의 시간대에 이루어지며, '나'가 김 반장을 이전과 다르게 평가하는 원인으로 기능하고 있다.

선지 유형	근거가 있어서 허용 가능
실전에서의 판단 과정	그날 이후 '나'는 김 반장을 나쁘게 보게 되었지.
해설	'여기'에서 목격된 '그날' 김 반장의 행위는 '선옥'이 떠난 '요즘'보다 이후의 시간대에 이루어진 것이 맞습니다. 그리고 이 행위는 이를 본 '나'가 '김 반장'을 이전과 다르게 부정적으로 평가하는 원인이 되었죠. 지문의 내용을 이해했다면 너무 쉽게 허용할 수 있는 선지입니다.

FAQ

Q '매일같이', '그날', '요즘' 등의 시간 선후 판단을 아주 자연스럽게 하시는데, 이게 어떻게 가능한 건가요?

A 각 시간대에서 '나'의 내면세계에 공감했다면 당연하게 판단할 수 있습니다. 먼저 '매일같이'는 '나'와 '김 반장'이 낄낄거리며 친하게 지내는 시간대입니다. 한편 '요즘'은 '김 반장'이 '선옥이 언니' 때문에 '나'에게 퉁명스러워진 시점이죠. 하지만 '요즘' 이렇게 퉁명스러워진 '김 반장'의 태도에도 '나'는 '김 반장'에게 호의적인 모습을 보입니다. 여전히 좋은 친구라고 생각하기 때문에 그런 것이겠죠? 그런데 '그날' 이후, '나'는 '김 반장'을 나쁘게 바라보고 있습니다. '몽달 씨'에게 가서 '김 반장'에 대한 나쁜 평을 공유하려고 하는 모습 등을 보면 알 수 있죠. 만약 '요즘'이 '그날' 이후의 시간이라면, '나'의 이러한 내면세계를 설명할 수 없게 됩니다. 특히 '나'가 어린아이임을 고려하면, 나쁘게 말하던 사람을 갑자기 호의적으로 대한다는 것은 말이 되지 않잖아요. 기억하세요. 소설 문제를 풀 때 의문이 들면, 거의 대부분 '내면세계를 잘 파악하자.'라는 답변이 기다리고 있다는 것을요.

선지	①	②	③	④	⑤
선택률	4%	5%	14%	67%	10%

46 〈보기〉를 바탕으로 ㉠~㉤을 이해한 내용으로 적절하지 **않은** 것은? [3점] ④

① ㉠: 문제적 상황의 원인을 파악하여 이에 대응하고, 인물의 태도 변화를 설명할 수 있는 정보를 제시한다는 점에서 독자가 서술자를 신뢰하도록 유도하고 있군.

㉠그 까닭도 나는 환히 알고 있지만 모르는 척하는 수밖에. 우리 집 셋째 딸 선옥이 언니가 지난달에 서울 이모 집으로 훌쩍 떠나 버렸기 때문인 것이다.

선지 유형	근거가 있어서 허용 가능
실전에서의 판단 과정	완전 똑 부러지게 설명하고 있지.
해설	'나'는 ㉠을 통해 '김 반장'이 자신을 퉁명스럽게 대한다는 문제적 상황의 원인('선옥'의 서울행)을 파악하여 이에 모르는 척하는 것으로 대응하고 있습니다. 나아가 '김 반장'의 태도 변화를 설명할 수 있는 정보를 정확히 제시하고 있어, 〈보기〉에서 말한 것처럼 미성숙한 서술자를 독자가 신뢰하도록 유도한다고 볼 수 있겠죠.

② ㉡: 인물이 처한 부정적 상황을 보여 주고, 인물의 안색과 그 이유에 대해 여러 정보를 제공한다는 점에서 독자가 서술자를 신뢰하도록 유도하고 있군.

㉡실컷 두들겨 맞고 열흘간이나 누워 있었던 사람이라 안색이 차마 마주보기 어려울 만큼 핼쑥했다.

선지 유형	근거가 있어서 허용 가능
실전에서의 판단 과정	몽달 씨의 안색이 왜 나쁜지에 대해 정확한 정보를 제공하고 있지.
해설	'나'는 ㉡을 통해 '몽달 씨'가 처한 부정적 상황을 보여 주고, '몽달 씨'의 안색과 그 이유에 대해 두들겨 맞았다거나 열흘 간이나 누워 있었다거나 하는 여러 정보를 제공하고 있습니다. 이 역시 〈보기〉에서 말하는 것처럼 독자가 합리적 정보를 제공한 미성숙한 서술자를 신뢰하도록 만들 수 있겠죠.

③ ⓒ: 논리적 연관을 무시하고, 추측에 근거하여 인물의 의식 상태를 단정하는 모습을 통해 독자가 작품에 더욱 집중하면서, 서술자와 다른 각도로 생각하도록 유도하고 있군.

> ⓒ 어쨌든 제정신이 아닌 작자임이 틀림없었다. 아무리 정신이 좀 헷갈린 사람이래도 그렇지, 그날 밤의 김 반장 행동을 깡그리 잊어버리지 않고서야 저럴 수가 없다는 게 내 생각이었다.

선지 유형	근거가 있어서 허용 가능
실전에서의 판단 과정	추측에 근거한 단정이지, 정확한 정보 제공이 아니니까 독자가 다른 각도로 생각해 볼 수 있겠다.
해설	'나'는 ⓒ을 통해 '몽달 씨'가 '그날' 이후에도 '김 반장'네 가게에서 일을 하는 모습에 대한 생각을 제시하고 있습니다. 여기서 '나'는 '몽달 씨'가 왜 그럴 수밖에 없었는지 '논리적 연관'을 생각하기보다는, 그저 정신이 이상하거나 '김 반장' 행동을 깡그리 잊어버렸을 것이라는 식으로 추측에 근거하여 '몽달 씨'의 의식 상태를 단정하고 있습니다. 이는 〈보기〉에서 말한 것처럼 합리성이 부족한 어린아이의 특성을 강화하여 독자가 서술자를 의심하게 하는 것이라고 볼 수 있겠죠? 이 경우 독자는 서술자와 다른 각도로 생각하려고 할 수 있다고 했으니 허용할 수 있는 선지입니다. 〈보기〉의 꼼꼼한 독해도 함께 요구했네요.

FAQ

Q '나'는 나름대로 '논리적 연관'을 생각한 거 아닌가요? 저게 '논리적 연관'이 아니라고 어떻게 확신하나요?

A 일단 '해설'에서도 언급했듯이, '나'는 증거를 찾거나 행동 간의 연결고리를 생각하거나 하는 등 '논리적'인 사고를 거치기보다는 그저 '추측'으로 '몽달 씨'의 의식 상태를 단정하고 있습니다. 그리고 '나'가 미성숙한 어린아이라는 것을 고려하면, 구체적인 이유를 찾지 않고 자신의 추측만으로 단정하는 모습은 충분히 '논리적 연관'을 무시한 모습이라고 '허용'할 수 있습니다. 시비를 걸지 않고 '일단 허용'하려고 하면 충분히 근거를 찾을 수 있을 거예요.

④ ⓔ: 인물에 대해 적극적으로 탐색하고, 인물의 상태를 스스로 진단하여 그 정보를 제공하는 모습을 통해 독자가 서술자를 신뢰하도록 유도하고 있군.

> ⓔ 아무튼 나의 기막힌 상상력으로 인해 몽달 씨는 부분적인 기억 상실증 환자로 결정되었다.

선지 유형	근거가 있어서 허용 불가능
실전에서의 판단 과정	기억 상실증 환자라는 판단이 합리적인 정보는 아니지.
해설	'나'는 ⓔ을 통해 '몽달 씨'를 '부분적인 기억 상실증 환자'로 결정해 버립니다. 이는 인물에 대해 적극적으로 탐색하고, 인물의 상태를 스스로 진단하여 그 정보를 제공하는 모습이라고 할 수는 있어요. 하지만 〈보기〉에 따르면, 선지에서 묻는 것처럼 독자가 서술자를 신뢰하기 위해서는 서술자가 합리적인 정보를 제공해야 합니다. 그런데 '몽달 씨'가 '부분적인 기억 상실증 환자'라는 것은 미성숙한 어린아이인 '나'의 일방적인 판단일 뿐, 합리적인 증거 등에 기반한 생각이 아니에요. 따라서 독자는 서술자를 신뢰할 수 없게 되고, 서술자와 다른 각도에서 작품의 의미를 탐색하려 하겠죠. 계속해서 〈보기〉에 대한 꼼꼼한 독해를 요구하고 있습니다. 최근 더욱 강화되는 경향이니 확실하게 체크하도록 합시다.

⑤ ⓜ: 시에 대한 이해가 부족하고, 합당한 이유 없이 인물의 취향을 비난하는 모습을 통해 독자가 작품에 더욱 집중하면서, 서술자와 다른 각도로 생각하도록 유도하고 있군.

> ⓜ 멀쩡한 정신도 아닌 주제에 이번엔 기억 상실증이란 병까지 얻어 놓고도 여태 시 따위나 읽고 있는 몽달 씨 꼴이 한심했다.

선지 유형	근거가 있어서 허용 가능
실전에서의 판단 과정	시 따위라는 표현을 보면 충분히 허용할 수 있겠다.

| 해설 | '나'는 '몽달 씨'가 '시 따위'나 읽고 있다고 하며 시에 대한 이해가 부족한 모습, 합당한 이유 없이 시를 좋아하는 '몽달 씨'의 취향을 비난하는 모습을 보이고 있습니다. 이는 '나'라는 서술자가 미성숙한 어린아이의 면모를 보이며 비합리적인 정보를 제공하는 것이므로, 〈보기〉의 내용에 따라 독자는 서술자와 다른 각도로 생각하며 작품에 집중할 것입니다. 충분히 허용할 수 있네요. |

몰랐던 어휘 정리하기

| 핵심 point |

① **허용 가능성 평가** : 선지의 내용을 '허용'하려는 태도를 바탕으로 지문을 '독해'하며 '근거'를 찾아야 합니다. 허용할 수 있는 '근거'가 있어야만 허용할 수 있습니다. 주관적인 생각을 개입시키면 안 됩니다.

② **소설 독해** : '심리와 행동의 근거'를 바탕으로 인물에게 '공감'하며 읽어야 합니다. 이 과정이 물흐르듯 이어지면 지문의 내용을 완벽하게 이해할 수 있어요.

| 지문 내용 총정리 |

어린아이 서술자가 등장해 서술자의 마음에 공감하는 것은 어느 정도 쉬웠지만, 반대로 서술자가 파악하지 못하는 어른들의 심리에는 정확하게 공감하기 어려운 작품이었습니다. 그래도 결국 문제는 서술자인 '나'의 심리에 얼마나 잘 공감했는지 위주로 제시된 모습이었어요. 나아가 〈보기〉 독해가 잘 이루어지고 있는지도 주요한 출제 포인트가 되고 있는 모습입니다. 확실하게 정리합시다!

〈보기〉 확인

> ┌─────────────[보기]─────────────┐
>
> 　사람들은 존경하거나 사랑하는 사람을 닮아 가며 그
> 와 자신을 동일시하려는 경향이 있다. 이를 통해 심리적
> 위안이나 성취감을 느끼기도 하지만 그 상대로부터 외
> 면받거나 그가 부재한 상황에서는 마음에 상처를 입는
> 다. 이때 동일시의 상대를 부정하거나, 외면당하지 않았
> 다고 자신의 처지를 합리화한다. 또는 관심을 다른 데로
> 돌려 그 상황에서 아예 벗어나고자 한다. 「무사와 악사」
> 에서 '기범'이 보이는 기행과 궤변은 '일규'를 동일시하려
> 는 상대로 의식한 데서 비롯한 것으로도 볼 수 있다.

'동일시'에 대한 내용입니다. 핵심 키워드는 단연 '동일시'네요. '기범'이라는 인물은 '일규'를 동일시하려고 했는데, '일규'의 외면 또는 부재로 인해 '기행과 궤변'을 일삼겠네요. '기범'이 '일규' 와 자신을 동일시하려는 부분, 부정 또는 합리화의 과정인 '기행과 궤변'에 주의하면서 읽으면 될 것 같습니다. 주제가 제시된 것이니 확실하게 활용해야겠죠?

지문 독해

> 　[앞부분의 줄거리] 나 는 기범 이 죽기 전에 무슨 일이 있었는
> 지 알기 위해, 그가 살았던 구천동 을 찾아간다. 기범의 행적을 잘
> 알고 있는 '임 씨'를 만나 사연을 듣기 전에, 일규 의 장례식 후에
> 있었던 기범과의 과거 일을 회상 한다.

[앞부분의 줄거리]는 출제자가 우리에게 힌트를 주기 위해 직접 작성해준 것이라고 했어요. 외운다는 생각이 들 정도로, 꼼꼼하게 읽어보도록 합시다. '나'는 '기범'이 죽기 전의 일을 알기 위해 '구천동'을 찾아간 상태예요. 여기서 '임 씨'를 만날 예정인데, 그 전에 '과거'를 회상하고 있습니다. 시간이 복잡하게 제시되어 있으니, 천천히 정리하고 가는 게 좋겠죠?

일단 '기범'은 현재 시점에서 죽어 있고, '나'는 '일규의 장례식'에서 '기범'을 만났습니다. 이를 토대로 사건의 시간적 순서를 재구성해보면, '일규의 죽음→기범과 나의 대화→기범의 죽음→임 씨와 나의 대화' 정도가 되겠네요. 지금부터 이야기할 내용은 '기범과 나의 대화'에 해당하는 것이구요. 이렇게 필요한 정보를 확실하게 챙긴 채로 계속해서 읽어보도록 합시다.

"네가 일규를 어떻게 아냐? 네깐 게 뭘 안다구 감히 일규를 입에 올리냐?"

기범은 순간 잔을 던지고 미친 듯이 웃기 시작했다. 너무나 돌연한 웃음이어서 나는 그때 꽤나 놀랐다. 기범이 그처럼 미친듯이 웃는 것을 나는 그날 처음 보았다.

"그래, 네 말이 맞다. 나는 그놈을 입에 올릴 자격이 없다. 허지만 누가 그놈을 진심으로 사랑한 줄 아냐? 너희냐? 너희가 그놈을 사랑한 줄 아냐?"

나는 긴장했다. 그의 눈에서 번쩍이는 눈물을 보았기 때문이다.

"너는 그놈이 아깝다구 했지만 나는 그놈이 죽어 세상 살맛이 없어졌다. 나는 살기가 울적할 때마다 허공에서 그놈의 쌍판을 찾았다. 나는 그놈을 통해서만 살아가는 재미와 기쁨을 느꼈다. 그러나 그놈 역시 사정은 나하구 똑같았다. 나를 발길로 걷어찼지만 그놈은 나를 잊은 적이 없다. 우리는 서로 사랑했지만 사랑하는 방법이 달랐을 뿐이다."

회상 속에서 누군가가 '기범'에게 '네까짓 게 뭘 안다구 감히 일규를 입에 올리냐?'라고 말합니다. 이 얘기를 들은 '기범'은 잔을 던지고 미친 듯이 웃고 있어요. 〈보기〉를 바탕으로 하면, 이때 '기범'이 보이는 심리와 행동은 '일규'라는 '동일시'의 대상을 잃고 제정신이 아닌 상태에서 나타난 것이라고 할 수 있겠습니다. 소중한 사람의 장례식에서 속을 긁는 이야기를 들으면 당연히 과민 반응을 보일 수도 있겠죠.

아무튼, 이런 반응을 본 '나'는 놀라는 반응을 보입니다. 대화하다가 갑자기 잔을 던지고 미친 듯이 웃으면 당연히 놀라겠죠. 여기에 '기범'은 '일규'를 사랑했다는 이야기를 하면서, '번쩍이는 눈물'을 보이고 있습니다. 이런 모습을 본 '나'는 긴장하고 있어요. 정신이 반쯤 나간 '기범'과 그런 모습에 당황한 '나'의 심리에 충분히 공감할 수 있어야 합니다.

그 뒤에 '기범'은 '일규'를 진정으로 사랑했었다는 요지의 이야기를 합니다. 〈보기〉에서 이야기한 '동일시'가 나타나는 부분이라고 할 수 있겠죠? 이를 〈보기〉를 조금 더 사용해서 독해하면, '그놈이 죽어 세상 살맛이 없어졌다'라는 이야기는 동일시의 대상이 부재한 상황에서 마음에 상처를 입은 기범의 모습을 보여주고, '그놈은 나를 잊은 적이 없다. 우리는 서로 사랑했지만 사랑하는 방법이 달랐을 뿐이다'라는 대사는 동일시의 상대로부터 외면당하지 않았다고 자신의 처지를 합리화하는 부분이라고 생각할 수 있습니다. '인물에 대한 공감'만큼 필수적인 내용은 아니지만, 이

렇게 〈보기〉와의 연결고리가 보인다면 적극적으로 활용할 수 있었어야 해요.

(중략)

"원래 그 사람은 도회지에서 살던 사람인데 왜 그때 도시를 버리구 깊은 산골을 찾았는지 모르겠군."
"처음엔 저두 많이 궁금하게 생각했습니다. 뭔가 세상에 죄를 짓구 숨어 사는 분이 아닌가 했습니다. 더구나 이리루 들어오시자 머리를 깎구 수염까지 기르셨거든요. 그러나 오래 뫼시구 살다 보니 저대루 차츰 납득이 갔습니다. 한마디로 말하기는 어렵지만 세상에 뭔가 실망을 느끼신 게 아닌가 싶습니다."
"본인이 그런 말을 한 적이 있소?"
"과거 얘기는 좀체 안 하시는 편이었는데 언젠가는 내게 그 비슷한 말씀을 하시더군요. 듣기에 따라서는 궤변 같지만 그분은 남하구 다른 묘한 철학을 지니구 계셨습니다."
"그걸 한번 들려줄 수 없소?"
"그분은 세상이 어지럽구 더러울 때는 그것을 구하는 방법이 한 가지밖에 없다구 하셨습니다. 세상을 좀 더 썩게 해서 더 이상 그 세상에 썩을 것이 없도록 만들어야 한다는 것입니다. 그걸 썩지 않게 고치려구 했다가는 공연히 사람만 상하구 힘만 배루 든다는 것입니다. '모두 썩어라, 철저히 썩어라'가 그분이 세상을 보는 이상한 눈입니다. 제 나름의 어설픈 추측입니다만 그분은 사람만이 지닌 이상한 초능력을 믿으시는 것 같았습니다. 사람은 온갖 악행에도 불구하고 자기 스스로를 송두리째 포기하지는 않는다는 것입니다. 세상이 철저히 썩어서 더 썩을 것이 없게 되면 사람은 살아남기 위해 언젠가는 스스로 자구책을 쓴다는 것입니다. 당신은 바로 그걸 믿으셨고, 이러한 자기 생각을 부정(不正)의 미학이라는 묘한 말루 부르시기두 했습니다."
나는 순간 가슴 한구석에 뭔가가 미미하게 부딪쳐 오는 진동을 느꼈다. 진동의 진상은 확실치 않지만, 나는 그것이 기범을 이해하는 어떤 열쇠가 아닌가 생각했다. 그의 온갖 기행과 궤변들이 어지러운 혼란 속에서 그제야 언뜻 한 가닥의 질서 위에 어렴풋이 늘어서는 것이었다.

[앞부분의 줄거리]에 따르면, '나'는 현재 '임 씨'라는 인물과 만나는 상황이었습니다. 그리고 (중략) 이후의 상황을 보니 '나'는 '저'를 만나 기범이 깊은 산골에 들어가 살던 시기의 이야기를 전해

듣고 있습니다. 그럼 여기서의 '저'가 곧 '임 씨'에 해당한다는 것을 쉽게 생각해낼 수 있겠죠? 이것이 바로 [앞부분의 줄거리]가 가지는 위력입니다!

'임 씨', 즉 '저'의 이야기를 들어봅시다. '기범'이 도시를 떠나 산골로 들어간 이유를 '나'와 '저' 모두 정확히 알지는 못하지만, '저'는 '기범'이 세상에 뭔가 실망을 느껴서 산골로 온 것이라 추측하고 있고, '기범'의 '묘한 철학', '부정의 미학'이 그 행동의 원인이라고 생각합니다. '나'는 '저'의 설명을 듣고 나서 '가슴 한구석에 뭔가가 미미하게 부딪쳐 오는 진동'을 느끼는데, 이 진동은 바로 기범의 '묘한 철학'을 통해 기범을 이해할 수 있는 실마리를 잡게 되어 느끼는 것이라고 할 수 있겠습니다. '나'가 '기범'을 이해하는 과정에 대해서 공감해주시면 되겠죠?

"헌데 세상에 대해 그런 생각을 지닌 사람이 갑자기 왜 세상을 등지구 이런 산속에 박혀 사는 거요?"
"당신께서 아끼시던 친구 한 분이 갑자기 세상을 버리셨다구 하시더군요. 그때 아마 충격을 받으시구 이리루 들어오신 게 아닌가 싶습니다."
"누구랍니까, 그 친구가?"
"이름은 말씀 안 하시구 그분을 언제나 '미련한 놈'이라구만 부르셨습니다."
오일규다. 나는 그제야 오일규의 장례식 후에 기범이 격렬하게 지껄인 저 시끄럽던 요설들이 생각났다. 어쩌면 기범은 그때 이미 세상을 등질 결심을 했는지도 알 수 없다. 아니 그는 그 얼마 후에 내 앞에서 정말로 깨끗하게 사라져 버린 것이다.
"그래 그 친구가 죽은 후로 왜 세상을 등졌답디까?"
"세상 살 재미가 없어졌다구 하시더군요. 아마 친구분을 꽤나 좋아하셨던 모양입니다. 그 미련한 놈이 죽어 버렸으니 자기도 앞으로는 미련하게 살밖에 없노라구 하셨습니다. 당신이 미련하다고 말씀하는 건 우습게 들리시겠지만 착한 일을 뜻하시는 것이었습니다."
"그래서 이곳에 온 후 사람이 갑자기 달라진 거요?"
"전 그분의 과거를 몰라서 어떻게 달라졌는지는 잘 모릅니다. 허지만 이곳에 오신 후로는 그분은 거의 남을 위해서만 사셨습니다. 제가 생명을 구한 것두 순전히 그분의 덕입니다."

'당신'이 눈 앞에 있는 사람을 가리키는 대명사만 있는 게 아닌 건 알고 계셔야 합니다! 여기서의 '당신'은 '자기'를 높여 이르는 말로, 지문의 '기범'을 가리킵니다.

이제 '기범'이 '산속'에 박혀 살게 된 이유가 드러나는 듯합니다. '친구(일규)의 죽음'이라는 사건으로 인해 기범은 '세상 살 재미'를 잃었고, 그로 인해 세상을 등지고 산골로 오게 되었다는 것이 '저'의 추측입니다. '기범'은 산속에 오기 전과, 오고 난 이후의 모습도 많이 바뀌었네요. 과거와 다르게 남을 위해서만 살았다고 합니다. 그리고 그걸 기범 스스로는 '미련한' 삶이라고 칭했고요.

아까 기범의 '묘한 철학' 얘기가 나왔는데, 여기서는 '나'가 '저 시끄럽던 요설들'을 갑자기 떠올립니다. 그 얘기를 할 때 이미 세상을 등질 결심을 했을지도 모른다고 생각하면서요. 이런 점으로 미루어 볼 때, 일규의 죽음, 그리고 '묘한 철학', '시끄럽던 요설들'이 '기범'이 산속으로 오게 된 원인들이라고 생각할 수 있겠습니다. 이 내용을 정확히 이해하는 것이 중요한 게 아니라, '나'가 '기범'에 대해 이해하고 있다는 점에 공감하는 것이 중요해요!

> [A]
> 　　나는 다시 기범이 지껄였던 과거의 요설들이 생각난다. 세상을 항상 역(逆)으로만 바라보던 그의 난해성이 또 한 번 나를 혼란 속에 빠뜨린다. 그는 어쩌면 이 세상을 역순(逆順)과 역행(逆行)에 의해 누구보다 열심히 가장 솔직하게 살다 간 것 같다. 그에게 악과 선은 등과 배가 서로 맞붙은 동위(同位) 동질(同質)의 것이었는지도 알 수 없다. 그는 악과 선 중 아무것도 믿지 않았고 오직 믿은 것이라고는 세상에는 아무것도 믿을 것이 없다는 사실뿐이었다. 그와 오일규가 맞부딪쳤을 때 오일규가 해체되는 것은 너무나 당연하다. 그것은 가장 비열한 삶이 가장 올바른 삶을 해체시키는 역설적인 예인 것이다.
>
> 　　　　　　　　　　　　　　－홍성원, 「무사와 악사」－

이제 '나'는 기범이 장례식에서 얘기했던 '과거의 요설들'을 떠올리면서 그에 대해 생각합니다. 문제에서 해설하겠지만, 이런 식의 서술을 보통 '관념적 서술'이라고 일컫습니다. 추상성이 두드러지고 개인의 내면과 깊게 결부될수록 관념성은 커지죠. 이런 부분들은 대개 학생들이 이해하기도 어렵고, 이해할 필요도 없습니다. 관념적이고 어려운 내용에 대한 이해를 묻는 문제는 잘 안 나오거든요. 이 부분은 일종의 'skip 가능 구간'으로 처리하면서 대강 쓱 읽고, 바로 문제로 넘어가 봅시다!!

선지	①	②	③	④	⑤
선택률	10%	75%	4%	8%	3%

47 [A]의 서술상 특징으로 가장 적절한 것은? ②

– 서술상 특징을 묻는 문제입니다. '나'라는 1인칭 시점, '과거의 요설들'을 떠올리는 회상, '어쩌면', '~같다', '알 수 없다' 등의 표현을 사용한 추측, 관념적이고 추상적인 이야기들이 눈에 띄네요. 이처럼 어려운 내용으로 구성된 부분을 [A] 등으로 묶어 물어보는 경우, 그 내용이 아닌 '서술 방식'을 묻는 경우가 많습니다. 추상적인 내용을 이해하는 데에 너무 많은 시간을 쏟지 않도록 합시다.

① 이야기 내부의 서술자가 인물의 행동을 객관적으로 서술하고 있다.

선지 유형	근거가 있어서 허용 불가능
실전에서의 판단 과정	1인칭 시점인데 객관적이라고 하면 안 되지.
해설	지금 서술자인 '나'는 작품의 이야기 내부에 있는 것이 맞습니다. 그러나 '나'의 입장에서 '기범'의 행동을 추측하고 평가하는 과정은 굉장히 주관적이네요. 이런 식의 1인칭 시점에서는 '객관적'이라는 선지가 맞기 힘들어요.

② 이야기 내부의 서술자가 인물에 대한 평가를 관념적으로 서술하고 있다.

선지 유형	근거가 있어서 허용 가능
실전에서의 판단 과정	미리 생각한 내용이네.
해설	지문을 읽으면서, 문제 발문을 보면서 미리 생각했던 내용이죠? 이야기 내부의 서술자인 '나'가 '기범'이라는 인물에 대한 평가를 '관념적'으로 서술하고 있습니다. '관념적'이라는 단어의 뜻만 정확히 알았다면 어렵지 않게 허용할 수 있겠네요.

③ 이야기 외부의 서술자가 인물의 체험을 바탕으로 사건의 배경을 실감나게 서술하고 있다.

선지 유형	근거가 있어서 허용 불가능
실전에서의 판단 과정	이야기 외부의 서술자는 없는데?
해설	이야기 '외부'의 서술자도 아니고, 사건의 배경을 실감나게 서술하고 있다고 볼 수도 없습니다. 실감난다는 것은 구체적인 묘사를 했다는 것이기에,

‘관념적 서술’이라는 [A] 부분의 특징과 정반대라
고 할 수 있어요.

④ 이야기 외부의 서술자가 인물의 회상을 중심으로 사
건의 전개를 지연시키며 서술하고 있다.

선지 유형	근거가 있어서 허용 불가능
실전에서의 판단 과정	이야기 외부의 서술자는 없는데?
해설	계속 강조하지만, 이야기 ‘외부’의 서술자가 아닙니다. 또한, [A]는 ‘회상’이 아닌 ‘나’의 추측과 평가를 중심으로 서술되고 있습니다. 물론 하나의 생각에 오래 머물고 있으니 ‘사건의 전개를 지연’시킨다는 것은 어렵지 않게 허용할 수 있겠네요.

⑤ 이야기 외부의 서술자가 인물의 내면을 묘사하여 인
물 간의 갈등이 지속되고 있음을 서술하고 있다.

선지 유형	근거가 있어서 허용 불가능
실전에서의 판단 과정	이야기 외부의 서술자는 없는데?
해설	이번에도 이야기 ‘외부’의 서술자가 아니기 때문에 가볍게 틀린 것으로 봐 주시면 됩니다. 한편, ‘인물의 내면’을 묘사하는 것은 맞지만 ‘갈등 지속’을 허용하기는 어렵죠? ‘기범’은 죽었기에 갈등이 지속될 수 없어요.

선지	①	②	③	④	⑤
선택률	4%	8%	6%	77%	5%

48 서사의 흐름을 고려하여 ㉠~㉢에 대해 이해한 내용으로 적절하지 <u>않은</u> 것은? ④

① ㉠: 돌연한 웃음을 보이다가 눈물을 보이는 식으로 갑
작스러운 감정 변화를 보인 데 대한 반응이다.

기범은 순간 잔을 던지고 미친 듯이 웃기 시작했다. 너
무나 돌연한 웃음이어서 나는 그때 꽤나 놀랐다. 기범이
그처럼 미친듯이 웃는 것을 나는 그날 처음 보았다.
“그래, 네 말이 맞다. 나는 그놈을 입에 올릴 자격이 없
다. 허지만 누가 그놈을 진심으로 사랑한 줄 아냐? 너
희냐? 너희가 그놈을 사랑한 줄 아냐?”
㉠<u>나는 긴장했다.</u> 그의 눈에서 번쩍이는 눈물을 보았
기 때문이다.

선지 유형	근거가 있어서 허용 가능
실전에서의 판단 과정	웃다가 갑자기 눈물 흘리면 긴장할 만하지.
해설	앞에 있는 사람이 미친 듯이 웃다가 갑자기 울려고 하면 누구라도 당황스러운 반응을 보이겠죠? ‘나’가 왜 긴장을 했는지 ‘공감’했다면 쉽게 지울 수 있는 선지입니다.

② ㉡: 신원이 미심쩍다고 의심하는 상황에서 그 외모가
의심을 가중했다는 생각이 담긴 말이다.

“처음엔 저두 많이 궁금하게 생각했습니다. 뭔가 세상
에 죄를 짓구 숨어 사는 분이 아닌가 했습니다. ㉡<u>더
구나 이리루 들어오시자 머리를 깎구 수염까지 기르
셨거든요.</u> 그러나 오래 뫼시구 살다 보니 저대루 차츰
납득이 갔습니다. 한마디로 말하기는 어렵지만 세상
에 뭔가 실망을 느끼신 게 아닌가 싶습니다.”

선지 유형	근거가 있어서 허용 가능
실전에서의 판단 과정	궁금하게 생각하다가 외모까지 의심스러웠다는 말이니까 맞네.
해설	‘저’는 ‘기범’의 정체를 ‘궁금하게’ 생각하는 와중에, ‘더구나’ 외모까지 독특했다는 이야기를 하고 있습니다. 이를 근거로 하면 ‘의심을 가중’했다는 생각을 충분히 허용할 수 있겠네요.

③ ㉢: 세상에 대한 관점이 상식적이지 않아 일반적으로
는 수긍하기 어렵다는 생각을 드러낸 판단이다.

㉢<u>‘모두 썩어라, 철저히 썩어라’가 그분이 세상을 보
는 이상한 눈입니다.</u>

선지 유형	근거가 있어서 허용 가능
실전에서의 판단 과정	이상하다고 했으니 상식적이지 않다고 생각한다는 걸 허용할 수 있겠다.
해설	‘저’는 ‘기범’의 ‘묘한 철학’에 대해 설명하면서, ‘기범’이 세상을 바라보는 관점을 ‘이상한 눈’이라고 표현하고 있습니다. ‘이상하다’라고 표현했다는 근거가 있으니, ‘상식적이지 않아 일반적으로는 수긍하기 어렵다’라는 말을 쉽게 허용할 수 있겠네요.

④ ㉣: 약속을 곧바로 실행에 옮긴 행위에 대한 놀라움을 드러낸 표현이다.

> 오일규다. 나는 그제야 오일규의 장례식 후에 기범이 격렬하게 지껄인 저 시끄럽던 요설들이 생각났다. 어쩌면 기범은 그때 이미 세상을 등질 결심을 했는지도 알 수 없다. ㉣아니 그는 그 얼마 후에 내 앞에서 정말로 깨끗하게 사라져 버린 것이다.

선지 유형	근거가 없어서 허용 불가능
실전에서의 판단 과정	약속한 적 없잖아?
해설	'기범'이 깨끗하게 사라진 것은 누구와 약속을 한 것이 아닙니다. 애초에 '세상을 등질 결심'을 했다는 말 자체가 '나'의 '추측'일 뿐이니까요. 약속을 한 적이 없으니, 약속을 실행에 옮긴 것에 대한 '놀라움'이라는 해석은 도저히 허용할 수가 없겠습니다.

⑤ ㉤: 말의 표면적인 뜻과 달리 그 속에 숨은 뜻을 파악한 우호적인 해석이다.

> "세상 살 재미가 없어졌다구 하시더군요. 아마 친구분을 꽤나 좋아하셨던 모양입니다. 그 미련한 놈이 죽어버렸으니 자기도 앞으로는 미련하게 살밖에 없노라구 하셨습니다. ㉤당신이 미련하다고 말씀하는 건 우습게 들리시겠지만 착한 일을 뜻하시는 것이었습니다."

선지 유형	근거가 있어서 허용 가능
실전에서의 판단 과정	스스로 미련하다고 했는데 착한 일이라고 해석했으니 표면적인 뜻과 달리 파악한 것이라 할 수 있네.
해설	'미련'의 표면적인 뜻은 어리석고 멍청한 것을 말하는데, 실제로 기범이 말한 미련한 삶은 남들을 위해 사는 착한 삶이었다고 '저'는 말합니다. 말의 표면적인 뜻과 다른 숨은 뜻도 파악했고, 기범에 대해 '우호적'으로 해석하고 있기도 하네요.

선지	①	②	③	④	⑤
선택률	51%	4%	13%	26%	6%

49 ⓐ, ⓑ에 대한 설명으로 가장 적절한 것은? ①

> "과거 얘기는 좀체 안 하시는 편이었는데 언젠가는 내게 그 비슷한 말씀을 하시더군요. 듣기에 따라서는 궤변 같지만 그분은 남하구 다른 ⓐ묘한 철학을 지니구 계셨습니다."

> 나는 다시 기범이 지껄였던 과거의 ⓑ요설들이 생각난다.

– '묘한 철학'과 '요설들'은 내용적으로는 비슷하지만, 둘의 시점에서 차이를 보입니다. ⓐ는 산골에 온 후에 '기범'이 '저'에게 한 이야기고, ⓑ는 '일규'의 장례식에서 '기범'이 '나'에게 한 이야기죠. 이 정도는 파악해놓고 선지 판단에 나서보도록 합시다.

① ⓐ에 대한 '나'의 이해는 기범에 대한 '나'의 인식이 전환되는 데에 기여한다.

선지 유형	근거가 있어서 허용 가능
실전에서의 판단 과정	ⓐ 듣고 나서 기범에 대한 이해가 깊어졌다고 했지.
해설	'저'가 설명하는 기범의 ⓐ를 듣고, '나'는 가슴에 무언가 진동을 느끼며, '그것이 기범을 이해하는 어떤 열쇠가 아닌가 생각'합니다. 이전에는 기범을 이해하지 못했다면, ⓐ에 대한 얘기가 열쇠가 되어 이후에는 기범에 대해 이해하게 되는 식으로 인식이 전환되었다는 것이죠. 이런 내용을 근거로 하면 충분히 허용 가능한 선지라고 볼 수 있겠습니다. '나'가 느낀 '가슴의 진동'이라는 심리에 공감하여 이해하는 태도가 중요하다는 것을 알려주는 선지네요.

② ⓐ에 대한 얘기를 '나'가 꺼낸 것은 기범에 대한 '저'의 오해를 풀 목적에서이다.

선지 유형	근거가 없어서 허용 불가능
실전에서의 판단 과정	ⓐ에 대한 얘기는 임 씨가 꺼냈지.
해설	일단 ⓐ에 대한 얘기를 꺼낸 것은 '나'가 아니라 '저'였습니다. 이렇게 명백한 근거가 있으니 허용할 수 없겠죠? 나아가 '저'는 '기범'이 세상에 죄를

③ '저'는 '나'가 기범에 대해 품은 의문이 ⓑ를 바탕으로 하고 있음을 알게 된다.

선지 유형	근거가 없어서 허용 불가능
실전에서의 판단 과정	임 씨가 나의 생각을 알게 되는 부분은 없는 것 같은데?
해설	'나'가 '기범'에 대해 품은 의문이 ⓑ를 바탕으로 하고 있다는 것은 어느 정도 허용할 수도 있겠습니다. 하지만 ⓑ는 '기범'이 '일규'의 장례식 후에 했던 이야기들이에요. 그 자리에 없었던 '저'는 이런 이야기가 있었는지도 몰랐겠죠? 따라서 '저'가 '나'의 생각을 알게 되었다는 내용은 허용하기 어렵습니다.

④ '저'가 ⓐ로 인해 기범을 오해한다면, '나'는 ⓑ에 의해 기범을 이해한다.

선지 유형	근거가 없어서 허용 불가능
실전에서의 판단 과정	임 씨가 기범을 왜 오해해.
해설	ⓐ는 '저'가 '기범'을 이해하게 만드는 이야기입니다. 이것으로 인해 '기범'을 오해한다는 것은 허용할 수가 없어요. 한편 '기범'이 지껄였던 ⓑ는 '나'가 '기범'을 이해하지 못하게 하는 역할을 했어요. ⓑ에 ⓐ가 더해지면서 비로소 '기범'을 이해한 것이기 때문에, '나'가 ⓑ에 의해 '기범'을 이해한다는 것 역시 허용할 수 없겠습니다.

⑤ '저'는 기범이 선행을 베풀며 보인 변화가 ⓑ에서 ⓐ로 변화된 과정과 일치함을 알고 있다.

선지 유형	근거가 있어서 허용 불가능
실전에서의 판단 과정	임 씨는 애초에 요설들의 내용을 모르잖아.
해설	일단 '기범'이 선행을 베풀며 보인 변화가 ⓑ에서 ⓐ로 변화된 과정과 일치한다고 보기 어렵습니다. ⓑ와 ⓐ는 '일규'의 죽음 이후 '기범'이 했던 말과 생각이기 때문에, 본질적으로는 같은 내용이라고 할 수 있으니까요. 굳이 '기범'의 변화 포인트를 찾자면 '일규'의 죽음이라고 해야 할 것입니다.

나아가 '기범'의 변화 과정을 '저'가 안다는 것도 말이 안 되겠죠. '저'는 기범이 산골에 내려온 뒤의 일만 아니까요. 애초에 "전 그분의 과거를 몰라서 어떻게 달라졌는지는 잘 모릅니다"라는 대사가 명시적인 근거가 되기도 합니다.

선지	①	②	③	④	⑤
선택률	2%	9%	5%	9%	75%

50 〈보기〉의 관점에서 윗글을 감상한 내용으로 적절하지 <u>않은</u> 것은? [3점] ⑤

① 일규의 죽음에 '충격을 받'고 '세상 살 재미가 없어졌다'는 기범의 말이 사실이라면, 동일시하려던 상대의 부재가 가져 오는 심리적 영향이 컸다는 것이겠군.

> "당신께서 아끼시던 친구 한 분이 갑자기 세상을 버리셨다구 하시더군요. 그때 아마 충격을 받으시구 이리루 들어오신 게 아닌가 싶습니다."
>
> (중략)
>
> "그래 그 친구가 죽은 후로 왜 세상을 등졌답디까?"
> "세상 살 재미가 없어졌다구 하시더군요.

선지 유형	근거가 있어서 허용 가능
실전에서의 판단 과정	동일시의 대상이 없으면 충격을 받는 등의 심리적 영향이 있을 만하지.
해설	굳이 지문으로 돌아가보지 않고도, 선지만 보고 지워내야 하는 선지입니다. '일규'의 죽음이라는 중심적인 사건이 '기범'에게 큰 영향을 미치고, '기범'이 산골로 내려가 '미련하게' 사는 원인이 된다는 것 정도는 파악하면서 읽었어야겠죠.

② 기범이 자신을 '발길로 걷어찼'던 일규로부터 외면받았다고 본다면, 일규와 '서로 사랑했'다고 믿는 기범의 진술은 외면당한 자신의 처지를 합리화하려는 의도에서 나온 것이겠군.

> 그러나 그놈 역시 사정은 나하구 똑같았다. 나를 발길로 걷어찼지만 그놈은 나를 잊은 적이 없다. 우리는 서로 사랑했지만 사랑하는 방법이 달랐을 뿐이다."

선지 유형	근거가 있어서 허용 가능
실전에서의 판단 과정	미리 생각한 내용이네.
해설	〈보기〉에서는 동일시의 상대로부터 외면을 받으면 자기가 외면당하지 않았다고 합리화하는 경우가 있다고 했는데, 발길로 걷어차였다는 것을 '외면'으로, 일규가 자기를 사랑했다고 주장하는 것을 '합리화'로 보면 딱 맞아 떨어지네요. 사실 지문을 읽으면서 미리 생각할 수 있는 내용이었으면 좋겠습니다. 지문의 초반부이기에 〈보기〉의 내용이 머릿속에 잘 살아 있었을 테니까요.

③ '울적할 때마다' 일규를 떠올리며 삶의 '재미와 기쁨'을 얻었다는 기범의 고백을 동일시의 결과로 이해한다면, 일규를 통해 기범이 심리적 위안을 얻었음을 추측할 수 있겠군.

> 나는 살기가 울적할 때마다 허공에서 그놈의 쌍판을 찾았다. 나는 그놈을 통해서만 살아가는 재미와 기쁨을 느꼈다.

선지 유형	근거가 있어서 허용 가능
실전에서의 판단 과정	재미와 기쁨은 심리적 위안이라고 할 수 있지.
해설	'기범'은 '일규'를 자신과 동일시하며 '재미와 기쁨'을 얻었습니다. 이를 근거로 하면, '심리적 위안'이라는 말을 충분히 허용할 수 있겠습니다.

④ 일규의 죽음이 기범이 도시를 떠나 '깊은 산골'에 정착한 계기였다고 본다면, 이는 동일시하려던 상대가 사라진 상황에서 관심을 다른 데로 돌려 그 상황을 벗어나기 위해서였겠군.

> "원래 그 사람은 도회지에서 살던 사람인데 왜 그때 도시를 버리구 깊은 산골을 찾았는지 모르겠군."

선지 유형	근거가 있어서 허용 가능
실전에서의 판단 과정	일규가 죽은 뒤에 산골로 갔으니 관심을 다른 데로 돌린 것이라고 할 수 있겠지.
해설	〈보기〉에 따르면 동일시의 대상이 부재한 상황에서 관심을 다른 데로 돌리기도 한다고 합니다. '기범'은 '일규'가 죽은 뒤에 '도시'를 떠나 '깊은 산골'로 가버렸어요. 이는 '일규'가 없는 상황에서 아예

벗어나기 위해 다른 곳으로 관심을 돌리기 위한 행동이라고 할 수 있겠죠? 근거가 충분하니 허용할 수 있겠습니다.

⑤ 기범이 일규를 '입에 올릴 자격이 없다'는 것이 동일시의 대상에 대한 존경심의 표현이라면, '사람만이 지닌 이상한 초능력'에 대한 기범의 믿음은 동일시를 통한 성취감에 해당되겠군.

> "그래, 네 말이 맞다. 나는 그놈을 입에 올릴 자격이 없다. 허지만 누가 그놈을 진심으로 사랑한 줄 아냐? 너희냐? 너희가 그놈을 사랑한 줄 아냐?"

> 제 나름의 어설픈 추측입니다만 그분은 사람만이 지닌 이상한 초능력을 믿으시는 것 같았습니다. 사람은 온갖 악행에도 불구하고 자기 스스로를 송두리째 포기하지는 않는다는 것입니다.

선지 유형	근거가 있어서 허용 불가능
실전에서의 판단 과정	사람의 초능력 이야기는 일규와의 동일시를 통해 생각한 내용이 아닌데?
해설	'사람만이 지닌 이상한 초능력'의 내용을 보면, '사람은 온갖 악행에도 불구하고 자기 스스로를 송두리째 포기하지는 않는다는 것'이라고 합니다. 이건 일반적인 인간 전체에 대한 이야기이지, 동일시의 대상인 '일규'에 대한 이야기라고 콕 집어 말하기는 어렵겠죠? 이 내용이 '일규'와의 동일시를 통한 '성취감'에 해당한다는 것은 더더욱 허용할 수 없겠구요. 애초에 이 지문은 '동일시'에 실패한다는 이야기를 주제로 담고 있어요!

FAQ

Q '입에 올릴 자격이 없다'는 것이 '존경심'의 표현이라는 말은 허용이 되나요?

A 조금 애매하지만, '기범'이 '일규'를 입에 올릴 자격이 없다고 하는 것은 차마 언급하지도 못할 만큼 '일규'가 대단한 사람이라고 생각하는 것이라는 점에서 '존경심'을 허용할 여지가 있을 것 같아요. 다만 '기범'이 단순히 무언가를 잘못했기 때문에 입에 올릴 자격이 없다고 말하는 것이라고 볼 수도 있을 것 같아요. 어떻게 봐도 다 맞는 말로 보입니다.

그런데, 이 선지에서는 존경심에 대한 내용을 표현'이라면'과 같이 물어보고 있어요. 즉, 그렇다고 '가정'해보자는 것이죠. 따라서 이 선지에서 '존경심의 표현'이라는 말의 허용 가능성을 따지는 것은 출제 의도를 벗어난 생각이

라는 것입니다. 애초에 선지가 묻고자 하는 것은 '존경심'
으로 가정했을 때 '사람만이 지닌 이상한 초능력'이 '동일
시의 성취감'인지였기 때문에, '존경심'에 주목할 필요가 없
다는 것이죠! 이렇게 평가원이 '가정'하는 표현을 사용하여
선지를 구성하는 경우가 가끔 있으니, 확실하게 알아두도
록 합시다.

<table>
<tr><td>몰랐던 어휘 정리하기</td></tr>
</table>

| 핵심 point |

① 허용 가능성 평가 : 선지의 내용을 '허용'하려는 태도를 바
   탕으로 지문을 '독해'하며 '근거'를 찾아야 합니다. 허용할 수
   있는 '근거'가 있어야만 허용할 수 있습니다. 주관적인 생각
   을 개입시키면 안 됩니다.
② 소설 독해 : '심리와 행동의 근거'를 바탕으로 인물에게 '공
   감'하며 읽어야 합니다. 이 과정이 물흐르듯 이어지면 지문
   의 내용을 완벽하게 이해할 수 있어요.

| 지문 내용 총정리 |

[앞 부분의 줄거리]를 바탕으로 (중략) 전후의 내용을 정확히 파
악하는 것이 중요했습니다. 나아가 관념적인 서술이 나타나는
부분, '가정'하는 표현이 쓰인 선지 등 자잘하게 배워갈 것이 많
은 세트였어요. 확실하게 정리합시다!

DAY 20 [51~54]
2022예시 [26~29] 현대소설 '무정' ☆☆☆

〈보기〉 확인

> ─────[보기]─────
>
> '연애'라는 말은 20세기 초 조선에서 영어 'LOVE'의 번역어로 처음 등장했다. 연애는 단순히 남녀의 교제라는 행위가 아니라, 감정의 주체로서 개인을 전제한 근대적인 관념이었다. 따라서 연애는 개인에게는 자아를 자각하는 중요한 계기로 작용했고, 사회에는 자유로운 배우자 선택의 근거로 작용함으로써 가족 제도의 변혁을 유도했다. 「무정」이 창작될 무렵, 연애를 고민하고 실천하는 일은 근대적 삶의 실천으로 인식되었고, 소설은 '연애에 기초한 혼인'을 형상화함으로써 계몽성을 드러냈다. 나아가 「무정」에서는 '형식'이 연애와 관련된 개인적 경험을 통해 자기만의 새로운 진실을 발견한다. 사랑의 갈등을 겪는 가운데 스스로를 민족 계몽의 선각자로 자부했던 '형식'은 자신의 내면에서 결핍을 발견하게 되는 것이다.

근대에 등장한 '연애'의 개념에 대해서 설명하네요. 이는 아주 '근대적인 관념'이었다고 합니다. 부모님의 선택에 따르는 혼인이 일반적이었던 사회의 모습이 '연애에 기초한 혼인'으로 변화하는 모습을 보였고, 소설은 이를 보여 주면서 계몽성을 드러냈다고 하네요. 이러한 사회의 모습보다 중요한 것은 작품의 내용이겠죠? 이 지문은 '형식'이라는 주인공이 겪는 갈등과 결핍에 주목하고 있습니다. 이를 생각하면서 읽어봅시다.

지문 독해

> [앞부분의 줄거리] 박영채와 혼인하고자 했던 이형식은 영채가 죽은 줄로만 알고 김 장로의 청을 수락하여 김선형과 약혼한다. 그런데 선형과 미국으로 유학을 가기 위해 우선과 함께 올라탄 기차에서 형식은 영채를 만나고 충격을 받는다.

[앞부분의 줄거리]에 많은 인물이 등장하고 있습니다. 〈보기〉에서 지정해준 주인공인 '형식'을 기준으로 정리하면 되겠죠? 원래 '영채'와 결혼하려고 했다가 '선형'과 약혼을 한 상태이고, 곧 결혼할 '선형'과 함께 미국을 가기 위해 '우선'과 함께 기차를 탄 상황입니다. 그런데 여기서 '영채'를 만나네요! 죽은 줄로만 알았던 옛사랑을 만났으니, 당연히 '충격'을 받을 수밖에 없겠죠? 인물관계를 기반으로, 각 인물들의 심리에 '공감'하면서 읽어보도록 합시다.

"나는 미국 가기를 중지할라네."
"응?"
하고 우선도 놀라며,
"어째?"
"미국 가기를 중지할 테여…… 그것이 옳은 일이지…… 응, 그리할라네."
하면서 우선의 손을 놓고 차실로 들어가려 한다. 우선은 손을 잡아 형식을 끌어당기며,
"자네 미쳤단 말인가. 이리 좀 오게."
형식은 멀거니 섰다.
"자네 지금 정신이 산란하였네. 미국 가기를 중지한다는 것이 무슨 소리여."

죽은 줄로만 알았던 '영채'를 만난 '형식'은 '우선'에게 미국에 가지 않겠다는 이야기를 합니다. '우선'의 입장에서는 당연히 어이가 없겠죠? 깜짝 놀라는 심리, 뜯어말리는 행동에 공감하면서 읽어주시면 됩니다.

"아니! 저편은 나를 위해서 목숨까지 버리려고 하는데 나는 이게 무슨 일인가. 나는 선형 씨한테 이 뜻을 말하고 약혼을 파하겠네. 그것이 옳은 일이지."
"그러면 영채하고 혼인한단 말이지?"
"응, 그렇지. 그것이 옳지."
"영채는 자네와 혼인을 한다던가."
"그런 말은 없어."
"만일 영채가 자네와 혼인하기를 싫다 하면 어쩔 텐가."
형식은 한참 생각하더니,
"그러면 일생 혼인 말고 지내지…… 절에 가서 중이 되든지."
우선은 마침내 껄껄 웃으며,
"지금 자네가 좀 노보세[上氣]했네*. 참 자네는 어린아일세. 세상이 무엇인지를 모르네그려. 행여 꿈에라도 그런 생각 내지 말고 어서 미국이나 가게."
"그러면 저 사람을 버리고?"
"버리는 것이 아니지. 일이 이미 그렇게 되었으니까. 이제 그런 생각을 하면 무엇 하나. 또 영채 씨도 동경에 유학도 하게 되었고, 하니까 피차에 공부나 잘하고 장래에 서로 남매 삼아 지내게그려. 그런 어림없는 미친 소리는 다 집어치고……."
하면서 형식의 등을 툭 친다.

* 노보세했네 : 일본어를 차용한 표현으로 '흥분했네'의 뜻임.

'우선'은 계속해서 약혼도 깨고 유학도 안 가겠다는 '형식'을 말리고 있습니다. '지금 너가 좀 흥분했다', '미친 소리 집어치워라' 등의 말을 하면서요. '형식'은 '영채'가 혼인을 해준다고 하든 말든, 원래 약혼하기로 했던 '선형'에게 파혼을 고하겠다고 합니다. '형식'은 '우선'의 표현대로 '어린아이' 같은 모습을 보이고 있습니다. 과거의 약속을 지켜야 한다는 순진한 생각을 하고 있는 것이죠. '형식'의 '영채'에 대한 미안함과 약속에 대한 책임감 등은 물론이고 '우선'의 답답한 심정에도 모두 공감하면서 읽어주시면 됩니다.

팔에 붉은 헝겊 두른 차장이 지나가다가 두 사람을 슬쩍 본다. 형식은 자리에 돌아와 뒤에 몸을 기대고 가만히 눈을 감았다. 선형은 조는지, 무슨 생각을 하는지 그린 듯이 기대어 앉았다.

형식의 가슴속에는 <u>새로운 의문</u> 하나가 일어난다.

[A]
┌ <u>대체 자기는 누구를 사랑하는가.</u> 선형인가, 영채인가. 영채를 대하면 영채를 사랑하는 것 같고, 선형을 대하면 선형을 사랑하는 것 같다. 아까 남대문에서 차를 탈 때까지는 자기는 오직 선형에게 몸과 마음을 다 바친 듯하더니, 지금 또 영채를 보매, 선형은 둘째가 되고 영채가 자기의 사랑의 대상인 듯도 하다. 그러다가 또 앞에 앉은 선형을 보매 '이야말로 내 아내, 내 사랑하는 아내'라는 생각도 난다.

자기는 선형과 영채를 둘 다 사랑하는가. 그렇다 하면 동시에 두 사람을 다 같이 사랑할 수가 있을까. 남들이 하는 말을 듣거나, 자기가 지금껏 생각하여 온 바로 보건대, 참된 사랑은 결코 동시에 두 사람 이상에 향할 수 없는 것이어늘, 지금 자기의 마음은 어떠한 상태에 있나.

일단 기차에 앉은 '형식'은 '선형'을 보고서 내적 갈등을 시작합니다. '선형'과 '영채' 중 누구를 사랑하는 것인지, 둘 다 사랑하는 것인지 등 혼란스러운 반응을 보이고 있어요. 이게 바로 〈보기〉에서 말한 '형식'의 갈등에 해당하는 것이겠죠? 두 여자 사이에서 고민하는 '형식'의 심리에 최대한 공감하면서 읽어주시면 됩니다.

(중략)

그는 <u>사랑이란 것을 인류의 모든 정신 작용 중에 가장 중하고 거룩한 것의 하나인 줄을 믿는다.</u>

그러므로 자기가 선형을 사랑하는 것은 자기에게 대하여서는 극히 뜻이 깊고 거룩한 일이요, 자

[B]
기의 동포에게 대하여서는 큰 정신적 혁명으로 생각한다. 그러므로 형식의 사랑에 대한 태도는 종교적으로 진실하고 경건한 것이었다. 사랑을 인생의 전체라고까지는 생각하지 않는다 하더라도 사랑에 대한 태도로 족히 인생에 대한 태도를 결정할 수 있다고 믿는다. 그러나 이제 생각하여 보건대 <u>자기의 선형에게 대한 사랑은 너무 유치한 것이었다.</u>
└ 너무 근거가 박약하고 내용이 빈약한 것이었다.

형식은 오늘 저녁에 이것을 깨달았다. <u>깨달으매 슬펐다.</u> 마치 자기가 인생 경력을 다 들여서 하여 오던 사업이 일조에 헛된 것인 줄을 깨달은 듯한 실망을 맛보았다. 그와 함께 자기의 정신의 발달한 정도가 아직도 <u>극히 유치함을 깨달았다.</u> 자기는 아직 인생을 깨달을 때도 아니요, 따라서 사랑을 의논할 때도 아님을 깨달았다.

그러므로 자기가 오늘날까지 여러 학생에게 문명을 가르치고, 인생을 가르친 것이 극히 외람된 일인 줄도 깨달았다. 자기는 아직도 어린아이다. 마침 어른 없는 사회에 처하였으므로 스스로 어른인 체하던 것인 줄을 깨달으매 <u>스스로 부끄러운 생각도 난다.</u>

형식은 생각에 이어 생각을 한다.

나는 조선의 나갈 길을 분명히 알았거니 하였다. 조선 사람의 품을 이상과, 따라서 교육자의 가질 이상을 확실히 잡았거니 하였다. 그러나 이것도 필경은 어린애의 생각에 지나지 못하는 것이다.

-이광수, 「무정」-

(중략) 이후에도 계속해서 '형식'의 내적 갈등이 이어집니다. '형식'은 '사랑'이 가진 개인적·사회적 힘을 믿었고, 그래서 이를 행하는 자신의 모습은 굉장히 대단한 것이라고 생각을 했었습니다. 그런데 이제 와서 보니, 자신이 '사랑'에 대해 가지고 있는 태도는 너무나 유치한 것이었음을 깨닫고 슬퍼하고 있습니다. 자기가 '어른'인 줄 알았는데 그저 '어린아이'임을 깨닫고 있으니 당연히 슬프고, 나아가 '부끄러움'이라는 심리도 나타나는 것이겠죠. '형식'의 괴로운 심리에 충분히 공감할 수 있겠죠?

나아가 이 부분이 바로 〈보기〉에서 말한 '형식'의 '결핍'에 해당한다는 것을 생각해도 정말 훌륭하겠습니다. '형식'은 자신이 '조선의 나갈 길'을 생각할 정도로 대단한 사람이라고 생각했는데, 사실은 그와 관련된 능력이 모두 결핍되었음을 깨닫고 있는 거예요. 여기까지 체크해주신다면 더욱 완벽하게 정리할 수 있겠죠?

선지	①	②	③	④	⑤
선택률(예상)	9%	67%	11%	4%	9%

51 [A]와 [B]에 대한 설명으로 가장 적절한 것은? ②

– [A]는 '형식'이 '영채'와 '선형' 중 누구를 더 사랑하는지 갈등하는 부분이었고, [B]는 '형식'이 자신의 내면적 결핍을 발견하는 부분이었습니다. 이 정도는 확실하게 체크해놓고 읽어보도록 합시다.

① [A]의 자기 주도적 사랑의 가치는 [B]의 자기희생적 사랑에 의해 부인되고 있다.

선지 유형	근거가 없어서 허용 불가능
실전에서의 판단 과정	자기희생은 너무 오버지.
해설	[A]가 '자기 주도적 사랑의 가치'를 보여주는가는 조금 애매합니다. 스스로의 사랑에 대해 주체적인 모습을 보이고는 있지만, 정말 자신의 마음을 주도하는 모습을 보여 주지는 못하니까요. 반면에 [B]가 '자기희생적 사랑'이 아니라는 것은 확실하게 판단할 수 있습니다. '희생'이라는 표현이 허용되려면, '희생하는 무언가'가 있어야 하고, '희생의 목적'도 있어야 합니다. 여기서는 '형식'이 무엇을 희생했는지도 나타나 있지 않고, 무엇을 위해 희생했는지도 언급이 없습니다. 따라서 '자기희생적 사랑'을 허용하기는 어려워 보이네요.

② [A]에서는 사랑의 대상을 고민하고 있고, [B]에서는 사랑의 근거를 반성하고 있다.

선지 유형	근거가 있어서 허용 가능
실전에서의 판단 과정	미리 생각한 내용이네.
해설	[A]에서는 자기가 '선형'을 사랑하는지, '영채'를 사랑하는지 고민하는 모습이 드러났으니 사랑의 대상을 고민했음이 허용되고, [B]에서는 선형에게 대한 사랑이 '근거가 박약하고 내용이 빈약한 것'이라고 말했으니 근거를 '반성'한 것도 맞네요. 미리 생각한 내용이기도 하니, 정답을 골라내기는 어렵지 않았을 것 같아요.

③ [A]에서는 사랑에 대한 이성적 접근이, [B]에서는 사랑에 대한 감성적 접근이 이루어지고 있다.

선지 유형	근거가 있어서 허용 불가능
실전에서의 판단 과정	반대로 써놓은 것 같은데?
해설	오히려 반대라고 봐야겠죠? 일단 [A]에서는 누구를 사랑하는지에 대해 '감성적'으로 고민하고 있다고 할 수 있습니다. '사랑'이라는 감정에 대해 논하고 있으니까요. 한편 [B]에서는 자신의 사랑에 대해 '이성적'으로 고민하고 있다고 할 수 있어요. 자신의 내면을 성찰하는 모습이 나타나니까요.

④ [A]에서는 사랑의 현재적 상황에, [B]에서는 사랑의 미래에 대한 전망에 초점을 맞추고 있다.

선지 유형	근거가 있어서 허용 불가능
실전에서의 판단 과정	[B]는 철저하게 과거에 대한 이야기를 하는 것 같은데?
해설	[A]가 사랑의 현재적 상황, 지금 자기가 누구를 사랑하는지에 초점을 맞췄다는 이야기는 어느 정도 허용이 가능한데, [B]가 사랑의 미래에 대한 전망을 보인다는 얘기는 허용하기 힘드네요. [B]에서는 오히려 자기가 지금껏 해왔던 사랑에 대한 성찰이 드러난다는 점에서, 과거나 현재에 초점을 맞춘다고 보는 것이 합당해 보여요.

⑤ [A]에서 사랑의 가치에 대해 의혹을 제기하는 것과 달리, [B]에서는 사랑의 가치에 대해 확신을 표현하고 있다.

선지 유형	근거가 있어서 허용 불가능
실전에서의 판단 과정	사랑의 가치에 왜 의혹을 제기해.
해설	[A]에서는 사랑의 가치에 대한 이야기 자체를 하지 않습니다. 그저 누구를 사랑하는지에 대한 이야기를 할 뿐이에요. 한편 [B]에서는 '형식'이 사랑을 '중하고 거룩한 것의 하나'로 믿고 있다는 점에서, 사랑의 가치에 대해 확신을 표현한다는 건 충분히 허용할 수 있겠습니다.

선지	①	②	③	④	⑤
선택률(예상)	6%	8%	7%	69%	10%

52 ⊙~⑩에 대한 설명으로 적절하지 <u>않은</u> 것은? ④

① ⊙: 영채에 대한 미안함 때문에 미국행을 포기하는 것이 옳다는 인식이 드러나고 있다.

> "⊙ 미국 가기를 중지할 테여…… 그것이 옳은 일이지…… 응, 그리할라네."

선지 유형	근거가 있어서 허용 가능
실전에서의 판단 과정	약혼했던 사람을 버리는 건 미안한 일이라고 할 수 있지.
해설	행동과 심리의 근거를 묻는 선지네요. '형식'이 미국을 가지 않겠다고 하는 것은, '영채'와 결혼하려 했던 과거에 대한 생각 때문이었습니다. 이를 근거로 하면, '영채에 대한 미안함'이라는 말을 쉽게 허용할 수 있겠습니다.

② ⓛ: 영채에 대한 의리를 지키기 위해 선형과의 혼인 약속을 깨는 것이 비상식적이라는 인식이 드러나고 있다.

> "ⓛ 자네 지금 정신이 산란하였네. 미국 가기를 중지한다는 것이 무슨 소리여."

선지 유형	근거가 있어서 허용 가능
실전에서의 판단 과정	정신이 산란하다고 하는 건 비정상적이라는 의미겠지.
해설	'우선'은 '선형'과의 혼인 약속을 깨겠다는 '형식'에게 '정신이 산란하였네.'라고 이야기하고 있습니다. 정신이 산란하다고 말하는 건 그 행동이 비정상적이라고 생각하기 때문이라고 할 수 있겠죠?

FAQ

Q '우선'이 ⓛ을 말할 때는 아직 '형식'이 '영채'와 혼인하겠다고 하기 전이지 않나요? 그러니 ⓛ을 말하는 시점에서 '우선'이 '영채에 대한 의리를 지키기 위해 선형과의 혼인 약속을 깨는 것이 비상식적이라는 인식'을 가지는 건 불가능한 것 아닌가요?

A [앞부분의 줄거리]에서 이미 '형식'은 '영채'와 만난 상황이기에, '형식'과 함께 있던 '우선' 역시 이 만남에 대해 알고 있을 것이라고 할 수 있습니다. 나아가 ⓛ 이후의 대화에서 '형식'이 '영채'와의 혼인 이야기를 할 때, '우선'은 전반적인 상

황을 모두 알고 있는 채로 '형식'을 말리는 모습을 보입니다. 이러한 내용을 종합하면, ⓛ을 이야기하던 상황에서도 '우선'은 '형식'이 미국 가기를 중단한다는 것은 '선형'과의 혼인 약속을 깨는 것을 의미한다고 생각했을 것이라 볼 수 있습니다.

물론 예시문항인 만큼 조금은 과하게 출제된 감이 있다고도 할 수 있습니다. 하지만 단순히 근거를 찾으려고 애쓰는 것이 아니라 '우선'과 '형식'의 대화를 상상하며 이들에게 충분히 공감하는 방식으로 지문을 읽었다면 가지지 않을 의문이었을 거예요. 이런 의문을 가졌다면, 조금 더 상황을 '상상'하며 읽는 연습을 해 보시기 바랍니다.

③ ⓒ: 영채와 혼인하기 위해서는 선형과의 약혼을 유지할 수 없으므로, 약혼을 파하는 것이 옳다는 인식이 드러나고 있다.

> "아니! 저편은 나를 위해서 목숨까지 버리려고 하는데 나는 이게 무슨 일인가. 나는 선형 씨한테 이 뜻을 말하고 약혼을 파하겠네. 그것이 옳은 일이지."
> "그러면 영채하고 혼인한단 말이지?"
> "ⓒ 응, 그렇지. 그것이 옳지."

선지 유형	근거가 있어서 허용 가능
실전에서의 판단 과정	근처만 봐도 내용이 그대로 있네.
해설	ⓒ의 근처만 확인하면 당연하게 허용할 수 있습니다. 어떤 이야기에 대해 '그렇지'라고 대답하고 있는지 생각한다면 어렵지 않죠?

④ ②: 영채를 버리고 미국행을 선택하는 것과 선형과 혼인하는 일이 동시에 이루어질 수 없다는 인식이 드러나고 있다.

> "지금 자네가 좀 노보세[上氣]했네*. 참 자네는 어린아일세. 세상이 무엇인지를 모르네그려. 행여 꿈에라도 그런 생각 내지 말고 어서 미국이나 가게."
> "② 그러면 저 사람을 버리고?"

* 노보세했네 : 일본어를 차용한 표현으로 '흥분했네'의 뜻임.

선지 유형	근거가 있어서 허용 불가능
실전에서의 판단 과정	둘은 같은 거 아니야?

해설	'영채를 버리고 미국행을 선택하는 것'이 '선형과 혼인하는 일'과 동시에 일어날 수 없다구요? '영채'를 버리고 '선형'과 미국 유학을 간다는 선택지가 곧 '선형'과 혼인하는 일이죠. 전반적인 내용을 이해하고 있었다면 어렵지 않게 지울 수 있습니다.

⑤ ⓜ: 영채는 동경으로, 형식은 미국으로 유학 가서, 미래에는 새로운 관계를 맺는 것이 낫겠다는 인식이 드러나고 있다.

> "버리는 것이 아니지. 일이 이미 그렇게 되었으니까. 이제 그런 생각을 하면 무엇 하나. 또 영채 씨도 동경에 유학도 하게 되었고, 하니까 ⓜ피차에 공부나 잘하고 장래에 서로 남매 삼아 지내게그려. 그런 어림없는 미친 소리는 다 집어치고……."

선지 유형	근거가 있어서 허용 가능
실전에서의 판단 과정	ⓜ의 내용 그대로네.
해설	ⓜ에서 말하는 내용 그대로를 제시하고 있죠? 각자 갈 길을 가고, 나중에 '남매'와 같은 새로운 관계를 맺는 것이 낫겠다고 생각하고 있습니다. 어렵지 않게 허용할 수 있겠죠?

선지	①	②	③	④	⑤
선택률(예상)	6%	5%	17%	31%	41%

53 어린아이 와 어른 을 이해한 내용으로 가장 적절한 것은? ⑤

> 그러므로 자기가 오늘날까지 여러 학생에게 문명을 가르치고, 인생을 가르친 것이 극히 외람된 일인 줄도 깨달았다. 자기는 아직도 어린아이 다. 마침 어른 없는 사회에 처하였으므로 스스로 어른인 체하던 것인 줄을 깨달으매 스스로 부끄러운 생각도 난다.

– 상당히 추상적인 작품 내의 표현에 대한 '이해'를 묻는 문제였습니다. 낯설어서 틀린 학생들이 꽤 있을 것 같아요. '형식'은 자기가 '어른'인 줄 알았다가, 깨닫고 보니 아직 '어린아이'였다고 생각하고 있습니다. '형식'의 내적 갈등과 결핍이 잘 드러나는 부분이었죠?

① 어린아이가 윤리적으로 순결한 자라면, 어른은 윤리적으로 타락한 자이다.

선지 유형	근거가 있어서 허용 불가능
실전에서의 판단 과정	윤리적 순결/타락이랑 무슨 상관이야.
해설	여기서 이야기하는 '어린아이'와 '어른'은 '윤리적'인 내용과 아무런 상관이 없습니다. 다른 이에게 무언가를 가르치고 계몽할 만큼의 경지에 올랐는지 여부가 핵심입니다.

② 어린아이가 권력에 복종하는 사회적 약자라면, 어른은 약자를 지배하는 권력자이다.

선지 유형	근거가 없어서 허용 불가능
실전에서의 판단 과정	권력 이야기가 아니지!
해설	'권력'과 관련된 논의는 이 지문에서 찾아보기 힘드네요. 허용하기 어렵습니다.

③ 어린아이가 새로운 풍습에 적응하는 자라면, 어른은 기존의 풍습에 얽매인 자이다.

선지 유형	근거가 있어서 허용 불가능
실전에서의 판단 과정	굳이 따지자면 반대인 것 같은데?
해설	'어린아이'는 아직 아무것도 모르는 사람이고, '어른'은 뭔가 깨달아 남들을 가르칠 수 있는 사람입니다. 굳이 따지자면, '어린아이'와 달리 '어른'은 '풍습'에 얽매이지 않고 진정한 진리를 이야기할 수 있는 사람이니 반대로 말하고 있다는 식으로 생각할 수 있겠죠.

④ 어린아이가 외부 세계의 충격에 위축되는 자라면, 어른은 외부 세계의 충격에 유연하게 대응하는 자이다.

선지 유형	근거가 없어서 허용 불가능
실전에서의 판단 과정	외부 세계의 충격에 대한 대응이 아니라, 그냥 그 사람의 성숙도 자체에 따라 달라지는 거 아닌가?
해설	일단 허용하려고 해봅시다. 여기서 '형식'이 느낀 '외부 세계의 충격'은 '영채의 등장'이라고 할 수 있습니다. 그리고 형식은 이러한 충격에 '위축'되었고, 스스로를 '어린아이'라고 생각하고 있으니 앞 쪽은 충분히 허용할 수 있겠습니다.

다음은 '어른'에 대한 내용입니다. 여기서 핵심은, '형식'이 생각한 '어른'이 '외부 세계의 충격'에 잘 |

대응하는 사람이 아니라는 것입니다. 독해를 해 보면, '어른'은 '문명을 가르치고, 인생을 가르칠' 자격이 있는 사람을 의미합니다. 단순히 다른 사람을 계몽시킬 자격이 있는 사람을 의미할 뿐, '외부 세계의 충격'에 대응하는 이야기는 한 적이 없어요. 근거가 없으니 허용할 수 없겠습니다. 결국 또 '어른'이 의미하는 바를 독해할 수 있는지 물어보는 선지였어요.

사실 정확하게 따지면, 선지의 앞부분도 틀렸다고 판단할 수 있어야 합니다. 늘 그렇듯, '선지에서 묻는 것'을 정확히 따져보도록 합시다. 이 선지, 아니 이 문제 전체가 묻는 것은 '형식'에 대한 내용이 아니라 '어린아이 · 어른'에 대한 내용입니다. 즉, 이 선지가 묻는 건 '형식이 외부 세계의 충격에 위축되는 자이다.'가 아니라, '어린아이가 외부 세계의 충격에 위축되는 자이다.'라는 것이죠.

물론 '형식'은 스스로를 '어린아이'라 칭하고 있으니 둘은 사실 같은 것이 아니냐고 반문하실 수 있을 겁니다. 하지만 지문의 맥락을 살피면, '어린아이'는 인생의 전반적인 내용을 제대로 깨닫지 못한 주체만을 의미합니다. 다시 말해, 선지에서 묻는 대로 '외부 세계의 충격에 위축'되는 존재가 아니라는 것이죠. 물론 '형식'은 '영채와의 만남'이라는 '외부 세계의 충격'에 위축되는 인물이지만, '어린아이'는 그러한 인물과는 거리가 멀다는 것입니다. '외부 세계의 충격에 위축되는 것'과 '인생을 제대로 깨닫지 못하는 것'은 분명히 다르니까요.

결국 이 선지의 앞부분인 '어린아이는 외부 세계의 충격에 위축되는 자'라는 표현 역시 틀린 말이 되는 겁니다. 선지의 주체가 '형식'이라면 맞는 말이었겠지만요. 이렇게 보니, '선지에서 묻는 것'을 디테일하게 따질 것을 요구한 선지라고 할 수 있겠죠?

⑤ 어린아이가 공동체의 이상을 관념적으로 받아들이고 있는 자라면, 어른은 공동체의 이상을 체득한 자이다.

선지 유형	근거가 있어서 허용 가능
실전에서의 판단 과정	공동체의 이상을 제대로 모르는 게 어린아이고, 잘 아는 게 어른이지.
해설	공동체의 이상을 '관념적으로' 받아들였다는 것은, 무언가 정확히는 모르고 느낌만 추상적으로 인식하고 있었다는 말입니다. '형식'은 자신이 인생을 제대로 깨닫지도, 사랑에 대해 정확히 알지도 못한 채 '어른'인 척하던 '어린아이'라고 말했으니, 지문의 맥락에 들어맞는 표현이라고 할 수 있습니다.
	한편 '형식'이 스스로의 자아라고 생각했던 '어른'은 '조선 사람이 품을 이상과, 교육자가 가질 이상

을 확실히 잡은' 인물이므로, 이를 근거로 '공동체의 이상'을 체득한 사람이라는 말을 허용할 수 있겠네요. 조금 어렵지만 '공동체의 이상', '관념적', '체득'과 같은 내용을 허용할 근거를 찾았다면 어렵지 않았을 거예요.

여기서 중요한 것은, '어린아이'가 공동체의 이상을 '깨닫지 못한 자'가 아니라는 것입니다. '형식'은 여러 학생들에게 문명과 인생을 가르칠 수 있는 사람이었어요. 이 말은 공동체의 이상을 깨닫기는 했다는 의미인 것이죠. 이에 5번 선지에서는 '어린아이'가 공동체의 이상을 '관념적으로 받아들이고 있는 자'라고 표현한 것입니다.

즉, 사실은 '어린아이' 이전에 '갓난아이'(제가 혼자 생각한 단어입니다.)와 같은 단계가 존재한다는 것이죠. '갓난아이'를 공동체의 이상을 아예 깨닫지 못한 자로 정의한다면, '갓난아이→어린아이→어른'의 단계적 구성을 생각할 수 있습니다. '형식'은 스스로를 '어린아이'로 여기고 있는데, 마침 공동체의 이상을 확실하게 체득한 '어른'이 없는 사회에 살고 있어 '갓난아이'들을 대상으로 '어른'인 척할 수 있었던 것이죠.

이 선지를 정확하게 판단하기 위해서는 이 정도의 독해를 했어야 하는 겁니다. 상당히 까다로운 문제라고 할 수 있어요. 중요한 것은, 평가원은 이처럼 문학에서도 '독해력'을 집요하게 묻고 있다는 점을 명심하시는 겁니다.

선지	①	②	③	④	⑤
선택률(예상)	4%	5%	10%	69%	12%

54 〈보기〉를 바탕으로 윗글을 감상한 내용으로 적절하지 **않은** 것은? [3점] ④

① 사랑의 대상을 혼인의 대상으로 삼아야 한다고 고민하는 형식의 모습은, 연애에 기초한 혼인의 문제를 고민하는 개인을 형상화한 결과이겠군.

선지 유형	근거가 있어서 허용 가능
실전에서의 판단 과정	사랑하는 사람이랑 혼인해야 한다는 건 연애에 기초한 혼인이지.
해설	'형식'은 자신이 과연 누구를 사랑하는가에 대해 고민하고, 그 대상과 결혼해야 한다고 생각하고 있습니다. 이는 〈보기〉에서 말한 '연애에 기초한 혼인'을 전제하고 형상화한 모습이라고 볼 수 있겠네요.

② 사랑의 대상이 누구인지 자문하는 형식의 모습은, 감정의 주체로서의 개인을 통하여 근대적 관념으로서의 연애를 서사화한 결과이겠군.

선지 유형	근거가 있어서 허용 가능
실전에서의 판단 과정	누구인지 자문하는 건 자기가 감정의 주체가 되는 것이지.
해설	마찬가지로 〈보기〉에 나온 이야기처럼, '연애'가 자기 감정을 인식하면서 자아를 자각하게 만든 계기라고 생각하면 허용하기에 무리가 없는 선지네요. 이것이 바로 '근대적 관념으로서의 연애'라고 했으니까요.

③ 사랑을 개인의 일로만 국한하지 않고 민족에 대한 정신적 혁명의 일환으로 생각하는 형식의 모습은, 근대적 삶의 실천으로서의 연애가 계몽성을 지녔음을 보여 주는군.

선지 유형	근거가 있어서 허용 가능
실전에서의 판단 과정	동포 이야기했으니 민족에 대한 말이라고 할 수 있겠지.
해설	'형식'은 스스로가 '선형'을 사랑하는 일이 '동포에게 대하여서는 큰 정신적 혁명'이라고 생각했답니다. 이를 근거로 하면 '민족'에 대한 정신적 혁명의 일환으로 봤다는 말을 허용하기에 충분한 것 같고, 선지 뒷부분은 그냥 〈보기〉의 내용이네요.

④ 인생의 사업이 하루아침에 헛된 것임을 깨닫고 실망하는 형식의 모습은, 연애의 실천에서 겪는 어려움이 근대적 자아의 자각에도 부정적으로 영향을 미치고 있음을 드러내는군.

선지 유형	근거가 있어서 허용 불가능
실전에서의 판단 과정	근대적 자아는 이미 자각한 거 아냐?
해설	일단 인생의 사업이 하루아침에 헛된 것임을 깨달은 게 아닙니다. 인생의 사업이 헛된 것인 줄을 깨달은 '듯한' 실망을 느꼈을 뿐이죠. 이러한 실망감에 공감했으니, 충분히 기억할 수 있는 내용이었을 거예요. '인생의 사업'을 '사랑'이라고 해도, '형식'은 '사랑'이 헛된 것임을 깨달은 게 아니라 '사랑'에 대한 자신의 이해가 너무 빈약하다는 것을 깨달았기 때문에 허용할 수 없습니다. 나아가 '형식'은 연애와 관련된 경험에서 어려움을 겪으며 자신이 사실 '어린아이'였음을 자각한다는 점에서, 근대적 자아의 '자각'에 부정적으로

영향을 미친다는 내용도 허용하기 힘들어요. 자신의 유치함에 대해서 '깨달은' 것은, 오히려 '근대적 자아(감정의 주체)의 자각'에는 긍정적 영향을 끼쳤다고도 할 수 있겠죠. '형식'은 자신이 감정의 주체가 되어 사랑에 접근하는 근대적 자아를 가지고 있지만, 이것에 결핍이 있다는 점을 '자각'한 것이라고 할 수 있습니다. 결국 뒷부분도 허용하기 어렵네요.

⑤ 사랑의 진실을 확인함으로써 인생에 대한 자신의 깨달음을 성찰하는 형식의 모습은, 연애를 고민하는 개인적 경험을 통해 내면의 결핍이라는 새로운 진실에 접근하는 모습을 보여 주는군.

선지 유형	근거가 있어서 허용 가능
실전에서의 판단 과정	주제 그 자체네.
해설	지문의 마지막 부분에서 성찰이 드러나고 있고, 자신이 인생에 대한 이해와 공동체의 이상을 제대로 갖추지 않아 내면을 결핍했음을 깨닫는 모습이 보이네요. 연애를 통해 새로운 진실에 접근한다는, 〈보기〉의 내용과 엮어 읽으면 문제가 없을 것 같습니다. 주제 그 자체이기도 하구요.

<table><thead><tr><th>몰랐던 어휘 정리하기</th></tr></thead><tbody><tr><td>

</td></tr></tbody></table>

| 핵심 point |

① **허용 가능성 평가** : 선지의 내용을 '허용'하려는 태도를 바탕으로 지문을 '독해'하며 '근거'를 찾아야 합니다. 허용할 수 있는 '근거'가 있어야만 허용할 수 있습니다. 주관적인 생각을 개입시키면 안 됩니다.

② **소설 독해** : '심리와 행동의 근거'를 바탕으로 인물에게 '공감'하며 읽어야 합니다. 이 과정이 물흐르듯 이어지면 지문의 내용을 완벽하게 이해할 수 있어요.

③ **선지에서 묻는 것** : 독서에서도 문학에서도, 선지 판단의 기본은 그 선지가 무엇을 묻고 있는지 정확하게 따지는 것입니다. 선지를 대충 판단하는 습관은 시험장에서 꽤나 치명적으로 다가올 거예요. 항상 '묻는 것'이 무엇인지 체크하는 습관을 가지도록 합시다.

〈보기〉 확인

---[보기]---

「숙영낭자전」에서 승천은 인간 세상의 명분에 구속받지 않는 가족 사랑을 모색한다는 의의를 갖는다. 작품에서는 상공의 잘못이 개인의 문제이기 이전에 가문이라는 명분을 중시하는 인간 세상의 구조적 문제라고 보았다. 그래서 숙영 부부는 가문이라는 명분이 작동하지 않는 천상으로 보내고, 상공 부부는 가문의 무의미함을 깨닫게 하여 구조적 문제에 대응하는 한 방식을 보여 주었다. 하지만 숙영 부부를 천상에 간 뒤에도 부모를 잘 섬기려는 모습으로 그려 낸 것은, 가족 사랑의 보편적 가치를 환기하기 위한 것이다.

'숙영낭자전'에 제시된 '승천'이라는 개념을 정의하고 있습니다. 이는 '인간 세상의 명분'에 구속받지 않는 '가족 사랑'을 모색한다는 의의를 갖는다고 해요. 그리고 이러한 의의가 작품 전체에 녹아 있다는 내용을 제시하고 있습니다. 이를 바탕으로 지문을 읽어봅시다.

지문 독해

선군이 한림원에 다녀온 후 편지 먼저 하는지라. 노복이 주야로 내려와 상공께 편지를 드리니, 한 장은 부모님께, 한 장은 낭자에게 부친 편지거늘, 부모님께 올린 편지를 상공이 열어 보니,

> [A]
> "문안드립니다. 그사이 부모님께서는 평안하셨나이까? 저는 부모님 덕분에 무탈하옵니다. 또한 천은을 입어 금번에 장원 급제하여 한림학사로 입조하여 도문*하니, 일자는 금월 망일이오니 잔치는 알아서 준비해 주옵소서."

하였더라.

* 도문 : 과거 급제하고 집에 오던 일.

'선군'이 '한림원'에 다녀온 후 '부모님'과 '낭자'에게 부친 편지 한 장씩을 '노복'을 통해 '상공'에게 전달한 상황입니다. 여기서 부모님께 올린 편지를 '상공'이 열어 보는 것을 보니, '상공'은 '선군'의 아버지라고 할 수 있겠죠? 인물관계를 잡는 것 자체를 목적으로 하는 게 아니라, 이렇게 '상공'의 행동에 공감하려는 태도를 바탕으로 자연스럽게 인물관계가 잡혀야 합니다.

아무튼 그 편지의 내용은 '선군'이 과거에 급제하여 돌아간다는 내용입니다. 이런 편지를 받았으니 아버지인 '상공'의 입장에서는 너무나 기쁜 일이라고 할 수 있겠죠?

> 낭자에게 온 편지를 부인 정 씨 춘양에게 주며,
> "이 편지는 네 어미에게 부친 편지라. 네가 잘 간수하라."
> 하고 부인 통곡하니 춘양이 그 편지를 받고 울며 동춘을 안고 방에 들어가 어미 시신 흔들고 울며, 편지 열어 낯에 대고 통곡 왈,

그리고 '낭자'에게 온 편지는 '부인 정 씨'가 '춘양'에게 주고 있습니다. 그렇다면 '춘양'이 '낭자'일까요? 그런데 '부인 정 씨'의 대사를 보니, '춘양'에게 이 편지가 네 '어미'에게 부친 편지라고 합니다. 그렇다면 '춘양'의 어미가 '낭자'라는 것이니, '춘양'은 '선군'과 '낭자'의 자식이라고 할 수 있겠네요.

여기에 이 말을 하면서 '부인'은 통곡하고, '춘양'은 울고 있습니다. 도대체 무슨 일인가 했는데, '춘양'이 '동춘'을 안고 방에 들어가 어미 시신을 흔들고 운다는 것을 보니 대충 상황이 그려지네요. '낭자'인 '춘양'의 어미는 죽은 것이고, '선군'은 아직 이 사실을 모를 것입니다. 이에 '부인'과 '춘양'은 '선군'의 급제 소식에도 웃을 수가 없는 것이죠. 나아가 '춘양'이 벌써 자식을 낳았다는 것은 좀 너무하니, '동춘'은 '춘양'의 동생이라고 보는 것이 적절하겠습니다.

초반부 인물관계를 체크하는 것이 조금 어려웠을 것입니다. 하지만 앞에서도 언급했듯이, 인물관계를 체크하는 것 자체가 목적이 되면 오히려 더 어렵습니다. '부인 정 씨'와 '춘양'이 도대체 왜 울고 있는 것인지 그 감정에 공감하며 읽었다면 오히려 인물관계가 자연스럽게 잡혔을 거예요. 항상 이렇게 '공감'하는 것을 최우선 독해 태도로 삼아야 나머지 포인트도 다 따라옵니다.

> "어머님 일어나소. 아버님 편지가 왔나이다. 일어나소. 아버님 장원 급제하여 내려오시나이다."
> 하며 편지로 낯을 덮으며,
> "동춘은 연일 젖 먹자고 웁니다. 어머님 평시 글을 좋아하시더니 아버님 편지 왔사온데 어찌 반기지 아니하시나이까? 춘양은 글을 몰라 어머님 영전에 읽어 드리지 못하나니 답답하나이다."

아무튼 '춘양'은 '낭자'의 시신을 흔들며 슬퍼하고, 글을 몰라 아버지인 '선군'으로부터 온 편지를 읽을 수 없음을 답답해하고 있습니다. 어머니의 죽음 앞에서 막막하고 슬픈 '춘양'의 심정에 공감할 수 있겠죠?

하고 할머님께 빌며,

　"할머님께서 어머님 영전에 가 편지를 읽으시면 어머님 영혼이 감동할 듯하나이다."

하니 정 씨 마지못해 방에 들어가 <u>울면서</u> 편지를 읽는지라.

[B]
　"낭자께 문안 전하니, 애정 담은 편지 한 장 올리나이다. 우리의 태산 같은 정이 천리에 가림에, 낭자의 얼굴을 보고 싶어도 볼 수 없고, 낭자를 생각하지 않아도 절로 생각이 납니다. 요사이 그대의 그림이 전과 빛이 달라 날로 변하나이다. 무슨 병이 들었는지 몰라 객창 등불 아래에서 수심으로 잠들지 못하니 답답합니다. 낭자의 지극한 정성으로 장원 급제하여 이 몸이 영화롭게 내려가니, 어찌 낭자의 뜻을 맞추지 아니하였으리오? 날짜는 금월 모일이니 바라건대 낭자는 천금 같은 옥체를 보존하소서. 내려가 반갑게 만나사이다."

정 씨 보기를 다함에 더욱 <u>슬픈 마음을 진정치 못하여 통곡하며,</u>

　"슬프다, 춘양아! 가련타, 동춘아! 너희 어미 잃고 어찌 살라 하는가?"

글을 모르는 '춘양'은 할머님, 즉 '부인 정 씨'에게 어머니의 시신 앞에서 편지를 읽어 줄 것을 요청하고 있습니다. 이 편지의 내용은 당연히 '낭자 보고 싶소. 곧 만나요.'일 것이니, 일종의 'skip 가능 구간'으로 여기고 가볍게 읽어주시면 되겠죠? 어쨌든 이 편지를 읽은 '정 씨'는 더욱 슬퍼하며 어미를 잃은 '춘양'과 '동춘'의 처지를 불쌍해하고 있습니다. 역시 어렵지 않게 공감할 수 있는 내용들입니다.

[중략 줄거리] 선군은 숙영이 시아버지로부터 가문의 명예를 실추했다는 오해를 받고 자결한 것을 알게 된다. 숙영은 장례 중 부활해 선군과 집에 돌아온다.

'선군'은 '숙영'(아마 '낭자'겠죠?)이 시아버지(상공)로부터 가문의 명예를 실추했다는 오해를 받고 자결한 것을 알게 됩니다. 이것이 〈보기〉에서 말한 '인간 세상의 명분'에 해당한다고 할 수 있겠죠? 아무튼 '선군' 입장에서는 굉장히 슬픈 일인데, '숙영'이

장례 중 갑자기 부활해 '선군'과 집에 돌아온다고 합니다. 부활했다니 다행입니다. 이제 일반적인 고전소설의 클리셰대로 해피엔딩으로 이어지겠죠?

　상공과 정씨 부인 내달아 낭자를 붙들고 통곡하며,

　"낭자는 어디를 갔다 왔느냐?"

하며 <u>참혹한 마음</u>을 이기지 못하더라. 낭자 상공과 정씨 부인 앞에 가 절하고 사뢰되,

　"첩은 천상의 죄 있으니 천명이 아닌 것이 없습니다. 너무 한탄치 마옵소서."

하며,

　"옥황상제님이 우리를 올라오라 하시니 <u>천명을 거스르지 못하여 올라가옵나이다.</u>"

하니, 상공 부부 더욱 <u>처량한 심사를 측량치 못할러라.</u> 낭자 백학선과 약주 한 병을 드리며,

　"이 백학선은 몸이 추우면 더운 바람이 나오니 천하 유명한 보배이옵고, 약주는 기운 불편하시거든 드십시오. 백학선과 약주를 몸에 지니시오면 백세 무양하오리다."

하고,

　"부모님 돌아가실 때 연화궁의 세계로 모셔 가오이다. 천상 선관이 연화궁에 자주 다니오니 극락 연화궁으로 오시면 반가이 만나 뵈오리다."

며느리가 갑자기 부활했으니, 당연히 '상공'과 '정씨 부인'은 '낭자'를 붙들고 통곡할 것입니다. 도대체 어디를 갔다 왔냐며 '참혹한 마음'을 표현하고 있는데, '낭자'는 다 천명이고, 천명을 거스르지 못하여 곧 올라갈 것이라는 말을 하고 있습니다. 고전소설인 만큼 해피엔딩으로 끝나기는 하겠지만, 〈보기〉에서 말한 '승천'이 그 해피엔딩에 해당하는 것이겠죠? 이런 말을 들은 '상공 부부'는 당연히 더욱 처량한 마음을 가질 것입니다. 기껏 부활했는데 다시 간다고 하니까요!

어쨌든 '낭자'는 시부모들에게 '백학선', '약주' 등을 주며, 나중에 '연화궁의 세계'로 모셔 가겠다는 이야기를 하고 있습니다. 어느 정도 잘 마무리되는 느낌이네요.

하고 선군더러,

　"우리 올라갈 때가 급하였으니, 하직하고 올라가사이다."

하니 선군이 부모지정을 잊지 못하여 <u>새로이 슬퍼하니,</u> 선군과 낭자 부모를 위로하여 나아가 엎드려 고왈,

"소자 등은 세상 연분이 다하였삽기로 오늘 하직하옵
나이다."
하고 인하여 하직하며,
"부모님 내내 평안하옵소서."
하고 청사자 한 쌍을 몰아 한림은 동춘을 낭자는 춘양을
안고, 구름에 싸여 올라가는지라.
　상공 부부 낭자와 선군이 천궁에 올라간 후로 <u>망연해</u>
<u>하며</u> 세간을 다 나누어 주고, 백세를 살다가 한날한시에
별세하더라.

-작자 미상, 「숙영낭자전」-

'선군'은 부모지정을 잊지 못해 새롭게 슬퍼하기도 하지만, 결국 '낭자' 및 자식들과 함께 '승천'하고 있습니다. 이를 본 '상공 부부'는 망연해하다가 세간을 다 나누어 주고, 백세를 살다가 한날한시에 죽었다고 해요. 여기서 세간을 다 나누어 주는 것은 인생의 허망함을 깨닫고 욕심을 버린 모습이라는 식으로 공감할 수 있겠죠? 어쨌든 결국 하늘에서라도 해피엔딩으로 마무리되는 전형적인 고전소설이었습니다.

선지	①	②	③	④	⑤
선택률	4%	8%	5%	4%	79%

55 '춘양'에 대한 설명으로 가장 적절한 것은? ⑤

① 아버지를 보고 싶은 심정을 어머니 영전에서 언급한다.

선지 유형	근거가 없어서 허용 불가능
실전에서의 판단 과정	음 그런 심리엔 공감한 적이 없지.
해설	'춘양'은 어머니의 죽음에 슬퍼하는 모습은 보였지만, 아버지를 보고 싶다는 심정을 보인 적은 없습니다. 애초에 이런 심정에 공감한 기억이 없으니 가볍게 지워낼 수 있겠습니다.

② 할머니로부터 아버지의 편지를 받아 어머니에게 읽어 준다.

선지 유형	근거가 있어서 허용 불가능
실전에서의 판단 과정	춘양이는 글 모른다고 했는데?
해설	'춘양'은 글을 읽을 줄 모르기에, 어머니의 시신 앞에서 아버지의 편지를 읽을 수 없어 답답해했습니다. 이러한 심정에 충분히 공감했던 기억이 있으니 어렵지 않게 지워낼 수 있겠죠?

③ 할머니와 함께 어머니 생전의 일화에 대해 이야기를 나눈다.

선지 유형	근거가 없어서 허용 불가능
실전에서의 판단 과정	언제 그랬냐.
해설	'춘양'은 할머니인 '정씨 부인'과 함께 어머니 생전의 일화에 대해 이야기를 나눈 적이 없습니다. 그저 죽음에 슬퍼하는 모습만 보였을 뿐이죠?

④ 동생이 어머니가 살아 있는 줄 알고 찾아가려 하자 동생을 막아선다.

선지 유형	근거가 없어서 허용 불가능
실전에서의 판단 과정	동춘이는 젖먹이인데?
해설	'춘양'의 동생은 '동춘'인데, '동춘'은 연일 젖 먹자고 우는 젖먹이입니다. 젖먹이인 '동춘'이 어머니를 찾아 가려 한다는 것 자체가 말이 되지 않고, 애초에 이런 장면이 나온 적이 없으니 허용할 수 없죠.

⑤ <u>아버지의 소식을 어머니에게 전하고 싶은 마음을 행동으로 표출한다.</u>

선지 유형	근거가 있어서 허용 가능
실전에서의 판단 과정	엄마 시신 흔들고 난리 났었지.
해설	'춘양'은 아버지의 소식이 왔음에도 어머니에게 전하지 못하는 상황에 통곡하며, 어머니의 시신을 흔들거나 편지로 낯을 덮는 등의 행동을 보였습니다. 이는 모두 아버지의 소식을 어머니에게 전하고 싶은 마음을 표출한 것이라고 할 수 있겠죠?

선지	①	②	③	④	⑤
선택률	4%	58%	14%	18%	6%

56 [A], [B]에 대한 이해로 가장 적절한 것은? ②

– [A]는 '선군'의 편지 중 부모님께 보내는 것이었고, [B]는 '낭자'에게 보내는 것이었습니다. 이러한 내용을 바탕으로 선지를 판단해 봅시다.

① [A]에서는 자신의 안부를 전한 뒤 곧이어 받는 이의 안부를 묻는다.

선지 유형	근거가 있어서 허용 불가능
실전에서의 판단 과정	그랬나? 부모님 안부 먼저 물었네.
해설	기억이 나지 않을 수 있는 내용입니다. 가볍게 돌아가서 확인해보니, 부모님의 안부를 먼저 물은 다음 자신도 무탈하다며 안부를 전하고 있습니다.

② [B]에서는 받는 이를 만나고 싶지만 당장 그럴 수 없는 처지를 언급하며 안타까운 심정을 드러낸다.

선지 유형	근거가 있어서 허용 가능
실전에서의 판단 과정	그렇겠지.
해설	[B]는 일종의 'skip 가능 구간'으로 처리한 부분이라 정확한 내용은 기억하지 못할 수 있지만, 너무나 만나고 싶지만 당장 만날 수 없는 부인인 '낭자'에게 보내는 편지라는 점을 고려하면 당연한 선지라고 할 수 있겠죠? 굳이 명시적인 근거를 찾아 보면 '태산 같은 정이 ~ 볼 수 없고'를 들 수 있겠습니다.

③ [B]에서는 받는 이의 건강에 문제가 있다는 소식을 듣고 걱정하는 마음을 드러낸다.

선지 유형	근거가 있어서 허용 불가능
실전에서의 판단 과정	건강에 문제가 있던 적은 없었는데?
해설	'선군'은 지문의 맥락상 '낭자'와 제대로 연락하지 못했을 것이기에, '낭자'의 건강에 문제가 있다는 소식을 듣기 어려웠을 것입니다. 실제로 '선군'은 '낭자'의 그림이 전과 빛이 다르다는 것을 보고서 병이 있음을 추측할 뿐, '낭자'의 건강에 문제가 있다는 소식을 들은 적은 없습니다.

한편, '실전에서의 판단 과정'처럼 '낭자'의 건강에 문제가 있던 적이 없었다는 것을 생각하면 애초에 성립할 수 없는 선지라는 판단도 가능하겠습니다. '낭자'는 '상공'의 오해로 인해 자결한 것이지, 병이 나서 죽은 게 아니었어요. 지문의 내용을 완벽하게 이해했다면 이런 식의 풀이도 가능하겠네요.

④ [A]와 [B]에서 모두 자신이 뜻한 바를 이루었음을 전하고, 받는 이에게 그 공을 돌리며 감사해한다.

선지 유형	근거가 있어서 허용 불가능
실전에서의 판단 과정	[A]에서는 천은 덕분이라고 했네.
해설	[A]에서 '선군'은 자신의 장원 급제가 '천은' 덕분이라고 하고 있습니다. 이는 하늘이나 임금의 은혜 덕분이라는 생각이 드러나는 것이지, 받는 이인 부모님 덕분이라는 것이 아니죠? 이렇게 명백한 근거가 있으니 허용하기 어렵겠습니다. 한편 [B]에서 '선군'은 자신의 장원 급제가 '낭자의 지극한 정성' 덕분이라고 했으니, 받는 이에게 그 공을 돌리며 감사해하고 있다고 할 수 있겠습니다.

⑤ [A]와 [B] 모두 당부의 말을 전하는데, [A]에서는 받는 이가 글쓴이의 노력을 알아주길 바라고, [B]에서는 받는 이가 스스로 잘 처신하기를 바란다.

선지 유형	근거가 없어서 허용 불가능
실전에서의 판단 과정	자기 노력을 알아달라고 한 적은 없지.
해설	[A]와 [B]는 모두 잔치를 준비해 달라거나 옥체를 보존하라는 당부의 말을 전하고 있습니다. 그런데 [A]에서 부모님이 자신의 노력을 알아주길 바라는 '선군'의 마음이 나타나지는 않죠. 그저 잔치를 알아서 준비해 주기를 바라고 있습니다. 한편 [B]에서는 받는 이인 '낭자'에게 스스로 옥체를 잘 보존하며 처신하기를 바라고 있다고 할 수 있겠습니다.

선지	①	②	③	④	⑤
선택률	6%	7%	70%	8%	9%

57 ⓐ~ⓔ를 이해한 내용으로 적절하지 <u>않은</u> 것은? ③

① ⓐ: 편지의 수신인이 누구인지 말해 주며 상대가 편지의 중요성을 인식하게 하고 있다.

> "ⓐ<u>이 편지는 네 어미에게 부친 편지라. 네가 잘 간수하라.</u>"

선지 유형	근거가 있어서 허용 가능
실전에서의 판단 과정	어머니의 편지니까 중요하다고 하는 거지.
해설	선지 그 자체로 허용할 수 있겠죠? 수신인이 어머니라는 것을 말해 주며 이 편지가 중요하다는 것을 인식하게 하고 있습니다.

② ⓑ: 손주들을 호명하며 격해진 감정과 그들을 불쌍해하는 마음을 표출하고 있다.

> "ⓑ<u>슬프다, 춘양아! 가련타, 동춘아! 너희 어미 잃고 어찌 살라 하는가?</u>"

선지 유형	근거가 있어서 허용 가능
실전에서의 판단 과정	그러네.
해설	'춘양', '동춘'이라는 손주들을 호명하며 슬프고 가련하다는 이야기를 하고 있습니다. 이는 격해진 감정과 그들을 불쌍해하는 마음을 표출하는 것이라고 할 수 있겠죠.

③ ⓒ: 자신의 운명은 하늘의 뜻이라고 함으로써 집에 온 자신을 책망하지 말 것을 부탁하고 있다.

> "ⓒ<u>첩은 천상의 죄 있으니 천명이 아닌 것이 없습니다. 너무 한탄치 마옵소서.</u>"

선지 유형	근거가 있어서 허용 불가능
실전에서의 판단 과정	한탄하지 말라고 했지, 책망하지 말라고 한 게 아니지.
해설	'숙영'은 천명이 아닌 것이 없다고 하면서 자신의 운명도 하늘의 뜻이라고 말하고 있습니다. 그런데 이를 통해 한탄하지 말라고 했을 뿐, 자신을 책망하지 말라고 한 적은 없어요. 애초에 집에 온 '숙영'을 책망하는 장면이 나온 적도 없구요. 이러한 근거들이 있으니, 절대로 허용할 수 없겠습니다.

④ ⓓ: 옥황상제의 부름을 거절할 수 없다고 말함으로써 이별이 예정되어 있음을 언급하고 있다.

> "ⓓ<u>옥황상제님이 우리를 올라오라 하시니 천명을 거스르지 못하여 올라가옵나이다.</u>"

선지 유형	근거가 있어서 허용 가능
실전에서의 판단 과정	곧 올라간다고 했네.
해설	'숙영'은 '옥황상제'의 부름을 거절할 수 없기 때문에 조만간 올라가야 한다는 이야기를 하고 있습니다. 이는 이별이 예정되어 있음을 언급한 것이라고 할 수 있겠죠?

⑤ ⓔ: 백학선과 약주를 선물함으로써 상대를 걱정하는 마음을 드러내고 있다.

> "ⓔ<u>이 백학선은 몸이 추우면 더운 바람이 나오니 천하 유명한 보배이옵고, 약주는 기운 불편하시거든 드십시오. 백학선과 약주를 몸에 지니시오면 백세 무양하오리다.</u>"

선지 유형	근거가 있어서 허용 가능
실전에서의 판단 과정	몸이 춥거나 기운이 불편한 상태를 걱정하여 선물한 것이네.
해설	'숙영'은 시부모들의 몸이 춥거나 기운이 불편한 상태가 될 때 사용할 수 있는 '백학선'과 '약주'를 선물하고 있습니다. 이는 시부모들의 상태를 걱정하는 마음을 드러내는 행동이라고 할 수 있겠죠.

선지	①	②	③	④	⑤
선택률	4%	7%	43%	31%	15%

58 〈보기〉를 참고하여 윗글을 감상한 내용으로 적절하지 **않은** 것은? [3점] ③

① 숙영이 '부모님 돌아가실 때 연화궁'으로 모셔 가겠다 고 하는 데에서, 연화궁에서 숙영과 부모를 만나게 하 여 가족 사랑의 보편적 가치를 환기하려는 것을 확인 할 수 있군.

선지 유형	근거가 있어서 허용 가능
실전에서의 판단 과정	가족이 다같이 만나면 가족 사랑의 보편적 가치를 환기하는 거지.
해설	'숙영'이 '연화궁'이라는 천상계로 시부모를 모셔 가겠다고 한 것은, 그곳에서 가족 사랑의 보편적 가치를 환기하겠다는 의지를 표출한 것이라고 할 수 있을 것입니다. 애초에 〈보기〉의 마지막 문장에 그대로 제시된 내용이죠?

② 숙영이 선군에게 천궁으로 '올라가사이다'라고 하는 데에서, 숙영 부부를 천상으로 보내 가문이라는 명분 이 작동하지 않는 곳에서 살게 하려는 것을 확인할 수 있군.

선지 유형	근거가 있어서 허용 가능
실전에서의 판단 과정	승천의 의의네.
해설	'숙영'이 '선군'에게 천궁으로 올라가자고 하는 것은, 숙영 부부를 천상으로 '승천'시켜 가문이라는 '인간 세상의 명분'에 구속받지 않게끔 하려는 의도라고 할 수 있습니다. 이번에도 〈보기〉의 내용이 그대로 담겨 있으니 어렵지 않게 허용할 수 있겠습니다.

③ 숙영 부부가 '부모를 위로하여 나아가 엎드려 고'하는 데에서, 승천을 망설이는 모습을 보여 주어 숙영 부부 를 부모를 잘 섬기는 인물로 그려 낸 것을 확인할 수 있군.

선지 유형	근거가 있어서 허용 불가능
실전에서의 판단 과정	승천할 거니까 부모를 위로하는 거잖아.
해설	물론 '선군'이 부모지정을 잊지 못하여 새롭게 슬 퍼하는 모습을 보인 것은 맞습니다. 하지만 곧바로 '낭자'와 함께 '부모를 위로하여 나아가 엎드려 고' 하면서, 곧 승천할 것이라는 말을 하고 있어요. 이 렇게 명백한 근거가 있으니, '승천을 망설이는 모 습'은 절대로 허용할 수 없겠습니다. 즉, '선군'은 승천을 망설인 것이 아니라 부모님과의 이별이 슬 프긴 한데 이제 가야 한다는 심정을 드러낸 것이 죠. 이러한 감정에 정확하게 공감할 것을 요구했 네요. 나아가, 〈보기〉에 의하면 이 작품에서 '숙영 부부' 를 '부모를 잘 섬기는 인물'로 그려 낸 모습은 '천 상에 간 뒤'에도 부모를 모시겠다는 이야기로부터 나타난다고 했습니다. '승천을 망설이는 모습'을 통해 이러한 모습을 드러낸다는 것은 〈보기〉를 참 고하여 감상한 내용이 아니기에 틀렸다고도 할 수 있겠네요.

④ 숙영 부부가 부모에게 '하직' 인사를 하는 데에서, 숙 영 부부로 하여금 부모를 떠나게 하여 인간 세상의 구 조적 문제에 대응하는 양상을 보여 준 것을 확인할 수 있군.

선지 유형	근거가 있어서 허용 가능
실전에서의 판단 과정	인간 세상의 구조적 문제에 대응하는 것이 승천의 의의였지.
해설	〈보기〉에 따르면, 숙영 부부가 '승천'하는 것은 인 간 세상의 명분에 구속받지 않도록 하는 의의를 가지고 있었습니다. 그리고 이렇게 숙영 부부가 천 상으로 가는 것은 인간 세상의 구조적 문제에 대 응하는 한 방식을 보여 주는 것이라고 했죠. 따라 서 숙영 부부가 부모에게 '하직' 인사를 하며 부모 를 떠나는 것은 인간 세상의 구조적 문제에 대응 하는 양상을 보여 준 것이라고 할 수 있겠습니다.

⑤ '상공 부부'가 '세간을 다 나누어 주'는 데에서, 가족을 잃어 허망해하는 상공 부부의 모습을 보여 주어 가문의 무의미함을 깨닫게 한 것을 확인할 수 있군.

선지 유형	근거가 있어서 허용 가능
실전에서의 판단 과정	가문의 무의미함을 깨닫게 한 거구나.
해설	'상공 부부'가 '세간을 다 나누어 주'는 것은 인생의 허망함을 깨달은 것으로 공감했습니다. 여기에 〈보기〉의 내용을 입히면, 정확히는 '가문의 무의미함'을 깨달은 것이라고 할 수 있겠죠? 지문과 〈보기〉를 근거로 하면 충분히 허용할 수 있는 선지가 되겠습니다.

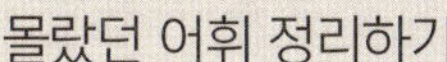

몰랐던 어휘 정리하기

| 핵심 point |

① **허용 가능성 평가** : 선지의 내용을 '허용'하려는 태도를 바탕으로 지문을 '독해'하며 '근거'를 찾아야 합니다. 허용할 수 있는 '근거'가 있어야만 허용할 수 있습니다. 주관적인 생각을 개입시키면 안 됩니다.

② **소설 독해** : '심리와 행동의 근거'를 바탕으로 인물에게 '공감'하며 읽어야 합니다. 이 과정이 물흐르듯 이어지면 지문의 내용을 완벽하게 이해할 수 있어요.

③ **고전소설 클리셰** : 일관된 성격을 가진 인물들이 다양한 관계를 맺지만, 악인과 선인의 구도가 두드러집니다. 나아가 악한 사람은 반드시 벌을 받고 착한 사람은 결국 보상을 얻어요. 이러한 클리셰를 알고 있다면 지문의 내용을 훨씬 쉽게 이해할 수 있을 겁니다.

④ **skip 가능 구간** : 인물의 똑같은 내면을 반복적으로 묘사하거나, 뻔한 이야기가 반복되는 구간은 조금 빠르게 스캔하면서 읽어주시면 됩니다.

| 지문 내용 총정리 |

초반부에서 인물관계를 체크하는 것이 조금 까다로웠지만, 인물에게 공감하며 그 인물관계를 잘 정리하기만 했다면 어렵지 않게 해결할 수 있는 지문이었습니다. 결국 소설 독해의 핵심은 '공감'이라는 것! 확실하게 정리합시다.

〈보기〉 확인

> ─────────[보기]─────────
>
> '진작부터 벼르던 이야기'는 백 주사가 자신과 가족의 억울함을 하소연하는 부분이다. 그런데 서술자는 그 '이야기'를 서술자의 시선뿐 아니라 여러 인물들의 시선으로 초점화하여 서술함으로써 독자와 작중 인물 간의 거리를 조절한다. 또한 세부 항목을 하나씩 나열하여 장면의 분위기를 고조하고 정서를 확장하는 서술 방법으로 독자에게 현장감을 전해 준다. 이때 독자는 백 주사와 그의 가족에게 고통받았던 사람들의 입장에 서서 그들을 비판적으로 보게 된다.

사실 그렇게까지 도움이 되는 〈보기〉는 아니지만, 이를 통해 '백 주사와 그의 가족'이 현대소설의 전형적인 악인으로 등장한다는 것을 알 수 있겠습니다. 이들이 어떤 종류의 악인일지, 그리고 평범한 사람들의 삶을 어떻게 힘들게 했을지 궁금해하면서 읽어봅시다.

지문 독해

> [앞부분의 줄거리] 해방 직후, 미군 소위의 통역을 맡아 부정 축재를 일삼던 **방삼복**은 고향에서 온 **백 주사**를 집으로 초대한다.

[앞부분의 줄거리]입니다. 꼼꼼하게 읽어주셔야 합니다. 일단 시대적 배경이 '해방 직후'라는 것을 알 수 있습니다. 일제강점기의 인간 군상을 생각하면 더욱 쉽게 이해할 수 있겠죠? '방삼복'이 주인공인데, 이 인물은 미군 소위의 통역을 맡아 '부정 축재'를 일삼던 사람입니다. 여기서 '부정 축재'는 '부정하게 재산을 축적하다.'라는 의미라고 보시면 됩니다. 확실히 높은 수준의 어휘력을 요구하고 있다는 걸 알 수 있죠?

아무튼, 부정하게 재산을 모은 '방삼복'과 〈보기〉에서 다른 이들에게 고통을 주었던 '백 주사'는 모두 일제강점기라는 시대적 배경에서의 악인이라고 할 수 있습니다. 이러한 맥락을 파악한 채로 계속 읽어봅시다.

> "서 주사가 이거 두구 갑디다."
> 들고 올라온 각봉투 한 장을 남편에게 건네어 준다.
> "어디?"
> 그러면서 받아 봉을 뜯는다. 소절수 한 장이 나온다. 액면 만 원짜리다.
> 미스터 방은 성을 벌컥 내면서
> "겨우 둔 만 원야?"
> 하고 소절수를 다다미 바닥에다 홱 내던진다.
> "내가 알우?"
> "우랄질 자식 어디 보자. 그래 전, 걸 십만 원에 불하 맡아다, 백만 원 하난 냉겨 먹을 테문서, 그래 겨우 둔 만 원야? 엠병헐 자식, 내가 엠피*헌테 말 한마디문, 전 어느 지경 갈지 모를 줄 모르구서."
> "정종으루 가져와요?"
> "내 말 한마디에, 죽을 눔이 살아나구, 살 눔이 죽구 허는 줄은 모르구서. 흥, 이 자식 경 좀 쳐 봐라……. 증종 따근허게 데와. 날두 산산허구 허니."
>
> * 엠피(MP) : 미군 헌병.

[앞부분의 줄거리]에 따르면, '방삼복'은 '백 주사'와 함께 자신의 집으로 온 상황입니다. 그런데 여기서 누군가가 '서 주사'에게서 온 편지를 '미스터 방=방삼복'에게 건네고 있어요. '남편'에게 건넸다는 것으로 보아, 이 인물은 '방삼복의 아내'라고 할 수 있겠습니다.

'방삼복'은 '서 주사'가 준 만 원짜리 소절수를 보고 '성을 벌컥' 냅니다. 이 심리의 근거를 생각하며 공감해주셔야겠죠? 내용은 간단합니다. 아마 '방삼복'의 도움으로 '서 주사'가 큰 이득을 본 것 같아요. 그런데 그게 비해 자신에게 돌아온 '만 원짜리 소절수'는 너무나 작은 보상으로 느껴지기에 화를 내는 것이네요. '엠피'에게 말만 하면 '서 주사'를 한 방에 보낼 만한 힘을 가진 '방삼복'의 입장에서 보면 짜증이 날 만합니다.

여기서 눈앞에 '백 주사'가 있다는 걸 잊으면 안 됩니다. 즉, '방삼복'의 입장에서 이러한 행동은 '백 주사'에게 자신의 권력을 과시하는 것으로도 볼 수 있다는 것이죠. 여기까지 생각할 수 있다면 더욱 좋겠죠?

> 새로이 안주가 오고, 따끈한 정종으로 술이 몇 잔 더 오락가락하고 나서였다.
> 백 주사는 마침내, 진작부터 벼르던 이야기를 꺼내었다.

이렇게 서로 술을 마시는 상황에서, '백 주사'는 '진작부터 벼르던 이야기'를 꺼내고 있습니다. 〈보기〉에 의하면 이는 '백 주사'가 자신과 가족의 억울함을 하소연하는 부분이라고 했어요. 어떤 하소연일지 궁금해하면서 읽어보도록 합시다.

백 주사의 아들 백선봉은, 순사 임명장을 받아 쥐면서부터 시작하여 8 · 15 그 전날까지 칠 년 동안, 세 곳 주재소와 두 곳 경찰서를 전근하여 다니면서, 이백 석 추수의 토지와, 만 원짜리 저금통장과, 만 원어치가 넘는 옷이며 비단과, 역시 만 원어치가 넘는 여편네의 패물과를 장만하였다.

[A]
남들은 주린 창자를 졸라맬 때 그의 광에는 옥 같은 정백미가 몇 가마니씩 쌓였고, 반년 일 년을 남들은 구경도 못 하는 고기와 생선이 끼니마다 상에 오르지 않는 날이 없었다.

[B]
××경찰서의 경제계 주임으로 있던 마지막 이 년 동안은 더욱더 호화판이었다. **8 · 15 그날 밤**, 군중이 그의 집을 습격하였을 때에 쏟아져 나온 물건이 쌀 말고도

광목 여섯 필
고무신 스물세 켤레
지카다비 여덟 켤레
빨랫비누 세 궤짝
양말 오십 타
정종 열세 병
설탕 한 부대

[C]
이렇게 있었더란다. 만 원어치 여편네의 패물과, 만 원 어치의 옷감이며 비단과, 만 원짜리 저금통장은 고만두고 말이었다.

'백 주사'의 아들인 '백선봉'의 이야기가 나오고 있습니다. 일제강점기라는 시대적 상황에서의 악인답게, '순사'가 된 후 재산을 축적해나가는 모습입니다. '남들'은 배고프게 사는 동안 혼자서 호의호식한 것이죠. 그러다가 해방이 되던 '8 · 15 그날 밤', '군중'들이 '백선봉'의 집을 습격하여 어마어마한 양의 재물을 발견하는 모습입니다. 여기서 '군중'들의 분노가 생생하게 느껴지신다면 완벽하게 읽어낸 것입니다.

물건 하나 없이 죄다 빼앗기고, 집과 세간은 조각도 못 쓰게 산산 다 부수고, 백선봉은 팔이 부러지고, 첩은 머리가 절반이나 뽑히고, 겨우겨우 목숨만 살아, 본집으로 도망해 왔다.

[D]
일변 고을에서는, 백 주사가, 자식이 그런 짓을 해서 산 토지를 가지고, 동네 사람한테 거만히 굴고, 작인들한테 팔 할 가까운 도지를 받고, 고리대금을 하고 하였대서, 백선봉이 도망해 와 눕는 그날 밤, 그의 본집인 백 주사네 집을 습격하였다.

[E]
집과 세간 죄다 부수고, 백선봉이 보낸 통제 배급 물자 숱한 것 죄다 빼앗기고, 가족들은 죽을 매를 맞고, 백선봉은 처가로, 백 주사는 서울로 각기 피신하여 목숨만 우선 보전하였다.

백 주사는 비싼 여관 밥을 사 먹으면서, 울적히 거리를 오락가락, 어떻게 하면 이 분풀이를 할까, 어떻게 하면 빼앗긴 돈과 물건을 도로 다 찾을까 하고 궁리를 하는 것이나, 아무런 묘책도 없었다.

'군중'들은 이들의 물건을 죄다 뺏고 집도 다 부숴버렸습니다. '백 주사', '첩', '백선봉' 등은 모두 처절하게 당하고 도망갈 수밖에 없었던 모습이죠? 여기서 '백선봉'도 동네 사람들에게 못된 짓을 하면서 살았던 것, 그 재물들을 다시 되찾고 싶어하는 심리 정도만 확인하며 빠르게 읽어가시면 됩니다. 어차피 다 똑같은 말만 하는 부분이니까요.

그러자 **오늘**은 우연히 이 미스터 방을 만났다. **종로**를 지향없이 거니는데, 지나가던 자동차가 스르르 멈추면서, 서양 사람과 같이 탔던 신사 양반 하나가 내려서더니, 어쩌다 눈이 마주치자
"아, 백 주사 아니신가요?"
하고 반기는 것이었었다.
자세히 보니, 무어 길바닥에서 신기료장수를 한다던 코삐뚤이 삼복이가 분명하였다.
"자네가, 저, 저, 방, 방……."
"네, 삼복입니다."
"아, 건데, 자네가……."
"허, 살 때가 됐답니다."
그러고는 내 집으루 갑시다, 하고 잡아끄는 대로 끌리어 온 것이었다.

이렇게 탈탈 털린 뒤에, '오늘' 아무 생각없이 '종로'를 걷다가 '방삼복'을 만난 것이었습니다. '서양 사람'과 함께 '자동차'를 타고 가는 '신사 양반'이 된 '방삼복'은 원래 '길바닥'에서 신기료장수를 하던 사람이었어요. 잘 나가던 '백 주사'는 당연히 무시하고 살았을 사람인데, 이제는 처지가 완전히 뒤바뀐 것이죠. 이렇게 만나 '방삼복'의 집으로 온 것이었습니다. 나아가 이 부분에서 지금

까지 읽은 내용이 '과거 장면'이었다는 생각을 할 수 있겠죠?

> 〈의표하며, 집하며, 식모에 침모에 계집 하인까지 부리면서 사는 것하며, 신수가 훤히 트여 가지고, 말도 제법 의젓하여진 것 같은 것이며, 진소위 개천에서 용이 났다고 할 것인지.〉
> 옛날의 영화가 꿈이 되고, 일조에 몰락하여 가뜩이나 초상집 개처럼 초라한 자기가, 또 한 번 어깨가 옴츠러듦을 느끼지 아니치 못하였다. 그런 데다 이 녀석이, 언제 적 저라고 무엄스럽게 굴어, 심히 불쾌하였고, 그래서 엔간히 자리를 털고 일어설 생각이 몇 번이나 나지 아니한 것도 아니었었다. 그러나 참았다.
> 보아하니 큰 세도를 부리는 것이 분명하였다. 잘만 하면 그 힘을 빌려, 분풀이와, 빼앗긴 재물을 도로 찾을 여망이 있을 듯싶었다.
>
> -채만식, 「미스터 방」-

'백 주사'의 입장에서 '방삼복'은 원래 신경을 쓸 필요도 없는 하층민이었습니다. 그런데 〈 〉 표시한 부분에서 잘 드러나듯이, 이제는 '방삼복'이 사는 모습이 예전의 그것이 아니에요. 이러한 상황에서 '백 주사'는 어깨가 움츠러들기도 하고, 잘난척하는 '방삼복' 앞에서 불쾌하기도 하지만 참고 또 참습니다. 왜죠? '방삼복'에게 붙으면 이전의 영광을 찾을 수 있을 것 같으니까요! 이러한 심리에 충분히 공감할 수 있겠죠? 지문 내용 자체는 그리 어렵지 않았습니다.

선지	①	②	③	④	⑤
선택률	4%	4%	61%	18%	13%

59 윗글의 대화를 중심으로 '방삼복'을 이해한 것으로 가장 적절한 것은? ③

– '방삼복'이라는 인물의 성격에 대해 묻는 문제입니다. '방삼복'은 부정한 방법으로 재산을 모으고도 건방을 떠는, 전형적인 일제강점기의 악인이었어요. 이러한 내용을 바탕으로 가볍게 답을 골라봅시다.

① 자신이 꾸미고 있는 일에 관심 없는 상대에게 자기 업무를 떠넘기는 뻔뻔함을 보이고 있다.

선지 유형	근거가 없어서 허용 불가능
실전에서의 판단 과정	자기 업무를 떠넘긴 적은 없잖아?
해설	'방삼복'이 꾸미고 있는 일 자체가 나온 적이 없습니다. 당연히 이걸 다른 사람에게 떠넘긴 적도 없겠죠. 내용을 이해했다면 쉽게 지울 수 있습니다.

② 질문에 대꾸하지 않음으로써 상대가 같은 질문을 반복하도록 거드름을 피우고 있다.

선지 유형	근거가 없어서 허용 불가능
실전에서의 판단 과정	도대체 언제?
해설	역시 확인할 수 없는 내용이죠. '방삼복'이 받은 질문이라봐야 정종을 가져올지 물어보는 아내의 질문밖에 없는데, 여기에 대해서도 "증종 따끈허게 데와."라는 대답을 하고 있습니다. 절대로 허용할 수 없겠네요.

③ 눈앞에 없는 사람을 비난하고 위협함으로써 함께 있는 상대에게 자신의 위세를 드러내고 있다.

선지 유형	근거가 있어서 허용 가능
실전에서의 판단 과정	백 주사가 눈앞에 있는데 서 주사를 욕하는 이유는 뻔하지 뭐.
해설	'방삼복'은 '서 주사'가 보내 온 '만 원짜리 소절수'에 불만을 표시합니다. 그러면서 '엠피' 등을 언급하며 자신이 언제든 '서 주사'를 곤란하게 만들 수 있는 힘이 있다는 걸 이야기하고 있어요. 여기서 '방삼복'에게 공감하려고 노력하셨다면, 이러한 행위들이 모두 눈앞에 있는 '백 주사'에게 으스대기 위한 것임을 파악할 수 있었을 겁니다. 심리와 행위의 근거가 무엇인지 생각하며 읽는 태도가 제대로 갖춰져 있어야 이런 선지를 쉽게 지워낼 수 있어요.

④ 차에서 내려 상대에게 먼저 알은체하며 동승자에게 자신의 인맥을 과시하고 있다.

선지 유형	근거가 없어서 허용 불가능
실전에서의 판단 과정	서양 사람한테 뭘 과시한 적은 없잖아.
해설	'방삼복'은 길에서 '백 주사'를 만나자 알은체하며 집으로 데려 갑니다. 이 과정에서 동승자인 '서양 사람'에게 자신의 인맥을 과시한 적은 없어요. 애초에 '백 주사'에게 아는 척을 하며 차에서 내리는 행위의 근거가 '서양 사람'이 아닌 '백 주사'에게 으스대기 위한 것임을 파악했다면 더욱 쉽게 허용할 수 있겠네요.

FAQ

Q '방삼복'에게 공감하는 태도를 강조하고 계시는데, 차에서 내리는 순간의 '방삼복'에게 공감해보면 '서양 사람'에게 자신의 인맥을 과시하고자 하는 생각이 있었을 거라고 할 수도 있지 않나요? '방삼복'의 성격을 고려하면 충분히 그럴 것 같은데...

A 아무리 '공감'이라는 주관적인 표현을 사용했다고 해도, 지문 속에 무언가 단서는 있어야 합니다. 3번 선지의 내용이 허용되는 이유도 '백 주사'가 눈앞에 있는데 굳이 '엠피' 운운하며 자신의 권력을 강조하는 모습이 나타나기 때문이에요. 이와 달리 '서양 사람'에게는 아무런 액션도 취하지 않고 있기 때문에, '동승자에게 인맥 과시'라는 내용을 허용할 만한 근거를 찾기가 어려운 것입니다.

나아가 지문 속에서 묘사되는 '방삼복'의 과거를 고려할 때, '방삼복'은 '백 주사'와 같은 인물들에게 한을 가지고 있을 겁니다. '방삼복'은 일제강점기라는 시대적 배경을 통해 인생 역전을 한 케이스인데, 그 전에는 다른 사람들과 똑같이 '백 주사'와 같은 기득권들에게 고통받았을 것이니까요. 따라서 '백 주사'와 같은 인물들에게 자신의 인생이 역전된 모습을 자랑하고 싶은 마음이 훨씬 클 것입니다. 이러한 '현대 소설 클리셰'에 대한 인식까지 있다면 훨씬 쉽게 선지 판단이 가능했을 것 같습니다.

⑤ 상대가 이름을 제대로 말하기 전에 말을 가로채 상대에 대한 열등감을 감추고 있다.

선지 유형	근거가 있어서 허용 불가능
실전에서의 판단 과정	방삼복이 열등감을 가질 이유가 없지.
해설	'방삼복'은 '백 주사'가 자신의 이름을 제대로 말하지 못하자 "네, 삼복입니다."라며 가로채고 있습니다. 이러한 행동은 자신의 높아진 지위에 대한 자신감을 근거로 나타난 것이겠죠? 이런 맥락에서 허용하기 어려운 선지네요. 애초에 '방삼복'에게 열등감이 있다는 것은 지문의 내용과 크게 어긋난다고 할 수 있겠습니다.

선지	①	②	③	④	⑤
선택률	73%	5%	12%	4%	6%

60 ㉠과 ㉡에 대한 설명으로 가장 적절한 것은? ①

> ㉠내가 엠피*헌테 말 한마디문, 전 어느 지경 갈지 모를 줄 모르구서."
>
> * 엠피(MP) : 미군 헌병.

> 백 주사의 아들 ㉡백선봉은, 순사 임명장을 받아 쥐면서부터 시작하여 8·15 그 전날까지 칠 년 동안, 세 곳 주재소와 두 곳 경찰서를 전근하여 다니면서, 이백 석 추수의 토지와, 만 원짜리 저금통장과, 만 원어치가 넘는 옷이며 비단과, 역시 만 원어치가 넘는 여편네의 패물과를 장만하였다.

– ㉠은 '엠피'를 통해 '서 주사'를 곤란하게 할 수 있는 '방삼복'의 권위가 잘 드러나는 장면이고, ㉡은 '백선봉'이 '순사'라는 지위를 활용해 부정하게 재산을 모으는 장면입니다. 이러한 내용을 담고 있는 선지를 골라보도록 합시다.

① ㉠과 ㉡에는 모두 외세에 기대어 사익을 추구하는 인물의 부정적 모습이 드러난다.

선지 유형	근거가 있어서 허용 가능
실전에서의 판단 과정	엠피와 일본은 모두 외세라고 할 수 있지.
해설	㉠의 '방삼복'은 '미국'이라는, ㉡의 '백선봉'은 '일제'라는 외세에 기대어 사익을 추구하고 있습니다. 이러한 모습은 당연히 부정적이라고 할 수 있겠죠? 여기서 '순사'를 보고서 '일제'를 떠올리는 것 정도는 기본적인 지식의 영역이에요. 당연히 할 수 있어야 합니다!

② ㉠과 ㉡에는 모두 외세와 이를 돕는 인물 간의 권력 관계가 일시적으로 역전된 모습이 드러난다.

선지 유형	근거가 없어서 허용 불가능
실전에서의 판단 과정	권력 관계가 언제 역전됐냐.
해설	㉠과 ㉡에서 일관되게 보이는 것은 '방삼복'과 '백선봉'이 모두 외세에 의존한다는 것입니다. '권력 관계가 일시적으로 역전'된 모습은 나타나지 않죠.

③ ㉠과 ㉡에는 모두 사회적 지위를 이용하여 타인의 권익을 침해하는 인물이 몰락하는 모습이 드러난다.

선지 유형	근거가 없어서 허용 불가능
실전에서의 판단 과정	누가 몰락하냐.
해설	㉠과 ㉡에서는 '방삼복'이나 '백선봉' 등의 인물이 몰락하는 모습이 나오지 않습니다. [A]~[E] 부분에서 '백선봉'과 그 가족의 몰락이 제시되고 있죠.

④ ㉠에는 권력을 향한 인물의 조바심이, ㉡에는 권력에 의한 인물의 좌절감이 드러난다.

선지 유형	근거가 없어서 허용 불가능
실전에서의 판단 과정	조바심·좌절감은 너무 헛소리네.
해설	㉠과 ㉡에서는 모두 '방삼복'과 '백선봉'의 의기양양함이 잘 묻어나죠? '조바심'과 '좌절감'은 절대 허용할 수 없겠습니다.

⑤ ㉠에는 자신의 권위에 대한 인물의 확신이, ㉡에는 추락한 권위를 회복할 수 있다는 인물의 자신감이 드러난다.

선지 유형	근거가 없어서 허용 불가능
실전에서의 판단 과정	㉡에서는 아직 추락 안했는데?
해설	㉠에서는 '방삼복'의, '엠피'를 이용한 자신의 권위에 대한 확신이 드러난다고 할 수 있습니다. 말 한 마디만 하면 '서 주사'를 보낼 수 있다고 하니까요. 하지만 ㉡에서 '추락한 권위 회복의 자신감'을 허용할 수는 없죠? ㉡에서는 아직 '백선봉'의 권위가 추락하지 않았으니까요.

선지	①	②	③	④	⑤
선택률	4%	4%	61%	18%	13%

61 ⓐ~ⓔ에 대한 이해로 적절하지 <u>않은</u> 것은? ③

① ⓐ: 스스로는 문제 해결이 불가능한 상태임을 강조하여 인물의 답답한 처지를 보여 준다.

ⓐ어떻게 하면 빼앗긴 돈과 물건을 도로 다 찾을까 하고 궁리를 하는 것이나, 아무런 묘책도 없었다.

선지 유형	근거가 있어서 허용 가능
실전에서의 판단 과정	묘책이 없다네.
해설	'아무런 묘책도 없었다.'라는 표현을 근거로 가볍게 허용할 수 있는 선지죠?

② ⓑ: 방삼복의 제안에 엉겁결에 따라가는 모습을 통해 인물이 얼떨떨한 상태임을 보여 준다.

그러고는 ⓑ내 집으루 갑시다, 하고 잡아끄는 대로 끌리어 온 것이었다.

선지 유형	근거가 있어서 허용 가능
실전에서의 판단 과정	잡아끄는 대로 끌리어 가면 얼떨떨하겠지.
해설	'잡아끄는 대로 끌리어 온 것'을 근거로 '얼떨떨한 상태'를 허용하는 건 그리 어렵지 않죠? 역시 선지 그 자체로 허용할 수 있는 선지입니다.

③ ⓒ: 신수가 좋고 재력이 대단해 보이는 방삼복의 모습에 고향 사람에 대한 자부심을 갖게 되었음을 보여 준다.

의표하며, 집하며, 식모에 침모에 계집 하인까지 부리면서 사는 것하며, 신수가 훤히 트여 가지고, 말도 제법 의젓하여진 것 같은 것이며, ⓒ진소위 개천에서 용이 났다고 할 것인지.

선지 유형	근거가 있어서 허용 불가능
실전에서의 판단 과정	갑자기 고향 사람에 대한 자부심은 뭔 헛소리야.
해설	ⓒ는 '길바닥' 출신이었던 '방삼복'이 인생 역전한 모습에 대한 감탄을 드러내는 것입니다. 하지만 뒤쪽을 보면, '백 주사'는 '방삼복'의 건방진 태도를 보고서 '불쾌'한 심리를 보이고 있었어요. 이는

'방삼복'의 현재 모습에 대해 부정적인 감정을 가지는 것이므로, 이를 근거로 하면 '고향 사람에 대한 자부심'은 절대 허용할 수 없겠습니다. 역시 '백 주사'의 입장에서 공감해보려는 태도가 중요한 선지였네요.

④ ⓓ: 자신의 처지를 방삼복과 비교하면서 주눅이 들었음을 보여 준다.

옛날의 영화가 꿈이 되고, 일조에 몰락하여 가뜩이나 초상집 개처럼 초라한 자기가, ⓓ 또 한 번 어깨가 옴츠러듦을 느끼지 아니치 못하였다.

선지 유형	근거가 있어서 허용 가능
실전에서의 판단 과정	어깨가 움츠러들었다는 건 주눅이 들었다는 거잖아.
해설	'백 주사'가 '어깨가 옴츠러듦'이라는 심리를 보이는 이유를 생각해보면 쉽습니다. 자신이 누리던 '옛날의 영화'는 꿈이 되어 있는데, 자기보다 못한 사람이라 생각했던 '방삼복'은 승승장구하고 있습니다. 이렇게 '비교'되는 상황에 '주눅이 들'어 '어깨가 옴츠러듦'이라는 심리를 보인다는 것은 너무나 자연스럽습니다.

⑤ ⓔ: 방삼복에게 도움을 받을 수 있다는 기대감과 그에 대한 반감이 뒤섞여 있음을 보여 준다.

그런 데다 이 녀석이, 언제 적 저라고 무엄스럽게 굴어, 심히 불쾌하였고, 그래서 ⓔ 엔간히 자리를 털고 일어설 생각이 몇 번이나 나지 아니한 것도 아니었다. 그러나 참았다.

선지 유형	근거가 있어서 허용 가능
실전에서의 판단 과정	자리를 털고 싶어도 참은 이유가 뻔하지.
해설	이번에도 '참았다.'라는 심리의 근거가 무엇인지 생각해보면 쉽습니다. '백 주사'는 '방삼복'의 건방진 태도가 불쾌하고 짜증나지만, 자신의 처지를 회복시켜 줄 능력이 있다는 것을 알고 꾹 참고 있는 상황입니다. 이를 '기대감과 반감이 뒤섞인 상황'으로 해석하는 건 어렵지 않게 허용할 수 있겠죠?

선지	①	②	③	④	⑤
선택률	3%	29%	10%	20%	38%

62 〈보기〉를 참고하여 [A]~[E]를 감상한 내용으로 적절하지 않은 것은? [3점] ⑤

[보기]

'진작부터 벼르던 이야기'는 백 주사가 자신과 가족의 억울함을 하소연하는 부분이다. 그런데 서술자는 그 '이야기'를 서술자의 시선뿐 아니라 여러 인물들의 시선으로 초점화하여 서술함으로써 독자와 작중 인물 간의 거리를 조절한다. 또한 세부 항목을 하나씩 나열하여 장면의 분위기를 고조하고 정서를 확장하는 서술 방법으로 독자에게 현장감을 전해 준다. 이때 독자는 백 주사와 그의 가족에게 고통받았던 사람들의 입장에 서서 그들을 비판적으로 보게 된다.

– 지문을 읽기 전에는 불완전하게 이해했던 내용이, 지문을 다 읽은 뒤에는 어느 정도 잘 이해되는 모습입니다. 밑줄 친 부분 위주로 〈보기〉의 내용을 파악한 뒤에 선지를 판단해봅시다.

① [A]: 백선봉의 풍요로운 생활을 '남들'의 굶주린 생활과 비교하여 서술함으로써 독자가 그를 비판적으로 보게 하고 있군.

선지 유형	근거가 있어서 허용 가능
실전에서의 판단 과정	뭐 그렇지.
해설	'남들'은 배고픔에 시달리고 있을 때, '백선봉'의 광에는 부정하게 모은 재산들이 쌓여 있었습니다. 이렇게 비교하며 서술하면 독자는 '백선봉'을 비판적으로 볼 수밖에 없겠죠?

② [B]: 부정하게 모은 많은 물건들을 하나씩 나열하여 습격 당시 현장의 들뜬 분위기를 환기함으로써 '군중'의 놀람과 분노를 독자에게 전하려 하고 있군.

선지 유형	근거가 있어서 허용 가능
실전에서의 판단 과정	군중들 입장에서 저런 물건들을 보면 들뜨면서도 놀라고 분노하겠지.
해설	[B]에서는 '광목', '고무신', '지카다비' 등 '백선봉'이 부정하게 모은 많은 물건들을 하나씩 나열하고 있습니다. 그런데 이는 '군중'들이 해방이 되었을 때 부정하게 재산을 모았던 악인의 집을 습격하는 과정에서 쏟아져 나온 것입니다. '군중'들의 입장에

공감하며 해방이 되었을 때의 습격 분위기를 생각해보면, 선지에서 이야기하는 '들뜬 분위기'를 허용하는 것이 크게 어렵지 않을 것입니다. 나아가 저 많은 물건들을 가지고 있다는 것에 대해 '놀람'과 '분노'라는 심리를 보이는 것도 당연하겠죠. 결국 핵심은 또 '인물에 대한 공감'이었습니다.

이때 '들뜬 분위기'는 〈보기〉를 바탕으로도 허용할 수 있습니다. 〈보기〉에서는 '세부 항목을 하나씩 나열하여 장면의 분위기를 고조'하는 서술 방법을 쓴다고 했습니다. 이때 '장면의 분위기를 고조'한다는 것을 근거로 하면 '들뜬 분위기'가 충분히 허용이 되겠죠.

③ [C] : '있었더란다'를 통해 누군가에게 들은 것처럼 전하면서도, 전하는 내용을 '군중'의 시선으로 초점화하여 독자가 '군중'의 입장에 서도록 유도하고 있군.

선지 유형	근거가 있어서 허용 가능
실전에서의 판단 과정	[C]의 내용이 군중의 시선이라는 건 쉽게 허용할 수 있겠다.
해설	'있었더란다'라는 표현 자체가 누군가에게 들은 것을 전하는 말투이기 때문에 쉼표 앞쪽은 쉽게 허용이 될 것 같습니다. 그리고 여기서 '전하는 내용'은 '백선봉'의 집에 엄청난 재산들이 있었다는 것입니다. 이는 '군중'의 시선에서 중요한 것들이기 때문에, '군중'의 시선으로 초점화한다는 것을 쉽게 허용할 수 있겠죠. 나아가 이렇게 '군중'의 시선으로 초점화하는 것은 독자가 그들의 입장에 서기를 바라는 작가의 의도가 반영되었다고 할 수 있겠죠?

④ [D] : '동네 사람'의 시선으로 초점화하여 백 주사의 만행을 서술함으로써 백 주사가 습격의 빌미를 제공한 것처럼 독자가 느끼게 하고 있군.

선지 유형	근거가 있어서 허용 가능
실전에서의 판단 과정	동네 사람들한테 못되게 했으니 습격당할 만하다고 느껴지네.
해설	[D]에서는 '백 주사'의 만행을 '동네 사람'들의 시선으로 바라보고 있습니다. 이러한 사건들을 통해 축적된 분노는 '동네 사람'들이 '백 주사'네 집을 습격하는 빌미로 작용할 수 있겠죠. 작가는 독자들이 이렇게 생각하기를 의도한 것입니다. 〈보기〉에서 이야기한 것처럼 '고통받았던 사람들의 입장'에 서기를 바라는 것이죠.

⑤ [E] : 백 주사 '가족'의 몰락을 보여 주는 사건들을 백 주사의 시선으로 일관되게 초점화하여 그들에게 고통받았던 사람들의 편에 선 독자가 통쾌함을 느끼게 하고 있군.

선지 유형	근거가 있어서 허용 불가능
실전에서의 판단 과정	일관되게 백 주사의 시선인 건 아닌 것 같은데?
해설	'백선봉이 보낸 ~ 가족들은 죽을 매를 맞고'까지는 '백 주사'의 시선으로 초점화된 것이라고 할 수 있습니다. '백 주사'의 입장에서 일어났던 일들을 묘사하고 있으니까요. 하지만 '백선봉은 처가로, 백 주사는 서울로~' 부분은 '백 주사'의 입장을 보여 주는 것이 아니라, '백선봉' 및 '백 주사'에게 있었던 일을 서술자가 설명하는 부분에 불과합니다. 이에 따르면 [E]는 '백 주사'의 시선으로 '일관되게 초점화'한 것이 아니기 때문에, 허용할 수 없는 선지라고 판단할 수 있겠네요. 물론, '그들에게 고통받았던 사람들의 편에 선 독자'는 '백 주사'와 그의 가족들이 당하는 것을 보고 '통쾌함'을 느낄 수 있을 것입니다. 나아가 이것이 작가의 의도라고도 할 수 있겠죠.

조금 더 확실하게 해결해 봅시다. 〈보기〉에 따르면 서술자는 여러 인물들의 시선으로 '초점화'하면서 독자와 작중 인물 간의 거리를 조절한다고 했어요. 그리고 '초점화'라는 단어가 쓰인 선지는 3번 선지와 4번 선지입니다. 이 두 선지를 보면, 각각 '군중'과 '동네 사람'의 시선으로 '초점화'하여 독자와 그 대상 사이의 거리를 좁히고 있음을 알 수 있습니다. 어떻게 보면 당연한 말이죠? 누군가의 시선으로 본다는 것은, 그 누군가의 내면세계를 통해 사건을 바라본다는 것이니까요.

그런데 5번 선지에서는 '백 주사'의 시선으로 '초점화'한다고 했습니다. 이에 따르면 서술자는 독자들이 '백 주사'와의 거리를 좁히길 의도한 것이라 할 수 있습니다. 하지만 선지에서는 독자가 '그들에게 고통받았던 사람들의 편'에 섰다고 말하고 있네요. 이는 애초에 모순되는 내용이기에, 5번 선지는 절대로 답이 될 수 없습니다. 이처럼 〈보기〉도 선지 판단의 주요 근거로 쓰인다는 점, 확실하게 알아 두도록 합시다!

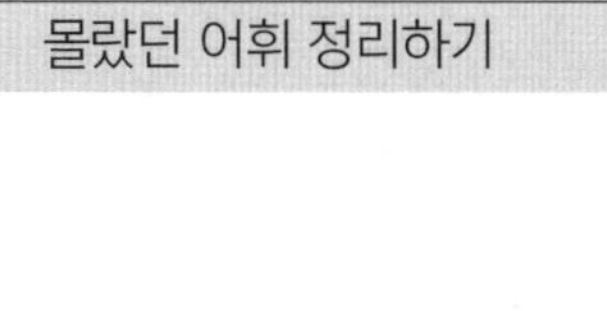

| 핵심 **point** |

① **허용 가능성 평가** : 선지의 내용을 '허용'하려는 태도를 바탕으로 지문을 '독해'하며 '근거'를 찾아야 합니다. 허용할 수 있는 '근거'가 있어야만 허용할 수 있습니다. 주관적인 생각을 개입시키면 안 됩니다.

② **소설 독해** : '심리와 행동의 근거'를 바탕으로 인물에게 '공감'하며 읽어야 합니다. 이 과정이 물흐르듯 이어지면 지문의 내용을 완벽하게 이해할 수 있어요.

| 지문 내용 총정리 |

'일제강점기'라는 현대사의 흐름 속에서 나타난 악인들의 모습이 잘 드러난 작품이었습니다. 각 순간순간의 심리와 행동의 근거에 주목하며 읽는 연습을 하기에 좋은 작품이니, 확실하게 복습하여 자기 것으로 만들도록 합시다.

〈보기〉 확인

> ─────[보기]─────
>
> 이 작품은 전통과 근대의 가치관이 혼재된 시기에, 엄격한 상하 관계에 기반한 신분 제도가 혼란해지는 사회상을 잘 담고 있다. 이 작품의 인물들은 권위를 내세우며 자신의 지위를 고수하려는 모습이나, 기존 삶의 구습에서 벗어나 자신의 삶을 새롭게 인식하는 면모를 보인다. 또한 급변하는 현실 속에서 위 세대와는 다르게, 권력에 더 민감하게 대응하는 모습을 보이기도 한다. 이 작품은 현실에 작용하는 권력이 다양한 계층의 인간들에게 영향을 끼치는 상황을 재현하며, 완고했던 신분적 위상이 흔들리고 있음을 보여 주고 있다.

전통과 근대의 가치관이 혼재된 시기, 신분 제도가 혼란해지는 사회상에 대해 언급하고 있는 지문이라고 합니다. 권위를 내세우며 지위를 고수하려는 모습, 자신의 삶을 새롭게 인식하는 모습, 권력에 민감하게 대응하는 모습 등 다양한 모습을 통해 신분 제도가 혼란해지는 사회상을 어떻게 그리고 있을지 기대하면서 읽어봅시다.

지문 독해

> **[앞부분 줄거리]** 위세를 떨치던 안양덕 집안에서 머슴으로 일하는 김원석이 양덕영감의 집에서 명절 떡을 훔쳐 온다. 이 떡으로 또쇠 아버지와 치전(길성 아버지)이 떡 먹기 내기를 하다가 치전이 급체로 죽는다. 이 일로 인해 순사가 양덕영감을 찾아온다.

[앞부분 줄거리]에 정말 많은 인물들이 제시되어 있습니다. 이럴 때는 시간을 충분히 쓰면서 확실하게 정리하고 넘어가야 한다고 했어요. 위세를 떨치던 안양덕, 즉 '양덕영감'의 집에서 머슴으로 일하는 '김원석'이 명절 떡을 훔쳤다고 합니다. 그런데 이 떡으로 '또쇠 아버지'와 '길성 아버지'(=치전)가 떡 먹기 내기를 했는데, '치전'이 죽어버렸다고 해요. 황당하지만 어쨌든 사람이 죽은 사건이니 '순사'가 '양덕영감'을 찾아온 모습이에요. 정리하면, '양덕영감'의 집에서 머슴으로 일하는 '김원석'이 떡을 훔쳤고, 이 때문에 '치전'이 죽어 '순사'가 수사를 하러 온 모습입니다. 이를 바탕으로 계속 읽어봅시다.

> "이리 오너라." 하며 순사는 죄인이나 다루듯이 원석이의 소맷자락을 잡아 채친다. 가슴이 떨리나 하는 대로 내버려두었다. 설령 죄가 돌아온다 하더라도 받는 것이다! 고까지 생각하며 마음을 가라앉히려 하였다. **사랑마당**에 들어서서도 원석이의 소매를 놓지 않고 큰방에다가 대고 주인을 부른다.

'순사'는 죄인 다루듯이 '김원석'의 소맷자락을 잡습니다. 어쨌든 떡을 훔친 죄가 있는 '김원석'은 당연히 가슴이 떨리겠죠. 하지만 죄가 온다면 그대로 받겠다며 마음을 굳게 먹고 있는 모습이네요. 이런 상황에서 '순사'는 '원석'의 소매를 계속 잡은 채로 주인을 찾고 있습니다.

> 노영감이 유리로 내다보다가 누구든지 나가 보라고 소리를 치니까 약(藥) 맡아보는 선달이 나왔다.
> "당신이 주인이오?"
> "아녜요……." 하고 이 늙은이는 벌벌 떨면서 뒤로 들어가더니 곧 양덕영감이 나왔다.
> "왜 그러우?"
> 양덕영감은 〈망건을 도드라지게 쓴 위에 곱다란 인모탕건을 얹어 놓았다. 탐스런 대모풍잠이 은은히 비추인다.〉 말소리가 좀 거만한 듯한 데에 불끈한 순사는,
> "당신이 주인이요? 호주요?" 하고 연거푸 물었다. 양덕영감은 왜 그러는지 잠깐 머뭇거리다가,
> "네." 하고 겨우, 그러나 아까보다는 좀 수그러진 목소리로 대답을 했다.

'노영감'이라는 인물이 '안양덕 집안'에서 꽤 높은 사람으로 보이는데, 그는 누구든지 나가 보라고 했고 '선달'이라는 인물이 나옵니다. 정황상 '선달'은 그리 높은 인물이 아닌 것 같죠? 그러니 '순사'의 말에 벌벌 떠는 모습을 보이는 것이겠죠. 이런 모습에 충분히 공감할 수 있어야 합니다.

아무튼, 계속 주인을 찾자 '양덕영감'이 나옵니다. 〈 〉 표시한 외양 묘사를 보면, '양덕영감'은 확실히 좀 고급스러운 모습이죠? 하지만 말소리가 좀 거만한 듯한 데에 '순사'는 발끈하고, 좀 더 강하게 물어봅니다. 〈보기〉에서 말한 것처럼 신분 제도가 혼란해지는 모습이 잘 나타나고 있죠? '양덕영감'의 입장에서 '순사'는 신분상 낮은 사람이고, '순사'의 입장에서도 '양덕영감'은 공무원인 자신보다 더 낮은 사람으로 여겨지는 것입니다. 그러니 '양덕영감'도 잠깐 머뭇거리는 모습을 보이다가, 조금 더 수그러진 목

소리로 대답을 하는 것입니다. 이런 감정들에 충분히 공감하면서 읽을 수 있겠죠? 은근한 기싸움을 하고 있는 겁니다.

> "주재소로 좀 갑시다. 어서 옷 입으우."
> "무슨 일인데요?"
> "나도 모르우. 어서 옷 갖다가 입우."
> 이러는 동안에 노영감은 마루로 나서고 꼬깔 참봉 은 누가 기별했는지 안에서 눈이 뚱그래서 고깔을 휘젓고 튀어나오고 아들 손자 하인 할 것 없이 삽시간에 마당이 빽빽하게 모여들었다. 원석이 처 는 코끝이 빨개서 뛰어나와서 뚱그란 두 눈을 회회 내젓다가 남편이 순사에게 붙들려 섰는 것을 보고 틈을 비비고 나서다가 꼬깔 참봉께 호령만 당하고 사람의 틈으로 물러섰다.

'순사'는 '양덕영감'에게 '주재소'로 가자는 이야기를 하고, 마당은 순식간에 시끄러워집니다. '노영감'도 마루로 나서고, '꼬깔 참봉'도 눈이 뚱그래서 튀어나옵니다. 원석이 '처'도 코끝이 빨개서 뛰어나와 남편에게 나서다 '꼬깔 참봉'에게 호령당하고 물러서는 등 아수라장이 펼쳐졌어요. 이런 혼란스러운 배경을 충분히 상상할 수 있겠죠? 상상이 된다면 충분합니다.

> "왜 그러슈? 치전이 죽은 데 무슨 상관이 있는 줄 알고 그러슈? 그 일이면 내가 자세히 아니 나하고 갑시다."
> 꼬깔 참봉이 나서며 이렇게 물었다. 이 말에 누구보다 놀란 사람은 원석이었다. 벌써 소문이 돌았던 게다.
> "응? 치전이가 죽었어?" 하고 놀라는 소리도 그중에서는 들렸다.
> "그럼 갈 테건 당신도 갑시다." 하며 순사는 부자를 다 데리고 갈 눈치다. 꼬깔 참봉이 나중에는 허리를 굽실거리며 쇤네를 개울려 가며 애원을 해 보았으나 끝끝내 고집을 세우고 어디로 도망이나 할 염려가 있는 듯이 부자의 옷을 내어다가 입혀서 앞장세우고 주재소로 갔다. 경관의 앞에는 상전 하인이 없었다. 이런 일은 이곳에 주재소가 나와 선 지 수십 년 내에, 아니 이 집의 가문에 없던 일이었다.

'꼬깔 참봉'은 나서며 '치전'의 죽음에 대해서는 자신이 알고 있으니 가자는 이야기를 합니다. 그런데 '원석'이 깜짝 놀라고 있어요. 상황을 보니, '원석'은 '치전'이 죽은 것을 '꼬깔 참봉'이 알고 있을 줄 몰랐던 것이네요. 소문이 이렇게나 빠르다는 생각을 하면서 놀랐겠죠? 주변에서도 '치전'이가 죽었냐며 웅성웅성대고, '순

사'는 '꼬깔 참봉'까지 데려가려고 하는 모습입니다. 여기서 '부자를 다 데려갈 눈치다'라는 표현을 보면 '꼬깔 참봉'은 '양덕영감'의 아들임을 짐작할 수 있겠습니다.

'꼬깔 참봉'은 애원을 해 보았지만 소용이 없었고, '순사'는 '양덕영감'과 '꼬깔 참봉'을 모두 '주재소'로 데려갑니다. 신분제 사회에서는 상상도 못할 일이 벌어진 것이죠. 그러니 이 집의 가문에 없던 일이었다는 표현도 나오는 것이구요. 우리의 입장에서는 그러려니 할 수 있는 일이지만 당시 사람들의 입장에서는 상당히 쇼킹한 일이었을 것이라고 충분히 공감할 수 있겠죠?

> (중략)
> 치전이의 장사는 하여간 이와 같이 하여 그날 저녁때에 눈발이 날리고 쓸쓸한 가운데 – 그러나 읍내의 청년 단체의 대표자 의 호상까지 받고서 무사히 지냈다. 송장을 파묻고 내려올 제 그 청년들은 원석이를 붙들고,
> "기위 양덕 집에서 쫓겨나게 되었다니 나올 바에야 오늘로라도 나오슈. 우리도 이리 올 때에는 그 집에 가서 장비라도 부조를 하라고 권고를 할 작정이었으나 그까짓 놈이 내놓으면 얼마나 내놓겠소. 그래서 그만두었지만 저희도 좀 정신 차릴 날이 있으리다." 하며 남의 일이건만 왜 그러는지 성벽을 내어서 여러 사람을 충동이는 것 같았다.
> "아닌 게 아니라 저희도 좀 양덕 댁에 말해 볼까 하다가 핀잔만 만날 것 같아 그만두었습죠."
> 원석이도 이렇게 맞장구를 쳤다.
> "그렇다마다요. 우리 지부에서도 창립할 때 원조를 청했더니 단돈 일 원 한 장도 안 내고 그런 건 우리는 모릅니다고 뻣뻣하기가 바지랑대*던데……."
> 이것은 또 다른 청년 의 말이다.
>
> * 바지랑대 : 빨랫줄을 받치는 긴 막대기.

그렇게 수사가 끝나고 '치전이'의 장례식이 치러지고 있습니다. 눈발이 날리고 쓸쓸한 가운데 치러진 장례식, 읍내 청년 단체의 '대표자' 덕에 무사히 잘 치른 모습입니다. 이때 그 단체의 청년들은 '원석이'에게 '양덕영감'의 집에서 쫓겨나기 전에 먼저 나오라는 권유를 합니다. '양덕영감'에게 부조를 좀 하라고 하려다가 그만두었다는 이야기를 하면서 말이죠. '원석이'도 이에 맞장구를 칩니다. 청년들이 말하는 것처럼, 말해 봤자 핀잔만 들을 것 같아서 그만두었다는 이야기를 하면서 말이에요.

여기서 '또 다른 청년'은 이때다 싶었는지 '양덕영감'의 흉을 봅니다. 단체를 창립할 때 원조를 청했으나 '바지랑대'처럼 아무런 도움도 주지 않았다고 하면서 말이죠. 당시 양반층에 대해 평민층이 가지고 있었을 불만이 어마어마했을 것이기에, 이렇게 기회만 생기면 흉을 보는 모습에 충분히 공감할 수 있을 것입니다.

> "그는 하여간에 김원석 씨는 그 집에서 나오면 당장 어데를 가시려우?"
>
> 거의 길성이 집 근처까지 와서 한 청년은 원석이를 쳐다보며 발을 멈춘다. 길성 어머니는 어찌나 추운지 이제는 울지도 못하고 자식들이 기다리는 집으로 달음질을 해 간다.
>
> "왜 그러시죠? …… 저두 이번 일에 무식한 생각이나마 깨달은 것이 있어서 단정코 서울로 올라가렵니다." 하고 원석이도 발을 멈추며 섰다.
>
> "서울루? 서울루 가서 뭘 하려우?"
>
> "무얼 하자는 게 아니오라 여기 있으면 어떻게 땅뙈기라도 부쳐서 먹고 지내려면 지낼 수도 있겠지마는……." 하며 원석이는 추운지 어깨를 으쓱하며 두루마기 소매로 코를 쓱 씻는다. 여러 사람은 원석이의 나중 말을 들으려는 듯이 잠자코 쳐다본다.
>
> "글쎄 말요. 시골 사람은 덮어놓고 서울 서울 하지만 서울 처음 가서 어름어름하다가는 여기 있는 것보다도 더 어려울 것 같은데……."
>
> 청년은 이런 소리를 한다.
>
> [A] "그것도 모르는 건 아닙니다마는……." 하며 원석이는 자기가 아직 나이 늙기 전에 노동을 하면서라도 공부를 해서 사람답게 살아 보겠다는 말이며 길성이네 네 식구를 적어도 장래는 자기가 뒤를 보아 주어야겠다는 말, 또 이곳에 떨어져 있으려면 친구들에게 낯이 없어서 괴롭다는 여러 가지 사정을 간단히 말하였다.
>
>   -염상섭, 「두 출발」-

그렇게 '길성'의 집 근처에 다다르자, 한 청년은 '원석'에게 '양덕영감'의 집에서 나오면 무엇을 할 것인지 묻습니다. 그 와중에서 '길성 어머니'('치전'이 '길성 아버지'였으니 남편을 잃은 상황이죠.)는 추운 날씨 탓에 울지도 못하고 자식들이 기다리는 집, 즉 현실로 돌아갑니다. 당시에 가난한 사람들의 삶이 얼마나 팍팍했을지 상상할 수 있겠죠?

어쨌든, '원석이'는 무언가를 깨달았다며 서울로 가겠다는 이야기를 합니다. '청년'은 시골 사람이 서울 가서 잘 살기 어려울 것 같다고 하지만, '원석이'는 늙기 전에 노동을 하면서라도 공부를 해서 사람답게 살아 볼 것이며 '길성'이네의 네 식구를 신경쓰겠다는 말 등을 하는 모습입니다. 〈보기〉에서 말한 것처럼 '원석이'는 기존 삶의 구습에서 벗어나 자신의 삶을 새롭게 인식하고 있는 것이네요. 고향에서 일자리를 잃게 된 김에 서울에서 도전해보겠다는 '원석이'의 마음, 충분히 공감할 수 있겠죠?

늘 강조하지만, 수능 산문문학의 핵심은 '줄거리 파악'이 아닌 장면마다의 인물들의 내면세계에 '공감'하는 것입니다. 공감하다 보면 줄거리가 자연스럽게 파악된다는 느낌으로 읽으셔야 해요. 이 내용을 바탕으로 가볍게 문제를 해결해봅시다.

선지	①	②	③	④	⑤
선택률	9%	9%	65%	9%	8%

63 [A]에 나타난 서술상 특징으로 가장 적절한 것은? ③

- [A]는 서울로 가겠다는 '원석이'의 내면세계를 자세하게 서술하는 구간이었습니다. 이 내용을 기반으로 답을 골라봅시다.

① 서술자가 특정 인물의 시선에 의존하여 사건의 전모를 제한적으로 전달하고 있다.

선지 유형	근거가 없어서 허용 불가능
실전에서의 판단 과정	사건의 전모는 무슨.
해설	일단 서술자가 '원석이'라는 특정 인물의 내면에 주목하는 것은 맞지만, '원석이'라는 특정 인물의 시선에만 의존하고 있는 것은 아닙니다. 나아가 '사건의 전모를 전달'한다는 것은 이 지문의 전반적인 흐름을 고려했을 때 절대 허용할 수 있는 내용이 아니죠. [A]는 그저 '원석이'의 마음을 설명해주는 부분일 뿐입니다.

② 이야기 외부의 서술자를 통해 인물에 대한 주관적 평가를 직접적으로 밝히고 있다.

선지 유형	근거가 없어서 허용 불가능
실전에서의 판단 과정	평가를 한 적은 없지.

| 해설 | 이야기 외부의 서술자가 등장하기는 하지만, 인물에 대한 '평가'를 하고 있지는 않습니다. 이야기 외부의 서술자는 그저 '원석이'의 내면을 설명하고 있을 뿐이에요. |

③ 직접 인용 표현과 간접 인용 표현을 혼용하여 특정 인물의 생각을 드러내고 있다.

선지 유형	근거가 있어서 허용 가능
실전에서의 판단 과정	특정 인물 생각은 맞고, 직접 인용 간접 인용도 다 나오네.
해설	일단 '특정 인물의 생각을 드러내고 있다'는 내용에서 눈이 초롱초롱해져야 합니다. 우리가 미리 생각한 내용과 맞닿아 있으니까요. 그럼 '직접 인용 표현'과 '간접 인용 표현'이 제시되어 있는지만 확인하면 되는데, 〈"무얼 하자는 게 ~"하며〉라는 부분에서 '직접 인용 표현'을, 마지막 네 문장에서 '간접 인용 표현'을 확인할 수 있네요. 기분 좋게 답으로 골라주시면 되겠습니다.

④ 대화를 주고받는 장면을 제시하여 인물 간의 갈등이 심화되는 양상을 보여 주고 있다.

선지 유형	근거가 없어서 허용 불가능
실전에서의 판단 과정	갈등이 어딨냐.
해설	대화를 주고받기는 하지만, '청년'과 '원석이' 사이에는 딱히 갈등이 없습니다. 갈등이 나타나지도 않는데 심화된다는 건 절대 허용할 수 없겠죠.

⑤ 관찰자의 시선으로 특정 인물의 행동을 묘사하여 시간의 흐름에 따른 인물의 심리 변화를 제시하고 있다.

선지 유형	근거가 없어서 허용 불가능
실전에서의 판단 과정	심리 변화가 어딨냐.
해설	'추운지 어깨를 으쓱', '나중 말을 들으려는 듯이' 등의 표현을 보면 인물들의 행동의 근거를 정확히 알고 서술하는 것이 아닌 관찰자의 시선에서 추측을 하고 있다는 것을 알 수 있습니다. 하지만 이것이 시간의 흐름에 따른 인물의 '심리 변화'를 제시하지는 않죠. '심리 변화'는 실로 어마어마한 변화이기 때문에 답이 되기 어렵다는 걸 꼭 알아둡시다.

선지	①	②	③	④	⑤
선택률	12%	10%	11%	52%	15%

64 ⓐ~ⓓ를 중심으로 윗글을 이해한 내용으로 가장 적절한 것은? ④

ⓐ선달 / ⓑ양덕영감 / ⓒ꼬깔 참봉 / ⓓ순사

– ⓐ는 '노영감'의 지시로 ⓑ를 대신해 ⓓ 앞으로 온 인물이고, ⓑ는 이 집의 주인으로 ⓒ의 아버지입니다. ⓓ는 '치전'의 사망 사건으로 인해 ⓑ와 ⓒ를 주재소로 데려 간 인물이죠? 각 인물들의 관계와 심리 등을 정확히 체크했으니, 어렵지 않게 해결해보도록 합시다.

① ⓐ는 ⓓ가 주인을 부르는 소리를 듣고 ⓒ를 대신하여 마당으로 나온다.

선지 유형	근거가 없어서 허용 불가능
실전에서의 판단 과정	주인을 불렀으니 ⓑ를 대신한 거지.
해설	미리 생각했듯이, ⓐ는 ⓑ를 대신해서 나온 것입니다. ⓑ와 ⓒ의 관계를 정확히 이해했다면 어렵지 않게 지워낼 수 있네요.

② ⓑ는 불안한 상황에 처한 ⓐ의 입장을 설명하기 위해 ⓓ와의 대화를 시도한다.

선지 유형	근거가 없어서 허용 불가능
실전에서의 판단 과정	양덕영감이 선달의 입장을 왜 설명해.
해설	ⓑ의 입장에서 ⓐ는 그저 집안 하인입니다. 굳이 ⓐ의 입장을 설명할 필요가 없죠. ⓑ가 ⓓ와의 대화를 시도한 것은 ⓓ가 자꾸 주인을 찾았기 때문이었습니다.

③ ⓒ는 ⓓ가 ⓑ에게 거만한 태도로 응대하는 것을 지적하며 불만을 표출한다.

선지 유형	근거가 있어서 허용 불가능
실전에서의 판단 과정	오히려 달래려고 했지.

ⓒ는 ⓓ에게 허리를 굽실거리며 달래려는 모습을 보였습니다. 이는 ⓓ가 '순사'라는 지위를 가지고 있기 때문이었죠? 이렇게 ⓓ를 잘 달래서 돌려보내려는 모습을 보였다는 명백한 근거가 있으니, ⓓ에게 불만을 표출한다는 것은 절대 허용할 수 없겠습니다.

선지 유형	근거가 있어서 허용 가능
실전에서의 판단 과정	그렇지.
해설	'설령 죄가 돌아온다 하더라도'라는 상황을 가정하여 마음을 가라앉히려 하는 모습입니다. 이를 근거로 하면 '순사'가 잡으러 왔다는 심리적인 압박 상태를 해소하고자 애쓰고 있다는 것을 충분히 허용할 수 있겠죠.

② ㉡: 공유되지 않고 있다고 여겼던 일을 모두가 이미 알고 있었음을 알게 된 데에 따른 반응을 나타낸다.

④ ⓒ는 ⓑ가 곤란한 상황에 처한 것을 알아차리고 ⓓ와 동행하겠다는 의사를 밝힌다.

선지 유형	근거가 있어서 허용 가능
실전에서의 판단 과정	아버지 도우려고 나온 거지.
해설	ⓒ는 아버지인 ⓑ가 곤란한 상황에 처한 것을 알고, ⓓ에게 '치전'의 죽음에 대해서는 자신이 잘 알고 있으니 자신과 함께 가자는 이야기를 합니다. 이 장면을 그대로 선지화하고 있으니 정답으로 골라줄 수 있겠네요. 장면을 상상하면서 인물들의 행동을 정확하게 이해하지 않았다면 굉장히 헷갈렸을 거예요.

꼬깔 참봉이 나서며 이렇게 물었다. ㉡이 말에 누구보다 놀란 사람은 원석이었다. 벌써 소문이 돌았던 게다. "응? 치전이가 죽었어?" 하고 놀라는 소리도 그중에서는 들렸다.

선지 유형	근거가 있어서 허용 불가능
실전에서의 판단 과정	모두가 알고 있던 건 아니지. 웅성웅성했잖아.
해설	'원석이'는 '치전'의 죽음이 공유되지 않고 있다고 여기고 있었습니다. 하지만 '꼬깔 참봉'이 '치전'의 죽음에 대해 언급하자 깜짝 놀라는 모습을 보였죠. 이는 다른 이들도 '치전'의 죽음에 대해 이미 알고 있었음을 알게 된 데에 따른 반응이라고 할 수 있는데, 바로 다음 "응? 치전이가 죽었어?" 하고 웅성거리는 모습이 나오는 것을 보면 '모두가' 이를 이미 알고 있던 것은 아니었으니 허용할 수 없는 선지가 됩니다. 다소 치사한 선지라고 할 수도 있지만, 결국 묻고자 한 것은 바로 다음 웅성거리는 분위기가 왜 나타나는지 상상하고 공감했는지의 여부입니다. 이걸 해냈다면 치사하다는 생각을 하지 않고 가볍게 답을 고를 수 있었을 거예요.

⑤ ⓓ는 ⓒ가 제안한 바를 수용하여 ⓑ를 주재소로 데리고 간다.

선지 유형	근거가 없어서 허용 불가능
실전에서의 판단 과정	ⓒ가 뭐라고 하든 ⓑ도 같이 데려간 거지.
해설	ⓒ는 ⓓ에게 허리를 굽실거리며 자신만 데려가라는 제안을 합니다. 하지만 ⓓ는 이를 수용하지 않고 ⓑ와 ⓒ 모두를 '주재소'로 데려갔죠. ⓓ의 강압적인 태도에 공감하면서 읽었다면 당연하게 지워낼 수 있는 선지예요.

③ ㉢: 시간적인 내력을 따져 보며 인물이 처해 있는 상황이 매우 이례적인 사건임을 보여 준다.

선지	①	②	③	④	⑤
선택률	14%	44%	11%	17%	14%

65 ㉠~㉢에 대한 이해로 적절하지 <u>않은</u> 것은? ②

① ㉠: 가정적인 상황을 상정하여 심리적인 압박 상태를 해소하고자 애쓰고 있음이 나타난다.

㉠설령 죄가 돌아온다 하더라도 받는 것이다! 고까지 생각하며 마음을 가라앉히려 하였다.

㉢이런 일은 이곳에 주재소가 나와 선 지 수십 년 내에, 아니 이 집의 가문에 없던 일이었다.

선지 유형	근거가 있어서 허용 가능
실전에서의 판단 과정	그러네.

해설	'수십 년 내에, 아니 이 집의 가문에~'라는 시간적인 내력을 따져 보면서, '이런 일'이 매우 이례적인 사건임을 보여 주고 있습니다. 굳이 더 설명하지 않아도 되겠죠?

④ ㉣: 대화에서 언급된 대상의 반응을 예상할 수 있기 때문에 의도한 바를 시도조차 하지 않았음이 드러난다.

㉣ "아닌 게 아니라 저희도 좀 양덕 댁에 말해 볼까 하다가 핀잔만 만날 것 같아 그만두었습죠."

선지 유형	근거가 있어서 허용 가능
실전에서의 판단 과정	핀잔만 만날 것 같다는 반응을 예상해서 시도조차 하지 않은 거지.
해설	'양덕 댁'이라는 대상에게 말을 해봤자 핀잔만 줄 것 같다는 반응을 예상할 수 있기 때문에, 말해 볼까 했다는 의도한 바를 시도조차 하지 않았다고 합니다. 이 내용 그대로 선지화된 모습이네요.

⑤ ㉤: 과거의 경험에서 비롯된 인물에 대한 부정적 인식을 특정 사물의 속성에 빗대어 드러낸다.

"그렇다마다요. ㉤우리 지부에서도 창립할 때 원조를 청했더니 단돈 일 원 한 장도 안 내고 그런 건 우리는 모릅니다고 뻣뻣하기가 바지랑대*던데……."

*바지랑대: 빨랫줄을 받치는 긴 막대기.

선지 유형	근거가 있어서 허용 가능
실전에서의 판단 과정	바지랑대에 빗대서 부정적 인식을 드러내고 있네.
해설	지부를 창립할 때라는 '과거의 경험'에서 비롯된 '양덕영감'이라는 인물에 대한 부정적 인식을 '바지랑대'라는 특정 사물의 속성(뻣뻣함)에 빗대어 드러내고 있습니다. 가볍게 허용할 수 있겠죠?

선지	①	②	③	④	⑤
선택률	12%	18%	43%	11%	16%

66 〈보기〉를 참고하여 윗글을 감상한 내용으로 적절하지 않은 것은? [3점] ③

① '똥그란 두 눈을 횅횅 내젓'는 원석의 처에게 '호령'하는 꼬깔 참봉의 모습에서, 자신의 신분적 지위를 고수하며 권위를 내세우고자 하는 태도를 엿볼 수 있겠군.

원석이 처는 코끝이 빨개서 뛰어나와서 똥그란 두 눈을 횅횅 내젓다가 남편이 순사에게 붙들려 섰는 것을 보고 틈을 비비고 나서다가 꼬깔 참봉께 호령만 당하고 사람의 틈으로 물러섰다.

선지 유형	근거가 있어서 허용 가능
실전에서의 판단 과정	권위를 내세우는 모습 그 자체네.
해설	'꼬깔 참봉'은 하인의 아내인 '원석의 처'에게 '호령'하며 물러나게끔 합니다. 이는 자신의 신분적 지위를 고수하며 권위를 내세우는 모습 그 자체죠? 가볍게 허용할 수 있겠습니다.

② '그까짓 놈'의 행태를 지적하고 그들도 '정신 차릴 날'이 올 거라는 청년의 말에서, 완고했던 신분적 위상이 전통과 근대가 혼재하던 시기에 흔들리고 있는 상황을 엿볼 수 있겠군.

"기위 양덕 집에서 쫓겨나게 되었다니 나올 바에야 오늘로라도 나오슈. 우리도 이리 올 때에는 그 집에 가서 장비라도 부조를 하라고 권고를 할 작정이었으나 그까짓 놈이 내놓으면 얼마나 내놓겠소. 그래서 그만두었지만 저희도 좀 정신 차릴 날이 있으리다."

선지 유형	근거가 있어서 허용 가능
실전에서의 판단 과정	양반한테 저런 말을 하다니, 신분적 위상이 흔들리고 있긴 했구나.
해설	신분적 위상이 완고했던 과거에는 '양덕영감' 같은 양반에게 '그까짓 놈'과 같은 표현을 사용하는 것은 꿈도 못 꾸던 일이었습니다. 그런데 그런 표현을 사용하고 있고, '정신 차릴 날'이 와서 신분적 권위를 내려놓고 자신들을 도울 것이라고 생각하는 모습에서 완고했던 신분적 위상이 흔들리고 있는 상황을 엿볼 수 있겠네요.

③ '경관의 앞'에서는 '상전 하인이 없었다'는 것에서, 당시에 작용했던 새로운 권력으로 인해 기존 신분제의 엄격한 상하 관계가 역전된 사회의 혼란상을 엿볼 수 있겠군.

> 경관의 앞에는 상전 하인이 없었다.

선지 유형	근거가 있어서 허용 불가능
실전에서의 판단 과정	상하 관계가 역전된 게 아니지.
해설	'경관의 앞'에서는 '상전 하인이 없었다'는 것은 당시에서 작용했던 새로운 권력(순사)로 인해 기존 신분제가 크게 흔들리는 모습을 단적으로 보여 준다고 할 수 있습니다. 하지만 '상하 관계가 역전'된 것은 아니죠? 〈보기〉에서도 '신분 제도가 혼란해지는' 모습을 담고 있다고 했고, '상전 하인이 없었다'는 표현도 신분의 구분이 무의미하다는 의미를 담고 있는 것이지 '순사'나 '하인'이 '꼬깔 참봉' 등의 양반보다 더 높아졌다는 의미가 아니었습니다.
	선지도 하나의 문장입니다. 선지에서 묻는 것을 정확하게 독해하고 판단하는 습관이 없으면 이런 문제에서 시간을 오래 끌릴 수밖에 없다는 걸 기억하세요. 최근 평가원은 맞는 표현과 틀린 표현 사이의 간극을 극도로 좁혀서 더욱 예민한 독해를 할 수 있는 학생을 찾아내고자 하는 모습을 보이고 있으니 선지를 대충 읽는 태도는 절대 금물입니다.

④ '쫓겨나게' 된 원석이 '깨달은 것이 있'다며 '사람답게 살아 보겠다'고 말하는 것에서, 기존 삶의 구습에서 벗어나 자신의 삶을 새롭게 인식하는 인물의 모습을 엿볼 수 있겠군.

> "기위 양덕 집에서 쫓겨나게 되었다니 나올 바에야 오늘로라도 나오슈.
>
> (중략)
>
> "왜 그러시죠? …… 저두 이번 일에 무식한 생각이나마 깨달은 것이 있어서 단정코 서울로 올라가렵니다." 하고 원석이도 발을 멈추며 섰다.
>
> (중략)
>
> 원석이는 자기가 아직 나이 늙기 전에 노동을 하면서라도 공부를 해서 사람답게 살아 보겠다는 말이며

선지 유형	근거가 있어서 허용 가능
실전에서의 판단 과정	미리 생각한 내용이네.
해설	지문의 마지막 부분을 읽으면서 〈보기〉와 엮어서 미리 생각했던 내용이네요. '원석이'는 전형적으로 〈보기〉에서 말한 '기존 삶의 구습에서 벗어나 자신의 삶을 새롭게 인식하는 인물'이었습니다.

⑤ '수그러진 목소리' 정도만으로 순사를 대하는 양덕영감과 달리, '굽실'대며 '쇤네'라고까지 하는 꼬깔 참봉의 모습에서, 위 세대보다 권력에 더 민감하게 대응하는 모습을 확인할 수 있겠군.

> "당신이 주인이요? 호주요?" 하고 연거푸 물었다. 양덕영감은 왜 그러는지 잠깐 머뭇거리다가,
> "네." 하고 겨우, 그러나 아까보다는 좀 수그러진 목소리로 대답을 했다.
>
> (중략)
>
> 꼬깔 참봉이 나중에는 허리를 굽실거리며 쇤네를 개올려 가며 애원을 해 보았으나

선지 유형	근거가 있어서 허용 가능
실전에서의 판단 과정	아버지 세대보다는 권력에 더 민감하게 반응하는 모습이네.
해설	'양덕영감'은 '순사'의 무례한 질문에 잠깐 머뭇거리다가 '수그러진 목소리'로 대답을 합니다. 이는 자신의 신분적 지위를 생각해 자존심을 부리는 모습이라는 생각을 하며 공감했던 기억이 있었죠? 하지만 아들인 '꼬깔 참봉'은 허리를 '굽실'거리며 '쇤네'('소인'이라는 표현으로 자신을 낮추는 표현)라고까지 하는 모습을 보입니다. 이는 〈보기〉에서 말한 것처럼 '급변하는 현실 속에서 위 세대와는 다르게, 권력에 더 민감하게 대응하는 모습'이라고 할 수 있겠네요.

| 핵심 point |

① **허용 가능성 평가** : 선지의 내용을 '허용'하려는 태도를 바탕으로 지문을 '독해'하며 '근거'를 찾아야 합니다. 허용할 수 있는 '근거'가 있어야만 허용할 수 있습니다. 주관적인 생각을 개입시키면 안 됩니다.

② **소설 독해** : '심리와 행동의 근거'를 바탕으로 인물에게 '공감'하며 읽어야 합니다. 이 과정이 물흐르듯 이어지면 지문의 내용을 완벽하게 이해할 수 있어요.

③ **선지에서 묻는 것** : 독서에서도 문학에서도, 선지 판단의 기본은 그 선지가 무엇을 묻고 있는지 정확하게 따지는 것입니다. 선지를 대충 판단하는 습관은 시험장에서 꽤나 치명적으로 다가올 거예요. 항상 '묻는 것'이 무엇인지 체크하는 습관을 가지도록 합시다.

| 지문 내용 총정리 |

복잡한 인물관계와 밀도 높은 선지들로 많은 학생들을 괴롭혔을 지문이었습니다. 하지만 [앞부분 줄거리]를 꼼꼼하게 정리하며 인물관계를 정리하고, 중간중간 나오는 인물들의 행동과 심리에 공감하며, 〈보기〉를 통해 전반적인 내용을 이해하는 기본적인 태도가 갖춰져 있었다면 생각보다 어렵지 않게 헤쳐나올 수 있는 지문이었을 겁니다. 여러분은 후자였길 바랍니다.

〈보기〉 확인

[보기]

「무성격자」의 **정일**은 자신을 구속하는 속물적 욕망을 경멸하고 현실에서의 적극적인 행동을 주저하는 한편, 자신과 주변에 관심을 집중한다. 그는 주변 대상을 관찰하여 그 의미를 파악하고, 파악한 내용에 반응하며, 그런 자신을 분석하기도 한다. 나아가 관찰과 분석을 수행하는 자신의 내면마저 대상화함으로써 인간 심리의 중층적 구조를 드러낸다.

'정일'이라는 주인공의 성격을 제시하고 있습니다. '정일'에게 공감하고 내용을 이해하는 데 큰 도움이 될 것이니 확실하게 체크해 봅시다. 그는 자신을 구속하는 '속물적 욕망'을 경멸한다고 해요. 그러니까, '속물적 욕망'을 가지고 있기는 한데 그러한 자신의 모습이 너무 싫다는 것이죠. 그러면서 현실에서의 적극적인 행동은 주저하고, 자신과 주변에게 관심을 보이는 인물이라고 합니다. 조금은 독특하면서도, 충분히 이해되는 성격이라고 할 수 있겠죠? 이를 정확하게 인식한 채로 지문을 읽어 보도록 합시다.

지문 독해

[앞부분 줄거리] 아버지가 위독하다는 소식을 듣고 귀향한 정일은 용팔에게 재산 상속에 관한 이야기를 듣는다.

주인공인 '정일'은 '아버지'가 위독하다는 소식을 듣고 귀향하는데, '용팔'이라는 인물이 재산 상속에 대한 이야기를 하고 있어요. 재산 상속에 대한 이야기가 '속물적 욕망'과 관련된 것일 텐데, '정일'은 이에 대해 관심을 보이면서도 그러한 자신의 모습을 경멸할 것입니다. 이러한 예상을 한 채로 읽어 보도록 합시다.

아버지가 아직도 지키고 있는 그의 재산을 넘겨다보는 듯한 용팔이가 따지는 산판알이 거침없이 한 자리씩 올라가는 것을 유심히 바라보고 있는 자신을 의식하며 보고 있을 때, 이렇게 대강만 놓아도, 하고 산판을 밀어 놓으며 쳐다보는 용팔의 눈과 마주치게 되자 정일이는 흠칫 놀라게 되는 자신의 얼굴이 붉어지는 것을 깨달았다. 여기 대한 상속세만 해도 큰돈인데 안 물고 할 수 있는 이것은 제 말씀대로 하시지요. 이렇게 결정적으로 말하는 용팔이는 정일이의 앞에 위임장을 내놓으며 도장을

치라고 하였다.

'용팔'은 '아버지'의 재산을 넘겨다보는 듯한 태도로 거침없이 계산을 하고 있습니다. 그리고 '정일'은 그것을 유심히 바라보고 있는 자신을 의식하고 있어요. 이는 '정일'을 구속하는 '속물적 욕망'이 작동하는 모습이라고 할 수 있겠죠? 이러한 욕망을 의식하고 있으니, '용팔'이 갑자기 산판을 밀어 놓을 때 '정일'은 흠칫 놀라면서 얼굴이 붉어지고 있어요. 왜 이런 감정을 보이는지 공감해야 하는데, '속물적 욕망'에 구속되어 '용팔'의 계산에 관심을 보이던 자신의 모습이 부끄럽다는 생각이 들었기 때문이라고 할 수 있겠죠. 이렇게 〈보기〉에서 제시한 인물의 성격을 바탕으로 인물에게 공감하면서 읽을 수 있어야 합니다!

아무튼, '용팔'은 계산을 끝낸 뒤 위임장에 도장을 찍어 줄 것을 '정일'에게 요구하고 있습니다. 여러분이 '정일'에게 제대로 공감하고 있다면, 여기서 흔쾌히 도장을 건네지는 않을 것이라고 예상할 수 있어야 해요. '정일'은 '속물적 욕망'을 가지고 있는 자신의 모습이 싫을 테니까요.

정일이는 더욱 불쾌하여졌다. 잠이 부족한 신경 탓도 있겠지만 자기의 눈을 기탄없이 바라보는 용팔이의 얼굴에 발라 놓은 듯한 그 웃음이 말할 수 없이 미웠다. 이 소인 놈! 하는 의분 같은 심열이 떠오르며, 언제 내가 이런 음모를 하자고 너와 공모를 하였던가? 하고 그의 뺨을 갈기고 싶은 충동을 느끼었다.

'정일'의 심리가 쏟아지는 부분입니다. '정일'의 성격을 바탕으로 확실하게 공감하면서 읽을 준비를 해야 해요.

일단 위임장에 도장을 찍을 것을 요구하는 '용팔'의 모습을 보자, '정일'은 불쾌한 감정을 느낍니다. '용팔'의 웃음이 밉다는 생각이 들면서 말이죠. 이는 '정일'의 '속물적 욕망'을 경멸하는 성격이 발동된 결과라고 할 수 있겠죠? 아버지가 돌아가시게 생겼는데 상속 생각만 하는 속물적인 '용팔'에게 경멸을 느끼고 있는 것입니다. 자신은 '용팔'과 그런 속물적인 공모를 한 적이 없다고 생각하면서 '용팔'의 뺨을 갈기고 싶은 충동도 느끼면서 말이죠.

그러나 정일이는 금시에 미끄러지는 듯한 웃음이 자기 얼굴에 흐름을 깨달았다. 이러한 심열은 신경 쇠약의 탓이 아닐까? 의분이랄 것도 없고 결벽성도

[A] 아니고 그런 것을 공연히 이같이 한순간에 뒤집히는 자기 마음 한 모퉁이에 상식을 놓쳐 뿌린 결과가 어떤가? 해보자 하는 놓치기 쉬운 어떤 힌트같이 번쩍이는 생각을 보자 정일이는 조급히 도장을 뒤져내며, 자 칠 대로 치우, 나는 어디다 치는 것도 모르니까 하였다. 이렇게 지껄이듯이 말하는 정일이는 자기가 실없이 웃기까지 하는 것을 들을 때 내가 지금 더 심한 심열에 떠 있지 않은가? 하는 생각에 갑자기 말과 웃음과 표정까지 없어지고 말았다.

이렇게 '용팔'을 경멸하면서도, 금시에 미끄러지는 듯한 웃음을 느끼는 '정일'입니다. 사실 '정일'도 '아버지'의 죽음으로 얻을 수 있는 금전적 이득에 대한 관심이 아예 없는 것은 아니거든요. '의분'도 아니고, 그렇다고 '결벽성'도 아닌 그런 것, 즉 단단하지 않은 양심을 마음 한 모퉁이에 놓았으나 '속물적 욕망' 앞에서 한순간에 뒤집히는 이중성을 보이는 자신의 모습이 우습고 부끄러운 것이죠.

아무튼 이런 생각을 하던 '정일'은 '용팔'에게 도장을 주면서, 마음대로 하라고 이야기를 합니다. 우리는 이 행동 역시 자신의 '속물적 욕망'을 대놓고 드러내지 못하고 마지막까지 자존심을 부리는 비겁한 행동으로 이해할 수 있겠죠? 이러한 감정을 느낀 '정일' 역시 말과 웃음과 표정까지 없어지면서 자괴감에 빠지고 있네요.

> 도장을 치고 난 용팔이는 공손히 정일이에게 돌리며, 잔금은 제가 장인께 말씀드리겠습니다, 하고 일어선다. 중문으로 들어가는 용팔이의 뒷모양을 바라보던 정일이는 갑자기 불러내고 싶었다. 궁둥이를 들먹하고 부르는 손짓까지 하였으나 탄력 없이 벌어진 입에서는 말이 나오지 않았다. 창졸간에 용팔이를 어떻게 불러야 할지 몰라서 주저되는 것같이도 생각되었다. 중문 안으로 들어가는 용팔이의 뒷모양은 마치 심한 장난을 꾸미다가 용기를 못 내는 자기를 남겨 두고 그걸 못 해? 내 하마 하고 나서는 동무의 모양같이 아슬아슬한 것이었다. 종시 용팔이가 중문 안으로 사라져서 불러낼 기회를 놓치고 말았다고 후회하면서도 내가 정말 후회하는 것이라면 지금이라도 따라가서 붙들 수도 있지 않은가?

그렇게 도장을 찍은 '용팔'은 '정일'에게 도장을 공손히 돌려 주면서, 잔금은 '장인'께 말씀드리겠다는 이야기를 하고 있습니다. '장인'이라는 표현을 보니, '용팔'은 '아버지'의 사위였다는 걸 알 수 있네요. 이렇게 지문을 이해하면서 자연스럽게 인물관계를 파악할 수 있어야 합니다.

어쨌든, '용팔'은 '중문'으로 들어갑니다. 그곳에는 '아버지'가 있겠죠? '정일'은 그러는 '용팔'을 불러내고 싶은 마음이 들었지만, 아무 말도 하지 못합니다. 후회할 것 같기도 하지만, 후회할 것이라면 지금이라도 말리면 되는데 그러지 못하는 자신의 모습을 발견하면서 말이죠. 계속해서 '속물적 욕망'을 경멸하면서도 동시에 이에 구속되고 있는 '정일'의 심리가 잘 드러나고 있습니다.

> 이렇게 생각하는 정일이는 용팔이가 이 말을 시작하였을 때부터 자기는 육감으로 벌써 예기하였던지도 모를 일이 지금 일어나리라는 기대가 앞서는 것을 느끼며 정일이는 실험의 결과를 기다리는 듯이 숨을 죽이고 귀를 기울이고 있었다. 예사로운 말소리는 들리지 않는 거리이므로 긴장한 정일이의 귀에도 한참 동안은 아무런 말도 들리지 않았다. 아버지도 종시 죽음에 굴복하고 마는가? 이렇게 생각되어 정일이는 긴장하였더니만큼 허전한 실망에 담배를 붙이려고 성냥을 그었을 때 자기의 귀를 때리는 듯한 아버지의 격분한 고함 소리를 들었다.

계속해서 비슷한 말들이 반복되고 있습니다. '정일'은 '용팔'이 이 말을 시작하였을 때부터 예기하였던지도 모를 일에 대한 기대, 즉 '속물적 욕망'과 관련된 기대를 느끼면서 '용팔'과 '아버지'의 대화에 숨을 죽이고 귀를 기울이고 있습니다. 그렇게 '용팔'을 경멸하면서도 '속물적 욕망'에서 벗어나지 못하는 모습이죠?

어쨌든, 생각보다 조용한 '아버지'의 반응에 '허전한 실망'을 느끼면서 담뱃불을 붙이는 순간, '아버지'의 격분한 고함 소리가 들립니다. 아마 자신의 재산을 노리는 사위와 그것을 간접적으로 돕고 있는 아들에 대한 실망과 분노 때문이라고 할 수 있겠죠? 이렇게 하나씩 공감하면서 차분하게 읽어 주시면 충분하겠습니다.

> (중략)
>
> 사실 이렇게 되어서까지도 죽기가 싫은가 하고 아버지를 눈 찌푸리고 바라보는 자기는 죽음의 공포를 해탈한 무슨 수양이 있는 것이 아니라 단지 애써 살려는 의지력이 없는 것뿐이다. 아버지는 한 번도 자기의 생활을 회의하거나 죽음을 생각할 필요가 없었던 사람이므로 이같이 죽음과 싸울 수 있는 것이 아닐까 생각하였다.

그래서 정일이는 어떤 <u>위대한 의지력을 우러러보는 듯</u>한 마음으로 아버지의 고통을 바라보고 있는 자기를 발견하는 때가 있었다.

(중략) 이후의 이야기입니다. '정일'은 죽기 직전의 '아버지'를 간호하고 있는 것 같아요. 맥락상 많이 힘들어 보이는데, '이렇게 되어서까지도 죽기가 싫은가'라는 생각을 하면서 '아버지'의 삶에 대한 의지를 바라보고 있는 '정일'입니다. 패륜이라고 생각할 수도 있겠지만, 병든 부모를 오래 돌보다 보면 저런 생각을 할 수도 있겠다는 식으로 공감해 주셔야 합니다.

아무튼, '정일'이 '아버지'의 삶에 대한 의지에 공감하지 못하는 이유는 자신에게는 애써 살려는 의지력이 없기 때문입니다. 그래서 '어떤 위대한 의지력'을 가지고 삶을 이어가려는 '아버지'의 고통을 우러러보는 듯한 마음으로 바라보고 있다고 해요. '아버지'의 삶에 대한 의지에 공감하지 못하면서 감탄하는 '정일'의 심정에 충분히 공감할 수 있겠죠?

> 그때 심한 구토를 한 후부터 한 방울 물도 먹지 못하고 혓바닥을 축이는 것만으로도 심한 구역을 하게 된 만수 노인은 <u>물을 보기라도 하겠다고 하였다</u>. 정일이는 요를 둑여서 병상을 돋우고 아버지가 바라보기 편한 곳에 큰 물그릇을 놓아 드렸다. 그러나 그 물그릇을 바라보기에 피곤한 병인은 <u>어디나 눈 가는 곳에는 물이 보이기</u>를 원하였다. 그래서 큰 어항을 병실에 가득 늘어놓고 물을 채워 놓았다. 병인은 이 어항에서 저 어항으로 서늘한 감각을 시선으로 핥듯이 돌려 보다가 그도 만족하지 못하여 <u>시원히 흐르는 물이 보고 싶다고 하였다.</u>
> [B] 정일이는 아버지가 보기 편한 곳에 큰 물그릇을 놓고 대접으로 물을 떠서는 작은 폭포같이 들이 쏟고 또 떠서는 들이 쏟기를 계속하였다. 만수 노인은 꺼멓게 탄 혀를 벌린 입 밖에 내놓고 황홀한 눈으로 드리우는 물줄기를 바라보고 있었다.

이렇게 삶에 대한 의지를 불태우고 있는 '아버지'(=만수 노인)는 물조차도 마실 수 없는 상태입니다. 그래서 물을 보기라도 하겠다, 어디나 눈 가는 곳에는 물이 보였으면 좋겠다, 시원히 흐르는 물을 보고 싶다는 요구들을 하고, '정일'은 그 요구들을 최대한 들어 주고 있습니다. 이렇게 '아버지'가 물에 집착하는 것은, 이제 자신은 먹을 수도 없게 된 물이 '생명력'을 상징한다고 생각하기

때문임을 알 수 있겠죠? 도대체 왜 이렇게 물에 집착하는 것인지 그 이유를 생각하면 '아버지'의 삶에 대한 갈망에 충분히 공감할 수 있으실 겁니다.

> 그 눈을 볼 때 정일이는 걷잡을 사이도 없이 <u>자기 눈에 눈물이 솟아오름</u>을 참을 수가 없었다. 정일이는 일찍이 그러한 눈을 본 기억이 없다고 생각하였다. 더욱이 아버지의 얼굴에서! 자기 아버지에게서 저러한 동경에 사무친 황홀한 눈을 보게 되는 것은 의외라고 할밖에 없었다.

이러한 마음을 안 것인지, '정일' 역시 눈물이 솟아오름을 참을 수가 없습니다. '삶'에 대한 동경에 사무친 황홀한 눈을 보이는 병든 '아버지'의 모습에서 슬픔과 허탈함 등 여러 감정을 느끼고 있는 것이겠죠. 조금 어렵기는 하지만, 이렇게 복잡미묘한 감정에 충분히 공감해야 비로소 지문을 이해했다고 할 수 있습니다.

선지	①	②	③	④	⑤
선택률	5%	17%	11%	9%	58%

67 윗글의 서술상의 특징으로 가장 적절한 것은? ⑤

① 회상 장면을 병치하여 사건의 흐름을 반전시킨다.

선지 유형	근거가 없어서 허용 불가능
실전에서의 판단 과정	사건의 흐름이 반전된 적은 없지.
해설	일단 '회상 장면'이 나타난 적도 없을 뿐 아니라, '사건의 흐름'이 반전된 적도 없었습니다. 이 지문은 일관되게 '아버지'가 죽기 직전이라는 사건의 흐름 속에서 전개되는 지문이었어요.

② 사물의 세부를 구체적으로 묘사하여 장면의 현장성을 강화한다.

선지 유형	근거가 없어서 허용 불가능
실전에서의 판단 과정	사물의 세부를 구체적으로 묘사한 적은 없지.
해설	산판알, 어항 같은 사물이 나타나기는 했지만, 그 '세부적'인 모습을 구체적으로 묘사하지는 않았습니다. 사물의 세부를 묘사했다는 것을 허용할 정도가 되려면 지문을 읽으면서 티가 팍팍 났어야 할 거예요. 물론 사물의 세부를 구체적으로 묘사하면 그곳에 있는 것 같은 느낌이 들 수 있으니, 구체적

으로 묘사하는 장면이 있었다면 '현장성 강화'는 허용이 될 것입니다.

③ 중심인물의 반복적인 동작을 강조하여 내적 갈등을 표면화한다.

선지 유형	근거가 없어서 허용 불가능
실전에서의 판단 과정	내적 갈등이 표면적으로 드러난 적은 없지.
해설	'정일'이 대접으로 물을 떠서 들이 쏟고 또 떠서는 들이 쏟는 동작을 반복하는 모습이 나타나기는 했습니다. 하지만 이건 '아버지'의 부탁을 들어 준 것일 뿐, '정일'의 내적 갈등을 드러내는 것은 아니었죠? '정일'이 불만이 있어서 이런 행동을 반복한 것은 아니니까요. 이러한 '반복 동작'의 근거를 찾지 못했다고 해도, 적극적인 행동을 주저하고 속마음을 이야기하지 못하는 '정일'의 성격을 고려할 때 내적 갈등을 '표면화'한 적은 없다는 것을 바탕으로 지울 수 있으면 좋겠습니다. 실제로 '정일'은 자신의 내적 갈등을 속으로만 생각했을 뿐, 겉으로 드러내지는 않았어요.

④ 서술자가 풍자적 어조를 활용하여 중심인물에 대한 비판적 입장을 드러낸다.

선지 유형	근거가 없어서 허용 불가능
실전에서의 판단 과정	정일을 비판하는 게 핵심이 아니지.
해설	일단 '풍자적 어조'를 활용한 적도 없고, 딱히 '정일'에 대해서 비판적 입장을 드러낸 적도 없습니다. 그저 서술자의 입장에서 '정일'의 속마음을 하나하나 제시하고 있을 뿐이었어요.

⑤ 서술자가 중심인물의 시선에 의존하여 사건의 양상을 제한적으로 나타낸다.

선지 유형	근거가 있어서 허용 가능
실전에서의 판단 과정	정일의 시선에만 의존했지.
해설	서술자는 '정일'이라는 중심인물의 시선에 의존하면서, '아버지'와 '용팔' 등 다른 인물들의 시선은 크게 다루지 않는 모습을 보였습니다. 이는 '아버지'와 '용팔' 등 다른 인물들의 입장을 정확하게 알 수 없다는 점에서 '사건의 양상을 제한적으로' 나타낸 모습이라고 할 수 있겠죠? 이러한 내용을 정

답으로 제시한 것을 보니, '정일'의 심정에 공감하는 식으로 전개되던 지문의 내용을 제대로 이해했는지 묻는 문제였네요.

선지	①	②	③	④	⑤
선택률	9%	5%	75%	8%	3%

68 ⓐ~ⓔ에 대한 이해로 적절하지 <u>않은</u> 것은? ③

① ⓐ는 정일이 주목하는 용팔의 이해타산적인 태도를 드러낸다.

> ⓐ 여기 대한 상속세만 해도 큰돈인데 안 물고 할 수 있는 이것은 제 말씀대로 하시지요.

선지 유형	근거가 있어서 허용 가능
실전에서의 판단 과정	상속세 이야기만 하는 건 이해타산적이라고 할 수 있지.
해설	'용팔'은 '아버지'가 돌아가시기 직전인데도 '상속세' 이야기만 하고 있습니다. '정일'은 이러한 이해타산적인 모습에 경멸을 느꼈죠? 가볍게 허용할 수 있네요.

② ⓑ는 용팔이 정일에게 예의를 갖추어야 하는 위치임을 드러낸다.

> ⓑ 도장을 치고 난 용팔이는 공손히 정일이에게 돌리며, 잔금은 제가 장인께 말씀드리겠습니다,

선지 유형	근거가 있어서 허용 가능
실전에서의 판단 과정	공손한 말투를 쓰고 있네.
해설	'용팔'은 '정일'에게 '공손히' 도장을 돌려 주고, 존댓말을 쓰고 있습니다. 이는 '정일'이 '용팔'의 아내의 오빠이기 때문이었죠? 이러한 내용을 근거로 하면 '용팔'이 '정일'에게 예의를 갖춰야 한다는 것을 쉽게 허용할 수 있겠습니다.

③ ⓒ는 용팔의 행위에 대한 정일의 실망스러운 마음을 드러낸다.

> ⓒ 그걸 못 해? 내 하마 하고 나서는 동무의 모양같이 아슬아슬한 것이었다.

선지 유형	근거가 있어서 허용 불가능
실전에서의 판단 과정	자신이 못하는 걸 해 주는 모습에 대한 아슬아슬한 마음인데, 무슨 실망?
해설	ⓒ는 '정일'이 차마 하지 못하는 이야기를 아무렇지 않게 하는 '용팔'의 모습을 비유한 표현입니다. 이는 그렇게 하면 안 될 것 같으면서도 그렇게 해 주길 바라는 '정일'의 복잡한 마음이 담긴 표현이었어요. 이러한 근거가 있으니, '실망스러운 마음'은 절대 허용할 수 없겠습니다. '정일'은 ⓒ와 같은 모습을 보이는 '용팔'에게 '실망'이 아닌 일종의 '의존감'을 느끼고 있으니까요.

④ ⓓ는 아버지와 용팔 간 대화의 결과를 정일이 주시하고 있음을 드러낸다.

ⓓ 정일이는 실험의 결과를 기다리는 듯이 숨을 죽이고 귀를 기울이고 있었다.

선지 유형	근거가 있어서 허용 가능
실전에서의 판단 과정	숨을 죽이고 귀를 기울였다며.
해설	ⓓ에서 '정일'이 집중하는 대화는 '중문 안'으로 들어간 '용팔'과 '아버지'의 대화입니다. 이를 '숨을 죽이고 귀를 기울'여서 듣고 있으니, 주시하고 있음을 충분히 허용할 수 있겠죠.

⑤ ⓔ는 아버지가 보여 주는 삶의 태도에 대한 정일의 평가를 드러낸다.

ⓔ 아버지는 한 번도 자기의 생활을 회의하거나 죽음을 생각할 필요가 없었던 사람이므로

선지 유형	근거가 있어서 허용 가능
실전에서의 판단 과정	정일이가 아버지에 대해 평가하는 부분이지.
해설	ⓔ는 '정일'이 '아버지'의 삶의 태도가 어떠했다고 평가하는 부분입니다. 선지 그 자체로 허용할 수 있겠네요.

선지	①	②	③	④	⑤
선택률	8%	3%	8%	73%	8%

69 [A], [B]를 고려하여 ㉠과 ㉡을 이해한 내용으로 가장 적절한 것은? ④

이 소인 놈! 하는 의분 같은 ㉠심열이 떠오르며,

병인은 이 어항에서 저 어항으로 ㉡서늘한 감각을 시선으로 핥듯이 돌려 보다가

– ㉠은 '정일'이 '용팔'에게 느꼈던 감정입니다. 이는 돌아가시기 직전의 '아버지'를 두고서 돈 생각만 하는 '용팔'에 대한 경멸의 표현이었죠? 한편 ㉡은 '아버지'가 바라보는 '어항'의 느낌을 의미하는 표현입니다. '아버지'는 '어항'의 '서늘한 감각'을 시선으로 핥듯이 돌려 보면서 삶에 대한 의지를 불태우고 있었어요. 이러한 내용을 미리 생각한 채로 문제를 풀어 봅시다.

① ㉠은 용팔의 '웃음'에 대한 정일의 불쾌감으로 인해, ㉡은 아버지가 내비치는 '황홀한 눈'으로 인해 발생한다.

선지 유형	근거가 있어서 허용 불가능
실전에서의 판단 과정	㉡은 아버지의 황홀한 눈이 있기 전에 나타난 건데?
해설	일단 ㉠이 '용팔'의 '웃음'에 대한 '정일'의 불쾌감으로 인해 나타난 감정인 것은 맞습니다. 하지만 선지에서 말하는 '황홀한 눈'은 아버지가 '시원히 흐르는 물'을 보며 보여 준 것이었죠? ㉡은 '시원히 흐르는 물'을 보기 전에 나타난 것이기 때문에, ㉡이 '황홀한 눈'으로 인해 발생한다는 것은 허용하기 어렵겠습니다. 이러한 정보의 위치를 정확하게 체크하지 못했다고 해도, '황홀한 눈'은 '아버지'의 삶에 대한 의지를 상징하는데 이것이 '어항'의 느낌을 의미하는 ㉡을 만들어낸다는 것은 말도 안 된다는 식으로 지울 수도 있겠습니다.

② ㉠은 정일이 갈등 끝에 '도장'을 찍음으로써, ㉡은 아버지가 사무치는 '동경'을 포기함으로써 지속된다.

선지 유형	근거가 있어서 허용 불가능
실전에서의 판단 과정	아버지가 동경을 왜 포기해.
해설	'정일'은 ㉠과 같은 감정을 느끼다가, 결국 본인도 '용팔'과 똑같다는 것을 느끼고 도장을 찍어 버립니다. 그 뒤 본인이 '더 심한 심열'에 떠 있는 것 같다는 생각을 하고 있어요. 이러한 내용을 근거로 하면 ㉠이 도장을 찍음으로써 지속된다는 건 허용된다고 할 수 있겠습니다. 한편 ㉡은 '아버지'가 삶에 대한 '동경'으로 인해 특별하게 여기는 대상입니다. '아버지'가 '동경'을 포기한 적도 없을 뿐 아니라, 이것을 포기하면서 ㉡이 지속된다는 것도 완전 헛소리인 것이죠. 애초에 '아버지'가 삶에 대한 '동경'을 포기한다는 건 지문의 내용을 전혀 이해하지 못한 것이니, 가볍게 지워낼 수 있겠습니다.

③ ㉠은 정일의 '신경 쇠약'을 일으키는 원인이고, ㉡은 아버지가 '꺼멓게 탄 혀'의 고통을 줄이기 위한 방편이다.

선지 유형	근거가 있어서 허용 불가능
실전에서의 판단 과정	신경 쇠약 때문에 심열이 생긴 것이라며.
해설	'정일'은 본인에게 떠오르는 '심열'이 '신경 쇠약'의 탓은 아닐까 하는 생각을 하고 있습니다. 이러한 내용을 근거로 하면, ㉠은 '신경 쇠약'을 일으키는 '원인'이 아니라 '신경 쇠약'으로 인한 '결과'라고 할 수 있겠죠. 물론 실제로 ㉠은 '용팔'에 대한 거부감 때문에 나타난 것이니, '신경 쇠약'은 그냥 핑계에 불과하기는 합니다. 따라서 정확히는 ㉠이 '신경 쇠약'과는 무관하다고 보는 것이 맞을 수도 있겠어요. '꺼멓게 탄 혀'는 '아버지'의 고통을 함축하는 표현입니다. 이러한 상황에서 물도 못 마시게 된 '아버지'는 ㉡이라도 느껴 보려고 하는 것인데, 이를 '고통을 줄이기 위한 방편'이라고 보는 것은 억지로나마 허용할 수 있을 것 같습니다. 물론 엄밀하게 말하면 '삶에 대한 의지'를 불태우는 것이 ㉡을 느끼는 목적이지, '고통 줄이기'가 목적은 아니라고 하는 것이 맞지만요. 애매하긴 하지만 ㉠ 부분이 확실하게 틀렸으니 답은 아니라고 해야 합니다.

④ ㉠은 용팔에 대한 미움이 '뺨을 갈기고 싶은 충동'으로 격화되는 정일의 마음을, ㉡은 '물그릇'에서 '어항', '드리우는 물줄기'로 심화되는 아버지의 갈망을 함축한다.

선지 유형	근거가 있어서 허용 가능
실전에서의 판단 과정	미리 생각한 내용 그대로네.
해설	다른 선지들이 약간의 애매함을 담고 있기는 하지만, 이 선지를 보자마자 바로 답으로 고를 수 있어야 합니다. ㉠과 ㉡에 대해 우리가 미리 정리한 내용 그 자체니까요. 결국 ㉠을 느끼는 '정일'과 ㉡을 바라보는 '아버지'에게 얼마나 잘 공감했는지가 핵심이었습니다.

⑤ ㉠은 용팔의 '공모' 요구로 인해 표면화된 정일의 물질 지향적인 태도를, ㉡은 '심한 구역' 이후로 아버지가 '물'에서 얻고자 하는 육체적 안정에 대한 추구를 드러낸다.

선지 유형	근거가 있어서 허용 불가능
실전에서의 판단 과정	물질 지향적 태도를 숨기다 보니 느낀 게 ㉠이지.
해설	㉠은 '정일'이 '용팔'에 대해 느끼는 경멸감을 상징하는 것이었습니다. 이는 '물질 지향적인 태도'에 대한 거부감에서 나타난 것이기 때문에, ㉠이 '정일'의 '물질 지향적인 태도'가 표면화된 것이라고 보는 것은 절대 허용할 수 없겠습니다. 한편 ㉡의 경우, '심한 구역' 이후 '아버지'가 삶에 대한 의지를 불태운다는 '정신적 안정'에 대한 추구라고 할 수 있겠죠? 그저 '어항'의 물을 바라보는 것만으로 몸이 낫거나 하기는 어려우니까요. 이를 바탕으로 허용할 수 없다고 보는 것이 맞겠습니다.

선지	①	②	③	④	⑤
선택률	8%	48%	15%	20%	9%

70 〈보기〉를 참고하여 윗글을 감상한 내용으로 적절하지 **않은** 것은? [3점] ②

① 산판알을 놓으며 이익을 따지는 상대를 경멸하면서도 산판알이 올라가는 것을 주목하는 데에서, 자신을 구속하는 속물적 욕망으로부터 자유롭지 못한 모습을 찾을 수 있군.

선지 유형	근거가 있어서 허용 가능
실전에서의 판단 과정	정일이의 성격 그 자체네.
해설	우리가 주목한 '정일'의 성격 그 자체를 표현한 선지입니다. 가볍게 허용할 수 있겠죠?

② 상대의 웃음에서 공모 의사를 읽어 내자 얼굴에 흐르는 미끄러지는 듯한 웃음을 깨닫는 데에서, 상대에 대한 불쾌감을 웃음으로 무마하려는 자신을 의식하는 모습을 찾을 수 있군.

선지 유형	근거가 있어서 허용 불가능
실전에서의 판단 과정	자신의 이중성이 우습고 부끄러워서 그랬던 건데?
해설	'용팔'의 웃음에서 공모 의사를 읽어 내면서 '용팔'에 대한 경멸을 드러낸 후, '정일'은 갑자기 자기 얼굴에 웃음이 지나가고 있다는 것을 깨닫습니다. 이는 자신이 그렇게 경멸하는 '용팔'의 모습이 본인과 크게 다를 바 없다는 것을 깨달은 뒤 느낀 우스움과 부끄러움 때문이라고 공감했었죠? 상대에 대한 불쾌감을 웃음으로 무마하려는 게 아니라, 그 불쾌감을 느낄 자격이 없다는 것을 깨달은 것에 대한 웃음이었습니다. 결국 '정일'이라는 중심 인물에게 제대로 공감했는지 묻는 선지였네요.

③ 중문 안으로 들어가는 상대를 불러내지는 못하고 자신이 그를 부르지 못한 이유를 생각하는 데에서, 행동을 주저하고 자신에게로 관심을 돌리는 모습을 찾을 수 있군.

선지 유형	근거가 있어서 허용 가능
실전에서의 판단 과정	선지 그 자체로 허용되네.
해설	상대를 불러내는 행동은 주저하고, 자신이 왜 그랬는지 이유를 생각하며 자신에게로 관심을 돌리는 모습. 선지 그 자체로 허용 가능한 내용입니다.

④ 상대의 고통을 바라보며 의지력을 우러러보는 듯한 마음이 있는 자신을 발견하는 데에서, 상대와의 차이를 인식하는 스스로의 내면마저 대상화하는 모습을 찾을 수 있군.

선지 유형	근거가 있어서 허용 가능
실전에서의 판단 과정	자신의 모습에 주목하는 건 스스로의 내면을 대상화하는 거라고 할 수 있지.
해설	'정일'은 '아버지'의 고통과 삶에 대한 의지력을 우러러보면서, 애써 살려는 의지력이 없는 자신과의 차이를 인식하고 있습니다. 나아가 이러한 생각을 하는 자신의 모습에 주목하는 것은 〈보기〉에서 말한 것처럼 '자신의 내면마저 대상화'하는 모습이라고 할 수 있겠죠?

⑤ 물줄기를 바라보는 상대로부터 이전에는 한 번도 보지 못한 눈을 확인하는 데에서, 주변 대상을 관찰하여 상대가 내비치는 생에 대한 강렬한 동경을 파악하는 모습을 찾을 수 있군.

선지 유형	근거가 있어서 허용 가능
실전에서의 판단 과정	이전에는 한 번도 보지 못한 아버지의 눈은 생에 대한 강렬한 동경이었지.
해설	'정일'은 '아버지'라는 주변 대상을 관찰하면서, '아버지'가 내비치는 생에 대한 강렬한 '동경'을 '황홀한 눈'으로부터 파악하고 있습니다. 이러한 내용을 그대로 선지화시킨 모습이네요. 가볍게 허용할 수 있겠습니다.

| 핵심 point |

① **허용 가능성 평가** : 선지의 내용을 '허용'하려는 태도를 바탕으로 지문을 '독해'하며 '근거'를 찾아야 합니다. 허용할 수 있는 '근거'가 있어야만 허용할 수 있습니다. 주관적인 생각을 개입시키면 안 됩니다.

② **소설 독해** : '심리와 행동의 근거'를 바탕으로 인물에게 '공감'하며 읽어야 합니다. 이 과정이 물흐르듯 이어지면 지문의 내용을 완벽하게 이해할 수 있어요.

| 지문 내용 총정리 |

'인물에 대한 공감'이라는 소설 독해의 기본 포인트를 아주 깊게 물어본 지문이었습니다. 주인공이 느끼는 감정이 대부분의 학생들에게는 낯선 감정이었다는 점에서 체감 난이도가 꽤 높았을 것으로 보여요. 다른 소설 기출문제들에서 여러 인물들에게 '공감'하는 경험을 풍부하게 쌓는 것이 중요하다는 것을 다시 한번 상기하면서 복습해 보도록 합시다.

〈보기〉 확인

> [보기]
>
> 소설 속 인물의 **변신 모티프**는 그가 겪는 갈등의 크기를 드러내고 그것을 해소하려는 깊은 소망을 내보이는 방편일 뿐, 소망의 실현을 목적으로 하지 않는다. 변신은 갈등의 일시적 해소 효과가 없지 않지만, 가짜 해결의 속임수이고 상상적 희망의 기호에 불과하다. 결국 갈등을 극복할 수 있는 길은 참된 자아의 진실을 근거로 하여 그것에 맞서는 것뿐이다.
>
> –작가의 말 중에서

'변신 모티프'에 대한 설명입니다. '변신'이 정확히 어떤 것을 의미하는지는 모르겠지만, 밑줄 친 부분 위주로 이해해보면 '갈등에서의 도피' 정도로 정리할 수 있겠네요. 하지만 이는 '가짜 해결의 속임수'이고 '상상적 희망의 기호'에 불과하다고 합니다. 현재의 갈등에서 벗어나기 위해 '변신'을 하지만, 그 갈등이 근본적으로 해결되지는 않는다는 이야기를 하고 있네요. 이 지문의 인물도 '변신'을 통해 갈등에서 벗어나고자 하는 소망을 보이지만, 그 갈등이 근본적으로 해결되지는 않는 모습을 보여주겠죠? 이런 내용을 생각하면서 읽어보도록 합시다.

지문 독해

> 명식의 밤 외출은 날이 갈수록 잦아 갔다. 2층 서재로 숨어 들어가 그의 가면 뒤에서 이상스런 휴식에 젖는 것도 마찬가지였다. 그렇게 하여 그는 사무실에서 묻어 온 피곤기를 가면 뒤에서 말끔히 씻어낸 다음 지연을 찾아 밤늦은 2층 계단을 내려오곤 했다.

'명식'이라는 인물의 밤 외출에 대한 이야기로 시작하고 있습니다. 그는 '밤 외출'을 한 뒤 '2층 서재'로 들어가 '가면 뒤'에서 휴식에 젖는 모습을 보이고 있어요. 〈보기〉를 읽은 상태이기 때문에, 여기서의 '밤 외출'과 '가면'이 바로 '명식'이라는 인물의 '변신'이라는 것을 생각할 수 있겠어요. 그는 이런 방식으로 '갈등에서의 도피'를 하는 것이죠. 이상하다고만 생각하지 말고, 하나쯤 가지고 있을 수 있는 본인만의 비밀스런 취미라고 생각하며 공감해주도록 합시다.

아무튼 이렇게 사무실에서의 피곤기를 씻어낸 다음에야 '지연'을 찾아 2층 계단을 내려오는 '명식'입니다. 같은 집에 살고 있다는 점에서 부부가 아닐까 하는 생각을 할 수 있겠죠? 이렇게 인물관계에 대해서 능동적으로 생각해보는 태도를 갖춰주시는 것도 중요합니다.

> [A]
>
> 명식은 분명 그 가면 뒤에서라야 비로소 휴식을 얻을 수 있는 듯했다. 그것은 어쩌면 자기 변신의 연극기 같은 것에서 오는, 그 가면 뒤에서 세상을 바라보고 새삼스럽게 자기를 느끼는 시간이 되고 있는지도 모를 일이었다.
>
> 그것은 어쨌든, 이제 지연이 명식을 속속들이 다 만나는 것은 그가 그 밤 외출에서 이상스런 방법으로 피로를 씻고 새 힘을 얻어 돌아오는 날뿐이었다.

'명식'은 가면 뒤에서라야 비로소 '휴식'을 하는 모습입니다. '변신'을 통해 '갈등의 일시적 해소 효과'를 누리고 있는 것이죠. 그리고 이러한 상황이 지속되는 것은 '지연'이 '명식'을 만나는 게 '명식'이 밤 외출에서 돌아오는 날밖에 없다는 것을 의미합니다. 앞에서 '명식'이 '변신'을 해서 휴식을 취한 뒤에야 '지연'을 만나러 온다고 했으니, '지연' 입장에서 '명식'을 만나려면 그런 날을 기다릴 수밖에 없는 것이죠. 정확한 사정은 모르겠지만 '지연'이 직접 '명식'을 찾아가는 것은 쉽지 않은 상황으로 보이네요.

> 이윽고 지연에게도 한 가지 변화가 생기기 시작했다. 명식을 만나고 싶은 밤의 소망은 반드시 그의 가면을 연상시켜 주곤 했다. 지연은 명식의 가면을 사랑하기 시작했다. 그녀는 명식의 가면을 만나고 싶어 하고 있었다. 그녀에게는 명식의 가면이 어느새 그렇게 익숙하게 느껴지기 시작하고 있었고, 어찌된 셈인지 그녀는 명식의 동기까지를 포함하여 그러는 자신을 스스로 수긍해 버리고 있었던 것이다. 명식에게서도 혹시 그런 기미가 엿보이고 있었기 때문일까. 지연은 이제 오히려 명식의 맨얼굴 쪽에서 어떤 불편스런 가면이 느껴지고 있을 지경이었다. 그녀에게는 명식이 맨얼굴로 대문을 들어설 때의 표정이야말로 영락없이 가면을 쓰고 있는 것처럼 뻣뻣하고 변화 없고 그리고 어떤 뻔뻔스런 피곤기 같은 것이 온통 그를 가려 버리고 있는 듯한 느낌이 들곤 했다.

이런 상황에서, '지연'에게도 한 가지 변화가 생깁니다. 바로 '명식'의 가면을 사랑하기 시작하고, 그 가면을 만나고 싶어 하는 것이에요! 우리는 이제 '지연'의 입장에서 도대체 왜 가면을 사랑하게 되었는지 공감해야 합니다. 조금 어려울 수 있지만, 지문을 읽어내려가면서 그 심리의 근거를 생각할 수 있어야 해요.

'지연'은 가면을 쓰고 휴식을 취하는 '명식'의 동기, 즉 '변신'을 통해 갈등에서 일시적으로 도피하려는 '명식'의 생각과 그 가면을 사랑하는 자신의 모습을 수긍해 버리고 있습니다. 오히려 가면을 쓰지 않은 맨얼굴에서 '가면'이 느껴질 지경이에요.

이러한 맥락에서 '지연'에게 공감해봅시다. '명식'이 가면을 쓰고 충분히 휴식을 취한 뒤에야 자신과 시간을 보내주기 때문에, 그리고 추측컨대 그렇게 한 뒤에야 자신과 '즐거운' 시간을 보낼 것이기 때문에 가면을 기다리고 사랑하게 되었다고 생각할 수 있겠습니다. 사무실과 같은 일상에서 갈등을 겪고 있는 '명식'이 가면을 쓰고 충분히 휴식을 취하면, 그 갈등이 해소되어 '지연'에게 더 잘해줄 것이라는 추측은 충분히 할 수 있으니까요. 이러한 경험을 몇 번 하게 된 '지연'은 갈등을 해소하기 위해 가면을 쓰는 '명식'의 행동 동기도 얼마든지 이해할 수 있게 되겠죠. 정말로 가면을 쓰고 나면 갈등이 해소되는 것처럼 보이니까요! 이렇게 최대한 인물의 입장을 공감하려는 태도로 읽어주셔야 합니다.

> 그러나 지연은 그토록 익숙해진 명식의 가면을 아직도 똑똑히 본 일이 없었다.
> 그 첫날 한 번밖엔 명식이 자기의 가면 뒤에서 편안히 쉬고 있는 모습을, 그것이 진짜 자기의 얼굴이나 되는 양 익숙해져 버린 가면으로 의기양양 밤 외출에서 돌아오곤 한 명식을 다시 본 일이 없었다.
> 지연은 보지 않아도 그것을 알고 있었다. 그리고 이미 그 명식의 얼굴을 자신 속에다 깊이 지녀 버리고 있었다. 문득문득 그것을 만나고 싶은 밤이 많았다. 이날도 지연은 그런 명식을 기다리고 있었다.

이렇게 가면을 사랑하게 된 '지연'이지만, 놀랍게도 '그 첫날' 한 번을 제외하면 아직 그 가면을 똑똑히 본 적이 없다고 합니다. 제대로 보지도 않고 사랑이라는 감정을 느끼고 있는 것이에요. 그 가면을 만나고 싶은 밤도 많았구요. 물론 이때 정말 만나고 싶은 것은 가면 그 자체가 아니라, 가면을 쓰고 휴식을 취한 뒤의 '명식'이라는 걸 생각할 수 있겠죠?

그러면서 '이날'이라는 표현이 제시되고 있습니다. 가면을 사랑하게 된 '지연'이 여느 때처럼 가면을 쓰고 휴식을 취한 '명식'을 기다리는 상황입니다. '이날'에는 어떤 일이 있었을까요?

> [중략 부분의 줄거리] 잠시 후 명식이 밤 외출에서 돌아온다.
>
> 한참을 기다렸다. 역시 기척이 없다. 이상한 일이었다. 오늘 밤에도 또?

계속해서 '이날'의 이야기입니다. '명식'이 밤 외출에서 돌아온 모습입니다. 아마 2층 서재로 올라가 가면을 쓰고 휴식을 취한 뒤 '지연'을 찾아 내려오겠죠? [중략 부분의 줄거리]를 읽으면서 '지연'의 설레는 마음에 공감해주시면 완벽하게 읽고 있는 것입니다.

그런데 이상합니다. 한참을 기다려도 '명식'이 내려오지 않습니다. 그런데 '오늘 밤에도 또?'라는 표현이 있네요. 이는 '명식'이 밤 외출을 갔다가 '지연'에게 오지 않았던 적이 또 있다는 말이죠? 지금은 '이날'(=오늘 밤)이라는 시간대에서 이야기가 전개되고 있는데, 과거 회상이 시작될 것이라는 생각을 하면서 읽어주셔야 합니다.

> 지연은 갑자기 초조해지기 시작했다. 문득 어떤 별난 밤의 일이 떠올랐다. 그날도 명식은 썩 오랜만의 밤 외출에서 돌아와 소리 없이 2층으로 올라간 다음이었다. 지연은 물론 그녀의 침대 속에서 명식을 기다리고 있었다. 아무리 기다려도 그가 계단을 내려오는 기척이 없었다. 지연은 불쑥 상서롭지 못한 예감이 들었다. 술이 너무 지나쳤나 싶기도 했고, 그런 일이 워낙 처음이라 다른 심상찮은 변고가 생기지 않았나 싶기도 했다. 그녀는 기다리다 못해 결국 자기가 먼저 침대를 내려오고 말았다. 여자가 먼저 남편을 찾는 것처럼 보이기가 여간 쑥스럽지 않았지만, 어쨌든 그녀는 명식을 살피고 와야 한다고 생각했다. 마루에서 잠깐 발길을 망설이던 그녀는 가만가만 2층 계단을 올라갔다.

그 과거가 바로 '어떤 별난 밤'으로 보이네요. 그날의 기억이 떠오른 '지연'은 초조해지기 시작해요. '이날'에도 '어떤 별난 밤'처럼 '명식'이 자신을 찾아오지 않을까봐 두려워진 것이겠죠? 도대체 그날 어떤 일이 있었던 것인지 알아보러 갑시다.

그날도 '명식'은 밤 외출에서 돌아오고도 계단을 내려오는 기척이 없었는데, 이에 '상서롭지 못한 예감'이 든 '지연'은 2층을 올라가 보았다고 합니다. 술을 너무 많이 마셔서 쓰러진 것은 아닌지, 아니면 다른 무슨 일이 일어난 것은 아닌지 걱정된 것이죠. 여기서 여자가 먼저 '남편'을 찾는 것처럼 보이는 게 쑥스러웠다는 이야기를 바탕으로 이들의 관계가 부부 사이라는 것도 확정 지을 수 있겠고, 약간은 가부장적인 문화가 남아 있던 시기라는 것까지 생각할 수 있겠습니다.

아무튼, 망설이던 '지연'은 '명식'을 찾아 2층으로 올라갑니다. 어떤 일이 일어났을까요?

지연이 명식의 방문 앞까지 다가갔을 때 방안의 반응은 <u>그녀가 예상했던 것과는 너무도 딴판이었다.</u>
"좀 들어오지그래."
기다리고 있기나 했었던 듯 문을 열기도 전에 명식의 소리가 먼저 흘러나왔다. 술이 취해 있기는커녕 너무도 정연하고 조용한 목소리였다. 지연은 <u>쑥스러움도 잊고 끌리듯 문을 열고 방안으로 들어섰다.</u>
명식은 불을 켜지 않은 채 창문 근처의 어둠 속에 조용히 파묻혀 있었다.
"앉지 않구."
어둠 속이라 모습은 잘 보이지 않고 목소리만 들려왔다.
"오늘 밤은 여기서 좀 이렇게 지내다 가."
어떤 분명한 의미가 담긴 말이었다. 지연은 감히 명식의 곁으로는 갈 수가 없었다. <u>공연히 그가 두려웠다.</u> 변장을 하고 있을 그의 얼굴을 만나 버리기가 두려웠다. 그녀는 명식과 멀찌감치 떨어져 있는 등 없는 둥글의자 위로 몸을 주저앉혔다.

무슨 큰일이라도 난 줄 알았는데, '명식'은 정연하고 조용하게 '지연'을 안으로 부릅니다. 그렇게 '지연'은 끌리듯 '명식'의 방으로 들어가는데, '명식'의 곁으로 갈 수는 없었다고 합니다. 도대체 왜 그러는 것인지 궁금해하는데, '공연히 그가 두려웠다'는 이야기를 하고 있네요. 다시 한번 '지연'의 입장에 공감해보아야 할 타이밍이네요.

'지연'은 왜 '명식'의 곁으로 가는 것이 두려울까요? 지문에 제시된 바에 따르면, '변장을 하고 있을 그의 얼굴을 만나 버리기가 두려웠다'고 합니다. '지연'은 '명식'의 변장, 즉 가면을 사랑할 정도로 그 얼굴을 만나고 싶어했는데 왜 이렇게 두려워하는 것일까요?

조금 어렵기는 하지만, '지연'이 그동안 '명식'의 가면 쓴 모습을 제대로 본 적이 없다는 것을 힌트로 가져올 수 있습니다. 즉, 그동안 '지연'이 알고 있던 가면 쓴 '명식'의 모습은 철저히 그녀의 상상 속에 존재하는 이미지라는 것이에요. 그런데 여기서 '명식'의 곁으로 가 가면 쓴 모습을 제대로 보게 되면, 자신이 상상하고 사랑하던 모습이 아니라는 점에 실망하고 충격을 받을 수도 있겠죠? '지연'은 이것이 두려워 '명식'의 곁으로 가는 것을 망설이고 있다고 할 수 있겠습니다.

물론 이 외에도 여러 가지 이유를 떠올릴 수는 있겠지만, 최소한 '지연'이 '명식'의 곁으로 다가가는 것에 부담스러움을 느끼고 있다는 것 정도는 체크해주셔야 합니다. 무언가 숨막히는 분위기까지 느껴주시면 더욱 좋겠구요.

그러나 지연은 그러고 앉아서도 명식의 어떤 분명한 얼굴을 보고 있었다.
[B] 명식은 아직 변장을 풀지 않고 있었다. 그는 목소리가 너무 잔잔했다. 어딘가 한숨 같은 것이 묻어 있는 잔잔한 음성이었다.
지연은 명식의 그 음성으로 그가 지금 자기는 보지도 않고 창밖으로 시선을 내보낸 채, 그녀로서는 도저히 알 수도 없고 설명할 수도 없는 <u>어떤 깊은 갈망에 젖고 있다는 것을 어슴푸레 느낄 수 있었다.</u>

이렇게 '명식'의 곁으로 다가가지는 못하지만, 그에게서 '어떤 분명한 얼굴'을 보고 있는 '지연'입니다. 도대체 어떤 얼굴일까요? 일단 '명식'은 여전히 변장을 풀지 않은 모습입니다. 그러면서 잔잔한 목소리를 내고 있어요. '지연'은 이렇게 자신을 쳐다보지도 않고 무언가 말을 하고 있는 '명식'에게서 '깊은 갈망'을 느낍니다. 이는 '명식'의 갈등 해소에 대한 갈망이라고 할 수 있겠죠?

-이렇게 불을 끄고 앉아 있으니 밤이 좋군. 대낮은 얼굴이 너무 따가워서…… 누구나 결국은 그렇게 되는 거지만 사실 사람들이 얼굴 가득히 그 엄청난 대낮의 햇빛을 스스럼없이 견디어 낼 수 있도록 잘 단련이 되고 있는 건 다행한 일이지.
-하지만 그건 다행스럽다고만은 할 수가 없다면…… 그런 식으로 사람들은 제각기 자기의 가면을 든든하게 단련시켜 가고 있거든. 눈물을 흘릴 수가 없어…….
-가면이 우는 걸 보았을까. 물론 그런 일은 있을 수가 없지. 가면의 눈물은 속으로만 흐르게 마련이거든.

이렇게 '지연'이 와도 크게 신경을 쓰지 않는 '명식'은 여러 가지 이야기를 합니다. 그는 현재 가면을 쓰고 있는 시간인 '밤'이 좋다고 하면서, '대낮의 햇빛'을 견딜 수 있도록 단련이 되고 있는 사람들의 이야기를 하고 있습니다. 비유적인 표현이기는 하지만, 사회생활을 하는 '대낮'에 여러 어려움을 견뎌내는 사람들에 대한 이야기라고 할 수 있겠죠?

'명식'은 이렇게 힘든 사회생활을 버텨내는 사람들의 모습이 '다행'이라고 하면서도, 그들이 사실 자기의 '가면'을 든든하게 단련시키는 것이기에 다행스럽다고만은 할 수 없다는 말을 합니다. 왜냐하면 '가면'은 눈물을 흘릴 수가 없으니까요. '가면'은 사람의 얼굴을 가리고 있는 인공물이기에, 눈물을 흘리는 사람의 얼굴을 가려줄 뿐 그 자체가 눈물을 흘리지는 않습니다. 이는 사람들이 사회생활에서 겪는 많은 어려움을 대놓고 드러내지 못하는 데에 대한 연민이라고 할 수 있겠습니다. 조금 과한 해석이라고 할 수도 있겠지만, 일상에서 사용하는 언어적 감각으로 충분히 생각할 수 있겠죠?

어쨌든 여기서 '명식'이 하는 말들은 맥락상 그의 갈등·갈망에 관련되어 있을 것입니다. 즉, '대낮의 햇빛'을 스스럼없이 견디기 위해 '가면'을 쓰는 사람들의 모습이 사실은 '명식'이 처한 갈등 상황이자, 그곳에서 벗어나고자 하는 모습이 그의 갈망이라고 할 수 있다는 것입니다. '밤'이 되어 가면을 쓰게 되면 그러한 스트레스에서 벗어날 수 있기 때문에, '명식'은 이런 요상한 방법으로 휴식을 취했던 것입니다.

명식은 역시 취기가 좀 숨어 있었던 모양이었다. 그는 어둠 속에서 혼잣말처럼 띄엄띄엄 중얼거리고 있었는데 앞뒤가 닿는 소리만 추려 보면 대강 그런 식이었다. 지연이 보아 온 대로였다. 대낮을 다니는 맨얼굴에서 가면을 느끼는 대신, 가발과 콧수염으로 변장을 하고 있는 당장의 자신에 대해서는 전혀 이질감을 느끼지 않고 있는 기미였다. 그리고, 그래서 명식은 그러한 변장 속에서

비로소 자신의 고뇌를 가장 정직하게 안을 수 있는 듯한 태도였다.

지연은 아무 말도 하지 않았다. 조용히 입을 다물고 앉아서 어둠에 싸인 명식의 희미한 모습만 더듬고 있었다. 그러다가 방을 나오고 말았다.

–이청준, 「가면의 꿈」–

이렇게 어려운 이야기를 횡설수설하는 것을 보니, '명식'은 역시 취하기는 한 것 같습니다. 우리가 생각하고 있는 대로, 그리고 '지연'도 보아 왔던 대로 '명식'은 가면을 쓰는 변장 속에서 가장 잘 휴식할 수 있는 것으로 보이네요. 이를 알아차린 '지연'은 아무 말도 하지 않고 방을 나옵니다. 가면 속에서야 비로소 제대로 된 휴식을 할 수 있는 '명식'을 방해하고 싶지 않았던 것이겠죠. 충분히 공감할 수 있겠죠?

나아가, 지금까지 우리가 읽었던 내용들이 모두 '어떤 별난 밤'이라는 과거의 이야기임을 깨달으셔야 합니다. 이때 이러한 일이 있었는데, 또다시 '지연'이 '명식'을 기다리던 '이날'에도 비슷한 일이 반복되고 있는 것이죠. 그렇다면 '명식'은 이번에도 '지연'을 찾아오지 않을 수도 있겠네요. 이는 '지연' 입장에서는 굉장히 슬픈 일이라고 할 수 있겠죠? 이렇게 공감해주시면서 마무리하면 되겠습니다.

선지	①	②	③	④	⑤
선택률(예상)	4%	5%	77%	6%	8%

71 [A]와 [B]에 대한 설명으로 가장 적절한 것은? ③

– 소설에서 [A], [B]로 묶은 부분에 대해 물어볼 때는, 내용보다는 형식에 초점을 두는 경우가 많습니다. 이를 생각하면서 풀어봅시다.

① [A]는 인물 자신이 보고 들은 사건을 주관적 시각에서 직접적으로 서술한다.

선지 유형	근거가 있어서 허용 불가능
실전에서의 판단 과정	서술자가 추측하고 있는데?
해설	[A] 부분은 서술자가 '명식'의 마음이 그러할 것이라고 추측하는 부분입니다. '명식'이라는 인물 자신이 보고 들은 사건을 직접 서술했다고 보기는 어렵겠네요.

② [A]는 인물의 독백적 발화를 통해 다른 인물의 내면 심리를 생생하게 제시한다.

선지 유형	근거가 있어서 허용 불가능
실전에서의 판단 과정	서술자의 시선이라니까!
해설	[A] 부분을 비롯한 이 지문의 전체 부분은 모두 서술자의 시선으로 이루어져 있습니다. '인물의 독백적 발화'라는 말을 허용하기는 어렵겠죠.

③ [B]는 사건을 작중 상황 안에서 목격하는 인물과 그 사건을 전달하는 서술자가 서로 다르다.

선지 유형	근거가 있어서 허용 가능
실전에서의 판단 과정	목격하는 건 지연인데 전달하는 건 서술자네.
해설	[B]는 '지연'의 시선으로 변장을 하고 있는 '명식'을 바라보는 상황입니다. 그리고 그 사건을 3인칭 서술자가 전달하고 있죠. 가볍게 허용할 수 있는 선지네요.

④ [B]는 작중 상황 안의 서술자가 인물의 심리를 추측하여 전달함으로써 독자의 상상력을 제한한다.

선지 유형	근거가 있어서 허용 불가능
실전에서의 판단 과정	서술자가 작중 상황 안에 왜 있어.
해설	일단 서술자는 작중 상황 안에 있지도 않습니다. 나아가 '어딘가 한숨 같은 것이 묻어 있는'과 같은 표현을 통해 인물의 심리를 '추측'한다는 것은 억지로나마 허용할 수 있겠지만, 정말로 그랬다면 독자는 상상력을 더욱 제한없이 펼칠 수 있겠죠. 그 추측이 맞는지 틀리는지 생각하면서 읽어야 하니까요. 선지 그 자체로 말이 안 되네요.

⑤ [B]는 서술자가 인물의 행동과 심리를 작중 상황 밖에서 전달하다가 작중 상황 안으로 이동하여 전달한다.

선지 유형	근거가 있어서 허용 불가능
실전에서의 판단 과정	서술자는 작중 상황 안으로 들어오지 않는다니까?
해설	4번 선지와 같은 맥락으로 빠르게 지울 수 있겠죠? 서술자는 계속해서 작중 상황 밖에 있습니다.

선지	①	②	③	④	⑤
선택률(예상)	10%	6%	63%	18%	3%

72 ㉠~㉢의 문맥적 의미로 가장 적절한 것은? ③

① ㉠ : 귀가할 때 다른 가면을 지어내는 '명식'에게 불편을 느끼고 있다.

> ㉠ 지연은 이제 오히려 명식의 맨얼굴 쪽에서 어떤 불편스런 가면이 느껴지고 있을 지경이었다.

선지 유형	근거가 있어서 허용 불가능
실전에서의 판단 과정	가면을 안 쓰는 게 더 불편하다는 뜻이잖아.
해설	㉠은 '지연'이 '명식'의 가면 쓴 모습을 사랑하게 된 나머지, 가면을 쓰지 않고 자연스러운 맨얼굴 쪽에서 오히려 불편함을 느끼고 있다는 내용입니다. 애초에 '명식'이 '밤 외출'을 하고 서재에 들어가는 순간이 아니면 가면을 쓴 적이 없죠?

② ㉡ : 가면을 쓴 '명식'과의 대화가 누차 반복되었음을 나타내고 있다.

> ㉡ 오늘 밤에도 또?

선지 유형	근거가 있어서 허용 불가능
실전에서의 판단 과정	오늘도 안 내려올까봐 두려운 거지.
해설	㉡은 '어떤 별난 밤'처럼 '명식'이 밤 외출을 하고서도 자신을 찾지 않을까봐 두려워하는 '지연'의 마음이 담긴 부분입니다. 또 한 번 가면을 쓴 '명식'과 대화했다는 뜻이 아니죠. 선지에서 말하는 '반복'의 대상이 틀렸다는 것을 파악했어야 합니다.

③ ㉢ : '명식'에 대한 불길한 예감이 들어맞지 않았음을 보여 주고 있다.

> ㉢ 지연이 명식의 방문 앞까지 다가갔을 때 방안의 반응은 그녀가 예상했던 것과는 너무도 딴판이었다.

선지 유형	근거가 있어서 허용 가능
실전에서의 판단 과정	예상과 딴판이라며. 선지 그 자체로 맞네.

선지	①	②	③	④	⑤
선택률(예상)	62%	11%	9%	12%	6%

④ ㉣: 타인들의 시선 때문에 낮에도 변장을 하게 되었음을 나타내고 있다.

> ―이렇게 불을 끄고 앉아 있으니 밤이 좋군. ㉣<u>대낮은 얼굴이 너무 따가워서……</u>

선지 유형	근거가 있어서 허용 불가능
실전에서의 판단 과정	대낮에는 가면을 안 쓰지.
해설	크게 두 부분에서 틀렸음을 알 수 있는 선지입니다. 먼저 '타인들의 시선 때문에'입니다. ㉣의 맥락을 보면, '명식'이 '대낮'에 얼굴이 따갑다고 하는 것은 '대낮의 햇빛' 때문입니다. 이를 근거로 '타인들의 시선'이라는 말이 틀렸다고 할 수 있겠네요. 물론 '대낮의 햇빛'이 '타인들의 시선'을 비유한 표현이기에 허용할 수 있다고도 할 수 있겠습니다. 하지만 '낮에도 변장을 하게 되었'다는 말은 절대로 허용할 수 없습니다. '명식'은 '대낮'에 '변장'을 하지 못하기 때문에 많은 스트레스를 받고 있고, '밤'에 '변장'을 하는 것으로 휴식을 하고 있습니다. 따라서 '낮에도 변장을 하게 되었'다는 것은 지문의 전체적인 대전제를 위배하는 것이 되네요. '대낮'에 쓰는 '가면'은 변장 도구를 의미하지 않는다는 것을 독해해야만 쉽게 해결할 수 있는 선지였습니다. 확실하게 정리할 수 있겠죠?

⑤ ㉤: '명식'의 사회적 지위에 대한 '지연'의 부정적 인식을 드러내고 있다.

> ㉤<u>지연이 보아 온 대로였다.</u>

선지 유형	근거가 없어서 허용 불가능
실전에서의 판단 과정	갑자기 사회적 지위가 왜 나와.
해설	이 지문 그 어디에도, '명식'의 사회적 지위에 대한 이야기는 없습니다. 또한 ㉤을 '지연'의 '부정적 인식'이라고 보기는 어렵겠죠? 오히려 '가면'과 관련된 '명식'의 생각을 확실하게 알아버리는 부분이라고 할 수 있겠습니다.

73 ⓐ와 ⓑ에 제시된 행위에 대한 설명으로 가장 적절한 것은? ①

> 그렇게 하여 그는 사무실에서 묻어 온 피곤기를 가면 뒤에서 말끔히 씻어낸 다음 지연을 찾아 ⓐ <u>밤늦은 2층 계단을 내려오곤 했다.</u>

> 마루에서 잠깐 발길을 망설이던 그녀는 ⓑ <u>가만가만 2층 계단을 올라갔다.</u>

― 먼저 ⓐ와 ⓑ에 대해 정리하고 가는 것이 좋겠습니다. ⓐ는 '명식'이 충분히 휴식을 취하고 '지연'을 만나러 가는 상황이고, ⓑ는 '지연'이 ⓐ를 하지 않는 '명식'을 찾으러 가는 상황입니다. 이를 바탕으로 선지를 판단해봅시다.

① ⓐ는 아래층 인물이 위층 인물을 전과 달리 대하는 결과를 낳는다.

선지 유형	근거가 있어서 허용 가능
실전에서의 판단 과정	ⓐ가 반복되면서 가면을 사랑하게 되었지.
해설	일단 '아래층 인물'은 '지연'을, '위층 인물'은 '명식'을 의미한다는 것은 어렵지 않게 잡아낼 수 있을 것 같습니다. ⓐ가 일어난 이후, '지연'은 '명식'의 가면 쓴 모습을 기다리고 사랑하게 됩니다. 지문에서는 이를 '지연'에게 생긴 한 가지 '변화'라고 했습니다. 즉, 그 전에는 '지연'이 가면을 사랑하지 않았음을 의미한다고 할 수 있겠죠? 이 정도의 근거라면 충분히 허용할 수 있겠습니다.

② ⓐ는 위층 인물이 자신의 가면을 보여 주기 위하여 하는 행위이다.

선지 유형	근거가 있어서 허용 불가능
실전에서의 판단 과정	명식이 가면을 보여 주려고 하지는 않지.
해설	'명식'이 '지연'을 만나러 갈 때 가면을 쓰는지 안 쓰는지는 정확히 알 수 없지만, 확실한 것은 '명식'이 가면을 쓰는 행위는 혼자서 휴식을 취하는 것이기에 굳이 그 가면을 보여 주려고 애를 쓰지 않을 것이라는 점입니다. 애초에 ⓐ는 '명식'이 충분히

선지	①	②	③	④	⑤
선택률(예상)	44%	10%	12%	23%	11%

74 〈보기〉를 바탕으로 윗글을 감상할 때, 적절하지 **않은** 것은? ①

– 〈보기〉에 따르면, '변신'을 하는 것은 일시적 갈등 해소 효과만 있고 진정한 해결로 나아갈 수 없다고 했습니다. 갈등의 극복은 '참된 자아의 진실'을 바탕으로 갈등에 맞설 때 비로소 가능한 것이죠. 이에 따르면, 지문 속 '명식'이 가면을 쓰는 행위 같은 '변신'은 '참된 자아의 진실'과 반대되는 개념으로 설정할 수 있겠습니다. 이러한 관계를 체크한 뒤에 선지를 판단해보도록 합시다.

① '지연'이 '명식'과 멀찌감치 떨어져 있는 의자에 앉은 것은 '명식'의 참된 자아를 발견할까 두려웠기 때문이다.

선지 유형	근거가 있어서 허용 불가능
실전에서의 판단 과정	변신하고 있으면 참된 자아 아니잖아.
해설	'지연'이 '명식'과 멀찌감치 떨어져 있는 의자에 앉을 때, '명식'은 가면을 쓰는 '변신'을 하고 있었습니다. 이는 진정한 갈등 해소를 위해 '참된 자아'를 꺼내는 것과 정반대되는 행동이죠. 따라서 '지연'이 '명식'의 '참된 자아'를 만나는 것에 대한 두려움으로 멀찌감치 떨어져 있는 의자에 앉았다고 볼 수는 없겠습니다. 즉, '지연'이 만날까봐 두려웠던 것은 '변신'을 한 '명식'의 모습이지, '명식'의 '참된 자아'가 아니었던 것이에요. 결국 또 '지연'이라는 인물의 심리에 공감하고 있는지 묻는 문제네요.

② '명식'의 밤 외출이 잦아지는 것은 현실 세계와의 불화로 인하여 갈등이 고조되었음을 우회적으로 나타낸다.

선지 유형	근거가 있어서 허용 가능
실전에서의 판단 과정	밤 외출은 갈등 해소를 위해 하는 것이었지.
해설	밤 외출 및 가면을 쓰는 등의 '변신'은 '갈등 해소에 대한 소망'이 드러나는 행위입니다. 이러한 '변신'이 잦아지는 것은 갈등이 고조되고 있다는 것을 의미한다고 볼 수 있겠죠.

휴식을 취한 뒤의 결과이지, 가면을 보여 주려는 것이 의도라고 보기는 어렵네요.

③ ⓐ는 위층 인물이 일상의 고단함을 탈피하기 위하여 하는 행위이다.

선지 유형	근거가 있어서 허용 불가능
실전에서의 판단 과정	이건 가면 쓰기지.
해설	ⓐ는 '명식'이 일상의 고단함을 탈피하기 위해 가면을 쓰고 변장을 한 다음, 피곤기를 씻어낸 이후에 하는 행동입니다. '지연'을 만나는 것이 힐링을 위한 것은 아니죠.

④ ⓑ는 아래층 인물의 내적 욕망과 행동의 괴리가 일어나게 한다.

선지 유형	근거가 있어서 허용 불가능
실전에서의 판단 과정	내적 욕망대로 하는 건데?
해설	ⓑ는 '명식'을 만나고 싶다는 '지연'의 내적 욕망대로 행동하는 부분입니다. 가볍게 지워낼 수 있죠?

⑤ ⓑ는 아래층 인물이 부부에 대한 전통적 관념을 비판적으로 인식하게 한다.

선지 유형	근거가 없어서 허용 불가능
실전에서의 판단 과정	뭔 헛소리야.
해설	애초에 '부부에 대한 전통적 관념'과 관련된 내용이 중요하게 다뤄진 적이 없습니다. 조금도 고민하지 않고 넘어갈 수 있어야 합니다.

③ '명식'이 가면의 눈물은 속으로만 흐른다고 말한 것은 참된 자아를 숨긴 채 살아가는 자기 삶에 대한 고백이다.

선지 유형	근거가 있어서 허용 가능
실전에서의 판단 과정	울고 싶은데 그 눈물을 밖으로 드러내지 못하는 건 참된 자아를 숨긴 것으로 볼 수 있지.
해설	가면의 눈물은 속으로만 흐른다는 것은, 사람들이 사회생활에서 쓰는 '가면' 뒤에 본인의 감정을 숨기는 모습을 비유한 것입니다. 이는 자신의 진짜 감정(=참된 자아)을 숨긴 채 살아가고 있는 '명식'의 자기 고백이라고 할 수 있겠죠. 허용할 만한 근거가 충분하네요.

④ '명식'의 가면을 똑똑히 보지 않고도 그를 기다리는 '지연'의 행위는 '명식'의 상상적 희망을 자기화한 것이다.

선지 유형	근거가 있어서 허용 가능
실전에서의 판단 과정	명식의 동기까지도 이해하게 되었으니까 그렇다고 할 수 있겠다.
해설	'지연'은 '명식'의 가면을 똑똑히 본 적이 없지만 그것을 사랑하고 기다립니다. 이는 가면을 쓰고 휴식을 취하는 '명식'을 제대로 이해하는 모습이라고 할 수 있겠죠. 지문에 제시된 '그녀는 명식의 동기까지를 포함하여~' 부분을 근거로 하면 더욱 쉽게 이해할 수 있겠네요. 그런데 〈보기〉에 따르면, 가면을 쓰는 등의 '변신'은 '상상적 희망의 기호'라고 합니다. 즉, '명식'에게 있어 가면을 쓰는 행위는 갈등의 해소라는 '상상적 희망'을 드러내는 것이라고 할 수 있는 것입니다. '지연'은 '명식'의 가면을 사랑하게 되면서 이러한 '상상적 희망'을 자기의 것처럼 느끼게 되었다고 할 수 있겠죠. 이렇게 일시적으로나마 '명식'의 갈등이 해소되면 자신에게도 좋은 일이 생기니까요. '자기화'와 같은 추상적인 단어가 있어 어려워보였지만, 결국 '명식'을 기다리고 사랑하는 '지연'의 마음에 공감할 수 있는지를 물어보는 선지라고 할 수 있습니다. 〈보기〉를 독해한 결과와 연결하는 것은 기본이겠구요.

⑤ '명식'이 가면을 쓴 자신에게 이질감을 느끼지 않는 것처럼 보였던 것은 그가 일시적 속임수에 도취되었음을 의미한다.

선지 유형	근거가 있어서 허용 가능
실전에서의 판단 과정	변신하는 건 일시적 속임수라고 했지.
해설	'명식'은 가면을 쓰지 않은 '대낮'에 오히려 '가면'을 느끼고, '밤'에 가면을 쓰는 '변신'을 더욱 익숙하게 여깁니다. 이렇게 하면 갈등이 해소되는 것처럼 느껴지니까요. 그런데 〈보기〉에 따르면, 이러한 갈등 해소는 '일시적·가짜 해결의 속임수'라고 했습니다. '명식'은 이러한 속임수에 도취되어 있다고 할 수 있는 것이죠.

<table>
<tr><td style="text-align:center">몰랐던 어휘 정리하기</td></tr>
<tr><td>

</td></tr>
</table>

| **핵심 point** |

① **허용 가능성 평가** : 선지의 내용을 '허용'하려는 태도를 바탕으로 지문을 '독해'하며 '근거'를 찾아야 합니다. 허용할 수 있는 '근거'가 있어야만 허용할 수 있습니다. 주관적인 생각을 개입시키면 안 됩니다.

② **소설 독해** : '심리와 행동의 근거'를 바탕으로 인물에게 '공감'하며 읽어야 합니다. 이 과정이 물흐르듯 이어지면 지문의 내용을 완벽하게 이해할 수 있어요.

| **지문 내용 총정리** |

낯설고 추상적인 상황이 제시되어 있어 이해하기 쉽지 않은 지문이었습니다. 나아가 각 인물의 심리 역시 일차원적이지 않아 공감하는 데 애를 먹을 수 있었어요. 이렇게 어려운 만큼 소설 독해의 기본을 갈고 닦기에 좋은 지문이 될 수 있으니, 본인의 힘으로 확실하게 이해할 수 있을 때까지 여러 번 읽어 보도록 합시다.

빠른 정답 (문학편 1권)

생각의 시작

Day 2
선지 판단의 대원칙 : 독해하고, 허용 가능성을 평가한다.

[21] 2011.06	[29] 2018.06	[15] 2013.11	[35] 2017.06	[34] 2023.06	[37] 2015.09A
21	**29**	**15**	**35**	**34**	**37**
③	④	③	④	①	②

생각의 전개

Day 4~Day 12
시와 수필 : 운문문학은 주제 중심으로 해결한다.

[1~3] 2015.11B [43~45]			[4~6] 2020.11 [43~45]			[7~9] 2019.11 [43~45]		
1	**2**	**3**	**4**	**5**	**6**	**7**	**8**	**9**
①	③	①	④	②	④	①	③	④

[10~15] 2023.09 [22~27]						[16~20] 2019.06 [27~31]					[21~26] 2025.11 [22~27]					
10	**11**	**12**	**13**	**14**	**15**	**16**	**17**	**18**	**19**	**20**	**21**	**22**	**23**	**24**	**25**	**26**
①	④	⑤	⑤	④	③	①	③	②	⑤	④	④	⑤	②	②	①	①

[27~31] 2025.06 [22~26]					[32~37] 2022.11 [18~23]						[38~40] 2024.11 [32~34]		
27	**28**	**29**	**30**	**31**	**32**	**33**	**34**	**35**	**36**	**37**	**38**	**39**	**40**
①	②	⑤	②	⑤	③	③	②	④	①	④	②	③	④

[41~44] 2022.09 [28~31]				[45~49] 2021.12 [38~42]					[50~53] 2024.06 [31~34]			
41	**42**	**43**	**44**	**45**	**46**	**47**	**48**	**49**	**50**	**51**	**52**	**53**
②	④	⑤	③	⑤	⑤	⑤	③	③	④	②	⑤	③

[54~56] 2022.11 [32~34]			[57~60] 2011.11 [13~16]				[61~65] 2021.09 [38~42]				
54	**55**	**56**	**57**	**58**	**59**	**60**	**61**	**62**	**63**	**64**	**65**
④	⑤	③	④	④	②	④	①	③	①	⑤	④

[66~71] 2024.09 [22~27]					
66	67	68	69	70	71
②	④	④	③	②	④

[72~75] 2026.09 [27~30]			
72	73	74	75
②	①	②	①

[76~81] 2010.11 [32~37]					
76	77	78	79	80	81
③	②	⑤	②	①	②

Day 13~Day 22

소설과 극문학 : 산문문학을 통해 인물의 삶을 간접경험한다.

[1~3] 2018.09 [43~45]		
1	2	3
①	③	③

[4~7] 2023.09 [28~31]			
4	5	6	7
⑤	④	③	③

[8~10] 2020.09 [32~34]		
8	9	10
①	⑤	④

[11~14] 2008.09 [40~43]			
11	12	13	14
②	②	④	②

[15~17] 2019.09 [39~41]		
15	16	17
⑤	⑤	⑤

[18~21] 2021.12 [22~25]			
18	19	20	21
②	①	①	④

[22~24] 2020.06 [16~18]		
22	23	24
⑤	③	③

[25~27] 2014.11B [35~37]		
25	26	27
①	③	⑤

[28~31] 2020.11 [33~36]			
28	29	30	31
③	④	③	③

[32~34] 2012.11 [37~39]		
32	33	34
③	②	④

[35~38] 2017.06 [39~42]			
35	36	37	38
①	⑤	③	⑤

[39~42] 2013.09 [47~50]			
39	40	41	42
①	②	③	③

[43~46] 2024.09 [28~31]			
43	44	45	46
①	④	⑤	④

[47~50] 2022.06 [18~21]			
47	48	49	50
②	④	①	⑤

[51~54] 2022예시 [26~29]			
51	52	53	54
②	④	⑤	④

[55~58] 2024.09 [18~21]			
55	56	57	58
⑤	②	③	③

[59~62] 2023.06 [28~31]			
59	60	61	62
③	①	③	⑤

[63~66] 2026.09 [31~34]			
63	64	65	66
③	④	②	③

[67~70] 2024.06 [27~30]			
67	68	69	70
⑤	③	④	②

[71~74] 2017LEET [7~10]			
71	72	73	74
③	③	①	①